上海市级专志

东方国际（集团）有限公司志

上海市地方志编纂委员会　编

上海社会科学院出版社

深化外贸体制改革
加速扩大出口规模

石广生
一九九〇年十月

起立东方
东方国际

张皓若
九五·三·廿八

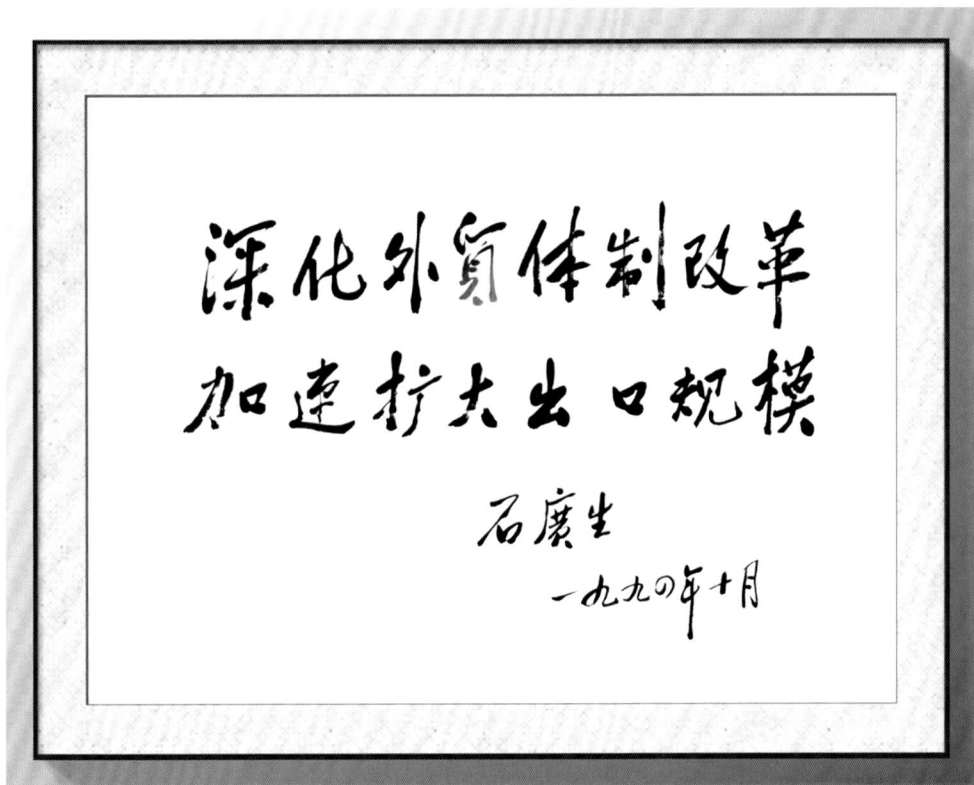

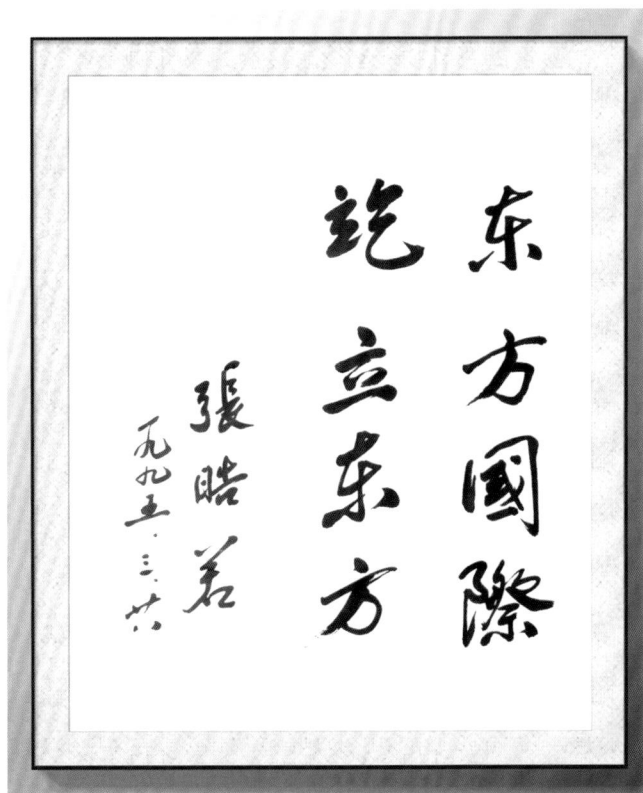

1. 1994 年 10 月 30 日，国家对外贸易经济合作部党组副书记、副部长石广生题词
2. 1995 年 3 月 28 日，国家经济体制改革委员会党组书记、副主任张皓若题词

1

2

1. 1994 年 11 月 18 日，国家外经贸部副部长刘山在（左五）和上海市副市长沙麟（右四）在集团开业典礼上揭牌
2. 1995 年 9 月 7 日，中共上海市委常委、组织部部长罗世谦（中）到集团调研

1

2

1. 1996 年 10 月 30 日，中共上海市委常委、副市长蒋以任（中）考察集团广交会展位
2. 1996 年 12 月 23 日，国家经济体制改革委员会党组书记、副主任张皓若（左二）到集团调研

1. 2004 年 7 月 27 日，中共上海市委常委、副市长周禹鹏（中）到上海荣恒内衣有限公司调研
2. 2006 年 7 月 20 日，上海市副市长胡延照（中）到东方国际物流（集团）有限公司调研

1

2

1. 2007 年 4 月 16 日，上海市副市长唐登杰（右一）考察集团广交会展位
2. 2008 年 11 月 26 日，中共上海市委常委、副市长屠光绍（右三）到集团调研

1

2

1. 2015 年 3 月 9 日，上海市副市长周波（左一）到集团调研品牌发展情况
2. 2017 年 11 月 28 日，中共上海市委副书记、市长应勇（左三）到集团调研

1

2

1997年3月25日，集团总部乔迁上海市长宁区娄山关路85号东方国际大厦

1. 1996 年 9 月 3 日，集团与香港金马国际联合公司、粤海金融控股公司共同投资组建东方金马房地产有限公司

2. 1997 年 8 月 28 日，集团与日本三菱商事株式会社、美国大陆谷物公司合资组建的中华人民共和国成立以来国内第一家中外合资外贸企业——东菱贸易有限公司举行揭牌仪式

1

2

1. 1998 年 4 月 10 日，东方国际集团上海荣恒国际贸易有限公司中国总代理的日本富士通将军空调专卖店剪彩开业
2. 1998 年 5 月 18 日，东方国际集团上海市纺织品进出口有限公司与中国纺织大学签订业务技术合作协议

1. 2000 年 7 月 12 日，东方国际创业股份有限公司在上海证券交易所上市
2. 2006 年 6 月 10 日，东方国际创业股份有限公司与瑞士 FOXTOWN 合资建设的东方狐狸城
   开业，上海市副市长胡延照（中）和合资各方领导参加开业典礼

1. 2006 年 8 月 5 日，东方国际物流（集团）有限公司洋山港仓库投入运营
2. 2010 年 11 月 29 日，东方国际创业股份有限公司举行 KOOL 品牌网络销售上线发布会

1

2

1. 2011 年 10 月 15 日—11 月 4 日，东方国际集团上海市纺织品进出口有限公司参加第 110 届广交会的产品展示馆
2. 2011 年 11 月 18 日，集团与上海海关签订《共建合作伙伴关系谅解备忘录》

1

2

1. 2012 年 2 月 20 日，集团与中国出口信用保险公司上海分公司签订《全面合作框架协议》
2. 2012 年 7 月 13 日，集团与上海建筑材料（集团）总公司签订《战略合作框架协议》

1

2

1. 2013 年 3 月 18 日，集团海外生产基地——孟加拉东方魅力内衣有限公司开工生产
2. 2013 年 8 月 14—18 日，集团承办东盟中国企业建材及家居用品（越南）博览会

1

2

1. 2013 年 10 月 18 日，东方国际创业股份有限公司在浦东陆家嘴正大广场开设"衣架"品牌专卖店
2. 2013 年 10 月 19 日，上海蓝蓝中国蓝印花布社社长向德国驻沪领事夫人（右四）等外国友人介绍蓝印花布产品

1

2

1. 2014 年 1 月 25 日，集团党委书记、董事长吕勇明（右四）出席在中山北路 2900 号施工现场举行的东方国际元中大厦项目开工典礼

2. 2014 年 4 月 22 日，东方国际集团上海利泰进出口有限公司在上海市青浦区奥特莱斯开设 SUNFLOWER 产品专卖店

1
———
2

1. 2014 年 6 月 10 日，集团与孟加拉国服装制造商和出口商协会在两国经贸合作论坛上签署项目合作备忘录
2. 2014 年 6 月 18 日，集团领导考察新海明珠轮

1

2

1. 2015 年 6 月 9 日，集团与意大利企业在米兰世博会中国企业联合馆举行合作签约仪式
2. 2015 年 6 月 9 日，以东方国际集团上海市纺织品进出口有限公司的蓝印花布为主体的旗袍秀
   在米兰世博会中国企业联合馆展演

1

2

1. 2015 年 11 月 5 日，集团党委书记、董事长吕勇明（中）接受 2015 "对话上海国企领导" 全媒体大型访谈
2. 2016 年 3 月 22 日，集团与上海出入境检验检疫局签署《关于 2016 年合作要点的备忘录》

1

2

1. 2016 年 5 月 5 日，集团与上海市长宁区举行合作交流恳谈会
2. 2016 年 10 月 19 日，海上丝韵"中华情"真丝长卷（长 1 000 厘米）首创基尼斯之最纪录获
   大世界基尼斯总部官方确认

1

2

1. 2017 年 9 月 8 日，东方国际集团与上海纺织集团联合重组后召开第一次党政联席会议
2. 2017 年 12 月，上海丝绸集团股份有限公司在西班牙巴塞罗那开设 LILY 品牌专卖店

1

2

1. 1994 年 11 月 18 日，集团在开业庆典上向中国福利会捐款
2. 1995 年 5 月，集团捐资兴办西藏日喀则上海希望小学，集团领导接受希望小学赠送的锦旗

1

2

1. 1998 年 9 月 9 日，集团开展抗洪赈灾捐款捐物活动
2. 1998 年 11 月 1 日，集团捐资兴建的云南省文山州马关县木腊东方国际希望小学举行落成典礼

1. 2001 年 3 月，上海市对外经济贸易委员会与集团共同捐资兴建的西藏日喀则地区外经贸局国际贸易中心大楼落成
2. 2001 年 5 月 25 日，集团党委书记、董事长王祖康（左三）带队赴西藏日喀则慰问集团参加上海市第二批援藏干部陈浩（左六）

1. 2001 年 10 月 25 日，集团领导赴安徽省泾县举行挂职干部座谈会
2. 2008 年 5 月 27 日，集团团委组织抗震救灾义卖活动

1

2

1. 2010 年 4 月 15 日，集团员工参加上海市长宁区凝聚力协会组织的"奉献世博，清洁家园"行动
2. 2010 年 8 月 18—21 日，集团和上海安徽经济文化促进会共同为安徽省泾县茂林希望小学、上海丝金希望小学的 22 名师生举办"世博快乐成长夏令营"活动

1. 2007 年 2 月 9 日，集团举行首届"东方国际杯"篮球赛
2. 2009 年 11 月 8 日，集团团委组织团干部参加团市委举办的第二届上海市团干部运动会

1. 2011年6月11日，集团文艺沙龙组团参加第七届"阳光·大地"全市党团员优秀歌曲展演活动，获演唱优秀奖
2. 2011年6月29日，集团举行庆祝中国共产党成立九十周年大会

1

2

1. 2012 年 11 月 5 日，集团在卢湾体育馆举行职工运动会
2. 2013 年 5 月 13 日，集团外销员沙龙举办创智赢家、转型发展培训活动

1. 2014 年 8 月 28 日，集团工会组织职工开展疗休养活动
2. 2014 年 12 月 17 日，集团在上海市群众艺术馆举行"转型发展标杆·标兵"表彰暨职工文艺汇演

1. 2015 年 8 月，集团摄影爱好者沙龙组织会员开展户外采风活动
2. 2015 年 12 月 8 日，集团举行职工沙龙成果展示活动

1. 2016 年 3 月 15 日，集团女职工沙龙举行旗袍秀活动
2. 2017 年 3 月 1 日，集团在顾村公园举行健康徒步体育活动

1

2

上海市地方志编纂委员会

《上海市级专志·东方国际(集团)有限公司志》编纂委员会

名誉主任　童继生
主　　任　吕勇明
副 主 任　朱　勇　季胜君　强志雄　王　佳　卢力英　朱继东
秘 书 长　孙如琪
委　　员　(以姓氏笔画为序)
王海涛　边　杰　邢建华　朱耀忠　刘以东　苏　红　李　悦
张　华　张　路　张　磊　张晓珣　陈　浩　陈云亮　竺佩兰
金卫栋　庞继全　郑洪捷　赵晓东　胡宏春　徐伟民　高国琳
郭福荣　陶建宇　龚培德　盛一鸣　康　莉　章　民　蔡　军
瞿元庆

《上海市级专志·东方国际(集团)有限公司志》编纂委员会办公室和参与编纂人员

办公室主任　孙如琪
成　　员　姚文祖　董匡平　王和之
集团总部参与编纂人员　(以姓氏笔画为序)
王　艳　韦　伟　吕嘉晟　朱江伟　米　军　许培琪　李卫珍
张京鱼　张锦秀　张鹏翼　陈　敏　陈乃轶　陈永久　陈娇蓉
金　岚　赵梦如　胡　楠　施镇宇　秦　峰　夏　伟　徐　峰
徐暐春　唐国琳　蒋远扬　曾　玮　谢子坚
下属企业参与编纂人员　(以姓氏笔画为序)
于　典　万　方　万莉华　马跃进　王　琼　王旭东　王仲年
王海冰　王海利　王晴生　孔绘云　水颖欣　甘皆凡　石　楠
朱　菁　朱　蓓　朱祎俊　刘　郦　刘　晶　刘　祺　刘宏庆
严咏梅　李恩汇　杨晓夏　杨浦红　杨慕兰　邱丽懿　何　娜
沈永昌　张庆伟　张峥毅　陈　晨　陈　嫙　陈鸿起　林毓青

郁雅婷　罗　迪　罗　健　周　莹　周　群　周耀进　郑　佳
郑凌云　胡霞雯　查昱华　禹　忠　姜嗣源　宣博洋　骆培妍
袁文婕　夏军民　顾　闻　徐　民　徐　冰　徐　铮　徐莉萍
唐铭书　谈霄燕　黄　易　黄蓉蔚　曹巨涛　曹淑雯　龚雯晓
章懿卿　屠秋平　程利民　鲍雪倩

《上海市级专志·东方国际(集团)有限公司志》
评议专家

组　　长　　蒋以任
成　　员　　(以姓氏笔画为序)
　　　　　　王春华　朱健敏　向月华　肖义家　吴德兴　汪均益　汪时维
　　　　　　张千里　张永林　陈宇先

《上海市级专志·东方国际(集团)有限公司志》
审定专家

组　　长　　蒋以任
成　　员　　(以姓氏笔画为序)
　　　　　　乔丽华　杨庆云　汪国富　汪耀华　邵　珉　季路德　俞建明
　　　　　　莫建备

《上海市级专志·东方国际(集团)有限公司志》
验收单位和人员

验收单位　　上海市地方志办公室
验收人员　　洪民荣　姜复生　过文瀚　黄晓明　黄文雷

业务编辑　　肖春燕　赵明明

序

1994年11月—2017年12月,东方国际(集团)有限公司(简称东方国际集团)走过23年的奋斗历程。适时修志,为后人留下一段弥足珍贵的历史记载,是一件十分必要且意义深远的事情。

2018年6月26日,东方国际集团成立《上海市级专志·东方国际(集团)有限公司志》(简称《东方国际集团志》)编纂委员会,设立编纂办公室,组织精干力量,着手推进修志工作。在上海市地方志办公室的帮助指导下,在东方国际集团总部和各成员企业的鼎力支持及全体编纂人员的辛勤努力下,这部130余万字的《东方国际集团志》,经过反复打磨、修改和完善,通过严谨的内审、评议、审定和验收等环节,历时三年,终于杀青。

《东方国际集团志》以企业发展和改革创新为主线,全面客观地反映23年来东方国际集团在组织机构、经营管理、改革改制、职工状况、文化建设、党群工作等各方面的基本情况和运行轨迹,力求要素齐备、重点突出。

1994年11月18日,以沪上外贸行业"五朵金花"为基础组建的东方国际集团,乘着中共第十四次全国代表大会提出"以上海浦东开发开放为龙头,尽快把上海建成国际经济、金融、贸易中心"的东风破土而出,成为当时全国规模最大的地方外贸企业。东方国际集团成立后,始终坚持在改革中前行,在创新中发展,历经风雨的洗礼终成参天大树,发展成为一家以综合贸易为主体,现代物流和大健康产业为两翼,电子商务、资产经营、投资发展为支撑的大型国际贸易服务企业集团。

回望23年历史,中国和上海都处在波澜壮阔的巨变中,外贸管理体制、运行机制和经营环境都发生了巨大的变化。东方国际集团经历从计划经济到市场经济的转变,从国有外贸企业垄断经营到外贸经营权全面放开的转变,从纺织品配额制度实行到取消的转变。东方国际集团还经受住中国加入WTO后适应新的国际贸易规则的考验和

2008年国际金融危机严重影响企业经营的考验。在时代的大变革中,唯有改革创新,才能砥砺前行。"东方人"始终坚持以主动思变、敢为人先的精神,搏击在国有外贸企业改革创新的潮头,创造的成功经验可圈可点:组建列入全国首批中外合资外贸企业,促进对外开放;进入国家综合商社试点和全国120家大型企业集团试点行列,提升企业能级;联合组建国内首家全行业工贸结合企业,扩展产业链,增强市场竞争力;以"三个转变"(转变传统意识、传统商品、外贸经营机制)、"四个调整"(调整出口商品结构、市场结构、客户结构、贸易方式结构)和"四个创新"(创新延伸产品、品牌和技术、产品配套和系列化、经营机制和管理)等经营战略,积极应对国家外贸体制改革和"入世"考验;开展以自然人群体持股为特征的企业改制,激发成员企业发展新动力;在国际金融危机中,勠力同心、共克时艰,获得新发展;坚持供应链再造,建设服务贸易大平台,发挥外贸行业领军作用;施行集团核心资产整体上市,促进企业可持续发展。

特别是,本志记载着东方国际集团加强党的领导,增强政治意识、大局意识、核心意识、看齐意识,坚定道路自信、理论自信、制度自信、文化自信所迸发的生机勃勃的正能量和"东方人"共同认知的企业文化。"东方服务连四海,国际贸易通五洲"的企业宗旨和"诚为本、责为重、专为业、和为贵"的企业精神,深深植根于"东方人"的精神基因里,成为"东方人"一以贯之的奋斗目标和行为规范。

栉风沐雨砥砺行,春华秋实满庭芳。在全体"东方人"的共同努力下,东方国际集团取得良好的经营业绩。据统计,1994—2017年,集团进出口总额由18.93亿美元上升到31.19亿美元,增长0.65倍,年均复合增长率2.19%;营业收入由101.02亿元上升到239.80亿元,增长1.37倍,年均复合增长率3.83%;归属母公司净利润由0.58亿元增长到4.62亿元,增长6.97倍,年均复合增长率9.44%。在岗职工人均工资增长4.5倍。

我有幸曾经作为"东方人",直接参与东方国际集团的奋进史,亲身感受"东方人"自强不息、永不言败的奋斗精神,并深深引以为豪。

东方国际集团的发展壮大和取得的丰硕成果,归功于党和国家路线、方针、政策的正确指引,归功于国家改革开放大环境提供的难得发展机遇,归功于中共中央、中共上海市委、上海市政府和上级主管单位的坚强领导,归功于全体"东方人"的共同奋斗。

为进一步调整优化国资布局,推动企业创新转型,充分发挥上海国企在国家"一带一路"、上海全球科创中心、上海国际贸易中心建设中的作用,经中共上海市委、市政府同意,市国资委决定对上海纺织(集团)有限公司和东方国际集团实施联合重组。2017年8月31日,上海纺织(集团)有限公司与东方国际集团联合重组工作会议在市政府会议室召开,标志着东方国际集团开启新的发展征程。

"雄关漫道真如铁,而今迈步从头越。"我坚信,联合重组后的东方国际集团通过强强联合和高效融合,凭借更加强大的综合实力,定将继往开来、行稳致远,向着"全球布局、跨国经营"的战略目标进军,续写东方国际集团新的绚烂篇章,为中国实现"第二个一百年"奋斗目标作出更加辉煌的贡献!

吕勇明

2021 年 7 月

凡　例

一、本志以马克思列宁主义、毛泽东思想、邓小平理论、"三个代表"重要思想、科学发展观、习近平新时代中国特色社会主义思想为指导,遵循实事求是、依法修志原则,力求真实、准确、客观、全面地反映东方国际集团的历史和现状,努力发挥志书存史、资政、育人的积极作用。

二、本志记述始于1994年11月集团成立,止于2017年12月。根据完整记述要求,个别章节和部分内容适当上溯或下延。

三、本志采用述、记、志、图、表、录等体裁,以志为主。基于集团实际和特色,除序言、总述、大事记、附录和编后记外,本志设组织、经营、管理、改革改制、职工、文化、党群、人物共8篇,计33章、125节。

四、本志文体采用现代语文体、记述体。志设总述,篇设概述,章设无题导言,以提示梗概,综述全貌。

五、"人物篇"对集团历任负责人、获全国和上海市劳动模范(或等同市级劳动模范)荣誉称号的先进人物事迹作简介;对离休干部,各类代表(委员),获全国、国家部(委)级、上海市的委级先进个人及先进集体,高级职称人员等列人物表。

六、本志收录部分反映集团风貌的图照,设卷首照和随文照。

七、本志资料主要由集团档案室、总部各职能部门和子公司档案部门提供,所引用的数据均经集团办公室、人力资源部、综合业务部、财务部、资产管理部、董(监)事办公室、法律审计室、党委工作部、纪委(监察室)等有关部室和工会、团委核定。

八、本志行文规范参照《〈上海市志(1978—2010)〉编纂行文规范》执行。

目　　录

CONTENTS

追求卓越　拥抱未来

Aspire after brilliance to embrace the future

东方国际(集团)有限公司(简称东方国际集团或集团)是上海市国有资产监督管理委员会(简称市国资委)归口管理的大型综合贸易集团,经上海市人民政府批准,于1994年11月成立。1995年集团进出口总额在全国最大的50家进出口企业中排名第11位,其中出口在全国最大的200家出口企业中排名第3位,获上海市人民政府颁发的1995年度出口贡献特等奖。1996年排名已分别升为全国的第6位和第2位,获上海市人民政府颁发的1996年度出口贡献特等奖。1997年3月,经国务院批准同意,集团被列为继中国化工进出口总公司之后全国第二家综合商社试点单位。1997年4月,集团又成为唯一获准进入全国120家重点发展的大型企业集团试点行列的地方外贸企业集团。1999—2001年,集团连续三年保持全国出口冠军。1994—2017年,集团进出口总额累计为827.60亿美元,其中进口总额累计为545.19亿美元,出口总额累计为282.41亿美元。2008年,集团进出口总额达到52.38亿美元,为集团成立期间进出口总额最高的年份。

集团成立后,建立健全法人治理结构,不断完善现代企业制度,着力推进企业改革创新转型发展,努力拓展业务经营,千方百计克服遇到的困难和矛盾,充分发挥集团自身优势,取得营业收入、进出口总额、职工收入均稳步增长的良好业绩。经过23年发展,集团从成立之初单一的进出口业务经营模式,发展成为多元化的经营模式,形成以综合贸易为主体,现代物流和大健康产业为两翼,资产经营、电子商务和投资发展为支撑的六大业务板块。集团总资产从1994年的62.21亿元,增长到2017年的175.77亿元;营业收入从1994年的101.02亿元,增长到2017年的239.80亿元;归属于母公司净利润从1994年的0.58亿元,增长到2017年的4.62亿元。

1994—2017年,集团充分发挥中国共产党组织的政治优势,坚持以人为本,不断加强干部队伍、人才队伍和精神文明建设,努力培养健康向上的企业文化,为企业发展提供有力的政治思想和组织保障。

2017年8月,经中共上海市委、市政府同意,市国资委决定,东方国际(集团)有限公司与上海纺织(集团)有限公司实施联合重组,联合重组后的企业名称沿用东方国际(集团)有限公司。

一

1994年11月—1997年12月,是集团发展的起步阶段。集团着重理顺关系,奠定基础,建立中国特色大型综合商社总体框架。集团通过盘活存量资产,扩大资产规模,加速拓展功能,外贸出口和多元化经营,得到快速发展。

1994年1月,上海市纺织品进出口公司(简称纺织公司)、上海市服装进出口公司(简称服装公司)、上海市针织品进出口公司(简称针织公司)、上海市家用纺织品进出口公司(简称家纺公司)、上海市丝绸进出口公司(简称丝绸公司)和中国抽纱品进出口(集团)公司上海公司等6家公司经过自发酝酿,充分协商,决定在平等互利原则下自愿联合组建一个大型国有外贸集团公司,走集团化、实业化、多元化之路。这个具有突破性的创新思路得到中共中央政治局委员、国务院副总理李岚清,上海市领导和上海市对外经济贸易工作委员会(简称市外经贸委)领导的肯定和支持。

中共上海市委副书记、市长黄菊在1994年市外经贸工作会议上明确表示,要把上海市纺织品等6家进出口公司组建外贸企业集团作为上海市外贸企业体制改革的试点加以支持。在国家有关部委的关心、支持和中共上海市委、市政府的推动下,纺织公司、服装公司、针织公司、家纺公司、丝绸公司联合发起成立东方国际集团[中国抽纱品进出口(集团)公司上海公司因故未参与]。

1994年11月18日,东方国际集团揭牌成立,成为当时全国规模最大的地方外贸企业。参加集团组建的5家专业外贸公司排名均在全国前150个进出口公司名单中,其中丝绸公司、服装公司出口分别达到4.5亿美元和4.2亿美元,连续4年蝉联上海出口冠亚军。5家公司经济效益均处于沪上专业外贸公司前列,被行业内誉为"五朵金花"。

集团的目标模式是建设中国特色的大型综合商社。集团成立伊始,就借鉴日本、韩国综合商社的成功经验,努力建设以贸易为主体,以产业为基础,以服务为先导,集贸易、实业、信息、服务为一体的企业集团模式,在坚持外贸进出口主业的前提下,将货运物流、服务贸易和国内贸易作为开拓重点,构建多元经营格局。

1994年12月,集团制订成立后的第一个年度工作计划,提出1995年集团要扩充功能,建设体系,深化内涵,拓展外延,以财务、货运、贸易等"抓手工程"作为突破口,发展多元化经营,建设综合商社型企业的基本框架。

1995年3月,集团制定《东方国际(集团)有限公司及其丝绸等五家子公司改制方案》,设想用5—10年时间,将集团组建成为综合商社。10月13日,集团作为上海第一批12家国有资产授权经营试点企业之一,与市国资办和市外经贸委签署国有资产保值增值责任书。

1996年9月30日,国家外经贸部发布的《关于设立中外合资对外贸易公司试点暂行办法》明确:合资外贸公司为有限责任公司。据此,上海率先实行设立中外合资外贸公司。经过几个月的筹备(吃透政策、选择合资方、多方协调、报批),1997年8月28日,东菱贸易有限公司(简称东菱公司)在沪挂牌成立。这是中华人民共和国成立以来国内设立的第一家中外合资对外贸易公司,标志着中国对外贸易体制改革新的突破。东菱贸易有限公司注册资本为1250万美元,其中集团及所属东方国际集团上海市对外贸易有限公司(简称东方外贸)出资比例为51%,日本三菱商事株式会社和美国大陆谷物公司出资比例分别为27%和22%。

1997年3月,国家体改委下发《关于同意东方国际(集团)进行综合商社试点有关问题的通知》,同意集团进行综合商社试点,明确给予相关政策支持。集团成为继中国化工进出口总公司后全国第二家综合商社试点单位。集团抓住综合商社试点机遇,提出建立综合商社高效运转的"八大功能体系",实施"四大发展战略",即建立贸易体系、生产体系、服务体系、物流体系、资金体系、信息体系、人才体系、决策体系,实施规模扩张战略、"龙头"商品战略、综合经营战略、全球推进战略。集团在美、日、欧等国家和中国香港地区开设境外企业52家,分布在17个国家和地区,与世界120多个国家和地区建立贸易关系,经营出口商品5000多个大类品种,国外注册商标95个,初步形成全球营销网络。4月,国务院批准东方国际集团进入全国120家大型企业集团试点行列,成为全国唯一进入该项试点的地方外贸企业集团。

1997年10月,在市政府和市外经贸委的推动下,集团以"工贸结合"为抓手,将东方国际集团上海市丝绸进出口有限公司(简称东方丝绸)与纺织控股集团下属的上海金达国际丝绸有限公司(简称金达公司)全部资产重组,共同组建中华人民共和国成立后上海首家全行业工贸结合的上海丝绸(集团)有限公司(简称丝绸集团)。实行工贸结合后,丝绸集团对工贸双方的部分资源进行优化重组,充分发挥工贸双方各自的优势,既缓解纺织工业企业困难,又建立新型外贸生产基地,使部分生产企业起死回生恢复生产,形成"以贸易为龙头,以实业为基础,以全程研究开发为依托"的发展新格局。

1995—1997年,通过国有资产划转、集团内部资产优化重组、与国内外企业合资或合作等方式,上海市对外贸易公司(简称外贸公司)等企业进入集团,东方国际货运有限公司(简称货运公司)等一批企业组建成立,集团的经营领域和经营功能,从原先比较单一的对外贸易,向国内贸易、房地产、广告展览、对外经济合作、货运物流等领域伸展,初步具备内外贸并举、进出口相对平衡的贸易功能。同时,孕育产业功能和投资功能,培育包括咨询业和房地产开发及物业管理在内的服务功能,初步形成资产经营和产品经营,经营领域和经营品种的多元化格局,初步构筑综合商社基本框架。

1997年,集团营业收入105.85亿元,税前利润1.84亿元,归属母公司净利润1.50亿元。是年年底,集团拥有全资子公司16家,控股子公司25家,在境内外投资建设的各类企业超过300家。集团总资产81.85亿元,属于母公司净资产16.76亿元。

1995—1997年,集团累计进出口总额58.94亿美元,其中出口43.81亿美元,进口15.13亿美元。

二

1998年1月—2003年12月,是集团积极应对外贸经营环境变化和中国加入世界贸易组织(WTO)形势变化,致力于改革改制,创新模式,激发成员企业发展新动力的重要探索阶段,也是集团进一步拓展综合功能,增强综合实力,获得较快发展的重要阶段。

为应对外贸经营权逐步放开后国有专业外贸公司垄断经营局面不复存在的新形势,集团从国有外贸企业"以人为本"最大特点的实际情况出发,采用以经营者群体持股为特征的投资主体多元化企业改制形式,鼓励集团下属二、三级外贸公司经营者和业务骨干购买公司股权,将个人资本和国有资本结合在一起,最大限度留住外贸人才,充分调动外销员队伍的积极性,使改制企业焕发出蓬勃生机和活力。

1997年7月,集团对企业股份制改造和职工持股进行试点和探索。在市外经贸委的指导下,集团制定《关于设立职工持股会的操作步骤及实施要点》等配套材料。8月14日,市外经贸委与集团联合召开"股份制改造和职工持股研讨会"。各子公司在股份制改革的试点中勇于探索与创新。

为保证企业改制、资产重组工作的顺利进行,防止在企业改制过程中出现国有资产流失,集团制定《关于加强改制企业财产管理的通知》《关于企业改制中涉及资产评估立项、确认若干问题的意见》《关于企业改制中涉及产权交易若干问题的意见》《关于规范企业改制材料报批等事项的通知》《关于经营者群体持股的暂行规定》《关于资产托管的暂行规定》《关于改制公司章程体现集团管理要求的若干意见》《关于改制公司召开首次股东会、董事会、监事会有关事项的意见》等一系列文件。

1998年2月,东方国际集团上海市针织品进出口有限公司(简称东方针织)所属浦东公司开展职工内部持股试点。

1998年9月1日,集团向市政府和市外经贸委提出设立发起股份有限公司的请示,10月15日,市政府批复同意。东方国际创业股份有限公司(简称东方创业)由集团、东方丝绸、东方针织、东方外贸和东方国际集团上海市纺织品进出口有限公司（简称东方纺织）、东方国际集团上海市家用纺织品进出口有限公司（简称东方家纺）等公司共同出资，于1998年11月发起设立。

1999年年初，为克服亚洲金融危机对出口的影响，集团提出"三个转变"和"四个调整"的经营策略，即转变传统意识、转变传统商品、转变外贸经营机制，调整出口商品结构、调整市场结构、调整客户结构、调整贸易方式结构。集团通过落实"三个转变""四个调整"，不仅扩大了外贸进出口规模，而且产品、客户的档次也有大幅度提升。是年，集团及各子公司相继成立品牌设计中心和技术中心，不断进行产品结构的调整，增加出口产品的科技含量，提高产品的附加值。其中，东方纺织的棉涤纶品牌"银河"、东方丝绸女装品牌"LILY"被认定为上海市著名商标。

1999年1月，集团对上海东松国际贸易有限公司（简称东松公司）采用职工持股会的方式进行改制试点，改制后东松公司职工持股会持股占比为15％。通过改制，东松公司焕发出蓬勃生机，成为集团下属发展最快的企业之一。年底，东方针织所属浦东公司完成改制并更名为上海利泰进出口有限公司（简称利泰公司）。改制后的利泰公司2000年度出口创汇6252万美元，比1999年度扩大出口1243万美元，净利润和国有资产增值率都比1999年度有较大幅度的提高。

1999年，集团全资、控股子公司增加到20家。其中3家为集团新组建的海外地区性公司：东方国际日本株式会社（简称日本公司）、东方国际集团美洲有限公司（简称美洲公司）和东方国际香港有限公司（简称香港公司）。这些境外企业，对集团拓展境外市场，实施跨国、跨地区经营战略起到重要的桥梁和支撑作用。是年，集团首次名列中国最大出口企业200强榜首，国家外经贸部部长石广生在《国际商报》上撰文表示祝贺。

2000年，面对中国即将加入WTO的形势，集团未雨绸缪，按照WTO规则要求积极研究国有专业外贸公司的定位和经营策略，坚持业务创新，着力推进"四个调整"，通过发展一批知名品牌客户、著名跨国公司大客户和零售直销商，积极开拓新兴市场和潜力市场，形成纺织服装、轻工、机电三大出口支柱产品；通过优化贸易方式、提升贸易服务内涵等举措，进一步夯实基础，提升实力。是年，集团在"四个调整"的基础上又提出"四个创新"（延伸产品创新、品牌和技术创新、产品配套和系列化创新、经营机制和管理创新）的经营战略。东方国际物流有限公司（简称物流公司）、东方国际商业（集团）有限公司（简称东方商业）、上海国际服务贸易（集团）有限公司（简称国服公司）积极开拓业务，集团初步形成货物贸易、现代物流和服务贸易三大业务板块。是年6月，东方创业公开发行股票8000万股，于7月12日在上海证交所上市，成为集团下属国有控股的上市二级公司。东方创业上市后，始终践行"创新应变、多元开拓、广纳贤才、持续发展"的经营理念，以打造可控的、有竞争优势的、可持续发展的核心竞争力为手段，在保持适度规模的基础上，做强、做精、做深、做细货物贸易和现代物流两大主业。

2002年是中国加入WTO后的第一年，世界三大经济体美国、欧盟和日本经济增长乏力，对集团出口造成很大压力。集团积极推进市场多元化战略和以质取胜科技兴贸战略。在巩固和稳定传统出口市场的基础上，重点加大对新兴市场、非配额市场的开发力度。同时，采取有力措施扭转对美国、欧盟、日本等三大主要市场出口下降的局面。是年集团经受住中国加入WTO第一年的考验，外贸进出口创集团成立以来新高。东方丝绸、东方创业和东方针织居集团出口前三位，出口额分别为7.51亿美元、3.77亿美元和2.47亿美元。东方商业出口额首次突破1亿美元（达到1.1亿美元），成为集团下属第七家出口超亿美元的公司。

2003年1月，在中共上海市委、市政府和有关委办的积极推动下，集团改制组建投资主体多元、经营者群体60人持股占51％的上海丝绸集团股份有限公司（简称丝绸股份），实现由国有控股向经营者群体持大股的改制。丝绸股份虽然由经营者群体持大股,但始终坚持"三个不变"原则,即坚持走中国特色社会主义道路的方向不变,坚持全心全意依靠职工办企业的宗旨不变,坚持维护公司最广大职工的根本利益不变。改制当年,丝绸股份运转良好,队伍稳定,效益增长,实现利润 8 900 万元。7 月,经中共上海市委、市政府批准,东方国际集团从市外经贸委划归市国资委管理,集团的各项工作积极、稳妥、有序地推进。下半年,集团成立战略和改革工作办公室,启动新一轮战略规划工作。

2003 年,集团营业收入 245.83 亿元,税前利润 2.17 亿元,归属母公司净利润 1.29 亿元。是年年底,集团总资产 127.05 亿元,归属母公司净资产 24.06 亿元。

1998—2003 年,集团累计进出口总额 200.44 亿美元,其中出口 124.38 亿美元,进口 76.06 亿美元。

三

2004 年 1 月—2012 年 12 月,是集团积极应对国际金融危机,全面推进改革改制,强化建章立制,加强科学管理,提升管控能力和抗风险能力,战胜危机和获得发展的重要阶段。

2004 年 4 月,集团完成《东方国际(集团)有限公司国资(2004—2006)战略规划(草案)》编制并上报市国资委。集团的战略定位是:以货物贸易为主体,现代物流和相关实业为支撑,服务贸易为配套,产权多元化,逐步建成具有国际竞争力的现代贸易服务集团。5 月,集团按照中共十六届三中全会关于发展混合所有制经济、实现投资主体多元化的精神,采取集团控股、公司内部自然人参股的投资主体多元化改制方式,对所属东方纺织、东方家纺、东方针织 3 家二级公司实施整体改制。改制后东方纺织成为平台公司控股下属 6 家投资主体多元化子公司;改制后新成立东方国际集团上海家纺有限公司(简称东方新家纺)和东方国际集团上海利泰进出口有限公司(简称东方利泰)两家多元投资二级公司,其经营者群体持股占比分别为 33.2% 和 40%。至 2004 年年底,组建集团的"五朵金花"全部完成投资主体多元化改制,完成改制企业的净资产超过集团全部净资产的 3/4。

2004 年起,集团总结成立以来的经验教训,对集团的管理模式和人事分配制度进行一系列探索与改革。集团通过成立资产运作部、董监事管理部、资产管理公司、集团风险控制应急领导小组和向二级公司派出财务总监,以及实施全面财务预算制度,制定一系列加强科学管理的规章制度,形成国有资产的监管体系,提升集团管控能力。同时着力解决历史遗留问题,清理整顿长期投资项目,处置严重影响企业发展的积案。

2005 年 1 月,集团通过对物流公司、上海经贸国际货运实业有限公司(简称经贸公司)和上海佳达国际货运有限公司(简称佳达公司)等 3 家物流公司实施资产重组,组建东方国际物流(集团)有限公司(简称物流集团),为做大做强集团现代物流业务奠定基础。物流集团组建后,注重经营资源重组、业务建设、客户结构调整、信息平台共享、基础设施集中调配,拓展一批自营大客户,形成覆盖上海及长江三角洲地区的销售和服务网络。

2005 年,中国取消纺织品出口配额,各类市场主体纷纷涌入纺织品出口市场,竞争日趋激烈。集团进一步推进"四个创新"经营战略,积极探索"贸工一体化"、海外团队建设等外贸发展新路,并实施"早成交、多成交、早生产、早出运"的经营策略。通过这些措施,纺织品出口配额取消后集团出口主业继续取得规模、速度、结构和质量协调健康发展。5 月,为应对纺织品贸易一体化后贸易摩擦多发的情况,集团成立贸易壁垒应对领导小组和工作小组,组织指导各公司积极应对。6月,集团牵头与上海纺织控股集团及两个集团下属74家企业联名向国家商务部报呈紧急呼吁,建议商务部在设限品种临时出口配额数量安排上应兼顾各方利益,体现公平合理原则。商务部在出台的《纺织品临时出口配额管理办法》中采纳集团有关建议。是年,全国成立6个敏感类别商品出口协调委员会:针织衬衫商品协调委员会(东方利泰为主任单位)、男式梭织衬衫出口协调委员会(东方创业为副主任单位)、裤子出口协调委员会(丝绸集团为主任单位)、棉制床单商品协调委员会(东方新家纺为主任单位)、内衣类商品协调委员会、袜类商品协调委员会。集团凭借在纺织品服装出口行业中的国际竞争力和市场影响力,参加全部6个委员会,在其中3个委员会中担任主任单位,1个委员会中担任副主任单位,对行业各项政策的拟订和协调起到积极作用。

2005年7月,集团编制完成《东方国际集团"十一五"规划》,明确集团"十一五"期间的主要目标是通过创新体制机制,完善经营结构,提高资产质量,增强盈利能力,争取成为进出口规模在全国领先,国际知名度较高,具有完善法人治理结构、现代经营理念和先进企业文化的现代贸易服务集团,在上海建设国际经济中心、国际金融中心、国际贸易中心、国际航运中心的进程中占有一席之地,发挥应有作用。

2006年9月,集团申报的《再造供应链管理模式 提升服务贸易大集团核心竞争力》成果报告,获2006年度上海市企业管理现代化创新成果一等奖,同时被市国资委推荐申报全国管理创新成果奖。12月,集团申报的《以提升服务贸易企业核心竞争力为目标的供应链再造与管理》(简称《供应链再造与管理》)成果报告获第十三届全国企业管理现代化创新成果二等奖。《供应链再造与管理》提出集团推进供应链再造与管理的主要做法:(1)推进集团优势企业改制,吸引和挽留优秀人才;剥离相对弱势企业,使集团轻装上阵,成为参与市场竞争、供应链再造与管理的主体。(2)把握各业务板块的供应链特点,明确供应链的关键增值环节。(3)立足供应链的关键环节,不断巩固自身在经营网络、产品品牌、技术标准和经营资源等方面的核心优势,确立供应链的主导市场地位。(4)推动集团货物贸易板块和物流板块围绕供应链的上下游协同、互动关系的形成,促成彼此的合作共赢。(5)建立高效运作的信息化系统平台,对业务运营和供应链再造进行精细和集约化管理。

集团大力扶持和培育自主品牌。集团拥有国内注册商标138个,国外注册商标72个。集团还拥有国家知识产权局授权的国家发明专利7项(其中"蚕蛹蛋白纤维技术创新成果的中试推广"和"功能性生态化丝绸面料质控体系的建设"项目被分别列入商务部国家茧丝办第五、第六批风险基金项目),外观设计专利11项,其他专利授权5项,其他专利申请授权8项。另外还有7项国家专利申请(其中2项为发明专利"可酸性染色的聚酯纤维及其制备方法""桑叶中氨基丁酸的提取工艺")。东方新家纺的"333麻雀"、东方纺织的"MILKY WAY银河"商标被认定为"上海市著名商标";东方纺织的"MILKY WAY银河"、丝绸股份的"LILY"、东方创业的"玫瑰ROSE"被评为2005—2006年度上海市重点培育出口品牌,其中"玫瑰ROSE"连续8年获"上海名牌产品"称号,连续6年获"上海市名牌产品100强"称号,东方创业的"KOOL"连续5年被评为"上海名牌产品"。

2007年,集团强化法律审计工作,着力解决历史遗留案件,在集团主要领导出面协调和相关人员的共同努力下,上海嘉盟实业有限公司(简称嘉盟公司)关于中国银行1.8亿元的本息及股票质押担保问题,最终以还款1.5亿元解决,为集团减少利息支出3000多万元。香港公司借款2000万美元,进入诉讼程序近5年,累计本息近4300万美元的香港光大银行贷款担保案,最终得到圆满解决。

2008—2009年,美国次贷金融危机引发国际金融危机。美、欧、日三大经济体衰退造成出口市场需求剧减,金融危机引起的客户资金链断裂造成进口业务风险增大,受人民币快速升值、出口退税率下调、原材料和劳动力成本大幅上升等因素影响,集团出口盈利空间被严重挤压。面对严峻形势,集团各级领导加强调研指导,适时调整经营战略。各公司积极调整产品结构、客户结构、市场结构和贸易方式,积极推进供应链和服务贸易大平台建设,采取各项有效措施,包括外汇保值手段和“三补”措施,即自营不足代理补,美国不足欧日补,纺织服装不足轻工机电补,促使出口止跌、利润回稳。集团出台参加国外展销会摊位补贴的暂行办法,各公司也相继出台措施补贴出国参展、出访推销和国内展销会。集团利用整体规模优势,与中国出口信用保险公司签订全面统保的全面合作框架协议,保证货款回笼。同时,集团和各公司对投保费率给予费用补贴,增加外贸接单的底气。在经营困难的特殊环境下,集团树立东方利泰、东松公司、丝绸股份、经贸公司等4家公司为标杆企业,宣传4家企业克服金融危机、取得优良业绩的先进事迹,激励更多的企业在逆境中奋进。

2011年3月,中国证监会下发《关于核准东方国际创业股份有限公司向东方国际(集团)有限公司发行股份购买资产的批复》。2011年4月28日,东方创业在中国证券登记结算有限公司办理完毕向集团发行股票购买资产的股权登记手续,集团核心资产注入上市公司工作顺利完成。东方创业收购东方纺织100%股权、东方商业100%股权、东方针织100%股权、东松公司75%股权以及物流集团27.55%股权。东方创业总股本增至5.22亿股,集团持有东方创业的股权比例从65.39%上升到72.43%。集团核心资产上市实现多方共赢的结果:(1)有利于保护东方创业各方股东利益,确保国有资产保值增值;(2)有利于集团顺利完成三年行动计划,加快供应链再造和服务贸易大平台建设步伐,深化体制机制改革,完成战略发展规划所确定的目标;(3)有利于提高上市公司资产质量,改善财务状况,增强持续盈利能力,主营收入规模将得到较大幅度提升;(4)有利于进入上市公司企业提高管理水平,优化经营管理体制,使企业可持续发展能力迈上新台阶。

2011年9月,集团董事会审议通过《东方国际(集团)有限公司“十二五”发展规划纲要》,明确“十二五”期间集团发展成为以货物贸易和现代物流为主业,以相关资产经营管理与投资为配套支撑,具有面向国际和国内市场产业链整合能力、供应链管理能力和跨国运营能力,内外贸结合、实体经营和电子商务协调发展的综合性、特大型、现代化的贸易服务总集成商,全面完成集团整体上市的体制重组目标。是年,集团内贸业务拓展成效显著。丝绸股份LILY品牌国内专卖店铺由2000年的300家发展到2011年的360多家,全年实现销售收入2亿多元;东方创业、东方利泰、东方新家纺、东方纺织、东方荣恒等多家子公司积极开拓自主产品品牌网上销售和实体店销售等内销业务;集团牵头多家子公司共同在百联E城网上推出“东方服饰”电商网站。11月29日,东方创业在上海千禧海鸥大酒店举行KOOL品牌网络销售上线发布会。KOOL是上海服装进出口公司于1963年注册的专供出口的男装品牌。KOOL登陆国内市场,是东方创业推进实施品牌战略、发展电子商务和向内贸领域拓展的一个重要步骤。

2012年,东方外贸应收上海海成资源(集团)有限公司(简称海成公司)巨额账款风险事项,由法院进行调解,达成生效民事调解书,通过股权抵债办法确保国资和集团权益。同时,集团回收上海东方金马房地产有限公司(简称东方金马)股权转让款取得决定性成果,集团与东方金马签署以房抵债协议,集团对东方金马的投资顺利退出,收回本金及收益2.37亿元。

2012年,集团营业收入189.75亿元,税前利润4.16亿元,归属母公司净利润2.55亿元。是年年底,集团总资产121.53亿元,归属母公司净资产52.85亿元。

2004—2012年,集团累计进出口总额384.84亿美元,其中出口248.64亿美元,进口136.20亿美元。根据上海市企业联合会发布的上海企业排行榜,按营业收入排名,集团位列2012年上海服务业企业50强第15名、上海企业100强第30名。

四

2013年1月—2017年8月,是集团致力于转型、发展、改革、提升的新一轮阶段。集团构筑"一体两翼三支撑"的战略布局,成为集综合贸易、现代物流、资产经营、投资发展于一体的综合型现代服务业企业集团。

从2013年起,集团每年确定12项重点工作,分别由集团董事会、党委和总裁室负责牵头推进、落实完成,确保当年"转型、发展、改革、提升"目标的实现。

2013年,集团实施"走出去"战略取得实效。3月18日,东方国际集团上海荣恒国际贸易有限公司(简称东方荣恒)、东方利泰与德国 MEGANOVA-Modevertriebs-GmbH、孟加拉国 LZ Textiles Ltd. 四方合资在孟加拉国注册经营的孟加拉东方魅力内衣有限公司(简称孟加拉内衣公司)投产。东方荣恒和东方利泰共占孟加拉内衣公司56%股权。截至6月底,累计生产15万件文胸、42万件小裤,出口总值为75万美元。11月,东方创业在柬埔寨与当地个人投资者杨培光合资成立针织服装生产企业东方祥和(柬埔寨)制衣有限公司,其中东方创业占85%股权。

2013年12月,集团供应链再造与管理在实践中取得重要成果。物流集团与东方创业在浙江安吉市场成功进行贸易供应链营销,合作完成40个货柜的出运,贸易额达48万美元,创立集融资服务、贸易代理、物流服务、保险保障于一体的供应链管理新模式。根据模式的特点,物流集团与东方创业赋予一个直观、专业、便于推广的名字——"易融达"。"易"是贸易,涉及贸易业务的各个方面;"融"是金融服务,包括贸易融资、客户风险评估及出口信用保险等服务;"达"是物流服务,包括各类物流服务和综合增值服务。"易融达"模式由东方创业作为工厂的出口代理,代收货人预付出口商货款,工厂承担东方创业预付货款的利息,为规避东方创业收款风险,由中信保公司为工厂和收货人提供支付担保,物流服务由物流集团海运分公司提供。这样既解决出口商的资金困难,也解决收货人对工厂信誉的担心。由于东方创业将出口代理收益与海运分公司分成,又使得海运分公司可以提供给客户更具竞争力的内陆和海运运价,缩短海运分公司运费回收期。

2013年,东松公司、经贸货运两家公司被列入市国资系统创新型骨干企业名单,集团选择在东松公司先行试点。12月,集团出台《上海东松国际贸易有限公司实施创新人才激励方案》(简称《创新人才激励方案》),旨在进一步激励东松公司核心骨干人员,实现经营模式创新转型,力争在服务贸易、物贸联动以及内贸业务这三个方面取得突破。《创新人才激励方案》激励对象以东松公司经营层管理者为主,同时覆盖一定比例的管理层、核心业务骨干,激励方式采用股权激励和业绩激励。

2014年,集团研究制定电子商务发展专项规划,推进落实上海领秀电子商务有限公司(简称领秀公司)、上海美华系统有限公司(简称美华公司)等电商投资项目,推进"爱奢汇"、美华公司等与各公司的业务对接,明确跨境电商进口的境内外经营主体、经营货物品种和渠道。同时,集团启动"物流天下"电子商务公共服务平台项目,完成"物流天下"项目的招投标和平台构建工作,制定项目的三年发展规划,获市商务委、市国资委专项资金扶持。是年,集团内贸业务快速发展,实现大幅增长,全年内贸收入17.35亿元,其中自主品牌内贸额2 590万元,国外品牌内贸额4.70亿元。是年,东方创业 KOOL 品牌开设实体店26家,实现销售收入1 300多万元。丝绸股份 LILY 品牌继续保持快速发展态势,规模和效益均取得良好业绩,在"中国纺织服装行业年度精锐"的十大服装品牌榜单中位列第三,丝绸股份获工信部"2014年重点跟踪培育服装家纺自主品牌企业"称号。

2015年3月17日,集团与上海交大产业集团签署战略合作协议。集团具有多年经营大型医疗器械和医药产品进出口业务的经验和行业优势地位,上海交大产业集团具备高校科技成果孵化和转化的独特优势,以及上海交大附属医院的医疗和科研等优势资源,在教育、健康等产业发展上颇具特色。双方在大健康产业和教育产业领域开展密切合作,结成战略合作伙伴,充分发挥各自在资金、资源、人才、研发、营销网络、资本平台等方面的优势,为集团开拓现代服务业新领域、深入推进转型升级提供长期动力支撑。

2015年3月,集团出台资产板块整合方案。5月8日,集团整合丝绸集团、东方国际集团上海外经贸房地产开发经营有限公司(简称东方房产)、上海东方国际资产经营管理有限公司(简称资产经营公司),组建成立东方国际集团上海资产管理有限公司(简称资产管理公司)。集团成立资产管理公司旨在为集团转型发展提供资产经营支撑,发挥四个方面的重要作用:(1)盘活现有资产,整合现有资源,提升效率;(2)发挥协同作用,优势互补,降低管理成本;(3)提高管理水平,降低管理和廉政风险;(4)轻装上阵,解决历史遗留问题。5月27日,上海东方国际创业品牌管理股份有限公司(简称创业品牌公司)在丝绸股份举行揭牌仪式。创业品牌公司由东方创业持股60%,负责"衣架"品牌女装的运营。该公司的成立,标志着集团进入自主经营的高端女装领域。11月,集团将上海东顺投资有限公司更名为东方国际集团上海投资有限公司(简称投资公司),以此作为集团的投资平台。投资公司主营业务包括基金运作与管理、主业并购、证券投资与管理、财务性投资、参股企业管理等。12月,集团向市国资委报送《东方国际(集团)有限公司(2015—2017)三年行动规划》(简称《三年行动规划》)。《三年行动规划》提出集团"一体两翼三支撑"产业布局。"一体"即为形成综合贸易为主体的现代服务业体系,用好用活国内国外两种资源,推进综合贸易转型升级;"两翼"即为着力把现代物流、大健康产业打造成集团转型发展的重要动力;"三支撑"即为发挥电子商务、资产经营、投资发展的重要支撑作用。

为落实集团"一体两翼三支撑"战略布局,2016年5月,集团对物流板块进行分设,将东方国际集团上海新海航业有限公司(简称东方新海)的管理关系提升到由集团管理,成为集团的二级公司。此举有利于东方新海更好获得集团及上市公司的支持,提升航运发展能级。通过物流业务和航运业务分设,实现物流板块管理扁平化和运营实体化,进一步提高管理和运营效能。调整后的物流集团,结合管理体制机制改革,放大经贸货运的既有优势,形成符合物流集团发展特点和实际的新的中长期发展规划,并稳步推进。调整后的东方新海,发展定位是专业化的航运、船代企业,同时抓住船代业务发展良好势头,搞活体制机制,推动向产业上下游延伸,产生更大的经济效益。

2016年5月,集团以投资公司为主体,联合社会资金共同发起设立东方翌睿(上海)投资管理有限公司(简称翌睿管理公司)。翌睿管理公司先后发起设立东方翌睿(上海)健康产业投资中心(有限合伙,简称翌睿健康投资中心)和东方翌睿(上海)医疗科技创业投资中心(有限合伙,简称翌睿创投中心),管理两只基金。翌睿健康投资中心和翌睿创投中心合计管理基金规模为5.36亿元,主要投资方向是医疗器械、生物医药、移动医疗和医疗服务,率先将东松公司医疗器械业务列入重点项目。翌睿健康投资中心和翌睿创投中心专注大健康领域符合集团总体战略、具备比较竞争优势、具有良好发展前景的项目,为集团发展大健康产业发挥"孵化器""助推器""安全阀"功能,同时借助基金的运作机制,凝聚专业团队、产业资源、营销渠道、经营网络等资源和专业力量,把大健康产业打造成为集团的创新业务。

2016年7月15日,海成公司债权款项12.84亿元资金到账,集团还继续持有西部矿业股票

4 600 余万股。至此，海成公司债权纠纷这一历史遗留问题得到彻底解决，为集团轻装上阵、深入转型发展、加快整体上市创造条件。9 月 14 日至 23 日，国服公司先后在斯里兰卡和泰国组织举办"一带一路"中国商品展。"斯里兰卡中国商品展览会"吸引国内建材、家居、纺织服装等领域 50 余家企业参展，到展观众近 1.6 万人次，参展企业实际成交金额 280 万美元，达成成交意向 800 多万美元。在"东盟中国企业建材及家居用品（泰国）博览会"上，国服公司组织上海建材集团、上海九星建材市场、柳营路灯饰市场等一批上海企业参展，安排泰国、越南、马来西亚、印度尼西亚、菲律宾、缅甸、不丹等国的专业买家进行"一对一"洽谈。展会结束时，上海建材集团作为参展商代表接受采访，对东方国际集团本次展会的组织工作和展会取得的效果给予高度评价。

2016 年 10 月，集团对国服公司进行分拆和业务重组，将国服公司 100% 股权划拨给资产管理公司，由资产管理公司行使对国服公司的管理。12 月，成立东方创业（上海）国际服务贸易有限公司（简称东创国服），将国服公司的服务贸易业务并入东创国服。此举，有利于集团资产的集中统一管理和进一步增强服务贸易效能。

2017 年上半年，集团完成东方新家纺和东方商业两家二级公司重组工作。通过重组，两家公司实现业务转型发展、业务流程设计、人力资源管理体系建设、管理制度设置等方面的整合，实现优势互补，合力打破发展瓶颈。

2017 年 8 月，经中共上海市委、市政府同意，市国资委决定，对上海纺织（集团）有限公司（简称上海纺织集团）和东方国际集团实施联合重组。8 月 31 日，市政府召开上海纺织集团与东方国际集团联合重组工作会议。9 月 4 日，原东方国际集团召开集团系统干部会议，传达学习联合重组工作会议精神，凝聚、贯彻、落实联合重组的共识，推进联合重组过渡阶段的各项工作。9 月 8 日，联合重组后的东方国际集团召开第一次党政联席会议，深入学习贯彻中共上海市委、市政府和中共上海市国有资产监督管理委员会委员会（简称市国资委党委）、市国资委关于上海纺织集团和东方国际集团联合重组的重要精神和决策部署，部署过渡阶段的主要工作，明确新班子成员过渡阶段的分工。东方国际集团联合重组后，制定"巩固基础、融合升级、风险可控、提质发展"的工作方针，确立以时尚产业为主体、以大健康产业和供应链服务为两翼，以科技制造、产业地产、金融投资为支撑的"一体两翼三支撑"发展架构，推进"全球布局、跨国经营"的战略目标。

2017 年，资产管理公司加强对存量资产的集中统一管理和集约高效运作，经过对元中项目地块整体规划、有效盘活、开发运营，元中大厦进入竣工验收阶段。是年，东方新海的船代业务保持良好发展势头，代理船舶 144 艘，代理进出口集装箱量 183 717 TEU（标准箱）。船代业务注重细分客户市场，丰富营销方式，构建船代物流供应链平台，整合区域业务，拓展多元化经营模式，提升竞争优势。东方新海的国际航运物流规模效益进一步提升，拥有超灵便型散货运输船 5 艘，总运力近 28 万吨；集装箱船 1 艘，运力 1.5 万吨。船舶运输范围遍及大西洋、太平洋、印度洋等海域 30 多个国家和地区的 70 多个港口。是年，集团主要经济指标实现"双超"（超预算、超 2016 年同期实绩），全年实现进出口总额 31.19 亿美元、营业收入 239.8 亿元、利润总额 7.53 亿元、归属母公司净利润 4.62 亿元。集团"一体两翼三支撑"产业布局基本形成，三年行动规划胜利收官，联合重组迈上发展新征程。

2017 年，集团进出口额 31.19 亿美元，其中出口 20.84 亿美元，进口 10.35 亿美元。现代物流收入 30 亿元，资产经营和投资收入 4 亿元，全年营业收入 239.80 亿元，税前利润 7.53 亿元，归属母公司净利润 4.62 亿元。按同口径计算，2017 年年底，集团总资产 175.77 亿元，归属母公司净资产 82.21 亿元。

2013—2017 年,集团累计进出口总额 164.45 亿美元,其中出口 113.39 亿美元,进口 51.06 亿美元。据上海企业联合会发布的"2017 年上海百强企业排行榜",集团以 2016 年 227.90 亿元营业收入,位列上海企业 100 强第 46 名、上海服务业企业 100 强第 26 名。据中国企业联合会公布的排行榜,集团位列 2017 年中国服务业企业 500 强第 195 名。

五

集团成立 23 年间,在推进企业改革发展的同时,始终坚持中国共产党在国有企业的政治领导地位,始终重视人才队伍建设,重视精神文明和企业文化建设,为实现集团持续、健康、快速发展提供有力的思想、组织保证。

加强企业党的建设　中共东方国际(集团)有限公司委员会(简称集团党委)始终把企业党的建设放在重要位置,紧紧围绕企业中心工作,充分发挥基层党组织的战斗堡垒作用和广大党员的先锋模范作用,为集团和各公司的改革、发展、稳定提供有力保障。

集团党委认真贯彻执行中共中央、中共上海市委关于领导班子建设的各项要求,突出抓好各级领导班子的政治理论学习,坚持党委中心组学习制度,召开多种形式的学习讨论会,举办拓展领导干部视野的培训班和系列讲座,着力提高各级领导干部把握形势、驾驭全局、做好工作的能力。集团党委认真贯彻基层党建工作责任制,坚持实行党务公开、民主评议党员等制度,定期召开支部党员大会、支部委员会会议、党小组会,按时上好党课。2006 年 1 月,集团党委制定并下发《东方国际集团党建长效机制》文件,对党员队伍建设、基层党组织建设提出明确要求。2006 年,集团党委组织完成 12 家子公司党组织换届改选工作,二级公司党组织换届率达到 100%。2008 年,集团基层党组织开始试点"公推直选",在集团范围内逐步推广。2016 年,中共东方外贸委员会被市国资委党委授予"先进基层党组"称号。2017 年,中共东方纺织委员会下属中共华达公司支部、中共丝绸股份委员会下属品牌公司支部、丝绸商厦支部被授予市国资委系统"党支部建设示范点"称号,中共东方创业委员会、中共东方纺织委员会、中共资产管理公司委员会被授予集团系统"红旗党组织"称号,中共东方创业委员会下属中共外贸浦东公司支部、中共嘉华公司支部等 15 个党支部被授予集团系统"党支部建设示范点"称号。

根据中共中央、中共上海市委的部署,集团党委先后开展以"讲学习、讲政治、讲正气"为内容的"三讲"教育、以"中国共产党要始终代表中国先进生产力的发展要求,代表中国先进文化的前进方向,代表中国最广大人民的根本利益"为内容的"三个代表"重要思想学习教育、保持共产党员先进性教育、深入学习实践科学发展观活动、党的群众路线教育实践活动、以"领导干部要严以修身、严以用权、严以律己,谋事要实、创业要实、做人要实"为内容的"三严三实"专题教育和以"学党章党规、学系列讲话,做合格党员"为内容的"两学一做"学习教育活动,党员队伍的思想觉悟和能力素质得到进一步提高。

集团党委高度重视党风廉政建设,持之以恒抓好源头治理和反腐倡廉各项基础工作。23 年间,集团党委根据形势和任务的需要,相继制定《东方国际(集团)有限公司关于企业领导干部廉洁自律的若干规定(试行)》《东方国际(集团)有限公司党风廉政建设责任制实施细则(试行)》《东方国际集团贯彻〈建立健全教育、制度、监督并重的惩治和预防腐败体系实施纲要〉的实施办法》等一系列文件,为党风廉政建设提供坚实的制度保障。集团党委还通过召开党风廉政建设大会、举办领导干部党风廉政建设轮训班、观看警示教育片等方法,把正面教育和警示教育结合起来,提高企业领导人员率先垂范、严以律己的自觉性,营造企业风清气正、干事创业的良好氛围。

集团党委坚持加强对集团工会、共青团工作的政治领导,不断完善党建带工建、党建带团建的领导机制和工作机制,建立党群工作联席会议机制,通过党组织的活动,在工会、共青团组织中进行思想政治工作,保证工会、共青团工作的正确政治方向,同时支持工会、共青团组织依照各自章程独立自主地开展工作。

集团各级党组织始终重视老干部工作。集团成立时,集团所属企业共有离休干部74名。集团成立后,出于国有资产划拨、企业重组等原因,上海市对外贸易有限公司、上海金达国际丝绸有限公司等一批企业进入集团,离休干部人数增加到237名。到2017年年底,集团系统尚有70名离休干部健在。集团党委制定《东方国际集团老干部工作领导责任制实施细则》,落实好老干部各项政治待遇和生活待遇。

集团党委认真贯彻落实中共中央和上级党委关于统一战线的方针政策和工作要求,按照统战政策把集团系统有一定影响力的民主党派人士、无党派人士、归国留学人员和中国台湾同胞等列为统战对象。1994—2017年,集团先后有14位统战对象在集团中层领导岗位和重要业务岗位发挥作用,其中1人担任徐汇区第十六届人大代表,1人担任上海市第十二届政协委员,1人担任上海市第十三届人大代表,1人担任上海市第十四届、第十五届人大代表。

集团党委重视与社区党建联建工作,2010年,集团积极参与长宁区和虹桥社区的"世博先锋行动",先后组织"清洁家园""啄木鸟行动"等活动,形成企业与社区开展文明共建的有效机制,进一步确保中国2010年上海世界博览会期间的和谐稳定。为此,集团分别获长宁区和虹桥社区"世博先锋行动"党建联建优秀单位称号。

加强企业人才队伍建设 集团秉承人力资源是第一资源的理念,始终致力于干部和人才队伍建设,充分发挥各类人才在推进集团各项工作中的重要作用。

集团注重后备干部的选拔任用,着力营造公开、公平、公正的人才培养和选拔任用环境,为优秀青年人才脱颖而出创造有利条件。1995年,集团建立适应现代企业制度的干部选拔任用制度并不断优化。1995—2017年,集团先后6次组织民主推荐,选拔中青年后备干部,为集团可持续发展储备干部人才。2000年、2015年,集团分别印发《关于进一步加强后备干部队伍建设的若干意见》《东方国际(集团)有限公司中青年后备干部推荐选拔培养管理办法》,加快集团系统"百名后备干部"队伍建设步伐,做到选拔一批、交流一批、储备一批。

集团重视青年后备干部的培养。1995—2017年,集团相继举办11期中青年干部培训班,400多名35岁左右的优秀中青年干部通过系统培训,提高思想水平和工作能力,成为集团和所属企业的后备干部。

集团持之以恒开展教育培训,把人才培养放在突出位置。2005年8月、2016年4月,集团分别印发《东方国际集团中青年人才(职工)培养基金管理办法》《集团系统职工教育培训管理办法》,对集团系统岗位业绩显著的中青年职工参加各类专业培训提供资助和规范管理。集团通过不间断地举办各类培训班、专题讲座、党校培训、干部在线学习、国内外专业研修班等各种途径,培养一支具有开阔视野、创新思维,忠于职守的人才队伍,保证集团的可持续发展。集团还先后与一些高校开展合作,借助高校的师资优势,为集团培养或输送一批优秀的大学生、研究生。

集团每年制定集团子公司经营者业绩考核及薪酬激励办法,通过建立激励与约束相统一的薪酬分配制度,促进优秀的经营人才脱颖而出。2013年12月,集团印发《东松公司实施创新人才激励方案》。该方案通过股权激励和业绩激励相结合的方式,使东松公司的分配进一步向业绩优良、贡献突出的经营管理人员和一线业务骨干倾斜,最终实现国资收益、企业发展和经营团队收入多赢的局面。同时,集团鼓励其他具备条件的子公司开展类似的改革与探索,共同营造"事业留人、待遇留人、感情留人",人才辈出的良好企业氛围。

加强精神文明和企业文化建设 集团坚持开展精神文明创建活动,始终注重企业文化建设,把精神文明和企业文化建设与企业中心工作紧密结合,提炼富有时代精神的企业文化核心理念,凝聚广大员工积极向上的力量,开展丰富多彩的企业文化活动,陶冶广大员工的高尚情操,着力营造和谐企业的氛围。

23年间,集团不断推进精神文明建设,弘扬先进,激励前行,努力塑造企业良好形象。1995年4月17日,集团成立精神文明建设领导小组。之后22年间,集团3次调整精神文明建设领导小组,均由集团党委书记、董事长担任集团精神文明建设领导小组组长。1999年6月,集团党委下发《关于下发1999—2000年集团精神文明创建实施规划的通知》,推动集团2/3子公司创建市级文明单位,1/3子公司创建市外贸系统和集团级文明单位。1996—2017年,集团下属一批企业和个人多次获上级表彰。其中,东方丝绸被评为全国精神文明建设工作先进单位,东方荣恒第六业务部被评为全国巾帼文明岗,东方利泰第四业务部被评为全国青年文明号。1995—2018年,集团所属企业参加第8—19届上海市文明单位申报评选活动,共75家(次)获评。1999—2002年,集团所属24家(次)企业获市外经贸系统文明单位称号。同时,集团涌现出一批获全国和省部级荣誉称号、产生较大影响的先进典型,更多的个人和集体被评为行业和集团先进。

集团创办的《东方国际报》在2004年1月1日首期出刊,成为推动企业文化建设的一个新载体。2005年5月,集团党委启动企业文化理念大讨论,开展征文大赛和演讲比赛等活动。2006年1月,集团制定并下发《东方国际(集团)有限公司员工手册(试行)》,把集团员工忠于职守、爱岗敬业、努力做好本职工作的各项要求制度化、规范化。

2008年2月,集团编辑内部读本《东方国际(集团)有限公司企业文化理念与大讨论征文汇编》,汇编集团和各子公司的企业文化理念以及集团广大干部职工征文132篇。是年,集团党委提炼、概括"诚为本、责为重、专为业、和为贵"的企业精神、"东方服务连四海,国际贸易通五洲"的企业宗旨和"成为国内领先、国际知名的现代服务贸易集团"的企业愿景。2009年,集团编辑内部读本《东方的基石》,将企业文化理念人格化、具体化、形象化,使员工逐步成为自觉实践企业文化理念的"企业人"。2015年,集团开展企业文化建设优秀案例征集活动,编辑内部读本《企业文化建设优秀案例汇编》。

2006—2015年,集团连续制定《东方国际集团企业文化建设三年行动规划》,坚持不懈地建设符合时代特征、体现国际化大型企业特点、具有集团特色的集团企业文化体系。集团各公司完成理念识别系统建设、行为识别系统建设、视觉识别系统建设工作,企业文化建设做到"有追求、有标识、有活动、有案例、有典型、有品牌"。

集团开展丰富多彩的职工文化活动,陶冶广大员工的情操,提升企业的凝聚力。1997年9月,集团举行首届文化艺术节,集团职工共创作演讲稿23篇,书法、绘画、摄影作品240余幅,演出比赛节目14个,为歌颂改革开放新成就、树立东方国际新风尚、推动集团健康快速发展提供正能量。2001年7月,集团代表市外经贸系统参加上海市"迎APEC会议,当文明市民"知识竞赛决赛,获一等奖。

1999—2016年,集团通过举办歌唱祖国歌咏大会、企业文化理念演讲比赛、"东方国际杯"篮球锦标赛、纪念改革开放 30 周年成果图片展、庆祝集团成立 15 周年职工文艺汇演、开展践行企业文化核心理念案例评选、"在党旗下成长"征文、践行企业文化核心理念优秀案例展示、企业文化建设阶段性成果展示等一系列活动，不断增强企业干部职工的文化自信和企业认同感，激励员工为实现集团的发展蓝图和个人自身的价值而更加努力地工作。

集团在抓好企业发展的同时，始终坚持回报社会，积极履行社会责任。从 1995 年起，集团及所属企业先后捐款捐物给西藏日喀则上海希望小学、安徽泾县茂林镇希望小学、安徽宣州上海丝金希望小学、黄山地区中小学图书馆、云南木腊东方国际希望小学、安徽砀山重建中学。在 1998 年抗洪抢险，2002 年云南、江西救灾，2003 年 5 月抗击非典型肺炎疫情，2008 年四川汶川地震救灾，2010 年青海玉树地震救灾等事件中，集团和广大干部员工慷慨解囊，踊跃捐款捐物，彰显人间大爱。1998 年 5 月，集团派出青年干部陈浩到西藏日喀则地区工作，担任日喀则外贸局局长、日喀则行署专员助理，三年援藏工作取得实效，得到当地干部群众的好评。

2007—2017 年，集团组织所属企业分别与崇明庙镇通济村、小竖村、猛东村、宏达村开展"结对帮扶"活动，先后投入帮扶资金 220 万元。2013 年，集团与崇明县（区）开展为期 5 年的结对综合帮扶工作，2013—2017 年，集团共向崇明县（区）捐助综合帮扶款 2 500 万元，为社会主义新农村建设贡献一份力量。2015 年、2016 年，集团被上海市农村综合帮扶工作领导小组办公室评为年度农村综合帮扶工作先进单位。集团所属公司广泛开展救助帮困活动，资助贫困学生，慰问困难职工，提供医疗帮困，创造就业岗位，为建设社会主义和谐社会作出积极贡献。

追求卓越　拥抱未来

Aspire after brilliance to embrace the future

1994 年

1月5日　市外经贸委在江苏常熟召开上海市外经贸系统干部会议。其间,上海市纺织品进出口公司、上海市丝绸进出口公司、上海市服装进出口公司、上海市针织品进出口公司、上海市家用纺织品进出口公司、中国抽纱上海进出口公司等6家企业的党政主要领导开始酝酿组建集团公司之事。6日,在市外经贸系统干部会议发言中,6家公司领导提出组建集团公司之事,副市长沙麟和市经贸委领导表态支持。

1月8日　中共中央政治局委员、国务院副总理李岚清在市外贸企业座谈会上,肯定和支持6家外贸公司联合组建企业集团。

3月1日　中共上海市委副书记、市长黄菊在市外贸工作会议上表示支持6家公司在充分协商和自愿互利基础上,联合组建以综合商社为模式的大集团。

4月6日　中共上海市委常委、副市长徐匡迪召集会议,专题研究6家公司组建企业集团有关事项,宣布成立以市外经贸委副主任汪阳为组长的筹建小组。副市长沙麟、市政府秘书长余永梁和市外经贸委、市国资办、市财政局、人民银行上海市分行、中国银行上海分行、上海国际信托投资公司以及6家进出口公司的有关负责人出席会议。

4月16日　汪阳召集丝绸公司、服装公司、针织公司、纺织公司总经理,家纺公司党委书记和抽纱公司副总经理等人共同商讨组建集团公司事宜。

6月13日　市政府批复同意上海市纺织品进出口公司等6家企业联合组建东方国际(集团)有限公司。

7月22日　副市长沙麟到服装公司调研。

8月18日　市外经贸委征得市国有资产管理委员会同意,任命方美娣、王龙坤、许耀光、钟伟民、贺静仪为东方国际集团董事。

8月23日　市外经贸委向国家外经贸部报送《关于中国抽纱上海进出口公司退出东方国际(集团)有限公司组建工作的报告》,抽纱公司决定暂不参加紧密型的集团组建工作。

9月18日　黄菊为东方国际集团题词——"东方雄风"。

9月19日　中共上海市委任命汪阳为东方国际集团党委副书记,陈苏明为东方国际集团党委副书记、纪委书记。

9月29日　国家外经贸部批复同意东方国际集团开展对外经济贸易业务。

9月30日　集团一届一次董事会审议通过《东方国际(集团)有限公司章程》。

10月6日　李岚清为集团题词"发挥联合优势,为创办有中国特色的现代企业集团,为进一步发展对外经济贸易作贡献"。

10月8日　沙麟致信东方国际集团,热烈祝贺东方国际集团即将成立。

10月13日　经中共上海市委同意,市政府任命汪阳为东方国际集团总裁、副董事长;任命方美娣、王龙坤、许耀光、钟伟民、贺静仪为东方国际集团副总裁。

10月18日　中共中央政治局委员、国务院副总理吴邦国为集团题写司名:"东方国际(集团)有限公司"。副市长赵启正、孟建柱分别题词,祝贺东方国际集团即将开业。

10月25日　市工商行政管理局予以东方国际(集团)有限公司注册登记。

10月28日　徐匡迪为集团题词"奋力开拓"。

10月30日　国家外经贸部部长吴仪、副部长石广生,国家经贸委常务副主任杨昌基,分别发来书信和题词,祝贺东方国际集团即将开业。

10月31日　市外经贸党委下发《关于建立中共东方国际(集团)有限公司委员会和纪律检查委员会的通知》,根据中共上海市委决定,建立中共东方国际(集团)有限公司委员会、中共东方国际(集团)有限公司纪律检查委员会。东方国际集团党委归口市外经贸党委。

11月1日　集团制定《国有资产授权经营改革试点的方案》。

11月3日　集团召开第一次党政联席会议,宣布集团党委委员名单,研究集团党委工作,讨论决定集团总部暂设五部一室。

11月17日　中共中央政治局委员、中共上海市委书记黄菊会见与服装公司签订人才培训协议的日本文化园理事长大沼淳等一行。

11月18日　集团在华亭宾馆举行开业典礼。国家外经贸部副部长刘山在和副市长沙麟为东方国际集团揭牌,沙麟致贺词。集团向中国福利会捐赠10万元。

11月19日　市国资委决定授权东方国际集团依据产权关系,统一管理经营集团内各成员企业的国有资产。同意东方国际集团实行董事会制。

11月28日　集团召开第一次总裁办公会议,就参加1995年上海服装展销会(大阪)和1995年上海国际服装文化节——国际服装博览会等事宜进行讨论。

12月5日　集团召开1994年工作会议,提出1995年要"积极寻找新的增长点,保持出口稳定增长"等四个方面的主要工作。

1995 年

1月12日　副市长沙麟,市外经贸委主任王祖康、党委书记陈正明到集团调研。

1月18日　集团召开企业改制工作动员大会。

1月25日　集团召开第二次党政联席扩大会议,讨论组建集团直属公司等有关事项,特邀王祖康,市外经贸委党委副书记阮庆棠、党委秘书长陈建华等到会指导。

是日　市外经贸委批复同意集团5家核心企业的外事工作统一归口集团管理,集团直接接受市外经贸委的领导和管理。

1月29日　市政府将集团列入上海首批95家现代企业制度综合配套改革试点单位。

2月13日　集团召开海外工作会议,集思广益,总结经验,探讨问题,形成开拓海外工作新思路。

2月14日　市外经贸委副主任张祥等一行5人到集团召开开拓越南市场、建立综合商社座谈会。

2月27日—3月4日　"1995年上海服装展销会"在日本大阪举行,集团组织5家子公司第一次组团出国参加展销会,共设展销摊位10个。

3月10日　国家工商行政管理局企业注册局同意核准东方国际(集团)有限公司名称。

3月22—26日　集团组团参加在上海举办的"1995年上海国际服装文化节——国际服装博览会",设摊位10个。

3月28日　国家经济体制改革委员会党组书记、副主任张皓若等一行到集团听取综合商社试点工作汇报。张皓若题词"东方国际,屹立东方"。

是日　集团党委召开1995年党群工作联席会,研讨现代企业制度下党建工作的新思路。

3月　集团下发《东方国际集团全资子公司组织机构模式方案》《东方国际集团全资子公司执行董事经营决策委员会和总经理职责》《东方国际(集团)有限公司人力资源管理暂行办法》。

4月11日　集团召开推进现代企业制度改革工作会议,邀请市外经贸委、市国资办、市体改办等领导以及上海电视台、东方电视台、《解放日报》《文汇报》《新民晚报》等新闻媒体记者参加。

4月12日　集团党政领导宣布5家二级公司新领导班子成员任命,发布集团管理模式和规章制度。

4月15—30日　集团组团参加第77届中国出口商品交易会,成交出口总额1.5亿美元。

4月17日　集团成立精神文明建设活动领导小组,组长为陈苏明。

4月21日　中国出口商品交易会召开新闻发布会,公布1994年中国进出口额最大500家企业排名座次,丝绸和服装2家公司分别排名第36位和第39位。

4月25日　集团召开纪检、监察工作座谈会,讨论在建立现代企业制度过程中如何开展集团纪检监察工作。

4月　集团总裁汪阳、副总裁许耀光陪同沙麟出访越南和菲律宾,在越南参加上海投资情况报告会。

6月8—10日　国家体改委市场流通司司长阎克庆等3人到集团开展关于集团申请列入全国综合商社试点单位的专题调研。

7月1日　《东方国际动态》创刊号首发。

7月15日,中共上海市委副书记、市长徐匡迪在美国考察集团参加"旧金山上海周"活动的展位。

8月17日　副市长沙麟,市政府副秘书长朱晓明,市外经贸委主任王祖康、副主任苗耕书等到纺织公司、家纺公司调研。

是日　徐匡迪和王祖康到集团调研。

8月23日　国家外经贸部批复同意成立东方国际货运有限公司,允许经营国际货物运输代理业务。

8月28日,东方国际货运有限公司开业,邀请副市长沙麟剪彩揭牌,市外经贸委领导出席开业庆典活动。集团召开货运公司成立新闻发布会,邀请《解放日报》、《文汇报》、《新民晚报》、《国际商报》、香港《大公报》、香港《文汇报》、上海人民广播电台、东方广播电台、东方电视台、上海电视台等新闻媒体记者出席。

9月5日　市外经贸委批复同意将金发船务有限公司的10％股份划转东方国际集团。

9月7日　中共上海市委常委、组织部部长罗世谦到集团调研。

9月14日　中共上海市委任命王祖康为东方国际集团党委书记。

9月21日　经中共上海市委提名,市政府任命王祖康为东方国际集团董事长。

10月13日　集团与市国资办、市外经贸委签署《上海市国有资产保值增值责任书》。

10月18日　集团成立一周年,沙麟代表市政府表示祝贺,肯定东方国际集团成立以来在企业组织机构调整和实行现代企业制度改革方面进行有益的尝试,取得的成绩充分证明集约化规模经营是适应新经济形势的必由之路。朱晓明等领导来贺词。

10月20日　根据国家国有资产管理局、中国经济效益纵深行组委会联合召开的"中国的脊梁——国有企业500强新闻发布会"上公布的名单,东方国际集团排名第215位。

10月24日　市外经贸委批复同意以上海服装日本株式会社为基础,组建东方国际集团日本株式会社,集中管理集团公司在日本投资企业的人员、资产和资金,负责驻日企业国有资产的保值增值。1996年4月6日,在日本完成注册登记,5月开始营业。

11月10日　集团党委获中共中央组织部颁发的全国"学习建设有中国特色社会主义理论、学习党章"知识竞赛优秀组织奖。

11月14日　集团下发《东方国际(集团)有限公司劳动合同制实施办法》《东方国际(集团)有限公司二级公司工资改革方案》。

11月15日　集团下发《关于成立东方国际(集团)有限公司全面推行劳动合同制和工资改革工作领导小组的通知》。

11月30日　集团参加国家外经贸部、国家国有资产管理局联合举办的全国优秀国有企业经验交流会。

12月13日　集团下发《东方国际集团海外企业财务管理制度暂行条例》。

1996 年

1月3日　副市长沙麟到集团指导工作。

1月5日　上海市丝绸进出口公司、上海市服装进出口公司、上海市纺织品进出口公司、上海市针织品进出口公司、上海市家用纺织品进出口公司完成更名和工商注册登记,5家公司的名称变更为:东方国际集团上海市丝绸进出口有限公司、东方国际集团上海市服装进出口有限公司、东方国际集团上海市纺织品进出口有限公司、东方国际集团上海市针织品进出口有限公司、东方国际集团上海市家用纺织品进出口有限公司。3月18日,国家外经贸部批复同意东方国际集团所属5家子公司更名。

1月12日　东方国际集团贸易发展有限公司成立。

是日　集团下发《东方国际(集团)有限公司加强财务管理工作的有关规定》。

1月16日　共青团东方国际(集团)有限公司第一次代表大会举行,选举共青团东方国际(集团)有限公司第一届委员会。3月12日,市外经贸团委批复同意选举结果。

2月14日　国家外经贸部副部长陈新华到集团调研。

2月27日　副市长蒋以任到集团听取工作汇报。

3月5—14日　集团组团参加第6届中国华东进出口商品交易会,出口成交总额1.19亿美元。

4月6—15日　集团组团参加"'96进出口商品上海四川北路交易洽谈会"。

4月15—30日　集团组团参加中国出口商品春季交易会,成交总额1.7亿美元。

5月14日　集团获市政府颁发的1995年度出口贡献特等奖。

5月15日　副市长孟建柱到集团调研。

5月17日　韩国驻沪总领事访问集团。

是日　上海永丰贸易发展总公司加盟集团。

5月30日　市国资办将上海市对外贸易公司划入集团，更名为东方国际集团上海市对外贸易有限公司。

5月　集团与市外经贸委共同援建的西藏日喀则上海希望小学落成，日喀则地委副书记徐麟（上海市援藏干部领队）、市外经贸委领导、集团领导等出席希望小学落成典礼。

6月8—17日　集团组团参加外贸商品淮海路展销会。

6月13日　市人大财经委一行到集团调研。

6月21日　集团党委下发《1999—2000年集团精神文明创建实施规划》。

7月18日　集团举行经营管理者聘任仪式暨1996年目标经营责任书签字仪式。

9月3日　集团与香港金马国际联合公司、粤海金融控股公司三方合资组建的东方金马房地产有限公司成立。

9月5日　集团成立海外事业部，负责集团及子公司海外企业统一规划、指导、协调、服务和监督。

9月12日　东方国际美洲有限公司在美国登记注册，注册地址为美国纽约41街。

9月16日　日本三菱商事常务董事河村宏、佐佐木干夫访问集团。

9月17日　中国香港贸发局助理总裁寿嘉颖访问集团。

9月19日　美国SEARS公司总裁Robert Metter访问集团。

10月7—9日　国务院委托国家体改委在沪召开由国务院8个部委领导参加的东方国际集团综合商社试点协调会，考察集团工作。与会人员一致同意向国务院推荐东方国际集团作为中国化工进出口总公司之后的全国第二家综合商社试点单位。国家体改委副主任邵秉仁、上海市副市长蒋以任等出席。

10月15日　加拿大驻沪总领事黎义恩访问集团。

10月30日　集团组团参加中国出口商品秋季交易会，成交总额1.9亿美元。蒋以任到集团参展的展位考察。

11月18日　集团举行成立二周年暨新公司揭牌仪式，市人大常委会副主任沙麟、副市长蒋以任、浦东新区和市外经贸委领导出席，为东方国际集团上海市对外贸易有限公司、上海对外经济技术合作有限公司、上海永丰有限公司、上海东方金马房地产有限公司、上海东宝百货有限公司等5家新公司揭牌。

11月19日　集团举行成立二周年大会暨"东方民族之声"精品音乐会，邀请国内部分著名歌唱家登台献艺，市第八届政协主席陈铁迪、中共上海市委副书记陈至立、副市长龚学平等应邀出席。

12月1日　市外经贸委将上海新海航业有限公司产权划归东方国际集团。

12月14日　集团组团参加在阿联酋迪拜市举办的"1996上海贸易洽谈会"。

12月23日　国家体改委党组书记、副主任张皓若到集团调研。

1997年

1月2日　《新民晚报》报道东方丝绸1996年出口创汇突破5亿美元，第8次蝉联上海市出口创汇冠军。

是日　中共上海市委任命陆朴鸣为东方国际集团纪委书记。

1月12日 《文汇报》报道1996年上海出口5强企业名次,东方丝绸、东方服装分别位列第一、第三名。

1月20日 副市长蒋以任一行到集团调研。

1月23日 集团召开海外工作会议,市外经贸委副主任周洪立和党委副书记赵效定到会指导。

2月5日 集团举办青年干部培训班,邀请市委党校教授、市纪委教育室负责人讲课,开展工作经验交流活动。

2月23日 集团领导陪同美国JCPenney公司总裁W. Bayger Tygart等一行在上海考察商业投资环境。

3月5—14日 集团组团参加第7届中国华东进出口商品交易会,成交总额1.34亿美元,位居各参展交易团榜首。

3月25日 集团总部乔迁长宁区娄山关路85号东方国际大厦办公。

3月28日 集团举行综合商社试点工作汇报暨新闻发布会,国家体改委党组书记、副主任张皓若宣布国务院批准东方国际集团成为全国第二家综合商社试点单位。市人大常委会副主任沙麟、副市长蒋以任出席会议。

4月7日 集团批复同意上海新海航业有限公司改制为国有独资性质的有限责任公司,更名为东方国际集团上海新海航业有限公司。

4月8日 集团党委书记、董事长王祖康,党委副书记、总裁汪阳出席市外经贸委召开的上海市部分外经贸企业工作座谈会,向国家外经贸部部长吴仪汇报集团工作情况。

是日 市外经贸委批复同意上海国际服务贸易总公司吸纳集团投资,改制组建上海国际服务贸易有限公司。

4月11日 集团调整精神文明建设领导小组成员,组长王祖康;副组长汪阳、陈苏明、陆朴鸣。

4月15—30日 集团组团参加中国出口商品春季交易会,成交总额1.7亿美元。

4月28日 集团下发《东方国际集团海外企业财务管理暂行办法》。

4月29日 国务院批复同意东方国际集团进入全国120家集团试点行列,成为地方外贸企业唯一进行全国120家集团试点的企业。

4月30日 集团获市政府颁发的1996年度出口贡献特等奖。

5月6日 中国台湾工业总会秘书长何君毅访问集团。

5月9日,集团党委和集团行政联合制定下发《东方国际(集团)有限公司关于企业领导干部廉洁自律的若干规定(试行)》。

5月13日 国家外经贸部副部长陈新华到集团调研。

5月16日 集团党委下发《东方国际集团基层党支部工作细则》《东方国际集团海外党建工作实施细则》。

5月20日 集团党委下发《关于民主评议党员工作的实施意见》。

5月21日 东方国际香港有限公司成立。

5月22日 集团下发《东方国际集团关于提供经济担保的管理办法》。

5月26—29日 集团组团赴日本大阪参加"'97上海经贸洽谈会"。

6月24日 集团第一次工代会暨一届一次职代会召开,选举产生集团第一届工会委员会和第一届经费审查委员会。市总工会副主席杜玉英、市外经贸工会主席杨明出席大会。是月27日,市外经贸委工会批复集团工会同意选举结果。

6月26日　集团领导参加浦东发展银行新虹桥办事处开业典礼暨银贸合作协议签字仪式。

6月27日　市政府副秘书长、市外经贸委主任朱晓明,市外经贸委副主任苗耕书等到集团调研和现场办公。

7月10日　集团与日本三菱商事株式会社、美国大陆谷物公司合资组建的中华人民共和国成立以来国内设立的第一家中外合资外贸企业——东菱贸易有限公司,获国家外经贸部颁发的外商投资企业批准证书。8月5日,上海市工商行政管理局核发东菱贸易有限公司营业执照。8月28日,东菱贸易有限公司举行挂牌仪式,国家外经贸部部长吴仪,中共上海市委副书记、市长徐匡迪为公司揭牌,国家外经贸部副部长刘山在和副市长蒋以任分别在揭牌仪式上讲话。

7月11日　国家外经贸部通报1996年度全国进出口额最大500家企业排名,集团位列第6名。

7月16日　上海东松国际贸易有限公司成立。

7月23日　中共上海市委组织部副部长黄跃文率工作组到集团进行党建工作考核。

7月28—29日　集团党委一行专程赴安徽省泾县茂林镇茂林小学考察。

8月6日　集团工会第一届女职工委员会成立。

8月14日　市外经贸委与集团联合召开股份制改造和职工持股研讨会。

8月24日　集团响应《解放日报》发起的"捐希望一本书"活动,向安徽省黄山市受灾学校图书馆捐献各类书籍10 037册。

8月25日　市外经贸委将上海荣恒国际贸易公司、上海市外经贸房地产开发经营公司、香港谊恒发展有限公司、上海恒盛实业有限公司产权划入集团。

是日　集团党委下发《集团党委会会议程序制度》《集团党委中心组学习制度》。

9月1日　市外经贸委将上海经贸国际货运实业公司产权划归东方国际集团。

是日　东方丝绸捐资60万元建设的安徽省泾县茂林希望小学举行教学楼落成仪式。

9月4日　集团与市国资办、市国有资产授权经营公司签署《国有资产保值增值责任书》。

9月12日　集团党建、思想政治工作研究会举行第一次理事会。

9月15日　美国KMART公司总裁Warren Flick访问集团。

是日　中国银行上海市分行作为东方国际集团主办行双方举行签约仪式。

9月18日　集团举行首届文化艺术节开幕式,市总工会,中共上海市委组织部、宣传部,市外经贸党委和工会等的领导到上海影城会场祝贺。9月22日,集团在上海美术馆展厅举行首届文化艺术节职工书画、摄影展剪彩仪式,百岁老人、水粉画家李泳森登台为美展剪彩,市美协主席、美术界知名人士多人以新作祝贺,展厅展出集团职工书法、绘画、摄影作品240余幅。9月29日,集团在上海逸夫舞台举行首届文化艺术节专场文艺演出,著名舞蹈家黄豆豆和上海音乐学院、上海歌舞团专业演员登场表演。

9月29日　东方国际集团贸易发展有限公司与香港方欣投资发展有限公司合资建立的皇府俱乐部开张。

10月9日　工贸结合多元投资的上海丝绸(集团)有限公司成立,市人大常委会副主任沙麟和副市长蒋以任到场祝贺,蒋以任为丝绸集团成立揭牌。

10月15—30日　集团参加中国出口商品秋季交易会,成交总额1.7亿美元。

10月23日　国家外经贸部批复同意设立东方国际集团上海丝绸(意大利)公司。

11月10日　集团党委组织"心连心、献爱心"心系云南儿童捐款活动,历时一个多月收到捐款17.98万元,集团用行政开支补足20万元,为云南省捐建一所希望小学。

11月25日　市外经贸委副主任、市外资委常务副主任吴承璘到集团调研。

12月18日　上海荣恒国际贸易公司更名为东方国际集团上海荣恒国际贸易有限公司。

1998 年

1月15日　国家体改委党组书记、副主任张皓若到集团调研。

2月3日　集团获市政府颁发的1997年度外经贸工作组织奖。

2月6日　集团召开1998年海外工作会议,研究和讨论海外企业的体制、经营方式以及经营模式。

2月13日　集团召开二级公司领导班子换届考核工作动员大会。

3月5日　国家外经贸部批复同意成立上海丝绸(迪拜)有限责任公司。

3月5—14日　集团组团参加中国华东进出口商品交易会,出口成交1.07亿美元。

3月12日　国家外经贸部批复同意上海对外贸易公司与上海国际集团有限公司(美洲)在美国合资组建商都纽约有限公司。

是日　英国投资局亚太地区总裁Chris Fraser等一行到集团访问。

3月26日　南斯拉夫副总理尼科拉·沙伊诺维奇等一行到集团访问。

4月10日　由东方荣恒总代理的日本富士通将军空调专卖店剪彩开业。

4月15—30日　集团组团参加中国出口商品春季交易会,出口成交1.6亿美元。

4月20日　中共上海市委副书记、市长徐匡迪在集团总裁汪阳陪同下,访问与集团合资开发高科技项目的日本麒麟生物研究所。

4月23日　经国家外经贸部批准,东方国际物流有限公司成立。

5月1日　东方国际美洲有限公司在美国纽约五星级饭店华尔道夫酒店举行开张仪式,徐匡迪为东方国际美洲有限公司开幕剪彩,美国驻上海领事馆总领事和集团在美国的主要客户等出席开幕仪式。

5月17日　东方荣恒党总支书记、副总经理陈浩被选派为上海市第二批援藏干部,启程前往西藏日喀则地区工作三年。

5月18日　东方纺织与中国纺织大学签订业务技术合作协议。8月18日,东方纺织和中国纺织大学联合组建的面料信息中心成立。

5月27日　南非贸工部部长欧文率领的访华代表团到集团访问。

6月26日　集团工会下发《东方国际集团职工(代表)大会实施细则》。

7月8日　集团下发《东方国际集团有限公司关于加强集团资金、财务管理的规定》。

7月24日　集团召开1998年中工作会议,举行1998年目标经营责任书签字仪式。

7月29日　野村证券亚洲部长到集团访问。

8月6日　《解放日报》登载1997年度中国进出口额最大500家企业排行榜,集团位列第6名,成为跻身前10名的唯一地方外贸企业。在全国出口额最大100家外贸(工贸)公司排名中位列第3名。

8月11日　集团在全市赈灾义演晚会上捐款30万元。

8月12日　集团党委书记、董事长王祖康会见日本石井株式会社社长石井干雄。

8月14日　市外经贸委与集团共同组团赴西藏,向"上海希望小学"捐赠价值50万元的6 000只书包和3万支铅笔等学习用品。

8月17日　市外经贸委与集团共同组成的赴西藏慰问团拜会日喀则地委、行署领导,举行有关日喀则经贸事业发展的座谈交流,看望和慰问集团选派参加上海市第二批援藏干部、担任日喀则行署专员助理兼地区对外经济贸易合作局局长的陈浩。

8月25日　集团召开服装进出口公司上市工作会议。

8月26日　尼日利亚—中国友协代表团到集团访问。

9月9日　集团为支援灾区抗洪救灾募集捐款102.75万元,捐赠价值723.78万元的物资。

9月21日　集团召开资产重组会议,商讨组建东方国际商业有限公司方案。1999年1月4日,东方国际商业有限公司挂牌开业,市台办副主任郭戈和集团党委书记、董事长王祖康为东方商业揭牌,市外经贸委有关处室领导、市台办及集团领导到场祝贺。

10月6日　集团总裁汪阳出席在北京人民大会堂举行的"中英企业高峰会议"。

10月15—29日　集团组团参加中国出口商品秋季交易会,出口成交1.6亿美元。

10月16日　市政府副秘书长、市外经贸委主任朱晓明到集团调研。

10月23日　东方国际创业股份有限公司召开成立大会暨第一次股东大会。

10月25日　新海公司通过中国船级社上海分社全面严格的安全管理体系审核,获得巴拿马船旗国授权中国船级社签发的巴拿马籍集装箱安全管理符合证明。

11月1日　集团援建的云南省文山州马关县木腊东方国际希望小学落成。

11月4日　英国投资局亚太地区主任Mike Porteous博士到集团访问。

11月6日　集团批复同意东松公司进行股权结构调整并设立职工持股会。

11月12日　王祖康赴马来西亚出席APEC工商界峰会。

11月17日　中共上海市委组织部、市外经贸委领导宣布东方国际集团监事会领导名单,倪鸿福为东方国际集团监事会主席。

11月18日　东方国际创业股份有限公司完成工商注册登记。

11月30日　集团下发《东方国际(集团)有限公司监事会议事规则》。

是日　法国E. K. FINANCES公司董事长Fran. Ois Barthes到集团访问。

12月16日　朱晓明到集团调研。

1999 年

1月3日　集团获市政府颁发的1998年度外经贸工作组织奖。

1月5日　中共上海市委常委、副市长蒋以任,市政府副秘书长、市外经贸委主任朱晓明,市外经贸委副主任周洪立等领导携外经贸委部分处室负责人到集团调研。

1月26日　荷兰外贸大臣易伯玛到集团访问。

3月5—14日　集团组团参加中国华东进出口商品交易会,出口成交4 125万美元。

3月17日　集团党委下发《东方国际(集团)有限公司党风廉政建设责任制实施细则(试行)》。

3月22日　集团下发《东方国际(集团)有限公司监事会章程(试行)》。

3月23日　俄罗斯贸易部部长戈·瓦·加布尼亚到集团访问。

3月24日　中国人民外交学会副会长柴泽民率领的中泰友好代表团到集团访问。

3月26日　集团一届三次职代会审议通过《集团集体合同》《转岗分流和再就业工作总体方案和实施细则(试行)》。5月18日,市劳动和社会保障局签发《集体合同审核意见书》,同意《集团集体合同》予以实施。

3月31日　集团下发《东方国际(集团)有限公司监事会成员职责》。

4月13日　荷兰 CROSS HILLS 公司总经理 Van Der Kelen 到集团访问。

4月14日　东松公司完成职工持股会等方式进行改制的试点。

4月15日　蒋以任、朱晓明和市外经贸委部分处室负责人到集团调研。

4月15—30日　集团组团参加中国出口商品春季交易会,出口成交1.2亿美元。

4月22日　朱晓明、周洪立和市财政局有关处室负责人到集团召开现场办公会。

4月28日　王祖康在"1999世界经济论坛中国企业家高峰会"上发表演讲。

4月29日　集团举行1999年目标经营责任书签字仪式。

5月5日　马耳他自由港公司董事长 Hili 到集团访问。

5月27日　市外经贸委将上海国际服务贸易有限公司资产划入集团。

是日　集团下发《东方国际(集团)有限公司老干部工作领导责任制实施细则》。

6月10—24日　集团总裁汪阳随蒋以任率领的上海市经贸考察团访问美国、墨西哥。

7月1日　集团党委召开庆祝中国共产党成立78周年大会,表彰一批优秀共产党员、优秀党务工作者和先进党组织。

7月20日　集团首次名列"中国最大出口企业200强"榜首,《国际商报》登载国家外经贸部部长石广生对集团的贺词。

7月21日　集团工会举行基层工会干部培训活动,邀请市总工会领导为70余名工会干部作专题讲座。

8月18日　集团批复同意东方国际商业有限公司与上海久发进出口有限公司共同投资,组建东发进出口有限公司。

8月23日　集团召开"伸出你的手,编织一片爱"捐款结对仪式大会,市妇联副主席王禄宁、市总工会女工部领导出席会议。

9月2日　马耳他经济贸易部部长鲍尼奇等一行到集团访问。

9月16日　东方丝绸获全国精神文明建设工作先进单位称号。

9月20日　集团举行歌唱祖国歌咏大会,庆祝中华人民共和国成立50周年暨集团组建5周年。

9月26日　汪阳参加上海市市长国际企业家咨询会议第11次会议。

9月28—30日　王祖康参加'99财富论坛上海年会。

10月1日　上海丝金时装有限公司员工捐款20万元在安徽宣州贫困山区援建上海丝金希望小学举行落成典礼。

10月15—30日　集团组团参加中国出口商品秋季交易会,出口成交1.5亿美元。

12月5日　集团向市老年基金会捐款10万元。

12月14—18日　汪阳参加中国福利会五届十一次执委会会议。

12月29日　上海国际服务贸易有限公司与东方国际集团对外经济技术合作有限公司、东方国际集团旅游发展有限公司、东方国际集团广告展览有限公司,经过资产重组后成立上海国际服务贸易(集团)有限公司。

是日　王祖康会见由西藏自治区政协副主席、日喀则地委书记平措率领的西藏日喀则地区访问团。

2000 年

1月1日　东方针织浦东公司改制成立上海利泰进出口有限公司。

1月6日　中共上海市委常委、副市长蒋以任,市政府副秘书长、市外经贸委主任朱晓明,市外经贸党委副书记史丽雯和市政府、市外经贸委有关处室负责人到集团调研。

1月12日　市工商行政管理局发文认定东方纺织的"银河"商标为上海市著名商标。

2月23日　市国资办授权集团代表政府行使经营国有资产即国有股东的权利,包括投资决策、资产处置(股权转让)、资产受益和选择经营管理者等。

3月5—11日　集团组团参加第10届中国华东进出口商品交易会,8家公司参加,设摊位28个,成交4 137万美元。

3月8日　集团批复同意商业公司与张家港市普坤纺织实业有限公司、苏州工业园区康达科工贸公司协商达成的实施跨地区、跨行业资产重组的初步方案。

3月13日　市政府召开1999年度外经贸工作表彰大会,集团获1999年度外经贸工作组织奖。

3月30日　集团董事会议决定集团总部职能部门由17个部室精简为7个部室。

4月11日　市外经贸党委任命陆朴鸣为东方国际集团纪委书记。

是日　集团批复同意将东方国际皇府俱乐部有限公司更名为上海东方假日俱乐部有限公司。

是日　集团成立党委工作部,统一协调党办、组织、宣传、纪检、统战、工会、共青团等党群部门的工作。

4月19日　市外经贸委批复同意商业公司与上海茂丰轮船有限公司在浦东共同组建上海久和进出口有限公司。

5月11日　市外经贸团委就加强和改进思想政治工作课题到集团调研。

5月16日　集团纪委下发《中共东方国际(集团)有限公司纪律检查委员会全体会议议事规则(试行)》。

5月17日　市外经贸委批复同意王祖康兼任东方创业董事长。

5月18日　集团监事会召开财务专题会议,特邀大华会计师事务所、上海审计师事务所、上海金茂会计师事务所有关领导和专家出席会议。

6月1日　集团下发《关于成立东方国际集团改革领导小组和改革工作审核小组的决定》《关于成立东方国际(集团)有限公司ISO 9000贯标认证工作领导小组的决定》。

6月13日　中国证监会批准东方创业向社会公众公开发行A股。6月26日,东方创业股票在上海证券交易所网上发行。证券名称:东方创业。证券代码:600278。7月12日,东方创业在上海证券交易所A股挂牌上市,朱晓明和集团党委书记、董事长王祖康等出席上市仪式。

6月15日　集团召开一届五次职代会,审议通过《东方国际(集团)有限公司集体协商制度》。12月29日,市劳动和社会保障局审核同意《东方国际(集团)有限公司集体协商制度》。

是日　集团召开年度劳动竞赛表彰大会,表彰1999年度集团劳动竞赛"优胜集体"21个、"优胜个人"25名。

6月16日　市外经贸委批复同意上海富井制衣有限公司准予进出口经营权登记。

6月18日　集团女干部联谊会和市总工会女干部联谊会在东方国际大厦多功能厅联合举办"看东方话改革"联谊座谈会。市总工会副主席、副秘书长,外经贸党委秘书长、工会主席等到会指导。

6月23日　集团发文《关于调整东方国际集团投资决策委员会人员组成的通知》,王祖康任主任,汪阳任副主任。

是日　集团成立电子商务领导小组和工作小组。

6月29日　市政协主席王力平等一行到集团调研。

7月3日　国家外经贸部公布全国出口额最大的200家企业,集团再次位列榜首。

7月6—8日　集团党委、纪委联合举办第一期党风廉政建设培训班。7月27—29日举办第二期。

7月12日　集团党委举办所属企业基层党支部书记培训班。

7月13日　集团党委下发《东方国际集团党委会议事决策规则》。

7月17日　集团批复同意东方外贸参与上海久茂对外贸易公司、上海久事浦东公司改制。

7月24日　集团批复同意国服公司申办人才咨询中介业务。

7月31日　集团与市国资办签署《上海市国有资产授权经营公司国有资产保值增值责任书》。

是日　集团批复同意上海经贸虹桥报关公司进行多元投资主体改制。

8月2日　市外经贸委批复同意东方国际商业有限公司更名为东方国际商业(集团)有限公司。11月,完成工商注册更名手续。

8月4日　集团成立厂务公开工作领导小组和工作小组。

8月7日　集团批复同意调整东方国际集团贸易发展有限公司改制重组的合作投资伙伴。

8月9日　集团召开改革工作交流会。

8月18日　集团印发《东方国际集团经营者持股的暂行规定》。

是日　集团批复同意东方国际(集团)有限公司贸易分公司更名为东方国际(集团)有限公司上海分公司。

8月24日　集团举行ISO：9000质量认证体系讲座。

9月10日　市外经贸委批复同意上海丝绸集团金三杯印染有限公司准予自营进出口经营权登记。

9月28日　集团党委在上海影城召开贯彻"三个代表"精神、体现"两思"教育成果主题演讲交流会暨《东方的脊梁》首发仪式。

10月18日　集团下发《东方国际(集团)有限公司全面推进厂务公开工作的意见》。

10月19日　市外经贸委同意上海市丝绸科学技术研究所由事业编制单位转制为具有企业法人资格的科技型企业。2001年1月1日,上海市丝绸科学技术研究所完成事业单位转为企业单位的改制工作。

10月23日　集团党委下发《关于充实、调整东方国际集团厂务公开工作领导小组及其组成人员的通知》。

10月29日　东方针织通过中国进出口商品质量认证上海评审中心的现场评审,成为集团系统首家获ISO 9000质量管理体系注册企业证书的外贸公司。

11月6—15日　集团在中共上海市委党校分二期举办中青年干部培训班,70余名中青年干部参加培训。

11月14日　集团批复同意上海新海航业有限公司对其下属的全资子公司上海新文海国际货运代理公司进行由经营者群体持股的公司制改制试点。

11月15日　国家外经贸部批复同意上海东方国际招标有限公司为国际招标甲级资格,从事利用国外贷款和国内资金采购机电产品的国际招标业务和其他国际招标采购业务(有效期3年)。12月1日,国家外经贸部批复同意上海东方国际招标有限公司经营本公司招标合同项下商品及技术的进出口业务。

11月23日　集团批复同意对上海荣恒电器有限公司进行经营者群体持股试点,实行投资主体多元化。

11月28日　市外经贸委批复同意上海第一丝绸印染厂更名为上海第一丝绸印染有限公司。

12月4日　集团批复同意东方荣恒对其下属公司子(分)公司进行改制;批复同意上海市华达进出口公司改制成上海市华达进出口有限公司。

12月5日　集团批复同意东方商业增加注册资金500万元。

12月30日　市外经贸委批复同意上海江镇丝绸时装联营厂、王德服装厂准予进出口经营权登记。

12月31日　集团对美国福瑞博德公司投资105万美元。

2001 年

1月12日　中共上海市委常委、副市长蒋以任,市政府副秘书长、市外经贸委主任朱晓明,市外经贸党委副书记史丽雯到集团调研。

1月15日　东方创业获中国进出口质量认证中心颁发 ISO 9002 质量体系认证证书和铜牌。

1月17日　集团与二级公司经营者举行2001年度经营目标责任书签订仪式。

3月9日　集团召开庆"三八"暨表彰大会。市总工会副主席汪兰洁、副秘书长谢幼书,市妇联副主席徐佩莉、市外经贸工会副主席沈佩琪等到会指导。

3月15—30日　集团组团参加中国华东进出口商品交易会,成交4 200万美元。

3月19日　集团党委下发《关于党员组织关系转接手续的有关规定》《关于党员因公出国、出境保留(停止)党籍的手续》《关于对不合格党员的组织处理方式和程序》《关于企业党组织加强对流动党员管理工作的有关规定》。

3月28日　市政府颁发2000年度上海市外贸出口贡献奖,集团获外经贸工作组织奖。

3月30日　集团举办全面预算管理学习班,邀请专家作企业集团预算管理制度专题讲座。

3月　集团与市外经贸委共同捐资360万元兴建的西藏日喀则地区外经贸局国际贸易中心大楼落成。

4月30日　集团党委组织所属9个单位新党员30余人赴集团爱国主义教育基地——皖南事变革命烈士陵园举行入党宣誓仪式。

5月9日　集团实施《上海市国有企业财务总监管理暂行规定》,向东方纺织、东方针织、嘉盟公司委派财务总监。

5月10日　集团批复同意东方商业投资的香港丰海有限公司停业清理。

5月14日　集团董事会审议通过《东方国际(集团)有限公司董事会工作条例(草案)》。

是日　集团召开厂务公开领导小组工作会议,部署 2001 年集团厂务公开 5 项主要任务。

是日　集团下发《关于加强"小金库"查处的若干规定》的通知,开展"小金库"清查工作。

5 月 16 日　集团召开党风廉政建设干部大会,市纪委二室主任黄建平、市外经贸纪委书记扈清聚出席会议。

5 月 17 日　集团批复同意上海久盛医疗用品有限公司改制方案。

5 月 22 日　集团党委批复同意东方荣恒党总支升格为党委。

5 月 25 日　集团党委书记、董事长王祖康带队赴西藏日喀则慰问集团参加上海市第二批援藏干部陈浩。

6 月 8 日　集团下发《东方国际(集团)有限公司财务总监管理暂行规定》,规定集团派往子公司财务总监的工作权利和工作职责。

是日　集团党委组织中心组学习,邀请中共上海市委宣传部研究室副主任作关于"三个代表"重要思想辅导报告。

6 月 24 日　经国务院批准,国家外交部授予集团派遣因公经贸临时出国(境)人员和邀请外国经贸人员来华事项的审批权。

7 月 1 日　集团组织 350 人歌咏队代表市外经贸系统参加上海市庆祝中国共产党成立 80 周年"阳光·大地"大型歌会。

7 月 10 日　集团代表市外经贸系统参加由市文明办、市政府外事办、市教委和上海远程教育集团发起举办的上海市"迎 APEC 会议,当文明市民"知识竞赛决赛,获第一名。

7 月 13 日　集团纪委书记陆朴鸣带领集团、子公司人事干部一行 16 人赴浙江东方集团和浙江中大集团进行考察调研。

7 月 20 日　东方丝绸党委被中共中央组织部授予"全国先进基层党组织"称号。同时被中共上海市委授予"上海市先进基层党组织"称号。

7 月 25 日　集团下发《东方国际(集团)有限公司厂务公开工作实施细则(试行)》。

7 月 30 日—8 月 10 日　集团组织新招聘的 58 位应届大学毕业生进行为期 12 天的军事政治培训。

8 月 1 日　市外经贸委巡视员扈清聚和集团董事长王祖康、总裁汪阳等领导出席东方家纺海鹏进出口有限公司揭牌仪式。

8 月 9 日　中共上海市委副书记、市长徐匡迪在丝绸集团主持召开外贸出口工作座谈会,蒋以任、市政府秘书长姜斯宪、市政府副秘书长朱晓明等领导出席。

8 月 16 日　集团举行 6 名中青年干部赴安徽省泾县挂职锻炼欢送仪式。10 月 25 日,王祖康带队赴安徽泾县看望挂职锻炼的 6 位干部,与中共安徽省泾县县委共同召开"东方国际集团挂职干部座谈会",接受泾县电视台关于干部队伍建设的专题采访。

是日　国家外经贸部公布 2000 年中国出口额最大的 200 家企业和进出口额最大的 500 家企业名单,集团蝉联出口企业 200 强冠军,名列进出口额最大的 500 家企业第 4 位。

8 月 20 日　蒋以任、朱晓明到东方家纺、东方外贸调研。

是日　集团党委举办党支部书记培训班,邀请中国人民解放军南京政治学院上海分院教授作江泽民"七一讲话"学习辅导报告。

8 月 24 日　东方针织《以电脑辅助人脑,加强企业规范管理》专题调研报告被上海市企业管理现代化创新成果评审委员会评为三等奖。

8月27日　集团团委组织代表队参加市外经贸委团委举办的"WTO与当代外经贸青年"辩论赛,获最佳组织奖,东方创业代表队获季军。

8月28日　集团批复同意东方国际集团金桥贸易有限公司进行改制。

9月4日　集团批复同意东方国际集团永丰有限公司进行改制。

9月5日　蒋以任等一行到东方针织调研。

9月10日　集团批复同意丝绸集团变更国有资产产权登记和工商登记。

9月26日　市国资办批复同意集团在章程中相应更改经营范围,增加产权经纪业务。2012年,集团将产权经纪列为非主业项目,向联交所申请终止产权经纪业务。

9月29日　集团与市国资办签署《上海市国有资产授权经营公司国有资产保值增值责任书》。

10月12日　全国政协委员代表团到集团考察和指导工作。

10月15—26日　集团组织100多名人员参加第90届中国出口商品交易会。

10月16日　集团党委成立"三讲"学习教育活动领导小组和学习教育活动办公室,启动"三讲"学习教育活动。11月2日,集团党委召开党委委员扩大会议,传达上海市国有企业领导班子及成员"三讲"学习教育活动会议主要精神,审议通过"三讲"学习教育活动相关文件。5日,集团党委召开"三讲"学习教育活动动员大会。15日,集团党委召开"三讲"民主评议会。12月4日,集团党委召开"三讲"学习教育活动总结大会。

10月26日　集团组织慰问团赴安徽泾县看望上海丝金希望小学和茂林希望小学师生,向学校捐助电脑及学习用品。

10月31日　经外交部同意,市政府外事办授予集团外国人来华签证通知权,确定为二类被授权单位。

11月4日　集团工会举办第二届"东方杯"乒乓球赛,13个队参加。

11月6日　集团部署扶贫济困送温暖捐助活动及支援云南、江西两省灾区和贫困地区活动。

11月9日　市外经贸委副主任张伊兴到东方商业调研。

11月13日　集团下发《东方国际(集团)有限公司邀请外国经贸人员来华颁发签证通知的管理规定》。

11月21日　集团党委召开领导班子民主生活会,史丽雯和市"三讲"学习教育活动指导检查组组长及中共上海市委组织部有关人员出席会议。

11月23日　集团召开罗兰·贝格公司战略咨询会,特邀罗兰·贝格公司作关于东方创业战略分析报告。

11月28日　集团召开发展战略研讨大会,专题研讨集团在新形势下的发展战略、子公司改制及应对措施等。

11月　国家外经贸部公布2000年国家重点企业按资产总额排序百强企业,集团位列百强名单第81位。在按销售总额排序百强企业中,集团位列第25位。

12月7日　集团下属上海久盛医疗用品有限公司获上海市科委颁发高新技术企业铜牌和认定证书。

12月8日　蒋以任、朱晓明、史丽雯和市外经贸委副主任汤庆福到集团调研。

12月9日　由东方国际集团广告展览公司、汉诺威展览公司、汉诺威展览会(中国)公司共同主办的2001上海国际汽车展览会在上海新国际博览中心揭幕。

12月21日　集团召开外事工作会议,邀请市外事办公室、市外经贸委有关部门负责人对二级公司外事负责人员进行业务培训。

12月23日 国家外经贸部批复同意丝绸集团在日本设立办事处。

2002 年

1月1日 集团开始行使外事审批权。

1月15日 集团工会召开2001年"东方杯"劳动竞赛信息发布暨表彰会,邀请市总工会秘书长谢幼书、市外经贸委工会主席苏玉芳出席。

是日 集团批复同意东方纺织进行多元投资主体公司制改制。

1月28日 市外经贸委党委副书记史丽雯,党委副书记、副主任徐逸波到集团调研。

4月3日 集团开展扶贫济困送温暖募捐活动,共有3 342人参加募捐,捐款11.21万元。

4月4日 市政府任命陶人观为东方国际集团监事会主席,陈苏明为东方国际集团监事会副主席。

4月12日 集团工会下发经一届七次职代会通过的《东方国际(集团)有限公司职工(代表)大会实施细则(试行)》。

4月15日 中共上海市委任命陆朴鸣为东方国际集团党委副书记。

4月16日 经中共上海市委组织部同意,集团董事会决定聘任强志雄为集团副总裁,聘任徐建新为集团财务总监。

4月18日 集团党委下发《关于企业党组织设置、调整、报批的有关规定》《关于发展党员工作程序的有关规定》。

4月19日 市城市交通管理局批复同意东方新海购置一艘1.2万吨～1.8万吨的多用途船,从事国际海上货物运输。

4月27日 集团批复同意东方外贸新增"百货零售业"经营权。

5月11日 东方外贸经过试运行,启用自主开发的e-mao-e电子商务平台,将公司内部业务流程管理纳入系统,通过平台实现对国际贸易中的信息流、货物流、资金流较全面的控制及跟踪。

5月15日 中共上海市委常委、常务副市长蒋以任,市政府副秘书长、市外经贸委主任朱晓明,市外经贸委副主任汤庆福和市外经贸党委秘书长陈启豪到集团调研。

5月17日 集团成立改革推进办公室。

5月21日 集团召开部分企业申博专题工作会议,集团作为市申博企业后援团为支持申博捐献100万元。

5月27日 国家外经贸部公布2001年中国出口额最大的200家企业和进出口额最大的500家企业名单,集团蝉联中国出口200强榜首。

是日 经中共上海市第八次代表大会第二次全体会议无记名投票选举,东方丝绸党委副书记、总经理徐伟民当选中共十六大代表。

6月1日 集团党委召开中心组学习会,学习江泽民5月31日在中共中央党校省部级干部进修班毕业典礼上的讲话和中共中央政治局委员、中共上海市委书记黄菊在市第八次党代会上的讲话精神。

6月4日 集团批复同意东方假日俱乐部分立为上海东方国际资产经营管理有限公司和上海东方假日俱乐部有限公司。

6月5日　集团党政联合下发《东方国际(集团)有限公司关于进一步规范企业领导干部任职、退休年龄的若干意见(试行)》。

6月12日　集团党委召开2002年度党风廉政建设大会,邀请市检察一分院反贪局副局长王建平通报全市反腐败、反贪污、反贿赂情况。集团领导作党风廉政建专题报告。

6月17日　集团召开信息化专题工作会议,成立集团信息化工作小组。

6月19日　市外经贸委副主任张伊兴等人到集团就物流发展情况进行调研。

6月20日　集团向中国互联网络信息中心申请的域名 oih.com.cn 获注册证,集团网站投入运营。

7月1日　集团党委召开纪念中国共产党成立81周年座谈会,交流学习江泽民5月31日在中共中央党校省部级干部进修班毕业典礼上讲话的心得体会。

7月2日　集团举办出口信用保险讲座,特邀中国出口信用保险公司上海营业部负责人和有关专业人员介绍出口信用保险业务知识和具体操作办法。

7月4日　集团与市检察院反贪局举行恳谈会,市检察院副检察长周传纪、反贪局局长周福民,以及黄浦、徐汇、虹口、长宁、闸北区检察院反贪局领导出席。

7月5日　集团批复同意上海东方国际资产经营管理有限公司注册资本从1 700万元增加至3 000万元。

7月17日　中共上海市委任命王祖康为东方国际集团党委书记,汪阳为党委副书记,陆朴鸣为党委副书记、纪委书记。经中共上海市委提名,市政府任命王祖康为东方国际集团董事长,汪阳为副董事长。

是日　史丽雯、徐逸波和市外经贸委办公室、企保处、财务处等有关处室负责人到集团就企业改革问题进行专题调研。

7月18日　东方外贸应诉美国铅笔反倾销案胜诉,这是中国加入WTO后集团所属企业第一次应诉反倾销案获胜诉。

7月19日　集团下发《关于推进集团所属企业改制的若干意见的通知》。

7月22日　市外经贸党委决定集团新一届监事会由陶人观等7人组成。

7月23日　国家外经贸部批复同意东方创业在美国洛杉矶设立 O. I. E AMERICA INC. 公司。

7月30日　集团召开二级公司富余人员分流工作情况交流会。

8月5日　集团董事会审议通过《东方国际(集团)有限公司董事会工作条例》《东方国际(集团)有限公司董事会议事规则(草案)》。

8月7日　集团下发《关于加强改制企业财产管理的通知》。

是日　集团总裁汪阳、副总裁强志雄带队赴浙江省温州市对外贸易经济合作局考察,听取温州市外贸企业改制情况和经验介绍,考察当地著名的民营企业。

8月17日　蒋以任主持召开丝绸集团改革改制专题会议,朱晓明、市政府副秘书长江上舟以及中共上海市委组织部、市外经贸委、市政府体改办、市国资办、市人事局、市劳动保障局、市财政局等有关部门负责人出席。

8月28日　集团将持有的中国金茂(集团)股份有限公司4 250万元股份转让给中国粮油食品进出口(集团)有限公司。

9月3日　集团批复同意上海市针织品进出口有限公司浦东贸易发展公司改制,改制后名称为上海玖搏进出口有限公司。

9月20日　市外经贸委纪委书记程殿卿等领导赴丝绸集团第一织造有限公司、上海青浦丝织厂进行安全检查和指导工作。

9月23日　集团批复同意东方纺织改制方案。

9月24日　集团与市国资办签订2002年度《上海市国有资产授权经营公司国有资产保值增值责任书》。

9月26—28日　集团党委举办党委书记专题研讨班,邀请市委党校副校长王国平作《关于国企改革和企业党委作用地位的专题报告》。

9月27日　集团批复同意上海市对外贸易公司浦东公司进行改制。

9月29日　集团领导带队分赴东方汇景苑建筑工地、上海第三织造有限公司、上海筛网厂、物流浦东机场空运公司进行国庆节前安全工作检查。

10月30日　集团党委下发《关于在集团系统深入实行厂务公开制度的通知》。

11月18日　集团党委下发《东方国际(集团)有限公司企业党委工作暂行条例》。

11月29日　市外经贸委批复同意丝绸集团实施整体改制。

12月3—6日　集团党委举办学习贯彻中共十六大精神培训班。

12月4日　集团下发《东方国际(集团)有限公司关于经营者群体持股的暂行规定》。

12月6日　国家外经贸部批准同意东方创业与澳大利亚Virtetex公司在澳大利亚合资设立东方创业澳洲公司。

12月9日　集团批复同意上海锦达进出口公司改制,改制后名称为上海锦达进出口有限公司。

12月11日　集团收到2010年上海世博会申办工作领导小组办公室感谢信,感谢集团作为中国申博企业后援团成员之一对中国申办2010年上海世博会的支持。

12月12日　集团批复同意组建上海新铁链筛网制造有限公司。

是日　集团批复同意组建上海顶达进出口有限公司、上海宁达进出口有限公司。

12月27日　集团成立救助帮困工作领导小组,组长汪阳、副组长陆朴鸣。

12月30日　集团召开救助帮困工作会议,学习中共上海市委办公厅、市政府办公厅文件,听取各公司开展救助帮困工作情况汇报。

2003 年

1月2日　集团召开安全工作考核会议,对集团下属11家子公司安全工作第一责任人和分管领导2002年度履行安全生产工作责任情况进行考核。

1月5日　上海丝绸集团股份有限公司召开成立大会。1月6日,完成工商开业登记,取得工商营业执照。

1月15日　市政府副秘书长、市外经贸委主任朱晓明,市外经贸委副主任徐逸波、汤庆福与外经贸委有关处室负责人等一行到东方外贸进行调研。

1月20日　集团党委下发《东方国际(集团)有限公司党风廉政建设责任制实施细则(试行)》《东方国际(集团)有限公司企业领导人员廉洁自律规定(试行)》。

2月25日　集团研究决定东方服装不再作为上海元中实业公司的投资主体,由集团接收并作为上海元中实业公司的投资主体。

3月4日　中共上海市委常委、副市长周禹鹏到集团调研。

3月15—30日　集团组团参加第13届中国华东进出口商品交易会,共设34个参展摊位,派出100多位业务人员到会参展,成交4190万美元,名列上海交易团前列。

3月20日　集团批复同意上海元中实业公司实施改制。

3月24日　市外经贸委批复同意国服公司在本市开展向外国企业常驻代表机构提供雇员的业务。

3月28日　上海富锦实业有限公司成立。

3月30日　集团获市政府颁发的2002年度外经贸组织工作一等奖。

4月10日　丝绸股份与丝绸集团签订《关于用三年红利解决丝绸集团历史遗留问题的协议》。

4月18日　集团批复同意东方国际集团上海市家用纺织品进出口有限公司改制。

4月28日　市外经贸委主任潘龙清到集团进行企业新一轮改革改制调研。

5月4日　潘龙清主持召开座谈会,以集团新一轮改革与发展为主题开展座谈交流。

5月8日　集团下发《关于加强知识产权管理工作的通知》。

5月12日　集团党委组织抗击“非典型肺炎”疫情捐助爱心活动,集团系统6606名党员、干部和职工踊跃捐款,募集抗击“非典型肺炎”疫情款项60余万元。

5月　集团成立战略领导小组,下设战略发展、业务重组两个工作小组。

6月17日　国家商务部公布2002年中国进出口500强和出口200强企业名单,集团名列中国进出口额500家企业第6位。中国出口额200家企业第3位。

6月30日　集团党委召开纪念中国共产党成立82周年大会,表彰集团系统在精神文明建设、党的建设和抗击“非典型肺炎”疫情中涌现的先进集体和个人,采用演讲形式宣传先进事迹。

7月7日　中共上海市委、市政府召开部分市属企业划转工作会议,确定东方国际集团划转到市国资委,由市国资委归口管理。

7月16—17日　集团党委召开党委书记工作会议,邀请市委党校教授作关于“三个代表”重要思想辅导报告。

7月19日　市国资委党委副书记甘忠泽率各处室负责人到集团调研和了解情况,开展对口指导工作。

8月4日　集团批复同意上海东方国际资产经营管理有限公司受让上海元中实业公司产权,元中公司改制为有限责任公司。

8月6日　集团党委下发《关于学习贯彻〈中共中央关于在全党兴起学习贯彻“三个代表”重要思想新高潮的通知〉的意见》,在集团系统开展“三个代表”重要思想学习教育活动。

8月28日　中共上海市委任命蔡鸿生为东方国际集团党委书记。

9月10日　经中共上海市委提名,市政府任命蔡鸿生为东方国际集团董事长。

10月17日　集团纪委下发《东方国际(集团)有限公司在改制工作中的纪律规定》。

10月24日　国家商务部函复同意设立东方创业香港有限公司。

10月31日—11月3日　集团举办两期党支部书记培训班,邀请市委党校教授和《支部生活》副主编分别作辅导报告。

11月5日　东方国际集团、纺织控股集团、丝绸集团三方代表共同签署《关于托管上海丝绸(集团)有限公司的协议书》。

11月14日　集团批复同意调整上海和平国际旅行社有限公司股权结构。

11 月 15 日　集团成立战略和改革工作办公室,启动新一轮战略规划工作。

12 月 4 日　上海金马房地产有限公司股权收归集团统一管理和处置。

12 月 14—18 日　国服公司承办"中国商品展暨投资合作洽谈会(2003 沙特)",集团组织 9 家企业参展。

12 月 16—18 日　集团领导赴东方国际香港有限公司调研并慰问职工,实地考察香港公司。

12 月 22 日　集团下发《东方国际集团内部审计的工作规定(试行)》。

12 月　集团工会由归口市外经贸委工会转为直接归口上海市总工会。

2004 年

1 月 1 日　集团创办《东方国际报》,首期出刊。

1 月 7 日　集团党委召开党委书记会议,落实元旦、春节期间帮困送温暖和稳定工作。

1 月 8 日　物流公司与日本株式会社天野回漕店共同出资设立的上海东方天野国际物流有限公司成立。

1 月 18 日　东方纺织在绍兴投资 2 500 万美元组建的海神制衣有限公司投产运营。

2 月 2 日　集团党委举行以企业改革为专题的党课教育。

2 月 17 日　集团获市政府颁发的外经贸工作组织奖二等奖。

2 月 20 日　集团召开常驻海外人员座谈会,探讨新形势下集团和各公司的海外企业发展。

2 月 24 日　集团董事会决定下设薪酬委员会、投资决策委员会、战略发展委员会三个专业委员会。撤销集团董事会战略与规划咨询委员会。

2 月 26 日　集团召开物流业务发展战略研讨会。

2 月 27 日　集团纪委编写的《警示录》举行发放仪式。

3 月 1—7 日　集团组团参加在上海新国际博览中心举办的第 14 届中国华东进出口商品交易会,10 家公司参展。

3 月 2 日　经市国资委党委、市国资委同意,集团董事会、党委决定聘任周峻为东方国际集团副总裁。

3 月 5 日　集团党委召开中心组学习会,传达中共中央纪委三次会议精神、市党风廉政建设干部会议精神和市国资委系统党风廉政建设大会精神。

3 月 6 日　集团下发《关于企业改制中涉及资产评估立项、确认若干问题的意见》。

3 月 9—10 日　集团召开工会主席年度工作会议,传达全国总工会和上海市总工会会议精神,通报集团新一轮改革改制情况和市国资委党风廉政建设大会精神,讨论研究集团工会 2004 年工作。

3 月 16 日　集团与所属 12 家子公司签订《东方国际集团 2004 年安全工作责任书》。

3 月 18 日　东方纺织"银河"牌棉涤纶商标第三次被认定为上海市著名商标。

3 月 19 日　集团党委召开 2004 年度党风廉政建设干部大会,传达中共中央纪委三次全会精神、市党风廉政建设干部会议精神和市国资委系统党风廉政建设大会精神。

4 月 2 日　集团下发董事会审议通过的《东方国际(集团)有限公司关于提供经济担保的管理办法(试行)》。

4 月 7 日　集团下发《东方国际(集团)有限公司章程》《股东会议事规则》《董事会议事规则》《监

事会议事规则》《总经理工作规则》。

4月8日　集团下发《东方国际(集团)有限公司企业改革改制文件汇编(一)》。

4月9日　集团在上海荣恒内衣有限公司召开出口工作现场专题研讨会。

4月15日　集团党委下发《关于在企业改革过程中加强思想政治工作和稳定工作的意见》。

4月28日　集团党委召开反腐倡廉工作会议,传达贯彻市国有企业党风廉政建设工作会议精神。

5月10日　集团成立董事会、监事会办公室。

5月13日　集团成立物流企业改革与发展领导小组。

5月18日　上海会达进出口有限公司和上海常达进出口有限公司两家改制公司同时揭牌。

5月26日　东方针织实施整体改制,改制后名称为东方国际集团上海利泰进出口有限公司。5月30日,东方国际集团上海利泰进出口有限公司举行揭牌仪式。

是日　集团党委下发《进一步加强集团各级领导班子和高管队伍思想政治建设的实施意见》。

5月27日　国家商务部公布2003年中国出口额最大的200家企业和进出口额最大的500家企业名单,集团位列进出口额第9位、出口额第6位,列国有专业外贸公司榜首。

5月28日　集团党委下发《关于深入开展"让人民高兴、让党放心"活动,进一步加强领导班子和干部队伍思想政治建设实施意见》,成立"让人民高兴、让党放心"活动领导小组和办公室。5月31日,集团党委召开深入开展"让人民高兴、让党放心"活动部署会议。

6月10日　副市长周太彤等一行到丝绸集团所属的东海养老院调研。

6月21日　集团下发《东方国际(集团)有限公司派出监事管理暂行办法》。

6月23日　市国资委副主任王晓元带领改革重组处、评估管理处、产权管理处和分配保障处处长等部门负责人到集团就企业改革改制工作进行深入调研。

6月29日　东方国际集团上海市家用纺织品进出口有限公司实施企业改制,改制后的企业名称变更为东方国际集团上海家纺有限公司。

是日　集团下发《东方国际(集团)有限公司派出董事管理暂行办法》。

7月5日　由《国际商报》和中国国际货运代理协会主办的"首届中国国际货代百强排名(2003年)"揭榜,物流集团、经贸公司、佳达公司和上海经贸山九储运有限公司分列第7名、第32名、第39名和第66名。

7月10日　集团被上海市统计局评为2003年度企业集团统计工作优胜单位。

7月27日　中共上海市委常委、副市长周禹鹏先后到荣恒内衣公司和东松公司调研。

7月29日　集团下发《东方国际(集团)有限公司关于改制公司使用境外资产的意见》《东方国际(集团)有限公司境外企业设立、停业、关闭和清算暂行管理办法》。

8月2日　集团办公信息发布系统开始试运行。

8月3日　市统计局公布2004年上海行业经济排行榜,集团列上海市集团百强第10位。

8月8日　国家统计局中国行业企业信息发布中心发出书面通知,集团在2003年度全国最大500家企业集团中位列第58名。

8月18日　集团党委召开企业党建工作会议,市国资委党委副书记马新生到会讲话。

8月23日　集团党委组织举行"一对一"牵手帮困助学捐助仪式。

9月6日　中共上海市委常委、副市长冯国勤,市政府副秘书长吉晓辉,市国资委副主任王晓元和市财政局副局长张爱民等到集团调研。

是日　集团下发《东方国际(集团)有限公司关于加强法律工作的若干意见》。

9月7日　集团工会下发《关于企业改制后进一步做好帮困救助工作的若干意见》。

9月9日　集团党委决定经贸公司、佳达公司的党组织划归东方国际物流有限公司党委管理。

10月15—20日　集团组团参加第96届中国出口商品交易会,设95个展位,300余人参加,展出4000多种展品。

10月20日　集团召开"我们与灾区人民心连心"扶贫济困送温暖募捐动员大会。

10月28日　集团纪委召开纪检监察工作会议,学习贯彻中共十六届四中全会精神。

11月3日　东方国际集团广告展览公司与市信息化委员会、上海交通大学、上海超级计算中心共同承办的"现代化国际大都市与网格化管理国际论坛"在锦江饭店举行。

11月3—6日　东方外贸、东方新家纺、东方纺织、丝绸股份、嘉华公司等5家企业组团参加"首届中国—东盟博览会"。

11月16日　集团工会举办集团成立10周年职工书画摄影展,征集作品500余幅,录用306件展出,在上海图书馆、艺海剧院和东方国际大厦巡展。

11月18日　集团举行成立10周年发展战略研讨会,邀请市国资委、市外经贸委、中国纺织品进出口商会、市委研究室、市政府发展研究中心、同济大学、上海外贸学院、上海海事大学、上海外贸协会、上海贸促会、中国商会上海分会等单位领导和专家、教授,以及集团重要贸易合作伙伴代表出席。是日,集团成立10周年新闻通气会在虹桥迎宾馆召开,邀请新华通讯社上海分社、人民日报华东分社、中国新闻社上海分社、《国际市场》杂志、《解放日报》《文汇报》《劳动报》、上海电视台新闻中心、上海人民广播电台、东方广播电台以及香港《文汇报》《大公报》等媒体的新闻记者出席。

11月20日　集团工会组织集团成立10周年文艺汇演,在艺海剧院演出职工自编自演的20个文艺节目。

是日　集团下发《东方国际物流有限公司中小企业改革改制人员分流安置办法》。

11月27日　丝绸股份被上海市质量工作领导小组评为2004年上海市质量金奖企业。

11月29日　集团批复同意上海国际广告展览有限公司企业改制。

是日　国家商务部批复同意上海新文捷国际货运有限公司股权转让变更企业性质。

12月1—2日　东方国际集团上海国际广告展览有限公司协办的"第六届上海国际工业博览会论坛WTO事务主题报告会"在华亭宾馆举行。

12月8日　集团工会组队参加"上海市知识产权知识竞赛"获银奖。

12月10—12日　东方国际集团上海国际广告展览有限公司承办的"中国经贸展览会"在墨西哥首都墨西哥城举行。

12月21日　集团批复同意上海经贸嘉华进出口有限公司企业改制。

2005 年

1月1日　欧美等国家取消对世界贸易组织成员纺织品和服装实行的进口配额。

1月20日　集团成立保持共产党员先进性教育活动领导小组和办公室,启动保持共产党员先进性教育活动。1月24日,集团党委召开会议,对保持共产党员先进性教育活动准备工作进行研究和安排。1月28日,集团党委召开第一批保持共产党员先进性教育活动动员大会。2月5日,集团党委在上海图书馆报告大厅举行第一批党员先进性教育活动专题党课报告会。7月11日,集团党委在上海影城召开先进性教育活动第一批总结暨第二批动员大会。11月11日,集团党委召开第二批先进性教育活动总结大会。

1月25日　东方国际集团上海国际广告展览有限公司和TP上海(全球贸易网点联盟和联合国贸发大会项目)联合承办的"联合国采购"说明会在锦江宾馆举行。

是日　集团下发《东方国际(集团)有限公司企业改革改制文件汇编(二)》。

1月27日　市政府任命孔长松为东方国际集团监事会主席。

1月28日　物流集团成立仪式在上海海神诺富特大酒店三楼举行。

1月　东方新家纺"333麻雀"被市工商行政管理局授予"2005—2007上海市著名商标"奖牌。

3月1日　国家商务部、中国海关总署联合制定的《纺织品出口自动许可暂行办法》实施。国家商务部制定的《对外贸易壁垒调查规则》实施。

3月1—6日　集团组团参加第15届中国华东进出口商品交易会,设40个摊位,100多位业务人员参展,接待来访客商1 182位。

3月10日　集团工会召开2004年度"创新杯"劳动竞赛先进集体、先进个人表彰大会。

3月21日　东方创业和瑞士FOXTOWN合资成立狐狸城置业(上海)有限公司,投资建设品牌折扣直销的"东方狐狸城"。6月10日,"东方狐狸城"在松江新浜举行开工典礼。2006年6月10日,"东方狐狸城"开业迎客,副市长胡延照、瑞士驻沪总领事、松江区政府领导等500余名中外嘉宾出席开业典礼。

4月1日　集团党委召开党风廉政建设干部大会,传达中共中央、上海市委和市国资委党风廉政建设会议精神,部署集团党风廉政建设工作。

4月10日　东方国际集团上海国际广告展览有限公司组织133家中国企业参加在阿拉伯联合酋长国迪拜举行的第十届中东汽摩展览会。

4月15—22日　集团组团参加第97届中国出口商品交易会,设66个展位,170余人参加,成交3 880多万美元。

4月20日　集团党委召开统战工作座谈会,传达市国资委统战联席会议第一次会议精神,交流汇报各公司统战工作经验和做法。

5月7日　法国威立雅公司代表团一行36人到东方外贸参观考察。

5月8日　集团精神文明领导小组召开集团级文明单位申报评选工作会议。

5月31日　集团下发《关于集团派出董事长、监事长薪酬收费的暂行办法》。

是日　集团党委下发《关于做好二级公司高管后备干部队伍调整充实和培训工作的通知》。

6月9日　东方国际集团广告展览有限公司承办的"世界服务贸易论坛"在上海国际会议中心举行。

是日　国家商务部一行在副市长胡延照陪同下,到集团听取关于美欧实施"特保"影响及对策建议的情况汇报。

6月15日　集团牵头与上海纺织控股集团等企业共同向国家商务部紧急呼吁按照《纺织品临时出口配额管理办法》,以公开、公正、公平原则分配纺织品临时出口配额,倡导优化产品结构、以质取胜。

6月20日　由《国际商报》和中国国际货代协会网站举行的对中国国际货代100强企业评比公示,物流集团排名中国国际货代100强第6位,海运货代50强第4位,空运货代50强第9位。

6月29日　集团党委表彰在改革发展、业务经营、维护稳定大局成绩显著的30名优秀共产党员,在2005年第8期《东方国际报》增刊上登载先进事迹。

7月21—22日 集团召开2005年年中工作会议,传达中共上海市委八届七次全会精神,邀请上海大学教授作企业文化建设专题讲座。

8月1日 中国企业联合会公布2005中国企业500强排序,集团列中国企业500强第105位,中国服务业企业500强第49位,综合类内外贸易批发业零售业企业第4位。

8月8日 中共上海市委常委、副市长周禹鹏到集团调研并指导工作,听取集团对人民币汇率变动和欧美特保设限的应对措施。

8月12日 上海恒盛贸易实业有限公司、上海凯邦实业有限公司和上海嘉利斯贸易有限公司完成资产重组工作。

8月16日 集团党委召开会议,传达上海市加强党风廉政建设干部大会主要精神。9月10日,集团党委在党风廉政建设干部大会上传达上海市加强党风廉政建设干部大会精神。

8月22日 集团下发《东方国际集团中青年人才(职工)培养基金管理办法》。

8月24日 集团成立自主产品品牌发展基金领导小组。

8月27日 集团50多名中青年干部参加的培训班结业。

9月1日 集团颁布实施《自主产品品牌发展基金管理暂行办法》。

9月4日 中共上海市委任命唐小杰为东方国际集团党委副书记。

9月6—9日 上海国际广告展览有限公司组织88家中国企业、160人参加2005年第二届中国产品展暨伊战后重建采购大会。

9月8日 集团向东方外贸、东方利泰、东方商业、物流集团、国服公司等5家子公司派出财务总监。

9月27日 上海市统计局公布2004年度上海行业经济排行榜,集团位列上海市企业集团第13名。

9月28日 集团召开先进会计工作者表彰大会。

9月30日 集团党委修订下发《东方国际(集团)有限公司企业领导人员廉洁自律规定(试行)》《东方国际(集团)有限公司党风廉政建设责任制实施细则(试行)》。

10月5日 集团组团赴安徽泾县茂林希望小学,参加百年校庆活动。

10月10日 集团党委召开贯彻国资重大损失领导责任追究试行办法暨加强风险控制和党风廉政建设学习会,邀请市纪委常委、市监察委副主任赵增辉作企业领导干部廉洁自律专题报告。

10月19日 市国资委党委、市国资委批复同意聘唐小杰为东方国际集团总裁。

10月28日 集团召开政务信息工作会议,下发《东方国际集团政务信息工作办法(2005年修订稿)》《东方国际集团政务信息工作考评试行细则》。

11月1日 集团获市统计局2004年度企业集团统计工作综合评比一等奖。

11月9日 市经济工作委员会党委副书记张金康带领市厂务公开工作领导小组一行5人到集团和丝绸股份调研。

12月7日 集团下发《东方国际(集团)有限公司监事会学习制度》《东方国际(集团)有限公司监事会议事规则》《东方国际(集团)有限公司党建督察员工作暂行办法》《东方国际(集团)有限公司监事会工作暂行办法》。

12月19日 集团与日本富士通将军株式会社举行组建合资公司签字仪式,日本驻沪领事、媒体记者等嘉宾出席。

2006 年

1月1日　集团下发《东方国际(集团)有限公司员工手册(试行)》。

1月12日　集团获中国人民银行上海分行授权资信评级专家委员会评定为 A 级资信等级。

1月19日　物流集团获中国物流行业十大影响力品牌称号。

1月25日　集团党委下发《东方国际集团党建长效机制》。

2月5日　集团下发《东方国际(集团)有限公司高管人员管理办法(试行)》。

2月10日　东方纺织获 2004—2005 年度上海市商标管理先进单位。

2月13日　集团党委举行《巩固先进性教育活动成果、建立企业党建长效机制》党课报告会。

2月20日　东方国际集团、金发投资(中国)有限公司、物流集团三方共同投资组建的合资企业——东方金发国际物流有限公司举行合资合同签字仪式。

2月24—25日　集团监督工作联席会议在松江召开,邀请市国资委董事监事工作处处长做监事工作实务讲座。

3月1—6日　集团组团参加第 16 届中国华东进出口交易会,参展摊位 55 个,150 多位业务人员参加,接待来访客商 1 162 位。

3月10日　集团团委召开第二次团员代表大会,选举产生集团第二届团委委员。团市委副书记李跃旗到会祝贺。

3月14日　市国资委批复同意将集团所持有的上海浦东发展银行股份有限公司 7 500 万股国有法人股,变更为上海国际集团有限公司持有。

4月6日　市国资委党委任命王乐齐为东方国际集团党委副书记。市国资委任命王乐齐为东方国际集团副董事长。

4月7日　集团下发《东方国际(集团)有限公司派出董监事实行报告制度的暂行办法》。

4月15—30日　集团组团参加第 99 届中国出口商品交易会,设摊位 105 个,300 多名业务员参加,接待国外客商 2 619 人。

5月25日　集团召开第二次工会会员代表大会暨二届一次职代会,选举产生集团工会第二届委员会和经费审查委员会。市总工会副主席吴申耀到会祝贺。5 月 31 日,市总工会批复集团工会,同意选举结果。

6月2日　集团董事会研究决定下设专业委员会调整为薪酬与考核委员会、投资决策委员会、战略发展委员会、预算委员会、审计委员会。

6月8日　集团设在阿拉伯联合酋长国迪拜的中东事务联络处举行揭牌仪式。

6月12—15日　集团承办的"第二届中国商品展暨投资合作洽谈会(2006 沙特吉达)"在沙特阿拉伯吉达市国际展览中心举行。

6月27日　集团党委召开中心组学习会议,邀请市委党校教授作"八荣八耻"辅导报告。

6月28日　集团党委在永华影城召开中国共产党成立 85 周年暨"两优一先"表彰大会。

7月3日　集团成立治理商业贿赂领导小组,下发《东方国际集团开展治理商业贿赂专项工作自查自纠实施方案》。

7月10日　物流集团获 2006 年中国物流诚信企业称号。

7月13—14日　集团工会召开专题培训与工作会议,邀请市工会干部管理学院老师作关于"工会维权"讲课。

7月20日 副市长胡延照到集团调研,并到集团下属的工厂、物流仓库、堆场、东方外贸 showroom 等实地考察。

8月3日 集团召开治理商业贿赂专项工作自查自纠动员大会。

8月9日 市国资委党委系统企业"四好"领导班子创建活动第一检查指导组到集团检查指导创建活动。

8月21日 东方荣恒与日本株式会社富士通将军共同投资的富士通将军东方国际商贸(上海) 有限公司在上海大剧院8楼举行开业典礼,市外经贸委副主任刘锦屏,集团党委书记、董事长蔡鸿生,副总裁周峻,日本株式会社富士通将军社长大石光弘,日本驻沪领事馆领事田中以及新闻媒体记者等100多人参加开业仪式。

8月23—24日 集团举办派出董事、监事、财务总监培训班。

8月26日 中国企业联合会发布2006中国企业500强名单,集团列中国服务业企业500强第45位,综合性内外商贸及批发零售业第4位。

8月28日 市统计局公布排名金榜,集团名列2005年按营业收入排序的上海市前100位企业集团第15名。

9月1日 东方国际集团、金发投资(中国)有限公司、物流集团与上海临港国际物流发展有限公司就共同投资的临港物流园区C1301地块土地开发举行签字仪式。市国资委党委副书记马新生出席并致辞。

9月10日 集团获上海市进出口公平贸易工作先进集体称号。

9月19日 由《国际商报》、中国国际货代协会联合发布中国国际货代物流4强名单,物流集团跻身4强第四位。

9月20日 东方纺织"MILKY WAY银河"和丝绸股份"LILY"入选2005—2006年度上海市重点培育和发展的出口名牌。

9月23日 丝绸股份旗下LILY品牌在米兰展览中心举办2007年春夏女装发布会,这是中国服装品牌首次在世界四大顶级的时装周举办单场服装发布会。

10月8日 集团党委成立企业文化创新建设领导小组和工作办公室。

10月10日 市国资委主要领导率委办公室、研究室、规划发展处、改革重组处、产权管理处和董事监事工作处等有关处室负责人到集团开展工作调研。

10月12日 集团《以提升服务贸易企业核心竞争力为目标的供应链再造与管理》专题研究成果获2006年度上海市企业管理现代化创新成果一等奖。

10月15—30日 集团组团参加第100届中国出口商品交易会,设108个摊位,11家贸易公司、300多人参展。接待国外客商10 014人,达成成交意向6 361万美元。展会期间,副市长周禹鹏到集团展位考察。

10月17日,集团党委下发《东方国际集团企业文化创新建设三年行动规划》。

是日 物流集团获中国物流与采购联合会颁发的中国"5A级物流企业"证书。

10月20日 集团党委下发《2006年贯彻落实党建长效机制实施意见》,组织集团系统1 837名党员参加民主测评。

10月30日 集团工会成立第二届女职工委员会。

11月1日 集团工会参加市总工会和劳动报社联合举办的"信谊杯"长征题材书画作品征稿大

赛,获优秀组织奖。

11月8日　集团党委组织"送温暖、献爱心"捐款活动,募集到爱心捐款13.45万元。

11月26日　集团党委举办2006年第一期党组织书记培训班。12月2日举办第二期。

11月28日—12月1日　集团组团参加中国华东进出口商品交易会(2006大阪)。

12月1日　上海现代服务业联合会和解放日报社组织"2006年度上海现代服务业企业100强"排序,集团位列第10位。

12月8日　上海第二丝绸机械厂上报的SHGD高速精密络筒机项目通过国家发改委最后审核,获国家拨付的促进纺织行业转变外贸增长方式专项资金100万元。

12月10日　上海市物流学会与临港集团共同主办2006年"临港杯"物流与供应链管理征文活动,物流集团的《东方国际物流在洋山港谋求新的发展机遇》被评为十佳案例。

12月13日　物流集团与欧洲Geodis公司董事长兼总裁Pierre Blagau率领的代表团进行业务交流。

12月17日　全国企业管理现代化创新成果审定委员会发布和推广第十三届全国企业管理现代化创新成果,集团《以提升服务贸易企业核心竞争力为目标的供应链再造与管理》专题研究成果获国家二等奖。

12月27日　丝绸股份旗下的LILY品牌被授予"2005—2006年度上海市自主出口品牌"。

12月28日　东方创业控股、经营者和业务人员参股的嘉利国际贸易有限公司挂牌营业。

2007 年

1月18日　上海经贸国际货运实业有限公司、上海经贸虹桥报关有限公司被评为中国百优报关企业。

1月23日　上海新海航业有限公司名称变更为东方国际物流集团上海新海航业有限公司。

1月25日　上海中达印染特种整理有限公司位于民和工业园区6 300平方米的上海新柳营路灯饰市场开业。

2月8日　上海市企业联合会发布2006上海企业100强的排名金榜,集团位列第18位。

2月9日　集团工会组织的首届"东方国际杯"篮球锦标赛决赛暨颁奖仪式在上海师范大学球类馆举行。

2月27日　集团党委举行"努力构建健康向上的企业文化,着力推进持续稳定的企业发展"专题党课。

3月1—6日　集团组团参加第17届中国华东进出口商品交易会,设摊位56个,接待来访客商642位。展会期间,市人大常委会副主任周禹鹏到集团展位考察。

3月5日　东方新海获虹口区政府颁发的"纳税贡献奖"奖牌。

3月6日　东方纺织"银河"商标第4次获"上海市著名商标"称号。

是日　集团工会女职工委员会假座上海影城召开先进女职工(集体)先进表彰大会。

3月9日　集团召开治理商业贿赂自查自纠总结交流会议。

3月21日　中国企业联合会评选2006年度排行榜,集团位列中国服务业企业500强第45位,中国企业500强第126位,综合性内外商贸及批发、零售业企业第4位,中国最大企业500家第104位,中国进出口500强第17位。

3月30日　团市委授予集团团委"2006年度上海青工工作先进团组织",授予东方利泰第四业务部团支部、东方新家纺团委"上海市青年文明号(共青团号)"称号。

4月1日　东方商业获海关签发的A类管理企业资质。

4月5日　集团党委召开党群工作会议,集团党群各条线负责人对2007年度党群工作进行部署。

4月15—30日　集团参展第101届中国进出口商品交易会,组织300多位人员参加,设100个摊位。4月16日,上海市副市长唐登杰到集团展位考察。

4月18日　集团党委下发《2007年贯彻落实党建长效机制实施意见》。

4月20日　经贸公司被授予"2006年度上海空港口岸出入境报检诚信建设达标企业"。

4月23日　东方房产投资开发的"东丰林居"房产项目奠基。2008年11月28日,"东丰林居"楼盘举行开盘仪式。2009年12月15日,"东丰林居"楼盘交付业主使用。

4月26日　集团党委书记、董事长蔡鸿生,党委委员、副总裁周峻当选中共上海市第九次代表大会代表。

4月29日　集团党委下发《关于下发治理商业贿赂长效机制指导性意见的通知》。

5月3日　日本三菱商事株式会社原上海办事处负责人武田胜年到集团访问。

5月4日　东方纺织自主商标维权案件入选海关总署公布的"中国海关2006年保护知识产权十佳案例"。

5月10日　集团团委举办企业文化理念演讲比赛暨五四青年表彰大会。

5月14日　东方外贸"档案为外贸公司索回7 000万元的房产"实例被上海市档案局选入"档案,让社会更和谐——上海档案利用效益成果展",在上海市档案局外滩新馆展出。

5月18—20日　东方国际集团上海国际广告展览有限公司协办、同济大学举办百年校庆系列活动。

6月6日　市国资委副主任张成钧等一行到物流集团调研。

6月10日　东方外贸成为联合国难民署、联合国儿童基金会、联合国计划署采购办公室、联合国维也纳办事处等4家机构的采购供应商。

6月14日　集团党委下发《东方国际集团贯彻〈建立健全教育、制度、监督并重的惩治和预防腐败体系实施纲要〉的实施办法》。

是日　集团党委下发《关于表彰2006年度创建"四好"领导班子先进集体的决定》,通报表彰东方创业、东方利泰、东松公司等3家公司领导班子。

6月16日　集团团委启动"东方青年网球沙龙"活动。

6月19日　集团党委下发《中共东方国际(集团)有限公司纪委关于贯彻落实〈中共中央纪委关于严格禁止利用职务上的便利谋取不正当利益的若干规定〉的实施意见》。

6月22日　中央财经领导小组办公室副主任刘鹤等一行到集团调研。

6月26日　市国资党委副书记马新生等一行到集团调研。

6月27日　丝绸股份举行安徽生产基地—宣城尚时制衣有限公司奠基开工典礼。生产基地占地5.4万平方米,建筑面积4.9万平方米,拥有梭织服装和针织横机毛衫两个生产厂、一个CAD(计算机辅助设计)打版中心,年生产能力700万件/套。生产基地于2008年年底竣工生产。

6月28日　集团党委在上海影城召开庆祝中国共产党成立86周年暨表彰大会。

7月13日　物流集团天津有限公司在天津举行开业典礼仪式。

8月9—11日　集团工会召开二级公司工会主席、副主席会议,研讨推进集体合同和工资集体协商工作。

8月14—17日　上海国际广告展览有限公司承办的"第四届约旦中国商品展暨伊拉克战后重建采购大会"在约旦安曼国际展览中心举行。

8月18—19日　集团总裁唐小杰、副总裁钟伟民带队赴江苏舜天集团和晨风集团进行考察交流活动。

8月27日　市统计局公布按2006年营业收入排出的上海市集团公司100强,集团位列第13名。

9月5日　集团党委与崇明县庙镇通济村、小竖村党支部举行结对帮扶签约仪式。

9月5—8日　集团组团参加中国华东进出口商品交易会(2007大阪)。

9月7日　由国家商务部牵头,国务院办公厅、发展改革委、财政部、国税总局、劳动保障部、国土资源部、农业部、海关总署、质检总局、环保总局等部门参加的督察调研小组一行20余人,到集团开展"转变外贸增长方式工作落实情况"督察调研。

9月19日　集团批复同意东方创业对狐狸城置业(中国)有限公司增资。

10月1日　物流集团海运分公司挂牌成立。

10月2日　美国得克萨斯州圣安东尼奥市市长率领的代表团拜访集团及物流集团。

10月15—30日　集团组团参加第102届中国进出口商品交易会,集团所属11家公司300多名业务员参展,设摊位100个,达成成交意向2 157万美元。

10月16日　集团党委举行党风廉政建设专题报告会。

10月18日　2007年上海市国际货运代理企业信用等级评估结果揭晓,物流集团和经贸公司分别获评信用最高的AAA级。

10月19—20日　集团举办提炼企业文化理念专题培训班,邀请辅导老师对提炼和确定企业文化理念核心价值观体系的实战方法作详尽的讲解。

10月31日　东方新海购置的"新海汇"轮加入新海船队投入航线运营。

11月1日　国服公司所属因私出入境有限公司获国家公安部颁发的因私出入境中介机构经营许可证。

11月11日　集团被市统计局评为"上海市2007年度劳动统计年定报优胜单位"。

11月14日　集团开展"送温暖、献爱心"社会捐助活动,5 560人次参加,募集善款13万元,冬衣裤和被毯3 735件/条。

11月15—16日　东方国际集团上海国际广告展览有限公司和世博集团外经贸商务展览有限公司联合承办的"2007年中国人才服务业博览会"在上海浦东展览馆举行。

11月19—20日　集团举办派出董事、监事、财务总监专题培训班。

11月30日—12月1日　集团党委假座青浦东方绿舟宾馆举办党支部书记培训班,学习中共十七大精神。

12月4日　集团下发《东方国际集团奖励办法(暂行)》。

12月5日　丝绸股份获"2005—2006年度上海市厂务公开民主管理工作先进单位"称号。

12月28日　经贸公司及下属的上海经贸虹桥报关有限公司被授予全国首批"进出口商品预归类单位"试点企业。

2008 年

1月1日　东方利泰获全国首张 2008 年度输欧盟纺织品出口许可证,运往丹麦的 5 248 件男式针织外套率先领取通行证,拉开在"出口许可证管理"下中国纺织品输往欧盟的序幕。

1月10日　丝绸股份被授予"2007 年度上海市质量金奖企业"称号。

1月　东方新家纺"333 麻雀"被市工商行政管理局授予"2008—2010 上海市著名商标"奖牌。

2月1日　集团工会经审会被市总工会评为"2007 年度经审工作规范化建设一等奖"。

2月19日　副市长唐登杰、市政府副秘书长沙海林、市外经贸委副主任徐权等到集团调研。

2月26日　集团党委在上海图书馆多功能厅举行"坚持以人为本,构建和谐企业"专题党课。

2月28日　市政府副秘书长肖贵玉、市国资委主任杨国雄、市经委副主任张新生等到集团调研,考察丝绸股份 LILY 品牌专卖店、东方新家纺品牌展示中心。

3月1—5日　集团组团所属 8 家公司参加在新国际博览中心展馆举行的第 18 届中国华东进出口商品交易会。

3月3日　市人事局、市档案局联合发文表彰先进,集团获"上海市档案系统先进集体"称号。

3月5日　东方新海获虹口区政府授予的"纳税贡献奖"。

3月6日　集团编辑下发《东方国际(集团)有限公司企业文化理念与大讨论征文汇编》。

是日　市外经贸委副主任营和平到集团调研,指导公平贸易工作。

3月7日　物流集团杭州办事处挂牌成立。

3月10日　集团工会获市总工会"2007 年度工会财务考核评比优胜奖"。

3月19日　国家商务部服务贸易司司长胡景岩等一行到物流集团调研。

4月15—30日　集团组团参加第 103 届中国进出口商品交易会,所属 11 家公司 400 多位业务员参展,设摊位 140 个,达成交意向 3 434 万美元。

4月25日　集团下发《关于集团派出董监事进一步落实执行报告制度的通知》。

5月19日　集团获中国纺织品进出口商会颁发的最高等级的 AAA 级企业信用。

5月27日　集团团委和工会联合举办"五四青年、'创新杯'劳动竞赛颁奖暨篮球表演赛",组织"东方青年抗震救灾现场义卖"活动,筹集 3 万余元善款交市红十字会。

5月30日　集团系统企业和个人为四川省汶川地区大地震捐款 627 万余元,捐赠物资价值 12 万元。

6月1日　集团下发《集团开展安全生产隐患排查治理工作实施方案》,集团党政领导布置落实隐患治理和确保奥运期间安保稳定工作。

6月10日　东方新海获中共上海市委宣传部、市文明办、市新闻办联合组织评选的"2007 年度企业诚信建设奖"。

6月15日　物流集团位列"2007 年中国国际货代物流 100 强排名榜"第 6 名、海运 50 强第 4 名、空运 50 强第 10 名。

6月20日　集团召开二届三次职代会,会议发出"认清形势,振奋精神,共渡难关,多作贡献"倡议书。

6月26日　集团党委在中共上海市委党校报告厅召开纪念中国共产党成立 87 周年大会。

7月15日　集团下发《东方国际(集团)有限公司参股企业股东(大)会、董事会、监事会表决事项审批规定(暂行)》。

7月17日　国家外汇管理总局副局长李东荣和上海分局领导到丝绸股份调研。

7月21—22日　集团召开2008年年中工作会议,举办"外汇新政策与汇率风险管理"专题讲座。

7月23日　集团成立企业信息化领导小组和工作小组。

8月5日　国服公司外企服务分公司获"2007—2008年上海市信得过人才服务机构"称号。

8月7—9日　东方国际集团广告展览有限公司与上海市肉类行业协会联合主办的2008上海国际肉类工业展览会在上海光大会展中心举行。

9月4日　上海市统计局公布排名金榜,集团位居上海企业集团100强第13位。

是日　中国企业联合会发布2008中国企业500强名单,集团位居中国企业500强综合商贸类企业第3位。列中国企业500强第181位、中国服务业企业500强第57位。

9月10日　市外经贸委副主任王新培等到东方外贸调研。

9月18日　市安全生产监督管理局副局长张胜军等领导到集团检查指导工作。

10月2日　经贸公司获上海海关颁发的"适用A类管理物流企业"证书。

10月15日—11月6日　集团组团参加第104届中国进出口商品交易会,东方外贸、东方创业、东方利泰、东方新家纺、东方纺织、东方商业、丝绸股份、国服公司、东方荣恒、嘉华公司等单位450多位业务员参加,设摊156个,达成成交意向3113万美元。

10月16日　集团党委书记、董事长蔡鸿生,监事会主席孔长松、党委副书记陆朴鸣带领总部有关职能部门和部分二级公司党组织分管领导10余人赴崇明庙镇结对帮扶的小竖村、通济村查验帮扶实事项目。

10月17日　集团与世博集团、兰生集团共同组成231人的合唱队,参加市国资委纪念改革开放30周年歌咏大会。

10月26日　经贸公司获上海市红十字会"5·12"地震抗震救灾先进集体和个人表彰大会授予的"抗震救灾优秀志愿者组织"称号。

11月1日　中国对外经济贸易统计学会颁布,集团位列2007年中国对外贸易500强企业第30名,2007年海关出口额最大的200家企业第24名。

11月11日　市国资委副主任张成均等到物流集团调研。

11月22日　物流集团总经理应邀参加中共中央政治局常委、国务院总理温家宝在上海主持召开的大型企业负责人座谈会。

11月26日　中共上海市委常委、副市长屠光绍一行到集团调研,参观东方创业品牌展览室,观看集团纪念改革开放30周年图片展。

是日　集团召开纪念改革开放30周年大型座谈会。

11月26—27日　集团召开"鼓干劲、渡难关、谋发展"业务工作专题会议。

12月5日　市人大常委会副主任周禹鹏到集团调研。

12月10日　集团被市统计局评为"上海市2008年度劳动统计年定报优胜单位"。

12月18日　集团组织"劳动合同法实施条例"培训。

12月25—26日　集团党委举办基层党组织书记专题培训班。

12月31日　集团积极应对全球金融危机,2008年进出口总额首次突破50亿美元。

2009 年

1月23日　东松公司作为进口商务代理参与大型医疗系统设备引进项目签字仪式,合同金额1亿欧元。市政府领导、集团董事长蔡鸿生、副总裁周峻等参加合同签字仪式。

2月5日　集团下发《东方国际(集团)有限公司关于企业收入分配的若干指导意见》。

2月10—11日　集团召开2009年工作会议,传达中共中央纪委十七届三中全会和市纪委九届三次全会的主要精神。

3月1—5日　集团组团参加在上海新国际博览中心举办第19届中国华东进出口商品交易会,设摊位36个。

3月11日　副市长唐登杰到集团调研外贸工作。

3月13日　集团党委召开第二批深入学习实践科学发展观活动专题会议,建立组织机构,制定《学习实践活动实施方案》。3月18日,集团党委召开深入学习实践科学发展观活动动员大会。8月26日,集团党委召开深入学习实践科学发展观活动总结大会,通报表彰2008年度创建"四好"领导班子先进集体、上海市文明单位和集团级文明单位、集团系统112名共产党员排头兵。

3月18日　市总工会授予集团工会"2008年度上海市职工互助保障工作先进工作委员会"称号。

3月24日　集团举办"纺织品服装美国欧盟反倾销反补贴调查——中国出口商的行动建议"专题讲座。

4月8日　集团召开二届四次职工代表大会,发动职工代表围绕如何促进集团可持续发展和落实集团化解金融危机的各项举措开展"提案征集"活动。

4月12日　经贸公司被上海市报关协会评为"2008年度上海市诚信企业"。

4月15日—5月7日　集团组团参加第105届中国进出口商品交易会,设摊位122个,300多位业务员参展。

4月23日　市国资委将集团列为第一批建设规范董事会试点单位,成立集团第三届董事会,任命集团第三届董事会组成人员为内部董事蔡鸿生、唐小杰,外部董事朱健敏、张林健、汪剑芳。

6月17日　集团与长宁区就上海国际贸易中心建设举行交流座谈会。

6月20日　市政府副秘书长、市商务委主任沙海林带领市商务委有关处室负责人到集团调研。

6月30日　集团与中国出口信用保险公司上海分公司签订《全面合作框架协议》。

7月6日　丝绸股份成为上海首单跨境贸易人民币结算业务的签约企业,在市政府主办的"跨境贸易人民币结算试点启动仪式"上与中业贸易(中国香港)有限公司签订首次采用人民币作为跨境贸易结算货币的贸易合同,由交通银行提供首单人民币跨境汇款结算服务。

是日　日本神户港湾总局副局长一行到物流集团访问。

7月16—17日　集团参加上海外贸企业产品内销订货会。

7月30日　集团董事会审议通过《关于〈东方国际(集团)有限公司主业发展和非主业调整三年(2009—2011)行动计划〉的议案》。

8月11日　集团召开迎世博安保反恐维稳动员大会。

是日　集团下发《关于东方国际(集团)有限公司第三届董事会工作机构和专门委员会设置及人员组成的通知》。集团董事会设战略投资、提名、薪酬考核、审计与风险控制等4个专门委员会。

8月24日　市政府任命张成钧为东方国际集团监事会主席。

9月2日　丝绸集团享局级离休干部、92岁高龄的吴亦敏在病榻上向四川汶川大地震捐款10万元。

9月16日　中国企业联合会发布2009中国企业500强、中国制造业企业500强、中国服务业企业500强等权威榜单,集团列2009年度中国服务业企业500强第70位,中国企业500强第211位。

9月20日　集团获上海市2008年度企业集团统计和企业景气调查综合评比一等奖。

9月22日　集团下发《东方国际集团董事会议事规则》《东方国际集团董事会决策制度》《东方国际集团派出董事监事任职管理办法》。

9月23日　集团工会二届四次全委会决定给身患癌症的在职职工发放一次性经济补助1万元。

9月25日　集团组织东方外贸、东方创业、东方新家纺、东方纺织等公司50余人参观"中国巨变(1949—2009)——庆祝中华人民共和国成立60周年大型图片展览"。

9月30日　集团下发《东方国际(集团)有限公司国有资产评估管理暂行规定》。

10月28日　集团董事长蔡鸿生、总裁唐小杰会见到访的台塑关系企业总裁、中国台湾纺拓会董事长王文渊。

10月30日　集团下发《东方国际(集团)有限公司国有资产评估管理暂行规定》。

11月8日　集团团委组团参加由团市委举办的"第二届上海市团干部运动会"的网球、羽毛球和篮球比赛,获网球项目团体冠军。

11月20日　集团假座逸夫舞台举办"和谐东方,共创未来"庆祝集团成立15周年职工文艺汇演。

11月21日　上海市企业联合会发布2009年排行榜,集团名列2009年上海服务业企业50强第10位、2009年上海企业100强第20位。

12月2日　集团被市统计局评为"上海市2009年度劳动统计年定报先进单位"。

12月3日　市国资委副主任刘燮等一行到集团调研。

12月9日　市国资委党委任命李春明为东方国际集团党委副书记、纪委书记。

12月9—12日　国服公司在越南胡志明市国际会议展览中心举办2009东盟中国中小企业商品(越南)博览会。

12月10日　中国对外贸易经济合作企业协会会长周可仁等一行到集团召开专题座谈会。

12月17日　市安全生产监督管理局副局长吴春源等一行到集团进行年度安全生产履职情况考核并实地检查基层单位。

12月18日　集团下发《东方国际集团内部审计管理实施细则》。

12月20日　市国资委批准集团为国有资产评估备案试点单位。

2010 年

1月20日　集团下发《东方国际(集团)有限公司资产评估(报告)审核工作实施细则(暂行)》。

是日　联集公司参加在广东省梅州市举办的"中国南方航空集团客户年会",获南航集团颁发的"全球最佳国际货运销售代理大奖",同时获南航上海基地评选出的"金木棉奖(金奖)"。

2月18日　集团党委与崇明庙镇党委及结对帮扶薄弱村举行帮扶工作恳谈会,对为期三年的结对帮扶工作进行回顾和总结。

2月20日　国服公司以"东方国际图案"的人事外包、人才中介、顾问咨询等3项服务功能的服务品牌被上海市名牌产品推荐委员会评定为2009年度"上海名牌产品"。

2月27日　集团董事会审议通过《关于东方国际集团改革重组方案的议案》。

3月1—5日　集团组团7家公司参加在上海新国际博览中心举行第20届中国华东进出口商品交易会,展出摊位35个。

3月5日　集团党委召开世博临战动员大会,部署世博维稳和安全工作。2011年1月11日,集团党委召开世博安保维稳工作总结表彰大会。

3月8日　经贸公司被市报关协会评为"上海市2009年度优秀报关单位"。

3月20日　集团董事会审议通过《关于集团及下属公司有关资产划转及公司制改制的议案》。

3月22日　集团召开二届五次职工代表大会,向全体职工发出"树立信心、抢抓机遇、开拓创新、多作贡献"倡议书。

3月25日　集团获中共上海市委组织部颁发的"城乡结对,携手共进"证书。

4月2日　市国资委党委宣布集团第三届监事会组成人员,监事会主席张成钧,监事李春明、李克坚。

是日　集团第三届监事会召开工作会议,审议通过《东方国际(集团)有限公司监事会工作条例》《东方国际(集团)有限公司监事会工作细则》《东方国际(集团)有限公司监事会监事履职行为规范》。

4月10日　东方新海投资近2亿元购置的超灵便型散货船"新海明珠"轮投入运营。

4月15日—5月5日　集团组团所属8家公司300多位代表参加第107届中国进出口商品交易会,设摊位100个,达成成交意向1725万美元。

4月19日　集团通过中国红十字会总会向青海玉树地震灾区捐款100万元。

4月20日　集团投资参股的"明日星城二期"楼盘开盘。

5月2日　新贸海国际集装箱储运公司杨行仓库获上海海关展览品监管批准证书,成为上海浦西经营展览品海关监管区。

5月11—13日　上海国际广告展览有限公司主办的中东(迪拜)中国家居产业博览会在阿拉伯联合酋长国迪拜机场展览中心举行。

6月3日　集团党委召开企业党风廉政建设大会暨党委中心组学习扩大会。

是日　集团纪委与长宁区检察院签订《党风廉政建设公约》。集团党委、纪委与各公司党委(党总支)、纪委签订《党风廉政建设责任书》。

6月5日　经贸公司被上海报关协会授予"2009年度上海市星级诚信企业"称号。

是日　集团党委与崇明庙镇通济村、小竖村、宏达村党支部分别签署第二轮《结对帮扶协议书》。

6月18日—8月20日　中共上海市委第二巡视组按照中共上海市委安排和部署,进驻集团开展巡视工作。

6月23日　集团获长宁区虹桥社区"世博先锋行动"党建联建优秀单位称号。

6月28日—7月2日　集团组织东方外贸、东方创业、东方利泰等公司参加在新疆喀什市国际会展中心举行的"第六届中国新疆喀什·中亚南亚商品交易会"。

7月7日　中共上海市委巡视组一行前往松江区上海众合制衣有限公司、利泰公司技术设计中心,慰问生产一线员工。

7月20日　集团召开二届六次职工代表大会,集团党委书记、董事长蔡鸿生向职工代表通报集团重大资产重组情况。

8月2日　集团召开外销员沙龙成立大会,颁布《外销员沙龙章程(试行)》。

8月18—21日　集团邀请安徽泾县茂林希望小学、上海丝金希望小学的22名师生来到上海,参加集团与上海安徽经济文化促进会共同举办的"世博快乐成长夏令营"活动。

8月23日　集团党委下发《东方国际集团党委会议事决策规则》。

8月26日　集团召开"小金库"专项治理工作会议,对"小金库"专项治理工作进行动员和部署。

9月17日　集团成立帮困救助领导小组,二级和三级公司同时建立帮困救助工作机构,形成帮困救助三级工作网络。

9月21日　集团成立安全生产委员会,集团党委书记、董事长蔡鸿生任主任,集团党委副书记、总裁唐小杰任常务副主任。

10月15日—11月4日　集团组织8家公司近300位代表参加第108届中国进出口商品交易会,设摊位96个,达成成交意向1 422万美元。

10月20日　中国国际货运代理协会和国际商报社颁布2009年度中国货代物流100强排名,物流集团列2009年度中国货代物流100强第11名,海运50强第8名,空运50强第18名。

10月25日　上海市企业联合会发布排名,集团列2010年上海服务业企业50强第12位,上海企业100强第27位。

11月1日　物流集团获2010年中国物流杰出企业称号。

11月15日　集团下发《东方国际(集团)有限公司领导人员管理办法》。

11月29日　东方创业的KOOL男装品牌产品网络销售上线发布会在上海千禧海鸥大酒店举行。

12月3日　集团获上海市2009年度企业(集团)"统计工作综合评比一等奖""企业景气调查统计工作先进单位"。

2011 年

1月7日　市安全生产委员会副主任、安全生产监督管理局副局长张胜军率市安监管理局检查组11人到集团考核2010年安全生产工作,赴物流集团开展实地安全检查。

1月11日　集团召开2010年度安全工作总结表彰大会。集团党委召开"世博先锋行动"总结表彰大会。

1月23—24日　集团召开2011年工作会议,提出"深化改革,稳中求进,创新转型,突破瓶颈"的工作方针。

1月　东方新家纺"333麻雀"被市工商行政管理局授予"上海市著名商标"证书,有效期自2011年起至2013年止。

2月14日　集团党委书记、董事长蔡鸿生会见美国上市公司PVH集团主席兼CEO Emanuel一行。

3月1—5日　集团组织6家公司近100位代表参加在上海新国际贸易中心举行的第21届中

国华东进出口商品交易会,设摊位 24 个。国家商务部副部长钟山、副市长唐登杰到集团展位考察。

3月2日　集团工会编印《我们的世博印象》一书,下发集团系统职工。

3月16日　集团主业核心资产上市获中国证监会批复,东方利泰、东方家纺、东方纺织、东方商业、物流集团、东松公司等 6 家子公司主业注入上市公司。重组完成后,集团资产证券化率从 2010年年底的 21.6% 上升至 43.6%。

4月15日—5月5日　集团组团参加第 109 届中国进出口商品交易会,集团所属 9 家公司 300多位代表参展,设摊位 97 个,达成成交意向 3 882 万美元。

4月18日　集团党委召开反腐倡廉建设工作会议,企业领导人员现场签约《廉洁从业承诺书》。

4月21日　集团党委成立党务公开工作领导小组和办公室。5月16日,集团党委下发《东方国际集团党务公开实施方案》。8月23日,集团党委召开全面推进党务公开工作动员大会。

4月28日　东方创业在中国证券登记结算有限公司完成集团发行股份购买资产股权登记手续,集团完成重大资产重组工作。

4月29日　集团党委下发《东方国际集团企业文化建设三年行动规划》。

6月11日　集团文艺沙龙组团参加第七届"阳光·大地"全市党团员优秀歌曲展演活动获表演唱优秀奖。

6月17—19日　集团所属东方创业、东方利泰、东方新家纺等 3 家公司参加市商务委主办的"2011 年中国国际网络购物大会"。

6月20—28日　集团工会、团委联合举办"党的光辉照我心"网上职工书画、篆刻、摄影展,290余幅作品在集团网站展出。

6月29日　集团举行庆祝中国共产党成立 90 周年文艺演出,表彰获市级和集团级荣誉的先进集体和先进个人。

8月4日　市国资委党委、市国资委任命李春明为东方国际集团监事会副主席。

8月11日　四川省国资委副主任任兴文到集团交流董事会建设试点工作。

9月6日　中国国际货运代理协会发布排名,物流集团列 2010 年度货代物流 100 强综合排名第 13 名,海运排名第 10 名,空运排名第 14 名,仓储企业排名第 9 名。

是日　中国企业联合会发布以 2010 年企业营业收入为入围标准的企业排名,集团位列 2011年中国服务业企业 500 强第 108 位,中国企业 500 强第 344 位。

9月21日　市发展和改革委员会副主任顾洪辉到集团调研。

9月22—27日　集团在中共上海市国资委党校举办为期 4 天的第 2 期青年骨干培训班。

9月23日　集团第三届董事会第 4 次定期会议审议通过《东方国际(集团)有限公司"十二五"发展规划纲要》。

9月26日　上海市企业联合会发布排名,集团位列 2011 年上海服务业企业 50 强第 12 位,上海企业 100 强第 30 位。

10月15日—11月4日　集团组织 8 家公司 300 多位代表参加第 110 届中国进出口商品交易会,集团所属 8 家公司 300 多位代表参展,设摊位 97 个。

11月8日　市外办调研组一行到集团进行外事工作检查。

11月10日　集团组织在东方国际大厦办公的职工消防疏散逃生演练,320 余人参加紧急疏散、救火抢险、设备保障、医疗救护、接应警戒、灭火演示等项目的演练。

是日　集团开展档案管理专题培训和工作交流会,邀请市档案局业务指导处副处长作关于"企业档案规范及企业改革重组档案管理"的专题培训。

11月15日　集团总裁唐小杰会见斯里兰卡西方省议长苏尼尔·维杰拉特纳和首席部长普拉萨纳拉·纳通加率领访沪代表团一行。

11月18日　集团与上海海关签订《共建合作伙伴关系谅解备忘录》。

11月22日　集团党委副书记李春明带领集团党委职能部门负责人赴百联集团有限公司学习取经。

11月26日　由国服公司承办的东盟中国企业建材及家居用品(越南)博览会在越南河内会展中心举行,越南国家副总理黄中海,越南国家建设部部长郑庭勇、副部长阮陈南,中国驻越南大使馆经济商务参赞胡锁锦等出席开幕式剪彩。

12月2日　丝绸股份在上海市南京东路588号开设LILY品牌旗舰店。

12月13日　李春明带领集团党委职能部门负责人赴上海国际港务(集团)股份有限公司学习取经。

12月15日　市安全生产监督管理局副局长沈伟忠率市安全监督局执法监察处、职业安全健康管理处等一行6人到集团开展2011年度安全生产履职考核。

12月16日　集团成立"六五"普法工作领导小组。

12月23日　集团董事会审议通过《集团"十二五"(2011—2015年)发展规划纲要(修订稿)》。

12月28日　集团下发《东方国际(集团)有限公司战略规划管理办法》。

2012 年

1月10日　集团召开2012年度安全工作会议,集团总裁、安委会常务副主任唐小杰与各子公司签订《2012年安全工作责任书》。

2月8日　集团被市安全生产委员会评为2011年度上海市安全生产优胜单位。

2月9日　集团党委、纪委领导与所属二级公司党组织书记、纪委书记签订《党风廉政建设责任书》。

2月20日　集团与中国出口信用保险公司上海分公司签订《全面合作框架协议》。

2月28日　市国资委批复同意集团董事会修改的《东方国际(集团)有限公司章程》印发实施。

3月1—5日　集团组织7家子公司参加在上海新国际博览中心举办的第22届中国华东进出口商品交易会,出展摊位26个。

4月11日　集团党委副书记、总裁唐小杰当选中共上海市第十次党代会代表。

4月15日—5月5日　集团组织8家公司200多位代表参加第111届中国进出口商品交易会,设摊位97个,达成成交意向1 569万美元。

4月17日　集团工会召开摄影爱好者沙龙成立大会,通过《东方国际集团摄影爱好者沙龙章程》。

4月23日　集团下发《东方国际(集团)有限公司资产评估公司选择操作细则》。

5月9日　市国资委党委书记、主任王坚带领市国资委办公室、研究室负责人到集团调研。

5月16日　集团召开第三次工会会员代表大会暨三届一次职工代表大会,选举集团第三届工会委员会、经费审查委员会。5月28日,市总工会批复集团工会,同意选举结果。

5月28日　新疆维吾尔自治区国资委主任张继勋、副主任陈鸿等一行到集团座谈交流经济建设与长远发展规划,就业务合作进行探讨。

5月30日　集团董事会审议通过《东方国际(集团)有限公司2012—2014三年行动规划的议案》。

6月7—9日　东方创业、东方利泰、东方新家纺等3家公司参加2012年中国(上海)国际网络购物大会。

6月29日　集团党委在市国资委党校召开庆祝中国共产党成立91周年大会,通报表彰获市国资委系统和集团系统"创先争优"称号的先进基层党组织、优秀共产党员。

7月12日　市国资委领导率委综合协调处、信息化管理处、办公室和研究室相关负责人到集团进行工作调研,了解集团各企业信息化、厂房场所出租整治和履行社会责任等方面工作情况,听取集团对市国资委相关工作的意见和建议。

7月13日　集团与上海建筑材料(集团)总公司签订《战略合作框架协议》。

7月24日　物流集团与中远集装箱运输有限公司在瑞金宾馆举行战略合作签约仪式。

8月1日　王坚和市国资委秘书长马咏华到丝绸股份调研。

8月2日　市商务委党组书记、副主任张新生,副主任顾军率办公室、综合处、财务处、外贸发展处、机电处相关负责人到集团调研。

8月10—13日　集团所属东方创业、东方利泰、东方新家纺、东方纺织等4家公司分别参加"上海外贸企业精品展销会",设展位8个。

8月30日　上海市企业联合会发布排行榜,集团位列2012上海服务业企业50强第15位,上海企业100强第30位。

9月1日　中国企业联合会发布排行榜,集团位列2012中国服务业企业500强第121位,中国企业500强第401位。

9月4日　集团召开安全生产标准化工作动员大会,市安全监管局副局长张胜军、市国资委副主任胡宏伟到会指导。集团成立安全生产标准化建设领导小组和工作小组。

9月8日　上海国际服务贸易集团人力资源服务有限公司成立。

9月13—17日　国服公司承办的东盟中国企业建材及家居用品(越南)博览会在越南胡志明市富寿体育展览中心召开,越南国家建设部副部长阮陈南、中国驻越南胡志明市总领事馆经济商务参赞韦锡臣、中国工业和信息化部中小企业发展促进中心处长周丰等出席开幕式剪彩。

9月15日　中共上海市委任命吕勇明为集团党委书记。经中共上海市委同意,市政府任命吕勇明为东方国际集团董事长。

9月27—30日　集团所属东方创业、东方利泰、东方新家纺、东方纺织等4家公司参加"2012年南京国际时尚消费品博览会",设展位8个。

10月5日　集团领导带队到崇明庙镇通济村、小竖村实地考察由集团系统所属单位资助的实事项目完成情况。

10月15日—11月4日　集团组织8家公司300多位代表参加第112届中国进出口商品交易会,设摊位108个,达成成交意向3 080万美元。

10月18日　集团与上海出入境检验检疫局签订《战略合作备忘录》,上海出入境检验检疫局局长徐金记、副局长周举文、王华生,浦江局局长谢秋慧和集团领导等出席签约仪式。

11月1日　国家发展和改革委员会经济贸易司司长王宝伟带领司综合处、商品平衡一处、商品平衡二处等负责人到集团调研,了解外贸运行情况和未来运行趋势、外贸发展中面临的主要矛盾和问题以及集团对相关政策措施的意见和建议。

11 月 5 日　集团在卢湾体育馆举行 2012 年职工运动会,360 多名职工参赛,700 余人出席。

11 月 26—28 日　集团在市国资委党校举办为期 3 天的第二期青年骨干培训班第二阶段培训。

11 月 29 日　集团团委召开共青团第三次代表大会,选举东方国际集团第三届团委委员。12 月 10 日,团市委批复同意选举结果。

12 月 13 日　市安全委员会办公室到集团开展 2012 年度安全生产情况履职考核。

12 月 31 日　市国资委举行第一批董事会试点企业任期目标责任书签约仪式,吕勇明出席会议并签约,代表第一批 5 家试点企业董事长发言。

2013 年

1 月 6 日　集团总裁、党委副书记唐小杰和创业公司第四业务部副经理、高南制衣公司副总经理、无党派人士黄佳华当选为上海市第十四届人民代表大会代表。

1 月 7 日　丝绸集团总经理、无党派人士梁景安当选为上海市政协第十二届委员会委员。

1 月 10 日　上海东顺投资有限公司划入集团,成为集团下属全资企业。

1 月 25 日　集团董事会审议调整三年行动规划(2012—2014)。

2 月 19—20 日　集团党委书记、董事长吕勇明,监事会主席张成钧、副总裁强志雄等赴重庆实地调研考察有关商贸企业和鱼嘴、寸滩、空港保税区,重庆市市长黄奇帆会见集团赴重庆考察团全体成员。

2 月 20 日　上海新海国际船舶代理有限公司重庆办事处举行揭牌仪式。

3 月 1—5 日　集团组织 7 家公司 100 位代表在上海新国际贸易中心参加第 23 届中国华东进出口商品交易会,设摊位 26 个。

3 月 5 日　集团下发《关于开展"转型在东方、发展在东方"主题活动的通知》,对主题活动进行部署。

3 月 6 日　集团党委召开 2013 年度党群工作会议暨书记例会,部署开展"转型在东方、发展在东方"主题活动。

3 月 18 日　唐小杰出席东方荣恒孟加拉国生产基地开业庆典。

4 月 1 日　东方纺织"银河"牌棉涤纶获"上海市著名商标"金质奖牌。

4 月 11 日　集团召开三届二次工代会暨职代会,王佳当选上海市工会第十三次代表大会代表。

4 月 15 日—5 月 5 日　集团组织 8 家公司 300 多位代表参加第 113 届中国进出口商品交易会,设摊位 107 个,达成成交意向 2 470 万美元。

4 月 19 日　集团与上海建筑材料(集团)总公司签订《战略合作框架协议》。

4 月 28 日　集团内贸店在东方狐狸城开张营业。

5 月 16 日　集团党委举办反腐倡廉专题报告会,邀请长宁区检察院检察长陈明作专题报告。

6 月 7 日　集团董事会下发 2013 年修订版《董事会议事规则》。

6 月 9 日　集团董事会下发 2013 年修订版《董事会决策制度》。

6 月 14 日　副市长周波带领市政府副秘书长徐逸波、市国资委副主任陈晓虹、市商务委副主任顾嘉禾等到集团调研。

6 月 18—19 日　吕勇明、强志雄和外部董事徐士英、肖义家赴物流集团宁波兴海物流有限公司调研。

6月26日　集团党委通报表彰2011—2012年度集团系统文明单位。

6月28日—7月2日　集团受援疆指挥部特邀,组织所属4家公司参加在新疆喀什市举办的"第九届中国新疆喀什·中亚南亚商品交易会上海分会场"展销活动。

7月5日　集团召开领导班子成员2012年度综合考核评价会议。

7月8日　东方创业KOOL男装品牌在青浦奥特莱斯专卖店举行开业典礼。

7月12—15日　集团组团所属7家公司参加"第二届上海外贸企业出口精品展销会",设展位15个,展出自主品牌。

7月18日　物流集团与重庆物流办在上海签署战略合作意向书。

8月7日　集团下发2013年修订版《董事会审计与风险控制委员会工作制度》《董事会提名委员会工作制度》《董事会薪酬考核委员会工作制度》《董事会战略投资委员会工作制度》。

8月9—20日　吕勇明、强志雄等一行赴孟加拉和柬埔寨等国,实地调研集团下属企业海外生产基地建设及运营情况。

8月12日　集团下发2013年修订版《董事会预算委员会工作制度》。

8月14日　集团举办东盟中国企业建材及家居用品(越南)博览会。越南国家建设部部长阮红军、中国驻胡志明市总领事馆经济商务领事李建良等出席。

8月20日　市商务委副主任顾军带领外贸发展处、电子商务处有关负责人到集团调研跨境电子商务。

8月22日　上海市企业联合会、上海市企业家协会、上海市经济团体联合会召开2013上海100强企业发布会,集团位列2013上海服务业企业50强第19位,上海企业100强第36位。

8月27日　集团召开党的群众路线教育实践活动动员大会。9月18日,集团党委举行党的群众路线教育实践活动集中学习专题党课报告会。2014年2月11日,集团党委召开党的群众路线教育实践活动总结大会。

9月29日　中国(上海)自由贸易试验区开园当天,集团承担"跨境通"首单业务测试,完成消费者网购、货品与税款支付、海关国检通关验放等各个环节。

10月15日—11月4日　集团组织8家公司300多位代表参加第114届中国进出口商品交易会,设摊位107个,成交及意向成交2 234万美元。

10月24日　东方新海购入一艘2005年建造的5.2万载重吨超灵便型散货船,命名为"新海明玉"轮,投入运营。

10月31日　吕勇明率团前往广东省广新控股集团有限公司学习交流,双方就传统型外贸企业转型升级等进行交流探讨。

11月1—3日　集团组团参展2013年中国(上海)国际网络购物交易会,集团旗下的KOOL、SUNFLOWER、333麻雀等自主品牌产品在现场进行展示和销售。

11月4日　东方创业投资海外的第一家生产基地东方祥和(柬埔寨)制衣有限公司成立。

11月23日　在2013年第十一届中国物流企业家年会上,物流集团被评为2013中国杰出物流企业。

11月25—27日　集团工会举办表现"转型在东方、发展在东方"主题活动的"我身边的转型与发展"摄影展。

11月27日　集团下发《东方国际(集团)有限公司国有产权登记管理暂行办法(试行)》。

11月28日　集团在物流集团召开企业文化现场交流会,参观物流集团企业文化优秀案例、集团系统标杆企业文化展板,观看《转型在东方、发展在东方——让企业文化起来》专题宣传片。

11月29日　集团党委与崇明庙镇通济村、小竖村、猛东村举行第4轮"结对帮扶"签约仪式。

12月4日　东方国际集团上海国际广告展览有限公司承办的"2013第四届中东(迪拜)中国家居品牌博览会"在迪拜国际展览中心举行。

12月9日　经中共上海市委备案同意,市国资委党委任命强志雄为东方国际集团党委副书记、纪委书记。

12月11日　市商务委主任尚玉英带领商务委办公室、商贸行业管理处、外贸发展处、电子商务处一行到集团调研。

12月19日　集团召开进一步优化管控模式专家咨询会。

12月20日　集团工会下发《东方国际(集团)有限公司工会委员会工作条例》。

2014 年

1月25日　东方国际元中大厦改建项目在中山北路施工现场举行开工典礼。2015年8月1日,完成A区塔楼结构封顶;2015年11月7日,完成裙房结构封顶。

1月　东方新家纺"333麻雀"被市工商行政管理局授予"上海市著名商标"证书,有效期自2014年1月1日至2016年12月31日。

3月1—5日　集团组织7家公司近100位代表参加在上海新国际贸易中心举行的第24届中国华东进出口商品交易会,设摊位26个。

3月3日　集团召开以"宣传国资国企改革、推进集团转型发展"的三届三次职工代表大会。

3月11日　集团工会组织先进个人、先进集体代表和工会干部举行庆祝"三八"国际妇女节纪念活动,前往奉贤南桥的集团内贸专卖店参观学习。

是日　集团党委下发《关于加强基层服务型党组织建设的实施办法》。

3月14日　集团党委召开党的群众路线教育实践活动"回头看"专题工作会议。

3月21日　集团举行上海自贸区政策及相关贸易金融产品专题培训。

4月8日　集团在茂联大厦辅楼会议室举行东方国际集团第三期中青年干部培训班开班仪式。4月30日,举行培训班结业仪式。

4月15日—5月5日　集团组织8家公司300多位代表参加第115届中国进出口商品交易会,设摊位111个,达成成交意向1341万美元。

4月22日　东方利泰在青浦奥特莱斯开设SUNFLOWER产品专卖店。

5月6日　物流集团获由市交通委、市交通行业协会颁发的上海市重点道路货运物流企业称号。

5月12日　东方新海购置的第3艘5万吨级灵便型散货船"新海明珀"轮在印度达吉港完成实船交接。

5月14日　集团工会举办2014年度工会干部培训班,集团工会委员和二级公司工会委员及工会专职干部50人参加培训。

5月27日　东方创业浦东公司ROSE玫瑰女装淘宝网店开张,推出一系列为国内市场量身定做的数码印花女装。

5月30日　集团外销员沙龙在物流集团会议室举行关于贸易转型、业务拓展和提升贸易附加值的专题研讨活动。

6月10日　集团党委副书记、总裁唐小杰与孟加拉国服装制造商和出口商协会主席穆罕默德·阿提库尔·伊斯兰在两国经贸合作论坛上签署项目合作备忘录。

6月19日　东方创业第六届董事会第二次会议审议同意收购上海领秀电子商务有限公司66.94%股权。

6月30日　集团党委在茂联大厦辅楼会议室召开中国共产党成立93周年暨创建先进基层党组织现场交流会。

7月2日　集团与上海米博投资发展有限公司签署《赞助合作协议》,成为2015年意大利米兰世博会中国企业联合馆金牌赞助商。

7月15日　中共上海市委第三巡视组进驻集团开展巡视工作。

7月31日　集团党委召开纪念"八一"建军节座谈会。

8月4日　东松公司启动重特大突发公共安全事件应急预案,完成救治昆山市中荣金属制品有限公司发生粉尘爆炸特别重大事故受伤人员急需医疗设备的配送任务。

8月5日　集团下发《东方国际(集团)有限公司董事会督查工作试行办法》。

8月18日　集团下发《东方国际(集团)有限公司总部职能部门设置和人员编制规定(暂行)》。

9月4日　集团党委下发《关于落实党风廉政建设责任制主体责任的实施办法》。

9月10日　上海市企业联合会发布排行榜,集团位列2014年上海企业100强第34位,上海服务业企业50强第18位。

9月12日　集团职工参加市国资委举办的"中国梦·国企行"职工书法摄影作品征集评选活动中取得佳绩。

9月17—19日　国服公司承办的东盟中国企业建材及家居用品(马来西亚)博览会在马来西亚吉隆坡太子世界贸易中心举行。

10月15日—11月4日　集团组织8家公司300位代表参加第116届中国进出口商品交易会,设115个摊位。

10月20—21日　集团承办中国纺织品进出口商会组织的"第九届中国纺织服装行业总裁峰会暨2014年中国国际纺织论坛"。

11月17日　集团召开成立20周年座谈会,回顾总结集团20年发展历程。

11月27日　集团董事会审议通过《东方国际(集团)有限公司落实"三重一大"决策制度实施办法》。

12月12日　集团下发《东方国际(集团)有限公司领导人员管理办法(修订)》。

12月17日　集团举行转型发展标杆标兵表彰暨职工文艺汇演,开展企业文化建设阶段性成果展示活动。

2015 年

1月23日　经市国资委党委、市国资委同意,集团党委、董事会决定聘任陈卓夫、季胜君为东方国际集团副总裁。

3月1—5日　集团组织6家公司80位代表参加在上海新国际博览中心举行的第25届中国华

东进出口商品交易会。

3月9日　副市长周波到集团调研品牌发展情况。

3月17日　集团与上海交大产业集团举行战略合作协议签约仪式,双方就大健康产业和教育产业领域开展密切合作结成战略合作伙伴事宜签署协议。

3月24日　集团党委书记、董事长吕勇明,副总裁周峻会见到访的中国出口信用保险公司上海分公司总经理朱守中等一行,双方就进一步深化合作进行探讨。

4月1日　集团工会成立笔友会沙龙。

4月15日—5月5日　集团组织8家公司近300位代表参加第117届中国进出口商品交易会,设摊位115个。

4月27日　中国驻意大利米兰总领事王冬在领事馆会见正在意大利米兰进行商务访问的集团总裁唐小杰。

4月28日　集团与上海外国语大学贤达经济人文学院举行校企合作签约仪式,双方就紧密合作共建教学实践基地结成战略伙伴事宜签署协议。

5月8日　东方国际集团上海资产管理有限公司成立。

5月20日　集团党委组织党政负责干部举行"三严三实"(严以修身、严以用权、严以律己,谋事要实、创业要实、做人要实)专题党课。

5月27日　上海东方国际创业品牌管理股份有限公司举行揭牌仪式。

6月9日　集团在米兰世博会中国企业联合馆与意大利企业举行合作签约仪式,上海市政府秘书长李逸平、意大利驻沪总领事裴思泛、米兰市市长代表曼奇尼、上海市贸促会会长杨建荣、市农委主任孙雷、市外办副主任范宇飞等领导出席。以东方纺织蓝印花布为主体的旗袍秀在中国企业联合馆同时展演。

7月1日　集团党委召开庆祝中国共产党成立94周年暨"七一"表彰会,表彰集团系统获市级、市国资委系统、集团系统的先进集体和先进个人。

7月3日　东浩兰生集团总裁池洪带队到集团开展贸易板块业务交流活动。

7月8—9日　集团工会在上海工会管理职业学院举办集团系统工会干部培训班。

7月13日　物流集团获评海关AEO高级认证企业。

7月31日　国服公司承办的斯里兰卡中国商品展览会在斯里兰卡科伦坡国际展览中心召开,斯里兰卡经济发展部副部长Harsha De Silva致辞,中国驻斯里兰卡大使馆商务参赞王颖琦剪彩。

8月20日　吕勇明带队赴崇明县庙镇通济村和小竖村实地考察结对帮扶实事项目。

8月22日　中国企业联合会发布2015年排行榜,集团位列中国服务业企业500强第164位。

9月9日　领秀公司在四川北路1666号高宝大厦14楼开设O2O体验店。

9月15日　上海市企业联合会发布2015排行榜,集团位列2015上海企业100强第36位,上海服务业企业50强第19位。

9月16日　东方利泰、东方荣恒与外商合资的海外生产企业Orient Allure knitwear Ltd.(东方魅力针织品有限公司)在孟加拉国首都达卡正式开业。中国驻孟加拉国大使马明强、商务参赞王子健,孟加拉国服装制造商和出口商协会(BGMEA)代表,孟加拉国工商联合会代表,当地官员代表、客户代表,集团及所属公司代表等80多位中外嘉宾出席开业典礼。

10月15日—11月4日　集团组织东方创业、东方外贸、东方利泰、东方纺织、东方新家纺、东方商业、丝绸股份和东松公司参加第118届中国进出口商品交易会,设摊位118个。

11月1日　市政府任命韩强为东方国际集团监事会主席。市国资委任命强志雄为集团监事会副主席。

11月5日　吕勇明接受2015"对话上海国企领导"全媒体大型访谈。

11月11日　国服公司承办的东盟建材及家居用品(越南)博览会在越南河内会展中心开幕。

11月30日　市国资委划入集团的上海东顺投资有限公司更名为"东方国际集团上海投资有限公司",集团开始启动投资公司进行运作。

12月3日　上海东松国际贸易有限公司更名为上海东松医疗科技有限公司。

是日　全国政协常委、经济委员会主任周伯华率全国政协经济委员会"加快推进品牌建设"专题组到集团开展专题调研。

12月8日　集团举行职工沙龙成果展示活动,开展东方好声音职工歌唱比赛决赛、转型发展看东方摄影爱好者沙龙作品展评和笔友会沙龙成果汇报,500余人出席。

12月29日　集团董事会审议通过《关于〈东方国际(集团)有限公司(2015—2017)三年行动规划〉的议案》。

2016 年

1月5日　集团党委召开学习贯彻中共十八届五中全会精神专题辅导报告会,开展学习交流和研讨活动。

2月1日　市政府批复同意集团党委、董事会聘周峻为东方国际集团总裁。

2月3日　集团党委召开2016年度党群工作会议,传达中共上海市委十届十次全会精神和中共上海市纪委十届五次全会精神。举行信访、安全、党风廉政建设目标责任书签约仪式。

2月4日　中共上海市委任命周峻为东方国际集团党委副书记。

2月29日　集团党委下发《东方国际集团企业文化建设2015—2017三年行动规划》。

3月1—5日　集团组织东方创业、东方纺织、东方利泰、东方外贸等公司参加在上海新国际博览中心举行的第26届中国华东进出口商品交易会,设摊位17个。

3月15日　集团工会成立女职工沙龙,举办以"自信工作、睿智生活、优雅人生"为主题的女职工沙龙活动。

3月22日　集团与上海出入境检验检疫局签订《关于2016年合作要点的备忘录》。

3月29日　集团召开三届五次职工代表大会,审议通过《东方国际(集团)有限公司厂务公开民主管理工作制度(修订)》《东方国际(集团)职工代表大会实施办法(修订)》《东方国际(集团)有限公司集体合同(修订)》《集团系统职工薪酬福利管理办法》《集团系统劳动用工管理办法》《集团系统职工教育培训管理办法》《集团系统企业年金和补充公积金方案》等7个文件。

3月30日　集团工会经审会获市总工会颁发的2015年度工会经审规范化建设考核特等奖。

4月15—19日　集团组织东方创业、东方外贸、东松公司和东方商业参加第119届中国进出口商品交易会,设摊位28个。

4月28日　集团党委召开"两学一做"(学党章党规、学系列讲话,做合格党员)学习教育专题会议,制定《"两学一做"实施方案》,对"两学一做"学习教育进行部署。6月27日,集团党委举行"两学一做"学习教育专题党课报告会。8月17日,集团党委举办"两学一做"学习教育专题辅导讲座。

5月5日　集团与长宁区举行合作交流恳谈会,集团党委书记、董事长吕勇明,总裁周峻,中共长宁区委副书记、区长顾洪辉等领导到会。

5月25日　物流集团完成重组。东方新海从物流集团划出列入集团二级公司管理序列。

6月5日　集团举办"境外投资实务讲解"专题培训讲座。

6月29日　集团党委召开中国共产党成立95周年暨"七一"表彰大会,表彰获市级、市国资委系统、集团系统的先进集体和先进个人。

7月1日　集团与上海海事大学签订战略合作框架协议。

7月9日　中共中央政治局委员、国务院副总理汪洋考察在上海国际时尚中心举办的"上海外贸品牌汇报展"集团展位。

7月11日　上海首批贸易型总部颁证仪式在上海市政府举行,副市长周波为首批94家贸易型总部代表企业颁发证书,集团总裁周峻出席并接受贸易型总部证书。

7月14日　中共上海市委巡视整改"回头看"第二检查组进驻集团开展检查工作。

8月5日　市政府副秘书长、市国资委党委书记、主任金兴明率市国资委办公室、企业改革处、企业分配处、研究室、财务监督评价处等相关负责人到集团调研。

9月14日　集团获2011—2015年上海市法制宣传教育先进集体。

10月5日　集团2015年以216.73亿元的营业收入,位列上海企业100强第37位,上海服务业企业100强第20位,中国服务业企业500强第163位。

10月6日　周峻会见中国出口信用保险公司上海分公司总经理陈小萍一行,双方就继续加强合作事项进行商讨。

10月10日　集团董事会审议通过《关于〈东方国际集团创新转型专项规划(2016—2017)〉的议案》。

10月15日—11月4日　集团组织8家公司参加在广州琶洲展馆举办的第120届中国进出口商品交易会,设展位112个。

10月19日　海上丝韵"中华情"真丝长卷(长1000厘米)首创基尼斯之最纪录,获大世界基尼斯总部官方确认。

11月16日　周峻当选长宁区第十六届人大代表。

11月18日　集团女职工沙龙成立旗袍队。

12月5日　东方新家纺与东方商业进行重组,实行资源整合及合署办公,两家公司形成统一的管理平台,"两块牌子,一套班子"对外开展业务经营。

12月14日　在第二届"中国(上海)互联网＋外贸高峰论坛"上,领秀公司获"2016年度互联网＋外贸创新企业"称号。

12月26日　东方创业(上海)国际服务贸易有限公司成立。

2017 年

1月8日　市国资委党委任命卢力英为东方国际集团党委副书记、纪委书记。市国资委任命卢力英为东方国际集团监事会副主席。

1月　东方新家纺"333麻雀"被市工商行政管理局授予"上海市著名商标"证书,有效期自2017年1月1日—2019年12月31日。

2月28日　上海东松医疗科技有限公司更名为上海东松医疗科技股份有限公司。

3月1日　集团在宝山区顾村公园举行"健康徒步、稳中求进"职工徒步活动,600余名职工参加。

3月1—5日　集团组织7家公司参加在上海新国际博览中心举行的第27届中国华东进出口商品交易会,设展位23个。

3月18日　东方荣恒所属济宁荣恒服装有限公司举行启动仪式,中国纺织品进出口商会副会长张锡安,济宁市汶上县委书记李志红、县长李洪文等嘉宾出席剪彩。

3月22日　集团党委书记、董事长吕勇明会见上海出入境检验检疫局局长俞太尉等一行,双方回顾合作情况,就今后如何更好地加强检企合作进行探讨。

是日　长宁区税务局局长陈颖率相关科室和税务所负责人等一行5人到集团调研和交流。

4月6日　吕勇明当选市国资委系统出席中共上海市第十一次党代会代表。

4月15日—5月5日　集团组织东方创业、东方利泰、东方新家纺、东方纺织、东方外贸和东松公司等参加在广州琶洲展馆举办的第121届中国进出口商品交易会,设展位114个,意向成交1 200万美元。

6月28日　集团党委召开庆祝中国共产党成立96周年暨"七一"表彰大会,表彰在集团转型发展中涌现出的先进集体和先进个人,通过微视频、演讲以及展板形式,宣传和展示集团基层党建工作成果。

6月30日　在上海跨境电子商务行业协会年会暨2017"互联网＋创新"高峰会议上举行的"2017年上海跨境电子商务行业协会优秀跨境电商企业"颁奖仪式,集团获上海"跨境电商20强"称号。

8月31日　市政府召开上海纺织集团与东方国际集团联合重组工作会议。中共上海市委常委、常务副市长周波出席会议讲话。市政府副秘书长、市国资委党委书记、主任金兴明对联合重组工作提出要求。联合重组后,单位名称沿用东方国际(集团)有限公司,童继生为集团董事长,吕勇明为集团党委书记,朱勇为集团党委副书记、总裁,薛晓峰为集团监事会主席,卢力英为集团监事会副主席,季正荣为集团党委副书记,封亚培、季胜君为集团副总裁,卢力英为集团纪委书记,王国铭为集团财务总监。

9月4日　集团召开中层以上干部大会,传达中共上海市委、市政府关于上海纺织集团与东方国际集团联合重组的决定。

9月8日　东方国际集团与上海纺织集团联合重组后召开第一次党政联席会议。部署过渡阶段的主要工作,明确新班子成员过渡阶段的分工。

9月20日　东方创业(上海)国际服务贸易有限公司承办的斯里兰卡中国商品展览会在斯里兰卡科伦坡市举行。

10月15日—11月4日　集团组团参加第122届中国进出口商品交易会,设展位300个。展会期间,丝绸股份和上海新联纺有限公司参加由上海市商务委支持、上海纺织协会和上海大虹桥服装服饰出口创新基地共同主办的"上海外贸品牌推介会——纺织服装专场"。

10月17日—11月1日　集团举办第二期中青年后备干部培训班,集团系统49名中青年干部参加培训。

10月28日　中共上海市委副书记、市长应勇到集团调研,强调联合重组不是改革结束,而是新一轮改革的开始。

11月2日　东方利泰自主品牌"雪花"产品在中国香港首次设自营专柜。

11月29—30日　集团党委举办学习贯彻中共十九大精神专题研讨班暨2018年工作务虚会。

第一篇

组织

追求卓越　拥抱未来

Aspire after brilliance to embrace the future

概　　述

　　东方国际集团是按照现代企业制度要求组建的国有大型企业集团。1994 年 11 月集团初建时，归口上海市对外经济贸易委员会管理。2003 年 7 月，经中共上海市委、市政府批准，集团从市外经贸委划归上海市国有资产监督管理委员会管理。

　　23 年间，集团按照《公司法》和现代企业制度要求，建立党委、董事会、监事会、总裁室、纪委和全资子公司组织机构，健全企业法人治理体制机制，设置权责明确的职能部门，各司其职，各负其责。同时依据产权关系管理所属企业，从集团发展的实际出发，组建或参与组建新的企业，积极拓展新的业务领域。

　　经过 23 年的发展，集团从最初成立时的 5 家直属子公司，到 2017 年年底拥有全资、控股、参股企业 132 家。其间，通过国有资产划拨等方式，吸纳上海市对外贸易公司、上海市外经贸房地产开发经营公司、上海国际服务贸易有限公司、上海荣恒国际贸易有限公司、上海经贸国际货运实业有限公司、上海和平国际旅游公司。通过组建，成立东方国际货运有限公司、上海东方国际资产经营有限公司。通过中外合资，成立东菱贸易有限公司、深圳海润实业有限公司、东方金发国际物流有限公司。通过企业改制，设立东方国际创业股份有限公司、东方国际集团上海利泰进出口有限公司、东方国际集团上海家纺有限公司、东方国际集团上海市纺织品进出口有限公司、上海丝绸集团股份有限公司。通过内部整合，组建东方国际日本株式会社、东方国际集团美洲有限公司、东方国际香港有限公司、东方国际商业(集团)有限公司、东方国际物流(集团)有限公司、上海国际服务贸易(集团)有限公司、上海东松国际贸易有限公司、东方国际集团上海资产管理有限公司、东方国际集团上海投资有限公司、东方创业(上海)国际服务贸易有限公司。通过贸工结合，组建上海首家以资产为纽带，跨行业、跨部门、实行多元投资主体改制的上海丝绸(集团)有限公司。通过股权收购，将上海领秀电子商务有限公司纳入旗下。

　　集团通过成员企业的组建、重组、改制等方式，增加成员企业数量，提升成员企业竞争力，扩大企业经营范围，同时促进企业的组织架构更加科学和完善，为企业发展提供坚实的组织基础。

第一章 集团组建

组建东方国际集团是上海经济发展和深化改革开放的必然要求,是壮大国有专业外贸公司力量、积极主动参与国际市场竞争的现实需要,是上海率先探索建立对外经济贸易新体制和发展新格局的重要举措。

第一节 集团成立

一、集团溯源

东方国际集团所属外贸专业公司的历史沿革,最早可追溯至中华人民共和国成立初期。

1949年5月上海解放后,军管会接管原国民政府的中国蚕丝公司及所属蚕研所、蚕种场和丝绸工场,在此基础上建立农、工、商和进出口一体化的丝绸业国营公司。1951年更名为中国丝绸公司。1953年,中国丝绸公司迁京成立总公司,留沪部分即为中国丝绸公司华东区公司,后因华东区撤销,遂更名为中国丝绸进出口公司上海分公司。1956年,中国丝绸进出口公司上海分公司与16家私营丝绸企业进行公私合营,是年又工贸分家,将工业部分划归新成立的上海丝绸工业公司管辖,中国丝绸进出口公司上海分公司遂成为专营丝绸出口业务的专业公司。此间,公司经营活动的特点主要是积极配合国家进行经济上的反帝国主义封锁的斗争,主要的贸易对象是苏联和东欧的12个国家,出口品种主要是厂丝、绸缎、绢纺和交织绸等。出口金额增长较快,使中华人民共和国成立前已萎缩的丝绸业,迅速得到恢复和发展。

与此同时,上海经营纺织品出口业务的国营公司也开始孕育与诞生。1953年2月,中国土产出口公司上海分公司成立杂品科,主要经营花纱布、化工、医药和五金器材等商品出口。1954年5月,在杂品科的基础上成立中国杂品出口公司上海分公司,受中国杂品出口公司和华东外贸局双重领导。是年6月,中国工业品出口公司上海分公司成立,行政隶属关系和经营品种与中国杂品出口公司上海分公司类同,区别在于后者专营对国外工业品出口业务。1955年7月,上述两家公司合并,对外仍称中国杂品出口公司上海分公司。1957年4月,中国杂品出口公司上海分公司改组,成立中国杂品出口公司上海纺织品出口公司。中华人民共和国成立初期,中国纺织品出口主要是配合外交,承担对朝鲜、越南的援外任务。贸易对象主要是苏联和东欧国家。出口品种主要是棉纱、棉布和呢绒等商品。20世纪50年代后期,通过进料加工复出口方式和加强对国外贸易来往等手段,纺织品出口量大增,使中国从一个传统棉布进口国成为棉布出口大国之一。

1961年,国家对外贸易部决定将中国杂品出口公司的纺织品业务和中国丝绸进出口公司的业务合并,改组成立中国纺织品进出口总公司。中国丝绸进出口公司上海分公司遂更名为中纺上海丝绸分公司;中国杂品出口公司上海分公司也更名为中纺上海分公司,是年又更名为中纺上海市纺织品进出口公司,业务上设立服装、针织和棉织品三个科。1964年7月,中纺上海市纺织品进出口公司改组,划出服装、针织、棉织等商品成立"中纺上海市服装进出口公司",1965年9月,更名为中纺上海市服装分公司。

1982年,国务院批准成立工贸合一的中国丝绸公司,中纺上海丝绸分公司又划归中国丝绸公司领导,更名为中国丝绸公司上海进出口分公司,但纺织品的业务仍归中国纺织品进出口总公司领导,公司名称仍使用原名。1984年7月,中纺上海市服装分公司改组,划出针织、棉织等商品,分别成立中纺上海市针织品分公司和中纺上海市家用纺织品分公司。

1988年10月,经上海市对外经济贸易委员会批准,中国丝绸公司上海进出口分公司、中纺上海市纺织品进出口公司、中纺上海市服装分公司、中纺上海市针织品分公司和中纺上海市家用纺织品分公司分别与中国丝绸公司和中国纺织品进出口总公司脱钩,分别更名为上海市丝绸进出口公司、上海市纺织品进出口公司、上海市服装进出口公司、上海市针织品进出口公司和上海市家用纺织品进出口公司,其行政和财务关系均划归上海市外经贸委管理。据《上海对外经济贸易年鉴1995》显示,1994年5家公司的业绩分别为:丝绸公司出口4.32亿美元,进口1.5亿美元;服装公司出口4.16亿美元,进口1.55亿美元;纺织公司出口2.61美元,进口0.36亿美元;针织公司出口2.17亿美元,进口0.47亿美元;家纺公司出口1.7亿美元,进口0.64亿美元。这5家公司在1994年度上海企业出口的排名分别为第一、二、六、十、十三位。由于经营业绩和经济效益在同行中名列前茅,这5家公司在上海外经贸系统又享有"五朵金花"之美誉。

二、酝酿组建

1990年4月,中共中央、国务院根据多极化发展国际形势和中国改革开放总体战略部署,作出开发开放浦东,在浦东实行经济技术开发区和经济特区政策,尽快把上海建成国际经济、金融、贸易中心之一,带动长江三角洲和整个长江流域地区经济新飞跃的重大战略决策。这在客观上要求上海大力发展外贸,要求上海必须站在新的战略高度重新审视和探索新的外贸企业组织形式。

中共上海市委副书记、市长黄菊在1993年上海外经贸工作会议上指出,上海要取得对外经济贸易的大发展,充分发挥外经贸产业在国民经济中先导的战略作用,关键是要大胆探索,勇于实践,在深化外经贸体制改革上取得重大突破,率先建立起符合国际惯例、同国际市场接轨、与社会主义市场经济相适应的对外经济贸易新体制和发展新格局。

全国宏观经济管理体制改革,为组建外贸企业集团创造良好外部环境。1994年,国家在财政、金融、投资、外贸、国有资产等方面实施改革开放15年来力度最大的改革,为上海加快外贸体制改革,加快外贸发展创造宽松的宏观环境。

国内市场需求增长不足,世界经济复苏,为组建外贸企业集团提供契机。1994年,虽然全国经济发展继续保持较高的增长速度,但是国内市场需求仍相对不足,内销平缓,这将迫使企业更多地转向国际市场,扩大外销出口。而1993年以来,美国和西欧等工业国家经济开始复苏,随着世界经济发展重心向亚太地区转移以及中国经济的迅速崛起,外商普遍看好中国。上海市纺织品进出口公司等6家企业,对国内外两个市场的变化作出快速反应,不失时机地提出联合组建外贸企业集团的构想。

1994年1月4—6日,市外经贸委在常熟召开外经贸系统干部会议,传达全国外贸工作会议精神,部署年度工作。会议期间,上海市丝绸进出口公司、上海市纺织品进出口公司、上海市服装进出口公司、上海市针织品进出口公司、上海市家用纺织品进出口公司、中国抽纱品进出口(集团)公司上海公司(简称上海抽纱公司)等6家外贸企业通过学习会议文件,认为必须解放思想,勇于改革,打破旧体制,探索新路子。经过自发酝酿,充分协商,6家公司决定在平等互利的原则下自愿联合组建企业集团。这一设想受到上海市副市长沙麟和市外经贸委的支持。1月8日在向中共中央政治局委员、国务院副总理李岚清汇报时,得到李岚清的肯定和赞许。在1994年3月召开的上海市外经贸工作会议上,黄菊明确表示要把上海市纺织品进出口公司等6家外贸企业组建集团公司作为上海市外贸企业体制改革的试点加以支持。

1994年4月6日,副市长徐匡迪、沙麟主持会议,专题研究外贸系统6家进出口公司联合组建大型企业集团的有关问题。会议明确:纺织公司、服装公司、针织公司、家纺公司和丝绸公司在自愿互利的基础上组建综合商社式的大型企业集团,上海抽纱公司以何种形式参加集团,待其与总公司商量后定。会议决定成立以市外经贸委副主任汪阳为组长的筹建小组,负责企业集团的筹建工作。

1994年6月13日,市政府印发《上海市人民政府关于同意上海市纺织品进出口公司等六家外贸企业联合组建企业集团的批复》(简称《批复》)。《批复》同意以纺织公司、服装公司、针织公司、家纺公司、丝绸公司为核心企业,在自愿互利的基础上,联合组建东方国际(集团)有限公司。《批复》明确,集团为国有性质的有限责任公司,经市国资委授权后,集团应承担起资产一体化经营和管理以及国有资产保值、增值的责任,积极创造条件,向股份有限公司、上市的股份有限公司过渡。集团应实行贸、工、农、技相结合,走集团化、实业化、国际化的道路,逐步发展为融贸易、产业、金融为一体,具备贸易、融资、信息、服务、开发等功能的综合商社式的企业集团。

集团的成立得到中共中央及上海市领导的关心和重视。中共中央政治局委员、国务院副总理李岚清,中共中央政治局委员、书记处书记吴邦国,中共上海市委副书记、市长黄菊,国家经济贸易委员会副主任杨昌基、国家对外贸易经济合作部(简称国家外经贸部)部长吴仪、副部长石广生、上海市副市长徐匡迪、沙麟都充分肯定成立集团深化外贸体制改革,大胆探索,勇于实践的举措,并在工作中予以精心指导。

1994年8月18日,经征得市国资委的同意,市外经贸党委任命方美娣、王龙坤、许耀光、钟伟民、贺静仪等5位为集团董事。8月23日,市外经贸委向国家外经贸部报送《关于中国抽纱上海进出口公司退出东方国际(集团)有限公司组建工作的报告》,就上海抽纱公司退出东方国际集团组建工作的事宜进行说明。9月19日,中共上海市委决定:建立集团党委和中共东方国际(集团)有限公司纪律检查委员会(简称集团纪委),汪阳为集团党委副书记,陈苏明为集团党委副书记、纪委书记。9月,国家外经贸部向市外经贸委下达《关于同意东方国际(集团)有限公司开展对外经济贸易业务的批复》,明确东方国际(集团)有限公司开展对外贸易业务的经营范围。10月12日,经中共上海市委同意,市政府任命汪阳为集团副董事长、总裁,方美娣、王龙坤、许耀光、钟伟民、贺静仪等为集团副总裁。

三、宣布成立

1994年10月22日,东方国际(集团)有限公司(筹)向国家工商行政管理局报送《关于公司名称预先核准的申请》(简称《申请》)。《申请》说明:本公司是经上海市人民政府批准成立,国家外经贸部核准从事对外经济贸易业务的企业,提请核准本公司取名"东方国际(集团)有限公司"。

1994年10月25日,上海市工商行政管理局核准东方国际(集团)有限公司工商登记申请,颁发企业法人营业执照,注册号为150338300。企业法人营业执照载明:公司住所:上海市高邮路44弄1号;法定代表人:汪阳;注册资本:捌亿元;企业类型:有限责任公司(国内独资);经营范围:经营和代理纺织品、服装等商品的进出口业务;承办中外合资经营、合作生产、"三来一补"业务;经营技术进出口业务和轻纺、服装行业的国外工程承包业务、境内国际招标工程、对外派遣各类劳务人员;承办国际货运代理业务。

1994年10月25日,集团向市政府报送《关于举行东方国际(集团)有限公司开业庆典活动的请示》《关于邀请国务院副总理李岚清及国家部委有关领导参加东方国际(集团)有限公司开业庆典的请示》,提请市政府同意东方国际(集团)有限公司于1994年11月18日正式挂牌开业,邀请国务院副总理李岚清,国家外经贸部副部长石广生在出访返京路经上海之际,参加集团的开业庆典活动。10月,国家外经贸部部长吴仪发来贺信,希望东方国际(集团)有限公司坚定信心,开拓进取,大力推进贸、工、农、技结合,努力摸索与国际经济接轨的成功经验,为国家多出口、多创汇,为最终形成一个以外贸为龙头,贸易、产业、金融为一体,有中国特色的综合商社式的企业集团,为建设有中国特色的社会主义现代化作出更大的贡献!

1994年11月3日,集团召开党政领导班子第一次联席会议。会议确定集团发展模式是:以贸易为主体,以金融为依托,以产业为基础,以服务为先导,最终形成对外贸易的5个新型体系,即贸易体系、金融体系、物流体系、产业体系和服务体系。会议明确集团成立后要抓紧出台6个"抓手工程",即成立国际货运公司、广告展览公司、内贸公司、科技经贸公司、房地产公司和名牌产品设计中心。会议还决定,本着"高效、精简"的原则,集团总部暂设五部一室。是月,集团制定《东方国际(集团)有限公司章程》(简称《集团章程》),并在国家工商管理局备案。《集团章程》规定集团名称、注册地、经营范围、经营管理制度等重大事项,是集团组织与行为的基本准则。是月,集团向市国资委报送《东方国际(集团)有限公司进行国有资产授权经营改革试点的方案》(简称《方案》)。市国资委批复同意集团所报《方案》,授权集团依据产权关系,统一管理经营集团内各成员企业的国有资产;同意集团按照现代企业制度的要求,以资产为纽带,通过建立包括全资公司、控股公司和参股公司等形式的母子公司关系,在集团内形成多元化、多层次结构;同意集团实行董事会制,同时根据《国有企业财产监督管理条例》,相应成立监事会。要求集团董事会对授权范围内的国有资产的保值增值负责。

集团的组建得到中共中央、国务院、国家部委领导和中共上海市委、市政府领导的高度重视和亲切关怀。中共中央政治局委员、书记处书记吴邦国为集团题写司名,中共中央政治局委员、国务院副总理李岚清,国家经济体制改革委员会党组书记、副主任张皓若,国家对外贸易经济合作部党组副书记、副部长石广生,中共上海市委副书记、市长黄菊,中共上海市委副书记、副市长徐匡迪等为集团题词,国家外经贸部部长吴仪、副市长沙麟、孟建柱等发来贺信和贺词。

1994年11月18日,东方国际(集团)有限公司开业庆典仪式在华亭宾馆举行。国家外经贸部副部长刘山在、上海市副市长沙麟出席并分别致辞。刘山在代表国家外经贸部对集团成立表示热烈祝贺,指出东方国际集团的诞生完全符合外贸体制改革的方向,符合集约经营的原则,符合世界经济发展趋势。沙麟代表市政府对集团开业表示热烈祝贺。市外经贸委主任王祖康宣布集团领导班子名单。集团总裁汪阳,党委副书记陈苏明,副总裁方美娣、王龙坤、许耀光、钟为民、贺静仪等出席开业庆典。

集团总裁汪阳在集团开业庆典致辞中表示,集团将充分发挥丝绸、服装、纺织、针织、家纺等5家进出口公司核心企业经营实力雄厚的优势,按照以贸易为主体、以金融为依托、以产业为基础、以服务为先导的发展宗旨,形成对外贸易新型的体系,解决规模经营、规模效益和跨国经营等问题,最终形成融贸易、金融、实业为一体,具备贸易、融资、投资、信息、服务、开发等综合功能的现代化大型企业集团。

在开业庆典仪式上,集团副总裁方美娣、王龙坤分别与美国名牌企业 LIN CRABON 和意大利 SUPER RIFLE 公司代表签订世界名牌产品定点生产协议。集团副总裁贺静仪代表集团向中国福利会捐赠 10 万元。美洲、欧洲、日本、中国香港等国家和地区的客户为集团的开业发来贺电和贺信。

11 月 18 日,上海电视台、东方电视台《晚间新闻》、《新民晚报》均对集团开业新闻作报道。11 月 18—19 日,《人民日报》《解放日报》《文汇报》《国际商报》等报刊均报道集团开业庆典活动消息,刊发评论或专题通讯。集团成立新闻被上海人民广播电台评为 1994 年上海十大新闻之一。

第二节 集 团 运 作

一、初期运作

集团成立之初制定运作初步实施方案,设想将集团建成具有一定规模的现代化综合商社。

1995 年,集团积极寻找新的增长点,保持出口稳定增长,重点实施"抓手工程"项目。同时,集团认真贯彻市政府 1994 年 10 月印发的《本市进行现代企业制度试点若干问题的意见》精神,积极进行现代企业制度试点。为此,集团成立由集团主要领导领衔的改制工作领导小组和工作班子,负责落实推进相关工作。

1995 年 1 月 18 日,集团在虹口区柏树大厦召开 5 家子公司科以上干部参加的改制工作动员大会,拉开集团改制工作的帷幕。1 月 25 日,集团召开党政第二次联席扩大会议,讨论关于组建集团直属公司的实施原则。市外经贸委主任王祖康、中共上海市对外经济贸易工作委员会(简称市外经贸党委)副书记阮庆棠、市外经贸党委秘书长陈建华到会指导。1 月 29 日,市政府办公厅在关于转发本市第一批现代企业制度综合配套改革试点单位的通知中,将集团列入上海首批 95 家试点企业名单。按照上海市现代企业制度试点工作领导小组统一布置和市外经贸委具体要求,集团向所属企业下发《东方国际(集团)有限公司企业改革试点方案》《东方国际(集团)有限公司企业改革实施步骤》。

1995 年 1—3 月,集团按照"管理科学,制度规范"的要求,制定东方国际集团《全资子公司组织机构模式方案》《人力资源管理暂行办法》《组建海外子公司的原则框架》《对外投资管理暂行办法》《财务管理工作暂行规定》《利润及利润分配暂行办法》《全资子公司执行董事、经营决策委员会和总经理职责》等集团规范管理模式和规章制度,下发各子公司严格遵照执行。3 月,集团出台《东方国际(集团)有限公司及其丝绸等五家子公司改制方案》(简称《改制方案》)。按照《改制方案》,集团以资产为纽带,通过建立包括全资子公司、控股公司和参股公司等形式的母子公司关系,建立多层次的法人代表制度。全资和控股公司是独立自主的经营实体,实行自负盈亏、自主经营、自我约束,具有企业法人资格。集团实行决策集中,分级管理,不干预下属公司日常经营业务活动。是月,在上海举办的华东出口商品交易会上,集团发挥整体优势统一集中布展,签订出口合同 1 亿美元。时隔一月,在广交会上,集团再创佳绩,出口合同达到 1.5 亿美元。上述两项出口合同分别比集团组建前增长 15% 和 20%。

1995 年 5 月 19 日,集团召开关于集团组建货运公司的总裁办公扩大会议。会议确定组建以建立集团物流体系为目标的货运公司。新成立的货运公司将代替五家专业公司统一管理五家公司下属货代公司的中资部分。8月23日,国家外经贸部向市外经贸委下发《关于同意成立东方国际货运有限公司的批复》。8月28日,东方国际货运有限公司挂牌开业(简称货运公司)。货运公司承办海运、空运进出口货物的国际运输代理,包括揽货、订仓、仓储、中转、集装箱、拼装拆箱、结算运杂费、报关、报验、保险、短途运输服务及咨询业务,经营国际航空快件业务等。

1995年9月11日,市外经贸委向香港金发船务有限公司发送《关于将我委在香港金发船务有限公司中的股份全部转归东方国际(集团)有限公司的通知》,明确从1996年1月1日起,将市外经贸委在香港金发船务有限公司的10%股份全部转归东方国际(集团)有限公司所有。9月,中共上海市委、市政府决定,王祖康担任集团党委书记、董事长,集团的法人治理结构进一步健全。

1995年10月13日,作为首批国有资产授权企业集团之一,王祖康与上海市国有资产管理办公室(简称市国资办)、市外经贸委签订国有资产保值增值协议。10月18日,副市长沙麟,市外经贸委主任朱晓明、副主任陈正明分别给集团发来贺词。沙麟在贺词中说:"东方国际集团成立以来,在企业组织机构调整和实行现代企业制度改革方面进行有益的尝试,所取得的成绩充分证明集约化规模经营是适应新经济形势的必由之路。"10月20日,在由国家国有资产管理局和"中国经济效益纵深行"组委会共同发起和组织的"中国的脊梁"国有企业500强的评选活动中,东方国际集团名列"中国的脊梁——国有企业500强"第215名。

1995年11月18日,集团成立一周年之际,上海人民广播电台播出新闻稿披露:上海第一家以外贸为主体的大型企业集团东方国际(集团)有限公司成立一年来,出口创汇、规模经营、建立现代企业制度等各项工作稳步进行,东方国际集团计划用15年左右时间,建设成为具有中国特色的大型综合商社。

1995年12月,集团向市国资委上报《关于对东方国际(集团)有限公司五家成员企业进行出资改建的请示》(简称《请示》)。《请示》阐明,按照现代企业制度要求和《公司法》的规定,集团拟以出资形式将五家成员企业改制成国有独资性质的有限责任公司,并分别定名为:东方国际集团上海市丝绸进出口有限公司、东方国际集团上海市服装进出口有限公司、东方国所集团上海市纺织品进出口有限公司、东方国际集团上海市针织品进出口有限公司、东方国际集团上海市家用纺织品进出口有限公司。经上海市工商局注册登记更名,五家公司更改后的名称从1996年1月启用。

1995年,集团进出口总值19.61亿美元,比集团成立前分散经营有一定增长;国有资产保值增值率达到103.29%。集团出口商品领域拓展到轻工、机电、医药等门类。集团与世界上120多个国家和地区建立贸易关系,出口商品有5 000多个大类品种,拥有45家海外企业,同时兼并和收购一些生产型企业,建立自己的出口产品基地。

1996年1月,集团通过实施"抓手工程",组建成立以开拓国内市场为重点的东方国际集团贸易发展有限公司(简称东方贸发)。4月6日,东方国际集团日本株式会(简称日本公司)在日本注册,注册地为日本大阪市中央区平野町1丁目6番9号。日本公司是集团的一家海外地区性总部,以上海服装日本株式会社为基础,由东方丝绸、东方纺织、东方针织、东方家纺在日本的机构合并成立。5月,市国资办印发《关于将上海市对外贸易公司国有资产划转由东方国际(集团)有限公司统一经营的批复》,上海市对外贸易公司加入集团,成为集团的全资子公司,同时更名为东方国际集团上海市对外贸易有限公司。东方外贸主营业务包括:进口、出口、转口、内贸。公司主要经营的商品有:大宗原材料、医疗仪器、机电产品、五金工具、电站设备、化工塑料、纺织服装和食品消费品等。11月18日,组建成立从事境外工程和境内国际招标工程的东方国际集团对外经济技术合作有限公司(简称外经公司)。12月,市外经贸委将上海新海航业有限公司(简称新海公司)国有资产划归集团统一经营,成为集团的全资子公司。新海公司经营范围:国际、国内沿海运输及长江中下游普通货物运输,揽货及相关业务,国际船舶管理业务,国际货物运输代理,货物及技术的进出口业务。

1997年3月25日,集团总部及其下属的东方服装、东方外贸入驻新建成的娄山关路85号东方国际大厦办公。5月21日,东方国际香港有限公司(简称香港公司)成立。香港公司定位于集团的海外业务平台、融资并购平台、综合管理平台,注册地址为香港湾仔轩尼诗道388号北海中心17楼C室。7月,东方外贸在其第八业务部的基础上成立上海东松国际贸易有限公司。东松公司主营业务包括进出口贸易、国内贸易、贸易经纪与代理(招标代理)、医疗器械相关的供应链管理等。8月5日,集团和日本三菱商事株式会社、美国大陆谷物公司合资成立东菱贸易有限公司,成为中华人民共和国成立以来国内设立的第一家中外合资外贸公司。东菱公司经营范围:自营和代理除国家统一经营的出口商品和核定经营的进口商品以外的商品及技术进出口业务;出口商品的国内购买、进口商品的国内批发交易;国际间交易、进料加工及"三来一补"等。

1997年8月25日,市外经贸委将上海荣恒国际贸易公司、上海外经贸房地产开发经营公司、香港谊恒发展有限公司、上海恒盛实业有限公司产权划入集团。荣恒公司的进出口商品包括内衣、医药、化工、医疗器械(设备)、游乐设施、服装、轻工、机电、食品等,为客户提供从进出口贸易到与之相配套的仓库、运输等物流环节及生产、销售等环节的一站式服务。房产公司主营业务为房地产投资、开发、经营、咨询,装饰装潢,建筑,装饰施工与房地产相关的建筑材料,装潢材料,住宅设备及办公用品的批发和零售,拥有二级开发资质。

1997年9月1日,市外经贸委将上海经贸国际货运实业有限公司产权划归东方国际集团。10月,东方丝绸与金达公司联合重组成立上海丝绸(集团)有限公司。丝绸集团作为工贸结合的企业集团,经营范围包括进出口贸易、国内贸易、实业投资、房地产开发经营等。

1997年,集团奠定集约化经营的规模基础,建立多元的实业化格局,形成国际化经销网络,构筑现代企业制度的基本框架和运行机制。集团作为上海首批现代企业制度试点和国有资产授权管理的单位,在完成对各子公司资产评估的基础上,确立和完善母子公司结构的组织体系和二级法人、一级董事会的法人治理结构,明确集团与子公司各自的法律地位和职责。集团行使与发挥出资者的职责和功能,并通过与各子公司签订《经营责任书》的形式,建立集团资产经营责任体系框架和关于财务管理、投资管理、劳动工资管理和干部管理等一整套规范的管理制度,从机制上保证国有资产的高效运作和保值增值。

二、企业拓展

1998年4月,经国家外经贸部批准,以货运公司、新海公司和经贸公司为主体,组建成立投资主体多元化的大型货运代理企业东方国际物流有限公司。物流公司具有航运、船代、货代、专业报关、集装箱堆场、集卡车队、仓库储存、物流管理服务等功能。5月1日,东方国际美洲有限公司(简称美洲公司)在美国纽约挂牌开业。美洲公司在帮助集团各公司有效利用对美纺织品配额,扩大美洲地区市场影响等方面发挥重要作用。

1998年11月,集团以东方服装优质资产为主体,吸收集团部分优质外贸和物流资产实施资产重组,经市政府批准设立东方国际创业股份有限公司。东方创业经营范围涵盖商品进出口业务、"三来一补"、进料加工、国际货代、生物、医药化工产品的开发、生产、销售,实业和高科技技术产业投资,对销贸易、转口贸易和服务贸易。

1999年1月4日,东方国际商业有限公司(简称东方商业)揭牌成立。东方商业是集团对东方国际集团金桥贸易有限公司、上海市永丰有限公司和东方贸发等三家子公司进行联合重组后成立的公司。东方商业主要经营纺织品等商品进出口、中外合资合作、"三来一补"、对销贸易、对外贸易及商品信息咨询、国内商业批发零售等业务[2000年11月,东方商业更名为东方国际商业(集团)有限公司]。

1999年5月,市外经贸委将上海国际服务贸易有限公司资产划归集团。是年12月,上海国际服务贸易有限公司与外经公司、东方国际集团旅游发展有限公司、东方国际集团广告展览有限公司资产重组,成立上海国际服务贸易(集团)有限公司(简称国服公司)。国服公司主要从事贸易与技术的进出口业务、商务信息咨询、企业管理咨询、投资咨询、劳务派遣、人力资源服务、会议与展览业务、国内贸易、物业管理、自有房屋租赁、建筑装潢等。

2000年5月,集团对总部机构进行调整,集团总部设办公室、人力资源部、财务部、综合业务部、法律审计室、党委工作部。集团监事会的工作机构监事室和纪委、监察室合署办公。

2000年6月26日,经中国证监会审核通过,东方创业公开发行股票8 000万股。7月12日,东方创业股票在上海证券交易所挂牌交易。

2003年8月,新海公司投资2 470万元在国外购入一艘二手集装箱船"新海源号",可容纳450 TEU箱位,总吨位5 914吨。至此,新海公司拥有"新海虹""新海利""新海润""新海源"等四艘集装箱船,船队规模逐步扩大。

2003年,集团奠定规模经营的实力基础,初步形成较为完整的产业链,与世界120多个国家和地区开展贸易交往,设有20余家海外机构,与2万多家国外客户发生经营往来。同时,集团还与上千家国内企业形成较为紧密的供应商网络,集团为供应商提供订单,提供世界市场信息和技术信息,带动国内相关生产企业产品升级和技术升级。

2004年,集团和香港万达贸易有限公司共同出资收购深圳海润实业有限公司60%股权。收购完成后,集团和东方纺织共持有深圳海润实业有限公司65%股权。是年,集团对物流公司、经贸公司和上海佳达国际货运有限公司等三家物流公司进行资产重组,通过剥离低效资产,将集团物流板块的优质资产和优势企业整体注入上市公司,于2005年1月组建东方国际物流(集团)有限公司。物流集团主要从事承办海运、空运、陆运进出口货物、国际展品、私人物品及过境货物的国际运输代理业务,包括揽货、订舱、仓储、分拨、中转、集装箱拼装拆箱、结算运杂费、报检、保险、报关、相关的短途运输及咨询、信息技术领域内的技术服务、技术咨询等业务。是年,集团物流业务跻身中国国际货代物流四强。

2006年8月5日,物流集团洋山港仓库投入试运营。仓库位于临港普洛斯国际物流园区内,总面积6 400平方米,货物处理能力可达25 000立方米/月。是月,物流集团和金发投资(中国)有限公司在洋山深水港共同投资设立中外合资企业东方金发国际物流有限公司。9月1日,上海临港物流园区C1301地块土地开发协议签字仪式暨"东方金发国际物流有限公司"揭牌仪式举行,东方国际洋山物流基地项目启动。

2008年,物流集团业务范围涵盖国际货运代理业、国际海上航运业、国际船舶代理业、集装箱储运业和第三方综合性物流配送服务。在上海拥有海关监管仓库3万平方米,保税仓库8 000多平方米,分拨仓库5 400平方米,集装箱堆场3.4万平方米。在上海的主要港口、码头和部分货运集散地设有营业网点,拥4艘船舶。以上海口岸为中心,物流业务向江、浙、皖、鲁等周边地区和内陆进行有效辐射,在外省市开拓十多个销售网点、分公司和办事处。是年,集团位列中国企业 500 强第 181 名,并排名全国综合性内外商贸类企业第 3 名和上海市集团公司百强第 13 名,成为中国地方最大综合进出口商、地方最大货代物流商和上海最大外贸企业集团。

2010 年 2 月 27 日,集团启动将主业核心资产注入上市公司的重大资产重组。2011 年 3 月 16 日,集团收到中国证监会关于重组方案的核准批复,2011 年 5 月 30 日完成股票增发工作,东方创业完成工商注册变更登记,集团持有东方创业的股权比例从 63.39% 上升到 72.43%。

2013 年 2 月 25 日,上海新贸海集装箱储运有限公司检验检疫综合查验场站试运营,为集团整合仓储资源、盘活国有资产、推进发展联动机制奠定基础。是年 3 月,东方荣恒、东方利泰与德国公司、孟加拉国公司四方合资在孟加拉国建设的孟加拉东方魅力内衣有限公司在孟加拉国首都达卡市举行揭牌庆典仪式。东方魅力内衣有限公司首期投资的生产车间面积逾 7 200 平方米,工人超过 250 名。东方荣恒和东方利泰共占东方魅力内衣有限公司 56% 股权。是年,东方新海购入一艘 5.2 万吨的超灵便型散货船“新海明玉号”,当年投入运营即盈利。

2014 年 1 月,东方创业投资的海外生产基地——东方祥和(柬埔寨)制衣有限公司(简称柬埔寨公司)开始生产。8 月,集团通过东方创业完成对上海领秀电子商务有限公司的控股股权收购。集团将领秀公司打造成一家专业经营跨境 B2C 业务的垂直类电商平台公司和以“轻奢”为风格,以国内中产阶层为主要目标市场,在行业内有一定影响力的电商企业。

2015 年 3 月 17 日,集团与上海交大产业集团签署战略合作协议,双方在大健康产业和教育产业领域开展密切合作并结成战略合作伙伴。3 月,集团出台资产板块企业整合方案,以其所持有的丝绸集团、东方房产、资产经营公司的股权出资设立东方国际集团上海资产管理有限公司。4 月,柬埔寨公司二期工程完工投入使用,工厂使用面积为 1 万平方米,共有 20 条流水线,一线工人超过 800 人,是一家中型规模现代化针织服装生产企业。5 月,资产管理公司揭牌成立,成为集团下属国有全资二级公司。资产管理公司确立以资产经营管理为主业的经营方针,业务涵盖原来 3 家公司的经营范围,包括:资产管理、从事货物及技术的进出口业务、实业投资、房地产开发经营、房地产咨询、房地产经纪、建筑装修装饰建设工程专业施工、房屋建设工程施工、内贸等。5 月 27 日,上海东方国际创业品牌管理股份有限公司举行成立揭牌仪式。公司由东方创业持股 60%,从事“衣架”女装品牌的运营。9 月 16 日,东方利泰、东方荣恒与德国公司、孟加拉国公司等四方共同投资的东方魅力针织品有限公司在孟加拉国首都达卡开业。东方魅力针织品有限公司是一家以东方利泰为主要经营方的大型毛衫制造工厂,是集团旗下子公司在孟加拉国兴建的第二家生产工厂。工厂建筑面积约 1.4 万平方米,配备专业设计人员和高素质员工队伍 2 000 多人,配备全套生产设备约 2 000 台。11 月,东方国际元中大厦主体结构工程顺利完成。东方国际元中大厦坐落于中山北路 2900 号,建筑面积 50 018.63 平方米,这幢现代装饰艺术派风格的 5A 甲级办公楼成为普陀区新的地标性建筑。是月,集团启动和激活由市国资委于 2012 年 12 月划归东方国际集团的上海东顺投资有限公司,更名为东方国际集团上海投资有限公司。投资公司主营业务包括基金运作与管理、主业并购、证券投资与管理、财务性投资、参股企业管理等,是集团重要的投资运作平台。

2015 年,集团培育的电子商务网站“爱奢汇”,引入进口快消品和轻奢侈品,切入国内零售终端市场,促进贸易转型发展。同时,集团构建的“物流天下”电子商务公共服务平台,推进贸易物流金融联动,构建一体化运作的供应链管理机制。是年,根据中国企业联合会和上海市企业联合会发布的排行榜,集团位列中国对外贸易 500 强企业第 91 名,中国货代物流综合百强第 23 名(其中仓储第 12 名、海运第 16 名、空运第 28 名),上海服务业企业 50 强第 19 名,上海企业 100 强第 36 名。

2016年5月,集团对物流板块进行分设,将东方新海的管理关系提升到由集团管理,成为集团的二级公司。2004—2016年,集团相继制订三个"五年计划"、三个"三年国资战略规划"、三个"三年行动计划",根据形势和任务的需要不断明确集团发展方向。集团以促进综合贸易发展为主业,注重发展现代物流、电子商务、大健康、资产经营、投资发展等产业,积极培育新的经济增长点,同时不断致力转型、发展、改革、提升,激发成员企业发展新动力。

2017年6月19日,东方新海在印度卡基纳达港完成载重5.7万吨超灵便散货船"新海明玺"(NEWSEAS JASPER)轮的实船交接工作,6月22日投入运营。11月22日,东方新海在长兴岛码头完成载重6.4万吨超灵便型散货轮"新海明晶"(NEWSEAS CRYSTAL)轮的实船交接工作,11月28日投入运营。是年,东方新海共拥有超灵便型散货运输船5艘,总运力近28万吨;集装箱船1艘,运力1.5万吨,国际航运物流规模效益进一步提升。是年,集团主要经济指标实现"双超"(超预算、超同期实绩),营业收入、净利润续创历史新高;综合贸易板块转型升级、现代物流和航运板块转型发展、资产板块实施重点项目、投资板块推进健康基金运作等重点工作顺利推进,为联合重组后的集团对接融合,进一步创新发展奠定扎实基础。

第二章 组织体系

东方国际集团按照现代企业制度的要求,根据高效、精简的原则,建立由管理架构、职能部门、所属企业等组成的组织体系,做到权责明晰、运作有序、管理科学,适应形势任务的需要,为集团各项工作顺利开展提供有力支撑和保障。

第一节 管理架构

集团管理架构的建立遵循《中华人民共和国公司法》的规定,坚持以发展现代服务业为宗旨,以促进企业改革发展稳定等各方面工作为目标,因事因地制宜,确保企业有序运行,确保工作顺利开展,确保国有资产保值增值。

一、党委

1994年9月19日,中共上海市委下发《关于建立中共东方国际(集团)有限公司委员会的通知》,任命汪阳、陈苏明为东方国际集团党委副书记。集团党委归口市外经贸党委。1995年9月14日,中共上海市委任命王祖康为东方国际集团党委书记。

2003年7月,集团党委归口市国资委党委。是年8月28日,中共上海市委任命蔡鸿生为东方国际集团党委书记。2012年9月,中共上海市委任命吕勇明为东方国际集团党委书记。

2017年8月,东方国际集团与上海纺织集团联合重组。经中共上海市委备案同意,8月30日,市国资委党委任命童继生、朱勇、季正荣为东方国际集团党委副书记。

表1-2-1 1994年9月—2017年12月集团党委组成人员任职情况表

职　务	姓　名	任　职　时　间
书　记	王祖康	1995年9月—2003年2月
	蔡鸿生	2003年8月—2012年9月
	吕勇明	2012年9月—
副书记	汪　阳	1994年9月—2004年11月
	陈苏明	1994年9月—2002年4月
	陆朴鸣	2002年4月—2009年12月
	唐小杰	2005年9月—2016年1月
	王乐齐	2006年4月—2008年1月
	李春明	2009年12月—2012年6月
	强志雄	2013年12月—2017年1月

〔续表〕

职　务	姓　名	任　职　时　间
副书记	周　峻	2016年2月—2017年8月
	卢力英	2017年1月—2017年8月
	童继生	2017年8月—
	朱　勇	2017年8月—
	季正荣	2017年8月—
委　员	汪　阳	1994年9月—2004年11月
	陈苏明	1994年9月—2006年2月
	许耀光	1994年11月—2000年3月
	刘寿培	1994年11月—2002年7月
	方为群	1994年11月—2009年4月
	何小平	1994年11月—2002年7月
	周福明	1994年11月—2002年7月
	陆朴鸣	1995年4月—2009年12月
	王祖康	1995年9月—2003年2月
	方国良	1996年1月—2002年7月
	陈能方	1996年1月—2000年3月
	徐伟民	2000年3月—2002年7月
	俞立本	2000年3月—2002年7月
	张连征	2000年3月—2002年7月
	钱　熊	2000年3月—2002年7月
	黄国锦	2000年3月—2002年7月
	强志雄	2002年7月—2017年1月
	李春明	2002年7月—2012年6月
	蔡鸿生	2003年8月—2012年9月
	周　峻	2004年3月—2017年8月
	唐小杰	2005年9月—2016年1月
	王乐齐	2006年4月—2008年1月
	吕勇明	2012年9月—
	卢力英	2017年1月—
	童继生	2017年8月—
	朱　勇	2017年8月—
	季正荣	2017年8月—

二、董事会

根据集团章程规定,集团设董事会,董事长为法定代表人。1994 年 10 月 13 日,经中共上海市委提名,市政府任命汪阳为东方国际集团副董事长。1995 年 9 月 21 日,经中共上海市委提名,市政府任命王祖康为东方国际集团董事长。

2001 年 5 月 14 日,集团董事会审议通过《东方国际(集团)有限公司董事会工作条例(草案)》。董事会设预算、投资决策、审计、管理发展和人事奖惩等 5 个专业委员会,各专业委员会是董事会的决策参谋机构,在董事会的授权下开展工作。

2004 年 2 月 24 日,集团董事会研究决定成立薪酬委员会、投资决策委员会、战略发展委员会,3 个委员会隶属于东方国际集团董事会,即为集团董事会下属的专业委员会。

2006 年 6 月 2 日,集团董事会研究决定下设专业委员会调整为薪酬与考核委员会、投资决策委员会、战略发展委员会、预算委员会、审计委员会。

2009 年 5 月,集团董事会被市国资委列为第一批建设规范董事会的试点单位,成立第三届董事会,蔡鸿生任东方国际集团第三届董事长。集团第三届董事会设立外部董事,外部董事担任各专业委员会主任委员。第三届董事会成员经 2010 年和 2011 年两次调整,共有 7 名董事,其中外部董事 4 名,内部董事 3 名(含职工董事 1 名)。

2009 年 7 月 30 日,集团董事会研究决定下设专业委员会调整为战略投资委员会、提名委员会、薪酬考核委员会、审计与风险控制委员会。这些隶属于集团董事会的专业委员会一直保持到 2017 年年末。

2012 年 9 月,市政府任命吕勇明为东方国际集团第三届董事长。

2017 年 8 月,东方国际集团与上海纺织集团联合重组,市政府任命童继生为联合重组后的东方国际集团董事长。

表 1-2-2　1994 年 8 月—2017 年 12 月集团董事会组成人员任职情况表

职　　务	姓　名	任　职　时　间
第一届董事长	王祖康	1995 年 10 月—2002 年 7 月
第二届董事长	王祖康	2002 年 7 月—2003 年 2 月
	蔡鸿生	2003 年 9 月—2009 年 5 月
第三届董事长	蔡鸿生	2009 年 5 月—2012 年 9 月
	吕勇明	2012 年 9 月—2017 年 8 月
联合重组后的董事长	童继生	2017 年 8 月—
第一届副董事长	汪　阳	1994 年 10 月—2002 年 7 月
第二届副董事长	汪　阳	2002 年 7 月—2004 年 11 月
	王乐齐	2006 年 4 月—2008 年 1 月
第一届董事	王祖康	1995 年 10 月—2002 年 7 月
	汪　阳	1994 年 10 月—2002 年 7 月

〔续表〕

职　务	姓　名	任　职　时　间
第一届董事	方美娣	1994 年 8 月—2002 年 7 月
	王龙坤	1994 年 8 月—2002 年 7 月
	许耀光	1994 年 8 月—2002 年 4 月
	钟伟民	1994 年 8 月—2002 年 7 月
	贺静仪	1994 年 8 月—2002 年 4 月
第一届增补董事	黄奇民	1995 年 4 月—2000 年 12 月
	万国光	1995 年 4 月—2000 年 12 月
	王美君	1996 年 5 月—1999 年 5 月
	张士翔	1999 年 2 月—2001 年 5 月
	刘建伟	1999 年 5 月—2002 年 7 月
	答朝宗	2000 年 12 月—2002 年 7 月
第二届董事	王祖康	2002 年 7 月—2003 年 2 月
	汪　阳	2002 年 7 月—2004 年 11 月
	陆朴鸣	2002 年 7 月—2009 年 12 月
	钟伟民	2002 年 7 月—2009 年 5 月
	王龙坤	2002 年 7 月—2003 年 12 月
	徐伟民	2002 年 7 月—2003 年 12 月
	李思根	2002 年 7 月—2009 年 5 月
第二届增补董事	蔡鸿生	2003 年 9 月—2009 年 5 月
	徐建新	2004 年 5 月—2009 年 5 月
	唐小杰	2005 年 9 月—2009 年 5 月
	王乐齐	2006 年 4 月—2008 年 1 月
第三届董事	蔡鸿生	2009 年 5 月—2012 年 9 月
	唐小杰	2009 年 5 月—2016 年 1 月
	吕勇明	2012 年 9 月—2017 年 8 月
	周　峻	2016 年 1 月—2017 年 8 月
第三届外部董事	朱健敏	2009 年 5 月—
	张林俭	2009 年 5 月—2011 年 1 月
	汪剑芳	2009 年 5 月—
	徐士英	2010 年 3 月—
	肖义家	2011 年 3 月—
第三届职工董事	王　佳	2010 年 3 月—

〔续表〕

职　　务	姓　　名	任　职　时　间
联合重组后增补董事	童继生	2017 年 8 月—
	朱　勇	2017 年 8 月—

三、监事会

根据《国有企业财产监督管理条例》和集团章程规定,集团设立监事会。集团监事会由 5 名～7 名监事组成,设监事会主席一名、副主席一名。

1998 年 11 月 17 日,中共上海市委组织部、市外经贸委领导到集团宣布东方国际集团监事会领导名单,市政府任命倪鸿福为东方国际集团监事会主席,组成东方国际集团第一届监事会。2002 年 4 月 4 日,市政府任命陶人观为东方国际集团监事会主席,组成东方国际集团第二届监事会。2005 年 1 月 27 日,市政府任命孔长松为东方国际集团监事会主席。2009 年 8 月 24 日,市政府任命张成钧为东方国际集团监事会主席。

2010 年,集团作为市国资委新监管模式下监事会首批 6 家试点单位之一,新一届监事会成立后,人员配备更加充足合理,更好地发挥了法人治理结构中的制衡作用。

2015 年 11 月 1 日,市政府任命韩强任集团监事会主席。2017 年 8 月 31 日,东方国际集团与上海纺织集团联合重组,市政府任命薛晓峰为联合重组后的东方国际集团监事会主席。

．表 1－2－3　1998 年 11 月—2017 年 12 月集团监事会组成人员任职情况表

职　　务	姓　　名	任　职　时　间
主　席	倪鸿福	1998 年 11 月—2002 年 3 月
	陶人观	2002 年 4 月—2004 年 7 月
	孔长松	2005 年 1 月—2009 年 7 月
	张成钧	2009 年 8 月—2014 年 1 月
	韩　强	2015 年 11 月—2017 年 8 月
	薛晓峰	2017 年 8 月—
副主席	陈苏明	2001 年 4 月—2006 年 2 月
	李春明	2011 年 8 月—2012 年 4 月
	强志雄	2015 年 11 月—2017 年 1 月
	卢力英	2017 年 1 月—
专职监事	李克坚	2005 年 10 月—2014 年 3 月
	袁小明	2015 年 11 月—2017 年 8 月
监　事	倪鸿福	1998 年 11 月—2002 年 3 月
	陈步林	1998 年 11 月—2002 年 7 月

〔续表〕

职 务	姓 名	任 职 时 间
监 事	蒋卓庆	1998年11月—2002年7月
	陆朴鸣	1998年11月—2002年7月
	江亮清	1998年11月—2002年7月
	陈苏明	2001年4月—2006年2月
	陶人观	2002年4月—2004年7月
	向月华	2002年7月—2005年1月
	陈 龙	2002年7月—2005年1月
	韩凌云	2002年7月—2005年1月
	谢惠鸣	2002年7月—2003年8月
	褚融敏	2002年7月—2007年11月
	孔长松	2005年1月—2009年7月
	张成钧	2009年8月—2014年1月
	韩 强	2015年11月—2017年8月
	强志雄	2015年11月—2017年1月
	薛晓峰	2017年8月—
职工监事	谢子坚	2007年11月—2015年11月
	李春明	2010年3月—2011年8月
	王晨皓	2010年3月—2017年1月
	郑洪捷	2017年3月—

四、总裁室

集团总裁室由集团高级管理人员组成,包括:总裁、副总裁、财务总监、总经济师、行政总监、投资总监、业务总监、副总经济师、财务副总监等。高级管理人员由具有与其所担任职务相适应的专业知识和工作经验的人员担任。经出资人同意,董事可以受聘兼任高级管理人员。

1994年10月,经中共上海市委同意,市政府任命汪阳为东方国际集团总裁。2005年10月19日,经中共上海市委预审,市国资委党委、市国资委同意,集团党委、董事会决定聘唐小杰为东方国际集团总裁。

2016年2月,市政府批复同意集团党委、董事会聘周峻为东方国际集团总裁。

2017年8月,东方国际集团与上海纺织集团联合重组,市政府任命朱勇为东方国际集团总裁。

表 1-2-4　1994 年 10 月—2017 年 12 月集团高级管理人员任职情况表

职　务	姓　名	任　职　时　间
总　裁	汪　阳	1994 年 10 月—2004 年 11 月
	唐小杰	2005 年 10 月—2016 年 1 月
	周　峻	2016 年 1 月—2017 年 8 月
	朱　勇	2017 年 8 月—
副总裁	方美娣	1994 年 10 月—1998 年 12 月
	王龙坤	1994 年 10 月—2002 年 4 月
	许耀光	1994 年 10 月—2002 年 4 月
	钟伟民	1994 年 10 月—2014 年 3 月
	贺静仪	1994 年 10 月—2002 年 4 月
	张士翔	1997 年 1 月—2001 年 5 月
	强志雄	2002 年 4 月—2014 年 7 月
	周　峻	2004 年 4 月—2016 年 1 月
	陈卓夫	2015 年 1 月—2017 年 1 月
	季胜君	2015 年 1 月
	封亚培	2017 年 8 月—
财务总监	徐建新	2002 年 4 月—2011 年 8 月
	季胜君	2012 年 5 月—2015 年 1 月
	王国铭	2017 年 8 月—
总经济师	徐建新	2011 年 8 月—2015 年 1 月
行政总监	袁子伟	2006 年 5 月—2008 年 2 月
	王　佳	2017 年 7 月—
投资总监	邢建华	2013 年 12 月—
业务总监	郭福荣	2013 年 12 月—2017 年 7 月
	朱继东	2017 年 7 月—
财务副总监	季胜君	2009 年 2 月—2012 年 4 月
副总会计师	徐建新	1997 年 12 月—2002 年 3 月
副总经济师	谢惠鸣	1995 年 3 月—2002 年 5 月
	邢建华	2009 年 2 月—2013 年 12 月
	郭福荣	2012 年 3 月—2013 年 12 月

五、纪委

1994 年 9 月 19 日,中共上海市委下发《关于建立中共东方国际(集团)有限公司纪律检查委员会的通知》,任命陈苏明为东方国际集团纪委书记。

1997年1月2日,中共上海市委任命陆朴鸣为东方国际集团纪委书记。2009年12月,市国资委党委任命李春明为东方国际集团纪委书记。2013年12月9日,经中共上海市委备案同意,市国资委党委任命强志雄为东方国际集团纪委书记。2017年1月,市国资委党委任命卢力英为东方国际集团纪委书记。是年8月,经中共上海市委备案同意,市国资委党委任命卢力英为联合重组后的东方国际集团纪委书记。

表1-2-5　1994年9月—2017年8月集团纪委成员任职情况表

职　务	姓　名	任　职　时　间
书　记	陈苏明	1994年9月—1997年1月
	陆朴鸣	1997年1月—2009年11月
	李春明	2009年12月—2012年6月
	强志雄	2013年12月—2017年1月
	卢力英	2017年1月—
副书记	方为群	2002年7月—2009年2月
	李春明	2009年2月—2009年12月
	王晨皓	2014年7月—2017年1月
	郑洪捷	2017年3月—
委　员	陈苏明	1994年9月—1997年1月
	陆朴鸣	1997年1月—2009年12月
	曹立江	1997年7月—2009年7月
	李春明	1997年7月—2000年4月 2009年2月—2012年6月
	何邦杰	1997年7月—2000年4月
	黄凤娟	1997年7月—2002年7月
	杨文哲	1997年7月—2002年7月
	俞立本	1997年7月—2000年4月
	阎瑞海	1997年7月—2000年4月
	王朝新	1997年7月—2000年4月
	梁正康	2000年4月—2002年7月
	王金玉	2000年4月—2002年7月
	沈玉玺	2000年4月—2002年7月
	周　斌	2000年4月—2002年7月
	徐建新	2000年4月—2002年7月

〔续表〕

职　务	姓　名	任 职 时 间
委　员	董飞翔	2000 年 4 月—2002 年 7 月
	薛雨农	2000 年 4 月—2002 年 7 月
	方为群	2002 年 7 月—2009 年 2 月
	褚融敏	2002 年 7 月—2007 年 10 月
	王晨皓	2009 年 3 月—2017 年 1 月
	谢子坚	2009 年 3 月—
	高国琳	2011 年 8 月—2014 年 7 月
	强志雄	2013 年 12 月—2017 年 1 月
	竺佩兰	2014 年 7 月—
	徐　峰	2014 年 7 月—
	卢力英	2017 年 1 月—
	郑洪捷	2017 年 4 月—

六、集团管理架构

根据企业经营和管理需要,集团建立适合企业实际情况的管理架构,并根据企业经营发展情况进行调整。集团管理架构包括集团党委、董事会、监事会、总裁室、纪委、总部职能部门和下属全资、控股、参股企业。

七、全资子公司组织机构模式

1995 年 3 月,根据高效、精简的原则,集团制定《东方国际集团全资子公司组织机构模式方案》(简称《方案》)。《方案》确立集团有效的科学管理体系和国有资产运行责任体系,保证各全资子公司协调稳定发展。

《方案》明确集团董事会向全资子公司委派执行董事,执行董事为公司的法定代表人。根据集团总裁分工负责制,集团副总裁分别兼任丝绸、服装、纺织、针织、家纺等 5 家公司的执行董事,作为总裁的助手分管核心子公司的经营业务,对总裁负全面责任。公司设立经营决策委员会,经营决策委员会为公司决策机构,对公司重大经营问题负全面责任。经营决策委员会由集团和子公司共同组成,公司执行董事任主任,公司总经理和公司党委书记任副主任,委员由集团指派总部的一名部长和公司副总经理组成。经营决策委员会实行主任负责制,重大问题集体讨论决定,如遇意见分歧难以统一时,经报请集团讨论后,由主任代表集团作出决定。经营决策委员会每年两次向集团董事会作出书面报告。根据执行董事的提名,集团总裁聘任或解聘公司总经理、副总经理和财务负责人。

《方案》明确公司设立经理会,作为经营决策委员会的常设执行机构,负责公司日常经营管理,贯彻落实经营决策委员会的各项决定和决议。经理会实行总经理负责制,成员由公司决定。公司总经理以实现公司经营的利润最大化、成本最低化为目标,行使相应职权。公司总经理每年两次向集团总裁提交书面工作报告。每年终由执行董事提出对公司总经理考评意见,报呈集团总裁。除丝绸、服装、纺织、针织、家纺和货运6家公司外,其余全资子公司一般由执行董事兼任公司总经理,每年终由集团总裁直接对公司总经理进行考评。

1995年3月,集团制定《东方国际集团全资子公司执行董事经营决策委员会和总经理职责》,规定全资子公司"执行董事系集团董事会向全资子公司派出的资产所有者代表,对国有资产的保值和增值负有直接责任,执行董事为公司的法定代表人",明确"经营决策委员会为公司最高决策机构,对集团赋予公司的资产的运行和重大经营,负全面责任",同时规定经营决策委员会要"贯彻执行集团的各项决议和决定"等8项职责。明确"公司总经理受集团总裁聘任,主持公司的经营管理工作",同时规定公司总经理"组织实施经营决策委员会的决议和决定,负责编制公司发展战略和发展规划"等8项职责。

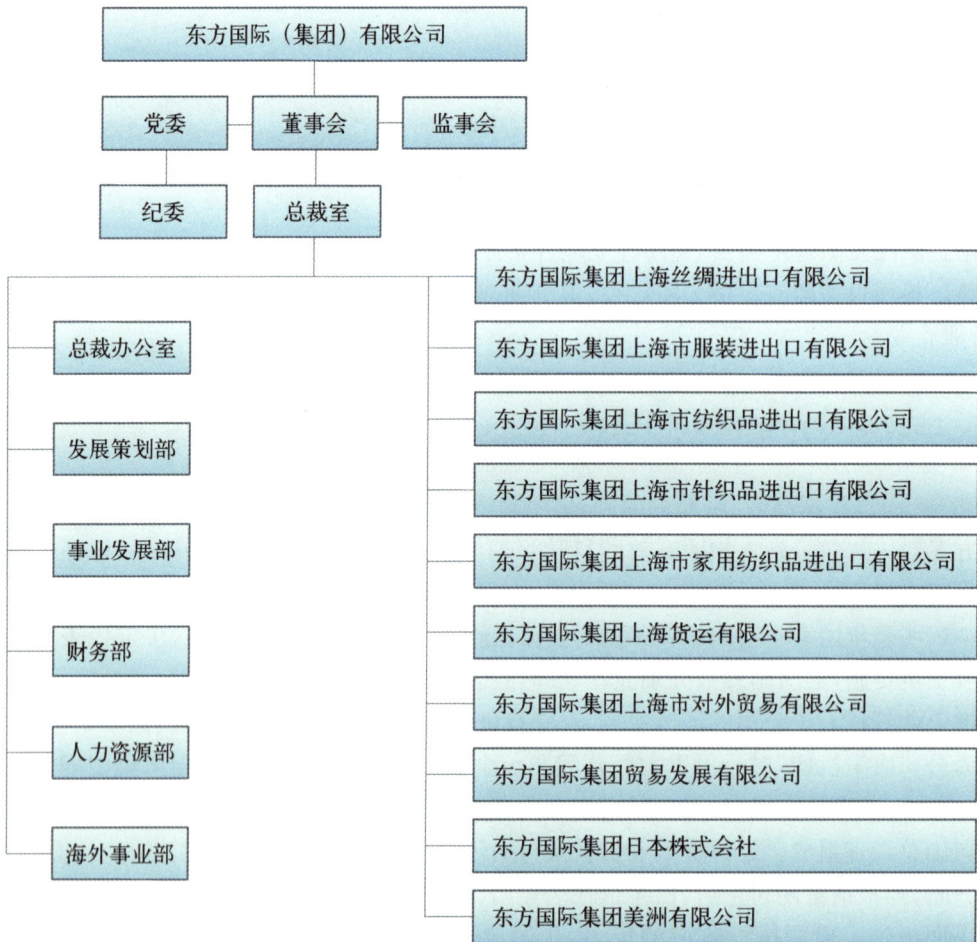

图 1-2-1　1996年东方国际集团管理架构示意图

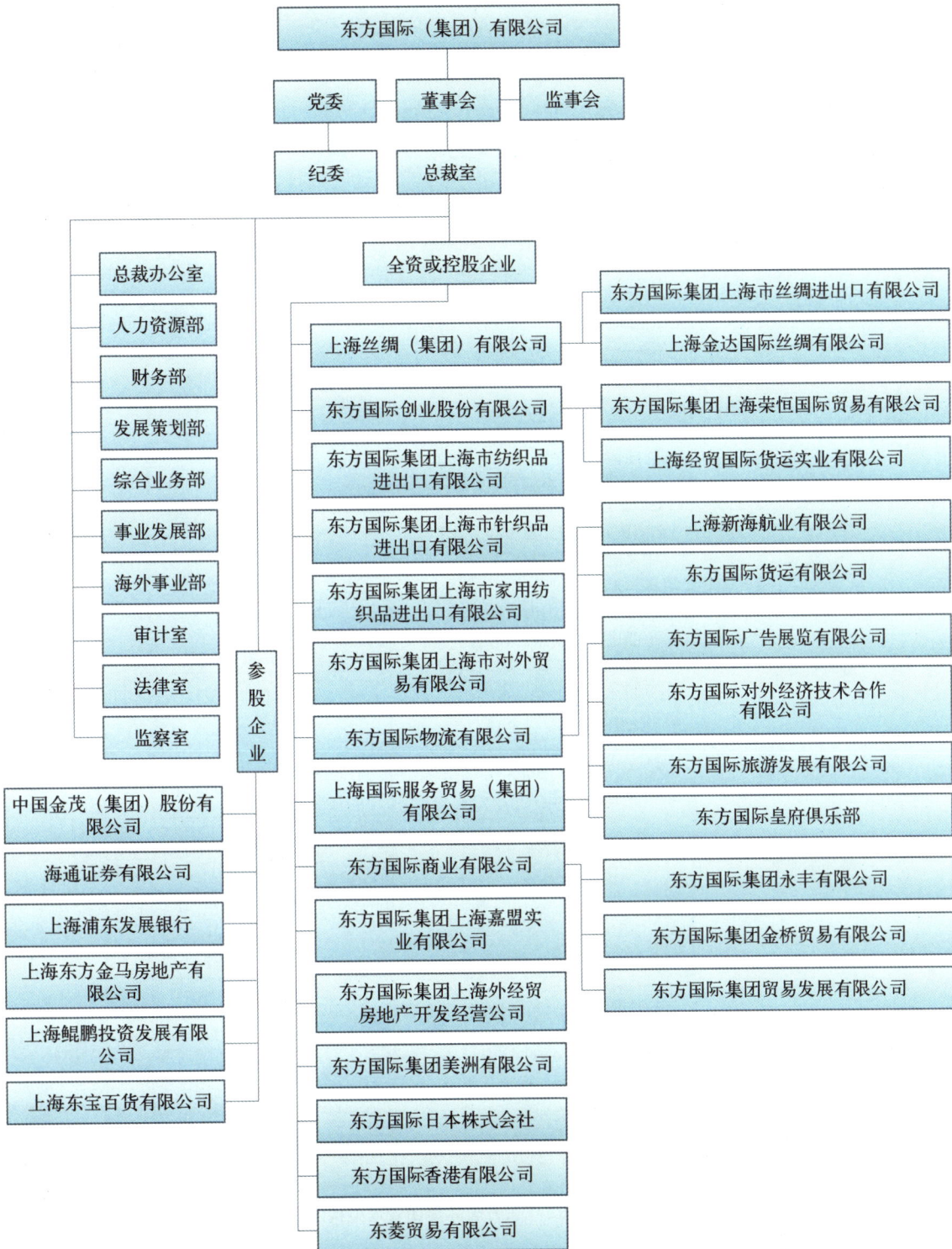

图 1−2−2 1998 年东方国际集团管理架构示意图

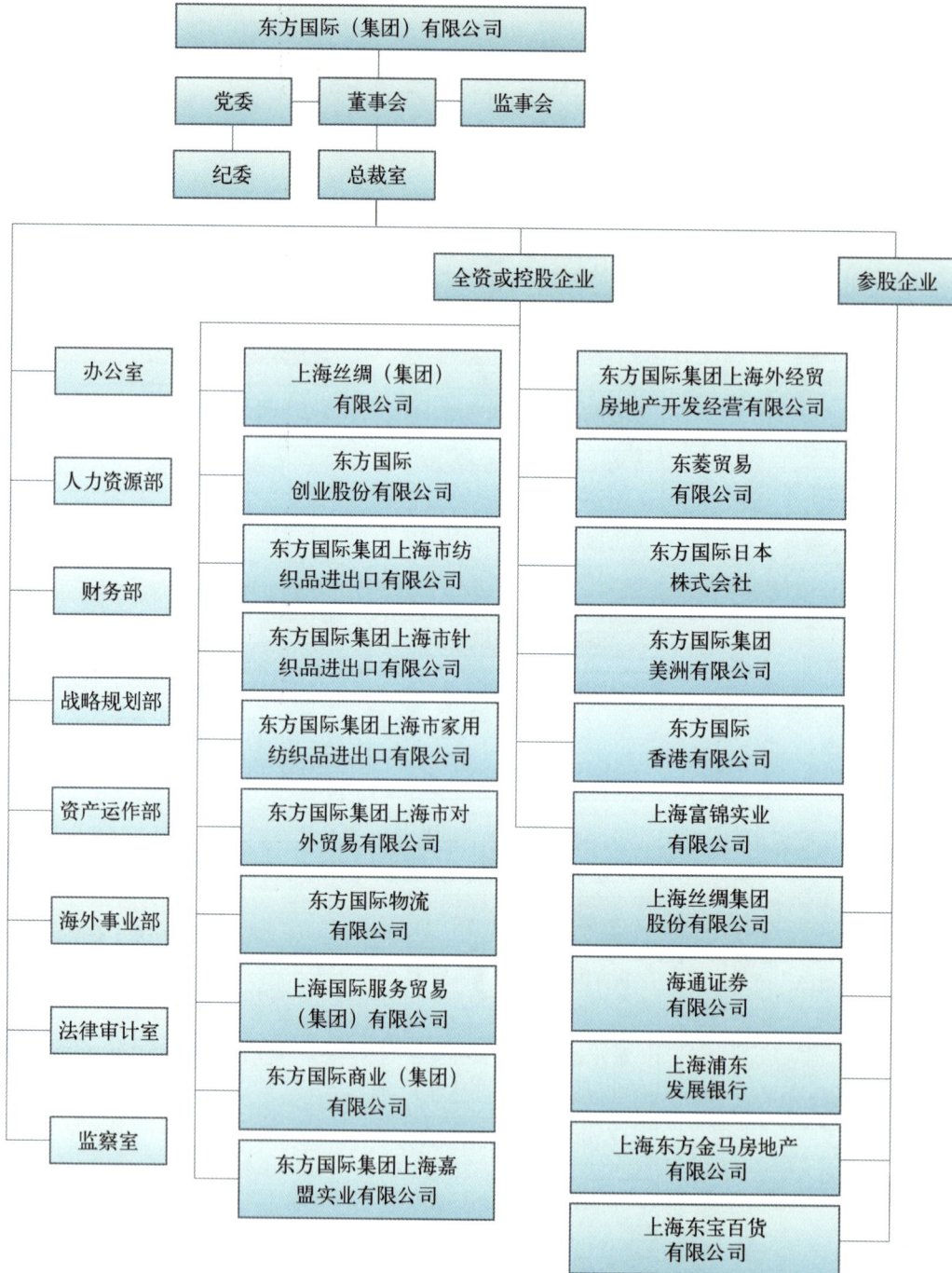

图 1－2－3 2002 年东方国际集团管理架构示意图

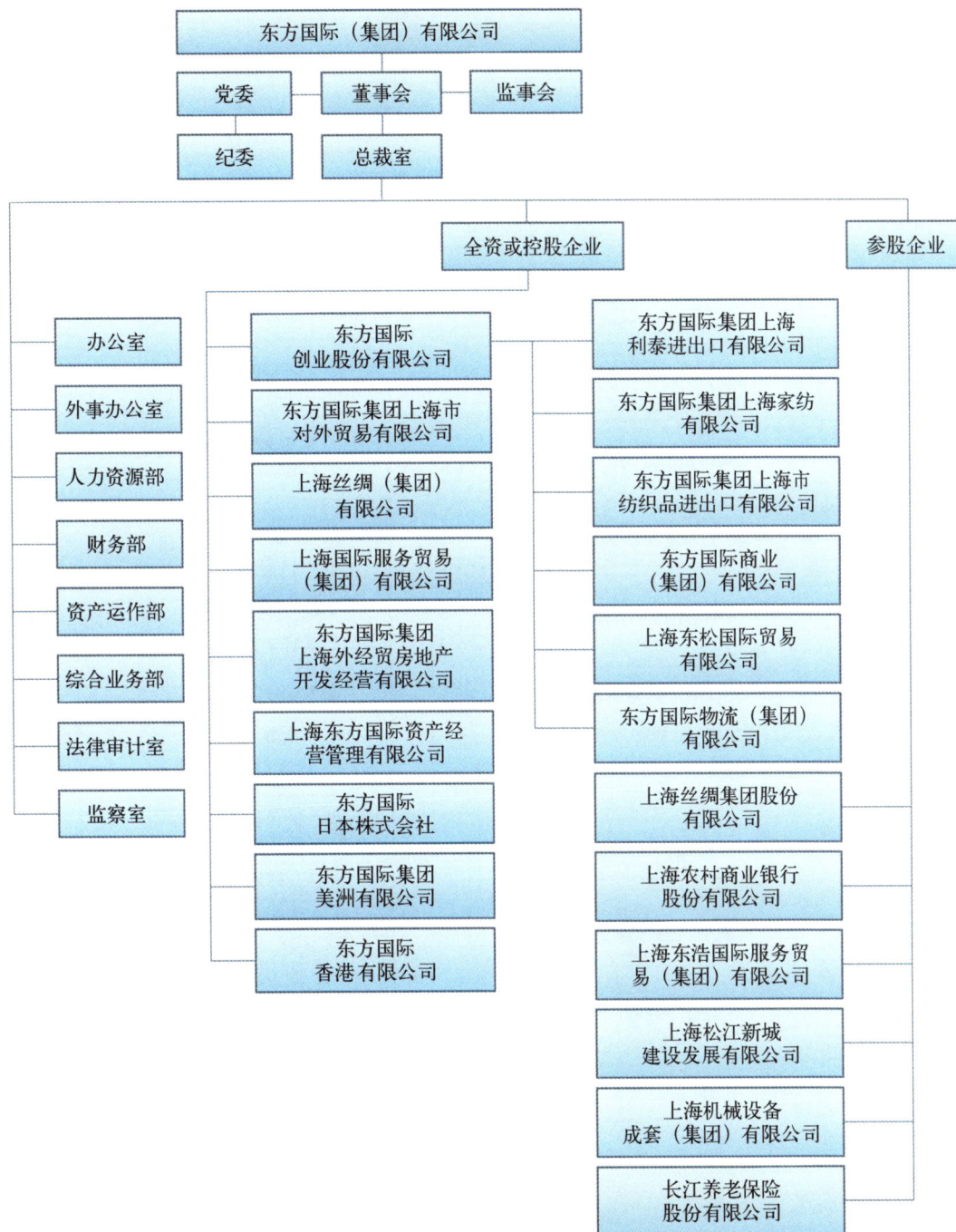

图 1－2－4　**2012 年东方国际集团管理架构示意图**

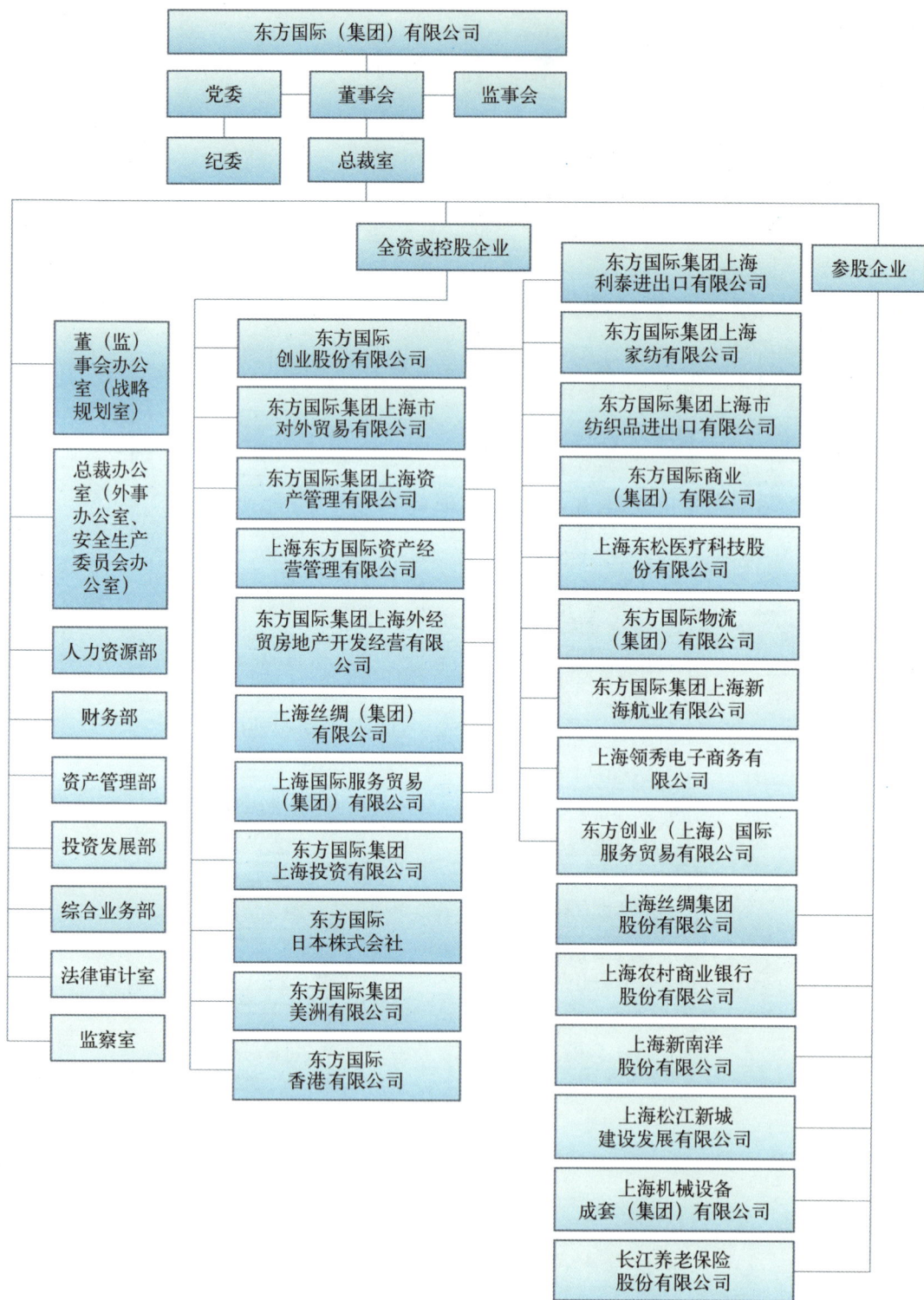

图 1-2-5　2017 年东方国际集团管理架构示意图

第二节　集团总部职能部门

一、沿革

集团成立后,根据集团的战略和企业发展的需要,遵循精干高效的原则,建立健全职能部门,定编定岗定职责,在集团党政领导班子的领导下,按职责范围开展各项工作,处理各项事务,为集团公司的发展承担相应的责任。

1994年11月3日下午,集团党政领导班子召开第一次联席会议,做出集团总部设五部一室的决定,即人力资源部、发展策划部、财务部、事业开发部、海外事业部和办公室。出于其他原因影响,海外事业部于1996年正式成立。

五部一室的主要职能是:(1)人力资源部主要负责劳动工资、干部调配、考核,包括子公司领导一级和海外干部的调配、人才培训、海外人事管理、集团内部的人事管理。(2)发展策划部主要负责集团的宏观政策研究、现代企业制度、中长期发展规划,对重大投资决策设计可行性方案,经批准后组织实施,以及集团对外诉讼、条法、兼并、控股等方面发展策划。(3)财务部主要负责财务管理、税务管理、资金管理、外汇管理、投资、融资、会计核算、审计等工作。(4)事业发展部主要负责扩大出口规模,提高规模效益的"抓手"项目。(5)海外事业部主要负责海外所有企业单位的经营管理,以及海外企业的改革试点。(6)办公室主要负责文秘、信息、公共关系联络、出国审批、贸易管理和总务后勤工作。

1994年11月29日,集团宣布总部各部室的设置,宣读各部室负责人的任命。谢惠鸣任集团发展策划部部长,陈成尧任集团事业开发部部长,方国良任集团财务部部长,何邦杰任集团财务部副部长,陈才林任集团总裁办公室主任,袁子伟任集团总裁办公室副主任,宋云夫任集团总裁办公室副主任,林铁军任集团人力资源部副部长。

1997年,根据集团经营管理的需要,集团总部设立综合业务部,聘任李健熊为综合业务部部长,郭福荣为综合业务部副部长。同时设立审计室、法律室和监察室。

2000年3月30日,董事会会议同意将总部管理机构由17个部室(其中7个部室合署办公)精简为7个部室,机构改革后,集团总部设办公室、人力资源部、财务部、综合业务部、法律审计室、党委工作部,监事室(监察室、纪委合署办公)。

2001年7月18日,集团董事长王祖康主持召开董事会议决定,鉴于国家外交部已批复同意授予集团一定的外事审批权,决定成立东方国际(集团)有限公司外事办公室。

2002年4月4日,经集团2002年度第6次董事会会议决定,成立集团资产运作部,邢建华任资产运作部部长。同时设立战略规划部,将审计室和法律室合并为法律审计室,撤销发展策划部和事业发展部。

2004年4月,集团总部设立总裁办公室、人力资源部、财务部、党委工作部、战略改革办公室、资产运作部、海外事业部、综合业务部、法律审计室、监察室。是年5月8日,集团董事会会议决定设立董事会办公室、监事会办公室。

2011—2012年,为适应集团的改革创新转型发展需要,集团设立战略规划室,与董监事会办公室合并办公。同时将设立的外事办公室、安全生产委员会办公室与总裁办合并办公。

2014年8月,根据中共上海市委、市政府《关于进一步深化上海国资改革促进企业发展的意见》

精神,为进一步适应集团"转型发展,改革提升"的工作要求,经集团董事会、党委和总裁室讨论通过,集团下发《东方国际(集团)有限公司总部职能部门设置和人员编制规定(暂行)》,集团总部设置10个职能部室。分别为:董(监)事会办公室(战略规划室),人员编制3人;总裁办公室(外事办公室、安全生产委员会办公室),人员编制11人;人力资源部,人员编制6人;财务部,人员编制7人;投资发展部,人员编制3人;资产管理部,人员编制3人;综合业务部,人员编制6人;法律审计室,人员编制6人;党委工作部,人员编制6人;纪委(监察室),人员编制2人。集团总部人员编制合计为53人,同时,规定各部室的工作职责。

集团总部10个职能部室的设置和人员编制一直延续到2018年4月16日,东方国际集团与上海纺织集团联合重组以后的总部合署办公为止。

二、集团总部职能部门和党组织负责人

集团总部职能部门和党组织负责人包括1994年11月—2017年12月期间历任的各职能部门正职、副职人员以及总部党组织书记、副书记等。

表1-2-6 1994年11月—2017年12月集团总部职能部门和党组织负责人情况表

部　门	职　务	姓　名	任　职　时　间
总裁办公室	主　任	陈才林	1994年11月—1996年11月
		袁子伟	1996年11月—2000年5月 2004年5月—2008年2月
		岑志根	2000年5月—2002年5月
		卢宗平	2002年5月—2004年5月
		梁景安	2008年2月—2011年4月
		张　磊	2011年4月—2014年8月
		章　民	2014年8月—2018年4月
	副主任	袁子伟	1994年11月—1996年11月
		宋云夫	1994年11月—1997年4月
		郭福荣	1996年11月—1997年8月
		洪家新	1997年4月—2000年4月
		卢宗平	1997年8月—2001年8月
		张　磊	2002年8月—2011年4月
		陈永久	2014年4月—
		金　岚	2016年3月—
外事办公室	主　任	卢宗平	2001年8月—2004年5月
		袁子伟	2004年5月—2008年2月
		梁景安	2008年2月—2011年4月

〔续表〕

部　门	职　务	姓　名	任　职　时　间
外事办公室	主　任	张　磊	2011 年 4 月—2014 年 8 月
		章　民	2014 年 8 月—2018 年 4 月
安全生产委员会办公室	主　任	张　磊	2011 年 4 月—2014 年 8 月
		章　民	2014 年 8 月—
	副主任	姜　潮	2014 年 4 月—2015 年 11 月
		陈永久	2015 年 11 月—
发展策划部	部　长	谢惠鸣	1994 年 11 月—1995 年 3 月
		岑志根	1995 年 3 月—2000 年 5 月
事业开发部	部　长	陈成尧	1994 年 11 月—1996 年 7 月
事业发展部	部　长	陈成尧	1996 年 7 月—1997 年 8 月
		王美君	1997 年 8 月—2000 年 4 月
	副部长	潘金铭	1996 年 7 月—1997 年 4 月
财务部	部　长	方国良	1994 年 11 月—1995 年 4 月
		何邦杰	1997 年 12 月—2000 年 4 月
		徐建新	2000 年 4 月—2002 年 4 月
		邢建华	2002 年 4 月—2003 年 11 月
		季胜君	2003 年 11 月—2015 年 5 月
		竺佩兰	2016 年 3 月—
	副部长	何邦杰	1994 年 11 月—1997 年 12 月 2000 年 4 月—2001 年 5 月
		宾亚华	1997 年 12 月—2000 年 11 月
		邢建华	2001 年 5 月—2002 年 4 月
		季胜君	2002 年 4 月—2003 年 11 月
		倪愈刚	2013 年 4 月—2016 年 9 月
		竺佩兰	2013 年 11 月—2016 年 3 月
		曾　玮	2017 年 8 月—
人力资源部	部　长	陆朴鸣	1995 年 2 月—2002 年 5 月
		李春明	2002 年 5 月—2011 年 5 月
		姚文祖	2011 年 5 月—2015 年 11 月
		王　佳	2015 年 11 月—2017 年 8 月
	副部长	林铁军	1994 年 11 月—1995 年 1 月
		张连征	1995 年 1 月—1999 年 6 月
		王惠瑛	1995 年 1 月—2000 年 5 月

〔续表〕

部　门	职　务	姓　名	任　职　时　间
人力资源部	副部长	李春明	2000年5月—2002年5月
		王　佳	2004年12月—2005年9月
		姚文祖	2006年3月—2011年5月
		康　莉	2013年11月—
		秦　峰	2015年11月—
监察室	主　任	曹立江	2002年5月—2009年7月
		高国琳	2012年4月—2014年3月
		王晨皓	2014年4月—2017年1月
		郑洪捷	2017年3月—
	副主任	曹立江	1997年4月—2002年5月
		王晨皓	2007年4月—2011年4月
		高国琳	2011年4月—2012年4月
		徐　峰	2016年3月—
海外事业部	部　长	李健熊	1996年8月—1997年8月
		王美君	1997年8月—2000年4月
综合业务部	部　长	李健熊	1997年8月—2000年4月
		郭福荣	2002年5月—2013年12月
		蔡　军	2013年12月—2016年12月
		陶建宇	2016年12月—
	副部长	郭福荣	1997年8月—2002年5月
		赵晓东	2000年5月—2001年8月
		季　羽	2006年1月—2010年3月
		谷小平	2011年6月—2015年11月
		陶建宇	2014年6月—2016年12月
法律审计室	主　任	谢惠鸣	2000年4月—2002年5月
		褚融敏	2002年5月—2007年10月
		谢子坚	2011年4月—
	副主任	胡宏春	2001年4月—2004年12月
		谢子坚	2007年10月—2011年4月
		韦　伟	2016年3月—
贸易分公司	总经理	王美君	2000年4月—2002年4月
		郭福荣	2002年4月—2013年12月
	副总经理	李健熊	2000年4月—2002年4月

〔续表〕

部　门	职　务	姓　名	任　职　时　间
党委工作部	部　长	王惠瑛	2000 年 5 月—2002 年 5 月
		方为群	2002 年 5 月—2009 年 2 月
		何志刚	2009 年 3 月—2011 年 8 月
		高国琳	2011 年 8 月—2014 年 3 月
		王晨皓	2014 年 3 月—2017 年 1 月
		郑洪捷	2017 年 3 月—
	副部长	何志刚	2000 年 5 月—2009 年 3 月
		王晨皓	2009 年 3 月—2011 年 4 月
		高国琳	2011 年 4 月—2011 年 8 月
		孙如琪	2012 年 7 月—2015 年 5 月
		张　华	2016 年 3 月—
资产运作部	部　长	邢建华	2002 年 4 月—2013 年 12 月
		张　路	2013 年 12 月—2015 年 11 月
	副部长	王晨皓	2007 年 4 月—2011 年 4 月
		张　磊	2008 年 2 月—2011 年 4 月
		张　路	2011 年 6 月—2013 年 12 月
资产管理部 （撤销资产运作部）	部　长	季胜君	2015 年 11 月—2016 年 12 月
		胡宏春	2016 年 12 月—
	副部长	谈　中	2017 年 8 月—
物流事业部	部　长	范燮华	2001 年 8 月—2002 年 5 月
	副部长	杨　根	2001 年 8 月—2002 年 5 月
投资发展部	部　长	张　路	2015 年 11 月—2017 年 1 月
		胡宏春	2017 年 1 月—
改革推进办公室	主　任	徐建新	2002 年 5 月—2003 年 11 月
	副主任	张连征	2002 年 5 月—2003 年 11 月
		邢建华	2002 年 5 月—2003 年 11 月
战略和改革工作 办公室	主　任	周　峻	2003 年 11 月—2005 年 9 月
	常务副主任	邢建华	2003 年 11 月—2005 年 9 月
	副主任	钱　熊	2003 年 11 月—2005 年 9 月
		岑志根	2003 年 11 月—2005 年 9 月
		徐珝琳	2003 年 11 月—2005 年 9 月
		胡宏春	2003 年 11 月—2004 年 12 月
		盛一鸣	2004 年 4 月—2005 年 1 月

〔续表〕

部　门	职　务	姓　名	任　职　时　间
董事会办公室	主　任	邢建华	2004年5月—2005年10月
	副主任	卢宗平	2004年5月—2005年10月
		方为群	2004年5月—2005年10月
		岑志根	2004年6月—2005年10月
		袁子伟	2004年12月—2005年10月
	董事会秘书	张　磊	2009年8月—2014年8月
		王海涛	2014年9月—
	董事会法务秘书	韦　伟	2009年8月—
监事会办公室	主　任	俞立本	2004年5月—2005年10月
	副主任	王惠瑛	2004年5月—2005年10月
	监事会秘书	俞立本	2004年7月—2007年4月
		曹立江	2007年4月—2009年7月
董监事管理部 (撤销董事会、 监事会办公室)	部　长	徐建新	2005年10月—2008年2月
		王惠瑛	2008年2月—2009年4月
	副部长	王惠瑛	2005年10月—2008年2月
董(监)事会办公室 (战略规划室)	主　任	王海涛	2016年3月—
	副主任(主持工作)	王海涛	2014年9月—2016年3月
	副主任	陈永久	2014年4月—2016年3月
		章东华	2016年3月—
总部党支部	书　记	袁子伟	1994年12月—1997年4月
		陈苏明	1997年4月—2005年1月
	副书记	林铁军	1994年12月—1995年1月
总部党总支	书　记	方为群	2005年1月—2009年4月
		强志雄	2009年4月—2014年12月
		王　佳	2014年12月—2015年8月
	副书记	李春明	1997年4月—2005年1月
		陈乃轶	2005年1月—2011年9月
		季胜君	2005年1月—2011年9月
		张　磊	2012年1月—2014年8月
		须中远	2012年1月—2012年10月
		张晓珣	2012年11月—2015年8月
		孙如琪	2014年12月—2015年5月
总部党委	书　记	王　佳	2015年8月—2017年8月
	副书记	张晓珣	2015年8月—

第三章 所属企业

2017年年底,集团下属企业总计为132家,包括集团直属二级子公司18家,其中4家海外企业;三级公司73家,其中12家海外企业;四级公司38家,其中2家海外企业;五级公司3家。

第一节 东方国际创业股份有限公司

东方国际创业股份有限公司(简称东方创业)是东方国际集团下属国有控股的上市二级公司。2017年年底,东方创业下属有东方国际创业闵行服装实业有限公司、东方国际创业白鹤服装实业有限公司、东方国际创业浦东服装进出口有限公司、上海高南制衣有限公司、上海经贸嘉华进出口有限公司、上海东创嘉利国际贸易有限公司、上海朗绅服饰有限公司、上海嘉棉服饰有限公司、上海东方国际创业品牌管理股份有限公司等9家国内三级公司和东方祥和(柬埔寨)制衣有限公司1家海外三级公司。

一、沿革

东方创业成立于1998年11月18日,前身是成立于1964年7月的中纺上海市服装进出口公司,1994年11月参加组建东方国际集团,1996年1月5日,公司更名为东方国际集团上海市服装进出口有限公司,1998年11月,公司采取发起设立的方式,设立东方国际创业股份有限公司。

二、概况

东方创业注册地址为上海市浦东大道1476号,经营地址为长宁区娄山关路85号东方国际大厦A座。2000年6月对外公开发行股票,2000年7月在上海证券交易所正式上市交易。

东方创业系一家集货物贸易和现代物流为一体,产业经营与资本运作相结合的综合型主板上市公司。2017年,东方创业注册资金5.22亿元,控股方为东方国际集团,占股本67.46%,其他股东占股32.54%。公司设有第一业务部、第二业务部、第四业务部、第五业务部、第六业务部、第九业务部等6个业务部门和人力资源部、财务部、行政综合办公室、党群工作部、资产经营部、电脑信息部、贸易事业部综合部、技术中心等8个职能部门,员工148人。

东方创业负责人和党群组织负责人包括公司董事长、副董事长、执行董事、独立董事、监事会主席、监事长、总经理、副总经理、党委书记、党委副书记、纪委书记、纪委副书记、财务总监、工会主席、工会副主席、团委书记、团委副书记等。

表 1-3-1 1998 年 10 月—2017 年 12 月东方创业负责人和党群组织负责人任职情况表

职　务	姓　名	任职年月
董事长	王祖康	2000 年 5 月—2003 年 3 月
	汪　阳	2003 年 3 月—2004 年 2 月
	蔡鸿生	2004 年 2 月—2013 年 4 月
	吕勇明	2013 年 4 月—
副董事长	汪　阳	1998 年 10 月—2003 年 3 月
	王龙坤	1998 年 10 月—2003 年 12 月
	徐建新	2004 年 2 月—2009 年 4 月
	唐小杰	2011 年 4 月—2016 年 3 月
	周　峻	2014 年 5 月—
执行董事	王龙坤	1995 年 4 月—1998 年 10 月
独立董事	陈鹏生	2000 年 10 月—2008 年 4 月
	孙　铮	2000 年 10 月—2008 年 4 月
	霍佳震	2005 年 1 月—2011 年 4 月
	惠熙荃	2008 年 4 月—2011 年 4 月
	吴大器	2008 年 4 月—2011 年 4 月
	陈启杰	2011 年 4 月—2017 年 5 月
	徐乐年	2011 年 4 月—2014 年 5 月
	魏　巍	2011 年 4 月—2017 年 5 月
	黄真诚	2017 年 5 月—
	史　敏	2017 年 5 月—
	吕　毅	2017 年 5 月—
监事会主席	倪鸿福	1998 年 10 月—2002 年 8 月
监事长	陆朴鸣	2002 年 8 月—2006 年 3 月
	李克坚	2006 年 3 月—2013 年 4 月
监事会主席	强志雄	2013 年 4 月—2017 年 3 月
	卢力英	2017 年 3 月—
总经理	方国良	1995 年 4 月—1998 年 11 月
	陈成尧	1998 年 11 月—2005 年 8 月
	瞿元庆	2005 年 8 月—
副总经理	徐琍琳	1995 年 4 月—1998 年 11 月
	朱陶伟	1995 年 4 月—2011 年 5 月
	沈玉玺	1995 年 4 月—1998 年 11 月

〔续表〕

职　　务	姓　　名	任　职　年　月
副总经理	方国良	1998 年 11 月—2006 年 9 月
	陶　洪	1998 年 11 月—2005 年 1 月
	朱建民	1998 年 11 月—2005 年 12 月
	谷小平	2002 年 6 月—2011 年 5 月
	周　峻	2002 年 7 月—2003 年 10 月
	杨　根	2005 年 5 月—2008 年 4 月
	张　荻	2011 年 5 月—
	孙　琦	2011 年 7 月—2014 年 6 月
	边　杰	2014 年 5 月—2017 年 5 月
	盛一鸣	2014 年 5 月—
党委书记	方国良	1995 年 4 月—2006 年 5 月
	瞿元庆	2006 年 5 月—
党委副书记	沈玉玺	1995 年 4 月—1998 年 11 月
	陈成尧	1998 年 11 月—2005 年 8 月
	王　佳	1999 年 2 月—2004 年 12 月 2011 年 12 月—2015 年 12 月
	李春明	2004 年 12 月—2005 年 9 月
	瞿元庆	2005 年 8 月—2006 年 5 月
	丁吉喜	2006 年 10 月—2011 年 12 月
	戎志彪	2016 年 3 月—2018 年 4 月
纪委书记	杨文哲	1995 年 4 月—2002 年 4 月
	丁吉喜	2002 年 7 月—2011 年 12 月
	王　佳	2011 年 12 月—2015 年 12 月
	戎志彪	2016 年 3 月—
纪委副书记	魏安祥	2015 年 1 月—2017 年 7 月
财务总监	徐建新	1998 年 11 月—2000 年 11 月
	宾亚华	2000 年 11 月—2006 年 6 月
	许福康	2006 年 6 月—2014 年 7 月
工会主席	王　佳	1999 年 2 月—2011 年 12 月
	丁吉喜	2011 年 12 月—2016 年 11 月
	须中远	2016 年 11 月—2017 年 12 月
工会副主席	陈　骅	1999 年 2 月—
	黄蓉蔚	2017 年 12 月—

〔续表〕

职 务	姓 名	任 职 年 月
团委书记	戴 斌	1998 年 11 月—1999 年 5 月
	王云仪	1999 年 5 月—2004 年 2 月
	张 华	2004 年 2 月—2007 年 6 月
	张 昱	2007 年 6 月—2011 年 9 月
	沈 劼	2011 年 9 月—
团委副书记	孙 亮	1996 年 4 月—1999 年 5 月
	崔建鋆	1999 年 5 月—2001 年 2 月

三、改制上市和定向增发

1996 年,东方国际集团决定以东方国际集团上海市服装进出口公司为母体,进行股份制改造并申请上市。

1998 年 8 月 18 日,集团召开董事会,审议通过东方国际集团作为主要发起人,采取发起设立的方式,设立东方国际创业股份有限公司。9 月 1 日,东方国际集团向市政府和市外经贸委提出发起设立股份有限公司的请示。10 月 15 日,市政府批复同意设立东方国际创业股份有限公司。11 月,以东方服装为主体资产,控股吸收东方国际集团的部分优质外贸和物流资产,发起设立东方国际创业股份有限公司。

2000 年 6 月,中国证监会审核通过东方创业的股票发行申请。6 月 26 日,公司公开发行股票 8 000 万股,每股发行价 6.25 元。募集资金投向:建设服装工业基地项目,包括年产 10 万套高档西服生产线项目、年产 100 万件女装生产线项目和成立东方创业时装设计中心项目;建设生物医药出口基地项目,包括年产 10 吨 5-氟尿苷项目和年产 20 吨 β-胸腺嘧啶核苷项目。股权投资项目包括投资参股上海鲲鹏投资发展有限公司项目、投资组建江阴申鹏包装材料有限公司项目、增量投资上海佳达国际货运有限公司项目和增量投资上海经贸国际货运实业有限公司项目。

2000 年 7 月 12 日,公司股票在上交所挂牌交易,股票代码 600278。所属行业为商业经济与代理类。

2005 年 11 月 14 日,公司股东会议审议通过股权分置改革方案,公司非流通股股东向流通股股东每 10 股支付 3.5 股作为对价。11 月 23 日,公司实施股权分置改革方案。

2007 年 11 月 23 日、2008 年 11 月 23 日、2009 年 11 月 23 日和 2010 年 11 月 23 日,公司股权分置改革限售股份获准分批上市流通。

2011 年 3 月 16 日,经中国证监会证监许可核准,作出《关于核准东方国际创业股份有限公司向东方国际(集团)有限公司发行股份购买资产的批复》,公司向东方国际(集团)有限公司定向发行 8 172.441 4 万股,购买其持有的东方国际集团上海市纺织品进出口有限公司 100% 股权、东方国际商业(集团)有限公司 100% 股权、东方国际集团上海市针织品进出口有限公司 100% 股权、上海东松国际贸易有限公司 75% 股权和东方国际物流(集团)有限公司 27.55% 股权。2011 年 4 月 28 日,定向增发收购集团优质业务资产完成,公司注册资本增至 40 172.441 4 万元。通过本次定向增发,公司资本规模、业务结构、盈利模式发生跨越式发展,进一步提升行业地位和企业核心竞争力。

2012年4月17日,公司召开2011年度股东大会决议,公司以总股本40 172.441 4万股为基数,按每10股由资本公积金转增3股,共计转增12 051.732 5万股。转增后,公司注册资本增至522 241 739.00元。

四、经营管理

【公司经营】

公司经营范围:自营和代理除国家统一组织或核定经营的进出口商品以外的商品及技术进出口业务,"三来一补"和进料加工,生物、医药、化工产品的开发、生产、销售,国际货运代理,实业和高新技术产业投资,对销贸易、转口贸易和服务贸易;批发销售预包装食品、乳制品;批发、零售服装服饰、鞋帽、针织品、皮革制品、箱包、日用品。

公司主营业务为货物贸易与现代物流。作为一家老牌的国有进出口企业,公司拥有从国内外接单、各类面辅料采购、专业打样设计、自有工厂生产到全球物流配送等服装纺织品进出口的完整产业链。

公司自2000年7月上市以来,始终践行"创新应变、多元开拓、广纳贤才、持续发展"的经营理念,以打造可控的、有竞争优势的、可持续发展的核心竞争力为手段,在保持适度规模的基础上,做强、做精、做深、做细货物贸易和现代物流两大主业,以扩大对外投资和重新布局资产格局为途径,涉足新型业务领域,实施多元化经营的战略转型,以完善稳健型资产配置为支撑,实现资源的优化配置。

经过近20年的发展,公司从纺织服装产品国内外接单、设计、原材料采购和生产,发展到全球物流配送的完整产业链,形成以货物贸易和现代物流为两大主业,金融股权、办公物业等稳健型资产为支撑的经营格局,成为一家在货物贸易和现代物流方面具备较强综合实力和竞争力、多领域发展、多元化经营的上市公司。

传统业务 公司传统业务包括进口、出口、转口、内贸。公司及下属公司传统业务出口经营的主要品种覆盖从各色棉纱坯布到混纺织物、从各式家用纺织用品到棉毛针织服装成衣、从衬衫T恤到西服夹克等各类男女服饰等全品类服装纺织产品,是中国最大的纺织服装出口商之一。公司在医疗器械、IT产品、电信产品和成套设备的国际采购招标和进口方面具有领先优势,多次承担重大项目的进口。在钢材、煤炭、木材、化工原料、羊毛和棉花等大宗原材料的进口方面具有经验丰富的业务团队和遍布全球的采购渠道。公司传统业务占业务总量的16.5%。

创新业务 公司创新业务主要有品牌服装国内销售、物贸联动"易融达"业务、进口奶制品等。东方创业拥有品牌服装包括KOOL男装、"衣架"女装、"朗绅"男装、"SUNFLOWER"天然有机彩棉童装等。2015年,为进一步做大内贸品牌业务,做到产品系列全覆盖,东方创业组建上海东方国际创业品牌管理股份有限公司,专门从事公司品牌产品的运营与销售(详见本志第二篇"经营")。物贸联动"易融达"业务是2014年公司业务部在业务运作过程中与物流集团共同创立的集贸易代理、物流服务、融资服务于一体的供应链服务产品,"易融达"业务的拓展,推动公司传统外贸业务转型升级,拓展新客户的增量业务,提高业务附加值,增强企业竞争力,促进公司业务发展(详见本志第二篇"经营")。进口奶制品业务是公司2012年发展起来的,主要是从波兰、西班牙等国家进口奶制品,自营和批发销售,2017年进口销售量为105万元。公司创新业务占业务总量的15%。

多元经营 公司在积极开展进出口贸易业务的同时,通过投资股权和资本市场,开展多元化经营。至2017年,公司是华安证券的第三大股东,还拥有一定数量的海通证券、农业银行、建设银行、招商银行等金融企业股票。公司在上海虹桥、苏河湾、虹口等商务区拥有一定规模的房地产。公司在国内多家银行等金融机构拥有良好的信用,具有较强的融资能力。公司多元经营业务占业务总量的26%。

经营成果 2000年,公司获市外经贸委"上海市企业出口额排行榜"第4名。2001年,公司出口创汇列上海市出口额最大企业前10位,获"2001年度上海市外贸出口100强企业"金奖。2002年,公司在上海市国有外贸企业出口额排行榜位列第3位,获"2002年度上海市外贸出口100强企业"铜奖。2003年,公司获"2003年度上海市外贸出口100强企业"铜奖。2003年,公司被《中国经营报》评为"最具竞争力的100家上市公司"(CBCI-100)之一,是上海市同行业中唯一的一家。2004年,公司获"2004年度上海市外贸出口100强企业"铜奖。2005年,公司获"2005年度上海市外贸出口100强企业"铜奖。2006年,公司"ROSE玫瑰牌"获上海市重点培育出口品牌。2007年,公司获上海企业100强第41名。2009年,公司获"2007—2008年度上海市出口名牌企业"称号。2010年,公司在《财富》杂志中国500强排名中获第424名;2011年,公司在《财富》杂志中国500强排名中获第425名。

公司成立近20年来,累计进出口额达86.65亿美元,其中进口20.68亿美元,出口65.97亿美元。公司的净资产规模从2000年上市初期的8.93亿元,到2017年12月增长到40.70亿元。

图1-3-1 2011年6月17—19日,"2011年中国国际网络购物大会"东方创业参展展位

表1-3-2 1998—2017年东方创业主要财务指标情况表

年份	总资产(万元)	归属母公司净资产(万元)	税前利润(万元)	归属母公司净利润(万元)	进出口总额(万美元)	其中出口(万美元)	其中进口(万美元)	营业收入(万元)	资产负债率(%)	净资产收益率(%)	资产保值增值率(%)
1998	123 022.90	37 173.97	7 803.88	5 247.93	60 427.00	43 807	16 620	209 677.10	67.07	14.12	102.00
1999	173 830.74	41 218.96	11 163.38	7 620.68	34 916.00	26 845.00	8 071	209 671.07	63.69	18.49	110.88

年份	总资产（万元）	归属母公司净资产（万元）	税前利润（万元）	归属母公司净利润（万元）	进出口总额（万美元）	其中出口（万美元）	其中进口（万美元）	营业收入（万元）	资产负债率（%）	净资产收益率（%）	资产保值增值率（%）
2000	204 745.42	89 349.96	13 141.40	9 142.78	50 149.00	36 824.00	13 325	277 971.41	52.78	10.23	216.77
2001	208 102.20	94 926.56	12 399.36	9 524.50	48 503.00	33 640.00	14 863	269 856.32	50.41	10.03	106.24
2002	215 617.46	98 146.67	8 972.43	6 419.68	53 684.00	37 800.00	15 884	318 657.74	50.55	6.54	103.39
2003	230 447.78	105 142.56	8 512.16	5 448.16	56 261.00	37 200.00	19 061	344 404.09	50.05	5.18	107.13
2004	227 284.82	101 873.58	3 721.32	561.24	56 407.00	37 739.00	18 668	400 168.16	49.57	0.55	96.89
2005	226 263.79	99 081.73	3 587.00	372.08	53 106.00	38 357.00	14 749	616 029.27	49.97	0.38	97.26
2006	228 006.27	108 911.22	10 915.24	5 835.10	46 363.00	35 405.00	10 958	680 489.93	46.25	5.37	109.92
2007	288 662.75	158 626.70	16 043.88	12 009.71	33 962.00	28 813.00	5 149	608 360.63	39.64	8.98	145.65
2008	251 650.95	149 494.89	12 098.54	8 526.67	35 458.00	29 222.00	6 236	563 330.58	34.17	5.53	105.82
2009	336 134.17	187 393.28	12 865.90	9 263.97	30 325.00	25 533.00	4 792	595 468.93	37.43	5.47	106.30
2010	546 080.65	222 337.83	28 927.19	17 899.79	35 911.00	30 834.00	5 077	1 484 613.79	51.97	7.84	105.12
2011	524 788.01	239 694.15	31 333.10	18 999.89	38 348.00	32 590.00	5 758.00	1 565 460.70	49.61	7.97	104.65
2012	523 516.08	258 466.64	24 123.19	15 401.64	42 150.00	35 218.00	6 932.00	1 411 425.96	45.97	6.18	106.00
2013	554 924.17	264 373.83	19 621.49	12 314.49	38 597.00	30 388.00	8 209.00	1 405 914.95	48.02	4.68	104.82
2014	611 814.67	296 410.03	22 295.15	13 495.78	40 015.00	31 341.00	8 674.00	1 454 868.77	47.56	5.07	104.70
2015	623 738.24	291 972.91	24 976.86	14 735.22	37 129.00	28 899.00	8 230.00	1 417 438.59	49.12	4.98	105.46
2016	733 976.68	318 432.73	24 739.98	14 933.47	36 200.00	28 980.00	7 220.00	1 560 585.50	52.48	5.05	109.86
2017	853 529.56	406 971.53	28 972.57	17 344.24	38 608.00	30 268.00	8 340.00	1 583 364.98	48.9	4.77	105.56

【公司管理】

公司上市近 20 年,建立较为完善的上市公司治理结构,努力推进内控规范实施、完善公司治理结构、加强关联交易监督等工作,保持公司稳固运营和发展。在日常管理中坚持诚信立业,恪守商业信誉,严格遵守各项法律法规,切实履行各项责任义务。公司加强信息披露的及时性、有效性和针对性,提高信息披露质量,保护投资者利益。公司连续 10 多年坚持给投资者现金分红,以回报投资者对企业的厚爱。上海证券交易所对东方创业信息披露给予 A 级评价值。公司是国内首批获 AEO 认证的进出口企业。公司 2015 年、2017 年分别被评为重合同守信用单位。公司是上海海关高级认证企业和上海市出入境检验检疫 A 级管理企业,纳税信用等级为 A 级。

ISO 贯标　2000 年,公司成立 ISO 贯标工作小组,着手建立 ISO 质量管理标准体系。2001 年,公司完成质量管理体系的建立,开展质量管理体系的运行,通过公司内审和外部的管理评审。2017 年,公司完成 ISO9002(2015 版)的升版工作。

信息化体系建设　2004 年,为提高公司信息化水平,实现业务流程动态管理,东方创业与北京南北天地科技有限公司签约实施 MIS 系统(财务系统和业务系统)协议,以实现业务系统与财务处理的计算机机化及数据的共享。项目实施过程中,东方创业会同南北天地公司进行充分业务调研和论证,制定较为完善的方案。2005年7月,公司ERP系统上线运行。

规章制度建设 2011年,公司根据国家五部委的联合要求,完善上市公司内控体系管理建设。根据上市公司管理要求,公司制定《股东大会议事规则》《董事会议事规则》《监事会议事规则》《总经理工作细则》《募集资金使用管理办法》《关联交易制度》《派出董监事实行报告制度》《财务管理办法》《内部审计工作规定》《对外担保管理办法》等较为完整的规章制度。公司根据业务实际情况,制定完整的进出口业务类管理制度,进一步提升公司的整理管理水平。

风险管控 面对进出口业务风险加剧的状况,公司加强企业的风险管控工作。在梳理、归纳和总结公司不同类型业务风险特征的基础上,建立合同模板,不断进行修改、完善与更新。公司合同模板覆盖自营进出口、代理进出口,国内销售等,根据不同的交易方式进行细分。公司运用ERP系统,加强合同流程管理。公司业务部在合同签订前,先进行业务模式、产品类别、盈利预估和风险识别,然后再进行合同条款审核,包括签约权限、签约形式的审核、履行管理,逐渐形成一个比较完整规范的公司合同管理体系。同时,公司根据业务开展模式的发展,制定和完善非常规业务流程的管理制度。公司业务都是在充分论证风险、把控风险的基础上开展,对于新型业务模式已形成比较成熟的风险控制机制。

安全生产 公司制定安全生产规章制度、各类应急预案,在防台防汛、冬夏两季防火等安全方面,实现零事故目标。坚持日常安全检查,排查办公大楼危险源,整治隐患。在"11·9消防宣传日"组织员工进行消防逃生演练。2018年投入70多万元资金,对办公区域和设备进行维修和维护。对茶水间、卫生间每天进行消毒处理,禁止办公大楼室内吸烟,为员工提供安全舒适的办公环境。

五、党建与精神文明建设

东方创业党组织设党委1个,党总支1个,党支部9个,党组织设有党的纪律检查委员会,至2017年年底,有正式党员132名,预备党员2名。

【党建工作与精神文明建设】

东方创业党组织坚持以党的历次代表大会精神为指导,不断加强领导干部和党员队伍建设,建立领导班子中心组学习、党员"三会一课"、员工培训教育等制度,加强对全体职工进行社会责任感意识教育,教育干部员工争做爱岗敬业模范,培育和践行社会主义核心价值观,形成推动企业改革发展的动力。公司发动全体员工参与企业文化发展规划大讨论,组织员工参与创建市级文明单位活动,倡导员工参与"上海市民修身行动",提升员工综合素质,激发员工的工作动力和活力。公司工会坚持开展"优秀团队、创业之星"劳动竞赛,挖掘"闪光点",新春登高以及职工读书、瑜伽、羽毛球、篮球、橄榄球运动、员工手机摄影作品评选展示等活动,通过宣传栏、工作简讯、创业之声等宣传渠道,及时报道各类先进事迹,倡导爱岗敬业精神,营造学先进、赶先进、超先进的良好企业氛围。

东方创业获第11届、14届、16届、17届、18届、19届"上海市文明单位"称号。

【捐赠与志愿服务】

公司作为国有上市公司,坚持履行企业的社会责任,积极开展各项慈善捐赠和社会志愿服务活动。

1998 年,公司下属的中日合资企业上海丝金时装有限公司全体员工集体捐款 20 万元,并通过与安徽宣州市及华阳乡两级政府三方共建形式,在宣州市最贫困山区筹建该市第一所希望小学——上海丝金希望小学。项目于 1998 年 11 月在上海希望工程办公室正式立项,土建费共计 40 万元。1999 年 7 月建设过程中,当地遭受严重内涝自然灾害,致使原由当地负责的内部教学设施的钱款因救灾一时无法得以落实。上海丝金时装有限公司组织个人捐款近 10 万元,帮助学校购置教学设备和文化用品。经过各方共同努力,希望小学在 1999 年 10 月中华人民共和国成立 50 周年之际顺利落成。1998—2017 年,东方创业领导曾先后 4 次赴该校看望老师和学生。东方创业情系贫困山区的孩子的行为,得到当地政府、民众、社会舆论及上海希望工程办公室的肯定。

2008 年 5 月,四川汶川发生大地震,公司员工捐款 47 万元,党员交纳特殊党费 3.88 万元。

2010 年 3 月世博会召开前夕,公司组织 20 多名党员冒雨前往虹桥街道虹储居委会开展“楼楼互动,共迎世博”美化环境活动。是年,公司组织员工向青海玉树大地震灾区群众捐款,共募集 4.2 万元赈灾款给灾区群众。公司还连续多年对虹桥街道社区贫困居民进行帮困捐助。

2011 年 3 月,日本东部地区发生地震和海啸后,公司下属中日合资企业上海恩瓦德时装有限公司组织员工捐款,共募集捐款 34 695 元,通过日本驻上海总领事馆转送日本红十字会。是年 12 月,公司给安徽宣城丝金希望小学捐资 3 万元。

2013 年 12 月,公司给崇明庙镇通济村、小竖村两个薄弱村捐资 10 万元帮扶金,支援市郊新农村建设。

2017 年 10 月,公司组织员工参与社区志愿者服务,主动认领长宁区虹桥街道“暖情金婚照”项目,弘扬良好社会风尚。是年 12 月参加“携手慈善公益,共建和谐陆家嘴”献爱心捐助活动。

六、下属企业

【东方国际创业闵行服装实业有限公司】

东方国际创业闵行服装实业有限公司(简称闵行公司)是东方国际集团下属国有控股三级公司。

闵行公司成立于 1982 年 12 月,是一家有限责任公司(非自然人投资或控股的法人独资)。公司注册(经营)地址为上海市闵行区都会路 388 号。截至 2017 年 12 月底,公司注册资本 8 815.60 万元,东方创业占 100％股权。公司设有人事科、财务科、设备科等 5 个部门,有 56 名员工。

公司经营范围包括服装和原辅材料内销,企业自产服装的出口,本企业生产、科研所需的原辅材料、机械设备、仪器仪表及零配件和相关技术的进口,进料加工和“三来一补”业务,自有厂房租赁、仓储管理等。公司主营业务为生产销售各类衬衫及纺织原辅材料,产品主要出口日本及欧美地区,内销业务主要与国内知名客户凡客诚品开展业务。2017 年公司营业收入 1 390.59 万元。

【东方国际创业白鹤服装实业有限公司】

东方国际创业白鹤服装实业有限公司(简称白鹤公司)是东方国际集团下属国有控股三级公司。

白鹤公司成立于 1989 年 10 月,是一家有限责任公司(非自然人投资或控股的法人独资)。公司注册(经营)地址青浦区白鹤镇盈东街 68 号。截至 2017 年 12 月底,公司注册资本 2 850 万元,东方创业占 100％股权。公司有 2 名员工。

公司经营范围包括服装，服装水洗，原辅材料销售及本企业自产的服装、服饰的出口，本企业生产、科研所需的原辅材料、机械设备、仪器仪表及零配件的进口，进料加工和"三来一补"业务，自有房屋租赁等。

公司自成立至 2011 年的主营业务为生产销售各类服装与纺织原辅材料，产品主要销往欧美地区。公司客户均为国际知名品牌服装公司：如亚美、COLUMBIA、RIFLE、MISS SIXTY 等。白鹤公司于 2011 年停产，2011—2017 年以出租厂房为主。2017 年公司营业收入 429.52 万元，净利润 174.90 万元。

【东方国际创业浦东服装进出口有限公司】

东方国际创业浦东服装进出口有限公司（简称创业浦东公司）是东方国际集团下属国有控股三级公司。

创业浦东公司成立于 1992 年 7 月，是一家有限责任公司（非自然人投资或控股的法人独资），公司注册（经营）地址中国（上海）自由贸易试验区东园三村 335 号 1001 室。截至 2017 年 12 月底，公司注册资本 1 000 万元，东方创业占 100％股权。公司设有业务一部、业务三部、财务部、综合办公室，有 23 名员工。

公司经营范围包括货物及技术的进出口，国际货运代理，实业投资，商务信息咨询，化工产品（除危险化学品、监控化学品、民用爆炸物品、易制毒化学品）、金属材料、纺织品、服装、化妆品、日用百货、工艺品的销售等。

公司主营业务为货物及技术的出口和代理，经营品类主要为纺织品、服装、箱包及家具，出口国家以美国、欧盟、东南亚地区为主，出口货源主要来自江苏、浙江。

公司获 2015—2016 年度东方国际集团文明单位称号。浦东公司和上海经贸嘉华进出口有限公司联合党支部于 2016 年和 2017 年先后获集团先进基层党组织和党支部建设示范点称号。2017 年公司营业收入 7.32 亿元，净利润 101 万元。

【上海高南制衣有限公司】

上海高南制衣有限公司（简称高南公司）是东方国际集团下属国有控股三级公司。

高南公司成立于 1993 年 9 月，是一家国有控股有限责任公司，公司注册（经营）地址浦东新区行南路 501 号。截至 2017 年 12 月底，公司注册资本 2 712.50 万元，其中东方创业占 80％股权，上海汇佳资产经营管理有限公司占 20％股权。公司有 2 名员工。

公司经营范围包括服装及其面、辅料的生产和销售，货物与技术的进出口，及自有房屋的租赁等。

高南公司自成立至 2015 年的业务主要是为全球各服装品牌公司代理加工出口服装，年生产总量约 400 万件左右，年均出口规模约 3 000 万美元左右，公司主要客户是全球知名服装品牌公司 PVH，获 PVH 公司颁发的金牌供应商奖状。贸易团队获 2010 年度上海总工会颁发的工人先锋号称号。高南公司于 2015 年停产。

【上海经贸嘉华进出口有限公司】

上海经贸嘉华进出口有限公司（简称嘉华公司）是东方国际集团下属国有控三级公司。

嘉华公司成立于 1996 年 10 月，是一家有限责任公司（非自然人投资或控股的法人独资），公司注册(经营)地址中国(上海)自由贸易试验区福山路 450 号 27 层 C‐17 室。截至 2017 年 12 月底,公司注册资本 500 万元,东方创业占 100％股权。公司设有业务部、财务部、综合办公室,有 7 名员工。

公司经营范围包括货物与技术的进出口业务,化工产品(除危险化学品、监控化学品、民用爆炸物品、易制毒化学品)、金属材料、纺织品、服装、日用百货、工艺美术品(象牙及其制品除外)的销售,食品流通,医药咨询,营养健康咨询服务,商务咨询,企业管理咨询,展览展示服务,会务服务,电子商务(不得从事金融业务),计算机科技、网络科技、医疗科技领域内的技术开发、技术咨询、技术转让、技术服务等。

公司主营业务为货物与技术的出口业务,经营品类包括枕头、五金件、金属零件等,出口美国、以色列、马来西亚等国家,出口货源地为江苏、浙江。

公司获 2015—2016 年度东方国际集团文明单位称号。嘉华公司和浦东公司联合党支部于 2016 年和 2017 年先后获集团先进基层党组织和党支部建设示范点称号。2017 年公司营业收入 1.68 亿元,净利润 17.95 万元。

【上海东创嘉利国际贸易有限公司】

上海东创嘉利国际贸易有限公司(简称嘉利公司)是东方国际集团下属国有控股三级公司。

嘉利公司成立于 2006 年 2 月,是一家其他有限责任公司,公司注册(经营)地址中国(上海)自由贸易试验区浦东大道 2123 号三楼西南区。截至 2017 年 12 月底,公司注册资本 1 000 万元,其中东方创业占 71.5％股权,胡伟安等 16 位自然人股东合计占 28.5％。公司有 16 名员工。

公司经营范围包括货物与技术的进出口业务,对高新技术产业的投资,商务咨询,企业管理咨询(以上除经纪),展览展示服务,会务服务,服装鞋帽、工艺品、皮革制品、文教办公用品、橡塑制品、通信器材、通信设备及相关产品、化妆品、健身器材、针纺织品、床上用品、日用百货的销售等。

公司主营业务以纺织服装产品代理出口为主,产品主要销往美国、加拿大、日本、欧洲等国家和地区,主要客户有百货商(C&A、TARGET、KHOLS),品牌商(G‐STAR、LEE、ZARA、NOBIS),邮购商(QUELLE、OTTO),商社(ITOCHU、YAGI)等。公司合作商家主要分布在长三角和华东地区,包括客户公司、贸易公司、生产工厂等。公司逐渐发展食品进口、机械部件进口、冷气垫出口、车用电器出口等新产品的代理业务。2017 年公司营业收入 8 814.54 万元,净利润 42.75 万元。

【东方祥和(柬埔寨)制衣有限公司】

东方祥和(柬埔寨)制衣有限公司(简称柬埔寨公司)是东方国际集团下属国有控股三级公司。

柬埔寨公司成立于 2013 年 11 月 4 日,是一家有限责任公司。公司注册地址和经营地址为柬埔寨实居省境内 4 号公路(离金边市 41 公里)。截至 2017 年 12 月底,公司注册资本 100 万美元,其中东方创业占 85％,当地个人投资者杨培光占 15％。

柬埔寨公司是东方创业为克服国内劳动力成本上升以及出口关税、国际贸易壁垒增加等因素的影响,实施"走出去"战略,在海外投资建立的服装生产基地。柬埔寨公司的厂房建筑面积为 7 000 平方米,实用面积 1 万平方米,共有 20 条针织服装生产流水线,月产量为 19 万件针织服装。

2014 年 1 月 13 日,柬埔寨公司的制衣车间开始生产。开业以来,先后通过 WRAP、BSCI、ILO 等国际人权认证。工厂生产品质控制通过(日本)全数检品质量标准及 WAL MART 质量标准。工厂充分发挥产能、价格和加工能力方面的竞争优势,成为东方创业自营业务生产基地转型发展的一个"示范窗口"。柬埔寨公司开发 Polar Bear、GU、INTERSPORT、Jack Jones 等客户,客户对柬埔寨工厂管理、生产质量、交期等反映良好。

【上海朗绅服饰有限公司】

上海朗绅服饰有限公司(简称朗绅公司)是东方国际集团下属国有控股三级公司。

朗绅公司成立于 2015 年 2 月,是一家有限责任公司(自然人投资或控股)。公司注册(经营)地址上海市黄浦区南京东路 800 号 10 楼 K 室。截至 2017 年 12 月底,公司注册资本 1 000 万元,其中东方创业占 79% 股权,上海百联集团股份有限公司占 21% 股权。公司设财务部、行政人事部、产品部、业务部等 4 个部门。开设 8 家门店,有 21 名员工。

公司经营范围包括服装服饰、鞋帽、针织品、皮革制品、箱包、饰品及配件、日用品、文化用品、化妆品、钟表眼镜(除隐形眼镜)、办公用品、五金交电的销售,品牌管理,物业管理,自有房屋租赁,企业形象策划,企业管理咨询,企业登记代理,建筑装饰建设工程专项设计,建筑装修装饰建设工程专业施工,电脑图文设计制作,广告设计、制作,货物及技术的进出口业务等。

公司主营业务为男装品牌衬衫的生产和销售,版型以修身版和合体版为主,公司依托东方创业的服装生产能力和百联公司的销售能力,拓展公司内贸服装生产和销售业务。

2017 年公司营业收入 484.85 万元。

【上海嘉棉服饰有限公司】

上海嘉棉服饰有限公司(简称嘉棉公司)是东方国际集团下属国有控股三级公司。

嘉棉公司成立于 2015 年 4 月,是一家有限责任公司(自然人投资或控股),公司注册(经营)地址上海市黄浦区金陵东路 2 号 2712 室。截至 2017 年 12 月底,公司注册资本 1 000 万元,其中东方创业占 80% 股权,东方利泰占 20% 股权。公司设有销售部、技术部、财务部,有 25 名员工。

公司经营范围包括服装、服饰、鞋帽、针织品、皮革制品、羽绒制品、箱包、母婴用品、儿童用品、玩具、针纺织品、床上用品、文化体育用品、户外运动日用品、日用品及日用杂品的销售,服装设计,货物及技术的进出口业务等。

公司主营业务为婴幼儿的有机棉服饰产品生产销售,目标客户为 1 岁～2 岁年龄段的孩子,部分产品延伸到 3 岁幼儿。产品以"天然、健康、安全"为目标,以不染色、无甲醛、无荧光剂、无芳香胺染料为主要特点,满足消费者对产品健康、安全性的需求。

2017 年公司营业收入 524.26 万元。

【上海东方国际创业品牌管理股份有限公司】

上海东方国际创业品牌管理股份有限公司(简称创业品牌公司)是东方国际集团下属国有控股三级公司。

创业品牌公司成立于 2015 年 5 月,是一家股份有限公司(非上市、自然人投资或控股)。公司注册(经营)地址中国(上海)自由贸易试验区浦东大道 1476 号 1213 室。截至 2017 年 12 月底,公司注册资本 3 000 万元,其中东方创业占 60% 股权,上海江镇丝绸时装有限公司占 19.5% 股权,赵伟等 14 位自然人股东占 20.5%。公司设有技术部、生产部、销售部等 12 个部门,有 106 名员工。

公司经营范围包括品牌管理,销售服装服饰,针纺织品、皮革制品、鞋帽箱包、饰品与配件、日用百货,企业形象策划,企业管理咨询,货物进出口业务,建筑装饰装修建设工程设计与施工,电脑图文设计制作,广告设计制作等。

　　公司主营业务为生产销售中高端的女装,产品主要在上海、北京、江苏、浙江等各大知名商场销售,重点店铺设在上海中山公园龙之梦、上海港汇广场、上海静安嘉里中心、上海正大广场、上海八佰伴、北京新东安 APM、北京朝阳合生汇、北京龙德、南京新街口金鹰、杭州大厦、杭州武林银泰等。

　　公司创新业务管理模式,建立信息管理平台,形成完整的 BPM 系统,为企业运营管理提供有效的信息支持。建立预算体系逐步总结财务和业务指标,构建预算体系,并做滚动跟踪。

　　2017 年公司营业收入 10 581.96 万元。

第二节　东方国际集团上海利泰进出口有限公司

　　东方国际集团上海利泰进出口有限公司(简称东方利泰)是东方国际集团下属的国有控股二级公司。2017 年年底,东方利泰下属有上海玖博进出口有限公司、上海富井制衣有限公司、上海祥虹纺织制衣有限公司、上海众合制衣有限公司、吴江上海东和针织制衣有限公司等 5 家国内三级企业和香港美达飞有限公司、捷克新人贸易有限公司、东方魅力针织品有限公司等 3 家海外三级企业,承包经营集团海外二级企业美国罗珀纺织品有限公司。

一、沿革

　　东方利泰的前身是发起设立东方国际集团五家企业之一的上海市针织品进出口公司,1996 年1 月,更名为东方国际集团上海市针织品进出口有限公司。

　　2004 年 5 月 30 日,经东方国际集团批准并办理相关手续后,改制成为由东方国际集团持股60%、公司经营者群体持股 40%的混合所有制的有限责任公司,注册资本 5 000 万元,公司重新注

图 1-3-2　2005 年 5 月,集团领导和东方利泰领导班子成员

册,新注册设立的公司名称为东方国际集团上海利泰进出口有限公司。2007年,东方利泰注册资本增资为5 300万元,股权比例变为更东方国际集团持股56.60%、经营者群体参股43.40%。2010年3月,东方国际集团为实现主营业务整体上市的目标,将其在东方利泰的股权划转至东方国际集团上海市针织品进出口有限公司,注入上市的东方创业股份有限公司。东方国际集团现为东方利泰间接大股东,仍为实际控制人。

二、概况

东方利泰注册地址为中国(上海)自由贸易试验区峨山路613号C号楼221室。2017年12月,公司经营地址为黄浦区金陵东路2号光明大厦3、26、27楼,注册资本5 300万元,其中东方国际集团上海市针织品进出口有限公司占56.6%股权,赵晓东等47名经营者群体占43.4%股权。公司设有11个业务部门和财务部、党群办公室、人力资源部、总经办、市场部等5个职能部门。员工140人,其中业务部人员比例占80%,管理及其他人员占20%。

东方利泰负责人和党群组织负责人包括公司董事长、副董事长、监事长、总经理、副总经理、党委书记、党委副书记、纪委书记、财务总监、工会主席、团委书记、团委副书记等。

表1-3-3 2004年5月—2017年12月东方利泰负责人和党群组织负责人任职情况表

职　务	姓　名	任　职　年　月
董事长	汪　阳	2004年5月—2005年4月
	周　峻	2005年4月—2006年6月
	王乐齐	2007年6月—2008年5月
	唐小杰	2008年5月—2016年5月
	郭福荣	2016年5月—2017年7月
副董事长	方为群	2004年5月—2005年1月
	范燮华	2005年1月—2006年10月
监事长	施建和	2002年5月—2004年5月
	王惠瑛	2004年5月—2009年12月
	卢宗平	2009年12月—2011年8月
	朱陶伟	2011年8月—2014年6月
	王　佳	2014年6月—
总经理	蒋明明	2004年5月—2017年3月
	赵晓东	2017年3月—
副总经理	赵晓东	2004年5月—2017年3月
	蔡　军	2004年5月—2014年1月
	陈　卫	2004年5月—
	金　伟	2017年8月—

〔续表〕

职 务	姓 名	任 职 年 月
党委书记	蒋明明	2004 年 5 月—2016 年 12 月
	赵晓东	2016 年 12 月—
党委副书记	丁 玉	2004 年 5 月—2015 年 10 月
	唐晓岚	2016 年 1 月—
纪委书记	丁 玉	2004 年 5 月—2015 年 10 月
	唐晓岚	2016 年 1 月—
财务总监	金小隐	2005 年 9 月—2011 年 9 月
	戎 洁	2017 年 5 月—
工会主席	丁 玉	2004 年 9 月—2015 年 10 月
	唐晓岚	2015 年 10 月—
团委书记	张锦秀	2014 年 6 月—2017 年 8 月
团委副书记	段婷婷	2007 年 5 月—2008 年 5 月
	许文婷	2006 年 4 月—2007 年 5 月
	须中远	2005 年 5 月—2006 年 4 月
	张艺华	2008 年 5 月—2011 年 11 月
	张锦秀	2011 年 11 月—2014 年 6 月
	周李婷	2016 年 3 月—2017 年 9 月
	查昱华	2017 年 9 月—

三、经营管理

【公司经营】

东方利泰经营业务主要有棉、毛、麻、化纤等各类针织服装和原料的自营、代理进出口业务，中外合资合作，"三来一补"，对销贸易，对外贸易及商品信息咨询，国内商业批发、零售。公司的经营理念是"诚信为本，客户至上"。公司与世界 100 多个国家和地区的 1 000 多家客户保持着进出口业务，与 H&M、Bestseller、Zara、匡威等诸多国际知名品牌商、零售商和国内供应商建立长期稳定的合作关系，在客户中享有优质的商誉。公司主要出口市场为美国、日本和欧洲，三地的出口额占到公司出口总额的 70% 左右，其他主要出口市场还有中国香港和澳门、澳大利亚、中南美和非洲等。公司成立以来，累计进出口额 48 亿美元，其中进口 1.3 亿美元，出口 46.7 亿美元。

2008 年，全球遭遇严重的金融危机，外贸企业经营十分困难，东方利泰的经营业绩却刷新历史纪录：2008 年进出口总额为 41 116 万美元，其中出口金额 39 921 万美元，实现净利润 4 273 万元。

2015 年，东方利泰位列上海出口企业 100 强第 58 名和中国服装出口商第 6 名。

图1-3-3 2015年9月16日,东方利泰在孟加拉投资的东方魅力针织品有限公司开业

表1-3-4 2004—2017年东方利泰主要财务指标情况表

年份	总资产(万元)	归属母公司净资产(万元)	税前利润(万元)	归属母公司净利润(万元)	进出口总额(万美元)	其中出口(万美元)	其中进口(万美元)	营业收入(万元)	资产负债率(%)	净资产收益率(%)	资产保值增值率(%)
2004	35 056.72	6 991.43	2 751.02	2 303.98	37 870	36 658	1 212	133 975.19	79.93	40.80	162.51
2005	37 456.91	6 433.35	3 845.17	3 248.52	29 346	28 653	693	210 210.58	82.71	48.40	92.02
2006	41 493.45	7 179.83	4 667.31	3 873.63	32 519	31 895	624	226 978.95	82.60	56.91	111.6
2007	41 321.07	8 396.42	4 934.93	4 161.86	37 057	36 060	997	256 882.81	79.58	53.44	116.94
2008	45 951.90	9 253.05	5 350.54	4 273.36	41 116	39 921	1 195	265 659.26	79.86	48.42	110.2
2009	40 263.85	13 359.33	5 551.16	4 394.06	30 870	29 646	1 224	206 604.15	66.82	38.86	144.38
2010	46 394.07	13 331.50	5 624.84	4 396.56	36 447	35 200	1 247	247 198.23	71.26	32.94	99.79
2011	39 078.70	13 333.36	5 492.92	4 233.18	41 583	40 286	1 297	270 688.30	65.88	31.75	100.01
2012	37 590.74	12 630.97	4 441.60	3 207.39	34 110	33 128	982	220 928.78	66.40	24.71	94.73
2013	35 484.86	11 893.25	3 446.08	2 521.95	37 708	36 531	1 177	237 534.17	66.48	20.57	94.16
2014	35 495.22	11 266.69	2 845.76	2 028.49	35 021	34 210	811	219 762.20	68.26	17.52	94.73
2015	30 811.49	11 227.76	2 728.44	1 931.76	28 517	28 012	505	192 350.00	63.56	17.18	99.65
2016	35 009.47	11 196.75	2 476.88	1 829.90	27 253	26 738	515	194 836.77	68.02	16.32	99.72
2017	38 598.95	10 464.13	1 354.77	1 117.36	31 499	30 840	659	216 163.83	72.89	10.32	93.46

【公司管理】

东方利泰成立后,制定和完善业务、行政、财务、人事等方面的40多项管理制度。2000年,东方利泰的前身——东方针织首次通过中国质量认证中心审核的ISO9001：1994质量管理体系,成为东方国际集团下属进出口企业中第一家贯标的企业。2001年,经过一年的换版准备工作,年底获ISO9001：2000质量管理体系贯标证书。东方利泰成立后,2010年2月开始,按照ISO9001：2008标准体系修订公司质量管理体系,2011年2月22—23日,接受中国质量认证中心的现场审核,通过认证,完成换版。2017年2月24日,在2008版的基础上,东方利泰打破传统思路,根据新版本、新形势的要求,重新修订公司质量管理体系,通过中国质量认证中心审核的ISO9001：2015新版质量管理体系认证,获合格证书。

东方利泰始终坚持"高效、专业"的管理理念和规模效益相协调的经营方针,一方面积极采取措施,开拓市场,拓展业务,鼓励自营出口,优化代理业务,确保公司的经营业绩保持基本稳定;另一方面加强管理,不断健全公司法人治理结构,在内部管理上下功夫,通过加强预算管理,挖掘内部潜力。通过按照国际标准建立内部质量管理体系,规范业务流程,降低经营风险。通过不断改进和完善人才激励机制,调动员工的积极性和创造性,确保公司的稳定发展。

2011年10月,公司加入的上海大虹桥服装服饰基地被国家商务部认定为"国家外贸转型升级专业型示范基地"。2012年1月,公司被中国检验检测学会质量诚信建设委员会评为"中国质量诚信企业"。2016年10月,公司被上海市企业诚信创建活动组委会评为"上海诚信企业"。

四、党建与精神文明建设

2004年,东方利泰完成企业改制的配套党组织建制,党支部由13个调整压缩为7个,选举新的支部书记和委员。东方利泰设党委1个,党支部7个,党组织设有党的纪律检查委员会1个,至2017年年底,有正式党员62名,预备党员1名。

【党建工作与精神文明建设】

东方利泰始终秉承"创造价值,和谐发展"的企业宗旨和"团结、奋进、求真、务实、稳健、开拓"的企业精神,积极开展精神文明的各项创建活动和"创先争优"等党建主题活动,认真组织党员骨干开展学习实践科学发展观和习近平新时代中国特色社会主义思想,将各项活动的内容融入业务工作中,提升干部党员和职工的思想觉悟与综合素质,激发干部职工的工作动力,打造一支高素质的职工队伍。

东方利泰在企业经营管理过程中,充分发挥党组织和党员的作用。2005年,欧美联手对中国纺织品出口采取"特保"措施,公司领导制定对策,发动党员骨干与"特保"抢时间、抢生产、抢出运,争取主动,最终把"特保"的影响降到最低程度。2005年东方利泰进出口达到2.93亿美元,实现利润3 248万元。

在精神文明创建活动中,东方利泰在各方面始终保持高标准、严要求,做到以人为本、保障职工权益;诚信生产经营,提升管理水平;参与社会治理,承担社会责任;维护绿色环保形象,共建青山绿水家园;坚持企业与社会和谐发展,在努力实现经济利益的同时,不断增强企业社会公民意识,注重实现社会价值最大化,承担起企业的责任。

【工作成果与荣誉】

1997—2017年,东方利泰(包括东方针织)连续十一次被上海市人民政府授予"上海市文明单位"称号。2009年,东方利泰被集团树立为东方国际集团系统标杆企业。2011年8月获"2006—2010年上海市法制宣传教育先进集体"称号。

【捐赠与志愿者服务】

东方利泰成立以来,积极开展社会捐赠和志愿者服务。2004年11月,东方利泰参与上海市的川滇赈灾扶贫送温暖活动,共有188人捐赠衣被878件(包)。

2005年1月,东方利泰"为印度洋沿岸海啸灾区捐款"捐款11 156元。是年11月,东方利泰参与上海市"情系灾区、奉献爱心"捐助活动,共有151人捐赠衣被423件(包)。

2007年2月,东方利泰参与上海市黄浦区外滩街道中山东一路地区交通文明志愿者活动。是年春节前,东方利泰党委和外滩街道中山居委会党总支一起,向社区20多位孤寡老人送上慰问品,并与中山社区一位贫困学生签订结对助学协议。公司40位党员志愿者还利用上班前的时间,走上外滩街头,协助交警和协管员宣传交通文明。

2008年5月,东方利泰全体党员以交纳"特殊党费"30 300元的形式支援抗震救灾。是年10月,东方利泰开展"送温暖、献爱心"——向灾区捐赠衣被活动,共有131人捐赠衣被475件,29人捐赠现金1 950元。

2010年4月,东方利泰189人(其中党员76人)参加青海玉树地震捐款23 690元,筹集善款交到黄浦区红十字会。是年3月,东方利泰开展面向外滩街道中山居委志愿者教授英语会话的"青春与世博同行"志愿者教学活动,主动到中山居委为20名社区的志愿者进行英语教学,教授简单的世博英语,普及世博英语知识,受到社区志愿者的欢迎。同时东方利泰积极参与交通巡逻志愿者活动,在南京东路河南南路协助交警执勤,向广大市民宣传"精彩世博,文明先行"的理念,自觉遵守交通规则,做城市交通文明的践行者。是年12月,东方利泰开展"送温暖、献爱心"——向灾区捐赠衣被活动,共有117名员工捐赠衣被360件送达外滩街道。公司还多次组织干部职工参加志愿者服务。

2017年12月,东方利泰参与外滩街道社区党建服务中心和外滩社区志愿者协会共同举办的黄浦区外滩滨江党建服务点志愿工作。2014—2017年,东方利泰先后组织交通志愿者活动和参与黄浦区创建全国文明城区交通卫生巡逻工作。

五、下属企业

【香港美达飞有限公司】

香港美达飞有限公司,MILSTART FLY LIMITED(简称美达飞公司)是东方国际集团下属控股三级公司。

美达飞公司成立于1990年1月16日,是一家有限责任公司。美达飞公司原是东方针织在中国香港投资注册的贸易公司,公司注册(经营)地址为香港北角蚬壳街9-23号秀明中心18楼A-C室。2017年公司注册资本6.45万美元,由东方利泰控股,有员工2人。

美达飞公司主要从事纺织品及轻工产品贸易,配合公司战略规划,重点推广及销售公司自有品牌"雪花"的相关产品。2017年,公司营业收入1 069万元,净利润84万元。

【美国罗珀纺织品有限公司】

美国罗珀纺织品有限公司,Looptex (USA) Inc. (简称罗珀公司),是东方国际集团下属全资二级公司。

罗珀公司成立于1991年3月22日,是一家有限责任公司,主营毛针织和棉针织类商品的进出口贸易。公司注册(经营)地址为1411 BROADWAY SUITE 467 NEW YORK, N. Y. 10018,2017年注册资本为10万美元,东方国际集团占100%股权,由东方利泰承包经营。2017年公司营业收入169万美元,净利润0.4万美元。

【上海众合制衣有限公司】

上海众合制衣有限公司(简称众合公司)是东方国际集团下属国有控股三级公司。

众合公司成立于1994年3月25日,是一家一人有限公司,是东方利泰的自有外贸生产工厂,以生产毛衫为主,是毛衫出口的重要货源基地。众合公司注册(经营)地址为上海市松江区叶榭镇富荣开发区富汇路11号。2017年众合公司注册资本472万元,东方利泰占100%股权。众合公司有5名正式员工,1名劳务人员。

众合公司经营范围:针纺织品,梭织,服装服饰,手工艺品,编织品,服装原辅料的销售。经营本企业生产产品及技术的出口业务,经营本企业生产、科研所需原辅料、机械设备、仪器仪表、零配件及技术的进口业务(国家限定公司经营和国家禁止进出口的商品及技术除外)。众合公司拥有横机385台(包括电脑横机),年产能120万件,全部产品均供公司外贸出口。先后通过了H&M、BESTSELLER、MACYS等特大型国际纺织品采购公司的验收评定,被认定为这些跨国公司的指定生产企业。众合公司在为东方利泰提供出口成品的同时,还承担着为东方利泰外贸业务提供推销样服务的任务,是东方利泰对外接单的重要保障。2017年,众合公司营业收入2233万元。

【上海玖博进出口有限公司】

上海玖博进出口有限公司(简称玖博公司)是东方国际集团下属国有控股三级公司。

玖博公司成立于1994年7月6日,是一家有限责任公司。公司注册于上海市浦东新区恒大路62号24幢307室。经营地址为黄浦区金陵东路2号光明大厦3、26、27楼。2017年,公司注册资本300万元,东方利泰占100%股权。玖博公司未分设部门,有8名员工。

玖博公司经营范围:从事货物与技术的进出口业务,商务信息咨询,食品销售,珠宝首饰、工艺美术品(象牙及其制品除外)、电线电缆、金属材料、鞋帽、文化办公用品、体育用品、化妆品、纺织品、服装服饰、日用百货、五金交电、矿产品(除专控)的销售。其中主营业务为纺织品贸易,产品销往欧美、澳洲、日本等国家和地区。2017年玖博公司营业收入3833万元,净利润17万元。

【吴江上海东和针织制衣有限公司】

吴江上海东和针织制衣有限公司(简称上海东和)原是东方国际集团下属国有控股三级公司,于2017年12月21日经评估后在上海联合产权交易所挂牌转让。

上海东和成立于1994年9月18日,是一家有限责任公司,公司注册(经营)地址为江苏省吴江市芦墟镇莘塔大街1号。2017年转让前公司注册资本为930万元,东方利泰占100%股权。2017年公司营业收入15万元,净利润14万元。

【捷克新人贸易有限公司】

捷克新人贸易有限公司,Newman Trading S. R. O(简称捷克新人)是东方国际集团下属控股三级公司。

捷克新人成立于1995年2月27日,是一家有限责任公司。公司主营业务为在捷克及周边的东欧国家从事针织品、轻工业等进出口贸易。公司注册(经营)地址为 Praha 10, Mistrovska 194/32。2017年公司注册资本1万美元,由东方利泰控股,有员工1人。

2017年,公司营业收入25万元,净利润1万元。

【上海富井制衣有限公司】

上海富井制衣有限公司(简称富井公司)是东方国际集团下属国有控股三级公司。

富井公司成立于1997年9月19日,是一家一人有限责任公司,是东方利泰重要的出口生产基地,主要生产加工各类针织服装。富井公司注册(经营)地址是上海市松江区佘山镇佘天昆公路2688号。2017年,富井公司注册资本927.9万元,东方利泰占100%股权。富井公司有4名正式员工,2名劳务人员。

富井公司经营范围:设计生产加工销售服装、针织品、手工艺编织品、鞋帽、手套、袜子、背包、帐篷。日用品(除专控)批发零售,从事货物及技术的进出口业务。富井公司主要生产加工各类针织服装,年产量约80万件,拥有生产 NIKE 品牌产品的证书,并为 NIKE、ZARA、GURU 等多家知名客户提供定牌生产,产品主要销往欧洲、韩国、美国等国家和地区。2017年,富井公司营业收入819万元。

【上海祥虹纺织制衣有限公司】

上海祥虹纺织制衣有限公司(简称祥虹公司)是东方国际集团下属国有控股三级公司。

祥虹公司成立于1997年11月28日,是一家一人有限公司,是东方利泰的自有外贸生产工厂。祥虹公司注册(经营)地址是上海市松江区佘山镇佘天昆公路3818号。2017年祥虹公司注册资本为150万元,东方利泰占100%股权。祥虹公司设有5个车间、3个职能部门,有57名正式员工,19名劳务人员。

祥虹公司经营范围:设计生产针织服装、梭织服装、手工艺编织品、相关服饰。销售服装及辅料、针织纱线、纺织原料、纺织机械。生产的产品以针织横机和圆机的服装为主,原料包括羊毛、羊绒、羊仔毛、驼毛、毛晴、腈纶以及混纺品种。产品主要销往中国香港、中国澳门。2017年,祥虹公司营业收入318万元。

【东方魅力针织品有限公司】

东方魅力针织品有限公司,Orient Allure Knitwear Ltd. (简称东方魅力公司),是东方国际集团下属国有参股三级公司。

东方魅力公司成立于2015年9月16日,是一家有限责任公司,主营毛衫生产。工厂注册(经营)于孟加拉国首都达卡加济布尔的东吉(6/10, Shalikchura, Ershad Nagar, Tongi, Gazipur, Bangladesh)。2017年,公司注册资本65万美元,其中 Orient Allure Lingerie Ltd. (OAL 是由东方利泰、东方荣恒、孟加拉国 LZ Textile 和德国 MEGANOVA-Modevertriebs-GmbH 四方股东合资设立)占股99%,LZ Textile 占股1%。东方利泰为东方魅力公司的实际控制人。

第三节　东方国际集团上海家纺有限公司

东方国际集团上海家纺有限公司（简称东方新家纺）是东方国际集团下属的国有控股二级公司。至 2017 年年底，东方新家纺下属有上海家浩实业有限公司、上海佳谊纺织制品有限公司两家国内三级企业和浩茂国际有限公司、HomecrestInc 两家海外三级企业。

一、沿革

东方新家纺的前身为上海市家用纺织品进出口公司，1996 年 1 月，更名为东方国际集团上海市家用纺织品进出口有限公司。

2004 年 6 月 29 日，经东方国际集团批准并办理相关手续后，东方家纺由国有全资企业改制为混合所有制的有限责任公司，东方国际集团持股 64％，战略投资者持股 2.8％，职工持股 33.2％，注册资本 5 000 万元，公司更名为东方国际集团上海家纺有限公司。

2014 年，公司 10 年经营期限到期，部分职工退股。公司注册资本变更为 4 821.66 万元，其中国有股占 73.983 9％，战略投资者持股 2.161 1％，职工持股 23.856％。

2016 年 12 月，根据东方国际集团决定，东方新家纺与东方商业进行重组，实行资源整合及合署办公，两家公司形成统一的管理平台，"两块牌子，一套班子"对外开展业务经营。

图 1 - 3 - 4　2005 年 1 月虹口区四平路 210 号家纺大厦

由于东方新家纺和东方商业重组，为确保股东利益一致性，2017 年年底，战略投资者和职工持有的股份全部退出，东方新家纺成为东方国际集团上海市针织品进出口有限公司的全资公司。

二、概况

东方新家纺注册地址为中国（上海）自由贸易试验区浦东大道 2123 号 3E - 2113 室。2017 年，经营地址为虹口区四平路 210 号家纺大厦 18 楼～21 楼，注册资本为 4 821.66 万元，东方国际集团上海市针织品进出口有限公司占 100％股权。公司设有 6 个业务部门和财务部、人力资源部、办公室、党委办公室、信息部、产品开发中心等 6 个职能部门，在编员工 74 名。

东方新家纺负责人和党群组织负责人包括公司董事长、副董事长、执行董事、监事长、总经理、副总经理（常务）、党委书记、党委副书记、纪委书记、总会计师、工会主席、工会副主席、团委书记等。

表 1-3-5 2004 年 5 月—2017 年 12 月东方新家纺负责人和党群组织负责人任职情况表

职 务	姓 名	任 职 年 月
董事长	钟伟民	2004 年 6 月—2014 年 6 月
	瞿元庆	2014 年 6 月—
副董事长	卢宗平	2004 年 5 月—2006 年 10 月
执行董事	答朝宗	2004 年 6 月—2004 年 12 月
	卢宗平	2004 年 12 月—2006 年 10 月
	褚融敏	2006 年 10 月—2007 年 10 月
	汪时绩	2007 年 10 月—2010 年 5 月
监事长	褚融敏	2004 年 5 月—2007 年 10 月
	方为群	2007 年 10 月—2009 年 11 月
	姚文祖	2009 年 11 月—2011 年 4 月
	卢宗平	2011 年 4 月—2011 年 8 月
	谢子坚	2011 年 8 月—
总经理	答朝宗	2004 年 6 月—2013 年 12 月
	杨国铭	2013 年 12 月—2015 年 3 月
	金卫栋	2016 年 12 月—
常务副总经理	金卫栋	2015 年 1 月—2016 年 12 月
副总经理	杨国铭	2004 年 5 月—2013 年 12 月
	龚培德	2004 年 5 月—2005 年 8 月
	吴建明	2006 年 11 月—2008 年 11 月
	孙 威	2007 年 11 月—
	陈毅钊	2009 年 12 月—2016 年 12 月
	李 悦	2016 年 12 月—
	王伟华	2016 年 12 月—
党委书记	答朝宗	2004 年 5 月—2014 年 6 月
	金卫栋	2016 年 5 月—
党委副书记	陈一纲	2004 年 5 月—2005 年 1 月
	孙佩英	2004 年 5 月—2010 年 6 月
	陈毅钊	2010 年 5 月—2015 年 5 月
	杨国铭	2013 年 12 月—2015 年 3 月
	金卫栋	2015 年 1 月—2016 年 5 月
	倪玉华	2016 年 5 月—

〔续表〕

职 务	姓 名	任 职 年 月
纪委书记	陈一纲	2004 年 5 月—2005 年 1 月
	孙佩英	2005 年 1 月—2010 年 5 月
	陈毅钊	2010 年 5 月—2015 年 4 月
	陈 敏	2015 年 4 月—2016 年 5 月
	倪玉华	2016 年 5 月—
总会计师	王福章	2004 年 5 月—2008 年 12 月
工会主席	吴建芬	2001 年 2 月—2012 年 7 月
	陈 敏	2013 年 5 月—2016 年 5 月
	倪玉华	2016 年 5 月—
工会副主席	陈 敏	2004 年 5 月—2005 年 5 月
团委书记	朱 菁	2004 年 6 月—2014 年 7 月
	冯 婧	2014 年 8 月—

三、经营管理

【公司经营】

公司经营范围：国内贸易，经营各类商品和技术的进出口（国家限定公司经营或禁止进出口的商品及技术除外），商务服务，房屋租赁及以上相关业务的咨询服务（除经纪）。

公司主营各类家用纺织装饰用品和配套轻纺产品的进出口，包括卧室用品、客厅饰品、卫浴用品、厨房用品、服装、线带和辅料等，并向系列化、配套化方向发展，是中国最早、最专业、最系统的家纺产品专业外贸企业。

公司贯彻"诚实、专业、诚信、感恩、恒久"的经营理念和"诚实做人，诚信做事"的经营方针，紧紧围绕"稳主业、调结构、严管理"的工作目标，在激烈的市场竞争中赢得客户的信任和认可。

公司拥有专业的设计队伍，在上海市建立生产基地，产品独特的设计和精湛的工艺，使家纺产品融合实用性、观赏性和艺术性于一体。

经过几十年的培育，公司注册的 10 余个商标已成为内销和外销的著名品牌，包括"HOMETEX"床上用品系列，"熊猫牌"毛浴巾，"红莲牌"毯子、缝纫线，"333 麻雀"床单等，蜚声海内外，成为品质和品位的象征。其中"333 麻雀"5 次获上海市著名商标。2009 年，公司业务八部的涤纶缝纫线和业务五部的婴儿睡袋先后获 Oeko-Tex Standard 100 的证书。"Oeko-Tex"生态纺织品标准目前是世界上最权威的生态纺织品标签，在欧美地区有极高的认知度，通过认证的产品成为欧美消费者眼中的"信心纺织品"。

作为资深的外贸公司，东方新家纺拥有一支专业、敬业的营销队伍。同时，公司在美国洛杉矶地区设立海外商务机构，与世界 100 多个国家和地区超过 1 000 名客户开展进出口业务，与迪士尼、ZARA、沃尔玛等诸多国家知名品牌商、零售商和国内供应商建立牢固的合作关系。

东方新家纺成立以来,累计进出口总额达30.3亿美元,其中进口1.24亿美元,出口29.06亿美元。2004年荣获上海市外贸出口百强企业铜奖。

表1-3-6　2005—2017年东方新家纺主要财务指标情况表

年份	总资产（万元）	归属母公司净资产（万元）	税前利润（万元）	归属母公司净利润（万元）	进出口总额（万美元）	其中出口（万美元）	其中进口（万美元）	营业收入（万元）	资产负债率（%）	净资产收益率（%）	资产保值增值率（%）
2005	19 706.42	7 909.7	2 149.6	2 369.6	27 295	26 215	1 080	198 596	59.86	29.96	101.34
2006	26 089.59	8 434	2 507.3	2 112.4	27 428	26 355	1 073	209 925	67.67	25.85	126.71
2007	23 172.49	7 663	1 941	1 636.5	29 130	27 258	1 872	218 359	66.93	20.33	119.4
2008	28 506.09	7 870.7	1 099.6	889.61	29 053	26 662	2 391	197 051	71.83	11.45	110.75
2009	25 790.95	7 934.7	1 103.7	810.52	23 830	22 704	1 126	158 262	68.57	10.29	110.37
2010	28 785.13	8 035.7	1 005.1	714.29	25 365	24 561	804	174 389	71.45	8.95	108.84
2011	33 211.49	8 053.3	906.03	619.06	27 943	27 168	775	180 533	75.18	7.7	107.7
2012	30 672.17	8 163.2	813.41	593.89	23 994	23 218	776	149 633	72.72	7.32	107.37
2013	30 592.75	7 942.5	421.53	257.07	24 084	23 316	768	141 472	73.36	3.19	103.16
2014	28 943.47	7 032.6	217.44	262.21	18 311	17 617	694	114 347	74.72	3.5	104.07
2015	25 689.21	6 910.2	85.85	47.74	16 274	15 869	405	98 741	72.37	0.68	100.75
2016	25 324.45	6 878.2	−9.19	42.62	14 644	14 388	256	92 634	71.74	0.62	100.7
2017	26 693.5	6 926.9	52.7	51.64	15 699	15 282	417	98 553	73.09	0.75	100.71

图1-3-5　2005年5月,东方新家纺总经理答朝宗(左三)与外商洽谈业务

【公司管理】

东方新家纺遵循"管理无止境"的管理理念,先后制定和完善业务、行政、财务、人事方面的《进出口业务管理办法》《商标管理办法》《公司内部财务管理制度》《奖惩制度》等 30 多项管理制度。2006 年 8 月,东方新家纺通过中国进出口质量认证中心上海评审中心的监督审核。2007 年 5 月,东方新家纺通过中国进出口质量认证中心上海评审中心的两次监督审核。2009 年 2 月,东方新家纺从中国检验认证集团上海有限公司领取新的质量管理体系认证证书。2015 年 11 月,公司通过中国质量认证中心 ISO9001:2008 版的审核。东方新家纺将贯标工作与日常工作有机结合,注重标准化管理和创新工作思路,不断提高管理水平,各项管理工作规范有序、成绩突出,扎扎实实推进贯标工作,在之后历次的复评审核中都确保质量体系的有效运行。

面对国际市场的疲软,以家纺类的传统产品业务尤其艰难。产品同质化程度高、成本不断上涨、国际客户需求减少等众多因素深深困扰东方新家纺。在这样的局面下,东方新家纺以文化为魂树立信心,以行动为本直面问题、解决问题,充分理解业务部门在开拓业务时的困难,公司领导与一线业务员一起分析问题、探讨问题,共同拜访客户,并创新各种激励机制,积极鼓励业务员走出去,通过参加各种交易会增加成交机会。2014 年,东方新家纺根据自身特点及定位,确定转型发展的主要方向,制定 2015—2017 年"三年发展规划",在"调整市场结构、调整经营结构、调整人员结构"上下功夫。东方新家纺 2015 年建立进口小组,积极探索代理消费品进口项目。同时,东方新家纺大力挖掘内部潜力,加大中青年后备干部的培养,外部扩大公司人才交流渠道,通过提高人才队伍竞争力,提升企业的市场核心竞争力,确保企业业务的稳定、队伍的稳定和人心的稳定。

2011 年,公司获浦东新区"外贸品牌创新奖"。2012 年,公司获海关 AA 类管理证书,获中国检验检测学会质量诚信建设委员会授予的 2011 年度"中国质量诚信企业"称号。2014 年,公司获上海市企业诚信创建活动组委会颁发的"诚信创建企业"称号。2015 年,公司获上海市企业诚信创建活动组委会颁发的"三星诚信创建单位"称号。2016 年,公司获上海市企业诚信创建活动组委会颁发的"四星级诚信创建单位"称号。2017 年,公司获上海市企业诚信创建活动组委会颁发的"五星诚信创建单位"称号。

四、党建与精神文明建设

东方新家纺设党委 1 个,党支部 7 个,党组织设有党的纪律检查委员会 1 个,至 2017 年年底,有正式党员 55 名。

【党建工作与精神文明建设】

东方新家纺始终秉承"专业经营、立足客户、凝聚骨干、提升管理"的企业宗旨,于 2006 年提出"齐心、尽心、舒心"的企业精神,号召员工立足本职,爱岗敬业,团结奋斗,努力工作,为企业发展多作贡献。在每一轮的精神文明创建活动中,公司做到以人为本、保障职工权益。通过"五好文明部室"评比、"精神文明创建'舒心'部室"评比等活动,加强部室沟通和协作;通过工会、团委开展的职工运动会、羽毛球比赛、青年座谈会、摄影比赛等各类主题活动,丰富大家的业余生活,增进同事之间的情感交流,共同推动企业的文化建设,提高职工的综合素质。

公司党组织以多种形式的主题活动为载体,不断激发和调动广大党员的工作主动性、积极性和创造性,增强党组织的凝聚力和战斗力,为促进公司各项工作目标的顺利实现提供坚强的组织保证。2005 年,公司党委开展"坚定信念、奋发进取、立足岗位、追求卓越"庆"七一"知识竞赛。2006 年,公司党委组织"争做新时期优秀共产党员"的专题座谈,号召党员在企业发展经营中,切实地发挥党员的先锋模范作用。2009年,公司党委开展深入学习科学实践发展观活动,发动干部职工解放思想、努力转变发展方式,增强企业核心竞争力和抗风险能力,坚持"两不误、双促进",为推动公司又好又快发展作出贡献。2010年,公司党委开展"我是党员我带头,我是党员我奉献"——奉献世博,深化党建主题活动,围绕公司中心工作和任务,开展"五个一"系列活动。2011年,党委开展以"规范操作我带头"为主题的公开承诺活动,每个党员坚定信念,牢记宗旨。遵章守纪,规范操作,积极进取,争创佳绩。严于律己,廉洁从业。2012年,公司党委积极推行"党员公开承诺"开展创先争优,制度上构建创先争优活动的长效机制。2015年,为深入开展创先争优活动,积极推进学习型党组织建设,不断提升党员干部综合素质,公司党委制订《学习型党组织创建计划》。2016年公司党委开展"家纺新长征徒步寻访城市红色印记"活动,组织开展"转型在东方,发展在东方"专题讨论,号召员工为业务发展献计献策。2017年,中共十九大召开,面对新形势、新环境,公司党委组织党员深入学习中共十九大会议精神,深刻领会中共十九大报告中的新发展理念,围绕东方国际集团"全球布局、跨国经营"的战略目标,抓重点、补短板、强弱项,用实际行动投入到企业新一轮的转型发展工作中。

东方新家纺被市政府授予第12届、13届、14届、15届、16届、17届、18届、19届"上海市文明单位"称号。

【捐赠与志愿服务】

公司成立以来,积极参与社会志愿及爱心捐赠活动。2005年1月,公司160位干部职工募捐10 775元救灾款,表达对受灾地区人民的关爱之心。是年10月31日,公司工会组织职工募集衣被,支援云南、四川灾区受灾群众,150位职工参加捐赠,募集到531件衣被给灾区人民。2008年汶川发生地震,公司在集团组织的抗震救灾捐款活动中,以单位名义捐赠20万元,职工也纷纷慷慨解囊,共计捐款58 680元,党员捐赠特殊党费10 000元。2009年,公司向崇明庙镇通济村捐赠10万元帮扶款,支援市郊新农村建设。2009年5月、8月,公司两次组织员工,参加虹口区"军警民"联防体系巡逻,为世博期间的安保工作作出贡献。2010年,青海玉树发生地震,公司75位职工捐出500余件衣物给灾区群众。同时,公司有133人募捐,筹集到17 580元爱心捐助款给灾区群众。2011年,公司组织帮困助学活动,为6名困难职工子女提供4 600元助学金。2014年,公司职工积极参与"恒爱行动",为孤残儿童编织毛衣,为他们的冬日带去一份暖意。

五、下属企业

【浩茂国际有限公司】

浩茂国际有限公司(简称浩茂公司)是东方国际集团下属国有控股三级企业。

浩茂公司成立于1989年1月,公司注册(经营)地址为FLAT/RM C17/F CNT TOWER 338 HENNESSY ROAD WAN CHAI,注册资本100万港币。浩茂公司是东方新家纺在中国香港的分支机构。2017年,浩茂公司营业收入11.35万元,净利润8.5万元,有员工1人。

【 HomecrestInc 】

HomecrestInc(简称美国洛杉矶公司)是东方国际集团下属国有控股三级公司。

美国洛杉矶公司成立于1989年10月,公司注册(经营)地址为91780 - 2068佛罗里达州卡梅拉大街6031,注册资本5万美元。美国洛杉矶公司是东方新家纺在美国的分支机构,主要从事各类家用纺织品及系列配套产品的经营等国际贸易业务。2017年美国洛杉矶公司收入192.73万元,净利润1.19万元,有员工1人。

【上海佳谊纺织制品有限公司】

上海佳谊纺织制品有限公司(简称佳谊公司)是东方新家纺参股三级公司。

佳谊公司成立于1993年2月15日,是一家有限责任公司。公司主营生产服装、服饰、皮革制品及不涉及出口许可证管理范围的家用纺织品,销售自产产品。公司注册(经营)地址为上海市奉贤区四团镇东海路188号A幢,2017年公司注册资本40万美元。佳谊公司有三方股东,分别为:东方新家纺持股比例40%,上海杨浦工贸(集团)有限公司持股35%,东方国际香港有限公司持股25%。公司有70名员工。2017年公司营业收入2 752.83万元。

【上海家浩实业有限公司】

上海家浩实业有限公司(简称家浩公司)是东方新家纺下属国有控股三级公司。

家浩公司成立于2008年5月7日,是一家一人有限公司,是东方新家纺重要的进出口销售公司,主要从事纺织品、工艺品、化工产品(除危险品)、机电设备、金属制品、矿产品(除专项审批)的销售,从事货物与技术的进出口业务、仓储业务(除危险品)、商务咨询业务(除经纪)。家浩公司注册地址是中国(上海)自由贸易试验区浦东大道2123号3E-2114室,经营地址是上海市虹口区四平路210号家纺大厦。2017年,家浩公司注册资本1 000万元,东方新家纺拥有100%股权。2017年公司营业收入2 433.43万元,净利润2.6万元。

第四节　东方国际集团上海市纺织品进出口有限公司

东方国际集团上海市纺织品进出口有限公司(简称东方纺织)是东方国际集团下属的国有控股二级公司。2017年年底,东方纺织下属有上海市华达进出口有限公司、上海锦达进出口有限公司、上海宁达进出口有限公司、上海顶达进出口有限公司、上海常达进出口有限公司、上海会达进出口有限公司、上海蓝蓝中国蓝印花布社等7家国内三级公司和东方国际法国股份有限公司、迈进有限公司、上海纺织品智利有限公司等3家海外企业。

一、沿革

东方纺织的沿革可追溯到成立于1957年4月5日的中国杂品出口公司上海纺织品出口公司,1961年,更名为中纺上海市纺织品进出口公司,1988年10月,更名为上海市纺织品进出口公司,1994年参与组建东方国际集团,1996年1月5日,改制为国有全资的有限责任公司,重新注册并更名为东方国际集团上海市纺织品进出口有限公司。2001—2004年,公司分步改制为东方纺织控股、战略投资者和内部股东参股的有限责任公司。

二、概况

东方纺织注册地址为上海市虹口区四平路200号18层1801室。2017年,经营地址为上海市虹口区四平路200号盛泰国际大厦。公司注册资本为5016.8万元,其中东方国际创业股份有限公司占100%股权。公司本部设有总经理办公室、党群工作部、财务部、电脑管理部、审计等5个职能部门,下属有控股子公司6家,直属公司2家,海外公司3家,员工200名。

东方纺织(纺织公司)负责人和党群组织负责人包括公司执行董事、监事长、总经理、副总经理(常务)、党委书记、党委副书记、纪委书记、财务总监、财务副总监、工会主席、工会副主席、团委书记、团委副书记等。

表1-3-7 1995年4月—2017年12月东方纺织(纺织公司)负责人和党群组织负责人任职情况表

职 务	姓 名	任 职 年 月
执行董事	许耀光	1995年4月—1999年3月
		2000年7月—2002年5月
	万国光	1999年3月—2000年7月
	瞿元庆	2002年5月—2005年8月
	龚培德	2005年8月—2006年10月
	褚融敏	2006年10月—2009年11月
监事长	王惠瑛	2004年5月—2009年11月
总经理	万国光	1995年4月—2000年7月
总经理(兼)	许耀光	2000年7月—2002年5月
总经理	瞿元庆	2002年5月—2005年8月
	龚培德	2005年8月—2018年4月
常务副总经理	瞿元庆	2001年2月—2002年5月
副总经理	陈能方	1995年4月—1997年4月
	范燮华	1995年4月—2001年8月
	王 鸣	1995年4月—
	苏培基	1997年7月—2003年4月
	谷小平	1998年10月—2002年6月
	岑志根	2002年5月—2003年11月
	赵鹏涛	2005年1月—
	朱 毅	2002年6月—
党委书记	陈能方	1995年4月—1999年5月
	俞立本	1999年5月—2000年4月
	岑志根	2002年5月—2003年11月
	瞿元庆	2004年2月—2005年8月
	龚培德	2005年8月—
党委副书记	万国光	1995年5月—2000年7月

〔续表〕

职　　务	姓　　名	任　职　年　月
党委副书记	俞立本	1999 年 4 月—1999 年 5 月
	傅　英	2000 年 4 月—2002 年 6 月
党委副书记(兼)	许耀光	2000 年 7 月—2002 年 5 月
党委副书记	瞿元庆	2002 年 5 月—2004 年 2 月
	赵鹏涛	2002 年 6 月—2005 年 1 月
	陈一纲	2005 年 1 月—2014 年 1 月
	夏　冰	2017 年 3 月—
纪委书记	俞立本	1995 年 4 月—1999 年 5 月
	范燮华	1999 年 5 月—2001 年 8 月
	赵鹏涛	2002 年 6 月—2005 年 1 月
	陈一纲	2005 年 1 月—2014 年 1 月
	秦　峰	2014 年 12 月—2015 年 11 月
	夏　冰	2017 年 3 月—
纪委副书记	赵鹏涛	1999 年 5 月—2002 年 6 月
财务总监	许福康	2001 年 5 月—2006 年 6 月
财务副总监	王海钧	2017 年 1 月—
工会主席	王芷江	1995 年 6 月—1998 年 12 月
	赵鹏涛	1998 年 12 月—2002 年 6 月
	傅　英	2002 年 6 月—2006 年 12 月
	陈一纲	2006 年 7 月—2014 年 1 月
工会副主席	王芷江	1994 年 9 月—1995 年 6 月
	秦　峰	2006 年 7 月—2015 年 1 月
	朱　静	2015 年 12 月—
团委书记	马慧敏	1995 年 4 月—1995 年 8 月
	张　磊	1995 年 8 月—1996 年 3 月
	朱　静	2011 年 11 月—
团委副书记	瞿元庆	1995 年 4 月—1995 年 8 月
	夏　冰	1996 年 3 月—1999 年 12 月
	朱　毅	1998 年 5 月—2002 年 6 月

三、经营管理

【公司经营】

东方纺织经营范围为自营和代理各类商品及技术的进出口业务(国家规定的专营进出口商品

和国家禁止进出口等特殊商品除外),经营进料加工和"三来一补"业务,开展对销贸易和转口贸易,中外合资合作业务,自有房产租赁,房产咨询等。

涤棉布出口　涤棉布是东方纺织经营的大宗商品,素以品质优良、花样新颖、品种齐全而著称。经营种类分为坯布、漂布、色布、色织布和印花布等。公司经营涤棉布的著名商标有"银河""企鹅""青春舞"。公司着重发展深加工产品出口,减少初级产品的出口,在国际纺织品市场上打出一批名牌产品,如"鹿牌"漂、色、花巴里纱,麦尔纱和仿蜡花布;"绿牡丹"漂、色、花府绸;"熊猫"漂、色、花双面绒布;"金鱼"染色灯芯绒;"长江大桥"染色卡其;"孔雀"印花横贡缎等。

"银河"牌商标是东方纺织用于棉涤纶出口的专用商标。经纺织公司和东方纺织20多年的苦心经营及精心培育,"银河"牌棉涤纶商标逐渐成为举世公认的著名品牌。1992年、1999年、2004年、2007年、2010年、2013年、2016年,该商标7次被评为上海市著名商标。"银河"牌商标在世界五大洲40多个地区办理商标注册手续,商品远销世界各地,在国际市场上享有盛誉。1982—2017年,"银河"牌商品累计出口40多亿美元,其中1983年出口量最高达到1.26亿美元,成为上海乃至中国纺织品出口质量的一面旗帜。

至2017年,东方纺织拥有32件商标,包括:银河、SHTEX、青春舞、鹦鹉牌、金蝶牌、绿牡丹、童乐牌、鹿牌 DEER、熊猫 PADNA、采茶、长江大桥、长城 GREAT WALL、荷花灯舞、芙蓉、双鹤 DOUBLE CRANE、敦煌 TUN HUANG、红花、红双喜、红牡丹、金丝菊、泸定桥、孔雀、九鲤、金鱼、五朵金花、双蝶、上海之夜、企鹅 PENGUIN、银球 SILVER BALL、熊猫、向阳舞、燕鸥等。上述商标在世界各国均有注册,同时在中国海关备案,通过海关执法,打击假冒知识产权的侵权行为。

代理出口　20世纪80年代中期,市长朱镕基到纺织公司调研,提倡发展外贸代理业务,公司积极响应,开启专业外贸公司代理出口之先河。

1989年7月5日,纺织公司开办出口代理服务中心,其宗旨是:沟通产销信息,提供优良服务,

图 1-3-6　2006 年 6 月,东方纺织总经理龚培德(左二)与外商洽谈业务

加强工贸合作,提高外贸透明度。主要的工作任务:(1)张榜发布国外要货询盘。(2)欢迎工厂前来张榜发布推销产品,由公司负责向外发盘。(3)为各工厂提供宣传新品种创名牌的机会,开展对外广告。(4)向各工厂通报国外客户对我出口商品的品种、质量、花式、包装装潢、交期、运输和逾期履约等情况的反映。(5)及时交换工贸双方在履约中发生的各类问题。代理中心实行对外成交"五公开"(即公开客户、地区、价格、数量、交货期)。随着市场经济的深入和外贸体制的变化,代理服务中心完成历史使命,东方纺织在 2000 年后逐步推出"自营和代理业务并举,两条腿走路"的经营方针,在风险把控的前提下,扶持代理业务,逐步做成大代理业务,以扩大出口规模。

市场开拓 随着国家改革开放步伐进一步加快,公司着力开拓对欧美、中东和非洲市场的出口。在开拓美国市场过程中,一方面增加阔幅坯布和耗费劳力多的色织布等品种对美国的出口;另一方面,针对美方在进口品类上分类定义不同,公司在产品生产中调整涤棉布的棉、涤原料的比例,成为 CVC 的产品,以新品种进入美国市场,打开在美的销路。对中东和非洲市场的开拓,主要以品种、包装、服务适应地区要求等来打开销路。

1983 年年初,国务院批准上海扩大对外经济贸易自主权。为开拓市场扩大出口,纺织公司改变老的经营方式,在外销价格上,随行就市,灵活掌握。在币制使用上,改变只收美元的做法,也接受法郎、澳元等其他币种。在付款方式上,对滞销商品和库存现货,采取即期信用证改远期信用证,或者有些信用证只预收 15%～30% 的款项,其余改为 D/P 付款;或者先向客户收取一定比例的预付款后,安排出运,待全额收汇后再释放货权。

货源生产和收购渠道 公司出口产品的货源主要通过定向收购和自建联营厂生产。从 1985 年开始,公司探索工贸结合采购货源方式。(1)举办大型工贸洽谈会。(2)产销联营,建立松散的联营形式。(3)与市内外多个工厂签订定机、定产的供销协议。(4)建立工贸联营的实体工厂。1986 年,纺织公司与市纺织印染公司及所属 33 家工厂共同投资组建"三益纺织印染联合公司"。(5)创办合资企业,其中最具代表性的是于 1987 年在深圳特区筹建的中外合资"深圳海润有限公司",以及于 1988 年筹建的沪日合资蓝印花布社。2001 年,东方纺织在浙江省绍兴市袍江工业园区

图 1-3-7 2002 年 6 月 5 日,东方纺织在绍兴投资建立的海神印染厂开业

新建绍兴海神印染厂,2002年6月5日建成开业。在20世纪八九十年代,通过工贸结合稳定和扩大出口货源的采购渠道,联营厂曾经发挥过重要作用,到20世纪90年代后期,随着外省市经济的蓬勃发展,这一形式逐步退出历史舞台。

境外企业 纺织公司从1985年开始筹划创办海外机构。1986年在利比里亚组建上海贸易联合公司。之后,陆续成立盛泰贸易有限公司(美国)、东方国际法国股份有限公司(法国巴黎)、上海市纺织品驻日本代表处、迈进有限公司(澳大利亚)、上海市纺织品智利有限公司、上海市纺织品多哥代表处(多哥)、上海贸易联合有限公司(冈比亚)、泛希有限公司(中国香港)等10多家海外机构,纺织公司在历史上曾是海外铺点最多的外贸企业。但随着市场经济的发展以及国际环境的变化,公司在海外的企业逐渐减少,至2017年,还有法国、澳大利亚、智利3家海外公司。

东方纺织成立以来,曾先后与世界上120多个国家和地区的数千家客商建立过良好的贸易关系,出口产品远销世界各地,国内有5 000多家供货商的收购和销售网络,自1978年改革开放以来,每年出口额(除个别年份以外)基本保持在3亿美元上下。纺织公司出口额最高的是1984年达5.08亿美元,人均出口额达62.3万美元。2000年度,公司获上海市出口创汇二等奖。2017年公司主营业务收入25亿元。

表1-3-8 1994—2017年东方纺织主要财务指标情况表

年份	总资产(万元)	归属母公司净资产(万元)	税前利润(万元)	归属母公司净利润(万元)	进出口总额(万美元)	其中出口(万美元)	其中进口(万美元)	营业收入(万元)	资产负债率(%)	净资产收益率(%)	资产保值增值率(%)
1994	126 145	9 666	630	630	29 791	26 144	3 647	189 559	92.34	4.70	56.38
1995	129 458	9 686	20	20	35 278	30 801	4 477	200 108	92.52	0.21	100.21
1996	99 614	9 021	188	138	34 815	30 907	3 908	149 664	90.94	1.48	93.13
1997	99 935	12 166	1 371	1 415	36 207	31 204	5 003	161 020	87.83	13.36	134.86
1998	101 947	12 999	1 170	732	33 038	29 019	4 019	156 654	86.71	5.82	106.85
1999	101 626	14 246	1 370	1 258	22 213	20 352	1 861	148 355	85.40	9.23	109.59
2000	103 866	15 395	1 490	1 340	23 410	21 720	1 690	177 815	84.96	8.57	108.07
2001	88 189	15 873	2 419	1 432	24 029	23 065	964	177 147	80.77	9.16	103.10
2002	94 525	17 895	1 989	1 524	21 732	20 895	837	170 045	81.07	9.03	112.74
2003	118 271	23 540	4 326	2 001	28 078	26 704	1 374	214 273	80.10	9.66	131.55
2004	78 077	4 878	5 897	3 234	28 283	26 833	1 450	216 672	85.64	22.76	20.72
2005	69 195	8 079	2 587	1 082	27 189	25 706	1 483	203 322	79.39	16.70	165.62
2006	92 719	8 909	3 351	1 075	28 065	26 807	1 258	243 940	77.11	12.66	110.27
2007	90 388	9 842	2 978	935	27 636	26 019	1 617	243 905	74.91	9.97	108.47
2008	90 438	10 967	2 892	1 125	30 064	28 928	1 136	236 157	73.54	10.81	111.43
2009	124 944	37 222	3 663	1 346	27 777	26 728	1 049	219 167	56.63	5.59	339.40
2010	70 860	29 618	3 056	1 531	28 340	27 679	661	212 129	49.19	4.58	104.2

〔续表〕

年份	总资产（万元）	归属母公司净资产（万元）	税前利润（万元）	归属母公司净利润（万元）	进出口总额（万美元）	其中出口（万美元）	其中进口（万美元）	营业收入（万元）	资产负债率（%）	净资产收益率（%）	资产保值增值率（%）
2011	77 747	33 867	5 749	3 484	38 554	38 106	448	292 442	47.34	10.98	111.76
2012	71 113	34 945	3 060	1 442	29 285	28 834	451	213 360	41.04	4.19	104.26
2013	70 633	36 686	2 273	1 084	30 810	30 479	331	212 669	38.28	3.03	103.10
2014	80 549	39 151	2 946	1 148	34 911	34 600	311	247 439	40.96	3.03	103.13
2015	85 834	44 276	4 311	1 712	33 168	32 902	266	238 929	39.13	4.10	104.37
2016	82 227	42 278	4 084	1 716	31 153	30 894	259	231 140	38.84	3.96	103.87
2017	83 631	42 757	2 003	954	33 714	33 378	336	250 767	40	2.24	102.26

说明：1. 2003 年减少出口退税质押贷款 2.8 亿元。

2. 2010 年整体上市，减少合并企业 6 家，资产 3.28 亿元，公司持有的海通证券划转集团 2.67 亿元。

【公司管理】

　　质量管理体系　2001 年，为建立健全质量管理体系，公司通过思想发动、普及培训、文件编制、体系试运行、内部审核，于 2001 年 12 月底通过中国进出口质量认证中心上海评审中心的现场评审，推荐公司领导专程赴北京人民大会堂接受国家认监委直接颁发的 ISO9001：2000 质量管理体系认证证书。2002 年 1 月 15 日首次发证。至 2017 年，公司通过 2008 版和 2015 版的 2 次审核，客户至上的诚信意识和扎实工作的责任意识已深深扎根在每个职工心中。

　　信息化工程　20 世纪 80 年代，纺织公司成立电脑室，归口总经理办公室管理。2008 年为强化公司电脑网络管理引进专业人才，将电脑室行政关系单列，更名为电脑管理部，直接受经理室领导。公司分阶段逐步推进信息化工程，形成较为完善的、以 ERP 系统为主体的信息化运作平台。信息化运作平台突出局域网应用功能，强化信息服务的能力，以公司质量管理体系文件为基础，以规范化操作、加强内部管理、控制风险、强化数据统计与分析功能为目的，最大程度体现管理层对公司经营及管理的目标和要求。

　　至 2017 年，公司所有部门和子公司全部纳入 ERP 系统的控制范围，所有的业务环节、财务环节和管理环节做到接口的严密对接，保证数据的真实反映。系统设定授权批准权限，"谁主管、谁负责"，对可能发生风险的环节都有控制节点。

　　规章制度建设与风控管理　公司在不同的历史阶段，根据国内外市场的变化，制定《防范控制财务风险管理规定》《全面预算管理制度》《现金管理制度》等规章制度，通过严格地执行制度防范经营风险发生。公司每年不定期组织风险防范、外汇知识专题等讲座，定期编制《贸易风险提示手册》，相关人员必须参加考试。每年对应收账款、存货逐笔查清账龄、金额、产生原因、已计提减值准备，拟定清理措施，从而夯实公司的净资产。2004 年起，公司采取出口信用保险、加大客商预付款比例和提单控制等措施，最大限度地加强对收汇和货权转移的控制。公司还采用锁定成本等金融工具，以最大程度弱化汇兑损失。严格的风控管理机制不仅防范各类经营风险，公司还被认定为海关高级认证企业，为公司的持久发展打下扎实基础。

　　管理成果　1998 年，公司被上海海关评为首批信得过企业。2002 年，公司被市检验检疫局批准为检验检疫一类管理企业。2016年,公司被中共上海市委政法委员会授予"上海市平安示范单位"称号。2016年,公司被上海市企业诚信创建活动组委会授予"二星级诚信创建企业"称号。2017年,公司被上海市企业诚信创建活动组委会授予"三星级诚信创建企业"称号。

四、党建与精神文明建设

东方纺织设有党委1个,党支部10个,设有党的纪律检查委员会。至2017年年底,公司有正式党员95名,预备党员2名。

【党建工作与精神文明建设】

东方纺织始终将党建工作与经济工作紧密结合起来,把加强党的领导与完善公司治理结构统一起来,着力提升党建工作服务大局,促进公司发展的水平。公司坚持文明创建常态化、规范化,做好精神文明建设台账工作和网上维护工作,每月上传更新"文明创建网"的内容,将公司日常的精神文明建设工作、党建工作动态、文化建设内容等信息经过严格的把关审核和归纳整理后,上传到"风采展示"专栏,接受公众的监督与评价。

公司深入开展中国特色社会主义和中国梦宣传教育,利用宣传栏,微信群、《纺织动态》等多种途径加强引导。在和谐纺织的企业文化感召下,坚持把"诚信"作为核心理念,将诚信建设作为文明单位创建的重要内容和抓手,为企业的生存和长期发展创造有利条件。

公司被市政府授予第9届、10届、11届、12届、14届、15届、16届、17届、18届、19届"上海市文明单位"称号。

【捐赠与志愿服务】

东方纺织坚持开展慈善捐助和社会援助等社会公益活动。2008年通过上海市红十字会向四川地震赈灾捐款45 470元。2010年通过上海市红十字会向青海地震赈灾捐款24 305元。2012年和2015年分别通过上海市红十字会向崇明薄弱村捐助帮扶金10万元。

东方纺织坚持组织职工开展"学习雷锋、奉献爱心"等社会志愿活动,多次组织团员青年参与嘉兴街道属地化共建活动,前往顾村等多地进行团建活动。配合企业所在的嘉兴街道做好征兵工作,帮助街道工作人员摸清适龄青年的数量、文化程度、身体状况、现实表现和社会关系等情况,为国家输送优质兵员作贡献。响应街道进行文明城区创建,根据新版《上海市公共场所控制吸烟条例》,公司物业在整个办公室大楼各楼层通道门和电梯墙上均张贴禁止吸烟的标示,对公共吸烟场所,烟蒂处理等做更加严格规范的要求,确保不发生火灾,保证公司人身财产安全。

五、下属企业

【上海市华达进出口有限公司】

上海市华达进出口有限公司(简称华达公司)是东方国际集团下属国有控股三级公司。

华达公司成立于1992年7月17日,公司的前身为上海市纺织品进出口有限公司浦东分公司,是国内合资有限责任公司。2017年,公司注册地址为中国(上海)自由贸易试验区浦东大道1476号1014室,经营地址为上海市虹口区四平路200号,注册资金为1 000万元。公司的股权结构为东方纺织持股64.3%、上海昌吉纺织印染有限公司持股5%、海门市正章染整有限公司3%、华达公司职工持股27.7%。

华达公司经营范围为经营和代理棉纱等一类商品、棉涤纶漂布等二类商品出口,纺织品、服装进出口,中外合资合作,"三来一补",对销贸易,经贸咨询(除经纪),国内商品批发、零售(除专项规定外,涉及许可项目的凭许可证经营)。2017年公司出口额为4 760万美元。

【上海纺织品智利有限公司】

上海纺织品智利有限公司(英文名:SHTEX CHILES CIA LTDA. ,简称智利公司)是东方国际集团下属国有控股三级公司。

智利公司成立于1992年12月22日,公司注册(经营)地址为AV. PASEO PIE ANDINO 4709 - F,LO BARNECHEA SANTIAGO CHILE,注册资金为23万美元,东方纺织占有100%股权。公司经营纺织品贸易和咨询。

【迈进有限公司】

迈进有限公司(英文名:MINEKING PTY LTD. ,简称迈进公司)是东方国际集团下属国有控股三级公司。

迈进公司成立于1994年5月19日,公司注册(经营)地址为3/43 - 50 HELEN ST. LANE COVER N. S. W. 2066 SYDNEY(澳大利亚),注册资金为2澳元,东方纺织占有100%股权。公司经营纺织品贸易和咨询。

【东方国际法国股份有限公司】

东方国际法国股份有限公司(英文名:ORIENT INTERNATIONAL FRANCE S. A. ,简称法国公司)是东方国际集团下属国有控股三级公司。

法国公司成立于1997年2月20日,公司注册(经营)地址为3 RUE GRENETA 75003 PARIS。注册资金为10万美元,东方纺织占有100%股权。公司经营纺织品贸易和咨询。

【上海锦达进出口有限公司】

上海锦达进出口有限公司(简称锦达公司)是东方国际集团下属国有控股三级公司。

锦达公司成立于2003年1月1日,公司前身为上海锦达进出口公司。2003年1月1日,经东方国际集团批准,上海锦达进出口公司改制为上海锦达进出口有限公司。2017年,公司注册地址为中国(上海)自由贸易试验区张杨路1328号10楼03室,经营地址为上海市虹口区四平路200号,注册资金为1 000万元。公司的股权结构为:东方纺织持股51%、常州市武进湖塘华盛织布厂持股6%、上海市昌吉纺织印染有限公司持股7%、佛山市杰群纺织有限公司持股5%、锦达公司职工持股31%。

锦达公司以纺织面料及纺织制成品进出口为主营业务,主销市场为欧洲、美洲和中东。2017年,公司出口额为4 317万美元。

【上海宁达进出口有限公司】

上海宁达进出口有限公司(简称宁达公司)是东方国际集团下属国有控股三级公司。

宁达公司成立于2003年1月,是由原东方国际集团上海市纺织品进出口公司业务四部和业务六部合并组建而成。2017年,公司注册地址为中国(上海)自由贸易试验区浦东大道1476号1015室,经营地址为上海市虹口区四平路200号,注册资金为1000万元。公司的股权结构为:东方纺织持股51%,东方纺织工会持股1%,上海昌吉纺织品有限公司持股3%,昆山市永佳制衣纺织有限公司持股3%,宁达公司职工持股42%。

宁达公司主要经营的产品是精纺、粗纺呢绒面料,亚麻、苎麻面料和其他一些化纤面料。2014年开始,随着国外客户需求的变化,宁达公司逐步开发服装出口业务。2017年,公司出口额为3436万美元。

【上海顶达进出口有限公司】

上海顶达进出口有限公司(简称顶达公司)是东方国际集团下属国有控股三级公司。

顶达公司成立于2003年1月,由东方纺织成品业务一部、二部和三部组建而成。2017年,公司注册地址为中国(上海)自由贸易试验区浦东大道1476号11层11室,经营地址为上海市虹口区四平路200号,注册资金为1000万元。公司股权结构为:东方纺织持股51%,顶达公司职工持股49%。

顶达公司主要出口的品种是服装服饰、面料、小五金、箱包等,其中服装服饰和面料的出口金额约占70%。2017年,公司出口额为9285万美元。

【上海常达进出口有限公司】

上海常达进出口有限公司(简称常达公司)是东方国际集团下属国有控股三级公司。

常达公司成立于2004年5月26日,由东方纺织第五业务部组建而成,是东方纺织唯一一个由单个业务部组建成的有限公司。2017年,公司注册地址为中国(上海)自由贸易试验区浦东大道1476号11层10室,经营地址为上海市虹口区四平路200号,注册资金为1300万元。公司的股权结构为:东方纺织持股61%,常达公司职工持股39%。

常达公司主营业务是面料出口,主营品种为涤棉布,出口创汇在东方纺织名列前茅。2012年开始,常达公司开始起步服装制成品出口,主营地区为中东、中南美洲、东南亚和欧洲,基本上100%为自营出口业务。2017年,公司出口额为3860万美元。

【上海会达进出口有限公司】

上海会达进出口有限公司(简称会达公司)是东方国际集团下属国有控股三级公司。

会达公司于成立2004年5月26日,由东方纺织业务一部、三部、成品四部组建而成。2017年,公司注册地址为中国(上海)自由贸易试验区浦东大道1476号12层14室,经营地址为上海市虹口区四平路200号,注册资金为1000万元。会达公司的股权结构为:东方纺织持股61%,会达公司职工持股39%。

会达公司主要从事全棉纺织面料、服装的自营进出口,同时从事纺织面料、涤纶纱线、箱包、床上用品等各类商品的代理出口。会达公司商品主要出口到美加地区、欧洲、非洲、中东地区、东南亚及中国香港、澳门和台湾地区。2017年,公司出口额为3247万美元。

【上海蓝蓝中国蓝印花布社】

上海蓝蓝中国蓝印花布社(简称蓝印花布社)是东方国际集团下属国有控股三级公司。

蓝印花布社成立于 1989 年 7 月,是一家中外合资公司,公司注册地址和经营地址均为上海市徐汇区长乐路 637 弄 24 号。2017 年,公司注册资金为 50 万元,股权结构为:东方纺织持股 51%、日本久保麻纱中国蓝印花布店持股 49%。

中国蓝印花布已有 1 900 年的历史,是中国民间最为普及的全手工、天然植物染料印染的纺织品,虽然外表没有丝绸华贵,但其艺术成就并不逊色。同元代的青花瓷相比较,其深刻的文化品位和蓝白分明的艺术格调非常相似。它散发着民间传统文化艺术的淳风之纯美,使人回味无穷,浮想联翩。

中国蓝印花布馆自 1989 年 7 月成立以来,经过不懈的努力,从民间搜集一批珍贵的濒临失传的蓝印花布藏品,在馆内进行展示,展示面积为 398 平方米,展品数量达 1 300 种,展示的蓝印花布图案花纹达 3 000 多种,如百子图被面、鲤鱼跳龙门、凤穿牡丹、夹缬板全套、五福捧寿等,其中有些失传多年的图案与花纹是失而复得,尤为珍贵。

第五节　东方国际商业(集团)有限公司

东方国际商业(集团)有限公司(简称东方商业)是东方国际集团下属的国有控股二级公司。2017 年年底,东方商业下属有东方国际金桥贸易有限公司、上海金茂国际贸易有限公司两家三级企业。

一、沿革

1998 年,为深化外贸体制改革,实现规模经营和多元化经营,东方国际集团对所属的东方国际集团金桥国际贸易有限公司、东方国际集团永丰贸易公司、东方国际集团贸易发展有限公司等 3 家子公司联合重组,设立"东方国际商业有限公司"。重组后的东方国际商业有限公司于 1999 年 1 月 4 日挂牌成立。市外经贸委有关处室领导、市台办及集团领导亲临会场祝贺。市台办副主任郭戈和集团董事长王祖康为商业公司成立揭牌。

2000 年 11 月,"东方国际商业有限公司"更名为东方国际商业(集团)有限公司。2010 年 3 月,东方国际集团为实现主营业务整体上市的目标,经集团董事会三届五次临时会议审议通过,以资产认购的方式,将东方商业的股权注入上市的东方创业,东方国际集团为东方商业的间接股东,仍为实际控制人。

2016 年 12 月,根据东方国际集团决定,东方商业与东方新家纺进行重组,实行资源整合及合署办公,两家公司形成统一的管理平台,"两块牌子,一套班子"对外开展业务经营。

二、概况

东方商业注册地址为上海市静安区华山路 439 号,经营地址为上海市四平路 210 号家纺大厦。2017 年,东方商业注册资本 5 000 万元,东方创业持有 100% 的股权。公司设有 2 个业务部门和财务部、人力资源部、党工办、总经办、储运部等 5 个职能部门,有 31 名员工。

东方商业负责人和党群组织负责人包括公司董事长、执行董事、总经理、副总经理、党委(党总支)书记、党委(党总支)副书记、纪委书记、纪委副书记、财务总监、工会主席、团支部书记等。

表 1-3-9 1999 年 1 月—2017 年 12 月东方商业负责人和党群组织负责人任职情况表

职　务	姓　名	任　职　年　月
董事长	钱　熊	1999 年 1 月—2003 年 11 月
	袁子伟	2003 年 11 月—2004 年 5 月
	施建和	2004 年 5 月—2009 年 11 月
执行董事	曾国民	2009 年 11 月—2017 年 3 月
	金卫栋	2017 年 3 月—
总经理	熊海嵩	1999 年 1 月—2001 年 2 月
	钱　熊	2001 年 2 月—2003 年 11 月
	曾国民	2004 年 5 月—2016 年 12 月
	金卫栋	2016 年 12 月—
副总经理	袁子伟	2000 年 5 月—2004 年 5 月
	曾国民	2000 年 5 月—2004 年 5 月
	施鸿祥	2000 年 5 月—2001 年 6 月
	李　悦	2004 年 11 月
	王伟华	2013 年 8 月
	孙　威	2016 年 12 月—
党委书记	钱　熊	1999 年 1 月—2000 年 5 月
	袁子伟	2000 年 5 月—2004 年 5 月
	施建和	2004 年 5 月—2006 年 8 月
党委副书记	钱　熊	2000 年 5 月—2003 年 11 月
	杜茂新	2001 年 2 月—2004 年 12 月
	曾国民	2004 年 5 月—2006 年 8 月
党总支书记	施建和	2006 年 8 月—2009 年 11 月
	曾国民	2009 年 11 月—2016 年 12 月
	金卫栋	2016 年 12 月—
党总支副书记	杜茂新	2009 年 10 月—2013 年 8 月
	李　悦	2013 年 11 月—
	倪玉华	2016 年 12 月—
纪委书记	李　悦	2005 年 1 月—
纪委副书记	杜茂新	1999 年 10 月—2004 年 12 月
财务总监	许福康	2005 年 9 月—2006 年 6 月
	宾亚华	2006 年 9 月—2014 年 3 月
工会主席	杜茂新	2000 年 10 月—2005 年 1 月

〔续表〕

职 务	姓 名	任 职 年 月
工会主席	赵卫卫	2005 年 1 月—2012 年 12 月
	倪玉华	2013 年 1 月—2015 年 6 月
团支部书记	王英俊	2005 年 12 月—

三、经营管理

【公司经营】

东方商业经营范围：纺织品等商品进出口，接受委托承办上述进出口业务代理，中外合资合作，"三来一补"，对销贸易，对外贸易及商品信息咨询，国内商业批发、零售。

东方商业由三家公司联合重组而成立，公司成立之初，业务少，资金少，人员多，债务重。公司围绕集团对公司提出"统一决策、集中管理、灵活经营"的指导方针展开工作和经营，一边清理债务，一边发展业务。公司确定"四个调整"的经营方针，积极实施"调整产品结构、调整市场结构、调整客户结构、调整业务结构"，取得良好的经营实绩，资产状况得到较大的改善，企业形象得到明显提升。

东方商业主营进出口业务，其中以出口为主，出口国家和地区达 80 余个。商品品种以服装为主，占比 70%，其他商品类别为纺织品、轻工、食品、机电、工艺品等各大类，客户遍及全球 60 多个国家和地区。

公司成立以来，累计进出口额 24.55 亿美元，其中进口 4.84 亿美元，出口 19.71 亿美元。2001 年、2004 年、2005 年 3 次获上海市外贸出口 100 强企业（铜奖），2002 年获上海市外贸出口 100 强企业（金奖），2003 年获上海市外贸出口 100 强企业（银奖）。

表 1 - 3 - 10　1999—2017 年东方商业历年主要财务业务指标情况表

年份	总资产（万元）	归属母公司净资产（万元）	税前利润（万元）	归属母公司净利润（万元）	进出口总额（万美元）	其中出口（万美元）	其中进口（万美元）	营业收入（万元）	资产负债率（%）	净资产收益率（%）	资产保值增值率（%）
1999	7 340.94	4 542.01	−2 321.27	−2 321.27	6 336	4 265	2 071	647.41	38.13	−51.11	—
2000	13 984.54	7 323.38	106.61	106.61	11 500	5 961	5 539	5 393.40	47.63	1.80	161.24
2001	12 552.47	5 468.29	120.33	111.42	10 232	6 183	4 049	24 945.21	56.44	1.74	74.67
2002	14 572.34	4 724.64	188.12	142.97	15 612	11 012	4 600	40 143.17	67.58	2.81	86.40
2003	25 909.26	4 773.34	115.92	77.67	19 250	14 826	4 424	70 631.49	81.58	1.64	101.03
2004	16 000.58	5 302.59	617.11	529.25	12 801	8 792	4 009	66 101.75	66.86	10.51	111.09
2005	15 653.06	4 081.20	390.31	236.10	13 236	10 264	2 972	78 300.76	73.93	5.82	101.16
2006	16 558.36	4 209.05	226.29	141.02	12 928	11 385	1 543	86 881.09	74.58	3.40	103.10
2007	17 145.29	4 729.72	705.49	520.68	17 460	11 529	5 931	83 809.33	72.41	11.65	112.37

〔续表〕

年份	总资产(万元)	归属母公司净资产(万元)	税前利润(万元)	归属母公司净利润(万元)	进出口总额(万美元)	其中出口(万美元)	其中进口(万美元)	营业收入(万元)	资产负债率(%)	净资产收益率(%)	资产保值增值率(%)
2008	17 064.94	5 091.90	696.41	531.58	12 577	10 102	2 475	73 165.25	70.16	10.82	107.66
2009	15 736.63	5 352.93	782.32	498.33	10 208	8 799	1 409	60 394.31	65.98	9.48	104.00
2010	17 438.57	5 808.37	575.44	455.44	12 270	11 420	850	75 387.74	66.69	8.16	108.51
2011	16 855.56	6 309.31	662.33	500.94	14 021	12 731	1 290	84 114.75	62.57	8.27	108.27
2012	20 166.11	6 363.13	676.42	503.82	17 757	16 271	1 486	108 111.25	68.45	7.95	100.85
2013	19 986.10	6 763.77	540.58	400.64	15 151	13 452	1 699	85 258.32	66.16	6.10	106.30
2014	21 496.13	7 170.46	542.86	406.69	17 680	14 961	2 719	92 129.72	66.64	5.84	106.01
2015	17 177.31	7 608.22	585.77	437.76	9 816	9 249	567	68 982.43	55.71	5.92	106.11
2016	18 376.77	7 948.88	454.33	340.66	8 454	8 204	250	65 279.78	56.74	4.38	104.48
2017	14 520.31	7 969.05	25.27	20.17	8 236	7 702	534	49 429.23	45.12	0.25	100.25

【公司管理】

东方商业成立后,制定和完善《公司内部信息传递的操作规范》《人事档案管理规定》《出口业务操作规范》《公司财务管理办法》《公司企业文化建设管理制度》等规章制度,包括行政、劳动人事、财务和业务等方面的管理制度共42项。公司一直致力于不断提升管理质量,加强平台建设,优化内控管理,创新体制机制,逐步发展成为以提供贸易服务为核心的运营平台,以追求客户满意为核心的服务平台,以强化流程管控为核心的管理平台,以注重员工成长为核心的发展平台。

2004年,东方商业首次通过中国质量认证中心审核的ISO9001:1994质量管理体系。2005—2009年,通过中国质量认证中心上海评审中心进行的ISO9001:2008的5次外部监督审核。2010年公司重新修订ISO9001:2010版的《质量管理手册》《作业指导书》,不断规范业务操作,提高和完善产品与服务质量。为进一步提升管理能级,公司建立ERP管理系统,实现业务财务一体化管理,通过信息化系统对管理与业务环节加强管控,通过细化审批权限、明确责任权限、强化部门协同,加强对资金流、货物流、单据流的控制力度,建立多点立体管控。

公司以"完善平台功能、提供优质服务"为切入点,以公司优质的品牌和完善的服务功能吸引客户,不断完善企业的服务平台,做强企业的品牌,对外提升海关、商检、银行等相关部门的信誉及资质。2006年公司获商检一类资质,2007年获海关A类企业资质,2008年通过商检局纺织品质量的大检查,取得纺织商会AAA信用等级。

东方商业下属企业自2000年起陆续进行改制重组,通过建立现代企业制度,改变资本结构和完善经营机制,进行投资多元化组合等方式,盘活资产,为企业注入新活力。2012年,基于对新增的重大项目采用团队模式进行操作以及管理,公司业务考核在原有制度上进行创新和突破,通过考核机制的杠杆作用,鼓励团队合作以及业务创新。同时对管理部门逐步实施定性和定量相结合的考核体系。2014年,为突破发展瓶颈,积极鼓励创新,公司修订考核办法,增加业务创新专项奖励的专门条款,鼓励员工积极进行产品、业务模式等方面的创新,为公司创新发展注入动力。

图 1-3-8　2014 年 3 月 14 日,东方商业举行员工拓展活动

四、党建与精神文明建设

1999 年,东方商业设党委 1 个,党支部 3 个,成立纪律检查委员会。2006 年,东方商业党委调整为党总支。2017 年,东方商业设有党总支 1 个,党支部 3 个,党总支设有党的纪律检查委员会 1 个,至 2017 年年底,有正式党员 17 名。

【党建工作与精神文明建设】

东方商业始终秉承"团结、奉献、和谐、发展"的企业精神和"以人为本"的企业文化,通过精神文明创建,不断提高员工的思想道德、职业道德,塑造企业形象,提倡竞争意识、奉献意识、超前意识、宽容意识,积极营造企业与员工在市场竞争中"双赢"的良好局面,增强企业凝聚力和向心力;积极开展精神文明的各项创建活动和"创先争优"等党建主题活动,为推进企业改革和持续发展提供精神动力;积极倡导学习型企业建设,通过举办学习讲座、组织知识竞赛、工作技能培训等形式,密切联系公司发展实际,破解发展难题;通过一年一度的先进职工、文明部室的评比和开展劳动竞赛活动,营造"比、学、赶、超"积极向上的良好氛围。

2005 年,公司开展"读一本好书"的活动,丰富员工的业余文化生活,提升员工的精神世界。2005 年 8 月,进行保持共产党员先进性教育活动,坚持党员教育与群众教育相结合,坚持先进性教育与创建良好的企业文化相结合。2007 年,提出具有公司特色的企业文化精神,即"团结、奉献、和谐、发展",营造人人关心企业的和谐氛围,加强职工对企业的归属感和忠诚度。2008 年,公司开展主题为"企业十年发展之我见""从身边的任何事看企业发展"的征文活动,激励员工在新形势下为开创东方商业的新局面而努力。2010年,在党员中开展"我是党员我带头,我是党员我奉献"的活动,公司党员积极带头投身于世博会相关的活动中。2013年,公司举办"转型在东方,发展在东方,提升在东方"岗位技能竞赛,提高劳动技能,彰显学习型企业特色。

东方商业成立以来,积极打造优质的企业品牌,曾获市外经贸系统2001—2002年度文明单位。2003年获上海市文明单位称号,成为国家商务部中国外贸企业信用体系指定示范单位。

【捐赠与志愿服务】

东方商业成立以来,积极参加各类社会捐赠和志愿服务活动。2002年,公司两次发动员工积极参加扶贫帮困送温暖的社会公益活动,共有90人次参与捐款、捐衣被,共捐款1570元,捐衣被276件/套。2003年5月,中国发生非典型肺炎疫情时期,公司组织员工捐款共计3600元。是年8月,公司积极参加集团第二轮帮困助学活动,捐助给丝绸集团困难家庭800元助学金。2006年,公司组织职工为灾区捐衣被与捐款活动。2008年汶川遭遇大地震,公司向红十字会捐款20万元,员工募集捐款8630元,捐赠特殊党费10200元。2010年世博会结束后,公司积极响应市国资委组织发起的"飞架追梦之桥"大型公益招聘活动,面向世博志愿者公开招聘一名外销员助理、一名财务人员,为世博志愿者架起追梦之桥。2012年9月29日,公司党总支发出"聚小力筑大爱"的倡议,积极参与南京西路街道党工委举办的"书香南西——向社区图书馆捐书活动",共捐出书籍50多本。是年,公司向上海市郊区薄弱村捐赠帮扶金5万元。2015—2017年,公司每年为丝绸集团困难职工家庭子女捐助助学金,共计6000元。2017年,公司向东方国际集团爱心基金捐赠1.5万元。

五、下属企业

【上海金茂国际贸易有限公司】

上海金茂国际贸易有限公司(简称金茂公司)是东方国际集团下属国有控股三级公司。

金茂公司成立于1992年12月23日,是一家有限责任公司。公司注册地为上海市浦东新区桃林路18号B2009室,注册资金1000万元,股权结构为:东方商业持股51%,上海鑫吉实业有限公司持股49%,金茂公司从2006年开始处于歇业状态。

【东方国际集团金桥贸易有限公司】

东方国际集团金桥贸易有限公司(简称金桥公司)是东方国际集团下属国有参股三级公司。

金桥公司成立于1995年9月5日,公司注册地址为中国(上海)自由贸易试验区商城路800号14楼R52室,经营地址为中国(上海)自由贸易试验区商城路800号14楼R52室。2017年,金桥公司注册资本1800万元,东方商业占5%股权。金桥公司有员工2名。

金桥公司经营范围:自有房屋租赁,食用农产品的销售,从事货物及技术的进出口业务。其中主营业务为纺织品贸易,产品销往欧美等国家和地区。2017年,金桥公司营业收入3466万元。

第六节　东方国际物流（集团）有限公司

东方国际物流(集团)有限公司(简称物流集团)是东方国际集团下属国有控股二级公司。2017

年年底,物流集团下属有上海经贸国际货运实业有限公司、上海佳达国际货运有限公司、上海新贸海国际集装箱储运有限公司、东方国际物流上海空运有限公司、上海东方天野国际货运代理有限公司、东方金发国际物流有限公司、东方国际物流(集团)有限公司海运分公司、东方国际物流(集团)有限公司杭州分公司等8家三级公司,上海经贸物流有限公司、上海新贸海国际集装箱储运有限公司货物运输代理分公司、上海经贸致东国际贸易有限公司、上海经贸仁东供应链管理有限公司和上海新贸海国际集装箱储运有限公司浦东分公司等5家四级公司。

一、沿革

物流集团的前身是东方国际货运有限公司。货运公司成立于1995年8月,由集团全资的东方丝绸、东方服装、东方纺织、东方针织、东方家纺等5家子公司的储运部门及佳达、宏达、联集、飞达等家货代公司参股联合组建的大型国际货运公司。公司首期注册资金5 000万元。

为支持东方国际集团进行综合商社试点和做大做强物流板块,市外经贸委在1996年12月和1997年9月1日,分别将其拥有的上海新海航业有限公司和上海经贸货运实业有限公司的产权划归东方国际集团。1998年4月23日,经外经贸部批准,由货运公司、经贸公司、新海公司3家企业为主体,共同组建成立东方国际物流有限公司。

2005年1月28日,通过对东方国际物流有限公司进行资产重组,将集团内部与物流业务相关的资产进行集中整合,组建成立东方国际物流(集团)有限公司。注册资金增加到1亿元。

2010年3月,东方国际集团为实现主营业务整体上市的目标,经集团董事会三届五次临时会议审议通过,以资产认购的方式,将物流集团的股权注入上市的东方创业,东方国际集团为物流集团的间接股东,仍为实际控制人。

图1-3-9 2005年1月28日,物流集团成立时集团领导与物流集团领导班子成员合影

二、概况

物流集团注册地址为上海市浦东国际机场海天一路 300 号，经营地址为上海市虹口区东大名路 359 号 15 楼。

2017 年，物流集团注册资本 1.8 亿元，东方创业拥有 100％的股权。物流集团本部设有总经理办公室、信息部、财务部等 8 个职能部门，员工 10 人，管理人员占 100％，下属企业员工 651 人。

物流集团负责人和党群组织负责人包括公司董事长、副董事长、执行董事、监事长、监事会主席、总经理、副总经理（常务）、党委书记、党委副书记、纪委书记、财务总监、工会主席、工会副主席、团委书记等。

表 1-3-11　1996 年 4 月—2017 年 12 月物流集团负责人和党群组织负责人任职情况表

职　　务	姓　　名	任　职　年　月
董事长（兼）	张士翔	1998 年 5 月—2001 年 6 月
	钟伟民	2001 年 6 月—2002 年 5 月
董事长	俞立本	2002 年 5 月—2004 年 5 月
董事长（兼）	强志雄	2004 年 5 月—2009 年 5 月
	瞿元庆	2009 年 5 月—2016 年 5 月
副董事长	杨　根	2009 年 5 月—2010 年 5 月
执行董事（兼）	陈卓夫	2016 年 5 月—2017 年 1 月
监事长（兼）	褚融敏	2005 年 1 月—2007 年 10 月
监事会主席（兼）	许福康	2011 年 9 月—2014 年 8 月
总经理	朱明星	1998 年 5 月—2000 年 7 月
	张士翔	2000 年 7 月—2001 年 6 月
	钟伟民	2001 年 6 月—2002 年 5 月
	范燮华	2002 年 5 月—2005 年 1 月
	杨　根	2005 年 1 月—2009 年 6 月
	边　杰	2010 年 5 月—2016 年 5 月
	陈云亮	2016 年 5 月—
常务副总经理	杨　根	2002 年 5 月—2005 年 1 月
	边　杰	2009 年 6 月—2010 年 4 月
副总经理	陆文虎	1998 年 4 月—2001 年 2 月
	丁建中	1999 年 7 月—2001 年 2 月
	李春明	2005 年 1 月—2005 年 9 月
	方求平	2005 年 1 月—2009 年 6 月
	朱建民	2005 年 1 月—2011 年 9 月

〔续表〕

职　　务	姓　　名	任　职　年　月
副总经理	丁建中	2005 年 1 月—2011 年 9 月
	郁培德	2005 年 1 月—2009 年 6 月
	彭玉飞	2005 年 1 月—2009 年 3 月
	周　斌	2005 年 9 月—2009 年 6 月
	盛一鸣	2011 年 10 月—2014 年 5 月
	徐正华	2011 年 10 月—2015 年 10 月
	孙　琦	2014 年 5 月—2015 年 9 月
	胡宏春	2015 年 7 月—2016 年 5 月
	陈云亮	2009 年 6 月—2016 年 5 月
	王　庆	2015 年 7 月—
	卓立克	2016 年 5 月—2016 年 11 月
	石　楠	2016 年 12 月—
	仲　微	2016 年 5 月—
党委书记	何小平	1996 年 8 月—2002 年 5 月
	俞立本	2002 年 5 月—2004 年 5 月
	强志雄	2004 年 5 月—2005 年 1 月
	李春明	2005 年 1 月—2005 年 9 月
	陈云亮	2016 年 5 月—
党委副书记	周　斌	2005 年 9 月—2009 年 6 月
	边　杰	2009 年 6 月—2016 年 5 月
	薛雨农	1996 年 8 月—2002 年 5 月
党委副书记（兼）	张士翔	2000 年 7 月—2001 年 6 月
党委副书记	范燮华	2002 年 5 月—2006 年 1 月
	杨　根	2005 年 1 月—2009 年 6 月
	杜茂新	2005 年 1 月—2009 年 6 月
	周　斌	2009 年 6 月—2011 年 9 月
	胡宏春	2011 年 9 月—2015 年 7 月
	倪玉华	2015 年 7 月—2016 年 5 月
	卓立克	2016 年 5 月—2016 年 11 月
	石　楠	2016 年 12 月—
纪委书记	薛雨农	1998 年 8 月—2002 年 5 月
	杜茂新	2005 年 1 月—2009 年 10 月

〔续表〕

职　务	姓　名	任职年月
纪委书记	周　斌	2009年10月—2011年9月
	胡宏春	2011年9月—2015年7月
	倪玉华	2015年7月—2016年5月
	卓立克	2016年5月—2016年11月
	石　楠	2016年12月—
财务总监	倪愈刚	2006年1月—2013年4月
	胡宏春	2015年7月—
工会主席	薛雨农	2000年6月—2002年5月
	李志刚	2002年6月—2005年3月
	杜茂新	2005年3月—2009年10月
	王海冰	2017年12月—
工会副主席	陆清华	2005年3月—2015年1月
团委书记	赵　阳	1996年4月—1999年7月
	徐　民	2002年7月—2007年8月
	徐莉萍	2008年4月—2016年5月
	程　莉	2017年7月—
团委副书记	陈　杰	2000年6月—2002年7月

三、经营管理

【公司经营】

物流集团主营业务包括：承办海运、空运、陆运进出口货物、国际展品、私人物品及过境货物的国际运输代理业务,包括揽货、订舱、仓储、分拨、中转、集装箱拼装拆箱、结算运杂费、报检、保险、相关的短途运输及咨询;从事进出中华人民共和国港口货物运输的无船承运业务,在上海海关关区各口岸或监管业务集中地从事报关业务,实业投资;从事信息技术领域内的技术服务、技术咨询。

物流集团坚持以海运、空运及仓储传统业务为载体、以仓库资源＋(仓库＋WHS、仓库＋互联网、仓库＋无车承运人等)、"物流天下"＋互联网为平台,积极进行物流基地构建,为客户提供安全、高效、绿色的现代供应链服务。

海运进出口代理业务　物流集团在海运进出口订舱业务、海运进口分拨业务等细分市场保持领先,建立具有公共特色的多功能"物流天下"海运订舱服务平台体系,借助信息系统加强管理、规范运作、提升服务水平。创新业务运作模式,重点发展NVOCC业务和进口业务,利用规模优势,通过与船运公司建立良好的业务合作关系以及与航运板块的业务互动,开辟特色航线,开展包舱业务。不断完善海运电子订舱平台,保持其业务量在上海的领先地位。增强协同作战的能力,以海运货代业务推进国内外网络的建设,带动仓储、车队、报关等后道业务的发展。

空运进出口代理业务　2012年物流集团空运业务整合后发展较快，2017年空运业务规模超过25万吨，货物品类包括汽配、电子产品、食品、纺织品化工品、鲜活品等。服务内容向仓储业务两端延伸，包括进出口空运货代、自贸区报关报检一站式供应链服务、食品快销品直通快检服务等。同时建立"仓库＋基地""物流＋贸易"等综合贸易新业态，不断延伸现代供应链。

供应链综合服务业务　物流集团从传统的定仓、单证操作等传统仓储作业向方案设计、订单处理、航线咨询、渠道选择、报关报检、简单加工、库存管理、分拨配送、驻厂服务、贸易代理、综合运输等上下游供应链综合服务延伸。服务范围也从上海口岸延伸至江浙、长三角地区及上海经济腹地，甚至全国和国外，不仅是外贸的，也可以是内贸的。成功培育经贸国际联合利华综合物流项目，为客户提供供应物流服务，以及提供仓储基地和全方位供应链服务。

物流集团是一家5A级综合物流企业，2014年被中国物流与采购联合评为"中国物流杰出企业"，2015年获中国报关AEO高级认证企业，2017年被上海市企业诚信创建活动组委会评为"五星级诚信创建企业"。2016年度获中国国际货运代理100强第23名，海运50强榜的第12名，空运50强的第32名，入选仓储20强榜。

图1-3-10　2012年7月24日，物流集团与中远集运签订战略合作协议

表1-3-12　2005—2017年物流集团主要财务指标情况表

年份	总资产（万元）	归属母公司净资产（万元）	税前利润（万元）	归属母公司净利润（万元）	营业收入（万元）	资产负债率（％）	净资产收益率（％）	资产保值增值率（％）
2005	96 044.42	26 548.73	5 868.05	2 768.08	293 740.79	60.53	13.47	119.02
2006	106 369.16	30 559.26	7 169.62	3 731.59	391 752.19	59.90	13.07	114.06

〔续表〕

年份	总资产 (万元)	归属母公司 净资产 (万元)	税前利润 (万元)	归属母公司 净利润 (万元)	营业收入 (万元)	资产 负债率 (%)	净资产 收益率 (%)	资产保值 增值率 (%)
2007	111 476.24	34 733.88	6 455.53	3 781.91	395 113.61	58.49	11.61	112.44
2008	101 854.10	35 541.01	3 740.88	1 389.53	377 458.82	54.69	3.95	104
2009	145 898.94	44 360.31	2 494.78	664.28	255 128.88	57.71	1.66	101.87
2010	137 480.21	45 229.75	4 496.15	1 105.26	381 684.69	54.46	2.47	102.49
2011	124 767.80	47 332.40	8 159.74	2 160.64	325 982.80	49.61	4.67	104.78
2012	107 498.22	47 973.67	2 462.61	814.50	288 273.74	41.23	1.71	101.72
2013	121 185.90	49 821.73	3 797.49	1 975.30	293 847.56	45.98	4.04	104.11
2014	135 576.54	51 306.33	5 025.85	2 664.00	300 643.21	50.36	5.27	105.35
2015	132 553.80	52 500.13	5 729.69	3 095.25	300 380.83	48.05	5.96	106.03
2016	148 873.42	64 768.58	623.80	−731.54	281 396.62	45.59	−1.25	98.61
2017	151 411.92	67 052.49	6 294.20	3 283.91	327 573.81	44.94	5	105.07

【公司管理】

物流集团经过10多年发展,在业内及上海具有一定品牌及市场知名度,拥有"东方国际物流"著名品牌。2006年通过ISO9001:2000质量体系认证,2015年,通过中国质量认证中心ISO9001:2008质量体系认证审核。2017年通过审核机构的监督审核。集团所属经贸公司已建立ISO14001环境管理体系及ISO18001职业安全卫生管理体系,提高了企业服务竞争力和抗风险能力。

物流集团秉承"一心、一体、一流"企业精神,贯彻"五个精"的管理理念,即组织结构精兵简政、服务质量精益求精、成本资金精打细算、运营管理精耕细作、干部员工精心培育,制定和完善业务、行政、财务、人事、工会、党群等方面的40余项管理制度,打造中国一流的综合物流服务集成商。2016年5月,东方国际集团调整物流集团业务运作模式,航运业务由新海船代独立运作,其他物流业务由物流集团继续运作,专注于物流服务。

四、党建与精神文明建设

2005年,物流集团完成企业改制的配套党组织建制,所属党委2个,党支部15个,党组织设有党的纪律检查委员会1个,至2017年年底,有正式党员126名。

2005年,物流集团党委将"一心、一体、一流"确定为物流集团的企业精神,创刊《物流天下》企业内刊,加强精神文明建设,协调物质文明发展,依法治企,积极贯彻落实中共十九大精神,构建文明单位的工作氛围、实现企业转型发展的战略布局。物流集团党委结合工作实际,以作风建设为抓手,以创先争优活动为目标,围绕"转型与发展"主题,组织开展高峰论坛、青年论坛等系列主题实践活动。公司通过《物流天下》刊物、微信平台等载体,传播企业文化理念,宣扬企业精神和企业价值观,传递正能量,营造敬业奉献、勤政廉政的良好氛围,以文化建设进一步提升队伍的执行力、创新力、保障力,促进物流集团发展。

在精神文明创建活动中,物流集团始终保持高标准、严要求,做到以人为本、保障职工权益;诚信生产经营,提升管理水平;参与社会治理,承担社会责任;维护绿色环保形象,共建团结和谐企业。公司坚持企业与社会和谐发展,在努力实现经济利益的同时,不断增强员工的社会公民意识,注重实现社会价值最大化,承担起企业的责任。

2015 年,在"转型在东方,发展在东方"主题活动中,开展 34 项具体活动,以突出物流集团 10 年阶段性成果为重点,通过党群共建模式,用"一篇共成长征文""一台青年梦想秀""一段发展祝福视频""一份物流梦心愿""一本企业文化电子书""一篇企业文化经验分享""一届企业发展辩论赛""一场新三年行动规划宣讲会"的"八个一"为活动载体,回顾物流集团成立 10 年来的风雨发展历程,将企业的发展和员工的利益紧密联系起来,激发员工爱企业、为企业的热情,开拓企业转型发展的思路。

物流集团积极开展社会捐赠。2008 年 5 月 14 日,物流集团员工踊跃募捐赈灾四川汶川地震灾区,有 2 032 人参加赈灾,募集捐款 23.64 万元。2008 年 6 月 25 日,物流集团党员募集抗震救灾"特殊党费",收到 20 个党支部 136 名党员交纳的"特殊党费"108 255 元。

五、下属企业

【上海经贸国际货运实业有限公司】

上海经贸国际货运实业有限公司(简称经贸公司)是东方国际集团下属的国有控股三级公司。

经贸公司成立于 1992 年 6 月,注册资本为 5 000 万元,最初是由上海市外经贸委直属主管的国有独资公司。1997 年资产划归东方国际(集团)有限公司所有。1998 年 4 月,经贸公司、新海公司、货运公司联合组建东方国际物流有限公司。1999 年由东方国际集团旗下的上市公司东方创业控股。2004 年,由重组后的物流集团控股 51.25%,东方创业参股 48.75%。2017 年 12 月,公司总资产 3.4 亿元,净资产 1.7 亿元,营业收入 8.8 亿元。海运进出口业务规模 7 万 TEU 以上,空运进出口业务规模 20 万吨以上。

经贸公司着眼于企业长期发展战略,致力于打造精细的经营管控体系,构建公司四大管控体系的目标,即质量安全管控体系、营销客服管控体系、信息系统管控体系和财务结算管控体系。2008 年,公司获上海市诚信企业称号。2013 年 11 月,公司列入上海市国资系统创新型骨干企业培养名单。2017 年,被评为 2015—2017 年上海市文明单位。

【上海佳达国际货运有限公司】

上海佳达国际货运有限公司(简称佳达公司)是东方国际集团下属国有控股三级公司。

佳达公司成立于 1992 年 12 月,是国家外经贸部批准的一级货运代理企业,经营海陆空国际货运和无船承运人业务,其提单在美国 FMC 注册备案。公司电脑管理信息系统(BMIS)曾获得对外贸易经济合作部的科技进步二等奖。公司拥有九江路 45 号 4 楼的永久使用权。公司员工于 2008 年根据东方国际物流(集团)有限公司整合要求,全部转入东方国际物流(集团)有限公司海运分公司,经营业务也于整合后停止运作。2017 年,公司九江路 45 号 4 楼租赁收入 98.89 万元,净利润 33.78 万元。

【上海新贸海国际集装箱储运有限公司】

上海新贸海国际集装箱储运有限公司(简称新贸海公司)是东方国际集团下属国有控股三级公司。

新贸海公司成立于 1994 年 12 月 20 日,是一家国内合资公司。主营业务包括承办海运进出口货物的国际运输代理业务,海上国际集装箱运输、仓储、装拆、修理业务,公共保税业务,进出口中华人民共和国港口货物运输的无船承运业务,展览展示服务。同时是一家拥有上海海关批准的上海海关第三监管区以及原上海出入境检验检疫局批准的综合查验场站,是上海市商务委员会认定的上海市国际物流(货代)行业重点企业。公司注册地址上海市宝山区长江西路 818 号,2017 年公司注册资本 800 万元。公司成立之初是由上海新海航业有限公司、上海经贸国际货运实业有限公司、上海新三实业有限公司三方股东公司投资组建。2007 年,根据上级东方国际物流(集团)有限公司总体发展规划要求,公司进行股权变更,股东由三家公司变更为两家公司,物流集团持股 66.7%,上海新三实业有限公司持股 33.3%。2017 年,公司营业收入 1.5 亿元,净利润 407 万元。

【东方国际物流上海空运有限公司】

东方国际物流上海空运有限公司(简称空运公司)是东方国际集团下属国有控股三级公司。

空运公司成立于 2000 年 8 月,主营业务为承办空运进出口货物、国际展品及私人物品的国际运输代理业务,包括揽货、订舱、仓储、中转、集装箱拼装拆箱、结算运杂费、报验、保险、相关的短途运输服务、道路普通货运及咨询业务。在上海海关的关区内从事报关。公司注册地址上海市浦东机场海天一路 300 号。2017 年,公司注册资本 1 260 万元,物流集团占 100%股权。2017 年,公司营业收入 497.17 万元,净利润 19.54 万元。

【上海东方天野国际货运代理有限公司】

上海东方天野国际货运代理有限公司(简称天野公司)是东方国际集团下属国有参股三级公司。

天野公司成立于 2003 年 12 月 30 日,是一家中日合资公司,经营范围为承办海运、空运进出口货物的国际运输代理业务,包括揽货、托运、订舱、仓储、中转、集装箱拼装拆箱、结算运杂费、相关咨询业务,国际海运辅助业务(无船承运业务)。公司注册地址虹口区曲阳路 930 号 4 幢 2 层 255 室。2017 年,公司注册资本 112 万美元,其中物流集团占 40%股权,日方(株式会社天野回漕店)占 60%股权。2017 年,公司营业收入 4 925.7 万元,净利润 282.2 万元。

【东方金发国际物流有限公司】

东方金发国际物流有限公司(简称东方金发)是东方国际集团下属国有控股三级公司。

东方金发成立于 2006 年 8 月,是一家中国香港与境内合资公司,主营承办海运、陆运、空运进出口货物,国际展品、私人物品及过境货物的国际运输代理业务,包括揽货、订舱、仓储、加工、分拨、中转、集装箱拼装拆箱、结算运杂费、报关、报验、报检、保险与相关的运输咨询业务,以及道路普通货物运输、道路货物专用运输(集装箱)、货运站(集装箱)、仓储、装卸搬运等。公司注册地址为中国(上海)自由贸易试验区双惠路 195 号 3 幢 101 室,2006 年,公司注册资本 8 000 万元,其中物流集团占 30%股权,东方创业占 20%股权,东方国际集团占 5%股权,金发投资(中国)有限公司占 45%。2017 年,公司营业收入 5 014.29 万元,净利润 390.77 万元。

【东方国际物流(集团)有限公司海运分公司】

东方国际物流(集团)有限公司海运分公司(简称海运分公司)是东方国际集团下属的国有控股

三级公司。

海运分公司成立于 2007 年 12 月,是根据东方国际物流(集团)有限公司发展规划要求,由上海佳达国际货运有限公司和上海新文捷国际货运有限公司整合而成。公司主要经营海运进出口货运代理业务和无船承运人业务。公司拥有完善的海运出口公共订舱网络,订舱平台覆盖上海所有的船公司,基本实现 EDI 电子数据交换。公司经营地址为上海市虹口区东大名路 359 号 4 楼,有员工 168 名。2017 年,公司营业收入 14.7 亿元,净利润 182.9 万元。

【东方国际物流(集团)有限公司杭州分公司】

东方国际物流(集团)有限公司杭州分公司(简称东方物流杭州分公司)是东方国际集团下属国有控股三级公司。

东方物流杭州分公司成立于 2014 年 1 月,主营业务为海空陆运进出口货物运输代理业务及报关报验。公司注册地址为杭州市西湖区学院路 122 号 7 幢 3 楼 302 室,公司有员工 11 名。2017年,营业收入 1 785.77 万元,净利润 21.51 万元。

【上海经贸物流有限公司】

上海经贸物流有限公司(简称经贸物流公司)是东方国际集团下属国有控股四级公司。

经贸物流公司成立于 2000 年 9 月,主营业务为区内仓储业务,货物及技术的进出口,转口贸易,区内企业间的贸易及贸易代理,区内商务咨询,日用品、化妆品、一类医疗器械、母婴用品、服装、灯具、电子产品的销售,食品流通。公司注册地址为中国(上海)自由贸易试验区英伦路 389 号 51楼东。2017 年,公司注册资本 45 万元,上海经贸国际货运实业有限公司占 100%股权。2017 年,公司营业收入 9 447.85 万元,净利润 38.52 万元。

【上海新贸海国际集装箱储运有限公司货物运输代理分公司】

上海新贸海国际集装箱储运有限公司货物运输代理分公司(简称新贸海货代分公司)是东方国际集团下属国有控股四级公司。

新贸海货代分公司成立于 2007 年 3 月 21 日,主营业务为海上国际货物运输代理业务。公司注册地址为上海市四平路 200 号 803 室。2017 年,公司营业收入 3 196 万元,净利润 60 万元。

【上海经贸致东国际贸易有限公司】

上海经贸致东国际贸易有限公司(简称致东公司)是东方国际集团下属国有控股四级公司。

致东公司成立于 2013 年 7 月,主营业务从事货物及技术的进出口业务,货物仓储(除危险化学品),货物运输代理,货物包装,商务咨询,会展服务,企业登记代理,自有设备租赁。公司注册地址为上海市虹口区新建路 203 号底层 0022 室。2017 年,公司注册资本 500 万元,经贸公司占 100%股权。2017 年,公司营业收入 4 957.68 万元,净利润 239.05 万元。

【上海经贸仁东供应链管理有限公司】

上海经贸仁东供应链管理有限公司(简称仁东公司)是东方国际集团下属国有控股四级公司。

仁东公司成立于 2016 年 3 月,主营业务为供应链管理,电子商务(不得从事增值电信、金融业务),货物及技术的进出口,转口贸易,区内企业间的贸易及贸易代理,航空、陆路国际代理报关业务,代理报检业务,会务服务,商务咨询,日化产品、化妆品、香水的销售,食品流通。公司注册地址为中国(上海)自由贸易试验区正定路 515 号 A6 库区三层 1 号仓库。2017 年,公司注册资本 300万元,经贸公司占 100％股权。2017 年,公司营业收入 242.29 万元,净利润 14.87 万元。

【上海新贸海国际集装箱储运有限公司浦东分公司】

上海新贸海国际集装箱储运有限公司浦东分公司(简称新贸海浦东分公司)是东方国际集团下属国有控股四级公司。

新贸海浦东分公司成立于 2016 年 3 月 28 日,主营业务为国际货物运输代理、仓储(除危险化学品)。公司注册地址为上海市浦东新区民风路 239 号 2 幢 1 号仓库。2017 年,公司营业收入56.5 万元。

第七节　东方国际物流集团上海新海航业有限公司

东方国际物流集团上海新海航业有限公司(简称东方新海)是东方国际集团下属国有控股二级公司。2017 年年底,东方新海下属有上海新海国际船舶代理有限公司、东方国际物流集团上海船舶代理有限公司、东方国际物流集团宁波兴海物流有限公司三家三级企业及上海晨朴供应链管理有限公司一家四级企业。

一、沿革

东方新海的前身是上海市食品进出口公司船队,1982 年 7 月并入上海市外贸总公司船队,成为由中国对外贸易运输公司上海分公司代管的独立经济实体。1983 年 12 月 31 日,经市政府批准并经国家交通部核准成立公司,名称为上海新海航业有限公司(简称新海公司)。1996 年 12 月,新海

图 1-3-11　2018 年 6 月 25 日,东方新海举行入驻新办公大楼剪彩仪式

公司通过国有资产划拨方式归属东方国际集团,成为东方国际集团的全资直属公司。1998年4月,新海公司划入东方国际物流有限公司,成为东方国际集团的三级公司。2005年1月,东方国际物流(集团)有限公司成立后,新海公司成为物流集团下属公司,注册资本715万元。2007年1月23日,公司名称由"上海新海航业有限公司"变更为"东方国际物流集团上海新海航业有限公司",注册资本变更为679.25万元。2009年12月,东方新海注册资本变更为5000万元。2016年5月,根据东方国际集团"一体两翼三支撑"战略布局,为推进航运板块转型提升,集团实施物流板块资产重组,东方新海重新成为东方国际集团的直属子公司,负责航运板块的管理与运营。2017年1月,东方新海注册资本变更为1.9亿元。

二、概况

东方新海是一家一人有限责任公司,公司注册和经营地址均为上海市北苏州路1040号11楼。2017年,公司注册资本1.9亿元。公司设有船舶管理中心、船舶运营中心、财务部、综合管理部等4个部门,有35名员工。

东方新海(新海公司)负责人和党群组织负责人包括公司历任的执行董事/董事长、总经理、副总经理、党委(党总支)书记、工会主席、团支部书记等。

表1-3-13 1992年5月—2017年12月东方新海(新海公司)负责人和
党群组织负责人任职情况表

职 务	姓 名	任 职 年 月
执行董事/董事长	陆文虎	1997年5月—2000年5月
	段会宝	2000年5月—2002年4月
	丁建中	2002年4月—2012年7月
	边 杰	2012年7月—2016年5月
	瞿元庆	2016年5月—
监事长	张士翔	1997年5月—2002年5月
	杜茂新	2005年6月—2012年8月
	胡宏春	2012年8月—
总经理	陆文虎	1992年5月—1998年4月
	段会宝	1998年4月—2001年2月
	丁建中	2001年2月—2012年7月
	徐正华	2012年8月—2016年5月
	边 杰	2016年5月—
副总经理	孙承熹	1992年5月—1995年6月
	段会宝	1992年5月—1998年4月
	沈 卫	1998年4月—2004年4月

〔续表〕

职　务	姓　名	任　职　年　月
副总经理	龚卫平	2002 年 3 月—2012 年 6 月
	杨乾方	2004 年 6 月—2008 年 6 月
	边　杰	2005 年 4 月—2009 年 6 月
	朱国平	2012 年 7 月—
	周国东	2014 年 6 月—
	陈毅钊	2016 年 5 月—
	施文丞	2016 年 5 月—
党委书记	王明勇	1992 年 5 月—1998 年 7 月
党总支书记	杨乾方	1998 年 7 月—2008 年 6 月
	郁　超	2008 年 6 月—2012 年 2 月
	郑培华	2012 年 3 月—2015 年 7 月
	朱国平	2015 年 7 月—2016 年 5 月
	边　杰	2016 年 5 月—
工会主席	顾根生	1994 年 6 月—2004 年 6 月
	杨乾方	2004 年 6 月—2008 年 6 月
	郑培华	2008 年 6 月—2012 年 5 月
	施文丞	2012 年 5 月—2015 年 11 月
	顾英红	2015 年 11 月—
团支部书记	许卫东	1994 年 3 月—1996 年 3 月
	戴逸非	1997 年 8 月—2000 年 5 月
	徐　民	2000 年 5 月—2001 年 8 月
	施文丞	2001 年 8 月—2008 年 2 月
	王仲年	2008 年 2 月—2015 年 12 月
	虞　佳	2015 年 12 月—2018 年 9 月

三、经营管理

【公司经营】

东方新海经营范围为国际、国内沿海运输及长江中下游普通货物运输、揽货及相关业务，国际船舶管理业务，国际货物运输代理，从事货物及技术的进出口业务。

公司的主营业务为国际和国内海上货物运输、经营管理船舶等。

1984 年 1 月，新海公司开辟波斯湾货运航线，投入 3 艘 1.5 万吨级杂货船，每月 1 个航班，中途停靠新加坡、卡拉奇等港口。是年开辟上海—香港集装箱支线班轮航线运输。

1990 年年底前,新海公司投入营运的船只有:冷藏船 2 艘、集装箱船 3 艘、杂货船 6 艘,往返于中国香港、日本、韩国、中国台湾、东南亚、苏联远东地区、卡拉奇和波斯湾等国家和地区的港口,可承运世界 100 多个港口的直达或中转货物。

1991 年 4 月,新海公司在中国香港支线运输的基础上增设新加坡集装箱支线班轮运输。

1995 年 8 月,开辟往日本的集装箱运输航线。

2001 年 6 月,新海公司与东方国际物流有限公司联合组团赴中国香港接管华海公司管理的新海利和新海虹两家单船公司及船舶。

2009 年,东方新海综合国际航运市场现状及趋势,在集装箱船舶经营亏损的情况下,提出逐步处置集装箱船舶转向经营散货船的设想。

2011 年,东方新海根据转型的设想,请上海海事大学交通运输学院教授、专家成立课题组,撰写《航运市场前瞻性分析和启示》的课题报告,论证国际航运市场将于 2014 年起开始复苏。2012 年 5 月,东方新海向物流集团提交《航运业务发展初步设想方案建议书》,实施转型发展。

2017 年 6 月和 11 月,东方新海分别购入 5.7 万载重吨超灵便型散货船"新海明玺"轮和超灵便型散货船"新海明晶"轮,船队结构持续优化,船队规模效益进一步发挥。

2017 年度,东方新海的集装箱轮"新海汇"定班定线航行于中国上海、香港、厦门港,以及越南海防港,完成 24 个航次的运输任务,运输 15 万吨多货物,货物周转量达到 102 万吨海里。

截至 2017 年 12 月,公司管理和控制的运输船舶共计 6 艘,总运力 29 万余吨。其中散货运输船 5 艘,总运力近 28 万吨;集装箱船 1 艘,载重量 816 标准箱,计运力 1.5 万吨。

2017 年度,散货船队 5 艘灵便型船舶,完成 31 航次的运输任务,载运货物覆盖煤炭及制品、非金属矿石、金属矿石、化工原料、粮食、钢铁、机械设备、矿物性建筑材料、石油天然气制品等货种。全年货运量超过 145 万吨,货物周转量达到 76 万吨海里。航行抵达水域包括欧洲、美洲、亚洲、非

图 1-3-12　2017 年 6 月 19 日,东方新海购置 5.7 万载重吨超灵便型散货船"新海明玺"轮

洲。经营的主要航线包括,巴西、南非铁矿石运输,东南亚煤炭、镍矿、铝矾土运输,北美、南美粮食运输,以及第三国运输业务等,运输航线覆盖全球30多个国家和地区的70多个港口。

表1-3-14 1994—2017年东方新海(新海公司)财务指标情况表

年份	总资产(万元)	归属母公司净资产(万元)	税前利润(万元)	归属母公司净利润(万元)	营业收入(万元)	资产负债率(%)	净资产收益率(%)	资产保值增值率(%)
1994	21 310.84	3 666.30	299.03	207.23	—	82.80	5.65	105.99
1995	20 914.26	−368.91	−4 107.75	−4 152.75	—	101.76	−1 125..68	−10.06
1996	18 005.67	1 506.43	1 901.53	1 875.34	—	91.63	124.49	408.35
1997	16 369.00	2 760.00	1 233.00	1 224.00	476.00	83.14	44.35	179.68
1998	14 745.50	3 266.10	519.80	519.80	953.30	77.85	15.92	118.93
1999	13 394.52	3 913.08	667.00	667.00	2 820.46	70.79	17.04	119.81
2000	14 345.28	3 278.43	125.89	102.47	4 295.80	77.15	3.13	83.78
2001	7 669.82	3 275.53	284.80	169.44	1 548.32	57.29	5.17	99.91
2002	10 142.99	6 298.36	371.44	306.48	1 009.02	37.90	4.87	192.29
2003	11 486.06	6 001.63	537.41	156.57	1 880.05	47.75	2.61	95.29
2004	14 607.84	6 982.93	1 781.29	1 250.05	6 603.00	52.20	17.90	106.35
2005	14 351.66	7 344.25	2 483.55	1 652.94	8 422.55	48.83	22.51	105.17
2006	14 256.85	9 986.97	4 016.15	2 744.86	2 536.76	29.95	27.48	135.98
2007	16 482.97	11 210.08	3 407.63	2 511.06	8 085.63	31.99	22.40	111.42
2008	18 265.65	13 184.77	3 232.14	2 549.73	9 088.30	27.82	19.34	120.84
2009	22 519.02	14 714.74	953.72	1 216.13	6 708.18	34.66	8.26	111.60
2010	30 192.56	13 435.05	796.27	670.83	6 702.89	55.50	5.00	91.30
2011	26 488.39	13 671.07	573.22	634.66	6 371.79	48.39	4.64	101.76
2012	24 181.75	12 782.31	−1 209.84	−715.52	3 800.10	47.14	−5.60	93.50
2013	34 691.29	12 094.34	−853.31	−560.73	4 580.81	65.14	−4.64	94.62
2014	47 830.81	11 374.68	−1 364.46	−944.71	7 095.04	76.22	−8.31	94.05
2015	45 826.68	9 811.23	−2 070.77	−1 161.99	6 742.68	78.59	−11.84	86.25
2016	83 132.86	9 993.08	−2 634.53	−1 985.48	65 426.47	87.98	−19.87	81.13
2017	76 121.64	26 642.76	2 141.37	1 534.70	76 467.48	65.00	5.77	106.11

【公司管理】

东方新海依据"国际安全管理规则(ISM规则)"建立安全管理体系,完善组织管理机制,将自主经营和承揽第三方船舶管理业务相结合,运用船舶管理和经营系统操作平台管理国际散货、集装箱营运的运输船舶,做到"四个坚持":(1)坚持安全标准和技术标准。根据国家交通运输部有关船舶运输管理规定和国际有关规则,依照 ISO9002 质量管理,规范公司经营、管理、资质、操作等。(2)坚持安全第一和保护环境。根据《国际船舶安全营运和防止污染管理规则》,制定和完善船舶运输安全系列制度,强化船舶管理工作的跟踪和监控,提升核心价值链。(3)坚持营运责任和营运义务。依照公司安全管理体系,明确规定和制度,明确经营责任人所有责任和义务。各主管要在职责范围内做好风控,保证船舶航行安全,防止海洋环境污染,防止事故,制定应急措施。(4)坚持经营拓展和资质创新。公司船队方面多次经历"船旗国""港口国""船级社""RIGHTSHIP""保险公司"等各方对新海公司岸基管理和船舶管理的审核检查,均获"合规""适航标准"。经中华人民共和国交通运输部海事局审核认证,公司船舶管理系统符合"国际安全管理规则(ISM 规则)",颁发安全管理"符合证明",适用于中国籍散货船的管理。

四、党建与精神文明建设

东方新海设党总支 1 个,党支部 4 个。至 2017 年年底,有正式党员 42 名,预备党员 1 名。

东方新海立足航运转型和企业长远发展,按照"调结构,增效益,促改革"的工作方针,解放思想、攻坚克难、深化转型,积极发挥党组织在企业"把关定向""凝聚共识""鼓劲加油""和谐稳定"四个方面的作用,全面落实从严治党主体责任,充分发挥党建引领作用,努力把党的建设优势转化为企业的发展优势,推行"党建工作为核心、业务工作为中心、工会工作为支撑、团青工作为助手"的党建理念,强调党政工团"四责协同",引领党员群众"拧成一股绳、劲往一处使",为打造"航运综合服务集成商"提供强有力的保证。

东方新海积极履行国有企业应尽的社会责任。2005—2008 年,公司党总支连续 3 年被评为物流集团"先进党组织"。2006 年,评为"2005—2006 年度上海市文明单位"。2007 年,公司职工积极参加支援云南、江西灾区"献爱心、送温暖"活动,募集 5 200 元善款。是年,获虹口区政府颁发的"纳税贡献奖"。2008 年 5 月 15 日,公司职工积极参加为四川汶川大地震募捐活动,捐款 47 600 元。公司 5 艘集装箱船舶 115 名船员向上海市红十字会捐款 12 009 元人民币和 1 580 美元。

五、下属企业

【上海新海国际船舶代理有限公司】

上海新海国际船舶代理有限公司(简称新海船代)是东方国际集团下属国有控股三级公司。

新海船代成立于 1993 年 3 月,是一家内资的有限责任公司。主营业务为集装箱班轮代理、散杂货船舶代理、无船承运,以及第三方综合物流项目。公司在上海、宁波、武汉、重庆等港口设有网点。公司注册地址为上海浦东大道 2536 号 606 室。2017 年,公司注册资本 300 万元,其中东方新海占 83.33％股权,物流集团占 16.67％股权。公司设有总经理办公室、行政部、市场部等 6 个部门,有 48 名员工。

公司成立 20 多年来,始终秉承"专业、及时、高效、周到"的服务标准,一切以顾客满意为中心,提供一系列专业优质的船舶代理服务。新海船代始终贯彻国际质量标准 ISO9001：2008 管理体系与安全生产标准化管理,随着业务的不断发展壮大,代理服务网络不断拓展,业务遍及全球,与多家船东、货主建立密切的合作关系,树立良好的公司品牌。

新海船代始终坚持不断开拓创新,大力推进多元化经营,切实加强信息化建设,提升集装箱、散杂货和货运业务的服务流程,完善人才体系建设,推出"保姆式"的服务理念,员工与企业同呼吸共命运,逐步从单一船舶代理向综合物流服务提供商转型,公司的综合实力和专业优势迅速提升。2017年,公司营业收入6.42亿元,净利润1 395万元。

【东方国际物流集团上海船舶代理有限公司】

东方国际物流集团上海船舶代理有限公司(简称上海船代)是东方国际集团下属国有控股三级公司。

上海船代成立于2012年6月,是一家法人独资的一人有限责任公司。主营业务为国际船舶代理业务。公司注册地址为上海市北苏州路1040号8层813室。2017年,公司注册资本300万元,物流集团占100%股权。公司设有船务部,有9名员工。2017年,公司营业收入1 187万元,净利润8.5万元,

【东方国际物流集团宁波兴海物流有限公司】

东方国际物流集团宁波兴海物流有限公司(简称宁波兴海公司)是东方国际集团下属国有控股三级公司。

宁波兴海公司成立于2012年7月,是一家法人独资的有限责任公司。公司主营业务为国际货运代理及国内货物运输代理。公司注册地址为宁波江北区槐树路36号1003室。2017年,公司注册资本500万元,物流集团占100%股权。公司设有市场部等3个部门,有5名员工。2017年,公司营业收入1 955万元,净利润25万元。

【上海晨朴供应链管理有限公司】

上海晨朴供应链管理有限公司(简称晨朴供应链公司)是东方国际集团下属国有控股四级公司。

晨朴供应链公司成立于2017年3月,是一家在自贸区注册的有限责任公司。公司注册地址为中国(上海)自由贸易试验区日京路191号五层B3室。2017年,公司注册资本500万元,新海船代公司占100%股权。

晨朴供应链公司主营业务为国际空运代理、国际货运代理、散货船运输业务及长江多式联运,承办进出口货物的海运、陆运、空运、海铁联运、多式联运等国际货物运输综合代理业务,可提供租船、订舱、配载、制单、报关、报检、海运保险、拖车、中转运输、海上直达、集装箱仓储和拆拼箱等一站式物流供应链服务。作为马汉航空的指定代理,空运业务代理涵盖中东航线的订舱、仓储、验收、中转、航空拼装拆箱、报关、报验、短途运输、咨询、贸易、航空货运保险、专业清关、门到门运输、供应商库存管理与全球集运分拨等一站式专业化服务。作为HDASCO航运公司的指定代理,海运业务主要经营范围包括中东航线的海运进出口整箱、拼箱业务的订舱、仓储、报关、报检、内陆运输、贸易、货运保险、工厂物流配送、供应商库存管理与全球集运分拨等一站式专业化服务。

第八节　东方国际集团上海市对外贸易有限公司

东方国际集团上海市对外贸易有限公司(简称东方外贸)是东方国际集团下属国有全资二级公司。2017年年底,公司下属有上海市对外贸易浦东有限公司、东方国际集团上海荣恒国际贸易有限公司、上海商都贸易有限公司、上海国际合作进出口有限公司等4家三级企业,济宁荣恒服装有

限公司 1 家四级企业,济宁荣恒服装有限公司上海分公司 1 家五级企业,孟加拉东方魅力内衣有限公司 1 家海外四级企业。

一、沿革

东方外贸的前身为"上海市对外贸易总公司",是政企合一的国营企业。1979 年 12 月 28 日,在上海市对外贸易局的基础上建立。总公司实行"一个机构,两块牌子",职责是领导上海各对外贸易公司经营有关进出口业务,实现国家和上海市下达的进出口计划。

1985 年 1 月 1 日,总公司奉命实行政企分开,改为综合性外贸企业,独立经营,自负盈亏,与归属管理的各专业分公司和工贸公司脱钩,由领导关系转为伙伴关系,原有的行政管理工作全部归转市外经贸委。

1988 年 1 月,为适应外贸体制改革的需要,上海市对外贸易总公司分拆成立上海市对外贸易公司(简称外贸公司),是当时全国最大的地方外贸企业之一。

1996 年 5 月,外贸公司划入东方国际集团,公司名称更改为"东方国际集团上海市对外贸易有限公司"。

图 1 - 3 - 13　2008 年 1 月 28 日,东方外贸召开公司成立 20 周年庆典大会

二、概况

东方外贸注册和经营地址为上海市长宁区娄山关路 85 号东方国际大厦 B 座,1996 年 5 月,公

司划入集团时的注册资本为 2 084 万元。2008 年,公司采用资本公积金和盈余公积金转增资本的形式,将注册资本增加到 8 000 万元。2009 年、2010 年、2014 年,集团分三次对公司增资,公司注册资本分别增加至 9 840.337 万元、17 840.337 万元和 54 840.337 万元,东方国际集团拥有100％股权。公司设有业务一部、业务二部、业务三部、业务五部、业务六部、业务七部、业务十部、业务十二部、业务十五部、文化事业部、消费品事业部等 11 个业务部门和总经理办公室、党委办公室、人力资源部、财务部、监察审计部、物流部、物业部、投资管理部等 8 个职能部门,本部有156 名在职员工。

　　东方外贸负责人包括公司董事长、执行董事、监事长、总经理、副总经理(常务)、党委书记、党委副书记、纪委书记、纪委副书记、财务总监、工会主席、工会副主席、团委书记、团委副书记等。

表 1－3－15　1992 年 9 月—2017 年 12 月东方外贸负责人和党群组织负责人任职情况表

职　　务	姓　　名	任 职 年 月
执行董事	王美君	1996 年 12 月—1997 年 7 月
	刘建伟	1997 年 8 月—2006 年 4 月
	周　峻	2006 年 4 月—2017 年 12 月
	朱继东	2017 年 12 月—
监事长	李克坚	2011 年 9 月—2014 年 3 月
总经理	王美君	1993 年 12 月—1997 年 7 月
	刘建伟	1997 年 8 月—2006 年 4 月
	周　峻	2006 年 4 月—2013 年 12 月
	朱继东	2013 年 12 月—
常务副总经理	朱继东	2008 年 8 月—2013 年 12 月
副总经理	张惠良	1992 年 10 月—2002 年 2 月
	安昌伟	1992 年 10 月—1995 年 4 月
	高贵明	1993 年 3 月—2011 年 9 月
	龚燧炎	1993 年 3 月—1995 年 4 月
	孙立群	1995 年 4 月—1996 年 10 月
	方为群	1996 年 10 月—2002 年 5 月
	周　峻	1997 年 8 月—1998 年 12 月
	陈　浩	2002 年 5 月—
	朱继东	2003 年 1 月—2008 年 8 月
	刘建伟	2006 年 4 月—2009 年 11 月
	庞继全	2006 年 4 月—2011 年 4 月
	郭福荣(兼)	2011 年 9 月—2013 年 12 月
	路　萱	2014 年 7 月—
	郑　亦	2017 年 4 月—

〔续表〕

职 务	姓 名	任 职 年 月
党委书记	龚燧炎	1992 年 10 月—1995 年 4 月
	孙立群	1995 年 4 月—1996 年 8 月
	方为群	1996 年 8 月—2002 年 5 月
	陈 浩	2002 年 5 月—2006 年 4 月
	周 峻	2006 年 4 月—2013 年 11 月
	陈 浩	2013 年 11 月—
党委副书记	梁正康	1992 年 10 月—2013 年 5 月
	王美君	1993 年 12 月—1997 年 7 月
	刘建伟	1997 年 8 月—2006 年 12 月
	陈 浩	2006 年 4 月—2013 年 11 月
	郑洪捷	2013 年 5 月—2017 年 3 月
	朱继东	2013 年 11 月—
纪委书记	梁正康	1992 年 10 月—2013 年 5 月
	郑洪捷	2013 年 5 月—2017 年 3 月
纪委副书记	郑钦伟	1992 年 10 月—2006 年 12 月
财务总监	曹 铭	2005 年 9 月—2011 年 9 月
	季胜君	2011 年 9 月—2013 年 12 月
	路 萱	2014 年 2 月—2014 年 7 月
工会主席	蒋银生	2006 年 5 月—2008 年 10 月
	郑洪捷	2012 年 8 月—2017 年 3 月
工会副主席	蒋银生	1992 年 10 月—2006 年 5 月
	颜 宁	2006 年 5 月—2009 年 1 月
	郑洪捷	2006 年 5 月—2012 年 8 月
团委书记	顾 群	1992 年 9 月—1998 年 2 月
	刘春雁	1998 年 2 月—2003 年 10 月
	郑洪捷	2003 年 10 月—2011 年 12 月
	徐 峰	2011 年 12 月—2014 年 2 月
	季欣婷	2017 年 8 月—
团委副书记	施雅真	1992 年 9 月—1998 年 2 月
	曾健州	2003 年 10 月—2011 年 12 月

〔续表〕

职 务	姓 名	任 职 年 月
	王骏一	2003 年 10 月—2010 年 12 月
团委副书记	李 婧	2011 年 12 月—2014 年 12 月
	徐 昳	2017 年 8 月—

三、经营管理

【公司经营】

公司主营业务包括进口、出口、转口、内贸。公司主要经营的商品有大宗原材料、医疗仪器、机电产品、五金工具、电站设备、化工塑料、纺织服装和食品消费品等。东方外贸积极探索转型创新,从传统的进出口贸易代理商向内外贸结合转变。2017 年,公司进口总额 4.97 亿美元,出口总额 3.81 亿美元,国内贸易总额 9.41 亿元(人民币),转口贸易总额 0.12 亿元(人民币)。

大宗商品业务 大宗商品进口作为公司传统优势业务,在企业发展过程中发挥着举足轻重的作用。公司以风险控制为前提,多样化经营大宗商品进口和内贸业务,是上海主要从事大宗原材料(铁矿石、钢材、化工原料、电解铜等)进口的国有外贸企业之一。

市政项目业务 公司多年来积极服务于上海市重点项目建设,为市政项目工程提供所需设备和原材料的进口及相关配套服务,包括东方明珠、南浦大桥、上海国际会议中心、上海光大会展中心、外滩观光隧道、上海环球金融中心大厦、上海银行大厦、上海世博会、上海迪士尼、上海城市轨道交通项目、黄浦江两岸地区总体规划项目等。

拓展业务 东方外贸结合自主设计和国内外生产基地拓展等,实现向供应链两端延伸。铅笔文具出口一直是公司重要的自营出口项目。美国商务部曾对公司出口美国的铅笔做出高额税率的初裁,公司积极应诉,最终获反倾销案胜诉。公司文具出口已形成多样化系列化,占中国对美铅笔出口市场的三分之一。东方外贸子公司——浦东公司,自营出口的紧固件,在英国市场占有较大份额。公司围绕紧固件项目不断完善生产加工、包装检测、仓储物流等供应链体系,持续提升经营规模和效益。国际品牌的国内经销商也是东方外贸的一个重要拓展方向,公司已成为 SKF、ABB、巴塞尔等多家国外知名品牌的国内经销商。

创新业务 2013—2017 年,东方外贸通过创新基金扶持鼓励发展新型业务,成功培育总代理进口"康多蜜儿"奶粉、独家发行 BBC 影片《海洋》《海洋-蓝色星球 2》(大中华地区巨幕及球幕版)等一批创新业务。2011 年,公司作为进口代理商,承接世博会捷克馆异地重建——河北中捷斯友谊农场项目,项目总金额近 180 万美元。

海外生产基地 东方外贸积极践行"走出去"战略。2012 年,公司下属东方荣恒与德国 MEGANOVA-Modevertriebs-GmbH 公司、孟加拉国 LZ Textiles Ltd. 公司三方合资,在孟加拉国投资兴建内衣生产基地,由东方荣恒主导经营。基地于 2013 年 3 月开业,2017 年,生产外销内衣 1 000 万件。

1988 年 1 月—2017 年 12 月,公司累计进出口额 325 亿美元,其中进口 226 亿美元,出口 99 亿美元。1996 年,在上海市 50 家进出口企业中排名第 6 位,获市出口贡献特等奖。在中国进出口额最大的 500 家企业排名中,位居第 30 位。1999 年,公司名列上海市进出口排行榜第 7 位。2001 年,获出口银奖。2002 年,名列进出口排行榜第 4 位,获出口金奖。2003 年,名列进出口排行榜第 6 位,其中,出口排名第 17 位,获出口金奖。2004 年,名列进出口排行榜第 9 位,获出口金奖。2005 年,名列进出口排行榜第 7 位,其中,出口排名第 13 位,进口排名第 7 位,获出口金奖。2012 年,公司名列上海市出口 100 强企业第 83 位,市国有企业进出口排行榜第 28 位和市一般贸易出口排行榜第 19 位。

图 1‑3‑14　2000 年 8 月 15 日,由东方外贸代理的上海市城市轨道
交通系统规划方案、规划设计合同举行签字仪式

表 1‑3‑16　1994—2017 年东方外贸主要财务指标情况表

年份	总资产 (万元)	归属 母公司 净资产 (万元)	税前 利润 (万元)	归属 母公司 净利润 (万元)	进出口 总额 (万美元)	其中 出口 (万美元)	其中 进口 (万美元)	营业 收入 (万元)	资产负 债率 (%)	净资产 收益率 (%)	资产 保值 增值率 (%)
1994	123 787.98	10 869.71	966.83	741.32	112 088.00	11 602.00	100 486.00	95 624.00	90.49	6.26	117.98
1995	109 608.37	11 360.61	768.04	417.08	72 271.00	13 576.00	58 695.00	75 151.14	89.63	3.75	104.52
1996	101 187.02	8 614.84	457.54	869.66	55 662.00	12 268.00	43 394.00	73 151.14	90.16	8.71	75.83
1997	88 137.48	7 664.95	884.12	858.31	55 596.27	10 202.27	45 394.00	69 201.95	91.30	10.54	88.97
1998	136 686.59	10 636.77	1 067.00	983.19	54 354.00	10 202.00	44 152.00	96 667.48	91.40	10.74	138.77
1999	129 892.02	11 666.79	1 180.75	1 035.16	48 583.00	10 392.00	38 191.00	205 434.50	89.92	9.28	109.68
2000	130 054.60	12 638.58	1 967.52	1 173.24	72 911.00	13 161.00	59 750.00	319 990.23	89.01	9.65	108.33

〔续表〕

年份	总资产 (万元)	归属 母公司 净资产 (万元)	税前 利润 (万元)	归属 母公司 净利润 (万元)	进出口 总额 (万美元)	其中 出口 (万美元)	其中 进口 (万美元)	营业 收入 (万元)	资产负 债率 (%)	净资产 收益率 (%)	资产 保值 增值率 (%)
2001	149 742.36	14 287.42	3 338.92	2 207.45	100 925.00	16 241.00	84 684.00	441 680.49	88.84	16.39	113.05
2002	215 574.85	15 940.47	4 466.57	3 076.24	126 872.00	24 744.00	102 128.00	624 349.43	91.56	20.35	111.57
2003	266 060.76	20 256.97	7 236.17	5 106.11	155 922.00	33 056.00	122 866.00	785 018.34	91.24	28.21	127.08
2004	254 338.92	18 798.61	7 256.24	5 229.14	182 982.00	48 169.00	134 813.00	828 117.65	91.43	24.74	107.64
2005	312 837.62	23 826.93	7 639.71	5 219.23	209 800.00	61 600.00	148 200.00	853 419.74	91.77	24.49	126.75
2006	361 524.18	26 574.83	7 133.15	5 527.05	206 861.00	77 129.00	129 732.00	1 113 669.55	91.61	21.93	122.59
2007	476 974.69	33 620.08	12 370.53	7 067.15	227 171.00	103 356.00	123 815.00	1 305 300.29	91.39	23.48	125.36
2008	486 248.17	36 370.54	24 023.98	5 078.54	292 700.00	111 900.00	180 800.00	1 372 875.44	91.03	14.5	114.06
2009	444 115.52	43 508.60	5 418.04	3 528.92	142 471.00	45 229.00	97 242.00	744 418.59	88.53	8.35	108.54
2010	288 039.97	48 525.87	3 469.57	3 502.87	127 793.00	48 978.00	78 815.00	565 492.58	81.77	7.57	107.95
2011	250 052.17	49 136.10	2 963.84	3 137.85	104 532.00	47 305.00	57 227.00	544 400.42	79.51	6.43	96.53
2012	254 942.66	51 087.21	4 855.31	3 319.58	91 934.00	45 947.00	45 987.00	451 891.09	79.12	6.62	107.48
2013	279 267.72	43 156.45	4 308.85	3 434.66	87 197.00	44 363.00	42 834.00	467 164.07	83.76	7.29	88.05
2014	332 414.33	60 033.07	4 801.14	3 592.13	90 875.00	43 680.00	47 195.00	512 364.21	82.03	6.97	144.61
2015	297 727.70	53 906.01	5 292.44	4 050.51	79 519.00	41 836.00	37 683.00	641 155.52	81.82	7.11	95.45
2016	288 463.35	64 198.13	74 528.17	64 104.75	75 616.64	38 156.20	37 460.44	657 276.88	77.70	108.56	222.18
2017	240 056.16	64 107.22	5 812.33	4 469.98	87 787.16	38 139.25	49 647.91	684 704.60	73.35	6.97	108.96

【公司管理】

东方外贸积极引入国际先进管理理念,落实现代管理制度,提升公司科学管理水平,持续健全和完善决策、监督、投资、合同、财务、安全等各项管理制度。

2000年,东方外贸启动ISO9000贯标工作计划,通过一系列调研、培训,2000年年底发布ISO9002质量体系文件,进入试运行。2001年,公司通过英国认证机构AJA的评审,获ISO09002认证合格证书。2004年,公司通过英国标准协会(BSI)认证审定,获ISO9001：2000质量管理体系证书。此后,公司继续定期接受BSI审核,先后将认证证书更新至"ISO9001：2008"和"ISO9001：2015"。

2002年5月,东方外贸正式开通易贸易(e-Mao-e)系统,通过ERP系统规范流程,整合资源,业务操作更趋规范、简捷和高效。2012年4月,公司在易贸易系统中增设进口业务费用支付及开票申请模块。截至2017年年底,公司使用的信息系统主要有易贸易业务系统、锦安财务系统。

2009年11月,为规范大宗商品业务行为,规避业务风险,集中资源支持大宗商品进口业务的开展,保障业务顺利进行,东方外贸制定《大宗商品进口流程管理暂行办法》,成立大宗商品管理小组,加强对大宗商品进口流程管理。

2014年3月，东方外贸成立战略规划研究小组和投资决策与政策研究小组，2014年12月，发布《公司(2015—2017年)三年行动规划》，确定公司整体发展战略，提出发展导向，明确工作重点，引导公司上下围绕目标协力推进工作。

2014年3月，为鼓励创新业务发展，东方外贸设立创新发展基金，颁布实施《业务创新发展基金管理办法》。业务创新发展基金为公司内部有商业计划、有发展潜力的创新项目提供前期的资金扶持。截至2017年年底，成功孵化英国奶粉进口总代理、BBC影片独家发行等优秀创新转型项目，为铅笔出口项目、有色金属业务拓展项目等提供支持。

2014年12月，东方外贸下发《关于加强风险预警管理工作的实施办法》，进一步加强和规范公司的风险预警管理工作，推进公司本部及各子公司建立健全风险预警工作机制。

四、党建与精神文明建设

东方外贸设有党委1个，党总支1个，党支部12个，其中离休支部1个，退休支部1个。公司设有党的纪律检查委员会，下辖各党总支、党支部均设有纪检委员。至2017年年底，东方外贸共有正式党员121名，预备党员2名。

【党建工作与精神文明建设】

在集团党委的领导下，东方外贸党委坚持深入学习贯彻中共中央精神，紧密结合企业的中心工作，切实推进企业党建工作的改进和创新，充分发挥党建引领作用，着眼"把方向、管大局、保落实"，不断加强党的执政能力建设和先进性建设，为公司发展提供强有力的政治保证、思想保证和组织保证。公司党委重视领导班子建设，着力加强公司领导班子的思想建设、党风廉政建设和能力建设，以坚强有力的领导班子带动全体干部员工，做到思想到位、职责到位、措施到位、工作到位。

东方外贸党委坚持把精神文明工作当作夯实企业发展基础、增强企业核心竞争能力的重要手段，以创建文明单位、评选文明部室和"外贸杯"劳动竞赛为抓手，广泛调动基层部门积极性，发挥员工主体作用，营造积极向上的单位风气，以精神文明正能量为公司全面工作保驾护航。

东方外贸党委认真推进同创共建、结对共建工作，为所在社区的工作提供支持，与结对单位共同进步。公司党委坚持开展与虹桥街道社区之间的区域党建互动活动，努力实现双方党组织之间的资源共享与优势互补。公司党委及所辖党总支、党支部还分别与浦发银行上海分行党委、浦发银行虹桥支行的两个党支部、上海市公安局经侦总队第五支队党支部、上海造币厂工贸公司党支部、中国银行浦东分行国际结算和信贷党支部、长宁区税务局第十四税务所党支部等党组织党建共建"双结对"，以加强党建工作为根本，定期互通信息，交流经验，促进双方在党建、业务两方面"双融合"，实现共同协调发展。

东方外贸党委把企业文化建设作为增强企业凝聚力、向心力、战斗力，提升企业核心竞争力的一项重要工作来抓。2007—2017年，公司党委连续组织实施两轮企业文化创建工作，形成以"创新服务，创造价值""诚信·专业·责任·团队·高效""讲原则，讲团结，讲大局，讲正气，讲奉献""蓬勃朝气，昂扬锐气，浩然正气"等为核心内涵和具有鲜明特色的企业文化。

【工作成果与荣誉】

1996—2017年，东方外贸在党建工作和精神文明建设方面获一系列市级、系统级的荣誉。公司被授予1999—2000年上海市外经贸系统文明单位,2011年长宁区"经济发展贡献奖",2015—2016年上海市文明单位,2016年度上海市平安示范单位,2015—2016年上海市厂务公开民主管理工作先进单位,2017年度市国资党委"红旗党组织"。公司所属部门、子公司、支部涌现出多批全国巾帼文明岗、上海市工人先锋号、文明班组、红旗班组、"三八"红旗集体、巾帼文明岗、模范职工之家,以及市外经贸系统和国资系统先进集体、先进基层党支部、先进离休党支部、党支部建设示范点、"三八"红旗集体等。

【捐赠与志愿服务】

东方外贸成立以来,充分发挥国有企业的组织优势,积极利用自身资源回馈社会,把弘扬志愿服务精神、广泛发动单位员工参与社会捐赠和志愿服务当作精神文明建设的重要抓手。

1998年,为支援长江流域抗洪救灾,东方外贸组织员工共计捐款33 290元,衣物1 488件,公司还向灾区运送价值38万元的编织袋40万只,以及价值20万元的御寒衣物。

2003年,公司组织干部职工积极参与"抗击非典一日捐"活动,共捐款3.5万元,以公司名义捐款2万元。是年,公司员工还向一位身患绝症的同事捐款2.5万元,为灾区人民捐款4 655元。

2004年,公司向上海市帮困扶助基金捐款20万元。

2007年、2013年,公司两次向崇明薄弱村捐款,总计20万元。

2008年,汶川发生大地震后,公司及各子公司以企业名义捐款120万元,公司员工募捐20余万元,162名党员捐献"特殊党费"6.3万元,47名团员捐献"特殊团费"1 605元以及义卖所得近2 000元,公司捐款总计1 468 558元。

2010年青海玉树发生地震,公司员工踊跃捐款,累计48 096元。是年,为帮助公司一名青年困难员工,公司职工共捐款28 800元。

2011年,公司向长宁区文化发展专项基金捐献240万元。

公司在志愿服务工作中抓住党员和青年团员两个关键,充分发挥党员乐于奉献和组织纪律性强的优势,实现党员100%参与志愿者队伍。依托公司青年员工占员工总数比例较高的优势,充分发挥团员、青年朝气蓬勃和热心公益的特点,保持团员、青年志愿服务高参与率。公司致力于实现学雷锋志愿服务主题实践常态化,不断深化志愿服务内涵,努力做到"学雷锋日"志愿服务与日常志愿服务并重,保护市容环境、维护交通等一般志愿服务与具有公司特色的志愿服务并重。2010—2017年,公司先后向上海动物园、虹桥绿地、所在社区、附近道路等派出志愿者进行文明服务活动,公司还将志愿服务与配合公司内外贸并举的发展战略结合起来,积极开拓内贸市场,定期组织党员志愿者赴虹桥街道开展"进口商品进社区"特卖活动,给社区居民带来实惠、方便,同时通过社区这个窗口进行进口商品内贸市场调研,锻炼志愿者的业务能力。

五、下属企业

【上海市对外贸易浦东有限公司】

上海市对外贸易浦东有限公司(简称外贸浦东公司)是东方国际集团下属国有控股三级公司。

外贸浦东公司成立于1992年4月,是一家由东方国际集团上海市对外贸易有限公司控股的综合性对外贸易公司,主要经营的进口商品有黑色金属等,出口商品包括紧固件、五金工具等自营产品。

外贸浦东公司是最早在浦东成立并长期根植于浦东的外贸企业。上海市副市长兼浦东新区管委会主任的赵启正曾为公司题词："精兵强将赴浦东"。公司注册和经营地址为上海市浦东新区高科西路 1862 号(外贸浦东大楼)。2017 年,公司注册资本 1 200 万元,东方外贸持股 75%,浦东公司经营者及业务骨干持股 25%。公司设有 5 个业务部门和财务部、储运部、办公室等 3 个管理部门,有 46 名在职员工。

浦东公司以自营出口与进出口业务代理相结合的经营模式为主导,同时,依托公司综合优势建立国外产品的国内经销商业务,呈现进口、出口和内贸三足鼎立的局面。20 多年来,公司积极参与浦东建设,为浦东市政和商业设施建设提供进口材料和设备代理服务,为浦东和其他地区的生产企业提供外贸服务。公司出口业务建立起三大板块:以自营为主的金属制品出口、以自营为主的工具类产品出口和以代理为主的各类产品,主要销售客户有美国、日本和英国的著名公司。

在党建工作和精神文明建设方面,浦东公司于 1998 年 5 月获市外经贸系统先进集体,2001 年获浦东新区出口贡献奖,2003 年 5 月获市外经贸系统文明单位。2017 年,公司营业收入 11.1 亿元,进出口总额 1.66 亿美元,净利润 1 500 万元。

【上海商都贸易有限公司】

上海商都贸易有限公司(简称商都公司)是东方国际集团下属国有全资三级公司。

商都公司成立于 1992 年 7 月,是最早进入外高桥保税区的一家综合性对外贸易公司,主要经营保税区内业务、招标和技改项目及招标代理业务。公司注册地址为中国(上海)自由贸易试验区日京路 161 号一层 A8 部位,经营地址为上海市娄山关路 85 号东方国际大厦 B 座 1206 室和上海市四平路 210 号家纺大厦 7 楼。2017 年,公司注册资本 2 672.43 万元,东方外贸持有公司 100% 股权。公司设有机电产品服务部、进出口业务部、仓储物流部、办公室、财务部等 5 个部门,有 45 名在职员工。

商都公司通过整合外贸和内贸两个单元的客户资源,使外贸和内贸业务能相互促进,共同发展,逐步形成以进出口贸易、机电产品销售等为主,招标业务、仓储业务为补充的延伸服务体系,提供从招标代理到设备进口各环节的全套服务。公司是斯凯孚(中国)销售有限公司的工业经销商,年销售 SKF 轴承等机电产品近亿元,销售业绩在 SKF 中国区 100 多家经销商中名列前茅。

2006 年,公司获乙级政府采购代理资格。2007 年,获乙级机电设备招标资质。2014 年,获国际招标资格。2017 年,公司主营业务收入 26 509 万元,净利润 731 万元。

【东方国际集团上海荣恒国际贸易有限公司】

东方国际集团上海荣恒国际贸易有限公司(简称东方荣恒)是集团原直属的国有全资企业。东方荣恒是一家以进出口贸易为主,集贸、工、技和金融服务于一体的跨地区、跨行业的综合性企业。东方荣恒的前身是上海荣恒国际贸易公司(简称荣恒公司),成立于 1992 年 12 月。

1997 年 8 月 25 日,市外经贸委通过资产划拨方式,将荣恒公司划入东方国际集团。1997 年 12 月 18 日,荣恒公司更名为东方国际集团上海荣恒国际贸易有限公司。公司注册地址为浦东新区高科西路 1862 号 407 室,经营地址为虹口区四平路 210 号家纺大厦 11—12 楼。2017 年,公司注册资本 5 900 万元,东方国际集团持有 100% 股权。

东方荣恒的进出口商品包括内衣、医药、化工、医疗器械(设备)、游乐设施、服装、轻工、机电、食品等。公司形成以内衣、医药化工为主的自营出口经营团队,以及以医疗器械和游乐设施为主的进口经营团队,为客户提供从进出口贸易延伸到与之相配套的仓库、运输等物流环节及生产、销售等环节的一站式服务。公司内衣和医药产品的出口规模在全国行业中名列前茅,主要出口目的地为欧洲、非洲、美洲和日本等。2015—2017年,公司连续三年获中国本土企业西药制剂出口十强,获2017年、2018年制剂国际化领先企业称号。公司还是集团第一批"走出去"海外办厂企业之一。

2017年公司营业收入9.06亿元,净利润245.72万元。公司设有业务三部、业务五部、业务六部、业务七部等4个业务部门,设财务部、综合业务部、总经理办公室等3个管理部门,在职员工82人。公司下辖有济宁荣恒服装有限公司、Orient Allure Lingerie Ltd.等两家二级公司、济宁荣恒服装有限公司上海分公司(上海内衣设计打样中心)一家三级公司。

在精神文明建设方面,东方荣恒是第10届、11届、16届、17届、18届上海市文明单位。东方荣恒(荣恒公司)负责人和党群组织负责人包括公司历任董事长、副董事长、监事长、总经理、副总经理(常务)、党委(党总支)书记和副书记、财务总监、工会主席、团委(团总支)书记和副书记等。

表1-3-17 1992—2017年东方荣恒(荣恒公司)负责人和党群组织负责人任职情况表

职　务	姓　名	任　职　年　月
董事长	刘培德	1992年12月—1997年8月
	贺静仪	1997年8月—1999年4月
	陶　洪	1999年4月—2004年12月
	陈成尧	2005年1月—2005年8月
	瞿元庆	2005年8月—2006年12月
	周　峻	2006年12月—2010年12月
	朱继东	2010年10月—2018年4月
副董事长	钟政用	1992年12月—1997年8月
监事长	高国琳	1998年3月—2001年4月
	方国良	2001年4月—2006年5月
总经理	陶　洪	1992年12月—1999年4月
	周　峻	1999年4月—2002年7月
	陈　骅	2003年3月—2005年9月
	谷小平	2005年10月—2006年10月
	朱继东	2006年10月—2010年5月
	王慧娟	2010年6月—
常务副总经理	陈　浩	1992年12月—2002年2月
	陈　骅	2002年7月—2003年2月
	王慧娟	2008年8月—2010年6月
	韩　倩	2015年4月—2018年4月

〔续表〕

职 务	姓 名	任 职 年 月
副总经理	陈 骅	2001 年 4 月—2003 年 3 月 2005 年 9 月—2016 年 12 月
	高国琳	2001 年 4 月—2007 年 7 月
	刘 敏	2015 年 4 月—
房产荣恒联合 党总支书记	贺静仪	1997 年 7 月—1998 年 5 月
	陈 浩	1998 年 5 月—2000 年 5 月
东方荣恒党委书记	陈 浩	2000 年 5 月—2002 年 7 月
	高国琳	2002 年 7 月—2006 年 12 月
东方荣恒党总支书记	高国琳	2006 年 12 月—2007 年 7 月
	王慧娟	2013 年 7 月—
东方荣恒党总支副书记	陶 洪	1992 年 12 月—1999 年 4 月
	周 峻	1999 年 4 月—2002 年 7 月
	陈 骅	2002 年 7 月—2016 年 12 月
财务总监	王绮文	2005 年 3 月—
工会主席	陈 骅	2000 年月 8 月—2016 年 12 月
	李浩然	2017 年 5 月—
团委书记	尹 杰	2004 年 2 月—2008 年 4 月
团总支书记	张 莉	2008 年 4 月—2017 年 5 月
	郑一笑	2017 年 5 月—
团总支副书记	林 亮	2004 年 2 月—

【上海国际合作进出口有限公司】

上海国际合作进出口有限公司(简称国合公司)是东方国际集团下属国有全资三级公司。

国合公司成立于 1996 年 3 月,由于业务方向未定,公司一直处于未开业状态。2017 年 8 月,东方外贸实施创新转型战略,国合公司被重新启动,主营业务包括跨境电商贸易出口、传统贸易出口等。公司注册地址和经营地址为上海市长宁区仙霞路 322 号鑫达大厦 2205—2206 室。2017 年,公司注册资本 1 500 万元,东方外贸持有公司 100%股权。公司设有电商业务部、进出口业务部、总经理办公室、财务部、行政人力资源部等 5 个部门,有 18 名员工。

国合公司以亚马逊平台为依托,开展自主品牌的园林、电动工具自营商品出口跨境电商业务。公司自重启以来,已经在亚马逊平台美国站点、欧洲五国站点和日本站点上分别开通运营,其中日本站同时开通 Vendor 和 Seller 两大账号,成为国内第一家拥有日本站 Vendor 账号的电商运营公司,正式启用美国海外仓。公司在美国注册自有品牌 ORIENGEAR 和 ORIENTOOLS。公司拥有一批多年从事进出口贸易的专业人员和电商运营人员。公司拥有稳定的国外采购商伙伴以及合作多年的国内供应商伙伴,在国内外有着良好的声誉和知名度。公司在坚持传统外贸进出口业务的同时,实现从单一传统 OEM 外贸经营模式到"互联网+外贸"全新经营模式的转型升级。2017 年,公司营业收入 386.59 万元。

【孟加拉东方魅力内衣有限公司】

孟加拉东方魅力内衣有限公司(Orient Allure Lingerie Ltd. ,简称孟加拉内衣公司)是东方国际集团下属国有控股四级公司。

孟加拉内衣公司成立于 2012 年 12 月,是一家有限责任公司,以生产女士内衣为主。公司注册地址和经营地址位于 Dewallia Bari, Konabari, Gazipur-1346, Bangladesh. 。2017 年,公司注册资本 215 万美元,东方荣恒占 35%股权,德国 MEGANOVA-MOdevertriebs-Gmbll 占 24%,东方利泰占 21%股权,孟加拉国 LZ Texiles Ltd. 占 20%。孟加拉内衣公司有员工 780 人,2017 年主营业务收入 15 729.93 万元,净利润 108.50 万元。

【济宁荣恒服装有限公司】

济宁荣恒服装有限公司(简称济宁荣恒)是东方国际集团下属国有全资四级公司。

济宁荣恒成立于 2016 年 8 月,是一家有限责任公司,以设计和生产女士内衣为主。公司注册地址和经营地址为山东省汶上县经济开发区佛都路 6 号。2017 年注册资本 1 000 万元,东方荣恒占 100%股权。济宁荣恒有 250 名员工。2017 年主营业务收入 2 794.82 万元。

【济宁荣恒服装有限公司上海分公司】

济宁荣恒服装有限公司上海分公司(简称设计打样中心)是东方国际集团下属国有全资五级公司。设计打样中心成立于 2017 年 6 月,是一家有限责任公司分公司,以设计和打样女士内衣为主。设计打样中心注册地址为松江区叶榭镇叶旺路 1 号 3 楼,经营地址为虹口区四平路 210 号 3 楼,有 18 名员工。

第九节　东方国际集团上海资产管理有限公司

东方国际集团上海资产管理有限公司(简称资产管理公司)是东方国际集团下属国有全资二级公司。2017 年年底,资产管理公司下属有东方国际集团上海外经贸房地产开发经营有限公司、上海国际服务贸易(集团)有限公司、上海丝绸(集团)有限公司、上海东方国际资产经营管理有限公司等 4 家三级企业和东方国际集团上海市丝绸进出口有限公司、上海丝绸集团文化发展有限公司、上海华钟绢纺织有限公司、上海金达国际丝绸有限公司、上海金怡丝绸物资有限公司等 25 家四级企业以及上海劳士泰服饰有限公司 1 家五级企业。

一、沿革

2015 年 3 月 27 日,东方国际集团出台资产板块企业整合方案,以其所持有的上海丝绸(集团)有限公司、东方国际集团上海外经贸房地产开发经营有限公司、上海东方国际资产经营管理有限公司的股权出资设立一家新的企业,公司名称为东方国际集团上海资产管理有限公司。2015 年 5 月 8 日,在虹口区工商局完成工商登记。

图 1-3-15 2015 年 5 月 8 日,资产管理公司举行成立揭牌仪式

二、概况

资产管理公司是一家一人有限责任公司。公司注册地址为虹口区四川北路 1666 号 1403 室,经营地址为上海市虹口区四平路 210 号家纺大厦。2017 年,公司注册资本 4.736 9 亿元。公司设有总经理办公室、党委办公室(监察室)、财务部、资产运作部、房地产管理部、人力资源部、法律审计室、项目管理部等 8 个部门,在岗职工 288 人。

资产管理公司负责人和党群组织负责人包括公司执行董事、监事长、总经理、副总经理、党委书记、党委副书记、纪委书记、财务副总监、工会主席、团总支书记、团总支副书记等。

表 1-3-18 2015 年 3 月—2017 年 12 月资产管理公司负责人和党群组织负责人任职情况表

职 务	姓 名	任 职 年 月
执行董事(兼)	季胜君	2015 年 3 月—
监事长(兼)	季胜君	2015 年 3 月—
总经理	高国琳	2015 年 3 月—
副总经理	陈建国	2015 年 3 月—2015 年 8 月
	马 弘	2015 年 3 月—2015 年 10 月

〔续表〕

职 务	姓 名	任 职 年 月
副总经理	张 磊	2015 年 3 月—
	刘以东	2015 年 3 月—
	孟国永	2015 年 3 月—
	康 瓒	2016 年 3 月—2017 年 4 月
党委书记	张 磊	2015 年 3 月—
党委副书记	高国琳	2015 年 3 月—
	戎志彪	2015 年 3 月—2016 年 3 月
	薛雨农	2015 年 3 月—
纪委书记	戎志彪	2015 年 3 月—2016 年 3 月
	薛雨农	2016 年 3 月—
财务副总监	倪文大	2015 年 4 月—2017 年 12 月
	黄蓓瑜	2017 年 12 月—
工会主席	王利伟	2015 年 11 月—2017 年 9 月
团总支书记	王 昕	2016 年 2 月—2017 年 6 月
	王伟骏	2017 年 6 月—
团总支副书记	万莉华	2016 年 2 月—2017 年 6 月
	陈 晨	2017 年 6 月—

三、经营管理

【公司经营】

资产管理公司将丝绸集团、东方房产、资产经营、国服公司的经营团队汇聚融合,确立以资产经营管理为主业的经营方针,形成具有自身特色的资产经营和管理的管控模式。公司业务涵盖4 家公司的经营范围,包括:资产管理、从事货物及技术的进出口业务、实业投资、房地产开发经营、房地产咨询、房地产经纪、建筑装修装饰建设工程专业施工、房屋建设工程施工、内贸等29 项。

至 2017 年,公司有建筑面积为 42.96 万平方米的房产,其中房屋租赁(包括经营性企业的房产出租项及托管房产)已出租面积 28.69 万平方米,签订租赁合同 179 份,年合同租金(包含历年欠收的 2017 年还款,剔除诉讼期间无法履行的部分)11 165.24 万元,2017 年租金收入11 121.82 万元。

公司具备丝绸文化产品、服装服饰、丝绸衍生品的生产及销售,筛网设计、制造及销售,仓储运输等功能,拥有"海上丝韵""劳士泰勒""郁金香""金三杯"等品牌。

表 1 - 3 - 19 2015—2017 年资产管理公司主要财务指标情况表

年 份	总资产（亿元）	归属母公司净资产（亿元）	税前利润（亿元）	归属母公司净利润（亿元）	营业收入（亿元）	资产负债率（%）	净资产收益率（%）
2015	21.97	11.97	1.06	0.66	2.29	32.23	5.55
2016	21.95	12.22	0.42	0.23	6.55	30.65	1.86
2017	21.47	13.28	2.45	1.66	4.96	22.98	3.26

【公司管理】

资产管理公司根据集团对资产板块经营管理的要求,制定"开发建设一批、盘活提升一批、清理处置一批"的经营方针,推进重点项目开展,把握项目定位、开发周期、政策导向等因素,形成滚动开发、良性循环,提升优质资产,确保长期稳定收益。公司积极开展主营业务,提升房产出租率和租金收缴率。在推进重点项目开发中,公司发挥团队合力,确保东方国际元中大厦建设的进度、质量和安全,工地被评为 2015 年度上海市"明星工地"。在开展阳浦汽配城 106 家小租户、曹家渡花鸟市场 471 家商户清退及周家嘴路地块 157 家小租户清退工作中,全力做好清场维稳工作,其间无一上访事件发生。同时做好资产处置、清理和盘整,完成对上海第六丝织厂有限公司、上海第二丝绸机械厂有限公司等企业的改制工作。

资产管理公司按照"组织融合、业务融合、文化融合"的工作目标,树立积极向上的企业形象,建立科学规范的运作机制,构筑健康和谐的保障体系,形成企业形象、运作机制、保障体系"三位一体"的企业运作格局。公司建立健全规章制度,修订完善 26 项规章制度,公司管理部门的设置科学、合理,企业凝聚力大幅提升,公司被评为 2015—2016 年度集团级文明单位,体现组织、业务、文化"三个融合"递次推进的良好态势,为公司的业务发展奠定基础。

四、党建与精神文明建设

截至 2017 年年底,资产管理公司党委下属党组织 33 个,其中三级公司党组织 12 个,四级公司党组织 21 个,有 298 名正式党员,6 名预备党员。

2015 年,公司申报创建 2015—2016 年度集团级文明单位。公司党委以建设和谐企业为出发点,以转型发展、改革提升为重点内容,开展"春蚕杯""创新杯""文明子公司、文明部室、文明员工"评比活动和企业核心理念征集活动。获 2015—2016 年度集团级文明单位后,2017 年,启动新一轮文明单位创建工作,组织开展文明单位创建经验交流会,编写员工手册,宣讲公司核心理念,丰富文明单位风采展示内容,做好文明单位创建工作台账,提升公司的精神文明建设整体水平。

资产管理公司党委积极开展党建精细化管理,实施《基层党组织建设目标管理考评责任制》。2015—2017 年,每年 2 次对下属 10 家党组织进行考评,内容包括基层基础党建、党风廉政建设、安全生产、信访稳定工作、精神文明建设等,从党的政治、思想、组织、作风、纪律建设 5 个方面,设 23 个指标,按百分制进行考评,增设党建工作亮点加分栏和一票取消减分栏。考评结果与行政年终绩效考核挂钩,从制度上落实全面从严治党,精准施策,成为公司党建工作的品牌亮点。在东方国际集团党委的领导下,公司党委先后获"2016 年集团先进基层党组织"和"2017 年集团红旗党组织"

称号。

稳定是企业改革和发展的前提和保证,资产管理公司下属企业中有不少是几十年历史的老厂,在经历改革发展的过程中伴随着数量众多的离岗人员安置工作和解决一系列历史遗留问题。资产管理公司按照稳定工作"十六字诀"(领导重视、注重调研、基层解决、共享理念),不断总结经验基础,发扬敢于担当不回避,勇于负责不放弃,善于解难不松懈的精神,建立制度化、规范化、科学化、法制化的信访工作格局。资产管理公司以"六清"(联系地址电话清、身体健康状况清、本人技能特长清、工作经历清、再就业意向清以及家庭情况清)为抓手,在确保信息准确的基础上,定期开展帮困扶贫送温暖活动,生活帮困、医疗帮困、助学帮困、政策帮困同步进行,落细落实结对帮困工作。公司党政领导在重大节日前夕,走访慰问特困职工,化解困难群体矛盾。公司成立3年来,用于离岗人员的各种渠道和各类帮困资金134万元,帮困2 800余人次。离岗职工住院理赔236人次,理赔金额40万元。除一次性的帮困之外,公司还重视制度设计,2016年出台《离岗职工生活费发放标准指导意见》,提高离岗职工生活费标准,惠及230余人。2017年启动"春苗助学工程",由党员自发募捐,对16户特困职工家庭的17名就学子女的就学资金进行有针对性的帮助。

五、下属企业和企业管理机构

【东方国际集团上海市丝绸进出口有限公司】

东方国际集团上海市丝绸进出口有限公司(简称东方丝绸)是集团原直属的国有全资企业。东方丝绸的前身是上海市丝绸进出口公司,历史沿革可追溯到中华人民共和国成立初期。1993年,公司进入中国500家最大服务业企业,位列对外经济贸易业第25名。1994年11月18日,参加组建东方国际集团。1996年1月,更名为东方国际集团上海市丝绸进出口有限公司。

1997年10月9日,与上海金达国际丝绸有限公司共同组建上海丝绸(集团)有限公司,注册资本3.2亿元,公司经营主体转移至上海丝绸(集团)有限公司。

东方丝绸获1995年度上海市服装(服饰)行业"六强"优秀企业,上海市1995年度出口贡献一等奖,上海市1996年度出口贡献一等奖,1997年全国外经贸系统先进集体、上海市优秀企业,上海市1997年度出口贡献一等奖。1999年1月,东方丝绸获1998上海市出口创汇特等奖。1999年4月,获(1997—1998年)上海市文明单位。1999年9月,获全国精神文明建设工作先进单位,及1998年全国外经贸质量效益型先进集体。2000年2月,获1999年上海市出口创汇特等奖。2001年3月,获2000年上海市出口创汇特等奖。2001年4月,获(1999—2000年)上海市文明单位。2001年6月,东方丝绸党委获上海市先进基层党组织。2001年7月,东方丝绸党委获"全国先进基层党组织"称号。

东方丝绸负责人和党群组织负责人包括公司执行董事、总经理、副总经理、党委书记、党委副书记、纪委书记、工会主席、工会副主席、团委书记等。

表1-3-20　1995年4月—2004年10月东方丝绸负责人和党群组织负责人任职情况表

职　　务	姓　　名	任　职　年　月
执行董事	方美娣	1995年4月—1999年3月
	徐伟民	1999年3月—2004年10月

职 务	姓 名	任 职 年 月
总经理	徐伟民	1995 年 4 月—2002 年 5 月
	石伟明	2002 年 5 月—2003 年 11 月
副总经理	何小平	1995 年 4 月—1996 年 8 月
	施建和	1995 年 4 月—2002 年 5 月
	徐惠芬	1995 年 4 月—2000 年 4 月
	石伟明	1995 年 4 月—2002 年 5 月
	叶长根	1999 年 11 月—2002 年 5 月
	季 羽	1999 年 11 月—2002 年 5 月
党委书记	何小平	1995 年 4 月—1996 年 8 月
	黄凤娟	1999 年 5 月—2004 年 10 月
党委副书记	徐伟民	1995 年 4 月—2002 年 5 月
	黄凤娟	1995 年 4 月—1999 年 5 月
	郑华庭	1999 年 11 月—2002 年 5 月
纪委书记	黄凤娟	1995 年 4 月—1997 年 12 月
	李桂莲	1997 年 12 月—2001 年 2 月
	江亮清	2001 年 2 月—2002 年 5 月
工会主席	王德耀	1995 年 4 月—2001 年 2 月
工会副主席	郑忠和	1995 年 4 月—2003 年 6 月
团委书记	唐仲奕	1995 年 4 月—1999 年 5 月
	张 毅	1999 年 5 月—2003 年 1 月

【东方国际集团上海外经贸房地产开发经营有限公司】

东方国际集团上海外经贸房地产开发经营有限公司(简称东方房产)是集团原直属的国有控股企业。前身是成立于 1993 年 10 月的上海市外经贸房地产开发经营公司(简称房产公司),由上海外经贸投资开发公司投资设立,注册资本为 1 500 万元。1997 年 8 月 25 日,市外经贸委通过国有资产划拨方式,将房产公司整体划拨给东方国际集团,成为集团二级子公司。

1998 年,房产公司为适应发展需要,改制为多元投资主体的有限责任公司,公司更名为东方国际集团上海外经贸房地产开发经营有限公司。注册资本为 8 000 万元。其中,东方国际集团占70%股权,中外运集团上海分公司占 30%股权。

东方房产主营业务为房地产投资、开发、经营、咨询,装饰装潢,建筑,装饰施工与房地产相关的建筑材料、装潢材料,住宅设备及办公用品的批发和零售,拥有二级开发资质。1998—2017 年,相继开发国贸花园、康兴公寓、康益馨苑、东方汇景苑、东丰林居等楼盘。每个楼盘从设计开始到策划营销,全过程参与。同时,东方房产还先后投资设立或参股外经贸物业管理有限公司、荣恒电器公司、康为置业公司、康晖置业公司及房地产经纪分公司。

2015年3月27日,集团决定将所持的东方房产股权全部划转至资产管理公司,由此东方房产成为东方国际集团的三级公司。

2017年,公司设总经理室、综合办公室、财务部、项目部、研发部、营销部等6个部门,有员工14人。2017年,东方房产营业收入986.36万元,净利润1 689.24万元(含投资收益和利息收入)。

东方房产(房产公司)负责人和党群组织负责人包括公司董事长、监事长、监事会主席、总经理、副总经理、党组织书记、党组织副书记、工会主席等。

表1-3-21　1997年7月—2017年12月东方房产(房产公司)负责人和党群组织负责人任职情况表

职　　务	姓　　名	任　职　年　月
董事长	王祖康	1997年7月—2003年3月
	强志雄	2003年3月—2006年6月
	梁景安	2006年1月—2008年2月
	陆卫民	2008年2月—2014年6月
	高国琳	2014年6月—
监事长	陆朴鸣	1997年7月—2005年11月
	俞立本	2006年1月—2008年2月
	方为群	2008年2月—2009年11月
	何志刚	2009年11月—2011年11月
监事会主席	李春明	2011年11月—2012年5月
总经理	陶　洪	1997年7月—2005年1月
	梁景安	2005年9月—2008年2月
	陆卫民	2008年2月—2014年6月
	刘以东	2014年6月—
副总经理	陆卫民	1997年7月—2008年2月
	刘以东	2005年9月—2011年4月
房产党总支书记	周　斌	1999年2月—2005年9月
	陆卫民	2005年9月—2014年6月
房产党总支副书记	陶　洪	1997年12月—2005年1月
	汪时绩	1999年2月—2004年12月
房产资产联合党总支书记	陆卫民	2005年9月—2014年6月
	高国琳	2014年6月—
房产资产联合党总支副书记	汪时绩	2008年2月—2010年5月
	王晨皓	2011年4月—2014年3月
	薛雨农	2012年7月—
	高国琳	2014年3月—2014年6月
	刘以东	2014年6月—

〔续表〕

职 务	姓 名	任 职 年 月
	张立民	1997 年 8 月—2010 年 7 月
工会主席	曹巨涛	2010 年 7 月—2015 年 3 月
	吴婷婷	2017 年 3 月—

【上海国际服务贸易(集团)有限公司】

上海国际服务贸易(集团)有限公司(简称国服公司)是集团原直属的国有全资企业。国服公司成立于 1993 年 12 月 2 日,是市外经贸委批准组建并直辖管理的企业,是上海首家以国际服务贸易为标志的国有全资企业。公司注册地址为中国(上海)自由贸易试验区乳山路 200 弄 22 号 102 室。

1999 年 5 月 27 日,市外经贸委通过国有资产划拨方式,将所持的国服公司国有股权全部划转给东方国际集团,成为集团下属的二级子公司。公司经营范围为从事贸易与技术的进出口业务,商务信息咨询,企业管理咨询,投资咨询,劳务派遣,人力资源服务,人才供求信息的收集、整理、储存、发布和咨询服务,人才推荐,人才招聘,人才培训,人才派遣,会议与展览业务,国内贸易,物业管理,自有房屋租赁,建筑装潢。

国服公司成立后,1995 年 1 月,国家外经贸部部长吴仪为国服公司题词"热情、优质、开拓、高效"。1995 年 2 月,中共中央政治局委员、国务院副总理吴邦国为国服公司题词"服务连五洲,贸易通四海"。1995 年 2 月,副市长沙麟为国服公司题词"发展服务贸易,推动经济发展"。

2016 年 10 月 17 日,集团决定将国服公司 100％股权划拨给资产管理公司,国服公司成为东方国际集团下属的三级公司。

国服公司负责人和党群组织负责人包括公司董事长、副董事长、执行董事、总经理、副总经理、党委(党总支)书记和副书记、纪委书记、财务总监、工会主席等。

表 1-3-22　1997 年 4 月—2017 年 12 月国服公司负责人和党群组织负责人任职情况表

职 务	姓 名	任 职 年 月
董事长	黄国锦	1997 年 8 月—1999 年 12 月
董事长(兼)	汪 阳	1999 年 12 月—2001 年 8 月
副董事长	黄国锦	1999 年 12 月—2001 年 8 月
执行董事	黄国锦	2001 年 8 月—2005 年 9 月
	董飞翔	2005 年 9 月—2011 年 4 月
	宋浩然	2011 年 4 月—2014 年 3 月
执行董事(兼)	郭福荣	2014 年 3 月—2015 年 1 月
	陈卓夫	2015 年 1 月—2016 年 10 月
	高国琳	2016 年 10 月—
总经理	黄国锦	1997 年 4 月—2005 年 9 月
	董飞翔	2005 年 9 月—2010 年 5 月

〔续表〕

职　务	姓　名	任职年月
总经理	宋浩然	2010年5月—2017年4月
	康　蹟	2017年4月—
副总经理	董飞翔	1997年8月—2005年9月
	李朝兴	1999年10月—2001年5月
	尚昌华	1999年10月—2001年5月
	袁晓刚	2001年2月—2005年8月
	宋浩然	2005年8月—2010年5月
	周耀进	2011年11月—
	陈杰	2015年3月—2016年10月
党委书记	黄国锦	1997年4月—2001年8月
	董飞翔	2001年8月—2011年4月
党委副书记	董飞翔	1999年12月—2001年8月
	黄国锦	2001年8月—2005年9月
党总支书记	董飞翔	2001年8月—2011年4月
	宋浩然	2014年3月—2017年4月
党总支副书记	王红星	2007年5月—2009年10月
	宋浩然	2009年10月—2014年3月
纪委书记	董飞翔	1999年12月—2001年8月
财务总监	金小隐	2005年9月—2011年9月
	曾玮	2014年3月—2015年3月
	戎洁	2015年3月—2017年5月
工会主席	费强人	1995年10月—2005年12月
	宋浩然	2005年12月—2006年7月
	王红星	2006年7月—2010年4月
	倪玉华	2010年4月—2012年4月
	马宝成	2012年4月—2016年12月

【上海丝绸(集团)有限公司】

上海丝绸(集团)有限公司(简称丝绸集团)是集团原直属的国有控股有限责任公司。丝绸集团成立于1997年10月8日。东方国际集团以东方丝绸作为出资,占股81.25%,纺织控股集团以其全资子公司上海金达国际丝绸有限公司作为出资,占股18.75%,共同组建成立丝绸集团。丝绸集团是上海首家以资产为纽带,跨行业、跨部门、工贸结合、实行多元投资主体改制的企业。2015年6月1日之前,公司注册和经营地址为徐汇区吴兴路283号,注册资本3.2亿元。公司主业包括实业投资、房地产开发、丝绸文化产品、服装服饰、丝绸衍生品、筛网等设计、制造及销售、仓储运输等,拥有经营性物业20余万平方米。

2003年年初,丝绸集团对外贸进出口主营业务实施股份制改革,由东方国际集团、纺织控股集团授权改制成立上海丝绸集团股份有限公司,对丝绸集团进行为期3年的股权托管,接收10多家破产工业企业、2万多名离岗工人和20多万平方米的房产,承担清偿银行债务、清理存量资产、分流安置职工等任务。

在2003—2006年的三年托管期间,丝绸集团利用出租和动迁所得,偿还银行贷款9.48亿元,解除5.6亿元的担保,清偿6 300名协保职工0.94亿元劳动债务(包括欠社保中心"三金"款0.79亿元和欠公积金中心的公积金贷款0.15亿元)。三年中,清理对外投资企业36户,其中股权转让21户,歇业清算11户,合并销号3户,收回投资0.87亿元,净资产增加近80%,2006年年底达3.33亿元,解决资不抵债的问题,企业走上持续经营和持续发展的道路。

2015年3月27日,为推动资产板块的整体发展,东方国际集团将丝绸集团、东方房产、资产经营等3家公司进行联合重组,成立东方国际集团上海资产管理有限公司。是年6月1日,丝绸集团经营场地搬迁到四平路210号家纺大厦。

丝绸集团负责人和党群组织负责人包括公司董事长、副董事长、监事长、副监事长、总经理、副总经理、党委书记、党委副书记、纪委书记、纪委副书记、财务总监、工会筹备组长、工会主席、工会副主席等。

表1-3-23 1997年10月—2017年12月丝绸集团负责人和党群组织负责人任职情况表

职 务	姓 名	任 职 年 月
董事长	方美娣	1997年10月—1999年5月
	徐伟民	1999年5月—2003年11月
	黄凤娟	2003年11月—2004年10月
	方为群	2004年10月—2006年2月
	杨晓新	2006年2月—2009年11月
	范燮华	2009年11月—2015年3月
副董事长	徐伟民	1997年10月—1999年5月
	肖义家	1997年10月—2000年4月
	朱 勇	2000年4月—2002年5月
	黄凤娟	2002年5月—2003年11月
	范燮华	2006年2月—2009年11月
监事长	王祖康	1997年10月—2002年7月
	陈苏明	2002年7月—2004年7月
	俞立本	2004年7月—2005年11月
	向月华	2005年11月—2006年2月
	宾亚华	2006年2月—2008年2月

〔续表〕

职 务	姓 名	任 职 年 月
监事长	曹立江	2008 年 2 月—2009 年 11 月
	卢宗平	2009 年 11 月—2011 年 4 月
	刘建伟	2012 年 5 月—2013 年 3 月
副监事长	朱瑞芬	1997 年 10 月—2002 年 7 月
	黄昭仁	1997 年 10 月—2002 年 7 月
总经理	徐伟民	1997 年 10 月—2002 年 5 月
	石伟明	2002 年 5 月—2003 年 11 月
	杨晓新	2003 年 11 月—2006 年 2 月
	范燮华	2006 年 2 月—2009 年 11 月
总经理(代)	刘建伟	2009 年 11 月—2011 年 4 月
总经理	梁景安	2011 年 4 月—2013 年 3 月
副总经理	施建和	1997 年 10 月—2002 年 5 月
	屠恒清	1997 年 10 月—2003 年 1 月
	石伟明	1997 年 10 月—2003 年 1 月
	叶长根	2002 年 7 月—2003 年 1 月
	季羽	2002 年 7 月—2006 年 1 月
	吕刚	2003 年 1 月—2010 年 3 月
	孟国永	2012 年 9 月—
	张磊	2014 年 8 月—
党委书记	徐伟民	1997 年 10 月—2006 年 1 月
	杨晓新	2006 年 1 月—2009 年 11 月
	范燮华	2009 年 11 月—2014 年 8 月
	张磊	2014 年 8 月—
党委副书记	王金玉	1997 年 10 月—2002 年 7 月
	黄凤娟	2002 年 5 月—2004 年 10 月
	石伟明	2002 年 5 月—2003 年 1 月
	杨晓新	2003 年 1 月—2005 年 11 月
	方为群	2004 年 10 月—2006 年 1 月
	范燮华	2006 年 1 月—2009 年 11 月
	高国琳	2007 年 7 月—2011 年 4 月
	戎志彪	2012 年 1 月—2015 年 3 月
纪委书记	江亮清	2002 年 5 月—2005 年 3 月

职 务	姓 名	任 职 年 月
纪委书记	高国琳	2007 年 7 月—2011 年 4 月
	戎志彪	2011 年 4 月—2015 年 3 月
纪委副书记	王利伟	2006 年 12 月—2009 年 11 月
财务总监	何邦杰	2001 年 5 月—2003 年 7 月
	季胜君	2003 年 11 月—2006 年 6 月
	宾亚华	2006 年 6 月—2014 年 3 月
工会筹备组长	江亮清	2001 年 2 月—2002 年 5 月
工会主席	王利伟	2002 年 5 月—
工会副主席	蔡雅萍	2002 年 5 月—

【上海东方国际资产经营管理有限公司】

上海东方国际资产经营管理有限公司(简称资产经营公司)是集团原直属的国有全资企业。资产经营公司成立于 2002 年 12 月 25 日,是一家有限责任公司,公司注册地址为普陀区中山北路 2900 号第五幢 2 号楼第 5 层 2515 室。2017 年,公司注册资本 2 575 万元,东方国际集团占 100% 股权。

公司经营范围包括资产经营、资产托管、房屋租赁等。公司主营 17 万平方米写字楼、仓库、厂房的管理和租赁。受东方国际集团的委托,管理华晨大厦、高宝大厦、兴鑫大厦部分房产,昆山巴城阳澄湖别墅等。

2015 年 3 月 27 日,东方国际集团为推动资产板块的整体发展,决定成立资产管理公司,资产经营公司于 2015 年 6 月 1 日,与丝绸集团在四平路 210 号家纺大厦合署办公。2017 年,公司营业收入 403.29 万元,净利润 228.34 万元。

资产经营公司负责人和党群组织负责人包括公司董事长、副董事长、执行董事、监事长、总经理、副总经理、党委书记、党委副书记、纪委书记、财务副总监、工会主席、团总支书记、团总支副书记等。

表 1-3-24　2003 年 3 月—2017 年 12 月资产经营公司负责人和党群组织负责人任职情况表

职 务	姓 名	任 职 年 月
董事长(兼)	陆朴鸣	2003 年 3 月—2010 年 4 月
	唐小杰	2010 年 4 月—2014 年 6 月
副董事长(兼)	邢建华	2007 年 4 月—2014 年 6 月
执行董事(兼)	邢建华	2002 年 6 月—2003 年 3 月
	徐建新	2014 年 6 月—2015 年 1 月
	季胜君	2015 年 1 月—

〔续表〕

职　务	姓　名	任 职 年 月
监事长(兼)	李春明	2007 年 6 月—2012 年 6 月
总经理(兼)	邢建华	2002 年 6 月—2007 年 4 月
总经理	汪时绩	2008 年 2 月—2010 年 5 月
	王晨皓	2011 年 4 月—2014 年 3 月
	高国琳	2014 年 3 月—
副总经理	梁景安	2004 年 7 月—2008 年 2 月
	汪时绩	2004 年 12 月—2007 年 4 月
常务副总经理	汪时绩	2007 年 4 月—2008 年 2 月
副总经理	陈建国	2009 年 3 月—2015 年 8 月
	刘以东	2011 年 4 月—
	马　弘	2014 年 8 月—2015 年 10 月

【上海丝绸集团文化发展有限公司】

上海丝绸集团文化发展有限公司(简称丝绸文化公司)是东方国际集团下属国有参股四级公司。

丝绸文化公司成立于 2012 年 8 月,公司注册地址为宝山区三门路 561 号 8 幢 1A01－188 室,办公地址为徐汇区吴兴路 277 号。2017 年,公司注册资金 500 万元,丝绸集团出资 310 万元,占62％股权。丝绸股份出资 190 万元,占 38％股权。公司有设计、销售、财务等 3 个部门,有员工30 人。

公司主营业务包括:丝绸工艺品、丝绸服饰品、丝绸家居品、化妆品。

丝绸文化公司集研发、制作、销售于一体。公司拥有专业的产品研发设计和工艺技术人员,创立自主产权品牌——海上丝韵,以先进技术和文化创意打造出以时尚、品质、文化为宗旨的丝绸制品,在业内消费者中享有盛誉。至 2017 年,公司开设 9 个专营店,跟随上海设计之都促进中心走出国门,开展品牌推广活动,在英国伦敦设立常年销售点。2016 年,分别加入上海时尚联合会、上海市非物质文化遗产保护协会、上海市海派旗袍协会,成为理事单位。丝绸文化公司的匠心之作——海上丝韵"中华情"真丝长卷,首创"大世界基尼斯之最"纪录。2017 年,公司营业收入 914.93 万元,净利润 31.17 万元。

【上海丝绸集团第一合署办公室】

上海丝绸集团第一合署办公室(简称第一合署办)是资产管理公司下属企业管理机构。

第一合署办成立于 2013 年 3 月 19 日,办公地址为虹口区周家嘴路 1106 号,是实行集约化管理的合署办公机构。至 2017 年年末,管辖上海华钟绢纺织有限公司、上海金达国际丝绸有限公司、上海金怡丝绸物资有限公司、上海金熠实业有限责任公司、上海新绢纺织有限公司等 5 家四级企业。第一合署办设有人力资源部、财务部、物业部、综合办公室等管理部门,有员工 154 人。

第一合署办主要是承担上述 5 家公司的房屋出租、物业管理等。2017 年,资产总量 22 318 万元,主营收入 7 104.55 万元,净利润 722.41 万元。

上海华钟绢纺织有限公司　上海华钟绢纺织有限公司(简称华钟公司)成立于 1993 年 10 月 5 日,是东方国际集团下属国有全资四级企业。

华钟公司经营地址为上海市普陀区万航渡后路 33 号,注册资本为 3 427.105 5 万元,主营业务为绢纺丝、绢纺绸、绢纺混纺丝、绢纺混纺绸、丝落绵及精梳绵条的生产和销售。有员工 5 人。2017 年营业收入 1.4 万元。

上海金达国际丝绸有限公司　上海金达国际丝绸有限公司(简称金达公司)成立于 1995 年 2 月 27 日,是东方国际集团下属国有全资四级企业。

金达公司经营地址为上海市周家嘴路 1106 号,注册资本 5 536 万元。公司的前身是原上海丝绸公司,经过行业大调整,1995 年上海丝绸公司破产,1995 年 2 月 27 日为托管原上海丝绸公司债权债务,成立上海金达国际丝绸有限公司,员工人数 10 人。

金达公司主营业务为生产销售丝绸产品,自有房屋出租,咨询服务。2017 年公司营业收入 4 679.74 万元,净利润 1 785.16 万元。

上海金怡丝绸物资有限公司　上海金怡丝绸物资有限公司(简称金怡公司)成立于 1997 年 1 月 2 日,是东方国际集团下属国有全资四级企业。

金怡公司经营地址为上海市周家嘴路 1106 号 4 幢 207 室,注册资本 100 万元。公司的前身是原上海丝绸公司,经过行业大调整,1995 年上海丝绸公司破产,1997 年 1 月 2 日,为托管上海丝绸公司职工,成立上海金怡丝绸物资有限公司,员工人数 22 人。

金怡公司主营业务为经销针纺织品、服装、化工原料(除危险品)、染料助剂、纺织原料、日用百货、五金、橡塑制品(除专营)、汽车配件。2017 年公司营业收入 1 801.76 万元,净利润 20.82 万元。

上海金熠实业有限责任公司　上海金熠实业有限责任公司(简称金熠公司)成立于 1997 年 3 月 19 日,是东方国际集团下属国有全资四企业。

金熠公司经营地址为上海市杨浦区平凉路 220 号,注册资本 95 万元。公司是由原上海第一丝织厂、上海第二丝织厂、上海第三丝织厂、上海第七丝织厂、上海第十一丝织厂、上海第十二丝织厂、上海第十三丝织厂、上海第一绸缎炼染厂、上海昌大丝绸有限公司、上海金纳实业有限公司、上海飞蝶丝绒有限公司等 11 家企业经过行业大调整,通过联合重组成立的,员工人数为 89 人。

金熠公司主营业务为纺织品、机电产品、建材、金属材料、家用电器、纺织机械及配件、五金交电、日用百货、服装加工、花卉、提供劳务。2017 年公司营业收入 215.05 万元,净利润 12.3 万元。

上海新绢纺织有限公司　上海新绢纺织有限公司(简称新绢纺公司)成立于 1999 年 1 月 12 日,是东方国际集团下属国有全资四级企业。

新绢纺公司经营地址为上海市万航渡后路 33 号,注册资本 30 万元。公司的前身是上海绢纺织厂,20 世纪 90 年代末,上海纺织产业结构调整,2001 年 12 月,上海绢纺织厂破产程序终结。1999 年 1 月 12 日,由上海金达国际丝绸有限公司委托上海景盛丝绸经营部下属上海景民贸易商行组建上海新绢纺织有限公司,员工人数为 36 人。

新绢纺公司主营业务为绢纺绸、绢丝、纺织品针织品、服装(生产销售)。2017 年公司营业收入 406.6 万元。

【上海丝绸集团第二合署办公室】

上海丝绸集团第二合署办公室(简称第二合署办)是资产管理公司下属企业管理机构。

第二合署办成立于 2015 年 1 月,办公地址为瑞金南路 345 弄 1 号 7A 室,是实行集约化管理的合署办公机构。至 2017 年年末,管辖上海丝绸集团郁金香印染有限公司、上海中达印染特种整理有限公司、上海丝绸集团金三杯印染有限公司、上海丝绸集团织造有限公司、上海丝绸集团锐和投资管理有限公司、上海老正和染厂有限公司、上海第六丝织厂有限公司、上海市丝绸科学技术研究所有限公司、上海第二丝绸机械厂有限公司等 9 家企业。第二合署办设有财务部、物业部、人力资源部和综合办公室,管理人员为 32 人。

第二合署办承担着上述 9 家企业 70 396 平方米的房产出租、物业管理,同时负责 671 名离岗职工、7 632 名离退休职工的管理工作,拥有星光照相器材商场、上海文教产业园区、新柳营灯饰广场、瑞通护理院、瀚海明玉大酒店、黄浦区商业人才培训中心等一批物业经营场所。2017 年,第二合署办资产总量 60 128.14 万元,主营收入 13 330.2 万元,净利润 5 013.07 万元。

上海丝绸集团郁金香印染有限公司　上海丝绸集团郁金香印染有限公司(简称郁金香公司)成立于 1998 年 3 月 25 日,是东方国际集团下属国有全资四级企业。

郁金香公司注册类型为有限责任公司,注册资本人民币 2 810 万元。公司前身为古龙丝织印染厂,创办于 1946 年。1950 年被中百公司接管,1952 年划归中蚕公司,1955 年划给上海丝绸进出口分公司,更名为上海市丝绸进出口分公司印染厂。1966 年划归上海市丝绸工业公司,更名为上海第一丝绸印染厂。1988 年兼并第五印染绸厂。1983 年发明涤纶长丝防拔染新工艺和 SF 重氮感光胶,分别获上海市重大科技成果奖和中国丝绸总公司科技一等奖。1995—1997 年,郁金香牌人造丝、仿真丝面料被评为上海市名牌产品。1998 年 3 月,公司名称变更为上海丝绸集团郁金香印染有限公司。2000 年 8 月停产转型。

上海中达印染特种整理有限公司　上海中达印染特种整理有限公司(简称中达公司)成立于 1998 年 7 月,是东方国际集团下属国有全资四级企业。

中达公司前身是新建绸布印花厂,创建于 1952 年 11 月,厂址民和路 153 号。1966 年改名为国营上海第二丝绸印染厂。1984 年全涤绡获美国苏茜窗帘公司的品质优良奖牌,1995 年获国家金质奖。1984 年为国家经委表彰的全国 112 个经济效益显著的单位之一。1994 年 12 月被丝绒染厂兼并,更名为上海丝绸丝绒印染总厂。1998 年 7 月破产后组建上海中达印染特种整理有限公司,注册资本人民币 90 万元。2006 年 12 月停产转型,从事厂房租赁和物业经营,其"新柳营灯饰广场"成为物业经营品牌。

上海丝绸集团金三杯印染有限公司　上海丝绸集团金三杯印染有限公司(简称金三杯公司)成立于 1999 年 8 月,是东方国际集团下属国有全资四级企业。

金三杯公司前身为大成印绸厂,创建于 1953 年 2 月。1966 年 9 月更名为上海第七印绸厂。1979 年,"金三杯"牌真丝印花绸获国家金质奖,1988 年 10 月评为国家二级企业,1995 年被国家经贸委等部委认证为大型二档企业。1999 年 8 月破产后组建上海丝绸集团金三杯印染有限公司,注册资本 540 万元。2003 年停产转型,从事厂房租赁和物业经营,其"瑞通护理院""瀚海明玉大酒店"成为物业经营品牌。

上海丝绸集团织造有限公司　上海丝绸集团织造有限公司(简称织造公司)成立于 2000 年 10 月 16 日,是东方国际集团下属国有全资四级企业。织造公司注册类型为其他有限责任公司,注册资本 100 万元。

织造公司由上海丝绸集团第三织造有限公司(前身为上海第四丝织厂)兼并上海丝绸集团第一织造有限公司(前身为上海第九丝织厂)组建而成。上海第四丝织厂前身为美孚织绸厂,创办于1925年。1956年公私合营后定名为美亚第四丝织厂,1966年更名为国营上海第四丝织厂,1995年8月与第十四丝织厂合并,定名为上海美亚丝绸总厂,2001年1月破产后组建上海丝绸集团第三织造有限公司。上海第九丝织厂前身为美工织绸厂,创建于1929年,1935年更名为美亚第九丝绸厂,2001年1月破产。是年4月,由丝绸集团等公司投资组建上海丝绸集团第一织造有限公司。上海第五丝织厂前身由九昌丝织厂与福田丝绸厂于1965年合并而成,2003年8月破产,是年,丝绸集团等公司投资组建上海景佳实业有限公司。

2013年10月,织造公司兼并上海景佳实业有限公司(前身为上海第五丝织厂)。2010年5月停产转型,从事房屋租赁和物业经营业务。2015年6月,完成厂房动迁工作。

上海丝绸集团锐和投资管理有限公司　上海丝绸集团锐和投资管理有限公司(简称锐和投资公司)成立于2011年7月11日,是东方国际集团下属国有控股四级企业。

锐和投资公司注册资本1 500万元,由丝绸集团、上海第二丝绸机械厂、上海高境经济发展有限公司三方共同出资。主要从事股高路项目开放投资经营管理,取得较好的绩效。2017年7月,经董事会、股东会讨论同意,上海高境经济发展有限公司退出持有锐和公司10%的股权。锐和投资公司注册资本缩减为1 350万元。

上海老正和染厂有限公司　上海老正和染厂有限公司(简称老正和公司)成立于2016年10月,是东方国际集团下属国有全资四级企业。

老正和公司前身为老正和染厂,由沈松庭创建于1866年,厂址为中山南一路564号。1966年10月更名为上海染丝厂。1999年12月被评为"中华老字号"企业,2004年12月被认定为上海市高新技术企业。2007年6月为配合世博会配套规划动迁而停产,从事房屋租赁和物业经营业务。"星光照相器材商城"成为物业经营品牌。2016年10月,改制为"上海老正和染厂有限公司",注册资本320万元,继承原老正和染厂的一切权利与义务。

上海第六丝织厂有限公司　上海第六丝织厂有限公司(简称六丝公司)成立于2016年12月,是东方国际集团下属国有全资四级企业。

六丝公司是根据市国资委关于加快对非公司制企业实施改制的指示精神,通过改制而设立的。六丝公司前身为上海第六丝织厂,创建于1953年7月,原厂址在康定路1007号。1985年兼并第八丝织厂,1991年兼并第十丝织厂,1995年停产。六丝公司改制后,注册资本179.5万元,继承上海第六丝织厂的一切权利与义务。

上海市丝绸科学技术研究所有限公司　上海市丝绸科学技术研究所有限公司(简称丝研所)成立于2016年12月,是东方国际集团下属国有全资四级企业。

丝研所公司前身为上海市丝绸科学技术研究所,成立于1978年7月15日,经上海市科委批准重建,属于事业编制单位。是年12月,上海丝绸试样厂并入,作为研究所下属的实验工场。2001年1月,由事业单位转制为科技型企业。2016年12月,改制为上海市丝绸科学技术研究所有限公司,继承原上海市丝绸科学技术研究所的一切权利与义务。

上海第二丝绸机械厂有限公司　上海第二丝绸机械厂有限公司(简称二机公司)成立于2017年6月,是东方国际集团下属国有全资四级企业。

二机公司前身是宏祥印绸厂,创建于1923年。1968年12月,改建为上海第二丝绸机械厂。1980年与丝织三厂合作,共同试制成功SFK系列精密络并拈设备获国家纺织部重大科技成果二等奖。1990 年 SG2703 双层剑杆丝绒织机,获上海市科学技术进步一等奖。2000 年 SHGD0102 高速精密络筒机获国家新产品奖。

2003 年起,转为厂房租赁,从事物业经营和管理,"上海文教产业园区"成为物业经营品牌。2017 年 6 月,改制为上海第二丝绸机械厂有限公司,继承上海第二丝绸机械厂的一切权利与义务。

【上海凯邦实业有限公司】

上海凯邦实业有限公司(简称凯邦公司)成立于 1993 年 1 月 19 日,是东方国际集团下属国有控股的四级公司。

凯邦公司注册经营地址为中国(上海)自由贸易试验区富特北路 353 号 6 楼 609 部位。2017 年,公司注册资本 280 万美元,其中上海东方国际资产经营管理有限公司出资 226.80 万美元,占 81%股权、香港美达飞有限公司出资 53.20 万美元,占 19%股权。

凯邦公司原是一家贸易型、自有房地产经营活动的公司,主营业务包括自有房地产经营活动。公司设有综合办公室、财务室、物业部、市场部等 4 个部门,共有员工 6 人。

2017 年 6 月,根据资产管理公司转型发展的战略部署,凯邦公司经董事会批准,通过工商登记将公司经营范围作变更,变更后的经营范围为:国际贸易,转口贸易,酒类,针织品、工艺品(除象牙及其制品)的批发,进出口、佣金代理(除拍卖)及相关配套服务,区内仓储(除危险品),商务信息咨询,富特北路 353 号自有房屋租赁,食品流通,文化艺术交流活动策划。2017 年,公司营业收入 709 万元,净利润 118 万元。

【上海新贸制衣有限公司】

上海新贸制衣有限公司(简称新贸公司)成立于 1993 年 3 月 18 日,是东方国际集团下属国有控股的四级公司。

新贸公司注册地址上海市浦东新区新场镇奉新路 151 号。2017 年,新贸公司注册资本 116 万美元,其中东方丝绸 70.76 万美元,占 61%股权。浦东新区新场镇集体资产管理有限公司 16.24 万美元,占 14%股权。香港启理有限公司 29 万美元,占 25%股权。

新贸公司的前身是上海丝绸新贸服装联营厂,是一家拥有进出口权的生产型出口企业,主营业务包括生产中高档服装及配套服饰、销售自产产品,提供相关的配套服务、服装整理等。公司有员工 114 名。2017 年,新贸公司营业收入 1 527 万元,净利润 24 万元。

【上海恒盛贸易实业有限公司】

上海恒盛贸易实业有限公司(简称恒盛公司)成立于 1993 年 4 月 29 日,是东方国际集团下属国有控股的四级公司。

恒盛公司注册地址和经营地址为中国(上海)自由贸易试验区富特东一路 200 号 201 部位。2017 年,公司注册资本 212 万美元,其中资产经营公司出资 159 万美元,占 75%股权,东方国际香港有限公司出资 53 万美元,占 25%股权。公司设有综合办公室、财务室、市场部、销售部、物业部、保税业务部等 6 个部门,有员工 7 人。

恒盛公司是一家贸易型且具有自有房地产经营业务的公司,经营范围包括自有房地产开发经营、保税仓储业务。公司主营业务为自有房地产经营活动(房屋租赁)。

2017 年 9 月,根据资产管理公司转型发展的战略部署,恒盛公司经董事会批准,通过工商登记将公司经营范围作变更,变更后的经营范围为国际贸易,转口贸易,酒类,针织品、工艺品(除象牙及其制品)的批发,进出口、佣金代理(拍卖除外)及相关配套服务,区内仓储(除危险品),商务信息咨询,日京路191号、富特东一路200号的自有房屋租赁,食品流通,文化艺术交流活动策划。2017年,公司营业收入797万元,净利润91万元。

【上海元中实业有限公司】

上海元中实业有限公司(简称元中公司)成立于1993年9月2日,是东方国际集团下属国有全资四级公司。

元中公司注册地址为中山北路2900号,2017年注册资本为1000万元。东方国际集团于2005年通过国有资产划拨方式划拨给资产经营公司。元中公司是一家房地产开发企业,主营业务包括自有房屋租赁,房地产开发经营,物业管理等。公司设有综合办公室和财务部等2个部门,有员工14人。

元中公司大楼是东方服装的一间仓库,建造于20世纪70年代。90年代中期改造为中低档办公楼,大楼总层数为5层,建筑面积为30 557.85平方米。公司主营业务从原来销售服装、纺织品原料等转变为自有房屋租赁。2004年,东方国际集团将元中公司交给资产经营公司管理。2008年7月9日,元中公司召开临时股东会议形成决议,公司注册资本由1 400万元减至1 000万元,东方国际集团撤资400万元,同时退出股东会。2008年11月17日,元中公司变更注册资本为1 000万元,资产经营公司出资1 000万元,占100%的股份。

元中大楼由于内部设备老化,租赁业态比较低端,存在安全隐患和环境治理的难点。资产经营公司面对元中公司的现状,从改变传统租赁业态、提升资产质量出发,酝酿元中大楼改建事项,得到集团领导的重视和支持,将元中大楼改建列入"十二五"规划的6件大事之一,成为集团成立以来投资最大的大楼改建项目。

2011年5月,元中大楼改建项目启动,资产经营公司从各部门抽调人员和聘请业内资深专家组建基建处,参与元中大楼改建项目。公司参与建设的人员此前没有参建过类似项目,从前期报批、中期建设到后期报规,边工作,边学习,接受挑战,克服困难,采用"3+1"(管理公司、监理公司、施工单位+建设单位)协作管理模式,对工程进度全程掌控,项目的质量、资金都在可控范围内。从2014年4月开工建设到2016年12月竣工,经过两年多的建设期,元中工地未发生一起安全事故,同时达到"高楼蠹立、人员不倒"的廉洁目标,通过项目锻炼出一支敢打硬仗的工程管理队伍,成为"干部职工优秀、工程质量优质"的双优工程。

元中项目工地从上海市8 000个在建工地中脱颖而出,被上海市建筑施工行业协会评为2015年度上海市"明星工地"。2017年3月,又被上海市和普陀区评为市、区两级2016年度优质结构奖。2017年,元中公司获上海市五一劳动奖状。东方国际元中大厦作为普陀区的新地标得到集团和普陀区政府的好评。同时,元中公司项目基建处分别获东方国际集团上海资产管理有限公司2015—2016年度"文明单位"、安全工作先进集体称号,2015年度、2017年度"春蚕杯"先进集体称号。元中公司项目组获2015—2017年度东方国际集团转型发展标杆集体。2015—2017年,公司营业总收入1 473万元。

【上海北蝶服饰有限公司】

上海北蝶服饰有限公司(简称北蝶公司)成立于1994年11月,是东方国际集团下属国有参股四级公司。

北蝶公司是一家中外合资的公司,公司注册(经营)地址为浦东区航头镇航业路12号。2017年,公司注册资本160万美元,其中上海北蔡工业有限公司占40%股权,上海丝绸进出口浦东有限公司占35%股权,日本蝶理株式会社占25%股权。公司设有生产、技术、质量等部门3个,有员工98人。

北蝶公司合资前是日本蝶理株式会社在上海北蔡绣衣厂的专用车间。1994年11月,注册成立上海北蝶服饰有限公司。2002年2月,上海北蔡绣衣厂将全部股份转让给上海北蔡工业有限公司。公司成立以来,经过1998年、2003年、2005年三次经营者变更,经历2003年"非典"、2008年金融危机、2012年搬迁、2015年日本客户向东南亚转移等重大事件及变故,经营上坚持把服装加工做到极致的基本方针。公司主营业务为生产高级时装、服饰品及机绣品,销售自产产品,产品以外销日本为主,始终坚持做中高档产品,技术力量雄厚,设备先进,产品除毛衣类以外,几乎覆盖服装的所有面料和款式,是服装生产的综合性工厂。2015—2017年,公司累计营业收入3 026万元。

【上海新铁链筛网制造有限公司】

上海新铁链筛网制造有限公司(简称新铁链公司)成立于2002年12月,是东方国际集团下属参股四级公司。

新铁链公司是一家特种纺织品制造型企业,公司注册地址为嘉定区华江路157号。2017年,公司注册资本3 100万元,其中丝绸集团占40%股权,陆金发及相关公司占40%股权,其他自然人占20%股份。公司设有综合办公室、人力资源部、财务部、织造部、外贸部、内贸部等13个部门,在册员工123人。

新铁链公司致力于科技创新、技术革新和新产品研发,精心打造"铁链牌"筛网的品质。2003—2005年,"铁链牌"筛网连续被评为上海市名牌产品。2003年,公司在上海筛网厂认证的基础上,通过英国SGS公司ISO9001-2000认证,其后升级为2008版、2015版。2007年12月始,公司连续三次(七年)被上海市科学技术委员会认定为上海市高新技术企业。2007年7月,"'铁链牌'精密过滤筛网"和"'铁链牌'精密印刷筛网"被上海市高新技术成果转化项目认定办公室认定为上海市高新技术成果转化项目。2011年6月,"高目孔涤纶筛网(DPP120-165)"被认定为上海市高新技术成果转化项目。公司"一种抗静电和网丝交叉点固定的筛网及其生产方法""印刷筛网的制备方法""空调滤网及其制备方法""一种300目以上精密高目孔筛网后处理工艺"4项发明获专利。"一种用于片梭织机的坦克幅撑""一种片梭织机的电子送经器""一种用于织造丙纶纤维筛网的油槽""一种具有表面包覆结构的片梭织机卷取辊筒""一种改进的片梭织机经轴"等13项实用新型专利,被中华人民共和国知识产权局授权。2008年,新铁链公司作为第一起草单位,牵头起草修订《合成纤维筛网》国家标准(GB/T14014-2008),该标准于2008年12月31日发布,2009年8月1日实施。2009年,公司获嘉定区"小巨人"企业称号。公司与中国火箭运载空间技术中心(中国航天五院第八研究所)共同研发的特高强锦丝K59225、K59321降落伞绸,为中国"神五""神六"载人飞船返回舱胜利返回地面作出重大贡献。2016年,新铁链公司获嘉定区"劳动关系和谐企业"。2017年获"上海市和谐劳动关系达标企业"称号。2017年,公司营业收入2 180.27万元,净利润22 226.40万元(含土地征收收益22 156.62万元)。

【上海商都实业有限公司】

上海商都实业有限公司(简称商都实业公司)成立于2009年4月7日,是东方国际集团下属国有全资四级公司。

商都实业公司注册地址和经营地址为中国(上海)自由贸易试验区日京路161号2楼201室。2017年,公司注册资本100万元,资产经营公司占100％股权。

商都实业公司是一家实业投资、自有房地产经营公司,主营业务包括自有房地产经营(房屋租赁)。2017年,公司营业收入169万元,净利润63万元。

【上海丝宝丝绸有限公司】

上海丝宝丝绸有限公司(简称丝宝公司)成立于2017年11月,是东方国际集团下属国有四级公司。

丝宝公司注册地址为宝山区三门路561号。2017年,公司注册资本730万元。公司设综合办公室、财务部、人力资源部、仓储管理部等4个部门,共有员工9名。

丝宝公司主营业务为出口丝、绸成品和半成品商品储存,是一家仓储类型的公司。公司的前身为上海市丝绸进出口公司三门路仓库,成立于1982年初。1994年起,上海市丝绸进出口公司三门路仓库开始独立核算。2006年6月,整体出租给东方丝绸。2012年10月1日东方丝绸又整体转租给上海复宝投资发展有限公司。2006年6月,与东方丝绸白洋淀仓库合署办公。2017年,公司营业收入655.69万元,净利润276.75万元。

【上海白韵丝绸有限公司】

上海白韵丝绸有限公司(简称白韵公司)成立于2017年11月,是东方国际集团下属国有四级公司。

白韵公司注册(经营)地址为周家嘴路4222号。2017年,公司注册资本250万元。公司设综合办公室、财务部、人力资源部、仓储管理部等部门4个,有员工9人。

白韵公司是一家仓储类型的公司,主营业务包括仓储出租、停车场库经营。

白韵公司的前身为上海市丝绸进出口公司白洋淀仓库,成立于1966年6月,主要经营出口丝、绸商品储存。1994年起,上海市丝绸进出口公司白洋淀仓库开始独立核算。2006年6月,与东方丝绸三门路仓库合署办公。公司在做好库房出租、地块开发、转型发展方面,重点做好顾客服务和安全生产。公司改制后,在文明单位创建、安全生产标准化体系建立等方面进行一系列强化机制工作,注重环境和服务的提升,为企业的长期稳定发展奠定扎实的基础。2017年11月,公司通过安全生产标准化二级企业的申报工作。2017年,公司营业收入565.82万元,净利润38.94万元。

【上海劳士泰服饰有限公司】

上海劳士泰服饰有限公司(简称劳士泰公司)成立于2010年6月,是东方国际集团下属国有参股五级企业。

劳士泰公司注册(经营)地址为中国(上海)自由贸易试验区陆家嘴环路1188号M-2室,是一家有限责任公司。2017年,公司注册资本60万元,上海新贸制衣有限公司占100％股权。

劳士泰公司主营业务包括服装定制、零售。服装检测等,拥有"劳士泰勒"服饰私人定制品牌,开设高级定制服装门店。2017年,公司营业收入55.8万元,净利润0.09万元。

第十节　上海领秀电子商务有限公司

上海领秀电子商务有限公司(简称领秀公司)是东方国际集团下属控股二级公司。2017年年底,领秀公司下属有普捷有限公司一家海外企业。

一、沿革

领秀公司成立于2011年12月26日,由上海汇银有限公司和上海明嘉投资管理有限公司共同出资组建,为静安区政府重点扶持的电商企业。

2014年6月19日,东方创业召开第六届董事会第二次会议,会议审议通过《关于收购上海领秀电子商务有限公司股权》的议案,决定收购领秀公司的股权。东方创业股权收购完成后,领秀公司的股东为东方创业和汇银公司。其中东方创业持有领秀公司66.94%的股权,汇银公司持有领秀公司33.06%的股权。2016年,为满足公司发展需要,双方股东同比例增资,公司注册资本由2 000万元增加至4 994.56万元。2017年12月,东方国际集团董事会通过决议,增资收购领秀公司100%股份。

二、概况

领秀公司是一家进口商品销售企业,主要业务是为欧美等高端奢侈品牌提供营销和推广服务,通过其运营的电子商务网站"爱奢汇"和其他线下渠道为国内高端消费者提供服务客户,销售商品主要为轻奢侈品,贸易方式为线上线下结合的O2O模式。

2014年7月起,东方国际集团主要经营团队进驻领秀公司,致力于打造专营进口消费品的供应链和线上B2B、B2C为核心业务。是年10月,领秀公司建立健全部门设置,设品牌和采购、市场和销售、运营、物流、技术等部门,任命公司中层干部。

2015年8月,为满足业务发展需要,公司总部由静安区南京西路758号汇银大厦18楼搬迁至虹口区四川北路1666号高宝大厦14楼。

2017年12月底,领秀公司实现销售收入8 000万元。公司设有总经理室、人力资源部、财务部、技术部、官网事业部、POP事业部、B2B贸易部、采购部等13个部门,在职员工63人。

领秀公司负责人和党群组织负责人包括公司董事长、总经理、副总经理、财务总监、党总支书记、工会主席、团总支书记等。

表1-3-25　2014年7月—2017年12月领秀公司负责人和党群组织负责人任职情况表

职　务	姓　名	任　职　年　月
董事长	季胜君	2014年7月—
总经理	蔡　军	2014年7月—
副总经理	蔡震东	2014年8月—
	颜奕斌	2014年8月—
	朱　菁	2014年8月—

职　务	姓　名	任 职 年 月
财务总监	倪愈刚	2014 年 8 月—
党总支书记	蔡　军	2015 年 8 月—
工会主席	朱　菁	2015 年 7 月—
团总支书记	邵　晴	2016 年 11 月—

三、经营管理

【公司经营】

领秀公司旗下自营电商网站"爱奢汇"是一家专营进口商品的垂直类网站,2015 年起涉足跨境电商业务。2016 年 6 月,爱奢汇 App 上线,网站进入移动时代。至 2017 年,PC 端官网、App 端和 WAP 端三端运营模式完备。

"爱奢汇"是一家以"轻奢"为风格,以国内中产阶层为主要目标市场,以精致生活为主题的垂直类电商平台。平台定位:专营进口商品。平台宗旨:汇聚海外名品,引领精致生活。平台集合欧美、澳新、日韩等全球优选品牌,涵盖时尚名品、母婴用品、食品保健和家居用品等商品品类,聚焦吃、穿、用等进口中高档快消品和轻奢侈品。"爱奢汇"平台以知名品牌为引流商品,以小众品牌为特色,以独家商品增强竞争力,致力打造专营进口消费品的供应链和线上 B2B、B2C 核心业务。

2015 年,领秀公司与东方外贸、东方纺织等公司一起前往欧洲招商,引进意大利、西班牙、法国等国的当地知名食品和时尚品牌。

图 1-3-16　2015 年 9 月 9 日,领秀公司在四川北路 1666 号高宝大厦 14 楼开设 O2O 体验店

2015年6月,米兰世博会期间,东方国际集团在中国企业联合馆与6家意大利知名食品、皮具、配饰企业举行签约仪式,强化东方国际集团海外直采的正品形象。是年9月,领秀公司在四川北路1666号高宝大厦14楼开设第一家O2O体验店,后逐步入驻上海国际时尚中心、杉杉奥莱等商场,线上线下全方位为消费者引领精致生活方式。

2016年5月,公司与SMG星尚频道合作摄制《爱奢汇品牌之旅》,由VIP嘉宾亲临见证海外直采,领略品牌家族特色。2016年7月,节目在上海电视台星尚频道首播,通过公众媒体的宣传,达到推广爱奢汇并树立公信力的预期效果。公司设立"新媒体+社群"矩阵,用内容吸引用户,社群沉淀用户。拥有"爱奢汇""爱奢汇时尚圈""爱奢汇育儿圈"三个公众号,合计粉丝超过3.5万人。时尚类、母婴类社群若干,合计人数近5000人。

依托东方国际集团在进出口贸易领域的专业优势和公司自身电商运营的经验,2015年,领秀公司大力拓展渠道业务,公司引进第三方运营团队,在京东商城和一号店各开设食品、箱包、母婴和跨境8家专门店。2016年,逐步发展起集大型电商境外批发业务、大型电商国内送仓代销和线下批发渠道等三种业务模式于一体的完整批发业态,成为京东、天猫、国美、一号店等大型电商的进口消费品供应商,涵盖境外、境内、线上、线下多种供应链模式,能为商家(品牌)提供电商运营服务(简称TP)、电商物流、仓储仓配支持。截至2017年年底,渠道业务销售额占据公司主营收入90%,成为公司主要的利润来源。

2016年12月,在第二届"中国(上海)互联网+外贸高峰论坛"上,领秀公司获"2016年度互联网+外贸创新企业"称号。

2017年年底,"爱奢汇"在线品牌250个,3500个SKU(商品数量)。

图1-3-17　2016年5月4—16日,领秀公司赴欧洲开展品牌之旅活动

表 1‑3‑26　2014—2017 年领秀公司主要财务指标情况表

年份	总资产(万元)	归属母公司净资产(万元)	税前利润(万元)	归属母公司净利润(万元)	进出口总额(万美元)	其中出口(万美元)	其中进口(万美元)	营业收入(万元)	资产负债率(%)
2014	1 609	6	−1 064	−1 064	—	—	—	970	99.63
2015	3 083	−1 603	−1 618	−1 618	—	—	—	1 196	152
2016	4 615	−1 454	−2 859	−2 859	—	—	—	4 254	132
2017	5 046	−4 030	−2 569	−2 569	—	—	—	8 077	180

【公司管理】

领秀公司建立"强烈进取、意志坚定、团结合作"的团队文化。同时,根据公司的愿景和使命,提出"诚信、卓越、创新"的企业精神。注重在企业经营管理的方方面面引导和传递公司的企业文化、企业精神。

领秀公司作为一家创业型公司,根据企业发展阶段和需求,调整和完善管理模式。2015 年下半年,公司实行类目管理制。根据经营品类,成立母婴、食品、箱包、小众品牌等 4 个类目组,选拔一批类目经理。2016 年下半年,公司再次调整组织结构,设立 POP、B2B、官网、品牌 4 个运营事业部,直接承担业务指标,对应 4 大类目实现采销垂直管理,形成"四纵四横"的网状结构。

四、党建与精神文明建设

在东方国际集团党委的领导下,2015 年 8 月,领秀公司成立党支部。经东方国际集团党委批准,由朱菁、蔡军、蔡震东组成党支部第一届委员会,蔡军任党支部书记,朱菁任纪检监察委员。至 2017 年年底,领秀公司党支部有正式党员 7 名,预备党员 1 名。公司党支部在工作中,根据东方国际集团党委要求,切实履职,服务企业经营,促进企业发展,发挥党支部战斗堡垒作用和党员的先锋模范作用,团结和凝聚全体员工,为企业发展提供组织保障。

2015 年 7 月,领秀公司召开工会会员大会,选举产生领秀公司工会第一届委员会,经东方国际集团工会批准同意,朱菁任领秀公司工会第一届委员会主席。

2017 年 6 月,领秀公司被东方国际集团党委命名为"党支部建设示范点"。

五、下属企业

【普捷有限公司】

普捷有限公司(FAST ALLIANCE LIMITED,简称普捷公司)是东方国际集团下属控股三级公司。

普捷公司于 2013 年在中国香港成立,注册资本 1 万港元,投资方为东方国际香港有限公司。2014 年,领秀公司为开展跨境业务,收购普捷公司全部股权。2015 年,领秀公司向普捷有限公司增资 480 万港元。

普捷公司主营业务包括母婴用品、食品等跨境销售,公司注册地址为香港湾仔轩尼诗道 338 号北海中心 17 楼 C 室。2017 年普捷公司注册资金为 583 万港元,领秀公司占 100% 股权。2017 年,公司营业收入为 3 245 万港元。

第十一节　东方国际集团上海投资有限公司

东方国际集团上海投资有限公司(简称投资公司)是东方国际集团下属的国有全资二级公司。

一、沿革

投资公司的前身是成立于 2011 年 12 月的上海东顺投资有限公司(简称东顺公司)。2012 年 12 月,市国资委将东顺公司划入东方国际集团,为东方国际集团的国有独资企业。截至 2015 年 11 月,东顺公司未开展任何实质性业务运作,基本处于休眠状态。

2015 年 11 月 30 日,为进一步强化和完善集团对外投资及股权管理功能,集团决定启动和激活东顺公司,将东顺公司更名为"东方国际集团上海投资有限公司",以此作为集团的投资运营平台。

二、概况

投资公司注册地址为长宁区娄山关路 85 号 B 座 1104 室,经营地址为长宁区娄山关路 85 号 A 座 1601B 室。公司初始注册资本为 2.4 亿元,2017 年 12 月注册资本增加到 5.67 亿元,东方国际集团持有 100% 股权。公司设有股权投资部、证券投资部、财务部、综合办公室 4 个部门。公司在编员工 8 人,其中总经理室 2 人,综合办公室 1 人,财务部 2 人,股权投资部 2 人,证券投资部 1 人。

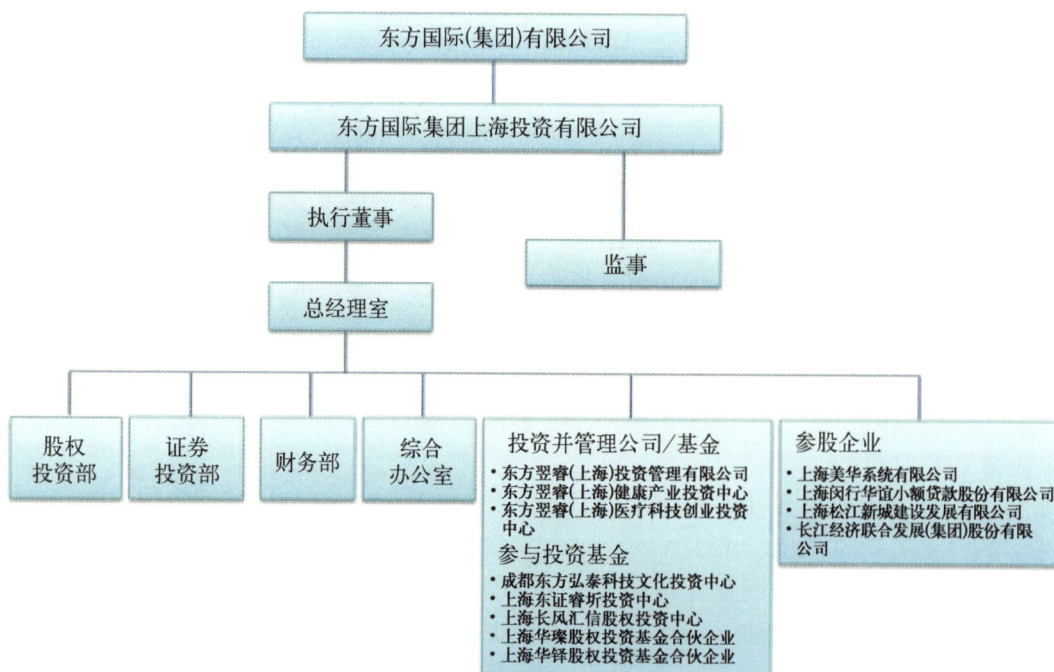

图 1-3-18　投资公司组织架构

投资公司负责人和党组织负责人包括公司董事长、副董事长、执行董事、监事长、总经理、副总经理、财务总监、联合党总支书记、联合党总支副书记等。

表 1－3－27　2015 年 12 月—2017 年 12 月投资公司负责人和党组织负责人任职情况表

职　　务	姓　　名	任　职　年　月
董事长（兼）	季胜君	2015 年 11 月—2016 年 5 月
副董事长（兼）	邢建华	2015 年 11 月—2016 年 5 月
执行董事（兼）	邢建华	2016 年 5 月—
监事长（兼）	强志雄	2015 年 11 月—2016 年 5 月
总经理	张　路	2015 年 11 月—
副总经理	徐　民	2017 年 8 月—
财务总监（兼）	曾　玮	2015 年 11 月—
联合党总支书记（兼）	邢建华	2015 年 11 月—
联合党总支副书记（兼）	陈乃轶	2015 年 11 月—

图 1－3－19　2017 年 8 月 21 日，投资公司员工合影

三、经营管理

投资公司运营以来，以发展健康基金核心业务为主，逐步开拓投资并购、证券市场运作、财务性投资等多元化发展模式，不断培养中长期内需要的股权投资能力、并购重组和资本运作的能力，以

及对金融资产进行优化配置、管理增值的能力。

【公司经营】

投资公司主营业务包括基金运作与管理、主业并购、证券投资与管理、财务性投资、参股企业管理等。

基金运作与管理 投资公司发起设立健康产业基金的初衷是实施集团大健康板块的发展规划,通过基金在健康投资领域的市场化运作,探索健康领域的前沿热点和发展趋势,服务集团发展大健康产业的总体布局。

2016年5月18日,投资公司联合上海东方证券资本投资有限公司发起设立并管理东方翌睿(上海)投资管理有限公司,注册资本200万元。2016年8月5日,发起设立东方翌睿(上海)健康产业投资中心(有限合伙,简称翌睿健康投资中心),并于是年11月29日完成中国证券投资基金业协会备案。翌睿健康投资中心总规模10亿元,一期规模5亿元,主要投资方向为医疗器械、生物医药和其他医疗健康领域。2016年11月,翌睿健康投资中心对上海东松医疗科技有限公司增资,获15%股权。2017年,翌睿健康投资中心针对精准医疗中的分子诊断领域投资赛纳生物和飞朔生物两个项目,前者从事基因二代测序仪的研发和制造,后者为基因测序服务提供基因捕获用的肿瘤诊断试剂,两家企业在产业链上有较强的协同效应。为充分利用国家和上海市关于创业投资基金的鼓励和扶持政策,提高基金运营效率,2017年对原翌睿健康投资中心进行分立,另外分拆出东方翌睿(上海)医疗科技创业投资中心(有限合伙),专门从事早中期项目的孵化培育和投资。2017年7月,翌睿健康投资中心还新设载体参与合肥会通新材料的IPO项目融资。

投资公司还参与投资以下基金:上海华璨股权投资基金合伙企业、上海华铎股权投资基金合伙企业、上海长风汇信股权投资中心、成都东方弘泰科技文化投资中心、上海东证睿圻投资中心等。

图1-3-20 2017年9月20日,东方翌睿(上海)投资管理有限公司与厦门飞朔生物技术有限公司举行项目合作签约仪式

主业并购　投资公司聚焦集团主业,积极寻找包括货物贸易、现代物流和大健康等领域可供并购重组的合作契机。投资公司与国内、国际多家FA(财务中介)公司,以及券商、知名投资机构开展交流与合作,包括毕马威、普华永道、德勤、易界资本、易凯资本、BDA、藤湖资本、中信证券等,扩大项目渠道来源。与中国贸促会驻外机构建立紧密联系,寻找主业并购标的。通过参股基金的触角,陆续接触适合集团三大主业方向的投资并购标的。

证券投资与管理　投资公司积极优化、盘活集团股票证券资产,包括海通证券、西部矿业、西藏城投、汇通能源、新南洋等股票。截至2017年年末,市值约16.5亿元(不包含东方创业),通过资本运作盘活资金,获取优质财务回报。同时,投资公司在证券市场投资业务方面进行积极的尝试:投入2 000万元资金进行股票交易和国债回购交易,2017年浮盈比例为26.68％。利用1亿元额度借助财通基金专户,主动构建和管理定增股票投资组合,累计投资财通基金6 000万元,配置定增股票17只,浮盈比例约13.98％。

财务性投资　2016年9月,投资公司出资8 000万元参与东方弘泰基金对美国互联网营销技术公司APPLOVIN的收购,该公司业绩持续增长,按投资时作价动态估值倍数在14倍～15倍之间。此外,公司积极寻找具有技术优势、爆发力强的科技型企业,以及具有一定规模、上市预期明确的投资标的,以期通过回报性强的项目投资,在较短时间内为投资公司带来收益。

参股企业管理　公司集中管理集团所属参股企业包括:上海美华系统有限公司、上海闵行华谊小额贷款股份有限公司、上海松江新城建设发展有限公司、长江经济联合发展(集团)股份有限公司等。

表1-3-28　2017年12月投资公司管理的参股企业情况表

参股企业名称	投资成本(万元)	持股比例	备　　注
上海松江新城建设发展有限公司	1 574.09	10.00％	
上海美华系统有限公司	179.64	4.87％	
长江经济联合发展(集团)股份有限公司	420.00	0.46％	2017年上海国资经营公司领头增资,股权评估值因旗下上市公司长江投资以公允市价计量而增值。投资公司未参与该次增资
上海闵行华谊小额贷款股份有限公司	1 000.00	10.00％	曾涉大额贷款诉讼经营不佳,2018年年底通过债权转让方式解决该问题
小　计	3 173.73		
上海农村商业银行	6 000.00	1.20％	集团总部直接持股,投资公司提供决策与管理支持
长江养老保险股份有限公司	8 848.32	3.17％	集团总部直接持股,投资公司提供决策与管理支持。2017年,帮助集团完成对长江养老的增资
小　计	14 848.32		
合　计	18 022.05		

表 1-3-29　2015—2017 年度投资公司主要财务指标情况表　　　　　　单位:万元

类别 ＼ 年份	2015	2016	2017
资产总额	39 148.53	52 961.11	79 394.07
归属母公司净资产	32 406.00	32 628.57	57 457.71
归属母公司净利润	−4 056.47	220.63	4 198.22

【企业管理】

投资公司成立以来,将规范强化企业内部管理作为一项重要抓手,制定和完善规章制度,在业务、资金、行政、风险防范等各个环节,提高行政管理效能和监督管控能力,做到制度规范、执行有力、发展有序。具体规章制度分类列举如下:

业务类:《投资决策管理办法》《证券投资管理办法》《市值管理操作细则》等。

财务类:《全面预算管理办法》《货币资金管理规定》《财务报表管理办法》《费用管理规定》等。

行政管理类:《印章管理办法》《档案管理办法》《薪酬管理制度》《绩效考核暂行办法》《员工培训规定》《安全管理制度》《合同管理暂行办法》等。

投资行业是一个高风险、高回报、高压力的行业,防范法律风险、加强合规管控是重中之重。投资公司聘请锦天城律师事务所作为公司的常年法律顾问,招聘专业法务人员负责公司内部法律审核工作。

四、党建与精神文明建设

2016 年,投资公司联合党支部成立。投资公司联合党支部由集团投资公司党员和东方创业资产经营部的党员组成。在集团党委的领导下,投资公司党支部按照"抓班子,谋战略;抓党建,促发展;抓团队,促成效"的总体思路,着力加强党支部建设。坚持传统和创新相结合的学习形式,充分发挥党支部在企业发展中的推进作用。结合企业初创实际,营造"创新突破"文化氛围,充分发挥党组织政治核心优势和党员的先锋模范作用。

第十二节　上海东松医疗科技股份有限公司

上海东松医疗科技股份有限公司(简称东松公司)是东方国际集团下属国有控股三级公司。2017 年年底,公司下属有上海东贸贸易有限公司、上海东贸国际贸易有限公司、上海东松汽车销售有限公司、上海东松融资租赁有限公司等 4 家国内四级企业,富盛康有限公司 1 家海外四级企业,以及上海聚力康东贸灭菌技术有限公司 1 家五级企业。

一、沿革

东松公司成立于 1997 年 7 月 16 日,是一家借壳改制组建的其他股份有限公司,前身是东方国际集团上海市对外贸易有限公司业务八部。1997 年 7 月 16 日,由东方国际集团、东方外贸、上海市松江经济技术开发建设总公司、上海市松江工业区经贸实业发展有限公司四方共同投资设立,公司注册资金500万元,名称为上海东松国际贸易有限公司。

1999年4月,东方国际集团、上海市松江经济技术开发建设总公司、上海市松江工业区经贸实业发展有限公司三方股东协议退出,股权变更为东方外贸占51%,东方外贸工会占34%,东松公司职工持股会占15%。

2002年2月,公司注册资金增加到1000万元,其中东方外贸占85%,东松公司职工持股会占15%。随后几年中,公司的股东、股权和注册资金发生多次变化,至2016年1月,公司更名为上海东松医疗科技有限公司,注册资金为1875万元,其中东方创业占65%,东松公司自然人股东占35%。

2017年2月,公司再次更名为上海东松医疗科技股份有限公司,注册资金为2205.8万元,其中东方创业占51%,上海东松东贸健康管理合伙企业(有限合伙)34%,东方翌睿(上海)健康产业投资中心(有限合伙)15%。

二、概况

东松公司注册地址为浦东新区花木镇高科西路1862号,经营地址为黄浦区宁波路1号11楼。2017年,公司注册资本2205.88万元。公司设有业务一部、业务二部、业务三部、业务五部、渠道管理部、供应链管理部、招标部、行政部、财务部等9个部门,有员工88人。

东松公司负责人和党群组织负责人包括历任公司董事长、副董事长、监事长、总经理、副总经理、党总支书记、财务总监、工会主席等。

表1-3-30 1998年7月—2017年12月东松公司负责人和党群组织负责人任职情况表

职 务	姓 名	任 职 年 月
董事长(兼)	刘建伟	1999年4月—2006年5月
	周 峻	2006年5月—2011年12月
	钟伟民	2011年12月—2014年10月
	强志雄	2014年10月—2015年4月
	季胜君	2015年4月—
副董事长	庞继全	1999年4月—
监事长(兼)	方为群	1998年12月—2006年6月
	陈 浩	2006年6月—2011年9月
	季胜君	2011年9月—2015年4月
	盛一鸣	2015年4月—
总经理	庞继全	1998年11月—
副总经理	沈永昌	1998年11月—
	李 明	2000年1月—2004年12月

〔续表〕

职　　务	姓　　名	任　职　年　月
副总经理	陈宝福	2000 年 1 月—2004 年 12 月
	孙　琦	2005 年 6 月—2010 年 5 月
	吕敏华	2017 年 12 月—
	庄伟国	2017 年 12 月—
党总支书记	庞继全	2012 年 4 月—
财务总监	庄伟国	2000 年 1 月—
工会主席	李　明	1998 年 7 月—2010 年 5 月
	庄伟国	2010 年 5 月—

三、经营管理

【公司经营】

公司主营业务包括进出口贸易、国内贸易、贸易经纪与代理(招标代理)、医疗器械相关的供应链管理等。

公司成立初期,主要从事通信设备、仪器及医疗等机电设备的代理进口,业务模式和产品类别都比较单一。

1998 年,公司利润总额 416.52 万元,营业收入 9 671.09 万元,进口规模为 8 000 万美元。

1999—2008 年是东松公司发展的第一阶段。公司确立"提供综合配套优势服务,追求持续良好发展空间,创造真诚高效合作平台,实现互利共赢理想目标"的发展理念。十年期间,公司贯彻实施以进口为主,出口为辅,以进口带动出口;代理为主,自营为辅,以代理促进自营的经营方针,在贸易模式和商品经营范围上进行拓展和延伸,取得良好的经营业绩。公司从原先单一的仪器仪表进口,拓展到大宗原材料等领域,进口业务中医疗器械占 41.94%,钢材占 29.07%,其他机电产品占 22.17%,化工产品占 3.43%。出口业务中燃油泵占 23.75%,钢材占 27.36%,电动工具、卡车配件等机电产品占 33.91%,纺织品占 12.18%,化工产品占 1.47%。公司进口业务规模从 8 000 万美元增长到 2.59 亿美元,出口从零开始到 2.28 亿美元,进出口规模达 4.87 亿美元。营业收入从 9 671.09 万元,增加到 22.29 亿元,年平均增长 36.85%。公司净利润从 416.52 万元增长到 3 026.66 万元,年平均增长超过 22%。资产保值增值率年均达到 170.88%,净资产收益率年均达到 67.27%。

2009—2013 年是东松公司发展的第二阶段。2008 年由于受全球金融危机影响,大宗原材料价格大幅下降,煤炭、钢材等大宗原材料业务相继停止或缩小规模。与此同时,随着 2009—2011 年期间综合类大学合并医学院,医疗类产品政府集中采购等一系列政策的先后落地和实施,公司医疗类产品及服务等相关业务比重不断上升。由此,公司逐步明确以医疗业务为重点的未来发展方向,同时将医疗设备进口代理及招标业务树立为公司的核心业务板块,公司聚焦医疗产业取得重大进展。至 2013 年,公司进出口总额达到 5 亿多美元,净利润 4 000 多万元。其中医疗业务占进口规模比例从2008年的41.94%增至2013年的86.79%。医疗业务在此期间的平均增幅达21.51%,高于同期5.06%的进口业务增幅。最为重要的进口业务是为市新建的"5+3+1"医院引进世界先进的医疗设备——"质子重离子"。

2014—2017年是东松公司发展的第三阶段。在此期间公司经营规模、效益等各方面得到全面提升,逐步形成进口代理、招标代理、渠道管理、供应链管理、融资租赁、出口业务六大业务板块。2017年,公司的进出口规模达到5.7884亿美元,进口达到4.1316亿美元,净利润达7796万元,其中,创新业务的净利润收入占公司利润的61.22%。

公司成立以来,累计进出口额达78.34亿美元,其中进口54.59亿美元,出口23.75亿美元,营业总收入347.17亿元。

2015年,中国医药保健品进出口商会召开第六届理事会第四次会议,对2014年度医药进出口优秀会员企业进行表彰。东松公司第五次获医保商会会员企业"医药保健品进口五强企业"的称号,在医疗器械进口企业中进口规模排名为第一。

图1-3-21 2009年1月23日,东松公司签订引进质子重离子系统设备合同

表1-3-31 1998—2017年东松公司主要财务指标情况表

年份	总资产(万元)	归属母公司净资产(万元)	税前利润(万元)	归属母公司净利润(万元)	进出口总额(万美元)	其中出口额(万美元)	其中进口额(万美元)	营业收入(万元)	资产负债率(%)	净资产收益率(%)	资产保值增值率(%)
1998	523.00	496.14		416.52				9 671.09	5.14		
1999	11 336.09	479.17	822.00	698.63	12 686.00	1 360.00	11 326.00	18 398.08	95.77	143.26	96.58
2000	14 742.51	1 547.87	1 279.00	1 068.70	20 172.00	2 004.00	18 168.00	78 766.31	89.50	105.44	323.03
2001	17 623.80	2 925.62	1 524.00	1 377.76	25 146.00	2 802.00	22 344.00	78 893.78	83.40	61.60	189.01
2002	28 458.15	3 184.95	1 919.00	1 581.24	30 232.00	4 593.00	25 639.00	114 979.59	88.81	51.75	174.32

〔续表〕

年份	总资产 (万元)	归属 母公司 净资产 (万元)	税前 利润 (万元)	归属 母公司 净利润 (万元)	进出口 总额 (万美元)	其中 出口额 (万美元)	其中 进口额 (万美元)	营业 收入 (万元)	资产 负债率 (%)	净资产 收益率 (%)	资产保 值增值 率(%)
2003	49 089.95	3 961.24	2 111.00	1 810.83	38 234.00	6 711.00	31 523.00	141 204.60	91.93	50.68	164.13
2004	46 323.02	4 003.06	2 401.86	2 084.93	39 027.00	8 964.00	30 063.00	138 095.69	92.30	52.36	152.63
2005	56 083.05	4 046.76	2 639.66	2 261.53	41 886.00	10 101.00	31 785.00	170 242.00	92.78	56.19	145.65
2006	51 164.30	4 745.00	2 771.32	2 342.92	34 681.00	10 163.00	24 518.00	164 938.86	90.73	53.30	157.90
2007	51 680.74	5 761.13	3 042.62	2 512.29	34 650.00	16 046.00	18 604.00	200 525.96	88.83	47.83	152.95
2008	52 859.11	6 77.85	3 844.19	3 026.66	48 678.00	22 829.00	25 849.00	222 896.05	88.12	50.28	152.58
2009	74 167.73	6 792.08	4 004.75	3 219.90	48 030.00	12 157.00	35 873.00	148 300.71	90.84	49.27	156.40
2010	75 976.28	6 547.13	4 312.73	3 359.09	46 681.00	18 391.00	28 290.00	179 027.74	91.38	50.36	149.46
2011	68 871.70	6 708.58	4 764.33	3 519.27	51 234.00	19 742.00	31 492.00	184 332.89	90.26	53.10	153.75
2012	76 249.98	6 945.34	4 809.38	3 753.52	46 927.00	15 837.00	31 090.00	204 214.30	90.89	54.98	155.93
2013	89 702.10	5 851.41	5 396.04	4 011.92	50 203.00	17 120.00	33 083.00	233 243.93	93.48	62.70	157.65
2014	87 753.81	8 594.41	6 064.48	4 664.16	53 018.00	19 025.00	33 993.00	268 567.24	90.21	64.57	179.73
2015	102 419.23	10 409.22	8 360.47	6 398.92	49 638.00	16 734.00	32 904.00	281 871.05	89.84	67.34	174.74
2016	145 993.07	16 332.57	11 172.72	8 541.69	54 313.00	16 319.00	37 994.00	294 725.87	87.76	68.96	191.75
2017	148 022.74	22 653.71	10 318.51	7 796.41	57 884.00	16 568.00	41 316.00	338 773.68	84.70	39.80	138.70

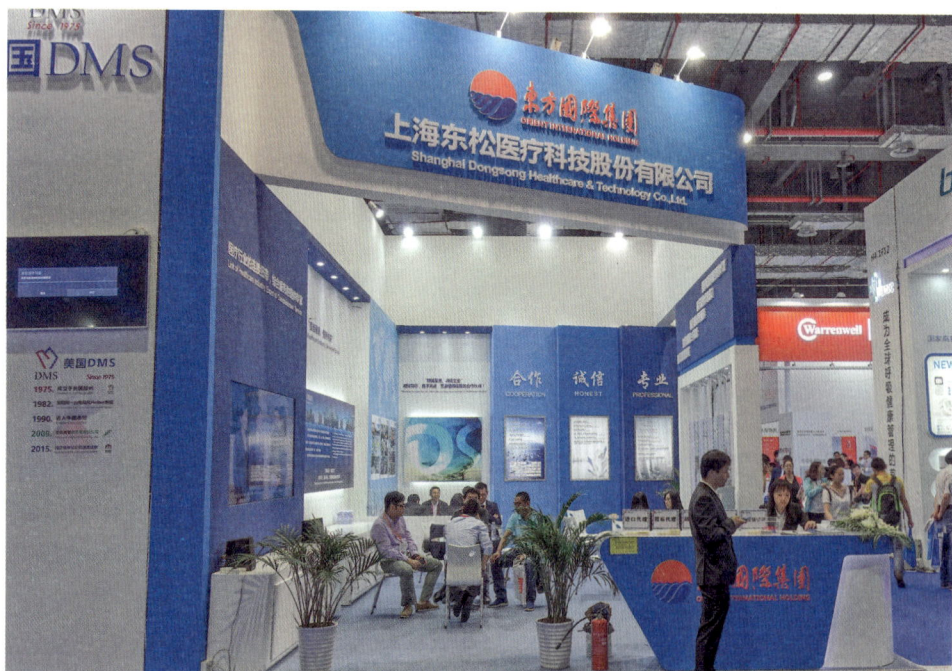

图 1-3-22 2017 年 5 月 15—18 日,东松公司参加第 77 届中国国际医疗器械(春季)博览会

【公司管理】

东松公司成立以来,遵循"精细管理"的管理方针,制定和完善业务、行政、财务、人事、工会、党群等方面的 280 余项管理制度,其中《进(出)口业务规程》有 5.6 万字,把原本个性化的业务管理和操作方法转变成东松公司系统化的管理模式。2001 年 3 月,东松公司首次通过中国质量认证中心 ISO9001:2008 质量管理体系的审核认证。2014 年 3 月,首次通过中国质量认证中心 ISO13485:2003 质量管理体系的审核认证。2015 年 8 月获 ISO9001:2015 新版质量管理体系证书。2016 年 5 月,申请更名上海东松医疗科技有限公司,通过年认证审核。2017 年 5 月,申请更名上海东松医疗科技股份有限公司,通过年认证审核。2017 年 8 月,首次通过中国质量认证中心审核的 ISO14001:2015 质量管理体系认证。

东松公司始终坚持"严谨＋务实＋高效"的管理理念和规模效益相协调的经营方针,一方面积极采取措施,开拓市场,鼓励创新转型,优化业务结构,确保公司的经营业绩稳步增长。另一方面加强管理,严把风险控制,成立专门的风控小组对业务开展过程中的各项风险进行全方位的监管,确保公司的稳定发展。

四、党建与精神文明建设

东松公司党组织设党总支 1 个,党支部 3 个,至 2017 年年底,有 24 名正式党员。

【党建工作与精神文明建设】

东松公司始终弘扬"务实、创新、真诚、进取"的企业精神,积极开展"创先争优"等党建主题活动,充分发挥党组织政治核心优势和党员的先锋模范作用。同时加强服务性党组织建设,将各项活动的内容融入公司业务经营中,提升干部党员和职工的思想觉悟、综合素质,激发干部职工的工作动力,坚持以人为本开展工作,打造一支以党员和骨干为先锋的高素质职工队伍。

东松党总支与上海浦江检验检疫局机电处党支部及上海市医疗器械检测所签署共建协议,以"检企共建""所企共建"为载体,实现资源共享、优势互补、共同发展,先后开展一系列共建活动。党建工作与业务工作的相互促进,有力地推进企业的发展,确保公司各项指标任务的顺利完成。在精神文明创建工作中,东松公司秉承"正德厚生　臻于至善"的核心价值观,弘扬和宣传正能量,强调个人和公司同进步,企业与社会共发展,在努力达成经营目标的同时,不断增强企业的社会责任意识,实现企业和社会利益共赢,价值最大化。

【工作成果与荣誉】

东松公司成立以来坚持"创新转型促发展、跟踪市场抓机会、精细管理上台阶、以人为本抓队伍"的指导思想,以创建文明单位为抓手,进一步提高企业的文明建设水平,获一系列荣誉。2001—2017 年,东松公司连续 8 次被上海市人民政府授予"上海市文明单位"称号。2007 年、2013 年被市国资委党委命名为"党支部建设示范点"。2008 年、2011 年被市国资委党委命名为"先进基层党组织"。2009 年被东方国际集团树立为东方国际集团系统标杆企业。

【捐赠与志愿服务】

东松公司成立以来,积极开展社会捐赠和志愿服务。2001 年 6 月,公司参加"人间真情,东方关爱医疗费"活动,捐款845元。2002年12月,东松公司参与扶贫济困送温暖捐助活动,为云南、江西两省灾区捐赠衣被90件、捐款1930元。2003年5月,公司开展抗击"非典"一日捐活动,捐款8875元。2004年10月,东松公司为云南灾区捐款2735元。2005年1月,东松公司为"印度洋沿岸海啸灾区"捐款1570元。2005年11月,参与上海市"情系灾区、奉献爱心"捐助活动,捐赠衣被36件、捐款1470元。2005年12月,参与上海市"冬衣暖人心"募捐活动,捐赠衣物40件、捐款1920元。2006年11月,东松公司为上海市"送温暖、献爱心"募捐活动,捐款1580元。2008年5月,东松公司全体员工75人先后两次共向四川汶川地震灾区捐款21060元。其中全体党员以交纳"特殊党费"8610元的形式支援救灾。2010年4月,东松公司68名员工为青海玉树地震救灾捐款6155元。2010年9月,东松公司开展"送温暖、献爱心"——向灾区捐赠衣被活动,有15人捐赠衣被64件/条、68人捐赠现金4090元。2014年8月,公司为"昆山市中荣金属制品有限公司发生的车间粉尘爆炸特别重大事故",配送价值约合300万元的紧急救护医疗设备。

五、下属企业

【上海东贸贸易有限公司】

上海东贸贸易有限公司(简称东贸贸易公司)是东方国际集团下属国有控股四级公司。

东贸贸易公司成立于1998年7月30日,是一家国内合资公司,公司注册地址浦东新区高科西路1862号402室A。公司注册资本9000万元,其中东方创业占55%股权,东松公司占45%股权。

东贸贸易公司主营业务包括货物及技术的进出口,国内贸易(除专项审批),货运代理,装卸代理,装卸服务,仓储(除危险品),自有设备租赁(除金融租赁),商务咨询,会展会务服务。2017年,公司营业收入13319.21万元,净利润833.34万元。

【上海东贸国际贸易有限公司】

上海东贸国际贸易有限公司(简称东贸国际公司)是东方国际集团下属国有控股四级公司。

东贸国际公司成立于2002年5月,是一家法人独资公司,公司注册地址中国(上海)自由贸易试验区富特北路353号六层613部位。2017年,公司注册资本500万元,东松公司占100%股权。

东贸国际公司主营业务包括货物和技术的进出口,自由贸易试验区内以汽车、汽车零配件及建筑机械为主的分拨,转口贸易,自由贸易试验区内企业间贸易及贸易代理,自由贸易试验区内商业性简单加工及贸易咨询服务,仓储业务(除危险品),自由贸易试验区内商品展示,国内货运代理,陆路国际货运代理,货物装卸,商务咨询,会展会务服务,食用农产品、食品添加剂、医疗器械的销售等。

【上海东松汽车销售有限公司】

上海东松汽车销售有限公司(简称东松汽车销售公司)是东方国际集团下属国有控股四级公司。

东松汽车销售公司成立于2003年4月,是一家法人独资公司,公司注册地址为普陀区常德路1239号703—722室。2017年,公司注册资本200万元,东松公司占100%股权。

东松汽车销售公司主营业务包括汽车销售,汽车相关设备及器械、汽车配件、机械、五金、百货、纺织品、化工原料(除危险化学品、监控化学品、烟花爆竹、民用爆炸物品、易制毒化学品)、电子元器件、办公用品、计算机及零配件(除计算机信息系统安全专用产品销售),汽车信息咨询(除经纪),货物与技术的进出口等。

【富盛康有限公司】

富盛康有限公司(Wealth Concord Corporation Limited,简称富盛康公司)是东方国际集团下属国有控股四级公司。

富盛康公司成立于2012年3月,是一家设立于中国香港的海外公司,主营业务包括代理进出口、转口贸易、商务咨询等。2017年,公司注册资本30万美元,东松公司占100%股权。2017年,公司营业收入186.00万元,净利润9.42万元。

【上海东松融资租赁有限公司】

上海东松融资租赁有限公司(简称东松融资租赁公司)是东方国际集团下属国有控股四级公司。

东松融资租赁公司成立于2016年1月26日,是一家外资参股的合资公司,公司注册地址为中国(上海)自由贸易试验区福特北路353号六层614—615室。2017年,公司注册资本1.7亿元,其中东方国际集团上海投资有限公司占75%股权,OIE HONG KONG LIMITED占25%股权。

东松融资租赁主营业务包括融资租赁业务,租赁业务,向国内外购买租赁财产,租赁财产的残值处理及维修,租赁交易咨询和担保。

【上海聚力康东贸灭菌技术有限公司】

上海聚力康东贸灭菌技术有限公司(简称聚力康东贸公司)是东方国际集团下属国有控股五级公司。

聚力康东贸公司成立于2017年10月,是一家国内合资公司,公司注册地址闵行区都会路388号1幢一层A室。2017年,公司注册资本1 500万元,其中东贸国际公司占55%股权,上海聚力康投资股份有限公司占35%股权,自然人股东占10%股权。

聚力康东贸公司主营业务包括灭菌技术,生物科技,计算机技术领域内的技术开发、技术咨询、技术转让、技术服务,消毒服务,自有设备租赁等。

第十三节 东方创业(上海)国际服务贸易有限公司

东方创业(上海)国际服务贸易有限公司(简称东创国服)是东方国际集团下属国有控股二级公司。下属有东方国际集团广告展览有限公司、上海国际服务贸易集团人力资源服务有限公司、上海东方和平国际旅行社有限公司等3家三级公司。

一、沿革

东创国服成立于2016年12月26日,前身是1993年12月成立的上海国际服务贸易(集团)有限公司,是上海首家以国际服务贸易为标志的集团性企业,经营范围涵盖国际服务贸易各个领域。2016年10月,经东方国际集团第三届董事会2016年第3次定期会议第4号决议,审议通过《关于上海国际服务贸易(集团)有限公司重组实施方案的议案》。2016年12月,由东方国际集团下属的东方创业全资设立。

2017年9月,因公司业务发展需要,向东方创业提出申请收购上海东方和平国际旅行社有限公司、上海国际服务贸易集团人力资源服务有限公司、东方国际集团广告展览有限公司。2017年12

月经东方创业批准,收购上述 3 家公司。

二、概况

东创国服注册地址为中国(上海)自由贸易试验区世纪大道 1500 号 1501—C03 室,经营地址为上海市娄山关路 85 号东方国际大厦 A 座 1510 室。2017 年,公司注册资本 1 500 万元,东方创业占100％股权。公司设有会展部、外企部、商务部、商旅部 4 个业务部门,有员工 32 人。

东创国服负责人和党群组织负责人包括公司执行董事、总经理、副总经理、党支部书记、党支部副书记、工会主席等。

表 1‑3‑32　2016 年 10 月—2017 年 12 月东创国服负责人和党群组织负责人任职情况表

职　务	姓　名	任　职　年　月
执行董事	瞿元庆	2016 年 10 月—
总经理	盛一鸣	2016 年 10 月—
副总经理	陈 杰	2016 年 10 月—
	李 阳	2016 年 10 月—
	骆培妍	2016 年 10 月—
党支部书记	陈 杰	2016 年 10 月—
党支部副书记	盛一鸣	2016 年 10 月—
工会主席	骆培妍	2016 年 10 月—

图 1‑3‑23　2016 年 12 月 26 日,东创国服成立

三、经营管理

【公司经营】

公司主要从事国内外展览主办和承办、人力资源、商务外包服务、商务考察等服务贸易,是一家集服务贸易产业链为一体的综合性服务贸易型公司。2017 年,公司营业收入 4.16 亿元。

会展服务 会展服务是东创国服特色业务,拥有国内外展览主办和承办、出国展览组团等展览行业专业资质。主要是结合国家战略和上海市产业扶植政策,举办东盟国家系列展和"一带一路"主题展,提供会展策划、招商、招展、宣传推广、展览现场管理等一站式服务。公司重组前后,在东盟和"一带一路"国家保持每年举办 2 个~3 个展会的频率,先后在越南、斯里兰卡、泰国、马来西亚、印度等国举办展会。2017 年 9 月,东创国服组织"一带一路"系列展在斯里兰卡、越南召开。2017 年正逢中斯两国建交 60 周年,当地媒体对这次展会十分关注。斯里兰卡发行量最大的英文报纸之一《今日锡兰》在第一时间整版刊发展会有关内容,引起当地民众的广泛关注。

人力资源服务 人力资源服务主要为各类企业提供人事代理基础服务、人才中介特色服务及人力资源顾问增值服务。2017 年,管理的企业雇员 1 200 人,涉及客户 100 家,服务网络覆盖国内40 多个城市。

商务服务 商务服务主要为外商来华机构、个人提供投资咨询、政策咨询、注册申请、财税服务、中外籍人士签证服务,为多家世界 500 强机构提供全流程、全方位的服务,形成以外资企业为主、国企民企为辅的客户结构。

商旅业务 商旅业务主要是为政府部门、事业单位、国有企业等因公出国出访提供全程服务,服务内容包括护照申请、签证代理、国内外地接、机票代理、车辆安排等。

表 1 - 3 - 33 2017 年东创国服主要财务指标情况表

年份	总资产(万元)	归属母公司净资产(万元)	税前利润(万元)	归属母公司净利润(万元)	营业收入(万元)	资产负债率(%)	净资产收益率(%)	资产保值增值率(%)
2017	9 982.21	1 068.35	44.72	40.54	41 628.02	88.51	3.79	197.36

【公司管理】

东创国服重组初期,致力实现深化改革目标,积极推进职位管理、绩效管理建设,制定《岗位说明书》《员工手册》《财务管理制度》等内部管理体系,职责明确,协同有序,为公司科学、规范管理奠定基础。

2017 年 11 月,东创国服召开第一届职工大会,民主选举东创国服第一届工会委员会,为切实保障职工群众在公司不同层面广泛参与民主管理工作打下基础。

东创国服前身的人力资源服务曾获 2015—2016 年度上海市"我心中的十佳人才派遣机构最具成长性奖",2006—2017 年期间,连续 11 获"上海市信得过人才服务机构"称号,2010 年、2011 年、2013 年、2015 年 4 次获"上海名牌(人力资源服务)"称号。公司前身商务服务于 2013 年获首批"涉外咨询 A 类资质"机构称号。

四、党建与精神文明建设

东创国服设有1个党支部,1名纪检委员,至2017年年底,有正式党员18人。

2017年是东创国服重组后业务发展的重要过渡期,也是公司全体员工思想转变的重要过渡期。根据集团战略部署,2017年年初,东创国服启动重组工作。重组主要目的是放下历史包袱,激发企业活力,使现有业务在上市公司平台上取得新一轮发展。但业务和客户的整体迁移存在很大困难,部分重要业务经营资质重新申办可能性极低、客户变更合同存在流失风险、部分业务涉及雇员劳动关系中止将发生经济赔偿等,此外整体迁移增加较大经营成本。公司党支部以统一思想认识,平稳过渡作为2017年重组后首要任务,做改革工作的倡导者和推动者,在公司上下共同努力下完成资质、人员转移。公司完善党组织建制,建章立制,建立3个党小组,确保党建工作全覆盖。抓好"三会一课",通过理论与实践并重,确保公司党支部各项工作紧密围绕经济中心工作开展,不脱节、不空转。同时,关注人才培育,打造发展平台,坚持好中选优,培养后备梯队,立足岗位练兵,鼓励成长成才。2017年,公司党支部被东方国际集团党委命名为"党支部建设示范点"。

五、下属企业

【上海东方和平国际旅行社有限公司】

上海东方和平国际旅行社有限公司(简称和平国旅)是东方国际集团下属参股三级公司。

和平国旅成立于1989年2月,是一家有限责任公司。1989年2月成立时的名称为上海和平国际旅游公司。1998年3月,公司更名为上海和平国际旅行社有限公司。2007年11月,公司更名为上海东方和平国际旅行社有限公司。公司主营入境旅游业务、国内旅游业务、出境旅游业务。公司注册于中国(上海)自由贸易试验区世纪大道1500号1501—D05室。2017年,和平国旅注册资本150万元,上海国际服务贸易(集团)有限公司占股55%,浙江中梁投资有限公司占股45%。2018年东创国服完成股权收购占股55%,浙江中梁投资有限公司占股45%。2018年公司营业收入22 518.74万元,净利润0.49万元。

【东方国际集团广告展览有限公司】

东方国际集团广告展览有限公司(简称东广展)是东方国际集团下属控股三级公司。

东广展成立于1997年12月25日,是一家有限责任公司。公司主要从事设计、制作、发布、代理国内外各类广告,承办国内外展览业务,具有出国组展权和举办国际来华展资格,是一家综合型展览服务公司。公司注册于中国(上海)自由贸易试验区世纪大道1500号1501—D04室。2017年,公司注册资本300万元,上海国际服务贸易(集团)有限公司占100%股权。2018年东创国服完成股权收购,占100%股权。2018年公司营业收入317.22万元,净利润50.16万元。

【上海国际服务贸易集团人力资源服务有限公司】

上海国际服务贸易集团人力资源服务有限公司(简称人力资源公司)是东方国际集团下属国有控股三级公司。

人力资源公司成立于2012年9月3日,是一家有限责任公司。公司主要从事人才供求信息的收集、整理、储存、发布和咨询服务，以及人才推荐、人才招聘。公司注册于静安区天目西路 511 号 1001—1008 室。2017 年，公司注册资本 100 万元，上海国际服务贸易（集团）有限公司占 100％股权，2018 年东创国服完成股权收购，增加注册资本至 200 万元，占 100％股权。

第十四节　上海丝绸集团股份有限公司

上海丝绸集团股份有限公司（简称丝绸股份）是东方国际集团参股二级企业。2017 年年底，丝绸股份下属有上海丝绸集团品牌发展有限公司、上海丝绸集团贸易发展有限公司、上海丝绸进出口浦东有限公司、上海江镇丝绸时装有限公司、安徽宣城尚时制衣有限公司、上海王德服饰有限公司、上海丝绸商厦有限公司、上海丝绸之路广告有限公司、上海天伟质量检测技术服务有限公司等 9 家全资和控股二级企业。LILY APPAREL HOLDINGS INC（LILY 时装集团有限公司）、LILY APPAREL SOCIEDAD LIMITADA（LILY 时装有限责任公司）等 2 家海外二级企业。

一、沿革

丝绸股份成立于 2003 年 1 月，前身是成立于 1997 年 10 月的上海丝绸（集团）有限公司。丝绸集团是由东方丝绸与金达公司进行贸工结合、资产重组的企业。东方丝绸是传统计划经济体制下典型的国有专业外贸公司，主营业务是服装纺织品的进出口贸易。金达公司是原上海市纺织工业局所属的国有丝绸工业的行业性管理公司，其前身是成立于 1956 年 9 月的上海丝绸工业公司，隶属于华东纺织工业管理局。2002 年 8 月，市政府决定把丝绸集团列为上海市国有二级企业改革的试点单位，将丝绸集团实施整体改制。2003 年 1 月 6 日，丝绸股份完成工商开业登记取得工商营业执照。

二、概况

丝绸股份注册地址为中国（上海）自由贸易试验区世纪大道 1500 号 1601－C 室，经营地址为徐汇区吴兴路 283 号。是由原国有全资企业改制而成的经营者群体控股的非上市股份制有限公司。

2017 年，公司注册资本 1 亿元，其中，经营者群体占 51％股权，丝绸集团占 29％股权，东方国际集团占 10％股权，上海外经贸投资（集团）有限公司占 5％股权，上海纺织科学研究院占 5％股权。

公司设有 8 个业务部门和 4 个职能部门。至 2017 年年末，丝绸股份本部员工为 280 人，合并下属公司员工总数为 1 600 余人。

图 1－3－24　2003 年，丝绸股份办公大楼

丝绸股份负责人和党群组织负责人包括历任公司董事长、监事长、总经理、副总经理、党委书记、党委副书记、纪委书记、财务总监、工会主席、团委书记、团委副书记等。

表1-3-34　2003年1月—2017年12月丝绸股份负责人和党群组织负责人任职情况表

职　务	姓　名	任　职　年　月
董事长	徐伟民	2003年1月—
监事长	向月华	2003年1月—2015年2月
	强志雄	2015年2月—
总经理	石伟明	2003年1月—
副总经理	赵伟	2003年1月—
	汪东民	2003年1月—
	叶长根	2003年1月—2015年2月
	陈川	2015年2月—
党委书记	徐伟民	2003年1月—
党委副书记	石伟明	2003年1月—
	何娜	2016年9月—
纪委书记	汪东民	2003年1月—2016年9月
	何娜	2016年9月—
财务总监	戎蓉	2003年1月—
工会主席	郑忠和	2003年6月—2012年12月
	李珊	2013年2月—
团委书记	康莉	2003年1月—2011年3月
	高莹	2012年4月—
团委副书记	高莹	2011年4月—2012年3月
	陈家琛	2012年4月—
	杨卓伦	2012年4月—2015年3月

三、经营管理

【公司经营】

丝绸股份系一家集设计、开发、采购、生产、销售于一体的大型纺织品服装供应商和品牌商,核心业务为出口贸易和品牌运营,公司总体呈现内外贸并举的业务格局。公司拥有技术中心和生产基地,为内外贸业务发展提供有力的技术支持和实业保障。

外贸出口　公司依靠自有生产基地及庞大的供应商网络构成稳定的货源基地,主要出口棉、麻、丝、毛、化纤等各类梭织、针织服装,以及人棉、丝绸等各类纺织品及家纺产品。主要出口市场为北美、欧盟、非洲、中南美、澳洲、中东等国家和地区,与众多国际知名品牌商、零售商建立长期稳定的合作伙伴关系,在国际市场享有良好的声誉,综合实力在全国处于领先地位。公司的出口贡献得到各方肯定。2005年5月,公司被市外经贸委授予2004年度上海市外贸出口100强企业银奖。2006年4月,公司获浦东新区人民政府颁发的浦东新区外贸出口贡献奖。2011年11月,公司获中国纺织品进出口商会颁发的"纺织服装进出口行业杰出贡献企业"称号。

品牌运营　LILY是丝绸股份旗下自主女装品牌,经过10多年的运营,进入快速发展阶段,品牌影响力和竞争力得到明显提升。作为中国OL商务时装的开创者,LILY秉承时尚与商务完美融合的理念,广受白领女性青睐,成为国内具有强大影响力的商务时装品牌。本着立足国内市场,开拓国际市场的原则,至2017年年底,LILY在全国开设700多家零售店铺,在全球10多个国家拥有70余家海外零售店铺。

鉴于LILY品牌的持续良好发展,2005—2017年,LILY连续多年获上海名牌产品称号。同时,LILY连续多年被评为上海市著名商标。

2003—2017年,公司累计出口额达808 799万美元,成立以来一直位列中国服务业企业500强、上海市服务业企业100强榜单。根据2017年9月发布的排名,公司位列2017年中国服务业企业500强榜单第495位,位列2017年上海市服务业企业100强榜单第64位。

表1-3-35　2003—2017年丝绸股份主要财务指标情况表

年份	总资产(万元)	归属母公司净资产(万元)	税前利润(万元)	归属母公司净利润(万元)	出口总额(万美元)	营业收入(万元)	资产负债率(%)	净资产收益率(%)	资产保值增值率(%)
2003	114 079	18 940	8 911	8 574	66 775	347 465	81.6	45.27	—
2004	69 053	20 197	9 689	8 499	70 218	450 967	67.33	47.97	106.64
2005	78 859	23 804	10 524	8 480	59 748	463 294	66.83	44.21	117.86
2006	84 867	27 622	11 460	8 822	63 924	492 672	64.39	31.94	116.04
2007	100 661	33 142	12 150	9 516	64 692	517 590	64.34	28.71	119.98
2008	112 338	37 929	12 698	9 787	58 661	448 773	63.10	25.80	114.44
2009	112 587	41 776	13 072	9 847	44 760	372 533	56.49	23.57	110.14
2010	112 068	45 816	13 593	10 017	52 875	422 716	59.71	21.86	109.67
2011	128 738	49 866	13 747	10 050	56 571	439 678	58.31	20.15	108.84
2012	139 756	54 034	14 765	10 168	53 727	423 929	58.35	18.82	108.36
2013	154 743	54 326	14 916	10 293	52 060	439 527	61.96	18.95	100.54
2014	165 938	57 868	13 362	10 541	47 155	427 625	62.81	18.22	106.52
2015	167 899	60 066	11 979	9 198	45 096	436 746	61.89	15.31	103.80
2016	171 263	62 038	11 106	8 068	37 046	403 185	61.18	13.01	103.28
2017	193 029	63 052	10 987	8 070	35 491	417 283	64.96	12.80	101.63

图 1-3-25 2006 年 12 月,丝绸股份在安徽宣城投资建设的服装生产基地

【公司管理】

丝绸股份成立以来始终坚持"三个不变"原则,即:坚持走中国特色社会主义道路的方向不变。坚持全心全意依靠职工办企业的宗旨不变。坚持维护公司最广大职工的根本利益不变,努力实现人企共赢。公司成立以来,立足当前,着眼长远,以品牌运营为中心,着力企业转型升级,培育壮大新动能,促进内外贸融合发展,确保公司稳中有进的持续良好的发展态势,在管理方面获多项奖项。2007 年 7 月,公司被市质量技术监督局授予"2007 年度上海市质量金奖企业"称号。2008 年 4 月,公司获 2007 年度浦东新区"外贸品牌创新奖"。2008 年 9 月,公司获市质量协会颁发的"上海市推行全面质量管理先进企业"称号。2010 年 11 月,公司获上海市"诚信企业"称号。2014 年 7 月,公司获上海市企业诚信创建活动组委会、上海市服装行业协会联合颁发的"诚信创建企业"称号。

四、党建与精神文明建设

丝绸股份党组织设党委 1 个,党委书记 1 人,党委副书记 2 人,党委委员 4 人。党支部 10 个。党组织设有党的纪律检查委员会,设纪委书记 1 人,纪检委员 2 人。至 2017 年年末,有正式党员 115 人。

公司始终坚持"诚信合作、开拓奉献"的企业精神和"客户至上、员工为本、诚信经营、创新发展、竭诚服务、合作共享"的企业核心价值观,积极开展干部党员的思想教育,提升员工素质。

2003—2017 年,公司连续 7 届被评为上海市文明单位。2013 年 10 月,公司获 2012—2013 年度徐汇区天平社区"双建工作先进单位"称号。2016 年 3 月 24 日,公司获市总工会授予的"2014—

2015 年度劳动关系和谐职工满意企事业单位"称号。

2008 年 5 月 12 日,公司捐款 50 万元,员工捐款 167 223 元,支持四川汶川抗震救灾及灾后重建。2009 年 12 月底,公司向市郊薄弱村帮扶对象——崇明县庙镇小竖村捐款 10 万元,支援市郊新农村建设。2013 年 4 月,公司为四川雅安大地震募集赈灾专款 40 165 元,捐献到上海市慈善基金会。2014 年 12 月,公司工会积极配合街道社区开展"美丽徐汇"行动,获徐汇区天平街道"美丽天平发现之旅"活动团体三等奖。

五、下属企业

【上海丝绸进出口浦东有限公司】

上海丝绸进出口浦东有限公司(简称丝绸浦东公司)是上海丝绸集团股份有限公司下属二级公司。

丝绸浦东公司成立于 1992 年 6 月,是一家有限责任公司。公司注册地址为中国(上海)自由贸易试验区世纪大道 1490—1500 号 16 楼,经营地址为徐汇区吴兴路 283 号。2017 年,公司注册资本 2 000 万元,其中,丝绸股份占 51％股权,经营者群体占 39％股权,东方丝绸占 10％股权,有员工 20人,主营业务收入为 7 356 万元。

【上海王德服饰有限公司】

上海王德服饰有限公司(简称王德公司)是上海丝绸集团股份有限公司下属二级公司。

王德公司成立于 1993 年 3 月,是一家有限责任公司。公司注册地址为金山区枫泾镇徐泾村二组。2017 年,公司注册资本 192.3 万元,其中,丝绸股份占 51％股权,自然人股东占 49％股权。

【上海江镇丝绸时装有限公司】

上海江镇丝绸时装有限公司(简称江镇公司)是上海丝绸集团股份有限公司下属二级公司。

江镇公司成立于 1993 年 9 月,是一家有限责任公司。公司注册(经营)地址为浦东新区祝桥镇江镇川南奉公路 1403 号。2017 年,公司注册资本 1 457.3 万元,其中,丝绸股份占 80.91％股权,上海浦东机场镇资产投资经营管理中心占 19.09％股权,有员工 400 人,主营业务收入 9 530 万元。

【上海丝绸商厦有限公司】

上海丝绸商厦有限公司(简称丝绸商厦)是上海丝绸集团股份有限公司下属二级公司。

丝绸商厦成立于 1994 年 6 月,是一家有限责任公司。公司注册(经营)地址为上海市南京东路588 号。2017 年,公司注册资本 900 万元,其中,丝绸股份占 90％股权,东方丝绸占 10％股权,有员工 20 人,主营业务收入为 4 177 万元。

【上海丝绸之路广告有限公司】

上海丝绸之路广告有限公司(简称广告公司)是上海丝绸集团股份有限公司下属二级公司。

广告公司成立于 1996 年 7 月,是一家有限责任公司(国内合资)。公司注册(经营)地址为徐汇区吴兴路 283 号 402 室。2017 年,公司注册资本 100 万元,其中,丝绸股份占 90％股权,上海丝绸集团品牌发展有限公司占 10％股权,有员工 80 人,主营业务收入 763 万元。

【上海丝绸集团品牌发展有限公司】

上海丝绸集团品牌发展有限公司(简称品牌公司),是上海丝绸集团股份有限公司下属二级公司。

品牌公司成立于 2002 年 1 月,是一家有限责任公司。公司注册(经营)地址为虹口区四川北路 1666 号 17 层。2017 年,公司注册资本 2 213.9 万元,其中,丝绸股份占 95.266 3%股权,丝绸集团占 3.767 6%股权,东方丝绸占 0.966 1%股权,有员工 400 余人,主营业务收入 104 751 万元。

【安徽宣城尚时制衣有限公司】

安徽宣城尚时制衣有限公司(简称宣城公司)是上海丝绸集团股份有限公司下属二级公司。

宣城公司成立于 2006 年 12 月,是一家有限责任公司(自然人投资或控股的法人独资)。公司注册(经营)地址为安徽省宣城经济技术开发区鸿越大道 36 号。2017 年,公司注册资本 3 800 万元,丝绸股份占 100%股权,有员工 350 人,主营业务收入 2 764 万元。

【上海丝绸集团贸易发展有限公司】

上海丝绸集团贸易发展有限公司(简称丝绸贸发)是上海丝绸集团股份有限公司下属二级公司。

丝绸贸发成立于 2008 年 11 月,是一家一人有限责任公司(法人独资)。公司注册地址为中国(上海)自由贸易试验区世纪大道 1500 号 1601—C 室,经营地址为徐汇区吴兴路 283 号。2017 年,公司注册资本 3 000 万元,丝绸股份占 100%股权,有员工 30 余人,主营业务收入 81 465 万元。

【上海天伟质量检测技术服务有限公司】

上海天伟质量检测技术服务有限公司(简称天伟公司)是上海丝绸集团股份有限公司下属二级公司。

天伟公司成立于 2009 年 12 月,是一家有限责任公司(自然人投资或控股的法人独资)。公司注册地址为中国(上海)自由贸易试验区世纪大道 1500 号 1601—B 室,经营地址为徐汇区吴兴路 283 号 403 室。2017 年,公司注册资本 300 万元,丝绸股份占 100%股权,有员工 20 人,主营业务收入 541 万元。

【LILY APPAREL HOLDINGS INC. (LILY 时装集团有限公司)】

LILY 时装集团有限公司(简称 LILY 美国公司)是东方国际集团下属国有参股三级公司。

LILY 美国公司成立于 2016 年 3 月,是一家有限责任公司。公司注册地址为美国 260 W 39th street, Suite 601 New York, NY 10018,经营地址为美国 260 W 39th street, New York, NY 10018。

2017 年,公司注册资本 258 万美元,丝绸股份占 100%股权。公司有员工 20 人。2017 年主营业务收入 2 597.78 万元。

【LILY APPAREL SOCIEDAD LIMITADA. (LILY 时装有限责任公司)】

LILY 时装有限责任公司(简称 LILY 西班牙公司)是东方国际集团下属国有参股三级公司。

LILY 西班牙公司成立于 2017 年 9 月,是一家有限责任公司。公司注册(经营)地址为

RamblaCatalunya 125，08008 Barcelona，Spain。2017 年，公司注册资本 51.6 万欧元，丝绸股份占 100％股权。公司有员工 10 人。2017 年主营业务收入 19.23 万元。

第十五节　海 外 企 业

1994 年集团成立初期，共有海外企业（办事处）45 个，2017 年年底，集团所属的海外企业有 18 个。

一、沿革

中国的海外企业最早要追溯到国家外经贸部在美洲、欧洲、拉美、南非等地区设立贸易中心。贸易中心由国家外经贸部牵头设立，各省市、各总公司参与经营。

上海的海外企业从 1979 年开始起步，即从中共十一届三中全会之后。1979—1985 年为起步阶段。1986—1990 年进入曲折发展阶段。1988 年对海外企业进行清理整顿，提高海外企业的素质。真正进入发展阶段是 1991—1995 年，特别是 1992 年邓小平南方谈话发表后，解放思想，海外企业发展进入一个新的阶段。至 1997 年，上海的海外企业初具规模。海外企业总数将近 450 家，占全国总数的 9％，其中贸易型公司 220 家，非贸易型公司 230 家。对外总投资 2.5 亿元，其中中方投资占 60％～65％。海外企业的结构朝着多层次、多类型方向发展，工业、商业、农业，各行业都派出海外机构。其中独资企业占 45％，合资企业占 43％，合作企业占 5％。剩下的是代表机构，主要分布在美国、欧洲、澳洲、中国香港等 71 个国家和地区。这些海外企业的成果主要表现在：（1）促进整个上海的出口创汇。（2）加快利用外资的步伐。（3）打开劳务输出、工程承包的局面。（4）提高海外人员的素质，积累海外工作的经验。

集团成立时，在海外共有 45 个点，包括企业和办事处。其中丝绸公司 3 个，服装公司 8 个，纺织公司 11 个，针织公司 7 个，家纺公司 6 个，外贸公司 8 个，集团直属 2 个，主要分布于美国、欧洲、日本、中国香港等 17 个国家与地区。按企业的性质划分，其中全资企业 18 家，合资企业 11 家，合作企业 7 家，办事处 9 家。集团的海外企业总体上是处于分散化、小型化和单一化的状态，生存和发展能力都十分薄弱。

1995 年，根据集团发展大外贸、大海外的战略，为改变集团海外企业分散经营的不利现状，尽快使集团原有海外小而散的企业捏成拳头，步入规模发展、集约经营的轨道，集团多次派考察小组赴美国、日本、德国、法国、中国香港等国家与地区的海外企业进行实地调查研究，就海外企业的人员结构、经营状况、费用支出、人事管理、市场情况、党建工作及组建设想和建议提出较为详细的综合调研报告。在此基础上，集团进行组建地区性海外公司的可行性研究。经过反复论证，提出《东方国际集团组建海外公司的方案措施》。

1996 年 9 月，集团开始操作日本、美洲公司的组建工作。先是在日本大阪市，集团以中国丝绸株式会社东京支店、上海服装日本株式会社、上海市纺织品进出口公司驻日代表事务所、上海海联株式会社纤维制品部等 6 个全资机构为基础，组建东方国际集团日本株式会社。即以上海服装日本株式会社为基础，翻牌变更注册作为东方国际集团日本株式会社的母体公司，集中管理集团驻日人员、资产和资金。东方国际集团日本株式会社的注册资金在上海服装日本株式会社的基础上增资 100 万美元，人员编制为 30 人。经营范围为日本政府规定可经营的各类商品的进出口贸易和信息、投资、咨询等各类业务。接着在美国纽约市,集团将东方丝绸的柏克利(美国)公司、东方服装的嘉利斯国际有限公司、东方纺织的盛泰贸易有限公司、东方针织的美国罗珀公司、东方家纺的美国家纺国际有限公司、东方外贸的纽约公司等6家公司,组建成东方国际集团美洲有限公司。

1997年,集团在香港浩茂国际有限公司、香港泛希有限公司的基础上,以其全部资产组建东方国际集团香港有限公司。

1998年3月,经中华人民共和国对外贸易经济合作部批准,东方国际集团上海丝绸进出口有限公司在原申阿国际(迪拜)贸易有限公司(RAND SHANGHAI GENERAL TRADING CO.,LTD.)丝绸部的业务基础上,另行在阿联酋迪拜独资注册公司 HALTA TRADING EST.,其中文名称为"上海丝绸(迪拜)有限责任公司"。公司总投资及注册资本均为10万美元。业务范围是丝绸、纺织品等进出口业务。

1998年3月,经中华人民共和国对外贸易经济合作部批准,补办集团下属东方外贸与上海国际集团有限公司(美洲)合资的商都纽约有限公司的有关手续。该公司注册资本和投资总额均为20万美元,其中东方外贸出资70%、上海国际集团有限公司(美洲)出资30%。公司的经营范围是进出口贸易业务。

这些新组建的海外区域性集团公司和海外企业,对集团拓展海外市场,发展对外贸易,实施跨国经营战略具有十分重要的意义。

二、海外企业管理

为全面贯彻落实集团的总体发展战略和经营方针,保证集团海外企业的经营必须服从和服务于集团的战略目标,对海外企业进行统一的规划、指导、协调、服务和监督,1996年9月,集团设立海外事业部,具体负责海外企业的管理工作。

集团海外事业部的职责是:(1)按照上级有关精神,结合集团的经营战略和特点,制定海外企业发展规划,提出促进和协调海外企业发展的政策措施。(2)对海外企业进行指导与管理,根据海外业务发展的需要,对常驻人员的选派、使用、调整、任期、晋升和奖惩提出建议。(3)总结海外企业在经营策略、经营方式、经营手段、内部管理等方面的经验与教训,提出设想和建议。(4)关心常驻境外人员及其家属的思想、工作、生活情况,在力所能及的情况下,解决一些实际问题。

2000年,集团精简部室,撤销海外事业部,其职能由综合业务部行使。2004年2月起,根据集团二届十四次董事会决定,集团资产运作部增设海外事业协调管理职能,集团海外企业的资产、财务报告等主要由资产运作部负责协调管理和收集,各相关部室配合。

【工作会议】

东方国际集团是以进出口贸易为主业的大型集团公司,十分重视海外企业的建设和管理,适时召开海外工作会议,进行工作部署。

1995年2月13日,集团召开海外工作会议,出席人员有集团领导、各子公司分管海外工作的经理和科长、各海外企业负责人及在沪海外代表、集团各部室负责人等82名人员。市外经贸委领导在会议上作《总结经验探索新路,努力开创海外工作的新局面》的报告。

1997年1月23—25日,集团召开海外工作会议,以"努力开拓海外事业发展新路"为主题,深入探讨海外企业的发展之路。集团领导和集团总部各部室、各子公司的党政负责人,以及来自海外17个国家和地区的40名驻外人员出席会议。市外经贸委领导周洪立和赵效定参加最后一天的大会。集团总裁汪阳对海外企业作提出4个方面的要求:(1)集团的海外事业部要按照"规划、指导、协调、服务、监督"等十个字的要求,尽快让海外工作步入良性循环轨道。(2)集团要尽快完善海外企业的管理机制,对海外企业实行"三统一(领导、管理、经营)"。(3)要加强与规范整个集团的信息管理工作,集团要成立"信息中心",海外人员要成为信息的传递员、市场的调研员。(4)海外企业要坚持一业为主,多种经营的方针,寻找新的突破口,包括"当地化"、开拓营销业务、改变商品结构和资产经营等四方面的问题。会议提出:东方国际集团将用10年左右的时间,建成一个布局合理、人员精干、运作高效,具有综合功能的海外经营网络体系,形成国有企业国际化经营的发展机制。

1999年2月,集团召开海外工作座谈会,总结1998年集团海外工作,研究1999年集团海外工作思路。会上,集团及各公司所属中国香港、美洲、日本、欧洲、非洲等地区海外企业的负责人及有关人员分别介绍在海外的发展情况和面临的困难,对进一步发展海外事业提出建议。集团董事长王祖康、总裁汪阳分别在会上讲话,会议还邀请市委党校教授为海外企业人员作国内经济形势及国有企业改革的情况介绍。

2000年1月,集团召开以"振奋精神,迎接挑战"为主题的海外工作座谈会。会议通报集团海外企业的情况。截至1999年12月底,集团所属的海外企业总数为41个,分布在美国、智利、德国、法国、意大利、捷克、斯洛伐克、波兰、俄罗斯、澳大利亚、冈比亚、阿联酋、日本、新加坡、中国香港等15个国家和地区。集团共派出常驻海外人员62人(男51人,女11人),其中党员有37人,占总人数的60%,具有大专以上学历的有52人,占总人数的84%,常驻海外人员的平均年龄为46岁。从1999年年底集团所属41家海外企业上报的资料分析,其中12家海外企业运作不正常,这主要由于亚洲金融危机影响,集团海外企业的发展面临着严峻挑战,各公司对所属海外企业进行调整和重组,使其处于开业、调整或撤销的局面。其余29家中,盈利的有13家,1999年总盈利额132万美元,亏损的有2家,亏损额为305万美元,其中14家收支基本持平。上述29家海外企业,1999年经营总额为13 093万美元,其中自营6 648万美元,占总额的51%,代理6 445万美元,占总额的49%。会议提出,为加强海外企业的管理,解决存在的问题,促使海外企业健康、有序地发展。集团继续按照外经贸部《关于加强海外企业管理事项的通知》要求,做好境外资产的登记和年检工作,掌握与了解集团海外国有资产的存量分布和变动情况。

2017年7月6日,集团召开海外企业管理工作专题会议。集团分管领导、综合业务、财务部、安委办、法律审计室、资产管理部和所属有关企业领导、海外企业相关管理人员出席。会上,集团综合业务部对《集团境外企业(机构)管理规定》进行解读,要求各公司领会管理规定内涵,在组织架构、制度完善、台账建立等方面按照集团对境外企业管理工作的规定加以落实,继续完善各公司的境外企业制度,加强各项制度的执行,根据境外企业的业务类型采用不同方式,发挥对集团、对公司业务的促进作用。集团财务部对《集团境外财务管理实施办法》的内容进行解读。集团安委办就境外企业安全生产中的制度保障、责任落实、教育培训、应急响应、总结考核等方面需要重点关注的内容加以强调。集团法律审计室分别就审计、法律方面的基础工作提出要求。资产管理部要求各公司进一步梳理境外企业产权,如要进行境外投资,必须履行国资委前备案手续。

图1-3-26 1997年1月23—25日,集团召开海外工作会议

【制度建设】

1995年12月,集团制定《东方国际集团海外企业财务管理制度暂行条例》,从经营责任、资金管理、费用开支、会计核算等方面对海外企业的财务管理作出规定,要求集团各类海外企业其财务会计工作均应遵照本办法规定执行,由集团财务部归口管理。集团各类海外企业的主管或首席代表对执行制度负有责任,按规定向集团定期作出书面报告。

1997年7月,为进一步加强和规范海外企业的财务管理,集团修订《东方国际集团海外企业财务管理制度暂行办法》,从企业的登记注册、资本投入、流动资金管理、固定资产、会计核算、费用管理、利润及分配、财务报告、审计等方面作出规定,提出"集团及各子公司对海外企业的管理,贯彻在集团董事会及有关职能部门的统一领导下,执行'谁投资、谁负责、谁管理'的方针,即由投资主体对企业负法律规定的各项责任并按上级有关法定、规定行使管理权"。要求"集团及各子公司投资设立的海外企业,均必须有专人负责财会工作。海外企业的财会主管人员,加强与母公司财会部门的联系,在本企业领导及母公司财会部门的双重领导下进行工作"。是月,集团制定《东方国际集团常驻国(境)外人员管理的若干意见》,对常驻人员的选派标准、选派程序、管理办法等提出具体要求。集团党委下发《东方国际集团海外党建工作实施细则》,对海外企业党建工作做出具体规定。

为促进海外企业的发展,建立有效的激励和约束机制,使驻外人员的收入同工作实绩和经济效益挂钩,集团制定《东方国际集团常驻国(境)外企业工资制度改革试行方案》。

为深入贯彻中共中央组织部和市外经贸委《关于加强外经贸系统驻外企业(机构)党建工作的若干意见》,集团党委加大海外企业党建工作的力度,制定《东方国际集团海外党建工作实施意见》,成立集团海外党建领导小组,定期考察、分析海外党建的实施情况,指导海外党建工作的开展。

1997年,集团制定《东方国际集团海外企业信息工作管理暂行办法》,积极探索和建立各海外企业与集团总部之间的信息网络,将信息工作提高到战略高度来认识。

2002年，为进一步规范改制公司使用境外资产的行为，根据国家国资委和市国资委有关规定，结合集团的实际情况，制定《东方国际（集团）有限公司关于改制公司使用境外资产的意见》，充分发挥境外国有资产的作用，使境外国有资产更好地为改制公司服务。《意见》本着责、权、利相统一的原则，切实维护改制公司各方股东的权益。《意见》明确界定境外资产的产权关系，防止国有资产的流失。《意见》加强海外企业的管理，使海外企业规范、有序和健康运作。针对集团范围内已经改制的公司和需要改制的企业使用境外资产，要求必须做到资产权属明确、价值明确，同时要妥善安置海外企业人员。改制企业使用境外资产主要采用收购、租赁等方式。

2004年，根据《上海市审计局关于上海东方国际（集团）有限公司2000年度至2002年度资产负债损益的审计意见》的有关精神，为进一步完善东方国际集团海外企业国有产权以私人名义注册的法律手续，下发《关于东方国际（集团）有限公司海外企业以私人名义注册登记限期办理公证的通知》。通知要求境外国有产权以私人名义注册登记的企业，原则上须改为企业法人注册登记，暂时无法改为企业法人注册登记的需专题请示，经集团批准后，其属国有产权以私人名义注册登记的在2004年10月31日前办理公证手续，报集团备案。境外国有产权以私人名义注册登记的企业，如原持股登记人员已办理退休手续，则股权持有人在办理退休手续之日起30日内办理变更手续。海外企业清算关闭必须先进行审计，而后办理相关手续。

2004年7月29日，为贯彻东方国际集团发展战略，积极利用境外资源，规范集团及所属海外企业的设立、停业、关闭和清算的行为，保护集团境外国有资产的安全与完整，按照《境外国有资产管理暂行办法》《境外国有资产产权登记管理暂行办法》等法律法规，制定《东方国际（集团）有限公司海外企业设立、停业、关闭和清算暂行管理办法》。该办法对海外企业设立、停业、关闭和清算的原则以及报批流程等方面均制定详细的规定。

2004年8月15日，为贯彻东方国际集团发展战略，规范集团及下属全资和控股子公司海外企业的经营管理行为，加强海外企业资产、财务、人事管理，按照《境外国有资产管理暂行办法》《境外国有资产管理暂行办法实施细则》等规定，制定《东方国际（集团）有限公司海外企业管理暂行规定》。规定适用于集团及子公司投资在海外的企业，包括海外全资、控股企业和非独立法人的办事机构。集团及子公司对海外企业行使出资人的决策权、人事权、收益权和财产处置权。集团对海外企业实行分级管理。集团管理由集团直接投资的海外企业和二级子公司，二级子公司管理其直接投资的海外企业。集团和子公司，或子公司共同投资的海外企业按"谁控股或持大股，谁管理"的原则管理，投资比例相同的由集团指定上级管理单位。

2004年8月26日，为适应东方国际集团对境外人力资源配置发展战略的需要，进一步加强集团常驻境外人员的管理，制定《东方国际（集团）有限公司常驻境外人员管理暂行办法》（简称《办法》）。《办法》对常驻境外人员的管理，按照隶属关系"谁派出，谁管理"的原则实行分级管理，定期对常驻境外人员进行全面考核。《办法》规定选派常驻境外人员必须符合外派人员的要求。《办法》对海外企业的党建工作，完善各类管理制度，做好境外人员的日常管理，做好常驻境外人员的休假、晋升和轮换工作，常驻境外人员家属的随同和探亲等方面均做出详细规定。

2004年10月27日，为加强对集团下属海外企业的管理，根据集团第二届董事会第二十九次会议的精神，下发《关于海外企业建立财务报表台账制度的通知》。根据海外企业的实际情况，对海外企业类型进行分类管理。从2004年12月份起，海外企业必须向投资控股方报送财务月报表、收支流水账复印件和收支凭证复印件，投资控股方必须根据上报的会计资料建立相应的台账，建立对海外企业购置资产、对外投资的报批制度，集团进行不定期检查落实情况。

2016年11月,集团下发《东方集团(集团)有限公司境外企业(机构)管理规定》《东方国际(集团)有限公司境外财务管理实施办法(试行)》。

【清理整顿】

1997年开始,集团按照现代企业制度的要求,对海外企业进行清理整顿,下发《关于加强对集团境外企业管理的通知》,各子公司对所有境外机构境外进行清理、自查,根据检查结果,对企业的投资、注册、经营人员以及财务管理、资金运用等情况,填列境外企业自查登记表报集团。

2002年,根据市审计局审计建议,集团开展境外资产清理登记工作,对境外资产提出总体的管理要求,对集团海外企业进行清理,从总体上掌握集团海外企业的情况。2002年,集团海外企业共有53家,其中集团直接投资6家,子公司投资47家。鉴于部分海外企业已经歇业和正在办理歇业,以及部分为参股企业,最后确定参加本次境外资产登记工作的共22家。在清理和掌握初步情况的基础上完成《海外企业专题调研报告》。报告共分4部分:(1)集团海外事业管理工作的历史沿革。(2)集团海外企业的作用和现状。(3)集团境外投资管理所存在的问题。(4)加强海外企业管理的对策建议。对于集团53家海外企业,建议根据不同的情况采取"三个一批"的处理办法——清算关闭,退出一批(22家);改制公司收购、托管,盘活发展一批(6家);暂时不亏或战略需要,阶段性维持一批(25家)。

2004年5月,东方家纺、东方针织2个公司改制后,对留在"壳公司"的4家海外企业(浩茂国际有限公司、美国洛杉矶公司、香港美达飞公司和美国罗珀纺织品有限公司)实施承包经营。2007年,集团决定由改制后的东方新家纺收购浩茂国际有限公司、美国洛杉矶公司,东方利泰收购香港美达飞公司,继续承包美国罗珀纺织品公司。

浩茂国际有限公司、美国洛杉矶公司、香港美达飞公司3家海外企业股权转让后,集团收回资金合计约3 700万元。同时,改制公司收购海外企业后,根据自身的业务特点,有效地利用海外企业的资源开展进出口业务,进一步拓展海外市场。

2008年,按照市国资委《关于开展本市2007年度境外国有资产产权登记年度检查工作的通知》要求和市外经贸委、市外管局的通知,集团将相关子公司有关年检材料上报国资委,确保境外年检工作的完成。

2010年3月,按照市国资委产权处下发的《关于开展加强海外企业国有资产监管调研工作的通知》,对集团以及子公司所属的海外企业国有资产情况进行调查,填报海外企业国有资产情况汇总表。上报海外企业共计21家,其中集团总部6家,东方创业2家,东方利泰2家,东方新家纺3家,东方纺织4家,物流集团4家。此外,借核心资产上市之力,将集团及子公司下属万达、维胜等10家海外企业办理变更,补办相关手续。

2011年,为规范集团美洲、日本和中国香港3家海外企业权证手续,集团分别通过电话联系、现场汇报、上报书面材料等不同形式,与市国资委、市商务委、市发改委以及市外管局等政府机构进行沟通,于2012年全部完成相关权证手续。

2012年,集团向市商务委和国家商务部上报请示,协助东方新海下属的3个船公司办理权证手续。7月17日获国家商务部颁发的企业境外投资证书和外管局办理的IC卡。是日,集团协助东松中国香港全资子公司富盛康有限公司获市商委颁发的企业境外投资证书。是年10月10日,集团帮助东方荣恒国贸公司"孟加拉国内衣加工合资项目"办理境外投资核准手续,获市商务委颁发的企业境外投资证书。

三、集团所属海外企业

1982 年起,集团系统各专业外贸公司相继设立一批海外企业。集团成立以后,根据海外发展战略,先后成立日本、美洲、中国香港 3 个地区性境外企业总部。2005 年,集团结合清产核资,对海外企业开展大规模的清理,根据海外企业的不同情况,分门别类进行清理整顿。集团专门召开海外企业管理专题会议,通过实施 ABC 分类管理、更新管理制度等手段深化对海外企业的管理,并以东方国际香港有限公司为切入点,逐步完善海外企业功能,发挥海外企业的作用。

截至 2017 年 12 月,集团有东方国际日本株式会社、东方国际集团美洲有限公司、东方国际香港有限公司、美国罗珀纺织品有限公司等 4 个海外二级公司;东方祥和(柬埔寨)制衣有限公司、香港美达飞有限公司、捷克新人贸易有限公司、东方魅力针织品有限公司、浩茂国际有限公司、美国洛杉矶公司、上海纺织品智利有限公司、迈进有限公司、东方国际法国股份有限公司、孟加拉东方魅力内衣有限公司、普捷有限公司、LILY APPAREL HOLDINGS INC、LILY APPAREL SOCIEDAD LIMITADA 等 13 家三级海外企业;富盛康有限公司 1 家四级海外企业。

【东方国际日本株式会社】

东方国际日本株式会社(简称日本公司)为东方国际集团下属全资二级公司。

1995 年 10 月 24 日,市外经贸委批复同意组建日本公司。由在日本东京和大阪市区内的中国丝绸株式会社东京支店、上海服装日本株式会社、上海市纺织品进出口公司驻日代表事务所、上海海联株式会社纺织品部、上海海联株式会社家用纺织品部、上海海联株式会社纤维制品部等 6 个东方国际集团下属企业全资机构改组设立的。1996 年 4 月 6 日在日本注册登记,注册资金在上海服装日本株式会社的基础上增资 100 万美元,由集团所属的丝绸、服装、纺织、针织、家纺等 5 家进出口公司各出资 20 万美元,以东方国际集团名义一次注入。注册地址为日本大阪市中央区平野町 1 丁目 6 番 9 号。

日本公司经营范围为日本政府规定可经营的各类商品的进出口贸易和信息、投资、咨询等各类业务,人员编制为 30 人,1996 年,聘用 13 名社员。

1996 年 3 月,制定《东方国际集团日本株式会社章程》,明确设立公司董事会,公司根据业务需要设立若干部、各部实行自主经营独立核算。

2015 年 1 月,经集团总裁办公会议审议同意,以自行清理债权债务方式启动集团日本公司的停业清算手续。

表 1-3-36 1995 年 10 月—2014 年 7 月日本公司负责人任职情况表

职　　务	姓　　名	任　职　年　月
董事长(兼)	汪　阳	1995 年 10 月—2008 年 3 月
董事长	俞天福	2008 年 3 月—2010 年 12 月
董事长(兼)	钟伟民	2010 年 12 月—2014 年 7 月
副董事长(兼)	王龙坤	1995 年 10 月—2004 年 10 月

〔续表〕

职　务	姓　名	任　职　年　月
执行董事	俞天福	2005 年 11 月—2008 年 3 月
总裁(兼)	王龙坤	1995 年 10 月—2004 年 10 月
总经理	曾　勇	1995 年 10 月—2004 年 10 月
社长	俞天福	2005 年 11 月—2010 年 12 月
总经理	俞天福	2010 年 12 月—2014 年 7 月

【东方国际集团美洲有限公司】

东方国际集团美洲有限公司(简称美洲公司)是东方国际集团下属全资二级公司。

1996 年 4 月 17 日,根据市外经贸委"关于同意上海服装(美国)有限公司改建为东方国际集团美洲有限公司的批复"成立。美洲公司注册资本 50 万美元,集团占 79.51%股权,东方创业占 20.49%股权,规划投资总额 500 万美元,实际到位 249 万美元。

美洲公司于 1996 年 9 月 12 日在美国登记,注册地址为美国纽约 41 街。1998 年 5 月 1 日在美国纽约挂牌开业。

2004 年 10 月 22 日,根据集团"关于东方国际集团美洲公司停业的通知",美洲公司停止日常经营活动。至 2017 年,只是房产经营管理的收益,没有其他业务经营活动。

表 1 - 3 - 37　1997 年 9 月—2017 年 8 月美洲公司负责人任职情况表

职　务	姓　名	任　职　年　月
董事长(兼)	王祖康	1997 年 9 月—2003 年 3 月
	蔡鸿生	2003 年 3 月—2007 年 7 月
	唐小杰	2007 年 7 月—2014 年 6 月
执行董事(兼)	郭福荣	2014 年 6 月—2017 年 8 月
总裁(兼)	许耀光	1997 年 3 月—2004 年 9 月
副总裁	陈才林	1997 年 3 月—2004 年 9 月

【东方国际香港有限公司】

东方国际香港有限公司(简称香港公司)为东方国际集团下属全资二级公司。

香港公司成立于 1997 年 5 月 21 日,注册地址为中国香港湾仔轩尼诗道 338 号北海中心 17 楼 C 室。截至 2018 年年末,公司总资产 2.73 亿港元,年营业额 2.3 亿港元。

香港公司定位于东方国际集团的海外业务平台、融资并购平台、综合管理平台。主要业务包括:利用中国香港自由港的优势与东方国际集团其他公司合作开展各类业务。产品种类包括大宗商品、食品、机电设备、日用消费品等。香港公司利用金融中心优势,寻求优势资金支持,开展新项目的投资、并购;将东方国际集团的海外资产纳入香港公司管理范围,通过资产集中、调配,实现在资产质量、资产效益上的双提升;通过深化对集团在香港各公司的管理,加强资讯沟通和合作交流,打造集中管理平台,提升管理效能。

表 1 - 3 - 38　1997 年 9 月—2017 年 8 月香港公司负责人任职情况表

职　务	姓　名	任　职　年　月
董事长(兼)	王祖康	1997 年 9 月—2003 年 3 月
	钟伟民	2003 年 3 月—2007 年 9 月
	蔡鸿生	2007 年 9 月—2013 年 5 月
	吕勇明	2013 年 5 月—2017 年 8 月
总经理(兼)	王龙坤	1997 年 9 月—2007 年 9 月
	钟伟民	2007 年 9 月—2014 年 7 月
	周　峻	2014 年 11 月—2017 年 8 月
副总裁	毛惠中	2000 年 7 月—2005 年 1 月
副总经理	章　民	2012 年 7 月—2014 年 8 月
	金　鑫	2014 年 8 月—

【东方祥和(柬埔寨)制衣有限公司】(详见本章第一节)

【美国罗珀纺织品有限公司】(详见本章第二节)

【香港美达飞有限公司】(详见本章第二节)

【捷克新人贸易有限公司】(详见本章第二节)

【东方魅力针织品有限公司】(详见本章第二节)

【浩茂国际有限公司】(详见本章第三节)

【Homecrestlnc】(美国洛杉矶公司,详见本章第三节)

【上海纺织品智利有限公司】(详见本章第四节)

【迈进有限公司】(详见本章第四节)

【东方国际法国股份有限公司】(详见本章第四节)

【**孟加拉东方魅力内衣有限公司**】(详见本章第八节)

【**普捷有限公司**】(详见本章第十节)

【**富盛康有限公司**】(详见本章第十二节)

【LILY APPAREL HOLDINGS INC.】(详见本章第十四节)

【LILY APPAREL SOCIEDAD LIMITADA.】(详见本章第十四节)

第十六节　集团原直属企业

本节收录的集团原直属企业包括曾经列为集团二级公司的东方国际集团上海市丝绸进出口有限公司、东方国际集团上海市服装进出口有限公司、东方国际集团上海市针织品进出口有限公司、东方国际集团上海市家用纺织品进出口有限公司、上海富锦实业有限公司、东方国际集团上海荣恒国际贸易有限公司、东方国际集团上海外经贸房地产开发经营有限公司、上海国际服务贸易(集团)有限公司、上海丝绸(集团)有限公司、上海东方国际资产经营管理有限公司等 10 家企业。

一、东方国际集团上海市丝绸进出口有限公司(详见本章第九节)

二、东方国际集团上海市服装进出口有限公司

东方国际集团上海市服装进出口有限公司(简称东方服装)是集团原直属的国有全资企业。东方服装的前身为上海市服装进出口有限公司,1994 年 11 月 18 日,参与组建东方国际集团,1996 年 1 月,公司更名为东方国际集团上海市服装进出口有限公司。

1997 年,公司注册地址上海市娄山关路 85 号 A 座,注册资金 1.275 2 亿元。公司是国内成立早、经营规模大的专业进出口企业。1953—1998 年,公司累计出口金额达到 100 多亿美元,进出口金额、数量均居全国服装进出口的前列。

自 1989 年全国进出口企业排名以来,公司一直居于前 40 名行列。1992 年,公司获上海口岸"出口冠军"。20 世纪 90 年代,公司进出口金额始终保持 5 亿美元左右,其中出口 4 亿多美元,进口 1 亿多美元。公司出口各类服装产品畅销世界五大洲,与美国、加拿大、欧盟、日本、澳大利亚、中东、拉美和非洲共 70 多个国家和地区的 500 多家客商开展长期的业务合作。

公司获国家外经贸部、市政府颁发的"全国对外经贸行业先进集体""全国对外经济贸易企业管理先进奖""上海市先进企业""上海市出口贡献一等奖""腾飞奖"等称号与奖项。公司是"国家二级企业"和"上海市文明单位"。

东方服装负责人和党群组织负责人包括公司执行董事、总经理、副总经理、党委书记、党委副书记、纪委书记、工会主席、团委书记等。

表1-3-39　1995年4月—1998年11月东方服装负责人和党群组织负责人任职情况表

职 务	姓 名	任 职 年 月
执行董事	王龙坤	1995年4月—1998年11月
总经理	方国良	1995年4月—1998年11月
副总经理	朱陶伟	1995年4月—1998年11月
	徐琍琳	1995年4月—1998年11月
	沈玉玺	1995年4月—1998年11月
党委书记	方国良	1995年4月—1998年11月
党委副书记	沈玉玺	1995年4月—1998年11月
纪委书记	杨文哲	1995年4月—1998年11月
工会主席	黄志超	1995年4月—1998年11月
团委书记	黄蓉蔚	1995年4月—1996年4月
	戴 斌	1996年4月—1998年11月

三、东方国际集团上海市针织品进出口有限公司

东方国际集团上海市针织品进出口有限公司(简称东方针织)是集团原直属的国有全资企业。东方针织成立于1996年1月,前身为成立于1988年10月的上海市针织品进出口公司。2004年5月,东方针织改制成为集团控股60%、公司经营者群体持股40%的混合所有制的有限责任公司,重新注册新的公司,名称为东方国际集团上海利泰进出口有限公司。东方针织由东方利泰托管三年,清理债权债务。三年托管期满后,2008年8月,集团将东方针织注册资金调整至2 000万元,同时将股权划转至上海东方国际资产经营管理有限公司。

2010年3月24日,集团董事会三届五次临时会议审议通过认购东方创业非公开发行人民币普通股的方案。7月21日,市国资委批复同意认购方案。2011年3月24日,通过上海联合产权交易所,集团将东方针织100%股权转让给东方创业,以东方针织的股权作价认购东方创业的股权。

东方针织先后获"上海市出口创汇三优优良企业""国家二级企业""上海市外经贸系统精神文明优秀组织奖""上海市外经贸系统精神文明建设先进单位""上海市海关信得过单位"和"上海市文明单位"等称号与奖项。公司党委获"上海市外经贸系统优秀党委"称号。2000年10月,公司成为集团系统首家获得ISO9000质量管理体系注册企业证书的外贸公司。公司获2001年度上海外贸出口100强企业银奖,获2002年度上海外贸出口100强企业铜奖,获2003年度上海市外贸出口100强企业金奖。

东方针织负责人和党群组织负责人包括公司执行董事、监事长、总经理、副总经理、党委书记、党委副书记、纪委书记、纪委副书记、财务总监、工会主席、团委书记等。

表 1-3-40　1995 年 4 月—2017 年 3 月东方针织负责人和党群组织负责人任职情况表

职　务	姓　名	任　职　年　月
执行董事	钟伟民	1995 年 4 月—1999 年 3 月
	蒋明明	1999 年 3 月—2004 年 11 月
	方为群	2004 年 11 月—2005 年 1 月
	范燮华	2005 年 1 月—2006 年 6 月
	王惠瑛	2006 年 6 月—2009 年 11 月
	陈建国	2009 年 11 月—2015 年 8 月
监事长	施建和	2002 年 5 月—2004 年 5 月
总经理	蒋明明	1995 年 4 月—2004 年 5 月
副总经理	周福明	1995 年 4 月—2002 年 5 月
	舒龙璋	1995 年 4 月—2002 年 5 月
	周　峻	1995 年 4 月—1997 年 8 月
	冯欣海	1997 年 12 月—2004 年 5 月
	赵晓东	2001 年 8 月—2004 年 5 月
	施建和	2002 年 5 月—2004 年 5 月
党委书记	陈方能	1995 年 4 月—1997 年 4 月
	周福明	1997 年 4 月—2002 年 5 月
	施建和	2002 年 5 月—2004 年 5 月
	蒋明明	2004 年 5 月—2017 年 3 月
党委副书记	蒋明明	1995 年 4 月—2004 年 5 月
	丁　玉	2002 年 8 月—2004 年 5 月
纪委书记	闫瑞海	1995 年 4 月—2002 年 8 月
	丁　玉	2002 年 8 月—2015 年 10 月
纪委副书记	朱煌海	1999 年 5 月—2004 年 5 月
财务总监	吕颂宪	2001 年 5 月—2001 年 8 月
工会主席	闫瑞海	1995 年 4 月—2004 年 5 月
团委书记	唐晓岚	1995 年 4 月—1998 年 5 月

四、东方国际集团上海市家用纺织品进出口有限公司

东方国际集团上海市家用纺织品进出口有限公司(简称东方家纺)是集团原直属的国有全资企业。东方家纺成立于 1996 年 1 月 5 日,前身为成立于 1988 年 10 月的上海市家用纺织品进出口公司。公司主营家用纺织品、配套轻纺产品自营和代理等进出口业务。

2004年6月29日,东方家纺由国有全资企业改制为混合所有制的有限责任公司,改制以后注册成立新公司,名称为东方国际集团上海家纺有限公司。东方家纺的业务、客户和经营全部转入改制后的东方新家纺。2007年6月1日,集团将所持有的东方家纺100%股权划归上海东方国际集团资产经营管理有限公司。

东方家纺公司负责人和党群组织负责人包括公司执行董事、总经理、副总经理、党委书记、党委副书记、纪委书记、纪委副书记、总会计师、工会主席、工会副主席、团委书记等。

表1-3-41　1996年1月—2005年8月东方家纺负责人和党群组织负责人任职情况表

职　务	姓　名	任　职　年　月
执行董事	贺静仪	1995年4月—1999年10月
	答朝宗	1999年10月—2004年11月
	卢宗平	2004年11月—2006年10月
	褚融敏	2006年10月—2007年10月
	汪时绩	2007年10月—2010年5月
总经理	黄奇民	1995年4月—1999年3月
	答朝宗	1999年10月—2004年6月
副总经理	方为群	1995年4月—1996年8月
	答朝宗	1995年4月—1999年10月
	杨国铭	1995年4月—2004年5月
	龚培德	1999年10月—2004年5月
	王惠瑛	2002年5月—2004年5月
党委书记	方为群	1995年4月—1996年8月
	张连征	1996年8月—2002年5月
	王惠瑛	2002年5月—2004年5月
	答朝宗	2004年5月—2004年5月
党委副书记	黄奇民	1995年4月—1999年3月
	王朝新	1995年4月—1999年6月
	季胜君	2001年2月—2002年4月
	陈一纲	2001年2月—2004年5月
	答朝宗	2002年5月—2004年5月
纪委书记	王朝新	1995年4月—1999年6月
	陆毅明	1999年6月—1999年10月
	陈一纲	2001年2月—2004年5月
纪委副书记	陈一纲	1999年10月—2001年2月
总会计师	王福章	2002年8月—2004年12月

〔续表〕

职　务	姓　名	任　职　年　月
工会主席	吴建芬	2000年6月—2004年12月
工会副主席	陈　敏	2004年5月—2005年5月
团委书记	胡宏春	1994年11月—1997年11月
	谢松青	1999年3月—2003年3月
	朱　菁	2003年3月—2004年6月

五、上海富锦实业有限公司

上海富锦实业有限公司(简称富锦公司)是集团原直属控股企业。富锦公司成立于1992年7月,注册地址为上海浦东东沟镇南新路700号,经营地址为上海市宁波路1号,注册资本2 000万元。公司类型为有限责任公司,公司经营范围为经营和代理按市外经贸委核准的进出口业务,开展"三来一补"和进料加工业务,经营对销贸易和转口贸易,服装及辅料(棉花除外),纺织品,百货,保健品,五金交电,化工原料及产品(除危险品),建筑装潢材料,汽车配件、铁合金及冶金炉料、金属材料的销售(以上涉及许可经营的凭许可经营)。

富锦公司设立时注册资本为550万元,分别由上海市服装进出口公司动用流动资金出资473万元、上海浦东新区高南工业公司用上海市新南路700号土地折价77万元出资,经川沙县审计事务所《验资证明书》确认后完成公司登记手续。

2003年9月,富锦公司完成企业改制。出于历史原因亏损,且涉及股东出资纠纷,公司长期处于资不抵债状态。为避免国有资产进一步损失,彻底解决富锦公司的相关问题,2010年11月22日,集团下属的控股公司——上海市嘉利斯房地产发展公司作为债权人向黄浦区人民法院提交富锦公司破产清算的申请书。黄浦区法院裁定受理上海市嘉利斯房地产发展公司对上海富锦实业有限公司的破产清算申请,至2017年12月,富锦公司仍处于破产清算过程中。

富锦公司负责人和党群组织负责人包括公司董事长、执行董事、监事长、总经理、副总经理、党委(党总支)书记和副书记、财务总监、工会主席、团支部书记等。

表1-3-42　2003年3月—2014年1月富锦公司负责人和党群组织负责人任职情况表

职　务	姓　名	任　职　年　月
董事长	应兴宝	2003年3月—2005年11月
	卢宗平	2005年11月—2014年1月
执行董事	范燮华	2005年8月—2006年1月
监事长	徐琍琳	2003年3月—2003年11月
	曹立江	2003年11月—2012年6月
总经理	应兴宝	2003年3月—2006年2月

〔续表〕

职 务	姓 名	任 职 年 月
总经理	季 羽	2006 年 2 月—2006 年 10 月
	卢宗平	2006 年 10 月—2007 年 7 月
	郑华庭	2007 年 7 月—2012 年 11 月
副总经理	曾 勇	1998 年 11 月—2002 年 6 月
	施鸿祥	2001 年 6 月—2003 年 3 月
党委书记	徐珮琳	2003 年 3 月—2003 年 11 月
党委副书记	薛雨农	2001 年 6 月—2003 年 3 月
	应兴宝	2003 年 3 月—2003 年 11 月
党总支书记	曹立江	2003 年 11 月—2005 年 9 月
	岑志根	2005 年 9 月—2007 年 7 月
	卢宗平	2007 年 7 月—2014 年 1 月
党总支副书记	应兴宝	2003 年 11 月—2006 年 2 月
	施鸿祥	2005 年 9 月—2006 年 10 月
	卢宗平	2006 年 10 月—2007 年 7 月
	郑华庭	2007 年 7 月—2012 年 11 月
财务总监	赵秀洪	2003 年 3 月—2006 年 2 月
	陈霞萍	2006 年 2 月—2014 年 1 月
工会主席	王兆明	2003 年 3 月—2013 年 5 月
团支部书记	邵荣兴	2005 年 3 月—2010 年 5 月

六、东方国际集团上海荣恒国际贸易有限公司(详见本章第八节)

七、东方国际集团上海外经贸房地产开发经营有限公司(详见本章第九节)

八、上海国际服务贸易(集团)有限公司(详见本章第九节)

九、上海丝绸(集团)有限公司(详见本章第九节)

十、上海东方国际资产经营管理有限公司(详见本章第九节)

第二篇

经 营

追求卓越　拥抱未来

Aspire after brilliance to embrace the future

概　　述

　　东方国际集团成立以来,按照现代企业制度,实行贸、工、技相结合,走集团化、实业化、国际化的道路,围绕建成融贸易和产业为一体,具备贸易、融资、信息、服务、开发等功能的综合商社式的企业集团的战略目标,坚持在改革中调整,在调整中创新,在创新中转型,在转型中发展。集团由成立之初的 5 家子公司,发展到 2017 年拥有下属全资、控股和参股公司 132 家,从单一的进出口业务经营模式发展成为多元化的经营模式。集团与世界 120 多个国家和地区建立贸易往来关系,在美国、欧盟等世界主要国家和地区有 18 家海外企业。与诸多著名的跨国公司开展业务合作,代理诸多国际品牌,国外注册商标近 100 个,拥有"银河""333 麻雀""蓝印花布""海上丝韵""ROSE""KOOL""LILY"等自主品牌,其中"KOOL"等品牌获"上海市出口名牌"称号。集团合格供应商遍及全国各地,仅长三角一带与集团有较大供货规模往来的生产厂家超过 1 400 家,依托集团出口的中小贸易商逾 100 家。

　　经营模式的创新,始终是集团工作的重点。针对外贸市场的竞争特点,集团提出"四个调整"(调整商品结构、市场结构、客户结构和贸易方式)、"四个创新"(产品创新、品牌和技术创新、产品配套和系列化创新、经营机制和管理创新)的经营战略;提出外贸企业供应链再造的思路,开展专题研究,研究成果获 2006 年度上海市企业管理现代化创新成果一等奖以及第十三届全国企业管理现代化创新成果二等奖;提出"转型发展,改革提升"的工作方针。集团大力推进品牌建设,2005 年 8 月,集团设立自主品牌发展基金。为进一步鼓励各成员企业发展自主品牌,集团出台《自主品牌发展基金管理暂行办法》,通过倾斜的政策,扶植与鼓励有关子公司进行品牌建设。在集团的推动下,东方创业、东方利泰、东方新家纺相继建立技术中心,丝绸股份的"LILY"品牌走进米兰时装发布会。东方创业、东方利泰和丝绸股份等公司进一步强化生产基地建设。"物贸联动"的探索和"物流天下"电子商务平台建设取得实质性进展。

　　东方国际集团成立以后,作为集团核心业务的货物贸易始终位居全国前列。集团的货物贸易涵盖纺织服装、机电、轻工、大宗原材料、化工、医疗器械、矿产资源、机械设备等产品。1996 年 4 月,在市外经贸工作会议上,集团获上海市人民政府颁发的 1995 年度出口贡献特等奖。1999 年,集团首次名列中国最大的出口企业 200 强榜首,国家外经贸部部长石广生在《国际商报》上专门撰文表示祝贺。1999—2001 年,集团连续三年是全国出口冠军。

　　2017 年,集团营业收入 239.8 亿元,是集团成立初期的 101 亿元的 2.37 倍。净利润 4.615 6 亿元,是集团成立初期的 0.582 亿元的 7.93 倍。进出口总额为 31.188 2 亿美元,是集团成立初期的 18.925 5 亿美元的 1.65 倍。

表 2 - 0 - 1　1994—2017 年东方国际集团主要财务指标情况表

年份	总资产 （万元）	归属母公司 净资产 （万元）	税前利润 （万元）	归属母公司 净利润 （万元）	营业收入 （万元）	资产 负债率 （%）	净资产 收益率 （%）
1994	622 129	106 627	7 815	5 820	1 010 217	82.86	5.32
1995	722 277	109 292	4 006	2 220	1 114 671	84.87	2.06
1996	807 979	145 365	1 712	9 631	983 008	82.01	7.56
1997	818 529	167 616	18 419	15 006	1 058 523	79.52	9.59
1998	907 749	187 588	18 746	12 553	1 164 482	77.69	7.07
1999	950 073	199 895	8 204	2 021	1 467 712	77.30	1.04
2000	1 139 740	232 544	16 286	6 927	1 939 454	75.76	3.20
2001	1 080 736	230 047	17 636	10 265	2 127 694	73.60	4.44
2002	1 158 454	224 664	18 906	10 434	2 404 070	75.96	4.59
2003	1 270 493	240 567	21 688	12 875	2 458 282	76.29	5.53
2004	943 894	200 964	16 530	8 558	2 379 860	72.16	3.88
2005	939 259	225 068	18 710	10 927	2 364 167	68.89	5.13
2006	1 021 308	233 996	21 766	11 580	2 654 557	69.75	5.04
2007	1 190 795	299 796	39 371	24 853	2 781 166	66.29	9.23
2008	1 281 389	375 216	50 177	20 388	2 768 916	63.38	4.31
2009	1 434 420	509 353	36 135	20 695	1 858 811	56.63	4.68
2010	1 291 131	496 131	52 529	35 378	2 131 682	53.70	7.03
2011	1 192 001	488 567	52 133	32 897	2 163 756	49.86	6.68
2012	1 215 303	528 542	41 596	25 513	1 897 510	47.05	5.02
2013	1 294 090	573 552	40 644	26 011	1 952 734	46.14	4.72
2014	1 518 316	706 418	48 421	28 834	2 030 366	44.55	4.51
2015	1 520 963	693 888	59 912	36 176	2 167 315	45.34	5.17
2016	1 635 062	744 575	103 475	76 823	2 279 048	44.80	10.68
2017	1 757 697	822 064	75 292	46 156	2 398 025	41.66	5.89

第一章　国际贸易

国际贸易是集团经营的主业,也是集团具有相当综合优势的经营业务,是支撑集团整体业务规模的重要组成部分。

1994年9月19日,国家外经贸部做出《关于同意东方国际(集团)有限公司开展对外经济贸易业务的批复》,同意东方国际集团开展对外经济贸易业务,经营范围如下:(1)经营和代理纺织品、服装等商品的进出口业务(进出口商品目录另附件);棉纱、棉涤纶纱、棉坯布、棉涤纶坯布的出口业务,仍由上海市纺织品进出口公司经营;蚕丝、坯绸的出口业务,仍由上海市丝绸进出口公司经营,东方集团其他下属企业不得经营。(2)承办中外合资经营、合作生产业务,开展"三来一补"业务,经营技术进出口业务。(3)经营轻纺、服装行业的国外工程承包业务、境内国际招标工程,对外派遣轻纺、服装行业的各类劳务人员。(4)承办国际货运代理业务(具体手续另办)。东方集团的核心企业上海市纺织品进出口公司、上海市丝绸进出口公司、上海市针织品进出口公司、上海市家用纺织品进出口公司、上海市服装进出口公司作为该集团的下属企业,继续按原经营范围开展进出口业务。

至2017年,集团经营国际贸易的直属企业有东方国际创业股份有限公司、东方国际集团上海利泰进出口有限公司、东方国际集团上海家纺有限公司、东方国际集团上海市纺织品进出口有限公司、东方国际商业(集团)有限公司、东方国际集团上海市对外贸易有限公司、上海领秀电子商务有限公司、上海东松医疗科技股份有限公司、上海丝绸集团股份有限公司和集团直属的海外企业。

第一节　经营理念

集团成立以来,国际贸易始终是集团业务管控的重点关注领域。随着中国经济形势和贸易走势的不断发展,集团的国际贸易也经历一系列的调整变迁,集团的国际贸易从注重规模到注重效益,从传统单一的经营模式逐步向多种经营模式转变,商品种类和结构不断优化,投资主体日趋多元化,企业的经营理念也随之在不断调整。

一、集团试点综合商社时期

集团试点综合商社时期的经营理念是向"集团化、国际化、实业化"方向发展。

1996年,集团成为全国第二家综合商社试点单位。其后,集团吸纳上海市对外贸易公司、上海荣恒国际贸易公司、上海永丰公司等外贸企业,组建东方金桥公司。

集团组建后,在统一部署和经营战略指导下,集团各外贸子公司坚持以质取胜的方针,在不断提高经营效益的基础上,努力扩大进出口规模,力争尽快走上规模和效益互相促进的良性循环道路。同时,进一步加快产品结构调整,依靠科技进步,不断提高高附加值产品和高科技产品的出口比重,建立和完善产品设计中心、面料开发中心、新产品开发中试基地和染整中心等开发创新体系,以创建品牌为核心,全面提高出口产品的开拓能力和竞争能力,大力培育新的出口支柱产品,重点开发轻工、轻型机电、精细化工和生物医药类产品,逐步扩大非纺织类产品在整个出口额中的比重。

集团化、国际化、实业化是外贸企业的发展方向。东方国际集团组建后,在强化资产运作、加快外贸进出口主业发展的同时,加强对实业的投资,集团的出口生产基地得到充实和提高,房地产业初具规模,高新技术产业投入步伐加快。实业投资逐步发展壮大,进一步增强集团的总体实力,有力促进外贸主业的发展,同时也拓展集团的综合功能和发展空间,使集团的整体优势和互补优势得到充分、有效的发挥。

随着集团国际贸易的发展,集团的外贸公司也在随之进行调整。集团所属东方国际集团上海市丝绸进出口有限公司与上海纺织控股集团所属上海金达国际丝绸有限公司组建上海首家跨行业、跨部门的工贸结合的上海丝绸(集团)有限公司。由东方服装为主发起设立的东方国际创业股份有限公司,在上海证券交易所A股上市,成为集团旗下唯一的一家上市公司。由东方国际集团、东方外贸、日本三菱商事株式会社、美国大陆谷物公司成立属于全国首批中外合资外贸企业的公司——东菱贸易有限公司。

二、外贸经营权放开和纺织品配额取消后

中国加入世界贸易组织(WTO),随着外贸经营权的放开和纺织品配额取消,集团的经营理念调整为"以变应变,以变制变"。

经过15年的努力,世界贸易组织多哈会议于2001年11月10日批准中国加入世界贸易组织,成为该组织第143个成员国。中国加入WTO后,国家对国营出口企业的扶植政策逐步取消,国有外贸企业的生存发展面临考验。2001年,集团提出"十五"规划发展的指导思想和总体思路:进一步突出"加速体制创新,再创竞争优势"这一主题,强调"以变应变,以变制变"的战略思想,争取在"十五"期间努力实现"三个转变":(1)通过以"四个调整"的发展战略为主线,由传统的"进出口商"向贸工科一体化的多元发展格局转变。(2)以科技兴贸为战略重点,由传统贸易方式向依靠自身技术优势和品牌优势向专业化经营方向转变。(3)以改革为动力,由传统的管理模式向多元投资为主体,适应市场经济的制度创新、管理创新方向转变。通过三个转变,努力探索外贸企业新的组织体制和经营形态,增强企业核心竞争能力与可持续发展能力,在提高发展质量和发展效益的前提下,保持适当的发展速度。

集团坚持业务创新,着力推进"四个调整"的步伐。用专业化、个性化的服务吸引客户,重点发展一批知名品牌客户、著名跨国公司大客户和零售直销商。用客户结构的调整,带动产品的升级换代,形成纺织服装、轻工、机电等三大出口支柱产品和一批独具特色的核心拳头产品。实施市场多元化战略,努力推进新兴市场和潜力市场的开拓,促进市场的均衡发展,提高抗市场风险和政策风险的能力。优化贸易方式,推动延伸服务和增值服务,提升贸易服务的内涵。

2004年12月10日,集团在东方外贸召开业务专题会议,探讨在后配额时代如何转变经营理念,通过产品的延伸销售,为客户提供增值服务,进一步加强与客户的沟通,扩大出口规模,提高核心竞争力打造新型外贸企业大集团。会上,集团总裁汪阳要求各公司学习外贸浦东公司紧跟市场的理念,将商品"做长,做宽,做深",为客户服务,为客户着想,使客户的利益在各方面得到增值,共同达到双赢。集团副总裁钟伟民鼓励与会的各公司要根据自身特点,根据不同的商品,去探索一种适应业务发展的新型营销方式,走出一条后配额时代的新路,关键是做强、做大东方国际集团的主营业务,打响东方国际集团的企业品牌。

2005年,在纺织品出口配额全部取消、欧美地区相继实施"特保"以及汇率上升的一系列的严峻挑战面前,集团未雨绸缪,沉着应对,采取有效的综合措施积极应对,较好地规避风险。同时充分利用大集团的话语权,出谋划策,主动争取上级的理解支持。集团向国家商务部领导面呈建议,得到高度重视和充分肯定。是年,全国成立6个敏感类别商品出口协调委员会,集团凭借自己在纺织品服装出口行业中的国际竞争力和市场影响力,参加全部6个委员会,在其中3个委员会中担任主任单位,1个委员会中担任副主任单位,凸显集团在行业中的领军地位。同年5月,为加强集团和各子公司应对纺织品贸易一体化后贸易摩擦多发期的各项工作,组织协调集团和各子公司的贸易摩擦事件的应对工作,保障集团和各子公司进出口贸易有序推进和维护企业正当的经济利益,集团成立贸易壁垒应对领导小组和工作小组。6月15日,集团牵头与上海纺织控股集团等企业共同向国家商务部紧急呼吁按照《纺织品临时出口配额管理办法》,以公开、公正、公平原则分配纺织品临时出口配额,坚决反对突击出口、以数量冲击国外市场的行为倾向,倡导优化产品结构、以质取胜。

在此基础上,集团提出供应链管理和服务贸易大平台建设的战略发展思想,作为成果结晶的《服务贸易企业提升核心竞争力的供应链再造与管理》一文,获2006年度上海市企业管理现代化创新成果一等奖以及第十三届全国企业管理现代化创新成果二等奖。集团确立"建成以货物贸易和现代物流为主业,其他服务业为配套支持,具有国际竞争力的、多元化的现代贸易服务总集成商"的战略定位,提出供应链再造与管理是提升服务贸易企业核心竞争力的关键。集团推进供应链再造与管理分为三个阶段。第一阶段是"局部优化、个体先行"。工作重心是能力培养,即在剖析主要业务供应链管理特征的基础上,识别关键增值环节,着重培育关键增值环节方面提供服务的能力。第二阶段是"深化延伸、业务创新"。紧紧围绕国际贸易供应链各个环节,重点从两条线开展,一条线是"做深做精",即在原服务增值环节精耕细作,做得比竞争对手更加细致、更加深入、成本更低、产品和服务的附加值更高。另一条线是"做宽做长",即引导和挖掘潜在的客户需求,不断延伸、扩展供应链上的服务内容,捕捉额外的市场销售和创新机遇。第三阶段是"系统思考、全面推进"。在能力准备、强化重点以及深化、延伸供应链管理服务的基础上,将自身发展模式定位为供应链管理型的资源集成商,最终构建区域经济的服务贸易大平台,推动产业升级和运营效率全面提高。在实践中,集团加大对供应链管理建设以及物流"订舱平台"建设的步伐,着力推进东方外贸、丝绸股份与物流集团"物贸联动"的探索与实践,取得初步成果。

2007年,是中国入世后5年过渡期全面结束的第一年,又是中国全面推行外贸新政的第一年,也是外贸企业经营发展环境最严峻的一年。这种严峻性主要表现为存在着"三上三下"的不确定因素。"三上"是人民币持续升值、原材料价格上涨、劳动力成本提高,"三下"是世界经济增长放缓、纺织品出口配额价格剧跌、出口退税率下调,这些因素直接或间接影响集团主业经营发展的速度和效益。同时,国家经济稳定发展的态势、全球纺织品需求持续增长的趋势、现代服务业广大的发展空间等机遇给集团主业发展创造调整、创新和转型的有利条件。2007年,集团紧紧围绕供应链管理和服务贸易大平台建设以及深化改革改制等方面重点工作,努力克服人民币持续升值、出口退税率不断下调等因素给经营管理带来的诸多困难,通过集团上下广大干部职工的奋力拼搏,全年集团经营预算目标超额完成,多项数据创历史新高,主营业务继续保持健康发展。根据国家商务部、海关总署2007年第91号公告,为保持中欧纺织品贸易健康、稳定发展,自2008年1月1日起,对企业出口至欧盟成员国的8类纺织品实施出口许可证管理。2007年12月25日,全国首张2008年度输欧盟纺织品出口许可证在沪颁发,东方国际集团上海利泰进出口有限公司2008年1月1日运往欧盟丹麦的5 248件男式针织外套率先获通行证,拉开在"出口许可证管理"下中国纺织品输往欧盟的序幕。这一标志性事件是国家为改善中欧双边贸易关系而作出的一项重要决策,既充分肯定东方国际集团过去为发展中欧国际贸易作出的重要贡献,又充分体现国家对东方国际集团今后在转变外贸发展方式和规范贸易秩序方面发挥带头示范作用所寄予的厚望和给予的支持,同时也充分表明东方国际集团在中国纺织品出口行业中的重要地位。

2008年,国际国内经济形势剧烈动荡,因美国次贷危机而引发的金融危机已经演变成一场世界性的经济危机。国内宏观经济政策也从年初"双防"到年中"一保一控"直至年底全面"保增长",经历三个阶段的调整。集团受到国际金融危机、国内宏观经济与政策环境变化等多种因素影响,业务发展也跌宕起伏、一波三折。进出口和物流业务受外部环境影响较大,呈曲线形走势,整体进入下行通道。面对严峻形势,集团各级领导到一线调研指导鼓劲打气,调整战略,应对危机。全体员工树立信心,齐心协力,攻难克艰,取得较好经营业绩。集团进出口总额首次突破50亿美元,创历史新高。

三、全球金融危机后

全球金融危机发生后,由于中国采取强有力的政策刺激,及其对大宗商品的巨大需求,带动新兴经济体快速增长,而发达经济体则总体陷入衰退,世界经济呈现双速增长格局。集团根据外部形势的变化,经营理念调整为"改革创新、转型发展"。

随着中国跨境贸易的发展,进出口贸易业务也在进行调整,集团及下属公司积极在尝试各种国际贸易的新形式。2009年,集团下属多家企业获准成为上海跨境贸易人民币结算试点企业。上海丝绸集团股份有限公司成为首单跨境贸易人民币结算业务的签约企业,在7月6日上海市政府主办的"跨境贸易人民币结算试点启动仪式"上与中业贸易(中国香港)有限公司签订首次采用人民币作为跨境贸易结算货币的贸易合同,由交通银行为公司提供首单人民币跨境汇款结算服务。

在2010年集团工作年会上,集团总裁唐小杰要求创新贸易形式,加快外贸增长方式转变,坚持自营与代理并举,自营出口走产品系列化、专业化、品牌化之路,努力形成一批具有特色的核心产品,提高产品的附加值,增强抗冲击的能力。同时有重点地发展优质代理业务,通过加强服务管理,规范服务流程,提升代理业务质量。

2011年,上海大虹桥服装服饰出口创新基地成为首批国家外贸转型升级专业型示范基地,是上海加快推进外贸发展方式转变和结构调整的一项重要措施。集团有5家企业作为主力军积极参与其中。东方创业、东方利泰、东方新家纺、丝绸股份作为基地首批成员,建立设计中心、打样中心、展示中心和检测中心等。物流集团作为基地公共物流平台,提供一揽子、一站式国际航运、国际船舶代理、国际货运代理、国际集装箱储运、国际快递、国际展览运输及报关、报检等国际综合物流服务。

2012—2014年,集团主业以提升核心竞争力为目标,围绕贸易服务"总集成商"的功能定位,加快转变发展方式和经营模式,通过传统业务的结合、联动和转型、升级,增强整体合力,强化综合优势,集研发、设计、生产、营销、物流配送为一体,全面发展专业化、集成化和一站式、一揽子服务的能力。

2013年9月29日,中国(上海)自由贸易试验区开园,集团参与跨境保税进口模式试点的首批货品在"跨境通"网站顺利上架,完成"跨境通"首单测试,通过消费者网购、货品与税款支付、海关商检通关验放等各个环节。"跨境通"是集团主业创新转型的方向之一。

2014年,集团成立推进贸易转型发展工作小组,形成"7+1"(7家贸易公司+物流集团)工作推进机制,集团各企业紧紧抓住核心主业,及时调整和优化产品结构、市场结构和客户结构,顺势缩减粗放型经营模式,不断强化渠道建设、供应链管理、专业化经营等特色化、差异化的经营模式。在集团大力推动下,东方创业、东方外贸、东松公司等企业在贸易转型方面取得较好业绩。集团总结提炼出若干转型项目的特色亮点和成功经验,开始予以复制推广。东方创业 KOOL 品牌全年开设实体店 26 家,实现销售收入 1 300 多万元,同比增长 83%。东方外贸、东松等公司充分利用长期从事外贸的优势,通过国外品牌代工内销、代理国外品牌的国内经销等方式,扩大内贸业务,开拓内贸市场,争当国外知名品牌的国内总代理、总经销、总集成服务商,商都公司的 SKF 轴承、外贸浦东公司的巴塞尔聚丙烯国内销售收入均达到 1 亿多元。东松公司内贸销售达到 2.5 亿多元。

2015年,集团实施提质增效促转型方略。年初成立"综合贸易转型"推进工作小组。东方外贸实行全球化采购铅笔原材料并投资产品设计,开展 SKF 品牌代理项目与国外食品等快速消费品项目,推进大宗商品业务。东方创业四大品牌的销量较 2014 年增长 50% 以上,"易融达"服务对象转化为大中型企业。东方纺织进行品种结构调整工作,工贸结合步伐稳中有进,组织蓝印花布社参加米兰世博会。东松公司实现内贸收入 3.93 亿元。东方利泰、东方新家纺、东方商业等多家公司积极调整业务结构。

2016年,集团确立"稳增长、调结构、促改革、强党建"的总体工作思路和"五个更加注重"(更加注重远近结合、统筹兼顾、精准发力、协同发展、队伍建设)的工作原则,进一步深化转型发展,提升贸易质量。东方创业业务团队大力拓展新业务,面料出口业务从零起步,规模不断扩大,全年业务量突破 1 700 万美元。东方外贸鼓励新型业务、推动项目深化转型,其业务部门及下属子公司积极探索进口品牌国内总代理、区域代理或经销的模式,大宗商品业务通过优化经营方式实现新的增长。东松公司为客户提供菜单式服务,内贸分拨业务在原有基础上继续保持增长态势,实现营业收入 3.79 亿元。东方纺织落实品牌战略规划,品种结构调整初见成效。东方利泰制定业务奖励办法,积极开拓转型业务,对扭转主业下滑趋势起到积极作用。东方荣恒孟加拉内衣公司 2016 年内衣出口 1 007 万美元,东方荣恒内衣业务板块自营出口超过 3 305 万美元。

2017年,集团进一步明确综合贸易转型思路:(1)稳定主营业务,积极谋求发展。(2)构建五大体系(自主品牌体系;贸易、物流、金融相结合的综合集成服务体系;工贸结合、内外联动的产业链体系;电子商务运营体系;现代服务贸易体系),持续推进转型。(3)提升项目质量,增加业务效益。(4)增强创新动力,培育竞争优势。东方外贸 2017 年上半年大宗商品营业收入达 24 亿元。东方纺织在"全棉布"国际市场不景气的新情况下力推"化纤布"品种,使之成为公司新支柱出口产品。东方新家纺努力扩大对外新品种的开发,出口较 2016 年同期大幅上涨。东方商业利用与日本北海道地区最大连锁超市 SEICOMART 长期稳定的合作关系,加强进口业务的合作。领秀公司以优势品类母婴和时尚品类进口销售入手,取得较大突破,销售金额达到 4 295 万元。

第二节　主营业务

集团主营业务主要包括出口、进口以及从 2010 年开始发展起来的跨境电商等。

1996 年是集团进出口海关统计数据记录中最早的一年,年度进出口额完成 19.01 亿美元,其中:出口 13.28 亿美元,进口 5.73 亿美元。从累计规模上来看,1996—2017 年,集团进出口总额累计达到 789 亿美元,其中:出口累计总额为 514 亿美元,占比为 65%。进口累计总额为 275 亿美元,占比为 35%。

从历年规模来看,集团进出口总额从 1996 年的 19 亿美元,到 2017 年的 31 亿美元,同比增长超过 64%。其中,2008 年,集团进出口规模达到最高峰 52 亿美元。2008 年全球金融危机爆发以后,对集团进出口产生显著的影响,进出口规模大幅下降,随后集团的进出口业务进入漫长的调整期。

从进出口规模构成来看,集团出口规模占比最低为 2003 年的 55.71%,最高是 1998 年则达到 72.73%。

表 2-1-1　1996—2017 年东方国际集团进出口规模情况表　　　　　金额单位:万美元

年份	进出口金额	出口金额		进口金额	
		金　额	占比(%)	金　额	占比(%)
1996	190 088	132 751	69.84	57 337	30.16
1997	203 191	144 396	71.06	58 795	28.94
1998	227 473	166 436	73.17	61 037	26.83
1999	260 326	177 013	68.00	83 313	32.00
2000	340 507	217 721	63.94	122 786	36.06
2001	361 902	213 880	59.10	148 022	40.90
2002	387 026	230 993	59.68	156 033	40.32
2003	428 587	238 766	55.71	189 821	44.29
2004	461 924	274 024	59.32	187 900	40.68
2005	447 429	265 684	59.38	181 745	40.62
2006	441 850	286 985	64.95	154 865	35.05
2007	464 461	317 812	68.43	146 649	31.57
2008	523 885	324 335	61.91	199 550	38.09
2009	372 325	228 470	61.36	143 855	38.64
2010	374 450	255 538	68.24	118 912	31.76
2011	394 688	276 182	69.97	118 506	30.03
2012	367 405	257 400	70.06	110 005	29.94
2013	365 087	254 965	69.84	110 122	30.16
2014	360 992	246 034	68.15	114 958	31.85
2015	316 415	221 267	69.93	95 148	30.07
2016	290 171	203 264	70.05	86 907	29.95
2017	311 882	208 399	66.82	103 483	33.18
合计	7 892 064	5 142 315	65.16	2 749 749	34.84

说明:2016 年、2017 年海关统计数据采用人民币计价,表格中的数据为折算后的数据,汇率采用外汇管理局当月第三个星期三的人民币汇率中间价。

一、出口业务

【主要出口商品】

在集团的出口业务中,纺织服装、机电产品、轻工产品是集团出口的三大支柱产品,在集团出口中占很大比重。从1996—2017年的统计数据来看,集团累计出口规模达到514亿美元,其中,纺织服装累计出口规模达到363亿美元,占比为70.64％。轻工产品累计出口规模达到82亿美元,占比为15.88％。机电产品累计出口规模达到60亿美元,占比为11.56％。

表2-1-2 1996—2017年东方国际集团主要商品出口规模情况表　　　金额单位:万美元

年　份	出口金额	纺织服装		轻工产品		机电产品	
		金　额	占比(%)	金　额	占比(%)	金　额	占比(%)
1996	132 751	119 948	90.36	8 901	6.71	3 451	2.60
1997	144 396	132 930	92.06	8 202	5.68	3 354	2.32
1998	165 438	148 319	89.65	12 066	7.29	5 771	3.49
1999	177 013	153 702	86.83	14 788	8.35	7 037	3.98
2000	217 721	183 092	84.09	22 981	10.56	10 425	4.79
2001	213 880	174 410	81.55	24 852	11.62	14 252	6.66
2002	230 993	177 141	76.69	33 916	14.68	20 582	8.91
2003	238 766	179 827	75.32	38 540	16.14	22 584	9.46
2004	274 024	196 057	71.55	48 622	17.74	28 830	10.52
2005	265 684	179 457	67.55	52 937	19.92	34 920	13.14
2006	286 985	185 703	64.71	57 098	19.90	37 156	12.95
2007	317 812	196 699	61.89	67 169	21.13	51 574	16.23
2008	324 335	193 061	59.53	64 729	19.96	58 237	17.96
2009	228 470	155 916	68.24	41 298	18.08	31 867	13.95
2010	255 538	168 740	66.00	44 588	17.40	37 947	14.80
2011	276 182	190 800	69.08	46 415	16.81	33 903	12.28
2012	257 400	170 845	66.37	43 761	17.00	35 470	13.78
2013	254 965	167 227	65.59	39 521	15.50	38 964	15.28
2014	246 034	163 301	66.37	40 067	16.29	33 153	13.47
2015	221 267	146 548	66.23	36 692	16.58	29 575	13.37
2016	203 264	130 521	64.21	34 590	17.02	27 399	13.48
2017	208 399	117 737	56.53	34 648	16.64	28 101	13.49
合　计	5 141 317	3 631 982	70.64	816 381	15.88	594 552	11.56

说明:1. 2016年、2017年海关统计数据采用人民币计价,表格中的数据为折算后的数据,汇率采用外汇管理局当月第三个星期三的人民币汇率中间价。

2. 轻工产品和机电产品中包括部分相互重合的商品。

【主要出口国家/地区】

在集团的主要出口国家与地区中,主要包括传统市场、新兴市场、潜力市场、其他市场四大市场。从1996—2017年的统计数据来看,以上四大市场占集团出口总额的95.42%,其中,传统市场累计出口规模达到333亿美元,占比为64.67%。新兴市场累计出口规模达到71亿美元,占比为13.72%。潜力市场累计出口规模达到39亿美元,占比为7.49%。其他市场累计出口规模达到49亿美元,占比为9.53%。

集团曾在2006年提出进一步实施出口市场的多元化策略,继续巩固欧、美、日等传统市场,全面拓展中东、非洲、拉美等新兴市场,重点开发东盟、韩国、俄罗斯等潜力市场,使集团对三大市场的出口比重较为合理。

表 2-1-3 1996—2017年东方国际集团主要国家/地区出口规模情况表 金额单位:万美元

年份	出口金额	传统市场		新兴市场		潜力市场		其他市场	
		金额	占比(%)	金额	占比(%)	金额	占比(%)	金额	占比(%)
1996	132 751	86 032	64.81	15 916	11.99	6 327	4.77	18 311	13.79
1997	144 396	96 232	66.64	16 381	11.34	7 247	5.02	18 080	12.52
1998	165 438	115 342	69.72	20 941	12.66	5 517	3.33	17 959	10.86
1999	177 013	122 966	69.47	19 669	11.11	7 430	4.20	18 910	10.68
2000	217 721	151 486	69.58	24 971	11.47	11 051	5.08	21 089	9.69
2001	213 880	142 377	66.57	31 060	14.52	11 743	5.49	18 439	8.62
2002	230 993	153 795	66.58	31 174	13.50	14 576	6.31	19 921	8.62
2003	238 766	152 691	63.95	32 140	13.46	16 999	7.12	22 815	9.56
2004	274 024	176 653	64.47	37 717	13.76	18 792	6.86	25 937	9.47
2005	265 684	177 993	66.99	32 216	12.13	17 823	6.71	27 745	10.44
2006	286 985	183 332	63.88	36 340	12.66	23 246	8.10	30 045	10.47
2007	317 812	212 143	66.75	39 314	12.37	22 326	7.02	31 805	10.01
2008	324 335	213 497	65.83	42 917	13.23	27 010	8.33	29 694	9.16
2009	228 470	158 195	69.24	28 092	12.30	12 781	5.59	21 615	9.46
2010	255 538	176 727	69.16	28 676	11.22	16 972	6.64	23 883	9.35
2011	276 182	175 116	63.41	43 620	15.79	19 479	7.05	25 646	9.29
2012	257 400	161 158	62.61	38 843	15.09	22 157	8.61	23 699	9.21
2013	254 965	151 279	59.33	37 983	14.90	24 116	9.46	27 504	10.79
2014	246 034	149 403	60.72	38 348	15.59	26 537	10.79	19 879	8.08
2015	221 267	132 499	59.88	37 546	16.97	22 575	10.20	15 812	7.15

〔续表〕

年份	出口金额	传统市场		新兴市场		潜力市场		其他市场	
		金额	占比(%)	金额	占比(%)	金额	占比(%)	金额	占比(%)
2016	203 264	119 862	58.97	33 732	16.60	24 928	12.26	14 686	7.22
2017	208 399	116 265	55.82	37 986	18.24	25 504	12.25	16 462	7.90
合计	5 141 317	3 325 043	64.67	705 582	13.72	385 136	7.49	489 936	9.53

说明：1. 2016年、2017年海关统计数据采用人民币计价,表格中的数据为折算后的数据,汇率采用外汇管理局当月第三个星期三的人民币汇率中间价。

2. 传统市场：美国、欧盟、日本。

3. 新兴市场：拉丁美洲、非洲、中东。

4. 潜力市场：东盟、韩国、俄罗斯。

5. 其他市场：加拿大、澳大利亚、中国香港。

【主要出口贸易方式】

集团的出口贸易方式,主要是一般贸易、来料加工和进料加工。从1996—2017年的统计数据来看,一般贸易累计出口规模达到419亿美元,占比为81.45%。来料加工累计出口规模达到49亿美元,占比为9.52%。进料加工累计出口规模达到44亿美元,占比为8.50%。从历年的出口贸易方式来看,除个别年份以外,一般贸易在集团出口规模的占比在不断提高,从51.78%上升到96.61%,来料加工、进料加工的出口规模占比在不断压缩。

表2-1-4　1996—2017年东方国际集团主要出口贸易方式情况表　　金额单位：万美元

年份	出口金额	一般贸易		来料加工		进料加工	
		金额	占比(%)	金额	占比(%)	金额	占比(%)
1996	132 751	68 737	51.78	11 625	8.76	52 317	39.41
1997	144 396	74 712	51.74	29 368	20.34	40 265	27.89
1998	165 438	88 371	53.42	38 443	23.24	39 521	23.89
1999	177 013	104 283	58.91	42 962	24.27	29 510	16.67
2000	217 721	137 994	63.38	47 853	21.98	31 602	14.51
2001	213 880	150 261	70.25	42 651	19.94	20 556	9.61
2002	230 993	171 112	74.08	39 568	17.13	19 958	8.64
2003	238 766	186 879	78.27	34 050	14.26	17 359	7.27
2004	274 024	219 019	79.93	36 129	13.18	17 656	6.44
2005	265 684	223 723	84.21	27 019	10.17	13 971	5.26
2006	286 985	250 833	87.40	21 850	7.61	12 945	4.51
2007	317 812	278 186	87.53	20 617	6.49	17 761	5.59
2008	324 335	280 872	86.60	22 366	6.90	19 817	6.11
2009	228 470	200 593	87.80	13 217	5.79	13 336	5.84

〔续表〕

年 份	出口金额	一般贸易		来料加工		进料加工	
		金 额	占比(%)	金 额	占比(%)	金 额	占比(%)
2010	255 538	225 344	88.18	13 526	5.29	15 139	5.92
2011	276 182	245 233	88.79	13 128	4.75	13 547	4.91
2012	257 400	225 506	87.61	12 039	4.68	16 928	6.58
2013	254 965	228 517	89.63	8 093	3.17	11 953	4.69
2014	246 034	227 910	92.63	6 285	2.55	10 131	4.12
2015	221 267	206 412	93.29	4 088	1.85	9 783	4.42
2016	203 264	191 779	94.35	2 614	1.29	8 021	3.96
2017	208 399	201 325	96.61	1 725	0.83	4 774	2.29
合 计	5 141 317	4 187 601	81.45	489 217	9.52	436 850	8.50

说明:2016年、2017年海关统计数据采用人民币计价,表格中的数据为折算后的数据,汇率采用外汇管理局当月第三个星期三的人民币汇率中间价。

二、进口业务

作为上海市规模较大的贸易集团之一,东方国际集团从成立初期就拥有多项商品的进口权,比如:腈纶、涤纶棉、涤纶长丝等纺织类商品,随后又取得木材、胶合板、羊毛、废钢等商品经营权。这些经营权为集团进口业务的发展提供支撑。随着2004年12月11日起,中国取消钢材、天然橡胶、羊毛、腈纶及胶合板的进口指定经营,集团进口业务面临更多的竞争与挑战。

集团的进口贸易方式,主要包括一般贸易、来料加工和进料加工。从1996—2017年的统计数据来看,集团累计进口规模达275亿美元,其中:一般贸易累计进口规模达到225亿美元,占比为81.82%。来料加工累计出口规模达到25亿美元,占比为9.21%。进料加工累计出口规模达到16亿美元,占比为5.97%。从历年的进口贸易方式的总体趋势来看,一般贸易在集团进口规模的占比是上升的,从43.84%上升到94.96%,来料加工、进料加工的进口规模占比在下降中。

除了以上3种进口贸易方式,随着中国国际贸易的发展,其他进口贸易方式的规模也有所增加,在个别年份已经超过来料加工、进料加工两种方式的合计规模。比如:2013年,保税区仓储转口货物的进口规模就达到8 726万美元,占当年度集团进口总额(110 122万美元)的7.92%,高于当年度来料加工和进料进口的6.93%合计占比。

表 2-1-5　1996—2017年东方国际集团主要进口贸易方式情况表　　金额单位:万美元

年 份	进口金额	一般贸易		来料加工		进料加工	
		金 额	占比(%)	金 额	占比(%)	金 额	占比(%)
1996	57 337	25 135	43.84	10 034	17.50	20 756	36.20
1997	58 795	26 089	44.37	16 795	28.57	15 409	26.21

〔续表〕

年　份	进口金额	一般贸易		来料加工		进料加工	
		金　额	占比(%)	金　额	占比(%)	金　额	占比(%)
1998	60 633	28 319	46.71	18 998	31.33	13 245	21.84
1999	83 313	48 566	58.29	21 560	25.88	11 161	13.40
2000	122 786	82 538	67.22	24 961	20.33	13 888	11.31
2001	148 022	114 921	77.64	22 329	15.08	9 120	6.16
2002	156 033	124 263	79.64	21 248	13.62	7 937	5.09
2003	189 821	161 789	85.23	17 546	9.24	7 663	4.04
2004	187 900	155 368	82.69	19 442	10.35	7 774	4.14
2005	181 745	157 048	86.41	14 058	7.74	5 631	3.10
2006	154 865	134 592	86.91	11 958	7.72	5 742	3.71
2007	146 649	125 561	85.62	11 331	7.73	6 462	4.41
2008	199 550	179 358	89.88	10 219	5.12	5 743	2.88
2009	143 855	130 182	90.50	5 585	3.88	4 647	3.23
2010	118 912	104 349	87.80	5 266	4.43	5 025	4.23
2011	118 506	100 628	84.91	6 124	5.17	4 660	3.93
2012	110 005	93 815	85.15	4 522	4.11	5 046	4.59
2013	110 122	93 226	84.66	3 523	3.20	4 112	3.73
2014	114 958	102 109	88.82	2 803	2.44	3 369	2.93
2015	95 148	85 994	90.38	2 208	2.32	3 186	3.35
2016	86 907	77 361	89.02	1 641	1.89	2 192	2.52
2017	103 483	98 272	94.96	972	0.94	1 497	1.45
合　计	2 749 345	2 249 482	81.82	253 123	9.21	164 265	5.97

说明:2016年、2017年海关统计数据采用人民币计价,表格中的数据为折算后的数据,汇率采用外汇管理局当月第三个星期三的人民币汇率中间价。

从集团进口的国别来看,2009—2017年,日本、德国、美国始终是集团进口规模前三的国家。在2009—2017年期间,美国曾经于2015年和2017年位列集团最大进口来源国,其他7年则是由日本位列第一。其他主要的进口来源国或地区包括韩国、中国台湾、东盟、澳大利亚、智利、法国、瑞典、比利时、意大利、印度、英国、俄罗斯、马来西亚等。

从集团进口的商品来看,2009—2017年,集团进口的商品则是集中于钢铁制品、医疗设备、大宗原料商品、车辆配件等方面,比如:不锈钢无缝锅炉钢管、热轧盘条、彩色超声波诊断仪、电解铜、铁矿砂、机动车辆用照明装置等商品,形成集团自身进口业务的特点。

集团下属的上海东松医疗科技股份有限公司,从2009年开始从事进口医疗设备业务,经过十多年的发展,成为上海地区规模较大的医疗设备进口商,五次获中国医保进出口商会"进口五强企业"称号。

第三节　贸易专项管理

贸易专项管理,是集团进出口贸易管理中重要的组成部分之一。贸易专项管理主要包括风险控制、交易会协调、进出口业务统计、业务政策支持、配额管理等五个方面内容(其中交易会协调详见本章第四节,进出口业务统计、业务政策支持详见第三篇第六章业务管理)。本节主要为围绕集团配额管理方面进行介绍。

集团的出口主要以纺织服装为主。配额管理,主要是针对纺织品出口配额开展的。

一、纺织品出口配额来源与废止

纺织品出口配额源自 1974 年 1 月 1 日开始执行的第一个《多种纤维协定》(MFA),至 1994 年 12 月 31 日关贸总协定乌拉圭回合结束。《多种纤维协定》前后共签订了 4 个,先后经过 3 次修改延长,3 次简单延长。《多种纤维协定》管辖和制约全球纺织品贸易达 20 年。1994 年,乌拉圭回合谈判以《纺织品与服装协定》(ATC)取代《多种纤维协定》。发展中国家提出的用 10 年时间分三个阶段取消配额限制,实现纺织品贸易一体化的意见获通过。纺织品出口配额制度于 2004 年 12 月 31 日废止。

二、中国纺织品出口配额管理

为保障中国纺织工业和贸易参与国际市场竞争,中国于 1984 年参加《多种纤维协定》。1984 年外经贸部颁布第一个《关于纺织品出口配额的管理办法》,对纺织品出口配额实行分配和管理。纺织品出口配额的分配可分为三个阶段,先后采取无偿分配、有偿招标和自主申领三种形式。在中国实行配额初期至 1994 年,配额分配采用的办法是以上年度出口实绩多少无偿分配。1995—1998 年,配额分配以无偿分配为主,个别新设限类别采用有偿招标和自主申领。1999—2004 年,配额分配实行无偿分配,紧俏的类别采用招标,非紧俏类别采用自主申领三种方式相结合的分配方法。

中国纺织品出口配额实行招标始于 1995 年,分为两个阶段。1994 年,中美纺织品谈判商定,1995 年起将中国输美的部分丝绸产品纳入配额管理体制,实行配额管理。根据新设限的输美丝绸产品中的丝绸男、女衬衫 2 个类别实行有偿招标。中国的《纺织品出口配额招标管理办法》随之应运而生。1999—2004 年,中国对输美国、输欧洲和输加拿大的 21 个紧俏类别实行招标和管理。

1995—2004 年,中国对纺织品出口配额实行招标两个阶段中,重点是第二阶段,即 1999—2004 年的 6 年。这 6 年中国对纺织品出口配额 21 个紧俏类别采用招标办法和实施管理。在每年的招标中,都采用协议招标和公开招标两种方式进行。

三、集团纺织品出口配额招标中标情况

1999—2004 年,中国纺织品出口配额招标共涉及输美、输欧、输加 21 个类别,即 CA2、EC4、EC5、EC6、EC7、EC8、EC21、EC78、US334、US347/8、US351、US352、US634、US635、US636、

US638/9、US641、US645/6、US647、US840(其中 EC21、US840 于 2003 年取消)。纺织品出口配额招标数量总计为 277 952 048 打。其中,协议招标数量为 178 808 022 打。公开招标数量为 99 144 026 打。

表 2 - 1 - 6　1999—2004 年全国招标数量情况表　　　　　　　　　　　单位:打

年　份	协议招标数量	公开招标数量	合计数量
1999	36 358 057	24 238 711	60 596 768
2000	31 155 627	20 770 418	51 926 045
2001	27 036 760	18 024 507	45 061 267
2002	24 830 241	10 641 532	35 471 773
2003	27 618 800	11 836 628	39 455 428
2004	31 808 537	13 632 230	45 440 767
合　计	178 808 022	99 144 026	277 952 048

表 2 - 1 - 7　1999—2004 年东方国际集团招标量占全国比例情况表　　　　单位:打

年　份	全国招标量合计	集团中标量合计	占全国百分比(%)
1999	60 596 768	2 799 362	4.62
2000	51 926 045	2 723 084	5.24
2001	45 061 267	2 857 633	6.34
2002	35 471 773	2 599 293	7.33
2003	39 455 428	2 412 453	6.11
2004	45 440 767	2 591 313	5.70
合　计	277 952 048	15 983 138	5.75

说明:1999—2004 年集团纺织品出口配额中标数量总计 15 983 138 打,占全国中标量的 6%,其中:协议中标量为 9 012 499 打,占全国中标量的 5%,公开中标量为 6 970 639 打,占全国中标量的 7%。

表 2 - 1 - 8　1999—2004 年东方国际集团协议招标量占全国比例情况表　　　单位:打

年　份	全国协议招标量	集团协议中标量	占全国百分比(%)
1999	36 358 057	1 274 072	3.50
2000	31 155 627	1 275 250	4.09
2001	27 036 760	1 275 250	4.72
2002	24 830 241	1 762 499	7.10
2003	27 618 800	1 657 518	6.00
2004	31 808 537	1 767 910	5.56
合　计	178 808 022	9 012 499	5.04

表2-1-9　1999—2004年东方国际集团公开招标量占全国比例情况表　　　　单位：打

年　　份	全国公开招标量	集团公开中标量	占全国百分比（%）
1999	24 238 711	1 525 290	6.29
2000	20 770 418	1 447 834	6.97
2001	18 024 507	1 582 383	8.78
2002	10 641 532	836 794	7.86
2003	11 836 628	754 935	6.38
2004	13 632 230	823 403	6.04
合　　计	99 144 026	6 970 639	7.03

表2-1-10　东方国际集团对设限国家/地区中标数量情况表　　　　单位：打

国家/地区	协议招标数量	公开招标数量	合计数量
美　　国	5 059 994	3 638 705	8 698 699
欧　　盟	3 940 797	3 290 045	7 230 842
加拿大	11 708	10 682	22 390
合　　计	9 012 499	6 970 639	15 983 138

四、集团纺织品出口配额管理

鉴于纺织品出口配额对集团出口贸易的重要性，集团对纺织品出口配额管理高度重视。

1995年第5次总裁办公会议上，集团明确由副总裁方美娣牵头，在集团内开展交流丝绸公司使用配额三个原则：（1）用足用好配额，（2）利用配额带动非配额产品的出口，（3）用配额优胜劣汰客户。同时，推广服装公司以财务管理为核心，以成本管理为中心，以投资效益返回为重心，压缩开支的科学管理办法。

1998年，集团加大对配额管理力度，分析配额变化趋势，督促公司用足用好配额，完善集团内部的配额管理办法，最大限度发挥配额效益。在集团配额管理工作中，主要是由综合业务部协助进行集团范围内配额的调剂。对于配额资源，集团鼓励各公司应对自营客户、重要客户或需要支持发展的客户等需要培植的客户进行政策倾斜。同时，建议各公司由分管领导负责公司配额的分配、协调和管理，设置纺织品出口配额的管理部门，负责公司配额的分配、使用、调剂等管理。

2005年，纺织品出口配额全部取消，各类市场主体蜂拥而上，纺织品出口市场竞争秩序一度混乱。2005年6月15日，集团牵头与上海纺织控股集团等企业共同向国家商务部紧急呼吁按照《纺织品临时出口配额管理办法》，以公开、公正、公平原则分配纺织品临时出口配额，坚决反对突击出口、以数量冲击国外市场的行为倾向，倡导优化产品结构、以质取胜，在设限品种临时出口配额数量安排上应兼顾各方利益，体现公平合理原则。商务部领导对集团有关意见高度重视，采纳集团的建议，出台《纺织品临时出口配额管理办法》。《纺织品临时出口配额管理办法》出台后，集团多次召开进出口业务专题会议,认真研究如何珍惜好、管理好、利用好分配到的有限配额资源,发挥其最大的价值和作用。集团明确提出,要倍加珍惜、集中管理、用足用好,坚持"三优先和三杜绝"原则,加强纺织品临时出口许可证管理。"三优先"是配额使用向自主品牌优先,向自营实单客户优先,向高附加值产品优先。"三杜绝"是坚决杜绝将配额用于代理业务,坚决杜绝将配额用于低价品种,坚决杜绝变相的配额买卖。各公司按照上述要求和原则,充分利用有限配额,抓紧调整客户结构和产品结构,扩大高技术含量、高附加值产品出口。

第四节　参　展　交　易　会

以中国进出口商品交易会(简称广交会)、中国华东进出口商品交易会(简称华交会)为主的外贸交易会是集团外贸企业开拓市场、培育客户,推进进出口业务有序、稳步发展的良好平台。20多年来,集团组织所属外贸企业参加交易会,通过参展来结识客户,促进成交。交易会参展管理工作主要由集团综合业务部负责。集团对广交会、华交会的交易平台相当重视,除鼓励各企业牢牢把握广交会、华交会良机之外,还组织集团统一特装展位的布展工作,借助以上平台扩大集团的影响力,提升集团的知名度。

一、中国进出口商品交易会

广交会创办于1957年春,名称为"中国出口商品交易会"。2007年起,因为增加了国外参展商的展馆,给国内的买家去采购国外的进口商品,所以更名为"中国进出口商品交易会"。每年春秋两季在广东省广州市举办,由国家商务部和广东省人民政府联合主办,中国对外贸易中心承办,是中国历史最长、规模最大、商品种类最全、到会采购商最多且分布国别地区最广、成交效果最好、信誉最佳的综合性国际贸易盛会。

1995年4月15—30日,在第77届广交会上,东方国际集团首次亮相,出口成交独领风骚,成交总额达15 082万美元。

随着广交会的不断发展,参加广交会的企业日益增加,广交会的展会地址也进行变更,集团的各家参展公司亲历广交会从中国出口商品交易会展馆(流花路117号,简称流花路展馆)到广州琶洲国际会议展览中心(简称琶洲展馆)的搬迁。

第94届广交会(2003年)以前,广交会在流花路展馆举办。第94—103届(2008年)则是流花路展馆、琶洲展馆同时举办。第104届至今则是在琶洲展馆举办。在第104届以前,集团的服装展位主要采用整体特装的形式,东方创业、东方纺织、东方利泰、东方家纺(东方新家纺)都参与展位。第104届以后,随着展会地址的变迁,广交会展区分布日益精细化,集团服装展位则主要是由各家公司品牌展位的形象出现。集团的展会管理工作重点也从统一组织布展转换到统一参展管理。在广交会中,集团作为上海交易团分团之一,积极配合上海交易团做好参展企业的管理服务工作,成为企业与上海交易团交流沟通的桥梁。

在2017年举办的第122届广交会上,集团8家主要进出口贸易企业(二级公司)共有114个展位,展区涉及男女装、童装、家纺、纺织面料、箱包、家居用品、五金、工具、餐厨、医疗器械、化工、建材、家居装饰品、礼品等20个展区。

二、中国华东进出口商品交易会

华交会由中华人民共和国商务部支持,上海、江苏、浙江、安徽、福建、江西、山东、南京、宁波9省(市)联合主办,是中国规模最大、客商最多、辐射面最广、成交额最高的区域性国际经贸盛会。华交会自1991年起,每年3月在上海举行,至2017年举办27届。在华交会展区中,其中服装展区是集团展位最为集中的展区,即集团统一特装展位所在的展区。集团主要纺织服装出口企业都在该统一特装展位中展示自身的风采。

1996年3月14日,《文汇报》登载《让名牌从展台走向世界》的消息报道:"出口第一'大户'东方国际集团,把实施名牌战略作为重心。在资金紧缺的情况下,1995年年底,下属的服装进出口公司和纺织品进出口公司仍设法成立服装和面料设计中心,瞄准国际市场推出新品种。果然,金鸽牌真丝绣花女袍、雪花牌内衣等新产品在交易会上大出风头,很受客商欢迎。"在1996年第6届华交会上,东方丝绸时装六部以一笔数量为39 000打的绣花女袍的成交订单首开纪录,集团首日全天成交雄居全体参展单位榜首。

在2017年第27届华交会上,集团7家主要进出口贸易企业(二级公司)共有展位23个,展区涉及服装、纺织面料、服装服饰、日用消费品、家居装饰等。展会期间接待客商共计187人,意向成交总计约76.5万美元。

三、其他展会

集团鼓励和组织各家公司参加其他展会,促进集团贸易企业与服务企业的互动,推动集团贸易业务结构的调整。

图 2-1-1　2016年3月1—5日,集团参加华交会的展位

2009年,由国服公司承办的2009东盟中国中小企业商品(越南)博览会于12月9—12日在越南胡志明市国际会议展览中心举办,集团参展企业为东方外贸、东方创业、东方利泰、东方新家纺、东方纺织、东方商业、国服等公司,共有10个摊位。该次展会是国服公司的第一个自办展。

2011年6月17—19日,集团所属东方创业、东方利泰、东方新家纺等3家公司参展"2011中国国际网络购物大会"。集团在该届交易会上共有4个展位,展出商品涉及衬衫、T恤、童装、袜子和床上用品等。集团参展公司不仅取得销售佳绩,而且还利用展会发放宣传品,积极宣传自己的网络购物平台。

展会变迁见证集团贸易企业业务的变化,从主营进出口贸易,到迈出电商领域的第一步。见证集团服务贸易的起步,国服公司拥有独立承办国际展会的能力。

第二章　国内贸易和自主品牌

国内贸易和自主品牌经营是集团主业经营的重要组成部分。集团各公司主要通过自主品牌内销、国内贸易、代理国外品牌的国内经销等方式扩大内贸业务。

第一节　国内贸易

一、沿革

1994年，集团组建实施方案中提出：集团的基本特点包括贸易主营化，即将进出口贸易融为一体，内销外贸并举，内外结合，进出呼应。有效利用两个市场，两种资源，实施集团功能多元化战略，经营产业多元化，涉及内外贸易、实业、金融、投资、服务、物流、信息等。集团经营业态多元化包括进口、出口、转口、内贸批发、零售、分拨、租赁等。不断开拓内贸批发和零售业务，以内促外，内外兼营。

为建立内外贸一体化体系，集团成立内贸商业网点调查组，强化国内市场开拓，加快以开拓国内市场为重点的集团贸易发展公司的发展，加强与商业企业的各种形式的联合和合作，增强集团各外贸公司的内贸功能，提高国内贸易额在总营业额中的比重。1994年，东方国际集团上海市对外贸易有限公司成立内贸部，作为主要业务之一来抓，重点是充分利用对外贸易中产品款式、原辅材料和市场信息、先进技术等优势，组织和扩大生产，通过建立批发中间商的销售网络体系，将产品逐步投入国内市场。

1996年1月，集团和下属的丝绸、服装、纺织、针织、家纺等公司共同出资7 500万元，以参股方式组建以开拓国内市场为主的东方国际集团贸易发展有限公司（东方贸发）。为此，《新民晚报》登载以《出口名牌"衣锦还乡"》为标题的消息报道："东方国际集团将5家进出口公司分散的国内贸易组织起来，有计划地把95个在海外注册的优秀品牌部分转向国内市场，满足群众需要。把集团的新商品通过国内市场培育成新的名牌，再推向国际大市场。"东方贸发成立后，坚持以开拓国内贸易为主，逐步延伸到全国各地，以建立商业网点、创设集团自己的品牌、名牌产品为主，为开发2个市场走出第一步。东方贸发坚持综合性、多品种、大规模的经营规则，形成以零售为主、批零结合的销售网络体系，重点拓展外省市市场，为集团各外贸公司组织生产的产品进入国内市场提供通道和中介。2009年，东方贸发成为东方国际商业（集团）有限公司的全资子公司。

集团自组建以内贸为主的东方贸发以来，在上海市和外省市建立一批具有外贸经营特色的商业和服务网点。如在虹桥地区开设木船啤酒屋；在江苏扬州市设立贸易销售点，销售集团自营的产品；在上海市江宁路开设东方国际江宁商场出国人员免税店，营业面积650平方米；在沪太路北段东方国贸城临街的"四名街"上开设2开间门面的专卖店。

1996年4月6—15日，集团参加1996年进出口商品上海四川北路交易洽谈会。6月8—17日，集团参加1996年外贸商品淮海中路展销会。

为进一步发展国内贸易，集团投资、参股、收购、兼并一些商业企业，将其改造成为国外名牌代理专卖店或集团系列品牌的连锁店,如在上海市中心组建规模较大的"东方国际商城"。通过股权互换、参股投资等形式,加强和发展与市级或具有一定规模的区级商业集团在资产纽带关系基础上的各种形式的联合和合作。有选择地逐步到全国各中心城市设立子公司或分公司,带动集团各公司的投资和贸易走向全国市场,在逐步形成地区经销分中心的基础上,最终形成全国经销网络,开创有规模、有影响的集团内贸新格局。

集团与香港高宝发展公司合作组建的东宝百货有限公司,于1997年年初开张,主要经营国外名牌代理和外贸出口的名牌产品。在四川路东宝兴路口的高宝新时代广场内建立东方国际商场,营业面积1.9万平方米,1—5层经营百货,6—7层为餐饮娱乐,这是当时上海外经系统投资兴建的最大商业项目。集团对该项目投入700万美元,占30%股份。双方合作期为15年。2005年9月26日,集团收回对东宝百货投入的全部资金,终止合作。

1999年,集团旗下东方商业初涉内销新领域——机场商业。在市外经贸委、市外资委、集团的大力支持下,与国际免税业巨子皇权公司合作,在浦东国际机场商业项目投标中取得占机场商业营业面积的1/2租赁经营权,2000年1月开张营业。

2011年,集团扩大内销和网销业务规模,推动内贸业务发展,继续探索引进国外百货商品、国外优质商品进入国内销售等项目;顺应和把握内外贸一体化发展趋势,大胆探索适合自身业务特点的内销经营模式,创造条件,拓展销售渠道,稳步扩大实销店、网销店的销售规模。

2013年,为促进内贸发展,集团建立内贸联席会议制度,加强各公司间相互交流、资源共享。研究制定内贸三年发展规划,出台一系列鼓励措施,推动各公司内贸业务进入快速发展的轨道。是年4月,开设SUNFLOWER、333麻雀、TRAFFIC等品牌的内贸专卖店,作为集团各公司经营内销的试验店。KOOL品牌入驻百联青浦奥特莱斯广场和百联金山店。集团还组织各公司参加网交会、哈交会、外贸精品博览会、楼宇特卖会等展销会,促进自主品牌产品内销。是年新开8家实体店、2家线上店。

2015年,集团内贸业务成为集团综合贸易板块的重要组成部分。集团进一步发挥内外贸联动的效应,多渠道、多方式开拓内贸市场,发展具有东方国际自身特色和优势的新型内贸业务,一方面大力培育发展自主品牌内贸业务,另一方面充分利用长期从事外贸的经验、渠道、资金优势,通过国外品牌代工内销、代理国外品牌的国内经销等方式扩大内贸业务,开拓内贸市场,成为国外知名品牌(包括生产资料及日用消费品)的国内总代理、总经销、总集成服务商。2015年,集团通过进出口联动、物贸联动等途径,发展国外品牌国内经销和代理业务,仓储分拨等供应链业务。2013—2015年,集团国内贸易累计营业收入60亿元。

二、内贸类别

【自主品牌】

自主品牌内销业务主要是成衣、家纺、丝绸制品、蓝印花布等产品的生产销售。以现有的集团下属生产联营企业为主要货源基地,生产国内适销产品,结合集团推行的名牌战略,努力开发集团的商品品牌和名牌产品,满足不同层次消费者的需要。通过自建、并购、参股等途径,建立衣架、朗绅、KOOL,SUNFLOWER等系列服饰品牌。加大品牌研发设计投入力度,提高产品附加值。加快品牌实体店布局,线上线下协同发展,迅速做大品牌规模。2011积极推进内贸发展,尝试从实体店到网上店的建立健全,大胆探索内销的经营模式和拓展销售渠道。集团大力支持下属公司开展内销和网销的尝试,有 4 家公司开设自己的网站或网店(详见本章第二节自主品牌)。

【国外品牌】

1997 年,集团与香港高宝发展公司合作组建东宝百货有限公司,主要经营国外品牌代理销售和外贸出口的名牌产品转内销。

1998 年,东方荣恒在进出口市场竞争激烈的情况下,寻求发展,在集团的支持下,成为富士通空调在中国的总代理。在一年多的经营时间内,从 1998 年的 1.5 万台销售量,到 1999 年的 4.5 万台销售量,利润增长近 10 倍,成为空调销售行业的后起之秀。在代理国外品牌空调的同时,公司探索代理国外厨具用品在国内的销售可能性,经初步尝试,具有比较高的可操作性。

2014 年,商都公司 SKF 轴承业务从进口代理转向内贸经销,销售收入为 10 121 万元。外贸浦东公司的巴塞尔汽车塑料粒子国内销售收入达到 1 亿多元,此外还有 ABB 开关柜等。

2015 年,东方外贸与百联集团合作开展有色金属的进口、转口、内贸业务,启动 SKF 沙钢物流外包项目,发展大客户的外包业务等新的增值服务。公司积极推动消费品进口及内贸业务的发展,拓展澳大利亚鲜牛奶进口,进口的食品、饮料、化妆品等快速消费品入驻城市超市、久光超市、DIG、一号店、京东商城。公司从土耳其进口的果汁进入联华超市和一号店。公司自 2015 年起与英国肯德尔公司建立业务合作关系,2016 年 2 月签订排他性的深度合作协议,成为 Kendamil(康多蜜儿)品牌奶粉进口总代理商(肯德尔公司是英国最大的奶粉加工企业,原为亨氏婴儿配方奶粉工厂)。东方外贸与英国最大的新闻广播机构 BBC 签订协议,取得他们制作的科普电影《蓝色星球 2》中国独家发行权。

东松公司采购费(菲)森尤斯血透设备、飞利浦公司呼吸监护医疗设备在国内销售,2017 年销售金额为 43 930 万元。

集团旗下的领秀公司与国外客户合作,经营四大品类共汇集近 130 个品牌,近 3 400 个专卖,产品包括 Gucci、Burberry 等欧洲一线名品箱包、北海道 Seicmart 食品、母婴用品等国外品牌,运用"爱奢汇"进口电商平台以及线下销售等方式,2017 年销售额为 8 070 万元。

【无品牌产品】

无品牌产品内贸业务主要是东方创业、东方外贸的贱金属、矿产品等大宗商品,以及东方外贸的奶粉、铅笔等消费品的国内采购销售。

【原辅材料】

原辅材料内贸业务主要是下属各公司购进原辅材料出售给工厂供其加工成品。东方纺织下属"绍兴海神"工厂加工生产并销售印染面料。

三、经营情况

2012 年,集团合并报表年内销收入达 10 亿元以上。丝绸股份 LILY 品牌实现销售收入超过 3 亿多元。集团自主品牌产品内销达到 1 332 万元。东方创业 KOOL 品牌品种开发形成系列,完成销售额 574 万元。丝绸集团"海上丝韵"品牌年销售突破 612 万元。东方纺织蓝印花布社年销售额突破 100 万元。东方利泰"雪花"、东方新家纺"333 麻雀"等品牌产品内销进入快速发展的轨道。东方外贸 SKF 轴承经销年销售突破 8 500 万元。巴塞尔汽车塑料件内贸业务,销售超过 9 400 万元。

2013 年,集团系统自主品牌内贸营业额为 1 797 万元。

2014 年,集团内贸收入达到 17.35 亿元。其中按业务统计口径,自主品牌内贸额为 2 590 万元,国外品牌内贸额为 46 976 万元。

2015 年,集团内贸业务收入为 31.8 亿元。

2016 年,集团内贸收入为 43.12 亿元,其中自主品牌规模(不含 LILY)10 765 万元,国外品牌内贸为 73 463 万元,无品牌产品采购销售和国内加工生产并销售 297 356 万元,原辅材料采购销售 49 607 万元。

2017 年,集团国内贸易业务年销售额为 27 亿元,其中自主品牌产品(不含 LILY)生产销售 16 173 万元,国外品牌采购销售 78 390 万元,无品牌产品采购销售和国内加工生产并销售 115 266 万元,原辅材料采购销售 59 750 万元。

第二节 自 主 品 牌

集团成立以来,一直把自主品牌工作放在重要位置,集团成立品牌战略领导小组和工作班子,集团主要领导直接参与品牌领导小组的工作,工作班子由集团主管部门和各有关子公司分管领导组成,开展品牌工作的调研、规划和建议等工作。品牌战略领导小组加强品牌发展的推进力度,确定集团内的品牌培育和发展的目标、措施,实现经济增长方式的粗放型向集约型方向转变,通过实施品牌战略来带动集团的出口、提高效益,走以质取胜,可持续发展的道路。

集团实施品牌战略的总体思路是:以品种求发展、以名牌求效益、以品牌兴企业。以纺织品为依托、以扩大市场占有率为目标、以提高技术含量和广告促销为手段,实现发展目标、发展内容、发展方式三个转变,充分发挥集团名牌产品现有的品牌声誉,进一步开拓新的国际市场。

争创品牌、发展自己的品牌,参与国际国内竞争是东方国际集团所追求的目标,一批名牌产品在国内外引领风骚。东方新家纺"333 麻雀"、东方纺织"银河"商标被认定"上海市著名商标"。东方创业"玫瑰 ROSE"被评为 2005—2006 年度上海市重点培育出口品牌,连续 8 年获"上海名牌产品"称号,连续 6 年获"上海市名牌产品 100 强"称号,"KOOL"品牌连续 5 年被评为"上海名牌产品"。2006 年 9 月,作为"中国品牌海外行"的系列活动之一,丝绸股份旗下品牌 LILY 作为代表中国女装的两个品牌之一,在米兰展览中心进行 2007 年春夏女装发布。集团还设立品牌发展基金,对自主品牌不遗余力地培育和建设,不但大大提升核心竞争力,同时极大促进贸易发展方式的根本性转变。

一、沿革

"九五"期间是东方国际集团为建设中国式大型综合商社奠定坚实基础的重要时期,是力求实现全方位、跨越式、超常规发展的关键时期。集团工作和发展重点之一,发展集团系列配套的品牌与名牌开发机制和生产基地,成立集团产品设计中心和面料开发中心,扩大与高校和科研机构的合作与联合,推出集团统一的名牌,在主要生产和代理国外名牌的同时,生产和销售集团自己的名牌产品。集团确立加快组建名牌产品基地的步伐,研制和开发市场需求量大的新产品。

1995 年,集团与日本企业合资建立 ONWARD 设计中心,在此基础上扩建新产品及名牌设计中心。集团下属东方贸发为公司设计商品的品牌选用"东裕""东东"两个品牌。集团强化各外贸公司的内贸功能,提高国内贸易额在总营业额中的比例,将此作为主要业务之一来抓,重点是充分利用对外贸易产品款式、原辅料、市场信息、先进技术以及进口等优势,组织和扩大生产,通过建立批发或中间商的销售网络体系,将产品投入国内市场。

1996年,集团加大实施内外贸并举的工作方针,积极开拓国内、国外两个市场。为促进内贸市场的开拓,各子公司分别成立内贸部,专门从事国内贸易业务。

2001年,集团"十五"规划发展的指导思想和总体思路中提出要努力以科技兴贸为战略重点,由传统贸易方式向依靠自身技术优势和品牌优势向专业化经营方向转变。

2003年,集团走创建品牌之路,精心培育较高国际知名度的企业品牌和产品品牌和服务品牌。

2005年8月,集团设立"自主品牌发展基金",筹措2 000万元,专项用于扶持企业已拥有自主知识产权的产品品牌的提升、升级及品种延伸,以及用于扶持企业新创立且发展迅速的产品品牌。同时成立"自主产品品牌发展基金"领导小组,制定《东方国际(集团)有限公司"自主产品品牌发展基金"管理暂行办法》,进一步推动集团的品牌建设,加快集团内各企业自主产品或商品品牌的培育和发展,提高企业核心竞争力,实现外贸增长方式的转变。

2006年,集团明确以品牌建设为主线,确立集团2006—2008年重点自主品牌发展的主要任务及其措施。强化品牌立企意识,加紧推进品牌战略实施,发展和培育设计研发力量,不断扩大品牌的知名度和市场份额,以品牌引领产品质量、引领业务增长、引领企业效益。集团下属的丝绸集团,获国家知识产权局授权的国家发明专利7项(其中"蚕蛹蛋白纤维技术创新成果的中试推广"和"功能性生态化丝绸面料质控体系的建设"项目被列入商务部国家茧丝办第五、第六批风险基金项目),外观设计专利11项,其他专利授权5项,其他专利申请授权8项。另外还有7项国家专利申请(其中2项为发明专利"可酸性染色的聚酯纤维及其制备方法""桑叶中氨基丁酸的提取工艺")。

新铁链公司与中国航天集团508研究所共同研制"神舟"载人飞船返回舱降落伞,新铁链公司负责为飞船返回舱降落伞提供耐高温、透气好、强度高的特制面绸,确保宇航员成功返回地球。丝绸股份将ALLAXDO作为企业品牌体系的统一标识。东方创业在集中维护和发展成功的、成熟的品牌,在中档产品的定位上,将"玫瑰"牌和"鹦鹉"牌男装作为统一标识,先内后外。

2008年,集团在年度工作安排中提出以自主品牌为依托,充分利用现有设计技术中心和生产能力尝试内销运营,发挥集团内各公司信息面广泛、了解国际流行趋势的优势,联合国际知名品牌商共同开发国内市场。4月,东方利泰完成技术设计中心建设工作并投入使用。技术设计中心位于上海众和制衣有限公司内,面积520平方米,集面料开发、试样、技术测试、设计、展示功能于一体,做到快速设计、快速打样和快速生产。集团还推进技术中心、打样中心的建设,为提高产品附加值提供技术支撑。

2009年,集团通过"打样中心、技术中心、设计中心"扶持项目,分别是东方利泰毛针织设计中心、东方新家纺品牌服装设计打样中心、东方荣恒设计技术打样中心。其中东方荣恒全年打样件数8 500件。东方创业结合公司发展战略,邀请专家及成功品牌经营者,召开品牌战略研讨会,采取高档定位策略,从品牌的系列CI设计开始,聘请国际级设计大师进行专门策划,或与国际上著名品牌设计合作,提高设计水平。设计中心以市场检验开发设计工作的实效,引导组织以市场的需求来开发新产品。东方创业技术中心还配合内贸公司开发、采购、打样、制作及技术指导,以技术和设计为起点,为自主知识产权的产品品牌发展奠定基础。

2010年,集团下属公司累计投入"三个中心"的资金已超过1 000多万元,引进服装设计的CAD

设备、电脑制花版、计算机排料、裁剪设备及彩色复印机等先进设备。各中心利用这些先进设备,在面料开发、服装设计,展览展示上均取得明显效果,推动高科技含量和扩大高附加值产品的出口。

丝绸股份技术中心成立后,不断完善技术中心的业务开发功能,使技术中心的面料性能、功能检测不断得到发展,显现出为公司业务扩展和品牌发展的重要作用。技术中心不断引进人才,加强技术中心在科研开发上的能力,聘请美籍华人设计师主持产品花样的设计工作,在四川路东宝百货17楼设立技术中心的常年展示厅,带动企业经营的品牌发展,取得先发效应。

东方新家纺设计中心不断开拓新面料、新品种、新款式的家用纺织品。坚持紧贴市场、紧贴客户、紧贴出口。

经过多年努力培育、推销品牌,集团对120个出口品牌进行品牌清理、筛选、转让,丝绸股份"LILY"牌女装,东方创业"ROSE"女装,东方纺织"银河"棉涤纶布,东方新家纺"333麻雀"床单都被评为上海市著名品牌。特别是"银河"牌棉涤纶布,年出口达9300万美元。东方新家纺的"333麻雀"床单、东方针织"雪花"羊毛衫、东方创业"ROSE"女装在东南亚、中国香港、中东、中南美市场都有一定的知名度,年出口达到2000多万美元。

2010年5月,东方创业投资600万元成立东方创业内销分公司,进入内销服装领域,尝试网络营销,为公司发展品牌建设做尝试。

2011年,集团出台扶持自主产品品牌内销的(暂行)办法,扶持集团所属全资、控股子公司的自主产品品牌网上销售和实体店销售、参加网络展销会和内销展销会、电视购物直销等。蓝印花布社装修和网上销售平台工程投入110.98万元。东方创业、东方新家纺、东方荣恒等公司相继选择电子商务作为内销突破口,或通过自建网站,或通过百联E城、淘宝网等在国内销售。

2012年,集团自主品牌(不含LILY)全年实现销售收入1332万元,认定支持的国外品牌产品25752万元。

2014年,东方纺织内贸零售业务突破100万元,其中蓝印花布社零售业务达到104万元,顶达

图2-2-1 1999年12月22日,集团召开科技兴贸发展品牌专题报告会

公司 TRAFFIC 销售接近 20 万元。2014 年,集团自主品牌销售总额达到 2 590 万元。

2015 年,集团推出鼓励业务发展的相关支持方案,对自主品牌开拓市场,给予子公司开设线上线下店铺的部分资金额度视同于利润。

2016 年,集团进一步加大自有内贸平台和自主品牌的建设力度,推广线上线下联动的营销模式,拓展代销、批发、实体店等渠道,形成规模效应。集团加大品牌研发设计投入的支持力度,促进自主品牌附加值的提高。加快品牌实体店布局,拓展代销、实体店、批发等渠道,线上线下协同发展,迅速做大品牌规模。充分利用米兰世博会平台,将集团一些具有文化背景、民族特色的自有品牌以及物流、旅游等服务特色推出去,提升集团影响力。各公司推出的品牌分别为 KOOL、雪花、333 麻雀、海上丝韵、电装 DENSO、SKF、巴塞尔等。

2017 年,集团自主品牌(不含 LILY)销售额达到 16 173 万元,国外品牌销售额则达到 78 390 万元。

二、自主品牌选介

集团打造涵盖男装、女装、童装、家纺等面向不同客户群体的综合自主品牌体系,其中包括"雪花"服饰系列产品、"KOOL"男装、"LILY"女装、"333 麻雀"家纺用品、"蓝印花布"植物印染制品、"SUNFLOWER"童装内衣、"海上丝韵"丝绸文化制品、"劳士泰"服装、"衣架"中高端女装、"朗绅"中高端男装等。

经过多年布局,集团自主品牌构建集实体店销售、网上销售、展销会销售为一体的多维度销售渠道。至 2017 年,集团自主品牌已在上海、北京、江苏、成都、武汉等全国各大城市铺设 1 000 余家店铺,其中"LILY"740 家、衣架 75 家、KOOL 37 家、SUNFLOWER 26 家、朗绅 9 家,在西班牙、俄

图 2-2-2　2013 年 4 月 28 日,东方狐狸城内贸店开业

罗斯、沙特、泰国、新加坡、科威特等 10 多个海外国家开设零售店铺逾 70 家。线上渠道方面,集团自主品牌自建 O2O 线上商城"KOOL""LILY",入驻京东、天猫商城、东方 CJ、i 百联等电商平台。展会方面,集团自主品牌参展 CHIC、CBME 等著名大型展会,展示销售自主品牌产品。

2013 年 4 月 28 日,位于松江区新浜镇东方狐狸城的集团内贸店开张营业,这是由集团统一推进自主品牌产品内贸业务发展的一项重要举措。东方狐狸城内贸店共有 2 家子公司的 3 个品牌商品加入,分别是东方利泰的 SNOWFLAKES 女装和 SUNFLOWER 童装,东方新家纺的 333 麻雀床上用品。

【雪花】

雪花品牌是东方国际集团上海市针织品进出口有限公司在 1958 年创立的,在内地和中国香港、中国澳门、美国、欧洲及中东等地区和国家进行商标注册登记,国内注册号为 1801404,核定使用商品(第 25 类),包括服装带(衣服)、领带、披肩、披巾、袜、围巾。该商标主要用于公司自行设计生产的毛衫、羊毛内衣等。为保持"雪花"品牌产品的优良品质,产品的原料主要从澳大利亚、新西兰进口。2004 年,东方针织改制后,雪花商标转让给东方国际集团上海利泰进出口有限公司。2005 年雪花品牌获上海市服装行业协会的行业名优服装称号。

东方利泰制定品牌发展规划,经过拓展推广,雪花品牌商品开发多个商品类别(包括 25 类服装、23 类毛线、24 类布料等),在中国港澳地区具有良好的品牌口碑,雪花毛针织学生服是中国香港地区中小学校的指定用品之一,在中国香港有一定的市场份额。

从 2005 年起,雪花品牌产品开始探索尝试开展内销业务,这些探索和尝试为雪花品牌的内销打下一定的基础。为此,东方利泰以此为依托,在充分利用常州和上海的 2 家专卖店资源的基础上,逐渐开展雪花品牌的内销业务。在淘宝、百联 E 城开店的同时,加入 1 号店和京东商城,直销网点 4 家,批发零售店 50 家。2006 年销往中国香港和澳门在 400 万～500 万美元的幅度。2017 年销售 198 万港元。

【KOOL】

KOOL 男装品牌创立于 1963 年,注册于欧洲的比利时、荷兰、卢森堡地区,属东方创业所有。品牌在时尚与经典平衡中力求于细节处体现亲切、随和、乐观、豁达,致力于为拥有良好教育背景、积极向上、敢于创新、有理想并付诸行动的都市优质青年打造有品质、有个性、有价值、舒适时尚又吻合多面都市生活需求的高性价比休闲男装。1989 年,KOOL 品牌持有者组建国内第一支外贸时装表演队,先后出访美国、菲律宾、保加利亚、加拿大等国。KOOL 作为东方创业旗下的品牌典范,携手时装表演队共同参与广交会、皮尔卡丹上海发布会以及海外巡演等诸多重要演出。

2010 年 11 月,KOOL 男装品牌登陆国内市场。11 月 29 日,在上海千禧海鸥大酒店召开"KOOL 品牌网络销售上线发布会",男装品牌 KOOL 通过电子商务网站 B2C 模式对国内消费者销售。

2011 年,由集团牵头多家子公司参加的"东方服饰"在百联 E 城网上推出,东方创业 KOOL 网上销售的品种已经由单一的衬衫发展到领带、马球衫、圆领衫等多品种。

2012年，东方创业投入3 100万元用于KOOL项目建设，该项目从男士衬衫起步，配以其他男装和服饰，分阶段发展。为开展内贸销售业务，东方创业成立电子商务公司，在淘宝网进行网络营销的尝试，开发建设公司自有门户化营销网站 www. vkool. com。

2012年，在原有的品牌官网、1号店、淘宝、拍拍和百联等销售平台基础上，拓展京东商城网上平台。东方创业的内贸公司开拓团购渠道，包括1号团、QQ团购、百联团购抢购、聚划算、京东团购等，拓展东方CJ电视导购和东方狐狸城第一家线下品牌专卖店。2012年销售600万元，拥有6 000余款商品。

2013年，KOOL品牌成为1号店的Key Account，成为该平台的男装主要品牌，成为百联E城主要的入驻商户，拥有自己的专门网页，也成为天猫的品牌客户。2013年8月，KOOL品牌先后入驻百联金山东方商厦店、百联中环东方商厦店、百联南桥店。2013年东方创业的内贸公司营业收入870万元，其中线上销售701万元，线下销售169万元。

2015年，东方创业KOOL品牌开发9 000款商品，开设实体店35家，其中上海地区15家，江苏地区12家，浙江地区4家，在武汉、成都开设数家实体店，实现"立足长三角，辐射全中国"的发展目标。

2017年，KOOL销售收入2 455万元，线下门店37家。

【LILY】

LILY品牌创立于1965年，为中国纺织品进出口公司上海丝绸分公司所创立，原为出口中东市场的服装品牌。2000年5月，在上海开出第一家LILY专卖店。2002年4月，丝绸股份成立"上海丝绸集团品牌发展有限公司"，开始独立运作LILY品牌。

LILY产品种类为商务时装、少淑女装，消费对象为20岁～35岁现代职业都市女性，经营渠道为直营、代理、电商。

LILY品牌作为年轻OL商务时装的开创者，秉承时尚与商务完美融合的理念，以清新明快、现代简约的风格，为都市年轻职业女性设计商务场合"正合适"的商务时装。经过50多年发展，LILY品牌已经成为国内外现代职业都市女性青睐的产品，2005年获上海服装行业名优品牌产品称号，2005—2006年度和2010—2011年度2次获上海市出口名牌称号，2007—2017年连续获上海市著名商标。2005年，LILY品牌首次登陆法国巴黎，在巴黎开设第一家LILY海外专卖店。9月，在沙特开设第一家中东地区LILY专卖店。2006年在意大利米兰展览中心发布2007春夏女装，这是中国品牌服装首次在米兰进行的单场服装发布。2007年7月，在印度尼西亚Sogo百货开设5家LILY专卖店。是年12月，成立LILY俄罗斯分公司，首次采用公司直接管理模式发展海外市场，标志着品牌的海外拓展进入全新自主阶段。2010年8月，印尼雅加达CP店正式开业，俄罗斯VIVA、petrozavodsk、kashira、krasnoyarsk等店开业。2014年12月，纺织服装周刊推出"中国纺织服装行业年度精锐榜"，在十大服装品牌榜单中，LILY位列第三。2017年12月，LILY第一家海外直营店铺（西班牙直营店）营业。

LILY品牌在国内开拓一批以太平洋、百盛、王府井、八佰伴、置地等百货公司为主的连锁店铺和网络销售平台，至2017年年末，LILY直营门店336家，代理门店404家，合计门店740家。在天猫、淘宝、唯品会、京东、官网等多个网络平台设有网上商城。2017年全年销售额10.475 1亿元，其

中网销 2.89 亿元。

【333 麻雀】

333 麻雀商标是上海市家用纺织品进出口公司于 1989 年经国家工商行政管理总局商标局核准注册,用于床单、被单、被、褥被、被面褥的出口,其后又在中东和非洲近 10 个国家办理商标注册手续。近 30 年来,333 麻雀品牌一直秉承着对产品品质的不懈追求和对品种的不断创新,特别经过欧美市场 20 年的锤炼,产品注入更多市场流行元素,追求环保、健康、舒适、方便,响应低碳经济生活新理念,逐步形成经典、高雅、简洁的风格,深受崇尚低调奢华的时尚人士所喜爱和推崇,在欧美市场享有较高的知名度。

为满足注重生活品质、钟情于欧美流行家纺产品的国内消费者的需求以及公司"创新驱动,转型发展"的需要,东方新家纺将 333 麻雀品牌产品引入国内市场。

2005—2007 年、2008—2010 年、2011—2013 年、2014—2016 年、2017—2019 年,连续 5 次/15 年,获上海市著名商标称号。2011 年,东方新家纺继在淘宝商城开设 333 麻雀网上旗舰店后,第一家 333 麻雀专卖店在大宁国际商城开张营业,尝试专卖店终端销售方式。

【中国蓝印花布】

中国蓝印花布是上海蓝蓝中国蓝印花布社的品牌产品,红双喜标识,注册于上海市。产品种类涵盖四大类别:A 类,蓝印花布宽面料,门幅,85 cm～90 cm;B 类,手织布窄面料,门幅,38 cm;C 类,服装;D 类,各种装饰品、动物、床上用品、包袋鞋、壁挂画类等近千种。

1989 年,东方纺织建立蓝印花布博物馆,组织专门人员到民间收集蓝印花布,馆藏珍品达几百件,最早的"布龄"有几百年,馆藏印花布图案 3 000 多种,其中三分之二是老祖先们流传下来的传统图案。

蓝印花布产品主要面向欧美、日本、中国港澳台等国家和地区客户,同时适合国内有一定文化品位、追求高质量生活的时尚阶层。

创立初始阶段,主要是靠外资方将产品销往日本,门店铺里及外面设点销售,2011 年试点建立以销售蓝印花布系列工艺商品为主的网上销售平台。

2015 年 6 月 9 日,集团蓝印花布品牌在米兰世博会中国企业馆表演一场传统与现代、古典与时尚相融合的旗袍表演秀。2016 年销售额 108 万元。

【SUNFLOWER】

SUNFLOWER 品牌创立于 1977 年 9 月。2013 年 6 月,作为东方利泰的内销品牌重新启用。

2015 年 4 月,东方创业与东方利泰合作,出资 1 000 万元(创业占比 80%、利泰占比 20%),共同设立上海嘉棉服饰有限公司,"SUNFLOWER"商标经评估后转让给嘉棉公司专营。

SUNFLOWER 品牌为有机棉婴儿服的生产销售,目标客户为 1 岁～2 岁年龄段的孩子,部分产品延伸到 3 岁幼儿。产品以"天然、健康、安全"为目标,以不染色、无甲醛、无荧光剂、无芳香胺染

料为主要特点,满足消费者对产品健康、安全性的需求。

2015 年 5 月,上海嘉棉服饰有限公司启动,在上海先后开设 5 家实体门店,入驻天猫商城、百联 E 城等电商平台,同时在宝大祥开出 8 家专柜。通过 2 年多拓展,拥有 28 家门店和 10 家有一定规模的代理商,销售网络立足于上海辐射长三角地区,带动天猫旗舰店等电商平台网店销售的增长。2017 年销售收入 481 万元,线下门店有 26 家。

【海上丝韵】

2012 年,丝绸集团与丝绸股份合资成立上海丝绸集团文化发展有限公司,创立"海上丝韵"品牌。海上丝韵是丝绸集团具有自主产权的品牌,继承和凝聚上海丝绸产业及海派文化的精华,定位为融合文化、时尚与品质的丝绸轻奢品,含工艺品、服饰品、居家品和丝绸衍生品等多个产品类别。

海上丝韵是上海丝绸的经典传承,定位于一个传承丝绸文化工艺的全产业链文创品牌,一个专注海派时尚的服饰和丝绸礼品定制平台。海上丝韵一直致力于推动中国传统丝绸工艺的传承,与中国工艺美术大师、国家级非物质文化遗产传承人进行合作。

在品牌发展过程中,海上丝韵大力开发自制产品,如丝绸邮币册,上海外滩织锦画轴,小校场年画织锦画,中国风、真丝重绉拼色、丝羊毛色织等系列丝巾,百合玉兰缂丝画,丝素霜等。

2015 年,在上海市徐汇区吴兴路 227 号设立海上丝韵(旗舰店)文化展示馆。在上海的世贸商城、中华艺术宫、大世界、上海中心、上海城市规划馆、上海婚庆中心等设立展示馆的展示窗口经营,开启海上丝韵产品国内贸易发展之路。

2016 年 5 月 20—30 日,"2016 世界手工艺产业博览会暨非物质文化遗产成果展"在上海市诸光路 328 号的世界手工艺产业博览园举行,上海丝绸集团文化发展有限公司参加这次展会,公司参展的缂丝作品分别获金奖、银奖。2016 年 10 月,海上丝韵主持最长的真丝彩印长卷"中华情"的设计和制作,在悉尼歌剧院广场展示长卷,获大世界基尼斯总部官方确认,颁发"最长的真丝彩印长卷"基尼斯证书。公司还相继参加 2016 上海创意城市迪拜论坛、2016 苏州创博会国际丝绸论坛、2016 意大利佛罗伦萨手工艺展、2016 英国伦敦手工艺展、斯里兰卡东盟产品推广展等。在 2016 上海设计之都活动周上,经过大众投票及国际专家评审团评审,海上丝韵入选 2016 设计之都创意推荐榜民间手工艺榜前 10 强。

2016 年,吴兴路 227 号的海上丝韵旗舰店增设私人旗袍和西服定制服务。

2017 年 9 月 8 日—10 月 8 日,海上丝韵作为上海市商务委优选的"上海优礼"代表品牌,参加 2017 上海购物节"上海优礼"品牌开幕展。

2017 年 11 月 2 日,中国丝绸博物馆和上海丝绸集团文化发展有限公司共同举办的捐赠仪式在位于浙江杭州的中国丝绸博物馆举行。上海丝绸集团文化发展有限公司设计制作的"中华情真丝旗袍长卷"作为永久藏品入驻中国丝绸博物馆。

2017 年,海上丝韵开出包括东方明珠店中华艺术宫店、上海大世界店、金桥久金广场的丝绸产品专卖店在内的 8 家连锁店,销售额达到 915 万元。

【劳士泰】

劳士泰品牌是丝绸集团下属的上海新贸制衣有限公司创立。劳士泰品牌采用先进的服装定制理念和模式,依托工厂50年服装制造经验,为顾客提供优质的服务和精致、合体、个性化的服装。劳士泰品牌先期以衬衣定制服务为主,后应广大顾客要求,引入西装定制业务,力求为顾客提供最全面、最贴心的服务。

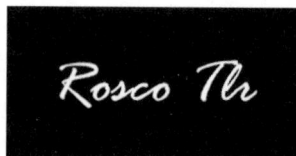

劳士泰服装定制以正装款式为主,在店内陈列多种版型的衬衫样衣,包括较为瘦身的意大利版、相对宽松舒适的英国版等,可根据顾客的体型特点及穿着习惯,为顾客挑选最合适的版型。衬衣定制还提供多种领型、袖口、口袋的款式,顾客可根据自身喜好以及服装搭配需要,选择中意的细节搭配。为使衬衣显得更加与众不同,劳士泰品牌还提供极具个性化的装饰,如绣花、镶色、别布等,打造专属于每位顾客的"限量版"。依据面料不同,劳士泰衬衣定制每件由多档价位选择,价格适中却不失品质。

定制西装亦提供多种版型供顾客选择,从较为修身的YA版,到适合体型较为宽大的人的BE版,一应俱全。西装的领型、纽扣、口袋等细节,可根据顾客的个人喜好自由选择。除服装定制服务外,劳士泰品牌还为顾客提供系列男女成衣产品,紧追当季时尚潮流,充分注重细节搭配,结合独特合理剪裁,经典却不乏流行元素,独特又不失高档品位,最大程度展现顾客的最佳状态。

【衣架】

衣架品牌创建于2012年,意为"衣之霓裳,架于栋梁",以传承中国美学为使命,目标消费群是28岁到40岁之间、拥有良好教育背景和优雅生活环境的女性,意在打造一个优雅干练、简约性感、高品质的、拥有"中国气质"的"国际品牌"。

2015年6月,东方创业与丝绸集团合资组建上海东方创业品牌管理股份有限公司,专营"衣架"品牌女装,2015年拥有37家门店,线上合作唯品会,主打产品为连衣裙、衬衫、大衣。

2017年,"衣架"品牌销售收入11 986万元,线下门店75家,分布于上海、北京、天津、南京、无锡、苏州、杭州、长沙等一、二线城市的CBD,主流商业集聚地及城市副中心,高端社区型商圈和其他特色商圈或新兴商圈。衣架品牌具备专业管理团队50人,形成产品形象、生产管控、渠道运营、商品管理和行政管理等五大组织模块和管理构架。

2017年,衣架品牌获上海市著名商标。

【朗绅】

2015年2月,东方创业与百联集团合资组建上海朗绅服饰有限公司,经营范围为服装服饰、鞋帽、针纺织品等产品。朗绅公司发挥股东双方各自资源优势,生产和销售朗绅品牌(L'ANTICHER品牌)男士商务正装衬衫、休闲裤等产品。朗绅品牌经营采取线下实体店营销模式,拥有上海南方友谊商城、上海中环百联购物中心等线下门店9家。

2017年销售收入239万元。

第三章　现代物流

　　现代物流是集团主营业务板块之一，经营范围涵盖国际航运、国际船舶代理、国际海运货代、国际空运货代、国际集装箱储运、国际快递及进出口报关等国际综合物流业务。至 2017 年，集团自有及租用仓库 21 万平方米，其中保税监管仓库 4 万平方米，同时拥有包括堆场、运输装备等相对丰富的物流基础设施，在上海的主要港口、码头和部分货运集散地都设有营业网点，在天津、苏州、昆山、合肥、广州等地设有分支机构，拥有集装箱船、干散货船舶和各类运输车辆，形成覆盖上海面向全国的销售和服务网络。

第一节　物流企业

　　1994 年 11 月，集团成立以后开始组建物流企业。1995 年 8 月，成立货运公司。1998 年 4 月，组建物流公司。2005 年 1 月，成立物流集团。

一、货运公司

　　1994 年 11 月，集团成立初期就着手筹备成立货运公司。1995 年 8 月 23 日，国家外经贸部下发《关于同意成立东方国际货运有限公司的批复》，批准成立东方国际货运有限公司，经营国际货物运输代理业务。公司经营范围为：承办海运、空运进出口货物的国际运输代理业务，包括揽货、订仓、仓储、中转、集装箱、拼装拆箱、结算运杂费、报关、报验、保险、短途运输服务及咨询业务；经营国际航空快件(不含私人信函)业务。

　　1995 年 8 月 28 日，东方国际货运有限公司(简称货运公司)举行开业仪式，邀请上海市副市长沙麟剪彩揭牌，市外经贸委领导和《解放日报》《文汇报》《新民晚报》《国际商报》、香港《大公报》、香港《文汇报》和上海人民广播电台、东方广播电台、东方电视台、上海电视台等新闻媒体的记者出席，标志着集团从联合成功跨向融合经营，向着综合商社方向发展迈出重要而坚实的第一步。

　　货运公司是由国家外经贸部批准的一级货运代理公司，是市外经贸委公布可以向国内外客户提供货运代理服务的 100 家货代企业之一。货运公司是由东方国际集团全资的丝绸、服装、纺织、针织、家纺等 5 家子公司的储运部门及上海佳达国际货运有限公司、上海宏达国际货运有限公司、上海联集国际货运有限公司、上海飞达国际货运有限公司等货代公司参股联合组建的大型国际货运公司。货运公司拥有雄厚的实力，首期注册资金 5 000 万元，依托集团及其 5 家子公司的支持，货运公司的揽货渠道遍及华东、华南等地区，与世界有名的船运公司、航空公司有着稳定的业务联系，出口货物运抵世界 100 多个国家和地区的海港、空港。仅集团每年就有 15 亿美元的出口货量，加上纺织、丝绸、服装等商品，具有运价级别高(一般均在 8 级～20 级)的优势，所以国内外许多有名的运输企业纷纷要求与货运公司建立合作和业务联系。公司拥有具有专业货运经验各类专业人员，各类运输车辆、仓储机械齐备，国内外电脑联网。

　　货运公司发展的目标是：充分发挥集团在货源、人才、管理等方面的综合优势，实行优势互补，通过规模经营取得规模效益。货运公司立足上海,面向全国,走向世界,奋力开拓,逐步建成一个规模宏大、实力雄厚,多功能、综合性、国际化的新型运输企业。

为支持集团进一步开展综合经营,逐步发展已批准成立的东方国际货运有限公司的多功能、系列配套的专业外贸运输业务,更好地为扩大上海口岸进出口贸易服务,1995年9月,市外经贸委批复同意将市外经贸委在金发船务有限公司的10%股份转归给东方国际集团。

1996年,集团同意将东方丝绸、美国柏克利公司原在上海丝金国际运输有限公司、东方纺织原在上海飞达国际货运有限公司、东方服装原在上海联集国际货运有限公司、东方家纺原在上海佳达国际有限公司的投资股权划给货运公司。

二、物流公司

为形成统一高效的物流体系,走专业化集约经营和规模经营的道路,1998年,集团对下属的东方国际货运有限公司、东方国际集团上海新海航业有限公司、上海经贸国际货运实业有限公司等3家企业的原有资产进行重组,组建为投资主体多元化的有限责任公司——东方国际物流有限公司(简称物流公司)。

1998年4月23日,物流公司成立。物流公司的成立是集团前三年在"抓手工程"上实施进一步改革、重组的产物,是集团把握全面突出重点、走出一条超常规发展道路的第一步。

2003年,集团所属物流企业总数达到24家,业务涵盖国际货运代理业、国际海上航运业、国际船舶代理业和国际集装箱储运业等领域。

2004年2月26日,集团召开物流业务发展战略研讨会。会议总结从成立货运公司到组建物流公司10年期间的成功经验和主要问题。10年来,建立东方国际物流的平台和载体,锻炼出一支专业化队伍,形成东方国际物流的品牌,但物流公司还仅仅停留在简单的联合,甚至联而不合的状态,只有通过改革改制以及资源的整合、功能的整合、业务的整合,搞专业化经营,发展增值服务、延伸

图2-3-1 1998年4月23日,物流公司召开成立大会

服务和个性化服务,从传统货代向真正的现代物流转型,东方国际集团的物流业务才能在做强的基础上做大。会议提出物流公司今后的重点工作和发展方向,为推进物流公司的发展奠定基础。2004年9月7日,市国资委批复同意东方创业收购东方国际物流有限公司股权(账面净值1.8亿元)。

三、物流集团

为实施集团战略规划,推动集团所属物流企业的资源整合,形成物流资产的集约化经营,同时利用集团上市公司募集资金,为上市公司再融资创造条件,集团对物流公司、经贸公司和佳达公司等3家公司实施资产重组,通过剥离低效资产,实施3次收购和3次增资,将物流板块的优质资产和优势企业整体注入上市公司,于2005年1月成立东方国际物流(集团)有限公司(简称物流集团)。

按照"分步实施、急用先行"的原则,集团推进物流仓储资源的整合和开发,由重组以后的物流集团托管针织杨行仓库,解决物流集团进口分拨业务的场地问题,同时盘活集团现有的存量资源。物流集团以吸收合并方式收购上海佳达国际货运有限公司(简称佳达公司)龙贝仓库,增强物流集团对后道基础设施的集约管理和掌控力度,解决佳达公司净资产偏大的问题,朝着"放松前道、收紧后道"的格局发展。接着扩建浦东机场仓库,在原有仓库区域新增0.2公顷库区,以满足空运业务快速发展需要。

物流集团成立后,2005年,物流集团完成代理海运进出口箱量690 000 TEU(国际标准箱单位),占上海港口总体流量的7%。空运进出口货量8.1万吨。净利润为3 600万元,创造物流公司有史以来的各项经营指标的最好业绩。

2006年2月20日,由东方国际集团、物流集团、金发投资(中国)有限公司三方共同投资成立的合资公司——东方金发国际物流有限公司举行合资合同签约仪式,标志着集团投资上海洋山深水港物流基地项目开始启动建设。上海洋山深水港物流基地项目投资总额1.2亿元,集团控股并委托物流集团经营管理合资公司。合资公司注册成立后,在洋山港自营物流区内先行购入第一期土地120亩,建造仓库和堆场等物流基础设施,建设公共型、综合性的集装箱中转和进出口货物集散的第三方物流基地。东方国际洋山深水港物流基地项目被列为上海市现代物流重点项目,是集团2006年重点投资项目之一,集团供应链再造和服务贸易大平台建设的重要内容之一,也是集团参与上海国际航运中心建设的重要举措。9月1日,东方国际集团、物流集团、金发投资(中国)有限公司与上海临港国际物流发展有限公司合作开发临港物流园区C1301地块土地举行签字仪式。市国资委党委副书记马新生出席致辞。市国资委、市经委、海关、商检等有关部门负责人出席。

2007年10月23日,为进一步集中资源,减少管理和运营层级,发挥物流集团海运业务板块的整体合力和整合优势,经集团第二届董事会2007年第18次会议研究决定,同意物流集团成立东方国际物流(集团)有限公司海运分公司(简称海运分公司),完成从佳达、新文捷公司到海运分公司的业务转换工作,与40多家船公司签订代理协议,与原佳达、新文捷60多家客户签订业务合同。2007年,物流集团与UPS签订战略合作框架协议和为期2年的物流服务协议,中标中油天宝钢管出口项目,与外经集团合作的伊朗高速公路项目履约。物流集团还利用滚装船代理优势,开发汽车物流货代业务,同时积累一批专营工程机械的大客户。

2008年6月23日,物流集团乔迁入驻茂联大厦。东方国际物流品牌标志在苏州河湾亮起。茂联大厦位于苏州河畔,是上海民族金融业"藏金"发祥之地,成为新上海文化时尚消费地和水景旅游观光地。茂联大厦原属于东方创业和东方针织的资产,集团本着盘活存量资产、加快物流集团资源整合的宗旨,于2006年下半年决定物流集团整体搬迁入茂联大厦办公,物流集团本部和其下属东方新海、新海船代、海运分公司、丝金等公司一起入驻。

2011年,物流集团改变传统货代的业务模式,加快业务转型步伐,促进业务转型升级。(1)积极扩张公共订舱网络,扩大海运订舱平台覆盖面,至2011年已覆盖沪上所有船公司,实现公共订舱平台战略的关键一步。(2)努力开拓进口分拨海关监管的延伸业务,如检验检疫、提供大件展品游艇、高档老爷车的仓库监管等服务,取得较好的经济效益。(3)承接大型会展国内段的整体物流服务项目,包括澳大利亚油画展、国际汽车升级配套产品展等,受到有关方面的高度赞誉,提升公司知名度。下属的海运分公司得到世界著名企业MAERSK(马士基)船公司充分认可和赞许,在MAERSK船公司组织的全上海16家订舱代理九项内容的严格考核中首次获第一名。(4)洋山物流基地在原有业务基础上,开展保税仓库转口新业务,为客户提供一站式的综合物流服务。(5)飞利浦照明、联合利华等综合物流项目效益显著。物流集团举办海运进口业务推介会,与东方外贸联手开拓新市场。物流集团与东方创业合作,为江苏舜天卷钢业务的进出口贸易提供包括订舱、报关、运输和仓储等一条龙的物流服务。

2012年,物流集团承受转型整合带来的阵痛,虽然各项主要业务数据有所下降,但业务转型、资源整合初现成效。苏州博世项目、昆山通力电梯项目和联合利华合肥项目等综合物流业务顺利运行,尝试展会物流业务,开拓进口分拨海关监管的延伸服务、增值服务,积极开发堆场业务新项目。经贸公司与东方创业联手为客户进口服饰提供贸易代理以及进口通关服务。与东松公司合作医疗器械(主要是呼吸机、医疗床等)的保税仓储业务及区外仓储业务。

2012年7月24日下午,物流集团与中远集装箱运输有限公司(简称中远集运)在上海瑞金宾馆一号楼举行战略合作签约,集团党委书记、董事长蔡鸿生,监事会主席张成钧、副总裁强志雄和中远

图2-3-2　2006年9月1日,临港物流园区C1301地块土地开发协议签字仪式

集运党委书记高平等领导参加。这是物流集团第二次与中远集运签署战略合作协议,也是地方国企和中央企业业务合作模式的尝试和探索。双方本着"相互支持、共同发展"的基本宗旨,构建长远的战略合作伙伴关系,实现"强强联合、优势互补",签署 5 年战略合作框架协议。协议涵盖集装箱运输、信息交流、定期会晤以及集装箱衍生服务等相关内容,中远集运将为物流集团提供具有国际竞争力的运价和一流服务,物流集团视中远集运为其全球进出口贸易国际海运与相关物流业务的主要提供商,双方力争通过战略合作在各自行业中成为全国乃至全球最具竞争力的企业之一。

四、资质和行业排名

物流集团是中国物流与采购联合会常务理事、中国国际货运代理协会理事、上海市报关协会副会长、上海市物流协会常务副会长、上海国际货运代理协会副会长、上海市交通运输行业协会常务理事。

2004 年,由《国际商报》和中国国际货运代理协会主办的首届中国国际货代 100 强排名(2003 年)揭榜。在"中国国际货运代理企业综合实力前 100 名"中,物流公司、上海经贸国际货运实业有限公司、上海佳达国际货运有限公司和上海经贸山九储运有限公司分列第 7 名、第 32 名、第 39 名和第 66 名。同时揭榜的"中国国际货运代理企业总营业额前 100 名"中,以上 4 家公司分列第 8 名、第 33 名、第 40 名和第 63 名。"中国国际货运代理企业海运前 50 名"中,物流公司、经贸公司分列第 4 名、第 43 名。"中国国际货运代理空运前 50 名"中,物流公司、经贸公司、佳达公司分列第 13 名、第 27 名和第 30 名。

2005 年,物流集团以 50.3 亿元总营业额排名中国国际货代物流 100 强第 4 名(前 3 位依次是中国对外贸易运输总公司、中远国际货运有限公司和中国物资储运总公司)。同时揭晓的中国国际货代物流海运、空运 50 强中,物流集团分别排名第 4 位和第 10 位。

2006 年 1 月 19 日,在北京人民大会堂召开的"2005 年度中国十大影响力品牌"推选活动新闻发布会暨第二届中国品牌影响力高峰论坛年会上,物流集团获"中国物流行业十大影响力品牌"称号。

2006 年 10 月 17 日,中国物流与采购联合会公布中国第三批 A 级物流企业名单,物流集团入选 5A 级物流企业。中国物流与采购联合会依据《物流企业分类与评估指标》(GB/T19680—2005)国家标准,经过对申报企业的资产、经营、管理、服务、人员素质的全面评估,评定出 A 级物流企业 74 家,其中 5A 级企业 7 家为最高级别。参加 A 级物流企业评审,是物流集团实施"东方国际物流"品牌战略的重要举措。物流集团入选 5A 物流企业,标志着物流集团的综合实力迈上一个新的台阶。

2007 年 6 月 15 日,中国国际货代协会和国际商报社在上海召开中国货代物流 100 强排名揭榜大会,物流集团名列 2007 年度中国国际货代物流 100 强第 6 位(总营业额 643 178 万元)、海运 50 强第 4 位(营业额 495 965 万元)、空运 50 强第 10 位(营业额 113 968 万元)。2007 年上海市国际货运代理企业信用等级评估结果揭晓,全市共有 12 家货代企业达到行业信用最高 AAA 级,其中东方国际集团占据 2 席,分别是物流集团和经贸公司。

2010 年、2013 年,物流集团在中国物流与采购联合会第八届中国物流企业家论坛暨 2010 年物流企业年会和"2013 第十一届中国物流企业家年会"上,分别被评为"2010 中国物流杰出企业"和"2013 中国杰出物流企业"。

2014 年 5 月 6 日,物流集团获由市交通委、市交通行业协会颁发的上海市重点道路货运物流企业称号。

2015 年 7 月 13 日,物流集团获评海关 AEO 高级认证企业。

2017 年 7 月 28 日,中国国际货运代理协会官网发布 2016 年度货代物流 100 强排名及 2016 年度中国货代物流企业海运 50 强等榜单,物流集团再次上榜,分别位列货代物流 100 强榜的第 23 名,海运 50 强榜的第 12 名,空运 50 强榜的第 32 名,入选仓储 20 强榜。

第二节　国际货代物流

集团国际货代物流主要分为海运货代、空运货代和仓储物流。

一、海运货代

集团的海运货代业务主要集中在下属的东方新海、海运分公司、上海联集国际货运有限公司(简称联集公司)和新海船代。

集团海运货代业务包括:国际、国内、沿海运输及长江中下游普通货物运输,揽货及相关业务,国际船舶管理业务,国际货物运输代理和货物及技术的进出口业务。

东方新海海运货代线路包括:往返于日本、韩国、东南亚、俄罗斯远东地区、卡拉奇、波斯湾、中国香港、中国台湾等国家和地区的港口,可承运世界 100 多个港口的直达或中转货物。海运分公司主要优势航线有欧洲地中海、美加、南美洲、非洲、东南亚、澳新、日韩线等。联集公司在美洲、欧洲、亚洲、澳洲、非洲等主要港口和重要货物集散城市,和当地同行建立众多稳定、长期的海外代理合作关系,组成完整、统一的运输和物流服务体系。

东方新海的海运货代客户包括:辛克、泛亚班拿、德迅、UPS、CEVA、嘉里大通、拓领、联邦快递等 10 余家。物流海运分公司与各主要船公司和亿通公司(上海电子口岸)实现 EDI 电子数据交换,实现第一时间获取船公司及港口、海关等的相关物流信息。海运订舱平台做到操作流程标准化、作业系统智能化和业务状态跟踪可视化。联集公司在苏州、靖江、武汉设有办事处,并与物流集团在全国开设的 10 余家合作机构全面协作,覆盖大连、天津、青岛、连云港、南京、杭州、宁波、厦门、广州、深圳等城市,形成以沿海和长江三角洲为主的国内业务网络。

集团在海运进出口订舱业务、海运进口分拨业务等细分市场保持领先,建立具有公共特色的多功能"物流天下"海运订舱服务平台体系,借助信息系统加强管理、规范运作、提升服务水平。同时创新业务运作模式,重点发展 NVOCC(无船承运人)业务和进口业务,利用规模优势,通过与船公司建立良好的业务合作关系以及与航运板块的业务互动,开辟特色航线,开展包舱业务;不断完善海运电子订舱平台,保持其业务量在上海的领先地位;增强协同作战的能力,以海运货代业务推进国内外网络的建设,带动仓储、车队、报关等后道业务的发展。

海运分公司依托国内外丰富的网络资源,功能覆盖 EXW、FOB、口岸报检报关、换单、进口转运、分拣、分拨等进口业务所涉及的范围,并延伸至各类专业物流领域。在多式联运业务方面,海运分公司拥有 NVOCC 资质,依托世界范围的代理网络资源,根据客户需求和货物特性,为客户提供海运、海陆、海空多式联运业务。公司与海外代理的良好互动性,给双方提供更多对冲运费和防范潜在信用风险的能力,利用互动和低风险的海外代理网络,为客户提供国际进出口运输、海外代收到付运费、预付放单和 DDU/DDP 服务等。

联集公司依托完善的功能、专业的服务和良好的团队协同能力,为客户提供口岸物流、制造业物流、配送物流等领域的业务咨询、方案设计、组织实施等综合物流服务。公司拥有世界范围的代理网络和 NVOCC 资质,可为客户提供各种贸易条款下的海运、海陆、海空、多式联运等服务。联集公司在浦东国际机场、外高桥保税区、洋山深水港、宝山、松江等拥有各类海关监管、保税仓库、普通仓库,总面积达 7 000 平方米,配备 30 余台专用作业车辆,实行 365 天×24 小时全天候收发货作业,提供货物的仓储及存货管理,货物的整理和重新包装、贴标签、中期到长期的存储,并可按客户要求提供华东地区送货上门服务。大部分仓库采用立体货架,电动卷帘门,CCTV 全覆盖,24 小时人员值守,高规格仓库经过 TAPA—A 安全认证。

1999 年,物流集团完成海运进出口货量 247 720 TEU(标准箱)。其中:海运出口 231 181 TEU,海运进口 16 539 TEU。

2002 年,物流集团与伊朗国航签订合作意向,伊方将伊朗国航一条新航线代理事宜交予东方新海下属的上海新海国际船舶代理有限公司管理,使双方原有合作提升到一个新的阶段。物流集团与伊朗国航的合作始 2000 年,伊朗国航定期集装箱班轮 Persian/Culf/Container/Line 2000 年 5 月 9 日首航上海,上海新贸海国际集装箱储运有限公司作为该航线的货运代理,创下伊朗航线集装箱货量以每年 40% 递增的好成绩。2002 年,物流集团完成海运进出口货量 40.59 万 TEU。

2003 年,物流集团完成海运进出口货量 42.72 万 TEU,占上海市港口吞吐量的 3.8%,总箱量在上海国际货代行业中名列第二。

2007 年 7 月,新海船代开展滚装船的货运代理业务。至 2007 年年底,共代理 23 艘次滚装船舶,共 1 443 辆大型车辆及工程设备,共计 115 251.467 立方米。同时积累一批专营工程机械的大客户,包括:龙工(上海)机械制造有限公司、中国重汽集团济南卡车股份有限公司、徐工集团进出口有限公司、山东山工机械有限公司、北汽福田汽车股份有限公司、三一重工股份有限公司等十多家大型工程机械企业。

2008 年,联集公司为全球知名四季酒店集团在上海浦东和杭州开设的两家五星级酒店提供针对全球采购的酒店设备及用品,提供上海口岸的进口贸易代理、进口清关及物流延伸服务,项目采购活动来自多个国家,涉及近千种商品品名和各类认证服务,经过精心设计和周到服务,两家酒店按时完成建设并开业。是年 6 月,新海船代参与龙工集团所有自产产品海外出口的装运业务港前段运输招投标工作,成为中标单位。是年,参与中国海诚越南造纸厂项目的招投标工作。安排专人前往海诚公司,了解发运情况,参与全程单证制作工作,与集团、东方外贸的人员共同组成海诚项目组,组织发运工作。截至 2008 年 11 月底,海诚项目共出运散杂货 30 016.72 计费吨和集装箱 24 TEU。

2010 年 1 月,新海船代与武汉外代开展 HDS LINE 订舱及预付货代业务合作,打开长江流域市场。

2013 年年底,海运分公司与东方创业紧密合作,共同营销,凭借贸易、物流、金融等方面的资源优势,创立"易融达"项目。之后,海运分公司引进奢侈品的进口业务和户外用品的出口业务,由东方创业负责贸易业务。

2017 年,海运分公司订舱平台在上海市排名第 3 位。

二、空运货代

2005 年之前,集团的空运货代业务主要由经贸公司、空运公司、联集公司、佳达公司和飞达公司等 5 家公司经营。2005 年以后,空运业务主要由经贸公司、空运公司和联集公司等 3 家公司为主经营。

集团的空运货代业务主要是为空运进出口货物提供订舱、报关、报检、仓储、运输等货运代理服务,具体由集团下属的物流集团所属企业经营操作。早在 20 世纪 80 年代末,东方国际集团成立之前,原上海市外经贸系统的经贸公司、联集公司、佳达公司、飞达公司就开始从事空运进出口业务,业务量在上海名列前茅,其中联集公司首创全国航空挂衣箱空运业务。

集团的空运业务与国航、东航、南航、阿联酋水晶、俄罗斯航空、汉莎、银河、法航、沙特航空、扬子江航空、日航、全日空、新航、马航、韩亚航空、美国航空、大陆航空、墨西哥航空等多家航空公司签订有代理协议或包板包量协议,日本线、欧洲线、美国线为三大主力航线,空运业务量在浦东机场空运业务量排名前三。曾经为无锡海力士、张江世纪光源、天马、上广电、中芯国际、华虹 NEC 等客户空运进口设备。

1999 年,物流集团完成空运进出口货量 34 805 吨。其中:空运出口 22 932 吨,空运进口 11 873 吨。

随着空运业务的稳步增长,国际航线向浦东机场东移,2000 年 4 月,成立东方国际物流上海空运有限公司,与联集公司共同经营空运进出口业务。

2002 年,物流集团完成空运进出口货量 5.87 万吨。

2003 年,物流集团完成空运进出口货量 5.7 万吨,占上海市空运进出口货量的 3.5%。

2004 年上海经贸国际货运有限公司在浦东国际机场海关监管区内购地 12 042 平方米,建设空运海关监管仓库。

2005 年以后,物流集团空运业务 90% 为社会化货源,服务的客户包括辛克、泛亚班拿、德迅、丹莎、川崎、飞利浦等。

2008 年,联集公司完成 2008 年北京奥运、国际田径黄金大奖赛、一级方程式赛车、V8 房车赛、MotoGP 大师杯、必比登挑战赛等体育赛事的超大件货物空运。

2009 年,联集公司开展南航包机业务。7 月 29 日,完成从上海飞往荷兰首都阿姆斯特丹的 90 吨货物空运的包机任务。

物流集团的空运业务在装卸、运输、交接各个环节严谨操作,千方百计提高服务质量,确保客户零投诉及航线包量的总量。其中 2017 年 9 月,经贸公司在 14 天内,为德国著名物流商全球货运集团(辛克)完成在上海出货的 11 架次包机运输品牌手机新品近 1 000 吨空运货物的业务。

2017 年,集团空运业务规模超过 25 万吨,货物品类不断丰富,有汽配、电子产品、食品、纺织品化工品、鲜活品等。服务内容不断向仓储业务两端延伸,有进出口空运货代、自贸区报关报检一站式供应链服务、食品快销品直通快检服务等,建立起"仓库+基地""物流+贸易"等综合贸易新业态,不断延伸现代供应链。

三、仓储物流

2001 年 1 月,物流集团在浦东国际机场海关监管区内购地 17 226 平方米,2001 年 2 月 9 日,开工建设空运海关监管仓库,2002 年 1 月 8 日竣工投入使用,成为浦东国际机场第一批 8 个自有监管仓库的单位之一。

2006 年 8 月 5 日,物流集团洋山港仓库投入试运行。仓库位于临港普洛斯国际物流园区内,仓库总面积 6 400 平方米,净高 9 米,为带雨棚的双面月台仓库。月台高 1.3 米,上有液压升降调节平台,方便集装箱的装卸,可满足十辆卡车同时作业。仓库内配备有日产小松 FD—16 系列叉车 6 台,40 吨重铲以及 7 吨叉车各 1 台以及专业员工 30 多名。仓库使用自行研发的先进仓库管理系统,该系统带有货物追踪功能,使客户能够方便地掌握货物的行踪。仓库投入运行以后,主要承担洋山港口岸进出口货物的集散以及相关的进出口货物代理常规业务,如分拣、整理、物流加工、包装、刷唛、贴标签、报关、报检、集卡运输、现场查验和出口改配等,处理能力可达 2.5 万立方米/月。

物流集团在宝山区蕰川路 1831 号,拥有面积 37 430 平方米的场地,其中仓库 17 800 平方米。在宝山区长江西路 818 号拥有面积 3.8 万平方米的场地,其中国际集装箱堆场 3 万平方米,仓库 6 000 平方米。机械设备方面配置卡尔玛 42 吨集装箱重箱吊 2 辆,三一 37 吨集装箱正面吊 1 辆,8 吨轻箱堆高机 3 辆,10 吨、7 吨叉齿车各 1 辆,2 吨～3 吨铲车 25 辆,从事国际集装箱堆存、进口分拨和出口整箱集拼等业务。

2012 年,吴淞出入境检验检疫局改革法检查验模式,将分散在吴淞地区的 5 家海关监管区的法检查验集中起来,招标设立查验场站。新贸海公司依托宝山区蕰川路 1809 号 6 000 平方米仓库的资源,经过精心准备,中标综合查验场站项目。场站从 2013 年初开始运行,新贸海公司以海关监管区和综合查验场站一体化优势营销,以一体化资源吸引进口分拨客户,以一体化优势树立新贸海行业内的形象。

2015 年,吴淞局报检大厅入驻新贸海查验场站,形成报检、查验一体化的格局。同时,随着上海出入境检验检疫局推出属地化政策为属地企业提供通关便利。新贸海公司以此为契机,将属地化政策和自身资源结合,建立一个专项物流服务平台产品,起名为"快检通"。"快检通",就是在政府贸易便利化的服务平台上,整合进口通关环节,提供报检报关、运输、查验、标签备案整改、储存配送全物流链服务,利用属地化政策、便捷的区位优势,为外贸企业提供属地申报、专窗服务、优先查验、快速放行等便捷通关服务。与外高桥和洋山港区相比,"快检通"在单证流转、人员奔波、车辆周折上的费用大幅度降低,通关效率明显提高。2016 年,"快检通"平台运行,全年完成 387 票业务,共计 747 TEU,货值 1 800 万美元。

第三节 国际航运物流

集团的国际航运物流业务主要集中在东方新海及其下属企业,拥有超灵便型散货运输船舶 5 艘,总运力近 28 万吨;集装箱船 1 艘,载重量 816 标准箱,运力 1.5 万吨。集团在"十三五"发展规划中提出:发挥自身在航运领域的实践经验和积累的人力资源优势,优化现有船舶结构,建设船舶运营管理的人才队伍,搭建专业的信息化平台,通过上市融资,打造一支以自营为主的超灵便型核心散货船队,努力成为上海本土综合实力最强的散货船航运企业。

集团国际航运物流的战略目标是:稳健发展国际航运物流,结合上海建成国际航运中心的目标,充分发挥自身在航运领域的实践经验和积累的人力资本优势,积极推进航运主业转型发展,调整经营方式,优化现有船舶结构,建设船舶运营管理的人才队伍,搭建专业的信息化平台,通过上市融资,打造一支以自营为主的超灵便型核心散货船队,努力成为上海本土综合实力最强的散货船航运企业,逐步从单一的"定期租船"经营方式转为以船舶自营为主,结合多种灵活营运的经营方式。在转型过程中,由单一的船舶管理者身份向"四位一体"租赁的市场定位转变,即在市场上同时扮演四种角色:船舶管理者、船舶所有人、船舶租赁者和船舶经纪人。

一、航运业务

集团航运物流抵达水域包括欧洲、美洲、亚洲、非洲。经营的主要航线和货物包括：巴西、南非的铁矿石运输，东南亚煤炭、镍矿、铝矾土运输，北美、南美粮食运输，以及第三国运输业务等，运输航线覆盖全球 30 多个国家和地区的 70 多个港口。

1999 年，物流集团完成航运业务 33 229 TEU。

2001 年，东方新海收回两条托管的悬挂巴拿马方便旗的集装箱轮的管理权和经营权，开始实施"从拥有船向控制船转变"的战略，从变革企业发展战略的视角入手，探索打破原有单一的船东模式，构建船东(Owner)、租家(Charterer)、经纪人(Broker)"三位一体"的新型航运企业经营模式。

2002 年，东方新海购置悬挂中国旗船一艘，确保公司符合"中华人民共和国国际海运条例"所要求的国际航运公司的经营资质。

2009 年 10 月，东方新海代为管理船舶一艘，开拓第三方船舶管理公司功能。

2014 年 3 月，东方新海购入 5.2 万载重吨超灵便型散货船"新海明珀"轮后，逐步形成一定规模的超灵便型散货船队。2014 年之前，东方新海船舶经营模式主要以与指数挂钩的期租为主，载货由租家安排。2014 年 6 月开始，船队不再单纯依靠期租经营，而更多转向即期市场，增加与欧洲、北美客户的直接接触，船队经营范围由远东地区逐步向大西洋区域拓展。运输货物有钢材、粮食、煤炭、铝矾土、水泥熟料、石油焦等。

2015 年 9 月，东方新海再次以承运人身份，与货主直接签署航次运输合同，从散货船"新海明珠"起，开启船舶自主运输业务，完善船公司的承运功能。

2017 年，东方新海船队结构持续优化，船队规模效益得到进一步发挥。公司 5 条散货船根据市场需求和船舶特点，采用更加多元化的经营模式，有长期租约、短期租约、航次租约等，完成 31 航次的运输任务，货运量近 170 万吨，货物周转量达到 60 亿吨公里。集装箱船箱运周转量达 36 652 TEU 标准箱。经营范围遍及大西洋、太平洋、印度洋等地区，布局更加均衡。"新海明玺"轮采取期租模式，一般在远东地区。"新海明晶"采取长期租约模式，全球航行。通过灵活的安排，提高抗风险能力，确保收益最大化。2017 年起，以"新海明玺"轮为主的船舶着重开展运输镍矿业务，成为东方新海的主要特色之一。

表 2-3-1　2017 年 12 月东方新海拥有船舶情况表

船名 (英文)	VENUS C	XIN HAI MING ZHU	NEWSEAS JADE	NEWSEAS AMBER	NEWSEAS JASPER	NEWSEAS CRYSTAL
船名 (中文)	新海汇	新海明珠	新海明玉	新海明珀	新海明玺	新海明晶
船型	集装箱	散货船	散货船	散货船	散货船	散货船
呼号	A8LX5	BRCG	3EAI5	3EBW8	VRQU5	VRRK4
船旗国	利比利亚	中国	巴拿马	巴拿马	中国香港	中国香港
船籍港	蒙罗维亚	中国上海	巴拿马	巴拿马	中国香港	中国香港
入船级	日本船级社	中国船级社	日本船级社	日本船级社	法国船级社	美国船级社

〔续表〕

船名 (英文)	VENUS C	XIN HAI MING ZHU	NEWSEAS JADE	NEWSEAS AMBER	NEWSEAS JASPER	NEWSEAS CRYSTAL
总吨	9 949	29 862	30 042	30 046	33 044	36 295
购买日期	2007 年 10 月 30 日	2010 年 4 月 22 日	2013 年 10 月 24 日	2014 年 5 月 14 日	2017 年 6 月 20 日	2017 年 11 月 23 日
载重吨	14 900	52 100	52 409	52 347	56 803	63 547
箱位	816	不适用	不适用	不适用	不适用	不适用
完工日期	1989 年 6 月 28 日	2001 年 7 月 26 日	2005 年 3 月 31 日	2005 年 6 月 30 日	2010 年 4 月 23 日	2013 年 9 月 27 日
国际海事 组织编码	8 813 609	9 249 908	9 288 485	9 317 119	9 488 188	9 644 835
单船公司	新海汇船务 有限公司	东方国际物流 集团上海新海 航业有限公司	新海源船务 有限公司	新海利船务 有限公司	新海明玺船务 有限公司	新海明晶船务 有限公司

二、船代业务

集团的船代业务主要由东方新海及其下属新海船代等企业经营。

新海船代是一家专业从事集装箱班轮代理、散杂货船舶代理、无船承运业务,以及第三方综合物流项目的公司。1993 年 9 月,获交通部自营船舶代理批文,为东方新海经营提供自船自代服务。1997 年 6 月,获山东海丰公司的航线代理权,与山东海丰公司合作开展日本集装箱班轮航线及船代业务。2002 年 3 月,经交通部批准,获国际船舶代理经营资质,开展公共船舶代理业务。9 月,获交通部无船承运人的资质,开展无船承运人业务。2003 年,获伊朗国家航运公司的航线代理权,主营中东班轮航线,办理船舶的靠泊码头、进出口手续;联系安排引水、靠泊、装卸、报关,办理货物的托运和中转;联系水上救助,协助处理海商海事;代办船舶、船员、旅客或货物的有关事项;给予装卸货的配载的专业建议、签发提单、提货单等业务。

2005 年 9 月,新海船代注册成立宁波分公司,经营宁波港口的船舶代理业务。10 月成立市场部,探索向综合船代公司转型。通过东方国际物流集团的优质资源,拥有一批专业的团队,为客户提供第三方项目物流服务,包括国际贸易代理、国际货物运输代理、专业清关、门到门运输、供应商库存管理与全球集运分拨、运输保险等一站式专业化服务。

2006 年 1 月,新海船代获俄罗斯迈捷箱运公司的航线代理权,摆脱单一船东束缚,开创更多的利润点。

2012 年,新海船代开展围绕代理航线业务的长江沿线的网点布局。

2013 年 2 月,新海船代重庆办事处揭牌成立,参与重庆市政府合作项目,加快长江沿线网点建设。

经过几年建设及与船东的合作,2016 年 8 月注册成立上海新海国际船舶代理有限公司重庆分公司及上海新海国际船舶代理有限公司武汉分公司。

表 2-3-2　2008—2017 年新海船代集装箱业务数据情况表

年　份	2008	2009	2010	2011	2012	2013	2014	2015	2016	2017
代理船舶艘次	199	167	166	150	96	120	168	121	120	144
出口箱量 TEU	80 728	68 797	77 256	61 711	52 540	82 486	131 449	94 984	84 120	91 669
进口箱量 TEU	69 288	62 927	88 501	64 603	67 371	78 325	142 531	96 901	69 089	92 048
代理船舶净吨	2 823 589	3 526 683	3 919 746	3 418 913	2 517 469	2 986 015	4 018 178	3 218 051	3 031 421	3 851 021
NVOCC	20 072	23 204	24 441	15 715	18 336	40 047	43 152	24 915	18 033	19 909

第四节　项目物流、工厂物流和会展物流

集团的项目物流和会展物流在国外和国内同时开展业务，工厂物流主要是在国内为联合利华、飞利浦等世界著名企业开展物流服务。

一、项目物流

【印度雅慕娜燃煤发电机组项目】

2005 年 9 月，经贸公司应邀参加上海电气电站印度雅慕娜 2X300MW 燃煤发电机组海运出口货运代理业务的竞标，是年底顺利通过竞标。自开始操作雅慕娜项目伊始，经贸公司陆续承运上海电气雅慕娜、金达、京德等电站项目设备的运输工作，总计承运货物（含集装箱运输）近 100 批，合计约 44 万立方货物，其中包括 5 件单件超过 200 吨的货物。在操作中连续创造公司的奇迹，包括首次单船单次运输超过 2.2 万立方（整船运输），这对电气电站集团项目部也是首例的。单次出运单件长达 27 米的货物。单次运输 2 件大件货物，且每件货物都超过 200 吨。单次出运船边直装大件货物达 7 件。单周连续出运两船货物。甚至在既装船又同时集港的情况下，连续保持集港无货差货损安全事故，确保已到港货物无客户投诉。

在项目操作中，经贸公司经历由于国家税率政策的调整而导致航运市场运价指数的上涨压力，经历由于卸港港口条件不尽人意，压港和卸货时间过长的压力，更经历由于货量急剧增多导致港区限制集货的压力，按合同要求坚持操作，积极与各方沟通，包括电气项目组，工厂及相关政府机构，主动解决问题。从印度方的反馈信息中没有一次因为运输而延误工期，良好的诚信得到客户的充分认可。

【高档跑车项目】

2009 年，联集公司为梅赛德斯奔驰顶级 AMG 系列跑车在中国试驾推广活动提供针对高档跑车的特殊航空货物集装器，运用特殊材料固定车辆轮毂，保证汽车轮毂不被固定绑带伤害，使车辆运输安全以及装载率达到最大优化，同时为客户降低成本，完成汽车整车空运项目。

【苏州博世项目】

2011 年年底,经贸公司市场部与苏州分公司应邀参与博世汽车部件(苏州)有限公司底盘控制系统事业部仓库外包项目的投标,经贸公司中标。从 2012 年 2 月 16 日起,为博世汽车部件(苏州)有限公司底盘控制系统事业部提供物流仓储服务,产品主要是汽车部件,具有精密性、货值高的特点。

苏州博世项目仓库设立在距离博世工厂仅 5 公里的苏州工业园区胜浦镇江通物流园区内,运输时间控制在 10 分钟内,及时满足产线的生产要求,并且有效降低物流成本。该项目物流采用 MILK RUN 运输方式,即由一辆车依照规定的时间节点,按照一定的顺序,根据产线的需求将货物从供应商处运送至工厂。这种运输方式有效减少汽车整车企业的零部件库存,降低零部件供应商遭受缺货甚至停线的物流风险,使整车生产商及其供应商的综合物流成本大幅下降,并在最大程度实现 JIT 供给。博世 MILK RUN 的特点是小批量、多批次,运输路线固定(供应商及工厂之间),以满足流水线的顺利运转。项目期内,经贸仓库从订单下达、备货、打包、复核、拍照到装车,每一个环节都审慎遵循质量优先,时点控制的原则,根据自制的车辆时间追踪表,将固定发运时间点与实际装卸时间点相结合,保证车辆运输的准点率及货物的准确性。通过这一独特方式的运用,合同期间未发生车辆误点投诉,全年车辆准点率达 100%,完美匹配博世的绩效考核要求。

为挖掘新的增值服务,2012 年 6 月—2013 年 5 月,博世将成品的倒换外包装业务交由经贸公司操作。所谓倒换包装,就是将博世的产品由原包装的塑料箱转移至出口专用纸箱,然后重新打包,换贴标签,全过程均由人工完成。该业务历时一年,月均倒换达 338 托,合计完成 4 061 托,全程无投诉,无差错。

苏州博世项目 2012 年月均进出库量:15 288 托。2013 年月均进出库量 14 889 托,2014 年月均进出库量 15 038 托(1—3 月)。2012 年总销售额 34 01 959.26 元,2013 年总销售额 4 178 090.35 元,2014 年 1—3 月销售额 1 233 281.75 元。

【海立印度项目】

2013 年,上海海立(集团)股份有限公司在印度古吉拉特邦艾哈迈德巴德市建立的第一家海外工厂,设立海立电器(印度)有限公司,经贸公司承接该工厂原材料出口至印度的海运、空运货代业务。

海立印度工厂项目涉及的产品品类繁多,小到螺母螺栓等零件,大到出口整套压缩机装配流水线,申报手续烦琐,经贸公司为客户额外提供产品预归类、货物外包装修复等增值服务,2013 年 11 月初完成第一批海运出口,2013 年底,海立电器(印度)有限公司的工厂投入生产。

随着双方良好的货代业务合作,2015 年 12 月 2 日起,经贸公司与上海海立电器有限公司签订外贸代理业务合同,双方利用同为上海自贸区区内企业的特性,在自贸区内企业政策的指导下,开展物贸联动业务。经贸公司作为上海海立的贸易出口商,将上海海立产品出口至印度工厂。作为贸易的收汇方,协助上海海立工厂完成退税业务。2015—2018 年,经过近 4 年的业务合作,年均外贸额近 1 亿元。

海立项目是典型的物贸联动业务模式,利用自贸区区内企业政策,不仅确保客户有效降低成本,又使贸易业务顺利运作,解决后顾之忧的同时促进物流业务的进一步发展。通畅的收付汇,办理退税等功能,又能提高客户资金的周转效率。相较传统货代业务,物贸联动增加与客户之间的黏性,保持长期稳定的业务合作,不可替代性强。优质的物流服务能促使外贸业务的顺利实现,提高客户的满意度。

【演出道具项目】

2015年7月,物流集团完成为世界级马术表演团——加拿大卡瓦利亚"CAVALIA梦幻舞马"剧团演出道具的进口报关和运输项目。该剧团表演始于在当地巡回帐篷的搭建,每到一地演出,剧组的工作人员都会建起一座由大小9座白色帐篷组成的卡瓦利亚村,是世界上最大的巡回表演帐篷,被卡瓦利亚人戏称为"白色移动城堡"。2015年,卡瓦利亚"CAVALIA梦幻舞马"剧团在上海浦东世博马术公园巡回演出,由物流集团承担演出帐篷和演出道具的报关及运输,其中包括演出设备的82个集装箱以及乘坐豪华专机的39匹演出骏马,海运的82个集装箱分别来自加拿大、中国台湾、中国香港等3个不同的国家和地区,世界级最大的移动演出帐篷有10层楼高。物流集团第一次成功尝试文体商演领域的物流项目,也是第一次成功尝试活物运输项目。

二、工厂物流

【联合利华工厂物流】

1998年,经贸公司首次与世界500强企业联合利华合作,为上海联合利华牙膏厂的货物提供进口货运代理服务。随着联合利华在中国业务的逐渐扩大,经贸公司与联合利华的合作也从原先的进口货运代理逐步延伸到出口货运代理,发展到工厂物流。

2002年,中国加入世贸组织,联合利华在上海成立全球采购中心,依托中国丰富的资源,向全世界出口商品。是年安徽合肥工厂筹建,2003年6月投产。2003年联合利华将原先生产线从上海搬运至合肥,经贸公司首次向上海联合利华总部派驻驻场人员,帮助处理进出口的相关事务。

2003—2007年,联合利华合并上海各个地区的生产线,将几乎所有的产能,逐步转移至合肥。经贸公司依托着良好的服务,逐步扩大联合利华进出口货运代理的份额。到2007年为止,由原来的3家供应商提供服务变为95%由经贸公司负责。是年,随着客户整合完毕,物流需求的整合成为当务之急。由于快消品的特性,联合利华的货物生产快,货量大。因为出口的关系在短时间内需要

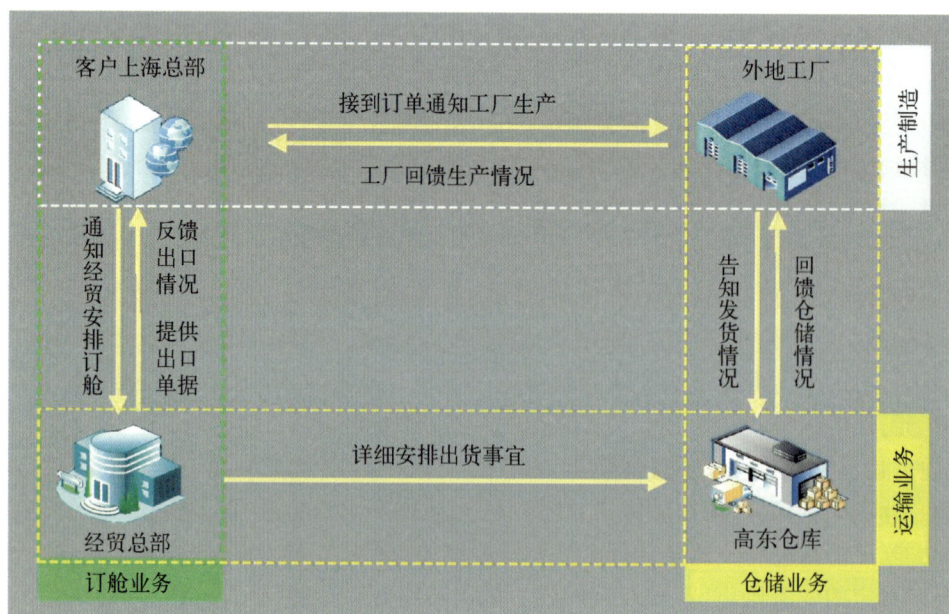

图2-3-3　2007—2012年12月,联合利华工厂物流运作模式

大量的集卡车辆,而过几天可能这些车辆又是闲置状态,成本居高不下。经贸在得知客户有物流需求后,主动提出一个解决方案。在上海外高桥高东地区设立一个出口仓库,使用17.5米的大型货车将货物从工厂运送至出口仓库,运输价格比从上海—合肥的集装箱卡车更低,而且装运的货物要多60%。按照客户的货量,每月在运输上可以节约百万元以上的费用。

2009年,随着上海高东仓库的建立,随之而来的是合肥工厂—上海的BOF运输也逐步转由经贸进行运作。为更好地服务客户,经贸公司向联合利华合肥工厂派驻场人员,统一协调安排BOF运输事宜。

不仅仅在业务上,双方企业在社会责任方面也保持着良好的共识和合作。2009—2011年,经贸公司和联合利华中国有限公司一起进行爱心行动、爱的延续等活动,分别向四川、贵州进行小学的筹建和图书馆书籍的捐赠。每一本书上都敲有双方共同的爱心印章。

2012年,联合利华准备在合肥扩充工厂产能,缩减工厂的存储货物的能力。为满足新下线的货物存放需求,经贸公司在合肥设立一个下线即存的出口前置仓——合肥仓库,并且改变订单的模式,将推动型改为拉动型,就是通过订单分析将需要出口的货物发至上海,而不需要立即发运的,存储在价格更低的合肥,降低上海的库存和仓储成本。合肥建仓后,经贸合肥又增加合肥工厂—合肥仓库的短驳运输业务。

2013年10月,经贸公司与联合利华公司合作,在安徽合肥建立工厂物流—经贸合肥物流中心。该中心的主要功能是配套服务"联合利华"产品的出口、分拨,主要业务是延伸仓储运作、市区短驳、内陆运输、再包装等,每年为经贸公司增加7万吨的货物运输量。

2014年,依托合肥以及上海两个出口仓库的优势,经贸公司中标出口成品再包装项目。再包装项目即一些超市的促销品,依托前置出口仓的优势和中国较低的成本优势,将那些促销品的包装放在国内,等出口时候客户在拆箱后能够直接发运至超市大卖场等地,免去两次包装,降低成本。考虑到可预期的人力成本不断上升的情况,在项目的初期,经贸公司就规划大量使用机器和流水线,减少对人员手工作业的依赖程度。联合利华北亚区再包装团队看到该流水线后称赞,这是第三方中整合效率最高的再包装生产线。

2017年年底,经贸公司和客户一起将合肥工厂作为试点,整体推进VMI项目。VMI项目就是供应商管理库存。经贸公司充当供应商和工厂之间的桥梁,一边根据工厂的生产计划进行JIT配送,一边吸收供应商源源不断的物料入库。配送的门点是4个工厂+3个外发工厂,365天×24小时配送,最快配送时效为收到订单后2小时之内抵达工厂卸货区。随着业务的不断拓展,合肥仓库也在2017年进行整体搬迁。

【飞利浦电子工厂物流】

2000年,经贸公司开始为飞利浦亚明提供进出口关务服务,2003年向飞利浦亚明提供IN HOUSE服务,2004年为飞利浦亚明提供全方位的进出口业务服务,2005年服务扩展到飞利浦电子技术,2008年开展飞利浦亚明工厂物流服务项目。2008年3月,经贸公司入驻飞利浦亚明照明工厂物流项目,主要负责飞利浦亚明照明整个原材料仓库的物流管理以及车间生产线的物流配给。

飞利浦工厂物流的物流服务从简单的货代和仓储服务开始,延伸至飞利浦的整个供应链,贯穿飞利浦各家工厂从原材料采购和管理、生产物料配给,到半成品和成品生产、成品的入库和出货各个节点,将飞利浦的供应链部门与生产系统紧密地连接起来。飞利浦工厂物流服务是每个节点之间的桥梁。随着双方业务的紧密相连,业务规模不断扩大。2009年开展飞利浦亚明外仓库存管理项目,2010年开展飞利浦车灯工厂物流服务项目,2011年开展飞利浦电子技术工厂物流服务项目和飞利浦马陆园区物流中心整合项目,2012年开展飞利浦灯具厂工厂物流配给,2013年开展飞利浦灯具厂外仓租赁项目。服务的客户从当初的飞利浦亚明一家工厂发展到飞利浦马陆园区生产基地的4家工厂。配给的范围覆盖到12个车间33条生产线,涉及管理的原材料品种达7700多种,库存总价值达到1.55亿元。仓库的种类包括高位货架区、平面库位区、恒温恒湿库区、危化品库区、冷冻品库区和气体钢瓶库区等。

飞利浦电子工厂物流的现场物流服务所涉及的场所覆盖到飞利浦马陆园区整个生产基地,包括各个类型的仓库的收发货、库存管理,以及飞利浦各个工厂的物料配给和半成品、成品的短驳等。

飞利浦电子工厂物流主要管理内容有三个部分,即物流中心的管理、账务系统的管理、物料配给。服务工作实行24小时全天候服务。物流中心的仓库管理包括整个物流中心各家工厂的原材料及部分产成品和备品备件的库存管理。账务系统管理主要是对所有物料进出进行系统化的账务记录,以及库存的盘点审计等工作。物料配给则是负责对生产车间所需物料的日常配给和半成品、产成品的流转等。

2010年,经贸公司为HID灯车间包装产线的布局重新做一个设计,将产线上原材料、半成品、待检区域、产成品区域重新做统一规划。新布局按照整个流程流线型分布,不但使现场环境更为有序整洁,更使得每个节点的物流传递得到最大化的节约。

2011年上半年,经贸公司为飞利浦马陆园区生产基地的物流中心整体改造扩建设计,为整个厂区仓库设置防尘区域,并对部分仓库做区域改造,对货架区域和操作区域做重新布局。改造工程历经半年圆满结束,得到飞利浦集团上层领导的验收认可。马陆基地物流中心可以满足飞利浦各家工厂产品的需要,平面利用率提升10%。

图2-3-4 2012年7月,市国资委到物流集团位于嘉定马陆的飞利浦照明工厂仓库考察

三、会展物流

【越南建材博览会物流】

2012年9月13日,东盟中国企业建材及家居用品(越南)博览会在越南胡志明市富寿体育展览中心举办。博览会由上海国际服务贸易(集团)有限公司承办,物流集团作为展会物流服务方提供全程物流服务。

博览会现场展位近2 200个,参展企业800余家。参展企业来自越南、中国、泰国、老挝、日本、韩国、德国、意大利、土耳其等18个国家,其中国服公司组织的中国企业近40家,展位80个,展位面积1 800平方米,集团下属的东方外贸、丝绸股份、东松公司等参加博览会。本次展会国内参展商中有10家企业展品托运由物流集团承担,共计22立方米,托运的展品主要有卫浴产品、室外车棚、五金工具、阀门、高压清洗机、家具、灯具、建材样品等。

【CAS改装车展物流】

2013年9月13—15日,中国(上海)国际汽车升级及配套产品展览会暨中国(上海)改装车展(简称CAS改装车展)在位于嘉定安亭博园路7548号的汽车会展中心举行。CAS改装车展创始于2011年,是国内改装车人气极高的专业展,现场有改装秀、飘逸表演等。物流集团是2013年改装车展主场的物流商,提供全场物流服务。3天展会期间到场人数超过20万,展会内外场总面积超过15万平方米,物流集团为其中45家展商提供专业的物流服务,包括境外展品申报、国内改装车辆运输、现场机械人力协助展台布置等,这是物流集团首次操作汽车类展会项目。

【上海国际冷冻冷藏食品博览会物流】

2014年9月中旬,上海国际冷冻冷藏食品博览会在上海新国际博览中心举行。展会为期3天,有国内外2 000多家企业参展,展览面积10万平方米,观众65 389人次,是冷冻冷藏食品行业贸易洽谈及技术交流的首选场所。受主办单位上海歌华展览服务有限公司委托,物流集团作为本次冷冻冷藏食品展的主场物流,承担本次博览会103家参展商物资的运输业务,物流运输的主要商品为冷冻食品、渔业水产和各类冷藏冷冻存储设备,物流集团顺利完成第一次进入新国际博览中心操作的会展物流。

【中国(上海)国际传感器与应用技术展览会物流】

2016年9月中旬,中国(上海)国际传感器与应用技术展览会在上海跨国采购会展中心举办。展会为期3天,整个会展中心室内展厅1.6万平方米、会议厅9 000平方米、餐厅5 000平方米和地下车库850个车位,配备各类先进齐全的设施,是举办各类高端的展览、会议和活动的最佳场所。受主办单位上海科技有限公司的委托,物流集团作为本次国际传感器与应用技术展览会的主场物流,主要承接各类传感器、展览品的物流运输。

【上海国际车用空调及冷藏技术展览会物流】

2016年11月16—18日,上海国际车用空调及冷藏技术展览会在上海举行,是中国国内移动制冷行业领域最大规模展会。自2003年创办以来,一直以"全球移动制冷领域门户展会"为办展宗旨,专注于技术推广、贸易合作,逐渐发展成为全球汽车空调行业的门户展会。本届展会共有600多家参展企业,到场观众达2万人,路虎捷豹奇瑞、海马汽车、上海一汽、长安汽车等整车厂以及法雷奥、空调国际等配套企业都前来参观。本届博览会由歌华承办,物流集团作为展会物流服务方提供全程物流服务。

【中国（上海）国际包装工业展览会物流】

2017年9月26—28日,上海光大会展中心举行中国（上海）国际包装工业展览会。该展会是国内唯一专注于包装设备及技术的采购盛会,为参展商及包装业人士提供一个全方位的展示和交流平台。展会总面积超过3万平方米,有30多个国家和地区的参展商参加,物流集团完成本届展会运输工作,展品覆盖国内外的包装设备及包装制品与材料。

四、创新业务

2013年年末,物流集团与东方创业紧密合作,共同营销,凭借贸易、物流、金融等方面的资源优势,在安吉市场进行贸易供应链营销,创造物贸联动的"安吉模式"。这个模式被称为"易融达"。"易"是贸易,涉及贸易业务的各个方面;"融"是金融服务,包括贸易融资、客户风险评估及出口信用保险等服务;"达"是物流服务,包括各类物流服务和综合增值服务。"易融达"模式是由东方创业作为工厂的出口代理,代收货人预付出口商货款,工厂承担东方创业预付货款的利息,为规避东方创业收款风险,由中信保公司为工厂和收货人提供支付担保,物流服务由物流集团海运分公司提供。这样既解决出口商的资金困难,也解决收货人对工厂信誉的担心。由于东方创业将出口代理收益与海运分公司分成,又使得海运分公司可以提供给客户更具竞争力的内陆和海运运价,缩短海运分公司运费回收期。

"易融达"是集融资服务、贸易代理、物流服务、保险保障于一体的供应链管理新模式,通过这个模式,形成为中小型生产企业的货物出口度身定制贸易和物流一体化方案。"易融达"是物贸联动的创新产品,整合供应商、出口商、采购商、物流、金融等多方面的资源,实现多方共赢的效果,具有较强的可复制性和推广性。2015年"易融达"业务总金额近2000万美元,直接增加业务营收1亿多元,2016年1—9月实现贸易额3000万美元。服务对象既有传统的服装出口商,又有绿地集团等国内知名企业,也有巴斯夫等跨国企业。

2016年10月,在2016年全国大众创业万众创新活动周上,集团推进实施的"易融达"项目入选国资委大众创业万众创新的典型案例,在上海市国资委网站、青春国企公众号上进行推广宣传。

第四章 资产经营和项目投资

2001年,集团作出加强资产运作的决定。集团在2002年工作打算中提出:加强资产运作,改善集团整体财务状况。加快各子公司不实资产核销步伐,为公司改制创造条件。集团公司设立资产运作部,同时筹备组建资产经营公司,为集团各子公司的不良资产剥离和产权交易提供运作平台。

第一节 资 产 经 营

一、资产运作部

2002年4月4日,经集团2002年度第六次董事会会议决定,设立集团公司资产运作部,以集团所拥有的各种有形或无形资产为运作对象,利用各种社会资源和资本、资产运作平台,实现集团资产结构的合理化和资产价值的最大化。

资产运作事项包括:(1)企业改制涉及的股权转让、资产剥离、债务重组等。(2)集团所属全资和控股子公司的股权或资产重组、处置等。(3)集团或子公司(包括境外企业)对外投资企业(包括境外企业、境外办事处)的设立、合并、分立、增资、减资、清算关闭,或开设、关闭分公司(办事机构)。(4)规定限额以上的单项资产,包括房地产、设备设施、无形资产的处置、租赁等。(5)集团董事会规定的其他资产运作事项。

二、资产公司

【上海东方假日俱乐部分立】

为降低风险、盘活国资,根据东方国际集团2002年度第七次董事会会议精神,上海东方假日俱乐部有限公司(简称假日俱乐部)经过减资公告、资产评估、工商变更和登记等各阶段的工作,分立为上海东方假日俱乐部有限公司(简称新假日俱乐部)和上海东方国际资产经营管理有限公司(简称资产经营公司)。

分立后,新假日俱乐部注册资本50万元,其中东方国际集团出资37.5万元,占75%;上海国际服务贸易(集团)有限公司(简称国服公司)出资12.5万元,占25%。资产经营公司注册资本3 000万元,其中东方国际集团出资2 575万元,占85.83%;国服公司出资425万元,占14.17%。新假日俱乐部对外股权托管,收取托管金。资产经营公司集中经营管理集团内部的房地产,实现国有资产的保值增值。

假日俱乐部的前身是上海东方国际皇府俱乐部有限公司(简称皇府俱乐部),位于嘉定区曹安路2793号内,是一家集餐饮、度假、休闲、健身、桑拿、娱乐为一体的综合性俱乐部。皇府俱乐部成立之初注册资本210万美元,其中东方国际集团贸易发展有限公司出资52.50万美元,占25%;香港方欣投资发展有限公司(简称方欣公司)出资147万美元,占70%;上海海联实业总公司(简称海联公司)出资10.50万元,占5%。1998年12月,海联公司将持有的皇府俱乐部5%的股权转让给方欣公司。由于方欣公司对外负债累累,经济状况严重恶化,为防止集团及其所属企业借给方欣公司的款项受损,1999

年1月20日,经集团一届一次董事会扩大会议批准,集团与方欣公司签订一揽子协议,其中方欣公司将持有的皇府俱乐部75%股权作价1 310万元转让给集团,将皇府俱乐部大楼和五幢别墅作价4 670万元转让给集团。上述两笔款项用于清偿方欣公司欠集团和东方贸发的借款5 980万元。

2000年3月2日,东方贸发将持有的皇府俱乐部25%股份转让给国服公司。是年4月11日,集团发文将皇府俱乐部更名为假日俱乐部,注册资本1 750万元,其中集团出资1 312.50万元,占75%;国服公司出资437.50万元,占25%。同时,集团委托国服公司对原假日俱乐部进行管理。

分立前,假日俱乐部在集团接手后的4年内累计亏损730.79万元,平均每年亏损182.70万元。分立后,资产经营公司账面反映的同口径利润2003—2005年3年合计为133.68万元,平均每年盈利44.56万元。假日俱乐部的分立取得较好的经济效果。

表2-4-1　1999—2005年假日俱乐部和资产经营公司财务数据情况表　　　单位:万元

项　目	假日俱乐部				资产经营公司		
	1999	2000	2001	2002	2003	2004	2005
主营业务收入	477.07	445.44	149.31	0	61.60	80.00	178.40
主营业务税金及附加	24.72	24.48	8.54	0	3.42	4.32	9.37
主营业务成本	236.94	165.67	59.90	0	0	0	0
营业费用	387.49	353.02	170.45	25.22	0	0	0
管理费用	75.58	83.49	64.11	45.61	174.56	177.81	182.77
其中:折旧	0	0	0	0	154.27	154.88	155.26
财务费用	10.74	29.04	8.39	−0.03	−0.13	−0.83	11.95
其他收入	1.57	1.63	0.47	0.13	13.22	0	0.07
其他支出	1.51	19.52	0.55	0.40	3.58	0	0
以前年度损益调整	0	−10.52	−0.78	0	0	0	0
利润及亏损	−258.35	−238.42	−162.93	−71.09	−106.62	−106.62	−25.62
同口径利润	−258.35	−238.42	−162.93	−71.09	34.44	53.58	45.66

说明:1. 1999—2002年年未提折旧,同口径利润应剔除计提折旧155.26万元。

2. 资产经营公司2005年营业收入为托管收入,其中俱乐部托管收入73.40万元、上海千衣居有限公司(简称千衣居)托管收入105万元,因此,同口径利润应剔除千衣居托管收入105万元、税金及附加5.51万元。

3. 同口径利润应剔除调整财务费用——汇兑损失15.51万元(上海凯邦实业有限公司的汇率差)。

【通过整合成立资产管理公司】

东方国际集团上海资产管理有限公司(简称资产管理公司)于2015年3月成立,5月在虹口区工商局完成工商登记,注册资本4.736 9亿元。资产管理公司坐落于上海市虹口区四平路210号。2017年,公司总资产22.5亿元,净资产16.63亿元,主营业务收入6.99亿元,净利润1.98亿元,在岗职工288人。

资产管理公司是集团为推动资产板块各企业统筹协调发展而设立的全资子公司,由集团下属上海丝绸(集团)有限公司、东方国际集团上海外经贸房地产开发经营有限公司、上海东方国际集团资产经营管理有限公司等3家公司整合而成。

2016 年 10 月,集团对国服公司进行重组,存续的原国服公司整体划入资产管理公司。资产管理公司将原 4 家公司的主营业务团队汇聚融合,确定以资产经营管理为主业的基本思路,涵盖原来 4 家公司的经营范围,包括资产管理、货物及技术的进出口业务、实业投资、房地产开发经营、房地产咨询、房地产经纪、建筑装修装饰建设工程专业施工、房屋建设工程施工、内贸等 29 项。

三、资产经营项目

【皇府俱乐部房产挂牌出售】

2009 年,资产经营公司将所持有的部分皇府别墅资产划转至新假日俱乐部,进行房产评估,设计出售方案,通过多种渠道发布房产出售信息。其中在《新民晚报》正刊显著位置刊登公告一次,在联交所挂牌两次。集团总裁会最终决定采用拍卖方式出售。

2009 年 11 月 30 日,新假日俱乐部将所持有的皇府别墅(15 套)和俱乐部大楼以 1.274 亿元的价格拍卖成交,盘活资产,增加现金流量。

【元中土地改性和房产改建】

东方国际元中大楼改建项目建筑面积为 50 018.63 平方米,建筑主体分别为 13 层和 11 层的两幢办公楼以及一幢 4 层裙房建筑。2015 年 8 月 1 日,元中大楼 A 区塔楼结构封顶完成。是年 11 月 7 日,元中项目裙房屋顶完成混凝土浇筑,标志着元中项目主体结构工程顺利完成。

作为资产管理公司投资开发的第一幢 5A 甲级办公楼,元中项目基建处和代甲方、施工方、监理方发挥团队合力,使项目在保证进度、质量、安全的前提下有条不紊地进行,建成后,东方国际元中大楼成为普陀区新的地标性建筑。元中工地被评为 2015 年度上海"明星工地"。

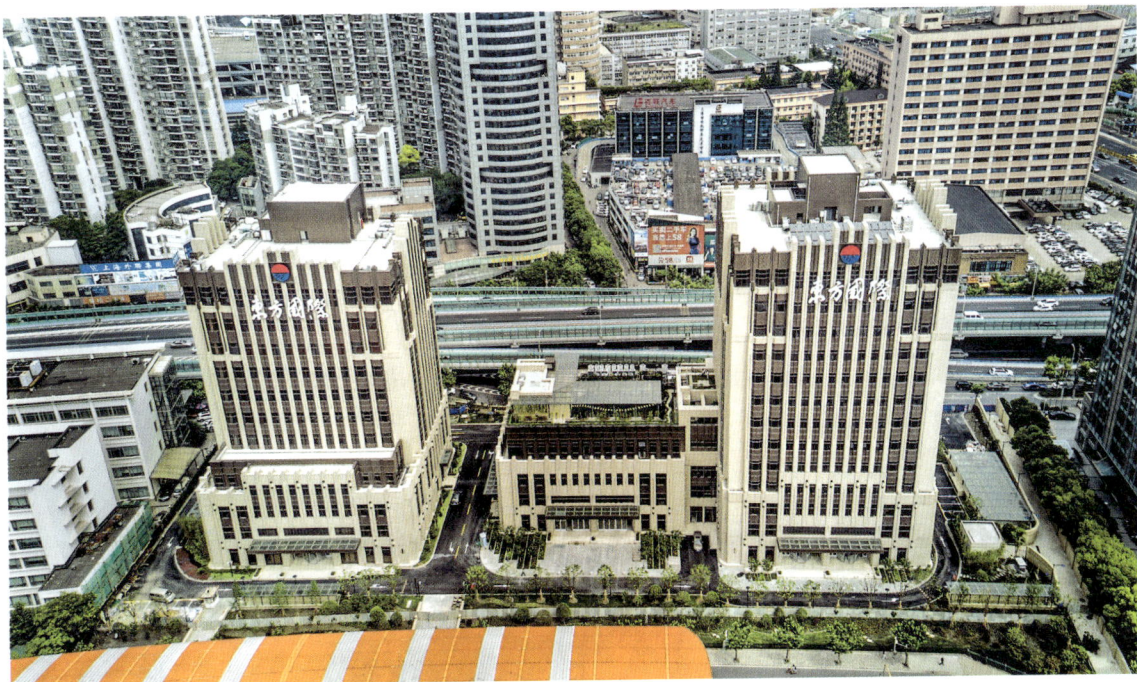

图 2 - 4 - 1　2015 年 11 月 7 日,位于中山北路 2900 号的东方国际元中大厦完成主体结构工程

第二节 项 目 投 资

集团的项目投资具有严格规范的规章制度,由集团董事会作出科学严谨的投资决策,分管领导具体负责,资产管理部、财务部等职能部门具体分工制订投资计划并推进落实。

一、投资制度

2004年,为规范集团和所属企业的投资行为,加强投资项目管理,降低投资风险,提高投资收益,根据《上海市国有资产运营机构投资监督管理暂行办法》的有关精神,集团制定《东方国际(集团)有限公司投资管理办法》。办法对投资项目的决策和监督、投资计划制定和审批、投资项目的分析和管理等方面作出规定。

2013年12月,为有效实施集团整体发展战略,对投资行为进行科学管控,提高投资项目的效益,严格控制投资风险,同时进一步加强对投资企业的管理,根据《中华人民共和国公司法》《中华人民共和国企业国有资产法》《上海市国有企业投资监督管理暂行办法》等法律法规,对原投资管理办法进行修订。修订后的管理办法更加细化有关规定,明确投资管理的基本原则,将投资行为全部纳入年度计划,与集团全面预算一同编制、一同上报、一同审核,投资计划分类制定等。

二、主要投资项目

集团主要投资项目指3 000万元以上的项目。

【华安证券】

2000年12月28日,中国证监会出具《关于核准华安证券有限责任公司增资扩股并核准为综合类证券公司的批复》,核准国资运营公司等11名股东共同出资17.05亿元设立华安证券有限责任公司。其中,东方创业出资9 500万元,出资占比5.57%。

2009年6月27日,华安证券有限责任公司(简称华安证券)股东会审议通过《华安证券有限责任公司减资并增资及部分股权转让的议案》,同意由安徽省能源集团有限公司以货币方式按每元注册资本1.45元的价格向华安证券新增注册资本1亿元,东方创业以货币方式按每元注册资本1.45元的价格向华安证券新增注册资本1亿元,安徽出版集团有限责任公司以货币方式按每元注册资本1.5元的价格向华安证券新增注册资本4亿元。本次增资完成后,东方创业对华安证券出资总额为1.95亿元,出资占比9.11%。

表 2 - 4 - 2　2009年6月华安证券投资企业出资情况表

公 司 名 称	出资方式	每元注册资本	新增注册资本
安徽省能源集团有限公司	货币	1.45元	1亿元
东方国际创业股份有限公司	货币	1.45元	1亿元
安徽出版集团有限责任公司	货币	1.5元	4亿元

2012年4月11日,华安证券股东会审议通过《关于华安证券有限责任公司增资扩股的议案》,同意华安证券注册资本由24.05亿元增加至28.21亿元。国资运营公司、安徽出版集团、时代出版传媒股份有限公司、东方创业、安徽省高速公路控股集团有限公司、安徽省投资集团有限责任公司(已更名为"安徽省投资集团控股有限公司")、浙江东方集团股份有限公司、华芳纺织股份有限公司、合肥瑞泽源置业有限公司以货币方式按每元注册资本1.78元的价格分别向华安证券增资0.39亿元、0.5亿元、0.5亿元、0.5亿元、0.8亿元、0.4亿元、0.12亿元、0.4亿元、0.15亿元。新增股东华安发展六安置地投资有限公司以货币方式按每元注册资本2.1元的价格向华安证券增资0.4亿元。其后,华安证券与上述增资方分别签订《增资协议书》。本轮增资完成后,东方创业对华安证券出资总额合计2.45亿元,出资占比8.68%。

表2-4-3　2012年4月华安证券投资企业出资情况表

公 司 名 称	出资方式	每元注册资本	新增注册资本
国资运营公司	货币	1.78元	0.39亿元
安徽出版集团有限责任公司	货币	1.78元	0.5亿元
时代出版传媒股份有限公司	货币	1.78元	0.5亿元
东方国际创业股份有限公司	货币	1.78元	0.5亿元
安徽省高速公路控股集团有限公司	货币	1.78元	0.8亿元
安徽省投资集团有限责任公司(已更名为"安徽省投资集团控股有限公司")	货币	1.78元	0.4亿元
浙江东方集团股份有限公司	货币	1.78元	0.12亿元
华芳纺织股份有限公司	货币	1.78元	0.4亿元
合肥瑞泽源置业有限公司	货币	1.78元	0.15亿元

说明:2016年12月6日,华安证券在上海证券交易所挂牌上市,股票代码600909,总股本36.21亿股,首发价格6.41元,东方创业履行国资划转社保基金程序后,持有华安证券23882.50万股,持股比例6.60%,为华安证券第三大股东。

截至2017年12月31日收盘,东方创业持有华安证券23882.50万股,持股比例6.60%,华安证券收盘价7.21元,合计持有华安证券股票的市值为17.22亿元。

【参股上海农村商业银行股份有限公司】

2005年8月,集团出资6000万元参股上海农村商业银行股份有限公司(简称上海农商银行),持股为6000万股,持股比例为2%。2007年10月,上海农商银行引进战略投资者,注册资本从30亿元增加到37.46亿元。2010年10月,上海农商银行定向募股,注册资本从37.46亿元增加到50亿元,两次增资集团均未参与增资,持股比例下降为1.2%。2017年7月,上海农商银行以资本公积向全体股东转增股份总额30亿股(每10股转增6股),转增后注册资本变更为80亿元,集团持有上海农商银行股份变更为9600万股,持股比例仍为1.2%。

截至2017年12月底,累计收到分红8508万元。

【中钨高新、西藏城投等定增】

2013年12月,集团参与中钨高新非公开发行股票融资项目,出资35710532元,以每股价格9.02元,获股票395.90万股。2015年中钨高新股票解禁,集团于2015—2017年,减持所有中钨高新股份,合计获利3 198.4万元。

2014年10月,集团参与西藏城投非公开发行股票融资项目,出资152 918 000元,以每股9.74元,获股票1 570万股。2015年年底西藏城投股票解禁,集团于2016—2017年,分别减持105.16万股和86.18万股,两次减持获利1 242.2万元。至2017年12月31日,集团仍持有1 378.66万股西藏城投股票。

三、基金投资

【翌睿健康基金】

2015年是集团实施新三年规划的开局之年,集团围绕新一轮发展目标,酝酿提出发展健康产业的设想,将"择机进入健康医疗、教育培训等新的产业领域,拓展新的经济增长点"确定为集团2015年12项重点工作之一。

2015年2月13日,集团召开发展健康产业专题会议,就开展健康产业调研工作提出工作方向和明确要求,成立培育发展集团健康产业专题调研小组,针对发展集团健康产业的相关情况进行梳理和分析论证。调研小组于2015年7月17日形成《关于培育发展东方国际集团健康产业的调研报告》,提出关于发展集团健康产业的"1+X+Ⅰ"框架设想和发展方向。总的原则是"立足实际、扬长补短、产融结合、合作共赢",力求体现集团健康产业发展的整体性、协同性、开放性和可控性,初步确立"大健康产业基金"的筹建方案。

2016年,以东方国际集团上海投资有限公司为主,对集团拟设立的翌睿健康基金积极开展各项工作,先后设立基金管理公司——东方翌睿(上海)投资管理有限公司(简称翌睿管理公司)和基金合伙企业东方翌睿(上海)健康产业投资中心(有限合伙,简称翌睿投资中心)。2017年,另新设东方翌睿(上海)医疗科技创业投资中心(有限合伙,简称翌睿创投中心)。

东方翌睿(上海)投资管理有限公司 翌睿管理公司成立于2016年5月18日,注册资本为200万元。翌睿管理公司是由东方证券股份有限公司的私募基金子公司上海东方证券资本投资有限公司和集团一级子公司投资公司联合管理和运作的基金管理公司,设立的目的是为推动产融结合,推动东方国际集团主业板块中健康医疗产业的改革、发展和转型。翌睿管理公司发起设立并管理着东方翌睿(上海)健康产业投资中心(有限合伙)和东方翌睿(上海)医疗科技创业投资中心(有限合伙),合计管理规模为5.36亿元。

表2-4-4 **2017年翌睿管理公司股东结构情况表**

股东名称	出资方式	出资额(万元)	出资比例(%)
甲方:上海东方证券资本投资有限公司	货币	102	51
乙方:东方国际集团上海投资有限公司	货币	36.4	18.2
丙方:东方国际创业股份有限公司	货币	20	10
丁方:上海化工研究院有限公司	货币	16	8
戊方:上海新农村建设投资股份有限公司	货币	16	8
己方:上海航盈信息科技有限公司	货币	9.6	4.8
总额		200	100

东方翌睿(上海)健康产业投资中心(有限合伙) 翌睿投资中心成立于 2016 年 8 月 5 日,设立时的认缴出资额为 35 200 万元。2016 年 10 月,东方创业和上海航盈信息科技有限公司入伙,入伙后,翌睿投资中心总认缴出资额增加到 50 200 万元。翌睿投资中心于 2016 年 11 月 29 日获中国证券投资基金业协会的备案,备案编号为 S32441。

为合理利用创业投资基金在国资评估管理、财税方面的创新扶持政策,翌睿管理公司维持各有限合伙人认缴出资规模不变,2017 年 12 月,将原先翌睿投资中心拆解成专门从事中后期及 Pre-IPO 项目投资的 PE 基金和从事早中期项目的创投基金。

表 2-4-5 2017 年翌睿投资中心合伙人出资情况表

合伙人名称	认缴出资额(万元)	认缴出资比例(%)
东方国际集团上海投资有限公司	9 520	34.01
东方国际创业股份有限公司	5 600	20.01
上海东方睿德股权投资基金有限公司	5 390	19.26
上海新农村建设投资股份有限公司	2 800	10.00
上海化工研究院有限公司	2 800	10.00
上海航盈信息科技有限公司	1 680	6.00
东方翌睿(上海)投资管理有限公司	200	0.71
合 计	27 990	100

东方翌睿(上海)医疗科技创业投资中心(有限合伙) 翌睿创投中心成立于 2017 年 12 月 1 日,设立时的认缴出资额为 22 010 万元。2018 年 4 月,翌睿创投中心引入普陀区政府引导性质的基金上海普陀科技投资有限公司,同时引进管理团队跟投机制,基金总认缴出资额增至 25 610 万元。

表 2-4-6 2018 年翌睿创投中心合伙人出资情况表

合伙人名称	认缴出资额(万元)	认缴出资比例(%)
东方国际集团上海投资有限公司	7 480	29.21
东方国际创业股份有限公司	4 400	17.18
上海东方睿德股权投资基金有限公司	4 400	17.18
上海普陀科技投资有限公司	3 500	13.67
上海新农村建设投资股份有限公司	2 200	8.59
上海化工研究院有限公司	2 200	8.59
上海航盈信息科技有限公司	1 320	5.15
上海懿芮医疗科技合伙企业(有限合伙)	100	0.39
东方翌睿(上海)投资管理有限公司	10	0.04
合 计	25 610	100

翌睿投资中心和翌睿创投中心以投资医疗器械、生物医药、移动医疗和医疗服务为方向。翌睿投资中心专门投资 Pre-IPO 项目和新三板定增项目等中后期项目,翌睿创投中心专门投资具有突出优势的早中期项目。

2017年,两支基金共涉及投资项目232项,其中已投资项目3项,为会通新材、赛纳生物和飞朔生物。立项项目1个,为昆亚医疗,待立项项目3项,为艾托金、牙邦和朗呈医疗。其余经过初步研究和尽调的项目225项,包括康立明生物、微创心脉、赛莱拉、达嘉维康和 BioMers、亚盛制药、之江生物、BAP. Inc 等。

【华璨基金】

华璨基金募集规模为16.6亿元,主要目标为参与国资国企改革和市场化并购投资,推动产融结合,助力中国经济转型发展。

2017年3月,投资公司向华璨基金认缴2亿元参与其设立。除投资公司外,上海国盛集团资产有限公司、上海华谊集团投资有限公司分别认缴2亿元和2.5亿元,上海大众交通集团下属非国资投资主体上海大众公用事业(集团)股份有限公司、上海大众企业管理有限公司分别认缴7亿元和3亿元。全体LP共计认缴出资16.5亿元。上海华麟股权投资管理中心(有限合伙)(简称华麟资本)为华璨基金的普通合伙人,对基金出资1000万元。华麟资本出资人主要为经营管理团队。

华璨基金为认缴制,即依据相关决策程序决定投资某个项目后,各LP根据认缴出资的比例和项目投资金额再到位相应的出资金额。基金存续期间为7年,其中投资期5年,退出期2年。

2017年3月,华璨基金实缴到位8.3亿元(投资公司实缴1亿元),其中8亿元投资于盛大游戏重组项目。

四、固定资产投资

【海运船舶】

1994年10月,新海公司委托韩国新亚造船株式会社建造一艘集装箱船,船名为"新海利",总吨位4092吨,载重吨5945.45吨,箱位342 TEU,造船周期为13月,船价为845万美元。

2002年10月,新海公司以285万美元从国外二手船市场购入一艘全集装箱船,船名为"新海润",总吨位6734吨,载重吨9686吨,箱位为612 TEU。

2003年8月,新海公司以286.5万美元购置一艘巴拿马籍二手全集装箱船,船名为"新海源",总吨位5601吨,载重吨8309.36吨,箱位450 TEU。

2007年10月,东方新海以1155万美元购入一艘利比里亚籍的二手全集装箱船,船名为"新海汇",总吨位9949吨,载重吨14867吨,箱位820 TEU。

2010年4月,东方新海总投资近2亿元,购入超灵便型散货船"新海明珠"轮,该轮建造于2001年,载重吨5.2万吨。

2013年10月,东方新海以1845万美元总价购入一艘2005年建造的5.2万载重吨超灵便型散货船,命名为"新海明玉"轮。

2014年5月,东方新海以2250万美元购置2005年建造的5.2万载重吨超灵便型散货船"新海明珀"轮。

2017年6月,东方新海以875万美元购入一艘2010年建造的5.7万载重吨超灵便散货船"新海明玺"轮。2017年11月,东方新海以1 552万美元购入超灵便型散货船"新海明晶"轮。

【东方狐狸城】

东方狐狸城系东方创业与瑞士FOXTOWN合资建设的一家品牌折扣销售中心,于2005年3月在上海松江区新浜镇注册成立。项目总投资2 600万美元,注册资本1 040万美元。东方创业占股30%,香港FOXTWON(瑞士FOXTOWN的控股投资公司)占股70%。其中注册资本部分由股东按股比投入,总投资与注册资本之间的差额1 560万美元由合资公司向国内外银行借款,股东按股比为其进行担保。该项目基建工程于2006年6月完工,建设总投资2.5亿元,开办费500万元,比原总投资估算2.09亿元(折2 600万美元)增加约4 600万元。

2007年6月19日,合资公司召开董事会讨论该项增资提案,会议达成增资意向:股东同步增资3 000万元(约390万美元),注册资本由1 040万美元调整为1 430万美元,前提条件是外方需将2007年、2008年的外债利息约122万美元无偿留给合资公司使用,合资公司今后如有现金流先还清4 000万元农行贷款,然后再还该部分外债利息。

东方狐狸城品牌直销中心位于沪杭高速公路新浜出口,占地13万平方米,设有1 600余个车位的免费大型停车场。商场面积超过6.8万平方米,总体建筑为三层:一、二层销售世界品牌服饰产品,第三层除销售品牌服饰外,还专门设立意大利特色餐厅、休闲娱乐厅等。

"狐狸城"在欧洲是闻名遐迩的品牌工厂直销中心,东方狐狸城是瑞士"狐狸城"在海外唯一的投资项目,也是全球最大的"狐狸城"品牌工厂直销中心。东方狐狸城由瑞士"狐狸城"直接负责经营管理,是集团进出口、物流分拨、品牌经营和供应链管理等方面综合优势与瑞士狐狸城品牌商资源优势互补结合的产物。2006年6月,24家品牌商入驻,6月10日开业商场首日营业额突破80万元。

图2-4-2　2006年6月10日,东方狐狸城开业

五、股权投资

集团的股权投资主要是投资中国金茂(集团)股份有限公司。

1995年6月15日,集团同中国化工进出口总公司、中国粮油食品进出口(集团)有限公司、中国五金矿产进出口总公司、中国轻工业品进出口总公司、中国土产畜产进出口总公司、中国纺织品进出口总公司、中国机械进出口(集团)有限公司、中国技术进出口总公司、中国丝绸进出口总公司、中国对外经济贸易信托投资公司、中国仪器进出口总公司、中国包装进出口总公司、中国工艺品进出口总公司等14家单位共同投资成立中国金茂(集团)股份有限公司,注册资本为263 500万元,注册地址为上海市浦东新区世纪大道88号,公司法定代表人王宝臣。公司主要从事上海金茂大厦的管理经营。

2002年8月5日,经集团第二届董事会第一次会议同意,将集团持有中国金茂(集团)股份有限公司1.61%股权,以5 100万元的价格转让给中国粮油食品进出口(集团)有限公司。

第五章　大健康产业

集团大健康产业的业务经营范围包括医疗器械进口代理、招标代理、产品渠道管理服务、供应链管理业务和医药业务等。

第一节　医疗器械

集团的医疗器械业务经营主要集中在上海东松医疗科技股份有限公司,核心业务为集医疗器械进口代理、医疗器械招标代理、渠道管理、供应链管理等业务功能于一体,助力医疗行业发展,致力于为医疗机构、世界著名医疗设备制造商、代理商和高等医学院校等领域的客户提供专业的全方位综合服务。东松公司的业务模式可概括为:以培育自身传统代理进口核心业务为基础,在牢牢把握现有市场份额的前提下,以客户需求为导向,依托各种信息化手段,不断拓展延伸包括招标代理、渠道管理和供应链管理等创新型业务,从而逐步成长为全产业链、全价值链、多元化的医疗器械综合运营平台服务供应商。

一、进口代理

作为全国医疗器械领域历史悠久的进口代理服务商,东松公司具有医疗器械经营企业最高资质,可经营各类医疗器械进口,连续多年被中国医保进出口商会授予年度进口"五强企业",是中国最大的医疗设备进口商之一。东松公司依托丰富的行业经验、敬业的专业团队、海关及检验检疫局给予的贸易便利化待遇,确保用户进口快捷、便利,最大程度降低客户时间及费用的成本。东松公司承担许多重大卫生项目建设中的设备进口工作,为国内市场首次引进许多全球领先的高端医疗设备。东松公司的服务对象涵盖公立、外资、民营各类医院,立足上海,辐射全国。该项业务在上海地区的市场占有率超过50%,年业务规模为3亿美元左右。

东松公司代理进口的业务优势:(1)报关环节。东松公司拥有高级认证企业资质,可享受担保验放的海关优惠通关政策。(2)清关环节。海关对于医疗器械审价较严,拥有一定的合规性要求,但是东松公司专业化水平赢得海关的一致认可和信任,清关速度快,为客户节省大量通关成本。(3)商检环节。东松公司通过属地化集中管理,提高了商品检验效率,简化了检测程序,使得商检检验程序更加高效便捷。

2008年起,上海市实施三批高端医疗设备集中采购项目,东松公司在该项目中承担绝大部分的医疗设备的招标代理和进口代理服务,多次实现国内和上海首次:国内首次引进计算机断层扫描仪、第六代伽马刀、脑磁图等,上海首次引进数字平板磁导航血管造影系统、外科手术机器人等。

表 2‑5‑1 2008—2015 年上海市三批高端医疗设备集中采购项目情况表

批　次	政府投入资金(亿元)	负责比例(%)	用　　途
第一批	8	75	负责医疗设备及医院相关服务的招标代理服务及医疗设备的进口代理服务
第二批	5	85	
第三批	6.3	95	

2009 年 2 月,中共上海市委、市政府将医疗资源布点调整列入上海市新医改重点工作,启动中华人民共和国成立以来上海规模最大、力度最强、投入最多的新一轮医疗资源布点调整项目,即上海郊区三级综合性医院"5＋3＋1"建设工程,以促进优质医疗资源均衡。东松公司承担第六人民医院南院和东院、瑞金医院北院、仁济医院南院、复旦大学附属金山医院、华山医院宝山分院、中山医院青浦分院和新华医院崇明分院的医疗招标服务及医疗设备代理进口服务。

2011 年起,东松公司连续 6 年承担申康中心下属医院乙类医疗设备的代理进口服务,具体包括 X 线电子计算机断层扫描装置(CT)、医用核磁共振成像设备(MRI)、数字减影血管造影 X 线机(DSA)、医用电子直线加速器(LA)、单光子发射型电子计算机断层扫描装置(SPECT)等。

上海作为面向全国的最大医疗器械进口口岸,2015 年进口规模达 230 亿元。东松公司进口规模 3 亿美元,约占 10％,是全国最大的医疗设备代理进口商之一,其中,进口医疗设备中 60％～70％是中大型设备。

东松公司进口代理业务的服务对象为外资和民营医院,包括上海国际医学中心、上海德达医院、上海全景医学影像诊断中心、上海德济医院等,金额达数千万美元。

二、招标代理

东松公司招标代理业务由传统的进口代理业务向上游延伸而来,自 2005 年获专业资质起,迅速发展成为新的转型增长点。

东松公司是中国最大的医疗设备和服务的招标代理机构之一,是上海地区唯一一家以医疗设备和服务招标采购为核心业务的专业招标代理机构。2012 年,获由国家商务部颁发的中华人民共和国国际招标机构的甲级资格证书,业务范围为从事机电产品国际招标采购业务。2013 年,获由国家财政部颁发的中华人民共和国政府采购代理机构的甲级资格证书,业务代理范围为政府采购规定的货物和服务的采购咨询服务业务。

东松公司拥有专业的专家团队和规范的专家选取流程,积累的专家库资源既包含政府采购专家库(财政部监管)和国际招标专家库(商务部监管)中的专家,同时包含经过多年积累的医疗行业各个细分领域的专业人士。专家库资源连同丰富的产品信息、价格信息等大数据形成东松公司的一项"无形资产",为东松公司招标业务的长远发展保驾护航。

东松公司招标代理服务内容:(1)医疗相关货物采购招标代理服务——医疗设备、信息化系统配套设备、科研设备、后勤保障设备等。(2)医疗配套服务采购招标代理服务——信息系统建设项目、医疗耗材配送服务、药品供应链配送服务、物业管理服务、设备软硬件维保服务、医疗外包服务、食堂餐饮等。(3)医疗机构筹建咨询服务——新建医疗机构设备整体解决方案(包括制定设备选型方案、配套设施建设方案、招标方案、商务贸易方案等)、医疗机构节能改造项目等。(4)专家咨询服务。(5) 招标政策咨询及培训服务。(6) 设备选型咨询服务。(7) 进口设备论证服务。(8) 以采购人需求为导向的信息化增值服务。

东松公司 95%以上的招标代理业务集中于医院、科研院所、高校及金融机构等高科技领域的设备及配套服务,深耕政府采购及国际招标领域。自 2011 年起,公司连年成为"上海申康医院发展中心市级医院乙类医疗设备集中采购项目"的唯一合作招标代理机构,同时,公司还承接"高端医疗设备采购项目""郊区新建市级医院开办设备采购""上海质子重离子医院配套设备采购"等一些重大项目的招标代理业务。在国际招标领域,根据中国国际招标网统计,截至 2016 年 9 月 30 日,按地区划分,东松公司在当年上海地区招标代理业务累计交易金额为 11 583.5 万美元,排名第三;按行业划分,东松公司在当年医疗卫生领域累计交易金额为 11 502.1 万美元,全国排名第四,上海地区排名第一。

三、渠道管理

东松公司为国内外各大医疗设备厂商提供一体化、定制化的产品渠道管理服务,搭建医疗设备渠道管理服务平台(即分销平台),可以按产品、按区域,提供多样的服务方式,给生产商的渠道管理带来便捷。

东松公司的渠道管理业务涵盖供应链管理业务的内容,在为医疗器械供应商提供渠道分销业务的同时,利用自有仓库和物流为供应商提供仓储物流服务,获取增值服务费。服务内容:(1) 满足制造商的销售计划和市场策略需要的库存备货服务。(2) 高标准仓储服务(含增值服务)。(3) 多种类全国范围配送服务。(4) 销售去向信息和装机报告采集服务。(5) 市场分析及预测的个性化服务。

东松公司的渠道管理业务主要服务于大型血透设备供应商费森尤斯,作为费森尤斯的中国区代理商之一,东松公司与其建立长期稳定的合作关系。费森尤斯是一家提供透析、医院和患者家庭医疗护理相关产品和服务的医疗保健公司。东松公司于 2013 年与其建立合作关系,为其提供透析设备的渠道管理和常规仓储等服务。东松公司为费森尤斯常规透析设备搭建华南区渠道管理平台和急诊透析设备中国区渠道管理平台,扮演一级代理商的角色,从费森尤斯采购透析设备和耗材,根据费森尤斯的具体需求以现款销售的模式分销给二级代理商,年销售金额为 3.5 亿元。

医疗设备渠道管理业务是东松公司增速最快的一项创新业务,2015 年,东松公司医疗设备渠道管理业务实现营业收入 3.93 亿元,比 2014 年增长 56.28%;实现利润 911.86 万元,比 2014 年增长 33.27%。

东松公司 2016 年上半年启动飞利浦家用呼吸机分销项目。

四、供应链管理

经市药监局权威认证,东松公司成为首批医疗器械第三方物流服务企业,通过医疗器械质量管理体系 ISO13485 认证。与进口代理业务相配套,东松公司利用先进的 WMS 仓储管理系统,能提供全方位的供应链管理服务,包括普通仓储、保税仓储、标签粘贴、分拆包装、全国门到门配送等。东松公司始终坚持为客户提供高标准、个性化、专业化的服务,兼顾服务水平和物流成本,为客户量身定制最优供应链管理方案。东松公司现有的自管仓库超过 1 万平方米。

东松公司根据客户需求和产品特点制定个性化的SOP:(1)装卸→验货→入库→养护→盘点→拣货→复核→出库等全程监控的仓储管理服务。(2)根据产品特性,设定不同的拣货规则服务。(3)产品贴标、分拆、组合包装等各类库内增值服务。(4)安全、准确、及时的门到门运输配送服务,包括发货通知、送前联系、搬运就位等人性化贴心服务。(5)根据产品批号、序列号等信息追溯货物服务。(6)以客户需求为导向的信息化增值服务。

2012年,飞利浦家用呼吸机供应链管理项目进行招标邀请,东松公司作为中国区竞标人,从3家竞标人当中脱颖而出,中标成为该项目的供应链管理服务商,为飞利浦提供进口、仓储、分拣、配送等一站式综合服务。该项目全球共有4个仓储点,分别位于巴西、澳大利亚、英国和中国。东松公司与飞利浦就该项目开展合作,被飞利浦公司评为2013 HHS China最佳物流合作伙伴。随着合作的不断深入,2016年上半年东松公司启动飞利浦电商渠道和OTC渠道的分销项目,全年新增销售收入1 000万~1 500万元。

作为一项创新型业务,供应链管理业务发展迅速,2015年,东松公司供应链管理业务带动进口和渠道管理业务的增长。从进口业务来看,供应链管理带动的进口业务超过1亿美元,较好地弥补传统进口业务的下滑缺口;从渠道管理来看,供应链管理业务带动的渠道管理业务超过3.2亿元,增幅超过40%。东松公司医疗设备供应链管理业务实现营业收入1 518.79万元,比2014年增长25.31%;实现营业利润413.16万元,比2014年增长40.67%。

截至2015年12月27日,上海市医疗器械第三方物流企业名单中除国药外,东松公司是唯一一家经营多平台的企业,可同时为客户提供招标代理、代理进口、渠道管理和分销等综合一站式服务,将服务成本内部化,为客户节约成本,提高服务效率。

第二节 医 药 业 务

集团的医药业务集中在东方国际集团上海荣恒国际贸易有限公司,主要包括仿制药、一次性医用耗材的出口业务与大健康产品的进口分销业务等。

一、概况

东方荣恒的医药业务主营仿制药、一次性医用耗材的出口业务与大健康产品的进口分销。业务团队长期从事药品出口业务,熟悉国内各类制药企业的现状与发展趋势,对已涉及的国外药品市场的客户网络与市场特点有独到的认知,对相关国内外的药政监管重点与程序的了解不断更新。仿制药出口业务主要面向非洲、东南亚与欧盟部分国家与地区的药政法规监管市场,同时,与国内GMP(生产质量管理规范)制药企业、国外进口商、经销商开展全方位合作,涉及的业务从供应商预审与进口国官方GMP现场审计、产品官方注册材料的递交,到注册完成后与进口商合作,参与市场营销的准备与推进等。经营品种涵盖片剂、胶囊、粉针、水针、外用药、生物制剂以及医药缝合线、手术刀片等。

东方荣恒医药业务的主要客户集中在英国、埃塞俄比亚等药品管制市场,相对市场准入的门槛较高。东方荣恒与英国仿制药上市文号持有人展开全方位合作。与东方荣恒合作的5家国内制剂药企业均通过欧盟或英国官方的cGMP认证,还有其他药企正在准备欧盟或英国MHRA(英国药监机构的简称,全称为Medicines and healthcare products regulatory agency)的官方GMP检查。

截至2016年年底,已有20余个产品的多个规格通过英国官方MHRA的生产地转移的核准,为进一步提升中国仿制药在英国市场的占有率打下基础。同时,东方荣恒积极开拓埃塞俄比亚等东非药政法规监管市场,已与多家国内制药企业等签订埃塞俄比亚市场的独家代理协议,产品涵盖头孢类、软膏类、诊断试剂及医疗器械类产品等。

东方荣恒有一批建立长期良好合作关系且在国内市场有一定地位的西药制剂供应商,如河北以岭药业、浙江京新药业、浙江华海药业、浙江海翔药业等,上述企业皆通过欧盟GMP认证,为保质保量按订单发运和增加仿制药出口的订单量打下扎实的基础。

东方荣恒是中国医药保健品进出口商会常务理事。按中国医药保健品进出口商会统计,东方荣恒2015—2016年,连续两年西药制剂出口额突破3 000万美元,跻身中国本土企业西药制剂出口十强之列。2016年度名列全国第7位,居西药制剂出口业务的国内进出口贸易企业之首。

二、经营

东方荣恒药品出口国家主要是英国,还有埃塞俄比亚和巴基斯坦,出口到英国的药品2016年达到1 800万英镑,约合2 200万美元(按当年汇率换算)。

2016年,国际上著名的"黑天鹅"政治事件——英国脱欧,对世界贸易环境带来严重的影响,英镑暴跌和汇率的不稳定,对本来发展较为顺利的对英药品出口带来阴影。东方荣恒一方面时时关注客户经营情况,催促资金回笼;另一方面与国内供货商维护好关系,取得供应商的理解,共同面对困难。同时,东方荣恒积极开发新品种,开展新的工厂验证工作。

2016年,非洲国家外汇储备不足的情况依然没有改观。国际市场需求的疲软,石油和大宗商品价格持续性下跌,使这些依靠资源输出的国家无法获得足够的外汇。东方荣恒出口非洲的药品也因外汇短缺的因素迟迟未有明显增加。通过3次出访非洲并与埃塞俄比亚客户不断的沟通,2016年,东方荣恒和客户一起获2个中标项目,总金额100万美元。非洲出口额达到220万美元,比2015年增长120万美元。

在出口药品的同时,东方荣恒还与客户一起在国内寻找合格的供应商,拜访国内近10家供应商,促成与悦康药业等多家供应商的独家代理协议,产品涵盖头孢类,软膏类及诊断试剂等产品。东方荣恒帮助埃塞客户成为新华医疗的医疗器械类产品在埃塞的三家代理商之一。另外,东方荣恒获华北制药青霉素系列产品的独家代理权。

2016年,鉴于药品出口的特殊性,东方荣恒在埃塞进行的药品注册工作,涉及18个品种。

表2-5-2 2014—2016年东方荣恒医药板块整体数据情况表　　　　　　单位:万元

数据 \ 年份	2014	2015	2016
营业收入	37 321	36 189	38 945
营业收入增长率	1.91%	−3.03%	7.61%
营业成本	35 899	34 463	37 439
毛利	1 422	1 726	1 506
毛利率	3.81%	4.76%	3.87%

〔续表〕

数据 \ 年份	2014	2015	2016
净利润	629	656	455
净利润增长率	—	4.29%	−30.64%
净利率	1.69%	1.81%	1.17%

说明：不包含二军大医疗器械进口业务（业务统计口径）。

表 2-5-3　2014—2016 年东方荣恒医药板块细分数据情况表　　　　单位：万元

数据 \ 年份	2014	2015	2016
医药化工出口：			
营业收入	16 397	25 085	20 543
毛利	707	1 340	1 043
毛利率	4.31%	5.33%	5.07%
医药化工进口：			
营业收入	3 132	7 738	5 029
毛利	−22	6	69
毛利率	进料补贴出口	0.07%	1.37%
医疗器械出口：			
营业收入	47.3	0.084 3	0
毛利	5.1	0.006 2	0
毛利率	10.78%	7.35%	0
医疗器械进口：(二军大)			
营业收入	6 525	452	5 221
毛利	59	13	125
毛利率	0.9%	2.87%	2.39%
营业收入合计：	26 101.3	33 275.08	30 793
毛利合计：	749.1	1 359	1 237
综合毛利率	2.87%	4.08%	4.02%

表 2-5-4　2016 年东方荣恒出口英国、非洲药品情况表　　　　单位：万元

地　区	药品品类	出口规模	业务毛利
英　国	抗感染药	6 750	205
	心血管系统用药	3 866	116

〔续表〕

地　区	药 品 品 类	出 口 规 模	业 务 毛 利
英　国	血液和造血系统用药	750	25
	消化系统用药	94	2.8
	内分泌及代谢调节用药	2 530	76
	精神障碍用药	1 015	30
	泌尿系统用药	616	18.5
	皮肤科用药	76	2.3
	小计	15 697	475.6
非　洲	兽药	250	12.8
	解热镇痛药	250	24.8
	皮肤科眼科用药	461.8	34.5
	呼吸系统用药	180	12.6
	抗感染药	874.6	112.4
	激素	7	0.35
	心血管系统用药	16.26	1
	抗疟疾用药	234.7	28.45
	关节骨骼用药	63.4	7.3
	消化系统用药	91	19.5
	麻醉用药	49.4	9.1
	营养不良用药	72.4	15.5
	抗肿瘤用药	17.2	3
	小计	2 567.76	281.3
合　计		18 264.76	756.9

表 2-5-5　2016 年东方荣恒药品出口数据情况表　　　　　　　　单位：万元

药 品 品 类	出 口 规 模	业 务 毛 利
抗感染药	7 624.6	317.4
心血管系统用药	3 882.26	117
血液和造血系统用药	750	25
消化系统用药	185	22.3
内分泌及代谢调节用药	2 530	76
精神障碍用药	1 015	30
泌尿系统用药	616	18.5

〔续表〕

药 品 品 类	出 口 规 模	业 务 毛 利
兽药	250	12.8
解热镇痛药	250	24.8
皮肤科眼科用药	537.8	36.8
呼吸系统用药	180	12.6
激素	7	0.35
抗疟疾用药	234.7	28.45
关节骨骼用药	63.4	7.3
麻醉用药	49.4	9.1
营养不良用药	72.4	15.5
抗肿瘤用药	17.2	3
合 计	18 264.76	756.9

第六章 服务贸易、房地产开发和电子商务

1994 年集团成立时,业务经营主要是进出口贸易。1997 年开始,集团业务经营范围逐步扩大到服务贸易和房地产开发。2000 年开始,集团涉足电子商务。经过 20 多年发展,服务贸易、房地产开发和电子商务成为集团业务经营的重要组成部分。

第一节 服 务 贸 易

根据综合商社"经营领域综合化"的要求,集团在坚持主业的前提下,将服务贸易作为开拓重点。

一、概况

1997 年 4 月 8 日,集团董事会审议同意组建集团旅游发展公司。6 月 23 日,东方国际集团旅游发展有限公司成立,取得营业执照。12 月 25 日,东方国际集团广告展览有限公司成立,取得营业执照。1998 年,出资收购具有一级资质的和平国际旅行社。

1999 年 5 月,市外经贸委决定将上海国际服务贸易有限公司资产划转集团,实施资产统一经营管理。是年 12 月,集团通过对国服公司、外经公司、广告公司和旅游公司进行整合重组,组建新的上海国际服务贸易公司,形成服务贸易板块。《东方国际集团 2004—2006 国资战略规划》提出:服务贸易专业化经营,重点发展商务、会展、旅游三大服务贸易领域。根据集团规划,集团下属的国服公司下设商务、外企服务等多个分公司,以及合资设立上海国际广告展览公司、重组和平国旅等,形成商务、会展、旅游、人力资源服务等业务板块,同时各业务板块有机结合、优势互补、联动发展。

2002 年,国服公司成为国家旅游总局批准的全国 36 家享有从事出国(境)游服务业务资格单位之一。

2009 年,国服公司以"东方国际"司标的人事外包、人才中介、顾问咨询等三项服务功能的服务品牌在 2009 年度"上海名牌"评选中被评定为"上海名牌"。2011 年、2014 年、2015 年分别获"上海名牌"称号。

2010 年 11 月,根据国家《主(承)办机构资质等级评定标准》,经过第三方专业机构评估,专家评审会议审定,主(承)办机构专业委员会审议通过,国服公司被评为上海市会展行业协会(承)办机构一级资质企业。

2012 年,和平国旅获评 AAAA 级旅行社。2013 年,国服公司被中国国际贸易促进委员会评为2011—2012 年度全国年度优秀组展单位,评选标准为组织出国展览项目的数量和规模位居行业前列的企业,国服公司排名第 18 位。

二、主要业务

【广告业务】

1997 年,集团组建东方国际集团广告展览有限公司,所属各子公司的原样宣、包装、商展业务统一划归广告公司经营,以开展集团和所属各公司的整体形象设计、策划和传播等业务为基础,大力发展广告、包装、商展及相关业务,协助集团进行交易会的组织、名牌战略的推进、策划、设计和发布。同时积极开拓海内外市场,逐步建成一个规模宏大、实力雄厚、功能齐全的综合性的广告、展览现代服务企业,为建立健全集团的多元化综合性商社功能作出贡献。公司在追求规模经济、规模效益的前提下,坚持"服务集团、面向社会"原则,以广告、展览为主业,立足于服务集团,全方位拓展业务外延。

2004 年,国服公司与上海迪拜商务信息咨询有限公司合资成立上海国际广告展览有限公司。2010 年,东方国际集团广告展览有限公司划转国服公司。

【旅游业务】

集团的旅游业务主要集中在上海东方和平国际旅行社有限公司。1998 年,和平国旅被并购后成为集团旗下的三级企业。

和平国旅的前身是 1989 年 2 月由宋庆龄基金会创办的上海和平国际旅游公司,是上海最早的一批出境旅行社。和平国旅曾经代表宋庆龄基金会接待大量海外团体,坚持特色旅游,优质服务赢得很好的国际声誉。

主要经营:出境旅游、入境旅游、国内旅游和政府机关公务出访。同时提供国内外商务考察、国内外展览项目、国内外会务和奖励旅游、国际文化交流。公司下设有一个分公司,两个营业部,主要分为出境中心、入境中心、国内中心和国内会务会展四大业务板块。

出境中心 出境中心主要经营个人及企业出境旅游业务,拥有包括东南亚、欧洲、美洲、非洲、中东等 20 余条特色各异的出境线路,2015—2017 年,每年出境营业额均超 2 亿元。随着国内因私出境的游客多于因公出境,为满足客户需求,和平国旅安排的出境旅游线路各具特色,从走亲民路线的包价东南亚路线到高端定制的南美洲特色线路全部覆盖,客户群多元化、差异化明显。无论个人出境旅游还是企业出境旅游,和平国旅均有差异化行程配套,客户群稳定,行业口碑良好。2017年和平国旅被评为行业诚信企业。

入境中心 入境中心主要业务是从事各语种外宾团队华东地区接待业务,接待的游客语种主要有德语、西班牙语、英语等。接待的国家或地区主要有德国、西班牙、美国、波兰、比利时、瑞典、荷兰、丹麦、印度和中国香港地区。入境中心年接待外宾入境人次在 1.5 万人左右,专职的入境接待导游有 6 人。入境中心作为和平国旅对外的窗口,发挥良好的示范性作用。和平国旅获得 2016 年上海市旅游专项资金的支持。

国内中心 国内中心在传统团队旅游的基础上着重特色线路的开发,开发促进医疗与旅游融合,发展健康、文化旅游产业,以高端医疗、中医药服务、康复疗养、休闲养生为核心,丰富健康旅游产品。同时跨行业合作衍生出能够带来品牌效应的产品。尤其是 2018 年与轩尼诗蒂亚吉欧洋酒(上海)有限公司合作的品牌宣传美食系列之旅,由轩尼诗品牌赞助,全年 10 期。

国内会务会展 国内会务会展板块是新发展的业务,主要配套服务上海及周边的知名企事业单位的差旅、会务、会展业务。和平国旅是平安集团、银联集团、赢创集团、中宏保险公司、中国人民保险公司、上海市奉贤区政府、上海华东建筑设计院等知名机构、企业和事业单位的入选供应商。2018年,为东方国际集团完成虹桥进口商品展示交易中心——进博会"馆外馆"的配套搭建。

【国外会展业务】

集团的国外会展业务主要由国服公司和国服下属上海国际广告展览公司(简称上广展)承担。

2003年12月14—18日,由国家商务部与上海市政府共同举办、国服公司具体承办的"2003年沙特中国商品展暨投资合作洽谈会"在沙特首都利雅得展览中心举行。上海市副市长周禹鹏和利雅得市市长阿卜杜勒·阿齐兹亲王共同为展览会开幕剪彩。200多名中、沙企业家及各界友好人士出席开幕式。此次展览会是沙特到2003年为止规模最大的中国商品展览会。展区面积达4 500平方米,分为电子信息、工业装备、轻纺建材、世界品牌上海制造及投资合作五个展区,100多家上海知名企业参展。2003年沙特中国商品展共吸引1.2万名客商和观众,成交总额4 300多万美元。集团在展会期间出口成交456万美元,成交意向1 580万美元。展会期间,两国企业家还就拓展两国经贸合作举行研讨会。中国和沙特企业还在双向投资、工程承包、劳务合作、旅游等方面进行意向性洽谈。

2005年12月,上广展组织上海24家企业参加在沙特国际展览中心举行的2005年沙特国际建材博览会。展览会有来自15个展团40多个国家和地区的1 100余家企业参展,展品主要涉及建筑材料、建筑设备、建筑技术以及部分电子产品。2005年度,上广展组织上海16家企业参加迪拜国际汽车展览会,展会主要涉及的产品为汽车、摩托车零部件,成交金额280万美元。

2006年6月,集团承办由国家商务部和上海市政府共同举办的"第二届中国商品展暨投资合作洽谈会(2006沙特吉达)"。为期4天的展会期间,参展企业达成成交意向1.8亿美元,实际成交超过1 600万美元。展会除东方国际集团各公司的参展企业外,还有来自上汽集团、上海电气集团、上海建材集团等148家企业和公司参加本届展会。展出的纺织服装、计算机、汽车、印刷机械、新型建筑材料、通信器材等商品吸引1万多名客商和参观者。

2007年,集团共举办国外展览会34个,实现展览营业额4 596万元。

2009年12月,国服公司组织的"2009东盟中国中小企业商品(越南)博览会"(简称越南展)在越南胡志明市国际会议展览中心举办。越南展受到中国驻越南胡志明市总领事馆、越南胡志明市当地政府、当地客商的广泛关注与支持,越南投资计划部副部长阮文忠、越南工贸部驻胡志明市代表处总代表范世豪、越南胡志明市工贸厅副厅长孙光智等出席展览会开幕式并剪彩,越南当地的电视台、广播电台对本届展览会均进行专题报导。本届越南展,共组织上海、山东等地的服装、面料、辅料、床上用品、文具、建筑材料、农药、化肥、化工机械等领域的近50家参展商参展,展位数92个,展位净面积达800多平方米。据统计,在为期4天的展会期间,观众数近1万人次,还有许多来自柬埔寨、老挝等周边国家的商人专程到会。参展企业实际成交达到292万美元,成交意向约1 200万美元。2009年国服公司全年执行98个国外会展,营业额7 005万元。

2010年,国服公司对业务进行重新调整,加大对展览等自办业务的探索,如越南展、东盟展、迪拜家具展、约旦展,包括展位招展,展品运输等。是年5月,上广展主办中东(迪拜)中国家居产业博览会。这次博览会是中国在阿联酋迪拜自主独立举办的首个国别专业主题展会,共有18个国家的3 098名专业观众前来参观、洽谈和采购。本届展会规模为6 000平方米,其中商品展位200个,展示产品1 000多种。展会还同期举办"中国书画艺术精品展"及中国古筝现场表演。是年12月,由国服公司与越南国家广告博览公司联合承办的2010东盟中国中小企业商品(越南)博览会在越南胡志明市国际会议展览中心召开。本届博览会与中国四川省商品展同时举行,现场摊位近250个,参展企业近百家。为期4天的展会期间,观众人数近9 000人,吸引专业客商1 056人,还有许多来自马来西亚、缅甸等周边国家的商人专程到会。参展企业实际成交430万美元,达成成交意向约1 500万美元。

2011年11月,国服公司承办的东盟中国企业建材及家居用品(越南)博览会在越南河内会展中心召开。开幕式当天,越南国家副总理黄中海,越南国家建设部部长郑庭勇、副部长阮陈南,中国驻越南大使馆经济商务参赞胡锁锦参加剪彩仪式。本次博览会是国服公司在越南承办的第三届博览会。博览会立足建材、家居等专业主题,与越南当地的建材家居展同时举行。博览会现场展位近1 200个,参展企业400余家,分别来自越南、中国、泰国、老挝、日本、韩国、德国、意大利、土耳其等18个国家,其中国服公司组织的中国企业近30家,展位数近60个。在为期5天的展会期间,观众数近6.5万人,中国区参展企业实际成交达560万美元,达成成交意向约3 500万美元。2011年,国服公司全年执行77个国外展,会展营业额9 291万元。

2012年9月,国服公司继续承办东盟中国企业建材及家居用品(越南)博览会,该展会规模达3万平方米,展位数2 200多个,有17个国家的800余家企业参展。其中国服公司组织的中国展区来自上海、浙江、江苏、北京、青海等地的五金、卫浴、灯具、建筑材料、机电产品、家用品领域的40余家参展商,展位数计80个,实际成交1 700万美元。2012年,集团执行国外展95个,营业额为9 077万元。

2013年8月,国服公司承办的东盟中国企业建材及家居用品(越南)博览会在越南胡志明市西贡国际展览中心开幕。越南国家建设部部长阮红军、中国驻胡志明市总领事馆经济商务领事李建良出席开幕式。展会与越南当地的建材家居展同期举行,观众人数近7.2万人,现场展位近2 100个,参展企业500余家,分别来自越南、中国、泰国、日本、韩国、德国、俄罗斯等18个国家。中国区参展企业实际成交1 500万美元,达成成交意向约4 500万美元。11月,国服公司承办的"2013印度孟买国际家居用品贸易展览会"在印度孟买举办,共有五金、卫浴、灯具、建筑材料、家具、家居用品等领域的13家上海企业参展,展位数44个,展位净面积396平方米。在为期4天的展会期间,观众数近7万人次,其中吸引专业客商2万余人,还有许多来自德国、中国、新加坡等国家和中国澳门地区的商人专程到会。中国区参展企业实际成交达到270万美元,达成成交意向约520万美元。

2014年9月,由国服公司承办的"2014东盟中国中小企业商品(马来西亚)博览会"在马来西亚吉隆坡世界贸易中心举办。本届东盟展是第6届,第一次在马来西亚举办。开幕式当天,马来西亚工程部长拿督法迪拉尤索夫出席,并于开幕式后参观中国参展企业的展位,对国服公司组织的中国展区高水平的特装搭建给予高度评价。展会最后一天,由国服公司组织的九星联合展区以其精美的搭建布置及丰富多样的展品被大会评为最具创新展位。本届马来西亚展,有中国的灯具、门窗、卫浴产品、各类建筑材料、建材生产工艺以及家居家具用品等领域的21家参展商参展,展位数98个,展位净面积900平方米。在为期4天的展会期间,观众数近1.5万人次,其中吸引专业客商1万余人,还有许多来自印尼、泰国、新加坡等周边国家的商人专程到会。本次东盟展为国内建材行业、家居用品行业参展商与东盟各国企业在经济合作、技术转让、贸易洽谈、进出口贸易、产品代理等方面的交流与合作打造一个全新的平台。2014年,集团执行国外展44个,营业额为 9 691 万元。

2015 年 7 月，国服公司承办的斯里兰卡"中国商品展览会"在斯里兰卡科伦坡国际展览中心举行。上海市商务委员会、市经济和信息化委员会、市国资委为展览会的支持单位。斯里兰卡经济发展部副部长 Harsha De Silva、中国驻斯里兰卡大使馆商务参赞王颖琦出席开幕式并为展会剪彩。国服公司组织上海、浙江等地 30 余家参展企业，展位 70 余个，展品涉及五金、塑料制品、灯具、建筑材料及工具、机电产品、酒店用品、家居用品、服装服饰、面料等，吸引来自印度、孟加拉国等周边国家专业客商 1 万余人到会。

2016 年 9 月，国服公司组织承办的 2016 斯里兰卡"中国商品展览会"在斯里兰卡科伦坡国际展览中心举行。本次展会是"一带一路"系列展的序幕，受到斯里兰卡政府、中国驻斯里兰卡大使馆以及当地专业客商的广泛关注与支持。展会开幕式当日，斯里兰卡区域发展部部长、中国驻斯里兰卡使馆参赞代表等中斯两国政府代表莅临现场，为展会剪彩。斯里兰卡最热门的电视节目——《今日兰卡》到现场进行采访和报道。展会期间，国服公司组织形式多样的配套商务活动。例如与斯里兰卡当地建材协会进行对接交流，共同探讨中斯两国建材商品贸易往来的合作机会；针对参展的建材与纺织品两大行业组织三场贸易配对会，等等。来自斯里兰卡的专业客商对"中国制造"的商品也表现出浓厚的兴趣，开展首日即有不少成交，个别展位的样品也被预订一空。有一家生产不锈钢型材的企业当场就与斯里兰卡客商约好展会结束后立即前往国内工厂实地考察，并洽谈贸易采购细节。本次斯里兰卡展与斯里兰卡当地的专业建材展同期举办，整个展会规模达 5 000 平方米，展商主要来自中国及斯里兰卡当地。其中国服公司组织的中国参展团来自上海、浙江等地，参展展品涉及五金、塑料制品、灯具、建筑材料及工具、机电产品、家居用品、服装服饰、面料等领域，参展企业 46 家，展位数 120 个，参展人员 208 人。在展会期间，观众数近 1.6 万人次，吸引专业客商 1 万余人，还有许多来自印度、孟加拉国等周边国家的商人专程到会。中国区参展企业实际成交达到 280 万美元，达成成交意向 800 多万美元。

2017 年 9 月，由东创国服组织举办的"一带一路"系列展在斯里兰卡和越南两个国家同时举行。展会包括"斯里兰卡中国商品展览会"与"东盟中国企业建材及家居用品（越南）博览会"两部分，组织上海、浙江、江苏等长三角地区 70 余家企业，累计 120 余个展位，160 余名参展人员前往两地参展。斯里兰卡展会参观人数 1.8 万人次，实际成交金额近 230 万美元，意向成交金额 600 万美元。越南展会参观人数 2.8 万人次，实际成交金额近 100 万美元，意向成交金额 180 万美元。

【商务业务】

集团的商务业务由国服公司商务分公司承担。业务主要分为咨询代理服务、中外籍人士签证服务、财税服务三个板块。业务范围包括：提供商务咨询调查——投资咨询、政策咨询、市场调查、项目评估，企业注册代理的内、外资企业注册，外商常驻代表机构注册，外省市三资企业分支机构注册，中国香港、中国澳门企业注册，上述机构变更/延期/注销代理，特殊许可证申请。中外籍人士签证服务——外籍、中国港澳台人士来华（内地、大陆）签证代理：来华商务签证许可申请，签证类型变更申请，就业许可申请，就业证、居留许可申请，家属探亲、居留许可申请；中国籍人士护照、签证代理：护照、中国港澳通行证申请，护照、中国港澳通行证延期申请，中国港澳签注申请，各境外国签证申请。财税服务——企业财税代理的建账、记账服务，缴税方式核定申请，企业、个人所得税代缴，现金管理，财税顾问，代表机构财税代理的记账代理，代表机构税收申报等。

表 2‑6‑1　2011—2016 年集团商务业务经营情况表

年份	为外国企业来华代表机构代理服务(家)	为三资企业代理服务(家)	为外籍人士代办来华入境签证(人次)	为外籍人士代办来华商务签证邀请函(人次)	代理财税服务(家)	年销售收入(万元)
2011	91	67	245	515	27	277.75
2012	119	12	262	373	23	295.62
2013	63	136	248	343	27	307.83
2014	42	130	231	292	25	288.70
2015	34	105	241	134	26	284.43
2016	36	74	249	57	31	267.13

【人力资源业务】

集团的人力资源业务由国服公司外企服务分公司承担。外企服务分公司 2004 年 6 月成立,最初作为商务服务的后续配套服务,仅为外商驻沪机构提供雇员派遣业务。经过多年发展,成为三资企业、外商驻沪代表机构和其他企业提供包括雇员派遣、人事代理、全国社保总包管理、猎头招聘、培训咨询服务在内的专业人力资源服务机构。2005—2014 年,连续 11 年被评为上海市"信得过人才服务机构",连续 4 届以"东方国际"品牌形象荣获人力资源服务行业"上海名牌"称号。连续 3 年获"上海人力资源服务业百强"称号。

图 2‑6‑1　集团人力资源业务服务主要客户

2006年,在拓展雇员业务的同时,保留原来2家(FP,PCI)人才中介合作项目,积极发展中介自营项目,从客户委托招聘、委托面试到出具面试报告,为10多家客户推荐各种类型人才。全年雇员客户数量69家,雇员人数365人,实现销售收入231.71万元。

2007年,因政策调整和行业放开,人才中介合作项目由2家减少为1家,雇员客户数量103家,雇员人数709人,自营雇员业务增幅明显,实现销售收入174.96万元。

2008年,增加全国总包项目,与全国33个地区建立业务合作,为300多位雇员在23个地区缴纳社会保险。截至11月,实现销售收入178.04万元。

2009年,在金融风暴的大背景下,外企服务分公司的客户数量有所减少,一些客户撤出中国市场,大部分机构压缩人员编制、减少开支。外企服务分公司全体员工勇于面对困难,积极努力,帮助做好客户的稳定工作,在全国32个地区开展行业联动,为1 059人提供商业保险服务,实现销售收入4 335.17万元。

2010年,继续发展中介业务,完成11个专业职位的招聘和22个职位的网招,保持着同传翻译、社保开户、居住证等业务。7月份拓展培训业务,引进专业老师,开发2家企业内训客户,组织4次内训,培训业务课程特色、服务流程、培训的针对性和有效性等得到客户的肯定。实现销售收入6 883.64万元。

2011年,中介服务项目增加,包括顾问、猎头、同声翻译、网络招聘、居住证、社保开户、落户、保险、社保审核、综合工时申请、劳动合同、法务咨询、年收入12万元及以上代申报等。实现销售收入7 861.67万元。

2012年,实现销售收入9 066.87万元,服务雇员12 844人。

2013年,实现销售收入1.09亿元,服务雇员14 403人。

2014年,实现销售收入1.29亿元,服务雇员15 434人

2015年,人力资源服务的雇员客户114家,实现销售收入15 123.67万元。

2016年,全球人力资源服务市场的收购、融资盛行,上半年中国派遣管理办法窗口期结束及人力资源服务业"营改增"全面推进两件大事发生。同时,上海市社保比例于2016年初进行调整,全国各地政策也纷纷于下半年调整变化,对业务产生一定影响。根据公司战略,推进人力资源综合服务信息平台建设,外企客户分3批稳步上线。全年雇员服务累计人数14 011人,实现销售收入1.66亿元。

2017年,人力资源服务雇员累积人数15 170人,实现销售收入1.78亿元。

第二节　房地产开发

一、沿革

集团的房地产开发始于1997年8月,市外经贸委将上海市外经贸房地产开发经营公司(1998年11月更名为东方国际集团上海外经贸房地产开发经营有限公司)划入东方国际集团。1998—2009年,房产公司(东方房产)相继开发康兴公寓、康益馨苑、东方汇景苑、东丰林居等楼盘。

二、开发项目

【康兴公寓】

1998年,房产公司开发康兴公寓项目。康兴公寓是在武康路112号建造的小而美的代表。武

康路,原名福开森路(Route Ferguson),被誉为浓缩上海近代百年历史的"名人路",入选为文化部与国家文物局批准的第三届"中国历史文化名街",沿线有优秀历史建筑总计14处,保留历史建筑37处。康兴公寓正处于这条路上,建筑面积3 500平方米,公寓一共20套,建筑风格与周边辉映,共7层。

【康益馨苑】

2000年11月,东方房产开发康益馨苑(东南公寓)项目。康益馨苑位于高安路4号,占地面积2 078平方米,为8层商品住宅,地上7层,地下1层,共30套。总建筑面积6 690平方米。2002年2月,康益馨苑项目完成。

【东方汇景苑】

东方汇景苑是2003年由东方房产的子公司上海康为置业有限公司投资、开发、建造的项目。该项目坐落于上海浦东新区,东至环龙路,南至龙阳路,西至东方路,北至北园路。占地面积5.2万平方米,总建筑面积近12万平方米。以住宅为主,附带配套商业,共900余户。其中"东方汇景苑"会所是上海康为置业有限公司拥有独立产权的商业类型物业。

【东丰林居】

东丰林居是东方房产的子公司上海康晖置业有限公司于2007—2009年开发的别墅项目,地处素有"小上海"之称的周浦镇,北靠浦东花木板块,西邻浦东三林板块,东接浦东张江及川沙板块。占地面积约72 000平方米,总建筑面积60 700平方米。其中,联排别墅22栋,叠加别墅16栋,总户数为257户。此外,该项目拥有3 800平方米沿街商业配套。2009年12月15日交付业主入住。

图2-6-2 2009年12月15日,位于浦东新区周浦镇康沈路2588号的东丰林居小区交付业主入住

第三节 电子商务

一、沿革

面对全球新经济的蓬勃兴起和电子商务等现代贸易手段的挑战,2000年,集团开始进入电子商务探索试验阶段。集团在调研东方外贸时提出,公司的内联网是基础,应先搞好内联网建设,内部交易要先在网上运作。推行 ISO9000 质量体系和核心业务管理体系 ERP 建设是集团的重要战略举措,也是建设网站的先决条件,意义重大。ERP 系统的建设,进一步提高外贸企业核心业务跟踪管理和实时分析的水平,用事实证明 ERP 对提高企业管理水平,推动传统贸易方式升级转型的重要作用,集团加快推进电子商务的步伐。

2000年6月26日,集团成立电子商务领导小组和工作小组。8月23日上午,集团总裁汪阳召开总裁办公会议。会议听取东方创业关于集团电子商务工作情况的汇报。会议认为:贸易企业参与电子商务是大势所趋,美国广维商通网(freeborders.com)作为纺织专业网,和我集团业务较为对口,与之合作符合集团的战略目标。会议决定:(1)同意与美国广维商通网有限公司先行签订合作意向书,然后进入实质性谈判。(2)由东方国际集团自行建立电子纺织网(e-textile.com),与广维商通网互相参股,以求优势互补。同时通过该网的建立,带动集团和各公司改革工作的推进。(3)责成集团电子商务工作小组尽快完成电子纺织网与中国香港益汇的合资筹建方案。方案完成后召开集团电子商务领导小组会议,统一认识,由集团和五家专业外贸公司共同参股并报集团投资决策委员会讨论通过。如时机成熟,在2000年10月24日开幕的高新科技博览会上推出电子纺织网。

2000年9月1日,集团电子商务领导小组召开第一次工作会议,会议就集团开展电子商务——建立 E 纺织网及参股投资美国纺织服装专业网站(Freeborders.com)的事宜进行讨论。

2002年5月,东方外贸启用 e-mao-e 电子商务平台。e-mao-e 网站是东方外贸的自主开发系统软件,同时又具有广域网的特色,面向公众资源的服务性贸易网站。网站吸取诸多贸易网站的优点,包括从贸易撮合、业务咨询,到合同签订、制作单证,再到过程跟踪和档案管理的全过程网上服务,将数据存储在公司自己的服务器上,具有实用、便捷、安全的特点,体现网络化的综合价值。e-mao-e 网站启用后,大大提高业务员的活动能力,不仅节约成本,同时提高工作效率。即便在国内外出差时,只要当地有网络接口,就能通过登录 e-mao-e 网站,及时与外商订立合同,同时可将数据传递回公司进行审批处理,业务员出差还未回来,信用证已经开出。档案及时存储,业务记录有案可查。e-mao-e 电子商务网还有公告栏、任务栏、网上查询等功能。公司内部的通知和有关文件可以通过网络发布,做到及时、高效,而且节约成本,不会产生丢失文件和数据的现象。

2009年,在集团各子公司基本建成各自内部的管理信息系统(MIS)和企业资源计划(ERP)系统的基础上,集团加快总部的门户网站建设以及信息数据中心建设,实现集团内部各子公司的并网互联,将信息网络变成集团整体范围资源共享、综合调配的指挥中心,促进业务整合,利用互联网开展营销推广、订单跟踪查询和客户关系服务等多项工作。

2010年尝试推进电子商务建设,创新国际贸易经营方式,逐步利用网络开展营销推广和国际贸易。

2013年6月,集团决定以300万元受让上海美华系统有限公司(简称美华公司)10%股权。美华公司是专注于口岸进出口通关领域的应用系统开发商、信息增值服务平台运营商，也是利用信息技术提供进出口业务流程管理外包服务的供应商。集团以增资方式进入美华公司全资子公司上海数字贸易有限公司，成为第一大股东。集团对美华公司的投资，主要是为充分挖掘和利用美华公司所掌握的上海乃至全国其他主要通关口岸贸易信息的大数据资源，而投资数字贸易公司，是为注入更多贸易资源，围绕进口商品便利化打造一个生态系统，建设统一的进口商品直供、直达和分销服务的平台。是年，集团形成"爱奢汇"跨境进口电商平台和 Ebay 平台跨境出口网店店家等的"大电商"体系。集团在《"十二五"发展规划》中明确提出要发展成为"内外贸相结合、实体经营和电子商务协同发展"的贸易服务总集成商的战略定位。

集团积极鼓励各子公司创新销售模式，推动网上销售业务的发展，支持与已成熟的销售网络平台合作开展的网上销售业务，给予合作费一定比例的补贴。东方利泰、东方新家纺、东方荣恒等公司开设网上内销和实体门店相结合的内销经营模式。集团还通过与百联集团沟通，搭建公司产品进入百联 E 城平台进行网上销售的尝试。2013 年集团逐步推进 EBAY 网上销售项目，开展 EBAY平台跨境直销业务。东方外贸与东方电子支付有限公司合作，开展中国（上海）自贸区跨境电商保税进口业务。是年，集团在中国香港投资新设普捷有限公司作为境外主体，与跨境通开展业务合作。

2014 年，集团通过《关于集团开展电子商务及进口日用消费品内贸等业务视同于利润政策的暂行办法》，从 2014 年 1 月 1 日起实行。构建以电商平台建设为依托、贸易电商和物流电商同步推进、跨境电商和内贸电商协同发展、线上贸易和线下贸易有机融合、具有集团特色的电子商务运营体系，为集团转型发展提供商业支撑。

2015 年，集团电子商务板块成型，覆盖进出口、内贸、物流等主业领域，建成品牌影响力和规模效应的电商平台和经营实体，重点建设和发展"爱奢汇"跨境电商平台和"物流天下"电商服务平台。

2017 年 6 月，在上海跨境电子商务行业协会年会暨 2017"互联网＋创新"高峰会议上举行的"2017 年上海跨境电子商务行业协会优秀跨境电商企业"颁奖仪式，集团获上海"跨境电商 20 强"称号。

二、"物流天下"电子商务公共服务平台

2007 年，物流集团根据供应链管理和服务贸易大平台建设的战略要求，同时结合客户的潜在需要，对有关信息平台系统进行整合，探索构建规范服务菜单式管理模式，构筑集海运、空运、散杂货、仓储、供应链管理于一体的电子商务公共服务平台，取名叫"物流天下"，提升平台的实用性和市场价值。

2008 年，海运电子订舱平台业务稳步增长，海运集装箱电子商务公共服务平台共完成订舱21.4 万票，24 万 TEU。

2012 年，物流集团通过打造 UPS 仓储电子商务公共服务平台，提高服务质量，吸引客户，尤其是高端客户。

2013 年 6 月，物流集团投资建立电子订舱公共服务平台。是年，物流集团进一步提升"物流天下"的功能，将"物流天下"电子商务公共服务平台建设为集多个贸易供应链应用为一体的全方位的现代综合物流服务平台，打造品牌化、现代化、规模化的特性。通过对平台的改造升级，能够提供贸易供应链一揽子物流综合解决方案，为内外贸商务业务联动、为国资委所属企业走出去提供物流服

务配套。平台功能包括：货代订舱电子商务子平台，统一仓储管理子平台，SCM 物贸联动供应链管理子平台，制造业物流外包子平台，高端综合物流子平台（会展综合项目物流等），GLISP 综合物流查询跟踪系统子平台。利用 ERP 系统、CMR 客户关系管理系统、BI 商业智能系统等。IT 支持环境：数据中心、云灾备系统。2014 年该平台被列为集团重点项目，总投资 3 500 万元。

以此平台为基础和龙头，整合报关报检、仓储、运输等物流业务，向上延伸拓展制造商物流外包服务，向下重点延伸形成物流仓储分拨中心，向外延伸成为贸易供应链管理者和国际会展物流提供商，为国内外客户提供集约化的高端综合物流服务。物流集团采取总体规划、分布实施的策略，在各公司改造现有系统和电子商务公共服务平台的基础上，进行全面整合。

"物流天下"建成客户服务、订单管理和客户关系管理 3 个网上客户服务子系统，关务管理、陆运管理和仓储综合管理 3 个平台化业务应用子系统，完善网上订舱、跟踪查询、对账结算、统计分析等功能，加快实现外贸物流链全称信息采集与集成、跨境电商一站式服务、制造业大客户"端对端"定制化服务。"物流天下"电子商务公共服务平台成为安全有效的"云供应链"电商服务平台。

图 2-6-3　2013 年 9 月 6 日，集团组织"物流天下"电子商务公共服务平台建设专家评审会

三、外贸电子商务平台

为适应工业化和信息化"两化融合"趋势发展集团，积极借鉴阿里巴巴、敦煌网的商业模式，集团尝试推进外贸电子商务平台建设，推进线上贸易与线下贸易衔接、有形贸易与无形贸易并举。同时加大对海外进口货品电子商务平台项目等重大项目、创新型项目的投入与重点培育，来提升主业能级，努力形成驱动中长期发展的动力因素。

集团组织专门力量，建立以销售国外奢侈品为主的全球百货电子商务平台"百货通"网站，创新国际贸易经营方式。集团成立专门团队大力推进全球百货电子商务平台"百货通"网站建设，解决好国外百货商进入国内网上销售渠道的政策障碍问题,推进 B2B2C 和 B2C 的网上销售工作。

四、领秀电子商务平台

2013 年,集团投资领秀电子商务有限公司,致力于运营电子商务网站"爱奢汇",向国内消费者销售进口奢侈品和其他品牌商品。

"爱奢汇"聚焦国内中产阶层消费市场,突出"精致生活"主体,以轻奢侈品和快消费品为主营产品,发展"爱奢汇"跨境进口电商项目。自办官网与第三方平台相结合,一般贸易进口、跨境店和入仓业务相同步,将"爱奢汇"打造成专业经营跨境进口"B2B+B2C"业务的垂直电商平台。领秀公司建好"爱奢汇"体验店,加快品牌展示推广,培育积累消费群体。2016 年营业收入实现 4 000 万元,2017 年达到 7 000 万元。

追求卓越　拥抱未来

Aspire after brilliance to embrace the future

概　　述

　　管理科学是建立现代企业制度的落脚点,集团通过建章立制,加强对高层决策、战略规划、资产经营、人力资源、财务、业务、审计、行政等方面的科学管理。集团成立初期,党政领导班子就提出"强化集团内部管理,提高企业运行质量,纠正重经营轻管理、重出口轻质量思想,切实抓好企业内部管理,提高企业运行质量"的工作方针。

　　23年间,集团根据企业发展和管理实际情况,进行一系列管理方面的探索与改革,成立与企业发展相适应的管理机构,制定和完善集团各项管理制度,监督检查管理制度的贯彻落实,确保企业有效运行。

　　1995—2017年,集团领导加强调研,根据形势变化,提出业务经营策略,制定业务支持政策,促进集团业务管理。1995年1月,集团建立岗位与职责挂钩机制,加强工资调控和工资预算管理。为了激励经营者,集团深化人事分配制度改革,实行经营者年薪制,建立与市场经济相适应的激励和约束相结合的经营机制。1995年3月,集团建立向所属全资和控股二级公司委派法人代表机制,完善二级公司法人治理结构。1997年,集团成立审计室,开展内部审计管理。2000年,集团成立法律审计室,推行法律意见书制度,进一步规范经营和堵塞经营漏洞。2001年5月,集团试行全面预算管理。2003年,集团进一步深化全面预算管理,建立健全预算管理机制。2002年4月,集团成立资产运作部,加强对集团资产和改制企业剥离资产的管理,提高集团资产运作的能力和经营效益。2003年5月,集团成立战略规划管理机构,加强战略管理工作,确保集团战略规划的制定和执行。2004年5月,集团成立董监事办公室,建立向二级公司派出董监事制度,提高集团对二级公司的监管能力。2009年7月,集团成立风险控制应急领导小组,建立风险识别、监测、控制和化解机制,防范和降低经营风险。2010年,集团成立安全生产委员会和办公室,开展安全教育和培训,实施安全生产标准化建设,进一步加强安全生产管理,落实各项安全措施,防范生产事故发生。

第一章 制度建设

集团在发展过程中,始终把制度建设作为提升企业管理水平、提高企业核心竞争力的重要手段,强化执行力,确保管理和经营依法依规、有效有序地进行。

第一节 建章立制

1994年9月30日,集团一届一次董事会审议通过《东方国际(集团)有限公司章程》,开始建章立制的各项工作。1995年,按照"管理科学,制度规范"的工作要求,集团各部室制定《全资子公司组织机构模式方案》《人力资源管理暂行办法》《组建海外子公司的原则框架》《对外投资管理暂行办法》《关于加强银行及出纳工作的有关规定》《利润及利润分配暂行办法》《全资子公司执行董事、经营决策委员会和总经理职责》等管理模式和规章制度,下发各公司执行。

1997年7月,为加强集团及各公司的财务管理,将经集团领导批准制定的17项财务管理制度,汇集成册下发到集团总部和各公司。17项财务管理制度包括《加强财务管理工作的有关规定》《对外投资管理办法》《财务部职责范围》《企业利润分配暂行办法》《货币资金管理办法》《出纳工作的有关规定》《海外企业财务管理暂行办法》《关于提供经济担保的管理办法》等。

2013年,集团党委开展党的群众路线教育实践活动进入第三个环节"整改落实、建章立制"阶段,根据市国资委党委2013年11月28日召开的党的群众路线教育实践活动督导组长会议精神及下发的相关工作提示中"关于加强建章立制工作"的要求,集团党委和集团党的群众路线教育实践活动领导小组多次开会,研究如何抓好建章立制工作,进一步健全长效机制。经过对集团的规章制度进行梳理,制订"立、改、废"计划,其中给予保留的制度为77项,需要进一步修订完善的制度28项,给予废止的制度6项,需要新建的制度9项,从而确保集团各种制度的完整性以及有利于执行。

表3-1-1 2013年12月集团保留的规章制度情况表

序号	起草部室	审批机构	印发日期	规章制度名称
1	办公室	办公室	1998年1月	《东方国际(集团)有限公司档案管理制度》
2	办公室	办公室	2005年12月27日	《东方国际集团政务信息工作办法(2005年修订稿)》
3				《东方国际集团政务信息工作考评试行细则》
4	办公室	办公室	2007年6月	《东方国际集团协同办公信息系统使用管理制度》
5	办公室	办公室	2008年12月20日	《东方国际(集团)有限公司涉密信息系统安全保密管理制度》
6	办公室	安委办	2011年5月31日	《东方国际(集团)有限公司安全生产检查暂行办法》
7	办公室 资产运作部	总裁室	2011年6月30日	《东方国际(集团)有限公司房地产出租管理规定》
8				《东方国际(集团)有限公司厂房场所出租安全管理规定》

〔续表〕

序号	起草部室	审批机构	印发日期	规章制度名称
9				《东方国际(集团)有限公司生产安全事故综合应急预案》
10	办公室	市安监局	2011年11月18日	《东方国际(集团)有限公司东方国际大厦处置突发事故专项应急预案》
11	办公室	安委办	2011年12月5日	《东方国际(集团)有限公司安全生产委员会办公室工作条例》
12	办公室	董事会	2011年12月28日	《东方国际(集团)有限公司战略规划管理办法》
13	外事办公室	总裁室	2013年8月8日	《关于贯彻落实中央有关部门文件精神切实加强因公出国(境)管理的通知》
14	人力资源部	总裁室	1998年1月6日	《东方国际(集团)有限公司集团本部员工劳动纪律及考勤管理办法》
15	人力资源部	总裁室	2013年4月18日	《东方国际集团奖励办法》
16	人力资源部	董事会	2013年8月5日	《东方国际(集团)有限公司经营层领导成员业绩考核和薪酬分配办法》
17	人力资源部	董事会	2013年8月7日 2013年9月6日	《东方国际(集团)有限公司子公司经营者业绩考核及薪酬分配办法》
18	财务部	董事会	2004年6月	《东方国际(集团)有限公司关于加强风险防范和控制的管理规定》
19	财务部	董事会	2007年5月	《东方国际(集团)有限公司关于提供经济担保的管理办法(修订稿)》
20	财务部	总裁室	2008年5月	《东方国际(集团)有限公司关于加强佣金支付管理的指导意见》
21	财务部	总裁室	2009年6月	《东方国际(集团)有限公司流动性风险防范和预警管理办法》
22	财务部	总裁室	2009年6月	《东方国际(集团)有限公司银行授信额度管理办法》
23	财务部	董事会	2009年12月	《东方国际(集团)有限公司主要会计政策和会计估计(修订稿)》
24	财务部	总裁室	2009年12月	《东方国际(集团)有限公司统一会计核算办法(修订稿)》
25	财务部	总裁室	2010年9月	《关于加强应收款项内控管理的通知》
26	财务部	董事会	2010年10月	《东方国际集团全面预算管理办法(试行)》
27	财务部	总裁室	2010年11月	《东方国际(集团)有限公司会计电算化管理办法(试行)》
28	财务部	总裁室	2013年6月	《东方国际(集团)有限公司资金管理办法》
29	财务部	总裁室	2013年9月	《东方国际(集团)有限公司内部借贷管理操作规程(试行)》
30	财务部	总裁室	2013年9月	《集团本部现金池平台操作流程》
31	财务部	总裁室	2013年9月	《东方国际(集团)有限公司本部资金管理规定(2013年修订稿)》
32	资产运作部	董事会	2002年8月7日	《关于加强改制企业财产管理的通知》

〔续表〕

序号	起草部室	审批机构	印发日期	规章制度名称
33	资产运作部	董事会	2002 年 11 月 19 日	《关于企业改制中使用〈东方国际(集团)有限公司企业改制财产责任认定书〉的通知》
34	资产运作部	董事会	2002 年 12 月 13 日	《东方国际(集团)有限公司关于经营者群体持股的暂行规定》
35	资产运作部	董事会	2002 年 12 月 13 日	《东方国际(集团)有限公司关于资产托管的暂行规定》
36	资产运作部	董事会	2003 年 3 月 24 日	《东方国际(集团)有限公司托管财产责任认定书》
37	资产运作部	董事会	2003 年 12 月 8 日	《关于填报东方国际(集团)有限公司改制企业情况调查表的通知》
38	资产运作部	董事会	2004 年 3 月 16 日	《关于企业改制中涉及产权交易若干问题意见》
39	资产运作部	董事会	2004 年 3 月 16 日	《关于企业改制中涉及资产评估立项、确认若干问题的意见》
40	资产运作部	董事会	2004 年 3 月 22 日	《东方国际(集团)有限公司关于推进集团所属企业改制的若干意见》
41	资产运作部	总裁室	2004 年 3 月 22 日	《东方国际(集团)有限公司关于规范企业改制材料报批等事项的通知》
42	资产运作部	董事会	2004 年 4 月 1 日	《资产托管协议(示范文本)》
43	资产运作部	董事会	2004 年 4 月 1 日	《关于改制公司召开首次股东会、董事会、监事会有关事项的意见》
44	资产运作部	总裁室	2004 年 5 月 17 日	《关于东方国际(集团)有限公司境外企业以私人名义注册登记限期办理公证的通知》
45	资产运作部	董事会	2004 年 7 月 29 日	《东方国际(集团)有限公司境外企业设立、停业、关闭和清算暂行管理办法》
46	资产运作部	董事会	2004 年 8 月 4 日	《关于下发〈东方国际(集团)有限公司"壳公司"资产和财务管理办法〉的通知》
47	资产运作部	董事会	2004 年 8 月 6 日	《东方国际(集团)有限公司关于改制公司使用境外资产的意见》
48	资产运作部	董事会	2004 年 9 月 9 日	《东方国际集团关于中小企业改革改制的若干意见》
49	资产运作部	董事会	2004 年 9 月 16 日	《东方国际(集团)有限公司投资管理办法》
50	资产运作部	董事会	2004 年 11 月 19 日	《关于境外企业建立资产、财务台账制度的通知》
51	资产运作部	总裁室	2004 年 12 月 9 日	《关于启动〈投资项目意见书〉的通知》

〔续表〕

序号	起草部室	审批机构	印发日期	规章制度名称
52	资产运作部	董事会	2005年8月26日	《"壳公司"资产处置审批权限和报批程序的试行规定》
53	资产运作部	董事会	2006年1月18日	《东方国际(集团)有限公司资产运作事项报批的暂行规定》
54	资产运作部	董事会	2006年4月19日	《经营者群体持股有限责任公司章程(示范文本)》
55	资产运作部	总裁室	2008年3月26日	《关于规范集团资产运作事项报批材料格式的通知》
56	资产运作部	董事会	2008年7月15日	《东方国际(集团)有限公司参股企业股东(大)会、董事会、监事会表决事项审批规定(暂行)》
57	资产运作部	董事会	2009年9月25日	《东方国际(集团)有限公司国有资产评估管理暂行规定》
58	资产运作部	董事会	2012年3月26日	《东方国际(集团)有限公司房地产管理暂行办法》
59	资产运作部	总裁室	2012年4月23日	《东方国际(集团)有限公司资产评估公司选择操作细则》
60	资产运作部	总裁室	2013年8月30日	《东方国际集团房地产出售操作细则(暂行)》
61	资产运作部	总裁室	2013年9月3日	《东方国际(集团)有限公司转融通证券出借交易操作管理办法》
62	资产运作部	总裁室	2013年12月4日	《东方国际(集团)有限公司产权登记管理暂行办法》(试行)
63	综合业务部	总裁室	2012年4月11日	《集团鼓励绿色、环保、低碳产品出口的认证费支持办法》
64	法律审计室	总裁室	2008年6月2日	《东方国际集团内部审计的工作规定》(2008年修订)
65	法律审计室	总裁室	2009年12月22日	《东方国际集团内部审计管理实施细则》
66	法律审计室	总裁室	2010年1月20日	《东方国际(集团)有限公司资产评估(报告)审核工作实施细则(暂行)》
67	法律审计室	总裁室	2010年4月5日	《东方国际集团境外企业审计实施细则》
68	法律审计室	总裁室	2010年7月28日	《东方国际(集团)有限公司法律工作规定》
69	法律审计室	总裁室	2011年5月3日	《东方国际(集团)有限公司经济责任审计实施办法(修订)》
70	法律审计室	总裁室	2011年5月3日	《东方国际(集团)有限公司关于办理诉讼仲裁事务的管理规定》

序号	起草部室	审批机构	印发日期	规章制度名称
71	法律审计室	总裁室	2011 年 8 月 31 日	《东方国际(集团)有限公司关于规范合同管理的指导意见(暂行)》
72	法律审计室	市国资委	2012 年 2 月 28 日	《东方国际(集团)有限公司章程》
73	法律审计室	总裁室	2012 年 12 月 19 日	《东方国际(集团)有限公司内部审计工作手册(修订稿)》
74	党委工作部	党委会	2006 年 1 月 25 日	《东方国际集团党建长效机制》
75	党委工作部	党委会	2011 年 5 月 26 日	《关于快速准确上报紧急信息的通知》
76	党委工作部	党委会	2011 年 7 月 27 日	《关于进一步做好保密工作的意见》
77	党委工作部	党委会	2011 年 9 月 13 日	《东方国际集团信访稳定工作目标考核细则》

表 3-1-2　2013 年 12 月集团修订完善的规章制度情况表

序号	起草部室	审批机构	印发日期	规章制度名称
1	办公室	董事会	2013 年 6 月 7 日	《东方国际(集团)有限公司董事会议事规则(2013 年修订版)》
2	办公室	董事会	2013 年 6 月 9 日	《东方国际(集团)有限公司董事会决策制度(2013 年修订版)》
3	办公室	董事会	2013 年 8 月 7 日	《东方国际(集团)有限公司董事会战略投资委员会工作制度(2013 年修订版)》
4	办公室	董事会	2013 年 8 月 7 日	《东方国际(集团)有限公司董事会提名委员会工作制度(2013 年修订版)》
5	办公室	董事会	2013 年 8 月 7 日	《东方国际(集团)有限公司董事会薪酬考核委员会工作制度(2013 年修订版)》
6	办公室	董事会	2013 年 8 月 7 日	《东方国际(集团)有限公司董事会审计与风险控制委员会工作制度(2013 年修订版)》
7	办公室	董事会	2013 年 8 月 22 日	《东方国际(集团)有限公司董事会预算委员会工作制度(2013 年修订版)》
8	办公室	办公室	1997 年 7 月 17 日	《东方国际(集团)有限公司公文处理实施细则》
9	办公室	总裁室	2001 年 2 月 1 日	《东方国际(集团)有限公司各类费用和相关事项的管理规定》
10	办公室	办公室	2004 年 7 月 26 日	《关于规范集团全资、控股、参股公司部室名称及发文序列的通知》
11	外事办公室	总裁室	2009 年 12 月 8 日	《东方国际(集团)有限公司外事工作管理规定》

〔续表〕

序号	起草部室	审批机构	印发日期	规章制度名称
12	人力资源部资产运作部等部室	董事会	2005年12月15日	《东方国际集团派出董事管理暂行办法》
13				《东方国际集团派出监事管理暂行办法》
14	人力资源部资产运作部	总裁室	2006年4月7日	《关于东方国际(集团)有限公司派出董监事实行报告制度的暂行办法》
15	人力资源部	董事会党委会	2010年11月15日	《东方国际(集团)有限公司领导人员管理办法》
16	财务部	董事会	2005年12月	《东方国际集团有限公司财务总监管理暂行规定》
17	财务部	董事会	2009年11月	《东方国际(集团)有限公司计提资产减值准备及资产损失处理参考办法(2009修订稿)》
18	财务部	总裁室	2010年10月	《东方国际(集团)有限公司关于加强风险预警管理工作的暂行办法》
19	财务部	总裁室	2013年9月	《东方国际(集团)有限公司资金集中管理实施办法(试行)》
20	资产运作部	董事会	2004年9月16日	《东方国际(集团)有限公司投资管理办法》
21	资产运作部	董事会	2006年1月18日	《东方国际(集团)有限公司资产运作事项报批的暂行规定》
22	综合业务部	总裁室	2012年7月2日	《集团扶持"建设供应链、提升竞争力"项目(暂行)办法》
23	综合业务部	总裁室	2012年10月12日	《关于2012年度集团扶持自主品牌和国外品牌产品内销的(暂行)办法》
24	综合业务部	总裁室	2013年3月21日	《2013年度集团投保信用保险补贴办法》
25	综合业务部	总裁室	2013年3月21日	《关于2013年度集团鼓励公司参加国内外展会资金支持的(暂行)办法》
26	法律审计室	总裁室	2008年3月10日	《东方国际集团法律事务工作考核评比办法(暂行)》
27				《东方国际集团内部审计工作考核评比办法(暂行)》
28	团委	团委	2013年11月	《共青团东方国际(集团)有限公司委员会工作制度》

表3-1-3　2013年12月集团废止的规章制度情况表

序号	起草部室	审批机构	印发日期	规章制度名称
1	办公室	办公室	1998年2月28日	《关于集团公文应标引主题词的通知》
2	办公室	办公室	1999年10月21日	《东方国际(集团)有限公司公文领导批示件处理条例(试行)》

〔续表〕

序号	起草部室	审批机构	印发日期	规章制度名称
3	办公室	总裁室	2006 年 7 月 12 日	《关于规范东方国际集团公文报送及办理有关工作的通知》
4	办公室	总裁室	2008 年 12 月 10 日	《东方国际(集团)有限公司综合应急预案》
5	财务部	总裁室	2005 年 1 月	《关于重申加强风险防范和控制的通知》
6	财务部	总裁室	2009 年 3 月	《关于进一步加强预警事项上报管理工作的通知》

表 3‐1‐4　2013 年 12 月—2015 年 9 月集团新建的规章制度情况表

序号	起草部室	审批机构	完成制定时间	规章制度名称
1	工会	工会	2013 年 12 月	《东方国际(集团)工会工作条例》
2	办公室	董事会	2014 年上半年	《督办工作制度》
3	办公室	安委会	2014 年上半年	《东方国际(集团)有限公司安全生产管理制度汇编(2013 年)》
4	人力资源部	总裁室	2014 年上半年	《东方国际(集团)有限公司总部中层管理人员业绩考核和薪酬分配办法》
5	人力资源部	董事会党委会	2014 年 12 月	《东方国际(集团)有限中青年后备干部推荐选拔培养管理条例》
6	法律审计室	总裁室	2014 年第四季度	《东方国际(集团)有限公司内部审计质量评估办法》
7	党委工作部	党委会	2014 年 1 月	《关于进一步建立健全领导干部联系点制度的通知》
8	纪委监察室	纪委监察室	2014 年第一季度	《东方国际(集团)廉政建设工作制度》
9	纪委监察室	纪委监察室	2015 年 9 月	《东方国际(集团)有限公司关于合理确定并严格规范企业领导人员履职待遇、业务支出的管理办法》

第二节　规章制度类别

集团规章制度类别分为决策管理制度、投资管理制度、财务管理制度、行政管理制度、人力资源管理制度、党群工作制度等 6 大类。

集团决策管理制度是由董事会、监事会制定的涉及集团重大事项决策和决策监督等方面的各项规章制度,包括董事会各专业委员会的工作制度等。

集团投资管理制度包括集团改制企业、投资企业、境外企业的资产管理,以及资产管理过程中的资产托管、资产评估、资产确认、产权交易等方面的管理制度。

集团财务管理制度包括企业财务方面的各项管理制度、财务工作者的岗位工作制度和财务工作规范制度等。

集团行政管理制度包括安全生产管理、法律事务和审计管理、合同管理、捐赠管理、因公出国管理、档案管理、信息系统使用管理、礼品管理、公文处理等规章制度。

集团人力资源管理制度包括集团领导人员管理、派出董监事管理,经营层领导人员、总部中层管理人员、子公司经营者业绩考核和薪酬分配办法,总部员工管理、中青年后备干部推荐选拔培养管理等规章制度。

集团党群工作制度包括集团党委、纪委、工会、团委制定的各项工作制度和管理制度以及厂务公开民主管理工作制度等。

第二章 决策管理

根据《中华人民共和国公司法》和《东方国际（集团）有限公司章程》所赋予的权利和义务，东方国际集团董事会以及经营管理机构，在法律和规则框架内各司其职，依法决策、民主决策、科学决策。

第一节 决策管理制度和议事规则

一、决策管理制度

集团决策管理制度主要由董事会制定。1994年9月，集团一届一次董事会审议通过的《东方国际（集团）有限公司章程》，明确集团公司为国有独资有限责任公司，董事会为公司最高决策机构。董事会依照《中华人民共和国公司法》及《章程》的规定行使权力，对国家授权范围内的国有资产负有保值增值责任。2009年7月30日，董事会审议通过修改的《东方国际（集团）有限公司章程》。2012年2月28日，报经市国资委批复同意，集团董事会印发再次修改的《东方国际（集团）有限公司章程》。

2013年6月，集团董事会修订印发《东方国际（集团）有限公司董事会议事规则（2013年修订版）》《东方国际（集团）有限公司董事会决策制度（2013年修订版）》。8月，集团董事会修订印发《东方国际（集团）有限公司董事会战略投资委员会工作制度（2013年修订版）》《东方国际（集团）有限公司董事会提名委员会工作制度（2013年修订版）》《东方国际（集团）有限公司董事会薪酬考核委员会工作制度（2013年修订版）》《东方国际（集团）有限公司董事会审计与风险控制委员会工作制度（2013年修订版）》《东方国际（集团）有限公司董事会预算委员会工作制度（2013年修订版）》，以及新制定印发《东方国际（集团）有限公司董事会督查工作试行办法》。

二、议事规则

2002年8月，集团董事会印发的《东方国际（集团）有限公司董事会议事规则》《东方国际（集团）有限公司董事会工作条例》，对董事会议事规则和工作内容等作出具体规定。集团董事会议事规则明确：董事会会议一般每年召开2次，遇有紧急事项，由董事长决定或经1/3（含1/3）董事提议，可召开临时董事会会议，也可以书面记录所议事项送交各位董事传阅并答复，以形成决议。

集团董事会工作条例明确：董事会的职权包括执行市国资委及市政府有关部门的指令性决定和决议；决定公司的中长期发展规划、经营方针、重大经营策略和年度经营计划；制定公司的基本管理制度，决定公司内部管理机构的设置；制定公司的年度财务预决算方案和利润分配或亏损弥补方案；制订公司的投资计划和重大项目的出资方案，审定子公司的重大投资方案，决定重大国有资产处置方案；对公司增加或减少注册资本，接受新的出资方等作出决议；对公司全资子公司的分立、合并、终止、清算、发行有价证券等重大事项作出决议；根据董事长的提议，决定聘任和解聘公司总裁和财务总监,根据总裁提议,聘任或解雇副总裁、总经济师、总会计师,并决定他们的报酬事项;委派各子公司的产权代表,规定其职权范围,制定其工作制度,评估其工作业绩并对其实施相应的奖惩;对全资子公司委派财务总监,对控股子公司推荐财务总监;委派全资子公司专职监事,推荐控股子公司和参股子公司监事;对公司总裁、财务总监的工作进行检查、考核和评价,审议批准公司总裁、财务总监的工作报告;制定和修改公司章程等。

为规范法人治理结构,促进董事会规范运作,2013年6月,集团董事会修订的《东方国际(集团)有限公司董事会议事规则》,对董事会会议制度、议事方式和表决规则等作进一步的规定,坚持重大决策、重要干部任免、重大项目安排和大额度资金的使用等"三重一大"事项由董事会集体决策的原则。

第二节 决 策 内 容

2009年,集团修订的《东方国际(集团)有限公司董事会决策制度》进一步明确集团董事会的职责和决策内容。决策制度规定集团董事会决策事项包括投资管理、资产运作、预算管理、会计政策和财务制度、资产核销、利润分配及授信担保和借款管理、重要干部任免及其他重大事项等8个方面。决策制度明确董事会对董事长、总裁及下属公司的授权实行权利、义务、责任相统一的原则。凡是董事会授权范围内所做的决策,均需向董事会进行报告。集团董事会根据《董事会工作条例》《董事会决策制度》《董事会议事规则》规定,在其职责范围内开展工作。

1996年5月14日,董事会审议同意与高宝房地产公司共同组成合作经营"上海东方国际百货有限公司;与香港金马国际联合公司、粤海金融投资有限公司三方共同组建"上海东方金马房地产有限公司"。

1997年2月25日,董事会审议同意参与地铁三号线项目的投资。5月14日,集团董事会审议通过集团党政领导班子分工。6月10日,董事会审议同意将集团在东方金马房地产公司现有25%的股权先转给东方国际香港有限公司,以便于香港东方实业有限公司在中国香港上市。

1998年3月16日,董事会审议同意拟设立的股份公司全额收购针织公司和收购经贸公司、东方荣恒的部分股权;同意收购深圳海润实业有限公司海润印染厂的部分股权。6月3日,董事会审议同意东方荣恒对所属海外企业R.H.WESCO公司进行以职工持股为主要内容的股份制改革尝试。

1999年1月20日,董事会会议通过《东方国际集团1999年主要经济指标》,出口指标力争达到16.4亿美元,利润指标不低于1.2亿元。3月24日,董事会审议通过1998年集团会计决算报告。5月20日,集团董事会审议同意以集团名义或子公司名义向国泰君安证券有限公司投资参股。

2000年3月30日,董事会审议同意将总部17个部室精简为7个部室,机构改革后,集团总部设办公室、人力资源部、财务部、综合业务部、法律审计室、党委工作部,监事室和纪委、监察室合署办公。11月3日,董事会审议同意出资认购美国FREEBOR-DERS.COM公司B轮优先股38.74万股。

2001年5月14日,董事会审议通过《东方国际(集团)有限公司董事会工作条例(草案)》《东方国际(集团)有限公司财务总监管理规定(草案)》。8月10日,董事会审议同意将市外经贸委原划拨给东方国际集团的金发10%的股权划转给东方国际香港有限公司,作为集团对香港公司的投入。

12月29日,董事会审议同意创业公司与深圳创新公司相互换股。

2002年8月5日,董事会审议通过《东方国际(集团)有限公司董事会工作条例》《东方国际(集团)有限公司董事会议事规则》(草案)。11月15日,董事会审议通过《东方国际(集团)有限公司企业改制财产责任认定书》。12月12日,董事会审议通过《上海富锦实业有限公司改制方案》《关于上海嘉盟实业有限公司领导班子成员在改制公司的持股方案》。

2003年8月5日,董事会审议同意将集团、东方外贸、外经公司分别持有的东方国际招标有限公司15%、17%、5%的股权,按照评估后每股净资产价格转让给上海宽城投资有限公司并报市国资委备案。8月29日,集团董事会审议同意参与宝山区顾村6#、7#、8#地块项目的投标。12月23日,董事会审议同意转让集团在福建兴业银行的7 000万股股权。

2004年4月1日,董事会审议通过《东方国际(集团)有限公司关于提供经济担保的管理办法》。5月8日,董事会审议同意成立董事会办公室、监事会办公室。

2005年9月2日,董事会审议同意集团向东方荣恒追加700万美元的综合授信额度,以维持东方荣恒业务的开展和持续。11月17日,董事会审议同意调整董事会下设薪酬委员会、投资决策委员会、战略发展委员会的人员组成。

2006年1月13日,董事会审议同意对香港金发船务有限公司实施增资。8月2日,董事会会议审议通过核减富锦公司担保额度。8月31日,董事会审议通过《东方国际(集团)有限公司章程(审议稿)》。

2007年1月17日,董事会审议通过《关于各公司2007年全面预算会审的情况报告》。2月13日,董事会会议对各公司2007年担保总额基数进行审核等。

2008年2月20日,董事会审议同意集团与东方创业参与申购上港集团认股权和债券分离交易的可转换公司债券。3月12日,董事会审议同意东方外贸注册资本增加至5 000万元。

2009年3月26日,董事会审议通过《关于修订集团主要会计政策和会计估计的预案》。7月30日,董事会审议通过《关于〈东方国际(集团)有限公司主业发展和非主业调整三年(2009—2011)行动计划〉的议案》。

2010年1月18日,董事会审议通过《集团2010年度全面预算方案》《集团2010年度鼓励转方式、调结构、促发展的资金支持预算方案》。2月27日,董事会审议通过《关于东方国际集团改革重组方案的议案》。3月9日,董事会审议通过《东方国际集团全面预算管理办法》。3月20日,董事会审议通过《关于集团及下属公司有关资产划转及公司制改制的议案》。4月27日,集团董事会审议通过同意委派唐小杰为上海东方国际资产经营管理有限公司董事,推荐其担任该公司董事长。委派强志雄为上海世博(集团)有限公司董事。9月3日,董事会审议通过《〈东方国际(集团)有限公司章程〉拟修订条款目录》。

2011年4月6日,集团董事会审议同意委派蔡鸿生、唐小杰、钟伟民、强志雄、季胜君为东方国际创业股份有限公司董事。8月5日,集团董事会审议同意聘任钟伟民、强志雄、周峻为东方国际集团副总裁。9月23日,董事会审议通过《集团"十二五"(2011—2015年)发展规划纲要(修订稿)》。12月23日,董事会审议通过《东方国际(集团)有限公司章程(2011年修订稿)》。

2012年1月12日,董事会审议同意集团所持置信电气股权无偿划转上海电力及无偿受让上海建工全资子公司上海东顺100%股权操作方案调整的议案。5月30日,董事会审议通过《东方国际(集团)有限公司2012—2014三年行动规划的议案》。12月20日,董事会审议同意将集团持有的东浩集团3.26%股权划转至市国资委。

2013年1月25日,董事会审议调整三年行动规划(2012—2014年)。3月6日,董事会审议同意对东方国际香港有限公司现金增资1150万美元。12月24日,董事会审议同意参与中钨高新定向增发,以发行底价9.02元/股认购金额3600万元。

2014年3月31日,董事会审议同意成立董(监)事会办公室(战略规划室),办公室更名为总裁办公室,增设安全生产办公室,外事办公室、安全生产办公室与总裁办公室合署办公,撤销资产运作部,成立投资发展部和资产经营部等。4月9日,集团董事会审议同意吕勇明为东方创业第六届董事会董事、董事长,唐小杰、周峻为董事、副董事长,季胜君为董事,强志雄为东方创业第六届监事会监事、监事会主席。4月16日,董事会审议同意出资2亿元认购兴业基金管理有限公司的全资子公司兴业财富资产管理有限公司发行和管理的资产管理计划——兴利3号优先级份额。6月18日,集团董事会审议同意委派徐建新为资产经营公司执行董事,委派周峻为东方国际香港有限公司董事,推荐强志雄为东松公司董事长。7月28日,集团董事会审议同意委派季胜君为领秀公司董事、董事长。10月22日,集团董事会审议同意聘任周峻为东方国际香港有限公司总经理。10月27日,董事会审议同意集团以自有资金参与认购本次西藏城投定向增发股份的项目。11月27日,董事会审议通过《东方国际(集团)有限公司落实"三重一大"决策制度实施办法》。12月24日,集团董事会审议同意推荐季胜君为东松公司董事、董事长,委派周峻为香港谊恒发展有限公司董事、董事长。

2015年1月20日,集团董事会审议同意聘任陈卓夫、季胜君为东方国际集团副总裁。7月2日,董事会审议同意择机陆续出售所持上海汇通能源股份有限公司、西藏城市发展投资股份有限公司、上海新南洋股份有限公司、海通证券股份有限公司和上海国际港务(集团)股份有限公司等上市公司股票。11月4日,集团董事会审议同意委派季胜君任投资公司董事、董事长,委派强志雄任投资公司监事、监事长;审议同意组建东方国际集团上海投资有限公司。12月29日,董事会审议通过《关于〈东方国际(集团)有限公司(2015—2017)三年行动规划〉的议案》。

2016年3月9日,集团董事会审议同意陈卓夫为东方创业第六届董事会董事。10月10日,董事会审议通过《关于〈东方国际集团创新转型专项规划(2016—2017)〉的议案》等。

2017年2月28日,集团董事会审议同意推荐吕勇明、周峻、季胜君等为东方创业第七届董事会董事,吕勇明为董事长、周峻为副董事长,卢力英为东方创业第七届监事会监事、监事会主席等。3月24日,集团董事会审议同意集团参与上海国企ETF的议案和同意向投资公司增资2.6亿元等。5月4日,集团董事会会议同意参与长江养老保险股份有限公司2017年增资等。

第三节　决策实施与监督

一、决策实施

为保证每项决策都能得到贯彻落实,集团党委、行政领导以及各职能部门通过有效工作对决策实施加以推进、监督与检查。

【基层调研】

集团党政领导班子成员"党政同责、一岗双责",每年针对不同公司开展不同主题的调研活动。2005年4月11—12日,集团领导带队到东方创业、东方外贸进行调研,了解两家公司第一季度业务经营、财务预算、成本管理及风险控制、改革改制等方面情况。2006年9月7日、20日,集团领导带队到东方纺织、东方利泰、东方创业、东方外贸等公司开展企业文化建设调研。2007年4月10日,集团领导班子赴丝绸集团进行战略规划工作调研。2015年4月29日,集团领导带队调研新贸海综合查验场站和元中项目工地等。

【推进会】

2004年12月29日,集团召开党委书记、纪委书记会议,通报集团党风廉政建设情况,研究2005年加强党风廉政建设工作思路。2005年4月1日,集团召开党风廉政建设干部大会,传达国资委党委系统党风廉政建设大会会议精神。2006年2月24—25日,集团召开监督工作联席会议。2006年5月11—12日,集团召开进出口工作专题会议,为集团建设服务贸易大平台构筑法律保障。2007年3月9日,集团召开治理商业贿赂专题会议,推进反腐倡廉长效机制建设。2007年,集团召开生产企业联盟会议,推进供应商网络建设。2017年2月9日,集团召开系统纪检检查工作会议,把党风廉政建设融入集团的转型发展全过程等。

【专题会议】

2005年3月7日,集团召开内部审计工作会议,当好"企业卫士"和"领导谋士"。2005年10月28日,集团召开政务信息工作会议,强调各负其责、共同推进,为企业健康发展助一臂之力。2006年1月6—7日,集团党委召开专题会议,研讨集团系统党建长效机制和企业文件建设。2006年12月19日,集团召开派出董监事座谈会,切实履行董监事的职责。2016年3月23日,集团召开落实党委主体责任,加强党风廉政建设工作会议,全面落实"两个责任",开创党风廉政建设新局面等。

【专项检查】

2008年10月6日,集团召开专题会议,从行政外事管理、董监事管理、人力资源管理、财务管理、资产管理、业务管理、法律审计管理、党建和纪检监察等8个方面开展大检查进行动员和部署。12月1—9日,对13家二级子公司开展集中抽查。2009年9月,集团组织安全生产对口互查。2015年2—4月,集团党委成立检查组,在系统内开展贯彻落实"三重一大""决策制度和加强制度+科技"风险防控机制建设专项督察,形成工作报告。2016年12月,集团领导带队前往资产公司元中大厦施工现场进行安全检查。2014—2017年,集团纪委、监察室、党委工作部和安委办分别对各二级公司年度党风廉政建设责任制、信访稳定及安全生产等工作开展情况进行考核和专项检查等。

二、决策监督

【决策监督制度】

为确保集团的决策监督顺利执行,集团监事会根据现代企业制度基本要求和上级有关监事会工作的条例,结合集团的实际情况,1998年12月,集团监事会下发《东方国际(集团)有限公司监事会章程》《东方国际(集团)有限公司监事会议事规则》《东方国际(集团)有限公司监事会成员岗位职责》。《集团监事会章程》规定,集团监事会是由出资方派出,依法行使监督职能和监管组织。监事会履行的职责有：对公司资产运行的决策、执行行为及国有资产保值增值状况进行全过程督查,定期召开会议作出监督评价;审核财物账目及有关会计资料,对财物报告是否真实反映其经营状况进行监督,对资产质量进行重点监控;必要时,可向董事会、总裁、副总裁及有关职能部门进行质询;提议政府审议部门或委托社会中介机构进行审计;当公司董事会、总裁、副总裁等高级管理人员的行为违反法律、法规和损害企业利益时,及时建议董事会责令违规人员停止该项行为,同时向政府出资方报告;建立监事会向政府出资方报告制度,包括工作报告和重大监督事项报告;建立和形成监督管理的工作网络,对所属监事会进行业务指导;按照市国资委董监事处要求,集团监事会组织开展专题检查,形成上报材料。

1999年3月,集团监事会下发《监事会向董事会建议书制度》《关于加强法制教育,提高经营者及主要业务人员法律和防范经营风险意识的建议书》。

2005年12月,为规范东方国际集团监事会工作,更好地依法履行国有资产的监管职能,依据《上海市国有企业监事会工作暂行办法》和有关法律、法规,结合集团实际,制定《东方国际(集团)有限公司监事会工作暂行办法》,内容包括监事会工作应遵循的原则,集团监事会的主要职责,集团监事会主席的主要工作和职责,监事会其他监事的职责,监事会的职权,监事会工作报告的内容,监事会会议,监事会依法履行职责所需的工作经费等,共21条。

2010年4月2日,集团第三届监事会成立大会暨2010年第1次定期工作会议召开,在集团监事会主席张成钧的主持下,会议审议通过《东方国际(集团)有限公司监事会工作条例》《东方国际(集团)有限公司监事会工作细则》《东方国际(集团)有限公司监事会监事履职行为规范》等3个制度文件。

图3-2-1　2006年2月24—25日,集团召开监督工作联席会议

【决策监督工作情况】

集团监事会职责为：按有关规定向出资人报告工作，监督集团制度建立及执行情况，检查集团财务评价集团财务会计报告的真实性和合法性，监督董事、高级管理人员执行集团职务行为情况，对违法违规董事、高级管理人员提出罢免建议，建议出资人依法进行专项审计，并监督集团对审计结果整改落实，了解、掌握和跟踪集团重要经营活动，对董事会重大事项决策及决策执行情况进行评价等。

1999年3月，集团监事会依据《关于加强集团内部财务监督管理的建议书》向集团董事会提出"加强财务监督管理"的建议。对于监事会的建议书，集团董事会在全集团范围内开展"四项清理"工作，对应收账款、库存、投资和合同进行清理，集团成立领导小组和工作小组，由分管副总裁牵头，集团财务部为主，各公司成立由总经理担任组长的清理小组，认真开展"四项清理"工作。经过努力，应收账款清理工作初见成效。截至1999年12月10日，集团逾期应收账款的笔数从3月末的5 734笔下降到2 457笔，逾期应收账款从18.8亿元下降到10.3亿元。库存清理也取得一定成果，集团库存金额从年初的12亿元下降到10亿元，首次跌进10亿元。与此同时，对投资项目和合同也进行初步的清理，为下一步工作的深入开展创造良好条件。集团监事会依据《关于加强法制教育，提高经营者及主要业务人员法律和防范经营风险意识的建议书》的内容，向集团董事会提出"加强法制教育"的建议。为落实监事会建议，集团董事会签发"关于进一步加强集团法律工作的意见"，建立和健全法制管理体系，成立法律办公室，聘请具有法律工作领导和实践经验的人员担任集团首席法律顾问，健全集团法律工作网络，对集团的合同和案件进行清理、汇总和分析。同时，在集团范围内开展法制教育，邀请法律专家讲课，促使广大党员干部，特别是企业的经营者、业务第一线的骨干，增强法律意识，树立知法守法、运用法律武器来维护企业正当权益的观念。

为有效实施监事会的监督功能，监事会成立后即着手建立集团系统的监事会工作网络。1999年5月6日，集团监事会召开第一次网络工作会议，集团所有子公司都派员参加，会上确定工作网络的功能职责和基本制度。根据市国资办的要求，结合集团的实际情况，设计"东方国际（集团）有限公司监督资料信息"表，内容涵盖企业的基本财务状况、资产产权网络、投资情况、诉讼案件、内控制度和存在问题等方面，由各子公司按要求填报"监督资料信息"表，监事会据此建立电脑资料信息库，并同集团财务部、各子公司监事会或联络员保持联系，及时更新信息。建立各公司的资产情况动态监控工作网络和电脑监督信息资料库，开拓监事会工作的新局面，初步形成监事会运作管理体系。

集团监事会对子公司进行财务质询是继监事会向集团董事会提出关于加强财务监督、加强法制教育两项建议之后，对集团资产运作实施监控的一项探索性举措。在市财政局积极配合下，1999年5月28日，集团监事会在东方国际大厦26楼会议厅召开财务质询会议，集团监事会主席倪鸿福，监事蒋卓庆、陆朴鸣、江亮清出席会议。集团副董事长、总裁汪阳，副总裁贺静仪应邀参加会议，市国资办派员参加会议，集团监事会监事、市财政局副局长蒋卓庆，财政局企财一处、会计处、四分局等部门领导组成的质询小组主持财务质询。集团所属14家子公司按监事会的提纲，作了认真准备。会上，东方丝绸、东方创业、东方外贸、东方针织接受监事会的质询。蒋卓庆对质询结果作评价，倪鸿福作小结。会后，监事会又派员逐一到另外10家子公司进行财务质询。通过质询活动，监事会进一步了解各子公司的投资、库存、应收账款、现金流量等财务状况，针对质询中发现的一些企业管理薄弱环节，提出合理建议。同时，通过财务质询，增强各子公司行政领导加强财务监管的意识，为推进集团以财务管理为中心的企业管理工作创造有利的条件。

1999年9月,集团监事会根据中共上海市委组织部、市国资办的要求,向董事会提出第三号建议书《关于制定贯彻〈上海市国有企业国有资产损失责任人处理办法〉(试行)实施细则的建议》,对此建议,董事会积极加以落实。

2004年,集团二、三级公司开展新一轮的改革改制。根据市国资委关于国有企业改制重组的规定,集团监事会重点参与东方纺织、东方针织、东方家纺、物流集团等4家企业改革改制方案的制定,对决策的程序,实施过程的规范性,约束机制的建立,实行全过程跟踪和监督,确保见证企业改革改制中没有发生重大国有资产流失问题。

2007年,集团监事会重点监督公司资产运作、财务活动、经营者经营活动等3个方面。在资产运作监督过程中,集团监事会从程序监督、制度监督入手,监督公司的资产运作,包括重大决策行为和日常经营活动的合法性和合规性,维护国有资产合法利益。在公司重大决策行为的监督中,坚持贯穿于决策事项的始终。在公司财务活动监督过程中,重点关注财务报告的真实性,发挥集团财务、审计、监察等有关部门的作用,加强检查的力度。在公司经营者经营活动监督过程中,主要是对集团和二级子公司高级管理人员在公司业务活动中行为的监督,把监督重点放在高管人员履行职务行为的过程中,加强对公司重大诉讼案件的监督。

2008年,集团监事会重点监督集团投资项目管理、股权管理、房产管理、境外资产管理等4个方面。在监督股权管理方面,监事会监督集团通过上海联合交易所完成的股权结构调整,对涉及成交金额2919万元人民币的上海国际经贸报关行整体产权的国有股权转让等交易进行全程监督。在监督房产管理方面,重点关注3个项目:(1)茂联大厦改建工程。(2)珠海房地产。(3)东宝大楼房产管理工作。在监督境外资产管理方面,根据市国资委下发的《关于开展本市2007年度境外国有资产产权登记年度检查工作的通知》和市外经贸委关于2008年度境外企业年检的通知,对境外企业资产进行专项检查。检查中发现香港万达公司、香港谊恒公司、香港海鹏公司和物流集团4家船舶单船的香港公司需补齐所缺资料,向市外经贸委备案登记。

2010年2月,集团监事会向市国资委提交的《关于对久茂公司事件处理情况的评估报告》指出:久茂公司事件尽管发生在集团的三级公司,但由于涉及金额较大,监事会一直密切关注事件处理进程,事件处理结束后,监事会作了调研,开展事件处理后评估工作,形成5点意见:(1)肯定集团对久茂公司事件的定性合理性。(2)指出久茂公司内部管控、东方外贸对久茂公司的管控、集团财务预警机制等方面存在缺陷。(3)肯定集团在发现问题后处理还是及时的,较快减少风险,立即提出可操作的方案及时止损,如不及时止损,损失将继续扩大。(4)集团责任追究制度已得到落实。(5)东方外贸组织落实集团的处理决定。集团监事会在此案件中对于规范企业经营行为,提高内部管理能力和控制风险的实际操作发挥重要作用。是年5月,集团监事会向市国资委提交《关于东方国际(集团)有限公司基本情况、主要风险及防范的调研报告》,在前期调研的基础上,对集团的全面情况有了基本了解,从监事会监督和风险防范角度,对集团制度建设,制度执行和落实,主要风险及防范等情况进行初步分析。

2011年5月,集团监事会向市国资委提交《东方国际(集团)有限公司监事会2010年监督评价报告》,指出集团董事会在2010年度认真履行市国资委的各项工作要求,发挥公司治理核心的作用。董事会成员勤勉尽职,主营业务的经营、重大决策事项和法人治理规范等运行情况,符合国资监管、国家法律法规和公司章程的有关规定。公司经营层在执行董事会决议、公司章程,履行职务,遵纪守法和维护国资权益方面未发现违反法律、法规和公司章程的行为。

2012年5月,集团监事会向市国资委提交《东方国际(集团)有限公司第三届监事会对第三届董事会任期工作评价报告》,指出董事会按照三年行动计划中的战略目标,专注主业,在稳固发展传统优势业务基础上,推进供应链的延伸和集成,深化产权制度改革,完善内控体系,完成各项计划目标,实现国有资产的保值增值,为可持续发展打下基础,提出集团面临着发展中创新转型的挑战,"十二五"规划中已经提出目标,关键抓落实;处理好东方外贸应收海成公司债权事项;加强投融资管理;对董事会、经营班子给与任期奖励等4点建议。

2014年8月5日,集团董事会下发《东方国际(集团)有限公司董事会督查工作试行办法》,规定集团董(监)事会办公室是董事会督查工作的职能部门,负责集团董事会和总裁室年度重点工作、董事会决议事项以及董事会交办事项的督促检查和跟踪协调工作。督查工作原则为实事求是,准确反映情况,防止以偏概全,杜绝弄虚作假;突出重点,紧紧围绕集团年度重点工作和董事会决议事项,确保各项工作落到实处;讲求时效,把握时间节点,及时督查反馈工作进展情况、落实结果、存在问题和建议。督查工作内容为:(1)集团年度重点工作完成情况。(2)集团董事会决议事项落实情况。(3)董事会交办的其他督查事项。

2016年,集团监事会形成高效的工作机制,通过召开专题会议的形式,听取各相关职能部门关于监督事项的汇报,研究监督内容并提出建议。年中,监事会全体成员赴东方国际元中大厦现场调研,实地走访东方国际元中大厦建筑工地,就项目投资管理与验收、专项审计检查、纪检信访等方面作交流,提出要进一步加强管理,防范各类风险,规范档案管理、完善制度建设三点建议。监事会结合集团年度财务决算和经济责任审计开展专项检查,4月份,专职监事受董事会审计与风险控制委员会邀请,全程参与集团2015年度财务决算审计工作,多次与外部审计单位会计事务所进行沟通,对财务决算批复建议书整改方案落实结果进行督查。

图 3-2-2　1999 年 5 月 28 日,集团监事会召开企业财务质询会议

第三章　战略规划与管理

集团一直重视战略规划工作,先后成立发展策划部、事业发展部、战略改革工作办公室和战略规划室,专门开展集团战略规划的研究、编制、管理工作,从理论和实践上都取得丰硕的成果。集团先后研究编制过 3 轮五年发展规划、6 轮国资战略规划与三年行动规(计)划,建立健全集团"531"战略规划体系和战略管理制度。

第一节　五年发展规划

一、"十一五"发展规划

集团于 2005 年 3 月成立规划编制领导小组和工作小组,负责研究制定集团"十一五"发展规划。

"十一五"发展规划提出:努力实践"三个代表"重要思想,在科学发展观指导下,坚持改革开放,加快发展步伐,以保持稳定、提高效益为前提,以释放动能、激发活力为目标,以调整结构、产权多元为途径,以创新机制、强化管控为手段,积极探索上海模式的外贸大集团之路,推动集团全面、协调、持续、健康发展。主要目标是通过"十一五"期间的深化改革和进一步的调整,创新体制机制,合理经营结构,提高资产质量,增强赢利能力,争取成为进出口规模在全国领先,国际知名度较高,具有完善法人治理结构、现代经营理念和先进企业文化的现代贸易服务集团。

二、"十二五"发展规划

2011 年 9 月 23 日,集团第三届董事会 2011 年第四次定期会议审议通过《东方国际(集团)有限公司"十二五"发展规划纲要》。因核心资产重组上市后集团内部情况发生重大变化,集团董事会根据新形势、新情况、新要求,对 2010 年 6 月底业已编制形成的集团"十二五"规划(初稿)作进一步修订、完善,经过全面深入调研、上下讨论反馈、广泛征求意见、专家论证评审,研究编制完成《东方国际(集团)有限公司"十二五"发展规划纲要》,提出 2011—2015 年期间集团发展的指导思想、目标、任务和重点工作及其措施,作为集团未来五年经营、管理、改革、发展的行动指南。

集团"十二五"发展规划纲要提出:进一步深化改革,创新发展,加快成为以货物贸易和现代物流为主业,以相关资产经营管理与投资为配套支撑,具有面向国际和国内市场产业链整合能力、供应链管理能力和跨国运营能力,内外贸相结合、实体经营和电子商务协同发展的综合性、特大型、现代化的贸易服务总集成商。

三、"十三五"发展规划

根据市国资委《关于编制"十三五"发展规划的通知》要求,集团制定《东方国际(集团)有限公司

"十三五"发展规划纲要》,提出 2016—2020 年期间集团发展的指导思想、发展目标和任务以及主要发展举措。

规划提出:面向国内外大市场,以商通天下、物流天下为核心使命,以供应链管理、产业链整合和价值链提升为核心功能,跨国经营、产融结合、物贸联动、集成服务,成为具有较强核心竞争力、抗风险能力、整体实力,成为市场化、国际化、专业化的现代服务业企业集团,成为上海市国有企业中走出去、引进来的主力军。

第二节 国资战略规划与三年行动规(计)划

一、2004—2006 年国资战略规划

2003 年年初,集团开始谋划 2004—2006 年改革和发展,在反复深入调研的基础上,于 2003 年 6 月 19 日向市国资办上报《关于东方国际(集团)有限公司新一轮改革发展总体思路的报告》,提出东方国际集团要做强做大,创新发展,建设具有核心竞争力的中国最大综合性贸易商,更好地服务于上海新一轮发展。2003 年 7 月,东方国际集团成为市国资委归口管理单位。按照国资营运机构战略规划管理要求,集团在上述报告的基础上形成《东方国际集团 2004—2006 年战略规划》。2004—2006 年集团的战略定位为:建成以货物贸易为主体,现代物流和相关实业为支撑,服务贸易为配套,具有国际竞争力的、产权多元化的现代贸易服务集团。

二、2006—2008 年国资战略规划

2006—2008 年是集团加快整合、深化改革的时期,是集团发展承上启下的关键时期,既要妥善解决历史遗留问题,又要努力构筑发展新格局。规划着重描绘的是东方国际集团紧密围绕上海"十一五"发展的主线,力图抓住和把握当前国有资产战略性调整与重组的难得机遇,进一步深化改革,努力实践科学发展观,加速实施产权结构多元、整合、重组和优化资源配置,努力自行消化集团历史包袱,从而实现集团新的崛起的设想、目标和措施。2006—2008 年集团的战略定位为:建成以货物贸易和现代物流为核心主体业务,服务贸易和其他相关实业为配套与支撑,具有国际竞争力的、产权多元化的现代贸易服务集团。

三、2008—2010 年战略规划

2003 年下半年,集团开始启动新一轮战略规划工作,先后编制完成集团国资战略规划、"十一五"发展规划,对集团近几年改革发展稳定工作发挥重要指导作用。根据市国资委公布的集团主业目录,在总结以往发展经验的基础上,对前述规划进行滚动调整,制定《东方国际(集团)有限公司 2008—2010 年战略规划》。规划着眼于全球服务外包和供应链管理的新趋势,顺应国家转变外贸增长方式、发展现代服务业的新要求,进一步明确集团今后三年的发展方向和工作重点。2008—2010 年集团的战略定位为:建成以货物贸易和现代物流为主业,其他服务业为配套与支撑,具有国际竞争力的、多元化的现代服务贸易大集团。集团总部在推进主业发展的同时,充分发挥资产、资金等可调控资源增值的功能。

四、2009—2011 三年行动计划

根据中共上海市委、市政府《关于进一步推进上海国资国企改革发展的若干意见》精神以及市国资委《关于编制出资企业国资战略规划和三年行动计划的通知》要求,集团从外贸行业实际情况和企业自身发展需要出发,研究编制《东方国际(集团)有限公司 2009—2011 年行动计划》,提出 2009—2011 年三年内集团主业发展和非主业调整的具体目标与具体措施。集团战略发展定位是:通过 5—10 年努力,逐步建成以货物贸易和现代物流为主业,相关投资和资产管理为配套及支撑,国际知名、国内领先、具有核心竞争力、产权多元化的现代服务贸易总集成商,为上海"四个中心"建设发挥应有的作用。2009 年 7 月 30 日,集团董事会审议通过三年行动计划,同意上报市国资委备案。

五、2012—2014 三年行动规划

根据市国资委、集团董事会及其战略投资委员会的有关精神和统一部署,按照《集团战略规划管理办法》,集团成立三年行动规划编制领导小组和工作小组,在重点调研、深度座谈、集思广益、认真研讨、专家指导和论证的基础上,形成《东方国际(集团)有限公司 2012—2014 三年行动规划》。2012 年 5 月 30 日,集团第三届董事会 2012 年第二次定期会议审议通过。2012—2014 年,集团的总体战略是致力于建成以货物贸易和现代物流为主业,以相关资产经营管理和投资为配套支撑,具有面向国际和国内市场产业链整合能力、供应链管理能力和跨国运营能力,内外贸相结合、实体经营和电子商务协同发展的综合性、特大型、现代化的贸易服务总集成商。

六、2015—2017 三年行动规划

根据《中共中央、国务院关于深化国有企业改革的指导意见》和《中共上海市委、上海市人民政府关于进一步深化上海国资改革促进企业发展的意见》的精神,按照市国资委关于委管企业编制 2015—2017 三年行动规划的部署和要求,紧密结合集团实际,集团认真研究编制《东方国际(集团)有限公司 2015—2017 三年行动规划》,提出三年期间集团转型发展的目标任务、战略布局和主要举措。集团战略定位为:力争在三年内使东方国际集团成为集综合贸易、现代物流、资产经营、投资发展于一体的综合型现代服务业企业集团。构筑"一体两翼三支撑"的战略布局:"一体"是指综合贸易,发挥其在整合优势资源、推动融合发展上的主体作用和延伸拓展功能,带动集团新兴业务发展。"两翼"包括现代物流、大健康产业,着重提升现代物流服务能级,加快与贸易主业融合发展,培育发展大健康产业,为集团发展持续增添新动能。"三支撑"涵盖电子商务、资产经营和投资发展,着力于功能性平台建设,支持集团各项业务创新转型,其中资产经营和投资发展要成为集团重要利润来源。规划经集团第三届董事会 2015 年第四次定期会议审议通过并上报市国资委备案。

东方国际集团三年（2015—2017）行动规划导读

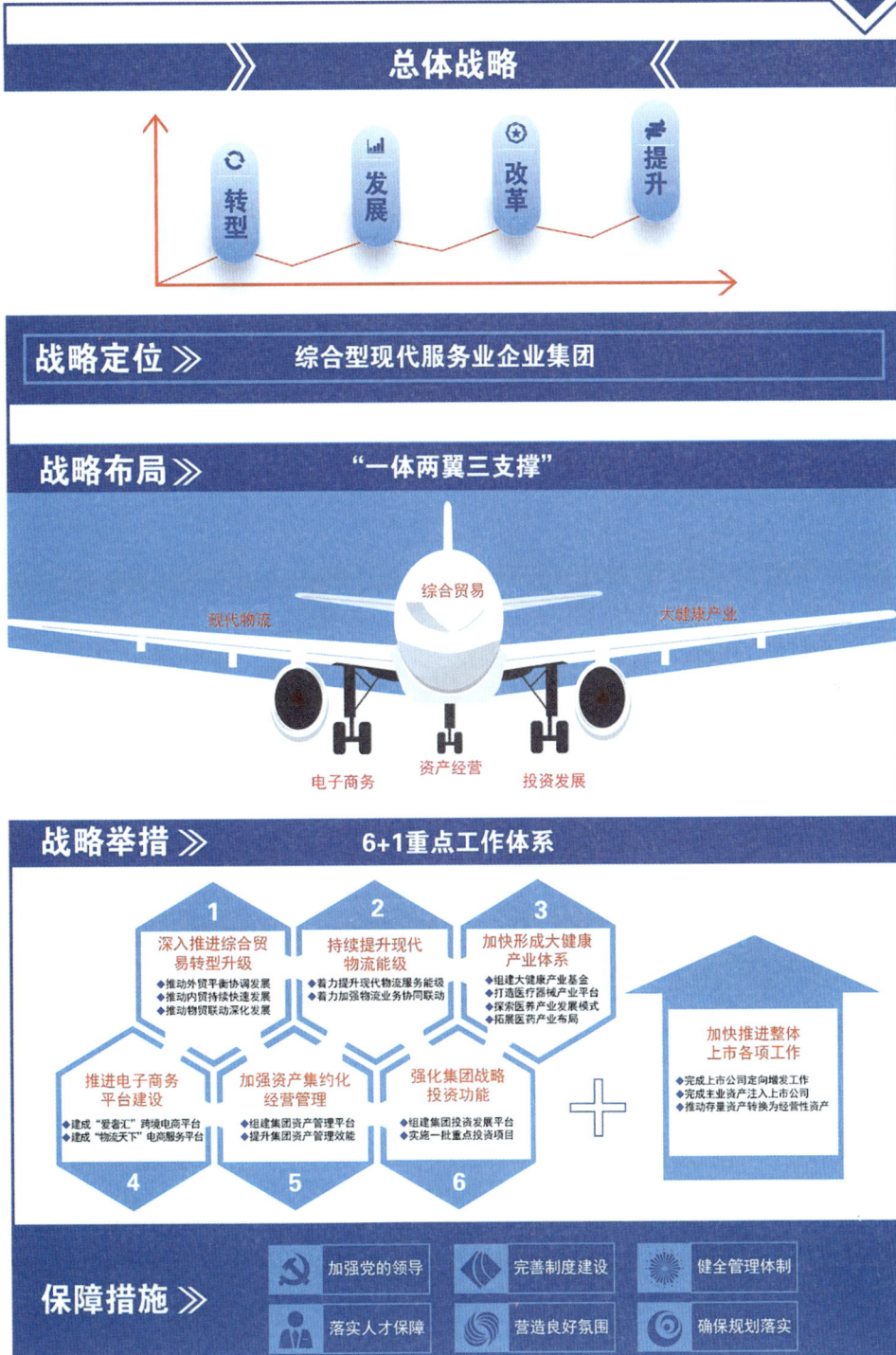

总体战略

转型　发展　改革　提升

战略定位 »

综合型现代服务业企业集团

战略布局 »

"一体两翼三支撑"

综合贸易

现代物流　　　　　　　大健康产业

电子商务　　资产经营　　投资发展

战略举措 »

6+1重点工作体系

1 深入推进综合贸易转型升级
◆推动外贸平衡协调发展
◆推动内贸持续快速发展
◆推动物贸联动深化发展

2 持续提升现代物流能级
◆着力提升现代物流服务能级
◆着力加强物流业务协同联动

3 加快形成大健康产业体系
◆组建大健康产业基金
◆打造医疗器械产业平台
◆探索医养产业发展模式
◆拓展医药产业布局

4 推进电子商务平台建设
◆建成"爱奢汇"跨境电商平台
◆建成"物流天下"电商服务平台

5 加强资产集约化经营管理
◆组建集团资产管理平台
◆提升集团资产管理效能

6 强化集团战略投资功能
◆组建集团投资发展平台
◆实施一批重点投资项目

+ 加快推进整体上市各项工作
◆完成上市公司定向增发工作
◆完成主业资产注入上市公司
◆推动存量资产转换为经营性资产

保障措施 »

加强党的领导　　完善制度建设　　健全管理体制

落实人才保障　　营造良好氛围　　确保规划落实

图 3 - 3 - 1　集团三年(2015—2017 年)行动规划导读图

第三节 战略规划管理

一、机构

2003年5月,集团成立战略领导小组,下设战略发展、业务重组两个工作小组。是年8月28日,市国资委下发《上海市国有资产营运机构战略规划管理暂行办法》。11月4日,经集团党委会、董事会研究决定,成立集团战略和改革工作办公室。战略改革办既是集团改革领导小组的具体办事机构,也是集团的一个职能部门,主要负责集团发展战略研究、战略规划制订和总体改革方案设计,制订有关改革的规范性指导意见、文本,根据集团改革领导小组的授权对有关改制方案进行预审。在整体推进企业改制过程中,战略改革办起牵头、协调、联络和指导作用。

2004年3月1日,经集团董事会研究决定,将集团改革领导小组更名为集团战略发展委员会,作为集团董事会的专业委员会之一。2014年8月18日,集团成立战略规划室,与集团董(监)事会办公室合署办公。战略规划室承担集团政策研究工作、战略规划与管理工作等职能。

二、办法

《东方国际(集团)有限公司战略规划管理办法》于2011年12月3日经集团董事会战略投资委员会审核,2011年12月23日,经集团第三届董事会2011年第五次定期会议讨论通过,2011年12月28日,下发集团系统执行。

《东方国际(集团)有限公司战略规划管理办法》共5章18条,包括总则、战略规划机构的职责、战略规划的编制和审批、战略规划的实施和评估、附则等。

第四章 资 产 管 理

东方国际集团成立以来,资产管理经历由产权不清到产权明晰,由分散占有使用到集中统一经营,由相对静态的自然缓慢积聚到动态的资产重组扩张,国有资产不仅在数量上有较大的扩张,更重要的是产生新的质的飞跃。

第一节 产 权 管 理

一、产权管理制度

实行产权登记制度是开展产权管理的有效措施。1995 年,集团对下属各公司投资、参股、联营、合作的 273 家企业情况进行初步调查,清理产权关系,避免国有资产流失,为组建集团的出口产品生产基地打下基础。

1996 年,集团组织力量对各类房地产进行全面的清理登记,重新统筹规划,合理安排,对多余或闲置的房地产,在进行资产评估以后出售或出租,盘活资产存量,对"市国资委出资企业信息层级查询系统"录入的数据进行补充、完善。

2001 年 9 月 26 日,市国资办批复:鉴于东方国际集团通过有关部门关于产权经纪的资质审核和资格认定,同意集团在章程中相应更改经营范围,增加产权经纪业务。

2004 年 3 月,集团下发《关于企业改制中涉及产权交易若干问题意见》,对改制企业涉及产权交易事项作出规定。

2008 年,根据国务院有关规定,依法确认产权归属关系,开展境外国有资产产权登记年度检查工作,全面了解和掌握各公司在境外的投资情况和财务状况。

2009 年,集团所属各企业开展本年度企业国有资产产权登记年度检查及数据汇总工作,同时根据国资委的有关通知,集团所属各企业开展 2009 年度境外国有资产产权登记年度检查工作。

2012 年,按照集团战略规划,将产权经纪业务列为非主业项目,向联交所申请终止产权经纪业务资格,同时申请退还保证金 10 万元。

为贯彻落实《国家出资企业产权登记管理暂行办法》,加强企业国有产权登记管理工作,市国资委于 2012 年 8 月 30 日召开"市国资委委管单位产权登记工作会议",下发《关于转发〈国家出资企业产权登记管理工作指引〉的通知》,会议要求各企业按照文件要求,梳理国资产权管理链条,核实相关国有产权信息,认真做好企业国有产权登记管理工作。本次企业国有产权重新登记范围的时点:2012 年 6 月 30 日之前的国有企业。根据市国资委要求,集团所属各企业于 2012 年 9 月 6 日之前完成书面上报《产权登记信息统计》工作。

2013 年,为进一步规范集团及下属企业的国有产权登记管理工作,根据《国家出资企业产权登记管理暂行办法》《国家出资企业产权登记管理工作指引》的文件精神,结合集团实际情况,制定《东方国际(集团)有限公司国有产权登记管理暂行办法(试行)》,经集团总裁办公室 2013 年 11 月 27 日会议审议批准,下发至有关公司。是年,根据市国资委下发的《关于指导完善产权登记等有关工作的通知》内容,集团积极组织对集团范围内的产权管理相关工作进行梳理,内容包括:(1)集团产权管理有关制度建设情况。(2)集团产权管理部门职能及人员设置等情况(管理职能,审批流程,决策程序及权限设置,人员设置)。(3)集团2013年产权调整概况(包括进场交易、协议转让、无偿划转等)。(4)集团2014年产权管理工作打算(集团首次采用管理背景资料,集团2014年产权管理计划)。(5)需要市国资委产权处协调的事项。(6)对市国资委产权处的工作建议。

为贯彻落实《企业国有资产交易监督管理办法》,进一步加强国有产权管理,明确监管边界,2017年,市国资委决定开展市属国资系统国有及国有控股企业、国有实际控制企业名单的梳理和核查工作。按照《企业国有资产交易监督管理办法》第四条规定,界定本企业集团各级国有及国有控股企业、国有实际控制企业,进行汇总和上报。是年6月16日前将责任部门、负责人和联系人等情况报送国资委产权管理处。6月23日之前,将集团梳理形成的《企业集团各级国有及国有控股企业、国有实际控制企业名单》提交国资委选聘的中介机构。6月30日之前,将经中介机构核查的名单加盖集团公章后上报国资委。

二、国有产权登记项目

2012年起,集团开始实施国有产权管理信息登记制度,通过市国资委的《产权登记管理信息系统》提交产权登记项目,至2017年,共提交产权登记项目200宗。

表3-4-1 2012—2017年集团提交产权登记项目数量情况表

年　　份	提交产权登记项目(宗)
2012	143
2013	12
2014	10
2015	8
2016	15
2017	12
合　　计	200

第二节　资　产　评　估

一、评估制度

在进行资产评估和产权交易审核的过程中,为规范集团所属企业在企业改制过程中涉及的资产评估立项、确认等行为,2004年3月,集团下发《关于企业改制中涉及资产评估立项、确认若干问题的意见》。

为贯彻落实国资委国企改革发展和国有资产评估管理办法调整试点的意见,2009年,集团按照程序经集团董事会批准,上报市国资委,主动申报参加国有资产评估管理试点工作。9月,市国资委下发《关于同意上海国盛(集团)有限公司等四家单位开展国有资产评估管理办法调整试点工作的批复》,同意东方国际集团等4家企业于2009年10月1日起,开展国有资产评估管理办法调整试点工作,试点企业于2009年10月1日启用试点单位评估备案专用章。为配合试点工作要求,根据市国资委《关于开展本市出资企业国有资产评估管理办法调整试点工作的意见》的精神,结合集团实际情况,2009年9月,制定《东方国际(集团)有限公司国有资产评估管理暂行规定》,经集团第三届董事会2009年第1次定期会议审议批准,从2009年10月1日起执行,进一步明确企业涉及资产评估立项的有关规定。

2010年1月,集团下发《东方国际(集团)有限公司资产评估(报告)审核工作实施细则(暂行)》。自2010年7月1日起,各出资企业经市人民政府批准实施的重大经济事项的评估项目,由市国资委负责核准。经市国资委批准经济行为的事项涉及的资产评估项目,由市国资委负责备案。经出资企业及其各级子企业批准经济行为的事项涉及的资产评估项目由出资企业备案。同时,集团所属各企业在办理国有资产评估报告核准、备案时,需同时填报相应附件。

2011年,根据市国资委转发国务院国资委关于做好2011年度国有资产评估项目统计分析工作的通知,集团对2011年度评估工作进行总结。

2012年4月,为保证集团资产评估工作质量、提高工作效率,制定《东方国际(集团)有限公司资产评估公司选择操作细则》(简称《细则》)。经市国资委认可的A级评估公司共7家,B级评估公司将近50家,按照集团上市资产和非上市资产的实际情况,集团选择4家A级评估公司、3家B级评估公司作为集团备选的评估公司。

为加强资产评估项目管理,规范资产评估的操作程序,提高评估报告审核质量,集团制定《国有资产评估项目核准备案操作手册》。

2015年12月,根据集团资产、投资业务开展的情况和评估管理工作的需要,集团批准总裁室与相关部门一起共同启动新一轮评估机构的入围招投标选聘工作,进一步规范国有资产评估执业质量综合评估工作,加强对受托评估机构的信用管理。同时结合集团上市、非上市资产的实际情况,修改原先制定的《细则》中部分条款。按照细则内容,在市国资委认可的评估公司中,通过招投标确定5家A股评估公司、2家B级评估公司纳入集团新一轮备选资产评估公司库,与各评估公司明确达成2016—2018年度集团资产评估服务费用支付标准。

二、评估数量

集团资产评估工作从2004年开始,到2017年年底,总共涉及资产评估238宗。

表3-4-2　2004年1月—2017年12月集团资产评估数量情况表

年　　份	评估数量(宗)
2004	56
2005	30
2006	10
2007	6

〔续表〕

年　份	评估数量(宗)
2008	14
2009	9
2010	15
2011	9
2012	9
2013	18
2014	17
2015	11
2016	17
2017	17
合　计	238

〔续表〕

第五章 财务管理

集团财务管理是依据财经法规制度，按照财务管理的原则，组织企业财务活动、处理财务关系的一项重要工作。

第一节 预算管理

一、制度建设

2001年5月，根据董事会要求，集团试行全面预算管理。集团和各级子公司相继成立董事会预算委员会或预算工作领导小组，集团财务部作为对口工作支持部门设计全面预算报表和编制、上报、审核程序。2003年，集团进一步深化全面预算管理，建立健全预算管理机制，被市国资委列入全面预算管理试点单位。集团以预算来统率各项工作。2011年，集团制定《东方国际集团全面预算管理办法（试行）》，经董事会审议通过，进一步规范全面预算管理工作，完善全面预算管理体系。

二、机构设置

2001年5月，为配合全面预算管理工作，集团董事会决定设立东方国际（集团）有限公司董事会预算委员会。2010年9月，集团第三届董事会试点，设立预算管理工作专门委员会。根据《东方国际（集团）有限公司董事会工作条例（草案）》的规定，集团预算委员会在董事会授权范围内履行职权。集团董事会是集团全面预算的决策机构，集团预算管理委员会是履行全面预算管理职责的董事会专门委员会，集团总裁室负责组织集团全面预算的编制执行。集团董事会、董事会预算管理委员会、总裁室作为集团全面预算管理的领导机构，负责审定集团预算目标，审核集团全面预算方案，协调解决预算执行中的重大问题，对年度预算执行情况进行评价。集团财务部是集团全面预算管理的日常工作机构，负责拟定全面预算各项管理制度，组织开展全面预算编制工作，汇总编制集团全面预算草案，跟踪、分析、报告集团全面预算执行情况，协调解决有关问题。

三、预算编制和实施

集团重视全面预算管理体系的建设，通过有效地组织与协调集团全部的经营管理活动，更好地完成集团既定的目标，充分发挥全面预算管理的效用，提升企业经营管理能力。经过多年实践与摸索，逐步形成集团型企业全面预算管理、运行模式。

【制定阶段】

预算前一年度第四季度，启动新一年度预算编制工作，子公司编制预算草案并逐级上报，集团结合战略规划和年度分解目标进行审核，在此基础上确定集团年度预算目标，编报形成全面预算报告。

【执行阶段】

集团对关键控制点有严格的审批程序,确保各项业务和活动都在授权的范围内运行。同时集团建立预算执行情况跟踪和报告制度,集团财务部负责每月对预算的执行情况进行跟踪分析,对执行过程中的重大事项及时向总裁室汇报,由总裁室组织专题调查,在半年度和年度决算报告中向集团报告半年度和年度预算执行情况。

【评价阶段】

集团的预算评价通过年度决算审计与决算报告来完成。除年度决算审计外,集团各级内审机构可以根据不同情况针对性地对所出资企业年度预算执行情况开展审计调查。集团对子公司全面预算进行考核,以全面预算考核结果作为对子公司经营者进行业绩评价和薪酬考核的重要依据。

第二节　资　金　管　理

一、制度建设

1996 年 1 月,集团下发《东方国际(集团)有限公司加强财务管理工作的有关规定》,为集团的资金管理规范运作制定初步规则。

1997 年 7 月,集团下发《关于建立集团内部资金结算中心的实施办法》《东方国际(集团)有限公司关于提供经济担保的管理办法》。

1998 年 7 月,集团下发《东方国际集团有限公司关于加强集团资金、财务管理的规定》。

2004 年 4 月,集团下发《东方国际(集团)有限公司总部资金管理规定》。

2010 年 4 月,集团下发《关于转发市国资委〈关于加强市国资委出资企业资金管理的意见〉的通知》。

2013 年 3 月,为进一步加强对集团范围内资金的统一管控、规范资金运作、防范资金风险,同时有效提高整体资金使用效率、节约资金成本,各公司对现有资金管理制度进行检查和梳理,健全完善资金管理制度,包括制定岗位分工、付款审批权限、现金管理、银行存款管理、外汇管理、授信及贷款管理、监督检查及工作责任等方面的规定,报集团财务部备案。同时开展账户清理,强化资金的风险管理,为集团实施资金集中管理做好前期基础工作。是年 6 月,根据会计法等法律法规,以及国资委对资金管理的相关要求,经对集团原有各项资金管理规定进行梳理完善的基础上,制定《东方国际(集团)有限公司资金管理办法》。各公司结合集团全面预算管理要求,对资金活动实施预算管理,建立货币资金内部控制制度,加强对应收款项、存货等流动性资产的管理。各公司可根据筹融资规模和结构,制定筹融资预算,建立筹融资授权审批制度,编制银行授信预算,且向集团报备授信额度、委托贷款等借款业务,原则上以流动资金贷款为限。如涉及重大固定资产、对外投资及房地产项目投资的长期贷款,需报集团审批。同时对集团内外借款的授权审批程序作规定,由集团对各公司授信额度进行统一管控。要求投资资金也纳入全面预算管理,集团公司及集团所属子公司的投资项目,应根据集团有关投资管理办法及董事会决策制度的相关规定履行决策审批程序。严格把握金融投资,严禁在集团投资管理办法限定的范围外从事金融投资项目。是年 7 月,集团下发《关于转发市国资委〈关于进一步加强市国资委委管企业资金管理的通知〉的通知》。是年 9 月,集团下发《东方国际(集团)有限公司本部资金管理规定(2013 年修订稿)》。

二、日常管理

【担保】

1997年，为促进集团业务的正常运转，确保企业的稳定发展，规范和加强对境内、外提供经济担保的管理，集团制定《东方国际（集团）有限公司关于提供经济担保的管理办法》，原则上规定集团及各全资子公司，对外提供担保以信用担保为主。集团及各子公司，不得对内或对外提供任何以不动产或流动资产为抵押的担保。

2007年5月，集团修订的《东方国际（集团）有限公司关于提供经济担保的管理办法》进一步规定，集团及各子公司一般不得对内或对外提供任何以不动产抵押、动产质押的担保。下一级次企业由其上一级次企业进行担保，一般不得越级担保。同一级次企业之间相互担保，必须报集团财务部审核批准。对控股企业提供的担保，原则上应由各投资方按投资比例承担责任，除事前已在投资合约中规定者外，必须另行签订按投资比例承担责任的协议，或由其他投资方分别按投资比例提供反担保。集团及各子公司不得对集团外企业提供各类担保。因特殊原因，需集团及各子公司为集团以外的企业提供担保时，应要求被担保企业提供必要的反担保。同时明确集团财务部的职能，在每年年初对各子公司担保总额进行基数核定，报经财务总监核实，经集团总裁办公会议审核后报董事会批准后执行。在该核定基数范围内的担保由财务部审核，报财务总监批准后办理。为推动各子公司进一步增强经营风险自我管理意识，充分有效利用各类授信，集团对所提供担保的各子公司按提供担保总额的千分之三到千分之五收取担保管理费。集团收取的担保管理费用于建立集团业务发展基金，专项用于支持各子公司的业务发展。集团还要求各子公司财务部门做好记录和统计工作，按月编制对外担保明细余额。同时对已有担保进行跟踪分析，及时掌握在执行中发生的具体问题，按月向集团财务部报送有关担保明细资料。集团财务部定期向集团董事长、总裁及财务总监上报有关担保汇总资料。

【授信】

2009年6月，为了保障集团及各子公司业务经营和业务发展对资金的正常需求，集团制定《东方国际（集团）有限公司银行授信额度管理办法》，原则上规定由集团申请整体授信的银行授信额度计划并统一平衡后做出总量控制方案。各子公司可根据公司的资本结构、业务特点合理运用财务杠杆，建立业务评审制度和客户信用管理制度，选择最合适的筹资方式、渠道或筹资组合，在制定全面预算时编制筹资预算，由集团预算委员会对各子公司年度授信额度进行审核。除事前监管，集团会定期或不定期进行事中、事后检查，各子公司日常做好记录、统计、跟踪分析，防止过度申请银行授信额度特别是过度使用银行授信额度可能带来的经营风险、财务风险。

【资金集中管理】

2013年年初，集团成立由集团财务总监领导、以集团财务部为依托的集团资金管理工作小组，推进集团资金集中管理实施计划。2013年3月，集团下发《关于加强资金管理的通知》，要求各公司进一步加强资金管理、配合集团实施资金集中管理的准备工作，清理账户、清查制度，同时启动资金集中管理调研工作。2013年5月，根据调研情况，集团选取中国银行、浦发银行和上海银行作为资金集中管理的合作银行。2013年9月，集团制定《东方国际（集团）有限公司资金集中管理实施办法

(试行)》,提出集团主要采取现金池模式实现对资金的集中管理,对成员企业加入集团现金池的银行账户实行"集团资金头寸共享",同时根据集团内部资金情况进行统一调配管理。明确银行账户管理要求,要求除国家法律法规和监管规章规定的专用账户外,各成员企业应在集团现金池账户管理的合作银行系统内开立银行账户,纳入集团现金池账户管理。在前期账户清理的基础上,原则上不再开立新的银行账户,由集团财务部审核成员企业银行账户变动申报,各成员企业不能随意划拨已纳入集团现金池账户的资金到他行账户。进一步强调资金预算纳入年度全面预算进行编制。为配合资金集中管理的操作实施,根据《集团资金管理办法》《资金集中管理实施办法》,集团同步制定《东方国际(集团)有限公司内部借贷管理操作规程(试行)》,涉及借款申请、内部审核、放款手续、贷后管理、通知还款、借款展期、利息结算、借款登记、资料归档等操作流程。同时制定《集团本部现金池平台操作流程》,规范集团资金管理平台的具体操作。

第三节 财务信息化管理

一、制度建设和组织建设

1996年1月,集团制定财务管理工作的有关规定,部署集团财会电算化工作,推动各公司开发财务软件使用,实现全面会计电算化。1998年8月,为加强会计电算化管理,在制定《东方国际集团有限公司统一会计核算办法》时,结合集团当时会计电算化开展情况制定《实行和加强会计电算化管理》的规定。2010年11月,为进一步规范集团各企业的会计电算化工作,集团根据相关法律法规制定《东方国际(集团)有限公司会计电算化管理办法(试行)》,对系统的硬件管理、系统软件的选择和初始化、记账凭证的管理、数据输出及档案管理、系统操作管理及日常维护、岗位责任制管理等进行规定。同时,集团成立财务信息化工作小组,整合子公司的财务信息化人力资源,共同推进集团财务信息化建设。

二、会计电算化

1994年,集团成立初期就开始推动各企业全面实行会计电算化。1995年起,纺织、家纺、针织、服装、丝绸等公司及集团总部先后使用上海锦安科贸有限公司开发的"利安达外贸财会软件(2.0版)"代替手工记账,相继通过财政部门评审验收。集团总部使用的该软件经2000年Windows版本升级、2005年执行新企业会计制度修订更新升级和2009年执行企业会计准则更新升级后,于2014年底退出使用。集团下属公司根据实际情况和需求,在符合集团要求的前提下,各自升级更新财务核算系统或使用ERP系统。

2014年,集团委托用友软件公司开发基于用友NC信息管理平台的财务核算系统,要求集团下属公司逐步统一使用。集团总部及下属东方新海、投资公司、领秀公司先后使用该系统。

三、财务信息化

自集团实施会计电算化以来,一直重视集团财务信息平台的建设。为归集子公司财务报表、编制合并报表,集团于1996年建立一套总账报表系统,实现全级次子公司从总账科目余额表到财务报表的编制、上报、汇总、合并。

随着信息技术的发展及集团管理需要,2007年年初,集团委托上海久其软件公司开发集团财务信息管理平台系统,替代原有的总账报表系统。为配合软件更新,集团对下属子公司不同财务软件数据上报格式进行统一,重新设计财务月报格式,构建主表、附表、风险事项表三大块内容,增加全面预算报表,使集团全面预算系统与月报系统在同一平台中衔接,达到预算分析目标。系统上线后,在数据收集方面能自动接收子公司上报数据。在数据管理和使用方面采取任务管理方式,便于分类管理财务信息,掌握财务情况。在数据分析和查询方面能制作各种横向、纵向对比及多维数据分析。

2013年年末,根据集团企业信息化工作专项规划(2012—2014),集团启动财务信息化升级更新。

2014年年初,集团按照市国资委要求对财务信息化情况进行自评。年内在集团总裁办公室统筹协调下对项目进行前期调研和选型,选择用友NC财务信息管理平台,于年底完成财务核算系统上线运行。2014年,集团被列入可扩展商业报告语言XBRL的试点单位。集团结合财务信息化建设工作,与软件商配合,于7月底完成XBRL报表的转换,上报财政决算报告,经过校验并修改后,9月份获财政部确认通过。此后集团每年上报通过。

2015年,财务信息化管理平台中的财务报表系统初步完成开发工作,集团财务部会同集团"十三五"信息化专项规划调研小组,启动对子公司财务信息化发展需求和设想的全面调研。

2016年,集团在推进财务信息化管理平台的建设中,结合子公司需求对系统功能方面进一步完善,完成财务报表系统的建设,组织子公司开展培训,运用该系统对月报、全面预算表的编报进行试运行。

第四节　财务核算和决算管理

一、制度建设

1995年11月,集团下发《关于加强成本核算工作的有关规定》《关于编制合并会计报表的补充规定》。

1997年7月,集团下发《东方国际(集团)有限公司企业利润分配暂行办法》。

2006年7月,集团下发《东方国际(集团)有限公司计提资产减值准备及资产损失处理参考办法(修订稿)》。

2008年2月,集团下发《关于转发〈上海市国资系统企业资产损失财务核销国资操作指南〉(试行)的通知》。

2009年11月,集团下发《东方国际(集团)有限公司计提资产减值准备及资产损失处理参考办法(2009年修订稿)》。

2014年3月,集团下发《东方国际(集团)有限公司计提资产减值准备及资产损失处理参考办法(修订稿)》。

二、财务决算

【会计核算办法】

1998年8月,为提高企业的会计基础工作水平,规范会计核算办法,推动会计电算化发展,集团下发《东方国际(集团)有限公司统一会计核算办法》,要求集团所属各会计独立核算企业按《商品流通企业会计制度》(简称《企业会计制度》)中规定的会计科目执行,编制会计报表,如有执行其他行业会计制度的企业,应以《企业会计制度》中规定的会计科目进行相应合并,编报会计报表。

自2003年年底开始,按照市国资委和市财政局推进《企业会计制度》的要求,集团有序推进《企业会计准则》工作,对集团范围内子公司的各项资产进行全面的摸底清查。开展一年准备工作后,报财政部和市国资委批准,2005年1月1日,集团全面执行《企业会计制度》。为确保集团《企业会计制度》的执行,2005年1月,集团成立执行《企业会计制度》领导小组和工作小组,制订详细的工作计划,有步骤地展开一系列工作。(1)统一集团会计政策和会计估计,在反复征询意见和测算的基础上,分外贸、物流、房产三个行业制定《东方国际(集团)有限公司计提资产减值准备及资产损失处理参考办法》。(2)做好清查核资工作。为配合执行《企业会计制度》,根据市国资委要求,集团成为2005年上海首批实施清产核资工作的集团之一。集团对此项工作非常重视,由董事长亲自担任清产核资领导小组组长,成立清产核资办公室,按照《企业会计制度》和清产核资工作的有关规定,对集团及所属企业在年内进行一次全面的资产、负债清查和核实。(3)做好各项调账工作,包括会计科目及软件的更新、制定账务调整的具体操作等,修订《集团统一会计核算办法》。通过以上工作,实现从《行业会计制度》到《企业会计制度》的顺利过渡。

2008年6月起,根据财政部及国务院国资委执行《企业会计准则》的要求,集团修订《东方国际(集团)有限公司主要会计政策和会计估计》《东方国际(集团)有限公司计提资产减值准备及资产损失处理参考办法》及《东方国际(集团)有限公司统一会计核算办法》,全面开展企业户数和资产负债清查工作,测算执行《企业会计准则》对集团财务状况的影响。

2009年7月,集团董事会审议通过集团于2009年1月1日起全面执行《企业会计准则》。2009年8月,市国资委批准集团执行《企业会计准则》。2009年12月,集团下发经董事会审核的《东方国际(集团)有限公司主要会计政策和会计估计(修订稿)》和《东方国际(集团)有限公司统一会计核算办法(修订稿)》,实现新旧财务制度顺利衔接。

【决算编制实施】

1994年12月,集团第一次召开5家公司的财会工作会议,邀请市外经贸委财务处、经贸会计学会、金茂会计师事务所的代表莅临指导,就1994年会计决算提出6点意见。1996年4月,集团就1995年度会计决算报表开展交流、评比和表彰活动。至2017年,集团每年布置财务决算编制工作。集团决算报告通过董事会审议通过后报市国资委。

表3-5-1 1994年和2017年集团主要经营指标情况表

财 务 指 标	1994年12月	2017年12月	增 减 额	年平均增长率(%)
总资产(亿元)	62.21	175.77	113.56	7.94
净资产(亿元)	10.66	102.55	91.89	37.47
利润总额(亿元)	0.78	7.53	6.75	37.54
净利率(亿元)	0.58	5.80	5.22	38.98
进出口总额(亿美元)	18.93	31.19	12.26	2.82

〔续表〕

财 务 指 标	1994 年 12 月	2017 年 12 月	增 减 额	年平均增长率(%)
其中：进口(亿美元)	14.97	20.84	5.87	1.71
出口(亿美元)	3.96	10.35	6.36	7.02
主营业务收入(亿元)	101.02	239.80	138.78	5.97
资产负债率	82.86%	41.66%	—41.20%	—
净资产收益率	5.32%	6.01%	0.69%	—

三、年报审核

每年一季度，集团财务部组织开展对年度财务决算报告的审核工作，年报审核按照"逐级汇总，层层管理"的原则进行，分为子公司自审和集团集中会审两个阶段。审核内容主要包括财务决算报表、会计报表附注和财务决算报告三个层面。一般在 2—3 月，二级子公司财务决算报告初稿完成后，集团分批进行集中会审，以相关会计制度和会计准则的规定以及市国资委正式下发的有关文件、软件格式相关参数为审核标准，对子公司提出修改意见。在集中会审阶段，集团还会与负责集团各公司年报审计的会计师事务所进行当面沟通，听取情况，发现问题督促子公司及时整改。

在对子公司年度决算报告进行审核并做好及时调整的基础上，集团财务部完成集团年度决算报告的编报工作。按照市国资委的相关规定，一般在每年 4 月初由集团将年度决算报告初稿报市国资委进行年报审核，经审核通过后，完成集团年度决算报告的编报工作，以文件形式向市国资委报送。

市国资委收到集团上报的年度财务决算报告后，对集团提出决算审核意见，据此，由集团财务部牵头，会同各相关部门、相关子公司落实整改工作，按要求于每年底前将决算整改报告上报市国资委。

通过开展上述决算审核工作，集团财务决算报告质量逐年提升，决算管理工作水平不断提高。

第五节　财务内控和会计基础工作规范化

一、制度建设

1995 年 11 月，集团下发《关于加强银行及出纳工作的有关规定》《关于加强内部往来账务管理的规定》《关于加强国内往来账款管理的规定》《关于加强国外往来账款管理的规定》。

1997 年 7 月，集团下发《东方国际(集团)有限公司对外投资管理办法》《东方国际(集团)有限公司财务部职责范围》《东方国际(集团)有限公司管理费用管理规定》《东方国际(集团)有限公司礼品管理办法》《关于加强集团对新建直属子公司财务工作管理的规定》。

1998 年 7 月，集团下发《财务部门试行重大事项的报告制度》。

2004 年，集团下发《东方国际(集团)有限公司关于加强风险防范和控制的管理规定》，规定子公司对货币资金、对外投资、采购与付款、销售与收款、担保等经济业务的重点环节建立相应的风险控制机制和管理程序。

2005年1月,集团下发《关于重申加强风险防范和控制的通知》。

2008年5月,集团下发《东方国际(集团)有限公司关于加强佣金支付管理的指导意见》。

2009年3月,集团下发《关于进一步加强预警事项上报管理工作的通知》。6月,下发《东方国际(集团)有限公司流动性风险防范与预警管理办法》,要求各公司根据经营性质、经营模式、营业周期和行业参照标准,选取符合企业特点的流动性风险预警指标,并每月逐级上报集团预警指标情况。8月,下发《关于转发国务院国资委〈关于进一步加强中央企业金融衍生业务监管的通知〉的通知》。

2010年9月,集团下发《关于加强应收款项内控管理的通知》,规定应收账款内控管理做到全覆盖,做到事前评估——及时掌握和评估客户资信状况,事中审查——每笔交易价值和风险交相应授权审批人审批,事后跟踪检查——对应收账款严格监控的全过程内控管理模式。10月,集团制定《东方国际(集团)有限公司关于加强风险预警管理工作的暂行办法》,使风险预警管理工作制度化、常态化。

2014年,集团下发《东方国际(集团)有限公司关于加强风险预警管理工作的实施办法》,进一步健全和完善集团风险预警管理工作的长效运作机制。12月,集团下发《关于进一步严肃财经纪律、完善财会制度的通知》《集团本部费用报销办法(2014年)》。

2016年11月,集团下发《关于进一步加强应收款项管理的通知》,进一步加强应收款项的管理,规定各公司规范业务流程、控制应收款项源头风险,明确收款职责、健全应收款项的催收机制,加强风险预警、建立应收款项监管体系。

二、风险预警管理

2009年8月,集团董事会设立审计与风险控制委员会,对财务风险管理制度及状况进行定期评估。2014年,根据《东方国际(集团)有限公司关于加强风险预警管理工作的实施办法》的规定,集团的风险预警管理工作由集团董事会领导,集团总裁室组织落实,集团监事会定期监督检查。集团财务部负责落实预警信息的汇总、分析、报告等工作,集团其他相关职能部门根据预警事项的不同性质配合做好预警应对。

集团将企业经营过程中预计发生的各类风险纳入风险预警范围,从风险事项预警和财务指标预警两方面逐级汇总。各子公司每月向集团书面上报业务运营、投资管理、担保管理、融资管理和其他等5大类预警事项,涉及金额超过1 000万元的突发风险事项及时上报。同时,集团按贸易板块(进口、出口)、物流板块、资产管理板块分别设置债务风险、现金流风险、盈利能力风险和投资风险等四大类风险的财务风险预警指标值,在财务信息管理平台实现自动计算、自动警示功能,位于预警区间的指标值响应预警事项报告。集团每月对位于预警区间的指标进行分析,制定相应改善措施,每季度结束后结合国资财务快报向市国资委上报包括重大投融资、重大担保、重大资产采购、重大资产处置、大额资金往来及其他等在内的重大财务事项。

三、会计基础工作规范化

2000年11月,由集团财务部和市财政局、市外经贸委有关部门人员组成会计基础工作规范化考核验收小组,对集团所属东方家纺进行会计基础工作规范化的达标检查,同意申报会计基础工作规范化优秀单位。2001年,物流集团、丝绸集团及丝绸浦东公司通过验收。2002年,有17家子公司通过会计基础规范化考核。

2005年,集团财务部在集团范围内开展财务工作检查,通过检查帮助促进子公司加强会计基础工作,规范会计行为,提高财务管理水平,推进内控管理。

2008年9月,集团部署管理大检查,通过各公司自查、实地检查并结合日常工作,集团对各公司财务管理方面的制度建立和落实等情况进行较为全面的检查,对财务内控管理方面存在的一些问题给予管理建议,总结管理方面好的经验措施加以推广。

2011年,为了解和掌握各公司执行新会计准则及会计基础规范化工作的开展情况,集团组织各公司开展自查,针对执行情况及自查发现的问题向集团书面报告。

2012年,集团按照董事会审计与风险控制委员会的要求,开展集团财务内控制度执行情况的专项检查工作。在子公司自查基础上,会同法律审计室选取部分子公司进行实地抽查,重点检查子公司对近年来包括应收款项内控制度在内的财务内控管理制度的贯彻落实情况,同时结合检查对集团统一会计核算办法及会计规范化工作的执行情况。通过检查,更好地促进各公司加强财务内控管理、规范会计行为,从而防范财务风险。

第六节　税务管理

集团通过外派财务总监、召开财务例会和定期组织下属公司财务人员参加税务培训,提升集团及下属公司的税务管理水平。

一、企业所得税管理

1995年,集团列入上海市95家现代企业制度试点单位之一,经向市外经贸委、市财政局申请获批实行所得税全额返回政策。1998年,集团成为全国120家大型企业集团试点之一,继续享受"九五"期间集团公司所属国有企业所得税全额返回政策,即实行分头交纳,统一清算,集中返还政策。2001年,经市财政四分局批准,集团开始实行企业所得税统一清算政策。2003年,由于一头清算优惠政策取消,集团经财政局批准实行向所属企业收取总机构管理费的政策。2007年度是管理费分摊政策的最后一年,2008年起,实施新的企业所得税法。此后,集团积极向各企业所在区税务局协调,争取各项税收优惠减免政策,缓解企业纳税资金压力。

二、出口退税管理

集团一直关注出口退税政策对集团经营业务的影响,对集团各外贸公司在出口退税方面有关数据开展经常性的调查和统计,指导子公司开展出口退税工作,及时宣传贯彻出口退税政策的调整,做好应对措施,集团出面向政府相关部门协调有关出口退税方面出现的问题,争取扶持政策。

2004年,集团发文,对集团系统外贸企业出口退税工作提出要求,加快申报进度。

2015年,针对集团内外贸企业在市税务局开展的出口退税企业分类管理中遇到的相关问题,集团积极向有关部门反映,帮助协调解决,为集团出口业务的顺利开展提供有效支持。集团总部及下属的东方创业、东方利泰、东方新家纺、东方纺织、东方外贸、东方商业、物流集团、东松等公司为海关 A 类企业。

三、营改增试点

2012 年起,集团下属物流集团、空运公司、东方新海、经贸公司、经贸物流公司、新贸海公司、新海船代、上海船代、宁波兴海公司、联集公司、佳达公司、东方金发、国服公司、人力资源公司、东广展、和平国旅、东方国际集团对外经济技术合作有限公司、上海国际服务贸易集团因私出入境服务有限公司、上海东睦仓储有限公司、上海瑞合仓储有限公司等 20 家企业被确定为首批上海市实行营改增的税务改革的试点单位,集团积极配合税务机关做好各项准备工作,对集团统一会计核算办法中有关物流主营业务的核算办法作相应修改,帮助相关企业顺利实施好营改增试点工作。

第六章 业务管理

集团从业务调研、业务统计分析和业务政策支持等方面入手,建立有效的业务管理机制,对集团及直属公司进行业务协调与运营管理,坚持主营业务和发展重点,定期对市场、行业、企业调研分析,提出动态分析报告,促进集团可持续发展。

第一节 业务调研

业务调研是集团长期运用并以此促进集团与各家公司及各家公司相互之间联动的形式之一。集团的业务调研,从参与公司来分,分单个公司调研和多家公司交流;从调研形式来分,分现场调研和业务会议;从调研内容来分,分综合调研和专题调研。

一、综合调研

集团的业务综合调研主要是根据国际国内形势、市场变化和贸易发展趋势,深入各子公司进行调研,了解和掌握各子公司业务开展情况,提出方向性的建议和解决问题的措施,促进业务稳定发展。

1992年,中共十四大报告将建立社会主义市场经济体制作为中国经济体制改革的目标提出后,中国市场化进程不断加速,政府采取各种措施和政策,把作为市场主体的企业推向市场。外贸企业与国际市场紧密相连,虽然具备健全的市场观念和较强的市场适应能力,但是,外贸行业又是旧体制束缚最严、计划性体现最强的行业之一,长期来依靠垄断经营,依靠政策保护"朝南坐"、吃"大锅饭"的习惯势力尚未完全摆脱。长期的政策保护所形成的依赖性,使集团所属的外贸企业在迈向市场经济的进程中一步三回头,表现出缺乏信心、缺乏主动搏击风浪的勇气。加之计划经济体制下长期形成的经营产品单一,专业分工过细,自有资金严重不足,资产负债率过高等弊病,越来越不适应市场经济发展的需要。

1995年5月,集团开展综合调研后认为:集团所属各企业的产品单一、档次不高,特别是纺织品类产品经营已比较困难,缺乏发展后劲,与综合商社试点要求也不相符合。因此,改变经营产品单一和劳动密集型产品为主的局面成为当务之急。针对存在的问题,集团提出"调整产品结构"的经营策略,筛选300多家联营厂,形成几个出口产品基地。结合新产品试制、设计,逐步建立新型面料、先进染整技术产品开发的一条龙基地,建立有效的出口产品基础网络。

1996年,集团经调研后,提出实施"科技兴贸"的战略,走"以质取胜"的道路,把发展对外经贸的立足点逐步转移到主要依靠科技进步的轨道上来。到20世纪末,纺织品服装类产品在集团进出口总额的比重要下降到50%左右,基本形成以纺织品、服装类产品为主,轻工产品和轻型机电产品为辅,高新技术产品为先导的产品经营格局。

1999年年初,集团主要领导率各部室负责人赴集团各骨干公司进行调查研究以后提出1999年工作的思路:认清形势,转变观念,振奋精神,排难而上,奋战1999年,迎接新世纪;贯穿出口商品结构、市场结构、客户结构、贸易方式结构的四大调整,建立新机制,实现企业再造的新突破,千方百计扩大出口;将传统的商品、市场、客户和贸易方式,向符合国际市场客观要求的方向转变。这个转变就是"四个调整",是集团"一业为主"中最迫切需要解决的问题。

2001年,外贸出口面临严峻形势,集团领导分别多次下基层调查研究,各外贸子公司也积极采取措施,努力克服困难。面对世界经济和市场出现的新情况、新变化,坚持"四个调整",尤其是加快实施市场多元化战略和以质取胜战略,在基本完成2001年目标任务的同时,发展质量有所提高。在传统市场面临严峻挑战的压力下,集团及时做出保住传统市场,重点拓展中东、非洲、拉丁美洲等新兴市场的决策。此外,集团还积极探索进入国际连锁营销网络,开拓新型贸易渠道,并对工贸结合和科工贸一体化进行新的尝试。

2003年,集团在对所属各企业进行调研的基础上,提出"四个创新"(产品创新、品牌和技术创新、产品配套和系列化创新、经营机制和管理创新)的经营战略,以此来迎接和应对后配额时代的到来。集团坚持在调整中不断创新,在创新中不断实施适应市场变化的新的调整。集团的"四个创新"是"四个调整"经营战略的延伸和深化。

从2004年开始,集团加快推进"四个调整"步伐,坚持以调整与发展为主线,以贸易增长方式转变为抓手,以持续发展和提高企业核心竞争力为目的来开展业务工作,始终把客户结构调整作为龙头和重点工作来抓,引导和促进自营客户向品牌商、百货商、专业商和跨国采购商方向转变,进一步培育和优化客户结构。在产品结构调整上,组织召开业务现场交流会,专题介绍荣恒内衣和东方外贸铅笔发展系列产品的成功经验,进一步推动集团业务向专业化、系列化方向转变。在贸易方式创新上,总结和推介外贸浦东公司紧固件出口"五连环"销售方法,推进各公司在贸易方式上有新的突破。在品牌建设上,设立品牌发展基金、拟定集团品牌发展规划,利用广交会、华交会宣传公司品牌,塑造集团形象。在发展自营业务上,始终把提高自营出口比例、提高自营产品档次作为首要工作。经过努力,各公司调整意识增强,步伐加快,自营出口比例也逐步上升,开始扭转代理大、自营小的局面,部分公司通过培育自营优质客户,产品结构进一步优化,高附加值、高科技含量的轻纺、机电产品不断增多,集团业务的核心竞争力逐步提高。

集团坚持贯彻"四个调整"的经营方针,加快推进市场多元化战略的实施,研究开发延伸产品、系列配套产品,不断提高出口商品的附加值和增值服务水平,努力保持主营业务持续发展,收到良好的效果,促进集团主营业务的发展。

1999—2004年,集团三大主要出口市场显示较好的增长态势。(1)传统市场(美国、欧盟、日本)得到巩固,出口额占集团出口总额的比重由69.47%下降到64.47%。出口额从12.29亿美元提高到17.67亿美元。(2)新兴市场(拉丁美洲、非洲、中东)保持活力,出口额占集团出口总额的比重由11.11%上升到13.76%。出口额从1.97亿美元提高到3.77亿美元。(3)对潜力市场(东盟、韩国、俄罗斯等)的开拓取得较突出的成绩,出口额占集团出口总额的比重由4.20%上升到6.86%。出口额从0.74亿美元提高到1.88亿美元。集团和各公司探索高附加值产品开发和延伸,系列、配套产品开发以及增值服务等,在调整中不断创新,不断提高非纺产品、非配额产品和"双高"(高技术含量、高附加值)产品的出口比重。纺织品是集团最主要的出口商品,出口额占集团出口总额的比重由86.83%下降到71.55%。出口额从15.37亿美元提高到19.61亿美元。集团在保持传统纺织服装商品出口特色的同时,加大对技术含量较高、附加值较高的机电产品的开发力度,集团机电产品出口额占集团出口总额的比重由3.98%提升到10.52%。出口额从0.70亿美元提高到2.88亿美元。集团出口贸易方式中,一般贸易出口额占集团出口总额的比重由58.91%提高到 79.93％。出口额从 10.43 亿美元提高到 21.90 亿美元。来料加工出口额占集团出口总额的比重由 24.27％下降到 13.18％，出口额从 4.29 亿美元减少到 3.61 亿美元。进料加工出口额占集团出口总额的比重由 16.67％下降到 6.44％，出口额从 2.95 亿美元减少到 1.77 亿美元。

2013 年，集团董事长吕勇明等领导深入各子公司调研以后分析，集团经过近 20 年的发展，已经拥有较高的声誉和品牌优势，形成自身发展的特点，不但有外贸、物流、资产三大板块，而且正在培育电商和内贸，有一批市场竞争力强、具备自己品牌和特色的企业，有一定的房地产物业、金融、股权、资金等资源优势，有一支高素质、熟悉专业业务的管理团队。但是，现状与目标之间仍存在很大差距，如：发展项目投入较少，持续发展缺乏后劲。对资产板块整合开发力度不够，该板块盈利空间有待进一步提高等。根据上述情况，结合集团三年行动规划，集团对业务发展提出"转型发展，改革提升"的工作方针。随后，集团的业务发展根据这个工作方针，推动转型不动摇，加快发展不停步。从 2013 年开始，集团每年确定转型发展改革提升的重点工作，集团领导分工负责重点工作的推进，职能部门具体抓好落实，明确任务，落实责任，进行考核。2013 年，集团抓住中国（上海）自由贸易区试点契机，提早研究，提早介入，提早启动，参与自贸区跨境电商平台建设，运营自贸区跨境电商首单业务。2014 年，集团转型发展的项目取得积极进展，形成实施一批、洽谈一批、论证一批的局面。海外项目初见成效，如：东方创业柬埔寨服装厂和外贸荣恒公司孟加拉国内衣工厂投产后开始运行，情况良好；东方创业和物流集团共同开发的物贸联动创新产品"易融达"，初具新的商业模式雏形；东方纺织自主品牌建设和绍兴海神印染厂建设，推进贸易转型升级；东方国际元中大楼建设项目按计划顺利进行等。2015 年上半年，集团组建成立资产管理公司，是年 11 月，成立东方国际集团上海投资有限公司，形成集团综合贸易、现代物流、资产经营、投资发展四大板块的发展格局。

二、专题调研

进入 21 世纪以来，随着经济全球化趋势的加速，国际贸易（尤其是轻纺及服装产品）面临全面整合的竞争格局，供应链管理成为提升服务贸易企业核心竞争力的关键。为顺应形势发展需要，集团凭借领先的市场规模、雄厚的竞争实力和出色的人才队伍，依托现有的贸易、物流和其他服务相配套的业务模式，2005 年，集团董事长蔡鸿生提出要探索经营模式改革的新路，组织供应链管理和服务贸易大平台建设专题调研。

2006 年起，集团对各公司全资、控股的 13 家生产工厂开展全面调研，深入了解生产基地的基本情况和运营状况，摄制专题宣传片，工厂信息上网，编制生产基地小册子，召开工厂资源共享工作专题会议，加大对生产基地资源综合利用的宣传力度。集团根据各公司业务发展需要，支持和推动自属生产基地的整合与建设，着力打造供应链环节上的生产组织、产品制造等客户比较注重的生产功能。集团对各公司长期合作的 300 多家工厂进行调研，对基本生产情况进行汇总，在集团内部上网，生产供应商资源集团内部共享，初步建立集团系统的生产供应商网络。同时制定"两步走"的实施方案，第一步实现信息共享，建立信息平台；第二步实现资源共享，综合利用。根据集团各公司仓储资源的重组整合，一方面积极利用现有仓库等拓展物流仓储和分拨业务；另一方面，投资 1.5 万平方米曹路仓库和洋山物流仓储基地项目，加快基础设施建设，提高贸易配套服务功能。

2006 年，在充分调研的基础上，东方外贸与物流集团以出口到美国的家具作为业务试点，在贸易与物流互动方面迈出实质性步伐。

2007年年初,美国哥伦比亚公司原辅料的采购和物流配送希望由各进口商自行解决,与之合作的丝绸股份提出由集团内部物流来承接。为实现合作,丝绸股份派出人员赴中国香港对哥伦比亚客户原辅料供应流程进行调研,取得第一手资料。丝绸股份与物流集团进一步研究流程和具体操作方案,实现物流电子商务公共服务平台与贸易公司ERP平台的对接,与香港金发船务公司仓库电子平台的对接。该项目涉及哥伦比亚客户服装原辅料的采购、生产、运输、仓储、配送直到出口的各个环节,通过共同合作,集团的部分业务逐步融入客户的供应链系统中。

2007年,东方外贸与物流集团共同承接出口越南大型造纸设备的纯外包服务项目,总金额达到6 000万美元。2008年,东方外贸与物流集团以其新型的服务产品和良好的资质,从激烈的竞标中脱颖而出,中标上海海城越南造纸厂和中国香港理文越南造纸厂两个整体工厂出口和物流配套项目,总金额1.5亿美元,约1.8万立方货物发运至越南。由经贸公司承接飞利浦物流外包项目,服务内容包括原材料管理和配送,项目运作顺利,得到客户认可。新海船代公司和新贸海公司联合操作的龙工汽车物流项目成功运作,为客户提供包括整车拆装、装箱、运输在内的一条龙汽车物流服务等。

集团开展的供应链管理和服务贸易大平台建设专题研究成果获2006年度上海市企业管理现代化创新成果一等奖以及第十三届全国企业管理现代化创新成果二等奖,这是集团成立以来首次参加本市和全国企业管理创新成果的荣誉。

第二节　统计分析和业务政策支持

一、统计分析

集团成立之初,对业务信息统计工作非常重视,通过集团职能部门与直属公司建立业务交流渠道,开展有关业务指标等信息收集工作,做好月度、季度和年度统计和分析工作,在研究国内外经贸政策、行业、市场动态的基础上,分析集团贸易、物流、服务等方面发展状况,为集团正确决策、科学管理提供参考依据。

集团组织召开统计研讨会、专题工作会议。集团的统计工作从单项的业务统计逐步做到对整个业务的全覆盖,同时加强依法统计,确保统计数据收集准确性、上报及时性和分析的可靠性,做到数出有据,保证统计数据的质量。集团通过不断组织专题学习研讨,提高统计人员对统计工作重要性的认识,通过对数据进行分析,做到数字出情况,使统计部门为各级领导和业务部门提供精准数据决策依据的能力得到提升。集团职能部门与直属公司由专人负责统计工作,发挥集团与直属公司业务沟通的桥梁作用。各直属单位每月按期填报进出口统计、物流统计和服务贸易统计相关统计表。

1996年起,集团外贸进出口统计实现由业务统计向海关统计过渡,实行与海关统计数并行的双轨制。

1998年,集团统计工作建立工作例会制度,依据数据对市场、商品的走势及汇率变化的影响,提出应对建议和意见,对业务统计与海关统计制度的并轨做好准备工作,做好统计人员的培训工作,实现统计数据全部通过EDI网络传送上报。

1999年,集团外贸进出口实行以海关统计数为准的统计制度。

自2004年起,在国家统计局上海调查总队上海市企业集团统计工作综合评比中,集团被连续多年被评为全市优胜单位。

2010年,集团成立汇率小组和商情小组。5月18日,集团汇率、商情小组召开第一次会议,集团副总裁钟伟民等出席。会议就各公司间加强沟通信息共享等事项进行交流。

2010年,集团编撰《东盟各国贸易概况汇编》并下发各公司,受到业务部门的欢迎。《东盟各国贸易概况汇编》主要介绍中国与东盟的经济概况、自由贸易协定的主要内容(包括自贸区的基本知识、原产地规则、优惠原产地证书的申领等)、东盟十国的概况、对各个国家贸易和投资等方面的详细解读。

二、业务政策支持

集团的业务政策扶持始终围绕整体发展战略发挥引导作用,在各家公司面对金融危机冲击时给予支持,在各家公司探索发展新方向时给予协助,配合好集团业务创新转型工作的开展。

面对2008年全球金融危机考验,在集团扶持政策的引导下,各家公司的内部管理水平得到提升,信用保险投保规模在不断扩大,为业务发展提供可靠的保障和坚强的后盾。各子公司稳住进出口业务规模,从危机中寻找机会,加大国际市场的开拓力度,加快国内市场的发展速度,进行电子商务的首次尝试,推动不同业务(如:贸易与物流、贸易与服务等)之间的联动。促使各家公司注重公司的长期发展,调整产品结构,增强服务功能,关注品牌培养,"走出去"建立海外生产基地。

自2009年起,集团基于外贸企业供应链再造和业务发展的需要,每年都安排一定规模的预算,对下属公司的业务发展给予扶持,鼓励各家公司注重防控业务风险,提升业务质量,开拓市场客户,调整业务结构,注重长期发展,培育核心竞争力。

集团扶持内容根据每年不同的业务情况进行微调,主要聚焦在各公司发展具有共性的内容(如:出口信用保险、国内外展会、自主品牌、绿色环保低碳认证、扩大出口规模、自主品牌尝试内销等),以及各公司具有个性的项目(如:海外生产基地建设项目、物流功能和能级提升项目、供应链项目、发展电子商务项目等),涉及的业务板块主要是贸易板块、物流板块、电子商务、服务贸易。

2011年,针对国内外诸多复杂的不确定因素,集团相继出台4项政策,分别是:《关于下发〈2011集团激励补贴扩大出口方案〉的通知》,鼓励各公司保市场、保客户、保规模。《关于下发〈2011集团鼓励国内外展会资金支持的(暂行)办法〉的通知》,鼓励各公司积极参加国内外展会。《关于下发〈2011—2012年度集团投保出口信用保险补贴办法〉的通知》,鼓励各公司开拓市场,控制风险。《关于下发〈集团扶持自主产品品牌内销的(暂行)办法〉的通知》,鼓励公司加快自主产品品牌建设。

2012年,针对国际市场外需不足以及业务风险增加的严峻形势,为促进集团各公司业务健康发展,鼓励各公司扩大成交,根据集团2012年出口成交的具体情况,集团制定《2012年度集团投保信用保险补贴办法》《2012年集团扶持"发展现代物流、提升竞争力"项目实施细则》《集团扶持"建设供应链,提升竞争力"项目(暂行)办法》《关于2012年度集团扶持自主品牌和国外品牌产品内销的(暂行)办法》《集团鼓励绿色、环保、低碳产品出口的认证费支持办法》等扶持业务的奖励措施。

2015年,集团拨付信保投保补贴435.31万元、国内外展会补贴85.66万元、海外生产基地补贴198.69万元。拨付领秀公司海外招商专项资金26.46万元,拨付东方纺织品牌建设专项资金39.31万元。

2016年,集团补贴二级公司参保费用430万元,补贴国外会展120万元,补贴自主品牌境外注册、专利等费用17万元,补贴国内工厂梯度转移、技术改造升级、整合转型等200万元,补贴物贸联动、能级提升、业务拓展200万元,补贴《爱奢汇品牌之旅》拍摄投播费用96万元。

第七章 人力资源管理

集团人力资源管理,主要职责是人力资源制度建设、干部管理制度建设、干部队伍建设、薪酬及绩效管理、人事综合管理等。

第一节 制 度 建 设

一、人力资源制度

1995年3月,集团按照"管理科学,制度规范"的要求,制定《东方国际(集团)有限公司人力资源管理暂行办法》,明确集团干部管理、劳动工资管理、人事调配、驻海外机构人事管理、干部职工培训等各项规定。6月,集团制定《关于加强东方国际集团常驻国(境)外人员管理的若干意见》,规定选派常驻海(境)外人员必须符合中央及本市有关文件对外派人员的基本要求,坚持高标准严要求选派合格人员常驻海(境)外,加强思想政治工作,完善各类管理制度,做好驻海(境)外人员的日常管理。11月,集团制定《东方国际(集团)有限公司劳动合同制实施办法(试行)》,规定劳动合同的订立、终止、续订、变更和解除等条款。

1997年12月,集团制定《东方国际集团奖励办法(暂行)》,明确物质奖励的相关规定,旨在进一步宏扬先进,激发广大员工为企业改革发展和党建精神文明建设多作贡献。

1998年1月,集团制定《东方国际(集团)有限公司集团总部员工劳动纪律及考勤管理办法》。3月,为优化集团总部的人员结构,加强人员的归口管理,制定《东方国际集团总部聘用工作人员的若干规定(试行)》。

1999年,为进一步推动干部人事制度改革,努力培训面向21世纪的企业经营管理者队伍,集团印发《东方国际集团1999年组织人事工作要点》。

2005年8月,集团制定《东方国际集团中青年人才(职工)培养基金管理办法》,基金总额为215万元。基金使用对象为年龄45周岁以下(重点35周岁以下)、在岗业绩显著、有突出贡献的集团内中青年人才(职工)。基金用途:对集团内各类业务、管理岗位中青年人才(职工)进行培养,提供为期半个月至三个月的国外、国内短期培训(不包括学历培训)。培训的性质为专业培训,内容主要为经济管理类培训,包括企业管理、市场营销、金融投资、财务、审计、人力资源、法律、企业文化及其他专业岗位高级技能培训等。

2006年1月,集团制定东方国际(集团)有限公司《员工手册(试行)》(简称《员工手册》)。《员工手册》根据国家有关法律、法规和政策规定,结合集团实际,对集团的员工录用、薪酬、考核、劳动纪律和考勤制度等作出明确的规定。

2013年4月,集团修订《东方国际集团奖励办法》,根据新形势新情况进一步完善物质奖励办法,不断提高广大员工在企业创新驱动、转型发展中的积极性和创造性。

2014年,集团按照新三年行动规划和"创新驱动、转型发展"总要求,通过问卷调查、座谈、访谈等多种形式开展深入调研,形成"一个报告、一个规划和两个办法",即《东方国际(集团)有限公司人才队伍建设调研情况报告》《东方国际(集团)有限公司(2015—2017)三年人才发展规划》《东方国际(集团)有限公司领导人员管理办法(修订)》及《东方国际(集团)有限公司中青年后备干部推荐选拔培养管理办法》,最终成为集团新三年战略规划配套的人才队伍子规划。

2016年4月,为认真贯彻落实上海市总工会、中共上海市委组织部(简称市委组织部)、市国资委党委等6部委联合印发的《关于进一步加强本市国有及国有控股集团公司职工代表大会制度建设的若干意见》精神,集团制定《集团系统劳动用工管理办法》《集团系统职工教育培训管理办法》等制度。

二、干部管理制度

1994年11月18日,市外经贸党委下发《关于东方国际(集团)有限公司干部和劳动工资管理的暂行办法》,规定集团董事长、副董事长,监事会主席,总裁、副总裁,党委书记、副书记,纪委书记等属中共上海市委管理,市外经贸党委协助管理。人选的产生按《中华人民共和国公司法》(简称《公司法》)和《中国共产党章程》(简称《党章》)等有关规定程序办理;集团正副处级干部由集团管理。在集团进行干部配备的初期,集团总部的正职干部和二级公司党政正职干部的配备,先征求市外经贸党委意见后,由集团按《公司法》和《党章》有关规定程序办理。集团副处级以上干部的配备报市外经贸党委干部处备案;集团党委委员、纪委委员按《党章》规定产生,报外经贸党委审批;集团二级公司党委委员、纪委委员按《党章》规定产生,由集团党委审批。

1995年3月,集团制定《东方国际集团干部选拔任用工作程序》,对干部任用工作中的民主推荐、组织考察、内部酝酿、集团讨论、正式任用等各个环节作出具体规定。

1995—1996年,集团在干部管理制度上,取消干部的处、科级行政级别,根据集团的组织体制和管理层次,建立以岗位职能为主的岗位等级制,集团职工按照所承担的管理或业务岗位的复杂程度,分成11级,23档,以岗定级,变岗变级。集团制定干部选拔任用程序,海外干部管理办法,干部考核奖励、培训和中青年干部选拔培养等制度,从制度上保证干部选拔、任用、考核、监督过程中的规范化管理。集团建立董事会、监事会、党委,各司其职,各负其责。二级全资子公司实行独立法人结构,由集团董事会委派副总裁兼任各子公司的董事长、法人代表,形成由董事长、总经理和党委书记组成的公司经营决策委员会,行使公司的经营权、决策权。集团实行干部分级管理体制,集团管理二级公司董事长、总经理、副总经理和党委、纪委班子;二级公司管理其所属干部。根据《公司法》的规定,按新的企业组织体制建立相应的干部考核任命程序,实行组织人事部门考察,党委会讨论建议,董事会、总裁审议任用的办法。领导班子成员的考核,党群干部的任免,行政领导的推荐由党委会负责。行政领导的任免由董事会或总裁决定。集团将二级公司副职的建议权给予公司正职,董事长提名总经理,总经理提名副总经理,交董事会讨论决定。

1997年5月,集团党委下发《东方国际(集团)有限公司关于企业领导干部廉洁自律的若干规定(试行)》,为保持集团领导干部敬业廉洁,规范行为,保障集团的改革、发展和稳定奠定制度基础。

1998年年初,集团下属各全资子公司的法人治理机构逐步健全。由集团董事会的5名董事兼副总裁分别担任东方丝绸、东方服装、东方纺织、东方针织、东方家纺5家公司的法定代表人,对集团承担国有资产保值增值的责任。同时通过民主评议和组织考核,5家公司以中青年为主的新经营班子承担起经营管理的重担,公司总经理作为主要经营者,负责公司的经营活动。由于公司的资产所有者代表和主要经营者进行分离,职责进行划分,更有利于公司业务的发展和国有资产的保值增值。7月,集团制定《东方国际(集团)有限公司各部室工作职责(试行)》。12月,为进一步实现现代企业制度关于完善企业法人治理结构的要求,贯彻"党管干部"的原则和《公司法》精神,根据上级有关人事任免的政策,集团下发《东方国际(集团)有限公司人事任免程序改革的若干意见(试行)》,对集团所属全资、控股子公司,集团所属设立董事会的有限责任公司(股份有限公司)领导干部的任免程序提出改革意见。

2001年5月,集团党委下发《关于下发〈东方国际(集团)有限公司企业领导干部任前公示制度的试行办法〉的通知》,在集团全面推行企业领导干部任前公示制度。是年,为充分了解和监控各子公司国有资产运行情况,帮助各子公司贯彻集团对国有资产经营的各种决策和意图,集团开始对各主要的子公司委派财务总监。6月,集团印发《东方国际(集团)有限公司财务总监管理暂行规定》《关于下发〈东方国际(集团)有限公司关于进一步规范企业领导干部任职、退休年龄的若干意见(试行)〉的通知》,分别对财务总监任命、委派,财务总监的职责和企业领导干部的任职、退休年龄等作出明确规定。

2002年10月,集团党委下发《东方国际(集团)有限公司企业领导人员廉洁自律规定(试行)》(简称《规定》)。2005年9月,集团党委结合当时的实际,对《规定》作修改下发。《规定》共20条,从各个方面规范企业领导人员严格执行企业领导人员廉洁从业各项规定,增强廉洁自律意识,提高拒腐防变能力。

2004年6月,集团印发《东方国际(集团)有限公司派出监事管理暂行办法》《东方国际(集团)有限公司派出董事管理暂行办法》。《东方国际(集团)有限公司派出监事管理暂行办法》就集团派出监事职务的任免、监事的职责、监事的报告制度、监事的考核等方面作出明确规定;《东方国际(集团)有限公司派出董事管理暂行办法》就集团派出董事的职责、集团派出董事的报告制度、重大表决事项的报批程序、集团派出董事的考核和薪酬福利等方面作出明确规定。

2005年12月,集团修订《东方国际(集团)有限公司财务总监管理暂行规定》,进一步规范和加强对集团内各子公司的财务管理以及财务监督、健全企业内部财务监控机制。

2006年2月,集团制定《东方国际(集团)有限公司高管人员管理办法(试行)》(简称《高管人员管理办法》),就集团高级经营管理人员(简称高管人员)的范围对象、聘用及任免程序、管理体制、权利和职责等方面作出明确规定。《高管人员管理办法》明确,竞争上岗和公开招聘是选聘任用高管人员的重要方式,主要适用于选聘任用集团总部各管理部门负责人和集团子公司总经理、副总经理、财务总监等人选。子公司董事长人选也可通过竞争上岗方式产生。竞争上岗主要在集团或所在子公司内部进行。公开招聘一般面向市场进行,也可委托社会中介机构定向招聘。选聘任用高管人员按照市场化运作原则,实行竞争上岗和公开招聘,可相应实行待遇报酬双轨制。《高管人员管理办法》还规定集团实行协理制。协理是原担任集团总部各部门和子公司高管人员在其调离岗位后,专职从事协助工作的特设岗位。协理实行任期制,其工资待遇从第二年开始按原薪酬待遇一定比例递减。协理制的实行,拓宽企业高管人员能上能下,特别是能下的通道,为优秀年轻人才的脱颖而出、优化高管人员的结构提供制度保证。

2006年4月,集团制定《关于东方国际(集团)有限公司派出董监事实行报告制度的暂行办法》,就集团派出董事、监事定期向集团董事会报告工作情况的各项要求作出规定,使集团及时掌握全资、控股和参股子公司经济运行和管理工作的过程和情况,及时指导并协调企业处理好重大事项,切实维护国有资产安全。

2009年9月,集团制定《东方国际(集团)有限公司派出董事监事任职管理办法》,进一步加强对派出董监事的管理。

2010年11月,集团制定《东方国际(集团)有限公司领导人员管理办法》,明确集团董事会、党委会集体决策的权限和程序;落实市委《关于市管国有企业董事会选聘经理班子副职成员的实施细则(试行)》精神,将集团总裁班子副职列入集团董事会管理的范围;对集团二级子公司经营班子副职任免的提名权,采取适度放权的原则;进一步明确集团董事会、党委会、总裁室,以及二级公司领导班子管理职责。

2014年1月,集团党委下发《进一步建立健全领导干部联系点制度的通知》,规定集团领导和子公司领导全部落实具体联系点,把党的群众路线教育实践活动中的好做法形成长效工作机制。12月,集团下发《东方国际(集团)有限公司领导人员管理办法(修订)》对集团领导人员的界定、任免、考核、薪酬、岗位调动、人事档案管理以及回避制度等方面作出详细明确的规定。是年,集团党委下发《关于加强集团系统企业领导人员垂直兼职监督管理的通知》,加强对领导人员兼职任职的规范清理工作。

2015年1月,集团下发《东方国际(集团)有限公司中青年后备干部选拔培养管理办法》,加强集团系统"百名后备干部"队伍建设,做到提拔一批、交流一批、储备一批。

第二节 干部队伍建设

一、领导班子建设

集团成立伊始,注重干部队伍建设,初步建立适应现代企业制度的干部选拔任用程序。根据《公司法》的要求,按新的企业组织体制,建立相应的干部考核、任命程序,实行组织人事部门考察,党委会讨论建议,董事会、总裁审议任用的办法,既体现和贯彻党管干部的原则,又保证董事会、总裁对干部任用的决策权。

1995年,集团积极探索干部管理的新模式,结合二级公司班子调整,实现党政班子同步配备、党政干部交叉兼职。党政干部的交叉兼职主要采取四种形式:(1)有条件的实行董事长(执行董事)或总经理与党委书记"双肩挑";(2)党委书记进入经营管理层,担任第一副总经理;(3)总经理兼任党委副书记;(4)有条件的副总经理进入党委班子。这种配备保证新体制下党政工作的互相渗透和互相促进,保证党组织的用人建议在企业决策机构中得以实现。

2002年10月,根据市委组织部《关于做好调整充实局级后备干部工作的通知》和市外经贸党委《2002年市外经贸系统后备干部选拔培养实施办法》的有关要求,经集团中层以上干部、职工代表民主推荐,集团党委研究决定,上报市外经贸党委5位人员为集团正职后备干部,5位人员为集团副职后备干部。

2004年6月,根据市委组织部《关于做好2004年局级后备干部集中补充调整工作的意见》和市国资委党委的有关指示精神,集团党委召开由集团中层以上领导人员71人参加的民主推荐集团领导人员后备人选会议,经会议推荐提名,经集团党委研究决定,7名人员作为集团副职领导人员后备人选上报市国资委党委。

2005年,在中共上海市委组织部和市国资委党委部署下,集团董事会采用组织配置与市场公开选聘相结合的办法,完成集团总裁的聘用,进一步健全集团领导班子,跨出集团高管人员选拔机制改革的历史性一步。集团对改制后的各二级公司股东会、董事会、监事会和经理层进行优化配置,使其职责分明,形成产权清晰、权责明确、管理科学、运转顺畅的领导体制和运行机制。9月,集团向东方外贸、东方利泰、物流集团、东方商业、国服公司等5家子公司派出财务总监,连同以往对东方纺织、东方新家纺、丝绸集团等子公司委派的财务总监,集团对主要全资、控股子公司均派出财务总监。

2006年6月,根据中共上海市委组织部、市国资委党委关于进一步深化国有企业"四好"领导班子创建活动的通知精神,集团党委制定《东方国际集团党委关于深入开展"四好"领导班子创建活动的实施办法》,在集团系统深入开展以"政治素质好、经营业绩好、团结协作好、作风形象好"为主要内容的"四好"领导班子创建活动。

2007年3月,市国资委党委考核组对集团党政领导班子进行三年工作综合考核。其间,市国资委党委考核组在集团干部大会上对集团领导班子后备人选组织民主推荐,经民主推荐和组织考察,确定1位人员为集团正职后备干部,6位人员为集团副职后备干部。

2009年6月,集团根据中共上海市委组织部《关于做好2009年局级后备干部补充调整工作的实施意见》和市国资委党委会议精神,对现职领导班子成员和原有后备干部进行梳理分析,决定集团领导人员副职后备人选不进行补充调整,仍为原6位人员。

2011年7月,根据中共上海市委组织部《关于市管国有企业董事会选聘经理班子副职的实施细则(试行)》的精神和市国资委党委关于试点企业董事会选聘经营层副职成员的要求,集团董事会、党委通过民主推选、集体酝酿、总裁提名、组织考察、权力机构决策等法定程序,确定3位人员为集团副总裁人选,1位人员为集团总经济师人选。8月,集团下发《关于集团董事会聘任新一届总裁班子副职的通知》,聘任上述4位人员为集团总裁班子副职,完成对集团经营层副职的选聘工作,落实试点企业董事会的重要人事任免权。

1995—2017年,集团通过对集团总部职能部室负责人、派出董监事、二级公司领导班子和领导人员进行任职考核、任期考核和内部公开竞聘等方式,不断充实调整集团中层领导人员,有效促进领导人员履行职责的能力。

二、后备干部培养

集团党委始终重视集团中层后备干部队伍建设,以此作为实现集团可持续发展战略的组织保证。1995年6月,集团下发《关于调整和充实后备干部队伍的实施意见》,要求各公司按照干部队伍"四化"的方针和德才兼备的标准,在原有后备干部队伍的基础上,通过对各公司现职部门副职以上的干部以及有发展潜力的青年干部,重点是20世纪八九十年代毕业大学生的选拔考察,按程序推荐8名~10名人员充实各公司后备干部队伍。

1997年6月,集团下发《关于做好二级公司襄理和书记助理配备工作的通知》,对二级公司襄理和书记助理的任职条件提出具体的规定。各二级公司加快中青年干部培养使用的步伐,按照干部队伍革命化、年轻化、知识化、专业化的方针和德才兼备的原则,逐步配齐襄理和书记助理。

2000年7月,集团党委下发《关于进一步加强后备干部队伍建设的若干意见》(简称《意见》)。《意见》要求各二级公司加强对后备干部的选拔培养、考察推荐,后备干部在数量上按公司正职1:2、副职1:3的要求配备。集团党委采取群众推荐、党委考核的办法,重新确定80余名中青年后备干部,将其分为近期可以进班子、中期可以进班子,以及战略后备三个梯队。

2002年1—3月,集团党委组织开展对各公司推荐的后备干部人选进行遴选和全面考核,考核的内容包括党性修养、廉洁自律、奉献精神、开拓创新、组织管理、大局意识、求真务实、业绩成效和对企业文化及党建、精神文明的重视程度等9个维度。经考核,集团党委确定70人后备干部名单。

2005年5月,集团下发《关于做好二级公司高管后备干部队伍调整充实和培训工作的通知》(简称《通知》)。《通知》规定二级公司高管后备干部必须具备政治素质好,业务能力强,工作表现突出等条件;规定年龄在30周岁以上,45周岁以下,特别优秀的年龄可适当放宽,一般要具备大学本科以上文化程度,进公司工作五年以上,在二级公司中层管理岗位工作三年以上等条件。集团二级公司根据《通知》精神,重新选拔确定后备干部共67人。2006年上半年集团中青年后备干部进行遴选和全面考核,确定新一批二级公司领导班子后备干部名单。

2013年,集团党委在集团系统内全面开展中青年后备干部推荐选拔工作,规定政治思想、工作实绩、年龄范围、学历背景、职称等级等具体要求。通过候选对象的提名筛选、本公司干部职工无记名投票和本公司党组织讨论、集团党委职能部门考察审核等程序,确定101名中青年后备干部名单,在集团系统形成"百名中青年后备干部"队伍。集团党委提出"三个一批"(提拔任用一批、交流轮岗一批、分类培养一批)工作要求,将中青年后备干部民主推荐选拔工作与干部选拔任用工作相结合。

2017年上半年,集团在总部及二级公司开展新一批中青年后备干部民主推荐选拔工作。经过为期三个月的民主推荐、集中考察、征询意见等系列程序,经集团党委讨论审议,最确定107名人员为集团系统新一批中青年后备干部。

三、考察任用工作

1995年第一季度,集团结合改制,调整配备5家子公司和3家新成立公司的领导班子。在广泛开展民主评议推荐和个别访谈的基础上,结合德能勤绩考察结果,经集团党委讨论后向集团董事会提出建议任用名单,分别由集团党委和集团董事会任命或聘任。在调整任命的33名二级公司领导干部中,提拔任用的21名;5名二级公司总经理平均年龄42岁,比原班子下降7岁;全体班子中年纪最轻的31岁,40岁左右的占1/3。这些干部文化层次高、政治责任感强,知识结构完善,经营管理能力强,在工作中大胆创新,得到职工的好评。

为进一步全面了解自1995年4月二级公司改制以来领导班子和领导干部的思想政治建设、公司经营状况、廉政建设和精神文明建设状况和工作实绩,1996年4月,集团党委下发《关于对二级公司领导班子和领导干部进行回访考核的意见》。各公司通过领导班子和领导干部述职、民主评议、个别访谈等环节,于1996年5月底完成回访考核工作。

1996年4—6月,集团组成考核组分别对东方丝绸、东方服装、东方纺织、东方针织、东方家纺、货运公司等6家子公司的领导班子和33名领导干部进行回访考核。整个考核过程按照程序化、规范化、科学化的要求,分阶段进行班子、个人述职,干部民主评议,个别访谈,资料汇总,综合评析,考核小结。领导干部中考核评为优秀的5名,占被考核干部的15%;称职的26名,占被考核干部的79%;考核评为基本称职的2名,占被考核干部的6%。

1997年,集团党委对新加入集团的新海公司、上海永丰贸易公司、荣恒公司、房产公司等4家公司进行班子考核,并对10家公司的领导班子进行调整配备,任命领导干部38人,其中提拔任用的15人。同时,免职7人。

1998年2月,集团根据中央《关于进一步加强和改进国有企业党的建设工作的通知》《关于做好国有企业领导班子考核建设工作的通知》精神,对考核任期超过 2 年、任届即将到期的 8 家二级公司领导班子和领导干部进行换届考核(包括东方丝绸、东方服装、东方纺织、东方针织、东方家纺、货运公司、东方国际集团贸易发展有限公司、东方金桥国际贸易有限公司),对班子配备或整体调整已满 1 年的 2 家公司领导班子和领导干部进行年度考核(包括东方国际集团对外经济技术合作有限公司、东方国际集团永丰有限公司)。考核的主要内容为领导班子任期内企业党建和精神文明建设、企业改革和管理、国有资产保值增值、公司业务拓展、经济运行和经济效益等情况。

1999 年,集团党委对 9 家子公司领导班子进行考核,其中对 22 人进行任期中考核,对 10 人进行任免考核。同时对通过竞争上岗的 2 名人员进行跟踪考核。通过考核,集团党委本着德才兼备、注重实绩、公开、公平、择优等原则,将其中 6 名人员提拔到子公司领导岗位或由副职提拔为正职。对因经营不善,给企业造成经济损失的 3 名人员免去领导职务。

自 2000 年起,集团坚持每年对集团总部各部室负责人、二级公司领导班子及领导干部进行年度考核。考核内容包括经营规模、效益、企业改革及各项管理工作、党建和精神文明建设。考核方法步骤为班子及个人述职、民主测评、个别访谈听取意见、考核结果反馈等。

2002 年,集团党委在对中层干部进行全面考核的基础上,对集团总部 6 个职能部门负责人和 9 家子公司的党政领导班子进行较大幅度的调整,充实一批优秀的中青年后备干部,优化公司领导班子的知识结构、年龄结构和能力结构。

2004 年 10 月,为配合集团物流板块战略规划和整体方案的组织实施,集团采用竞聘上岗、择优录用的方式,公开竞聘物流集团经营管理主要负责人。竞聘会上 4 位人员先后就工作经历和业绩情况、竞聘优势以及对物流板块改革发展的思路等内容进行 20 分钟的竞聘演讲,对与会人员提出的问题当场进行答辩。参加会议的 70 余位人员对四位竞聘者进行投票评选。根据竞聘投票结果,集团董事会和党委研究确定物流集团经营管理主要负责人。

2006 年 2 月,集团对成立一周年的物流集团领导班子开展试用期满考核工作。考核按照科学发展观的要求和集团有关规定,坚持统筹兼顾、科学评价、突出重点的原则。通过考核肯定成绩,找出存在问题和不足,提出意见和建议,为物流集团领导班子完成新的任期目标夯实基础。

2007 年 1 月,集团召开集团总部部室主要负责人、派出财务总监 2006 年度工作述职会。与会人员对每一位述职人员进行测评。是年,集团完成对 7 家二级公司和集团总部 3 名部门高管人员的职务调整工作,涉及的高管人员 52 人次。其中有 6 名干部被提拔到集团中层管理岗位,有 3 家公司的班子成员进行交流。

2010 年,集团党委对 8 家二级公司及集团总部 5 个部门的高管人员进行职务调整。

2012 年,集团通过竞聘上岗,选拔任用集团财务总监和监察室主任。

2013 年 1 月—2014 年 4 月,集团党委先后对东方新家纺、东方外贸、资产经营公司、丝绸集团、东方创业、东方房产、国服公司、东方商业、物流集团、东松公司、东方纺织、东方利泰等 12 家二级公司的领导班子和领导人员进行任职考核。考核的方法和流程主要包括二级公司领导班子和班子成员述职、民主测评、个别访谈等。考核评价主要包括德、能、勤、绩、廉等方面内容,采用定量评价与定性分析相结合、组织考核与民主评议相结合的综合考核评价方法。考核采用无记名投票,最后由集团总部各部室和公司内部人员打分形成考核总分。

2014 年集团党委选拔任用和调整 89 人次的集团中层干部,其中提拔青年干部 8 人,充实集团总部部室领导及二级公司领导班子。同时,集团党委还对 2011 年 1 月以来集团系统领导干部选拔任用工作进行全面自查。集团纪委和职能部门开展集团系统领导人员兼职任职、退休领导人员兼职任职和"裸官"［配偶、子女均已移居国（境）外的二级公司重要岗位领导和集团领导］岗位调整等规范清理工作。

2016年，集团调整配备64人次集团中层领导人员，有7名领导人员进行岗位交流；集团注重用好各年龄段干部，选拔任用6名70年代和2名80年代出生的年轻干部，确保梯队配备干部。

2017年1月，集团党委展开2016年度集团系统各二级公司党组织书记抓基层党建和党风廉政建设工作述职评议会。资产管理公司、领秀公司和集团总部的党组织书记进行口头述职，还有10家二级公司的党组织书记向与会人员递交书面述职。与会人员对3位口头述职和10位书面述职的书记分别进行民主测评。

第三节 人事综合管理

一、人事档案管理

1996年9月，为适应现代化企业制度的建设，进一步深化人事制度改革，推进集团人事档案管理工作规范化，集团印发东方国际（集团）有限公司职工情况登记表，下发各公司组织职工填写。

为贯彻落实中共中央组织部颁发的《干部人事档案工作暂行办发》《干部人事档案工作管理考核标准》和中共上海市委组织部下发的《1997—2000年上海市干部人事档案工作规划》，1998年11月，集团制定《1998—2000年东方国际（集团）有限公司干部人事档案工作规划》，对干部人事档案工作的材料收集、整理规范、设施达标、人员配备等方面提出规范要求，提出到2000年集团干部人事档案工作的目标是：集团公司各子公司均应达到干部人事档案工作目标管理标准三级等级，其中管理300卷以上干部人事档案的子公司有60％要达到二级等级，力争1—2家子公司达到一级等级。

1999年，东方外贸被中共上海市委组织部评为上海市干部人事档案工作目标管理二级单位。是年，集团召开贯彻《1998—2000年东方国际（集团）有限公司干部人事档案工作规划》研讨会，对各子公司干部人事档案工作进行督查。其中操作规范、文书档案齐备的有东方丝绸、金达公司、东方创业、东方家纺、东方针织、东方外贸等公司。

2000年，东方丝绸被评为上海市干部人事档案工作一级达标单位。

2006年5月，根据中共上海市委组织部《关于开展干部人事档案审核工作的通知》精神，集团召开干部人事档案审核工作会议，对干部人事档案的审核、材料收集补缺、分类整理等方面进行培训。到年底，集团总部完成审核人事档案98份。同时，集团二级公司也积极开展人事档案审核工作。东方创业自查和重新整理人事档案246卷，组织员工填写《职工情况登记表》入档227份，补充各类材料入档460份。

二、因公出国（境）政审

1994年11月18日，市外经贸党委下发《关于东方国际（集团）有限公司干部和劳动工资管理的暂行办法》，规定集团成立初期出国政审按现行的政审程序执行，常驻国（境）外干部的出国政审手续仍按市委组织部的规定，由市外经贸党委审批。集团的临时出国政审权，报中共上海市委组织部批准实施。

2001年2月,根据《中共中央办公厅、国务院办公厅转发〈中共中央组织部、人事部关于因公出国人员审查的规定〉的通知》《中共中央办公厅、国务院办公厅关于转发〈中共中央组织部、人事部关于因公出国人员审查的补充规定〉的通知》精神,为切实做好出国人员的政审工作,集团制定并下发《东方国际(集团)有限公司因公出国(境)人员政审工作制度》,明确因公出国人员的政审工作按干部管理权限进行。集团领导因公出国政审报中共上海市委组织部、市外经贸党委审批;集团各子公司因公出国人员的政审工作,由各子公司预审,集团审批;集团总部人员因公出国政审,由集团审批。同时,要求干部人事部门对因公出国人员的政治表现、思想道德、业务水平、家庭成员及主要社会关系等情况进行全面考察和了解,并对因公出国人员政审材料的填写和上报材料要求作出详细规定。

第四节　薪酬及绩效管理

集团严格按照国家和上级部门的政策规定,拟定直属公司经营者薪酬管理和业绩考核办法并组织实施,协助主管部门拟定集团所属企业工资总额,抓好企业工资总量控制。

一、企业经营者业绩考核及激励机制

为落实市国资办和市外经贸委下达的国有资产保值增值的目标和每年的出口计划任务,1996年7月,集团董事长、总裁与下属子公司的董事长、总经理分别签署《目标经营责任书》,内容主要有三项:出口创汇、出口收汇、利润指标,以后逐年修订考核指标。按公司法人治理结构要求,至2017年,每年由集团董事长、总裁与各子公司签署《目标经营责任书》,确保各子公司完成集团下达的各年度经济指标。

为支持和配合企业的改革,吸引和留住骨干人员,集团对经营者薪酬考核分配的方法和内容进行改革。主要做法:(1)按照现代企业制度的要求,积极发挥董事会薪酬委员会在经营者业绩考核和薪酬分配中的作用,建立公开、公正、透明,激励与约束相统一的薪酬分配制度。(2)坚持责任、风险、利益相一致的原则,采用分级管理的形式(集团负责对二级公司经营者的经营业绩进行考核和分配,二级公司负责对三级公司经营者的经营业绩进行考核和分配),科学规范经营者的薪酬分配,使经营者的薪酬与经营业绩挂钩,与承担的责任相一致,与员工的薪酬形成合理的结构。(3)科学、有效、合理地设置和调整企业经营者业绩考核指标,注重薪酬分配的公平公正,建立能升能降的薪酬分配机制,新增既有量化指标又有定性指标,既强化企业风险管理又能形成较为稳定的预期和长效激励的分配机制。(4)加强薪酬分配的管理监督,注重薪酬分配的公平公正,建立和完善经营者风险责任追究制度,逐步健全经营者薪酬考核的约束机制和能升能降的薪酬分配机制。(5)在薪酬分配向业务骨干倾斜的同时,慎重决策为部分低收入员工提高薪酬水平,使员工收入稳步增加,企业更加和谐。

1997年,二级公司经营者以主要经济指标(出口创汇额、进口额、利润、货运量等),及国有资产保值增值率为考核指标,确定经营者年薪收入。

2000年,集团通过对经理人分配激励机制改革的调研,制定对二级公司领导干部新的业绩考核指标和考核办法,用净资产收益率替代原有的创汇、利润指标,同时制定相应的制约机制。新的考核指标和考核办法体现公平、合理和更加有效的激励。

为适应社会主义市场经济体制的建立和发展,迎接中国加入世界贸易组织对外贸企业人才方面的挑战,积极推进集团的改革和发展,进一步完善分配激励机制,集团于 2001 年 10 月下发《关于2001 年集团二级公司经营者年薪收入分配激励的办法》,实行与企业规模、经营业绩相衔接的企业分类制度,按企业 2001 年的经营规模、经营业绩确定企业的类别,根据各类企业经营者所承担责任、风险的大小和当年的经营实绩确定相应的年薪报酬。

2003 年,集团将企业当年重大经济案件、安全生产和企业稳定等工作纳入业绩考核参照因素,规定经营者年薪由年薪(基薪)、年薪调整和加奖三部分构成,对每一部分规定详细的计算方法。

2004 年,集团规定经营者年薪以考核企业当年度净利润的完成实绩为主,综合考虑企业的经营业绩、资产质量、解决历史遗留问题、费用控制等方面的情况。经营者年薪由年薪(基薪)、年薪调整和董事会特别奖惩三部分构成,对每一部分规定详细的计算方法。

2005 年经营者年薪分配办法应用经营实绩与预算偏离度的概念:实绩与预算偏离在 0(含)至10%(不含)的,增加年薪 10%;实绩与预算偏离在 -10%(含)至 0%(不含)的,增加年薪 5%。

2006 年集团进一步加强对资金使用成本、预收账款的结构状况进行考核的力度,把定量与定性相结合,提高考核的科学性和有效性,进一步增强企业经营者努力完成年度经营目标的积极性。

2007 年,集团根据近三年来二级公司经营者年薪分配工作实际,结合集团整体经济运行状况,下发《2007 年集团全资、控股公司经营者年薪分配考核办法》,对 2006 年经营者年薪分配办法做相应修订,规定绩效薪的具体数额,增加风险认定事项,使集团董事会可以根据企业经营过程中发生的重大经济纠纷判断该笔业务进入风险的阶段,根据当事企业的举证申辩情况,判断风险事项是否成立,以及决定惩戒的力度,从而进一步提高集团对下属企业经营风险的管控能力。

2009 年 3 月,集团根据国际金融危机蔓延影响实体经济的实际情况,在《关于 2009 年集团全资、控股子公司经营者年薪分配考核的办法》中规定,经营者年薪由基本工资、绩效薪和年薪调整三部分构成。年薪调整以基本工资与绩效薪之和为基数,根据相关考核指标调整经营者年薪。其中企业可根据实际情况在 2009 年 7 月对净利润预算目标提出调整申请,由董事会认定后,作出调整决定;平均净资产收益率根据上述调整后的当年净利润计算调整。

2010 年 5 月,为全面贯彻落实科学发展观,实现集团保规模、调结构、促转型、抓管控、推改革、谋发展的工作目标,集团《2010 年度集团全资、控股子公司经营者年薪分配考核办法》在以往定量可考核的基础上,增加定性考核的项目:(1)积极配合集团核心资产上市工作;(2)收回欠款、化解重大风险事项;(3)落实"调结构、促转型"的业务发展目标,逐步增强企业核心竞争力和长远发展能力;(4)积极做好维稳、安全工作;(5)解决各类历史遗留问题。

2010—2011 年,集团董事会制定《东方国际集团经营层领导成员 2010 年度业绩考核和薪酬分配办法》《东方国际集团经营层领导成员 2011 年度业绩考核和薪酬分配办法》,对考核原则、目标任务、责任落实、计分规则、薪酬构成、激励约束、考核程序等内容进行科学设计和制度性规定。主要特点:(1)考核指标定量与定性相结合。定性指标围绕集团发展、改革、管理的重点目标任务;定量指标是经济效益指标,主要包括主营业务收入、归属母公司净利润、净资产收益率。(2)考核对象团队与个人相结合,团队考核与个人考核权重各占 60% 和 40%。(3)绩效薪酬激励与约束相结合,经营者年薪由基薪与绩效薪组成,比例为 1∶1.2。实际兑现的绩效薪以个人考核得分为依据。2010 年、2011 年考核结果显示,各项定量指标全面完成,定性指标中风险事项处置等未能完全达标,相应影响绩效薪;对有突出贡献的集团经营层成员董事会予以特别奖励。

2011 年 5 月,为进一步保证企业的和谐发展,集团在《2011 年度集团全资、控股子公司经营者年薪分配考核办法》中明确:经营者薪酬水平的增长幅度不高于企业经济效益的增长幅度,不高于企业职工平均薪酬水平的增长幅度。

2013年12月,根据市国资委《关于进一步加强国有企业创新人才激励机制建设的实施意见(试行)》的精神,集团批准《上海东松国际贸易有限公司实施创新人才激励方案》,通过进一步提高股权激励比重,同时通过业绩激励的方式,强化对东松公司经营层领导人员和一定比例管理层、核心业务骨干的激励,促进东松公司在经营模式方面加速创新转型,在保持传统贸易现有规模的前提下,实现服务贸易、物贸联动以及内贸业务等三个方面的突破,最终实现国资收益、企业发展和经营团队收入多赢的局面。集团鼓励其他具备条件的子公司也开展类似的改革与探索。

2013年起,集团以战略目标导向、分类管理考核、逐步接轨市场、激励约束结合、规范有效运作等各项原则作为经营者业绩考核和薪酬激励原则,明确企业经营者年薪由基薪、绩效薪、超额奖金、专项奖金等四部分构成。基薪系数的确定主要考虑五个因素:资产总额(比重10%)、营业收入(比重20%)、利润总额(比重50%)、净资产收益率(比重10%)以及全部职工人数(比重10%),根据这五个因素的加权平均得分计算子公司经营者基薪的系数。绩效薪考核指标由经济指标、管理指标、发展指标等三部分构成,考核指标构成及权重按子公司所属贸易、物流及资产板块的不同各有侧重。

二、子公司薪酬管理

1994年11月,市外经贸党委下发《关于东方国际(集团)有限公司干部和劳动工资管理的暂行办法》,规定集团成立初期的劳动、工资管理报上海市政府和有关职能部门同意后,按"转换机制、放开经营"的模式自行管理。在上述管理模式批准之前,暂按现行办法实行。

1995年,集团制定并试行岗责挂钩、规范管理的工资改革方案,进一步规范和统一各子公司的分配模式。11月,集团在《东方国际(集团)有限公司二级公司1995年工资分配办法》中明确,在坚持职工工资总额增长率低于企业经济效益增长率,职工平均工资增长率低于本企业劳动生产率增长的前提下,对二级外贸专业公司实行美元工资含量的分配办法,采用出口创汇和收汇双指标挂钩考核,其中出口创汇占60%,收汇占40%。

1999年3月,市劳动和社会保障局、市财政局、市外经贸委联合下发文件,同意东方国际集团从1998年起实行工资总量一头调控办法,挂钩范围:集团总部、集团二级公司及所属国有子公司共计30户,不包括丝绸集团下属金达公司和1998年新建及转制公司。

2000年,集团根据市劳动局、市财政局的规定,对施行改制的部分子公司彻底改革分配办法,取消"工资总额",实行工资提取和劳动生产率相挂钩的"两不超"(职工工资总额增长不超过效益增长、职工平均工资增长不超过劳动生产率增长)办法,东方创业、东方针织的浦东公司、东方荣恒等三家公司率先走上工资分配不受工资总额限制的新路,分配制度进一步和市场接轨。

2009年2月,根据市人力资源和社会保障局以及市国资委有关收入分配的各项精神,集团制定《东方国际(集团)有限公司关于企业收入分配的若干指导意见》,在集团系统内建立有序、规范、公平、公正的收入分配制度,合理控制收入差距、调动广大员工的积极性,促进企业和谐稳定发展。

2010年9月,集团开展工资集体协商工作推进情况调查,调查结果显示,集团系统已开展工资集体协商的二级公司有4家,占30.77%,已开展工资集体协商的三级公司有11家,占21.15%。

2010—2012年,集团董事会在审核年度人工成本预算过程中,坚持效益导向,建立人工成本决定机制和职工工资正常增长机制;合力调节收入分配关系,工资总额预算向一线和重要岗位倾斜;充分考虑居民消费价格指数(CPI)增长情况,保持企业职工,特别是低收入群体收入稳定增长;加大下属企业职工民主参与分配管理的力度,大力推进企业工资集体协商制度。

2012年年末,集团系统完成工资集体协商机制企业的比例达到89.47%,达到市国资委提出的目标。

2016年4月,集团印发《集团系统职工薪酬福利管理办法》,进一步明确职工薪酬福利的兼顾性原则,即各公司薪酬福利制度在体现激励、市场化及有竞争性的情况下,应同时兼顾公平性原则,收入增长向一线低收入人群适当倾斜,确保企业稳定发展。

第八章　审　计　管　理

集团审计管理主要依据国家经济法规,从内部和外部两个方面,组织开展审计、监督、评价和督促整改,改善和加强企业运营,防范经营风险,确保国有资产保值增值,促进企业持续健康发展。

第一节　管　理　基　础

集团重视审计管理的基础建设,将其作为严格内部控制、加强企业管理的重要内容。集团审计管理的基础工作主要包括制度建设、机构设置、审计内容、审计计划等四个方面。

一、制度建设

2003年12月,集团下发《东方国际集团内部审计的工作规定(试行)》,对审计工作职责、机构设置、人员配备、审计内容、审计步骤等方面作出一系列规定,为集团审计工作的开展奠定基础。同期,根据国家《审计署关于内部审计的规定》,结合集团开展内部审计工作的实际,下发《关于进一步加强集团内部审计工作的意见》,各子公司建立健全内部审计制度,促进企业内部审计工作健康发展,不流于形式。2008年、2016年,集团在原《工作规定》的基础上两次完善修订,形成《东方国际(集团)有限公司内部审计工作规定(2016年修订版)》,进一步规范集团系统内部审计工作。

2005—2016年,集团根据国家和上级监管机构的有关规定,结合集团实际情况,制定和修订一批审计制度,具体有《东方国际(集团)有限公司经济责任审计实施办法》《东方国际集团内部审计管理实施细则》《东方国际集团内部审计工作考核评比办法》《东方国际(集团)有限公司内部审计工作手册》《东方国际(集团)有限公司资产损失专项审计暂行办法》《东方国际(集团)有限公司资产损失财务核销移交和处置工作实施办法》《东方国际(集团)有限公司境外企业审计实施细则》《东方国际(集团)有限公司内部审计质量评估办法》等,加强集团内部管理和监督,促进集团审计工作规范化、制度化。

二、机构设置

集团成立之初,《东方国际集团章程》"机构设置"明确财务部主要职责为:负责公司国有资产的管理、运筹融资。负责全公司会计核算等。负责参与投资企业的考核、审计、收益分配。当时虽未单独挂牌设立内部审计机构,但设置能独立行使审计监督职能的岗位,与财务部合署办公,归董事长分管。

1997年,集团根据企业发展变化,在对内审机构的设置及人员配备情况作调查分析的基础上,设立独立的审计室,配备专职人员,从组织上为审计工作开展提供保障。

随着集团规模扩大和业务拓展,2000年,集团董事会审议通过"关于集团总部机构改革问题",明确集团法律室和审计室合并为法律审计室,负责集团条法管理、对外法律诉讼、集团内部审计,审计管理工作得到进一步加强。

《东方国际(集团)有限公司内部审计工作规定》明确,集团对内部审计机构实行分级管理,集团和下属全资、控股子公司(简称所属公司)分别设立内部审计机构,尚不具备设立内部审计机构条件的子公司,设立专职内部审计岗位。

截至2017年8月,集团建立起集团层面的法律审计室及所属公司(含管理归口企业)层面的审计室,或专兼职审计人员的内部审计架构。

三、审计计划

根据集团内部审计制度对内部审计工作程序的规定,集团每年年初制订内部审计工作计划,经集团董事会审议批准后,对内部审计工作作出合理安排,认真加以实施,为集团内部控制的全方位建设、防范企业财务及经营风险起到重要的作用。同时,按照国家和上级监管机构监管要求,每年初向市国资委报送集团年度内部审计工作计划和上年度工作总结。

四、审计内容

集团内部审计工作规定对内部审计的定义和审计监督的内容予以明确。集团内部审计是指由集团内部审计机构对集团及所属公司的各项经济活动的真实性、合法性、效益性,对企业风险管理、内部控制及治理程序进行独立审查、客观评价、有效服务、公正监督的内部管理机制。审计监督的内容主要是对集团所属公司的会计账目、财务收支及有关的经营活动,预算内、预算外资金的管理和使用情况,领导人员的任期经济责任,固定资产投资项目,经营管理和效益情况,内部控制制度及风险管理有效性,集团领导交办及法律、法规规定等其他事项进行审计;对集团所属公司的审计整改和后续管理情况进行督促检查;对集团所属公司建立内部控制制度进行指导检查。通过上述审计监督及时发现、制止、纠正违反国家财经法规、政策、制度的行为和可能造成国有资产损失的行为。

第二节 内 部 审 计

一、经济责任审计

经济责任审计是集团审计的一项常态化的工作。集团建立经济责任审计工作制度,成立由纪检监察、组织人事、内部审计等机构以及有关负责人组成的经济责任审计工作领导小组,统筹管理、指导企业相关审计事宜。每年年底前,经济责任审计工作领导小组在总结当年经济责任审计工作的基础上,按照集团对企业领导人员管理的要求,制订下一年度经济责任审计项目计划。集团人力资源部按照确定的经济责任审计项目计划和要求下达审计任务。法律审计室按任务要求,组织开展经济责任审计,对集团所属公司经济活动的真实性、合法性、有效性进行审查核实和评价,作为对企业经营管理者经济责任考核奖惩的重要依据。

2001年7月—2017年12月,集团对所属公司领导人员进行任期经济责任审计20人次。通过审计,对企业领导人员任期经营业绩做出客观公正的评价,对认真履行职责,合法开展各项经济活动,企业经营平稳,未发现个人有违法违纪问题的企业领导人员,建议解除任职期间经济责任。对在经营中违反国家法律法规、企业管理制度的人和事予以揭示,对责任人员做出负有管理和相应领导责任的审计结论,下达整改意见,督促整改落实。

二、专项审计

集团专项审计是根据上级要求和对集团在不同经营阶段某一特定事项而实施的,范围包括集团各类资产调查、财经法规执行情况调查、企业改革改制审计以及其他特定事项的专项审计。

【上级主管部门指定的审计调查工作】

改制企业的专项审计调查 2002年,根据上级总体企改要求,配合集团改革改制的中心工作,对提出改制申请的下属企业进行专项审计调查。调查围绕应确认而未确认的收入、不实资产和不良资产、账外资产,通过分析影响资产情况的各项因素,进而核实改制企业的资产质量。

协助监察机关的审计调查 2005年以来,按照上级主管部门和集团的要求,配合市国资委纪检、监察部门开展各类审计调查工作,抽调审计力量,配合纪检、监察部门对集团系统实施有关经济案件专项审计、"小金库"专项审计,协助有关部门追究违纪违规事件、追查违纪违规资金。

集团土地集中管理的专项检查 2017年,集团根据市国资委的要求,集团对所属系统土地集中管理制度的建立和执行情况进行检查,摸清土地存量、位置、性质和地上建筑物等情况,完善土地管理办法,促进集团加强土地管理、规范管理行为。

【集团布置的专项审计工作】

改革改制专项审计调查 2007年,配合集团改革改制中心工作,根据集团总体企改要求,集团派出审计组,对部分改制企业进行资产负债状况专项审计调查。

内控制度专项审计调查 2010年,根据国家五部委制定的《企业内部控制基本规范》要求,开展对集团系统贸易类企业内部控制制度的建立与执行情况专项审计调查。通过对贸易类企业的销售与收入循环控制、购货与支出循环控制和货权控制有效性的抽样评测,发现和查找企业内部控制存在的薄弱环节、缺陷以及潜在的风险,提出改进和完善建议,进而提高企业经营管理水平和风险防范能力,促进企业的规范化管理。

集团核心资产重组上市项目审计评估 2010—2011年,为集团核心资产重组上市项目审计评估工作提供支持与协助。在项目进行过程中准时出席历次协调会、专题会,严格按照既定的时间表设定、安排工作。会同财务部门认真做好净资产审计的协调工作,对发生的有关问题及时汇报上级领导,进行有效沟通。在资产评估报告专家评审阶段,协调专家评审工作,聘请上海市7位在行业等各领域有专长和权威的资产评估专家,参与集团重大资产评估的评审工作,为集团核心资产重组上市奠定价值基础。

重大项目跟踪审计调查 2012—2017年,对正在开发建设中的东方国际元中大楼改建项目开展跟踪审计调查。集团分别于2012年9月、2013年12月、2014年12月、2016年3月、2017年5月前后5次赴现场审计,在促使建设单位持续整改的基础上,审计目标层次递进,促进制度更加完善,管理更加规范,跟踪审计作用得到有效发挥。

存货管理制度专项检查 2016年,对集团合并报表范围内的所有公司,结合各公司所属行业特征、存货特性、管理方式等,开展存货管理制度建立及执行、存货资产的质量及存货资产的安全和完整性情况的实地检查,对推进集团系统存货管理制度落实、夯实存货管理质量发挥重要作用。

应收款项管理情况专项检查　2017年,根据集团董事会审计与风险控制委员会的要求,开展应收款项管理情况专项检查,全面了解集团所属公司应收款项内控管理的现状,进一步规范和强化应收款项管理,促进责任明确、流程规范的应收款项预警和催收机制的形成,有效降低坏账风险,防止国有资产流失。

资产核销审计　自2015年开始,集团作为资产损失核销管理工作的责任主体,由法律审计室负责集团总部资产损失事项及所属公司重大及特别重大资产损失的专项审计工作。同时,建立资产处置平台,负责集团所属公司的资产减值准备财务核销后的资产处置工作。通过核销审计与平台管理,规范资产损失认定和处置行为,促进完善集团内部控制制度,确保集团资产损失确认和处置工作有序开展。

第三节　外 部 审 计

集团在做好内部审计的同时,配合市审计局做好资产负债损益及领导人员经济责任审计、集团主要领导任期专项审计。配合会计师事务所对集团进行财务决算审计。2003—2017年,市审计局对集团开展5次资产负债损益及领导人员经济责任审计。1995—2017年,每年接受会计师事务所进行财务决算审计。

一、集团资产负债损益及领导人员经济责任审计

2003年4月7日—8月7日,市审计局对集团进行2000—2002年度资产负债损益及领导人员经济责任审计。市审计局在肯定集团经营管理工作成绩的同时,指出集团在财务管理及内部管理方面存在的薄弱环节,列出整改要求。集团领导班子对审计组指出的问题高度重视,对审计意见中揭示的问题进行梳理、归纳和清查。在整改、清查问题的基础上建章立制,对原不完善的制度进行修改,建立长效管理机制,从体制、机制上保障国有资产安全、完整和有序运作。

2007年4月7日—8月7日,市审计局对集团进行2004—2006年度资产负债损益及领导人员任期经济责任审计,市审计局审计报告肯定东方国际集团在克服种种外部不利因素的影响下,通过各项举措规范企业的经营行为、改善集团的财务状况,同时指出在会计核算、执行国家财经法规、资产转让等方面仍存在一些问题。集团党政领导班子对此次审计和审计整改工作非常重视,多次组织召开相关专题会议,对整改工作作出布置,确保审计整改工作有序推进。经过清查整改,审计报告指出的问题得到纠正,企业经营中的薄弱环节逐步解决,企业管理的长效措施得以不断加强。

二、集团主要负责人任期专项审计

2003年3—4月,市审计局对王祖康1995年9月—2003年2月担任集团董事长期间应负经济责任的履行情况进行审计。2011年6—9月,对蔡鸿生2008年1月—2010年12月担任集团董事长期间应负经济责任的履行情况进行审计。2017年7—9月,对吕勇明2014年1月—2016年12月担任集团董事长期间应负经济责任的履行情况进行审计,同时对唐小杰2014年1月—2016年2月担任集团总裁期间、周峻2016年2月—2016年12月担任集团总裁期间应负经济责任的履行情况进行审计。

集团按照监管部门的规定,在收到相关审计报告后,及时制定上报审计整改工作方案,对产生问题的原因进行分析,同时提出整改措施和计划,明确审计整改工作的责任单位和责任人,对需要整改的事项进行具体分工和落实。对审计报告揭示的问题整改落实到位。通过审计整改,集团及所属公司的管理水平得到有效提高,企业运营更加规范,企业内部风险控制得到进一步加强。

图 3-8-1　2006 年 2 月 28 日,集团召开法律审计工作会议

三、财务决算审计

1995—2017 年,集团每年聘请会计师事务所进行财务决算审计。1995—2000 年度,由上海金茂会计师事务所进行财务决算审计。2001—2006 年度,由上海众华沪银会计师事务所进行财务决算审计。2007 年,根据市国资委有关规定,由市国资委采用决算审计委托方式对其出资监管单位进行决算审计。经集团向市国资委推荐,委托 4 家会计师事务所联合承担集团 2007 年度财务决算审计工作,其中上海众华沪银会计师事务所担任集团的主审会计师事务所。2008 年根据市国资委要求,集团的选聘和委托结果经集团董事会决议通过后报市国资委备案,上市公司范围内的企业由上市公司按照公司章程和国资委相关要求自行选聘和委托。2009 年,立信会计师事务所经选聘、董事会批准后担任集团年度财务决算主审会计师事务所。集团是第一批法人治理结构试点企业,2013 年,由市国资委统一委托中介机构审计集团合并及总部的财务决算报告,续聘原担任集团主审的会计师事务所。二级及二级以下企业的财务决算审计由集团选聘和统一委托。至 2017 年,立信会计师事务所(特殊普通合伙)连续 8 年担任集团财务决算主审会计师事务所。

集团历年来的合并审计报告均为标准无保留意见审计报告。同时,集团每年对市国资委财务决算批复中反映的问题进行整改,上报整改报告。

第九章 行政管理

集团的行政管理主要包括安全管理、外事管理、法律事务管理、档案管理和信息化管理等。从相关工作制度的制定、组织机构的设置以及各项管理工作的具体落实，做到精心管理，务求实效。

第一节 安全管理

一、制度建设

2008年，集团下发《东方国际（集团）有限公司综合应急预案》，2012年进行修订下发。各公司按各自实际，相应制定或修订专项应急预案，形成集团整体应急救援体系。

2011年5月，集团下发《东方国际（集团）有限公司安全生产检查暂行办法》，进一步强化规范安全生产检查工作，认真落实好企业安全生产主体责任。6月，集团下发《东方国际（集团）有限公司房地产出租管理规定》《东方国际（集团）有限公司厂房场所出租安全管理规定》，规范集团下属房地产的出租管理，强化房地产出租安全管理责任。9月，集团下发《关于推进集团安全台账标准化建设的实施意见》，加强安全台账规范制定和管理，强化基础管理，逐步实现安全工作岗位达标、专业达标和企业达标。11月，集团下发《东方国际（集团）有限公司生产安全事故综合应急预案》。12月，集团下发《东方国际（集团）有限公司安全生产委员会办公室工作条例》。

2013年，结合安全生产标准化体系建设，集团安委会对安全生产管理制度进行修改，分别修订和建立27项安全生产管理制度，编成《安全生产管理制度汇编》。各企业也分别按照自身特点和集团的相关规定，结合实际修订安全生产规章制度，为强化日常安全管理工作打下扎实基础。

为加强对集团境外企业安全生产工作的督导和检查，提高境外企业安全生产的意识和水平，完善境外企业安全生产管理制度，保障境外企业健康可持续发展，2016年，集团印发《东方国际集团境外企业（机构）安全生产管理暂行办法》。

二、机构设置

2010年9月，按照市安全生产委员会、市安全生产监督管理局和市国资委的要求，集团成立安全生产委员会（简称安委会），蔡鸿生任主任，唐小杰任常务副主任，李春明、强志雄任副主任，集团各部室、各公司负责人担任成员。同时相应成立安委会办公室。2011年12月，集团制定并下发《东方国际（集团）安全生产委员会办公室工作条例》，明确集团安全生产委员会办公室（简称安委办）的工作职责。

集团安委会成立后，定期召开会议，认真学习和传达国家及市安监部门文件和会议精神，讨论和落实市安监部门布置的各项工作，讨论和审议集团年度安全生产重点和计划，审议集团年度安全生产专项资金的投入和使用，安排部署每阶段集团安全管理的重点和要求，研究下属企业安全生产难点和问题，稳步推进集团的安全工作。

集团安委办作为安委会职能部门,负责集团安全生产的日常管理工作。在集团安委会的领导和集团各职能部门的支持配合下,集团安委办认真贯彻执行上级颁布的政策、规定和有关文件精神,起草集团年度安全生产工作要点和计划,制定和完善集团安全生产规章制度,组织各类安全生产会议,实施安全教育培训,牵头开展安全检查和各项安全活动,掌握各直属单位安全动态,指导和帮助各直属单位强化日常安全管理,研究和解决工作中的难点和问题,检查和监督安全生产专项资金使用和执行情况,确保集团安委会各项安全工作部署的有效执行。

三、安全教育

集团每年将安全生产教育培训工作纳入年度工作计划,提高员工安全防范意识,努力营造更加有利于落实安全责任、自觉执行安全生产法律法规、严格遵守各项安全生产规章制度的氛围。特别是强化对单位主要负责人、安全管理人员及特种作业人员和外来务工人员的上岗资格培训,确保考核质量,全面实行持证上岗,做到持证上岗率100%。

2010年11月15日,上海市发生重特大火灾事故。为深刻吸取上海市"11·15"特大火灾事故教训,集团召开安全工作专题会议,开展安全教育,听取各公司关于贯彻落实市政府紧急会议精神及开展安全大检查工作的交流汇报,布置年终安全总结考核评比。集团实行安全工作一票否决制,凡是发生安全事故的单位,不能参加上海市文明单位申报评选,不能评为各级先进单位。各公司严格安全责任制,严格检查,严格整改并注重整改率,严格考核和严格责任追究。集团领导带队,赴下属公司5家单位检查,解决隐患问题,确保集团生产经营安全。

2013年,集团召开安全工作专题会议,传达全国安全生产电视电话会议及上海市安全生产月开幕式上的领导讲话精神,组织开展安全大检查。集团所属各公司认清形势,提高做好安全生产工作重要性的认识;结合实际,进一步做好集团系统安全排查整治工作;以大检查为抓手,进一步夯实安全生产基础。集团召开2012年度安全工作总结表彰会议,表彰集团系统在2012年安全生产工作中表现突出的单位和个人,颁发奖状及奖金。东方创业、物流集团、东方外贸、丝绸集团、资产经营等5家公司被评为先进集体,6人被评为先进个人,对8人进行表扬。

2014年,集团组织学习和贯彻落实中共中央总书记习近平关于青岛市"11·22"事故现场抢险工作的重要讲话精神,深入开展安全生产大检查,加大隐患排查治理力度。针对冬季寒冷干燥、雪雾等气候特点,全面加强消防安全、交通运输安全等重点领域安全管控。加强元旦、春节期间值班工作,保证通信畅通;加强安全生产信息报送工作,突发情况在第一时间上报。

四、安全措施

按照市安监局和市国资委的要求,从2009年起,集团主要领导和分管领导每年都按"一岗双责"的要求,与各二级公司和集团职能部门负责人分别签订安全生产责任书。各二级公司也分别与所属企业和职能部门签订安全生产责任书。2011年开始,安全责任书按照岗位职责的不同,增加有针对性的个性化要求,突出工作重点,责任更加细化,将安全生产责任层层落实到基层、部门、班组和每位员工,做到"纵向到底,横向到边"、安全责任落实全覆盖。

集团将安全费用纳入年度财务预算,保证安全生产所必需的资金投入,随时监督检查直属单位安全费用的使用情况。

集团对安全生产管理工作实施奖惩考核,把各单位对安全生产的履职情况纳入对各直属单位领导班子成员年度工作目标的考核范围。同时,实行两年一次的安全先进集体和个人的评选活动,对考核中的优胜单位和个人进行表彰和奖励,对工作不力导致安全生产责任事故的,严格追究相关领导人员责任。

2007 年 9 月,集团对国庆节安全工作进行部署,各子公司在节前普遍组织一次安全工作检查,重点查仓库、出租房、配电间等重要部位安全状况,发现隐患立即整改。认真检查车辆,杜绝"病车"出行,严格控制出上海市车辆,杜绝重大交通事故发生。

2008 年 6 月,集团领导分别带队,先后赴丝绸商厦、茂联大厦、东方国际元中大厦、闵行服装厂、中达公司和杨行仓库进行安全检查,对检查中发现的安全隐患和事故苗子督促整改。

2009 年 9 月,集团组织安全生产对口互查。集团及二级公司安全管理干部 15 人参加检查,被检查单位 10 家,检查出问题隐患 19 条,及时进行整改。

2010 年 11 月 23 日,集团召开安全工作专题会议,深刻吸取 11 月 15 日上海市重特大火灾事故教训,开展安全大检查工作交流汇报,布置年终安全总结考核评比及安全生产管理信息化工作,积极落实安全防范工作。

2011 年,集团推出 7 项措施强化安全工作。(1)与各子公司签订《2011 年安全工作责任书》,层层落实安全责任。(2)解决"三合一"、层层转租、违章搭建,安全设施缺失、老化、失效等问题。(3)重点检查和治理出租房、生产及储运场所安全隐患。(4)推进安全标准化建设,各公司做好安全台账,做好信息化报送工作。(5)建立长效和常态的出租场所安全管理机制。(6)加强安全培训。(7)各公司落实每月书面上报安全工作信息,特殊情况一事一报。

2012 年 3 月,集团领导分别带队,对金三杯印染有限公司出租房、资产经营公司外高桥保税区恒盛、凯邦、商都、嘉利斯大楼,物流集团浦东机场 3 家空运仓库进行安全检查,检查部分出租厂房场所、自管仓库现场并调阅检查安全工作台账。各级领导切实担当"一岗双责"的职责,认真落实安全责任,抓各项制度、规定执行力度,确保人人按规章制度、操作规程办事,不放过每一个可能造成事故的环节和因素,发现问题及时解决。

2013 年 1 月,为吸取 1 月 6 日上海农产品中心批发市场火灾教训,集团总裁唐小杰带队到荣恒内衣厂、海运分公司曹路仓库等单位开展消防安全检查。

2014 年 4 月,集团安委会组织开展"两个回头看"(对三年出租房整治工作以及历年安全大检查回头看、"打非治违"工作回头看)安全大检查,分三个层面进行:(1)集团领导带队查,敦促各公司增强紧迫感;(2)集团安委办重点查,对隐患问题督促企业整改;(3)各二级公司进行自查,消除隐患落实整改。

2015 年 1 月 5 日,集团召开安全工作会议,部署安全大检查工作,对集团全面完成安全标准化创建达标工作进行交流总结暨举行发牌收授证仪式。4 月 20 日,集团召开安全工作交流表彰会议,表彰集团系统 2014 年安全生产先进单位 5 个、先进个人 20 名。

2016 年 4 月,集团两次召开系统安全生产专题会议,部署在集团系统开展安全生产大检查。各公司开展自查自纠工作,逐一整改安全检查中存在的隐患问题。特别是强化生产型企业的安全基础工作,强化仓储库区、生产企业、危化品经营仓储、建筑工地、交通运输、出租厂房场所等重点区域的安全管控,全力做好防汛防台工作,消除安全隐患。2016 年 12 月 23 日,集团总裁周峻带队前往东方国际元中大厦施工现场进行安全检查,走遍整个项目现场后召开现场办公会,听取资产管理公司总经理高国琳关于工程建设推进情况和安全生产工作情况的汇报,对进一步抓好安全工作提出三点要求。

2017年6月，集团安委办牵头组织联合安全检查组，对集团所属基层单位进行"地毯式"检查，重点开展仓储企业作业安全专项整治、消防隐患专项整治、打非治违、防汛防台和防暑降温工作等检查。共检查25家基层企业（仓储企业13家、出租厂房场所7家、贸易经营企业4家、建筑工地1家），发现隐患57处，相关企业分别落实整改。2017年，集团安委会主要领导在元旦、春节、"两会"、"五一"、中秋、"十一"前分别率队检查东方国际元中大厦工地，经贸公司空运机场海关监管仓库，新贸海公司杨行仓库，东方金发洋山仓库，物流集团曹路仓库、高东仓库，东方创业闵行厂，资产管理公司松江大港仓库等单位。

五、安全生产标准化建设

2012年6月，集团开展安全生产标准化达标试点工作。2012年9月4日，集团召开安全生产标准化工作动员大会，成立安全生产标准化建设领导小组和工作小组，按照"统筹规划、分步实施、典型引路、全面推进"的原则，集团系统全面开展、深入推进安全生产标准化建设和达标工作。

2012年9月13日，集团举办安全生产标准化工作培训班。2013年完成8家试点单位的安全生产标准化二级达标工作。2014年7月，集团系统共59家企业通过评审考核达到国家安全生产标准化二级企业标准，全面完成集团系统安全生产标准化创建和达标工作。集团通过安全生产标准化达标工作，锻炼安全生产管理队伍，建立安全长效管理机制，为集团科学发展安全发展保驾护航。

六、荣誉

2010年，集团获上海市安全生产年度考核"成绩突出单位"称号。

2010—2017年，集团连续八年获"上海市安全生产工作优胜单位"称号。

2017年，集团获"上海市道路交通安全管理工作先进单位"称号。

第二节　外　事　管　理

1994年11月，集团成立后，集团总部和各直属企业的各项外事管理工作归口集团统一管理。2002年1月之前，集团因公出访等外事审批工作报市外经贸委审批和管理。2001年6月经国务院批准，集团被国家外交部授予一定的派遣因公临时出国（境）人员和邀请外国经贸人员来华事项的审批权。集团于2002年1月行使该两项外事权，直接受市政府外事办的指导和管理。

一、制度建设

为用好国家外交部赋予的部分外事审批权力，根据上级有关部门的具体指导和要求，集团完善外事管理制度，分别于2001年10月、2001年11月和2005年1月制定《因公出国（境）管理规定》《邀请外国经贸人员来华颁发签证通知管理规定》《外事接待工作管理规定》。2009年12月，上述三个规定整合为《东方国际（集团）有限公司外事工作管理规定》。

2013年8月，集团印发《关于贯彻落实中央有关部门文件精神切实加强因公出国（境）管理的通知》。

2014年中共上海市委巡视组来集团巡视后,对外事工作提出建议。集团根据中共上海市委巡视组的巡视意见和中共中央有关文件精神及中共上海市委、市政府相关外事规定,对2009年制定的外事管理规定进行修订,形成《东方国际(集团)有限公司外事工作管理规定》(修订稿),经总裁办公会议讨论通过,组织实施。

二、机构设置和管理权限

集团获外事审批权后,设立外事办公室,独立于集团其他职能部门。2003年起,集团外事办公室与集团办公室合署办公。2014年起,集团外事办公室被调整为集团总裁办公室内设机构。

集团外事办公室是集团外事工作的归口管理部门,负责日常外事工作,主要包括:因公出国(境)报批与管理。外商来华签证报批与管理。外事接待等工作。集团总裁主管外事工作,为各项外事工作的A角签发人,集团党委书记为B角签发人。各直属企业的总经理为其公司外事工作的A角签发人,党委(党总支)书记为B角签发人。各直属企业的外事专管员负责落实外事工作的各项具体事宜。集团系统因公出国(境)的政审及因私出国(境)管理等工作,由集团人力资源部归口管理。

三、外事工作主要内容

【因公出国(境)审批和邀请外商来华审批】

集团自2002年1月行使国家外交部授权的部分外事审批权以来,每年审批各公司的经贸出国团组,核发因公出国(境)任务批件300个左右。受理邀请外商来华,发放签证通知近220个。集团的这两项外事审批权简化过去须上报政府有关部门审批的手续,节省报批的时间和费用,给集团及下属各公司业务的开展带来方便,促进集团各项业务的顺利开展。

集团在办理因公出国(境)手续中,按照相关外事管理规定,严格把关,坚持按承诺的三个工作日完成因公出国(境)审批手续,同时亦能急事急办、特事特办,及时完成一些业务急需的外事审批事项。集团外商签证通知的颁发工作,始终坚持打印、审批、发送一条龙的服务。在严格审批制度的前提下,集团顺利完成三个月内一次和二次商务签证通知的颁发工作,成功使用半年和一年内多次签证的建议权。集团还为一些公司客户的紧急来华顺利解决机场签证问题。

表3-9-1　2002—2017年东方国际集团外事审批事项情况表

年　份	因公出国(境)		外商来华邀请	
	组团(批次)	出访(人次)	邀请(批次)	来华(人次)
2002	351	1 006	180	296
2003	297	889	220	311
2004	282	797	284	408
2005	284	702	219	324

〔续表〕

年 份	因公出国(境)		外商来华邀请	
	组团(批次)	出访(人次)	邀请(批次)	来华(人次)
2006	306	776	160	243
2007	344	848	151	201
2008	264	621	264	359
2009	232	565	192	265
2010	245	583	180	215
2011	218	520	151	197
2012	219	552	157	192
2013	219	551	144	185
2014	199	468	112	141
2015	202	478	113	147
2016	166	414	162	237
2017	193	443	134	180

【信息化建设】

2011年之前,集团的因公出访等外事审批均通过纸质材料流转至各级领导审批。根据集团信息化工作的总体部署,自2011年6月始,集团在因公出访报批工作中逐步引进电子化操作手段,至2012年,集团因公出访报批流程实行全程电子化操作。2012年12月1日起进行为期一个月的试运行,试运行期间实行纸质文档和电子流程审批双轨制,2013年1月1日开始,集团各公司上报的所有因公出访团组,均在集团的OA流程中全面实行网上上报操作。

2013年4月下旬,集团完成"因公出访审批管理系统"的升级工作,实现该审批系统与集团OA系统上的外事操作流程对接,增加外商来华邀请的审批管理功能。集团邀请外商来华报批电子化操作自2013年7月1日起试运行,为期一个月,试运行期间实行纸质文档和电子流程审批双轨制。2013年8月1日开始,集团实行邀请外商来华报批电子化操作,集团各公司不再将纸质材料上报集团。至此,集团的因公出国(境)和邀请外商来华两大外事审批事项实行电子化操作和管理,从而使外事管理信息化工作实现全覆盖。

【专管员队伍建设】

集团从2002年成立外事办公室起,就实行外事工作例会制度,充分利用例会开展业务交流、培训等工作,收到好的效果。在例会和培训中,集团组织各公司的外事管理部门负责人及外事专管员开展工作交流,及时传达外事工作政策。集团还不定期对下属公司的外事工作,特别是因公证照的保管和管理工作进行现场检查和指导。

【外事信息发布】

从2006年开始,集团创办《东方国际集团外事办公室信息》期刊,旨在传达有关外事政策和信息,加强工作联系和沟通,以便集团各公司(部室)及时了解有关出国(境)审批、护照签证、来华邀请、外事接待等外事工作情况。2008年,期刊又增加"出访小结专刊"内容,主要目的是便于大家了解各公司的出访情况,以期信息互通,资源共享。2013年5月,该刊更名为《东方国际集团外事工作信息》。截至2017年6月,集团不定期发布《外事工作信息》共68期,平均每年5—7期。自创刊以来,集团充分发挥《外事工作信息》平台的作用,既进行外事政策指导,又开展业务拓展方面的经验交流。

【因公证照管理】

因公证照包括因公护照和因公往来港澳通行证。集团的因公证照管理遵循统一管理、分级保管、层层负责的基本原则,严格执行统一申办,统一保管的集中管理制度。因公证照必须在回国后7个工作日内上交有关部门统一保管。每年度进行因公证照管理的自查和清理工作,自查情况由集团外事办公室汇总书面上报市外办,将因工作调动或离退休等原因离开单位人员的有效因公证照,定期由集团外事办公室统一向上海市外办办理注销手续。

2014年9月,市外办实施电子护照生物特征采集工作,即申办因公护照时,持照人本人需前往市外办采集指纹、签名及拍摄照片,指纹采集的预约工作由集团外事办公室统一在市外办"因公出国(境)综合管理系统"上预约。

【外事接待】

1998年3月,南斯拉夫联盟共和国副总理尼科拉·沙伊诺维奇到集团访问,集团总裁汪阳给予接待。

2002—2011年期间,集团的对外交流及接待来访的外商和宾客呈上升趋势。2002年,接待伊朗驻沪总领事来访,参加日本麒麟啤酒株式会社拜会市领导等活动。

2003年,参加日本雅马哈发动机株式会社访沪代表团拜会市领导、美国得克萨斯州大型连锁超市副总裁拜会市外经贸委领导等活动,以及接待美国美利丰公司客户、法国圣戈班集团副总裁一行、美国怀俄明州政府经贸合作投资考察团、日本华联罗森有限公司总经理、日本富士通(将军)株式会社高级顾问以及伊朗国家航运公司等活动。

2004年,秘鲁纺织及服装行业最大的集团公司CREDITEX有限公司董事长一行以及摩洛哥外贸部长穆斯塔法·马什胡里一行访沪期间,由集团外事办公室牵头安排与东方创业的会见,组织参观东方创业高南衬衫厂和创业闵行服装实业有限公司。瑞士FOXTOWN公司总裁一行来沪期间,集团领导会同松江区领导与瑞士FOXTOWN公司交换合作意向,为集团东方创业与FOXTOWN在松江地区合资设立品牌折扣销售中心这一合作项目作最大的努力。集团外事办公室安排东方外贸、东方创业和丝绸股份公司总经理与美国马里兰大学史密斯商学院EMBA访华团座谈会。集团领导接待美国柯罗尼投资基金公司、法国3S公司最高执行委员会委员、乌干达国家药品监督管理局、纽约—新泽西州港务局暨"纽约在中国"贸易代表团、墨西哥驻上海总领事等。

2005年,日本富士通将军株式会社先后五次拜会集团董事长、总裁、副总裁及业务负责人等各级领导,就与集团下属东方荣恒组建合资销售公司事宜进行多次磋商。12月19日,举行组建合资公司合同签字仪式,市外经贸委(市外资委)副主任刘锦屏到会致辞,日本驻沪领事、媒体记者等嘉宾出席,体现双方合作的一定影响力。集团领导接待法国3S公司总裁、意大利JAM SESSION公司董事长、日本山九株式会社社长、英国ALLIANCE UNICHEM公司执行经理等。

2007年,集团分别接待德国ANKER LESCHACO GROUP、美国圣安东尼奥机场代表团、比利时 NOVA NATIE 物流集团、日本三菱商事、西班牙 AZKAR 物流公司、日本富士通将军株式会社等客人。德国 ANKER LESCHACO GROUP 客人来访会见结束后,与物流集团举行合作签约。

2008 年,集团分别接待美国 CR ENGLAND 集团、美国 HUS ENTERPRISE 集团、越南中央经济研究院、西班牙希杭港、伊拉克驻中国大使等重要客户和贵宾。

2009 年,集团分别接待匈牙利 PBN 代表团、美国西弗吉尼亚大学交流团。

2010 年,集团接待日内瓦经济发展署副署长葛瑞波博士一行,以及日本经济新闻社专务齐藤次郎一行。

2011 年,集团分别接待日本三得利美都株式会社副社长一行,以及由斯里兰卡西方省议长苏尼尔·维杰拉特纳和首席部长普拉萨纳·拉纳通加率领的访沪代表团一行。

邀请外商来沪与集团及有关公司商谈贸易合作事宜,对集团开拓国际市场,扩大出口起到积极的作用。同时,通过市有关领导会见,使外商进一步了解上海的投资环境、外贸政策等情况,有利于发展外商同上海的贸易合作,促进上海的经济发展。2011 年之后,集团的外事接待工作逐年减少。

图 3-9-1　1998 年 3 月 26 日,集团总裁汪阳(左三)接待来访的
南斯拉夫副总理尼科拉·沙伊诺维奇(左二)

四、荣誉

2005 年 11 月,集团获上海市外办授予的出国管理工作表扬奖。

第三节　法律事务管理

一、制度建设

1999 年 7 月 16 日,集团下发的《关于进一步加强集团法律工作的意见》文件中提出,要"不断深化依法治企业的思想观念""从组织上、制度上落实企业法律工作",并决定"成立集团法律室,组建集团法律工作网络"。

2004年9月,集团制定并发布《关于加强法律工作的若干意见》,明确逐步建立和完善集团总法律顾问制度,全面推进企业法制建设,建立和实施集团的法律意见书制度,建立重大经济纠纷仲裁、诉讼案件或者涉及单位犯罪的刑事案件的上报和备案制度。

2005年7月,为进一步建立健全集团所属企业的法律风险防范机制,集团制定和发布《东方国际(集团)有限公司法律工作暂行规定》,明确集团法律审计室负责集团法律工作,指导集团所属企业的法律工作,规定集团所属企业应设置专门的法律事务部门(包括岗位),根据工作需要配备企业法律顾问。

2009—2017年,集团陆续制定和下发《关于开展和实施〈法律意见书〉制度的试点工作通知》《东方国际(集团)有限公司法制工作三年规划(2009—2011年)》《东方国际(集团)有限公司法制工作三年规划(2012—2014年)》《东方国际(集团)有限公司合同管理指导意见》《东方国际(集团)有限公司关于办理诉讼(仲裁)事务的管理规定》《东方国际(集团)有限公司法律工作考核办法》《东方国际(集团)有限公司法律工作规定》等,进一步提升集团及各级企业法律事务工作规范,对集团及各级企业进一步提升依法治企能力、法律事务管理能力等提出新的目标和责任。

二、机构设置

1994年,东方国际集团党政领导班子召开第一次联席会议,会议决定发展策划部主要负责集团的宏观政策研究、现代企业制度研究,以及集团对外诉讼、条法、兼并、控股等方面的工作。

2000年4月,集团成立法律审计室,聘请具有法律工作领导和实践经验的人员担任集团首席法律顾问,健全集团法律工作网络,制定集团重大合同和协议必须由法律审计室审核和备案的制度,有效防范各种经营风险。

三、法律工作内容

【合同管理】

集团对合同管理作出规定:公司法律事务机构应配合合同发起部门对合同条款进行审查把关,合同执行完毕后相关资料应统一交公司档案室存档保管。合同管理制度包括签订前的谈判、草拟、审查、会签的程序规定,签订、履行流程的规定,违约、监管、预警的规定,变更、解除的规定,编号、序列的编制及管理制度,明确合同类别、签订合同的部门、人员等,合同的分类、重要等级的划分,拟定、会签合同的权限、授权方式等。合同管理制度还规定合同应采用书面形式;合同纠纷上报、处理的制度或规定应当体现"及时处理、友好协商、重大合同上报请示、最大限度维护公司权益"的原则;合同纠纷解决条款,应尽量约定对公司最为有利的仲裁地或诉讼地;集团所属公司应当有相应规定,合同承办人员、合同相关各部门应当及时、严格按照本公司的规定进行处置;发生问题应及时处理,及时向有关负责人汇报;集团及所属公司应建立明确的合同管理奖惩规定,提高有关合同管理部门、人员的法律意识和责任意识。

【法律纠纷管理】

集团对法律纠纷案件的管理严格执行市外经贸委、市国资委的相关规定,以事实为依据,法律为准绳,立足于为企业服务,维护企业的经济利益和其他合法权益,将"事先防范和事中控制为主、事后补救为辅"的工作原则贯穿工作始终。

集团对重大法律纠纷案件实行备案管理制度,集团所属公司发生重大法律纠纷案件,自纠纷发生之日起 15 日内以书面报告形式报集团法律审计室备案。涉及诉讼或者仲裁的,自收到受理案件通知或者应诉通知书之日起 15 日内以书面报告形式报集团法律审计室备案。集团所属公司下级企业发生重大法律纠纷案件,按上述规定报上一级企业备案,逐级报集团法律审计室备案。案件的书面报告由报告企业的法律事务分管领导批准,企业法律事务机构负责人或主管部门负责人签字后提交集团法律审计室。集团所属公司每季度对本级及下级企业的法律纠纷案件情况进行汇总统计与分析,填写案件统计分析表,在每季度最后一个月的 25 日(即 3 月 25 日、6 月 25 日、9 月 25 日、12 月 25 日)前上报到集团法律审计室备案。

【事前合规管理】

自 2005 年"法律意见书"制度在集团系统的试行到 2006 的全面推广,"法律意见书"制度成为集团及所属企业日常经营活动中不可缺少的重要工作。法律事务工作者参与企业的经营决策,企业法务工作由原来的事后救火,转变为事前的防范和事中监管,由事后的法律诉讼,转变为事前和过程中的法律咨询及风险控制,从而规避经营活动过程中可能发生的经营风险,减少经济纠纷和案件的发生率。

集团法务工作贯彻"企业经营风险事先防范和事中控制为主、事后补救为辅"的原则,践行法务"为企业提供优质、高效的法律咨询服务,成为公司业务部门的优秀合作伙伴"的工作理念,成为公司业务经营部门的可靠帮手。集团各级法务机构提供法律咨询服务,出具法律意见,内容涵盖业务模式架构、合同事务、公司治理、投资架构、企业清算、土地征收、劳动争议、不动产管理、诉讼案件实务操作等,以专业、高效的咨询回复获前来咨询的公司及部室的好评。

【普法工作】

1997 年,按照中共中央宣传部、国家司法部及上海外经贸行业关于普及法律知识的第三个五年规划的要求,集团开展"三五"普法教育,邀请法律专家和法院、监察部门有关人员讲课,帮助集团员工特别是企业的经营者和业务第一线骨干增强法律意识和法律观念。

1997—1999 年,集团用三年时间进行专业法的普及。主要工作有:(1)成立集团和各公司的普法领导小组,建立法律办公室,形成法律工作网络和普法工作队伍。(2)1997—1998 年对领导干部进行专业法律的培训,主要内容有:《国际贸易合同的风险防范和法律救济》《外贸法及外贸代理制》《公司法》《合同法》《金融法基本知识及金融风险防范》《知识产权法》《国际投资法》等。(3)1999 年,结合集团的 4 项清理(合同、应收账款、库存和投资项目的清理)进行针对性的法律培训。内容有《金融风险防范和依法治企》《对当前的经济犯罪案件的思考》《合同、仲裁、担保、融资风险防范》。集团"三五"普法的主要特点是具有较强的指导性、实践性和针对性。(1)普及专业法的基本知识,注重对工作的指导,如物流集团请专家开设海商法培训,东方纺织、东方家纺对科长、外销员进行新合同法的培训等。(2)针对外经贸企业运作中发生的带共性的问题和身边的案例进行讲授,注重法律知识在实践中的运用。(3)结合集团的 4 项清理工作,进行法律知识教育,强化普法的针对性。

2001 年 9 月 11 日,集团下发关于成立集团"四五"普法工作小组的通知,成立集团"四五"普法工作小组。同时下发《关于开展"四五"法制宣传教育规划的通知》,制定开展"四五"法制宣传教育的规划,组织"四五"普法工作的实施。

2007年,集团下发关于成立集团"五五"普法工作小组的通知,加强普法组织领导,明确普法对象,规定普法内容,提出普法任务目标和工作要求,切实做好普法各项工作。

2011年12月,集团下发关于成立集团"六五"普法工作小组的通知,保障"六五"普法确定的各项任务的落实。"六五"普法期间,集团编制"六五"法制宣传教育规划,集团领导率先垂范开展普法工作。通过各有侧重、形式多样的宣传和培训活动,由点及面,点面结合,为实现"法律走进企业、法律进决策、法律进一线"奠定坚实的基础,形成长效运行机制,构成东方国际特色的培训和宣传体系。

2017年,集团下发《东方国际(集团)有限公司法制宣传教育"七五"规划(2016—2020年)》,下属各公司结合自身实际情况,制定公司"七五"普法规划,认真组织实施。

集团各级组织重视普法工作的落实,同时紧密结合自身经营管理特点,积极参加上级部门组织的各项法制宣传教育活动,集团普法工作得到上级肯定,2011年,集团法律审计室获"2006—2010年上海市法制宣传教育先进集体"称号。2016年,集团获"2011—2015年上海市法制宣传教育先进集体"称号。

图3-9-2　2008年6月30日,集团组织"五五"普法知识竞赛

第四节　档　案　管　理

一、制度建设

1997年10月,为加强档案集中统一管理,维护集团档案的准确性、完整性和科学性,促进档案

工作的标准化、规范化、制度化,为企业经营活动服务,根据档案门类及档案管理工作的不同阶段,集团分别制定具体的管理办法,包括档案基础管理工作的《东方国际集团档案管理制度》,档案分类组卷工作的《东方国际集团归档材料排列装订要求》,档案借阅利用工作的《东方国际集团档案借阅制度》,档案信息安全管理工作的《东方国际集团档案保密制度》,档案库房安全管理工作的《东方国际集团档案库房管理制度》等。

为确保档案安全,防止档案流失,明确档案鉴定、销毁工作的组织协调、监督和指导;规范档案处置前的档案鉴定、整理、销毁工作;优化档案库藏,有效降低档案的保管成本,确保档案完整与安全,制定《东方国际集团档案鉴定、销毁制度》。

在各部门(室)建立兼职档案人员,负责所在部(室)档案材料的收集、整理,按要求向集团总部档案室归档,制定《东方国际集团专职或兼职档案管理人员岗位责任书》。根据档案工作的新要求补充制定东方国际集团文书档案归档类目及保管期限表和东方国际集团档案归档流程图。

2006年2月,集团根据对外贸易的特点和工作实际,维护企业在国际贸易中正当权益,强调业务合同档案的重要性,制定《东方国际集团业务合同档案管理暂行规定》。

为贯彻国家档案局《企业文件材料归档范围和保管期限规定》,按照分层管理、分级审批、同步实施的原则,在编制集团《企业文件材料归档范围和档案保管期限表》的基础上,集团对所属单位的《企业文件材料归档范围和保管期限规定》进行指导、审核。进一步强调重点突出、内容明确、操作性强的工作要求,强调"谁产生、谁立档"的立档单位主体地位,避免文件材料的重复归档。强调企业档案管理的主体责任,强调电子文件等非纸质载体文件材料的归档和管理要求,推进信息化条件下的企业档案工作建设。

2017年5月,集团下发《东方国际(集团)有限公司会计档案管理办法》。

二、机构设置

1997年7月,集团聘请档案专业管理人员,设立集团档案室,隶属于集团总裁办公室,对行政档案进行管理。明确责任部门、责任人、岗位职责和任职要求,明确各专业档案的归档要求和归档流程。建立由集团分管档案工作领导、各部门负责人的档案工作领导体系和以档案部门为核心、各部门专职和兼职档案人员为基础的档案管理工作网络。

2005年10月,为进一步推进集团档案工作全面开展,集团成立由集团各部室和所属二级子公司组成的"档案协作组",将集团各部室和所属二级子公司分为5个协作组,定期开展学习交流,促进集团档案工作的更好开展。

三、管理内容

集团档案管理内容主要是根据集团的经营管理需要,将集团经营管理的各类档案进行收集整理,按照年份和集团总部各部室档案进行编目分类,做好各类档案的存档、保管、统计和开发利用等。集团在档案管理工作中坚持做到统一管理、规范操作、鉴别处置、依法移交和监管指导。

【监管指导】
集团档案管理部门在集团分管领导、责任部门的高度重视和支持下,分别于2005年9月和

2007年1月召开集团档案工作专题会议,开展档案工作的检查、评选、表彰活动,推进档案工作的不断提高。在此基础上,各单位做到档案工作制度、机构、人员和设备"四落实",明确档案工作分管领导、隶属部门。

自2005年10月集团成立协作组后,集团通过协作组的形式,定期组织各档案协作组举行档案工作现场参观、学习交流、实务操作培训,取长补短。请市档案局专业档案老师前来培训,讲解《档案法》和档案工作在企业经营活动中重要性和实际意义,培训档案管理人员的实际操作水平,提高档案管理人员的法制意识,提高档案管理人员依法建档意识和建档工作技能。

集团所属物流集团的"东方洋山港物流基地"项目,属上海市2006年度重点推进的现代物流项目,完成后由市档案局牵头,会同有关部门对该项目的档案进行验收。为将工作落到实处,真正做到人员落实、制度保证,2006年8月,集团档案部门陪同市档案局业务指导处的负责人员专程至物流集团,会同该项目的分管领导、档案部门负责人及档案管理人员对该项目档案的管理登记、建档等工作做研究与部署,制定"洋山港"建设项目档案管理制度,监督指导项目建设单位实施建设项目档案"三同步"管理:将项目档案工作纳入项目建设管理程序,与项目建设同步;实施项目建设与项目建档检查、指导、协调同步;项目验收与档案验收同步。

2007年2月,集团对所属12家二级公司、31家三级公司的档案从管理组织、设施设备、基础业务建设、开发利用等四个方面进行一次全面检查。针对检查中存在的问题,集团从四个方面抓好档案管理工作。(1)着眼于基础,抓好案卷的组卷质量。(2)重点抓好业务合同档案的收集、整理和归档。(3)坚持档案集中管理原则。(4)继续开展档案信息化管理。

集团及时下发和转发市档案局关于档案工作的要求和文件精神。在法制、法规方面,下发和转发《关于开展档案工作法制教育活动和培训》《关于开展档案"五五"普法验收检查工作》等文件;在业务指导方面,下发和转发《关于电子和数字化档案备份办法》《关于数字档案室建设意见》《数字档案室建设评价办法》《档案移交和接受管理办法》《关于加强上海市国有改制企业档案鉴定和销毁工作的意见》《关于重点工作档案和知识产权档案管理办法和意见》《档案工作"十三五"规划》《电子文件档案归档和电子档案管理指南》《关于转发〈国家档案局办公室关于下发〈国家档案局关于加强对基层单位档案工作监督、指导的意见〉的通知〉的通知》《关于组织报送本市档案利用效益成果材料的通知》《关于加强上海市2007年重点建设项目档案管理的通知》《上海市重点建设项目竣工验收办法》等文件;在加强档案安全方面,下发和转发《关于保密检查工作规定》《档案管理违纪行为处分规定》《加强汛期档案安全保管的通知》《档案数字化外包管理规定》《规范中介服务管理指导意见》等文件。

集团重视国企改革改制以及关闭清算企业档案处置及流向管理,做到改制和关闭清算企业档案鉴定、整理和托管工作同步,做到档案不散、工作不断、管理不乱。明确改制和关闭清算企业档案管理单位或部门,确保改制和关闭清算企业过程中档案文件材料的收集完整、归档托管。规范改制和关闭清算企业档案的鉴定整理、销毁申报工作,规范处置改制和关闭清算企业档案。

东菱贸易有限公司是集团控股的中外合资外贸企业,因企业清理工作的需要,要求在2006年9月底之前关闭。在明确集团是该公司的上级主管单位后,按照改制和关闭清算企业档案管理的规定,由集团接收东菱贸易有限公司的档案。在集团主要领导的关心下,经过集团分管领导及办公室主任的反复商量,最后得到圆满解决,安排平武路的2间房屋作为集团的档案库房。由于平武路库房是底层,为了防潮,集团档案部门人员专门购买垫仓板。为了防火,专门配备灭火器等器材。集团档案部门还指导东菱贸易有限公司负责清理关闭的人员将这些档案按照合同号、部门排列,分装同样规格大小的纸箱计 100 箱,约 11 立方米,贴上标签与编号,打印移交目录,使人一目了然,做到企业关闭,档案不散不乱。

集团档案部门在集团推进建设以"八防"为要求和标准的档案库房建设工作,落实档案立档单位和责任主体的职责,定期做好档案库房的安全管理、检查工作,切实做到规范、有序、安全。重要电子文件档案异地异质做好备份工作,强化档案实体和信息安全的各项监管和常态化管理,做好企业库藏档案管理和利用台账工作,定期开展档案年报统计工作。

【档案库藏数量】

集团档案库的档案资料的时间是从 1994 年 1 月起,至 2017 年 12 月,分门别类进行归档管理,分为 10 年、30 年、永久三档保存。

表 3-9-2 2017 年 12 月 31 日东方国际集团库藏档案统计情况表

档案门类		合计(卷)	档案数量(卷)			起 止 日 期
			永久	30 年	10 年	
管理类	档案(卷)	2 842	1 579	1 051	212	1994 年 1 月—2017 年 12 月
会 计		2 941	1 012	243	1 686	1994 年 1 月—2017 年 12 月
奖状证书		173	173	—		1994 年 1 月—2017 年 12 月
音像档案		43	43	—		1994 年 1 月—2004 年 12 月
影集照片		117	117	—		1992 年 1 月—2004 年 12 月
清算关闭	文书业务	616				1994 年 1 月—2006 年 9 月
	财 务	605				

【开发利用】

档案的开发利用主要是三个方面:(1)编制库藏档案检索工具。(2)利用库藏编制集团《大事记》《集团简介》《集团年刊》等资料,为集团各项工作提供翔实的各类数据资料。(3)为维护企业经营活动正当权益提供档案数据材料。

2006 年,海关总署公布"中国海关 2006 年保护知识产权十佳案例",东方纺织自主商标维权案例收录其中。青岛海关在查获假冒东方纺织"SHTEX"棉涤染色布的案情时,利用东方纺织"SHTEX"棉涤染色布的档案资料,为查获假冒商标案件提供证据。

集团下属东方外贸题为"档案为外贸公司索回 7 000 万元的房产"的档案利用效果实例,被上海市档案局选入"档案,让社会更和谐——上海档案利用效果成果展",于 2007 年 4 月 28 日在上海市档案局外滩新馆展出。同时,上海电视台新闻透视节目组以专题形式于 2007 年 5 月 14 日播放东方外贸档案利用在企业经营活动、管理工作中所取得的经济效益和社会效益的采访纪录片。

四、荣誉

2008 年 3 月 3 日,上海市人事局、上海市档案局联合发文通报表彰先进,集团获"上海市档案系统先进集体"称号。

第五节　信息化工作

集团信息化工作起步于20世纪90年代,始终坚持以科学发展观为指导,以集团发展规划为依据,以信息化应用为手段,加强信息化基础建设,建立稳定可靠的运行环境,稳步推进信息安全体系建设,保证信息系统安全稳定运行,全面提高集团经营管理等各项工作的科学化和现代化水平。集团通过推进信息化建设,促进货物贸易、现代物流、资产经营管理、电子商务和投资,拓展国际国内市场产业供应链,提升供应链管理和跨国运营能力,为把集团打造成综合性、特大型、现代化的贸易服务总集成商提供支撑。

2008年7月23日,为加强对集团系统企业信息化工作的领导,集团成立企业信息化领导小组和工作小组。集团系统各二级子公司的信息化工作由分管领导具体负责,办公室为职能部门,明确负责人和相关工作人员,为切实推进信息化建设向纵深发展提供组织保障。8月8日,集团下发《东方国际(集团)有限公司2008—2010年企业信息化工作计划》,提出要以ERP和OA系统为抓手,充分利用现代信息技术,完善工作流程,规范企业管理,促进信息共享,保证数据处理的高效准确、对外交流的及时充分、业务操作的规范快捷、基础资料的有效积累、信息传递的稳定畅通,建立完善集团本部及各子公司协同运转、管理高效、科学决策的综合信息平台,充分发挥企业信息化在集团实施整体战略规划,推进供应链和服务贸易大平台建设,提升核心竞争力中的技术支撑作用。

在推进企业信息化建设过程中,集团明确信息化工作是围绕业务拓展、增加销售、结构调整、优化品种、客户管理、资金利用、降本增效、提高费用效益、减少资金占用以及财务预决算等方面的内容展开,规避经营风险,提升企业竞争力。至2017年,集团在保障体系建设、应用系统运行、风险管控能力、网络平台建设等方面不断深化企业信息化工作,取得阶段性成效。

一、信息系统管理

【信息系统管理制度】

2007年6月,集团下发《东方国际集团协同办公信息系统使用管理制度》。2008年12月,集团下发《东方国际(集团)有限公司涉密信息系统安全保密管理制度》。同时,根据实际工作需要,集团制定《门户网站管理规定》《OA系统使用管理规定》等相关制度,保障信息系统的建设、使用和运行维护。

【信息化工作计划】

根据集团发展规划及市国资委信息化专项规划,不同时期制订相应的信息化专项规划及工作计划,稳步推进信息化建设的各方面工作,使集团信息化水平有很大提升。

【信息化工作预算】

集团总部及子公司把企业信息化经费纳入企业年度预算,每年在信息化建设工作中有一定的资金投入。

【信息化安全工作】

集团制定《涉密信息系统安全保密管理制度》《网络与安全应急预案》等信息安全管理制度。

网络系统安装防火墙和安全网关,采用 VPN 加密通道数据传输技术对网络上的大量风险进行较为有效的防范,使数据传输更加安全可靠。

集团及各子公司按照系统的功能和数据的重要程度,分别采取差异、完全及异动等不同策略的备份方案,保证数据的安全,系统稳定运行。

二、信息化系统建设

【门户网站】

2002 年 6 月,集团向中国互联网络信息中心申请的域名 oih. com. cn 获注册证,集团网站投入运营。集团网站是企业的重要窗口,也是思想沟通、信息传递、资源共享、形象展示等诸多功能为一体的企业文化建设平台,由集团办公室负责管理。

集团总部及集团下属各企业均建立门户网站,集团总部网站主要起到企业形象展示,信息公开等作用,与 OA 系统对接,实现内外网一体化。2009 年,集团对网站进行改版,将集团的"企业宗旨""企业精神""企业愿景"等企业文化核心理念的具体内容放在网站的首页,用 Flash 的方式不停地进行滚动宣传,在对外宣传、树立企业形象等方面发挥积极作用。各公司也不断充实业务信息的发布内容,使网站逐步具备产品发布的功能。

【OA 系统】

自 2006 年起,集团建设 OA 系统,不断升级优化。至 2017 年年末,集团总部及东方创业、东方利泰、东方新家纺、东方纺织、东方商业、物流集团、东方新海、东方外贸、资产管理、领秀公司、投资公司、东松公司、东创国服、丝绸股份等子公司全部使用集团 OA 系统,实现办公数据的信息共享,进一步提高工作效率和管理水平。

【财务管理系统】

集团于 2006 年建立集团财务信息管理平台,从子公司的 ERP 或财务软件中提取数据,层层上报汇总至集团总部。平台涵盖集团所有子公司的月报、全面预算、资金管理、风险预警等方面的财务信息,满足集团各级管理层及时了解集团全方位运营情况的需求。

2014 年,根据市国资委有关资金集中管理的要求以及集团发展需求,为进一步加强对集团内资金的管控、优化资源的配置、提高资金使用效率、降低财务成本,集团财务部结合全面预算管理、资金集中管理等工作的需要,对财务管理系统进行改版升级,进一步提升财务管控功能。

【房地产信息管理系统】

2014 年,按照集团《房地产管理暂行办法》的要求,针对集团范围内各项房地产的运营和管理,专门开发房地产信息系统,建立集团范围内的房地产信息资源库,及时定期地更新和维护相关资料信息,包括权属、面积、坐落、使用状态、财务入账情况、安全评估结论、规划情况等,以及为各子公司关于日常房地产的对外出租、合同管理、回收租金和其他费用管理提供作业平台,同时为集团总部实时或定期地掌握这些房地产的经营信息提供数据支撑和决策依据。

【电子商务平台】

集团下属的领秀公司、物流集团等企业建设及运用电子商务平台,积极探索 B2B、B2C 等电子商务模式。贸易型企业主要通过 B2C 方式拓展业务,网络销售产品范围和品种系列不断扩大,网络营销服务功能不断加强,信息化助推内外贸一体化发展。物流型企业,根据自身业务量大、环节多、数据复杂、时效性强等特点,先后开发"物流天下"电子商务公共服务平台(电子订舱平台)、统一仓储管理系统、原辅料贸易订单管理等系统,提高工作效率,提升数据准确性,降低企业运营成本。

【外事审批系统】

集团因公出国审批系统及邀请外商来华审批系统和 OA 系统实现互联互通,充分运用信息化手段,因公出国审批以及邀请外商来华审批全流程实现网上操作,提高工作效率,实现外事审批的全方位信息化管理。

【人力资源管理系统】

集团成立以来不断更新建设集团人力资源管理系统,系统具有组织机构管理、人事信息合同管理,员工考勤、培训、考核管理以及各类人事报表汇总查询等功能,全面提升集团人力资源管理的信息化水平。

三、信息化应用

【ERP 系统】

ERP 系统的主要功能包含有客户管理、商品管理、询报价管理、谈判管理、合同管理、出口信用证管理、进口信用证管理、物流管理、单证管理、核销管理、账务管理、应收应付管理、报表管理、固定资产管理、利息核算管理、退税管理、即时查询、决策分析等功能。

2008 年开始,集团各子公司根据自身业务特点,应用信息化技术开发和建设 ERP 系统。虽然由不同的开发商开发,功能存在一些差异,但在运营管控和风险防范中发挥的作用是一致的,主要功能也基本类似,大同小异,基本实现物流、人流、资金流和信息流的统一管理,对采购、生产、成本、库存、销售、运输、财务、人力资源等进行规划和优化,从而达到最佳资源组合,优化业务流程,有效提高工作效率。

ERP 系统建立后,与财务系统融合一体,使经营活动中最基本的成本与利润核算得到精确统计分析,为经营活动从粗放型管理变为精细管理奠定基础。通过控货流程强化进口控货业务的风险控制能力,实现进口控货业务成本盈亏的精细化管理,同时也有效提高公司物流控货环节的工作效率。针对客户信息零散、信息不全等问题,ERP 系统建立标准的客户信息库,保障公司管理人能全面准确掌握客户信息资源。ERP 系统设定授权批准权限,对预付账款,大额资金支付,合同评审及变更,实行各部门协同审批及分级审核,用信息技术手段设定审批权限和工作流程,杜绝由于违规操作和工作疏忽所造成的损失,有效地帮助业务降低运营风险。

【物流公共服务平台】

2007 年,物流集团建立"物流天下"电子商务公共服务平台,实现线上、线下社会物流资源融合,提供全方位的物流、信息流、资金流线上化协同服务。建设物贸联动的"云平台"技术体系,成为上海跨境电子商务试点的物流承接平台。依托平台的公共属性,凝聚行业人气,对接海关、国检等政府机构,提供便捷的全程电子化通关服务,衔接银行等金融机构资源,开展在线征信、国际运费保理等金融服务。

2013年9月29日,中国(上海)自贸试验区成立后,跨境电商占贸易的比重开始快速上升,外贸电商的高速发展,离不开物流的支持。"物流天下"平台为进出口贸易提供网上委托、交易、报关、报检、订舱、支付、结算一条龙服务,将传统的物流从线下物资转运提升到线上,通过对网络和信息系统的高度整合,整个供应链加速运转。通过"公共、协同、共享"的机制,带动整个物流行业彻底变革。

平台通过云平台技术,促进IT资源和业务资源的协调发展,实现IT资源的虚拟化、业务流程的标准化、数据的结构化,实现社会物流总成本的下降,提升物流服务效率及灵活性。

在财务与经济效益方面,平台投入运营后,通过平台实现的综合物流和跨境电商物流收入总额发展增速明显超过地区和行业的平均经济发展增速。

在社会效益方面,平台提供线上与线下相结合的物流协同服务,促进社会物流效率提升和总成本的下降;更注重为上下游企业提供全面的、开放式的公共物流服务,有利于节约物流资源在线委托和交易成本,提升贸易—物流协同效率,凸显平台信息服务价值,并为用户提供全面的统计分析及商业智能决策。

平台对于形成物流电商标准和评估体系,具有显著的引领和示范效应。通过推动电子商务与社会物流资源的紧密结合,加快物流服务模式创新,带动物流行业发展和服务水平的提升;对综合物流业务形成强大的正面促进作用,依托新技术应用大幅降低困扰传统业务规模化发展的人力瓶颈,拓展新的市场宣传和销售渠道,提高在线业务服务效率,提升客户服务感受,推动平台线上委托大幅增长。

第四篇

改革改制

追求卓越　拥抱未来

Aspire after brilliance to embrace the future

概　　述

　　集团成立后，企业改革改制始终是集团工作的主旋律，是实现集团持续稳定发展的动力。集团推进企业改革的探索和实践是国有外贸企业坚持改革、深化改革的一个缩影。

　　1995年1月29日，市政府办公厅下发《关于转发本市第一批现代企业制度综合配套改革试点单位的通知》，将东方国际集团列入上海首批95家试点企业名单，集团建立现代企业制度试点工作进入实质性启动阶段。1995年，集团成立改制工作领导小组，集团主要领导抓改制工作，成立干部考核班子和改革建制班子，分别牵头负责落实有关的具体工作。是年3月，按照现代企业制度要求，集团实施"以资产为纽带，通过建立包括全资子公司、控股公司和参股公司等形式的母子公司关系，在集团内形成多元化、多层次结构"的改革改制。集团在改制工作中坚持"产权清晰，权责明确，政企分开，管理科学"的指导原则，在具体实施中，结合集团的实际不断探索。集团的改制工作自上而下，稳步有序进行。

　　从1995年开始，集团按照《公司法》和《外贸法》的有关规定，新成立的东方国际货运有限公司、东方国际集团贸易发展有限公司、东方国际集团对外经济技术合作有限公司、东方国际集团上海旅游发展有限公司、东方国际集团广告展览有限公司，均是国有性质的有限责任公司；将加盟东方国际集团的上海市对外贸易公司、上海市永丰贸易公司、上海荣恒国际贸易公司、上海新海航业公司、上海外经贸房地产开发经营公司、上海经贸国际货运实业公司、上海金桥国际贸易公司等，全部改制为国有性质的有限责任公司。到1997年，集团下属的全资子公司全部改制成为国有性质的有限责任公司。集团下属各全资子公司的法人治理机构逐步健全。丝绸、服装、针织、家纺、纺织5家公司由集团董事会的5名董事分别作为国有资产所有者的代表，担任公司的法定代表人，对集团承担国有资产保值增值的责任。通过民主评议和组织考核，5家子公司以中青年为主的新领导班子挑起经营管理的重担。公司总经理作为主要经营者，负责公司的经营活动。各公司的资产所有者代表和主要经营者进行分离，职责进行划分，以有利于发展和国有资产的保值增值。

　　1998—2003年年底，按照"一司一策""摸着石头过河"的改革思路，东方外贸、东方纺织、东方家纺和东方针织先后对所属小规模的三级企业实施由主要经营管理人员、业务骨干出资，以国有股绝对控股、经营者群体参股为特征的多元投资主体改制试点。先后设立东松公司、久茂公司、华达公司、海鹏公司、利泰公司等一批三级公司改制企业。这些企业设立后，总体运营状况良好，员工活力得到激发，企业核心竞争力得到快速提升，进出口规模、利润明显增长，经营业绩大幅提高。

　　为进一步深化改革，推进多元投资主体公司制改制，加快企业组织体制和运行机制的转换，2000年6月，集团成立改革领导小组和改革工作审核小组；2002年5月17日，集团成立改革推进办公室。

　　2003年11月，集团成立战略和改革工作办公室（简称战略改革办），主要负责集团发展战略研究、战略规划制定和总体改革方案设计，制定有关改革的规范性指导意见、文本，根据集团改革领导小组的授权对有关改制方案进行预审。在整体推进改制过程中，战略改革办起牵头、协调、联络和指导作用，集团其他部室会同战略改革办共同推进集团的改革改制工作。

　　2004年4月，集团下发《东方国际（集团）有限公司企业改革改制文件汇编（一）》，汇集政府文件

7个、集团内部文件15个,对所属企业的改革改制起到积极的指导和推动作用。随着集团新一轮改革改制工作的不断深入,改制后的多元投资公司逐步增加,为使改制公司能够按照现代企业制度的要求规范运作,结合集团改革改制的特点,集团于2005年1月下发《东方国际(集团)有限公司企业改革改制文件汇编(二)》,汇集政府文件和集团内部文件共14个,涉及《关于改制公司召开首次股东会、董事会、监事会有关事项的意见》《经营者群体持股有限责任公司章程(示范文本)》,以及产权代表管理、投资管理及风险控制等,对改制后公司的规范运作起到积极的指导作用。

为进一步调整优化国资布局,推动企业创新转型,充分发挥上海国企在国家"一带一路"和上海国际贸易中心建设中的作用,经中共上海市委、市政府同意,2017年8月30日,市国资委下发《关于上海纺织(集团)有限公司与东方国际(集团)有限公司联合重组的通知》,决定对上海纺织(集团)有限公司与东方国际(集团)有限公司联合重组,将市国资委所持上海纺织集团股权以经审计的净资产值划转至东方国际集团,将上海国盛(集团)有限公司所持上海纺织集团股权以经审计的净资产值划转至东方国际集团。划转后,上海纺织集团与东方国际集团联合重组为新的东方国际集团。

第一章　现代企业制度

中共十五大提出,建立现代企业制度是国有企业改革的方向。东方国际集团成立后,在市外经贸委和市国资委(市国资办)的领导下,实施建立现代企业制度的改革改制工作,包括实行国有资产授权经营,进入国家综合商社试点,发起设立股份制企业,申请发行 A 股上市,组建中外合资外贸企业,所属企业进行多元投资和经营者持股的改制等。

第一节　国有资产授权经营

一、国有资产授权经营试点

实行国有资产授权经营,是建立现代企业制度的基本标志。1994 年 11 月,集团向市国资办递交《关于进行国有资产授权经营改革试点的申请报告》(简称《报告》)和《东方国际(集团)有限公司进行国有资产授权经营改革试点的方案》(简称《方案》)。《报告》阐明集团进行国有资产授权经营改革试点是为了进一步深化外贸体制改革,建立现代企业制度,全面推进经营机制转换,承担企业集团资产一体化经营和管理,确保国有资产保值、增值。《方案》就组建东方国际集团的目的、模式、特点、战略目标及具体抓手,国有资产授权经营范围与方式,被授权方的职责和权利,集团与全资子公司的关系,集团与市政府的关系等内容作阐述。是月,市国资办经研究,同意集团所报的《方案》,决定授权东方国际集团依据产权关系,统一管理经营集团内各成员企业的国有资产,集团成员包括上海市丝绸进出口公司、上海市服装进出口公司、上海市纺织品进出口公司、上海市针织品进出口公司、上海市家用纺织品进出口公司等 5 家子公司。授权管理经营国有资产的金额,以 1994 年度清产核资核定的国有资产产权登记数为准。通过清产核资核实国有资产价值总量,核定国有资本金,据此进行产权登记,作为考核集团国有资产保值增值情况的依据。市国资办同意集团实行董事会制,根据《国有企业财产监督管理条例》,相应成立监事会。集团根据"以生产经营推动资产经营"的职能,按照"精干、高效"的原则,构筑集团的管理体制,同时依据产权关系,通过董事会决定或按股份额的多少,不同程度地参与决定子公司和参股公司的投资决策、战略规划、人事任免、收益分配、审计监督等重大事项,合理界定和协调集团与各子公司之间的集权与分权关系。

集团逐步对各子公司进行公司化改造,将各子公司建成规范的有限责任公司或股份有限公司,以建立符合社会主义市场经济体制要求的经营机制和管理体制。同时,盘活国有资产存量,广泛吸收国内外各类资本的投资,优化集团的资本结构,壮大集团自身的实力。集团按照国家和上海市产业发展政策,根据市场发展需要,花大力气调整集团内的产品结构、产业结构和企业组织结构,盘活存量,优化增量,把生产经营和资产经营很好地结合起来,发挥集团优势,形成经济规模,提高经济效益,实现资本增值,使东方国际集团成为集贸易、金融、实业、信息、服务等功能为一体,跨地区、跨行业、跨国界经营的综合商社式的大型企业集团。

国资授权经营后,集团根据国家的会计制度并结合自身的特点,进一步统一集团各子公司的会计核算体系。集团规定的统一编码科目,使集团的财务信息能及时上报市国资办、财政部以及国家有关部委。会计核算的统一和合并,使整个集团统一纳税成为可能;使集团内有些亏损的企业得到必要的资金支持,通过拓展业务,扭亏增盈。

二、国有资产保值增值

建立有效的国有资产保值增值责任体系,是充分发挥国有资产授权管理经营功效的有力保证。为此,集团建立各项制度:(1)全面预算制度。为保证国有资产保值增值,集团实行全面预算制度。集团根据对市国资办承担的国资保值增值任务,经过自上而下、自下而上的数次反复来编制整个集团的年度全面预算。全面预算一方面使集团对当年度国有资产增值能力做到心中有数;另一方面,有利于控制成本费用,提高各子公司的经营管理水平。此外,对预算执行的分析能帮助集团及时发现问题和解决问题。全面预算制度的建立,有利于逐级分解国有资产保值增值的责任,进一步明确各级子公司的经营者对自己承担的国资保值增值的任务目标。(2)财务总监委派制度。为充分了解和监控各子公司国有资产运行情况,帮助各子公司贯彻集团对国有资产经营的各种决策和意图,集团向各主要的子公司委派财务总监,使子公司经营者能有一位比较高级的财务专业人士来帮助其理财,加强与集团财务信息方面的沟通。集团建立财务即时监控系统,使集团领导能及时了解各级子公司国有资产运行的动态。(3)投资管理制度。在国资授权经营前,各子公司的投资均由自己作主,它们的投资行为虽然也经过一定的程序,但还缺乏一些科学的研究和评价,形成一些投资方面的不良资产。国有资产授权经营后,集团制定投资管理办法,成立集团投资决策委员会。一些大额、非主营业务的投资项目,必须有项目投资可行性研究报告,在投资决策委员会内讨论通过后报集团董事会审批,审批通过后项目方能执行。(4)经营者薪酬分配制度。为落实各子公司经营者对国有资产保值增值的责任,集团将各子公司主要经营者的薪酬与其对公司国有资产经营的结果相结合。集团通过对各子公司主要经营者每年完成的净利润、出口额、国资保值增值率、净资产增长率、应收账款以及存货等多项指标的考核,确定主要经营者当年应得的报酬或应扣的工资。这一制度有利于调动经营者对国有资产保值增值的积极性。(5)内部审计制度。集团及各子公司除每年接受政府的经营责任审计和社会审计机构的年度财务审计外,还重视加强内部审计,重点放在各种专项审计方面,例如经营者离任审计、专项资产审计、专案审计等。不断完善内部审计制度,强化各级经营者对国有资产经营的责任感,同时发现在国有资产经营过程中所存在的问题,为各级经营者解决这些问题提供有利的帮助,防止国有资产的流失。(6)干部考核制度。除建立经营者薪酬分配制度外,集团还将各公司国有资产经营结果作为各级干部的业绩考核内容之一。集团每年年初都和各子公司签订经营目标责任书,人事部门每年考核各级干部时,均将这些干部所在公司涉及国有资产经营结果的各类财务指标汇总、分析、比较,并结合其他内容一起考核。(7)厂务公开制度。国有资产运营结果好坏,既涉及国家利益,在某种程度上也涉及员工的利益。让广大员工充分了解企业的各种经营情况,实施民主管理和民主监督,可使经营者获得一些合理化的建议,同时也监督经营者在国有资产经营过程中的各种行为。(8)监事会监管制度。集团监事会坚持以外派为主、内外结合的原则,体外监事分别由市国资办、市外经贸委、市财政局领导和高等院校的专家担任,日常办事机构为集团监事室。集团董事会向集团所属的全资、控股子公司委派监事,建立监事会工作网络体系。同时,建立监事会向董事会提建议书、召开对子公司财务质询会议等制度,探索监事会行使监督职能的有效途径。

1995年10月13日,为确保国有资产保值增值,提高国有资产运营效益,根据国家有关规定,市国资办给集团下达《上海市国有资产保值增值责任书》(简称《责任书》)。集团董事长王祖康代表集团与市国资办、市外经贸委签署1995年《责任书》。《责任书》确定:责任期为1995年1月1日—12月11日。责任目标为国有资产保值增值基数达106 626万元,国有资产保值增值率达101%,国有资产保值增值额达1 060万元。年终考核包括:(1)考核年度终了,责任单位应按照本《责任书》确定的责任目标及上报的具体实施方案对实际执行情况和结果进行自我检查和总结,将总结分析报告连同财务报告按规定时间报市国资办、主管委办,抄送集团监事会。(2)由市国资办代表上海市国有资产管理委员会,会同有关部门对责任单位1995年国有资产保值增值情况进行考核。(3)集团监事会按照《公司法》和《国有企业财产监督管理条例》的有关规定行使职权。(4)考核的具体要求按《国有资产保值增值考核试行办法》执行。

根据市审计局审计核定,1995年年末,东方国际集团国家所有者权益为110 132万元,较年初国家所有者权益106 627万元增加3 505万元。1995年无客观因素剔除,保值增值额为3 505万元,保值增值率为103.29%,分别比市国资委下达的考核指标高出2 439万元和2.29个百分点。1996年年末,东方国际集团国家所有者权益为149 529万元,较年初110 132万元增加39 397万元。剔除客观因素增加额24 771万元,保值增值额为14 626万元,保值增值率为113.28%,分别比年初核定的考核指标高出13 469万元和12.28个百分点。1995、1996年度,集团完成市国资办下达的国有资产保值增值指标。

为落实市国资办和市外经贸委下达的国有资产保值增值的目标和每年的出口计划任务,1996年7月,集团董事长和总裁共同出面与下属子公司的董事长、总经理分别签署《目标经营责任书》,内容主要有3项:出口创汇、出口收汇、利润指标。1996年以后逐年考核修订指标。由于目标明确,责任落实,各子公司都奋力开拓,强化管理,开源节流,内部挖潜,克服种种困难,取得较好成绩。

1995—2017年,集团每年都与市国资办(委)签署年度《责任书》,根据《责任书》的规定要求,充分利用国有资产授权经营的政策优势,坚持突出主业,抓好经营管理,加强资本运作,积极开拓市场,严格控制风险,推动集团持续稳定健康发展。集团成立23年来,认真履行国有资产授权经营所承担的责任,每年都完成市国资办(委)核定的考核指标,实现国有资产的保值增值。

表4-1-1 1995—2017年度国有资产保值增值情况表

年　　度	国有资产保值增值率(%)
1995	103.29
1996	113.28
1997	110.26
1998	106.82
1999	101.03
2000	102.20
2001	103.26
2002	103.36

〔续表〕

年　　度	国有资产保值增值率(%)
2003	103.76
2004	104.45
2005	104.53
2006	104.68
2007	108.85
2008	107.99
2009	110.83
2010	110.46
2011	108.71
2012	106.41
2013	107.15
2014	105.90
2015	106.94
2016	113.30
2017	107.46

图 4-1-1　1998 年 7 月,集团举行 1998 年度目标经营责任书签字仪式

第二节 综合商社试点

一、列入国家综合商社试点单位

1994年年底,国务院批准中国化工进出口总公司作为中国第一家综合商社试点后,在全国各地引起很大反响。

中共上海市委、市政府对综合商社的组建和发展给予高度重视与支持,将其列入上海迈向21世纪的发展战略。市政府领导多次表示,支持东方国际集团进入国家综合商社试点行列。

集团组建以来,在理顺内部机制、稳步扩大出口规模、建立现代企业制度等方面迈出实质性步伐。根据上海总体发展战略和规划,东方国际集团确定以中国式综合商社为发展目标,稳步推进综合商社试点工作,努力探索符合中国国情、具有上海特色的综合商社发展道路。

1995年,集团已具备综合商社试点的基本条件。首先,集团已具有一定的规模经营基础,1993年年末资产总额达65亿元,1994年营业额超过200亿元,其中进出口总额达到19亿美元。其次,集团具有一定的实业化基础,已投资建设生产、流通、服务等各类企业和中外合资企业318家,初步建立出口生产加工基地,提供近1/3的出口货源。再次,集团具有一定的国际化经营基础,有海外企业45家,分布于世界各主要国家、地区,海外常驻人员达200多名。此外,集团已集聚外贸、经济、法律、金融等各类人才,具有中、高级技术职称的专业人员1000多人,外销员500多人。集团被列入上海首批现代企业制度改革试点,试点方案获通过,开始实质性操作。

集团逐步形成一套比较完整的发展思路和综合商社试点方案,制定集团功能多元化、经营方式集约化、企业发展国际化等发展战略,开始着手组织实施具体工作。集团以培育新的生长点和完善发展集团功能为重点的"抓手工程"初见成效,新组建的公司开始投入运行。通过海外企业的调整组合,东方国际集团美洲公司、东方国际集团日本公司等集团海外分公司也在筹建之中。

1997年3月,经国务院批准,同意东方国际集团进行国家综合商社试点。这是继中国化工进出口总公司后,全国第二家被批准探索综合商社道路的大型企业集团。4月,集团被列入全国120家大型企业集团试点。为此,集团制定《东方国际集团综合商社试点方案》,以及相应的配套材料《建立金融功能的规划设想》《贸工商一体化发展规划设想》《发展出口产品多元化的规划设想》《货运业发展的规划设想》《实施产权多元化的规划设想》等5个文件。

二、建设综合商社规划

集团规划用5—10年时间,分3个阶段组建成为综合商社。

第一阶段:1997年以前重点实施集团的组建工作,定框架、打基础、抓联合,实现资产一体化,建立有限责任公司。市国资办授权集团管理5家子公司的国有资产。集团对5家子公司的国有资产行使经营管理权,承担保值增值的责任。5家子公司组成集团的核心企业,属集团内具有法人地位的全资子公司。集团对其他投资、联办的各种企业实行参股、控股形式的资产管理。集团实行资产统一管理,资金统一调度,会计统一核算。初建阶段,集团以外贸出口为主的经营业务仍由5家子公司及其下属公司具体负责经营。通过优化组合,逐步建立5家子公司优势互补的综合商社服务体系、物流体系和贸易体系。集团优化重组生产布局和产品结构,建立拳头出口产品的设计、开发中心,争取通过组建财务公司或信托投资公司等措施,取得国内外融资权,为进出口业务开展融资。

第二阶段:2000年以前抓发展、出成果,主打海外,重点实行股份制,组建股份有限公司。经过发展,在条件成熟的情况下,由集团申请将下属子公司改制为上市的股份有限公司。集团保持控股权,同时吸纳金融机构、科研单位和生产企业等参股,为形成多元投资、以资产为纽带的多层次结构的股份制企业集团创造条件。优化重组海外机构,改变海外网点分散、规模较小的现状,发挥整体效益,建立海外机构与集团之间、海外机构之间的联系运作网络,实现一体化经营。建立海外机构商情搜集、分析、传播的新机制,探索三国、多国贸易的新路子,促进海外机构组织管理体系现代化。按照国际市场的产品趋势,参与扶持出口生产基地建设,初步形成贸工、贸农、贸技合作的新格局。

第三阶段:2000年以后发展跨国经营,带动产业资本向国外投资,基本建成具有一定规模的现代化的综合商社。逐步拓展三国、多国贸易。促进贸易与国际接轨,树立东方国际集团国际形象,使集团走向进入国际化大循环,参与国际化大分工,实行社会化大生产的新路,在更加广阔的天地和更加高的基点上崛起。

图4-1-2　1995年3月28日,东方国际集团召开综合商社试点工作汇报暨新闻发布会

第三节　上　市

一、东方国际创业股份有限公司上市

1997年,根据《中华人民共和国公司法》有关规定,经市政府审定,东方国际集团被列为上海市

1997 年度计划发行股票预选企业。按照中国证监会要求，东方国际创业股份有限公司（筹）上市方案和预选材料，经上海市证券期货监督管理办公室初审，报中国证监会审批，申请 1997 年度 A 股发行额度 10 000 万元。

1998 年 8 月 5 日，中国证监会电话通知，凡 1998 年 8 月 5 日以前未报送正式申报材料的企业，一律先改制，注册成立股份有限公司或有限责任公司，然后方可提出发行股票的正式申请。为贯彻电话通知精神，1998 年 8 月 18 日，集团召开董事会审议通过东方国际集团作为主要发起人，采取发起设立的方式设立东方国际创业股份有限公司，推动集团申请发行 A 股及上市的工作顺利进行。

根据已经上海市证券期货监督管理办公室审核，并经市政府批准同意的集团公司上市方案和预选材料，1998 年 9 月 1 日，集团向市政府和市外经贸委上报设立发起式股份有限公司的请示，1998 年 10 月 15 日，市政府批复同意。

东方创业发起人由东方国际集团、东方丝绸、东方纺织、东方针织、东方家纺、东方外贸等公司共同出资，发起设立。

东方创业经营范围：自营和代理除国家组织统一联合经营的 16 种出口商品和国家实行核定公司经营 14 种进口商品以外的商品及技术进出口业务，"三来一补"和进料加工业务，生物制品、医药化工产品的开发、生产和销售，国际货运代理，实业投资和高新技术产业等投资、对销贸易、转口贸易和服务贸易。

东方创业股本总额 24 000 万股，其中东方国际集团持有 23 689.05 万股，占总股本 98.71%；东方丝绸持有 65 万股，占总股本 0.27%；东方纺织持有 65 万股，占总股本 0.27%；东方针织持有 65 万股，占总股本 0.27%；东方家纺持有 65 万股，占总股本 0.27%；东方外贸持有 50.95 万股，占总股本 0.21%。公司股票每股为人民币一元。

表 4 - 1 - 2　1998 年东方创业设立股本结构情况表

股份类别	股份数量（股）	占总股本的比例（%）
发起人股	240 000 000	100.00
其中：国家股	236 890 500	98.71
国有法人股	3 109 500	1.29
总股本	240 000 000	100.00

2000 年 6 月，经中国证监会核准，公司发行普通股 8 000 万股（其中向战略投资者配售 4 000 万股，向社会公众公开发行 4 000 万股），于 2000 年 7 月 12 日上市交易，发行后公司注册资本增至 32 000 万元，折合股本 32 000 万股。大华会计师事务所有限公司出具验资报告。

表 4 - 1 - 3　2000 年东方创业发行普通股股本结构情况表

股份类别	股份数量（股）	占总股本的比例（%）
未上市流通股份	280 000 000	87.50
其中：国家股	236 890 500	74.03

〔续表〕

股 份 类 别	股份数量(股)	占总股本的比例(%)
国有法人股	3 109 500	0.97
战略投资者	40 000 000	12.50
上市流通股份	40 000 000	12.50
总股本	320 000 000	100.00

2001年7月12日,东方创业向战略投资者配售的4 000万股流通上市。公司股本结构发生变更。

表4-1-4 2001年东方创业股本结构情况表

股 份 类 别	股份数量(股)	占总股本的比例(%)
未上市流通股份	240 000 000	75.00
其中:国家股	236 890 500	74.03
国有法人股	3 109 500	0.97
上市流通股份	80 000 000	25.00
总股本	320 000 000	100.00

2005年11月14日,公司相关股东会议审议通过股权分置改革方案,公司非流通股股东向流通股股东每10股支付3.5股作为对价。2005年11月23日,公司实施股权分置改革方案,实施后公司股本结构发生变化。

表4-1-5 2005年东方创业股本结构情况表

股 份 类 别	股份数量(股)	占总股本的比例(%)
有限售条件的流通股	212 000 000	66.25
无限售条件的流通股	108 000 000	33.75
总股本	320 000 000	100.00

2007年11月23日、2008年11月23日、2009年11月23日和2010年11月23日,股权分置改革限售股份流通上市。

表4-1-6 2010年11月东方创业股本结构情况表

股 份 类 别	股份数量(股)	占总股本的比例(%)
无限售条件的流通股	320 000 000	100.00
总股本	320 000 000	100.00

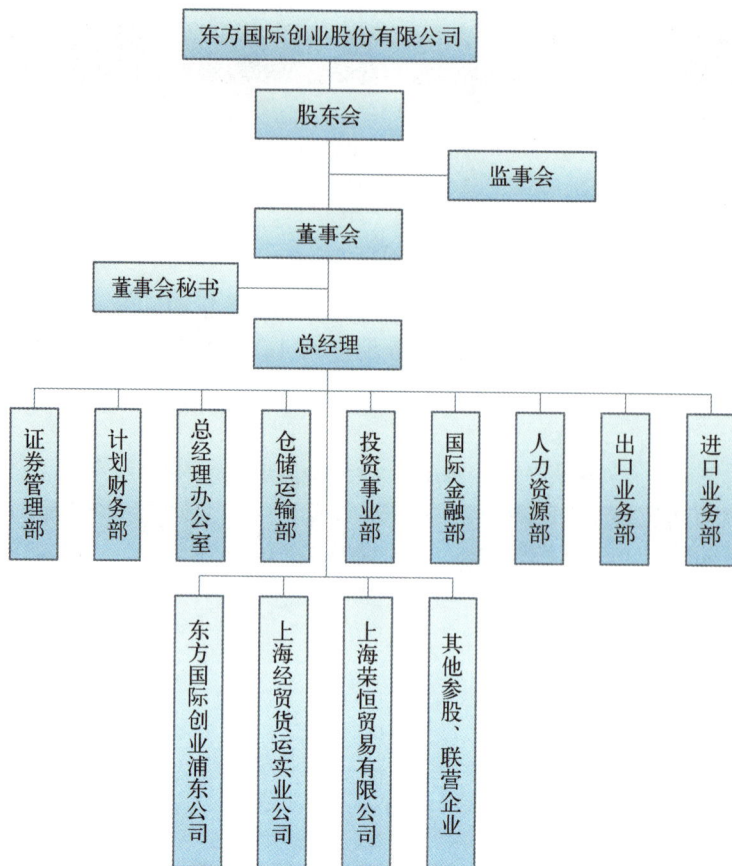

图 4-1-3　1998 年 9 月,集团报送市政府的东方创业组织结构图

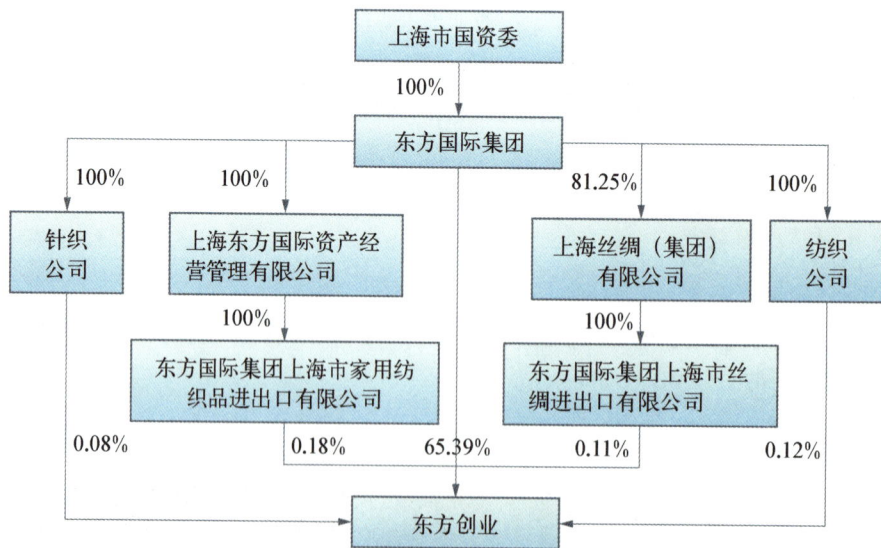

图 4-1-4　2010 年 6 月东方创业持股结构图

图注:东方国际集团直接持有东方创业 65.39％股份,直接和间接合计持有东方创业 65.88％股份。

表 4-1-7　2010 年 6 月 30 日东方创业前十大股东持股情况表

股 东 名 称	持股数量(万股)	持股比例(%)
东方国际集团	20 925.33	65.39
郭美琴	72.00	0.23
桂 莉	68.77	0.21
姜 薇	61.40	0.19
缪 庆	58.52	0.18
陈 宇	58.34	0.18
东方家纺	57.42	0.18
王长生	53.48	0.17
张永珍	46.54	0.15
戴烈榜	46.20	0.14

说明：集团所持有的 161 253 275 股有限售条件流通股于 2010 年 11 月 23 日上市。

二、集团核心资产上市

根据国务院《关于推进国有资本调整和国有企业重组指导意见的通知》提出的"大力推进改制上市,提高上市公司质量。积极支持资产或主营业务资产优良的企业实现整体上市,鼓励已经上市的国有控股公司通过增资扩股、收购资产等方式,把主营业务资产全部注入上市公司"的政策,东方国际集团按照市政府关于加快推进国有企业股份制改革,鼓励支持国有企业将优良主业资产注入上市公司、做优做强上市公司、最终实现整体上市的精神,积极推进旗下各专业板块资产的整体上市。

2009 年 3 月和 4 月,国务院相继发布《物流业调整和振兴规划》《纺织工业调整和振兴规划》,提出发挥骨干优势企业在产业调整和振兴中的带动作用,支持优势企业兼并重组、做大做强。

东方国际集团所属相关子公司在外贸和物流领域都具有多年的经营经验,拥有广泛的客户和供应商网络,拥有知名的外贸、物流品牌和丰富的外贸、物流运作经验。东方创业的两大主业是外贸业务和物流业务,为提升上市公司的服务能力,做大做强上市公司外贸和物流主业,同时避免同业竞争,由东方创业收购东方集团的核心资产。

东方创业向东方国际集团非公开发行股份购买东方国际集团下属的以纺织品服装为主的外贸类和物流类资产,具体包括东方纺织 100％股权,东方商业 100％股权,东方针织 100％股权,东松公司 75％股权以及物流集团 27.55％股权。以 2010 年 3 月 31 日为评估基准日,购买资产按资产评估值作价 99 703.79 万元。发行价格为 12.20 元/股,发行股份总量为 8 172.441 4 万股。

2010 年 2 月 27 日,集团召开董事会,决定对东方创业实施重大资产重组并通知上市公司。3 月 1 日,东方创业发布公告,因公司控股股东东方国际集团正在酝酿重大资产重组事项,公司股票自 2010 年 3 月 1 日起连续停牌。3 月 26 日,市国资委批复:原则同意东方国际集团对东方创业实施重大资产重组可行性方案。3 月 30 日,东方创业召开第四届董事会第二十次会议,审议通过交易的相关议案,与东方国际集团签订《发行股份购买资产协议》。东方创业股票于 2010 年 3 月 31 日恢复交易。7月10日,集团召开董事会,审议通过交易方案和补充协议。7月11日,东方创业召开第四届董事会第二十五次会议,审议通过交易的正式方案。是日,东方创业与东方国际集团签订补充协议。7月21日,市国资委批复同意东方国际集团认购东方创业非公开发行股份方案。7月28日,东方创业召开2010年第一次临时股东大会,审议通过关于公司向特定对象非公开发行股票购买资产方案,与东方国际集团签订补充协议等相关议案。

根据《上市公司重大资产重组管理办法》第十一条的规定,本次交易构成重大资产重组,同时由于涉及非公开发行股份购买资产,故尚需提交中国证监会并购重组审核委员会审核。

2010年12月,集团核心资产注入上市公司方案经证监会审核通过,2011年上半年取得证监会下发的关于发行股份、要约收购豁免等具体操作的批复,开展资产交割、权证变更等收尾工作。

2011年3月16日,集团收到证监会下发的《关于核准东方国际创业股份有限公司向东方国际(集团)有限公司发行股份购买资产的批复》和《关于核准豁免东方国际(集团)有限公司及一致行动人要约收购东方国际创业股份有限公司股份义务的批复》。3月31日,集团与东方创业签署《资产交割安排协议》。截至2011年3月31日,双方完成所有交割资产的转让及变更过户登记手续,东方纺织、东方商业、东方针织、东松公司、物流集团等5家公司取得新的营业执照。

2011年4月28日,东方创业以每股12.20元的价格向集团发行81724414股,锁定期为36个月,上市流通时间为2014年4月29日。至此集团经营性核心资产注入上市公司工作完成。集团持有东方创业的比例从65.39%上升至72.43%。5月30日,东方创业完成增资后的工商变更登记,取得新的营业执照。

表4-1-8　2017年12月31日东方创业前十大股东持股情况表

股 东 名 称	持股数量(万股)	持股比例(%)
东方国际(集团)有限公司	35 231.29	67.46
上证上海改革发展主题交易型开放式指数发起式证券投资基金	1 250.14	2.39
中证上海国企交易型开放式指数证券投资基金	294.46	0.56
钟旭丹	268.61	0.51
张顺洪	162.86	0.31
东方国际集团上海市家用纺织品进出口有限公司	158.38	0.30
梁忠军	132.00	0.25
郑　锋	125.44	0.24
孙永宪	102.67	0.20
蔡团香	78.45	0.15

第四节　中 外 合 资

集团中外合资企业主要有东菱贸易有限公司、深圳海润实业有限公司和东方金发国际物流有限公司。

一、东菱贸易有限公司

1997年2月15日,国家外经贸部报送的《关于请审批东方国际(集团)有限公司、上海市对外贸易公司与日本三菱商事株式会社、美国大陆谷物公司合资组建东菱贸易有限公司的请示》,经国务院批准,同意东方国际集团、上海市对外贸易公司以及日本三菱商事株式会社、美国大陆谷物公司,根据《中华人民共和国对外贸易法》《中华人民共和国中外合资经营企业法》和国务院《关于设立中外合资对外贸易公司试点暂行办法》以及中国的其他有关法律、法规,本着平等互利的原则,共同投资设立中外合资企业东菱贸易有限公司(简称东菱公司)。

1997年8月5日,上海市工商行政管理局核发东菱公司营业执照。

东菱公司注册资本总额为1 250万美元,其中集团出资512.50万美元,占注册资本总额的41%。日本三菱商事株式会社出资337.50万美元,占注册资本总额的27%。美国大陆谷物公司出资275.00万美元,占注册资本总额的22%。上海市对外贸易公司出资125.00万美元,占注册资本总额的10%。各方均以美元现汇出资。

东菱公司注册地点为中国上海浦东新区。公司经营范围是自营和代理除国家规定的由国家组织统一联合经营的出口商品和国家实行核定公司经营的进口商品以外的其他货物及技术的进出口业务(包括转口贸易)。开展进料加工和“三来一补”业务。在公司自身出口大于进口、外汇自行平衡的前提下,可以经营公司进口商品的国内批发业务。公司收购用于自营出口的货物,出于贸易合同外方不能履行等原因未能出口的,可按不超过年出口总额的5%的比例,在国内批发销售。东菱公司经营期限为20年。

东菱公司充分利用合资各方的优势,加快中国出口商品结构的调整,扩大机电设备、电子及高科技产品的出口,同时引进国外先进技术、先进设备和适销商品,满足国内需求。

2005年,因国家贸易环境和经营条件发生变化,东菱公司各投资方决定调整投资策略。经向国家商务部请示同意,公司董事会决定,提前终止经营、解散清算。

二、深圳海润实业有限公司

深圳海润实业有限公司是纺织公司于1987年12月与香港华润纺织品有限公司(简称华润公司)、深圳南油(集团)有限公司(简称南油集团)、香港天邦控股集团有限公司(简称香港天邦)、中国纺织品进出口总公司(简称中纺总公司)5家企业共同投资组建的纺织印染企业。公司注册资本4 300万元,其中纺织公司出资1 720万元,占股比40%;华润公司出资1 075万元,占股比25%;南油集团出资645万元,占股比15%;香港天邦出资430万元,占股比10%;中纺总公司出资430万元,占股比10%。企业的经营管理由纺织公司负责。

2004年,根据深圳海润实业有限公司的实际情况,集团和香港万达贸易有限公司出资收购深圳海润实业有限公司 60%的股权。

表 4 - 1 - 9　2004 年深圳海润实业有限公司收购前股权结构情况表

出　资　人	出资金额(万元)	出资比例(%)
东方国际集团上海市纺织品进出口有限公司	1 720	40
香港华润纺织品有限公司	1 075	25
深圳南油(集团)有限公司	645	15
香港天邦控股集团有限公司	430	10
中国纺织品进出口总公司	430	10
合　计	4 300	100

表 4 - 1 - 10　2004 年深圳海润实业有限公司收购后股权结构情况表

出　资　人	出资金额(万元)	出资比例(%)
东方国际集团上海市纺织品进出口有限公司	1 720	40
香港万达贸易有限公司	1 505	35
东方国际(集团)有限公司	1 075	25
合　计	4 300	100

三、东方金发国际物流有限公司

2006 年 8 月,为积极参与上海国际航运中心建设,实施集团整体发展战略和集团物流板块的发展战略,集团及所属物流集团和金发投资(中国)有限公司(简称金发投资)在洋山深水港共同投资设立中外合资企业——东方金发国际物流有限公司(简称东方金发)。公司注册资本为 6 000 万元。其中,集团出资 2 700 万元,占 45%。金发投资出资 2 700 万元,占 45%。物流集团出资 600 万元,占 10%。

根据现代企业制度要求,东方金发设董事会,由 5 名董事组成,集团委派 2 名董事,物流集团委派 1 名董事,金发投资委派 2 名董事。董事长由金发船务有限公司推荐,副董事长由东方国际集团推荐,总经理由物流集团推荐、董事会聘任。东方金发实行董事会领导下的总经理负责制。公司实行独立经营,自负盈亏。

东方金发以开发、建设和经营管理深水港的现代物流基地为基础,以东方国际集团和物流集团原物流业务与功能以及金发船务有限公司原集装箱业务作为起步,依托洋山港物流基地,拓展第三方的现代物流业务,为各投资方提供仓储、集装箱堆场、运输及物流相关配套的业务功能。

东方金发经营范围:承办海运、陆运、空运进出口货物,国际多式联运、集运、国际展品、私人物品及过境货物的运输代理业务,包括揽货、订舱(租船、包机、包舱)、托运、仓储、包装、货物的监装、监卸、集装箱拼装拆箱、分拨、中转、结算运杂费、代理报关、报验、报检、保险、相关的短途运输服务及咨询业务，道路普通货物运输、集装箱运输，集装箱堆存、维修，货运站（场）经营。

第五节　企业改制

1995年4月11日，集团在上海影城第一放映厅召开推进现代企业制度改革工作会议，出席会议的有市外经贸委领导、市国资办领导、市体改办领导，集团董事会成员、党委委员、各部室成员，各子公司副科长以上干部，以及上海电视台、东方电视台、《解放日报》《文汇报》《新民晚报》等新闻媒体记者。集团总裁汪阳作《继续鼓劲再接再厉全面推进集团的改革与发展》的讲话，对全面推进集团的改革与发展作出部署。集团所属企业改制主要分为两个阶段进行：1995—1996年为第一阶段，主要是进行有限责任制的公司制改革；1997—2005年为第二阶段，主要是进行经营管理人员、业务骨干持股和多元投资的股份制改革。至2005年，集团所属企业改制工作基本完成。

一、制度建设

2002年8月，集团下发《关于加强改制企业财产管理的通知》。11月，集团下发《关于企业改制中使用〈东方国际（集团）有限公司企业改制财产责任认定书〉的通知》。12月，集团下发《东方国际（集团）有限公司关于资产托管的暂行规定》。

2003年3月，集团下发《东方国际（集团）有限公司托管财产责任认定书》。

2004年3月，集团下发《关于企业改制中涉及产权交易若干问题意见》《关于企业改制中涉及资产评估立项、确认若干问题的意见》《东方国际（集团）有限公司关于推进集团所属企业改制的若干意见》《东方国际（集团）有限公司关于规范企业改制材料报批等事项的通知》。8月，集团下发《关于下发〈东方国际（集团）有限公司"壳公司"资产和财务管理办法〉的通知》《东方国际（集团）有限公司关于改制公司使用境外资产的意见》《东方国际（集团）有限公司境外企业设立、停业、关闭和清算暂行管理办法》。9月，集团下发《东方国际集团关于中小企业改革改制的若干意见》。

2005年8月，集团下发《"壳公司"资产处置审批权限和报批程序的试行规定》。

2006年4月，集团下发《经营者群体持股有限责任公司章程（示范文本）》。

二、三级公司改制

【东松公司改制】

东松公司的前身是东方国际集团上海市对外贸易有限公司业务八部（仪器医保进口部），是上海乃至全国经营医疗设备进口业务历史悠久的单位之一。1997年7月16日，东松公司成立，注册资本为500万元，其中东方国际集团出资75万元，占注册资本的15％。上海市对外贸易公司（后更名为东方国际集团上海市对外贸易有限公司，即东方外贸）出资200万元，占注册资本的40％。上海松江经济技术开发建设总公司出资50万元，占注册资本的10％。松江工业区经贸实业发展有限公司出资175万元，占注册资本的35％。

东松公司成立之时就是一个多元投资的股份有限公司，是市外经贸系统首批国有控股改制企业之一。东松公司的股权几经变更，由国有控股的多元投资，到职工持股会参股，到自然人参股，到战略投资人入股，是东方国际集团企业改制的一个缩影。

1999年4月,采用职工持股会的方式,对东松公司进行改制试点。集团将其持有的公司15%股权转让给东松公司职工持股会;松江工业区经贸实业发展有限公司将其持有的公司35%股权中的34%股权转让给东方外贸工会,1%股权转让给东方外贸。上海松江经济技术开发建设总公司将其10%的股份全部转让给东方外贸。本次转让后,东方外贸出资255万元,占比51%。东方外贸工会出资170万元,占比34%。东松公司职工持股会出资75万元,占比15%。2000年5月29日,公司完成工商变更。

2000年8月1日,根据东松国际贸易有限公司董事会决议,同意东方外贸工会将其持有的34%股权转让给东方外贸。本次转让后,东方外贸出资425万元,占比85%。东松公司职工持股会出资75万元,占比15%。2001年4月30日,公司完成工商变更。

2002年1月8日,根据股东会决议,东松公司将其从2000年度未分配利润中提取的500万元用于增资,注册资本及实收资本由原来的500万元增加到1000万元。增资后,东方外贸累计出资850万元,占比85%。东松公司职工持股会累计出资150万元,占比15%。

2002年4月10日,根据东松公司股东会决议,同意解散东松公司职工持股会,同意东松公司职工持股会将其持有的公司15%股权转让给自然人持股者。本次转让后,东方外贸出资850万元,占比85%。自然人持股者出资150万元,占比15%。2003年9月10日,公司完成工商变更。

2015年12月3日,上海东松国际贸易有限公司变更为上海东松医疗科技有限公司。

2016年7月15日,根据东松公司股东会决议,同意东松公司持股者进行股权转让。本次转让后,东方创业出资1125万元,占比60%。上海东松东贸健康管理合伙企业(有限合伙)出资750万元,占比40%。

经历数次增资和股权变更后,截至2016年11月,东松公司的股权结构为:东方外贸累计出资1125万元,占比51%;上海东松东贸健康管理合伙企业(有限合伙)累计出资750万元,占比34%;东方翌睿(上海)健康产业投资中心(有限合伙)累计出资330.88万元,占比15%。同时,公司更名为上海东松医疗科技股份有限公司。

东松公司以改革改制为动力,促进企业持续发展,2017年,东松公司的进出口规模达5.7884亿美元,其中进口4.1316亿美元,净利润7796万元。

【东方纺织三级公司改制】

2001—2003年,东方纺织改制组建4家三级子公司,分别为:上海华达进出口有限公司、上海锦达进出口有限公司、上海宁达进出口有限公司、上海顶达进出口有限公司(简称华达公司、锦达公司、宁达公司和顶达公司)。这4家公司均为东方纺织控股,战略投资者和内部股东参股、多元投资的有限责任公司。

华达公司成立于2001年1月1日,公司前身的主体为上海市纺织品进出口有限公司浦东分公司,是国内合资有限责任公司。改制后,公司注册资本1000万元,其中,东方纺织占52.3%,华达公司内部职工占24.7%,上海昌吉纺织印染有限公司占5%,浙江桐乡市龙翔印染有限公司占3%,江苏海门市正章染整有限公司占3%,浙江绍兴五洋实业有限公司占2%,自然人沈佳萍占10%。华达公司内部职工20人持股,最高出资额94万元,最低出资额2万元,人均持股12.35万元。

锦达公司成立于2002年11月13日,公司前身的主体为上海锦达进出口公司。改制后,公司注册资本1000万元,其中,东方纺织占51%,锦达公司内部职工占33%,上海昌吉纺织印染有限公司占5%,江苏常州市武进湖塘华盛织布厂占6%,广东顺德市杰群纺织有限公司占5%。锦达公司内部职工 22 人持股,最高出资额 90 万元,最低出资额 2 万元,人均持股 15 万元。

宁达公司成立于 2003 年 1 月 18 日,公司前身的主体为东方纺织业务四部和业务六部。改制后,公司注册资本 1 000 万元,其中,东方纺织占 51%,东方纺织工会占 1%,宁达公司内部职工占 42%,上海昌吉纺织印染有限公司占 3%,江苏昆山市永佳制衣纺织有限公司占 3%。宁达公司内部职工 25 人持股,最高出资额 95 万元,最低出资额 3 万元,人均持股 16.8 万元。

顶达公司成立于 2003 年 1 月 18 日,由东方纺织成品业务一部、二部和三部组建而成。改制后,公司注册资本 1 000 万元,其中,东方纺织占 51%,江苏江阴市华晟针织制衣有限公司占 6%,自然人戴肖田占 5%,顶达公司内部职工占 38%。顶达公司内部职工 27 人持股,最高出资额 94 万元,最低出资额 2 万元,人均持股 14.07 万元。

至 2003 年年底,改制后的华达公司、锦达公司、宁达公司、顶达公司 4 家三级子公司取得较好的经济效益,出口规模和利润总额均有大幅度增长。2003 年,4 家改制公司的净利润分别为 1 202 万元、630 万元、1 396 万元、781 万元,平均资本收益率达到 100.2%。此外,集团为锦达公司、宁达公司和顶达公司的改制向市外经贸委申请改制资金,3 家改制公司各取得 200 万元的改制资金。

根据“整体改制、分步实施”的原则,参照东方纺织已经改制的 4 家三级公司的改制模式,东方纺织将业务五部改制,组建常达公司;将业务一部、成品四部与业务三部自营部分、综合一部出口部分合并,组建会达公司。常达公司注册资本 1 300 万元,会达公司注册资本 1 000 万元。两家改制公司都是由东方纺织、东方国际集团、公司内部自然人(经营管理人员和业务骨干等)共同投资设立,股权结构均为:东方纺织占 51%,公司内部股东占 39%,东方国际集团占 10%。常达公司的 28 名员工中,持股员工 19 人,最高出资额 144.3 万元,最低出资额 3.9 万元,人均出资额 26.68 万元。会达公司的 33 名员工中,持股员工 21 人,最高出资额 79 万元,最低出资额 5 万元,人均出资额 18.57 万元。2004 年 4 月 28 日,会达公司和常达公司各方股东分别签订出资协议书,出资者可以在规定的出资范围内自由认股,并以现金方式一次性出资。2004 年 5 月 18 日,两家公司举行成立揭牌仪式。

两家三级子公司改制前,经出资各方协商,签订出资人协议,按照集团印发的章程(示范文本)

图 4-1-5　2004 年 5 月 18 日,改制后的会达、常达公司举行揭牌仪式

签署改制公司的章程,明确界定股东会、董事会、监事会和总经理的责权,做到"决策科学、执行严格、监管到位、责任明确、运作规范"。此外,根据公司内部股东持股这种改制形式的特殊性,两家改制公司的章程均对公司内部股东的股权转让程序、转让价格等事项做出约定。两家改制公司成立后,按照现代企业制度的要求,规范地设立股东会、董事会、监事会。2004年5月18日,会达公司和常达公司分别召开首次股东会,审议通过《公司章程》《股东会议事规则》《董事会议事规则》《监视会议事规则》,选举产生第一届董事会。董事会由5名董事组成,其中,东方纺织推荐3名(其中包括董事长1名,经董事会选举产生),东方国际集团推荐1名,公司内部股东共同推荐1名。公司不设监事会,由东方纺织委派监事1名。两家公司成立后,按照集团的有关示范文本制定公司的股东会、董事会、监事议事规则和总经理的工作规则,明确责权,建立公司的出资者、监督者和经营者之间的监管制衡机制。

【其他三级公司改制】

1998年11月,东方荣恒所属的R. H. WESCO公司作为集团海外企业第一家改制试点,改制成为经营者与职工共同参股的有限责任公司。在1999年纺织品出口配额大幅减少的情况下,公司加快产品结构调整,双高产品和机电产品已经逐步成为主角,全年销售额和盈利均比1998年有所增长,经营者和职工的积极性进一步提高。

2000年7月17日,集团批复同意东方外贸与上海久事浦东公司达成的对其下属企业上海久茂对外贸易公司进行改制的方案。通过跨部门、跨行业的联合,实施企业业务重组、市场重组和贸易方式重组。

2000年3月8日,集团批复同意东方商业董事会关于对东方国际集团贸易发展有限公司进行资产重组的决议,同意东方商业与张家港市普坤纺织实业有限公司、苏州工业园区康达科工贸有限公司协商达成的实施跨地区、跨行业资产重组的初步方案,同意将东方贸发7 000万股权中的26%与23%,分别转让给张家港市普坤纺织实业有限公司和苏州工业园区康达科工贸有限公司。是年8月,鉴于原合作投资伙伴情况发生重大变化,集团同意将合作投资方调整为上海南梦服饰有限公司和上海茂森经济发展有限公司。

2000年8月30日,根据市政府下发的《转批市科委、市经委关于上海地方应用型科研所深化体制改革实施意见的通知》精神,丝绸集团下属的上海市丝绸科学技术研究所制定转制方案,转制为具有企业法人资格的科技型企业。10月19日,市外经贸委经研究,同意上海市丝绸科学技术研究所转制为企业单位。2001年1月1日,上海市丝绸科学技术研究所完成转制。

2001年8月28日,集团批复同意东方商业下属的东方国际集团金桥贸易有限公司进行多元投资的改制。9月4日,集团批复同意东方商业下属的东方国际集团永丰有限公司进行多元投资的改制。

2002年9月27日,集团批复同意上海市对外贸易公司浦东公司进行改制。公司名称为上海市对外贸易浦东有限公司。注册资金为600万元。出资方和出资比例为东方外贸出资510万元,占注册资本的85%;经营者群体出资90万元,占注册资本的15%。出资方式为东方外贸以浦东公司的净资产出资,经营者群体以现金方式出资。

2002年9月,上海市针织品进出口有限公司浦东贸易发展公司完成改制。经东方国际集团批复同意,上海市针织品进出口有限公司浦东贸易发展公司改制为多元投资的有限责任公司,改制以后的企业名称改为上海玖搏进出口有限公司。玖搏公司注册资本300万元,上海针织品进出口有限公司出资249万,占注册资本的83%。针织公司工会法人团体出资15万元,占注册资本的5%。自然人出资36万元,占注册资本的12%。

2002年12月,集团批复同意组建上海新铁链筛网制造有限公司,公司注册资本2 000万元。出资方及出资比例为丝绸集团出资960万元,占注册资本的48%;上海铁链筛网有限公司出资20万元,占注册资本的1%;陆金发出资960万元,占注册资本的48%;吴忠德出资30万元,占注册资本的1.5%;张庆伟出资30万元,占注册资本的1.5%。出资方式为各方股东均以现金方式出资。

2003年3月,集团批复同意上海元中实业公司实施改制,将元中公司的整体产权委托东方国际集团上海富锦实业有限公司管理,按《东方国际(集团)有限公司关于资产托管的暂行规定》签订托管协议。元中公司的人员管理,包括离退休人员、内部退养人员、丧失劳动能力人员、残疾人员等,由富锦公司负责,费用由元中公司自行承担。

2004年11月,集团召开总裁办公会议,讨论和审议上海外经贸物业管理有限公司改制事项。上海外经贸物业管理有限公司系东方房产的子公司,属中外合资企业,1996年8月成立,注册资金15万美元。会议经讨论研究决定:(1)原则同意上海外经贸物业管理有限公司改制初步方案。(2)鼓励国有股权全部放开,东方房产持股宜不超过10%。(3)境外自然人投资应改为以境内信托投资公司名义持股,应事先按法律程序完备有关手续,防止发生后遗症。(4)有关职工分流安置方案由集团人力资源部和战略改革办一起把关。(5)上海外经贸物业管理有限公司改制可以作为一个试点,由集团战略改革办做好跟踪、总结工作。会议同时讨论和审议上海恒盛贸易实业有限公司改制问题。上海恒盛贸易实业有限公司系东方房产子公司,属中外合资企业,1993年4月在外高桥保税区注册成立,注册资金52万美元。会议经认真讨论研究决定:(1)原则同意上海恒盛贸易实业有限公司改制初步方案。(2)确认好恒盛大楼产权属东方房产,改制新公司应与东方房产签订租赁经营协议。(3)原则同意改制新公司租赁经营恒盛大楼3年~5年,按市场租赁价格的8.5折优惠以支持改制,具体操作由东方房产实施。

2004年11月,集团批复同意上海国际广告展览有限公司改制,改制公司沿用上海国际广告展览有限公司名称。改制公司注册资本总额从110万元增加为300万元。其中国服公司投资120万元,占40%,以现金投入。上海迪拜商务信息咨询有限公司投资90万元,占30%,以现金投入。China Orient Management Consultancies & Exhibition Organizer投资90万元,占30%,以等值的外汇现汇投入。企业改制之前的损益归原股东,改制之前的债权债务由原股东承担。

2004年12月,集团批复同意上海经贸嘉华进出口有限公司(简称经贸嘉华公司)改制,改制公司沿用上海经贸嘉华进出口有限公司名称。改制公司注册资本总额保持不变,为500万元。同意经贸公司将持有的50%股权转让给东方创业,40%股权转让给耿金华等7名经营者。改制后经贸嘉华公司的出资人及出资比例分别为:东方创业占50%,经营者群体占40%,上海经贸虹桥报关有限公司占10%。股权转让的价格以经贸嘉华公司经评估确认后的净资产为依据。从评估基准日至产权交易日,经贸嘉华公司的损益属经贸嘉华公司原出资方。

2005年5月26日,经集团二届董事会第18次会议研究决定,同意上海宏达国际货运有限公司(简称宏达公司)的改制方案。改制公司沿用上海宏达国际货运有限公司名称。改制公司注册资本为500万元。股权转让的意向为:由方宗贤等7名自然人向货运公司收购宏达公司80%的股权,物流集团向货运公司收购宏达公司20%的股权。按照《上海市产权交易市场管理办法》,原股东委托产权经纪组织在上海联合产权交易所挂牌交易。股权转让的价格以宏达公司经评估确认后的净资产为依据。改制不涉及债权债务转移,宏达公司以企业法人财产对外承担责任。改制涉及的人员安置,按上海市劳动合同条例及有关规定办理。

2005年,根据物流重组的整体安排,集团基本完成物流剥离的上海新文海国际货运代理有限公司、货运公司等企业改制工作,实现国资在集团非核心企业的健康退出,为集团其他中小企业的改制提供宝贵经验。对集团非主营和亏损中小企业,加快国有资产退出的步伐,先后完成经贸嘉华公司、经贸国际礼品、新杰货运、飞豹货运等10余家中小企业改制工作。上述企业改制后,均由经营者群体持股。

三、二级公司改制

【总体情况】

集团成立后,集团下属5家全资子公司——丝绸公司、服装公司、纺织公司、针织公司、家纺公司在1995年内全部改制为有限责任公司,于1996年1月重新进行工商注册登记,相应调整注册资本数额。5家子公司原有注册资本17 353万元,调整后的注册资本为31 257万元,共计新增注册资本13 904万元。

1997年8月21日,市外经贸委与集团联合召开"股份制改造和职工持股研讨会"。集团总裁汪阳和集团各子公司负责人20余人出席会议。会议特邀上海市有关专家介绍股份制改革试点的情况,接受现场咨询。

为尽快改变国有独资为主的产权结构单一的格局,减轻国有外贸企业历史旧账多、冗员多和组织框架庞大等沉重负担,实施"缩水、减肥、消肿",集团进行多种形式的企业改制与改革的探索。2000年8月18日,集团制定下发《东方国际集团经营者持股的暂行规定》。为进一步规范集团所属企业的改制行为,积极、有序和健康地推进改制工作,防止国有资产流失,根据市外经贸委的要求和国有资产管理的有关规定,结合集团的特点,2002年7月19日,集团制定《东方国际(集团)有限公司关于推进集团所属企业改制的若干意见》,下发给集团所属各公司。

2003年年底,集团启动新一轮改革改制工作,按照中共十六届三中全会关于发展混合所有制经济、实现投资主体多元化的精神要求,2004年5月中下旬,集团对所属东方纺织、东方家纺、东方针织3家二级子公司实施整体改制,主要采取集团控股、公司内部自然人股东参股的投资主体多元化改制形式。至2004年年底前,东方丝绸、东方服装、东方针织、东方家纺、东方纺织等5家二级公司全部实施投资主体多元化改制。集团完成改制工作企业的净资产已经超过全部净资产的3/4。

集团新一轮改革改制具有两个重要特点:(1)从国有外贸企业"以人为本"的最大特点的实际情况出发,采用经营者群体持股的投资主体多元化改制形式,将个人资本和国有资本结合在一起,充分调动业务骨干的积极性。(2)考虑到内部自然人持股者的承受力,以及诸多历史遗留问题需要尽快妥善解决等因素,改制公司基本上由集团控股。

【丝绸集团改制】

丝绸集团成立于1997年10月8日,东方国际集团和上海纺织控股集团分别以东方国际集团上海市丝绸进出口有限公司和上海金达国际丝绸有限公司的全部国有资产进行联合重组,总资产2.7亿元,其中东方国际集团占80%,上海纺织控股集团占20%。市人大常委会副主任沙麟、副市长蒋以任、市政府副秘书长朱晓明等领导出席丝绸集团成立大会。由于产业结构调整等多种因素影响,丝绸集团历史负担十分沉重。2002年7月起,东方国际集团开始启动丝绸集团的改革改制。

丝绸集团的改制得到市政府、市外经贸委领导的重视和支持。2002年8月17日上午,中共上海市委常委、常务副市长蒋以任主持召开专题会议,研究丝绸集团改革问题。市政府副秘书长朱晓明、江上舟以及中共上海市委组织部、市外经贸委、市政府体改办、市国资办、市人事局、市劳动保障局、市财政局、东方国际集团、丝绸集团等单位(部门)的负责同志参加会议。会议听取丝绸集团关于整体改制方案的汇报,听取与会各单位(部门)的意见。经研究,会议确定以下事项:(1)国有企业改革课题组将上海丝绸集团改革作为调研的实施性案例。由朱晓明牵头,市各有关委、办、局参加,组成丝绸集团改革小组,根据丝绸集团的情况,设定改制步骤,积极稳妥地推进改革,争取2002年10月底前完成改制任务。(2)市外经贸委会同市国资办、市政府体改办、东方国际集团、丝绸集团等集思广益,在核查资产基数、搞清楚担保问题的基础上,进一步深化、细化、论证上海丝绸集团改制方案,按照有关政策要求,制定规范、可行的操作意见,确保上海丝绸集团改革顺利进行。(3)东方国际集团、丝绸集团根据发展战略,灵活处置丝绸集团改制中的股权结构问题。可考虑引进战略投资者,为丝绸集团进一步发展创造条件。同时,要切实做好改制中的职工稳定工作,确保改制平稳进行。

在各方的共同努力下,丝绸集团于2003年1月完成改制工作。改制后设立上海丝绸集团股份有限公司,2003年1月6日完成工商开业登记。注册资本1亿元。其中经营者群体60人出资5 100万元,占51%。丝绸集团出资2 900万元,占29%。东方国际集团出资1 000万元,占10%。外经贸投资集团出资500万元,占5%。上海纺织科学研究院出资500万元,占5%。

丝绸集团实施整体改制后,按照"权利义务对等的原则",新老公司先后签订《关于新老公司业务衔接和财务结算办法的协议》《关于新丝绸使用老公司名称、商标、许可证的协议》《关于新老公司业务衔接和财务结算办法的补充协议》等,进出口主营业务及纺织品出口配额全部转移到丝绸股份。

丝绸股份成立后吸收原丝绸集团的329名员工,顺利完成新老公司之间的业务衔接。2003年1—9月,在部分外销员离职、大范围调整的情况下,出口达到5.2亿美元,与2002年同期(5.75亿美元)相比小幅度下降,净利润达到6 365.8万元。

2003年11月5日,东方国际集团、纺织控股集团和丝绸股份签订为期3年的《上海丝绸(集团)有限公司股权的托管协议》,托管协议明确托管资产状况,受托方(丝绸股份)的主要权利和义务,委托方(东方国际集团和纺织控股公司)的主要权利、义务和新老公司的经济往来关系。

截至2002年12月31日,丝绸集团在册人员10 601名(其中在岗2 319名),离退休人员18 353名,非在编人员1 109名。丝绸股份承诺,在股权托管期内,做好需安置在册人员的安置工作和落实其他暂养人员的费用;托管期满,如果人员尚未安置完毕,丝绸股份继续负责安置。

2002年8—9月,丝绸集团初步进行资产清理,年底分别向市财政局和市国资委申报核销不实资产1.08亿元,住房周转金0.96亿元。

2003年二季度,在第一次清理的基础上,丝绸集团再一次进行资产清查。通过对丝绸集团本部及31家对外投资企业的流动资产、对外投资、固定资产等项目的清查,共清理出不实资产3.45亿元,账外资产0.73亿元,不用支付的负债1.59亿元,未列入账册但必须支付的负债1.23亿元。丝绸股份承诺按国资管理规定积极妥善进行处置。

丝绸股份承诺,托管期满时,偿还丝绸集团全部银行及其他金融机构的各类借款(伊拉克贷款等政策性贷款除外),届时尚未解决的贷款(伊拉克贷款等政策性贷款除外)由丝绸股份清偿,从而从根本上解决东方国际集团为丝绸集团担保问题。

丝绸股份承诺,托管期满时,保证丝绸集团拥有对丝绸股份股权投资的2 900万股和与以后年度人员费用相对应的净资产,不足部分由丝绸股份补足,多余部分归委托方所有。

丝绸股份承诺,丝绸集团不在托管范围内的账外资产(包括海外资产、土地)属国有资产。

【东方纺织改制】

纺织公司成立于1957年,1994年作为联合组建集团的5家公司之一,成为集团的全资子公司。东方纺织主营纺织品、服装等商品的进出口业务,接受委托,承办上述进出口商品的代理业务。注册资金3 016万元。2003年出口2.5亿美元(海关数),进口0.1亿美元。

根据东方纺织2003年12月31日的审计报告,东方纺织的净资产为1.69亿元。

表4-1-11 2003年12月31日东方纺织资产负债情况表　　　　　　　单位:万元

项　　目	账　面　价　值
流动资产	55 291.01
长期投资	11 609.49
固定资产	17 573.83
无形资产	365.42
资产总计	84 839.75
流动负债	53 055.89
长期负债	14 911.59
负债总计	67 967.48
净资产	16 872.27

到2003年年底,东方纺织长期投资企业共42家,东方纺织本部在册职工178人。

2002年以来,上海市全面拉开国资改革的序幕,集团隶属市外经贸委。据《外经贸之窗》记载,市外经贸委与世界著名的德国罗兰·贝格国际管理咨询公司联合调研,在分析专业外贸公司的现状后认为:国有资产应基本或全部从外贸企业退出,集团要改造成投资性公司,承担产权管理、国资流动和保值增值的国有资产出资人的职能,增强资产经营、投资决策、资产收益等方面的能力。二级公司要实施以混合所有制为主要形式的改造,吸引能带来客户渠道、先进技术等资源的外资、民营、优势企业和自然人的投资入股,构建合理的股权结构。三级企业要全面放开搞活,加快民营化进程。鼓励经营者和业务骨干购买国有股权,由经营者持大股,加快发展。

2001—2004年,东方纺织先后实施三级公司的改制。改制以后,东方纺织拥有常达公司、会达公司、华达公司、锦达公司、顶达公司和宁达公司等6家改制子公司,其业务量占东方纺织业务总量的90%,其余10%的业务由东方纺织本部直接经营,东方纺织本部作为"平台公司",代表集团管理6家三级子公司,妥善处理自身历史遗留问题,完成债务清偿目标、分流安置职工目标和长期投资清理目标。为此,在常达公司、会达公司改制的同时,集团和东方纺织已经就"平台公司"的管理和运行模式等作出安排,基于《关于推进东方国际集团上海市纺织品进出口有限公司改制的意见》,明确有关管理原则。

6 家子公司改制后,东方纺织作为平台公司,在较短的时间内落实平台公司资产管理任务,做到"处理好历史的,控制好当前的,运作好有效的,把握好预期的",最大限度地减少国有资产的损失,提出清理长期投资、库存等资产的各项具体目标。仅 2004 年,东方纺织就清理长期投资企业 12家,消化处理库存 665.54 万元,成交平均折扣率 4.8 折。收回萧山恒逸面料投资款 450 万元,处理库存家具 100 万元,共计回笼资金 869.70 万元。在有效资产运作方面,东方纺织通过调整办公用房、扩大出租面积、提高房屋租金等措施,2004 年的房租收入比往年明显增加,达到 900 万元,偿还银行贷款 7 200 万元,企业资产状况大为改观。

东方纺织成立贸易保障部,强化企业管理平台的经营服务功能。一方面,做好改制子公司暂时无法承担的贸易服务工作,例如主被动配额的申领和调剂工作,2004 年利用东方纺织的影响力争取到数量可观的追加配额,这些增量配额在配额价格异常波动的情况下,部分弥补配额商品出口效益的缺口。此外还为子公司争取 13 万辆自行车主动配额,优化子公司出口商品结构。另一方面,利用东方纺织的整体资源,为子公司做好经营服务工作,主要包括商标管理和保护工作,报关和商检工作,人力资源和劳动工资的管理服务工作,法律、财务服务工作等。通过公司管理平台全方位、多层面的贸易服务工作,改善各子公司业务经营的内外部环境,减少各子公司同类岗位的重复用工,降低出口成本,促进业务经营顺利持久发展。

东方纺织在 6 家改制子公司中占控股地位,改制子公司的董事长和总经理均由东方纺织人员兼任,在资产关系和组织体系上保证东方纺织对 6 家改制子公司实施有效的经营管理。子公司改制后,东方纺织通过定期召开货、证、船业务会议,不定期召开出口形势分析会,适时召开业务座谈会等形式,对改制子公司实施经营管理。2004 年东方纺织对全球五大洲的出口均有不同程度的增长,其中对中国香港、澳门地区出口比 2003 年增长 16％,对北美洲的出口比 2003 年增长 14％。

【东方家纺改制】

东方国际集团上海市家用纺织品进出口有限公司主营家用纺织品、配套轻纺产品自营和代理等进出口业务。注册资金 4 120 万元。2003 年出口 2.6 亿美元(海关数),进口 0.2 亿美元。

到 2003 年年底,东方家纺本部在册职工 167 人,包括业务人员 71 人,管理人员 37 人,财务、单证人员 25 人,待退、待岗、残疾人员 34 人。

2004 年,经上海东洲资产评估有限公司(简称东洲评估公司)评估,截至 2003 年 12 月 31 日,东方家纺的资产总计为 7.32 亿元,负债总计为 5.32 亿元,净资产为 2.00 亿元。

此外,按照集团的要求,东洲评估公司对东方家纺的配额、公司司标、客户资源等无形资产进行评估,在评估报告中揭示其价格。经评估,上述不可辨认的无形资产价值为 4 760 万元。

在集团新一轮改革改制过程中,集团规定企业改制必须同时解决企业发展问题和企业历史遗留问题,坚持以改制不损害国有股东利益、不损害债权人利益、不损害职工利益为前提。在和改制企业反复协商后,集团对企业改制的各个方面做出合理的安排,最终确定改制方案。

2004 年,东方国际集团上海市家用纺织品进出口有限公司实施改制。根据集团改革改制工作要求,东方家纺实施整体改制,成立由集团控股、内部自然人股东及战略投资者参股,投资主体多元的有限责任公司,改制以后公司名称为东方国际集团上海家纺有限公司(简称东方新家纺)。东方新家纺注册资本 5 000 万元,其中东方国际集团代表国有股东控股 64％,公司内部自然人(经营管理人员和业务骨干等 45 人)现金出资参股 33.2％,3 家民营生产企业(供应商)作为战略投资者参股 2.8％。东方家纺的全部主营业务、绝大部分人员转入改制以后的东方新家纺,由改制后的东方新家纺对"壳公司"实施托管。

集团收回东方家纺全资子公司东方家纺浦东公司的股权,以东方家纺浦东公司经资产评估确认后的净资产进行出资。东方家纺改制的同时,撤销东方家纺浦东公司。东方家纺浦东公司的资产并入改制后的东方新家纺,债权债务由改制后的东方新家纺继承。内部自然人和战略投资者均以现金方式出资。

东方家纺改制的同时吸收合并海鹏公司,海鹏公司原股东在改制后的东方新家纺持股。

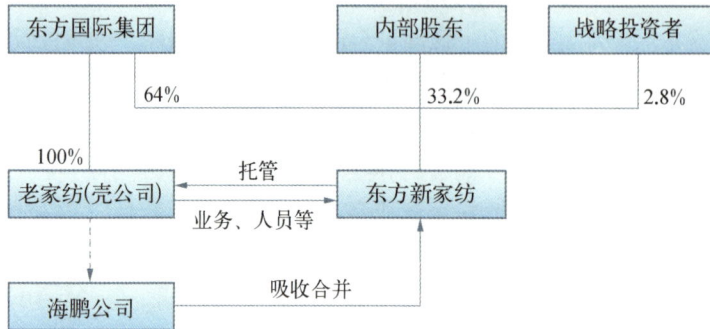

图4-1-6 2004年5月东方新家纺持股结构图

2004年5月9日,集团第二届董事会第二十次会议审议通过东方家纺改制方案。5月11日,下发《关于东方家纺整体改制的决定》。5月20日,下发东方家纺改制方案批复。5月22日,改制后的东方新家纺各方股东签订出资协议书,其中明确出资方式,除集团已经资产评估确认的上海市家用纺织品进出口公司浦东公司的净资产出资外,其余各方股东均以现金出资。是日,东方新家纺召开首次股东会,审议并一致通过《公司章程》《股东会议事规则》《董事会议事规则》《监事会议事规则》,选举产生第一届董事会、监事会成员等。

2004年6月1日前,根据上海上晟会计师事务所2004年6月8日出具的验资报告,自然人股东及战略者的出资资金合计1800万元全部到位。东方家纺浦东公司经评估后的净资产中的3200万元作为集团对东方新家纺的出资,内部自然人股东及战略投资者的1800万元资金以增资的方式投入改制公司,办理工商登记。6月29日,东方新家纺取得新的营业执照。

东方新家纺设立股东会、董事会、监事会。董事会由7名董事组成,其中集团推荐4名(其中包括董事长、副董事长各1名,经董事会选举产生),公司内部股东共同推荐2名,独立董事1名。监事会由3名监事组成,其中集团委派1名,公司内部股东共同委派1名,公司职工代表1名。集团向东方新家纺派出股东代表,以股东的身份来管理,立足长远,确保东方新家纺健康发展。东方新家纺按照集团的有关示范文本制定公司的"三会"(即股东会、董事会、监事会)议事规则和总经理的工作规则,明确责权,建立公司的出资者、监督者和经营者之间的监管制衡机制,为改制公司的规范治理打下基础。此外,对东方新家纺的激励约束机制和长效发展机制作初步探索,如对经营者群体所持股份转让的约定、经理收入的递延分配、可分配利润提取公司"风险准备金"等。

2004年7月8日,为配合改制工作,集团与改制前的东方家纺签订《企业改制财产责任认定书》,认定改制后的东方新家纺账外资产10 507万元,潜盈7 499万元,不实资产8 332万元。10月28日,在"基数明确、目标明确、责任明确、关系明确"的前提下,集团与东方新家纺签订托管协议,由东方新家纺对改制前的东方家纺实施托管,托管期为3年。托管协议中明确规定东方新家纺必须完成资产处置、债权收回、债务偿还、担保解除、人员安置等任务,明确东方新家纺的总经理为托管责任人。12月31日,为明确境外资产的产权关系,加强对境外资产的管理,集团将浩贸国际有限公司、HomecrestInc 2家境外公司承包给东方新家纺,签订承包协议。同时,东方家纺与东方新家纺签订 Hometex、Rose、333 麻雀等 26 个商标使用权的许可协议。

【东方针织改制】

针织公司成立于1984年,在1994年作为联合组建集团的5家公司之一,成为集团的全资子公司。东方针织主要经营各类针织服装和原料的自营、代理进出口业务。注册资本为5 436万元。2003年出口3.1亿美元,进口0.1亿美元,进出口总额为3.2亿美元。

到2003年年底,东方针织本部共有在册员工160人,其中公司领导班子成员6人,业务部门中层管理人员和业务人员88人,职能部门中层管理人员和辅助人员61人,外派人员5人。

2004年,东方国际集团上海市针织品进出口有限公司实施改制。经过反复协商,对企业改制的各个方面做出合理的安排,最终确定改制方案。

东方针织以其原先已经完成改制的三级子公司——上海利泰进出口有限公司为主体,实施整体改制,成立由集团控股、内部自然人股东及战略投资者参股,投资主体多元的东方国际集团上海利泰进出口有限公司。东方利泰注册资本5 000万元,其中东方国际集团代表国有股东控股60%,公司内部自然人(经营管理人员和外销员等46人)现金出资参股40%。东方针织的全部主营业务、绝大部分人员转入改制公司,由改制公司对"壳公司"实施托管。

2004年,经上海财瑞资产评估有限公司评估,截至2003年12月31日,东方针织的净资产为3.18亿元。

表 4 - 1 - 12　2003 年 12 月 31 日东方针织资产负债情况表　　单位:万元

项　　目	账面价值	评 估 价	增 值 额
流动资产	73 302.27	72 666.16	−636.11
长期投资	11 994.37	13 561.19	1 566.82
固定资产	17 411.67	21 465.28	4 053.61
其中:在建工程	11 545.05	11 493.66	−51.39
建筑物	5 445.13	9 561.79	4 116.66
设备	366.24	406.28	40.04
无形资产	496.32	6	−490.32
其中:土地使用权	—	—	—
资产总计	103 204.63	107 698.63	4 494.00
流动负债	76 206.51	75 941.81	−264.70
长期负债	−1 285.90	0	1 285.90
负债总计	74 920.61	75 941.81	1 021.20
净资产	28 284.02	31 756.82	3 472.8

此外,参照东方新家纺的做法,在评估报告中揭示东方针织的不可辨认无形资产的价格。经评

估,东方针织不可辨认无形资产的价值为 5 456 万元。

2004 年 5 月 26 日,集团第二届董事会第二十二次会议审议通过东方针织改制方案,下发《关于东方针织整体改制的决定》及改制方案。是日,东方利泰各方股东签订出资协议书,其中明确出资方式,除集团以东方针织的部分资产出资,不足部分以现金补足外,其余各方股东均以现金出资。5 月 30 日,东方利泰召开首次股东会,审议并一致通过《公司章程》《股东会议事规则》《董事会议事规则》《监事会议事规则》,选举产生第一届董事会、监事会成员等。7 月 22 日,为配合改制工作,集团与东方针织签订《企业改制财产责任认定书》,认定东方针织的账外资产 5 183 万元,潜盈 9 572 万元,潜亏 7 666.88 万元,应调减净资产 3 677.99 万元,可能发生损失的资产 11 512.74 万元。12 月 17 日,根据改制方案,集团和东方利泰签订关于托管东方针织的协议书,明确托管原则。

第二章　划转、重组和清理

1996—2017 年,集团通过国有资产和股权划转、企业内部重组、清理整顿经营不良企业以及解决历史遗留问题等方式,确保企业持续、健康、稳定发展。

第一节　划　　转

一、国有资产划入

1996 年 5 月 30 日,市国资办印发《关于将上海市对外贸易公司国有资产划转由东方国际(集团)有限公司统一经营的批复》,同意上海市对外贸易公司划转东方国际集团,成为东方国际集团的全资子公司,同时更名为东方国际集团上海市对外贸易有限公司。是年 12 月 1 日,市外经贸委将上海新海航业有限公司通过国有资产划拨方式,划入东方国际集团,成为集团下属全资子公司。

1997 年 8 月 25 日,市外经贸委下发《市外经贸委关于将市外经贸投资开发公司的部分国有资产划转由东方国际(集团)有限公司经营管理的决定》,明确东方国际(集团)有限公司为全国综合商社的试点单位、上海市大型企业集团之一。为支持东方国际(集团)有限公司扩大规模,加强拓展功能,增强综合实力,市外经贸委主任办公会研究决定将上海市外经贸投资开发公司的资产[上海荣恒国际贸易公司、上海市外经贸房地产开发经营公司、香港谊恒有限公司、上海恒盛贸易实业有限公司、对外经贸部的股权投资、向市外经贸委借款等 6 项(原始账面值)]共计 173 857 435.50 元,划转东方国际集团,由东方国际集团统一经营管理,承担国有资产保值增值责任。是年 9 月,市外经贸委将上海经贸国际货运实业有限公司划入东方国际集团。

1999 年 5 月,市外经贸委将上海国际服务贸易有限公司资产划入东方国际集团。

二、浦发银行股权划出和 10 家公司股权划入

2005 年,东方国际集团持有上海浦东发展银行股份有限公司(简称浦发银行)7 500 万股股份(账面投资成本为 6 550 万元)。根据中共上海市委、市政府关于部分市属国有单位以其持有的浦发银行国有股权对上海国际集团有限公司(简称上海国际集团)进行增资入股,以及原股东上海市财政局出资 13 亿元增资上海国际集团的决定,2006 年 3 月,在市国资委和市金融办的协调下,东方国际集团以持有的浦发银行股份投资参股上海国际集团。

上海国际集团注册资本为 105.6 亿元,其中,东方国际集团以非货币财产方式出资 4.5 亿元,占上海国际集团注册资本的 4.26%。

2007 年,根据市国资委和市金融办下发的《关于组建新的国际集团、国盛集团的通知》,集团以上海国际集团 2006 年 12 月 31 日账面净资产为基准,将持有的上海国际集团 4.26%股权划转至市国资委,股权的价值为 4.52 亿元。划转后,集团不再持有上海国际集团股权。

2008年,为补偿划走东方国际集团持有的上海国际集团股权,根据市国资委下发的《关于上海松江新城建设发展有限公司等企业部分无偿划入的批复》,上海国际集团和上海国际集团所属上海国有资产经营有限公司(简称国资公司)将持有的7家非上市公司股权和3家上市公司股权划至集团。划入的10家公司股权的账面金额为4.62亿元,其中7家非上市公司的账面金额为4.13亿元,3家上市公司的账面金额为0.49亿元。

7家非上市公司股权分别为:新国际集团持有的上海松江新城建设发展有限公司10%股权、上海会展有限公司50%股权、国资公司持有的上海松江出口加工区海欣建设开发有限公司6.44%股权、上海世博(集团)有限公司3.26%股权、上海世博会运营有限公司22.22%股权、上海机械设备成套(集团)有限公司22.22%股权以及上海金桥出口加工区南区开发建设有限公司8.50%股权,该7家股权均以2006年12月31日经审计的报表数为准。

3家上市公司股权分别为:国资公司持有的上海交大南洋股份有限公司(交大南洋,600661)11 401 909股股票、上海置信电气股份有限公司(置信电气,600517)6 072 500股股票和上海汇通能源股份有限公司(汇通能源,600605)9 572 589股股票。

三、置信电气股权划出和东顺公司股权划入

2011年,东方国际集团董事会会议决定向上海电力无偿划转集团所持的置信电气股权,市国资委同意以无偿划入上海建工集团新设子公司——上海东顺投资有限公司(简称东顺公司)作为对集团的补偿,同意授权东方国际集团董事长签署相关的无偿划转协议,要求两次无偿划转必须同步进行。

东方国际董事会会议决定调整董事会2011年第16次临时会议中提出的"三同步"为"五步走",上海建工集团与东方国际集团签署东顺公司无偿划转协议。集团与上海电力签署置信电气无偿划转协议,报市国资委请示。市国资委出具批文。上海电力将市国资委批复报送国务院国资委审核。市国资委出具东顺公司股权划转的批复,集团与上海建工集团办妥东顺公司的股权交割和工商变更登记手续。

东方国际集团与上海电力签署《股权无偿划转协议书》,约定以2011年12月31日为基准日,将东方国际持有的置信电气1821.75万股股权以无偿划转方式划给上海电力。

东方国际报国务院国资委,申请将东方国际所持置信电气1821.75万股股份无偿划转至上海电力。国务院国资委出具同意将东方国际所持置信电气1821.75万股股份无偿划转给上海电力的批文。置信电气董事会出具国务院国资委同意将东方国际所持置信电气1821.75万股股份无偿划转给上海电力的公告。

国务院国资委出具置信电气资产重组的批文,同意将上海电力所持置信电气1821.75万股股份无偿划转给国网电科院,同意国家电网报送的置信电气非公开发行暨资产重组的总体方案。

国网电科院、东方国际与上海电力签订置信电气2012年度现金红利分配的协议书,置信电气股东大会审议通过2012年度利润分配方案,决定以现金形式派发红利,国网电科院向东方国际支付方案1821.75万股股票对应的现金红利金额。

根据国务院国资委要求,东方国际将所持置信电气1821.75万股股份无偿划转给上海电力。上海证券交易所向东方国际收取股份转让费1 268元。

对东方国际持有的置信电气1 821.75万股股份无偿划转给上海电力,上海国税局和上海地税局同意对该国有股权无偿划转行为涉及的转让方和受让方免征证券(股票)交易印花税。

中国证券登记结算责任有限公司出具过户登记确认书:过出方为东方国际,过入方为上海电力,证券简称置信电气,过户数量1 821.75万股股份,过户日期2012年12月10日。

2012年12月,上海建工集团与东方国际签署《股权无偿划转协议书》,上海建工集团同意将上海东顺投资有限公司100％股权无偿划转至东方国际。

四、集团内部共同投资股权转入集团总部

1994年集团成立后,出于各种历史原因,形成一批由集团总部和下属公司共同投资的企业。这批企业中,有的是全部股权由集团内部共同投资,有的是大部分股权由集团内部共同投资,也有的是部分股权由集团内部共同投资的。由于权责不清、疏于管理、经营不善,甚至失去控制,这批企业均存在这样那样的问题,需要通过调整股权结构、完善法人治理结构来加强管理,从而盘活资产、减亏扭亏。

2003年下半年开始,东方丝绸、东方家纺、东方针织、东方纺织和嘉盟公司等实施改制,这些共同投资企业的股权全部留在壳公司或平台公司。由于这些壳公司或平台公司面临的首要任务是清理历史包袱,解决历史遗留问题,这些股权成为亟待清理、盘活的资产。

为理顺投资关系,通过加强管理,减少损失,更好地实现国有资产的保值增值,集团将相关公司的部分长期股权投资统一收归集团,由集团统一管理和处置。

2003年10月,集团与丝绸集团签订移交股权协议,收回丝绸集团持有的9家共同投资企业股权,合计账面金额4 463.19万元。

2004年4月,集团收回东方纺织持有的7家共同投资企业股权,涉及金额1 819万元。6月,集团收回东方针织、东方家纺和嘉盟公司持有的10家共同投资企业股权,涉及金额9 496万元。8月,集团收回东方外贸持有的2家共同投资企业股权,涉及金额800万元。

上述收回投资金额合计约1.66亿元,集团范围内主要共同投资企业的产权关系基本理顺,股权基本集中到集团总部和资产经营公司,完成相应的股权变更。

表4-2-1 2006年集团和下属全资企业共同投资企业情况表

企业名称	实际投资方	投资金额
东方国际商业(集团)有限公司	集团、丝绸、纺织、针织、家纺和嘉盟	5 000万元
上海经贸国际货运实业有限公司	创业、物流和针织	4 350万元
东方国际集团上海广告展览有限公司	丝绸、纺织、针织、家纺、嘉盟、商业和国服	2 000万元
东方国际香港有限公司	丝绸、服装、纺织、家纺、针织和外贸	9 542万港元
东方国际集团美洲有限公司	丝绸、服装、纺织、家纺、针织、外贸和物流	244万美元
东方国际日本株式会社	集团、丝绸、服装、纺织、家纺和针织	135万美元

说明:实际投资方和投资金额与工商注册登记的存在一定差异,如东方国际集团美洲有限公司和东方国际日本株式会社在当地以集团一个股东登记注册。东方国际香港有限公司在中国香港注册登记的股东为集团、丝绸、服装、纺织、家纺和针织。

表4-2-2 2006年集团和下属控股企业共同投资企业情况表

企 业 名 称	实 际 投 资 方	投资金额
东方国际集团贸易发展有限公司	集团、丝绸、纺织、针织、家纺、嘉盟和商业	3 570万元
上海荣恒国际贸易有限公司	创业和家纺	2 835万元
上海佳达国际货运有限公司	创业、纺织和货运公司	1 167万元

表4-2-3 2006年集团和下属参股企业共同投资企业情况表

企 业 名 称	实 际 投 资 方	投资金额
东方实业国际有限公司	集团、丝绸、纺织、针织和家纺	1 250万美元
海通证券股份有限公司	集团、丝绸、创业、纺织、针织、家纺和外贸	14 514万元
上海港集装箱股份有限公司	集团、创业、外贸、家纺和荣恒	7 138万元
上海国际(美洲)集团有限公司	集团、丝绸、纺织、家纺、针织和外贸	450万美元
普陀朱家尖开发有限公司	丝绸、服装、纺织、家纺和针织	1 964万元

说明:上述共同投资企业实际资金由各家公司支付,对外统一以集团名义投资。

第二节 重 组

一、物流企业重组

物流企业重组前,集团的物流资源结构分布不够集中,情况比较复杂。总体上看,主要分布在东方创业和物流公司。东方创业的物流业务主要集中在上海经贸国际货运实业有限公司、上海佳达国际货运有限公司。物流公司拥有的物流资源质量参差不齐,有些企业盈利能力差,影响物流公司整体效益的发挥。此外,物流公司还分别持有经贸公司26%股权和佳达公司21.03%股权。这种松散的投资结构不利于集团对物流资源进行集中管理与整体运作,同时存在"各自为战、内部竞争"的现象。

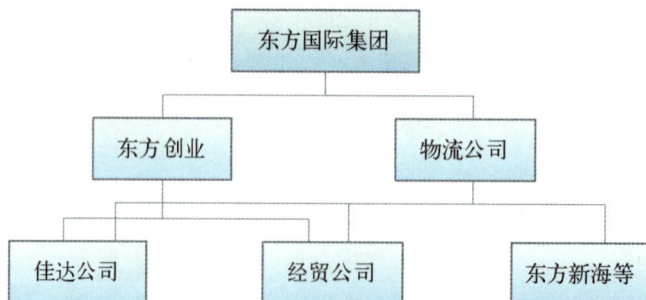

图4-2-1 重组前集团内部物流企业的股权构架

为改变上述情况,促进物流板块内各企业之间的战略联合、资源共享和统一协调管理,集团董事会审议同意对物流资源进行重组,剥离部分资产质量较差、盈利能力较弱的长期投资企业,将东方国际物流有限公司重组,成立东方国际物流(集团)有限公司(简称物流集团)。

2004年8月,集团第二届董事会第二十六次会议讨论决定,集团收回物流公司6家长期投资企业的股权,6家企业分别为东方国际货运有限公司、上海宏达国际货运有限公司、上海新文海国际货运代理有限公司、上海日中大黄集装箱储运有限公司、上海飞达国际货运有限公司和上海丝金国际货运有限公司。

2004年年底,东方创业用募集资金收购物流公司61%的股权,收购价格为9 836.85万元。股权变更后,物流公司的股权结构为东方创业占61%,集团占39%。完成收购后,东方创业对物流公司增资6 700万元,集团放弃增资,物流公司的股权结构变更为东方创业占72.65%,集团占27.35%。

2005年1月28日,物流集团挂牌成立,标志着集团在物流板块的改革重组取得实质性的进展。

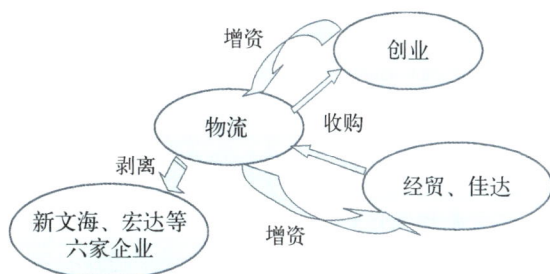

图4-2-2 物流企业资产重组示意图

物流集团成立后,2005年年初,物流集团向东方创业收购经贸公司16.25%的股权,收购价格为1 669.16万元。向集团收购经贸公司2.32%的股权,收购价格为238.57万元。完成收购后,经贸公司的股权结构为物流集团占44.13%,东方创业占55.87%。同时,物流集团向东方创业收购佳达公司3.96%的股权,收购价格为254.77万元。向集团收购佳达公司8.42%的股权,收购价格为542.19万元。完成收购后,佳达公司的股权结构为物流集团占33.41%,东方创业占53.98%,上海申广科技发展有限公司占6.76%,中外运上海(集团)有限公司占5.85%。

为达到控股经贸公司和佳达公司的目的,物流集团在收购经贸公司和佳达公司的股权后,接着对经贸公司和佳达公司分别进行增资。物流集团对经贸公司增资1 500万元,东方创业放弃增资。完成后,经贸公司的股权结构为物流集团占51.25%,东方创业占48.75%。物流集团对佳达公司增资2 500万元,东方创业等其他股东放弃增资。完成后,佳达公司的股权结构为物流集团占52.03%,东方创业占38.89%,上海申广科技发展有限公司占4.87%,中外运上海(集团)有限公司占4.21%。

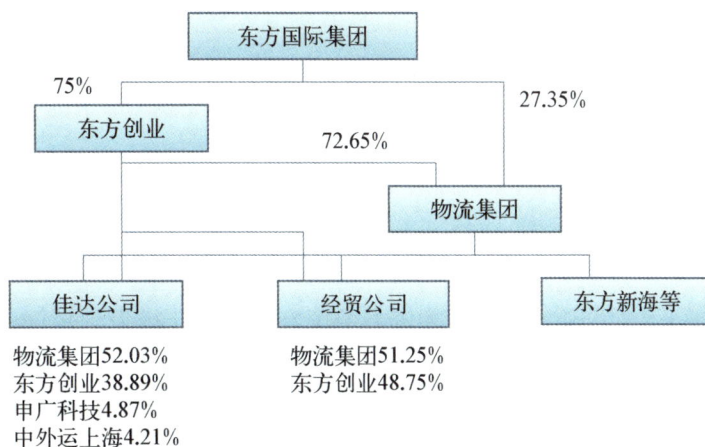

图4-2-3 物流企业资源重组后的股权构架

根据"企业改制应同时解决公司的发展问题和历史遗留问题"的原则,参照东方家纺、东方针织的改制做法,物流集团对物流公司的 6 家长期投资实施股权托管,负责完成其改制或清算退出。

经上述重组后,东方国际集团的物流资源基本集中在物流集团,实现集团物流板块的"四个统一",即资产集中统一化的运营和管理、资源的统一调配和使用、产品和服务的集中采购及统一的营销管理、战略的统一部署和实现。

二、东方新家纺和东方商业重组

东方国际集团上海家纺有限公司是一家以家用纺织品进出口业务为主的专业外贸公司,2014年,注册资本 4 821.66 万元。公司注册著名品牌 10 余种,有超过 1 000 家客户,业务遍布全球 100多个国家和地区。公司下属有 4 家子公司(含 2 家境外公司),分别是上海家浩实业有限公司(100%股权)、上海佳谊纺织制品有限公司(40%股权)、浩茂国际有限公司(中国香港,100%股权)及家纺国际有限公司(洛杉矶,100%股权)。

东方国际商业(集团)有限公司是在原东方国际集团永丰有限公司、东方国际集团金桥贸易有限公司、东方国际集团贸易发展有限公司的基础上,经资产重组于 1999 年 1 月 4 日成立的集团公司,注册资本 5 000 万元,是东方国际集团的全资子公司。2011 年,随着集团主营业务整体上市,成为东方创业的全资子公司。公司经营的产品涉及服装、纺织品、轻工、食品、机电及工艺品等各大类,出口国家和地区达 66 个,全球客户达 300 家。公司下属有一家参股企业即东方国际集团金桥贸易有限公司,持股 5%。

作为集团下属主营业务板块的二级公司,两家企业在发展的过程中面临的主要共性问题是业务规模萎缩、利润下降、人才队伍年龄结构老化及业务发展缺乏后劲,导致市场竞争力减弱。两家公司在集团的部署下,实行资产重组,通过资源整合优势互补,合力打破发展瓶颈。该项工作被列入 2017 年集团总裁办 6 项重点工作之一。

2017 年,东方新家纺和东方商业在确立整合目标和工作原则的基础上,组成重组工作领导小组,同时成立工作小组,负责重组工作调研以及具体工作推进落实。

领导小组经研究,梳理出 4 项重点工作,成立业务转型发展、业务流程整合、人力资源管理体系建设、管理制度整合等 4 个专题调研工作小组。重组工作分 4 个阶段进行:安排部署,初步融合;专题调研,形成草案;充分论证,明确措施;层层推进,基本完成整合。至 2017 年上半年,两家公司完成重组工作。

第三节 产权转让

一、制度建设

为规范集团所属企业在企业改制过程中涉及的国有产权转让行为,加强企业国有产权交易的监督管理,促进企业国有资产的合理流动、国有经济布局和结构的战略性调整,2004 年,集团制定下发《企业改制中涉及产权交易若干问题的意见》。同时,为规范集团及所属境外企业的经济行为,保护集团境外国有资产的安全与完整,是年,集团又制定下发《境外企业设立、停业、关闭和清算暂行管理办法》。

2005 年,为规范"壳公司"的资产处置程序,加快"壳公司"资产清理、处置的步伐,明确集团、"壳公司"和受托方的权责,集团制定下发《关于"壳公司"资产处置审批权限和报批程序的试行规定》。

2006 年,为规范集团内部的资产运作行为,集团制定下发《资产运作事项报批的暂行规定》。

2008 年,为加快股权转让等事项的公文流转速度,提高办事效率,集团制定下发《规范集团资产运作事项报批材料格式的通知》。

2013 年,为进一步规范集团内部资产运作事项报批行为,集团修订下发《资产运作事项报批的暂行规定(2013 年修订版)》。

二、转让数量

1995—2017 年,集团产权转让数量一共有 126 宗,其中 2005 年达到 27 宗。

表 4 - 2 - 4　1995—2017 年集团产权转让数量情况表　　　　　　单位:宗

年　份	数　量
2003 年及以前	17
2004	17
2005	27
2006	15
2007	4
2008	5
2009	4
2010	6
2011	9
2012	3
2013	1
2014	4
2015	2
2016	3
2017	9
合　计	126

第四节　企　业　清　理

1999 年,集团下属各子公司有各类参股、控股、联营、合作企业 300 多家。集团遵循既要抓增长点又要抓"出血点"的管理理念,在拓展市场、发展主业的同时,根据企业经营状况和市场变化,结合市国资委部署的行业收缩、主辅分离、资产整合等工作,坚持战略转型、有进有退的方针,加强对投资项目的跟踪管理,组织各家子公司进行登记核对,从投资比例、经营现状、权益情况、利润分配等列出清册,基本搞清长期投资状况,摸清家底。在此基础上,各子公司按照集团提出的四类标准"有出口产品有经济效益,有出口产品无经济效益,无出口产品有经济效益,无出口产品无经济效益"进行清理,主动调整收缩战线,依法依规,用好政策,通过政策性破产、歇业清算、改制重组、股权出售、撤资退出等方式,对非主业企业、经营不善企业和壳体企业进行清理,尽可能地减少损失,防止国有资产流失。

一、清算注销和改制重组

截至 2017 年年底,集团督促所属企业对非集团主业或经营不善的企业进行逐一分析,摸清情况,依据有关法律法规和程序,先后清算注销和改制重组 58 家企业。

表 4－2－5　1997—2017 年集团清算注销和改制重组企业情况表

序号	企 业 名 称	清理方式	清理年份
1	上海第一丝绸印染厂	清算注销	1997
2	香港丰海有限公司	清算停业	2001
3	上海丝绸公司休养所	清算注销	2002
4	上海飞碟丝绒有限公司	清算注销	2002
5	上海鼎佳集装箱储运有限公司	清算歇业	2003
6	上海中日大黄储运有限公司	清算歇业	2006
7	上海飞达国际货运有限公司	清算歇业	2006
8	上海丝绸公司职工大学	清算注销	2007
9	东方国际物流集团上海集装箱运输有限公司	清算歇业	2008
10	上海市服装进出口公司嘉利斯汽车修理中心	清算关闭	2009
11	上海荣恒信息技术开发公司	清算关闭	2009
12	上海荣恒外高桥有限公司	清算关闭	2009
13	上海荣恒电器有限公司	清算关闭	2009
14	上海信泰纺织制品有限公司	改制重组	2009
15	上海麦迪申医药配送物流有限公司	清算关闭	2009
16	杭州东松电源设备有限公司	股份转让	2009
17	上海松江出口加工区海欣建设有限公司	改制重组	2010
18	上海雅蝶时装有限公司	改制重组	2010
19	上海金桥出口区南区开发建设有限公司	改制重组	2010
20	上海扇兴国际货运有限公司	改制重组	2010
21	申江工贸联营织造厂	清算关闭	2010

〔续表〕

序号	企　业　名　称	清理方式	清理年份
22	上海东方假日俱乐部有限公司	清算关闭	2010
23	上海汇东纺织品有限公司	清算关闭	2010
24	上海新文捷国际货运有限公司	清算关闭	2010
25	上海经贸世邦储运有限公司	清算关闭	2010
26	上海锦富时装有限公司	清算关闭	2010
27	上海银河棉涤纶有限公司	清算关闭	2011
28	东方国际物流集团天津有限公司	清算关闭	2011
29	美国商都纽约公司	清算关闭	2011
30	德国中基公司	清算关闭	2011
31	上海达吉斯高级内衣有限公司	清算关闭	2011
32	上海斋田服饰有限公司	改制重组	2011
33	南通新白鹤制衣有限公司	清算关闭	2012
34	上海家纺海鹏（美国）公司	清算关闭	2012
35	上海利富贸易有限公司	清算关闭	2012
36	上海丝金针织有限公司	清算关闭	2012
37	上海柏克利丝绸时装有限公司	清算关闭	2012
38	上海爱丝图进出口有限公司	清算关闭	2012
39	商都（新加坡）有限公司	清算关闭	2012
40	上海东瑛装饰工程有限公司	强制清算	2013
41	上海嘉比能国际贸易有限公司	清算关闭	2013
42	上海外贸报关有限公司	清算关闭	2013
43	东方国际物流（集团）有限公司江苏分公司	清算歇业	2013
44	上海嘉悦饭店管理有限公司	清算歇业	2013
45	上海启明传播策划有限公司	清算歇业	2013
46	上海佳谊服饰有限公司	清算关闭	2014
47	上海久茂汽车零配件制造有限公司	清算关闭	2014
48	上海东方国际招标有限公司	清算关闭	2014
49	上海申泽时装有限公司股权	强制清算	2014
50	上海祥丰制衣有限公司	清算关闭	2015
51	上海东方和平国际旅行社有限公司	改制重组	2015
52	上海莎乐美时装有限公司	清算歇业	2015
53	东方国际日本株式会社	清算关闭	2015

〔续表〕

序号	企业名称	清理方式	清理年份
54	香港乐多有限公司	清算关闭	2015
55	上海东旺工贸有限公司	清算关闭	2016
56	上海万环国际货运代理有限公司	清算关闭	2017
57	上海久茂对外贸易浦东销售中心	清算关闭	2017
58	上海世亮贸易有限公司	清算关闭	2017

二、股权退出

截至 2017 年年底，集团全面梳理对外投资企业，按照规范程序，分别采用股权转让、撤资或减资等方式退出，共清理 27 家企业。

表 4-2-6　1997—2017 年集团退出投资企业情况表

序号	企业名称	清理方式	清理年份
1	上海盛泰实业有限公司	股权转让	1997
2	上海市外经贸投资开发公司	股权转让	1997
3	香港谊恒发展有限公司	股权转让	2008
4	上海新文海国际货运代理有限公司	撤资退出	2008
5	上海宏达国际货运有限公司	撤资退出	2008
6	上海经贸和光旅运有限公司	撤资退出	2009
7	杭州东松电源设备有限公司	股权转让	2009
8	东方国际货运有限公司	撤资退出	2010
9	上海东方欣宇国际物流有限公司	撤资退出	2010
10	深圳海润实业有限公司	减资退出	2012
11	东方国际集团永丰有限公司	减资退出	2012
12	上海丰润对外贸易有限公司	减资退出	2012
13	上海经贸虹桥报关有限公司	减资退出	2012
14	上海荣恒医药有限公司	减资退出	2012
15	上海雷威进出口贸易有限公司	减资退出	2012
16	上海东升进出口有限公司	减资退出	2012
17	上海奥炬投资管理有限公司	挂牌转让	2012
18	上海市纺织品进出口公司松江有限公司	挂牌转让	2013
19	普陀朱家尖开发有限公司	减资退出	2013

〔续表〕

序号	企 业 名 称	清理方式	清理年份
20	上海经贸山九储运有限公司	撤资退出	2014
21	上海丝金国际运输有限公司	撤资退出	2014
22	上海凯邦实业有限公司	股权转让	2015
23	上海港西色织厂(东方家纺崇明联营厂)	减资退出	2015
24	上海国际服务贸易集团因私出入境服务有限公司	挂牌转让	2016
25	上海外经贸物业管理有限公司	挂牌转让	2017
26	上海新滨箱包有限公司	减资退出	2017
27	吴江上海东和针织制衣有限公司	股权转让	2017

三、企业破产清算和项目清理

截至2017年年底,集团实施依法破产企业11家,清理投资项目1个。其中完成破产清算注销企业10家,1家企业尚未完成破产清算工作。

【上海第二丝织厂破产清算】

上海第二丝织厂(简称丝织二厂)位于上海市惠民路689号,在册职工506人,离退休职工636人,非在编人员(支农职工及"遗属"等)106人。企业因严重亏损,无力清偿到期债务,1995年10月,向杨浦区人民法院提出破产申请。10月25日,杨浦区人民法院决定立案审理,发布立案公告,通知债权人申报债权、债务人清偿债务。杨浦区人民法院审理中查明丝织二厂已无恢复生产经营的能力,资不抵债,无力清偿到期债务。12月14日,根据《中华人民共和国企业破产法(试行)》第三条、第二十三条和《最高人民法院关于贯彻执行〈中华人民共和国企业破产法(试行)〉若干问题的意见》第四十条之规定,杨浦区人民法院以民事裁定书宣告丝织二厂破产,依法成立由虞伯懿担任负责人的清算组,进驻丝织二厂进行破产清算。

1996年10月,丝织二厂《财产分配方案报告》提请第三次债权人会议通过。11月14日,杨浦区人民法院民事裁定书认可申请人上海第二丝织厂破产清算组提出的破产财产分配方案。破产清算组按照破产财产分配方案完成破产清算工作。

【上海远东丝绸印染总厂破产清算】

上海远东丝绸印染总厂(简称远东厂)是从事以真丝绸为主的丝绸炼染印整加工专业厂,位于杨浦区翔殷路130号,占地面积57 945平方米,建筑面积38 000平方米,至1996年5月底,全厂在册职工1 289人,离退休职工1 032人。远东厂的前身为上海第一绸缎炼染厂,在"三废"拔点迁建时投资规模过大,企业从此背上沉重的债务包袱,企业功能过于单一,加工深度浅,产品附加值低。由于全国丝绸行业宏观失控,蚕茧大战连年迭起,加工能力盲目发展,出口缺乏协调机制,市场混乱,特别是1994年以后,全国丝绸业遇到中华人民共和国成立以来前所未有的困难,工厂生产任务严重不足,加上企业连年迁并,经营管理不善,以及能源、工资、染化料、财务费用等成本不断增加,企业负担沉重等,亏损额与日俱增。根据上海申方审计事务所的审计,至 1996 年 7 月底,远东厂资产总额账面值为 186 126 159.68 元,审计后核实数为 154 904 845.81 元;负债总额账面值为 192 803 350.67 元,审计后核实数为 193 243 852.17 元;净资产账面值为 -6 677 190.99 元,审计后核实数为 -38 339 006.36 元,已严重资不抵债,根本无力偿还到期债务。

为避免国有资产进一步流失,保护债权人的合法权益,1996 年 8 月 20 日,远东厂向杨浦区人民法院提出破产申请,8 月 29 日法院立案受理。9 月 6 日,杨浦区人民法院依法指定由市国资办、中国人民银行上海市分行、市财政二分局、市审计局、市劳动局、市社保局、上海纺织控股集团、金达公司的 13 位人员组成破产清算组接管远东厂,负责破产财产的重新评估、分配和处理。9 月 9 日,杨浦区人民法院出具民事裁定书,宣告上海远东丝绸印染总厂破产。10 月 12 日,在《人民法院报》刊登破产公告。

1996 年 11 月 15 日,远东厂破产程序终结。经清算后,偿债率为 10.899%,所有职工得到安置。

【上海第一丝织厂破产清算】

上海第一丝织厂位于上海市杨树浦路 468 号。1996 年 8 月,因企业严重亏损,无力清偿到期债务,向杨浦区人民法院申请破产还债。

1996 年 8 月 29 日,杨浦区人民法院决定立案审理,发布立案公告,通知债权人申报债权、债务人清偿债务。审理中查明上海第一丝织厂已无恢复生产经营的能力,杨浦区人民法院认为,上海第一丝织厂已资不抵债,无力清偿到期债务。根据《中华人民共和国企业破产法(试行)》第三条、第二十三条和《最高人民法院关于贯彻执行〈中华人民共和国企业破产法(试行)〉若干问题的意见》第四十条的规定,裁定并宣告上海第一丝织厂破产。法院依法指定成立由虞伯懿任组长的上海第一丝织厂破产清算组,开展破产清算工作。11 月 19 日,杨浦区人民法院民事裁定书裁定,法院在审理上海第一丝织厂宣告破产一案中,申请人提出的破产财产分配方案为:经评估确认,上海第一丝织厂破产财产金额为 94 579 247.95 元,扣除按法律应优先拨付的清算费用 1 312 000 元,剩余 93 267 247.95 元。破产后职工安置费为 81 288 500 元。离、退休、支农职工等人员政策性生活福利保障费为 43 815 800 元。第一程序欠付职工工资等费用为 10 687 047.20 元。破产企业的财产金额已不足以支付职工安置费及第一程序的费用,也不能支付第二程序的税款 3 211 446.22 元和清偿第三程序的债权,清偿率为零。该破产财产分配方案,经债权人会议讨论通过。上海第一丝织厂的破产财产与职工安置一起作为受让条件,经上海城乡产权交易所挂牌上市出让,但无人问津,上海第一丝织厂的上级主管部门——上海金达国际丝绸有限公司承担托盘责任,负责职工的安置、债权债务等善后问题的处理。破产财产已分配完毕。申请人提请法院终结破产程序。

依照《中华人民共和国企业破产法(试行)》第三十八条和《最高人民法院关于贯彻执行〈中华人民共和国企业破产法(试行)〉若干问题的意见》第七十条之规定,裁定终结上海第一丝织厂破产程序。

【上海第十二丝织厂破产清算】

上海第十二丝织厂(简称十二丝)是 1994 年由上海第十二丝织厂兼并上海第三丝织厂而重新组建的大型企业,系上海金达国际丝绸有限公司下属的国有工业企业。十二丝位于杨浦区海州路

33号,占地面积7770平方米,建筑面积18286平方米。另有杨浦区许昌路5号地块,占地面积26768平方米,建筑面积50919平方米。到1997年8月8日,全厂在册人数2416人,其中男763人,女1653人,平均年龄39.1岁,平均工龄21年。离退休人员2977人中,离休干部18人,70岁以上高龄人员1297人,占全部离退休人员的43.6%。还有非在编人员459人,这些人员生活艰难,有相当部分居住在外地或农村。十二丝主要生产真丝、真丝交织、仿真丝三大类10余个品种,曾是上海丝绸骨干企业。十二丝从一家国有大型企业到在市场竞争中走到破产道路,其原因归纳主要有:自20世纪80年代后期,全国丝绸行业困难重重,原料价高,订单少,流动资金奇缺,财务费用高,资产负债率高,加上两个厂合并后人员多、负担重,生产能力却一再下降,处于停产或半停产状态,以及引进意大利剑杆织机及配套设备,因国内市场和真丝原料价格发生变化而未能发挥效益等。负担不堪承受,完全进入恶性循环。

1997年7月,十二丝根据《中华人民共和国企业破产法(试行)》和国家有关政策,提出实施破产的申请。7月7日,上海纺织控股(集团)公司和东方国际集团批复同意十二丝进行破产清算,同时要求依法向法院提出破产申请,做好有关工作。

黄浦区人民法院受理十二丝申请宣告破产还债一案,根据《中华人民共和国企业破产法(试行)》第十一条、第十二条之规定,于1997年7月28日作出裁定,宣告申请人上海第十二丝织厂进入破产还债程序。受法院指派,由上海纺织控股集团、东方国际集团、金达公司、市国资办、市财政二分局、中国人民银行上海市分行、市劳动局、市社会保险局、市医疗保险局、市审计局、杨浦区工商行政管理局和杨浦区房屋土地管理局等有关人员组成破产清算组,接管十二丝,开展法定清算工作。在法院领导和债权人会议监督下,破产清算组依法履行财产清算的职责和义务,开展破产清算工作。

1997年10月28日,破产清算组向黄浦区人民法院提交《关于提请裁定终结上海第十二丝织厂破产程序的报告》,表示已完成各项清算工作,清算工作报告和财产分配方案于1997年10月22日经第二次债权人会议讨论表决一致通过,提请黄浦区人民法院裁定财产分配方案合法有效。10月29日,黄浦区人民法院民事裁定书裁定终结上海第十二丝织厂破产程序。10月30日,十二丝向杨浦区工商行政管理局提出关于注销上海第十二丝织厂的申请,杨浦区工商行政管理局核准同意注销。

【上海丝绸丝绒印染总厂破产清算】

上海丝绸丝绒印染总厂(简称绒印总厂)是原上海第二丝绸印染厂与上海丝绒染整厂合并而重新组建的国有大中型企业,主要生产各类印染合纤绸、方巾、丝绒产品。绒印总厂位于闸北区民和路153号,工商注册号3101081000162,注册资金2226万元,法定代表人蒋干华。至1998年5月底,在册职工975人,离退休职工847人,其中离休人员11人。工厂占地面积15313平方米,建筑面积32420平方米。由于丝绸行业宏观失控,引进项目中途停止不能体现投资收益,企业成本费用高、负担沉重等,至1998年5月底,资产总额10073.42万元,负债总额10283.75万元,净资产为－210.33万元,已严重资不抵债,无力偿还到期债务,银行欠息已高达2691万元,债台高筑,资金枯竭,生产规模不断萎缩,最后不得不全面停产。

1998年6月19日,绒印总厂提出破产申请。7月3日,东方国际集团批复同意绒印总厂进行破产清算,要求依法向法院申请,做好有关工作。7月27日,经闸北区人民法院审理,依法宣告破产。7月28日,闸北区人民法院依照《中华人民共和国企业破产法(试行)》第二十四条和《最高人民法院关于贯彻执行《中华人民共和国企业破产法(试行)》若干问题的意见》第五十条的规定,依法指定成立绒印总厂破产清算组。破产清算组在闸北区人民法院的领导和监督下接管绒印总厂。

破产清算组接管企业后即组建破产工作和债权债务清理、实物资产清理、职工安置、安全保卫、宣传接待等5个专门小组。同时,按照破产工作的规范化操作意见的要求,制定各项制度,拟定工作计划进度表。在法院领导和债权人的监督下,开展破产清算各项工作。通过绒印总厂财产清理,债权债务清理,资产评估、变现,安置职工,安全保卫,财产分配等一系列工作,经债权人会议讨论通过,闸北区人民法院于1998年11月2日裁定终结上海丝绸丝绒印染总厂破产程序。

【上海七印丝绸有限公司破产清算】

上海七印丝绸有限公司(简称七印公司)是1996年8月6日由上海第七印绸厂改制成立的国有大中型企业。主要生产真丝印染绸、服装及服饰用品三大类产品。注册地址杨浦区通北路888号,注册资金1565万元,法人代表施佩芳,企业占地面积7829平方米,建筑面积18154平方米,有职工870人,离退休职工360人,其中离休干部5人。

上海七印丝绸有限公司前身上海第七丝绸厂是一个在国际国内都有一定知名度的真丝印染企业,产品质量及出口创汇均在国内同行业中占有领先地位。由于国内外市场的变化、无序竞争、企业自身负担过重等,订单急剧减少,生产规模逐步萎缩,企业效益滑坡,自1996年开始连续亏损,到1999年7月底,账面资产总额10936.34万元,负债总额14187.86万元,净资产—3251.52万元,累计亏损4203.73万元,负债率129.73%。经上海大明审计事务所对1999年5月底的财务状况审计鉴证,所有者投益为—5218.57万元,未分配利润为—5607万元,企业已经资不抵债,无力偿还到期债务,为避免国有资产和债权人利益遭受更大的损失,根据《中华人民共和国企业破产法(试行)》和国家有关政策,于1999年8月12日提出对上海七印丝绸有限公司实施破产的申请。

东方国际集团经研究决定,同意对上海七印丝绸有限公司进行破产清算,同时要求依法向法院提出破产申请,做好有关工作。

1999年8月,上海清算事务所制定《上海七印丝绸有限公司破产实施方案》,分析企业财务状况及亏损原因,厘清企业债权、债务及其他情况,明确有效资产估算及资产变现处置办法和职工安置方案,以及做好破产清算工作的各项保障措施。8月25日,杨浦区人民法院决定立案审理。8月30日,杨浦区人民法院经裁定,依法宣告上海七印丝绸有限公司破产还债。8月31日,杨浦区人民法院发出《关于成立上海七印丝绸有限公司清算组的函》,依法指定由中国人民银行上海分行、市劳动和社会保障局、市医疗保险局、市国资办、市财政二分局、市审计局、东方国际集团、上海纺织控股集团、丝绸集团、金达公司等单位14人组成破产清算组,依法接管破产企业,负责对破产财产重新估价、分配和处理。依照法律规定,破产清算组对杨浦区人民法院负责并报告工作,接受法院监督。

1999年11月11日,杨浦区人民法院民事裁定书裁定,认可申请人上海七印丝绸有限公司破产清算组提出的破产财产分配方案。

破产清算组成立后,分别成立债权债务清理小组、实物资产清理小组、职工安置小组、安全保卫小组、宣传接待小组等五个小组,制定工作小组的规章制度、工作守则和计划进度,组织清算工作培训班,开展各项破产清算工作。

1999年11月22日,上海市工商行政管理局根据国家有关法律、法规的规定,经审核,同意上海七印丝绸有限公司注销。

【上海第五丝织厂破产清算】

上海第五丝织厂(简称第五丝织厂)始建于20世纪40年代(原名九昌丝织厂)。1965年与福田丝织厂合并,更名为上海第五丝织厂,1995年1月,兼并上海第十一丝织厂。注册地址鲁班路611号,注册资金1613万元,法人代表陈力(原法人代表胡长发于1999年调离,未办理工商变更),企业占地面积25 157平方米,建筑面积12 852平方米,职工910人,离退休职工1 124人,其中离休干部1人。

第五丝织厂长期从事全真丝织造,产品规格齐全,在国内外市场享有较大的声誉。20世纪80年代后期,丝绸行业逐步宏观失控,原料价格上涨,丝绸产品却低价竞销,企业成本逐年提高,再加上企业历史负担过重,经营管理不善,效益滑坡,自1995年开始连续亏损,到2000年6月底,账面资产总额4 340.41万元,负债总额8 965.74万元,净资产-4 625.33万元,累计亏损4 745.62万元,负债率206.56%。经审计事务所对2000年6月底的财务状况审计鉴证,第五丝织厂所有者权益为-4 625.33万元,企业已经资不抵债,无力偿还到期债务。

2000年8月24日,第五丝织厂根据《中华人民共和国企业破产法(试行)》和国家有关政策,提出实施破产的申请。8月25日,东方国际集团批复同意第五丝织厂进行破产清算,要求依法向法院提出破产申请,做好职工安置等有关工作。12月29日,上海市卢湾区人民法院决定立案审理。

2001年1月8日,卢湾区人民法院发布民事裁定书,宣告申请人上海第五丝织厂破产。1月23日,上海市卢湾区人民法院发出《关于指定成立上海第五丝织厂破产清算组的函》,依照《中华人民共和国企业破产法(试行)》第二十四条和《最高人民法院关于贯彻执行〈中华人民共和国企业破产法(试行)〉若干问题的意见》第五十条的规定,成立上海第五丝织厂破产清算组,接管上海第五丝织厂。经协商,依法指定中国人民银行上海分行、丝绸集团、市国资办、上海清算事务所、市劳动和社会保障局、市财政二分局、市审计局、市医疗保险局、市房屋土地资源管理局、上海房地产估价中心等单位14人组成破产清算组,依法接管破产企业,负责对破产财产重新估价,分配和处理破产企业的财产。依照法律规定,破产清算组对卢湾区人民法院负责并报告工作,接受卢湾区人民法院监督。

第五丝织厂破产清算组成立后,完成大量艰苦而复杂的清算工作,尽最大努力依法变现破产财产,按照破产财产分配方案进行财产分配,于2003年8月基本完成破产清算工作。

2003年9月2日,上海市工商行政管理局卢湾分局根据国家有关法律、法规的规定,经审核,同意上海第五丝织厂注销。

【上海丝绸公司破产清算】

上海丝绸公司为国有企业,注册地址为北苏州路1040号,占地面积23 930平方米,建筑面积26 111平方米,在册职工207人,离退休职工763人。由于历史包袱重、国内外市场疲软、出口代理亏损等,企业陷入前所未有的困境,连续三年以上亏损,经多方努力仍无法扭转亏损局面。根据上海丝绸公司2000年6月底财务报表,资产总额21 438.24万元,负债总额38 175.59万元,经审计所有者权益-23 243.4万元,已经资不抵债。为避免国有资产的进一步流失,保护债权人的合法权益,上海丝绸公司于2000年10月提出破产清算申请。11月6日,东方国际集团批复同意上海丝绸公司进行破产清算,同时要求依法向法院提出破产申请,做好有关工作。

2001年6月29日,上海丝绸公司向闸北区人民法院申请破产还债。8月13日,闸北区人民法院决定立案审理,发布立案公告,通知债权人申报债权。8月21日,闸北区人民法院作出民事裁定,宣告上海丝绸公司破产还债。8月22日,闸北区人民法院民事裁定书依法裁定上海丝绸公司(含上海中申丝绸实业公司、上海茂联丝绸商厦)进入破产还债程序。随即依法指定由中国人民银行上海分行、市国资办、市劳动和社会保障局、市财政局二分局、市医疗保险局、上海清算事务所、丝绸集团、金达公司等13人组成的上海丝绸公司破产清算组,接管上海丝绸公司(含上海中申丝绸实业公司、上海茂联丝绸商厦)。2001年9月9日,在《人民法院报》上进行公告。

2001年11月27日,闸北区人民法院依法裁定,认可申请人上海丝绸公司破产清算组提出的破产财产清偿率为1.7378%的分配方案。

上海丝绸公司破产清算组成立后,依法变现破产财产,按照破产财产分配方案进行财产分配,于2001年11月基本完成破产清算工作。

2001年12月5日,上海市工商行政管理局根据国家有关法律、法规的规定,经审核,同意上海丝绸公司注销。

【上海绢纺织厂破产清算】

上海绢纺织厂(简称绢纺厂)始建于1906年,原名钟渊公大三厂。1935年形成具有制绵、纺丝、织造和炼整全套生产能力的绢纺织厂。1945年抗日战争胜利后,由国民党接管。1949年上海解放后,由人民政府接管,定名为国营上海绢纺织厂。主要生产销售各类绢纺绸、绵绸、混纺绸和绢纺服装等产品。注册资金3971万元,法定代表人姚健。至2000年10月底,在册职工1167人,离退休职工2656人,其中,离休人员13人。占地面积15706平方米,建筑面积19398平方米。由于绢纺行业宏观失控,技改项目未体现投资效益,企业成本费用高、负担沉重等,至2000年10月底,账面资产总额9564.63万元,负债总额12623.83万元,净资产为-3059.20万元,已严重资不抵债,无力偿还到期债务。

2000年11月2日,绢纺厂分别向东方国际集团和普陀区人民法院提出破产申请。11月6日,东方国际集团批复同意上海绢纺织厂进行破产清算,要求依法向法院提出破产申请,做好职工安置等有关工作。

2001年8月,由上海清算事务所制定《上海绢纺织厂破产实施方案》,对企业账面资产及负债情况、破产工作,以及有效资产估算及资产变现方案、资产变现处置方案、职工安置方案和涉及担保、抵押的债务等其他有关问题进行安排。8月30日,普陀区人民法院决定立案审理。经审理查明,申请人上海绢纺织厂负债数大于资产数,确已不能清偿到期债务,无力从事正常生产经营,申请破产事实存在。9月7日,普陀区人民法院依照《中华人民共和国企业破产法(试行)》第三条、第二十三条和《最高人民法院关于贯彻执行〈中华人民共和国企业破产法(试行)〉若干问题的意见》第四十条的规定,出具民事裁定书,宣告上海绢纺织厂破产。同时,发函指定由丝绸集团、金达公司、上海清算事务所、中国人民银行上海分行、市劳动和社会保障局、市国有资产管理办公室、市审计局、市财政二分局、市医疗保险局等单位14人组成清算组,依法接管破产企业,负责破产财产的保管、清理、估价、处理和分配。依照法律规定,破产清算组对法院负责并报告工作,接受法院监督。

根据法院的裁定和函告内容,破产清算组依法依规开展破产清算,于2002年2月完成破产清算工作。

2002年2月26日,上海市工商行政管理局根据国家有关法律、法规的规定,经审核,同意上海绢纺织厂注销。

【上海美亚丝绸总厂破产清算】

上海美亚丝绸总厂(简称美亚总厂)始建于 20 世纪 20 年代(原名为美亚绸厂)。1956 年公私合营后为上海第四丝织厂,于 1979 年同日本松村株式会社开展补偿贸易,是年兼并上海缫丝厂,又于 1993 年同上海第十四丝织厂合并。企业注册地址金沙江路 1760 号,注册资金 598 万元,法定代表人李世钧。企业占地面积 2 175 平方米,建筑面积 10 813 平方米。2000 年 10 月在册职工 621 人,离退休职工 808 人,其中离休干部 4 人。

美亚总厂长期从事全真丝和服绸织造,产品规格齐全,在国内外市场享有较好的声誉。20 世纪 80 年代后期,丝绸行业逐步宏观失控,原料价格上涨,而丝绸产品却低价竞销,加上日本市场的萧条,造成企业成本逐年提高,再加上企业历史负担过重,经营管理不善,效益滑坡,自 1996 年开始连续亏损,到 2000 年 6 月底,账面资产总额为 38 450 090.41 元,负债总额为 65 113 918.94 元,净资产−26 663 828.53 元,累计亏损 583 607.24 元,负债率 169.35%。经审计事务所对 2000 年 6 月末的财务状况审计鉴证,美亚总厂所有者权益为−26 663 828.53 元,企业已经资不抵债,无力偿还到期债务。

2000 年 10 月 8 日,美亚总厂根据《中华人民共和国企业破产法(试行)》和国家有关政策,提出破产申请。11 月 6 日,东方国际集团批复同意美亚总厂进行破产清算,要求依法向法院提出破产申请,做好职工安置等有关工作。12 月,美亚总厂向普陀区人民法院递交破产申请书。

2001 年 1 月 9 日,普陀区人民法院审核后发出民事裁定书,宣告美亚总厂破产。1 月 11 日发函指定由丝绸集团、上海清算事务所、中国人民银行上海分行、市国资办、市劳动和社会保障局、市财政二分局、市审计局、市医疗保险局、市工商行政管理局普陀分局等单位的 14 名代表组成美亚总厂破产清算组。4 月 5 日,上海资产评审中心出具《关于上海美亚丝绸总厂拟破产清算的整体资产评估结果的确认通知》,对该资产评估的结果予以确认。4 月 18 日,美亚总厂制定《破产清算财产分配方案》,对可分配的破产财产、按法定程序清偿债权提出处分原则。4 月 24 日,普陀区人民法院发布民事裁定书:"本院在审理债务人上海美亚丝绸总厂申请破产还债一案中,于 2001 年 1 月 9 日依法宣告上海美亚丝绸总厂破产。破产财产依法优先拨付破产费用和支付职工安置费后,应按照法定顺序清偿破产企业所欠职工工资和劳动保险费用,破产企业所欠税款,破产债权。上海美亚丝绸总厂破产财产能够支付破产费用,不足支付职工安置费,无财产清偿第一、第二、第三顺序债务。申请人上海美亚丝绸总厂破产清算组提出的破产财产分配方案事实清楚,理由成立,符合法定清偿顺序,经债权人会议讨论通过,上海市普陀区人民法院予以认可。"

美亚总厂根据普陀区人民法院民事裁定书的裁定,依法依规进入破产程序,于 2001 年 7 月完成破产的各项工作。

2001 年 7 月 18 日,上海市工商行政管理局根据国家有关法律、法规的规定,经审核,同意上海美亚丝绸总厂注销。

【上海富锦实业有限公司破产清算】

上海富锦实业有限公司(简称富锦公司)前身为上海富锦实业公司,成立于 1992 年。企业性质为国营和集体合资的联营企业,注册资本 550 万元。投资方分别为上海市服装进出口公司(持有 86%股权)和上海市高南乡工业公司(持有 14%股权)。

2003 年 3 月,富锦公司实施改制,企业性质变更为有限责任公司。2003 年 9 月,完成工商注册登记,注册资本为 2 000 万元,集团出资 1 000 万元,持 50%股权。上海钦舟贸易有限公司(简称钦舟公司)出资 200 万元,持 10% 股权。自然人股东 24 人共出资 800 万元,持 40% 股权。

2004 年,集团以 200 万元的价格转让富锦公司注册资本的 10% 股权给 24 名自然人(该 24 名自然人相对富锦公司原自然人股东,除 14 人重合外,其余 10 人为新增股东),转让后集团出资 800 万元,持 40% 股权。自然人股东出资 1 000 万元,持 50% 股权。钦舟公司出资 200 万元,持 10% 股权。该次股权转让于 2004 年 4 月完成验资,但未办理工商变更手续。

2006 年 1 月 16 日,富锦公司召开临时股东大会,通过集团向富锦公司增资 500 万元的决议,该增资款来自富锦公司的应付款。增资后,富锦公司注册资本为 2 500 万元,其中集团出资 1 300 万元,持 52% 股权。钦舟公司出资 200 万元,持 8% 股权。34 名自然人股东出资 1 000 万元,持 40% 股权。该次增资未经过验资,也未办理工商变更登记手续。

2011 年 3 月 30 日,经黄浦区人民法院受理裁定,富锦公司启动破产清算程序。黄浦区人民法院指定由市国资委、市企业破产清算协会、立信会计师事务所有限公司组成破产清算组,担任富锦公司破产的管理人。富锦公司的营业执照、公章全部上交黄浦区法院,由破产清算组行使企业法人职责。

为配合破产清算组全面开展工作,集团安排相关人员进入破产清算组下设的综合工作组、债权债务组、资产清收组和维稳工作组共 4 个工作小组,接受破产清算组的领导,其中,由立信会计师事务所有限公司派员任综合工作组、债权债务组、资产清收组组长,由集团派员任维稳工作组的组长。

至 2017 年年末,富锦公司仍处于破产实施过程中。

【东方金马项目清理】

东方国际集团对东方实业有限公司(原上海东方金马房地产有限公司,简称东方金马)的投资始于 1996 年 10 月。

2004 年 3 月,东方金马召开股东会,香港金马国际联合公司同意集团和粤海金融控股公司退出,初步同意以收购股权方式,在 2005 年年底付清全部转让款 1 500 万美元。几经周折,集团收回 2000—2005 年的投资回报,但是约定的股权转让款项一直未能如期收回。

2006 年 3 月,在东方金马无法按期支付转让款的情况下,为规避汇率波动风险,集团锁定汇率,签署三方股东《股权转让备忘录》。

2008 年 4 月,为尽快收回东方金马股权转让款,防止集团利益受损,在分析东方实业的净资产和资金情况后,集团联合另一股东粤海公司,以两方合计 51% 股权比例的优势,以"合法、有理、有节"的应对策略,对东方金马采取监管措施,更换东方金马及其下属公司的董事会成员,派出管理人员掌握东方金马及其下属公司的经营权和财务控制权,全面参与明日星城房产项目的开发和销售。

集团总计投资 10 367.75 万元,2010 年度收回投资款 3 273.8 万元,占投资额的 31.58%。集团累计收回款项 12 492.29 万元,占投资额的 120.49%。

2012 年年底,经董事会审议通过,集团与东方金马签署以房抵债协议,在股权退出时获明日星城 11 套房产,评估价值 5 288.8 万元。此项目最终收回本金加收益约 2.37 亿元,投资回报率 129%。

第三章　解决历史遗留问题

解决历史遗留问题是集团推进企业改革改制的重要内容。集团及所属企业坚持从实际出发，依法依规开展工作，积极稳妥组织实施，认真解决和处理历史遗留问题，防止国有资产流失，维护企业和社会稳定，确保企业实现快速健康发展。

第一节　减员分流与再就业

东方国际集团职工减员分流和再就业工作主要集中在丝绸集团。丝绸集团成立于1997年10月9日，是一家国有控股有限责任公司。由于产业调整、企业设备陈旧、历史包袱重等多方面的因素，企业难以为继。为减轻企业负担，创新体制机制，2003年年初，丝绸集团对外贸进出口主营业务实施股份制改革，由东方国际集团、纺织控股授权改制成立上海丝绸集团股份有限公司，对丝绸集团进行为期3年的股权托管，接收10多家破产工业企业、2万多名离岗工人和20多万平方米的房产，承担清偿银行债务、清理存量资产、分流安置职工等任务。

在开展职工减员分流和再就业工作中，丝绸集团坚持以人为本的理念，把做好离岗职工的管理工作作为企业稳定和行业发展的重要保证。从20世纪90年代起，在上海纺织行业推进的产业结构、企业结构、劳动力结构三大调整的过程中，采取关厂、停业、破产、兼（合）并、转产、剥离、整合等措施，让亏损、污染和资不抵债的国有企业平稳退出，伴随而来的是企业大批人员下岗，产业结构调整后的下岗人员最多时达到2万余人。为做好分流和安置下岗人员工作，上海金达国际丝绸有限公司于1996年成立再就业服务分中心（工贸结合后易名为再就业工作部），下属各厂设立"安置办"，经过企业留守的工作人员集中办理，为下岗人员办理进再就业服务中心和出中心16 000余人次。为8 000余名下岗人员签订"协保"和"留停"协议。为2 000余名下岗人员办理提前退休、退职手续。推荐12 000余人次离岗人员再就业岗位面试，8 000余人次实现再就业。

一、建立保障服务机制

在"无情调整，有情操作"的思想指导下，丝绸集团不断创新再就业工作机制，在对行业离岗人员现状进行认真调研论证和评估的基础上，根据国家和市政府以及上级公司的有关文件精神，为解决离岗人员阶段性生活困难问题，以及为企业和社会提供稳定环境，相继出台《上海丝绸集团关于离岗人员生活费用发放标准的指导意见》《上海丝绸集团关于加大对离岗职工帮困力度和覆盖面的通知》《上海丝绸集团关于做好低龄协保人员和留职停薪人员帮困工作的指导意见》《上海丝绸集团关于对离岗人员实施分类帮困工作的指导意见》《上海丝绸集团关于离岗人员与单位协商解除劳动关系若干问题的指导意见》《上海丝绸集团关于进一步做好特困离岗人员深度帮困工作的指导意见》《上海丝绸集团关于提高留职停薪人员就业补贴费的指导意见》等7个文件。协议对象涵盖保留社会保险关系、留职停薪、自谋职业、工伤、丧劳、残疾、长病假及其他离岗人员。为所属企业规范帮困工作提供政策依据,每年根据物价上涨指数,及时调整帮困标准,使行业对离岗职工的生活帮困做到"全托底""全覆盖"。

二、"六清"基础工作

为做好对离岗职工的基础信息管理工作,从2007年起,丝绸集团所属企业建立"离岗人员电子信息库",对45项内容进行采集,实行动态管理,达到"六个清",即联系地址电话清,身体健康状况清,本人技能特长清,工作经历清,再就业意向清,家庭情况清。在此基础上,建立家访、帮困、信访和安置工作4本电子台账。10余年来,"六清"基础工作为企业关心、服务职工,帮助他们解决实际困难,以及营造和谐稳定和转型发展的工作环境起到积极的作用。

三、再就业

丝绸集团所属企业从职工离岗分流开始,就把离岗职工的再就业当作一件大事来抓,截至2008年年底,丝绸集团所属企业形成由27人组成的兼职职业介绍"红娘"队伍,在实践中逐步形成一整套推荐、应聘、跟踪、反馈等操作流程,使整个行业离岗职工群体的再就业率达到93%。为帮助再就业群体中年龄偏大、技能单一、身体条件差、找工作困难的离岗人员,职业介绍"红娘"通过拓展再就业信息平台、共享地区资源、转变就业观念、全程跟踪服务等方式方法,努力帮助离岗职工实现再就业。根据统计,截至2015年年底,丝绸集团所属企业共帮助5 134名离岗职工实现第二次就业,2 195名离岗职工实现第三次就业,1 068名离岗职工实现第四次就业。再就业工作稳定了家庭、企业和社会。

四、信访维稳

随着丝绸行业调整力度的加大,一批国有企业被破产或兼并,企业职工心理震荡强烈,思想矛盾尖锐,部分离岗职工因失去赖以生存的经济基础,难以理解,心态失衡,加上择业观念、再就业技能和社会保障机制尚不完全适应等诸多原因,发生一些职工上访和群访事件。1997—2013年,丝绸集团共处理群体性信访矛盾61件,其中涉及劳动用工制度改革的28件,占45.90%。涉及企业结构调整、资产重组的23件,占37.70%。涉及社会保险、公积金以及生活费、工龄调整的10件,占16.39%。丝绸集团坚持"稳定压倒一切"的理念,明确党政两个一把手为稳定工作第一责任人,每年召开稳定工作会议,交流化解矛盾的经验与做法,从上到下建立起一整套信访稳定工作制度,积累丰富的工作经验。"领导包案法""变上访为下访沟通法""专家论证法""推前介入法""三接访""四同时""五心法"等化解办法,构筑起综合治理的系统工程,使群体性信访矛盾的化解率达到98%以上。

五、帮困救助

为帮助就业困难、因病致贫、家庭遇突发性事件等离岗职工困难群体,丝绸集团所属企业认真制定生活、助医、助学、深度帮困等分类帮困工作计划,把组织的温暖送到家。2003—2013年期间,初步统计共走访困难离岗职工 23 390 余人次,分类帮困金额为 710 余万元。

从 2008 年起,丝绸集团所属企业把全部离岗职工纳入上海市职工互助保障会"在职职工住院补充医保""大病重病补充医保""女职工特种重病补充医保"三个保障计划。据统计,2008—2017 年累计投保 42 540 余人次,投保金额 437 余万元。累计理赔 2 140 余人次,理赔金额达 317 余万元,在一定程度上缓解离岗职工因病致贫的矛盾。

六、妥善处理历史遗留问题

丝绸集团妥善处理产业结构大调整过程中出现的各类历史遗留问题,产生较好的社会效果,比较突出的有:(1)解决 1996 年大批下岗职工因不符合协保政策,与企业签订"留职停薪"协议,长期无生活费、生活困难的问题,涉及人数 351 人。(2)妥善处理 1996—2000 年 5 年中,按照相关政策,对离岗人员公积金实施封存的问题,涉及人数 12 210 人。(3)妥善解决丝绸集团指导意见下发后,部分离岗人员提出不切合实际的要求而产生的利益纠纷,涉及人数 135 人。(4)妥善处理事业单位改制为企业单位时,工作年限满 25 年人员到龄退休后待遇落差过大的矛盾,涉及人数 90 人。

七、集约化管理

2007 年以来,丝绸集团把收缩管理层级,清理不良投资,关、并亏损企业作为转型发展的重要工作来抓,尤其对历史遗留问题多、企业经济负担重、离岗人员困难多的"壳体"企业采取合署办公的方式,使得这些企业在干部和管理人员不增反降的情况下,能够继续承担大量的管理和维稳工作,为做好离岗人员的管理工作提供可靠保证。

2013 年,丝绸集团根据五年发展规划,进一步推进所属企业合署办公的力度,设立 3 个合署办公室,将 16 家独立法人企业划并为 3 个合署体,逐步实行人、财、物统一管理。至 2015 年,又划并为 2 个合署办公室,共清理、整顿、关停、合并各类亏损企业 23 家,国有资产保值增值 300%,2017 年年底总资产达到 60 128 万元。

表 4 - 3 - 1　2016—2017 年丝绸集团主要财务指标情况表　　　　　　单位:万元

年　份	总资产	归属母公司净资产	税前利润	归属母公司净利润	营业收入	资产负债率	净资产收益率	资产保值增值率
2016	67 156	27 680	736	577	5 436	58.78%	2.08%	101.98%
2017	60 128	32 265	6 797	5 013	13 330	46.34%	15.54%	116.56%

第二节　清欠职工医疗费

一、职工医疗费拖欠情况

2001 年年初,市政府推出实施医疗制度改革并专题部署本市职工医疗费清欠工作任务,市政府办公厅下发《关于加强本市职工医疗费清欠工作的通知》。6月12日,市政府召集有关的委办(单位),对进一步落实清欠医疗费提出新的工作要求,要求各单位在2001年年底前必须完成清欠率90%～95%,2002年2月前完成清欠率100%的任务目标,使原定的清欠工作时间进度提前9个月。6月14日,市外经贸委党委副书记史丽雯召集东方国际集团等单位,就进一步落实清欠任务进行部署。东方国际集团的职工医疗费清欠任务主要集中在丝绸集团。据统计,丝绸集团下属企业出于历史的原因,拖欠职工医疗费的企业16家,涉及职工总数10 670人,拖欠总额达2 356.07万元。自1997年10月丝绸集团成立后的4年时间里,仅2000年3月因拖欠职工医疗费而产生的来信来访达77件,占到来信来访总量的20%,拖欠医疗费已成为企业稳定和发展的重大隐患,也成为职工群众亟待解决的问题之一。

二、完成清欠工作情况

2001年6月18日,集团召开清欠职工医疗费工作专题会议。会议商定,要通过多种途径和渠道落实清欠工作。具体办法为:(1)工业企业自筹一块,通过挖潜,自筹资金100万元。(2)争取政策扶持增一块,东方国际集团和丝绸集团要配合好市外经贸委,争取得到市有关部门的政策支持。(3)募集资金增一块,在集团系统内广泛开展"人间真情、东方关爱"的捐助职工医疗费活动。(4)东方国际集团和丝绸集团合力再补缺一块。

6月20日,集团召开清欠职工医疗费工作动员会,集团有关领导、各职能部门负责人、各子公司党委书记、纪委书记出席会议。动员会上,集团领导介绍1997年丝绸集团工贸结合以来,丝绸股份为金达公司破产、托盘,安置分流职工,支持开工生产等已投入大量的人力和财力,已投入资金达1.3亿元。2002—2003年,预计还要付出1.2亿元～1.4亿元的资金,解决下岗职工和破产企业中的各项费用问题。丝绸股份在比较困难的情况下,既要抓出口创汇年增长10%的任务,又要完成工贸结合体制改革中各项艰巨任务,同时要投入大量的资金,已尽最大的努力。集团领导强调:丝绸集团的困难就是东方国际集团的困难,完成清欠医疗费工作于情于理都义不容辞。为此,在集团系统内广泛开展以"人间真情、东方关爱"为主题的捐助职工医疗费活动,各公司党组织要发挥各级党政工团和广大党团员骨干的作用,伸出关爱之手,热忱扶持困难职工,共同帮助丝绸集团完成清欠工作。会议提出:东方国际集团近年来在"两个文明"建设中形成团结互助、帮困助难的风气,"一方有难,八方支援"成为集团精神文明建设的显著特点之一,这次为完成市政府、市外经贸委下达的清欠职工医疗费任务,各级党组织要继续发扬真情关爱、助人为乐的精神,大家伸手帮一把,要切实使捐助职工医疗费款按时到位。在集团党委召开的纪念中国共产党成立八十周年大会上,举行"人间真情、东方关爱"的捐赠仪式。

在中国共产党成立八十周年纪念日前后,各单位和个人纷纷热忱捐款,共捐献215万余元。市外经贸委也协调各方筹措145万元。由于拖欠职工医疗费的金额大,涉及人数多,清欠工作面临相当大的困难。在市外经贸委、东方国际集团领导的关心指导下,丝绸集团班子召开多次会议,研究清欠解决方案,多方筹措清欠资金,经分阶段工作,至2001年6月,清欠完8家企业,累计清欠职工医疗费1 149.24万元,至8月份,清欠完9家企业,累计清欠职工医疗费1 292.66万元,尚有7家企业拖欠总额1 063.41万元。随着国庆、中秋双节的临近和迎接APEC会议在上海召开,为及时完成市政府清欠职工医疗费的任务要求,市外经贸党委提出力争在国庆节前全面完成清欠任务的要求。丝绸集团接到东方国际集团单位和个人的捐款215万余元和市外经贸委筹措的145万元之后,想方设法解决剩余资金缺口问题。至 9 月 12 日,7 家企业拖欠的 1 063.41 万元资金全部到位。为使此笔款项尽快发放到职工手中,丝绸集团清欠工作人员认真核对成千上万张票据,统计上千万元的金额。至 9 月 25 日,除极少数职工因故未能及时来单位报销外,整个丝绸集团医药费清欠工作基本结束,标志着在政府与企业关心下,持续数年的历史遗留问题得以解决。

第五篇

职 工

追求卓越　拥抱未来

Aspire after brilliance to embrace the future

概　　述

　　集团始终把人力资源作为企业发展的第一资源,重视职工教育和人才培养,不断提高职工收入与福利待遇,努力打造劳动关系、干群关系和谐的企业集团。

　　1994年年末,集团职工人数为6 027人。1997年,因实施"工贸结合",集团所属东方国际集团上海丝绸进出口公司和市工业系统的上海金达国际集团有限公司联合重组,成立上海丝绸(集团)有限公司,1997年集团平均职工增加到20 982人。后经人员分流和职工自然退休,集团职工人数逐年变动,总体呈下降趋势。至2017年,集团平均职工人数5 019人。2017年与1997年相比,集团平均职工人数下降76.08%。

　　1995年10月,集团根据《中华人民共和国劳动法》,制定下发《东方国际(集团)有限公司劳动合同制实施办法(试行)》,企业职工签订全员劳动合同。集团根据国家法律、法规和建立现代企业制度的要求,规范劳动用工,除政府规定的安置部队复退转业军人外,企业新进人员全部按照市场化的办法招聘录用,签订劳动合同,实现从组织配置到市场化配置的转变,从传统的终身制到契约制的转变。

　　集团注重调动经营者的积极性,增强经营者的责任感和使命感。自2000年起,集团积极推行企业申请自主决定工资水平试点,逐步形成"工资增长合理化、工资分配市场化"的分配格局。在试行自主决定工资水平的企业,建立工资集体协商机制和经营者年薪制,不断完善收入分配激励机制,积极营造集团"事业留人、感情留人、待遇留人"的良好企业环境。

　　集团注重职工教育培训,努力提高干部和职工的整体素质。集团教育培训工作分两个层面开展,集团层面以领导干部和后备干部培训为主,企业层面以职工培训为主。23年间,集团和直属公司结合企业发展需要和干部职工需求,通过自身组织、校企合作或委托培训机构办学、选送高等院校、干部在线学习、海外实训等多种形式,不断提升职工的管理水平、业务能力和专业技能。

第一章 职工状况

集团成立 23 年间,全部职工(包括在岗职工和离岗职工)和从业人员(包括在岗职工和其他从业人员)总人数始终保持在适当规模,与企业发展相协调。

第一节 职 工 人 数

一、集团成立之初职工人数

集团成立之初,所属丝绸公司、服装公司、纺织公司、针织公司、家纺公司等 5 家直属单位,1994 年年末职工人数为 6 027 人,其中具有大专及以上学历的 1 228 人,占 20.37%;具有中、高级专业技术职称的 722 人,占 11.98%。

表 5-1-1　1994 年 12 月东方国际集团职工基本情况表　　　　单位:人

单　位	职工人数	学　历			职　称			离休干部
		大　专	本　科	研究生	高　级	中　级	初　级	
丝绸公司	1 794	195	130	2	10	189	344	29
服装公司	1 314	134	111	1	8	78	266	10
纺织公司	1 244	137	136	2	8	199	183	19
针织公司	917	104	101	4	9	94	191	11
家纺公司	758	98	71	2	6	121	111	5
总　计	6 027	668	549	11	41	681	1 095	74

1995 年,集团平均职工人数为 5 768 人。其中具有中、高级专业技术职称的专业技术人员有近 1 000 人,外销员 500 多人。职工中既有外贸、经济、法律、金融、电脑、运输、纺织等各类专业的大学毕业生,也有高级工程师、高级经济师、高级会计师等复合型专业人才,以及英语、法语、日语、德语、西班牙语、阿拉伯语、俄语等各类外语人才。

1997 年,集团下属东方丝绸与上海纺织控股集团下属金达公司进行资产重组、工贸结合,组建丝绸集团。1997 年,集团平均职工数增加到 20 982 人,其中金达公司并入职工约 15 000 人。

二、历年从业人员和职工人数

1997 年 10 月丝绸集团组建后,由于产业结构调整等多方面因素,一批企业相继依法破产清算。伴随企业人员下岗分流,集团职工人数逐年变动,总体呈下降趋势。

表 5-1-2　1998—2017 年集团从业人员和职工人数情况表　　　　单位：人

年　份	平均人数				其他从业人员
	从业人员	全部职工	其　中		
			在岗职工	离岗职工	
1998	20 232	19 793	19 793	—	439
1999	8 435	11 130	8 181	2 949	254
2000	7 854	11 021	7 570	3 451	284
2001	8 247	10 164	7 648	2 516	599
2002	8 143	—	7 006	—	1 137
2003	7 826	8 960	6 594	2 366	1 232
2004	6 864	7 559	5 629	1 930	1 235
2005	6 212	6 821	5 108	1 713	1 104
2006	6 190	11 773	5 016	6 757	1 174
2007	5 955	10 879	4 806	6 073	1 149
2008	5 842	9 993	4 599	5 394	1 243
2009	5 597	9 133	4 447	4 686	1 150
2010	5 505	8 545	4 577	3 968	928
2011	6 065	7 631	5 113	2 518	952
2012	5 159	5 876	4 807	1 069	352
2013	4 811	5 924	4 497	1 427	314
2014	5 318	5 544	4 319	1 225	999
2015	4 870	4 943	3 923	1 020	947
2016	4 363	4 439	3 638	801	725
2017	5 177	5 019	4 501	518	676

说明：1. 以上数据摘自集团从业人数和劳动报酬表。因缺失 2002 年从业人数和劳动报酬表，2002 年数据摘自集团企业人工成本汇总表。

2. 从业人员＝在岗职工＋其他从业人员。

3. 全部职工＝在岗职工＋离岗职工。

4. 年平均人数：指报告年内每天平均拥有的人数。年平均人数＝报告年内各 12 个月平均人数之和/12。

第二节　劳动用工

一、市场招录

1995 年 9 月，集团参加上海中国人才市场举办的人才招聘会，向社会公开招聘包括二级公司负责人在内的各类管理专业人才，共有 1 300 名各类人才应聘，其中绝大部分具有大专以上学历和相应的职称。11 月，集团举行人才招聘考试，考试内容包括各种专业基础知识与英语，共有近 200 名应聘人员参加考试。通过考试,集团向 45 名考分排前的应聘人员发出面试通知,择优录用。

1996 年 1 月,集团下发《东方国际集团 1996 年大学生接收录用工作几点意见》,要求 1996 年大学生招收由集团人力资源部与各子公司组成联合招聘小组,以东方国际集团对外招收考试,对内各子公司自行选录,最后由集团统一协调平衡。是年,集团系统共招收录用应届毕业生 46 名,其中本科 27 名,专科 13 名,中专 6 名。涉及的专业主要有国际贸易、服装设计、英语、日语、会计、法律、经济、工商管理、纺织工程、船舶、计算机等。

1997 年,采取由集团牵头、各子公司量才录用、集团平衡协调的办法,招聘 66 名应届大中专毕业生,其中大学本科生 50 名,专科生 12 名,中专生 4 名。涉及专业主要有国际贸易、服装设计、英语、日语、法律、经济、企业管理、计算机、涉外会计、金融保险、市场营销等。集团录用原则是:优秀人才优先录用,一般人才把关录用;以录用优秀大学本科及以上应届毕业生为主,其他文化层次应届毕业生为辅;重点吸收重点高校的优秀学生(中共党员)和紧缺专业的优秀人才,以利培养和造就符合集团长远发展的、知识机构合理的青年后备力量。

1997 年 11 月,集团下发《关于做好 1998 年大学生接收录用工作的通知》(简称《通知》),《通知》要求各企业从企业长远发展目标出发,积极录用政治素质好、专业知识扎实、有一定实习经历、具有发展潜力的大学生。《通知》还要求注意录用大学毕业生的知识结构,特别要注意吸收重点高校的优秀学生党员和理工科专业、紧缺专业的优秀毕业生。是月,集团人力资源部和各公司人事部门先后在复旦大学、上海外国语大学等重点大学召开供需见面会。大学生对集团介绍的基本情况和发展前景反响强烈,填写自荐表 1 100 多份;经层层筛选,共选出 229 人参加集团于 1998 年 1 月 16 日和 3 月 27 日在上海市外经贸职工大学举行的文化考试,考试分为英语、日语和作文。各公司对超过分数线的学生举行面试,最终录用 69 名应届毕业生。

1999 年,由集团统一招聘考试,集团系统各公司择优录用 52 名应届大学本科毕业生,涉及的专业主要有国际贸易、工业外贸、外贸营销、国际金融、英语、日语、投资经济、经济合作、服装、世界经济等,应届毕业大学生录用后送往中国人民解放军"南京路上好八连"所在部队进行为期两周的军训。

2000 年,集团根据各公司实际用人需求,提前于 1999 年年底在复旦大学、上海外国语大学、上海财经大学等重点高校设立招聘点,发布招聘信息。同时部分公司还参加市高校毕业生分配办公室组织的大型供需见面会。通过对应聘大学生进行筛选和笔试,集团系统共录用 78 名应届毕业生。

2001 年,在总结历年新进员工招聘录用工作经验的基础上,集团进一步加强对新进员工招聘录用工作规范化、程序化管理。各子公司应聘者须经集团人力资源部统一考试,成绩合格后方可录用。对考试不及格但确属企业紧缺人才的应聘者,需填报员工录用特批表,经集团人力资源部核准后,方可录用。集团人力资源部于 2001 年 3 月和 5 月组织两次笔试考试(英语、语文),集团系统各公司择优录取 62 名应届毕业生,其中本科学历 51 名,大专学历 9 名,中专学历 2 名。涉及专业主要为国际贸易、国际经济法、服装设计、计算机、英语、日语、法语、市场营销、金融保险、涉外会计、投资经济、企业管理等。

2007 年,集团向社会招聘引进各类急需的专门人才。资产经营公司通过集团内部交流和面向市场招聘,先后引进 3 名中层管理干部;国服公司通过市场招聘,先后为所属上海东方和平国际旅行社有限公司(简称和平国旅)和东方国际集团广告展览有限公司引进 2 名总经理;物流集团通过市场招聘,引进 1 名部长助理和 3 名财务人员;东方创业引进 1 名生产企业的高管人员;东方房产、东方利泰引进法律专业人员和电脑管理专业人才。

2008年,集团进一步完善青年人才的引进和培养机制,与二级公司共同制订每年的大学生招聘计划。为消除业务部门对新进人员培养成本的顾虑,集团规定新进人员试用期的各项费用由原来使用部门承担变为由二级公司承担,待试用期满后再由使用部门承担。

2011年,集团党委加强对二级公司招聘青年专业人才工作的指导,提出各公司争取2011年招收高校应届毕业生人数超过2010年的要求。集团人力资源部组织各公司进行人才招聘和人才培养的经验交流,推广成功的经验和做法。各公司克服外贸经营持续不振的困难,积极挖潜增加一线岗位招聘应届毕业生。2011年,集团招收本科以上毕业生51人,比2010年招收48人高6%。

2012—2017年,集团总部和集团下属各公司均根据自身实际需要自主招聘应届毕业生,集团系统每年招聘应届毕业生人数为50人~80人。

二、用工形式

劳动合同制是集团用工的主要形式。集团成立之初,按照市外经贸委的部署,贯彻《中华人民共和国劳动法》,改革用工制度,不断加以完善。

1995年11月,集团根据《中华人民共和国劳动法》及上级有关劳动人事制度改革的意见,下发《东方国际(集团)有限公司劳动合同制实施办法(试行)》(简称《集团劳动合同制实施办法》),较为详细地规范劳动合同的订立、终止、续订、变更和解除等方面的要求,以及职工工资福利、劳动保险待遇、劳动争议调解和仲裁等方面的规定。集团要求各公司及集团总部各部门根据市政府《关于批转市劳动局关于本市企业1995年年底前全面实施劳动合同制的若干意见的通知》精神,根据《集团劳动合同制实施办法》的要求,积极组织落实。为加强对全面推行劳动合同制和工资制改革工作的领导,集团成立全面推行劳动合同制和工资改革领导小组,领导小组的日常办事机构为集团人力资源部。在集团的领导和推动下,各二级公司于1995年年底或1996年年初经过公司职代会审议,出台本企业劳动合同制实施办法。

集团在《东方国际(集团)有限公司二级公司1995年工资分配办法》中规定,1995年二级公司实行全员劳动合同制,经报集团认定,可以按4%提增工资总额基数;已实行上岗合同并提前使用2%工资额度的,可提增2%的工资总额基数。

2000年,集团根据《中华人民共和国劳动法》《上海市劳动合同规定》以及相关的法律法规,对企业的用工制度及合同管理进行清理,集团总部职工签订劳动合同,部分二级公司对关键岗位的业务人员签订上岗合同,明确保密等制约条款机制。

2007年12月,为规范执行即将施行的《中华人民共和国劳动合同法》,集团工会召开集团系统工会主席会议,就工会在实施《中华人民共和国劳动合同法》中如何发挥作用进行专题研讨,形成四点共识:(1)充分利用各种形式,积极开展《中华人民共和国劳动合同法》的宣传,使广大员工深入了解《中华人民共和国劳动合同法》的条款和内容;(2)配合行政部门做好本企业劳动合同文本条款和内容的修改工作,使之更加规范合法;(3)做好职工签订劳动合同时的指导工作,使续签劳动合同的职工与企业顺利签订新的劳动合同;(4)加强与行政部门的沟通,及时做好职工思想工作,化解矛盾,维护社会和企业稳定。

2008年1月,根据集团领导要求,集团中层管理人员[包括集团总部部室正、副部长(主任)、一级财务总监、集团二级公司领导班子成员],于2008年1月31日之前全部完成劳动合同签订工作。

劳动合同订立双方由工资关系确定,即本人与其工资发放企业签订劳动合同。凡已与本企业签订无固定期限劳动合同的,无须重新签订劳动合同;凡本企业连续工龄达到7年的,经本人同意即可续签无固定期限劳动合同。经统计,集团中层管理人员全部签订无固定期限劳动合同,做到劳动合同全覆盖。12月,集团组织部分二级公司领导班子成员、相关职能部门管理人员80人,对新颁布的《中华人民共和国劳动合同法实施条例》进行专题培训,从操作层面上进一步明确和理解《中华人民共和国劳动合同法》的各项规定,妥善处理劳动争议,建立和谐劳动关系。

2016年4月,集团下发《集团系统劳动用工管理办法》,规定集团系统各公司录用新员工,应自用工之日起一个月内按用工性质与其签订劳动合同或劳务协议,及时办理招工登记、社保和公积金转入手续等入职手续;各公司应按照劳动合同或劳务协议约定,及时足额支付员工劳动报酬,不得无故拖欠;各公司因经营需要或客观条件发生变化,需要调整员工工作岗位的,应与员工协商一致;合同终止或解除时,各公司及时为员工办理退工登记备案、社保及公积金转出、养老待遇申领等手续。

三、竞聘上岗

2004年10月,为配合集团物流板块战略规划和整体方案的组织实施,集团采用竞聘上岗、择优录用的方式,公开竞聘物流公司经营管理主要负责人。根据竞聘投票结果,集团董事会和党委会研究确定物流公司经营管理主要负责人。

2004年11月,中共上海市委常委会审议通过《关于公开选聘东方国际(集团)有限公司总裁的方案》。集团总裁人选采取组织推荐、市场招聘和个人自荐相结合的竞争选聘方式产生。在中共上海市委组织部、市国资委党委的指导下,集团党委和集团董事会组织实施,经过考核评审,最终从竞聘者中优选中国上海外经(集团)有限公司总裁、党委副书记唐小杰为东方国际集团总裁人选。经中共上海市委预审同意,市国资委党委和市国资委同意,2005年9月12日,集团董事会聘任唐小杰为集团总裁。

2011年4月,为加强重组后的东方创业经营班子建设,集团党委决定在集团系统内部公开竞聘选拔东方创业总经理1名、副总经理2名。参与竞聘选拔的人员需经本人报名或组织推荐、资格审定、竞聘演说等环节择优录取。集团系统内共有5人报名参加上述3个职位的竞聘。5月,集团举行竞聘会,集团领导,集团总部部室负责人,集团下属东方创业、东方利泰、东方新家纺、东方纺织、东方商业、东松公司、物流集团等7家公司的总经理(党委书记)和工会主席共30余人参加竞聘会,举行投票评选。集团董事会根据竞聘会情况和投票评选结果,批复同意通过竞聘提名上报的创业公司总经理、副总经理任职人选。

2012年,集团通过竞聘上岗,选拔任用集团财务总监和监察室主任。

四、内部调动

集团从成立开始就十分注重干部队伍的内部调配,实施集团与子公司之间及各子公司之间干部调动制度。1995年,各子公司选派5名青年骨干到集团总部工作,经过锻炼,优胜劣汰,量才录用。是年,集团打破单位、部门限制,对各子公司班子进行调整,跨单位调动12名干部。

1998年3月,集团制定《东方国际集团总部聘用工作人员的若干规定(试行)》,规定集团总部各部门所需各类人员一般应在集团范围内调剂或从应届大学生、转业军人中聘用,部长以下工作人员原则上不从外系统调入。2007年,集团三家公司的班子成员进行交流。2016年,集团有7名领导人员进行岗位交流。1995—2017年,集团和下属各公司始终坚持对领导人员和各类专业人员进行内部调动,保证各项工作的顺利进行。

第二章 工资福利

集团成立以来,围绕建立现代企业工资收入分配制度的目标,坚持以按劳分配为主体,效率优先、兼顾公平的原则,鼓励企业根据自身特点,规范工资收入分配制度,合理确定职工工资水平,形成有效的激励和制约机制,促进企业经济效益的提高。

第一节 工 资 状 况

一、集团成立初期工资状况

1995 年,集团在各二级公司推行工资改革。工资改革重点是按岗论薪,根据岗位性质、所承担的责任,确定岗位工资,取消原有的工龄补贴,设立工龄工资,将其作为岗位工资的组成部分,岗位工资(包括工龄工资)随着各企业经济效益可作适当调整。工资改革起到激励职工积极性、增添企业发展后劲的作用。

表 5-2-1 1995 年集团二级公司职工平均工资情况表　　　　　单位:元

单　　　位	职工年平均工资
丝绸公司	14 081
服装公司	15 056
纺织公司	16 479
针织公司	13 332
家纺公司	16 836

二、工资增长

23 年间,集团职工收入保持稳定增长,各岗位员工尤其是关键岗位员工的薪酬水平在行业中具有一定竞争力,员工队伍总体保持稳定,对促进集团业务发展起到长期积极的作用。

表 5-2-2 1998—2017 年集团所属企业人均工资情况表　　　　　单位:元/年

年　　份	全部从业人员	全部职工	在岗职工
1998	11 882	11 972	—
1999	24 926	19 583	25 436
2000	30 011	22 616	30 784
2001	38 385	31 776	40 483

〔续表〕

年　份	全部从业人员	全部职工	在岗职工
2002	44 957	23 713	49 875
2003	51 294	44 684	58 483
2004	57 014	50 831	65 955
2005	64 310	57 376	74 182
2006	68 064	34 858	79 268
2007	76 057	40 362	88 884
2008	78 191	44 108	92 699
2009	80 591	47 147	94 280
2010	84 653	51 959	94 741
2011	90 861	80 659	106 684
2012	88 143	74 420	107 944
2013	79 933	90 641	106 047
2014	87 003	98 696	111 832
2015	96 443	100 739	117 057
2016	110 107	118 821	127 959
2017	111 000	109 800	118 700

说明：1. 1998—2001 年、2003—2010 年数据摘自从业人员和劳动报酬表。

2. 2002 年数据摘自企业人工成本汇总表。

3. 2011—2016 年数据分别摘自企业工资增长结算情况表、从业人员及工资总额汇总表、人工成本预算表、人工成本情况表、企业工资增长结算情况汇总表、财务决算人工成本表。

4. 2017 年数据摘自 2017 年 1 月统计的集团人工成本预算表。

为进一步了解集团员工薪酬福利水平,探索员工收入增长机制,2011 年 11 月—2012 年 4 月,集团对所属国有和国有控股企业员工薪酬分配情况开展调查,除采集集团财务预算内且纳入工资总额预算管理单位的 58 家企业 2009—2011 年员工薪酬福利相关数据外,还重点走访东方国际创业浦东服装进出口有限公司、上海市对外贸易浦东有限公司、东方利泰、上海顶达进出口有限公司、经贸公司、上海新海国际船舶代理有限公司、资产经营公司、东方房产、上海高南制衣有限公司等 9 家企业。

表 5 - 2 - 3　2009—2011 年集团预算总额管理企业员工薪酬增长情况表

项　目	2009		2010		2011		3 年平均增长(%)
	数值(元)	增长(%)	数值(元)	增长(%)	数值(元)	增长(%)	
全部职工平均工资	47 147	6.89	51 959	10.21	62 536	20.36	12.34
在岗职工平均工资	8 9001	1.71	94 741	6.45	106 684	12.61	6.84

说明：2009—2011 年,集团系统各公司业务人员和中层管理人员薪酬增长幅度超过企业负责人,其中业务人员薪酬增长尤以业务辅助人员薪酬增长最为明显。

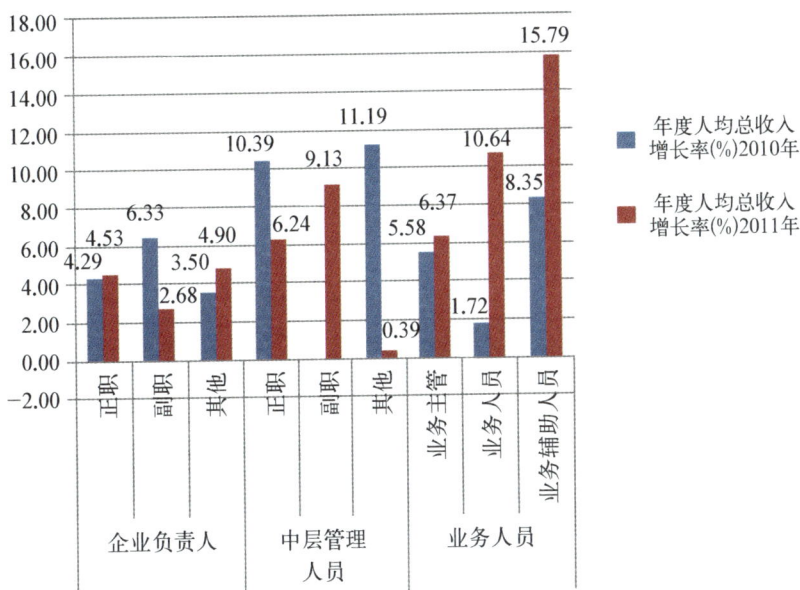

图5-2-1　2010—2011年集团预算总额管理企业人员薪酬增长情况

员工薪酬分配情况调查揭示,集团各企业在薪酬管理和员工薪酬分配上体现效率优先、兼顾公平原则、较有特色的做法:(1)与绩效挂钩。根据员工个人贡献定岗、定薪、定奖,各公司多采用这种做法。外贸类公司严格按照业务员年度创汇和创利情况确定奖金,是"与绩效挂钩"的突出体现。各公司对员工进行变岗变薪时,同样也基于其绩效的客观评价。(2)向关键岗位倾斜。企业关键岗位人员或是企业效益的直接创造者,或是企业经营管理的中坚力量,因此,各公司在薪酬管理和员工分配实践中,都能适当向关键岗位倾斜。首先是薪酬分配方面。如东方外贸业务员岗位工资水平普遍在一般管理人员之上;业务员奖金根据年度业绩提取一定比例,具有浮动性,管理人员奖金则较为固定;业务员薪酬增长幅度要快于其他员工,2009—2011年3年间业务人员薪酬增幅最为明显。其次是政策倾斜和平台支持方面,不少外贸公司为外销员配备大学生助理,首年费用由公司承担。部分企业逐步重视"平台支持",如为业务员提供产品设计、打样服务、ERP信息管理系统、供应商验厂审核等功能的扶持。(3)兼顾弱势群体。弱势群体在生产型企业比较突出,如上海高南制衣有限公司部分工人收入较低,公司参照上海市最低工资水平确定低收入职工收入,保障其日常生活;东方纺织在进行薪酬改革的同时,特别关注民生,为低收入职工确定保底收入,同时给予部分困难职工经济补助。

第二节　工　资　管　理

一、工资调控和预算管理

1994年11月,市外经贸党委下发《关于东方国际(集团)有限公司干部和劳动工资管理的暂行办法》,规定集团成立初期的劳动、工资管理,报市政府和有关职能部门同意后,按"转换机制、放开经营"的模式自行管理。

1995年,集团制定并试行岗责挂钩、规范管理的工资改革方案,使分配有利于集团的战略发展,有利于逐步规范和统一各子公司的分配模式。11月,集团在《东方国际(集团)有限公司二级公司1995年工资分配办法》中明确,在坚持职工工资总额增长率低于企业经济效益增长率,职工平均工资增长率低于本企业劳动生产率增长的前提下,对二级外贸专业公司实行美元工资含量的分配办法,采用出口创汇和收汇双指标挂钩考核,其中出口创汇占60%,收汇占40%。具体是,二级公司1995年出口创汇达到1994年实绩的,按1994年工资总额的60%提取基期工资总额;出口收汇达到1993、1994两年平均收汇额的,按1994年工资总额的40%提取基期工资总额;超过1994年创汇实绩和1993年、1994年两年平均收汇额的,超过部分按全市平均工资含量计提新增效益工资总额。

1997年12月,集团在《东方国际(集团)有限公司二级公司1997年工资分配办法》中规定,集团二级公司的工资按类别采取分类考核的办法:(1)以出口为主的专业外贸公司采取与创汇和利税挂钩的办法进行核定。创汇和利税的比例各为50%。分别为东方丝绸、东方服装、东方纺织、东方针织、东方家纺、东方贸发、东方国际集团金桥贸易有限公司和东方国际集团永丰有限公司。(2)部分新建公司采取以免税企业或新建企业与财政单独清算的办法进行核定。分别为货运公司、外经公司、东方国际集团旅游发展公司和东方国际集团广告展览公司。(3)东方外贸、新海公司和荣恒公司采取目标考核办法进行核定。(4)房产公司采取"两不超"(职工工资总额增长不超过效益增长,职工平均工资增长不超过劳动生产率增长)办法进行核定。1997年各公司工资增长严格按照上海市劳动局文件的规定执行。

1998年7月,市外经贸委、市劳动和社会保障局、市财政局联合发文规定,进出口企业采用出口创汇和利润(利税)双指标考核办法,挂钩比例分别为:出口创汇占70%,利润(利税)占30%。利税企业可以选择实现利税或实现利润作为考核的经济指标。

1999年3月,市劳动和社会保障局、市财政局、市外经贸委联合下发文件,同意东方国际集团1998年实行工资总量一头调控办法,挂钩范围:集团总部、集团二级公司及所属国有子公司共计30户,不包括金达公司和1998年新建及转制公司。

2000年起,对进出口企业仍采用出口创汇(以海关统计数为准)和利润(利税)双指标考核办法,挂钩比例调整为出口创汇50%,利润(利税)50%。

2003年,市劳动和社会保障局、市财政局批复同意,集团当年超额完成核定的人均创汇基数的部分,可按人均工资总额基数的40%以1:1计提人均新增工资;超额完成核定的人均实现利润基数的部分,可按人均工资总额基数的60%以1:1计提人均新增工资;人均创汇和人均实现利润下降的部分,按同比例扣减人均工资总额基数。

2004年12月,集团下发《东方国际(集团)有限公司二级公司2004年工资分配办法》,以严格管理和规范管理为原则,对核定清算的要求作明确详尽的规定,强调将完成年度各项经营目标作为工资增长的前提,对虚盈实亏等做法加大惩罚力度等规定。工资分配考核仍采取利润和出口创汇双指标挂钩的办法,挂钩比例分别为70%和30%(无出口创汇的企业采取利润单指标挂钩的办法)。

2005年年初,集团根据市财政局、市劳动和社会保障局《关于2004年本市地方国有企业工资清算的通知》的规定,完成集团2004年工资一头总控清算工作。工资清算共涉及集团系统内47家企业近3 000人的工资总额。由于2004年集团在挂钩考核指标——利润和创汇的完成实绩上都有较大幅度增长,大多数公司在工资分配上都得到相应增长。

2006年,集团工资一头总控工资核定和清算企业为47家,创汇指标和利润指标均以2005年集团人均实绩基数进行考核。根据市国资委、市劳动和社会保障局、市财政局核定的集团人均工资总额基数、人均创汇额基数和人均实现利润基数,超额完成核定的人均创汇基数部分,可按人均工资总额基数的40%以1:0.95计提人均新增工资;超额完成核定的人均实现利润基数部分,可按人均工资总额基数的 60% 以 1∶0.95 计提人均新增工资；人均创汇和人均实现利润下降的部分，分别按同比例扣减人均工资总额基数。下降的幅度最多不超过核定人均工资总额基数的 20%。

表 5‑2‑4 1996—2001 年市外经贸委核定人均工资总额的集团所属企业情况表

序号	报 批 单 位	批 复 时 间	工资单列时间
1	东方国际集团对外经济技术合作有限公司	1996 年 11 月 20 日	1996 年 10 月
2	上海祥丰制衣厂	1998 年 3 月 26 日	1997 年 1 月
3	爱丝商厦	1997 年 9 月 24 日	1997 年 4 月
4	上海城业置业有限公司	1997 年 11 月 17 日	1997 年 5 月
5	东方国际集团旅游发展有限公司	1997 年 9 月 24 日	1997 年 7 月
6	上海家纺贸易发展有限公司	1998 年 2 月 6 日	1998 年 1 月
7	上海家纺物业管理有限公司	1998 年 2 月 6 日	1998 年 1 月
8	爱司凯孚寄售站	1998 年 2 月 6 日	1998 年 1 月
9	东方国际集团广告展览有限公司	1998 年 3 月 26 日	1998 年 1 月
10	上海市丝绸进出口有限公司丝园大酒楼	1998 年 3 月 26 日	1998 年 1 月
11	上海启明传播策划有限公司	1998 年 7 月 27 日	1998 年 1 月
12	上海丝绸集团郁金香印染有限公司	1998 年 7 月 27 日	1998 年 1 月
13	东方国际物流有限公司	1998 年 12 月 9 日	1998 年 6 月
14	上海向星经贸合作公司	1998 年 12 月 9 日	1998 年 7 月
15	上海外贸报关有限公司	1998 年 12 月 31 日	1998 年 8 月
16	东方国际商业有限公司	1999 年 3 月 15 日	1999 年 1 月
17	上海丝绸集团金三杯印染有限公司	2001 年 1 月 12 日	1999 年 11 月
18	东方国际招标有限公司	2000 年 5 月 9 日	2000 年 1 月
19	上海中宁汽车商厦有限公司	2001 年 1 月 3 日	2000 年 6 月
20	东方国际物流上海空运有限公司	2000 年 11 月 6 日	2000 年 8 月
21	上海丝绸集团第三织造有限公司	2001 年 4 月 16 日	2001 年 1 月
22	上海丝绸集团第一印染有限公司	2001 年 7 月 18 日	2001 年 2 月
23	上海丝绸集团第一织造有限公司	2001 年 7 月 18 日	2001 年 2 月
24	上海利富贸易有限公司	2001 年 11 月 22 日	2001 年 5 月
25	上海经贸集装箱运输有限公司	2001 年 7 月 18 日	2001 年 6 月

表 5‑2‑5 1999—2002 年东方国际集团核定人均工资总额的集团所属企业情况表

序号	报 批 单 位	批 复 时 间	工资单列时间
1	上海新贸海国际集装箱运输有限公司	1999 年 10 月 27 日	1999 年 1 月
2	上海久盛医疗用品有限公司	2002 年 8 月 5 日	2002 年 1 月

〔续表〕

序号	报 批 单 位	批 复 时 间	工资单列时间
3	上海丝绸集团品牌发展有限公司	2002年8月5日	2002年1月
4	上海荣恒内衣有限公司	2002年8月5日	2002年1月
5	上海启慧软件服务有限公司	2002年8月5日	2002年1月
6	上海佳达国际货运有限公司	2002年8月28日	2002年1月

说明:上海新贸海国际集装箱运输有限公司于1996年4月经市外经贸委批复同意工资单列。新贸海公司从1999年起行政隶属关系归属东方国际集团上海经贸国际货运实业公司,劳动工资由东方国际集团管理。1999年10月27日,集团发文确认新贸海公司工资单列。

二、分配制度改革

1995年11月,集团下发《东方国际(集团)有限公司二级公司工资改革方案》(简称《集团工资改革方案》)。集团工资改革的原则是:分配制度体现"两个不低于"精神,即企业工资总额的实际增长率不低于经济效益增长率,职工实际平均工资的增长率不低于人均利润增长率。《集团工资改革方案》规定,集团各二级公司实行统一的岗位工资制度,职工工资收入按岗论薪,以岗位的性质、作用及所具备的技术条件为主,实行统一的工资等级标准;贯彻"按劳分配"的原则,每人增资幅度根据岗位的不同,存在差异,逐步拉开差距;职工收入的高低与公司发展总体效益相结合,上下浮动,逐年提高。在政策允许范围内,对突出贡献的干部和职工可予以重奖,使工资制度和职工收入对聚集优秀人才起积极作用;企业经营者逐步实行年薪制,经营者的收入与职工平均工资、企业创收汇及经营成果挂钩。

1995年年底至1996年年初,丝绸公司、服装公司、针织公司、纺织公司、家纺公司、外贸公司、货运公司等均根据《集团工资改革方案》精神出台本公司《工资改革实施方案》,坚持按劳分配原则,对原企业工资、岗位工资分配办法进行改革,以岗定薪,实行岗位(技术)等级工资,充分发挥工资分配的激励作用。

1999年,集团积极探索企业分配制度的改革途径。是年年初,成立由集团和部分二级公司职能部门人员共同参加的调研小组,深入东方丝绸、东方服装、东方纺织、东方家纺、东方针织等公司开展调研活动,共发出(收回)问卷123份,召开由业务骨干、科室负责人参加的座谈会7次,组织二级公司的总经理、书记和人事劳资科长进行个别访谈,形成集团分配制度改革调研报告,提出分配制度改革方案;同时,对东方家纺和东方针织的改革方案进行跟踪,将方案报集团董事会讨论审批后进行试点。在此基础上,各二级公司进一步开展分配机制改革的探索和实践。1999—2001年,集团先后批复同意东方创业、东方丝绸、嘉盟公司、东方纺织、东方外贸、东方房产等公司的工资分配方案。

2001年,集团各二级公司以符合用工制度的市场化运作为目标,对企业用工、分配激励、监督制约等方面进行整合,在分配激励与监督制约制度的有机结合上健全完善企业的内部用人机制。东方丝绸全面推出人员下岗分流,按照社会平均劳动力价格水平,建立与市场接轨的分配激励制度。东方创业根据罗兰·贝格咨询公司的咨询报告,设计新的内部组织框架和人员定编定岗分流方案以及新的分配激励办法。东方纺织、东方家纺、东方针织、东方外贸等公司继续抓好三级公司的改制和经营者持股试点。2001年12月—2002年12月,东方丝绸、东方纺织、嘉盟公司、东方创业、东方针织、东方商业、东方家纺、东方外贸等公司相继出台劳动用工和分配制度改革方案。

2009年2月,根据市人力资源和社会保障局以及市国资委有关收入分配的各项精神,集团下发《东方国际(集团)有限公司关于企业收入分配的若干指导意见》,在集团系统内进一步建立有序、规范、公平、公正的收入分配制度,合理控制收入差距,调动广大员工的积极性,促进企业和谐稳定发展。

2016年4月,集团下发《集团系统职工薪酬福利管理办法》,明确各公司薪酬福利制度,明确在体现激励、市场化及有竞争性的情况下,应兼顾公平性原则,收入增长向一线低收入人群适当倾斜,确保企业稳定发展。

三、自主决定工资水平

2000年3月,市劳动和社会保障局、市财政局提出试行自主决定工资水平办法试点。是年6月,市劳动和社会保障局发文明确,试行自主决定工资水平,由企业提出申请,报主管部门审核、主管委办核准、市劳动和社会保障局会同市财政局审批后实施。

2000年11月,根据市政府《关于二〇〇〇年本市地方国有企业工资总量调控意见的通知》和《关于自主决定工资水平企业管理意见的通知》的精神,集团向市外经贸委报送《关于申请2000年东方国际集团所属企业实行自主决定工资水平试点的请示》。

2001年2月,上海市劳动和社会保障局、上海市财政局发文同意集团下属东方国际集团上海荣恒电器有限公司、上海利泰进出口有限公司、上海松贸进口叉车有限公司等3家企业自2000年起试行自主决定工资水平办法。

2001年9月,集团制定《关于在东方国际集团有限公司系统内部实行工资水平自主决定试点的办法》,明确集团系统各公司实行工资水平自主决定的原则:(1)完成指标为前提的原则,即完成市外经贸委下达的创汇和利润指标任务。未完成上述任何一项,集团只按当年市劳动局公布的工资增长指导线增加工资总额。(2)工资增长两不超的原则,即在完成各项经济指标的同时,职工工资总额增长将不超过企业经济效益的增长,职工平均工资增长将不超过本企业劳动生产率的增长。(3)加强体制改革的原则,即加大改革力度,促进集团所属企业进行企业多元化投资改革,逐步将改制范围扩大到集团二级公司。(4)完善经营者年薪制的原则,即加大集团经营者年薪制的改革力度,改变指标重点,加强考核净资产收益率和净利润等指标,引入一年以上长期库存增减率及一年以上应收账款增减率等指标。同时,集团建立和完善延迟分配的机制和监督、内审机制,从而加大对经营者的制约力度。(5)完善行业工资集体协商制度的原则,即在市劳动和社会保障局、市财政局和市外经贸委的指导下,拟定行业工资集体协商办法和协议样本,在集团系统内建立起切实可行、行之有效的工资集体协商制度,切实维护企业职工的利益。(6)完善预算、核算机制的原则,即进一步加强工资及人工成本的预算和核算,建立工资监督机制,对集团下属企业加强工资的监督、审计和检查,在集团系统内建立例行工资检查制度,确保工资政策执行准确、完整。12月,市劳动和社会保障局、市财政局复函同意上海华达进出口有限公司和家纺海鹏进出口有限公司试行自主决定工资水平办法。

2002年12月,市劳动和社会保障局、市财政局批复同意经贸公司、东方房产自2002年起试行自主决定工资水平办法。

2003年,集团下属实行自主决定工资水平企业有13家:荣恒电器公司、利泰公司、松贸叉车公司、华达公司、海鹏公司、东方房产、经贸公司、丝绸股份、丝绸浦东公司、丝绸品牌公司、丝绸商厦公司、佳达货运公司和佳达空运公司。

2004年,集团增加4家自主决定工资水平企业:东方新家纺、锦达公司、顶达公司和宁达公司。

表5-2-6　2001—2004年集团所属获批实行自主决定工资水平办法企业情况表

序号	获批实行单位	批 准 时 间	实 行 时 间
1	东方国际集团上海荣恒电器有限公司	2001年2月2日	2000年1月
2	上海利泰进出口有限公司	2001年2月2日	2000年1月
3	上海松贸进口叉车有限公司	2001年2月2日	2000年1月
4	上海华达进出口有限公司	2001年12月17日	2001年1月
5	家纺海鹏进出口有限公司	2001年12月17日	2001年1月
6	上海外经贸房地产开发经营有限公司	2002年12月26日	2002年1月
7	上海经贸国际货运实业有限公司	2002年12月26日	2002年1月
8	上海丝绸集团股份有限公司	2003年12月31日	2003年1月
9	上海丝绸进出口浦东有限公司	2003年12月31日	2003年1月
10	上海丝绸集团品牌发展有限公司	2003年12月31日	2003年1月
11	上海丝绸商厦有限公司	2003年12月31日	2003年1月
12	上海佳达货运有限公司	2003年12月31日	2003年1月
13	上海佳达航空国际货运代理有限公司	2003年12月31日	2003年1月
14	上海家纺有限公司	2004年12月29日	2004年1月
15	上海锦达进出口有限公司	2004年12月29日	2004年1月
16	上海顶达进出口有限公司	2004年12月29日	2004年1月
17	上海宁达进出口有限公司	2004年12月29日	2004年1月

第三节　职工福利和权益保障

集团职工福利主要包括企业年金、补充医疗保险费、住房公积金、补充住房公积金等。2016年4月,集团在《集团系统企业年金和补充公积金方案》中明确,在正常发放职工薪酬和履行法定的社会保险、住房公积金义务外,企业可视经营管理情况及分配激励实际需要,为职工额外提供补充医疗保险、补充住房公积金、补充养老保险(企业年金)等福利项目;为增进员工身心健康,增加福利便利,在条件允许情况下,企业可酌情为职工配备员工食堂、保健设施等。

集团按照国家和市政府有关规定,依法建立养老保险账户,按月交纳养老保险金。各直属单位严格遵守上海市逐年完善的各类保险制度,依法按月交纳养老、医疗、失业、工伤和生育保险金。

一、补充医疗

1996年5月,在医疗保险制度整套改革方案尚未下达之前,根据上级现行的有关规定和集团实际情况,为方便职工就医治疗和用药,集团总部制定并试行《职工和家属门急诊医疗、医药费报销暂行规定》。

2001年8月,为完善集团总部的综合保障体系,根据上海市医疗制度改革精神和集团总部的实际情况,集团制定《关于集团总部职工在东方创业医务室就医的若干规定》,集团总部员工可就近在东方创业医务室就医,每年就医费用控制在规定的范围内。

为配合实施《上海市城镇职工基本医疗保险办法》,参照市政府《关于促进本市发展多层次医疗保障的指导意见》有关精神,经集团董事会讨论同意,由集团牵头,集团总部及所属公司自2001年3月起参加中国人寿保险公司的团体医疗保险,明确职工门、急诊支付医疗费用个人账户段和自付段的个人自付部分,由人力资源部门确认后经保险公司理赔报销;职工住院的自付医疗费用,由职工先行支付,而后按规定由保险公司理赔报销。集团系统共有近40家二、三级公司5 000余名职工投保团体医疗保险。

2002—2005年,集团总部为在岗职工购买太平洋人寿保险公司的团体终身重大疾病保险(分红型、团险)。

2013年4月,集团在上报市人保局综合计划处的《东方国际(集团)有限公司2009—2012年工资内外收入自检自查报告》中记载,2009—2012年集团各企业每年用于职工补充医疗费支出分别为46.64万元、68.2万元、181.86万元、52.64万元。

二、住房补贴和补充公积金

2005年,根据市政府有关住房补贴的政策规定,集团实行职工住房补贴制度。集团总部在中国银行上海市分行建立住房补贴专用账户,每年一次将住房补贴分配给集团总部职工。

2013年4月,集团在上报市人力资源和社会保障局综合计划处的《东方国际(集团)有限公司2009—2012年工资内外收入自检自查报告》中记载,2009—2012年集团各企业每年补充公积金支出分别为889.06万元、964.61万元、833.08万元、1 044.34万元。

2016年4月,集团在《集团系统企业年金和补充公积金方案》中明确,补充住房公积金缴费基数按照职工本人上年度月平均工资确定,单位可根据实际情况在1%～8%之间确定单位和职工个人缴存补充住房公积金的比例,单位和职工的缴存比例应相同。补充住房公积金个人缴费部分应纳入职工个人工资收入计算并由职工个人承担,各公司应在工资发放时代为扣除。扣除时的个人所得税处理应严格按照国家和上海市财税相关规定执行。

三、补充养老(企业年金)

1997年5月,市社会保险管理局、市财政局印发《上海市企业补充养老保险试行意见》,明确补充养老保险由企业根据经济效益状况自主建立。补充养老保险的对象为:按本市养老保险制度有关规定实行个人缴纳基本养老保险费的本企业职工。是年年底,集团总部购买平安保险公司团体补充养老保险作为职工福利。该保险属于团体养老保险,保单由集团统一保存,在职工退休之前不予发给职工本人。投保该险时,集团总部制定有关办法,对保险的各项情况进行规定,保费由职工部分承担,职工辞职后予以退保。

1998年2月,集团印发市外经贸委转发的《上海市社会保险管理局、上海市劳动局关于本市征地劳动力养老保险若干问题补充处理意见的通知》,集团所属各公司遵照执行。4月,集团印发市外经贸委转发的《上海市社会保险管理局关于本市外商投资企业一九九七年度从缴纳的基本养老保险费中提取补充养老保险费的处理意见的通知》,集团所属各公司遵照执行。12月,集团制定《东方国际集团总部补充养老保险方案》(简称《补充养老保险方案》)。《补充养老保险方案》明确,保险的目的是适应集团现代企业制度,完善、充实集团的保险及福利体系,落实多渠道、多层次的保障制度,加快集团工资福利改革的步伐;充分发挥补充养老保险的激励作用,增强企业的凝聚力,稳定骨干队伍,提高集团各级干部职工的工作积极性,促进企业吸引优秀人才,提高企业竞争力。《补充养老保险方案》规定,每年为在集团总部工作满一年以上的职工办理一次性投保。保费缴纳采取由企业和个人共同承担的形式。其中,集团承担80%,职工个人承担20%(个人承担部分按月在个人工资账户中扣除)。1998年12月—2003年12月,集团总部每年为在岗职工投保中国平安保险股份有限公司的平安新世纪增值养老保险。

2002年10月,集团制定《集团总部补充养老保险实施方案》(简称《方案》)。《方案》明确,为加强对补充养老保险工作的领导和管理,集团总部成立由人力资源部、财务部、工会代表组成的补充养老保险管理小组。补充养老保险管理小组受职工代表大会的监督。《方案》规定,集团总部补充养老保险的分配对象为集团总部工作一年以上、签订劳动合同、缴纳基本社会保险金的在岗正式职工(首次分配的对象为2002年1月在册正式职工)。员工应得补充养老保险金的计算公式为:各个员工应得数=当年补充养老保险金中用于个人分配数÷各员工所得系数之和×各员工所得系数。

2007年5月,在市政府、国家劳动和社会保障部、中国保险监督管理委员会的领导和支持下,由中国太平洋保险集团等13家国有大中型企业共同发起设立的长江养老保险股份有限公司成立。依据国家劳动和社会保障部、市劳动和社会保障局的相关规定,原企业通过上海市养老保险中心缴纳的补充养老保险改为企业年金,于2008年6月底前全部转移至长江养老保险股份有限公司。集团总部及下属公司均按照各相关区社会保险事业管理中心的要求,于2008年6月15日前,按长江养老保险股份有限公司企业年金方案的有关规定,为相关范围内的职工办理个人账户手续。

2008年8月,市政府办公厅转发市劳动和社会保障局、市财政局《关于本市实施企业年金制度若干问题的意见》(简称《意见》)。自2008年7月1日起,集团总部及下属各企业的企业年金方案均严格按《意见》的各项规定执行。

2009年6月,东方利泰二届五次职代会审议通过《东方国际集团上海利泰进出口有限公司企业年金方案》,明确企业年金由公司和职工共同缴纳;公司按照不超过上年度职工工资总额的8.33%缴费,职工个人按照不超过本人上年度工资总数的8.33%缴费。2010年7月,集团批复同意东方利泰的企业年金方案。

2010年4月,集团总部职工大会根据《中华人民共和国劳动法》《企业年金试行办法》《企业年金基金管理试行办法》等文件精神,结合本企业实际,审议通过《集团总部企业年金计划》,规定企业年金所需费用由企业和职工共同缴纳,企业和职工个人缴费每年各不超过本企业上年度职工工资总额的1/12,企业和职工个人缴费合计不超过本企业上年度职工工资总额的1/6。

2011年和2012年,集团总部企业年金管理委员会分别调整2011年度和2012年度集团总部企业年金方案,规定集团总部职工本人账户企业缴费额为职级分配级数加上本企业工作年限补贴。职工本企业工作年限按照《中华人民共和国劳动合同法实施条例》第十条规定执行。

2012年8月,国服公司向市人力资源和社会保障局报送《上海国际服务贸易(集团)有限公司企业年金方案》备案,规定公司每年按照不超过上年度职工工资总额的8.33%缴费,具体缴费比例根据经济效益状况予以确定;职工每人年缴费120元。8月,市人力资源和社会保障局复函同意《国服公司企业年金方案》。

2013年4月,集团在上报市人力资源和社会保障局综合计划处的《东方国际(集团)有限公司2009—2012年工资内外收入自检自查报告》中记载,2009—2012年集团各企业每年企业年金支出分别为821.53万元、903.17万元、1 208.60万元、1 373.31万元。10月28日,集团召开职工代表大会,审议通过《东方国际(集团)有限公司企业年金方案》(简称《集团企业年金方案》)。《集团企业年金方案》规定,公司每年按照上年度职工工资总额不超过1/12的比例缴费,职工个人每年按照本人上年度工资总额不超过1/12的比例缴费。《集团企业年金方案》同时规定,公司缴费参考职工的工龄、岗位、职务等因素按月全额分配记入本公司职工个人账户,但当年累计记入职工个人账户的最高额度不超过本公司当年人均记账额的3倍。具体分配方式为:公司缴费参考职工个人上年工资总额按月全额记入职工个人账户,即分配记入个人账户的金额=(本人上年度工资总额×当年度本公司缴费/本公司上年度职工工资总额)/12。10月29日,集团向市人力资源和社会保障局报送《关于东方国际(集团)有限公司企业年金方案备案的函》。11月19日,市人力资源和社会保障局复函,认为集团企业年金方案符合《企业年金试行办法》规定的要求。

2016年4月,集团在《集团系统企业年金和补充公积金方案》中明确,建立企业年金计划时,除考虑企业效益外,还应考虑职务、工作年限、业绩表现等因素;各公司建立企业年金计划的,在方案制定时就单位缴费部分的归属,设立服务期限限制、合同解除原因限制等条款,切实发挥企业年金计划激励留才的作用;企业年金所需费用由公司和职工个人共同承担;公司每年可按照不超过上年度职工工资总额的1/12进行缴费,职工个人每年可按照不超过本人上年度工资总额的1/12进行缴费。企业年金个人缴费部分纳入职工个人工资收入计算,由职工个人承担,各公司在工资发放时代为扣除。扣除时的个人所得税处理应严格按照国家和上海市财税相关规定执行。职工个人对本公司企业年金制度及本人账户信息、缴费情况等具有查询和知情权。职工个人符合待遇申领或资金提取条件时,享有申领或提取本人账户资金的权利,公司应按照相关规定和操作规程协助员工办理相关手续。

四、权益保障

1995年11月,集团下发《东方国际集团劳动合同制实施办法》,在劳动合同的终止、续订、变更和解除等条款中,依法保护劳动者的权益;在工资、福利、待遇和劳动保险等条款中,保障劳动者的各项待遇。

1999年3月26日,集团一届三次职代会审议通过《集团集体协商制度试行办法》《集团集体合同》。5月,市劳动和社会保障局签发集体合同审核意见书,充分肯定集团的集体合同。为履行工会对劳动法律法规情况进行监督的职责,协调劳动关系,维护劳动者合法权益,保证企业的稳定和发展,8月17日,经集团一届四次职代会审议通过,成立集团工会劳动法律监督委员会。集团工会根据上海市总工会和市外经贸委工会的要求,成立劳动争议调解委员会,集团下属各企业相应成立劳动争议调解委员会。

2000年6月,集团一届五次职代会审议通过集团正式实行集体协商制度和集体合同的决定。有关材料于6月21日上报市劳动和社会保障局,同时上报市外经贸委工会和人事部门备案。7月7日,市劳动和社会保障局给集团发沪劳保集审集体合同审核意见书,同意集团集体协商制度和集体合同下发实行,要求集团所属企业均应在集团集体协商制度和集体合同的指导下,签订本企业的集体协商制度和集体合同。集团党委下发文件,要求各公司按照市劳动和社会保障局要求,具有法人资格的企业根据本企业的实际情况,在集团集体协商制度和集体合同的指导下,企业行政与工会签订集体合同,送集团工会和市外经贸委工会备案,报市劳动和社会保障局审核后生效。

2000年8月,集团成立由集团党委副书记陈苏明任组长、集团纪委书记陆朴鸣任副组长的集团厂务公开工作领导小组。10月,集团充实、调整东方国际集团厂务公开工作领导小组及其组成人员,由集团总裁汪阳任集团厂务公开工作领导小组组长,集团党委副书记陈苏明、集团纪委书记陆朴鸣任副组长。集团厂务公开办公室设在集团工会。12月,集团印发《东方国际(集团)有限公司集体合同》,有45条具体规定,其中明确企业应尊重工会行使代表和维护职工民主权利和其他合法权益的权利,支持工会依法独立自主地开展工作。企业在确定进出口经营方针和制定涉及职工权益的规章制度时,应有同级工会参加,听取工会的意见,并经职代会审议。

2000年12月,集团印发《东方国际(集团)有限公司集体协商制度》,就涉及职工的劳动报酬、劳动条件、劳动标准、生活福利等切身利益重大问题的协商及解决矛盾措施的制定,落实全心全意依靠工人阶级办企业方针,加强工会工作和职工民主管理等方面的问题,明确企业行政领导和工会双方集体协商的各项规定,为集团建立和谐稳定的劳动关系,促进集团的改革、发展和稳定提供保障。

2001年7月,集团印发《东方国际(集团)有限公司厂务公开工作实施细则(试行)》,着眼于切实保障职工群众民主权利的落实,明确凡属企业重大决策和涉及职工切身利益,如下岗、再就业、分配、社会保险、住房分配等事项,必须保证职代会依法行使权利。

2002年,集团一届七次职代会通过《集团职代会实施细则(试行)》,提出按现代企业制度要求,全面深入推进厂务公开工作。同时,集团下发《关于在集团系统深入实行厂务公开制度的通知》,明确厂务公开以职代会作为主要载体,对企业重大决策、经营管理的重大问题,涉及职工利益和企业党风廉政建设等方面的问题进行公开。

2002年,集团所属东方房产、丝绸股份开展劳动工资协商;2004年,扩大到上海富锦实业有限公司、东方利泰、东方新家纺、东方纺织等。至2005年年底,凡是完成改制的企业,已全部开展这项工作。东方新家纺等建立劳动争议调解委员会的企业,代表职工同行政方面协调劳动争议。

集团坚持每年召开职代会,集团所属各二级子公司都按照厂务公开的有关要求,在职代会上听取企业的经营情况报告,审议涉及职工利益的重大问题。特别是在企业改制过程中,坚持涉及职工利益的改制方案和职工分流方案提交职代会审议通过的制度。集团还在有条件的企业中设立职工董事和职工监事,充分发挥职工民主监督作用。

根据中共上海市委办公厅、市政府办公厅转发市人力资源和社会保障局、市总工会、市企业联合会(上海市企业家协会)制定的《关于本市全面推进集体协商机制建设的意见》,集团坚持因"企"制宜,推动以工资协商为重点的集体协商机制建设。截至2011年年末,集团下属预算内国有及国有控股企业共60家,其中困难企业及壳体企业15家,具备工资集体协商条件的45家;通过签订专项协议,履行备案程序,建立集体协商机制的企业15家,占具备工资集体协商条件企业户数的比例为33.33%。2012年年末,集团系统完成工资集体协商机制建立的企业比例达到89.47%,达到市国资委提出的目标。

2016年,集团三届五次职代会审议通过《东方国际集团集体合同》《东方国际集团职工薪酬福利管理办法》《东方国际集团系统劳动用工管理办法》《东方国际集团系统企业年金和补充公积金方案》等制度,从制度上进一步保障职工权益。

2017年3月,集团三届六次职代会审议通过《东方国际(集团)有限公司女职工权益保护专项集体合同》。

第三章　教　育　培　训

　　集团重视职工队伍教育培训,注重提高干部和职工的整体素质。2004年,集团制订全年员工培训计划,主要实施6个方面的系列培训:(1)对企业高级经营管理人员进行企业战略管理、管理创新、企业核心竞争力和企业文化培育,全面提升企业高管人员的素质,使之达到管理决策能力高超、管理行为先进规范的水平;(2)对中层管理部门、业务部门经理进行职业经理人员管理技能培训,使之达到提高管理水平和管理效率的水平;(3)对外销员等业务人员进行营销和销售管理培训,提高其对重要客户的开发与管理,提高谈判技巧与服务营销、品牌营销的水平;(4)对人力资源管理人员进行现代人力资源管理理论培训;(5)组织和安排对董事、监事资格与能力的培训;(6)中级口译培训。

　　2005年,集团制定《东方国际集团中青年人才(职工)培养基金管理办法》,对基金的使用对象、培训性质、培训项目选择、基金来源、基金管理等方面作详细规定,为集团后备人才培养建立保障机制。

　　2016年4月,集团下发《集团系统职工教育培训管理办法》,明确集团中层以上干部培训、后备干部培训及集团系统财务、法务、档案管理等专项业务培训一般由集团总部统一举办,并进行培训过程跟踪、培训结果评估。新进员工、业务及管理人员培训等一般由各公司自行举办,并进行培训过程跟踪、培训结果评估。各公司于每年年初根据公司年度重点工作,进行培训需求调研,制订年度培训计划,按计划实施。集团鼓励各子公司构建培训资源联动共享平台,集合资源或规模优势,开展职工联合培训。

第一节　干　部　培　训

一、领导干部培训

　　1996年5月,为增强集团各级领导和销售人员的现代经营和销售观念,掌握现代市场经营的基本原理和操作技巧,集团在黄浦区北京东路47号上海市外经贸职工大学举办现代营销原理和商业经营应用研修班,聘请上海大学专家进行系统讲课。培训对象为集团领导,各部室负责人和部分工作人员,二级公司总经理、党委书记,分管销售(包括内外销)的副总经理,部分内外销业务科室负责人共60余人。培训内容包括现代营销概述、环境与商业、国际市场营销、零售学专题研究和环境分析与营销策划。是年,集团选送4名干部到中共上海市委党校学习,选派3名干部到国外培训,6名干部参加MBA培训,6名干部到上海农业系统交流挂职锻炼,集团主要领导还参加市委党校的资产经营培训班。

　　1997年1月,为进一步贯彻中共十四届六中全会精神,增强集团干部、职工的法律意识和法制观念,全面提高集团依法经营管理的水准,集团下发《关于贯彻外经贸系统"三五"普法规划的几点意见》,提出重点普法对象是集团和各公司领导干部、普法骨干、中层管理干部和外销员,要求集团和各公司领导干部、中层以上干部参加由市外经贸委举办的干部普法培训班。2—6月,集团中层以上干部先后参加集团依法经营管理现状和要求、联合国货物买卖合同公约、WTO与外经贸经济纠纷防范、知识产权法和商业秘密法、金融法和担保法、反倾销法和反国际诈骗等6个法律知识讲座。

1999年7月22—24日,集团党委举办为期3天的党委(总支)委员培训班,集团所属企业党委(党总支)委员46人参加培训。培训针对1999年上半年集团所属4家子公司党委换届后,一批业务骨干进入党委(党总支)班子,以及近年来集团新建企业党组织中的党委(总支)委员多由业务骨干兼任等实际情况,对党委(党总支)委员进行一次邓小平理论、"三讲"教育、党委工作基础知识等方面的教育。是年,集团还有19名干部参加MBA培训,35名干部参加大学本科培训,20名企业主要领导参加现代经济知识培训,1名集团领导参加中共上海市委党校培训。

为适应集团新一轮经济发展,培养一支与社会主义市场经济接轨的企业人力资源管理业务骨干队伍,1999年9—10月,集团委托美国伊利诺伊大学芝加哥分校举办为期21天的人力资源管理研修班。培训对象为集团所属公司分管干部人事工作的党委书记或经理。培训内容主要包括人力资源管理信息系统、人才测评、人才录用、人才培训、人才奖惩、薪资福利、人事心理、劳工法及美国联邦政府企业人事管理制度等。

2000年7月,集团党委举办两期公司领导干部党风廉政建设轮训班,对集团、二级公司党政领导班子成员、集团总部部室负责人89人进行轮训。

2001年,集团组织70名总部部室负责人、二级公司党政领导班子成员参加市外经贸委在中共上海市委党校举办的"三个代表"重要思想理论学习班。

2004年6月,集团举办派出董事、监事学习班,学习集团下发的《派出董事管理暂行办法》《派出监事管理暂行办法》和相关的财务知识。集团董事长、副董事长、总裁、副总裁、财务总监、监事会主席、副主席,集团派往有限责任公司、股份有限公司、中外合资或合作企业以及在沪的境外投资企业的董事、监事参加学习班。

2004—2017年,集团每年组织40名～50名中层及以上干部参加"上海干部在线学习"教育学习活动,每年有集团领导班子成员报名参加中共上海市委组织部组织的干部选学专题培训学习。

2007年11月,集团举办派出董事、监事、财务总监专题培训会,分别就《中华人民共和国劳动合同法》操作实务和工商注册登记管理政策操作实务进行培训。集团领导、派出董事、监事、财务总监以及集团有关部门负责人共50人参加培训。

2011年,集团选送1名二级公司班子成员参加市委组织部举办的为期一个月的英国剑桥大学金融创新与风险防控专题研修班学习培训。

2016年,集团选送4名干部参加2016年上海市大中型企事业单位总会计师素质工程培训班学习。

二、后备干部培训

为培养和选拔优秀青年干部,适应集团发展对人才的需要,1995年10—11月,集团委托中共上海市委党校承办东方国际集团第一期青年干部培训班。培训对象为25名来自6家公司的35岁左右的优秀青年干部。培训主要内容包括邓小平建设有中国特色社会主义理论、中国共产党的基本知识、社会主义市场经济与现代企业制度改革理论、东方国际集团的组建和实践、领导科学与领导艺术、现代管理科学及系列知识。

1997年2月25日—3月8日,集团举办两期青年干部培训班,共70人参加,平均年龄31.6

岁,占集团35岁以下青年骨干的96%。培训班的主题是:以邓小平建设有中国特色社会主义理论为指导,进行理想和信念教育,树立正确的世界观、人生观、价值观。在邀请中共上海市委党校教授、中共上海市纪律检查委员会教育室领导讲课和具有实践经验的部经理、党支部书记介绍工作经验的基础上,集团党委书记、董事长王祖康,党委副书记、总裁汪阳为青年干部讲课。

1998年5月,集团选派青年干部陈浩赴西藏日喀则地区工作3年,受任日喀则行署专员助理,兼任日喀则地区对外经济贸易合作局局长。

1999年7月,根据中共中央组织部和中共上海市委组织部关于干部挂职锻炼的要求,集团选派青年干部金卫栋赴上海金山区挂职工作半年,受任金山区外经贸委主任助理。

2000年11月6—15日,集团在中共上海市委党校分两期举办集团中青年干部培训班,每期为时一周,共有70名中青年干部参加培训。培训班学习内容分三个专题:(1)学习贯彻中共十五届五中全会通过的《中共中央关于制定国民经济和社会发展第十个五年计划的建议》,明确新世纪赋予年轻一代的历史使命;(2)以江泽民"三个代表"重要思想为指导,坚定共产主义理想,确立正确的世界观、人生观、价值观;(3)认清形势,明确任务,争当深化企业改革的先锋。

2001年8月,集团党委选派6名青年干部,赴革命老区安徽泾县挂职锻炼3个月,其中王晨皓、张庆伟挂职泾县茧丝绸集团公司总经理助理,黄蓉蔚、秦峰挂职安徽金利德丝织有限公司总经理助理,郑洪捷挂职泾县外经贸委主任助理,陈敏挂职泾县城关镇镇长助理。

2001年11月,集团选派青年干部戎志彪赴金山区亭林镇挂职工作3年,受任镇党委副书记。

2005年5月,集团党委对集团二级公司高管后备干部队伍进行调整充实。8月,集团在中共上海市委党校举办集团中青年干部培训班。集团系统50多名中青年干部参加培训。除课堂讲授"党员干部与理想信念""领导能力与领导艺术""新形势下的党风廉政建设""领导干部的世界眼光、战略思维""企业财务管理、风险控制与防范"等课程外,培训班还组织学员分组讨论、集中交流,赴革命老区接受革命传统教育,开展纪念抗日战争胜利60周年等活动。

2010年,集团举办一期青年干部培训班,培训内容侧重思想理论修养,提高参训人员的政治素质。

2013年8—9月、11—12月,2014年4月,集团先后举办三期中青年干部培训班,每期办班时间历时24天,共有89名学员参加培训。培训以"创新"为主题,在内容和形式上均有较大突破,不仅有外部教授、专家授课,还有4位集团领导分别为学员作"投身反腐倡廉建设,提高拒腐防变能力""集团发展战略和对青年干部的希望""外贸企业的创新转型""企业如何加强管理风险管控"专题讲座。学员参加若干实践项目,如辩论赛、即兴演讲赛、商战沙盘模拟、户外拓展、课题调研等。

2017年8—9月、10—11月,集团先后举办两期新一批中青年后备干部及后备人才培训班。集团系统共97名中青年后备干部及后备人才参加培训。培训班设置政治理论、宏观经济、企业管理、人文科学等课程,以及专家授课、户外拓展、沙盘模拟、演讲辩论等多种环节。

第二节　职　工　培　训

一、入职培训

1996年8月,集团组织45名新招录的应届毕业生到奉贤叶挺独立高炮二营参加为期一周的军训。

1997年8月4—13日,集团组织66名新招录的应届大中专毕业生赴上海警备区教导大队一中队开展为期10天的军事政治培训。

1998 年 8 月,集团组织 67 名新招录的应届毕业大学生到上海警备区教导大队开展为期 12 天的入职前军政训练。

1999 年 8 月,集团组织 52 名新招录的应届大学毕业生赴"南京路上好八连"所在部队进行为期 12 天的军政训练。

2000 年 7 月 24 日—8 月 4 日,集团组织 67 名新招录的应届毕业大学生到上海警备区教导大队开展为期 12 天的入职前军政训练。

2001 年 7 月 30 日—8 月 10 日,集团组织 58 名新招录的应届毕业大学生赴上海警备区教导大队开展为期两周的军政训练。

2006 年 1 月,集团下发《东方国际(集团)有限公司员工手册(试行)》(简称《员工手册》)。《员工手册》的内容包括员工守则、员工录用、薪酬、工作时间和休假、考核、劳动纪律和考勤制度等。在员工入职培训内容中,学习《员工手册》成为必修课,为员工入职培训提供了解集团体制、制度、文化的最直接载体。

图 5 - 3 - 1　1996 年 8 月,集团组织新招录的应届毕业学生开展军事训练

二、专业培训

1999 年,为学习国外人力资源管理经验,集团共组织 19 名党委和组织人事干部赴美国考察培训,1 人参加市外经贸委组织的赴欧洲考察学习,1 人参加中共中央组织部和市委组织部组织的赴美国、澳大利亚学习考察。

2004年6月,集团举办人力资源开发与管理、基于市场的薪酬福利体系等系列培训。

2005年,集团选派5名人事干部参加市劳动纠纷协调调解工作培训,获市劳动和社会保障局颁发的劳动纠纷协调上岗资格证书。

2007年,集团开展系列业务知识培训,全年举办7次讲座,内容分别是"关于新形势下开展服装外贸业务的一点思考""物流大平台的构建""积极开发非纺织品贸易,做大市场""面对客户经济时代的思考""平衡记分卡的应用""规避反倾销风险,开发贸易新品种""外贸业务中的财务风险管理",参加人数总计450余人次,全部都由集团系统内部的业务骨干主讲。

2008年,集团开展业务知识系列培训,全年举办11次讲座,内容分别是:平衡积分卡绩效管理,服务外包——经济增长方式转变的重要内容,新进员工怎样尽快成长为业务骨干,进口贸易的商机与操作要点,现代物流管理,如何当好业务部经理,贸易中的风险管理,出口贸易中的客户建立与维护,外贸业务中的财务风险管理,市场营销,企业战略管理。

2008年7月25—26日,集团举办档案知识培训班,由上海市档案局业务指导处人员为集团各二级公司档案管理人员进行专题培训,内容包括文书档案归档整理方法、电子公文归档整理方法等。

2009年3月,集团举办"纺织品服装美国欧盟反倾销反补贴调查——中国出口商的行动建议"专题讲座。上海黄山律师事务所律师围绕后配额时代贸易公司面临的贸易诉讼种类、反倾销反补贴对贸易公司的影响、应重点关注的商品类别及贸易公司在现阶段的准备等四个方面的内容,全面地介绍美欧反倾销反补贴调查的现状、趋势和贸易公司的应对措施。集团二级公司、部分三级公司的业务、法律工作分管领导和工作骨干以及集团总部各部室相关人员参加讲座。

2011年,集团党委开展党委职能部门岗位培训和集团系统党群干部专业培训,先后举行应用公文的规范和写作、如何撰写总结和工作要点、企业薪酬管理及写作实践与心得等4次讲座。

2013年11月14日,集团举办以"企业市场退出法律问题讨论"为主题的专业培训。上海方达律师事务所律师结合具体案例分析企业在退出过程中应着重防范的法律风险。集团总部、各二级公司以及部分三级公司法务、资产管理部门的负责人和相关工作人员共40余人参加培训。

2014年3月21日,集团举办财务专题业务培训,由中国银行上海分行专家介绍中国(上海)自由贸易试验区政策及相关贸易金融产品,分析人民币外汇走势,并现场解答与会者提出的问题。集团总部及主要子公司财务经理、负责外汇或资金的财务人员近40人参加培训。

2015年4月,为进一步促进集团系统干部人事档案管理的规范化,集团举办集团系统干部人事档案管理实务培训班,有50余人参加培训,由市委组织部干部作辅导讲课。内容涉及干部人事档案的查阅传递、信息保密、收集整理、分类归档和日常管理等。11月,集团纪委举办为期两天的2015年度集团系统纪检监察干部专业技能培训班。集团党委书记、董事长吕勇明作专题辅导。集团党委副书记强志雄,集团纪委全体成员,集团各二级公司纪律检查组织负责人、纪检干部,部分三级公司纪检监察工作分管领导,以及集团纪委(监察室)、集团党委工作部工作人员近50人参加培训。是月,集团还举办干部工作实务培训班,重点培训《党政领导干部选拔任用工作条例》《集团领导人员管理办法(修订)》《集团中青年后备干部选拔培养管理办法》等专题内容,同时还就如何撰写干部考察材料进行讲解。集团系统干部人事工作者近40人参加培训。是年,集团把档案管理实务、纪检监察、财务、法务、审计、资产管理、物业租赁等方面的专业知识列为教育培训的主要内容,全年举办10场专题培训,参加培训人员累计达400余人次。

2016年4月15日,集团开展人力资源管理专题培训。培训内容分为经验交流和专家授课两部分。集团有关子公司高管分别就"如何打造创业型公司的团队""多措并举,努力营造有利于人才成长的企业氛围""授人以欲"及"授人以遇"等题目介绍经验,外请专家作"转型中的人力资源管理——从 HR 专业到业务伙伴"的专题讲座。集团系统人力资源管理人员 50 余人参加培训。6月,集团法律审计室举办主题为"境外投资实务讲解"的培训讲座,邀请在境外投资领域有丰富经验的北京金杜律师事务所上海分所律师讲解境外投资的法律形式、跨境并购的优势、关注点、类型、风险、流程、可行性研究、法律尽职调查、合同核心条款、合同保护性策略、政府程序、境外法律顾问、境外投资的构架及案例分享等内容。集团系统法律审计工作人员 30 余人参加培训。8 月 4 日,集团与长宁区商务委、长宁区国际商会联合举办海关区域通关一体化及企业信用管理培训,邀请上海海关企业管理处、现场业务一处领导讲课。集团总部和集团下属 8 家公司近 30 位相关工作人员参加培训。是年,集团组织开展财务、人力资源管理、纪检监察、法务、党建工作实务、安全生产和海关关务等 8 大类培训,全年参学人数 350 余人次。

2017 年 5 月 16 日,集团开展人力资源专题培训暨职工发展沙龙活动。专题培训分为两个部分。第一部分由集团人力资源部 4 位人员分别就其负责的相关工作作专题培训,主要包括出国政审及劳动关系、业绩考核及薪酬管理、老干部及领导人员出入境管理、干部任用及人事档案管理等内容;第二部分由人力资源专家对职业生涯规划课程进行辅导,通过对职业通道设计、后备人才培养、人才池建设等理念的深入解析,帮助企业更好地了解组织内员工情况,实现人职匹配,推动双赢发展。集团系统各公司分管领导、人力资源部门工作人员、工会主席、团组织书记等 70 余人参加培训。

2017 年上半年,集团按照分类分层教育培训计划组织培训,针对领导干部工作需求作专题辅导报告,针对各个条线工作业务需求开展海关企业信用管理、人力资源、财务、工会等方面的培训,参训人员达 210 余人次。

三、青年骨干培训

2000 年,集团系统推荐 56 名职工参加大专学历培训,138 名职工参加本科学历培训,27 名职工参加硕士研究生课程班培训,1 名职工参加博士研究生课程班培训。

2009 年 8 月和 2010 年 7 月,集团委托上海市经济管理干部学院分两个阶段举办第一期集团系统青年骨干培训班,共有 55 名 30 岁左右的青年学员参加培训。培训的内容包括:马克思主义方法论、做学习型干部、新世纪的创新思维、中西文明融合与中国法制方向、加强党性修养、现代领导素质与能力提升等。

2011 年 9 月,集团举办第二期青年骨干培训班第一阶段培训,共有 43 名学员参加为期 4 天的培训。培训内容包括宏观经济形势分析、领导方法艺术、谈判技巧、管理心理学等 8 个课目,为集团发展构建科学合理的人才后备梯队。

2012 年 11 月,集团在中共上海市委党校举办第二期青年骨干培训班第二阶段的培训。参加过2011 年第一阶段培训的 39 名青年骨干参加这次为期 3 天的培训。培训的重点是理想信念和党性教育,学习马克思主义方法论和中共十八大理论创新成果,培养管理者的思维与决策能力,提升青年干部的文化修养等。

第三节 校 企 合 作

集团与上海海事大学、上海外国语大学贤达经济人文学院(简称上外贤达学院)、上海商学院、上海商贸职业教育集团等院校和社会组织开展校企对接合作,就专业人才培养、共建教学实践基地等方面开展合作。2013年,东方国际集团上海市中等职业教育教师企业实践基地被上海市教委批准为首批上海市中等职业教育教师企业实践基地之一。

一、与上海海事大学合作

集团下属物流集团自2005年起就后备队伍培养和人才交流与上海海事大学建立长期的校企合作关系。物流集团给上海海事大学提供实践操作平台和研究案例模型,上海海事大学为物流集团提供多个物流综合实验中心模拟操作平台和航运物流专业知识共享机会。据统计,到2010年,上海海事大学已输送近百名优秀大学毕业生、研究生到物流集团工作,其中不少人成为物流集团的管理和业务骨干。

物流集团还采取"送出去"和"请进来"的双重合作模式,把物流集团中层干部及业务骨干"送出去",参加上海海事大学主办的各类管理培训项目及课程,包括交通运输工程硕士项目、高级工商管理项目、航运专业系列课程等。同时把上海海事大学的专家、教授"请进来",为物流集团的骨干人员讲授现代物流专业知识,开展"供应链管理及企业实践案例"培训,参与物流新产品开发的研究与物流集团战略规划研讨等。

2016年7月1日,集团董事长、党委书记吕勇明,总裁、党委副书记周峻,党委副书记强志雄等集团领导与上海海事大学校长黄有方,副校长施欣、严伟等在上海海事大学签订《东方国际(集团)有限公司上海海事大学战略合作框架协议》。校企双方围绕全球供应链管理、航运物流、金融投资等议题,在资源共享、科技创新、人才培养等方面深入开展合作,达到优势互补、互利共赢的效果。吕勇明和黄有方共同为实践教学基地揭牌。

图5-3-2 集团董事长吕勇明(右)与上海海事大学校长黄有方为实践教学基地揭牌

二、与上海外国语大学贤达经济人文学院合作

2015年4月28日,集团党委书记、董事长吕勇明,集团党委副书记、纪委书记强志雄,副总裁陈卓夫等,与上外贤达学院董事长鲍贤嗣、校长张定铨、副校长陆朴鸣等签署《上海外国语大学贤达经济人文学院与东方国际(集团)有限公司共建教学实践基地协议书》,吕勇明和鲍贤嗣共同为"上海外国语大学贤达经济人文学院实践教学基地"揭牌。根据协议,双方在师生专业实践、产学研课题研究、专业实践类课程建设、聘请兼职教师等方面开展深入合作,在企业经营理论创新、业务转型等方面引进新思维、取得新突破,同时也为学校培养合格人才提供实践基地及其他企业资源。6月5日,集团党委副书记、纪委书记强志雄,副总裁季胜君与上外贤达学院校长张定铨,副校长丁智勇、马艳红等,就双方进一步落实校企合作项目进行深入交流,达成共识。双方商定,2015年下半年起,集团一批管理人员以特聘教授的身份参与上外贤达学院的教学活动;同时,上外贤达学院学生分批来集团实习。

三、与上海商学院合作

2012年5月,集团与上海商学院签订校企合作协议书,明确双方坚持"面向未来、加强合作、优势互补、共同发展"的合作宗旨,进一步加快学校人才培养和企业壮大发展的步伐,更好地促进高职人才培养质量和企业经济效益的提高,为社会经济的发展作出贡献。协议确定2012年7月1日—2013年6月30日,双方合作培养国际商务(进出口业务单证)专业学生67人。2012年,集团安排上海商贸职业教育集团(上海商贸职业教育集团是由上海商学院牵头组建,60多家院校、企业、行业协会参与,共同为社会培养技术技能人才的社会组织,于2008年6月经上海市教育委员会批准成立)70多名学生和10名教师到下属企业实习,安排1名业务干部到市商业会计学校任兼职教师。集团作为上海商贸职业教育集团副理事长单位,为上海商业职业教育的发展发挥积极作用,得到校方好评。

根据市教委2012年12月下发的《关于组织申报上海市中等职业学校教师企业实践基地的通知》的相关工作要求,在市教委的指导下,2013年集团和上海商贸职业教育集团签订合作协议,成立上海市中职教师企业实践市级培训项目:东方国际集团上海市中等职业教育教师企业实践基地(简称集团中职教师实践基地)。经过项目申报和专家评审,集团中职教师实践基地被市教委批准为首批上海市中等职业教育教师企业实践基地之一,于2013年起开展中职教师的企业实践培训工作。

2013年,集团中职教师实践基地接待13名教师(外贸业务培训7人、物流业务培训6人)进驻集团所属企业参加实践培训。通过企业基地、合作单位、派出学校和参培教师的共同努力,上海市教育委员会授予集团中职教师实践基地2013年度上海市中职教师企业实践"优秀企业基地"称号。

2014年,在总结2013年工作经验的基础上,集团中职教师实践基地完善和优化教师企业实践培训方案,吸引23名教师参加基地的实践培训,其中参加2个月培训项目的教师12名(外贸业务培训5人,物流业务培训7人),参加6个月培训项目的教师11名(外贸业务培训9人,物流业务培训2人)。集团中职教师实践基地获2014年度上海市中职教师企业实践"优秀企业基地"称号。

2015年,在上海市中职师资培训中心的指导下,在上海商贸职业教育集团的协助下,集团中职

教师实践基地积极总结经验,于年初拟定教师企业实践培训方案,4月份组织专家论证会对方案进行审议和优化。通过公布方案和学校组织中职教师报名,2015年有12名教师报名至集团中职教师实践基地参加培训,其中2个月项目6人(外贸业务培训2人,物流业务培训4人)和6个月项目6人(外贸业务培训5人,物流业务培训1人)。集团中职教师实践基地获2015年度上海市中职教师企业实践"优秀企业基地"称号。是年,集团校企合作基地领导小组办公室就校企合作项目运行及管理作出明确规定。

2016年,集团中职教师实践基地共接待12名教师,其中2个月项目8人(外贸业务培训3人,物流业务培训5人),6个月项目4人(外贸业务培训1人,物流业务培训3人),并获2016年度上海市中职教师企业实践"优秀企业基地"称号。集团中职教师实践基地探索建立全新的"情景案例模拟分析+笔试+答辩"三位一体的培训成果考核体系,要求学员将理论融会贯通,灵活运用于实践。新的考核方案对企业、合作单位和派出学校三方在学员培训考核中分工合作的紧密度提出更高的要求,使考核的客观性和公平性得到有效保证,有利于实现以考促学。

2016年,集团与上海商学院、上海商业会计学校共同推进"冠名班"工作。

2017年,集团中职教师实践基地接待9名教师,其中2个月项目6人(外贸业务培训4人,物流业务培训2人),6个月项目3人(外贸业务培训1人,物流业务培训2人),并获2017年度上海市中职教师企业实践"优秀企业基地"称号。

第六篇

文化

追求卓越　拥抱未来

Aspire after brilliance to embrace the future

概　述

东方国际集团成立以来,坚持物质文明和精神文明一起抓,把开展精神文明建设和培育先进的企业文化作为实现企业发展战略目标的重要途径,将其置于重要工作日程,使其融入经营业务和各项工作之中,逐步培育和形成具有东方国际特色的经营理念和共同价值观。

1995年4月17日,成立东方国际集团精神文明建设活动领导小组,部署、检查和指导所属企业的文明单位创建活动,把物质文明、政治文明、精神文明建设任务有机结合并落实到企业发展中。

东方国际企业文化创建活动从集团成立初期就逐步开展,2006年10月,集团成立企业文化创新建设领导小组和工作办公室,领导和组织集团系统全面开展企业文化建设。2006—2017年期间,集团制定下发三个企业文化建设行动规划,分别确立企业文化建设各个发展阶段的基本原则、目标任务、行动计划、保障措施等。通过开展企业文化核心理念的广泛征集活动,形成集团和所属子公司两个层级的企业文化理念,用优秀的文化引领企业崛起,努力构筑与东方国际集团相适应的现代企业文化体系,实现集团主文化与子公司亚文化的相融共生,全面提升集团系统企业整体核心竞争力。

集团通过文明单位创建的各项活动和开展企业文化建设,"东方服务连四海,国际贸易通五洲"的企业宗旨、"成为国内领先国际知名的现代服务贸易集团"的企业愿景和"诚为本、责为重、专为业、和为贵"的企业精神,逐步成为东方国际文化的核心,为集团广大干部职工所认可和接受,成为推进集团持续稳定发展的动力。

集团成立23年间,东方国际文化为企业发展提供强大的精神支撑和思想引领,集团经营规模和经济效益持续增长,企业管理水平不断提升,涌现出一批市级文明单位、集团标杆企业和一批爱岗敬业、锐意创新的先进人物。

第一章　精神文明建设

集团党委坚持"两手抓、两手都要硬",把精神文明建设放在与物质文明建设同等重要的位置,完善"党委统一领导、党政群齐抓共管、各部门各负其责、全体职工积极参与"的工作机制。通过创建文明单位和宣传先进典型等活动,部分集团所属单位获全国精神文明创建工作先进单位、上海市文明单位和市外经贸委文明单位。

第一节　创建文明单位

集团所属企业文明单位创建工作起步早,有规划、有载体、有实践,与企业中心工作紧密结合,注重提升企业整体形象,着力培养员工文明素养,创建力度不断加大,职工群众广泛参与,"两个文明"建设协调发展,为企业改革发展和业务经营创造良好的氛围。

一、领导小组和工作机构

1995年4月17日,集团成立精神文明建设活动领导小组。组长:陈苏明。成员:何小平、方国良、陈能方、周福明、方为群、陆朴鸣、袁子伟、何邦杰。下设工作小组。组长:傅英、王德耀。副组长:王志超。成员:李春明、王芷江、阎瑞海、郭兆龙、郭永康、杨晓新、姚永根、孙奎荣、吴建芬。

1997年4月11日,集团调整精神文明建设领导小组成员。组长:王祖康。副组长:汪阳、陈苏明、陆朴鸣。成员:袁子伟、何邦杰、傅英、江亮清、黄凤娟、方国良、陈能方、周福明、张连征、方为群、何小平、范永康、李朝兴、朱成华、王明勇、陶洪。集团精神文明建设领导小组下设工作小组,负责处理日常事务。组长:傅英。成员:杨晓新、丁吉喜、赵鹏涛、陆清华、朱永海、郭永康、孙佩英、刘爱平、徐建中、戴志法、杨乾方、陈月红、陈建国、蒋玉萍。

2010年10月11日,集团调整精神文明建设领导小组成员。组长:蔡鸿生。副组长:唐小杰、李春明、强志雄、周峻。成员:季胜君、邢建华、梁景安、郭福荣、何志刚、姚文祖、谢子坚、王晨皓。集团精神文明建设领导小组下设精神文明建设工作办公室,设在集团党委工作部。

2016年3月21日,集团调整精神文明建设领导小组成员。组长:吕勇明。副组长:周峻、强志雄。成员:陈卓夫、季胜君、邢建华、郭福荣、王佳、王海涛、章民、谢子坚、王晨皓、张华、徐峰、张晓珣。集团精神文明建设领导小组下设办公室,设在集团党委工作部。

二、创建规划

1997年,集团党委全面贯彻落实中共中央、中共上海市委、市外经贸党委提出的加强精神文明建设的各项任务,围绕集团综合商社目标的全面推进,在主业发展、功能拓展、结构调整、工贸结合、资产重组和加强实业化基础工作等重大改革以及发展方向开展精神文明建设。5月,集团党委下发《精神文明创建工作要点》,提出精神文明创建工作的指导思想、目标、原则和要求,明确创建工作的主要任务包括6个方面:(1)深入学习邓小平理论,坚持以科学的理论武装人。(2)重点抓好干部职工的思想道德教育。(3)适应两个根本转型,转变决策层的经营理念。(4)以高尚的精神塑造人,大力宣传集团先进典型人物与先进集体。(5)建设一流人才队伍,全面提高干部职工素质。(6)继续深化精神文明创建活动。

1999年6月,集团党委下发《1999—2000年集团精神文明创建实施规划》(简称《规划》)。《规划》提出:要以邓小平理论为指导,以提高干部职工队伍文明素质和企业文明程度为目标,认真落实中共十五大和中共上海市委七届三次全会精神,从企业的实际出发,在巩固成果的基础上,进一步开展"开拓创新、艰苦创业"活动,努力扩大创建覆盖面。《规划》明确:1999—2000年度集团精神文明创建的主题是"开拓创新"和"艰苦创业"。集团的精神文明建设以改革和发展为主线,以稳定为基础,从四个方面入手:(1)企业领导班子的思维方式、精神状态和企业发展、经营管理理念的传播以及企业创新、创业能力的推进。(2)企业文明创建的规范性工作和制度管理。(3)企业干部、党员、青年及全体职工队伍建设。(4)群众性精神文明活动和重点载体活动。在此基础上,集团推动2/3子公司创建市级文明单位,1/3子公司创建系统和集团级文明单位。同时,不断提高集团级先进文明部室的质量,起到示范带头作用。《规划》部署精神文明创建工作的主要任务:(1)大力加强思想建设。(2)大力加强职业道德建设。(3)大力加强企业文化建设。(4)大力加强基层建设。

2003年,集团党委制定新一轮精神文明创建规划,强调企业特色,注重企业精神,注重经济效益,重点是企业文化建设和企业精神的培育和塑造。

2009年,集团党委制定《2009—2010年度文明单位创建规划》,提出2009—2010年度集团文明单位创建的指导思想、创建目标、任务要求和创建措施,提出通过创建活动,争取使2009—2010年度市级文明单位保持6家,力争7家;集团公司级文明单位达到8家~9家。明确2009—2010年度精神文明创建的任务要求主要有四点:(1)进一步加强基层党组织建设,增强凝聚力和战斗力。(2)进一步推进民主管理,加强职工队伍建设。(3)深化企业文化创新建设,营造迎世博的和谐企业氛围。(4)深化国企改革,提升核心竞争力。

三、创建实践

1995年,集团精神文明创建活动主要抓三个方面:(1)围绕集团大发展做宣传。(2)围绕改革改制,进行现代企业制度基本知识教育。(3)开展以"加强基层规范管理"为主题的文明单位、文明科室创建活动。各公司都申报市外经贸系统、集团文明单位的创建,集团系统97%科室制定文明科室创建规划,年终开展文明单位预评和文明科室考核。

1995年,各公司都申报市外经贸系统、集团文明单位的创建,集团系统97%以上科室制定文明科室创建规划。1996年精神文明创建活动有6个特点:(1)两手抓意识到位。(2)突出基层创建。(3)强化队伍建设。(4)建立考核机制。(5)渗透企业管理。(6)形成参与氛围。其中东方家纺设立20%的精神文明奖金考核机制和10万元精神文明奖励基金。东方丝绸精神文明考核细化标准,突出很强的创造性和有效的管理性。通过机制的建立,真正地把文明建设融入企业的效益管理。1996年年底,集团组织进行文明单位预评,各公司组织文明科室考核。

1996年,集团党委开展文明单位、文明科室精神文明创建活动,实行精神文明建设目标管理。通过抓体制,形成集团党委、二级公司党委、科室党支部三级工作责任制,把精神文明建设任务落实到日常管理中。各创建单位建立联络员、通讯员、学习宣传员队伍。通过抓制度,集团和各公司普遍确立文明创建工作目标、工作制度、中途管理、台账制度、考核制度和奖惩制度,使精神文明工作量化,便于操作。

1997年,集团党委对所属子公司进行精神文明建设现状调研,在此基础上进行分类培训指导。对集团内市级、外经贸系统文明单位和集团先进文明科室的典型事迹,进行广泛的示范宣传。将集团内文明单位和先进文明部室的示范宣传简报直接发到科室,在科室、班组学习落实。成立党建、思想政治工作研究会,召开现代企业与精神文明研讨会,形成思想政治工作研究基础和工作队伍。集团先后举行"苏培基同志事迹报告会""上海援藏干部报告会"等活动。

1999年12月14—17日,集团党委对申报上海市文明单位和市外经贸系统文明单位的9家二级公司、14家三级公司进行精神文明创建的中途管理。主要内容是各单位的改革和发展,特别是中国如果加入WTO,企业的精神文明工作如何开展,以及领导班子、干部、党员、职工和青年队伍的建设情况,企业文化和职业道德建设及精神文明的主题活动开展情况等。

2001年,集团党委以迎APEC会议(亚太经合组织领导人非正式会议)和纪念中国共产党成立80周年活动为抓手,进一步加强精神文明建设。经过认真的检查评选,集团系统东方丝绸、东方纺织、东方针织、东方家纺、东方荣恒、东方利泰和筛网厂等7家单位被评为市级文明单位,12家单位被评为委级文明单位,评出36家集团级文明单位(部室)。为纪念中国共产党成立80周年,集团和各公司相继召开庆祝大会和群众性的"七一"颂党文艺活动,对各级文明单位和"两优一先"先进集体、先进个人进行通报表彰。许多公司党委还组织党员参加市"双思杯"党建知识百题竞赛和"丹心献党"一句话征文活动。集团代表市外经贸系统,组织参加上海市迎APEC会议知识竞赛,获竞赛一等奖。集团党委制定新一轮精神文明创建规划,组织2001—2002年度文明单位申报。在市第九届思想政治工作年会上,集团思想政治工作研究会被授予"上海市思想政治工作研究会工作奖"。

2002年,集团党委组织2001—2002年度文明单位评选工作,专门成立考评小组,对申报单位进行检查和审核,各公司成立工作小组。各公司对两年来的创建工作进行总结提炼,展示各企业干部群众的良好精神风貌,集团所属单位共申报上海市文明单位10家,市外经贸系统文明单位19家。

2004年,集团党委组织第十二届市级文明单位评选工作,确定推荐集团系统10家单位作为市级文明单位上报市国资委党委。年末,集团组队参加上海市知识产权知识竞赛,在81支参赛队伍中脱颖而出,以总分第一的成绩进入电视决赛,又以总分第二的成绩获银奖。通过上海市媒体,《东方国际集团注重凝聚优秀人才——让鲜花更红更艳》一文刊在上海《支部生活》第3期,《以人为本,做好国企党建这篇大文章,夯实党执政的物质基础和组织基础》一文刊在11月18日《组织人事报》。11月19日和12月3日,《劳动报》对集团两次群众性文艺活动以图片新闻的形式作报道。12月8日和9日,东方电视台《今日谁会赢》栏目对集团参加的知识竞赛进行实况转播。

2006年,集团党委组织开展精神文明创建活动综合检查,召开由集团精神文明领导小组成员和二级公司党组织负责人担任评委的评审会,通过企业汇报和评委投票的方式,从申报的8家单位中评出东方利泰、丝绸股份、东方新家纺、东方新海、东松公司等5家单位为上报的市级文明单位。通过工会系统对文明班组创建工作进行部署,为集团系统的精神文明创建活动夯实基础。

2007年,集团党委以第十三届上海市文明单位评选活动为契机,深化精神文明创建活动。东方利泰、丝绸股份、东方新家纺、东方新海、东松公司等5家单位被评为第13届上海市文明单位。东方外贸等11家单位被评为2005—2006年度东方国际集团文明单位。同时开展评选市劳动模范、市文明班组、市"三八"红旗手、市"三八"先进集体、市文明班组,以及集团"十佳好人好事"、集团先进女职工集体和个人等一系列评优创先活动。"七一"前夕,集团党委召开表彰大会,交流先进事迹,制作光荣册,对先进集体和先进个人进行通报表彰。

2010年,集团党委成立精神文明建设检查小组,对集团系统申报文明单位的企业进行精神文明创建工作中途检查。8月下旬,各公司按照集团《关于认真做好文明单位创建工作自查的通知》要求,上报各自检查报告,自查率100%。中途检查的主要对象是集团系统申报2009—2010年市级文明单位的东方创业、东方新家纺、东方纺织、东松公司、丝绸股份等5家单位和申报集团级文明单位的东方外贸、东方商业、国服公司、东方房产、东方荣恒、东方创业浦东公司、新铁链公司、经贸公司和新贸海公司等13家单位。检查重点是:(1)积极履行社会责任,参与、服务、奉献世博。(2)推动企业调结构、转方式,增强核心竞争力。(3)凝聚职工力量,抵御全球金融危机。(4)提高经营管理水平,推动管理创新。(5)外塑企业形象,内强职工素质。各公司分管领导汇报后,检查小组重点检查各类台账,包括创建规划、大事记、自查报告、各类活动记录和简报等,按照市国资委提供的标准进行打分。

2011年,集团党委部署开展新一轮精神文明创建工作,集团系统共有17家公司制定《文明单位创建规划》,其中申报创建市级文明单位的7家公司上报市国资委,参加市国资委举办的精神文明创建培训会,明确创建工作的新要求。

2013年,经集团党委推荐,市国资委文明办和市文明委审核,东方创业、东方利泰、东方新家纺、东方纺织、东松公司、丝绸股份、东方荣恒等7家单位被评为第16届上海市文明单位。经基层单位申报和集团党委审批,东方创业浦东公司、东方商业、新铁链公司、经贸公司、新贸海公司、东方房产、资产经营公司等7家单位被评为东方国际集团(2011—2012年度)文明单位。各创建单位于4月底前确定新一轮创建的目标,拟订新一轮创建规划,为深入推进文明单位创建活动奠定基础。

2014年,集团党委部署职能部门对申报创建第17届上海市文明单位的东方创业、东方利泰、东方新家纺、东方纺织、东松公司、丝绸股份、东方荣恒等7家单位和创建集团级文明单位的东方商业、东方房产、资产经营公司、创业浦东公司、经贸公司、新贸海公司、海运分公司等14家单位进行中途检查,通过听取创建情况汇报和检查创建活动台账的方式,总结经验,发现问题,提升文明单位创建水平。

2016年,集团开展文明单位创建工作自查和中途检查,对创建市文明单位的东方创业、东方利泰、东方新家纺、东方纺织、东方外贸、丝绸股份、东松公司、东方荣恒、经贸公司等9家单位和创建集团级文明单位的东方商业、物流集团、资产管理公司、东方创业浦东公司、华达公司、新贸海公司等6家单位进行指导,在《东方国际报》和OA网上宣传特色做法。

2017年,东方创业、东方利泰、东方新家纺、东方纺织、东方外贸、丝绸股份、东松公司、经贸公司、东方荣恒等9家单位被市政府评为第18届上海市文明单位。东方创业浦东公司、华达公司、物流集团、资产管理公司、新贸海公司等5家单位被评为东方国际集团文明单位。集团下发《关于开展2017—2018年度集团系统文明单位创建活动的通知》,对开展新一轮创建工作进行全面部署。

四、荣誉

1999年9月16日,中共中央精神文明建设指导委员会召开表彰全国精神文明创建工作先进单位电视电话会议,隆重表彰在全国精神文明建设创建工作中取得突出成绩的先进单位。东方国际集团上海市丝绸进出口有限公司获首批"全国精神文明创建工作先进单位"称号。

1995—2018年,集团所属企业参加第8—19届上海市文明单位的申报评选活动,共有76家/次单位获评。

1999—2002年,集团所属企业共有24家/次单位获市外经贸系统文明单位称号。

表6‐1‐1 1995—2018年东方国际集团获上海市文明单位称号企业情况表

届 次	获奖时间	获 奖 单 位	数 量
第8届 1995—1996年度	1997年4月	东方国际集团上海市针织品进出口有限公司	1家
第9届 1997—1998年度	1999年4月	东方国际集团上海市针织品进出口有限公司 东方国际集团上海市丝绸进出口有限公司 东方国际集团上海市家用纺织品进出口有限公司 东方国际集团上海市纺织品进出口有限公司 上海筛网厂	5家
第10届 1999—2000年度	2001年4月	东方国际集团上海市丝绸进出口有限公司 东方国际集团上海市针织品进出口有限公司 东方国际集团上海市纺织品进出口有限公司 东方国际集团上海市家用纺织品进出口有限公司 东方国际集团上海荣恒国际贸易有限公司 东方国际集团上海利泰进出口有限公司 上海筛网厂	7家
第11届 2001—2002年度	2003年4月	东方国际集团上海市纺织品进出口有限公司 东方国际集团上海市家用纺织品进出口有限公司 东方国际创业股份有限公司 东方国际集团上海荣恒国际贸易有限公司 东方国际集团上海利泰进出口有限公司 上海东松国际贸易有限公司 上海丝绸集团股份有限公司 老正和染厂	8家
第12届 2003—2004年度	2005年4月	上海丝绸集团股份有限公司 东方国际集团上海市纺织品进出口有限公司 东方国际集团上海家纺有限公司 东方国际集团上海利泰进出口有限公司 上海东松国际贸易有限公司 东方国际商业(集团)有限公司 上海联集国际货运有限公司	7家
第13届 2005—2006年度	2007年4月	东方国际集团上海利泰进出口有限公司 东方国际集团上海家纺有限公司 上海丝绸集团股份有限公司 东方国际物流集团上海新海航业有限公司 上海东松国际贸易有限公司	5家
第14届 2007—2008年度	2009年4月	东方国际创业股份有限公司 东方国际集团上海利泰进出口有限公司 东方国际集团上海家纺有限公司 东方国际集团上海市纺织品进出口有限公司 上海丝绸集团股份有限公司 上海东松国际贸易有限公司	6家

〔续表〕

届　　次	获奖时间	获　奖　单　位	数　量
第15届 2009—2010年度	2011年4月	东方国际集团上海利泰进出口有限公司 东方国际集团上海家纺有限公司 东方国际集团上海市纺织品进出口有限公司 上海东松国际贸易有限公司 上海丝绸集团股份有限公司	5家
第16届 2011—2012年度	2013年4月	东方国际创业股份有限公司 东方国际集团上海利泰进出口有限公司 东方国际集团上海家纺有限公司 东方国际集团上海市纺织品进出口有限公司 上海东松国际贸易有限公司 上海丝绸集团股份有限公司 东方国际集团上海荣恒国际贸易有限公司	7家
第17届 2013—2014年度	2015年4月	东方国际创业股份有限公司 东方国际集团上海利泰进出口有限公司 东方国际集团上海家纺有限公司 东方国际集团上海市纺织品进出口有限公司 上海东松国际贸易有限公司 上海丝绸集团股份有限公司 东方国际集团上海荣恒国际贸易有限公司	7家
第18届 2015—2016年度	2017年4月	东方国际创业股份有限公司 东方国际集团上海利泰进出口有限公司 东方国际集团上海家纺有限公司 东方国际集团上海市纺织品进出口有限公司 东方国际集团上海市对外贸易有限公司 上海丝绸集团股份有限公司 上海东松医疗科技有限公司 上海经贸国际货运实业有限公司 东方国际集团上海荣恒国际贸易有限公司	9家
第19届 2017—2018年度	2019年4月	东方国际创业股份有限公司 东方国际集团上海利泰进出口有限公司 东方国际集团上海家纺有限公司 东方国际集团上海市纺织品进出口有限公司 东方国际集团上海市对外贸易有限公司 上海丝绸集团股份有限公司 上海东松医疗科技股份有限公司 上海经贸国际货运实业有限公司 东方国际集团上海荣恒国际贸易有限公司	9家
合　计			76家/次

表 6‐1‐2 1999—2002 年东方国际集团获市外经贸系统文明单位称号企业情况表

时 间	获 奖 单 位	数 量
1999—2000 年度	东方国际集团上海市对外贸易有限公司 上海国际服务贸易(集团)有限公司 东方国际创业浦东服装进出口有限公司 上海市华达进出口有限公司 东方国际集团上海市针织品进出口有限公司杨行仓库 上海家纺贸易发展有限公司 上海家纺物业管理有限公司 上海东松国际贸易有限公司 上海佳达国际货运有限公司 上海联集国际货运有限公司 上海市丝绸科学技术研究所 老正和染厂	12 家
2001—2002 年度	上海国际服务贸易(集团)有限公司 上海佳达国际货运有限公司 东方国际创业浦东服装进出口有限公司 上海市华达进出口有限公司 东方国际集团上海市纺织品进出口有限公司白洋淀仓库 东方国际集团上海市家用纺织品进出口有限公司浦东公司 东方国际集团上海市针织品进出口有限公司杨行仓库 东方国际集团上海市对外贸易有限公司浦东公司 上海久茂对外贸易有限公司 东方国际商业(集团)有限公司 上海联集国际货运有限公司 东方国际集团上海外经贸房地产开发经营有限公司	12 家
合 计		24 家/次

第二节 宣传先进事迹

2000—2006 年,集团将评选出的先进集体和先进人物事迹编辑成教育读本,发放到共产党员和职工手中,开展先进典型事迹的总结和宣传活动。

一、《东方的脊梁》

2000 年,为广泛宣传集团成立以来先进人物的精神风貌,集团编辑《东方的脊梁》。9 月 28 日,集团党委在上海影城召开"东方国际集团贯彻'三个代表'精神、体现'两思'教育成果主题演讲交流会暨《东方的脊梁》首发式"。会上,东方外贸、东方纺织、东方丝绸、东方家纺、东方创业等 5 家公司的代表作充满激情的演讲。随后进行《东方的脊梁》教育读本首发。集团党政领导、各公司部门经理以上的干部、业务骨干、党员代表和离休干部代表共 460 余人出席会议。

图 6-1-1　2000 年 9 月 28 日,集团党委举行《东方的脊梁》首发式

二、《东方的基石》

2009 年 3 月,集团党委以开展学习实践科学发展观活动为契机,在共产党员中开展"共克时艰,争当排头兵"活动。8 月,组织评选"共产党员排头兵"(本职岗位排头兵、理论学习排头兵、团结协作排头兵、服务群众排头兵、遵纪守法排头兵),共评选出集团系统 112 位共产党员排头兵。8 月 25日,集团党委进行通报表彰。11 月,集团党委组织编辑《东方的基石》,汇编集团系统学习实践科学发展观活动中评选出的 112 名"排头兵"的先进事迹,以及自 2004 年以来在《东方国际报》上刊载的"身边人身边事"的先进事迹,宣传先进人物在平凡的工作岗位中创造的不平凡的工作业绩。

三、《东方的楷模》

2015 年,集团系统开展以"转型在东方,发展在东方"为主题的"创先争优"活动。7 月,经过推荐评选,集团党委发文表彰集团系统 24 个先进基层党组织、28 名优秀共产党员和 15 名优秀党务工作者,并在"七一"大会上举行颁奖活动。

2016 年,集团党委以开展党的群众路线教育实践活动为契机,组织编辑"两学一做"学习教育读本《东方的楷模》,收录 2016 年集团党委推荐评选出的市国资委系统和集团系统"两优一先"先进集体和先进个人的优秀事迹,其中市国资委系统先进 5 篇,集团先进基层党组织事迹 23 篇,集团优秀共产党员 23 篇和优秀党务工作者 14 篇。

第二章　企业文化建设

集团企业文化建设以邓小平理论、"三个代表"重要思想、科学发展观、习近平新时代中国特色社会主义思想为指导,高举中国特色社会主义伟大旗帜,坚持社会主义先进文化,以服务企业经营发展战略为宗旨,以提高企业经营管理水平为目的,以建设高素质员工队伍为目标,以促进企业改革发展为出发点和归宿,积极吸收借鉴国内外现代管理和企业文化的优秀成果,结合东方国际集团的实际情况,确定企业宗旨,培育企业精神,规范企业行为,塑造企业形象,促进企业精神文明、物质文明和政治文明协调发展。

第一节　行　动　规　划

企业文化建设行动规划是企业开展文化建设的纲领,2006—2017 年,集团共制定下发 3 个企业文化建设行动规划。

一、企业文化创新建设三年行动规划

2006 年 10 月 17 日,集团党委在深入调研、征求意见和反复修改的基础上,制定并下发《东方国际集团企业文化创新建设三年行动规划》(简称《规划》)。《规划》内容分为企业文化建设的指导思想、基本原则、目标任务、行动计划、保障措施等 5 个部分。《规划》对每年的阶段性任务作具体安排:2006 年 10 月—2007 年 10 月,主要开展提炼、培育东方国际集团企业文化理念等工作,初步确立集团企业理念识别系统。2007 年 10 月—2008 年 10 月,主要开展企业文化理念内化和进一步完善相关规章制度等工作,初步确立集团企业文化行为识别系统。2008 年 10 月—2009 年 10 月,主要采用集团内部专门人员和外部专业人员共同策划、设计的办法,确立集团的企业视觉识别系统。

二、企业文化创新建设行动规划

2011 年 4 月 29 日,集团党委制定并下发《集团企业文化创新建设行动规划(2011 年 4 月—2014 年 4 月)》(简称《行动规划》)。《行动规划》内容分为背景与现状、指导思想与基本要求、推进目标和阶段性任务、保障措施等 4 个部分。《行动规划》重点突出:深入持久开展企业文化建设,推进企业文化"落地",企业文化建设从"文本化"向"制度化"进而向"人格化"转变,使企业文化内化于心、固化于制、外化于行,熔铸于企业转型发展实践和员工思想深处,转化为企业转型发展的源动力,促进企业生产经营管理,引领企业转型升级,增强企业发展的向心力和凝聚力,促进企业与外部社会环境和谐共生。《行动规划》分为三个阶段性任务:第一阶段(2011 年 4 月—2012 年 4 月),主要任务是同步提升企业文化建设水平,在基本完成三个体系的建设工作的基础上,进一步丰富企业文化内涵,初步建立较完整的企业文化体系。第二阶段(2012 年 4 月—2013 年 4 月),主要任务是推动企业文化落地,推进企业文化从"文本化"向"制度化"进而向"人格化"的转变,实现企业文化理

念体系化和企业文化落地。第三阶段(2013年4月—2014年4月),主要任务是建立企业文化建设长效机制,推行企业文化评估体系和激励机制,推动企业文化建设工作走上制度化、规范化建设轨道。

三、企业文化建设三年行动规划

2016年2月,集团党委制定并下发《东方国际集团企业文化建设2015—2017三年行动规划》(简称《三年行动规划》)。《三年行动规划》内容分为持续推进企业文化建设的重要意义、指导思想与基本原则、推进目标和阶段性任务、保障措施等4个部分。《三年行动规划》重点突出:进一步提升企业管理水平、提高员工整体素质、塑造企业良好形象、增强企业核心竞争优势,实现企业文化与企业管理一体化、企业发展与员工发展相和谐、企业文化优势与企业竞争优势相促进,形成"一本手册"(即一本新的《企业文化手册》)、提升"两种能力"(即执行能力和竞争能力)、强化"三项文化"(即决策文化、执行文化、创新文化)、健全"四个机制"(即全员参与的学习机制、共通协调的融合机制、科学管理的评估机制和鼓励先进的激励机制),为实现集团新三年行动规划和中长期发展目标提供有力的支持和保证。分为三个阶段性任务:第一阶段是宣贯巩固阶段(2015年1月—2016年3月),企业文化建设以各类党建和群团活动为载体,突出"转型、发展、改革、提升"工作方针,通过一系列活动来宣贯集团的企业文化核心理念,培育员工共同价值观;第二阶段是创新提升阶段(2016年4月—2017年6月),形成具有东方国际集团特色的企业文化模式,全力打造企业竞争新优势,实现企业管理效能的不断增强和经济效益的不断提高,以文化力提升执行能力,以文化力提升竞争能力,形成文化管理企业的运行机制;第三阶段是总结完善阶段(2017年7—12月),基本完成企业文化三年规划的目标任务,固化成果,总结完善。

第二节　核心理念

集团和子公司的企业文化核心理念是经过发动广大职工参与大讨论,收集、提炼以后形成的。

一、开展企业文化理念大讨论

2005年5月,集团在《东方国际报》上首先发起企业文化大讨论,从集团、公司领导到普通员工,都踊跃参与,积极投稿,截至2005年年底,发表大讨论文章33篇,展现集团企业文化建设的群众性和广泛性。

2006年10月17日,集团党委部署从2006年10月下旬开始到2007年第一季度,在集团系统开展企业文化理念大讨论,主要内容包括企业精神、企业宗旨、企业价值观、企业愿景(定位和目标)、企业经营理念、企业管理理念等,分别提炼集团和各二级公司两个层面的企业文化核心理念。

为配合企业文化理念大讨论,《东方国际报》自2006年第三季度开始,辟出《企业文化理念大讨论征文大赛》专栏,选登职工自发投稿和大讨论中的相关文章。《东方国际报》共收到企业文化理念大讨论文章192篇,选登其中的97篇。集团组织编印《东方国际(集团)有限公司企业文化理念与大讨论征文汇编》一书。

在企业文化理念大讨论中,共收到关于集团层面核心理念的建议281条。

二、集团企业文化核心理念

2008 年 3 月,在汇总职工建议和反复讨论的基础上,集团完成企业文化核心理念的提炼确定工作。

集团的企业宗旨为"东方服务连四海,国际贸易通五洲"。企业愿景为"成为国内领先、国际知名的现代服务贸易集团"。企业精神为"诚为本、责为重、专为业、和为贵"。

三、子公司企业文化核心理念

2007 年下半年到 2008 年 3 月,东方外贸、东方创业、东方利泰、东方新家纺、东方纺织、丝绸股份、丝绸集团、东方商业、物流集团、国服公司、东方房产、富锦公司等 12 家子公司开展群众性企业文化核心理念征集活动,征集本公司企业文化核心理念建议,经汇总后反复讨论和筛选,最终提炼确定各公司的企业文化核心理念。

【东方外贸企业文化核心理念】

东方外贸在群众性的企业文化核心理念征集活动中,发动员工广泛参与,收集到企业文化核心理念建议后反复讨论和筛选,最终提炼确定公司企业宗旨:创新服务,创造价值。企业愿景:成为国内领先、国际知名的综合性商贸公司。企业精神:诚信、专业、责任、团队、高效。企业作风:五讲(讲原则、讲团结、讲大局、讲正气、讲奉献)、三气(蓬勃朝气、昂扬锐气、浩然正气)。

【东方创业企业文化核心理念】

2007 年 3 月,东方创业提出"重塑东方创业企业文化"的口号,发动广大员工开展企业文化大讨论,共有 81 名员工参与,收集到企业文化核心理念建议 168 条,经汇总后反复讨论和筛选,最终提炼确定公司企业愿景:创出新天地,实现对社会、员工、股东的回报,成为在服务贸易和其他相关实业领域,具备较强综合实力和竞争能力的资产控股型上市公司。企业精神:诚信务实,和谐共赢。企业核心价值观:客户至上,以人为本,传承创新。经营理念:创新应变,多元开拓,广纳贤才,持续发展。管理理念:精确细致,严谨高效。企业口号:对外宣传口号——贸易沟通世界,创业构筑未来。内部励志口号——努力工作,体面生活。

【东方利泰企业文化核心理念】

东方利泰在开展群众性的企业文化核心理念征集活动中,收集到企业文化核心理念建议 549 条,经汇总后反复讨论和筛选,最终提炼确定公司企业宗旨:创造价值,和谐发展。企业愿景:成为行业领先、品牌一流的服装供应商。企业精神:团结奋进,求真务实,稳健开拓。企业经营理念:诚信为本,客户至上。企业管理理念:高效、专业。

【东方新家纺企业文化核心理念】

东方新家纺通过群众性的企业文化核心理念征集活动,经汇总后反复讨论和筛选,最终提炼确定公司企业宗旨:专业经营,立足客户,凝聚骨干,提升管理。企业愿景:把东方新家纺打造成为国际知名、中国一流的家纺(家居)用品供应商。企业精神:齐心、尽心、舒心。企业经营理念:与客户双赢。企业管理理念:管理无止境。

【东方纺织企业文化核心理念】

东方纺织发动职工群众为企业文化核心理念提建议,工作人员收集到企业文化核心理念,汇总后经过公司领导班子反复讨论和筛选,最终提炼确定公司企业宗旨:和谐、双赢、发展。企业愿景:一流品牌,一流服务。企业精神:事业为本,奋发开拓,尊崇人才,真诚合作。企业经营管理理念:以质量求生存,以管理出效益,以创新求发展,以服务造形象。

【丝绸股份企业文化核心理念】

丝绸股份公司开展群众性的企业文化核心理念征集活动,经汇总后反复讨论和筛选,最终提炼确定公司企业愿景:成为全球一流的服装供应商和品牌商。企业精神:诚信、合作、开拓、奉献。企业口号:让丝绸之路遍布全球。经营理念:客户至上。管理理念:以人为本。企业核心价值观:客户至上,员工为本,诚信经营,团队合作,创新发展,竭诚奉献。

【丝绸集团企业文化核心理念】

丝绸集团通过开展群众性的企业文化核心理念征集活动,将征集到的职工建议进行筛选提炼,最终确定企业宗旨:稳定中求发展,发展中求创新,创新中求成功。企业愿景:优化资产构建,和谐持续发展。企业精神:春蚕精神,开拓奉献。企业经营理念:诚信、敬业、共赢。企业管理理念:以人为本,科学治企,与时俱进。

【东方商业企业文化核心理念】

东方商业通过群众性的企业文化核心理念征集活动,经汇总后反复讨论和筛选,最终提炼确定企业宗旨:实现职工和企业的共同发展。企业愿景:人企和谐,发展共创,美好生活。企业精神:团结奉献,和谐发展。企业作风:求真求实,求新求变。市场(竞争)理念:诚信守法,优质严谨。客户(营销)理念:用服务赢得客户,用诚信赢得市场。服务(质量)理念:满足客户要求。用人(人才、分配)理念:以人为本,有效激励。学习理念:终身学习,得益一生。沟通(团队、和谐)理念:相互尊重,真诚待人。道德(诚信、责任)理念:热爱企业,忠于职守,勤奋学习,与时俱进,团结协作,坦诚相见,勤俭节约,廉洁奉公,文明礼貌,遵纪守法,务实守信,奋发有为。

【物流集团企业文化核心理念】

物流集团在群众性的企业文化核心理念征集活动过程中,反复听取职工意见和建议,公司领导班子和企业文化领导小组成员共同讨论筛选,最终提炼确定企业宗旨:一流管理,一流服务,一流水平。企业目标:成为中国一流的全球物流供应商。企业精神:一心、一体、一流。企业价值观:以人为本,不断创新,追求卓越。企业理念:和谐进取,科学发展。企业作风:敬业务实,勤廉高效。人才观:人人有才,知人善任。市场观:领先一步择商机。竞争观:只要有 1% 的希望,就要尽100% 的努力。质量观:质量是企业的生命。分配观:一分耕耘一分收获。成就观:客户的满意是我们的自豪。科技观:博采众长,勇创新高。时间观:时间是最大的成本。安全观:安全工作只有起点没有终点。环保观:环保从我做起。效益观:最小的投入,最大的收益。法律观:依法行事,规矩做人。道德观：诚信为本，忠于职守。

【国服公司企业文化核心理念】

国服公司提炼确定企业宗旨：热情、优质、开拓、高效。企业愿景：服务连五洲，贸易通四海。企业精神：一是顾全大局、紧密配合、乐于奉献的团队精神，二是顽强拼搏、负重前进、敢于争先的进取精神，三是热爱公司、尽心尽职、艰苦奋斗的主人翁精神。

【东方房产企业文化核心理念】

东方房产的 22 名员工积极参与企业文化核心理念征集活动，人人提建议，经汇总后反复讨论和筛选，最终提炼确定企业宗旨：和一强胜。企业愿景：开发生活，建设美好。企业精神：诚挚卓越。企业经营理念：团队、专业、竞争、双赢。企业管理理念：规范、人文、优化。

【富锦公司企业文化核心理念】

富锦公司最终提炼确定企业宗旨：创造财富，共享成果。企业愿景：持续发展的现代企业，员工信赖的和谐家园。企业精神：务实诚信、团结奋进、自强不息、开拓创新。企业经营理念：客户第一，效益至上。企业管理理念：以人为本，制度为先。

第三节　创建活动

企业文化创建活动从集团成立时就已经开始。1994 年 11 月 3 日下午，集团召开党政领导班子第一次联席会议，研究党委工作、公司发展和内部基础工作等问题。在会议上第一次提出企业精神是团结、合作、务实、创新。

一、集团创建活动

为协调一致，统一对外宣传口径，更好地向国内外各界推出集团及各直属公司的全新形象，1994 年 12 月 15 日，集团总裁办公会议决定：(1) 由集团一名副总裁负责，成立集团商务展览工作小组，工作小组的主要职责是统一研究协调集团及各直属公司商务展览的设计、布置等工作。(2) 集团及各直属公司对外广告工作，需由工作小组统一研究协调提出方案，报集团主管领导审定后再组织实施。(3) 司标问题。今后在对外宣传事务中需用司标的，如印名片、印宣传册、做广告，集团、5 家直属公司及其下属公司统一用集团司标。各公司原司标可作唛头使用。(4) 在对外宣传工作中，各公司名称用字问题。"东方国际集团"统一用吴邦国题写的手迹，其他可用仿宋体或正楷，建议各公司工作人员名片尽可能用统一格式。12 月 19 日，集团发文对集团及 5 家直属公司商务展览及对外宣传有关事项作出具体规定。

1995 年 11 月，集团举行成立一周年庆典活动，副市长沙麟等领导发来贺词。集团制作《上海外贸体制改革的排头兵，东方国际集团诞生周年纪实》的五集电视片，举行以"东方国际集团绘就宏伟发展蓝图，迈向 21 世纪的中国式大型综合商社"为主题的新闻发布会，宣传集团"自组建以来，以建立现代企业制度试点为契机，从理顺内部关系和建立新的运行机制入手，进步巩固和深化集团的联合，朝着集团化、实业化、国际化经营的目标，努力加快发展步伐"的情况。

1996年11月,集团组织成立二周年庆典文艺晚会,举办"东方民族之声"精品音乐会,邀请国内歌唱家演出,市第八届政协主席陈铁迪、中共上海市委副书记陈至立、副市长龚学平等领导应邀出席晚会。

1997年,为庆祝中华人民共和国成立48周年,迎接中共十五大召开,展现东方国际集团成立三周年来综合商社试点取得的显著成绩,集团于9月18—29日,举办首届文化艺术节,通过3个专场活动的动员组织、选拔和展示,共创作演讲稿23篇,展出职工书法、绘画、摄影作品240余幅,创作14个文艺演出节目。参加首届文化艺术节各项展示活动的职工达300余人,文化艺术节的举办有利于培育东方国际集团企业精神,加强集团企业文化建设。

1999年,集团的形象设计已起步,集团的精神、理念、作风的设计文案已成雏形。9月20日,集团举行歌唱祖国歌咏大会,欢庆中华人民共和国成立50周年暨集团组建5周年,有8家公司、400多人参加演唱,节目丰富多彩,有老干部合唱、集团领导独唱等。这次"双庆"活动除集团统一举办歌咏大会外,东方创业、东方纺织、东方家纺、东方外贸、物流公司等单位举办群众歌咏大会,东方家纺还举办青年英语比赛和摄影展。

2005年7月21日,在集团年中工作会议上,集团专门邀请上海大学凌国平教授作企业文化建设专题讲座,与会企业领导干部普遍反映深受启发。是年第4季度,根据市国资委党委的要求和实际需要,集团党委专门安排7名人员参加上海市国资企业文化促进会和上海工商经济进修学院联合举办的"全国企业文化管理师"培训,其中3名获高级企业文化管理师资格证书,4名获中级企业文化管理师资格证书。这些专业培训,为集团开启新一轮企业文化建设奠定基础。

2006年9月7日、20日,集团党委领导率集团工会主席、团委书记和总部职能部门负责人分别到东方纺织、东方利泰、东方创业、东方外贸等4家公司召开座谈会,进行企业文化建设调研,围绕公司企业文化的"昨天、今天和明天"这个主题,交流各公司企业文化的传统和现状,就如何进一步建设富有特色、符合公司实际情况的企业文化发表建议。11月下旬至12月上旬,集团党委邀请企业文化与品牌研究所执行所长米黎钟和上海工会管理干部学院老师王翎作关于企业文化建设的专题培训。与会人员就"怎样建设和谐企业"等主题进行分组讨论和交流,集团主要领导为基层党组织书记作企业文化建设专题报告。集团系统党委、党总支、党支部书记120余人参加培训。2006年,集团先后选送18名人员参加市国资委和上海工商学院联合举办的企业文化师专业培训班。

2007年5月10日,集团团委在中共上海市委党校举办企业文化理念演讲比赛暨"五四"青年表彰大会。集团领导、各公司党政负责人、集团总部部门负责人和各公司团员青年代表近300人出席会议。集团党委于2006年年年底部署演讲比赛这一工作,经过精心准备,各子公司和集团总部通过层层选拔,推选13名选手参加比赛。演讲比赛邀请到全国广播金话筒奖获得者陆澄、SMG主持人沈婷、上海市普通话测试员林颂光、上海工商经济进修学院老师吴雪琴等4位专家和集团内部3位评委共同组成7人评委团进行评分。演讲比赛中,13名参赛选手紧紧围绕企业文化理念的要素,用满怀激情、声情并茂的演讲,描述各公司在经营管理中的一幅幅动人的画卷,彰显各公司的企业文化理念和企业精神。一番激烈角逐后,经过7人评委团公平、公正评选,最终,丝绸股份获集体一等奖,集团总部和东方创业获二等奖,东方新家纺、物流集团、国服公司获三等奖;丝绸股份康莉、东方创业马凯伦、集团总部韦伟分获最佳创作奖一、二、三等奖,丝绸股份康莉、集团总部韦伟、东方新家纺朱菁分获最佳表演奖一、二、三等奖。10月19—20日,集团举办提炼企业文化理念专题培训班,邀请锦江集团企业文化策划部副部长董明珠作提炼和确定企业文化理念核心价值观体系的辅导报告。集团有关领导、党委工作部负责人,各公司党委分管领导、工会主席、党办主任30人出席。

2008 年 3 月,集团编辑并下发《东方国际(集团)有限公司企业文化理念与大讨论征文汇编》,书中登载集团系统企业文化理念、企业文化理念大讨论征文大赛获奖文章 10 篇,企业文化理念演讲比赛参赛文稿 13 篇,企业文化大讨论征文 37 篇,企业文化理念大讨论征文 85 篇,成为集团系统企业文化建设的宝贵资料和真实写照。

2009 年 11 月,集团组织一台以"和谐东方,共创未来"为主题、有近 200 名职工参与的庆祝集团成立 15 周年职工文艺汇演。演出节目注重演绎集团的企业文化理念,同时发布经过修改创作的集团司歌《东方雄风》。11 月,集团党委结合学习实践科学发展观活动"排头兵"的评选,编辑下发《东方的基石》一书,共计 172 篇文章,企业文化理念"人格化"、具体化、形象化,使员工逐步成为自觉实践企业文化理念的"企业人"。是年年底,集团工会为每位员工制作一个印有集团企业文化核心理念的卡片式 U 盘,通过视觉方式传播集团企业文化核心理念。

2011 年 4 月,集团党委开展"践行企业文化核心理念案例"评选活动,征集到 69 篇案例。经过各公司自评和集团领导、各部室负责人、各公司党政主要领导投票评选,评出"践行企业文化核心理念十佳案例"。是年,集团举行《在党旗下成长》征文活动,收到集团系统职工撰写的 85 篇文章、400多幅照片。集团党委汇编《党的光辉照我心》一书,收录征文、照片以及庆祝活动场面,发给集团每位员工。

2012 年,集团党委于"七一"期间在集团系统内开展一次"践行企业文化核心理念"优秀案例展示活动。集团所属各公司采用情景剧、小品、诗朗诵、演讲等各种形式,对践行企业文化核心理念的案例进行展示。

2013 年,集团党委在物流集团召开企业文化现场交流会,组织观看物流集团企业文化展板和关于企业文化建设的录像片,东松公司、经贸公司和丝绸股份等单位在大会上交流企业文化建设的好做法和好经验。

2014 年 12 月 17 日,在集团转型发展标杆标兵表彰暨职工文艺汇演的现场,集团开展企业文化建设阶段性成果展示活动,以图文展板形式充分挖掘各公司企业文化内涵、核心价值观、经营理念和创新转型等方面内容,总结提炼企业文化建设的先进经验和做法。这些展板图文并茂、形象生动,为集团持续、健康、稳定发展营造团结奋进、凝聚人心的企业文化氛围。

2015 年,集团党委决定把"进一步加强企业文化建设,提升集团科学发展软实力"作为党委中心组课题,在集团系统广泛开展调研,完成《东方国际集团企业文化调研报告》和《东方国际集团企业文化建设 2015—2017 三年行动规划》。在课题调研的基础上,编辑《东方国际集团企业文化建设优秀案例汇编》(简称《汇编》)。集团党委职能部门从征集的稿件中精选出 64 篇典型案例编入《汇编》,于 2015 年 6 月下发到集团系统所属各企业。

2016 年,按照《东方国际集团企业文化建设 2015—2017 三年行动规划》阶段性任务,对集团专项文化建设工作进行部署落实。围绕落实集团三年行动规划战略目标任务等,集团及各子公司提出决策文化、执行文化、创新文化等共 12 项专项文化内容,为深入推进集团专项企业文化建设夯实基础。

二、基层企业创建活动

东方国际文化既是集团历史发展的文化积淀和精神结晶,也是集团所属企业文化建设的交会融合。各公司的企业文化实践是东方国际文化的重要组成部分,经验、成果和特色不仅丰富集团企业文化的内容，更为提升集团文化提供广泛而深厚的基础，特别是集团所属企业中，有的先于集团组建而存在，长期开展企业文化建设，形成自己的特色；有的虽然组建仅数年，但在集团文化的影响下注重建设，努力培育，积累经验。

2008年6月23日，物流集团入驻茂联大厦后，通过"物流星光"电子屏幕和《物流天下》刊物、海运分公司简报、团委"青春驿站"园地等途径，广泛宣传"一心、一体、一流"的企业精神。

2010年，东方商业制作企业文化宣传图片，在办公楼醒目位置张贴，开展"知荣辱、守秩序、讲诚信、促和谐"格言征集评选活动，结合公司成立10周年庆典活动开展征文比赛，激发全体员工爱企业、爱岗位的责任感。

2013年3月26日，物流集团在本部举办企业文化优秀案例演示会，展示会以"转型在东方、发展在东方——让企业'文化'起来"为主题，来自物流集团所属的经贸公司、海运分公司、东方新海、新贸海公司、联集公司及物流本部的20位选手表演20个节目。他们用真挚的感情、生动的语言从不同角度诠释物流集团"和谐进取，科学发展"的企业理念、"一心、一体、一流"的企业精神、"敬业务实，勤廉高效"的企业作风。是年，汇编《不息的源泉》一书下发给公司员工。物流空运公司党政领导带头，公司169名职工，人人撰写文章，印制一本题为《诚心、开拓、尽责、协作、忠诚》的企业精神汇编材料。

东方外贸通过新进员工培训、公司环境布置、制作公司企业文化理念便笺盒等方式，加强企业文化宣传力度。2013年7月11日，东方外贸青年家园开幕式暨首期活动在公司本部10楼多功能厅举行。青年家园是东方外贸搭建的青年人思想碰撞与技能提升的平台，主旨是"企智、乐业、做大家"。首期青年家园活动在演讲励志故事中展开。

东方利泰将从职工中征集到的核心理念进行诠释，利用《利泰之窗》和在办公楼张贴企业文化理念宣传图等形式，大力宣传公司的企业文化理念。

第四节　信 息 简 报

集团重视建立和开辟文化窗口，创办《简报》和《东方国际报》，加强企业文化阵地建设，坚持通过报刊、企业局域网等途径，宣传集团企业文化，展示和交流集团系统企业文化建设成果和经验，用企业共同价值观教育、打造员工，激励人心，助推企业发展。

一、《简报》

1994年4月21日，东方国际集团开业筹备工作组编纂的东方国际集团《简报》第一期出刊。第一期集团《简报》以"6家公司研讨组建企业集团"为标题进行信息报道。是年共刊出集团《简报》4期。

集团《简报》为A4开信息类内刊，不定期，页数视内容不等，主要反映集团内部信息和集团所属各企业动态，通报集团相关情况，报道集团领导工作动态，沟通交流工作情况和工作经验，宣传先进事迹等。

1994年11月—2000年12月，集团《简报》由集团总裁办公室负责撰稿和编印。随着信息量的增加，集团《简报》刊出的期数有所增加，2013年为刊出期数最多的一年，共刊出集团《简报》73期。1995—2003年期间，集团在编印《简报》的同时，创办《东方国际动态》期刊，印制周期为20天，设有领导指示、企业动态、劳动人事、财务管理、党建工作等十余个栏目,着重反映和宣传有关集团工作的各类综合信息,出刊 105 期。

2001 年 1 月—2017 年 12 月,集团《简报》由集团总裁办公室和党委工作部共同负责撰稿和编印。1994—2017 年,集团《简报》共刊出 1 042 期。

表 6 - 2 - 1 1994—2017 年集团《简报》刊出期数统计情况表 单位:期

年 份	数 量	年 份	数 量
1994	4	2006	39
1995	48	2007	54
1996	60	2008	47
1997	65	2009	27
1998	37	2010	40
1999	44	2011	43
2000	32	2012	50
2001	39	2013	73
2002	49	2014	48
2003	43	2015	50
2004	35	2016	53
2005	27	2017	35
合 计			1 042

二、《东方国际报》

2003 年 12 月,集团党委决定创办企业内部报纸,定名为《东方国际报》。办报宗旨是传播集团有关信息、工作和活动情况,宣传集团系统先进人物先进事迹,加强集团对外宣传和内部交流,营造改革提升、开拓创新、积极向上、奋发有为的企业氛围,提升职工文化素养,丰富职工文化生活。内容着重报道集团及各单位的重要活动,宣传集团系统先进集体和先进个人的事迹,反映集团内部精神和物质文明建设的新经验、新气象,介绍内外贸、法律等相关知识和政策等。

2004 年 1 月,首期《东方国际报》付印,定为 A3 开,共 4 版,第一版为企业要闻,第二版为经营管理,第三版为党群信息,第四版为副刊(根据需要不定期增版)。《东方国际报》所需的费用由集团行政纳入每年的财务预算,专款专用。

《东方国际报》由集团党委工作部负责征集稿源和编辑工作,委托中共上海市委组织部《组织人事报》电脑印务中心排版编制,每月一期(根据需要增期),印数 3 500 份,发至集团每位职工和送达上级有关部门。

《东方国际报》创办以后,建立起一支由集团总部各部室、二级子公司相关人员组成的通讯员队伍,人数基本保持在 40 人左右,每年组织一次业务培训。

截至 2017 年 12 月 28 日,《东方国际报》共印刷 177 期。

第三章 社会责任

东方国际集团在承担社会责任方面,援建和资助希望小学、帮困助学,为灾区和贫困地区赈灾救助,开展结对帮扶活动,参与社区共建联建活动,以及妥善处理来信来访,维护企业和社会稳定等,承担国有企业的社会责任,回报社会、造福人民,树立企业的良好形象与社会声誉。

第一节 助 学

1995—2017 年,集团坚持开展援建资助希望小学和企业内部帮困助学活动,得到社会的赞同和职工群众的认可,起到良好的社会效应。

一、援建和资助希望小学

1995 年 5 月,集团与市外经贸委共同捐资 100 万元(其中集团捐资 75 万元)在西藏日喀则兴建上海希望小学。1996 年 5 月,日喀则上海希望小学落成,日喀则地委副书记徐麟(上海市援藏干部领队)、市外经贸委领导、集团领导等出席希望小学落成典礼。学校建成后,成为日喀则地区直属的一所规模最大的示范小学,也是自治区重点小学之一。

1996 年 9 月,东方丝绸与安徽泾县县政府建立"希望工程"教育基金,签订茂林希望小学建设协议书。东方丝绸为泾县茂林镇建设希望小学捐资 60 万元,其中 40 万元用于兴建希望小学教学楼,20 万元用于教育基金。教育基金主要用于救助失学儿童、少年,培训、奖励敬业爱岗的优秀教师。1997 年 8 月,茂林小学校园里,两幢白色雅致的"爱丝"教学楼建成,教学楼共 1 200 平方米,可容纳400 名学生。茂林希望小学于 1997 年 9 月 1 日开学,同时举行教学楼落成仪式。

1997 年 8 月 25 日,《解放日报》发起"捐希望一本书"活动,集团党政领导根据安徽省有关方面的要求,为支援灾区教育事业的恢复,弘扬共产主义大协作精神,促进集团的精神文明建设,决定由集团工会和团委联合组织为希望工程捐一本书活动。集团工会、团委深入发动,各二级公司支持配合,广大职工积极响应,在短短的 20 天时间里,共捐献各种书籍 10 057 册。其中,集团总部 315 册,东方丝绸 2 000 册,东方服装 1 098 册,东方纺织 1 670 册,东方针织 1 219 册,东方家纺 668 册,东方外贸 841 册,东方新海 300 册,贸发公司 302 册,金桥公司 350 册,东方荣恒 226 册,货运公司 921册,房产公司 107 册,外经公司 40 册。分装 28 箱,送往黄山市。是年 10 月,集团发文部署"心连心、献爱心"心系云南儿童捐款活动,活动期间,集团组织收看录像 38 次,4 200 人次参与教育,历时一个多月。集团党政班子全体成员在这次捐款活动中带好头。集团总部和集团所属的东方丝绸、东方服装、东方纺织、东方针织、东方家纺、东方外贸、货运公司、东方贸发、经贸公司、房产公司、东方荣恒、永丰公司、东方新海、金桥公司、旅游公司、外经公司等 17 个单位开展捐资活动,为云南失学儿童募捐 179 771.5 元助学金。是年 11 月,集团行政拨款 20 万元,援建云南省文山州马关县木腊东方国际希望小学,向红土高原的人民奉献"东方"人的一片爱心。

1998 年 8 月,集团向西藏日喀则上海希望小学捐赠价值 50 万元的 6 000 只书包、30 000 支铅笔等学习用品。是年,集团下属的中日合资企业上海丝金时装有限公司全体员工集体捐款 20 万元,在安徽宣州最贫困山区筹建该市第一所希望小学——上海丝金希望小学。1999 年 7 月建设过程中,当地遭受严重内涝等自然灾害,致使原由当地负责的内部教学设施的钱款因救灾一时无法得以落实。上海丝金时装有限公司再次个人捐款近 10 万元,帮助学校购置教学设备和文化用品。经过各方共同努力,上海丝金希望小学在 1999 年 10 月中华人民共和国成立 50 周年之际顺利落成。

1999 年 8 月 10 日,集团领导带队赴云南文山州马关县木腊东方国际希望小学,向全体师生转达集团全体职工的深情和关爱,给希望小学捐赠学习用品、电脑及其他教学设备。

2002 年,集团牵头、各公司参与捐款 10 万元,资助上海市武宁百货公司退休职工查文红义务支教的安徽砀山重建中学。

2006 年 9 月 13 日,集团党委领导蔡鸿生、王乐齐、陆朴鸣等一行,赴云南文山州马关县木腊东方国际希望小学,看望这里的师生员工,捐赠 3.5 万元教学物资。

2010 年 2 月 24 日,东方创业领导带领公司部分党支部书记、职工代表及相关部门人员前往安徽上海丝金希望小学,向学校送上全体员工捐赠的 1 100 多册书籍和公司捐赠的 41 双运动鞋。

二、帮困助学

1998 年,集团成立以党委分管书记为组长、工会主要领导为副组长的东方国际集团帮困救助领导小组,二级公司和三级公司同时建立相应的帮困救助工作机构,形成集团系统帮困救助工作网络。与此同时,集团和各子公司还分别设立帮困救助专项资金,专门用于帮困救助活动。

1999 年 8 月 4 日,集团党委下发《关于在集团范围内开展"伸出你的手,编织一片爱"捐资助学活动的通知》,对捐资助学活动作出具体安排,由东方国际集团所属 11 家公司和集团总部的广大职工捐资和个人结对助学,共资助金达公司下属 14 个厂和郁金香公司等 15 个单位 135 名特困职工的 144 名子女。捐资助学活动暂定 3 年,分 6 个学期进行。第一学期,集团共捐款 35 000 元。

2003 年 12 月 30 日,集团总部职工在普陀区体育馆为集团救助帮困基金开展"一日捐"活动,共募得捐款 3 745 元,为集团开展帮困助学募集资金。

2004 年 8 月,在"高兴、放心"活动中,集团党委根据正在开展的集团系统"第二轮"帮困助学活动情况,提出领导干部与困难职工子女"一对一牵手"结对助学帮困活动,推动帮困助学活动深入开展。在集团党委的部署下,集团领导和集团总部各部(室)正、副部长(主任)带头与困难职工子女结成 22 对"一对一牵手"助学帮困的对子,领导干部拿出自己的工资作为一部分助学金,资助困难职工子女完成学业。各二级公司党政领导也相继开展此项活动。在"一对一牵手"助学帮困活动中,有的领导保持与结对学生的书信往来,思想上给予教育,生活上给予关心。

2001—2010 年 9 月,集团系统受资助学生达到 8 670 余人次,帮困助学金额达 481 万余元,受助学生中共有 3 138 名考入大学。

第二节 赈 灾 救 助

集团以高度的社会责任感参与各项赈灾救助行动,动员广大干部员工伸出援助之手,帮助灾区群众渡过难关。

一、抗洪赈灾捐款

1998 年 8 月，集团响应中共中央抗洪赈灾的号召，在集团系统开展赈灾捐款活动。8 月 11 日，在上海市赈灾义演晚会上，集团党委副书记陈苏明代表集团和二级公司捐款 30 万元。9 月 9 日，集团各公司通过国家民政部和中国红十字会向灾区发运 5 300 条新棉被、6 000 条睡袋、15 000 多件风衣棉衣、1 000 多条毛毯、40 万只编织袋。集团党政与全体干部、职工捐款 102.75 万元，捐赠物资价值 732.78 万元。

二、支援云南灾区和贫困地区

2002 年，集团响应市政府办公厅《关于在本市开展扶贫救济送温暖募捐活动及支援云南、江西两省灾区和贫困地区的通知》精神，召开专题会议，传达动员。在集团和各公司党员干部的带头下，集团公司和各子公司共有 3 342 人参加募捐，捐款 11.21 万余元，捐衣被 1.3 万余件/条。

2003 年，在上海市统一组织的"扶贫济困送温暖"工作中，集团共募集资金 5.81 万余元，衣被 1.44 万余件/条。

2004 年 10 月下旬，为落实市政府《关于开展扶贫济困送温暖募捐活动的实施意见》，在集团党委领导下，集团召开专门会议，布置任务，落实向云南、江西、安徽三省灾区募集衣被、捐款的工作。据统计，集团系统共募集衣被 1 万余件/条，捐款 2.45 万元，参与募捐人数为 2 824 人。

2006 年，根据市政府部署，集团党委专门发出《关于开展"送温暖，献爱心"社会捐助活动的通知》，集团系统广大职工积极响应，纷纷参加"送温暖，献爱心"捐款活动，共募集到 134 459 元，全部交到市民政局设在各区的捐款接收点，向灾区人民献上一份诚挚的爱心。其中集团总部共有 64 人参加，募集到 4 200 元，将捐款交到长宁区民政局社会捐助工作接收站捐款接收点。

2007 年，集团组织干部职工开展向灾区群众"送温暖，献爱心"活动，参加救助活动共 5 560 人次，其中党员 1 286 人次。募集到人民币 13 万余元，冬衣/冬裤和被/毯共 3 735 件/条，全部送交到市民政局设在各区和街道的捐助接收点。

三、抗击非典型肺炎疫情

2003 年年初，中国发生一场非典型肺炎（简称非典）疫情。为做好"非典"疫情防控工作，4 月中旬起，集团党委召开一系列紧急会议，及时传达、部署"防非"工作，下发《关于进一步做好防范"非典"工作的通知》。集团和各公司党政领导挂帅，第一时间成立"防非"工作领导小组和工作小组，传达、贯彻、落实各项工作要求，制定相应措施，确保"防非"工作、业务工作两不误和信息传递畅通无阻。当接到中共上海市委关于广交会参展人员必须集中医学观察 12 天的通知后，集团党委领导踏勘、协调，为集团系统参加广交会交易团人员落实"休养点"。为加强管理，妥善安排医学观察，集团党委还组建"休养点"临时党总支，派专人照料，给广交会参展人员发慰问信和生活用品。集团领导和许多子公司党政领导还到机场和"休养点"迎送、看望广交会参展人员，对广交会参展人员的家属进行慰问。5 月，集团党委专门部署集团系统开展抗击"非典"一日捐活动，支持上海人民抗击"非典"疫情。集团和各公司党政工团组织、职工群众纷纷响应，在短短 10 天时间内，共计捐款 40 余万元。加上单位捐助 20 万元,集团系统捐给上海市红十字会和市、区民政局及上海市防治"非典"专项资金共计 60 余万元。

为了表彰先进,集团党委作出《关于给 58 名广交会参展人员集体嘉奖的决定》。在抗击"非典"期间,东方针织团委组织 13 名青年参加抗击"非典"无偿献血活动。

四、印度洋海啸捐款

2005 年,印度洋发生大型海啸,集团发出《关于印度洋海啸灾区捐款的通知》,集团系统职工个人向印度洋海啸灾区捐款 23.19 万元。

五、抗冰救灾

2008 年,面对中国南方城市冰雪灾害气候,按照上海市政府、市国资委紧急会议精神,集团及时制定抗冰救灾工作方案,以实际行动抗冰雪、保平安。集团把未购买到回乡票的农民工妥善安置在原工厂宿舍,为农民工安排除夕年夜饭;有的单位还为农民工置办年货。

六、汶川地震救灾捐款

2008 年 5 月 12 日,四川汶川突发大地震,中共中央、国务院领导全国军民抗震救灾。集团党委发出紧急通知,倡议全体共产党员和员工向灾区捐款,各级党组织迅速行动。截至 5 月 30 日,集团系统共募集捐款 627 万余元(含 770 名党员的特殊党费),其中个人捐赠 152.45 万元,单位捐赠 475 万元,捐赠物资价值 12 万元。

七、玉树地震救灾捐款

2010 年 4 月,集团开展为青海玉树地震灾区捐款活动。4 月 19 日,集团以单位的名义通过上海红十字会向青海玉树地震灾区捐款 100 万元;同时向所属企业发出紧急通知,倡议全体共产党员和员工慷慨解囊,向青海玉树地震灾区伸出热情援助之手,帮助灾区人民渡过生活难关。截至 4 月 28 日下午,集团系统共计募集捐款 159.6 万元,其中党员和职工个人共计捐赠 49.62 万元。

第三节 结 对 帮 扶

集团积极贯彻落实中共上海市委、市政府关于"与市郊薄弱村结对帮扶,支援社会主义新农村建设"的工作部署,开展与崇明庙镇薄弱村结对帮扶和为崇明建立造血机制捐资活动,体现国有企业应尽的社会担当。

一、结对帮扶崇明庙镇经济薄弱村

根据中共上海市委组织部、市国资委党委关于与郊区经济薄弱村开展帮扶结对活动的精神及工作要求,2007年9月5日,集团党委副书记、纪委书记陆朴鸣率集团相关职能部门负责人及部分二级公司党委分管领导前往崇明庙镇通济村、小竖村参加第一轮为期三年的结对帮扶签约仪式,集团为建设社会主义新农村的结对帮扶工作由此拉开序幕。

2010年3月25日,在中共上海市委组织部召开的"深化城乡结对帮扶,参加城乡党建统筹"工作会议上,集团获市委组织部颁发的"城乡结对,携手共进"证书。4月,集团下发《东方国际集团对外捐赠管理制度》,将对外捐赠工作规范化。6月5日,在崇明庙镇镇政府会议室举行签约仪式,集团党委副书记、纪委书记李春明代表集团党委与崇明庙镇通济村、小竖村、宏达村的党支部书记分别在结对帮扶协议书上签名盖章,标志着新一轮为期三年的结对帮扶工作由此拉开序幕。集团党委保留第一轮帮扶的通济村、小竖村,增加宏达村作为结对帮扶对象。

2013年11月29日,在崇明庙镇镇政府会议室,集团党委与庙镇的通济村、小竖村、猛东村举行第三轮"结对帮扶"签约仪式,此次签约为期5年。集团党委书记、董事长吕勇明和崇明县委常委、组织部部长顾春源参加签约仪式并讲话。

2007—2017年,集团与崇明薄弱村结对帮扶工作开展11年,把扶贫济困作为结对帮扶的切入点,把改善基础设施作为帮扶的着力点,把党建联建、共创文明作为双方共建的主要内容,切实为通济村和小竖村解决难题,为村民办实事、做好事,共同推进社会主义新农村建设。11年来,集团系统的东方创业、东方利泰、东方新家纺、东方纺织、东方商业、物流集团、东方外贸、东方新海、丝绸股份、资产管理、投资公司、领秀公司、国服公司、集团总部等14家单位共提供220万元的帮扶资金,资助通济村、小竖村完成村合格卫生室、老年活动室、村中白色道路、河道疏通、仓库和村委会一体化建设等实事项目,这些项目真正做到便民利民,在村民看病就医、丰富文化生活、方便出行、提高生活质量和改善村委会办公条件等方面发挥作用。每年春节之前,集团党委还开展对薄弱村困难党员的慰问和救助工作,指派人员专门赴崇明结对村慰问困难党员。2007—2017年,共慰问结对村困难党员近1000人次,送去慰问金50万余元。同时,集团党委与结对村开展党建联建、精神文明共建等活动。2011年,在集团党委副书记、纪委书记李春明的提议下,集团党委组织参与结对帮扶的6家公司党组织书记专程到结对村,大家围绕在创先争优活动中如何在"服务群众"上下功夫这一主题,开展基层党建经验座谈会,取得一定的成效。

二、结对综合帮扶崇明县(区)

根据《中共上海市委、上海市人民政府下发〈关于上海市加强农村综合帮扶工作的若干意见〉的通知》精神和市农村综合帮扶工作领导小组办公室的工作要求,集团从2013年开始与崇明县(区)开展为期5年的结对综合帮扶工作。2013—2017年,5年间集团筹集综合帮扶款2500万元,以捐助形式汇至崇明县(区)财政局农村综合帮扶专户,为帮助崇明县(区)增强"造血"机制、改变农村经济薄弱状况、增加农民收入提供支持。

2015年、2016年,集团被上海市农村综合帮扶工作领导小组办公室评为年度农村综合帮扶工作先进单位。

第四节　社企共建和来信来访处理

开展社企共建,推进社会公益事业,是集团一以贯之的文化理念和上下一致的自觉行为。集团在捐资社会公益、志愿者活动、社区共建文明等各项活动中热情参与,积极贡献;同时做好来信来访处理工作,维护企业和社会稳定,主动承担国有企业的社会责任。

一、社会公益活动

1996年5月,集团向西藏日喀则地区捐赠60万元的物资。

1998年2月,集团与所属的东方丝绸、东方服装、东方针织、东方家纺、东方纺织等8家公司共同捐资15万元,用于建造安徽泾县皖南烈士纪念馆中的皖南事变雕塑走廊工程。

1999年10月,集团与市外经贸委共同捐资360万元,兴建西藏日喀则地区外经贸局国际贸易中心大楼,2001年3月大楼落成。12月5日,集团向上海市老年基金会捐款10万元。

2002年,集团工会响应市政府号召,开展"共建五一林,绿化大上海"捐献树苗活动,集团所属公司工会积极行动,共计捐献树苗1170棵。下半年,集团响应市政府号召,积极开展为云南、江西两省灾区群众捐款捐物扶贫送温暖活动。集团广大职工积极弘扬帮困解难、互助互济的风尚,共有3342人参加捐助活动,募得捐款11.21万余元,衣物、棉被共计1.33万余件/条。

2008年10月,根据集团各级党组织部署,所属工会具体操作,集团系统开展"送温暖,献爱心"社会公益募捐活动,共有2916人次参加,募集到人民币4万余元,棉被/毛毯和各类衣服/裤子7300余条/件,其中新品2479条/件。

二、世博系列活动

中国2010年上海世界博览会申请举办成功,举国欢庆。东方国际集团作为中国申博企业后援团成员之一,与集团所属东方创业、东方纺织、东方利泰、东方新家纺、东方外贸、丝绸股份、物流集团、国服公司等8家子公司共同捐款100万元,支持申办中国2010年上海世界博览会。12月11日,2010年上海世博会申办工作领导小组办公室给集团发来感谢信:"贵公司积极参与支持中国申博企业后援团的活动,对上海申博办的工作给予大力帮助,我们在此谨向贵公司表示衷心的感谢和崇高的敬意。"

2010年上海世博会申办成功后,集团上下积极响应中共上海市委、市政府号召,以"当好东道主,文明迎世博"作为己任,联系企业实际,开展世博系列活动。发动1700余名党员参加上海市"百万党员践行文明行为准则承诺"签名活动。组织广大党员过一次"参与世博、服务世博、奉献世博"专题组织生活。集团工会、团委组织世博知识竞赛和"我的世博印象"摄影比赛,有800余名职工参加摄影比赛投稿。集团系统各级党组织普遍开展"保畅通""保平安""清洁家园"等世博志愿者活动,有46个党组织、300余名党员参加。《东方国际报》组织观博征文活动,登载58篇观博征文,营造世博氛围。制作《我们的世博印象——职工摄影作品集锦》台历,编辑《我们的世博印象》册子,展示东方国际员工的精神面貌和文化素养。

2010年8月18—21日,集团邀请安徽革命老区的泾县茂林希望小学、上海丝金希望小学的22名师生来到上海,参加集团和上海安徽经济文化促进会共同举办的"世博快乐成长夏令营"。夏令营活动是集团对两所希望小学爱心活动的延续,在集团工作人员的陪同下,师生们饶有兴致地参观上海科技馆和东方明珠,游览上海外滩,花两天时间参观世博会园区。为期4天的夏令营活动,让孩子们透过世博这扇观察世界的窗口,不出国门看世界,激发他们的民族自信心和自豪感。

2010年是世博年,集团党委组织各级党组织和广大党员积极开展"世博先锋行动"。在"世博先锋行动"中,集团党委与街道社区取得联系,主动认领一个公交站点作为安全文明岗,认真完成社区交付的工作任务。集团还积极参与长宁区和虹桥社区的"世博先锋行动",先后组织清洁家园、"啄木鸟行动"、双结对活动等,探索与社区互动的工作途径和方法,形成与社区开展文明共建的有效机制。将中国共产党的政治优势、组织优势和联系群众的优势落实到具体的工作中,确保世博期间集团的和谐稳定。为此,集团分别获长宁区和虹桥社区"世博先锋行动"党建联建优秀单位称号。世博期间,集团系统涌现出一大批先进集体和先进个人。其中,1个基层党组织和3名共产党员受中共上海市委表彰。1个基层党组织、1个业务部和3名共产党员受市国资委党委表彰。

三、社区联建和帮困

2011年年初,集团在长宁区凝聚力工程学会虹桥社区分会年会上主动认领一个党建项目,由集团总部、东方外贸和东方创业共同出资9 000元,走访慰问90户街道社区的困难党员。春节前,在虹桥街道的配合下,集团完成90户党员的慰问和走访,将新春的祝福送到困难党员的家中。

2016年6月5日,在长宁区白领青年纪念中国共产党建党95周年演唱比赛中,东方国际集团合唱队受邀在会上深情演绎《红梅赞》,获一致好评,取得第二名的好成绩。6月23日,虹桥街道在虹桥社区文化活动中心召开"为党旗增辉,做合格党员"庆祝中国共产党成立95周年大会,东方国际集团作为社区单位受邀参加。会上,东方国际集团认领"为金婚老人拍照"的暖情服务,服务社区,为社区老人献上一份爱,推动社区共建。

2017年10月,集团摄影爱好者沙龙6位成员来到虹桥街道虹储居委,与街道社区党建服务中心联合举办"温馨家园情暖十月,金色浪漫相伴一生"——2017年暖情金婚照活动,为11对老人拍摄金婚照,上海电视台对此活动作专题报道。

四、来信来访处理

1999年3月,集团党委建立党政领导接待群众来访制度,是年共接待10名来访职工。金达公司所属第五、第六丝织厂和飞蝶公司先后发生多次职工集体上访,职工人数多,情绪激烈。在市信访办、市外经贸党委的支持下,集团领导和有关各级组织投入大量人力接待、对话、家访,耐心细致地做宣传解释工作,根据实际情况解决困难,终于使一次次的集体上访平静下来,为企业改革和发展创造稳定的环境。是年,集团共受理来信95件/次,其中重复来信39件/次,占41%。到市政府、市总工会、市外经贸委、区政府以及集团上访的共26批,342人次,其中集体上访11批,共325人次。对于来信来访,集团领导和有关职能部门、党组织按照有关政策,根据实际情况给予答复或妥善处理。

2001年1月至5月30日期间,集团下属荣恒医药公司部分职工频繁集体上访,影响企业稳定和社会稳定。其间,市外经贸委领导、集团领导和东方创业、东方荣恒的领导出面做了大量的接待工作和深入细致的思想政治工作,成立专门的稳定工作小组,召开职工座谈会、职工大会和上门家访,澄清事实真相,阐明集团立场,寻求稳妥解决的途径方法,及时向中共上海市委汇报情况,妥善处置,避免矛盾激化。据统计,2001年,集团党委部门和纪委的信访总量为318件/次,其中接待来访14批、206人次,处理来信112件。信访主要诉求是要求解决生活困难、解决历史遗留问题和举报单位领导以权谋私等三大方面的问题。集团党委在中共上海市委、市政府信访部门、市外经贸党委的支持和指导下，认真做好接待、协调工作，认真处理每一封来信，帮助职工解决具体问题，帮助基层公司化解矛盾，为维护企业和社会稳定大局作出努力。

2002年，集团党委重点帮助企业消除改革改制过程中出现的各类不稳定因素。在丝绸集团改制和分流工作中，集团党委深入丝绸集团，同丝绸集团党委一起做大量深入细致的思想工作，妥善解决改革过程中出现的各种思想问题和不稳定因素，确保改革顺利进行。据统计，2002年集团党委工作部共受理信访总量75件/次，其中接待上访人员12批（重复上访8次），处理信访询问电话近30次，各类信访得到妥善处理。

2003年，集团党委工作部门受理来信来访共计346件/次。其中接待上访人员19批272人次（集体上访6批259人次），处理来信75件。集团党委工作部门积极支持和配合基层党委，做了大量深入细致的思想工作，妥善解决改革过程中干部职工出现的各种思想问题和不稳定因素，确保改革的顺利开展、企业的经营发展和稳定。

2004年4月15日，集团党委制定下发《关于在企业改制过程中加强思想政治工作和稳定工作的意见》《改革过程中思想政治工作和稳定工作程序简图》等文件，提出思想重视、参与决策、建立工作网络、重视组织建设和严格纪律等5个方面的要求。据统计，2004年，集团层面来信来访共计99件/次，其中来访43批、336人次。比较突出的是上半年上海丝绸科学技术研究所部分职工两次到市政府上访，下半年华钟公司200余名职工连续50多小时到集团集体上访和年末嘉元物业公司30多名职工上访的问题。由于领导重视，集团党委和有关单位、有关部门的责任人，花大量时间、大量精力开展工作，基本上化解矛盾。

2006年，集团党委完善稳定工作责任制，建立分析排摸、深入基层、重点化解等工作机制。同时，进一步健全稳定工作网络，发挥稳定工作网络和骨干力量的作用，充分发挥集团系统帮困救助三级工作网络和二级专项资金以及各级工会组织作用，关心困难职工生活，推进和谐企业构建工作。

2007年，集团接待和处理来信来访200余件/次，其中接转和办理来信95件，接待来访100余人次。集团党委领导和相关工作部门按照政策和相关规定，认真接待，正确处置，及时做好思想工作和政策解释工作，积极化解矛盾，没有发生一起矛盾激化事件。

2008年，集团部署北京奥运会期间安保稳定工作，转发市国资委两办《关于进一步加强市国资委系统奥运期间安保稳定工作通知》。集团党委分管领导组织召开党委书记专题会议，以高度的政治责任感，强化全局意识，加大工作力度，确保万无一失。对信访处理、值班制度、信息渠道等方面工作进行梳理，针对薄弱环节加以整改，确保北京奥运期间的安全。2008年，集团系统接信接访251件/次，其中集体上访16批、171人次，没有发生信访矛盾激化。集团还开展重信重访专项治理工作，对历史遗留问题进行有效化解，完成上级下达的重信重访化解目标。

2009年，集团党委与各二级公司党政主要负责人签订《上海世博会安保反恐维稳责任书》，将维稳责任落实到人。集团接待和处理来信来访近100件/次，召开信访事项专题协调会10余次，化解2件历史老案。

2010年，集团召开世博维稳工作专题会议，把各项工作任务和措施层层分解，严格执行责任到人，逐项落实，加大隐患治理力度，确保世博期间企业安全稳定。集团建立世博期间安保稳定信息报送制度，各二级公司明确专人做好信息报送工作，及时将本单位安保稳定情况进行上报。

2011年9月和2012年9月，集团党委下发《东方国际集团信访稳定工作目标考核细则》，对所属企业的信访维稳工作进行考核。

2015年,集团与各二级公司党组织签订《信访工作目标责任书》,建立"党政同责、一岗双责、齐抓共管"工作机制。认真贯彻落实市国资委党委提出的信访稳定工作责任目标,结合子公司改革转型实际,配合做好有关企业关停和人员分流安置工作。

2016年1月12—22日,集团信访办对各二级公司2015年度信访稳定工作开展情况进行考核和专项检查。2月3日,在集团党群工作会议上,集团与所属各子公司签订《信访工作目标责任书》。2016年度,集团层面处理信访5件/次,其中,国信网转送件3件/次,到集团来访2件/次。

2017年,集团进一步加强信访工作机制,建立社会稳定风险分析评估机制等8项信访工作制度。集团分管领导每月召开职能部门会议,听取和研究信访工作情况,批阅来信,包案化解信访矛盾。全年集团层面处理信访15件/次,其中,国信网转送件7件/次,到集团来访8件/次。

第七篇

党群

追求卓越　拥抱未来

Aspire after brilliance to embrace the future

概　　述

　　1994 年 11 月—2017 年 12 月,集团系统中国共产党各级组织紧密联系企业经营管理和改革、发展、稳定等各项工作的实际,坚持党要管党、从严治党的工作方针,坚持围绕中心、服务大局,始终把加强党组织自身建设摆在突出位置。通过开展政治理论学习、召开领导班子民主生活会、创建"四好"领导班子活动和做好中共上海市委巡视指出问题的整改工作等途径,不断加强党委领导班子和基层党组织的思想建设、组织建设、作风建设和能力建设。集团党委和基层各级党组织坚持开展党内主题教育实践活动和形势任务教育。坚持开展纪念"七一"和评选先进活动。按照《党章》规定和党内组织工作条例,认真抓好基层党组织换届选举工作。抓好党务公开和民主评议党员工作,充分发扬党内民主,努力增强企业党组织的战斗力、凝聚力和影响力,充分发挥各级党委的领导作用、党支部的战斗堡垒作用和广大共产党员的先锋模范作用。

　　健全集团系统工会和共青团组织,加强对工会、共青团组织的思想政治领导,坚持全心全意依靠职工办好企业。

　　集团工会按照《中华人民共和国工会法》《中国工会章程》《上海市工会条例》等法律法规,履行工会基本职能,加强工会组织建设和制度建设。坚持职工(代表)大会和集体协商制度,推进企业民主管理,依法维护职工权益,在厂务公开工作中发挥积极作用。每年组织劳动竞赛,开展各类先进评选活动。抓好工会干部培训工作,提升工会干部综合素质和工作能力。成立职工沙龙,丰富职工生活。坚持走访慰问和帮困送温暖活动,做好职工保障工作。集团和各级工会成为党组织联系职工的桥梁和纽带,在促进企业全面发展中发挥群众组织不可替代的重要作用。

　　集团团委依照共青团章程,坚持各项制度,加强组织建设,开展思想教育,推进自身建设,履行职能职责,开展主题实践活动,提高共青团组织的青春活力和凝聚力,发挥共青团组织在企业改革提升和创新发展中的独特作用。

第一章 党委工作

1994年9月,中共东方国际(集团)有限公司委员会(简称集团党委)成立。23年间,集团党委紧密结合企业实际,加强自身建设,发挥国有企业党组织的政治核心作用,为推进企业改革、发展、稳定等各方面工作提供思想和组织保证。

第一节 基本状况

一、概况

1994年年底,集团下属有5个直属单位,均为党委建制。集团成立23年间,集团党委重视基层党组织建设,做到凡是新公司组建,同步组建党的组织,同步部署党的工作,确保党组织"全覆盖",不留"空白点"。截至2017年年底,集团系统中共党组织有15个党委、7个党总支、130个党支部。

表7-1-1 2006—2017年集团中共党组织汇总情况表　　　　单位:个

年份	2006	2007	2008	2009	2010	2011	2012	2013	2014	2015	2016	2017
党委	17	17	17	15	15	15	15	15	14	15	15	15
党总支	14	14	24	15	15	15	12	12	9	7	7	7
党支部	185	185	178	171	171	171	154	154	143	131	131	130
总数	216	216	219	201	201	201	181	181	166	153	153	152

二、中共党员结构

2006年年底,集团系统有中共党员2 165名。截至2017年年底,集团系统有中共党员1 277名。

表7-1-2 2006—2017年集团中共党员年龄与学历汇总情况表　　　　单位:名

年份	党员总数	35岁及以下	36—45岁	46—54岁	55—59岁	60岁及以上	研究生	大学本科	大学专科	中专	高中中技	初中及以下
2006	2 165	329	401	906	282	247	48	428	573	200	404	512
2007	2 109	340	371	828	312	258	50	460	553	195	388	463
2008	2 031	345	298	785	326	277	52	486	536	180	362	415
2009	1 921	340	267	690	355	269	55	494	512	171	320	369

〔续表〕

年份	党员总数	35岁及以下	36—45岁	46—54岁	55—59岁	60岁及以上	研究生	大学本科	大学专科	中专	高中中技	初中及以下
2010	1 852	320	272	597	383	280	54	495	501	161	310	331
2011	1 788	320	276	493	413	286	56	502	490	156	292	292
2012	1 694	319	283	383	419	290	61	513	469	143	263	245
2013	1 641	323	289	319	396	314	61	526	448	137	248	221
2014	1 585	317	291	343	359	275	64	540	436	125	231	189
2015	1 511	283	301	316	317	294	65	530	416	121	215	164
2016	1 475	281	296	287	317	294	65	530	416	121	215	128
2017	1 277	227	285	292	199	274	63	501	366	85	159	103

第二节　领导班子建设

集团党委把领导班子建设作为企业党建的重要内容,坚持领导班子的政治理论学习,坚持领导班子民主生活会制度,开展"四好"领导班子创建活动,做好市委巡视指出问题的整改工作,采取各种措施,着力打造政治素质好、经营业绩好、团结协作好、作风形象好的坚强领导班子。1995年年底,集团党委建立和健全党委会、党委书记例会、党委办公会议以及党委中心组学习制度,为加强领导班子建设制度化、科学化、规范化奠定基础。

一、政治理论学习

政治理论学习是领导班子建设的重要组成部分。集团党委通过党委中心组理论学习,举办专题理论学习班,组织领导干部接受教育,帮助领导干部用政治理论武装头脑、指导实践、推动工作,为集团深化改革、加快发展打牢思想基础。

集团党委坚持从制度上抓好党委中心组学习,从计划、内容、方式、效果上落实。做到每年有计划,每季度有专题,每次有重点发言。23年间,通过深入学习邓小平理论、"三个代表"重要思想、科学发展观和习近平新时代中国特色社会主义思想,传达学习中共中央和中共上海市委有关重要会议、重要文件精神,把领导干部的思想认识统一到中共中央和中共上海市委的决策部署上来,不断提高领导干部的思想觉悟和政治素质,坚持通过理论武装指导工作实践,切实解决企业发展中遇到的实际问题,推动企业又好又快发展。

1995年,集团党委中心组学习12次,主要学习中共十四届四中全会精神4个专题、邓小平理论纲要2个专题。领导班子思想政治建设突出两个特点:(1)保证党和国家方针、政策在企业的贯彻执行。(2)通过学习,转变观念,领导班子成员的思想更加符合市场经济和集约化建设需求。班子成员对集团发展方向、国有资产重组、盘活和企业的若干结构性调整有较深的认识,为"九五"期间大发展打下较好的思想基础。

1996年,集团党委中心组安排"加强历史使命感,提高政治责任心""向苏培基同志学习,适应两个根本性转变""领导干部讲政治""学习六中全会精神,加强精神文明建设"4个专题和若干课题。针对学理论容易与理论体系、观点相脱节,与发展实际相脱节,与转变思想观念和提高政治素质相脱节,确立要坚持邓小平经济理论"发展就是硬道理"的核心思想,在加强政治责任心、转变观念等方面进行有效的学习。集团党委中心组学习注重理论联系思想实际和发展实际,把学习理论作为党抓经济工作的主要抓手,作为集团发展过程的"意识上层",作为班子成员沟通思想、学习知识、转变观念、酝酿决策、互相帮助、监督自律的阵地。

1997年,集团党委中心组先后组织"贯彻中共十四届六中全会精神""缅怀邓小平""党风党纪专题""学习江泽民5月29日在中共中央党校省部级干部进修班毕业典礼上讲话""学习中共十五大报告"等5个专题学习,组织集团和子公司两级党政领导学习理论,联系实际,研讨思路,把理论学习作为重大决策前的酝酿阶段,通过思想务虚,讲清困难,分析利弊,梳理认识,达到思想统一。

1998年,集团党委和各公司党委都把深入学习贯彻中共十五大精神作为中心组理论学习、提高素质的重要载体,推进思想解放,转变思想观念。举行"所有制结构调整和完善"专题辅导,先后安排"正确处理改革、发展和稳定的关系""牢记党的宗旨,接受人民监督""发扬抗洪精神,探索发展之路""纪念改革开放20周年""贯彻落实中央经济工作会议精神"等专题学习。集团党政主要领导和班子成员在年终学习讨论会上交流学习体会和收获。集团党委中心组总结集团组建4年来通过理论学习不断推动改革,创新经验,并参加外经贸系统的理论学习交流会。

1999年,集团党委共安排5次中心组学习,主要学习江泽民对国有企业的改革与发展问题所发表的一系列重要讲话和中共十五届四中全会《决定》。具体做法是:(1)敞开思想,联系实际,实事求是地结合存在的问题进行讨论。(2)通过学习,促进思想见面和信息交流,加快班子融合。(3)为企业发展定位进行必要的决策酝酿,在思想观念不断更新的基础上形成民主决策。(4)改进学习方法,提高学习效果。同时,集团党委在领导干部中开展"学理论、正风气、树形象"党性党风主题教育,抓好领导干部廉洁自律的工作。集团党委贯彻落实市外经贸纪委下发的"学理论、正风气、树形象"党性党风教育意见,集团和各子公司结合本单位实际,认真学习《邓小平论党风廉政建设和反腐败》《领导干部党风廉政读本》等学习材料。召开领导班子民主生活会,开展批评与自我批评。通过请党校教授上党课、观看电视教育片、外出参观学习等方式,各级领导干部受到较深刻的教育。

2000年"七一"前夕,集团党委组织集团总部部门负责人以上的领导干部和各子公司党政领导干部参加贯彻"三个代表"重要思想党委中心组专题学习讨论会,就进一步加强党的建设、外贸企业如何深入改革、应对加入WTO挑战等课题,展开积极的讨论。集团党委书记、董事长王祖康,各家公司的党委书记分别介绍学习体会和进一步贯彻落实"三个代表"重要思想的打算,并围绕新形势下如何应对WTO的挑战、如何保持可持续发展等问题进行深入探讨和交流。中共十五届五中全会和中共上海市委七届七次会议召开后,集团党委中心组召开思想务虚会,认真学习全会精神,结合集团的实际情况和集团"十五"期间的工作目标及发展框架,进行深入探讨和交流。

2001年,集团党委中心组以组织学习江泽民"七一"重要讲话为抓手,加强领导班子思想建设,联系实际、贯彻精神,推进企业"两个文明"建设上新台阶。学习方式上,采用党委中心组理论学习、专题学习讨论会、辅导报告会和集中培训等多种形式。在集团"三讲"学习教育活动中,安排集中学习,做到全面正确地理解讲话精神,使学习过程成为提高认识和统一思想的过程,切实把领导班子和党员干部的思想认识统一到讲话精神上来,自觉在思想和行动上同中共中央保持一致,自觉实践"三个代表"重要思想的要求,进一步促进企业改革发展和稳定工作。

2002年3月8日,集团党委召开党委中心组学习交流会,深入学习领会江泽民在中共中央纪委七次全会上的讲话精神。东方丝绸、东方创业、东方纺织、东方家纺、东方针织、东方外贸、国服等公司领导在会上相继发言,结合学习体会和实际案例谈对权力观的认识,交流本单位反腐倡廉制度化建设的措施。学习讨论会上,与会人员一致认为,只有正确认识手中的权力,才能正确使用手中的权力。同时,要加强企业党政班子的思想作风建设,筑起坚固的反腐败的思想防线。6月1日,集团召开党委中心组学习会,学习中共中央总书记江泽民5月31日在中共中央党校省部级干部进修班毕业典礼上的重要讲话精神和中共中央政治局委员、上海市委书记黄菊在市八次党代会上的讲话及市政府副秘书长、市外经贸委主任朱晓明在市外经贸委工作会议上的讲话要点。与会人员认真研读学习材料,结合自身实际谈学习体会。

2003年2月,中共上海市委组织部宣布调整集团领导班子部分成员后,集团党委中心组及时组织学习胡锦涛关于牢记"两个务必(务必继续地保持谦虚、谨慎、不骄、不躁的作风;务必继续地保持艰苦奋斗的作风)"的指示精神和上级领导对新班子的要求,通过加强学习、集体领导、转变作风、端正风气等举措,树立集团领导班子新形象。4月,集团党委在集团层面和子公司中部署开展"集团推进新一轮改革与发展大讨论"活动,集团党委通过中心组学习扩大会议的形式,重点对集团改革与发展问题进行研讨。

2004年,为配合"高兴、放心"活动开展,集团党委召开党委中心组学习讨论扩大会,组织学习赵为民的先进事迹。中共十六届四中全会召开后,集团各级党委及时召开中心组学习讨论会,提高对加强党执政能力建设的重要性认识。是年12月,集团党委用2天时间对党委书记进行集中培训,学习中共中央、中共上海市委和市国资委党委关于加强国有企业党建工作的一系列重要指示,增强企业党员领导干部,特别是"双肩挑"的"一把手"在履行岗位职责时必须要确立的"两个第一(第一身份是党员、第一职责是为党工作)"的责任意识和党的观念。

2006年年初,集团党委在抓好各级党委中心组制订学习计划的同时,印制党委中心组学习记录本和党委中心组成员自学笔记本,发放到基层党组织,检查督促党委中心组学习情况。2月22日,集团党委中心组全体成员学习中共上海市委组织部、市国资委党委《关于加强和改进国有及国有控股企业党建工作的意见》文件,讨论如何从集团实际出发,贯彻落实文件精神,把集团党建长效机制落到实处。是年年底,综合检查结果表明集团系统党委中心组学习制度得到较好落实。各公司党委(党总支)能够结合形势任务安排学习内容,把集中学习、个人自学和培训学习与公司的经营与发展相结合,认真组织学习,注重学习效果。

2007年2月,集团党委中心组举行学习胡锦涛在中纪委七次全会上重要讲话精神心得体会交流会。集团领导以述学的方式交流学习体会。集团总部各部室主要负责人、二级公司党委(党总支)书记20余人参加听讲。8月14日,集团党委召开中心组学习交流会。党委中心组成员在会议上交流学习中共上海市委、市国资委党委关于开展反腐倡廉警示教育精神的体会。10月29日,集团党委召开中心组学习扩大会,集团党委书记、董事长蔡鸿生传达中共上海市委召开的传达贯彻中共十七大精神会议的主要精神。集团党委副书记陆朴鸣传达市国资委党委召开的传达贯彻中共十七大精神会议的主要精神。集团党委中心组成员在学习会上交流结合工作实际学习中共十七大精神的体会。

2008年,集团党委中心组重点学习科学发展观,把理论学习与集团的深化改革、业务转型、风险控制、企业管理等各项工作结合起来,调整工作思路,把党建工作的重点放在配合行政应对国际金融危机对企业的影响方面。集团党委中心组撰写《国有外贸企业跨越式发展的30年——东方国际集团在改革创新中发展壮大》课题调研报告,总结国有外贸企业改革发展的历程和成功经验,展示集团在改革创新中发展壮大的成果。

2009年4月,集团党委召开深入学习实践科学发展观理论经验交流会,集团党委书记、董事长蔡鸿生代表集团党委中心组作交流发言,12家子公司党组织分别派出代表,交流学习实践科学发展观理论的认识和体会,分享理论学习成果。10月,集团党委召开党委中心组学习扩大会。会前,集团党委围绕学习、贯彻、落实《国有企业领导人员廉洁从业若干规定》《中国共产党巡视工作条例(试行)》《关于开展工程建设领域突出问题专项治理工作的意见》等文件,作准备和部署。会上,集团党委书记、董事长蔡鸿生作主题发言,与会人员开展学习讨论。

2010年7月1日,集团党委召开纪念中国共产党建党89周年暨创建学习型党组织专题学习交流会,东方创业、东方利泰、丝绸股份等公司党委中心组就建设学习型党组织的认识、体会和做法进行交流发言。集团党委书记、董事长蔡鸿生代表集团党委中心组,就建设学习型党组织和学习型领导班子作发言。会议邀请中共上海市委党校教授袁秉达作创建学习型党组织和学习型领导班子的专题辅导报告。10月13日,集团党委召开中心组(扩大)学习会,学习《上海建设国际贸易中心"十二五"规划》,专题研讨外贸企业的发展机遇。集团领导班子成员、监事会领导、外部董事和部分子公司领导在会上交流初步的学习体会,提出一些积极的建议。

2011年7月8日,集团党委召开中心组(扩大)学习会,围绕胡锦涛"七一"重要讲话精神进行专题学习和交流。是年,围绕学习型党组织建设,集团党委组织各党委中心组开展课题调研,集团系统完成调研课题13个。经各级党组织参与评选,丝绸集团的《丝绸集团稳定工作现状情况调研报告》获得一等奖,东方利泰、丝绸股份的课题调研报告获得二等奖,物流集团、东方外贸、东松公司的课题调研报告获得三等奖。

2012年3月,集团党委以"转型发展开拓新兴业务"为主题,组织党委中心组学习交流现场会,参观上海蓝蓝中国蓝印花布社、丝绸集团产品展示室、上海婚礼中心、创业分公司等集团系统的新型业务项目。9月,集团党委以"落实'稳增长'措施,全面做好2012年工作"为主题,组织党委中心组学习,传达市国资委主任王坚在市国资委系统"稳增长促发展"专题报告会上的讲话精神。会议讨论贯彻落实"稳增长"措施。12月19日,集团党委举办学习宣传中共十八大精神培训班,邀请上海市学习贯彻中共十八大精神宣讲团成员、同济大学可持续发展与管理研究所所长、教授诸大建作宣讲报告。

2013年,集团党委中心组举行7次专题学习和学习体会交流。是年年初,集团党委中心组认真学习中共十八届三中全会和十届中共上海市委三次全会精神。下半年,重点开展群众路线教育实践活动的专题学习。同时,把学习贯彻中共上海市委全会精神与学习贯彻中共十八大精神结合起来,以中共中央和中共上海市委全会精神为指导,统一思想,坚定信心,增强敢于担当的责任意识,统筹安排和深入推进集团工作。

2014年3月7日,集团党委中心组召开学习会议,学习全市深化国资改革促进企业发展工作会议上中共中央政治局委员、上海市委书记韩正和中共上海市委副书记、市长杨雄讲话精神。11月28日,集团党委中心组举行贯彻落实中共十八届四中全会精神学习会,邀请华东政法大学教授、集团外部董事徐士英作《全面推进依法治国——深入学习贯彻党的十八届四中全会精神》辅导报告。2014年,集团党委把中心组学习作为建设学习型领导班子的重要载体,在坚持个人自学的基础上,全年组织7次集中学习,参学的集团领导、总部中层干部和子公司党政主要领导176人次。学习内容包括中共十八届四中全会精神、中共上海市委全会精神、市国资国企改革精神和加强党风廉政建设等。是年,集团党委完成2011—2013年度《党委中心组理论学习调研报告汇编》,内容涵盖创新转型战略、品牌建设、风险防控、人才培养等方面。

2015年3月26日,集团党委召开中心组(扩大)学习会,深入学习《习近平总书记参加十二届全国人大三次会议上海代表团审议时的讲话》,以及中共上海市委书记韩正和市委组织部部长徐泽洲《在领导干部学习贯彻习近平在省部级主要领导干部专题研讨班上重要讲话精神专题学习班上的讲话》精神。8月19日,集团党委举行"三严三实"专题教育学习会,围绕"严以律己"重点,以"严守党的政治纪律和政治规矩"为题,联系反面典型,开展学习研讨,党委中心组成员在学习会上作学习交流发言。9月29日,集团党委中心组学习《中共中央、国务院关于深化国有企业改革的指导意见》《中共中央办公厅印发〈关于在深化国有企业改革中坚持党的领导加强党的建设的若干意见〉的通知》等文件,与会人员开展学习交流活动。10月29日,集团党委中心组举行以"严以用权"为主题的学习讨论,传达市政府秘书长、市国资委党委书记、主任徐逸波关于"严以用权"的讲话精神。集团党委委员、副总裁周峻作《权为民所用、情为民所系、利为民所谋》的交流发言。

2016年,集团党委中心组安排4个专题学习内容,组织中共十八届五中、六中全会精神和习近平系列重要讲话精神等内容的6次集中学习,参学干部400余人次。集团党委召开2次党委中心组(扩大)学习会,分别邀请市委讲师团副团长冯小敏和上海社会科学院世界经济研究所研究员权衡就中共十八届五中全会和习近平系列重要讲话精神作专题辅导;同时开展"新形势下进一步加强和改进党对共青团工作的领导"调研课题。各二级公司党组织按照集团党委要求,制订2016年党委中心组学习计划,结合实际确定"积极推进内衣出口业务转型升级"等11个党委中心组重点学习探讨课题。

2017年,集团党委中心组安排4个专题的学习内容,召开2次党委中心组(扩大)学习会。学习贯彻中共十八届六中全会精神、中共十九大精神和全国国企党建工作会议精神。传达学习上海市第十一次党代会精神和市国企党建工作会议精神。同时,开展以"如何加强国有企业党建工作"为主要内容的党委中心组课题调研,完成《集团系统做好国企党建工作的实践与探索》调研报告。

图7-1-1　2014年11月28日,集团党委中心组(扩大)学习会邀请法学专家作辅导报告

二、民主生活会

集团党委坚持贯彻落实党员领导干部民主生活会制度,以召开各级领导班子民主生活会为抓手,开展批评与自我批评,达到沟通思想、增强合力的目的。在组织召开党员领导干部专题民主生活会过程中,严格按照上级党委的部署和要求,认真做好会前准备、会中评议、会后上报材料等三个环节的工作,确保民主生活会达到预期效果。

1995 年,集团和各子公司分别召开廉洁自律专题民主生活会,领导干部对照中纪委提出的"四条八不准",对照群众的意见和建议,认真剖析自己,查找领导班子和个人存在的问题,对群众反映意见较多的车子、房子、小金库问题进行自查自纠。集团根据企业的实际,制定贯彻"四条八不准"的具体措施,制定礼品登记上缴制度、收入申报制度、驾驶培训管理制度等。

1999 年,集团与各子公司按规定内容分别召开领导班子民主生活会。为开好民主生活会,集团党委专门召集集团与各子公司党政领导参加党委中心组学习,学习江泽民在成都、武汉等地区国有企业改革和发展座谈会上的讲话、胡锦涛在全国"三讲"教育工作会议上的讲话和中共中央、国务院《关于实行党风廉政建设责任制的规定》。民主生活会前,集团和各子公司党委、纪委有关职能部门分别深入基层,征求广大职工对领导班子意见。民主生活会上,从集团到各子公司,都有一个共同的特点,就是敞开思想,各抒己见,深刻剖析自身和班子的状况,本着对企业发展大局高度负责的精神,摆问题、查原因、定措施。集团党政领导班子根据实际情况,制定 6 条整改措施:(1)进一步加大企业内部经营模式、营销战略、制度创新的工作力度,积极推进东方国际创业股份有限公司上市。(2)加强经营管理,建立健全各子公司监事会。(3)进一步深化干部人事制度改革,加强对经营管理者的考核、任用、奖惩工作。(4)建立集团办公会议制度。(5)增强对各子公司各项工作的指导性。(6)进一步强化党风廉政责任制,把各种不良倾向消灭在萌芽状态。

2003 年 8 月,在集团党委的组织下,集团和子公司两级党政领导班子以"执行廉洁自律有关规定"为主要内容,召开民主生活会。通过企业民主管理、观看电教片、专项督查和编辑警示录等措施,落实党风廉政责任制,加强党风廉政建设。

2007 年 4 月 27 日,集团党委召开加强领导干部作风建设专题民主生活会。会前,集团党委给领导班子成员准备《全面加强领导干部作风建设》《学习贯彻胡锦涛重要讲话精神,全面加强新形势下的领导干部作风建设》等学习材料。会上,每个成员联系思想和工作实际,对照胡锦涛总书记提出的良好风气的要求,检查自己在思想作风、工作作风、领导作风、学习作风、生活作风等方面存在的主要问题。会后,集团党委制定"要进一步廉洁从业,保持共产党员的品行和操守"等 5 条整改措施。是年 11 月 21 日,集团党委召开 2007 年度领导班子民主生活会。会前,召开党委中心组学习扩大会议,学习中共十七大会议精神和胡锦涛在中共中央党校省部级领导干部进修班上的重要讲话。学习上海市第九次党代会、中共上海市委九届二次全会及 2007 年 8 月 10 日上海市党政负责干部大会的精神。学习市委书记习近平、市长韩正 2007 年 8 月 30 日在市国资委调研时和 9 月 20 日在国有企业负责人座谈会上的重要讲话精神,组织参观上海市"为民、务实、清廉"图片展。11 月上旬,集团党委组织纪委、监察室、人力资源部人员到各子公司、集团总部各部室征求对领导班子及班子成员的意见和建议,在民主生活会前把征集到的意见汇总后反馈给每一位班子成员。民主生活会把警示教育作为重要内容,会上,领导班子成员结合上海社保资金案,从陈良宇严重违纪违法问题和社保资金案中吸取教训,结合思想实际谈自己的感受,就党员领导干部有关事项集中报告事宜在民主生活会上作说明。

2008年11月10日,集团党委以"学习实践科学发展观"为主题,组织中心组学习。12月22日,集团党委召开2008年度领导班子民主生活会。这次民主生活会把贯彻"七个不准"作为重要内容,集团领导班子成员按照"七个不准"的规定和市国资委党委提出的"五项要求",进行认真对照检查;同时,按照党员领导干部有关报告重大事宜的规定,在民主生活会上一一作说明。

2009年5月26日,集团党委召开2009年度领导班子民主生活会。会前,集团党委两次组织班子成员学习《深入学习实践科学发展观活动领导干部学习文件选编》等文件,成立3个课题小组,调研的题目分别是"发展思路和经营方式转变""科学管理和防范经营风险""加强和改进党的建设"。课题组由集团领导班子成员带队,分头深入到二级公司进行调研,掌握第一手资料,进一步梳理集团和子公司与科学发展观不相符合的突出问题,形成调研报告。领导班子成员在学习调研和解放思想大讨论的基础上,联系集团实际、本人思想,认真梳理个人和班子存在的影响集团发展的突出问题。会上,班子成员敞开思想,开诚布公,查找个人和班子在贯彻落实科学发展观方面存在的问题和差距,开展批评和自我批评。

2013年1月23日,集团党委召开2012年度领导干部民主生活会。2012年民主生活会主题为:学习贯彻中共十八大精神,统一思想,振奋精神,着力推进上海的创新驱动和转型发展。会前,集团党委组织领导班子成员学习中共十八大等有关文件精神,组织3个工作小组,分别深入各二级公司,通过个别访谈方式,向14家二级公司20余名党政领导以及集团总部各部室负责人,征求对集团领导班子及班子成员的意见和建议,收集到79条意见。会上,通报2011年度民主生活会整改措施落实情况和群众意见汇总。随后,领导班子成员紧扣主题和内容,结合各自分管的工作情况,根据群众的意见和建议,认真查找本人在思想上、工作上、作风上存在的主要问题,剖析问题存在的主要原因。大家敞开思想,发扬党内民主,开诚布公地进行批评与自我批评。是年11月11日,集团党委召开2013年度领导干部民主生活会,市国资委第五督导组副组长纪效伶等出席会议。集团党委在会前做了充分准备,先后组织5个半天的专题讲座,召开4次党委中心组学习会议,重点学习习近平总书记在河北省委常委班子专题民主生活会上的重要讲话。通过专题座谈、个别访谈、书面征询等形式,召开各种座谈会174个,个别访谈听取意见217人/次,收集各种意见189条,集中梳理出对集团领导班子的"四风"主要意见29条。集团主要领导与班子成员之间,班子成员相互之间,班子成员与分管企业领导、部室负责人之间普遍开展一对一的谈心活动。民主生活会上,班子成员本着"对班子负责、对个人负责、对工作负责"的态度,相继开展批评与自我批评。

2015年2月16日,集团党委召开2014年度领导班子民主生活会。会前,集团党委组织学习习近平在党的群众路线教育实践活动总结大会上的讲话精神和《国有企业领导人员廉洁从业若干规定》《关于实行党风廉政建设责任制的规定》《上海市贯彻〈关于实行党风廉政建设责任制的规定〉的实施办法》《关于落实党委主体责任进一步做实党风廉政建设责任制的意见》《关于上海市领导干部报告个人有关事项的实施意见》等文件。集团党委职能部门组成3个工作组,以个别访谈的形式,重点围绕教育实践活动整改落实情况,深化作风建设的意见,集团领导班子及其成员坚持原则、敢于担当、遵守党的纪律等方面的情况,向14家二级企业、18名企业党政主要负责人征求意见建议,汇总形成10条意见建议,"原汁原味"反馈给集团领导班子。集团领导班子成员以座谈会形式集中听取意见和建议。党委主要负责人同班子成员之间、班子成员相互之间、班子成员同分管部门主要负责人之间开展谈心活动。会上,集团领导班子每一个成员按照报告个人有关事项的规定,对2014年度报告事项的变动情况进行说明。对杜绝违规关联交易、亲属违规办企业进行明示承诺。

三、"四好"领导班子

集团党委坚持开展"四好"领导班子创建活动,把建设高素质的领导班子作为推进集团发展、完成各项任务的决定因素,不断提升领导干部的能力和素养。

1997 年,集团党委开展"向苏培基学习,争创'高兴、放心'领导班子"活动。把"高兴、放心"主题活动与创建"四好"领导班子结合起来,通过向集团系统子公司领导干部典范苏培基学习,把"四好"领导班子创建活动引向深入,加强领导班子思想作风和能力建设,增强领导干部艰苦创业、勤政廉洁、联系群众的自觉性。

2002 年,集团党委根据中共中央对国有企业党建工作的要求和子公司党政班子调整后的实际情况,在开展"四好"领导班子创建活动中,举办党委书记培训班,研讨在新形势下搞好党委工作的对策。在广泛听取意见的基础上,下发《党委工作暂行条例》。针对公司改制后党建工作面临的新问题,组织力量进行调研,撰写调研报告,提出应对措施。

2005 年,在"高兴、放心"主题活动中,通过认真组织"好班子、好干部"标准的讨论,集团党委初步提出集团和各公司的"好班子、好干部"标准,明确各级企业领导班子的努力方向。集团党委提出好班子标准为"四个一"——具有一种精神,贯彻一个原则,具备一股合力,追求一个目标;领导班子应成为一个学习团队,具有一种企业家精神;严格执行民主集中制原则;班子成员要团结合作,联系实际,形成一股整体的合力;带领职工群众创造企业价值最大化,实实在在为职工群众谋利益,从根本上让出资者和职工"高兴、放心"。好干部标准为"三心、三力":对党的事业和企业的忠心,对处理国家、企业和职工利益的公心,对广大职工群众的爱心;驾驭国际、国内两个市场的经营管理能力,处置复杂情况和突发问题的领导能力,令人折服的品德和人格魅力。

2006 年,根据中共上海市委统一部署,集团党委组织在开展"四好"领导班子建设中下发《关于深入开展"四好"领导班子创建活动的实施办法》,提出适合外贸特点、具有集团特色的"十个一"创建活动要求和做法,使创建活动规范化、制度化。各单位以"四好"领导班子建设为抓手,把党员干部学习理论作为加强干部队伍思想政治建设的重要任务来抓。集团的这项活动得到市国资委指导检查小组的好评,具有 4 个特点:(1)集团党委对创建活动认识到位,把创建活动转变成企业发展的自身需要。(2)整个创建过程认真扎实。(3)创建活动能够上下联动。(4)创建活动真抓实干,求真务实。各公司领导班子根据集团党委制定的"四好"领导班子创建活动的实施办法,积极开展各项创建活动。东方创业、东方利泰、东松公司等领导班子被评为集团系统 2006 年度"四好"领导班子。

2007 年,集团系统创建"四好"领导班子活动注重针对性和有效性,加强对创建工作的考核评比,将创建活动与企业经济工作中心紧密结合起来,把领导班子在特殊时期发扬特殊精神作为考核标准之一。是年年初,集团党委下发《2007 年度东方国际集团创建"四好"领导班子先进集体评选办法》(简称《办法》),明确评选活动指导思想、基本条件、评选指标、评分标准、考核步骤等。《办法》下发以后,各公司领导班子思想重视,精心组织,严格把关,有 3 家二级公司和 2 家三级公司申报创建"四好"领导班子先进集体。集团党委召开二级公司书记会议,对各申报公司开展创建活动的情况进行民主测评。经过评选和审议,集团党委授予东方创业、东方利泰、东松公司、经贸公司等 4 家公司领导班子为 2007 年度创建"四好"领导班子先进集体称号,进行表彰。

2009 年上半年,为深入推进创建活动,集团党委在党群专题工作会议上对创建活动作具体部署。经民主测评和集团党委批准,东方创业、东方利泰、东方新家纺、东方纺织、丝绸集团、东松公司、经贸公司等7家公司领导班子被评为2008年度集团系统创建"四好"领导班子先进集体。

2010年,东方创业、东方利泰、东方新家纺、东方纺织、丝绸集团、东松公司等6家公司领导班子获集团系统"四好"班子称号。

2011年,集团党委把创建"四好"领导班子活动与建设学习型党组织结合起来,以提高领导干部总揽全局、破解难题和科学决策能力为重点,开展中心组学习课题调研,集团系统共计完成调研课题13个。

2012年,集团党委组织领导班子成员学习和调研,以"转型发展,开拓新兴业务"为主题,举行中心组(扩大)学习现场交流会,启发各级领导创新转型思路。

2013年,集团党委把创建"四好"领导班子活动与学习贯彻中共上海市委全会精神和学习贯彻中共十八大精神结合起来,统一思想,坚定信心,增强领导班子敢于担当的责任意识,统筹安排和深入推进集团各项工作。

2014年,集团党委进一步强化领导班子"学习意识、群众意识、廉洁意识",推动"四好"领导班子创建活动再上新台阶。通过开展对子公司领导班子及成员任期考核、推进人才队伍建设和不断优化领导班子结构等措施,推进领导干部队伍建设。

2015年,集团党委抓好党委中心组学习,规定学习书目,对照原著学习,组织学习交流,提高学习效果。组织领导干部开展"三严三实"专题教育,查摆集团领导班子"不严不实"问题11条,提出21条整改措施,一一加以整改。

2016年,集团党委通过专家授课、交流研讨、观看宣传片等方式,组织领导干部学习中共十八届五中、六中全会精神和习近平系列重要讲话精神,提升领导干部政治理论素养。组织以"新形势下如何加强和改进党对共青团工作领导"为主要内容的课题调研,着力推动调研成果的转化。

四、市委巡视整改

2010年、2014年,中共上海市委巡视组对集团开展巡视,肯定成绩,指出不足,集团党政领导班子对照检查,制定整改落实意见,认真做好整改工作。

2010年6月18日—8月20日,中共上海市委第二巡视组对集团开展巡视,9月1日进行巡视情况反馈。中共上海市委巡视组在反馈中对集团党政领导班子近两年的工作给予肯定和鼓励,同时指出在集团发展、干部人才队伍建设和领导班子自身建设等3个方面存在的问题,提出工作建议。集团党委高度重视巡视反馈意见,认真研究部署巡视反馈问题整改工作,围绕巡视情况反馈指出3个方面存在的问题,制定14项整改措施,于11月10日上报《东方国际集团领导班子整改方案》(简称《整改方案》)。

2011年,集团领导班子按照《整改方案》列出的整改事项、整改目标和整改措施,逐条落实,逐项销号。在全部完成整改的基础上,集团党委于2011年年底对《整改方案》的落实情况进行逐条检查,向中共上海市委巡视工作领导小组进行专题汇报。

2014年7—9月,中共上海市委第三巡视组对集团开展巡视。巡视期间,巡视组分别听取集团党委工作汇报以及纪委、人力资源部专题汇报,采用列席集团党委会、个别访谈、调阅相关文件档案和会议记录、发放民主测评和问卷调查、到下属单位调研等方式进行巡视。10月16日,中共上海市委巡视工作领导小组听取巡视情况汇报。10月31日,中共上海市委常委会专题听取巡视情况汇报。11月4日,按照中共上海市委部署,中共上海市委第三巡视组向集团领导班子反馈巡视情况。

中共上海市委巡视组对集团领导班子在贯彻落实中共上海市委、市政府决策部署,推动国有企业深化改革和转型发展方面取得的进展予以肯定,同时指出在党风廉政建设、贯彻落实中共中央八项规定精神、严明党的政治纪律、执行民主集中制和选拔任用干部等4个方面存在不足。集团党委、纪委对巡视组指出的问题和提出的意见逐条研究,结合集团领导班子党风廉政建设责任分工,制定集团《巡视发现问题的整改责任分工》,拟定42条具体整改措施,分解到集团领导班子成员,落实到责任人和责任部室,逐一对应进行整改。经过近2个月整改,巡视组指出的问题得到一一对应处置,整改工作初见成效。根据中共上海市委巡视办公室工作要求,集团党委于12月31日上报《关于市委巡视组反馈意见整改落实情况的报告》。

2015年,为进一步落实巡视整改,集团系统共修订和完善各类制度45个。其间,集团纪委制定颁布《东方国际集团关于合理确定并严格规范企业领导人员履职待遇、业务支出的管理办法》《东方国际集团系统落实党风廉政建设责任制纪委监督责任清单》,转发上海市纪委驻市国资委党委纪检组《加强纪律审查完善办信查案工作机制的意见》,进一步确保巡视整改成果的长效化、常态化。

2016年7—9月,中共上海市委巡视整改"回头看"第二检查组对集团进行"回头看"检查。检查期间,检查组分别听取党委工作汇报和专题汇报,通过个别访谈、调阅相关文件档案和会议记录、到下属单位进行调研等,对检查中发现的重点问题做深入了解。9月22日,按照中共上海市委统一部署,检查组向集团反馈"回头看"检查情况。反馈情况为:集团党委对巡视整改工作的态度是积极的、严肃的,党委主要领导认真履行第一责任人责任,组织开展专项治理,制定完善相关制度,针对巡视报告中提出的4个方面、12个主要问题,细化整改任务和具体措施,整改工作取得一定成效,但有的问题整改还不够到位。检查情况反馈后,集团党委把检查反馈提出的5点意见,细化分解成22项整改任务,对应制定34条具体整改措施,明确每项整改任务的主抓领导、责任单位和时间节点,确保集团"回头看"整改工作全覆盖、无死角。

2017年,集团纪委继续把深化中共上海市委巡视"回头看"反馈整改作为推进全面从严治党向基层延伸的重要抓手。协助党委有序推进系统党组织换届,对集团系统7家二级公司党组织换届进行全程监督,集团下属各级党组织、纪检监察组织对系统42个基层党组织换届实施监督指导。认真开展整改落实情况专项检查,组织开展外事纪律、履职待遇与业务支出管理规定和房地产租赁制度执行情况的专项检查,起到持续深化巡视反馈问题整改的作用。

第三节　思想政治建设

集团党委发挥中国共产党的思想政治工作优势,充分利用各种载体,在中共党员、干部中开展政治思想教育和形势任务教育,提升党员干部的思想政治素质,推进各级党组织的思想政治建设,为企业发展营造良好的政治氛围。

一、思想政治教育

1995年,集团党委组织中共党员参加由中共中央组织部(简称中组部)发起,中组部组织局、中组部党建研究所、中组部党建读物出版社和中共辽宁省委党建文汇杂志社等单位联合举办的全国性"学习建设有中国特色社会主义理论、党章知识竞赛"活动,集团党委被竞赛组委会评为上海唯一获优秀组织奖的单位,被指定去北京参加由中组部召开的颁奖大会,受到中组部表彰。

1996年,集团党委和各公司党组织改进党课教育形式,将"电化、微型、专家、典型"4种党课教育形式有机地结合起来,有效地推进中国特色社会主义理论和党章知识学习活动的深入。各公司党组织认真组织党员收看党风、党纪教育片和上海市33部"高兴、放心"先进人物教育片。

1997年,集团党委对广大干部党员进行世界观、人生观、价值观教育,先后召开集团党员民主评议动员大会、迎香港回归形势报告会等,集团党委书记王祖康作动员,对干部和党员提出要求。集团和公司两级党组织进一步加强干部理论学习,各级领导干部增强学习自觉性,在悼念邓小平逝世的日子里,各公司党委组织学习邓小平丰功伟绩,进一步加强对建设有中国特色社会主义理论的认识。

1998年,集团党委先后安排"正确处理改革、发展和稳定的关系""牢记党的宗旨,接受人民监督""发扬抗洪精神,探索发展之路""纪念改革开放20周年""贯彻落实中央经济工作会议精神"等专题学习教育活动。

2000年10月1日前夕,集团党委举行贯彻中共中央思想政治工作会议精神和贯彻"三个代表"重要思想、体现"两思"教育成果主题演讲交流会,东方丝绸、东方创业等公司的代表作演讲,12家子公司党组织递交结合企业实际、贯彻"三个代表"重要思想学习体会的书面材料。

2003年7月16—17日,集团党委召开党委书记工作会议,邀请中共上海市委党校教授冷鹤鸣作关于"三个代表"重要思想的辅导报告,会上重点研究关于在集团系统兴起学习"三个代表"重要思想新高潮和加强基层党组织"凝聚力工程"建设的问题。

2004年,为保证改制企业党组织做好思想政治工作,集团党委提出:企业改制以后,党的思想政治工作只能加强,不能削弱。改制企业必须同步建立党群组织,设置工作部门,配备工作人员。改制过程中,东方纺织、东方针织和东方家纺都按照"精干、高效"的原则,党群部门实行合署办公,做到"职能落地、责任到人",使党群工作"不断、不乱",为企业顺利转型提供思想和组织保证。是年12月17日,集团党委召开各公司党委书记会议,学习中共中央、中共上海市委以及市国资委党委关于加强企业党建的一系列重要文件和讲话精神,邀请市国资委党群处李桦作《混合经济条件下企业党组织发挥政治核心作用的内容、途径和方式》报告,提高各公司党委书记对国企党建工作重要性的认识。

2006年2月13日,集团党委在上海图书馆报告大厅举行"巩固先进性教育成果,建立党建长效机制"的专题党课。是年,集团党委围绕中共中央总书记胡锦涛提出的"八荣八耻"社会主义荣辱观开展学习,召开党委中心组学习会议,邀请中共上海市委党校教授吕惠霖作关于"八荣八耻"辅导报告,集团党委书记、董事长蔡鸿生对中心组学习作总结。

2007年5月31日,集团党委召开党员代表会议,传达学习中国共产党上海市第九次代表大会精神和市国资委党委召开的干部会议精神,集团党委书记蔡鸿生提出"四个继续"工作要求:继续推进集团供应链再造和服务贸易大平台建设;继续抓紧推进各项改革改制工作;继续把队伍建设抓紧抓好;继续做好统筹兼顾各方利益的工作,保持企业良好发展基础。

2008年9月8—9日,集团党委召开政策学习班暨改革改制座谈会,学习讨论和贯彻落实中共上海市委、市政府及市有关部门最近推出或即将出台的旨在支持企业发展和推进国企改革改制的一系列政策措施。与会代表从企业发展和改革改制的角度,谈形势、说想法、提建议、做思考,畅所欲言、沟通交流,大家一致表示:坚持主业发展,保持企业稳定,为改革改制创造良好环境。是年年末,随着金融危机影响加深,集团党委将一年一度的基层党组织书记培训班的主题确定为:在当前严峻的经济形势面前,各级党组织如何发挥党支部战斗堡垒作用和党员先锋模范作用。各公司党委也围绕该主题开展形式多样的政治思想工作,充分体现企业党组织的政治核心作用和党群工作的生命力。

2010年2月,集团党委书记蔡鸿生作题为"学习先进,增强信心,开拓发展"的党课教育。会上,东方利泰、丝绸股份、东松公司、经贸公司作为集团系统的标杆企业,采用演讲方式进行交流发言,推动集团科学发展。集团党委的这个做法得到市国资委党委的肯定,集团党委被推荐在市国资委党委召开的大会上作题为《书记上党课,企业添动力》的交流发言。这份交流材料会后被《组织人事报》和上海基层党建网转载,供全市党组织学习借鉴。7月1日,在中国共产党建党89周年之际,集团党委召开"创建学习型党组织专题学习交流会",蔡鸿生作题为《建设学习型领导班子,推动学习型党组织建设》的专题报告,提高对创建学习型党组织的认识。东方创业、东方利泰、丝绸股份等公司党委中心组分别介绍创建学习型党组织和学习型领导班子的主要做法和经验体会。是年,为加强党员思想建设,集团党委制定《2010—2013年党员教育培训工作规划》(简称《规划》)。各公司党组织根据《规划》要求,全部完成2010年党员教育培训。

2011年,集团系统各级党组织在"创先争优"活动中,牢固树立"攻坚克难、创新发展"的坚定信念,发动广大党员和职工群众开展提合理化建议等活动,为推动企业持续稳定发展发挥积极作用。

2012年,集团党委开展深入学习、深刻领会中共十八大精神活动。通过召开党委扩大会和所属各公司党委(党总支)书记例会,传达市国资委领导在市国资委系统学习贯彻中共十八大精神干部大会上的讲话精神。下发《东方国际集团关于深入学习贯彻中共十八大精神的实施意见》,部署学习贯彻中共十八大精神。在书记例会上,集团领导就集团系统认真学习中共十八大精神,贯彻落实《东方国际集团关于深入学习贯彻中共十八大精神的实施意见》,提出"三个结合"(把深入学习贯彻中共十八大精神与学习习近平系列讲话相结合、与市国资委对集团的工作要求相结合、与做好岁末年初工作相结合)和"三个表率"(领导干部要做学习宣传的表率、做企业创新转型的表率、做为民务实清正廉洁的表率)的要求。

2014年,集团党委围绕落实党委主体责任、做实党风廉政建设责任制工作会议精神,举行专题学习会,传达市政府副秘书长、市国资委党委书记、主任徐逸波在市国资委系统落实党委主体责任、做实党风廉政建设责任制工作会议上的讲话精神。根据中共上海市委和市国资委党委关于落实党委主体责任、做实党风廉政建设责任制的工作要求,结合集团党风廉政建设和反腐倡廉工作实际,集团纪委制定《东方国际集团党委关于落实党风廉政建设责任制主体责任的实施办法》。集团党委召开中心组(扩大)学习会,邀请中共上海市委党校教授袁秉达作《加强新形势下的反腐倡廉建设》的辅导报告,邀请华东政法大学教授徐士英作题为《全面推进依法治国——深入学习贯彻中共十八届四中全会精神》的辅导报告。是年,集团党委下发《关于加强基层服务型党组织建设的实施办法》,将建设服务型党组织作为加强和改进党支部建设的切入点。集团各级党组织坚持开展"三服务"活动,积极探索"三服务"活动的有效途径和方法,把"服务基层、服务党员、服务群众"工作落到实处,为基层企业开展工作提供良好的服务和保障。

2015年7月10日,集团党委邀请中共上海市委讲师团成员、市人大常委会法制工作委员会副主任施凯作题为《从治标到治本——努力掌握反腐败斗争主动权》的辅导报告,围绕腐败问题的特点和趋势,结合反腐败形势,从宏观、中观和微观三个层次分析产生腐败的原因,从依法执政、依法治理等角度提出反腐败思路,从更新理念、找准定位、健全机制等角度提出反腐败的对策。

2016年4月28日,集团党委召开"两学一做"(学党章党规、学系列讲话,做合格党员)学习教育专题会议,集团党委书记、董事长吕勇明上"两学一做"专题党课,与会人员观看中共中央"两学一做"实施方案动漫视频——《探究"两学一做"》。会上,集团党委下发《"两学一做"学习教育实施方案》,在集团系统全面开展"两学一做"学习教育。

2017年,中共十九大召开,集团党委组织和部署党员干部利用IPTV有线电视、网络、广播等多种传媒平台,收看、收听中共十九大开幕盛况的直播、转播,共同学习习近平总书记所作的十九大报告,理解十九大报告的主要精神。

图7-1-2 2017年10月18日,集团党委中心组(扩大)学习会收看中共十九大实况转播

二、形势任务教育

集团党委和各级党组织始终把握坚定正确的政治导向,坚持开展形势任务教育,把干部职工的思想和行动凝聚到实现企业发展、做好本职工作上来。

1995—1996年,集团先后举行"苏培基同志事迹报告会""上海援藏干部报告会""迎中国香港回归形势报告会"等活动,教育干部职工了解国情、了解企业的发展状况,坚定信念,发扬"两创四爱"精神。

1997年,集团和各公司开展形势宣传教育。集团党政主要领导多次在各类学习、培训会议上对广大职工进行中共十五大精神的宣讲,以及集团战略目标、发展任务的形势宣传。各单位组织由专家教授进行授课的系统理论党课,由党员干部、普通党员和离退休党员自己宣讲的微型党课,还组织全体共产党员观看《苏培基事迹》录像片。集团党委注意发挥信息网络宣传的教育功能,把各公司行政、党委一些好的做法和先进管理经验,通过信息简报进行宣传。1997年共发《简报》65期,特别对集团文明单位和先进文明部室进行示范宣传。《简报》直接发到科室,在科室、班组学习落实。集团党建、思想政治工作研究会还组织领导干部参观上海家化联合公司,学习先进的经营理念和现代管理方式。

1999年,针对严峻的外部形势,集团党委做好形势宣传教育工作,引导各级干部树立迎难而上、排难而进的精神状态,千方百计完成各项任务。集团党委书记王祖康在集团工作务虚会、集团一届三次职代会和集团庆"七一"党员大会上作深刻的形势分析。党委职能部门将王祖康在一届三次职代会上的讲话下发给各公司基层的每一个科室,对广大干部、职工进行形势任务教育。在集团党委开展的"艰苦创业、开拓创新"主题活动中,集团党委职能部门组织撰写一批大胆改革、敢于创新、勇于开拓、科学管理的企业经营管理者优秀事迹的文章,作为集团"创新、创业"主题活动的生动素材,在集团范围广泛宣传。

2005年,集团党委采用多种形式开展形势任务教育活动,教育干部职工认清外贸形势,趋利避害,冷静分析,沉着应对配额取消,部分出口商品征税、特保措施,反倾销,利率上升,原材料运费价格上涨和能源紧张等困难。集团党委采取措施,做好准备,积极应对一系列新的挑战,做好"三重一大"企业决策和运作程序,对外担保资金运行规定落实到事到人,做到权责明确,确保出口目标完成。

2006年,集团召开年中工作会议,传达副市长胡延照赴集团基层企业考察调研时的讲话精神,以"正确认识集团形势,务必保持清醒头脑,努力完成全面目标"为题,从有喜有忧的十个方面深刻分析集团的成绩和问题。

2008年,集团党委和各级党组织在应对国际金融危机的特殊时期,动员广大干部职工与企业同舟共济共渡难关,充分发挥企业党组织的政治优势作用,在集团系统广大职工中开展"共渡难关,多作贡献"主题活动。集团二届三次职工代表大会向集团全体职工发出"认清形势,树立信心,勇于开拓,应对挑战。振奋精神,团结一心,群策群力,共渡难关。围绕中心,组织活动,发奋努力,多作贡献"的倡议。集团系统全体职工想企业所想,急企业所急,认清形势,树立信心,发奋努力,开拓创新,共渡难关,多作贡献,确保完成各项经营指标和工作任务。

2012年,集团工作以"突破"为指导思想,以"稳中求进、求新、求强"为工作方针,开展形势任务教育。围绕战略研究、管控模式、业务发展、资产资本运作、风险防控体系建设、队伍建设等方面内容,开展专题研究,千方百计稳出口、扩进口、促内销,坚持不懈调结构、抓转型、推改革,在激励机制上寻求新突破,在控制风险前提下确保主营业务发展规模,在稳定、培育和创新上下功夫,全力以赴,攻坚克难,完成主营业务收入、净利润等各项目标任务。

2013年,根据集团三年行动规划,集团和各公司围绕"转型、发展、改革、提升"各项工作及重点项目,开展形势和任务教育,统一思想,增强发展意识、大局意识、竞争意识,转型突出"三个结合":稳住外贸与拓展内贸相结合,做强物流与拓展现代服务业相结合,商品经营与资本经营相结合。通过开展形势任务教育,各级党组织紧紧围绕"转型发展",显优势、作表率,确保集团全面、协调、可持续发展,促进集团不断做强、做优、做大。

2014年,围绕集团12项重点工作和全面深化改革方案,开展形势任务教育,同时围绕"上市公司融资、完善激励机制、加强人才队伍建设、加强管理、防范风险"等5个深化改革方面的工作进行部署。广大干部职工认真学习习近平在上海视察工作时的重要讲话精神和中共上海市委十届六次全会精神,立足当前,着眼长远,做好新三年规划。开展党的群众路线教育实践活动整改工作,强化党风廉政建设。精心组织和深入开展"转型在东方、发展在东方"主题活动。

2015年,集团邀请国务院参事室特约研究员、国家统计局原总经济师姚景源作中国经济形势的专题讲座。集团党委书记、董事长吕勇明传达市国资国企工作会议精神。

2016年,集团党委书记、董事长吕勇明在集团三届五次职工代表大会上作形势和任务的报告,号召集团系统全体干部职工敢于担当、奋力拼搏,为实现集团三年行动规划宏伟目标奉献智慧和力量。会议安排集团三年行动规划内容宣讲。

2017年3月,吕勇明在集团三届六次职工代表大会上传达市国资国企工作会议精神,传达市政府副秘书长、市国资委党委书记、主任金兴明在工作会议上的讲话精神,通报2017年集团12项重点工作和目标任务,为完成各项工作任务提出要求。

三、"创先争优"和纪念"七一"活动

23年间,集团党委开展纪念"七一"活动,评选表彰优秀共产党员、优秀党务工作者和先进基层党组织。根据中共十七大会议的部署,2010年4月起,集团党委开展"创先争优"(创建先进基层党组织、争当优秀共产党员)活动,通过树立典型、表彰先进,促进基层党组织建设,激发广大党员在本职岗位上发挥先锋模范作用的责任感和荣誉感。

1995年,集团党委开展党建先行点建设,从制度规范入手,在丝绸公司试点抓好党支部达标工作。在服装公司试点在党员领导干部中开展"高兴、放心"活动。在纺织公司试点探索现代企业制度下党委工作的有效途径。在针织公司试点加强班子建设,使企业党组织真正发挥政治核心功能。在家纺公司试点加强基层党支部建设。1995年集团103个党支部达标,达标率为50%,有16名员工被集团评为优秀共产党员,8名员工被评为优秀党务工作者。

1999年,根据市外经贸党委部署,集团系统自下而上进行推荐,8个单位党组织被评为市外经贸系统先进基层党组织。7月1日,集团党委召开庆祝中国共产党成立78周年大会,表彰优秀共产党员、优秀党务工作者和先进基层党组织。

2001年,东方丝绸被评为全国先进基层党组织、上海市先进基层党组织。

2003年6月30日,集团党委在上海影城召开纪念中国共产党成立82周年大会。会议表彰集团系统在精神文明建设、党的建设和抗击非典型肺炎疫情中涌现的先进集体和个人,采用演讲的形式宣传先进事迹。集团党政领导和来自集团系统的400多名党员代表出席大会。大会表彰被市外经贸系统评为优秀共产党员和先进党组织的个人和组织。宣读集团党委《关于给58名广交会参展人员集体嘉奖的决定》。25名员工被授予优秀共产党员称号,21名员工被授予集团优秀党务工作者称号,21个党组织被授予集团先进基层党组织称号。

2004年6月28日,集团党委在兰生影剧院召开庆祝中国共产党成立83周年大会。集团党委表彰被评为市劳模和市国资委系统"两优一先"(优秀共产党员、优秀党务工作者、先进基层党组织)的先进个人和先进集体。

2005年6月29日,集团党委表彰在改革发展、业务经营、维护稳定大局方面成绩显著的30名优秀共产党员,在2005年第8期《东方国际报》增刊上登载先进事迹。

2006年6月28日,集团党委在永华影城召开纪念中国共产党成立85周年暨"两优一先"表彰大会。通报表彰集团系统24名优秀共产党员、14名优秀党务工作者和13个先进基层党组织,进行授奖仪式。集团领导、集团总部各部室负责人以及二级公司党政领导、基层党支部书记、部分党员和离退休党员代表共350余人参加会议。

2007 年 6 月 28 日,集团党委在上海影城召开庆祝中国共产党成立 86 周年暨表彰大会。通报表彰 5 家获市级文明单位称号的企业、11 家获集团级文明单位称号的企业以及集团系统"十佳好人好事"。通报表彰获市国资委党委系统"党支部建设示范点"称号的东松公司党支部和被评为集团系统创建"四好"领导班子先进集体的东方创业、东方利泰、东松公司等 3 家企业的领导班子。集团领导、集团总部各部室负责人以及二级公司党政领导、基层党支部书记、部分党员和离退休党员代表及受表彰人员共 400 余人出席会议。

2008 年 6 月 26 日,集团党委在中共上海市委党校报告厅召开纪念中国共产党成立 87 周年大会。会议表彰获市国资委系统"两优一先"称号的 2 名优秀共产党员、1 名优秀党务工作者和 2 个先进基层党组织。通报表彰获集团系统"两优一先"称号的 20 名优秀共产党员、17 名优秀党务工作者和 10 个先进基层党组织。集团系统 370 余名党员参加会议。

2010 年 7 月 1 日,集团召开纪念中国共产党成立 89 周年暨党委中心组学习扩大会议。东方创业、东方利泰、丝绸股份公司的党委中心组就建设学习型党组织的认识、体会和做法进行交流发言,会议邀请中共上海市委党校教授袁秉达作学习型党组织建设和学习型领导班子建设的专题辅导报告。集团领导传达市国资委党委就开展"争先创优"活动提出的"五个结合"的工作要求。

2011 年年初,在集团党委的部署下,集团系统各级党组织普遍开展点评"创先争优"活动。集团党委"一班人"带头到各公司,认真听取各公司"创先争优"活动的情况汇报,对基层党组织"创先争优"情况进行点评,各公司党组织主要领导开展点评,点评工作达到全覆盖。针对点评中发现的问题,各公司党组织积极落实整改措施,使领导点评成为推动"创先争优"深入开展的动力。经过推荐评选,丝绸集团党委被评为市国资委系统"世博先锋行动"先进基层党组织。东方利泰党委、东松公司党支部被评为市国资委系统先进基层党组织。2011 年,集团创办《创先争优活动简报》,搭建一个互相学习交流的平台。其中,物流集团、东方外贸上报的 2 篇"创先争优"文章被市国资委党委推荐给中共上海市委组织部。集团党委关于"创先争优"活动的工作总结被市国资委党委推荐给中共上海市委组织部后,登载在上海基层党建网。6 月 29 日,集团党委在兰心大戏院举行庆祝中国共产党成立 90 周年大会,通报表彰获市国资委系统"两优一先"称号的 2 名优秀共产党员、1 名优秀党务工作者和 2 个先进基层党组织。通报表彰获集团系统"两优一先"称号的 30 名优秀共产党员、12 名优秀党务工作者和 25 个先进基层党组织。大会以组织歌唱的形式,讴歌党的丰功伟绩,表达对党的深厚感情。来自集团系统 12 家公司的领导干部、党员和职工登台,自编自演,表达对中国共产党领导全国各族人民走向繁荣富强、幸福和谐,实现民族伟大复兴的由衷赞美。集团系统 600 余名党员参加会议。

2012 年 6 月 29 日,集团党委在市国资委党校召开庆祝中国共产党成立 91 周年大会,通报表彰获市国资委系统"创先争优"称号的 2 名优秀共产党员、2 个先进基层党组织。通报表彰获集团系统"创先争优"称号的 31 名优秀共产党员、24 个先进基层党组织。集团党委给优秀共产党员、先进基层党支部颁发奖牌和证书。集团党政领导班子成员、二级公司党政领导班子成员、基层党支部书记、党员代表等 300 余人参加会议。会上,集团党委开展上专题党课、宣传集团系统先进典型贾晓阳等先进事迹的活动。集团各二级公司党组织在创先争优评议活动中创新方式,拓展渠道,以多种方式开展评议。集团党委按照"组织建设年"的工作要求,开展基层党组织分类定级等工作,推进基层党组织规范化建设。

2013 年 6 月 28 日,集团党委在市国资委党校举行纪念中国共产党成立 92 周年暨"党员先锋"表彰大会。大会播放反映集团转型发展工作和 21 名"党员先锋"事迹专题片《转型在东方,发展在东方》,宣读集团党委《关于通报表彰东方国际集团"党员先锋"的通知》,对 21 名"党员先锋"进行表彰。"党员先锋"的先进事迹集中体现在坚持开拓、勇于创新的精神,不畏困难、顽强拼搏的精神,苦干实干、甘于奉献的精神。大会号召集团系统的广大党员以"党员先锋"为榜样,进一步增强大局意识、责任意识、创新意识、发展意识,为集团的转型发展贡献力量。

2014 年 6 月 30 日,集团党委召开纪念中国共产党成立 93 周年暨创建先进基层党组织现场交流会,集团党委书记、董事长吕勇明作题为"走前列、作表率,以奋发有为的创新精神积极推进集团全面深化改革工作"专题党课,东方创业浦东公司党支部等 6 个基层党支部作交流发言,组织观看《上海市国资系统第二届"红旗党组织"风采录》专题片。

2015 年 7 月 1 日,集团党委召开庆祝中国共产党成立 94 周年暨"七一"表彰会,表彰集团系统获"上海市模范集体"和"上海市劳动模范"称号的先进集体和先进个人,宣读《关于通报表彰东方国际集团"两优一先"的通知》《关于通报表彰 2014 年度集团转型发展标杆和标兵及"创新杯"劳动竞赛先进集体和先进个人的通知》,对先进个人和先进集体进行表彰。

2016 年 6 月 29 日,集团党委召开庆祝中国共产党成立 95 周年暨"七一"表彰大会,表彰获市级、市国资委系统和集团系统先进个人和先进集体称号的员工与组织。

2017 年 6 月 28 日,集团党委召开庆祝中国共产党成立 96 周年暨"七一"表彰大会,通过微视频、演讲、展板的形式,充分宣传和展示近年来集团系统基层党建工作成果。会上,通报表彰获市五一劳动奖状、市工人先锋号、第十八届上海市文明单位、集团文明单位、集团系统红旗党组织、党支部建设示范点、集团"四好"信访干部、集团系统 2016 年度转型发展标杆、标兵等称号的先进集体和先进个人。

图 7-1-3　2012 年 6 月 29 日,集团党委召开庆祝中国共产党建党 91 周年大会

第四节　组织建设

集团党委认真贯彻中共中央、中共上海市委、市国资委党委关于加强党的基层组织建设的指示精神,紧密结合集团实际,坚持党要管党、从严治党的方针,扎实开展工作,落实各项措施,不断增强基层党组织的组织力、凝聚力、战斗力和影响力。2006年1月,集团党委下发《东方国际集团党建长效机制》,对加强基层党组织建设作出"健全党的组织机构和工作机构"等4条9项具体规定。

一、换届选举

集团党委按照《中国共产党章程》规定和党内组织工作条例要求,认真抓好基层党组织按期换届选举工作,尊重和保障中共党员充分行使民主权利,保持党组织工作有序有效开展。

1999年上半年,东方针织、东方家纺、东方纺织、东方丝绸党委任期届满。在集团党委的指导下,4家单位分别召开中共党员大会,总结上届党委工作,提出今后党建工作的目标任务,以无记名投票、差额选举的方式选举产生公司新一届党委和纪委。在酝酿党委、纪委委员候选人的过程中,4家单位都注意把党性强、懂经营的行政领导干部充实进党委领导班子,增强党委参与企业经济工作的能力。之后,凡是任期届满的党委(党总支、党支部),集团党委都督促和指导这些单位按时进行换届选举,如有特殊情况需提前或延期的,有关单位党组织分别书面上报申请延期换届的情况报告,经集团党委同意后执行。

2006年,集团党委在年初进行调查研究,对子公司党组织换届改选工作作出具体部署,明确要求年内完成。为确保换届选举工作顺利进行,集团党委首先在东方新家纺进行试点,总结经验。举办换届选举专题培训班,提出注意事项,制作选举办法、选票等样本,规范工作程序。各公司党组织在换届选举过程中,经过"两上两下"的民主程序,广泛征求党员意见,反复酝酿候选人,召开党员大会或党员代表大会,按照选举办法规范操作。12月底前,集团12家二级公司党组织,完成换届选举工作,产生新一届党委、纪委领导班子。据统计,新一届党委(党总支)66名成员中有22名新成员,占总数的33%。27名纪委委员中有10名新成员,占总数的37%。通过换届选举,保障党员的民主权利,优化班子结构,健全党内民主制度,加强组织建设。

2008年,集团党委在东松公司党支部开展换届选举"公推直选"试点工作,为探索和扩大党内民主建设的新途径积累工作经验。东方创业、东方新家纺和物流集团党委进行基层党支部任期届满换届选举工作。丝绸集团党委、房产资产联合党总支等,在基层党组织情况调研的基础上,根据实际情况调整组织,增补委员。

2011年,根据集团党委部署,集团系统8个二级公司党组织完成换届。2个二级公司党组织进行调整,优化班子结构。集团党委在丝绸股份党组织开展基层党组织"公推直选"试点,11月29日丝绸股份党组织公推直选产生新一届的"两委"班子。

2012年年初,丝绸股份党组织完成各支部的公推直选工作,选举出一批政治素质优、岗位技能优、工作业绩优、群众评价优的支部委员和支部书记。集团党委总结丝绸股份党组织的做法,在集团范围内进一步推广。

2013年年初,房产资产联合党总支以公推直选的方式,产生新一届党支部书记和4名委员,一批年轻党员被推上党支部的领导岗位。其下属的房产、资产、物业公司的党支部均采用公推直选的办法,充分体现年轻化的要求,在每一个党员无记名推荐和公示的基础上开展差额直选。

2015年,集团党委下发《关于认真做好基层党组织换届选举工作的通知》,集团总部党委和3家子公司党组织完成换届选举工作。

2016年,集团系统152家基层党组织中,110家完成换届选举工作。

2017年,集团党委职能部门编印《党组织换届选举流程汇编》,组织子公司党办主任和组织员进行换届工作培训。2017年有6个党委、3个党总支、81个党支部完成换届选举工作。

二、党务公开

根据中共中央《关于党的基层组织实行党务公开的意见》和中共上海市委、市国资委党委的部署,2011年4月,集团党委成立党务公开工作领导小组和办公室,集团党委书记、董事长蔡鸿生任领导小组组长。集团党委副书记、纪委书记李春明任领导小组副组长兼办公室主任。5月16日,集团党委下发《东方国际集团党务公开实施方案》,部署所属二级公司党组织按照实施方案明确指导思想、基本原则、实施步骤和公开方式,提高思想认识,加强组织领导,认真做好贯彻落实工作。8月23日,集团党委召开推进党务公开工作动员大会,集团党委书记、董事长蔡鸿生作动员报告,集团党委副书记、纪委书记李春明作工作部署。集团试点单位丝绸股份党委和东松公司党支部作为集团系统党务公开试点单位,在大会上分别作题为《推行党务公开,提高党建科学化水平》和《积极探索发扬党内民主的新途径,不断加强党内民主建设》的交流发言。9月19日,集团党委根据中共中央《关于党的基层组织实行党务公开的意见》精神和市国资委系统党务公开试点工作总结暨全面推进动员大会的要求,结合集团实际,制定东方国际集团党务公开目录,报送市国资委党委审核。经市国资委党委批复后,予以贯彻执行。集团所属各二级公司党组织均按照《关于下发〈东方国际集团党务公开实施方案〉的通知》要求,制定并上报党务公开目录和党务公开实施方案,集团党委一一作批复,集团系统党务公开工作全面展开。

2012年7月,集团党委根据上海市党务公开领导小组办公室《关于开展党的基层组织党务公开"回头看"工作的通知》精神,集团系统各公司党组织普遍开展党务公开"回头看"工作。集团系统各级党组织按照制定的党务公开目录,切实做到固定内容长期公开,常规性工作定期公开,阶段性工作逐段公开,临时性工作随时公开,党内重大决策、干部任免和涉及党员、群众切身利益的党内事务,全部按照公开程序进行公开。

2013—2017年,集团各级党组织将党务公开纳入党建工作日程中,党务公开成为一项经常性的年度工作。

三、党支部建设

集团成立以来,集团党委通过建立党支部工作制度、组织党支部书记参加培训等途径,加强基层党支部建设,发挥基层党支部战斗堡垒作用。

【党支部工作制度】

1997年5月16日,集团党委下发《东方国际集团基层党支部工作细则》。内容包括党支部的设置和委员的职责,党支部的保证监督,党员的教育、管理和发展党员工作,创先争优活动,思想政治工作,对工会、共青团组织的领导,党支部的基本制度,加强对党支部建设的领导,海外党支部建设等主要章节,统一规范集团内部各基层党支部工作。

2004年,集团党委召开企业党建工作会议,交流学习基层党建工作初步效果,结合集团的实际,对系统党支部加强党建工作提出具体要求。

2008年上半年,集团党委在全体党员中开展"学习《党章》,争当合格党员"的主题实践活动,以支部为单位,创新具有本单位特色的活动形式,将活动情况记载于党支部活动记录本上。

2010年,集团党委下发《关于下发东方国际集团2010—2013年党员教育培训工作规划的通知》,规定党支部每年组织全体党员进行3—4次集中教育培训。

2012年11月,集团党委下发《关于党支部建立创先争优制度的指导意见》,集团系统基层党支部根据"务实管用、发扬民主、简便易行、公之于众"的基本要求,制定符合本支部实际的创先争优工作制度。

2014年,集团党委下发《关于加强基层服务型党组织建设的实施办法》,要求各党支部过一次专题组织生活,围绕"如何贯彻落实加强基层服务型党组织建设的实施办法"开展讨论,制定落实措施,推进服务型党组织建设。

2015年,集团党委下发《关于基层党组织召开专题组织生活会,开展民主评议党员工作的通知》,集团系统共113个基层党支部完成1 158名党员的民主评议工作。

【党支部书记培训】

1995年10月5—7日,集团党委举办集团成立以来首期党支部书记培训班,听取中共上海市委组织部组织处、市外经贸委宣传处就新时期下如何做好基层党组织工作的指导原则、方式方法等内容的专题报告与知识讲座。

1997年10月,集团党委举办第3期党支部书记培训班,邀请中共上海市委党校教授袁秉达,市第二工业大学副校长罗长海,市外经贸委组织处处长徐铭世、宣传处处长陈章远分别作"江泽民'5·29'讲话辅导""如何建设企业文化""基层党支部工作的主要内容和基本方法""深刻理解中共中央有关文件精神,全面加强企业思想政治工作"等4个专题报告。

1999年7月,集团党委组织为期3天的党委(党总支)委员培训班,46名委员参加培训,占集团党委、党总支委员总数的65%。培训以"学理论,议举措,努力提高岗位工作技能;话改革,明责任,不断增强企业党建意识"为主题,安排《学习邓小平理论,积极推进"三讲"教育》《企业党组织参与重大问题决策的"保证、监督"作用》《上海国有企业的改革与发展》《企业党委工作实务》等报告。

2001年8月,集团党委举办学习江泽民"七一"讲话党支部书记培训班,较往年有些创新,此次培训班不仅学习讲话精神,而且穿插先进党组织的经验介绍和党员民主评议规范性操作的讲解等内容。集团下属公司120余名基层党支部书记参加培训。

2003年10月,集团党委举办2期党支部书记培训班,120余名党支部书记参加培训。培训主题为推进基层党组织"凝聚力工程"建设。邀请中共上海市委党校教授朱明毅和《支部生活》副主编张彭鑫分别作"如何面对新形势开展凝聚力工程建设"和"上海基层党组织抓凝聚力工程建设的做法和经验"的辅导讲座,提升党支部书记工作能力和业务水平。

2005年6月17—18日,为做好第二批保持共产党员先进性教育的"预热"工作,集团党委召开党支部书记专题培训班,集团党委书记蔡鸿生提出基层党组织做到"三强",即"强"在组织建设上,"强"在密切联系群众上,"强"在解决实际问题的能力上。党支部书记完成"三个确保",即确保完成任务,确保取得实效,确保"两不误"的工作要求。

2006年11月下旬—12月上旬,集团党委分两批举办党组织书记培训班,主题是学习贯彻中共十六届六中全会精神,推进企业文化创新建设,进一步落实党建长效机制。集团系统120余名党组织书记参加培训。

2008年12月25—26日,集团党委举办基层党组织书记培训班,集团系统110余名党组织书记参加培训。随着金融危机影响加剧,集团党委将一年一度的基层党组织书记培训班的主题定为:在当前严峻的经济形势面前,各级党组织如何发挥党支部战斗堡垒作用和党员先锋模范作用。培训班邀请中共上海市委党校副校长王国平作经济形势报告,集团党委书记蔡鸿生作《应对金融危机,加强企业管理,防范经营风险》的专题报告。

2009年、2010年、2015—2017年,为提高党务工作者水平,集团党委先后选派党组织书记200人次分批参加市国资委党委组织的"万名书记进党校"培训。

四、党员管理

集团党委始终把"双培养"工作(把骨干培养为党员,把党员培养为骨干)作为提升党组织战斗力的重要抓手,发挥党员的示范带动效应,壮大入党积极分子队伍,把广大群众团结在党组织周围,为企业发展贡献聪明才智。

【新党员培养发展】

集团成立23年间,各单位党组织严格执行《东方国际集团基层党支部工作细则》的规定,根据"坚持标准、保证质量、改善结构、慎重发展党员"的工作方针,按照"一线、一流、青年"的总体要求和"成熟一个,发展一个"的原则,加强对入党积极分子的培养教育和考察,选送入党积极分子参加上级党委举办的培训班,系统接受党的基础知识学习教育,确保党组织不断有新鲜血液输入,始终保持勃勃生机。

表7-1-3 1995—2017年集团新党员发展和入党积极分子培训汇总情况表　　单位:名

年　份	新党员发展数量	入党积极分子培训数量
1995	19	21
1996	21	55
1997	23	8
1998	9	51
1999	13	4
2000	12	4
2001	14	9
2002	8	15
2003	8	7
2004	10	2

〔续表〕

年　份	新党员发展数量	入党积极分子培训数量
2005	11	10
2006	8	17
2007	15	7
2008	11	6
2009	10	5
2010	47	47
2011	29	28
2012	32	32
2013	29	29
2014	32	33
2015	29	2
2016	20	20
2017	19	19
合计	429	431

说明：1. 1995—2009 年统计数据来源于各子公司,因资料缺失,数据不完全。

2. 2010—2017 年统计数据来源于上海市党员党组织管理信息系统。

【党员组织关系】

集团各级党组织按规定程序,严格办理党员组织关系的转出和接收工作,保证党员组织关系的延续性。对新接收的党员,及时编入相应党支部,确保党员按时参加组织活动。按照市委组织部部署,各级党组织认真做好全市党员管理信息系统的日常维护、年度数据统计汇总和按时上报工作。

2016 年,根据《中共上海市委组织部关于开展党员组织关系集中排查的通知》精神,集团党委加强对失联党员的管理工作。对系统内失联党员开展广泛的再查找、再确认;同时召开专题会议,对长期联系不上的党员分别分析原因,商议解决办法,妥善进行处置。经过查找取得联系的党员,进一步健全党员档案,完善党员基本信息,规范党员档案管理,防止党员再次失联以及产生新的失联党员。

【民主评议党员】

1997 年 5 月 20 日,集团党委下发《关于民主评议党员工作的实施意见》。1997 年 6—8 月,在集团系统中集中进行民主评议党员工作。集团党委把党员民主评议作为加强党员思想政治建设的主要抓手,先后召开党委书记例会和全体党员大会,进行思想发动,分 3 个阶段做好评议工作。第一阶段邀请中共上海市委党校教授为党员上党课。第二阶段开展严肃认真的自评、互评,集团领导带头参加所在支部的评议,各子公司领导自觉参加所在支部的评议,剖析自己,听取群众意见。第三阶段通过填表方式将评议结论装入档案。

1999 年 7 月 1 日,按照中共上海市委、市外经贸党委的工作部署,集团党委下发《关于 1999 年度民主评议党员工作的通知》。集团所属党组织以党支部为单位,普遍进行民主评议党员工作。评议中,党员自觉对照《中国共产党章程》规定的党员8条义务,结合各单位、各岗位的工作实际,进行批评和自我批评。

2001年9—11月,东方丝绸、东方创业、东方纺织、东方针织、东方家纺、东方外贸、嘉盟公司、国服公司、东方商业等9家公司党委和东方房产、集团总部2家党总支,共计186个党支部、2183名党员,按照集团党委的布置开展民主评议党员工作。经民主评议,党员合格率为100%。

2003年6月,集团党委在2000余名党员中开展党员民主评议活动。

2006年5月,集团党委发出《关于认真做好2006年度党员测评工作的通知》,集团所属各级党组织认真贯彻执行。从5月下旬开始,经过学习动员、自我测评、总结整改三个阶段,全部按规定顺利完成测评工作。据统计,集团党委系统2165名党员,除待岗、协保、常驻国外、离退休等党员外,1837名党员参加测评。测评结果显示:合格党员为1835名,合格率达到99.89%;基本合格党员为2名,占参评党员数的0.11%。

2006年起,根据集团党建长效机制,集团系统民主评议党员工作成为经常性工作,由各单位党组织结合实际,每年不定期地自行开展。通过经常性的民主评议工作,有效加强对党员的教育管理,提高党员队伍素质。

【党费收缴和管理】

2002年起,集团党委加强对各直属单位党费收缴、使用情况检查。每年,集团党委所属各基层党组织按照党费收缴标准及相关规定,做好党费收缴、使用工作,由专人负责清点、登记和保管。党委级单位分别建立党费专用账户,严格遵循有关规定管理留存党费。是年年底,填写好党费收支、结存情况表,撰写情况汇报报集团党委。各党组织的党费主要用于召开党代会(党员大会)、表彰先进、购买学习资料、订阅党报党刊和为配合党员教育而开展的各类活动。

2008年4月22日,集团党委转发中共中央组织部《下发〈关于中国共产党党费收缴、使用和管理的规定〉的通知》,集团系统各级党组织严格按照中共中央组织部规定的党费收缴及使用标准执行。

五、党代表推选

1996年11月,集团所属127个党支部通过反复酝酿,推荐选举上海市出席中共十五大代表候选人45名,经集团党委扩大会议表决,推荐朱晓明、方美娣、苏培基3位为市外经贸系统出席中共十五大代表候选人初步人选。

1997年8月27日,集团146个党支部共1028名党员参加市外经贸委系统出席市第七次党代会代表候选人初步人选提名工作。

2001年11月16日,市外经贸党委部署出席中共十六大代表候选人推荐工作。集团系统229个党支部、2481名中共党员参加二轮推荐,一致推荐东方丝绸党委副书记、总经理徐伟民为市外经贸系统出席中共十六大代表候选人。2002年5月27日下午,经中共上海市第八次代表大会第二次全体会议无记名投票选举,徐伟民当选中共十六大代表。

2006年11月,集团系统188个党支部共2090名党员参加中共十七大代表候选人初步人选第一轮推荐提名工作,总参与率96.31%。12月,集团系统188个党支部2103名党员参加中共十七大代表候选人初步人选第二轮推荐提名工作,总参与率96.9％。

2007年3月,以党支部为单位,自下而上,组织党员开展出席中共上海市第九次代表大会代表候选人预备人选的推荐提名工作,集团188个基层党支部2 017名党员参加推荐提名,总参与率92.95％。4月26日,集团召开由103名党员代表出席的党员代表会议,采用无记名投票、差额选举的方式,选举蔡鸿生、周峻为市国资委系统出席中共上海市第九次代表大会代表。

2012年4月11日,集团党委召开党员代表大会,以无记名投票和差额选举办法选举唐小杰为市国资委系统出席中共上海市第十次代表大会代表。

2017年4月,集团党委召开集团系统党员代表会议,经106名党员代表无记名投票选举,集团党委书记、董事长吕勇明当选为市国资委系统出席中共上海市第十一次代表大会代表。

第五节　党内主题教育实践活动

23年间,根据中共中央、中共上海市委的统一部署,集团党委先后集中开展"三讲"学习教育活动、"三个代表"重要思想学习教育活动、保持共产党员先进性教育活动、深入学习实践科学发展观活动、党的群众路线教育实践活动、"三严三实"专题教育、"两学一做"学习教育活动等,促进基层党组织建设,提高党员队伍素质。

一、"三讲"学习教育活动

2001年,根据中共中央和中共上海市委、市外经贸党委的部署,集团开展"三讲"(讲学习,讲政治,讲正气)学习教育活动。经过前期准备,11月5日召开动员大会,12月4日召开总结大会,前后历时一个多月,经历学习理论、找准问题、制定整改方案等三个环节。

2001年10月16日,市外经贸党委领导向集团党政主要领导传达上级党委关于将东方国际集团列入第二批市管国有企业领导班子及成员"三讲"学习教育活动范围的有关指示精神,对如何搞好"三讲"学习教育活动提出要求。集团党委立即召开党政主要领导参加碰头会,决定成立东方国际集团党政领导班子及成员"三讲"学习教育活动领导小组,下设办公室。集团"三讲"学习教育活动的准备阶段为10月16日—11月4日。

11月5日上午,集团党政领导班子成员进行"三讲"学习教育活动第一专题学习和交流。是日下午,集团党委召开"三讲"学习教育活动动员大会。集团党委书记、董事长王祖康作动员报告,市指导检查组组长扈清聚在动员会上讲话。市指导检查组成员、集团党政领导班子成员、集团总部各部室负责人和集团所属公司的党政主要领导60余人出席动员大会。

11月6—7日,集团领导分别带队下基层,在所属11家子公司和集团总部召开10个座谈会,听取职工群众对集团领导班子及成员的意见。各子公司的党政领导、集团总部各部室负责人和职工代表112人出席座谈。座谈会上,大家畅所欲言,认真回顾集团的发展历程,查找影响改革与发展的各种问题,对集团领导班子及成员提出许多中肯的批评意见,对集团进一步改革与发展提出许多积极的建议。9日下午,市指导检查组负责人同集团全体领导成员,以集体谈心的方式,对进入意见反馈和自我总结阶段要注意的问题,作坦诚的交谈。15日,集团党委召开"三讲"民主评议会,对集团的班子总结和班子成员的自我总结进行民主评议。市外经贸党委副书记史丽雯和市指导检查组组长扈清聚出席会议并作指示。市指导检查组成员、集团领导班子全体成员、各子公司党政领导和集团总部各部门负责人 60 余人出席会议。

11 月 21 日下午,集团党委召开领导班子民主生活会。市外经贸党委副书记史丽雯、市指导检查组组长扈清聚、中共上海市委组织部等领导出席会议并作讲话。市纪委、市外经贸委党办、市指导检查组成员出席会议。

11 月 23 日,集团召开罗兰·贝格公司战略咨询会,请罗兰·贝格公司作关于东方创业的战略分析报告,启发思路。26 日、27 日两天,各子公司分别召开座谈会,集团领导班子成员分别下基层出席座谈,参与座谈的人数 130 余人。28 日,集团召开大会,专题研讨在新形势下的发展战略,包括子公司改制及应对措施等,集团领导班子成员和市指导检查组成员以及各子公司党政领导班子成员 70 余人参加。是日晚上,集团领导班子召开务虚会议,吸纳干部群众提出的意见和建议,讨论修订“三讲”整改方案。

12 月 4 日,集团召开“三讲”学习教育活动总结大会。集团“三讲”学习教育活动领导小组组长、党委书记、董事长王祖康和市指导检查组组长扈清聚分别作总结报告。市指导检查组全体成员、各子公司党政领导和集团总部各部负责人 60 余人出席大会。

2002 年,集团党委开展“三讲”回查工作,主要针对“三讲”学教活动中形成的整改方案中 5 个方面、33 条措施的执行情况进行对照检查,经广泛听取意见和集团党政领导班子分析研究,整改方案总体得到较好的落实。为落实未尽事项,集团领导又牵头组成改革改制、激励约束机制、海外发展战略和内部管理规章制度等 4 个专题小组进行“补课”,到 2002 年年底基本结束。这次回查,巩固扩大“三讲”成果,进一步端正领导班子的精神状态和工作作风,得到回查组的肯定。

二、“三个代表”重要思想学习教育活动

2000 年 6 月 26 日,为纪念中国共产党成立 79 周年,集团党委举行贯彻“三个代表”重要思想学习讨论会。

6 月 30 日—10 月 30 日,各公司党委中心组结合江泽民在全国思想政治工作会议上重要讲话,组织专题学习;同时开展一次以贯彻“三个代表”重要思想为主要内容、纪念“七一”党组织活动,召开一次学习贯彻“三个代表”重要思想、开展“双思”活动的经验交流大会。

7 月 1 日上午,集团党委召开中心组学习讨论会,主题是深入学习贯彻“三个代表”重要思想,结合集团改革发展的实际,认真领会国有资产管理体制改革的有关精神,思考集团的战略定位、改革重组与发展总体思路。集团党政领导和二级公司党政一把手、集团总部各部室负责人 40 人出席会议。

7 月 16—17 日,集团党委召开党委书记工作会议。集团总部和 12 家子公司党委(党总支)书记、集团党委工作部负责人参加会议。会议根据中共上海市委八届三次全会精神,重点研究关于在集团系统兴起学习“三个代表”重要思想新高潮和加强基层党组织凝聚力工程建设的问题,交流各公司上半年的党委工作和下半年工作思路。会议邀请中共上海市委党校教授冷鹤鸣作关于“三个代表”重要思想的辅导报告。会议围绕集团党委制定的《关于深入学习贯彻〈中共中央关于在全党兴起学习贯彻“三个代表”重要思想的通知〉的通知》和《关于深入学习贯彻〈关于进一步推进凝聚力工程,加强和改进基层党的建设的决定〉的通知》两个文件,结合下半年的工作,展开热烈讨论。

2000 年 7 月,根据上海市纪委、中共上海市委组织部的要求,举办 2 期党风廉政建设轮训班,组织集团总部各部室负责人以上领导和二级公司领导班子成员轮训。同时,按市外经贸委党委要求,

举办 2 期各子公司党支部书记培训班。

2003 年 8 月 6 日，集团党委下发《关于学习贯彻〈中共中央关于在全党兴起学习贯彻"三个代表"重要思想新高潮的通知〉的意见》，作出学习"三个代表"（代表中国先进生产力的发展要求，代表中国先进文化的前进方向，代表中国最广大人民的根本利益）重要思想的决定，集团党委要求各公司党组织要紧密结合国内外形势的变化，从集团物质文明和精神文明建设的实际出发，认真学习和深入思考"三个代表"重要思想，提出学习要求和下半年的主要工作安排。

三、保持共产党员先进性教育活动

中共十六届四中全会作出在全党开展以实践"三个代表"重要思想为主要内容的保持共产党员先进性教育活动的决定。根据中共上海市委、市国资委党委安排，集团保持共产党员先进性教育活动分两批进行。第一批：集团总部党总支（7 个党支部、59 名党员）的先进性教育活动从 2005 年 1 月下旬开始，至 4 月下旬基本结束。第二批：12 家子公司党组织（94 个支部、2 357 名党员）的先进性教育活动从 2005 年下半年开始，2005 年年底前结束。

集团党委成立保持共产党员先进性教育活动领导小组，组长蔡鸿生，副组长陆朴鸣，成员强志雄、周峻、陈苏明、方为群、李春明；同时成立保持共产党员先进性教育活动办公室，主任陆朴鸣，副主任方为群、李春明、何志刚。

集团党委制定《保持共产党员先进性教育活动实施办法》，布置基层党组织组织党员认真学习邓小平理论和"三个代表"重要思想，坚持"提高党员素质、加强基层组织、服务人民群众、促进各项工作"的总要求，为集团战略目标实现提供强有力的政治和组织保证。

2005 年 1 月 27 日—3 月 10 日为学习调研阶段，集团党委着重抓思想发动、学习培训、明确新时期共产党员保持先进性具体要求等 3 个重点环节。1 月 27 日，以专题工作会议方式，对集团总部各支部书记进行培训，起到"预热"效果。

1 月 28 日，集团党委召开动员大会，启动集团第一批保持共产党员先进性教育活动。

2 月 5 日，集团领导作题为"加强党员队伍建设，提高党员素质，为实现集团的发展目标而努力奋斗"专题党课。

2 月 15 日，集团党委召开中心组学习讨论会，重点讨论符合集团实际情况的党员先进性要求。

2 月 25—26 日，集团总部党员赴安徽泾县和中共二大会址重温入党誓词，接受革命传统教育。

3 月 1 日，集团党委召开学习交流会，对第一阶段活动作工作小结。

3 月 11 日—5 月初为分析评议阶段，主要是开展广泛征求意见、谈心活动、撰写党性分析材料、召开组织生活会、召开党支部委员会议、向党员反馈评议意见、通报评议情况 7 个重点环节。

3 月 25 日，集团党委召开分析评议阶段动员大会。集团党委书记、董事长蔡鸿生针对这一阶段"覆盖面广、思想性严、政策性强、规定性多"的特点，就 7 个环节的具体工作进行部署，提出 5 点具体要求。市国资委第六督导组组长董文权对本阶段工作提出 4 点要求和希望。

3 月 26—27 日，集团先进性教育活动办公室组织总部党总支委员和各支部书记进行一次专题培训，学习市国资委对第二阶段具体工作的安排，明确集团先进性教育活动中各类各级人员，特别是党支部书记在第二阶段的工作责任和具体任务。

5 月初至 6 月上旬为整改提高阶段，具体抓制定整改措施、认真进行整改、向群众公布整改情况 3 个重点环节，做好巩固和扩大整改成果工作。

5月19日,集团党委召开整改提高阶段动员大会,集团党委书记、董事长蔡鸿生提出3点要求:抓住关键、规范操作,把握重点、确保实效,加强领导、责任到位。市国资委第六督导组组长董文权对本阶段工作提出5点要求。

7月11日,集团党委召开先进性教育活动第一批总结暨第二批动员大会。蔡鸿生对集团总部开展先进性教育活动进行总结,对集团系统开展第二批先进性教育活动进行全面动员。市国资委第六督导组组长董文权讲话,肯定东方国际集团第一批先进性教育活动基本上达到"党员素质普遍提高,基层组织切实加强,各项工作得到促进,职工群众广泛认同"的目标,群众满意度达到94.96%,总体上顺利完成任务。

集团先进性教育活动办公室在第一批教育活动期间共出简报47期,上传专报3份,反映集团先进性教育活动开展情况,有9条信息被市国资委录用转发。集团开展"十个一"活动,集团领导班子整改方案被市国资委全文录用。"十个一"活动被上海电台990新闻作专题报道。对于为领导干部布置春节"功课"的消息,《解放日报》于2月14日作专门报道。

第二批先进性教育活动时间为2005年7月11日—11月11日。集团所属12家二级子公司党组织根据中共中央、中共上海市委、市国资委党委关于做好第二批先进性教育活动工作的要求,加强领导,精心组织,坚持质量,勇于创新,顺利完成学习动员、分析评议和整改提高等3个阶段的各项任务,实现先进性教育活动工作目标,取得预期效果。

在保持共产党员先进性教育活动整个过程中,集团党委先进性教育活动办公室编印111期《简报》,在《东方国际报》和集团网页上辟出"保持共产党员先进性教育活动"专题报道,扩大宣传效果。各公司共计编印281期《简报》。许多企业还在食堂、走廊或办公场所,布置先进性教育活动的墙报和图片,对畅通信息、增强学习气氛、营造舆论氛围起到积极作用。据统计,集团提供的《简报》材料中,18篇被市国资委先进性教育活动《简报》转载。上海电台990新闻、《解放日报》和上海东方广播电台对集团先进性教育活动作专门报道。在市国资委党委第二批先进性教育活动总结大会上,中

图 7-1-4 2006 年 2 月 13 日,集团党委开展专题党课教育活动

共上海市委常委姜斯宪和市委巡查组组长王维龙在讲话中表扬东方国际集团的一些做法和经验。

在巩固先进性教育活动成果方面,集团党委重点做 3 项工作:(1)组织编制 30 多万字的《集团保持共产党员先进性教育活动材料汇编》。(2)专门统一制作下发党支部活动(组织生活)记录本,基层党支部将每次学习和活动情况如实记录,为检查督促基层党支部正常化开展工作提供方便。(3)深化和推进"双结对"工作。据集团党委年末综合检查显示,集团系统基层党支部的学习活动基本做到正常有序。其中东方外贸、东方创业、东方利泰、东方新家纺、东方纺织等公司党委所属党支部,不仅坚持正常的学习活动制度,而且认真做好台账记录,"双结对"活动取得一定进展。据统计,集团系统共有 106 个党支部相互"结对",党支部与困难党员(群众)"结对"245 个。

四、深入学习实践科学发展观活动

2009 年,根据中共中央、中共上海市委和市国资委党委的部署,集团党委开展深入学习实践科学发展观活动,从 2009 年 3 月开始到 2009 年 8 月结束,历时 5 个多月。集团系统 13 家二级公司、168 个基层党支部、2 013 名共产党员参加第二批深入学习实践科学发展观活动。

2009 年 3 月 13 日,集团党委领导班子召开学习实践科学发展观活动预备会议。会上观看上汽集团第一批开展学习实践活动情况的录像片,听取集团党委副书记陆朴鸣对《市国资委学习实践活动方案》的解读和关于集团学习实践活动准备工作情况的汇报。

2009 年 3 月 16 日,集团党委成立东方国际集团深入学习实践科学发展观活动领导小组。组长:蔡鸿生。副组长:唐小杰、陆朴鸣。成员:强志雄、周峻、方为群、李春明。同时成立学习实践科学发展观活动办公室。主任:陆朴鸣。副主任:李春明、何志刚。

集团党委制定《东方国际集团开展深入学习实践科学发展观活动的实施方案》。方案明确活动分 3 个阶段进行:第一阶段为学习调研(3 月中旬—4 月下旬),重点抓好学习讨论和深入调研,形成符合科学发展新观念、谋求科学发展新思路、解决突出问题新举措。第二阶段为分析检查(5 月上旬—6 月中旬),重点开好领导班子专题民主生活会和党员专题组织生活会,形成分析检查报告,组织群众评议。第三阶段为整改落实(6 月下旬—8 月中旬),重点抓好制定整改落实方案、集中解决突出问题和完善体制机制。

3 月 18 日,集团党委召开深入学习实践科学发展观活动动员大会。集团党委书记、董事长蔡鸿生作动员报告,集团党委确定学习实践活动的实践载体是"理清发展思路,加强科学管理,创新党建机制,打造国内领先、国际知名的现代服务贸易集团"。初步考虑解决 3 个方面的主要问题:(1)从可持续发展的角度,考虑集团的发展思路、增强核心竞争力等问题,包括供应链建设、服务贸易大平台的建设。(2)从科学管理的角度,审视集团系统的经营管理问题。(3)以人为本和加强与改进党建工作。市国资委第二指导检查组组长崔志仁出席会议讲话,提出 6 点要求。动员会结束后,集团学习教育活动领导小组办公室对集团总部党总支、各二级公司党委(党总支)分管书记、党办主任进行操作实务的培训。集团党委部署在党员中开展"共克时艰、争当排头兵"活动。

4 月 9 日,集团党委召开深入学习实践科学发展观活动理论学习交流会。学习科学发展观理论,为进一步开拓集团发展思路和转变经营方式提供方法,重新审视集团的发展思路和经营模式转变问题,正确处理三个关系,即改革与稳定、局部利益与整体利益、当前利益与长远利益的关系。市国资委第二指导检查组副组长出席会议并讲话。

集团在调研环节开展课题调研活动,集团系统成立 25 个课题组,课题组成员 123 人。集团和各子公司主要领导担任课题组组长，多次召集会议，商定调研方向，讨论调研方案。集团确定"发展思路和经营方式转变""科学管理和防范经营风险""加强和改进党的建设"等3个课题。集团层面成立3个课题调研小组，召开座谈会11次，个别访谈17次，发放问卷调查252份，收到职工代表提案45份，共计征求意见185条。与此同时，二级公司组织22个专题调研，参加人数150人。

5月8日，集团党委召开深入学习实践科学发展观活动、解放思想大讨论成果交流暨分析检查阶段动员大会，回顾学习调研阶段主要特点，做好分析检查阶段各项工作，确保集团系统学习实践活动取得实效。

5月26日，集团党委召开领导班子专题民主生活会，敞开思想、开诚布公，认真查找领导班子和个人在贯彻落实科学发展观方面存在的问题和差距，为撰写分析检查报告打下基础。集团党委召开3个座谈会，形成分析检查报告，获检查组好评。

6月24日，集团党委召开分析检查报告群众评议会，集团系统40位干部和群众代表参加。集团党委书记、董事长蔡鸿生通报分析检查报告形成过程和报告主要内容，指出影响和制约集团科学发展的4个突出问题：（1）集团核心能力有待进一步培育和提升。（2）集团层面产权的多元化改造和所属企业体制机制改革有待进一步突破。（3）集团主业经营模式存在风险，相关制度亟待完善。（4）企业领导班子和人才队伍建设、企业党组织作用发挥有待提高。分析检查报告评价结果显示，"很好"和"较好"的评价占92.5%。会议同时部署学习实践活动第三阶段主要工作。

7月9日，上海市学习实践科学发展观活动第一巡视组组长陈伯深等来集团检查学习实践活动开展情况，对集团开展学习实践活动作"广""深""力"的评价：集团系统开展的"排头兵""八个一"等活动，体现一个"广"字；为撰写好分析检查报告，领导班子反复调研、反复讨论、反复修改，开辟"上请、下求、内听、外访"4条通道，广泛征求意见，体现一个"深"字；在整改方面，坚持边学边改、即知即改、改善民生，体现一个"力"字。

8月26日，集团党委召开学习实践科学发展观活动总结大会，市国资委第二指导检查组组长崔

图7-1-5　2009年3月18日，集团党委召开深入学习实践科学发展观活动动员大会

志仁对集团学习实践活动的评价为"坚持高质量、高标准,各项任务圆满完成"。会上对集团学习实践活动满意度作无记名测评,满意率为98.33%。

根据中共上海市委、市国资委党委部署,12月,集团党委组织开展整改落实工作"回头看",对各项整改落实工作逐一进行检查分析,狠抓监督落实,巩固教育活动成果,扎实推进中长期整改项目,把各项整改工作落到实处。

五、党的群众路线教育实践活动

根据中共中央、中共上海市委和市国资委党委的部署,集团党委开展党的群众路线教育实践活动从2013年8月开始,到2014年2月结束,历时6个多月。

2013年8月23日,集团党委成立党的群众路线教育实践活动领导小组和领导小组办公室。领导小组组长:吕勇明。副组长:唐小杰、强志雄、周峻。成员:高国琳、张磊、姚文祖、王佳。领导小组办公室主任:强志雄(兼)。副主任:高国琳、张磊。

活动开始前,集团党委通过发函征询、个别访谈、专题座谈等形式,广泛征求党代表、人大代表、政协委员、民主党派成员、基层党支部书记以及所属单位领导的意见,找准在形式主义、官僚主义、享乐主义、奢靡之风等方面存在的主要问题。

8月23日,集团党委下发《深入开展党的群众路线教育实践活动实施方案》。8月27日,经市国资委党委第五督导组同意,集团党委召开党的群众路线教育实践活动动员大会。这次活动以为民务实清廉为主要内容,以领导班子和领导干部为重点,以"照镜子、正衣冠、洗洗澡、治治病"为总要求,分为学习教育、听取意见查摆问题、开展批评,整改落实、建章立制等3个环节进行,每个环节不少于1个月。市国资委党委第五督导组组长黄岱列出席会议并讲话。动员会对集团领导班子及成员的作风建设情况进行民主评议,会后,集团领导分别前往活动联系点调研,指导教育实践活动开展。

教育实践活动第一环节为学习教育,重点抓5项工作:(1)抓好学习教育。按照集中学习时间不少于3天的工作要求,集团党委先后组织5个半天的专题讲座,召开4次党委中心组学习会议。9月18日,集团党委书记、董事长吕勇明作《树立群众观念,永葆清廉本色》专题党课报告。(2)抓好查找问题。集团领导按分工到联系点指导工作、听取意见。集团召开专题讨论会,聚焦"四风",对照检查,形成领导班子自我查摆问题报告。(3)抓好即知即改。对具备整改条件的问题,积极采取有效措施进行整改。(4)抓好工作协调。严格贯彻落实督导组工作部署要求,帮助各直属单位按照规范要求开展活动,确保工作落在实处。(5)抓好信息沟通。《东方国际报》每期都有反映集团教育实践活动内容的动态信息,编发电子简报15期,被上级部门录用和部分录用5期。

第二环节为听取意见查摆问题、开展批评。10月22日,集团党委召开教育实践活动学习交流会,对教育实践活动第一环节的工作开展"六个到位"的工作回顾,同时部署第二环节的工作。集团第一环节的工作得到市国资委党委和市国资委第五督导组的肯定。

10月下旬开始,集团党委主要负责人与领导班子成员之间、班子成员相互之间、班子成员与分管部门(单位)负责人之间开展谈心活动。先后召开各类座谈会174个,个人访谈听意见217人次,收集各种意见189条,集中梳理出对集团领导班子的"四风"意见29条。

11月11日,集团党委召开领导班子专题民主生活会,开展批评与自我批评。针对查找出来的"四风"问题和不足,形成集团领导班子对照检查材料。对照检查材料内容包括:检查遵守党的政治纪律、贯彻落实中共中央八项规定精神、转变作风等方面的基本情况和不足;找出"四风"方面存在的突出问题;针对存在的问题和不足,制定整改措施。市国资委党委第五督导组到会点评指导。11月25日,集团党委召开专题民主生活会情况通报会,通报集团教育实践活动专题民主生活会和第一、第二环节"回头看"的开展情况。

第三环节为整改落实、建章立制。集团党委研究制定《东方国际集团领导班子整改方案》;提出从创建"四型"班子着手,采取18项主要措施,做学习型班子、创新务实型班子、服务型班子和清廉型班子。市国资委党委第五督导组副组长作点评讲话,对专题民主生活会给予肯定,同时提出要把成功的民主生活会所积聚的正能量转化为真正从思想上涤清"四风"、落实整改突出问题的强大动力。

2014年1月,为进一步加强领导与职工群众的紧密关系,集团党委下发《关于进一步建立领导干部联系点制度的通知》。根据规定,集团领导和子公司领导全部落实具体联系点,明确深入联系点的时间和工作内容。

2014年2月11日,集团党委召开党的群众路线教育实践活动总结大会。吕勇明作总结报告,市国资委党委第五督导组副组长出席会议并讲话,强调要继续巩固和扩大教育实践活动成果,重点抓好收尾阶段工作。

图7-1-6 2013年10月30日,集团党委召开党的群众路线教育实践活动学习交流会

六、"三严三实"专题教育

根据中共中央、中共上海市委和市国资委党委的部署,2015年5月,集团党委成立"三严三实"(严以修身、严以用权、严以律己,谋事要实、创业要实、做人要实)专题教育领导小组和办公室。领导小组组长:吕勇明。副组长:强志雄。成员:王佳、王晨皓、姚文祖。办公室主任:王晨皓。成员:孙如琪、张华、徐峰、朱耀忠、张晓珣、张鹏翼、朱江伟、陈晓鹏。

2015年5月,集团党委制定《关于在东方国际集团系统中层领导人员及以上领导干部中开展

"三严三实"专题教育的实施方案》。"三严三实"专题教育分批次、不划阶段、不设环节,同时明确不是一次活动。

2015年5月20日,集团党委在集团系统中层及以上领导干部中启动"三严三实"专题教育,分为严以修身、严以用权、严以律己3个专题开展学习研讨,每个专题持续2个月。集团党委书记、董事长吕勇明为集团系统领导干部作"三严三实"的专题党课报告。

6月19日,集团党委召开"三严三实"研讨会。集团党委副书记、总裁唐小杰作题为《坚定理想,严以修身》的主题发言。集团副总裁陈卓夫、工会主席王佳等分别联系思想和工作进行发言。

7月10日,集团党委举办"三严三实"专题学习讲座,邀请中共上海市委讲师团成员、市人大常委会法治研究会常务副会长施凯作题为《从治标到治本——努力掌握反腐败斗争主动权》的辅导报告,集团领导班子成员、集团各部室正副部长(主任)以及各二级公司党政领导班子成员70余人参加学习。

8月13日,集团领导班子成员集体深入资产管理公司、领秀公司开展"三严三实"专题教育学习研讨,走访了解企业开展"三严三实"专题教育及推进企业转型发展情况,与企业领导干部一起学习交流,谋划进一步加强企业科学管理、加快转型发展等方面的新举措、新路径。

8月19日,集团党委举行"三严三实"第二次专题学习会,重点围绕"严以律己"主题,按照中共上海市委组织部转发的《中共中央组织部关于在"三严三实"专题教育中联系反面典型深入开展研讨的通知》精神,以"严守党的政治纪律和政治规矩"为题,联系反面典型,开展深入学习研讨。集团党政领导班子成员、集团总部各部室正副部长(主任)20余人参加学习研讨。集团党委副书记、纪委书记作"严以律己"主题发言,集团党委书记、董事长吕勇明提出3点要求。集团领导班子对照"三严三实"具体要求,结合巡视工作反馈意见,理出集团领导班子问题清单11条,提出整改措施21条,边学、边查、边改。

9月29日,集团党委召开中心组学习会议,集团领导在会议上传达《中共中央、国务院关于深化国有企业改革的指导意见》《中共中央办公厅下发〈关于在深化国有企业改革中坚持党的领导加强党的建设的若干意见〉的通知》等文件精神,与会人员开展现场学习交流。集团党委书记、董事长吕勇明对贯彻文件精神提出3点意见。

10月29日,集团党委举行"三严三实"专题教育第三次专题学习会,围绕"严以用权"主题,开展深入学习研讨。集团党委委员、副总裁周峻作题为《权为民作用、情为民所系、利为民所谋》的主题发言,吕勇明提出3点工作要求。

12月30日,集团党委召开2015年度集团领导班子民主生活会。班子成员通过认真对照党章、新准则和条例规定,结合自身工作,深入查摆"不严不实"问题,深刻剖析原因,提出实实在在的整改措施,巩固扩大专题教育成果,推动践行"三严三实"制度化、常态化、长效化,市国资委有关领导到会指导。会上,集团党委书记代表集团领导班子进行对照检查,带头开展批评与自我批评,班子成员也按照职责分工逐一进行对照检查,开展严肃认真的自我批评和互相批评,市国资委领导对集团民主生活会作点评。

七、"两学一做"学习教育活动

根据中共中央、中共上海市委和市国资委党委的部署,2016年4月28日,集团党委召开"两学一做"(学党章党规、学系列讲话,做合格党员)学习教育专题会议,制定《"两学一做"实施方案》,对

"两学一做"学习教育进行部署。集团党委书记、董事长吕勇明上"两学一做"专题党课,集团党政领导班子成员、集团总部各部室负责人和各二级公司党组织书记、分管书记参加会议。5月3日,集团成立"两学一做"学习教育联络小组,加强工作督办和指导,同时制定《"两学一做"学习教育实施方案》。

集团党委在"两学一做"学习教育活动中,认真贯彻落实市国资委党委的部署,采取3项措施,实现集团系统"两学一做"学习教育开好局、起好步的工作目标。(1)抓好学习动员,订好学习计划。(2)突出学习覆盖,创新学习形式,制定"两学一做"学习教育联络员制度。(3)加强学习宣传,营造良好氛围。集团党委在OA上开设"两学一做"简报专栏,充分利用信息简报形式,宣传集团系统"两学一做"的动态。

"七一"前夕,结合纪念中国共产党建党95周年开展活动。集团系统开展书记上党课、学习交流会、拍摄制作"两学一做"学习教育党支部组织生活微视频等活动。截至6月底,集团系统各级领导干部上专题党课52场,参学人数为970余人次。

8月4日,集团党委召开"两学一做"学习教育交流会,对前阶段的学习教育工作进行总结交流,对下阶段工作进行再动员、再部署,集团总部、各二级公司代表等130余人出席会议。吕勇明在会上强调要进一步强化责任担当,把学习教育引向深入,抓实见效,要持续聚焦"学""做""改",以巡视"回头看"为契机,认真做好检查审视,开展查漏补缺,严格落实整改。8月17日,集团党委举办"两学一做"学习教育专题辅导讲座,邀请上海马克思主义研究会副会长、中共上海市委讲师团成员周锦尉作辅导报告。集团领导班子全体成员、集团各部室正副部长(主任)以及各二级公司党政领导班子成员共70余人参加学习。

9月9日上午,集团党委举行中心组(扩大)学习会暨"两学一做"学习教育专题党课,由集团监事会主席韩强上党风廉政教育专题党课。以"唤醒责任意识,激发担当精神"为党课题目,通过认真解读《中国共产党问责条例》,开展思想教育。集团党政领导班子全体成员、集团总部各部室正副部长(主任),以及各二级公司党政领导班子成员等近80人参加学习会。

2016年,集团系统各级党组织书记上专题党课156场,参学人数1971人次。

2017年6月28日,吕勇明作推进"两学一做"学习教育常态化、制度化工作动员部署。是年6月30日,集团党委制定《集团系统推进"两学一做"学习教育常态化、制度化实施方案》,把推进"两学一做"学习教育常态化、制度化作为党建工作首要任务,认真组织实施,全面动员部署,引导广大党员干部深学、实做、真改,努力把学习教育成果体现在岗位建功的示范引领上,体现在创新发展的工作实践中。

集团党委开展"两学一做"学习教育常态化、制度化以来,集团党委班子成员学习《党章》《中国共产党廉洁自律准则》《中国共产党纪律处分条例》,研读习近平系列重要讲话,把《习近平谈治国理政》《习近平讲故事》等书籍作为必读书目,到所在党支部与共产党员一起学习交流。各二级公司党组织以中心组理论学习为主要形式,采取个人自学、分头领学、集中研讨等形式,引导广大党员干部深入学习领会习近平系列重要讲话精神。据统计,2017年上半年,集团党委和各二级公司党组织召开中心组学习会27次,参学干部412人次,集团系统116个党支部1200多名党员参与到学习教育中来。

集团党委和各级党组织在"两学一做"学习教育常态化、制度化过程中,聚焦存在问题,采取措施,补齐基层党建工作"短板"。针对下属基层党组织未及时换届的"短板",集团党委制定换届选举工作实施方案,提出工作要求,明确整改完成时限。集团党委职能部门编印《换届选举工作流程汇编》,为基层党组织换届选举提供指导。

集团各级党组织把扎实推进"两学一做"学习教育常态化、制度化与落实中心工作、重大项目、重点工作深度融合,引导党员发扬吃苦耐劳、勇于担当精神,在贯彻落实中共上海市第十一次党代会精神、推动企业转型发展中敢担当、有作为。

图 7-1-7　2016 年 9 月 9 日,集团党委中心组举行集团党委中心组(扩大)
学习会暨"两学一做"学习教育专题党课

第六节　老 干 部 工 作

1994 年 11 月集团成立时,集团所属企业共有离休干部 74 名,分布在集团下属上海市丝绸进出口公司、上海市服装进出口公司、上海市针织品进出口公司、上海市纺织品进出口公司、上海市家用纺织品进出口公司等单位。集团成立以后,出于国有资产划拨、企业重组等原因,上海市对外贸易有限公司、上海金达国际丝绸有限公司等一批企业进入集团,离休干部人数增加到 237 名,其中红军时期参加革命工作的 4 名、抗日战争前期参加革命工作的 34 名、抗日战争后期参加革命工作的 40 名、解放战争时期参加革命工作的 159 名。集团系统共建有 15 个离休中共党支部,3 个离退休联合中共党支部。

截至 2017 年年底,集团系统尚有 70 名离休干部健在,分布在集团所属东方创业、东方利泰、东方家纺、东方纺织、东方外贸、东方新海、资产管理公司等单位。其中抗日战争前期参加工作的 4 名,抗日战争后期参加工作的 9 名,解放战争时期参加工作的 57 名;享受按副市长级标准报销医疗费待遇的 1 名,原处级享受副局级待遇的 2 名,原一般干部享受副局级待遇的 2 名,参照副局级医疗待遇的 10 名,原正处级 1 名,原副处级 1 名,享受副处级待遇的 31 名,正科级 1 名,副科级 1 名,一般干部 20 名;最大年龄 100 岁,平均年龄 88.88 岁。

一、加强领导

集团党委和集团下属企业党组织十分重视老干部工作,坚持以让党放心、老干部满意为标准,不断提高服务管理水平。集团组建后,对各公司老干部工作部门进行统一调整和充实。集团老干部工作由集团人力资源部归口管理,配备一名工作人员。各公司老干部工作分别由老干部科或干部人事部门牵头,配备专职和兼职工作人员,从组织上保证老干部工作的开展。按照《上海老干部工作领导责任制》要求,集团党委于1999年3月制定下发《东方国际集团老干部工作领导责任制实施细则》,明确集团老干部工作的组织领导、工作考核,老干部学习和活动安排,走访慰问老干部,落实老干部政治待遇和生活待遇,加强老干部工作队伍建设等各方面的工作要求。同时,集团党委建立层次管理、按级负责的网络化工作体系,抓好各级领导干部分工负责制。集团和各子公司党委书记为老干部工作的第一责任人,形成一个党委书记挂帅亲自抓,其他党政领导齐心协力配合抓和按级负责、分层管理的垂直领导体系,使老干部工作始终置于各级党政领导的坚强领导之下。

集团党委领导率先垂范,在老干部工作中做到"三亲自""五确保",即亲自向老干部通报工作,传达重要会议精神;亲自走访慰问老干部,帮助解决实际困难;亲自召开老干部座谈会,听取意见和建议;确保企业改制中妥善安置好老干部;确保老干部离休金外的补贴按时、足额发放;确保特需费和公用经费、社区高龄养老专项经费按期交纳;确保老干部医疗中的特殊需求按"三个一点"(组织上补一点,老干部本人出一点,老干部家属子女出一点)办法及时满足;确保按上级要求解决老干部住房特殊困难,将此项工作纳入领导干部实绩考核内容。

集团各级党组织把老干部工作列入重要议事日程,不断完善工作制度、健全工作机制、改进工作方法,做到领导到位、机构到位、责任到位。各级老干部工作部门严格落实责任机制,加强协调,形成有关部门各司其职、相互配合的工作合力,为落实老干部政治待遇、生活待遇,为老干部老有所养、老有所医、老有所教、老有所学、老有所乐、老有所为创造良好条件。

二、落实政策

23年间,集团始终把中共中央制定的"政治待遇不变,生活待遇略为从优"的老干部政策落到实处,坚持"及时、从优"的老干部工作原则,采取有力措施,千方百计为老干部排忧解难,切实帮助老干部解决生活中的实际困难,让老干部老有所养、老有所乐,安度晚年。1995年,集团党委对提高老干部生活待遇作出四项规定:自1995年4月1日起,对第二次国内革命战争至解放战争期间参加革命的老干部,按4个不同历史时期每人增发共享费;在原有书报费的基础上,企业再为每位老干部订一份报纸;各公司每年为老干部活动拨出专款;认真解决老干部在住房上存在的困难。同时,在集团工资制度改革方案中,适当调整离休干部的工龄补贴。针对老干部普遍进入高龄、高发病期的实际情况,集团各级党组织积极探索适应"双高期"特点的老干部工作新路子,制定切实可行的措施,全心全意为老干部做好事、办实事、解难事。对行动不便、身患重病的老干部,定期派人走访,了解他们的身体状况和生活情况,在生活上给予必要的照顾。集团关心重视易地安置的老干部,认真落实他们的各项待遇,定期走访慰问,加强与安置接受单位协作,共同做好易地安置老干部服务工作。

集团积极帮助有特殊困难的老干部解决实际困难。2002年,丝绸集团采取"三个一点"的办法,为 4 位老干部解决煤卫合用改建的资金问题。2003—2004 年,集团为 72 位离休干部落实住房困难补贴,共计 511.71 万元。

23 年间,集团一些企业发生较大变化,有的改制为上市公司,有的改制为混合所有制企业,有的破产成为壳体企业,集团始终确保老干部的生活待遇不因企业变化而受影响。

集团积极推进老干部工作条块结合,按时足额缴纳历年老干部社区高龄养老专项经费,支持社区开展为老干部服务工作。各级老干部工作部门积极走访或电话联系老干部居住社区老干部工作部门,介绍本企业老干部的健康状况、爱好、需求等情况,争取社区老干部专职干部对集团老干部多一个层次的关心。同时,集团加强与各老干部定点医疗单位和社区卫生部门协调,共同提高老干部医疗服务的质量。

三、走访慰问

集团党委怀着对老干部的深厚感情,坚持开展走访慰问老干部和为老干部举行"迎春团拜"活动。1995—2005 年,每年春节前夕,集团党委把老干部请到集团召开迎新春团拜会或举行电影招待会。集团领导向老干部介绍集团发展情况,听取老干部对集团工作的意见和建议,感谢老干部为国家解放和集团发展所做的贡献,送上慰问金和纪念品,衷心祝愿老干部新春愉快、健康长寿、阖家幸福。老干部高度评价集团所取得的成绩,对集团未来发展充满信心和期待。

2006 年以后,随着老干部普遍进入"双高期",行动有所不便,集团党委更加注重以走访慰问的形式关心老干部。各级老干部工作部门坚持做到六个必访:重大节假日必访、高温酷暑必访、住院治疗必访、生病在家必访、家有特殊困难必访、家有突发事件必访。通过走访慰问,深入了解老干部情况,掌握老干部的需求愿望,给他们送上慰问品、慰问金,让集团发展的成果惠及广大老干部。

图 7 - 1 - 8　2013 年 1 月,集团党委书记、董事长吕勇明(左)慰问外贸总公司
原副总经理、副局级离休干部、百岁寿星朱祖贤

随着"双高期"老干部与社会的联系和交流越来越困难,集团党委要求在精神上关怀老干部,各级老干部工作部门定期与老干部联系或上门服务,为老干部提供更多的精神慰藉和人文关怀。各公司利用走访慰问的机会与老干部沟通思想、交流信息,及时将企业经营工作情况向老干部反馈通报。各有关企业积极为老干部的学习创造条件,除了为老干部订阅《学习与参考》《上海老干部工作》等刊物外,还为每位老干部订阅一份党报党刊、《支部生活》或《宣传通讯》等学习资料。有的公司还不定期上门为老干部送DVD资料片,满足老干部的个性化学习需求。

四、离休党支部建设

集团党委高度重视离休党支部建设,建立健全保持离休党员先进性的长效机制,把离休党支部建设纳入集团党建规划,做到"同部署、同检查、同总结",把离休干部党支部思想政治建设与解决离休干部的实际问题结合起来,增强思想政治建设工作的吸引力、感染力和说服力。

各公司离休党支部坚持每月一次组织生活会制度和支委会制度,努力做到学习活动安排周密、内容丰富。集团各级党组织以离休党支部活动为主要载体,建立健全沟通机制,加强企业在职领导与老干部之间的沟通和交流,及时向老干部传达中共中央和国家的方针政策、企业党政领导班子的重要决策精神,保证老干部在政治上、思想上时刻与中共中央保持一致,做到政治坚定、思想常新、理想永存。为更好地加强离休党支部建设,有的公司根据离休党支部的特点,在选配好党支部书记和党支部骨干,充分发挥支部一班人作用的同时,积极探索高龄条件下离休党支部开展学习、组织生活和活动的合适方式。东方外贸离休党支部把离休党员按居住地分成三个党小组,就近开展党小组学习,在保证每月一次党支部组织生活的情况下,党小组学习可不定期进行。丝绸集团积极探索离休党支部活动方式的"三个转变":将离休党支部的工作重心从以教育、管理为主转变为以教育、服务为主,将离休党支部的政治理论学习从以集体学习为主转变为以自学为主,将组织老干部活动、发挥老干部作用从以单位为主转变为以社区为主。

各级党组织努力为离休老干部提供学习辅导报告、形势报告、集团情况通报等老干部欢迎的学习内容,充分发挥离休老干部在建设和谐社会、促进企业稳定中的重要作用。集团每年两次召开离休党支部书记联席会议,沟通情况,交流经验,研究和探索适合离休老干部高龄和身体状况的离休党支部组织设置和活动方式。东方外贸及多家企业党委充实老干部信任的党员老干部工作者担任离休党支部书记,增强离休党支部的活力。各企业在保证安全的前提下,组织离休党支部开展各种重要的政治活动(如红军长征胜利纪念日、抗战胜利纪念日、国庆节、七一中共党建周年庆等),还组织离休党支部就近开展参观活动,努力把参观活动搞得精彩舒适,让老干部感受到改革开放的丰硕成果。

第七节　群团与统战工作

集团党委从加强对工会、共青团组织的政治领导、组织领导入手,关心、指导和支持工会、共青团组织依法依章开展工作和活动,不断提升集团工会、共青团组织的综合素质和工作活力,使之成为党组织的有力助手。同时,集团党委认真贯彻落实中共中央关于统一战线的方针政策,认真做好统战工作。

一、群团工作

集团党委坚持加强对工会、共青团组织的思想政治领导，引导工会、共青团组织听党话、跟党走，始终保持正确的政治方向。集团党委不断完善党建带工建、党建带团建的领导机制和工作机制，制定《关于进一步加强对共青团工作领导若干意见》，建立党群工作联席会议机制，引领工、团组织把中共中央的路线、方针、政策和决策部署落实到具体工作中去，把中共党组织的意志和主张落实到广大职工中去。集团党委要求各级工会和共青团组织将学习贯彻中共的路线、方针、政策和推动集团转型发展相结合，用党的理论武装头脑，统一思想和行动。

2007年，集团党委下发《关于深入学习宣传贯彻中共十七大精神的实施意见》。2012年，下发《关于深入学习贯彻中共十八大精神的实施意见》，布置集团系统各级党组织、工会和共青团组织根据企业实际，充分运用《东方国际报》、企业局域网、公司简报、宣传橱窗等舆论阵地，结合形势任务教育，向职工群众广泛宣传，引导职工群众理解和贯彻中共十七大、十八大精神。

各级工会、共青团组织根据集团党委工作要求，结合自身工作特点，开展多种形式的学习宣贯活动。工、团组织分别举办工、团干部培训班，邀请专家教授作专题报告，开展专题讨论，学习贯彻中共重大会议精神。组织职工群众开展中国共产党建党90周年文艺庆祝大会，"党的光辉照我心"网上职工书画、篆刻、摄影展等活动。组织团员青年举办"青年红色故事汇"，开展"学党史、跟党走"主题活动，创办《东方青年》《团内工作动态》、"青春东方国际"微信公众号等宣传阵地，团结带领广大职工以更加饱满的热情和坚定的信心投身到企业改革发展的实践中去。

集团党委指导工会、共青团组织加强组织建设，选好配强工、团领导班子，夯实工作基础，落实工作制度。1995年，集团党委着手筹建集团团委，共青团东方国际（集团）有限公司筹备小组成立。1996年，集团党委指导集团团委筹备小组召开第一次团员代表大会，成立集团团委。1997年，集团党委向市外经贸工会上报《关于成立东方国际集团联合工会筹备工作小组的函》，指导召开集团第一次工会会员代表大会，成立集团工会。

集团党委督促指导集团工会、集团团委及时换届、充实班子成员，为开展工团工作奠定坚实的基础。集团党委坚持贯彻"党管干部"的原则，在广泛听取意见的基础上，研究集团工、团领导班子建设，工、团干部培养选拔等重要事项。集团党委还通过组织培训，提升工、团干部的工作能力和综合素质。2012年12月，集团党委组织党群干部培训班，安排职工十八大精神学习、如何做好群众思想政治工作、公文写作等相关培训。

集团党委坚持关心、指导和支持工会、共青团组织开展工作，及时研究工会、团委工作中的重大问题，切实发挥工会和共青团组织在推进企业改革发展中的重要作用。2007年4月，集团党委首次召开党群工作会议，各公司党委、纪委、人力资源部、工会、团委负责人等60余人参加会议。根据集团党委的年度工作计划，集团党委工作部、纪检监察室、人力资源部、工会、团委的负责人对2007年的工作进行具体部署，提出工作要求。从2007年起，集团党委每年组织召开党群工作会议，组织交流党群工作经验，表彰党群工作先进，制订年度党群工作计划，部署年度党群工作。同时，召开不定期的会议，听取集团工会和集团团委的工作总结和工作计划，对工、团工作给予有效的评价和指导。在日常工作中，集团党委尊重工会、共青团组织依照有关法律和章程独立自主开展工作，支持工会履行"维护、建设、参与、教育"的职能，帮助共青团组织做好"引领青年、凝聚青年、服务青年"的工作。集团党委成立厂务公开领导小组，指导工会做好企业民主管理工作。协调行政和工会、职工代表进行集体协商,签订集体合同,维护职工合法权益。召开青年业务骨干代表和业务一线代表座谈会,了解青年情况,勉励青年在集团转型发展中发挥生力军作用等。

各级工、团组织充分发挥各自的优势,围绕中心,服务大局,加强自身建设,履行职能职责,为集团顺利开展各项工作、实现优质持续发展作出积极贡献。

图 7-1-9　2013 年 3 月 6 日,集团党委召开集团 2013 年度党群工作会议暨书记例会

二、统战工作

集团党委认真贯彻落实中共中央和中共上级党委关于统一战线的方针政策和工作要求,按照统战政策把集团系统有一定影响力的民主党派人士、无党派人士、归国留学人员和台湾同胞等列为统战对象。集团建立健全统战干部队伍,努力提高统战干部思想政治素质和业务素质,积极主动开展统战工作,与统战对象交心交友,及时向统战对象通报集团情况,反映相关的意见和建议,发挥统战对象参政议政和民主监督作用。同时,认真做好培养、选拔、推荐党外人士工作。23 年间,集团先后有 14 位统战对象在集团中层领导岗位和重要业务岗位发挥作用,其中 1 人担任上海市第十二届政协委员,1 人担任上海市第十三届人大代表,1 人担任上海市第十四届、第十五届人大代表,1人担任徐汇区第十六届人大代表。

表 7-1-4　1995—2017 年集团系统统战对象情况表

序号	姓　名	单位职务	统战对象	社会职务
1	梁景安	丝绸集团总经理	无党派	上海市第十二届政协委员
2	钱彩红	东松公司部门副经理	无党派	上海市第十三届人大代表

〔续表〕

序号	姓名	单位职务	统战对象	社会职务
3	黄佳华	东方创业第四业务部副经理	无党派	上海市第十四届、十五届人大代表
4	顾慧慧	丝绸股份办公室主任	九三学社	徐汇区第十六届人大代表
5	虞敏洁	东方房产办公室主任	民建	
6	施伟	东方家纺外销员	台属	
7	倪愈刚	集团财务部副部长	无党派	
8	金小隐	集团外派财务总监	无党派	
9	曹铭	东方外贸财务总监	无党派	
10	沈永昌	东松公司副总经理	无党派	
11	陈佳琪	东方外贸业务员	留学归国人员	
12	苑苑	东方外贸业务员	留学归国人员	
13	薛蕾	物流集团业务主管	留学归国人员	
14	陆若峰	物流集团业务主管	留学归国人员	

第二章 纪 检 工 作

集团纪委成立以来,在集团党委和上级纪委(纪检组)双重领导下,教育党员自觉维护党的章程,始终遵守中国共产党的纪律及党内法规,检查中共中央的路线、方针、政策和决议的执行情况,协助集团党委开展党风廉政建设和组织协调反腐败工作。

集团党委、纪委历来重视纪检干部队伍建设,中共十八大以后,集团党委专门印发《关于进一步健全集团系统纪律检查组织和纪检监察干部队伍的通知》,集团下属企业配齐配强纪检监察干部,明确负责纪检监察工作的职能部门,调整充实纪律检查组织和纪检监察工作岗位。至 2017 年年底,集团系统有专兼职纪检干部 27 名,下属 13 家二级公司,9 个党委建制的党组织设立纪委,2 个党总支建制和 3 个党支部建制的二级公司设立纪律检查委员,明确纪检分管领导。

为进一步充实纪检监察工作力量,集团纪委于 2016 年 11 月印发《关于建立办信查案储备干部队伍的通知》,在集团系统组建 12 名覆盖纪检、干部人事、党务、审计、财务等专业领域的办信查案储备人才队伍。

第一节　党风廉政建设与反腐倡廉工作

集团纪委协助党委狠抓党风廉政建设和反腐倡廉工作,始终坚持"标本兼治、综合治理、惩防并举、注重预防"总方针,把中共中央、中共上海市委精神融入集团日常经营管理,形成符合集团实际的廉洁文化。

一、制度建设

1995 年 12 月,集团党委制定《东方国际(集团)有限公司关于加强企业领导干部廉政建设的若干措施》,同时下发《关于下发集团企业领导干部廉洁自律几项规定的通知》。根据中共中央、中共上海市委和市外经贸委两委关于企业领导干部廉洁自律的有关规定和要求,明确集团领导干部收入申报的实施办法、礼品登记上缴的要求和参加企业驾驶培训的规定。

1997 年 5 月 9 日,集团党委和集团行政联合制定下发《东方国际(集团)有限公司关于企业领导干部廉洁自律的若干规定(试行)》(简称《规定》)。《规定》中的企业领导干部包括:集团正、副董事长、常务董事、董事,正、副监事长、监事,正、副总裁,党委正、副书记,纪委正、副书记,正、副总经济师,正、副总会计师,工会正、副主席,集团总部各部(室)正、副部长(主任)和二级公司正、副总经理,党委(党总支)正、副书记,工会主席,以及相当于这一职务的领导干部。同时,对领导干部廉洁自律作出 20 条具体规定。

1999 年 3 月 17 日,集团党委和集团行政联合下发《东方国际(集团)有限公司党风廉政建设责任制实施细则(试行)》(简称《实施细则》)。《实施细则》根据中共中央、国务院《关于实行党风廉政建设责任制的规定》和中共上海市委、市外经贸党委要求,结合集团党风廉政建设现状制定,阐明集团党风廉政建设责任制的目的和基本原则,对集团党委、行政领导,集团纪委(监察室)、党委办公室、组织部、宣传部、人力资源部、总裁办、财务部、审计室、工会等职能部门的党风廉政建设责任、范围和内容等作出具体规定,同时对党风廉政建设责任制执行情况的考核与监督检查、责任的追究等作出规定。2002 年 11 月 3 日,集团党委根据市外经贸党委有关文件精神,结合集团实际情况,在征询各子公司党委领导意见的基础上,对《东方国际(集团)有限公司党风廉政建设责任制实施细则(试行)》进行修改。

2000 年 5 月 16 日,集团纪委制定下发《中共东方国际(集团)有限公司纪律检查委员会全体会议议事规则(试行)》,内容包括议事遵循的原则、会议制度、议事范围等。2003 年 1 月,集团纪委修订下发《中共东方国际(集团)有限公司纪律检查委员会全体会议议事规则》,进一步规范集团纪委议事规则。

2001 年 7 月,集团制定下发《关于加强"小金库"查处的若干规定》,进一步巩固"小金库"专项治理工作成效,形成"小金库"防治的长效机制。

2002 年 10 月,集团党委根据中共中央制定的《中国共产党党员领导干部廉洁从政若干准则(试行)》和中纪委提出的关于国有企业领导人员廉洁自律 5 项规定及其他党纪法规,在广泛调研党风廉政建设责任制实施情况的基础上,修订《东方国际(集团)有限公司关于企业领导干部廉洁自律的若干规定(试行)》,集团和下属企业将党风廉政建设情况纳入党政工作目标管理,与企业经营管理、改革改制和精神文明建设一起部署、一起落实、一起检查、一起考核。

2003 年 10 月 17 日,集团纪委制定下发《东方国际(集团)有限公司在改制工作中的纪律规定》,明确规定各子公司和党员干部从反腐倡廉的高度,严格执行集团下发的关于改制工作的 10 个文件,进一步强化对集团经营管理活动的纪律监督。

2004 年 4 月,集团纪委制定下发《关于认真学习贯彻〈中国共产党党内监督条例(试行)〉和〈中国共产党纪律处分条例〉的通知》,规定集团系统各级企业党政主要领导不仅要带头学习,而且要以身作则,做自觉接受监督的表率,切实抓好各项监督措施的落实。通过宣传贯彻,使企业领导干部和广大党员熟悉、职工群众了解《中国共产党党内监督条例(试行)》和《中国共产党纪律处分条例》,切实增强党组织、党员领导干部和广大党员自觉监督、大胆实施监督、热情支持和保护监督的氛围。

2005 年 8 月 12 日,根据中共中央纪委、中共中央组织部、国家监察部、国务院国资委颁发的《国有企业领导人员廉洁从业若干规定(试行)》,结合集团实际,集团党委和行政再次修改,联合下发《东方国际(集团)有限公司企业领导人员廉洁自律规定(试行)》,内容包括:企业领导人员应当忠实履行职责,不得有以权谋私、损害企业利益的行为。不得私自从事营利性经营活动,或者在本企业的同类经营企业、关联企业和与本企业有业务关系的企业投资入股。不得将企业往来中的折扣、中介费、回扣、佣金等据为己有。未经集团董事会批准,不准以个人名义在国(境)外注册公司或参股。在企业改制过程中,不准擅自处置企业资产,或将企业资产低价出售、低价折股、无偿处置给其他单位或个人。企业领导人员不准收受下属单位和个人以及其他与企业领导人员行使职权有关的单位和个人赠送的现金、有价证券等。9 月 30 日,集团党委和行政联合修订下发《东方国际(集团)有限公司党风廉政建设责任制实施细则(试行)》,内容包括:(1)制定集团党风廉政建设责任制的目的和基本原则。(2)集团党委、行政、纪委、工会及相关部门的党风廉政建设责任制的范围和内容。(3)集团党政领导干部党风廉政建设责任的范围和内容。(4)党风廉政建设责任制执行情况的考核与监督检查。(5)党风廉政建设责任的追究等。

2006 年,集团纪委下发《对企业领导人员进行诫勉谈话和函询的实施办法》。

2007 年 4 月,集团下发《关于下发治理商业贿赂长效机制指导性意见的通知》,转发《市纪委、市委组织部、市政府外办、市公安局关于转发〈中纪委、中组部、外交部、公安部关于加强因公出国(境)团组境外纪律的通知〉的通知》。6月14日,集团党委下发《东方国际集团贯彻〈建立健全教育、制度、监督并重的惩治和预防腐败体系实施纲要〉的实施办法》(简称《实施办法》)。《实施办法》从"建立健全惩治和预防腐败体系的总体要求""加强反腐倡廉教育,筑牢思想道德防线""加强反腐倡廉制度建设,发挥制度的保证作用""坚持和完善内部监督约束的长效机制,构筑监督防腐防线""加强信访和违纪案件查处,构筑党纪政纪防腐防线""加强领导,齐抓共管,全面落实惩防体系建设各项任务"等6个方面来构筑教育、制度、监督并重的惩治和预防腐败体系。6月19日,集团纪委下发《中共东方国际(集团)有限公司纪委关于贯彻落实〈中共中央纪委关于严格禁止利用职务上的便利谋取不正当利益的若干规定〉的实施意见》,把严肃查处权钱交易案件作为2007年查办案件工作的重点,严肃查办《中共中央纪委关于严格禁止利用职务上的便利谋取不正当利益的若干规定》中列举的案件,加大惩处权钱交易行为的力度。集团、各公司设立相应的举报电话,集中惩治拒不纠正的违纪违法者,针对经营管理中存在的薄弱环节,加强调查研究工作,深入分析违纪违法案件的新动向、新情况、新成因,及时掌握腐败行为的新特点、新形式、新手段,提出和制定相应的对策措施。结合推进惩防体系建设,进一步完善制度,强化监管,建立健全长效机制,从源头上预防和减少腐败问题的发生。

2008年4月,集团纪委下发《中共东方国际(集团)有限公司纪委关于贯彻落实市纪委〈关于集中开展贯彻落实中央纪委"七个不准"专项工作的通知〉的实施意见》,将中共中央、中共上海市委对国有企业领导人员的廉洁规定细化成集团党员干部履职要求,纳入集团纪委日常监督管理。同时,下发《关于加强佣金支付管理的指导意见》《关于贯彻〈上海市国资系统企业资产损失责任追究管理暂行规定〉的意见》等文件。

2010年7月,集团纪委制定颁布《东方国际(集团)有限公司建立健全惩治和预防腐败体系建设实施规划》(简称《规划》),规划结合贯彻落实《关于进一步推进上海国资国企改革发展的若干意见》、"三重一大"决策制度和集团国资战略规划,对2010—2013年集团惩罚机制建设进行总体安排;同时明确集团各职能部门按照惩防体系规定,把反腐倡廉的各项任务融入业务工作安排,构建集团系统教育、制度、监督并重的惩防体系。2010年,集团开展完善ERP管理信息系统的课题调研,推进集团系统反腐倡廉工作中的"制度加科技"建设。

2013年,集团纪委配合集团党委,组织各公司开展企业领导人员廉洁从业配套规章制度的梳理。在此基础上,结合新形势、新情况,对集团ERP建设进行深化,通过"打补丁"、引入科技手段、健全网络信息技术等措施,初步实现财务数据同步,审批程序无纸化,充分利用网络信息技术,实施动态监控,及时发现和解决苗头性、倾向性问题,保证制度的执行力和有效性,促进权力运行的透明公开、标准严密和客观公正,有效控制廉政风险。

2014年7月,集团纪委制定下发《东方国际(集团)有限公司所属企业主要负责人述责述廉实施办法(试行)》《东方国际(集团)有限公司纪检监察干部工作手册(试行)》《东方国际(集团)有限公司廉政约谈实施办法(试行)》和《东方国际(集团)有限公司纪检监察工作会议制度(试行)》,进一步规范集团日常纪检监察工作,为系统纪检工作考核提供量化依据。11月,集团制定下发《东方国际(集团)有限公司落实"三重一大"决策制度实施办法》《集团总部费用报销办法(2014年)》《关于进一步严肃财经纪律、完善财会制度的通知》等一系列管控制度,落实中共上海市委巡视整改要求,进一步加强集团系统廉洁风险防范。

2015年7月,集团纪委下发《关于转发市纪委驻市国资委党委纪检组〈关于加强纪律审查完善办信查案工作机制的意见〉的通知》，在集团纪检系统全面贯彻办信查案、查审分离工作机制，强化查信办案工作纪律，进一步规范执纪审查工作程序。是年9月，集团下发《东方国际集团关于合理确定并严格规范企业领导人员履职待遇、业务支出的管理办法》。

2016年，围绕加强应收账款管理，集团下发《关于进一步加强应收款项管理的通知》《东方国际（集团）有限公司资产损失财务核销移交和处置工作实施办法》《东方国际（集团）有限公司资产损失专项审计暂行办法》等，进一步贯彻财务预警机制建设要求，完善重大资产损失责任追究的工作链条。12月，集团纪委下发《纪检办信查案工作办法（试行）》，严格贯彻"两个为主"的要求，把集团办信查案工作分为集团纪委和二级公司纪检监察组织两个层级，进一步规范纪检工作流程。同时，集团纪委下发《组建集团纪检系统办信查案储备队伍的通知》，在集团系统组建一支覆盖纪检、党务、财务、审计和干部人事等专业领域的办信查案储备干部队伍。

2017年，按照中共中央、中共上海市委关于《在深化国有企业改革中坚持党的领导加强党的建设的若干意见》要求，集团纪委协助董事会修订完善《东方国际（集团）有限公司章程》（简称《章程》）。修订后的《章程》把党委的工作制度同集团法人治理结构的工作规则相结合，明确集团纪检组织在集团法人治理结构中的法定地位，厘清集团党委会、董事会、总裁会的职责权限，把党内监督融入现代企业制度，进一步加强党委对集团重大问题决策、重要人事任免等方面的把方向、管大局作用。

二、学习教育

1995年3月6日，集团党委中心组认真学习中共中央纪委第五次全会以及上海市干部大会的精神，重温《市外经贸系统各级领导干部廉洁自律的若干规定》，集团各级干部树立正确的人生观、世界观、价值观，用党章、党纪严格要求自己。针对存在的问题，提出4条廉政措施：（1）东方国际集团党政领导干部的汽车黑牌照问题于1995年2月底以前全部解决。（2）集团与各公司领导干部的住房，严格按分房程序报批，必须经工会、职代会讨论，报上级批准。（3）东方国际集团的领导干部绝不用公款在娱乐场所消费。（4）集团领导干部的工资、奖金严格按照上级规定，经集体讨论后确定，各公司领导干部的工资、奖金发放须报集团。

1997年9月2日，集团纪委协助党委召开集团系统党风廉政建设干部大会。邀请中共上海市纪委副书记、市监察委员会副主任北红光到会讲话。集团党委书记、董事长王祖康作题为《严于律己，做党风见证建设的带头人》的报告。会上下发《东方国际（集团）有限公司关于企业领导干部廉洁自律的若干规定（试行）》，部署二级企业全面贯彻《中国共产党党员领导干部廉洁从政若干准则（试行）》和《中国共产党纪律处分条例（试行）》，在推进集团改革和发展的同时，进一步推进党风廉政建设，做到两手抓、两手都要硬。集团总部部室负责人以上干部，集团所属二级公司党政领导班子成员、工会主席、团委书记及纪检监察干部共87人参加会议。

1998年上半年，集团纪委通过下发学习资料、召开专题会议等形式，学习中共中央纪委十五届二次全会和中共上海市委、市外经贸系统党风廉政建设以及中共上海市纪委推进企廉工作经验交流会等重要会议精神，明确新形势下党风廉政建设的目标、任务和要求。同时，集团纪委配合党委对集团中层及以上干部开展"牢记党的宗旨，接受人民监督"主题教育活动，组织干部党员学习《领导干部党风廉政读本》，观看廉政教育专题录像，学习《中共中央、国务院关于党政机关厉行节约制止奢侈浪费行为的若干规定》和中共上海市委、市政府的实施意见，在集团各级领导干部中开展艰苦奋斗、勤俭办企优良作风教育活动。

1999年,集团纪委配合党委深入开展"讲学习、讲政治、讲正气"专题教育,组织学习中共中央纪委十五届三次全会精神,进一步宣传贯彻江泽民提出的必须严肃党的政治纪律、组织纪律、经济工作纪律和群众工作纪律的重要指示,教育集团各级领导干部做维护和遵守党的纪律的表率,党员干部弘扬艰苦创业精神和以企业为家的主人翁精神,营造与企业同发展、共命运的氛围。是年,组织纪检监察干部参加市外经贸纪委、监察室组织的党风廉政基本知识学习测试,集团纪委、监察室把参加学习测试作为纪检监察干部进一步提高加强党风廉政建设必要性的认识,掌握党风廉政建设有关知识的好机会。根据市外经贸纪委的要求,集团纪委组织东方创业、东方纺织、东方针织、东方外贸、集团监察室7位干部参加学习测试。经过一段时间的集中学习,在市外经贸纪委组织的测试中,集团获团体优胜(第一名)称号,受到市外经贸纪委的通报表扬。

2000年9月,集团党委在领导干部及广大党员中开展党风廉政教育月活动。在教育月活动中,集团纪委召开总部有关负责人和各公司党政主要领导、纪检监察干部、职工代表参加的座谈会,学习江泽民观看影片《生死抉择》后作的重要讲话精神,畅谈观看电影《生死抉择》后的感想。组织学习中共中央纪委、中共中央组织部、中共中央宣传部联合下发的《关于利用胡长清等重大典型案件对党员干部进行警示教育的意见》,组织集团700余名党员领导干部和广大党员观看《广东湛江特大走私受贿案透视》和《胡长清案件警示录》2部录像教育片,认真组织讨论。配合警示教育,集团纪委转发《上海凤凰日用化学有限公司十三人"群蛙"案引出的几点启示》。

2001年10月,根据中共中央纪委、中共中央组织部、中共中央宣传部《关于开展向优秀党员领导干部汪洋湖学习的通知》精神,按照集团党委的工作部署,集团纪委于10月23日向各子公司发出"向汪洋湖同志学习"的通知,部署各子公司结合贯彻中共十五届六中全会决定,积极开展向汪洋湖学习活动。各公司纪委分别传达中共上海市委组织的汪洋湖先进事迹报告会精神,组织观看《汪洋湖同志先进事迹报告会》录像教育片,教育集团系统党员干部严格按照中共十五届六中全会提出的"八个坚持""八个反对"的要求,以汪洋湖为榜样,牢固树立全心全意为人民服务的思想,用好人民赋予的权力,恪尽职守,襟怀坦荡,清正廉洁,忠实实践"三个代表"重要思想。

2002年3月22日,集团纪委组织集团、子公司党政领导和业务骨干100余人参观上海市监狱。监狱领导介绍监狱和犯人服刑情况,犯人的现身说法引起大家思想上的强烈震撼,对职务犯罪造成个人、家庭、企业的损害留下难忘的印象。6月,集团召开党风廉政建设干部大会。集团、子公司党政领导班子成员,集团总部部室负责人,二级公司纪委委员、中层干部和业务骨干代表、离退休支部书记共240余人参加。集团党委书记、纪委书记分别在大会上作专题报告。会议邀请市检察院一分院反贪局领导通报集团原副总裁张士翔等人违法犯罪的情况,分析犯罪原因和教训,围绕国企反腐败工作要求进行重点剖析。集团各级党员干部认真贯彻市企业廉政大会精神,深刻吸取张士翔等人违法犯罪教训,强化内部监督机制,切实提高对违纪违法行为的警惕性。是年,为贯彻落实中共中央纪委七次全会精神,集团召开预防职务犯罪、预防经济诈骗案、防范合同诈骗、反腐败建设等5次专题党风廉政报告会,举办党政领导干部党风廉政培训班,以集团系统张士翔等人的典型案件为教训,对领导干部进行警示教育,参加人员达570余人次。部分子公司党委还组织干部党员赴白茅岭劳改农场参观、观看反腐倡廉影片等教育活动,帮助干部在思想上筑起反腐败的坚固防线。

2003年,集团纪委组织传达贯彻中共中央纪委十六届二次全会精神和上海市干部大会精神,教育各级领导班子严格落实依法经营要求,提高廉洁自律的思想认识。集团纪委召开专题会议,集体学习政策法规和纪律规定,研究集团纪检工作面临的形势任务,坚定履行党风廉政建设职责使命的信心,确定把强化源头治理作为集团纪委工作重点的工作方针。集团各下属企业按照集团部署,组织所属党员干部集中观看警示教育材料,进一步增强拒腐防变意识。集团党委在企业中层干部、外销员队伍中加大预防职务犯罪的教育力度,总结推广东方创业采用团队模式以及东方外贸设经济运行保障部和采用 ERP 手段防止职务犯罪的经验。

2005 年 9 月 10 日,集团党委召开党风廉政建设干部大会,传达胡锦涛在中共中央纪委五次全会上的重要讲话和市国资委系统党风廉政建设大会精神。集团党政领导班子成员、集团总部各部室负责人和有关管理人员,集团二级公司党政领导班子成员,部分三级公司主要负责人等 130 余人参加会议,中共上海市委党员先进性教育督查组列席会议。10 月 10 日,集团党委召开贯彻国资重大损失领导责任追究试行办法暨加强风险控制和党风廉政建设学习会,宣传贯彻《上海市国资系统企业资产损失责任追究管理暂行规定》,对企业重大资产损失按照正常经营损失和非正常经营损失进行分类,并对非正常经营损失实行责任追究。邀请中共上海市纪委常委、市监察委副主任到会做企业领导干部廉洁自律的专题报告。

2006 年 8 月 24 日,集团纪委协助党委召开党风廉政建设和反腐倡廉干部会议,传达上海市党风廉政建设干部大会及市国资委归口管理单位党政主要负责人会议精神。会议深入剖析上海社保资金案教训,结合集团实际,教育集团系统党员干部自觉加强党风廉政建设,提高拒腐防变能力。

2007 年 8 月 7 日,集团党委下发《东方国际(集团)有限公司党委关于以陈良宇严重违纪问题及社保资金案为反面典型深入开展警示教育活动的实施意见》。警示教育活动的重点对象是集团和二级公司党政领导班子成员、集团总部各部室负责人和三级公司党政主要领导人员。警示教育活动主要学习内容包括:(1)学习中共十六大以来中共中央反腐倡廉的一系列方针、政策和重要文件。(2)学习《中共中央关于陈良宇严重违纪问题审查情况和处理决定的通报》《中共上海市委关于认真学习中央通报精神,以陈良宇严重违纪问题为反面典型,深入开展警示教育活动的通知》。(3)学习《上海市党员干部警示教育学习材料》。(4)观看社保资金案警示资料片《贪欲之害》。集团纪委配合党委开展警示教育,对各单位警示教育情况进行检查,重点检查是否进行广泛动员部署,是否认真开展学习教育,是否结合实际深入查找问题,是否针对问题制定整改措施,是否完善相关体制机制制度。在检查的基础上,集团党委对警示教育做阶段性小结,对集团党风建设和反腐败工作的深化推进进行部署。10 月,集团纪委协助党委举行党风廉政建设专题报告会,邀请中共上海市纪委常委、市监察委副主任赵增辉作加强领导干部党风廉政建设专题报告。教育各级党政领导班子围绕"三个更加注重",推进反腐倡廉体系建设,以奋发有为的精神状态和清正廉洁的良好形象,把党风廉政建设和警示教育真正体现在各项工作中,体现在推进企业改革与经济发展的成效上。集团领导、总部各部室负责人,各直属企业党政领导班子成员,各三级子公司党政负责人参加会议。

2008 年,集团纪委组织各级领导班子成员 130 余人集中观看《贪欲之害(二)》和《牵挂》,组织党员领导干部 200 余人参观"全国廉政文化大型绘画书法展上海巡展",把正面教育和警示教育结合起来,不断提高企业领导人员廉洁自律的自觉性,保障集团经济持续、健康、稳定发展。

2009 年 5 月,集团纪委协助党委召开年度反腐倡廉建设工作会议,传达中共上海市纪委、中共上海市委组织部《关于进一步推进纪检监察工作融入国有企业生产经营管理之中的意见》和市国有企业反腐倡廉建设工作会议精神,同时结合学习实践科学发展观,组织学习中共中央纪委十七届三次全会和中共上海市纪委九届三次全会精神,对集团党风建设反腐倡廉工作从 5 个方面作部署。

2010 年 6 月,集团党委召开企业党风廉政建设大会暨党委中心组学习扩大会。集团党委书记围绕反腐倡廉建设作专题党课报告暨党委中心组学习主题发言。邀请长宁区检察院检察长严明华作关于加强反腐倡廉建设的专题辅导报告,教育党员干部提高新形势下反腐倡廉紧迫性的认识,增强拒腐防变的自觉性。

2013年5月16日,集团纪委邀请长宁区检察院检察长陈明以《国企领导干部如何防止职务犯罪》为题,为集团党员干部作专题报告。报告列举职务犯罪典型案例,阐述国有企业职务犯罪的表现形式和原因,就国有企业领导干部如何预防职务犯罪提出针对性建议。集团党委书记、董事长吕勇明为集团党员干部作"树立群众观念,永葆清廉本色"的党课辅导。集团领导、总部各部室负责人、外派财务总监和二级公司领导班子成员、纪委监察负责人及部分三级公司党政主要负责人100余人参加会议。

2015年,集团纪委召开集团系统纪检监察工作例会和集团系统2015年度落实党委主体责任、加强党风廉政建设工作会议,传达市国资委系统党风廉政建设工作会议精神,组织集团系统企业交流落实"两个责任"的工作经验和成果。集团纪委为下属二级公司党组织主要负责人和纪检监察组织主要负责人征订《旧制度与大革命》和《做官与修德》等中共中央纪委推荐的图书,开展读书活动。

2016年3月,集团纪委协助集团党委与各二级公司、集团总部各部室主要负责人签订2016年度《党风廉政建设责任书》,结合集团实际和签约对象岗位职责,契约化党风廉政建设责任的具体内容,进一步完善集团系统一级抓一级、层层抓落实的党风廉政建设责任体系。同时,集团纪委还结合"两学一做"学习教育,协助集团党委以"对党忠诚、个人干净、敢于担当"为主题,开展践行"三严三实"要求、落实党风廉政责任制的承诺践诺活动。通过集团系统党员干部就廉洁自律、履行"一岗双责"作出公开承诺,主动接受广大职工群众监督,进一步发挥党员领导干部反腐倡廉的示范引领作用。

2017年,集团纪委协助党委以学习贯彻中共十八届六中全会精神为主题,开展2016年度集团系统党员领导干部民主生活会和组织生活会。在领导干部民主生活会召开之前,组织领导干部学习中共十八届六中全会文件,集团党委中心组开展学习研讨。

第二节 执纪审查监督

集团纪委重视执纪审查监督工作,坚持把监督执纪问责作为主责主业来抓,对相关问题线索做到件件有着落,事事有回音。

一、执纪问责

集团纪委在执纪问责过程中坚持践行监督执纪"四种形态"(党内关系要正常化,批评和自我批评要经常开展,让咬耳扯袖、红脸出汗成为常态。党纪轻处分和组织处理要成为大多数。对严重违纪的重处分、作出重大职务调整应当是少数。严重违纪、涉嫌违法立案审查的只能是极少数)要求,始终把"治病树""拔烂树""护森林"作为集团纪检监察工作着力点。对严重违纪违法、涉嫌犯罪的行为,运用第三、四种形态,坚持严肃查处,坚持零容忍高压态势。集团纪委成立以来,对涉嫌职务犯罪人员,移送司法机关追究刑事责任。对苗头性、倾向性问题以及轻微违纪违规行为,注重教育提醒,强化制度的刚性约束。中共十八大后,集团纪委通过日常监督、办信查案等方式,对涉嫌违反中共中央八项规定精神的11名党员干部进行诫勉谈话、通报批评等组织处理,起到惩前毖后、治病救人的效果。

2000年,集团党委修订《关于企业领导干部廉洁自律的规定》,规范企业领导干部廉洁自律行为,集团总部及子公司领导人员共上交礼金31 400元、有价证券10 800元、贵重礼品10件。

2008年10月,根据市国资委党委《转发〈关于2008年对上海市贯彻落实《关于实行党风廉政建设责任制的规定》情况开展专项检查的通知〉的通知》要求,集团党委、纪委对贯彻落实党风廉政建设责任制的情况进行认真检查。集团纪委专门发文部署各二级公司对贯彻落实党风廉政建设责任制情况进行自查。经过自查,总结集团党风廉政建设责任制落实的4项经验。

2013年,集团纪委围绕热点问题深化监督,组织开展领导干部垂直兼职和纪委干部会员卡清退的专项治理工作。其间,梳理整改涉及垂直兼职领导干部共34人(兼职72项)。完成对系统持有会员卡纪检干部的全面清理,做到系统纪检干部公款会员卡"零持有"。

2014年,集团纪委以协助党委落实巡视整改和群众路线教育实践活动整改为专题,深化监督执纪工作。其间,集团纪委会同相关职能部门开展集团系统"小金库"问题综合治理,通过深入开展自查自纠,进一步排查违反财经纪律的行为,起到警钟长鸣的效果。

2015年,集团纪委围绕"三严三实"专题教育,协助集团党委以严的精神把好用人关,以实的态度解决好发展问题。其间,集团纪委组织部署"三重一大"决策制度和"制度加科技"风控机制执行情况的专项治理,以及履职待遇、业务支出的专项检查和利益输送的专项查纠工作,通过持续摸排巡视整改要求的贯彻执行情况,查找存在的不足,分析问题存在的原因,提出后续改进的措施。

2016年,集团纪委配合集团党委,组织开展集团系统违规买、送、发消费卡券的治理工作,通过检查和宣传结合,在进一步加大对违反中共中央八项规定精神行为查纠力度的同时,协助集团各级领导班子掌握餐贴、交通补贴等正常职工福利发放方式方面的规定,在集团系统进一步严明纪律规矩。是年8月,集团纪委牵头相关职能部门,在调研集团近20年海外业务拓展历程的基础上,以《商贸类国有企业"走出去"廉洁风险防范》为题,撰写课题调研报告。集团调研成果经市国资委纪委筛选和推荐,在市检察院、市国资委党委联合主办的"国资国企职务犯罪预防"上海论坛上进行专题讲演。

2017年,立足做好事前、事中防范,集团纪委配合相关职能部门,加强对集团关键经营管理项目决策、推进程序的监督。其间,集团纪委严格执行"三重一大"决策制度,会同财务、法审等集团职能部门,见证东方塑睿等近20家(起)公司审计、评估中介机构的选任过程,参与和平国旅等3家公司股权价值评估的综合评审,为防范集团经营管理过程中存在的廉洁风险,发挥应有作用。

二、责任制工作

集团党委是党风廉政建设的主体责任单位,包括5项内容:(1)坚持正确用人导向,选好用好干部,防止出现选人用人上的不正之风和腐败问题;(2)纠正损害企业和群众利益的行为;(3)强化对权力运行的制约和监督,从源头上防止腐败;(4)领导和支持执纪监督部门查处违纪违规问题;(5)党委班子成员管好自己,带好队伍,做依法经营、廉洁从业的表率。

集团党委根据主体责任内容,坚持集体领导,坚持集体决策,一级抓一级、层层抓落实,实施谁主管、谁负责,严格责任追究的原则,履行"一岗双责",做到工作职责管到哪里,党风廉政建设职责就延伸到哪里。

2010年6月,集团党委召开企业党风廉政建设大会暨党委中心组学习扩大会。会上,举行"双签"仪式,即集团党委书记、纪委书记与各公司党委书记、纪委书记签订《党风廉政建设责任书》。集团纪委与长宁区检察院签订《党风廉政建设公约》。通过"双签"形式,将党风廉政建设责任分解落实到具体责任人,进一步健全党风廉政建设责任制度,发挥企检联合工作优势,为深入推进集团反腐倡廉建设打下坚定基础。

2011年4月18日,集团党委举行2011年反腐倡廉建设工作会议暨企业领导人员廉洁从业承诺签约仪式。集团领导班子成员、集团总部各部室负责人、集团派出财务总监、二级公司领导班子成员、三级公司主要负责人等100余人参加会议。

2014年7月,围绕深化贯彻党风廉政建设责任制,在总结工作经验的基础上,集团党委制定下发《东方国际(集团)有限公司党风廉政建设责任制实施意见》。是年9月,围绕贯彻落实"两个责任"要求,集团党委制定下发《东方国际集团党委关于落实党风廉政建设责任制主体责任的实施办法》,在此基础上形成集团领导班子贯彻落实党风廉政建设责任制工作的年度实施计划,根据集团领导班子责任分工,形成21项重点责任项目和对应具体措施,进一步制度化、规范化"两个责任"落实的流程管理。

2015年9月,集团党委制定下发《东方国际集团系统落实党风廉政建设责任制党委主体责任清单》和《东方国际集团系统落实党风廉政建设责任制纪委监督责任清单》,对"两个责任"的内容进一步量化,增强"两个责任"落实的可操作性。是年,集团纪委组织召开年度党风廉政建设工作会议,首次把集团总部各部室主要负责人纳入《党风廉政建设责任书》签约范围,把党风廉政建设责任履职情况考评内容明确纳入签约文本,进一步完善集团党风廉政建设责任体系,延伸"两个责任"落实的深度。

2016年,结合"两学一做"学习教育,集团系统党员干部就廉洁自律、履行"一岗双责"作出公开承诺,主动接受广大职工群众监督,发挥党员领导干部反腐倡廉的示范引领作用。集团纪委征订

图7-2-1　2011年4月18日,集团举行企业领导人员廉洁从业承诺签约仪式

《习近平关于严明党的纪律和规矩论述摘编》《中国共产党纪律处分条例有关规定速查》等辅导书，发放给集团系统干部党员进行学习。是年12月，根据市国资委党委文件精神，集团党委制定下发《东方国际集团系统落实党风廉政建设责任制党委主体责任清单（第二版）》，将"主体责任"进一步细化成领导班子集体责任、党委书记第一责任和班子其他成员"一岗双责"3个方面共35项具体要求。同时，集团纪委还结合查信办案工作发现的廉洁隐患和集团民主生活中征集的突出问题，协助集团党委制订《2016年度落实主体责任工作计划》，形成落实"主体责任"的责任分工和具体措施（表），通过明确重点任务、规定具体措施，按照集团领导班子责任分工，将主体责任的18个重点责任项目和46条具体措施，分解到每一个班子成员。

2017年，集团纪委立足系统纪检工作实际，对标中共上海市委党建责任清单和集团监督责任清单要求，协助集团党委开展党风廉政建设责任制落实情况检查和党建薄弱环节排查，通过把下属公司班子成员履行"一岗双责"情况，纳入集团党建目标检查，在集团系统营造落实"主体责任"，同向发力、同频共振的良好局面。

三、纪检干部培训

为提高纪检干部执纪审查监督的能力，集团纪委运用多种方式、通过多种途径组织纪检干部培训。

1997年，集团纪委组织全体党员和部分积极分子参加中共中央纪委、国家监察部组织的党纪、政纪、条规教育竞赛活动。参与竞赛活动，重温党纪、政纪、条规，使广大党员从熟悉进而分清是非，提高遵纪守法的自觉性。其间，集团系统有4人获中共上海市纪委纪念奖，有22人获市外经贸纪委优胜奖。

1998年，集团纪委两次组织子公司纪检监察干部进行学习，学习中共中央、中共上海市纪委、市外经贸纪委的文件，明确工作目标。学习案件审理工作的有关知识，规范案件审理工作，结合集团和各子公司实际部署和交流工作。是年，集团纪委、监察室还组织干部参加《中华人民共和国行政监察法》知识竞赛。集团总部及各子公司共149名干部参加知识竞赛，其中集团总部部室负责人和子公司党政班子成员36名，占参赛人数的24.16%。参赛过程中，组织参赛干部查阅相关资料，学习相关知识，了解行政监察法知识，提高干部、党员法律知识素养。

1999年7月，集团纪委举办首届纪检监察干部培训班。培训的目的是进一步帮助集团从事纪检监察工作的干部认清形势，提高认识，增强搞好纪检监察工作的事业心，明确企业纪检监察工作的指导思想、基本方针和主要任务。由于上半年各子公司纪委充实新生力量，培训班带有上岗培训的性质。集团各子公司纪委委员、监察室主任、专职纪检监察干部共35人参加培训。中共上海市纪委2位常委、3位室主任到班讲课，市外经贸纪委书记到培训班讲话，集团党委书记、董事长王祖康代表集团党委作小结，对如何搞好纪检监察工作提出要求。3天的培训中，纪检监察干部通过听报告、学习讨论、做试题等了解形势，明确纪检监察工作的指导思想，系统学习纪检监察工作的基础知识和企业廉政建设的基本任务。

2000年7月6—8日、7月27—29日，集团党委分2期对集团、二级公司党政领导班子成员进行党风廉政建设轮训。轮训采取自学、听报告、观看电视教育片、小组讨论、大会交流、进行党风廉政基本知识测试、写个人书面小结等多种形式，参加轮训的集团党政领导班子成员共7人，集团总部部室负责人15人，子公司党政领导班子成员67人，总计89人，参训率达98.8%，参加轮训的领导干部受到一次比较系统的党风廉政建设教育。

2001年4月、12月,集团纪委分别召开集团系统纪委书记、监察室主任会议,组织学习中共中央纪委五次全会精神、江泽民重要讲话精神,以及中共中央纪委和中共上海市纪委有关文件,结合集团原副总裁张士翔犯罪等案例剖析,组织系统纪检干部交流纪检监察工作体会。同时,集团纪委通过组织专业纪检干部配合案件查处,参与"两规"案件办理,为纪检监察干部提供实岗锻炼的平台。

2002年9月,集团纪委举办下属企业党政领导班子成员和主要业务人员党风廉政建设培训班。通过集中培训的方式,学习江泽民"七一"重要讲话、江泽民《论党的建设》和《中共中央关于加强和改进党的作风建设的决定》《邓小平论领导干部廉洁自律》。重温中共中央纪委"五条八不准"和上海市"五个明示",检查集团"十个不准"规定执行情况,引导广大党员和干部践行江泽民"三个代表"重要思想,树立正确的世界观、人生观和价值观,树立正确的权力观、地位观和利益观,增强抵御风险能力。是年12月13—14日,集团纪委组织企业领导人员脱产轮训。集团领导班子成员、二级公司党政领导班子成员和集团总部部门负责人共69人参加轮训。中共上海市纪委领导、市外经贸纪委书记应邀参加会议作重要讲话,中共上海市纪委二室主任作专题报告,中共上海市纪委二室副主任、联络员以及市外经贸纪委成员对轮训作具体指导。会上,集团和有关子公司主要领导深刻剖析发生在集团的经济犯罪案件,总结经验教训,提出在思想上、制度上、管理上加强反腐倡廉工作的对策。通过学习文件,听专题报告,大会交流,小组讨论,做开卷试题,参加轮训的领导干部受到一次深刻的教育。

2006年,集团纪委组织党员领导干部参加《中国纪检监察报》组织的"红船杯"学《党章》知识竞答活动。集团纪委充分利用"红船杯"学《党章》知识竞答活动契机,为参加活动的党员干部购买中共中央纪委宣教室编印的《学习贯彻党章知识问答》辅导材料,组织党员干部学习《党章》,广泛开展普纪宣传教育。

2010年,集团纪委结合纪检工作例会,组织理论学习和工作交流。其间,举办业务讲座,邀请中共上海市纪委有关领导、办案人员作专题辅导。同时,选送纪检监察干部参加专业业务培训班,提高纪检监察干部服务大局的能力、参与经济工作的能力、组织协调的能力和解决实际问题的能力。

2014年12月,集团纪委组织开展中共中央八项规定精神专题培训,通过汇编中共十八大以来中共中央八项规定精神相关制度规定,结合集团实际重点讲解中共上海市委贯彻落实中共中央八项规定精神的30条意见,进一步提高集团系统纪检监察干部对中共中央全面从严治党要求的思想认识,增强纪检监察专业履职能力。

2015年11月,集团纪委举办为期2天的集团系统纪检监察干部专业技能培训班。邀请中共上海市纪委部室领导专题授课,解读贯彻落实《中国共产党廉洁自律准则》和《中国共产党纪律处分条例》的要求,讲解信访举报案件审理的实务,帮助集团系统纪检干部进一步熟悉纪检监察工作的主要职责和内容。

2016年11月,集团纪委组织开展集团财务系统"小金库"问题防治专业培训。培训结合中共上海市委巡视组反馈整改情况,重点讲解小金库定义,剖析不同类型"小金库"案例,明确"小金库"问题查处原则,提高集团系统财务干部对违规财务行为的警惕性,增强对"小金库"问题的防治力度。

2017年10月,集团纪委举办为期一天的纪检专业培训,邀请市国资委纪检组专家授课,对集团纪检系统办信查案储备干部以及各二级公司纪律检查组织负责人、纪检干部共40余人,进行纪检理论和实务知识专题辅导。

图7-2-2 2000年7月6—8日,集团举办领导干部党风廉政建设轮训班

第三节 专 项 治 理

集团纪委成立以来,坚持开展各类专项检查、专项治理工作,使之成为深化执纪审查、加强巡视整改成果运用的重要举措,进一步增强执纪问责工作的主动性。

一、通信工具专项治理

1998年,集团纪委开展清理通信工具专项治理工作。根据上海市和市外经贸委的通知精神及集团的实际情况,制定东方国际集团《关于住宅电话、移动电话管理及通话费报销的暂行规定》。10月27日,召开党委书记、纪委书记会议,部署此项工作,从11月1日起在集团范围实施。对原公费安装的住宅电话和公费购买的移动电话全部进行清理,办理公转私手续;同时对住宅电话、移动电话限额报销的范围、标准、报销手续以及监督管理和违规处罚作详细的规定。此项工作于1998年年底前全部结束。据统计,公费安装的住宅电话改为私人电话110部。公费购置的移动电话作价给个人的397只,留作公用的79只,统一处理的26只,收回资金31万余元。

二、"小金库"专项治理

2001年,根据中共上海市纪委、市监委、市财政局、市审计局、中国人民银行上海分行联合下发的《关于开展清理"小金库"和银行账户工作的实施意见》和市外经贸委的指示,在集团党委和纪委领导下,认真开展清理"小金库"的工作。集团党委把清理"小金库"作为加强党风廉政建设、杜绝腐败现象产生的重要措施,成立以集团主要领导为组长的清理"小金库"工作领导小组,各子公司成立以总经理为组长的清理"小金库"工作领导小组。从5月上旬—7月上旬,集团共清理各类"小金库"80个,清理出"小金库"资金1 912 582元人民币、65 384美元,对清理出来的资金按上级规定作处理。为巩固清查成果,集团制定下发《关于加强"小金库"查处的若干规定》,重申查处规定,强调如再有违反必严肃处理。

2010年8月,集团召开"小金库"专项治理工作会议,传达市国资委关于"小金库"专项治理工作会议精神,宣读集团"小金库"专项治理工作领导小组和办公室人员名单,对"小金库"专项治理工作进行动员和部署,提出具体工作要求。各下属企业开展自查,对照"小金库"治理方案要求,落实整改措施,进一步提高对"小金库"危害性和治理工作重要性认识,对加强企业规范管理、严肃财经纪律、完善业务流程、预防腐败发生,起到积极促进作用。是年,集团自查自纠126家企业,重点检查25家企业"小金库"。

2014年9月,集团纪委下发《深入贯彻执行中央八项规定精神严肃财经纪律和"小金库"专项治理工作方案》,在集团系统启动"小金库"问题专项治理工作。其间,经过各下属企业开展自查,公司主要负责人、财务负责人双签承诺,集团纪委组织开展飞行检查,对下属14家企业进行全面检查。

三、廉洁自律规定专项治理

2002年7月,集团党委配合中共上海市纪委、市外经贸纪委对下属企业党政领导班子成员执行廉洁自律规定情况进行专项检查。重点检查贯彻"三重一大"集体决策情况。执行"不准将国有资产转移到个人名下或其他企业谋取非法利益"情况。规范领导人员配偶、子女及其他亲属经商办企业情况。执行"不准弄虚作假、谎报成绩,不准授意、指使、强令财会人员做假账或设立法定账册以外的任何账册"规定情况。规范公司领导人员兼职与兼职取酬情况。在专项检查中,有12位领导人员按规定向集团纪委补报个人住房资料。8月20日、11月16日,集团党委、纪委分别接受市外经贸纪委和中共上海市纪委对集团党政领导班子贯彻党风廉政建设责任制和企业领导人员执行廉洁自律规定情况的专项检查。集团党委、纪委领导分别向中共上海市纪委和市外经贸纪委汇报集团开展专项检查工作情况,汇报集团领导班子成员进行自查的情况,回答检查组领导提出的问题。

四、商业贿赂专项治理

2006年7—8月,集团开展治理商业贿赂专项工作。在市外经贸委和市国资委的领导下,7月3日,集团成立治理商业贿赂专项工作领导小组,制定实施方案。8月3日,集团召开治理商业贿赂专项工作自查自纠动员大会。经过自查自纠,建立健全一套有利于从根本上铲除商业贿赂的制度和机制。集团纪委针对检查中发现的问题,结合企业实际,制定下发《治理商业贿赂六项规章制度》。

五、中共中央纪委"七个不准"专项治理

2008年4月,集团纪委下发《中共东方国际(集团)有限公司纪委关于贯彻落实市纪委〈关于集中开展贯彻落实中央纪委"七个不准"专项工作的通知〉的实施意见》的通知。各下属企业领导班子

在集中学习的基础上,召开一次专题组织生活会。组织领导人员按照中共中央纪委"七个不准"的要求,结合自身实际情况,针对"小金库""账外账""佣金回扣"等重点问题,填写东方国际集团企业领导人员贯彻"七个不准"自查表,以书面形式开展自我对照、逐条检查、逐点明示,对自查中发现违反"七个不准"行为立即予以纠正。各下属企业将领导人员的自查情况、整改措施和整改结果在党政班子上予以通报。

六、廉洁从政专项治理

2011年8月下旬—11月底,集团党委开展党员领导干部廉洁从政、国企领导人员廉洁从业专项检查和教育工作。在专项检查和教育工作中,集团党委以廉洁从业为主线,以《中国共产党党员领导干部廉洁从政若干准则》和《国有企业领导人员廉洁从业若干规定》为依据,以"六个一"(一次中心组学习会、一次民主生活会、一次评估和签约、一次答题、一次警示教育、一次配套制度梳理)活动为载体,将专项检查和教育工作互相结合、同步进行、贯穿始终。做到理论学习认真、教育载体丰富、重点内容突出、专项检查扎实。经过本级开展自查自纠和上级对下级开展督导检查相结合的方式进行,本级开展自查自纠覆盖面达到100%。集团党委在自查自纠的基础上,召开座谈会和开展个别访谈,对30%以上的下属企业进行督导检查。

七、领导干部垂直兼职专项治理

2013年1月,集团纪委组织开展领导干部垂直兼职和纪委干部会员卡清退的专项治理。在垂直兼职治理调整过程中,梳理出集团系统各级领导干部共有34人兼职72项。根据中共上海市纪委、中共上海市委组织部、市国资委党委、市金融工作党委四部委联合发文《关于下发〈加强市管国有企业领导人员垂直兼职监管的规定〉的通知》的要求,进一步清理各级领导干部兼职情况,使各级领导干部的兼职规范化、制度化。进行纪委干部有偿会员卡清退工作,经过清理,集团系统纪检干部全部做到有偿会员卡"零持有"。

2014年上半年,集团纪委配合党委在集团系统督促推进市国资委纪委颁布的《企业负责人垂直兼职的管理规定》的贯彻执行。经过半年摸排、整改,纠正重要岗位垂直兼职现象,从制度上彻底根绝兼职取薪可能,将权力关进制度的"牢笼"。

八、"三重一大"决策制度专项治理

2015年2—4月,集团党委开展企业贯彻落实"三重一大"决策制度和加强"制度加科技"风险防控机制建设情况专项督查。专项督查内容包括贯彻落实"三重一大"决策制度情况和推进"制度加科技"风险防控机制建设情况。专项督查采取自查自纠与督促检查相结合的方法,各单位在自查的基础上,形成自查报告报送集团党委、纪委。集团纪委牵头,集团党委工作部、董(监)事办公室、财务部、人力资源部、综合业务部、资产运作部、法律审计室、监察室等职能部门组成联合督查组,分别对集团子公司贯彻落实"三重一大"决策制度和加强"制度加科技"风险防控机制建设情况开展督查。督查采取听取汇报、个别访谈、查阅相关制度和会议记录、观摩信息系统、实地检查等方式,总结典型做法和经验,指出存在的问题和不足,提出整改意见。专项督查的情况在集团系统进行通报。

九、企业领导人员履职待遇专项治理

2015年,按照集团党委的部署,集团纪委依据集团《企业领导人员履职待遇、业务支出管理办法》,组织集团相关职能部门开展集团系统企业领导人员办公用房和公务用车配备情况的专项检查。通过检查,发现问题,即知即改,规范各级企业领导人员履职待遇、业务支出行为。7月,按照市国资委党委《关于开展利益输送问题专项查纠工作的通知》精神,集团纪委开展集团系统领导干部利益输送问题专项查纠工作。其间,集团纪委组织354名各公司中层以上领导干部开展自查承诺,对其中58名集团管理干部自查情况进行复核检查,对重点岗位人员和经营管理关键环节进行监督,从源头构建由"不敢"到"不能""不想"的长效机制。

十、消费卡券专项治理

2016年2月,集团纪委按照市国资委党委文件精神,配合集团党委组织开展集团系统违规购买、送出和发放消费卡券专项治理工作。通过自查自纠,发现和制止集团系统个别二级公司违规购买消费卡券用于职工福利的行为。在加强查处的同时,集团纪委还注重对问题根源的疏导,通过组织开展集团福利政策宣教,协助集团各级领导班子掌握餐贴、交通补贴等正常职工福利发放方式方面的规定,在集团系统进一步严明纪律规矩的要求,深化履行全面从严治党的责任。

十一、专项检查

2017年6月,为持续抓好作风建设,防止巡视反馈问题反弹回潮,集团纪委协同集团相关职能部门,组织开展外事纪律、履职待遇与业务支出管理规定执行情况的专项检查。2017年11月,组织开展房地产租赁制度执行情况的专项检查。检查期间,集团纪委通过听取被检查单位专题汇报、现场查验因公证照保管情况、校核领导人员办公用房和公务用车配备情况,帮助被检查单位发现存在的问题隐患,制定后续整改的步骤措施,加大集团纪律规矩的执行力度,提高各级领导班子成员对集团管控制度理解和掌握的程度。

第三章　工　会

集团各级工会组织按照《中华人民共和国工会法》《中国工会章程》等规定,认真履行维护、建设、参与、教育四大职能,团结带领广大干部职工,在企业各项工作中发挥积极作用,成为推动集团改革创新转型发展的重要力量。

第一节　概　　况

截至 2017 年年底,集团系统共有 42 个基层工会,3 032 名工会会员,其中女性会员 1 235名,工会干部 190 名。31 家基层工会设立经费审查委员会,11 家基层工会因规模较小,仅设立经费审查委员。13 家基层单位设立女职工委员会,29 家基层单位因女职工人数较少,仅设立女职工委员。

一、组织建设

【集团工会】

1997 年 6 月,东方国际(集团)有限公司工会委员会(简称集团工会)成立,至 2018 年 4 月,共经历三届。第一届工会委员会任期为 1997 年 6 月—2006 年 5 月。第二届工会委员会任期为 2006 年5 月—2012 年 5 月。第三届工会委员会任期为 2012 年 5 月—2018 年 4 月。2018 年 4 月,成立东方国际集团与上海纺织(集团)有限公司联合重组以后新的东方国际集团工会。

第一届工会委员会　集团成立初期,没有马上建立工会,5 家直属企业的工会组织均直接隶属于上海市对外经济贸易工会(简称市外经贸工会)。

1997 年年初,集团发展到 14 家直属企业。为健全企业领导体制,适应规模经济发展的需要,有效地维护集团全体职工的合法权益,1997 年 3 月 24 日,集团党委向市外经贸工会报送《关于成立东方国际集团联合工会筹备工作小组的函》,成立工会筹建工作小组,开始组建集团工会。5 月 14 日,筹建工作小组向集团党委和市外经贸工会提交《关于成立东方国际集团第一届工会委员会暨首届一次职工代表大会实施方案的报告》,计划于 6 月下旬召开集团第一次工会会员代表大会,选举产生集团工会第一届委员会和经费审查委员会。

1997 年 6 月 24 日,集团第一次工会会员代表大会在东方国际大厦 26 楼多功能会议厅召开。大会应到代表 76 人,实到代表 76 人。集团党委书记王祖康、市总工会副主席杜玉英和市外经贸工会主席杨明分别在会上讲话。大会以无记名投票、等额选举的方式,选举集团第一届工会委员会委员 11 名,集团第一届工会经费审查委员会委员 5 名。集团工会第一届委员会第一次会议选举陈苏明为集团工会主席,江亮清为副主席。集团工会第一届经费审查委员会第一次会议选举江亮清为集团工会经审主任。7 月 3 日,市外经贸工会批复同意选举结果。

2000 年 5 月,江亮清调到上海丝绸(集团)有限公司担任领导工作。2001 年 2 月,集团党委研究提名王惠瑛为集团工会副主席候选人。经集团工会第一届委员会选举,王惠瑛为集团工会副主席。2001年2月27日,市外经贸工会批复同意免去江亮清东方国际集团工会副主席,同意王惠瑛任东方国际集团工会副主席。2002年6月,王惠瑛因工作调动不再担任集团工会副主席。根据集团党委提名,经集团工会第一届委员会选举,何志刚为集团工会副主席。6月20日,市外经贸工会批复同意选举结果。

2003年12月,上海市总工会发文,明确自2003年12月起,东方国际集团工会组织关系,由隶属市外经贸工会转为直接隶属上海市总工会(简称市总工会)。

第二届工会委员会 2005年2月,集团党委决定成立集团第二届工会筹备组,筹备召开东方国际集团工会第二次会员代表大会的各项工作。2006年3月30日,集团工会向市总工会报送《关于召开东方国际(集团)有限公司工会第二次会员代表大会的请示》。随后,集团各级工会组织按照民主集中制原则,通过民主程序选举大会代表,提名酝酿集团工会第二届委员会委员候选人和工会经费审查委员会委员候选人。

2006年5月25日,集团工会第二次会员代表大会召开。大会应到代表129人,实到代表118人。市总工会副主席吴申耀到会讲话。大会以无记名投票、差额选举的方式,选举产生集团第二届工会委员会委员9名,集团第二届工会经费审查委员会委员7名。集团工会第二届委员会第一次会议选举方为群为集团工会主席,何志刚、王佳为副主席。集团工会第二届经费审查委员会第一次会议选举季胜君为集团工会经费审查委员会主任。5月31日,市总工会批复同意选举结果。

2009年,鉴于集团工会第二届委员会主席方为群已经退休,集团党委在广泛征求意见的基础上,提议集团工会第二届委员会继任主席候选人为王佳。2009年12月22日,集团工会第二届委员召开第五次全体委员会议,会议以无记名投票方式选举王佳为集团工会第二届委员会主席。2010年1月14日,市总工会批复同意选举结果。

集团工会第二届委员会于2011年5月届满,因为考虑到集团下属二级公司党组织和部分工会因配合集团重大资产重组工作的整体部署,与集团工会委员会人选的产生有联系,经请示东方国际集团党委同意,集团工会于2月16日向市总工会上报《关于东方国际集团工会延期换届的请示》,市总工会批复同意延期。

2011年,何志刚到龄退休,经集团工会第二届委员会研究讨论,报集团党委同意,免去何志刚集团工会副主席职务。

第三届工会委员会 2012年5月16日,集团工会召开第三次会员代表大会。大会应到代表121人,实到代表113人。市总工会副主席肖堃涛到会讲话。大会采用无记名、差额选举方式,选举产生集团工会第三届委员会委员9名,集团工会第三届经费审查委员会委员7名。集团工会第三届委员会第一次全体会议选举王佳为集团工会主席、高国琳为副主席。集团工会第三届经费审查委员会第一次全体会议选举谢子坚为集团工会经费审查委员会主任。2012年5月28日,市总工会批复同意选举结果。

2017年,集团第三届工会任期届满,根据集团党委的工作部署和关于新一届工会领导班子人员配备的安排,换届选举条件尚不够成熟。8月,集团工会向市总工会报送《东方国际集团工会关于延期换届的请示》,市总工会批复同意延期换届。

2017年8月30日,集团工会第三届委员会选举陈敏为工会副主席。9月11日,市总工会批复同意选举结果。

表 7–3–1 1997 年 6 月—2017 年 12 月集团工会委员会组成人员任职情况表

职 务	姓 名	任 职 时 间
工会主席	陈苏明	1997 年 6 月—2006 年 5 月
	方为群	2006 年 5 月—2009 年 6 月
	王 佳	2009 年 12 月—
工会副主席	江亮清	1997 年 6 月—2001 年 2 月
	王惠瑛	2001 年 2 月—2002 年 6 月
	何志刚	2002 年 6 月—2011 年 8 月
	王 佳	2006 年 5 月—2009 年 12 月
	高国琳	2012 年 5 月—2017 年 8 月
	陈 敏	2017 年 8 月—
工会委员	陈苏明	1997 年 6 月—2006 年 5 月
	江亮清	1997 年 6 月—2006 年 5 月
	王惠瑛	1997 年 6 月—2006 年 5 月
	王德耀	1997 年 6 月—2001 年 2 月
	黄志超	1997 年 6 月—1998 年 11 月
	王芷江	1997 年 6 月—1998 年 12 月
	闫瑞海	1997 年 6 月—2004 年 5 月
	郭兆龙	1997 年 6 月—2006 年 5 月
	蒋银生	1997 年 6 月—2006 年 5 月
	顾根生	1997 年 6 月—2006 年 5 月
	薛雨农	1997 年 6 月—2006 年 5 月
	何志刚	2002 年 6 月—2011 年 8 月
	方为群	2006 年 5 月—2009 年 6 月
	王 佳	2006 年 5 月—
	丁 玉	2006 年 5 月—2015 年 10 月
	王利伟	2006 年 5 月—
	李志刚	2006 年 5 月—2007 年 9 月
	吴建芬	2006 年 5 月—2012 年 5 月
	陈一纲	2006 年 5 月—2014 年 1 月
	郑洪捷	2006 年 5 月—
	丁吉喜	2012 年 5 月—2016 年 11 月
	李 珊	2012 年 5 月—
	陈 敏	2012 年 5 月—

〔续表〕

职　务	姓　名	任　职　时　间
工会委员	胡宏春	2012 年 5 月—
	高国琳	2012 年 5 月—
	曹巨涛	2012 年 5 月—

图 7 - 3 - 1　2006 年 5 月 25 日,东方国际(集团)有限公司工会召开
第二次会员代表大会暨二届一次职工代表大会

【直属企业工会】

1994 年 11 月,集团成立时,集团直属的丝绸公司、服装公司、纺织公司、针织公司、家纺公司等 5 家直属子公司均已建立工会组织。1997 年 6 月,集团工会成立时,集团直属企业工会组织已经有 14 家,分别为:东方丝绸、东方针织、东方纺织、东方服装、东方家纺、东方外贸、东方新海、货运公司、荣恒公司、永丰公司、房产公司、贸发公司、金桥公司、外经公司等工会。

为确保集团各直属企业工会组织的健全,集团工会根据《中华人民共和国工会法》《中国工会章程》的有关规定,每年对直属企业工会组织的情况进行梳理,督促和指导直属企业工会按期换届、调整工会班子,指导新组建企业及时成立工会组织。

1999 年,在集团工会的指导下,东方丝绸、东方纺织、东方针织、东方家纺 4 家公司工会完成换届改选工作。东方创业、嘉盟公司、东方房产 3 家公司成立新一届工会委员会。东方商业、物流公司、国服公司 3 家公司开展工会组织筹建工作,有效地加强工会的组织建设。

2003 年,丝绸股份、富锦公司完成企业改制工会组织重新组建工作。东方商业和东方房产工会完成换届工作。东方纺织工会完成增补委员和经审委员及变更女职工委员会主任工作。

2004年4月,东方利泰、物流公司完成企业改制和企业重组工会重新组建工作。8月,东方家纺完成企业改制,东方国际集团上海市家用纺织品进出口有限公司工会更名为"东方国际集团上海家纺有限公司工会"。

2005年,国服公司工会完成换届工作。东方创业、东方纺织、东方商业工会完成"两委"班子成员调整工作。

2007年,资产经营公司建立工会组织。

2008年,东方利泰、物流集团、东方新家纺完成工会换届工作。9月,集团工会下发《关于下发〈上海市工会法人资格登记实施细则〉的通知》,各级工会进一步健全工作制度,规范工会法人资格取得、变更、转移、注销的申请工作,加强对工会法人资格证书及其副本和工会法人法定代表证书的保管。

2009年,丝绸集团工会完成换届工作。

2010年,东方商业、国服公司、东方房产工会完成换届工作。

2011年,东方创业工会完成领导班子成员调整工作。

2012年,资产经营、东方利泰、东方外贸工会完成换届工作。东方创业、国服公司和集团总部工会完成领导班子成员调整工作。

2013年,东方新家纺、丝绸股份、国服公司工会完成换届工作。东方商业工会完成领导班子成员调整工作。是年,市总工会对2008年的《上海市工会法人资格登记实施细则》进行修订,集团工会及时将最新版的细则转发给各级工会,规范工会法人资格登记管理工作。

2014年,物流集团工会完成领导班子成员调整工作。

2015年5月,资产管理公司成立工会委员。7月,领秀公司建立工会组织。东松公司工会完成换届工作。

2016年,物流集团改革和重组以后,完成新的工会组建工作。国服公司资产划拨给资产管理公司以后,国服公司工会归属资产管理公司工会管理。是年,东方创业、东方新家纺、东方纺织工会完成领导班子成员调整工作。

2017年,东方利泰工会完成换届工作。物流集团、东方创业国服公司完成企业调整以后的工会重新组建工作。东方创业工会完成领导班子成员调整工作。

二、制度建设

1998年6月,集团下发一届二次职代会审议通过的《全心全意依靠工人阶级办企业、充分发挥工会作用的实施意见》和《东方国际集团职工(代表)大会实施细则》。

2000年10月,集团下发《东方国际(集团)有限公司全面推进厂务公开工作意见》。

2001年上半年,集团修订下发《东方国际(集团)有限公司厂务公开工作实施细则(试行)》。

2011年,集团工会试行对二级公司工会年度工作进行目标考核的制度,进一步加强工会自身建设,更好地推动各级基层工会认真履行职能,充分发挥工会在企业中心工作中的作用。2012—2017年,集团工会每年按照工会目标管理考核要求,布置管理考核的内容,年底组织各公司工会进行考评。

2013年12月,集团工会在广泛征求各方意见的基础上,制定《东方国际(集团)有限公司工会委员会工作条例》,经东方国际集团工会三届四次全委会审议通过,下发给各级基层工会,加强和改进工会工作,更好地发挥企业工会作用。

2016年5月,集团修订下发《东方国际(集团)有限公司职工代表大会实施办法》《东方国际(集团)有限公司厂务公开民主管理工作制度》。

三、工会干部队伍建设

【思想作风建设】

集团工会定期组织工会干部学习上级文件和会议精神,加强思想作风建设,明确形势任务,服务发展大局。

2001年7月,集团工会组织各公司工会主席参加培训,邀请市委党校教授袁秉达作《江泽民在庆祝中国共产党成立八十周年上的讲话》辅导报告,深入领会"三个代表"重要思想的科学内涵,共同探讨抓好国有外贸企业工会工作的新途径。

2002年,集团工会在中共十六大闭幕后,举办集团和各公司工会主席、委员70余人参加的培训班,邀请市委党校教授作专题报告,开展专题讨论,认真学习和把握中共十六大精神。通过培训,工会干部们充分认识到用"三个代表"重要思想统揽工会工作的重要性,增强自觉履行工会职能、发挥工会作用和维护职工合法权益的责任心。

2012年11月,集团工会下发《关于认真学习宣传贯彻中共十八大精神的通知》,各级工会紧密联系本单位实际、工会工作实际和广大职工群众的思想实际,全面准确、深入系统地学习宣传中共十八大精神。

2015年7月,集团工会组织工会委员、经审委员、二级公司工会委员和工会干部进行培训,学习贯彻中共十八届四中全会精神。

2017年11月10日,集团工会特邀上海工会管理职业学院教育部部长张荣富作《如何做好新形势下工会工作——十九大报告专题辅导》报告,引导工会干部在工作中坚持以人民为中心的思想,担当起党和群众桥梁纽带作用的重任,学以致用、抓实见效。

【工会干部能力提升】

集团工会通过举办讲座、培训班,组织研讨会、交流会等,不断提升工会干部素质能力。

1999年7月,集团工会举办工会干部培训班,组织70余名工会干部听取市总工会和工会管理学院领导所作的"提高工会以法治会的整体素质,更好地发挥工会作用""新时期工会工作十个机制"的专题讲座,提高工会干部素质,适应企业深化改革需要。

2001年7月27—28日,集团工会举办工会主席培训班,邀请市总工会法律工作部领导讲解《劳动法》内容,现场解答基层工会如何处理劳动争议等事项,交流厂务公开、民主管理、劳动竞赛等工作。2001年12月,集团工会讨论制订《东方国际(集团)有限公司干部及职工代表学习〈工会法〉等法律知识专题培训计划(试行)》,布置各级工会认真组织工会干部学习《工会法》《劳动法》《公司法》等法律知识。集团工会组织各公司工会主席参加《劳动法》培训,组织研讨各公司劳动争议中的实例。

2002年,为进一步提高工会干部在改革改制中学法、用法的能力,集团工会分两次组织工会干部进行《工会法》《劳动法》《上海市工会条例》《上海市劳动合同条例》的学习培训,邀请市总工会、市劳动和社会保障局等部门领导和专业人员进行授课,详细讲解和回答工会干部们在改革改制过程中关心的热点问题。集团和各公司工会主席、委员共计 70 余人参加培训班。

2013 年 8—9 月,集团工会举办两期班组长培训班,邀请上海市质量教育培训中心老师和资深专业拓展培训师进行授课,集团系统 180 余名班组长参加培训。下半年,集团工会组织工会财务进行专业培训,邀请市总工会财务部长就工会财务管理的各项工作进行实例讲解。集团工会委员和经审委员、各公司工会主席、工会经审委员会主任、各公司工会财务人员近 50 人参加培训。

2014 年 5 月、6 月,集团工会举办 2 期以"高情商沟通"为主题的工会干部培训班,集团工会委员和二级公司工会委员及工会专职干部和外销员沙龙会员近 100 人参加培训。通过培训,参与培训的工会干部、外销员沙龙成员熟悉沟通的步骤,掌握沟通要领,培养参与有效沟通的自觉性,提高与他人之间的沟通能力,为增强团队凝聚力和提高工作效率创造良好条件。

2015 年 7 月,集团工会组织工会委员、经审委员、二级公司工会委员和工会干部到上海工会管理职业学院进行为期 1 天半的培训,学习工会工作基本知识的开门七件事、工会工作的技巧等,参加培训的人数有 60 余人。

2016 年,集团工会组织 2 次集中培训。上半年,在上海工会管理职业学院举办为期 3 天的劳动保护干部专题培训班,集团工会委员、经审委员,各公司工会主席、副主席、工会干部及部分三级企业的工会主席和工会干部等 40 余人参加培训。培训内容包括劳动保护法律法规、上海工会劳动保护三年行动计划、工会劳动保护概论、"安康杯"竞赛、班组安全建设、职业安全健康、生产安全事故报告和处置、相关行业安全管理专业知识等。下半年,在集团总部举办《上海市集体合同(修正案)》(简称《修正案》)专题培训班,组织集团系统工会干部、集体协商指导员、职工方协商代表、职工代表等有关人员 60 余人参加培训。邀请上海工会管理职业学院老师金世育解读《修正案》的主要内容和五大亮点,进一步提升工会干部工作能力和整体素质。

2017 年,集团工会组织经审工作专题培训,特邀市总工会经审办专职人员作以"发挥工会经审监督作用,为工会职能发挥保驾护航"为主要内容的专题辅导。集团各公司工会干部、经审及财务人员近 70 余人参加培训。

第二节　民　主　管　理

集团通过实施厂务公开、职工董监事制度和职工(代表)大会、集体协商等基本形式的企业民主管理制度,健全集团经营者为厂务公开第一责任人、工会组织为厂务公开日常工作机构、纪委和职工群众实施监督的工作体制,把企业民主管理工作落到实处。

一、厂务公开和职工董监事制度

【厂务公开】

2000 年 8 月 14 日,集团成立厂务公开工作领导小组,根据市外经贸党委关于企业经营者是厂务公开工作第一责任人的要求,由集团总裁汪阳担任组长,集团党委副书记陈苏明担任副组长,组员分别是集团工会专职副主席、集团人力资源部部长、监察室主任等,集团工会干部担任联络员。12 家子公司建立厂务公开工作领导小组,其中东方丝绸被列为上海市厂务公开工作试点单位。是年 10 月,集团制定《东方国际(集团)有限公司全面推进厂务公开工作意见》,明确厂务公开工作的指导思想、主要工作内容、基本形式、工作机制等事项。

2001年上半年,集团厂务公开领导小组修订《东方国际(集团)有限公司厂务公开工作实施细则(试行)》,对厂务公开的内容、形式、程序、会议制度、检查、考评等都作具体规定,同时对二级公司进行专题调查摸底,集团系统厂务公开各项工作有序推进,取得初步成效。

2002年5月8—9日,集团在无锡召开工会主席专题会议,重点研究厂务公开、依法维权工作。会议就集团系统深入实行厂务公开制度和在企业改革改制中依法维护职工合法权益等问题展开热烈的讨论。是年下半年,根据中共中央文件的要求,集团工会结合企业实际,配合集团党委起草下发《关于在集团系统深入试行厂务公开制度的通知》。

2005年11月,由市经济工作委员会党委副书记张金康带领的市厂务公开工作领导小组一行5人到丝绸股份公司,对集团和丝绸股份公司厂务公开工作进行检查和指导。在听取工作汇报的基础上,组织丝绸股份49名员工参与企业实施厂务公开情况的问卷调查。通过调查,张金康对集团厂务公开的自查情况用16个字概括:领导重视,方向明确,自查认真,评估客观。对丝绸股份推进厂务公开的情况用15个字表述:形式好,起步早,制度全,渠道畅,内容新。张金康希望东方国际集团认真总结丝绸股份的典型经验,在面上进行推广。12月12日,集团工会在自查的基础上,形成《东方国际集团工会关于厂务公开工作的情况报告》,梳理厂务公开工作情况,总结工作经验,发现存在的问题,提出改进的措施。

2006年,集团调整厂务公开工作领导小组成员,组长为集团总裁唐小杰,副组长为集团党委副书记王乐齐、陆朴鸣。

2015年10月,根据市厂务公开工作领导小组办公室下发的《关于开展第十三次市厂务公开民主管理调研检查的通知》精神,集团厂务公开领导小组按照工作要求,认真开展调研自查工作。从基本情况、主要特点、主要成效、存在问题、今后努力方向等5个方面总结集团厂务公开工作情况。

2016年5月,集团制定下发《东方国际(集团)有限公司厂务公开民主管理工作制度》,各单位进一步加强厂务公开民主管理工作制度建设,明确职责分工,完善工作机制,狠抓贯彻落实,更好地推动厂务公开民主管理工作全面深入开展。

【职工董监事制度】

集团工会在贯彻落实职工董监事制度的同时,积极推动集团系统内有条件的公司建立职工董监事制度,提升企业民主管理水平。

2007年,东方创业、东方利泰、东方新家纺、丝绸股份、物流集团建立职工监事制度。东方利泰和东方新家纺设立职工董事。

2010年3月22日,集团二届五次职代会以无记名投票的方式,选举产生集团第三届董事会职工董事和监事会职工监事。

2016年9月,集团工会转发市总工会、中共上海市委组织部、市国资委党委联合发出的《关于推进本市公司制企业加强职工董事、职工监事工作的通知》《关于完善本市公司制企业法人治理结构加强职工董事、职工监事制度建设的若干指导意见》,布置各级工会及时与公司党组织、行政进行沟通和研究,根据单位实际,贯彻落实文件精神,推动建立和完善职工董事、职工监事制度。

2017年3月20日,集团召开三届六次职代会,大会通过选举,增补东方国际集团第三届监事会职工监事。

二、职工（代表）大会制度和集体协商制度

【职工（代表）大会制度】

集团工会始终坚持推进和完善以职工（代表）大会为基本形式的企业民主管理制度建设，通过民主管理调动广大职工的积极性和创造性，通过民主监督加强干部廉政建设，促进企业健康持续发展。集团坚持每年召开1次～2次职代会，向职工代表通报集团重大事项和重要工作，通报集团党风廉政建设情况，通报企业业务招待费使用情况，由职工代表审议涉及职工切身利益的规章制度，组织职工代表民主评议集团领导，推行职工代表巡视制度，发动群众开展献计献策活动等。集团系统二级子公司按照厂务公开有关要求，在职代会上审议企业的经营情况、重大事项和涉及职工利益的重大问题，特别是在企业改制过程中，坚持将职工分流方案提交职代会审议通过。

1998年6月26日，集团召开一届二次职代会，审议通过《东方国际（集团）有限公司职工（代表）大会实施细则（试行）》（简称《职工（代表）大会实施细则》），从制度上对职代会相关工作加以规范和保障，到各二级公司巡回检查执行落实情况，全面推动职代会制度在集团系统内实施。

1999年3月26日，集团一届三次职代会审议通过《集团集体合同》《转岗分流和再就业工作总体方案和实施细则（试行）》。集团工会组织职工代表分别对东方针织、东方创业、东方外贸、东方纺织、东方丝绸、东方家纺、东方商业、物流公司等8家公司贯彻落实《全心全意依靠工人阶级办企业，充分发挥工会作用的实施意见》和《职工（代表）大会实施细则》的情况进行巡视，采用召开座谈会等方式，广泛听取意见，将巡视情况汇总后向一届四次职代会进行专题报告。

2002年3月28日，集团一届七次职代会审议通过修改后的《东方国际（集团）有限公司职工（代表）大会实施细则》。

2004年，集团工会编制《有关职代会职权、工会组织和工会干部权益的法律规定摘编》，在集团一届九次职代会上发给与会代表参阅，提高广大职工代表对企业民主管理、厂务公开和工会组织、工会干部权益的认可度。

2009年，为应对国际金融危机，共克时艰，促进发展，集团二届四次职代会发动职工代表围绕如何促进集团可持续发展和落实集团行政2009年工作报告中的"六大措施"，开展提案活动。大会共收到45份提案，内容涵盖企业发展思路和转变经营方式、加强企业管理、关注民生等方面，由集团工会负责将提案进行分门别类整理，根据提案内容分别报送集团领导和相关职能部门进行处置。

2010年3月22日，集团二届五次职代会围绕如何贯彻落实集团行政提出的2009年"保规模、调结构、促转型、抓管控、推改革、谋发展"十八字工作方针等有关内容，开展职工代表提议活动，发动职工代表献计献策，共收到提案36份。大会还向全体职工发出《树立信心，抢抓机遇，开拓创新，多作贡献》的倡议书。

2010年，集团重大资产实施重组，采用东方创业定向增发方式实现东方国际集团主业上市。7月20日，集团召开二届六次职代会，集团董事长、党委书记蔡鸿生向全体职工代表通报集团重大资产实施重组的决策过程、背景目的、方案要点、重组工作和未来发展等相关情况。

2011年2月，集团工会转发《上海市总工会关于贯彻落实〈上海市职工代表大会条例〉的通知》，各单位工会积极贯彻落实。是年5月，《上海市职工代表大会条例》（简称《条例》）施行，集团工会转发市总工会《关于组织本市职工开展〈上海市职工代表大会条例〉网上知识竞赛的通知》，布置各单位工会认真组织职工参加网上知识竞赛活动，提升对《条例》的知晓度。是年5月，集团召开二届七

次职代会,发动职工代表开展献计献策的提建议活动,共收到 37 份建议和意见,内容涉及 4 个方面共 39 条。二届七次职代会还开设"代表论坛",围绕"创新驱动,转型发展"主题,6 名职工代表在论坛上进行交流发言。

2013 年 4 月 11 日,集团召开三届二次职代会。为配合集团实施"转型发展,改革提升"的工作方针,会议安排 5 名基层单位的代表在创新转型方面作交流发言。

2014 年是全面落实"上海国资国企改革 20 条"的第一年,是集团深入推进转型发展和制定新三年发展规划的重要之年,集团三届三次职代会充分发挥广大职工的聪明才智,发动全体职工代表,围绕集团转型发展改革提升和新三年发展规划制定献计献策。共收到 65 条建议和希望。会上,13 家二级公司分别派代表交流献计献策的主要内容。

2015 年,集团三届四次职代会上,由集团人力资源部宣讲集团人才发展规划,集团党委书记宣讲集团新三年行动规划的基本构思和宏伟蓝图,提出"一体两翼三支撑"的战略布局思路和"保 7 保 8 目标"。

2016 年,根据市总工会、中共上海市委组织部、市国资委党委等 6 部委联合下发的《关于进一步加强本市国有及国有控股集团公司职工代表大会制度建设的若干意见》,由集团工会牵头,对集团系统职代会制度建设情况进行全面自查,起草《关于贯彻落实〈关于进一步加强本市国有及国有控股集团公司职工代表大会制度建设的若干意见〉的情况报告》,向集团党委进行汇报,同时提出《关于落实职代会制度建设的具体事项》的意见。

2016 年,集团工会起草《东方国际(集团)有限公司职工代表大会实施办法》,经集团三届五次职工代表大会审议通过,进一步保障职工参与民主管理的权利,规范职代会的各项工作。大会以无记名投票表决方式通过《东方国际集团厂务公开工作制度》《东方国际集团集体合同》《集团系统职工薪酬福利管理办法》《集团系统劳动用工管理办法》《集团系统职工教育培训管理办法》《集团系统企业年金和补充公积金方案》等制度,进一步规范集团民主管理工作,提升集团民主管理工作水平,促进集团改革发展和稳定。

2017 年 3 月 20 日,集团召开三届六次职代会,大会表决通过《东方国际集团女职工权益保护专项合同》。

【集体协商制度】

1999 年 3 月 26 日,集团一届三次职代会审议通过《东方国际(集团)有限公司集体协商制度试行办法》《东方国际(集团)有限公司集体合同》《转岗分流和再就业工作总体方案和实施细则(试行)》,签订集体合同并报市劳动和社会保障局审批。

2002 年,东方房产率先建立劳动工资集体协商制度。

2003 年起,集团系统的改制企业——丝绸股份、东方利泰、东方家纺等相继建立劳动工资集体协商制度。

2004 年 4 月,集团工会组织所属公司工会干部参加市总工会组织的劳动工资集体协商的专题培训,为集团系统改制、企业开展劳动工资集体协商打下基础。

2007 年,为深入推进集体协商工作,集团工会在起草《东方国际(集团)有限公司集体合同》《工资集体协商协议书》《女职工特殊利益专项集体合同》等参考文本的基础上,于 8 月份召开二级公司工会主席会议,围绕如何推进签订集体合同和工资集体协商工作进行研讨,会上安排了丝绸股份工会和东方房产工会做交流发言,将推进签订集体合同和开展工资集体协商作为 2008 年下半年工作重点。

2011年,集团工会开展关于建立健全集体协商机制的调研,制定推进集体协商机制的初步方案,派出人员参加市总工会和上海市企业联合会共同举办的集体协商指导员专业培训班,培养集体协商业务骨干。7月份,集团工会召开子公司工会主席、副主席会议,会议采取以会代训方式,开展学习和研讨关于建立集体协商机制的培训。截至2011年,集团系统共有15个独立法人企业建立工资集体协商机制,7个子公司签订集体合同。

2012年,集团工会进一步加强工资集体协商推进力度。是年年初,集团工会下发工资集体协商推进情况调研表,了解各公司拟开展的时间和可能遇到的问题,提出力争达到全覆盖的工作目标。组织各公司工会干部参加市里举办的工资集体协商培训班,修订《工资集体协商协议书》参考文本下发给各公司,同时转发市人力资源和社会保障局、市总工会、市企业联合会、市企业家协会、市工商联合会共同下发的《关于进一步推进工资集体协商工作的通知》,联合集团人力资源部转发《关于2012年本市企业工资增长指导线的通知》。到2012年年底,具备工资集体协商条件企业的签约率达89%。

第三节　职工权益维护

一、概况

1998年,因东南亚金融危机影响和配额有偿招标使用等因素,集团面临着严峻的形势,随着国家外贸政策的逐步调整,下岗分流人员不断增加,劳动关系不稳定因素增加,劳动争议也有上升趋势。集团工会建立劳动法律监督组织,协调劳动关系,督促二级公司在1999年上半年建立劳动法律监督组织。8月17日,集团一届四次职代会听取《关于贯彻落实两个实施细则情况的汇报》,审议通过《集团工会劳动法律监督委员会章程》和集团工会劳动法律监督委员会人员名单。

1999年,集团工会成立东方国际集团工会劳动争议调解委员会,部署集团各级工会成立工会劳动争议调解委员会和工会劳动法律监督委员会,为构建和谐劳动关系,促进企业稳定发展保驾护航。

2006年7月13—14日,集团工会召开专题培训与工作会议,邀请市总工会干部管理学院舒家庆作关于"工会维权"的专题讲课,围绕"维权的重新认识、维权的现状思考、维权的探索实践"三个方面进行讲解,从理论知识到实践操作,从维权职责到维权实例,给与会人员极大启发。

2007年12月19—20日,集团工会召开主席会议,就工会在实施《劳动合同法》中如何发挥作用进行专题研讨,邀请市总工会干部管理学院舒家庆讲解《劳动合同法》,使参加培训的全体人员对《劳动合同法》的出台背景、指导思想和主要内容有更深的了解,达成共识。加大宣传力度,使集团上下都能深入了解《劳动合同法》。做好职工签订劳动合同更加规范,使续签劳动合同的职工与行政顺利签订新的劳动合同。加强与行政的沟通,及时做好思想工作,化解矛盾,维护企业稳定,起到桥梁和纽带作用。

二、荣誉

2016年,丝绸股份和经贸公司分别获上海市劳动关系和谐、职工满意企事业单位称号。

第四节　帮　扶　保　障

一、帮困送温暖

2001年,根据集团党委工作部署,集团工会开展"伸出你的手,编织一片爱"帮困助学活动,向金达公司所属14家企业143名职工子女捐助学费和文具用品,共计23万余元。

2002年4月,集团工会研究决定设立东方国际集团"自强不息"奖学金,制定评定办法,配合集团和各公司深化改革,鼓励待岗、内退、分流、下岗职工自强不息、自学成才。是年,按照中共上海市委、市外经贸委党委救助帮困工作会议的精神,集团工会配合集团党委在集团和各子公司成立两级救助帮困工作领导小组,对4类困难职工的情况进行细致排摸,做到不重复、不遗漏,安排好元旦、春节期间的走访慰问,落实资金30万元,帮助建立集团救助帮困专项资金,为落实救助帮困送温暖工作经常化、制度化、规范化打下基础。据统计,2002年年初"两节"期间,集团领导和各公司领导慰问困难职工共计489名,发放救助帮困金共计20 540元。上半年,集团组织的"伸出你的手,编织一片爱"帮困助学活动最后一批137 050元帮困助学款送到金达公司困难职工子女手中。"伸出你的手,编织一片爱"帮困助学活动开展以来,集团各级公司共向金达公司所属14家企业188名职工子女捐献助学款530 260元,帮助他们完成阶段性的学业。年末,集团工会开展"救助帮困一日捐"等形式多样的活动,把救助帮困活动引向深入。

2003年,集团和所属各公司建立帮困救助工作领导小组,形成帮困救助三级工作网络,募集专项资金500万余元。是年年初,向下岗分流特困职工、患大病重病和负担子女就学困难的1 359名对象发放帮困救助金近21万元。5月,募集抗击"非典"个人捐款40万元。8月,集团工会开展第二轮帮困助学活动,对集团系统共计218名困难家庭子女开始为期3年的帮困助学活动。10月,集团工会组织社会性救助扶贫活动,部署各公司工会落实市政府下达的向云南、江西、安徽灾区募集衣被、捐款的任务,共计募集衣被1.3万件/条,捐款近5万元。

2004年8月,为配合集团开展的"高兴、放心"活动,集团工会根据党委的意图,组织开展"一对一牵手"帮困助学活动,由集团领导、各公司的党政领导和集团各部室负责人分别联系集团范围内品学兼优但家庭困难的职工子女,进行为期3年的帮困助学。据统计,帮助对象共计39人,首期募集帮困助学金4.62万元发放给困难职工子女。9月,集团工会下发《关于企业改制后进一步做好帮困救助工作的若干意见》,各级工会组织提高对企业改制后的帮困救助工作重要性的认识,进一步健全三级工作网络和落实两级专项资金,同时做好分流职工的职业培训和再就业工作,加大对困难职工帮困救助的力度。2004年,集团工会系统共计走访困难家庭1 542户,发放救助金39万余元。

2005年元旦春节期间,集团系统共慰问困难职工953人次,动用帮困救助专项资金215 900元。有405名困难职工子女获帮困助学,动用资金227 250元,其中,由集团领导和总部部门负责个人出资进行"一对一"帮困助学的金额为10 800元。

2006年元旦春节期间,集团系统帮困送温暖活动走访慰问职工1 173人次,其中走访慰问老干部152人次,发放救助款、慰问金共计48万余元,同时还为194名困难职工子女提供助学服务。

2007年,在集团党委部署下,集团工会组织开展第3轮帮困助学活动,集团系统共有959名困难职工子女受益。据统计,2007年集团系统共帮困救助7 300余人次,帮困救助金额总计225万余元。

2008年,集团工会坚持开展"一对一牵手"帮困助学的助学金资助工作,2008年已经是第3轮第4次的资助,同时对集团系统2名困难劳模和13名困难职工进行帮困,为生活困难的全国劳模和上海市退休劳模申请到近10万元的困难补助金。

2009年,开展第3轮最后一年的"一对一牵手"帮困助学活动,集团工会共为22名困难职工子女提供4.44万元的助学金。集团工会还向身患癌症的在职职工发去慰问信,给予每人一次性经济补助1万元,共发放补助金32万元。集团系统全年共走访慰问困难职工5 142人次,帮困金额为177万余元。

2010年,集团系统帮困救助总计7 190余人次,帮困救助总金额为296万余元。根据上级有关精神,集团系统各级工会开展"送温暖、献爱心——向灾区捐赠衣被"活动。据统计,共募集到衣被4 000余件/条,资金7 800余元。

2011年,集团工会给身患癌症的职工发放5万元的救助金。通过集团总部党支部与20名困难职工子女结成帮困助学对子,开展第4轮的结对帮困助学活动,共资助3.7万余元。

2012年,集团工会全年给患癌症职工补助6万元,给困难职工送去帮困金9 000元,给生病住院职工补助4 000元。在集团总部党总支结对助学活动中,集团工会共投入2.74万元助学金,资助13名困难职工子女。

2013年,集团工会坚持关心患大病职工,给予10名身患癌症的在职职工大病救助共10万元;同时为集团领导走访慰问困难职工提供1.8万元的慰问金,给困难职工子女送去2万余元的助学金,为构建和谐企业作出努力。

2014年,集团工会帮困救助金额共计11万余元。

2016年,集团工会全年慰问困难职工、大病救助和帮困助学28人次,帮困金额8.5万余元。各级工会进一步健全帮困送温暖制度和困难职工档案,摸清本单位困难职工情况,及时做好帮困救助工作。

2017年元旦春节期间,集团系统共有74名领导干部参加走访慰问活动,走访老干部和困难职工家庭156户,送去帮困救助金和慰问金19.07万元。

二、职工保障

集团工会重视职工保障工作,下属各单位积极参加上海市职工互助保障计划,做到应保尽保。2008年、2012年,集团工会获上海市职工医疗互助保障工作达标工作委员会称号。2009年、2015年、2016年、2017年,集团工会被评为上海市职工互助保障工作先进工作委员会。

2011年,集团工会下发《关于下发〈上海市职工保障互助会关于对部分保障计划给付力度和保障范围进行调整的通知〉的通知》,以便各基层单位在职工互助保障参保和理赔时参照。2012年,集团工会下发《关于下发〈关于进一步做好2013年上海工会职工互助保障工作的通知〉的通知》。各级工会根据集团工会通知精神,高度重视,精心组织,扎实推进,落实资金,做到应保尽保,努力为职工办实事、做好事。

2014年,集团工会出资,为集团工会系统所有在职的3 300余名员工办理上海工会会员服务卡和会员专享基本保障,拓展保障渠道,加强保障力度。

2015年,集团工会为集团系统2 869名会员办理注册上海市工会会员卡,同时办理职工互助保障。

2016年,集团工会给集团系统2 819名持工会会员卡的职工购买市总工会新增加的保障计划,保障费用由2015年的每人每年24元提高到每人每年70元,保障内容由原来的4类重大疾病理赔1万元,扩大到12类重大疾病理赔2万元。提高保障费用和保障金额,扩大保障范围,体现对广大职工的关心。

三、劳模服务管理和先进疗休养

2006年,集团工会建立集团系统6位全国劳模、84位上海市劳模、14位省部级劳模的资料库,资料库采集劳模的基本信息和先进事迹,为推进劳模管理工作信息化和进一步弘扬劳模精神起到积极作用。同时,坚持实时更新工作,确保集团系统劳模数据库的准确性和完善性。

集团工会通过多种形式关心和服务劳模,组织劳模体检、疗休养,为困难劳模送温暖,申请帮扶资金等。在2006年元旦春节期间的帮困送温暖活动中,走访慰问困难劳模26人。2009年,组织32名市劳模参加身体健康检查。2011年,为集团系统困难劳模申请到16.5万元的特殊困难帮扶金。2012年,为退休困难劳模申请补助,集团系统50名退休市劳模共获得14万元的特殊困难帮扶金,75名市劳模共获得3.75万元慰问金,集团系统3位历届全国劳模共获3万余元的"三金"。2014—2017年,为困难劳模申请低收入补助金和特殊困难帮扶金949 504.7元。

集团工会积极做好基层企业一线职工和先进职工代表的疗休养、体检活动的申报和协调工作。2016年,集团系统800余名基层一线职工和各类先进代表参加市定点的休养院开展疗休养活动,1 200余名职工到市总工会工人疗养院进行体检。集团工会结合"创新杯"劳动竞赛,组织竞赛中涌现的先进代表参加"劳动光荣,休养快乐"活动,前往安徽黄山、江西庐山、苏州西山、常熟沙家浜等地疗休养。

第五节　先　进　评　选

一、市外经贸委及以上先进

根据上级工会的部署,集团工会积极开展市外经贸委及以上的先进集体和先进个人的评选推荐活动。集团工会成立20年间,共评出市外经贸委及以上的各类先进集体83个/次,先进个人115名/次。评选的各类先进包括:全国巾帼文明岗、全国女职工岗位创新技能大赛上海服装设计比赛团体奖、全国劳动模范、全国五一劳动奖章、全国五一巾帼标兵、全国先进女职工,全国外经贸系统劳动模范、全国财贸系统优秀工会工作者、全国财贸轻工纺织烟草行业工会积极分子,市厂务公开民主管理工作先进单位、市劳动关系和谐职工满意企事业单位、市模范集体、市五一劳动奖状、市工人先锋号、市三八红旗集体、市五一巾帼奖(集体)、市五一巾帼奖(集体)标兵提名奖、市500强智能型班组典型示范、市红旗班组、市文明班组、市团队创先特色班组、市巾帼文明岗、市女职工标兵集体、市先进女职工委员会、市职工互助保障工作先进委员会、市女职工先进集体、市先进基层工会女职工组织、市职工技协先进集体、市模范职工之家、市模范职工小家、市模范退管会、市工会经审工作先进集体、市职工保障互助会运营先进会、市劳动模范、市五一劳动奖章、市职工信赖的经营管理者、市女职工标兵、市先进女职工标兵、市十大女职工标兵、市三八红旗手、市巾帼建功标兵、市五一巾帼奖、市职工保障互助会运营积极分子、市优秀工会干部、市优秀工会工作者、市先进工会工作者、市职工技协先进个人、市职工互助保障先进个人、市工会经审工作先进工作者、市退休职工管理委员会先进工作者,以及市外经贸系统工会先进集体、市外经贸系统三八红旗集体、市外经贸系统文明班组、市外经贸系统退管工作先进集体、市外经贸系统三八红旗手、市外贸系统优秀工会工作者、市外经贸系统优秀工会积极分子、市外经贸系统"十佳女能手"、市外经贸系统工会之友、市外经贸系统"女职工之音"、市外经贸系统"女职工之友"、市外经贸系统优秀女职工工作者、市外经贸系统退休职工优秀块组长、市外经贸系统重视退管工作好领导等(名单详见第八篇第二章第二节先进个人和先进集体)。

评选和推荐工作始终按照上级工会的工作要求,从下往上,由基层工会推荐提名,经集团工会委员会集体讨论,报集团党委审议同意。

二、集团级劳动竞赛先进

1999 年,集团工会开始组织劳动竞赛活动,各子公司工会开展形式和主题多样化的劳动竞赛活动。是年,集团工会提出以"双增双节"为中心,积极开展多种形式劳动竞赛,努力减少金融危机和配额有偿招标使用带来的影响,确保上级下达各项任务的完成。东方丝绸开展"世纪之星",东方创业开展"巩固市场拓新路,细化管理争效益",东方家纺开展"非配额地区外销员",东方外贸开展"比贡献、争创新、抓节流、求发展",物流公司开展"文明经营",东方商业开展"东方杯"创汇、创利劳动竞赛活动。

为进一步提升劳动竞赛活动效果,2001—2016 年,集团工会开展以"创新杯"为统一名称的劳动竞赛活动,至 2016 年共进行 16 次"创新杯"劳动竞赛先进评选活动。集团工会根据形势和任务,结合集团党政确定的每年工作重点,组织劳动竞赛活动。2001—2007 年,以"比智慧、比能力、比干劲、比贡献"为主题开展劳动竞赛活动。2008 年,国际金融危机爆发,企业的出口受到较大的影响,劳动竞赛主题确定为"共渡难关,多作贡献"。2013 年,集团提出"改革创新、转型发展"的工作方针,为促进集团转型发展,调动职工转型发展的积极性和创造性,确保各项经营任务的完成,2013—2016 年,集团工会确定劳动竞赛主题为"转型在东方,发展在东方",除评选劳动竞赛先进个人和先进集体外,还增加转型发展标兵和标杆集体的评选活动,突出表彰转型发展的先进集体和个人,发挥先进典型的榜样示范作用,营造转型发展的良好氛围,引导职工为企业转型发展多作贡献,为推进企业的转型发展增添动力。

表 7 - 3 - 2 2001—2016 年集团"创新杯"劳动竞赛评选结果情况表

年份	主 题	先进集体数量(个)	先进个人数量(名)	备 注
2001	比智慧、比能力、比干劲、比贡献	16	17	
2002	比智慧、比贡献、比干劲、争先进	18	25	1个优秀组织奖
2003	比智慧、比贡献、比干劲、争先进	14	28	1个优秀组织奖
2004	比智慧、比贡献、比干劲、争先进	13	23	

〔续表〕

年份	主　题	先进集体数量(个)	先进个人数量(名)	备　注
2005	比智慧、比贡献、比干劲、争先进	20	27	
2006	比智慧、比贡献、比干劲、争先进	19	27	
2007	比智慧、比贡献、比干劲、争先进	19	24	
2008	共渡难关,多做贡献	22	25	
2009	创新杯	20	24	
2010	创新杯	20	24	
2011	创新杯	19	26	
2012	创新杯	19	26	
2013	转型在东方,发展在东方	6个转型发展标杆集体,13个先进集体	11名转型发展标兵,15名先进个人	标杆集体和先进集体同时命名为集团工人先锋号
2014	转型在东方,发展在东方	5个转型发展标杆集体,15个先进集体	11名转型发展标兵,15名先进个人	标杆集体和先进集体同时命名为集团工人先锋号
2015	转型在东方,发展在东方	6个转型发展标杆集体,15个先进集体	10名转型发展标兵,2名转型发展标兵提名,13名先进个人	标杆集体和先进集体同时命名为集团工人先锋号
2016	转型在东方,发展在东方	5个转型发展标杆集体,12个先进集体	10名转型发展标兵,17名先进个人	标杆集体和先进集体同时命名为集团工人先锋号

图7-3-2　2014年12月17日,集团举行转型发展标杆·标兵表彰大会

三、文明班组

1999 年,东方针织第二业务部外销组、东方外贸业务八部、恒盛公司被评为上海市文明班组。东方家纺复制品一部、上海绢纺厂金马绢纺有限公司管理班组获上海市外经贸系统文明班组。

2007 年,根据各公司工会推荐,经集团工会委员会审议批准,东松公司业务一部等 27 个班组(部室)被评为 2005—2006 年度东方国际集团文明班组(部室)。2007 年,久茂公司进出口业务三部、东方利泰第三业务部、东方新家纺业务四部、丝绸股份国贸一部第一业务组、东方新海航运部获 2005—2006 年度上海市文明班组。

2009 年,东方利泰业务四部获上海市文明班组称号。

2013 年,创业浦东公司第一业务部、经贸公司辛克项目组在"当好科学发展主力军,打好创新转型攻坚战"主题实践活动中表现突出,被市总工会授予"团队创先特色班组"。

2013 年 8—9 月,集团工会举办 2 期以创建"六型"班组为主要内容的班组长培训班,集团系统 182 名班组长参加培训,取得由市总工会、市经信工作党委、市国资委和市工商联联合颁发的上海市班组长岗位资格证书。培训班采用集中授课和拓展活动两种方式,分别邀请上海市质量教育培训中心的老师和资深专业拓展培训师进行授课,培训内容以创建"六型"班组为重点,同时紧密结合企业实际,组织拓展活动,既有趣味性,又有启发性,现场气氛十分活跃,收到较好的培训效果,参加培训的班组长普遍反映较好。为了更好地促进集团的转型发展,集团工会利用班组长培训之机,在试卷中增设为集团转型发展提建议的题目,共收集到近百条建议,经汇总将 21 条建议提交给集团领导班子作为参考。

第六节　职　工　沙　龙

集团职工沙龙包括业务员沙龙、摄影爱好者沙龙、笔友会沙龙、女职工沙龙、职工发展沙龙、职工健康沙龙、文艺沙龙等 7 个。集团职工沙龙广泛吸收会员,积极开展各项活动,培养职工兴趣,发挥职工特长,提升职工素质,丰富职工生活。

一、业务员沙龙

集团业务员沙龙成立于 2010 年 8 月,成立之初的名称为外销员沙龙,会员单位包括东方创业、东方利泰、东方新家纺、东方纺织、东方商业、东松公司、物流集团等 7 家企业。集团董事长蔡鸿生担任名誉会长,集团总裁唐小杰担任会长,集团副总裁钟伟民担任副会长。2015 年,根据形势和任务的需要,集团外销员沙龙更名为业务员沙龙,会员单位除上述 7 家企业外,发展资产管理公司加入。

2010 年,经过集团工会和集团团委的共同筹建,8 月 2 日下午,召开集团外销员沙龙成立大会。蔡鸿生和唐小杰分别在沙龙成立大会上讲话,对集团成立外销员沙龙表示祝贺,对外销员沙龙寄予殷切期望。外销员沙龙成立后,组织开展外销员沙龙会员之间的交流,举办世界经济形势及国际贸易形势预测专题讲座等活动,把集团外销员沙龙打造成一个促进交流、切磋经验、关注商情、研究热点的平台。

2011年,外销员沙龙第一次活动由物流集团承办,组织外销员沙龙会员参观东方金发国际物流有限公司洋山仓库,了解东方东方金发的物流操作流程和服务功能。第二次活动由东方新家纺承办,举办国内外形势综述的专题讲座,邀请市总工会干部管理学院教授讲述和分析当前的经济形势和趋势。第三次活动由东方商业和集团团委承办,通过协作游戏活动,增强会员之间的沟通,进一步培养团结协作意识。通过业务案例分析,分享业务知识,进一步积累工作经验,提高业务水平。

2012年上半年,集团工会在丝绸集团和东方纺织的支持下,组织外销员沙龙会员参观丝绸集团的"海上丝韵"展示厅、上海婚礼中心和东方纺织的"中国蓝印花布馆",为拓展集团系统业务骨干的经营思路创造条件。针对日趋严峻的外贸形势,集团工会在东方创业的支持下,举办外销员沙龙专题论坛,以会员论坛和案例讨论方式,开展有益的活动。围绕"面临当前中国经济、外贸形势,集团主营业务的转型之路"的主题,来自东方创业、东方利泰、东方新家纺、东方纺织、东方商业、东方外贸和东松公司等7位会员代表作交流发言。外销员沙龙活动还进行案例展示和有奖问答活动,针对3个由东方创业员工自编自演商务案例中的问题,组织沙龙会员进行抢答,在场的理事会领导和特邀嘉宾也兴致勃勃地参与讨论,提出一些深层次的问题,提升外销员业务操作能力。

2013年,集团工会以创新转型为主题,组织两次外销员沙龙活动。第一次是举行"创智赢家、转型发展"拓展活动。通过拓展活动,培养参训人员开拓创新、不断进取精神,提高参训人员的综合素质。第二次是以创新转型为主题的参观和交流活动。组织参观江苏晨风集团的生产车间和中国出口服装创新能力训练基地,着重了解晨风集团在服装创新、客户服务和生产开拓方面的情况,组织案例研讨和交流发言,增长沙龙会员的知识和经验。

2014年,集团工会组织两次外销员沙龙活动,第一次活动紧紧围绕贸易转型、业务拓展和提升贸易附加值,开展专题研讨活动,邀请上海华虹集团总经济师兼虹日公司总经理竺简作专题报告,通过实例来介绍如何从提供产品解决方案着手,在价值链上提升附加值,在供应链上延伸服务,实现贸易转型发展。第二次活动由集团外销员沙龙会员与百联集团外销员沙龙会员共同参加,一起探讨商业拓展新模式,开展互相学习和交流,组织参观活动。

2015年5月,集团工会委托国服公司外企分公司进行策划,邀请CIPT注册国际职业培训师作辅导,组织两次以"压力缓解及情绪管理"为主题的业务员沙龙专题活动。集团系统业务员沙龙会员、各二级公司工会主席和团组织书记共80余名人员参加活动。

2016年,业务员沙龙组织40多名会员及有关人员参观位于张江药谷的上海生物医药中心,通过听介绍、参观和交流,进一步增强员工对集团拓展大健康产业战略举措的信心,使员工对自身业务开拓有更深入的思考,起到推动集团新三年行动规划的落实和进一步提升集团系统业务员的创新拓展能力的作用。

2017年,业务员沙龙在上海纺织博物馆组织一场外贸主题的活动。70余名业务骨干分成两个小组,在参观上海纺织博物馆后,分别前往上海申达股份有限公司和领秀公司交流新形势下进出口贸易和电子商务等方面的内容。

二、摄影爱好者沙龙

2012年4月17日,集团工会召开东方国际集团摄影爱好者沙龙成立大会。集团党委书记、董事长蔡鸿生,副总裁钟伟民,集团工会主席和各公司工会主席,集团摄影沙龙爱好者会员等80人出席大会。大会推举产生沙龙理事,通过沙龙章程。集团摄影爱好者沙龙成立后,精心组织讲座培训、摄影采风和参加各类摄影比赛活动,开通微信公众号、交流群和微博,为大家学习、交流、分享、展示提供平台;同时为提升摄影爱好者、《东方国际报》通讯员摄影水平创造条件。在集团摄影爱好者沙龙成立大会上,邀请市摄影家协会艺术部主任作"感觉数字影像"摄影辅导讲座。是年9月,举办摄影器材讲座,邀请国家一级摄影师、上海交通大学客座教授到集团授课。是年,在上海现代企业服务会联合举办的"界龙杯"比赛中,集团摄影爱好者沙龙成员1人获三等奖,2人入围。

2013年3月,集团摄影爱好者沙龙邀请上海画报首席记者、著名摄影家为与会者作精彩的摄影辅导。集团工会主席王佳在摄影讲座前作关于征集"我身边的转型发展"摄影作品的工作布置,通报集团摄影爱好者沙龙开设博客的情况。是年11月,集团工会组织摄影爱好者沙龙在26楼多功能厅举行职工技能提升活动交流展示会,举行"我身边的转型发展"摄影作品评选活动。经过各公司初选和专家评审,在500多幅作品中选出115幅进行展示,通过与会人员参加评选,有12人获优秀奖,23人获鼓励奖。这些摄影作品从不同的角度,记录集团转型发展过程中值得纪念的瞬间,展示集团转型发展的丰硕成果和广大职工积极投身转型发展的精神风貌。是年,在新浪网开设"东方国际集团摄影沙龙博客",有1 000余幅摄影作品在网上展示。

2014年10月,集团工会组织摄影爱好者沙龙成员和《东方国际报》通讯员等近100人参观上海国际摄影展,开拓摄影爱好者沙龙成员的眼界。

2015年年初,集团摄影爱好者沙龙举办"转型发展看东方摄影展"创作辅导讲座,由上海市摄影家协会会员朱耀忠为大家作《视觉之梦》的报告。5月,邀请上海市摄影家协会艺术部主任郭金荣作《漫谈摄影作品的特性》辅导报告。8月,集团摄影爱好者沙龙为配合"转型发展看东方摄影展"工作,组织摄影爱好者沙龙会员和集团笔友会成员前往绍兴海神印染制衣有限公司等地进行采风和创作。采风人员冒着高温,深入到车间拍摄一线工人生产劳动的场景。是年,在"世界和平,人间大爱"界龙杯摄影展评活动中,集团摄影爱好者沙龙选送的10幅作品中有5幅获奖。是年,经上海市摄影家协会六届七次主席团会议审议,集团摄影爱好者沙龙被吸收为团体会员单位,名称定为"上海市摄影家协会东方国际集团摄影爱好者沙龙",会员共126人。

2016年1月,集团摄影爱好者沙龙举办的数码后期培训班开班。培训班共有6期,全部安排在业余时间,邀请上海十佳摄影师秦智渊授课。来自集团系统的近50名摄影爱好者参加学习。是年8月,集团摄影爱好者沙龙组织沙龙会员、集团笔友会沙龙会员40余人前往上海书展采风。

2017年4月5日,集团摄影爱好者沙龙举办专题摄影讲座,特邀中国摄影著作权协会、上海市摄影家协会会员作《如何在摄影创作活动中做到"有想法"》的辅导报告。集团系统上海市摄影家协会团体会员、集团摄影爱好者沙龙成员及《东方国际报》通讯员等近80人参加此次活动。是年4月,集团摄影爱好者沙龙组织沙龙会员、《东方国际报》通讯员等40人前往嘉定紫藤苑、韩天衡美术馆、孔庙、州桥老街采风,学习交流摄影技艺,感受嘉定浓郁的文化氛围。为积极贯彻上海市摄影家协会基层工作会议精神,给集团摄影爱好者们参与"喜迎十九大,浦江新貌摄影大赛"活动创造条件,6月30日—7月14日,集团摄影爱好者沙龙举办人像摄影培训讲座,特邀海派艺术人像大师吴兆华执教,集团系统50余名摄影爱好者参加学习。通过4个课程的讲解,学员们初步掌握室内人像摄影及后期制作等技巧。是年9月,集团摄影爱好者沙龙组织沙龙会员、《东方国际报》通讯员等30余人,前往上海国际时尚中心、杨浦渔人码头、上外贤达学院采风。是年10月,集团摄影爱好者沙龙第二次与虹桥街道社区党建服务中心联合举办"温馨家园情暖十月,金色浪漫相伴一生"暖情金婚照活动,为11对老人拍摄金婚照,上海电视台为此活动作专题报道。是年,在"界龙杯"摄影比赛中,集团摄影爱好者沙龙选送的45幅作品中有17幅入围,其中获二等奖和三等奖各1人,优秀奖11人。

图 7‑3‑3　2017 年 6 月 30 日—7 月 14 日,集团摄影爱好者沙龙举办人像摄影培训讲座

三、笔友会沙龙

集团笔友会沙龙于 2015 年 3 月成立,有会员 41 人。成立集团笔友会旨在丰富职工文化生活,陶冶职工情操;同时提升会员技能和素养,促进集团转型发展改革提升。

2015 年 4 月,笔友会举办"创意写作在企业"的专题讲座,邀请上海大学文学院副教授、创意写作组成员许道军主讲,发放《故事工坊》书籍供沙龙成员学习。7 月,笔友会沙龙举办"诗歌创作的意境和韵味"专题讲座,邀请上海大学文学博士、副教授任丽青授课。笔友会沙龙还组织沙龙成员和摄影爱好者沙龙成员一起外出采风,开阔眼界。

2015 年,笔友会沙龙成员创作 12 篇以颂扬集团系统先进人物、先进事迹为题材的作品,笔友会沙龙从中选出 6 篇文章,采用配乐朗诵的方式,在集团职工沙龙成果展示活动上向与会干部职工进行汇报,起到宣传先进事迹、弘扬先进精神的良好效果。

四、女职工沙龙

2016 年 3 月 15 日,集团工会成立以"自信工作、睿智生活、优雅人生"为主题的女职工沙龙,组织女职工沙龙开展庆"三八"节和参观江南百工——长三角非物质文化遗产博览会等活动。是年 11月 18 日,集团女职工沙龙成立旗袍队,展现集团女职工优雅气质和美丽形象,丰富女职工活动形式。旗袍队成立后,邀请专业舞蹈老师为队员们进行形体仪态入门、提升优雅气质的培训。10 名女职工沙龙成员身着东方纺织的蓝印花布旗袍走上上海国际花展旗袍华衣秀的红毯,展示集团女职工的雅韵和风姿。

五、职工发展沙龙

集团职工发展沙龙成立于 2016 年。2017 年 5 月,集团人力资源部和集团工会开展集团系统人力资源专题培训暨职工发展沙龙活动。集团工会主席、人力资源部部长王佳,各公司分管领导、人力资源部人员以及工会主席、团组织书记等 70 余人出席会议。专题培训分为两部分。第一部分为市集团人力资源部对条线工作的专题培训,主要包括出国政审及劳动关系、业绩考核及薪酬管理、老干部及领导人员出入境管理、干部任用及人事档案管理等内容。第二部分为人力资源专家职业生涯规划课程辅导,通过对职业通道设计、后备人才培养、人才池建设等理念的深入解析,帮助企业更好地了解组织内员工,实现人职匹配,推动双赢发展。

六、职工健康沙龙

2016 年,集团职工健康沙龙成立后,为丰富职工群众性文体活动,营造积极向上的氛围,是年 4 月,组织迎春拔河比赛,分为东区和西区两个场地举行。东区比赛由资产管理公司承办,西区比赛由东方创业承办。是年 7 月,职工健康沙龙与东方创业工会联合举办中医健康讲座,帮助职工进一步了解养生知识,做好疾病预防。

2017 年 3 月 1 日,集团职工健康沙龙在顾村公园组织以"健康徒步、稳中求进"为主题的徒步活动,集团系统 600 余名职工参与。徒步活动历时 1 个小时,徒步里程近 5 公里。

七、文艺沙龙

2015 年,集团文艺沙龙组织"东方好声音"职工歌唱比赛,经过 76 名/组职工参加的海选和 42 名/组职工参加的入围赛,选出 16 名/组选手进入决赛,在职工沙龙成果展示活动中决出五强。是年年底,为展示集团职工文化活动的成果,集团工会与文艺沙龙联合编辑《东方国际集团 2014 年职工文化活动特辑》,印制 3 000 份,发放到集团系统全体干部职工。

2016 年,集团文艺沙龙录制《职工沙龙成果展示》光盘 2 000 套,发放到各基层工会,其中收录集团司歌《东方雄风》,进一步拓展宣传集团企业文化的途径,文艺沙龙成员之一的集团合唱队在长宁区白领青年纪念中国共产党建党 95 周年演唱比赛中获第二名。

八、职工沙龙成果

2015 年年底,集团工会在上海市群众艺术馆举行职工沙龙成果展示活动,包括 3 项内容:(1) 举行"东方好声音"职工歌唱比赛的决赛。"东方好声音"职工歌唱比赛以专业评委和大众评委相结合的形式开展评选,决赛以 8 组两两对决和复活 2 名/组选手的方式,决出五强。集团总部的女声小合唱获冠军,东方新海男声独唱获亚军,东方外贸男女声二重唱和国服公司的女声二重唱获季军。(2) 举行"转型发展看东方"职工摄影作品展评活动。职工摄影作品展征稿历时 10 个月,共有 354 名职工参与,收到摄影作品 1 117 幅/组,经过专家挑选甄别,有 121 幅/组作品入围参加展评,其中转型发展类 51 幅/组,美好生活类 70 幅/组。通过干部职工现场无记名投票,分别评选出转型发展作品一等奖2幅/组,二等奖4幅/组,三等奖2幅/组;生活类作品一等奖1幅/组,二等奖2幅/组,三等奖3幅/组;同时评选出20幅/组作品为鼓励奖。(3)职工笔友会成果汇报活动,以配乐的方式朗诵笔友会撰写的6篇文章,宣传集团系统优秀员工的先进事迹。集团各级领导和职工500余人出席本次沙龙成果展示活动,充分展示职工沙龙的水平和成果,得到广大干部职工的一致好评,收到良好的效果。

2017年,集团工会编印《东方国际集团职工活动掠影》,精选2012—2017年期间集团摄影爱好者沙龙成员部分作品,呈现集团系统广大职工活动的重要内容和精彩瞬间。

第七节　文体活动

一、体育运动

1999年,集团工会组织"迎新杯"乒乓球、桥牌比赛。是年5月30日—8月1日,集团举行第二届东方国际杯青年足球联赛。比赛前后历时2个多月,仅直接参与比赛的队员和工作人员就达近300人。集团所属各公司共派出10支队伍参加比赛,分别为创业闪电队、家纺虎队、丝绸金鸽队、纺织银河队、针织攀达队、东方物流队、外贸麒麟队、东方荣恒队、经贸飞虎队、佳达百事德威队。得奖单位和个人分别为:冠军创业闪电队,亚军家纺虎队、丝绸金鸽队,第四名纺织银河队,最佳运动员丝绸高欣荣,最佳射手创业何巍,最佳领队创业方国良,精神文明奖外贸麒麟队,最佳组织奖东方物流队,最佳啦啦队东方家纺啦啦队。

2001年11月4日,集团工会在长宁区娄山中学乒乓球房举办第二届"东方杯"乒乓球比赛。参加比赛的有集团总部、各公司选拔出的39名选手,共编成13个队。比赛的第一轮实行小组淘汰制,第二轮进行半决赛和决赛。比赛场上,选手们充分发扬勇于拼搏的比赛精神,更加难能可贵的是不少年过半百的老选手们仍然矫健地活跃在运动场上。经过5个多小时的激烈角逐,金达公司获冠军,东方商业获亚军,东方丝绸、东方纺织并列季军。

2006年12月23日,首届"东方国际杯"篮球锦标赛在徐汇中学体育馆拉开序幕。来自集团系统的10支篮球队展开激烈的分组预赛。2007年2月9日,在上海师范大学球类馆举行决赛。东方商业队获冠军,东方外贸队获亚军,物流集团队获季军,东方联队获第四名。

2008年,集团工会在静安体育馆组织一场"迎奥运"东西部篮球表演赛。

2012年11月5日,集团工会在卢湾体育馆举办职工运动会,进行广播体操、拔河、手手相传、花色接力跑等4个项目的比赛,共有14家单位、360多名职工参与运动会的比赛项目,集团领导、各公司党政工团负责人和干部职工700余人出席运动会。

二、文艺活动

1997年,集团工会组织"庆七一,迎回归"中国香港知识竞赛活动。经过三轮角逐,选拔出东方针织、东方纺织、东方服装、新海公司、集团总部等5家单位代表集团,参加上海市外经贸工会"迎中国香港回归百题知识竞赛"。最后东方服装获第二名,东方针织、东方外贸获第三名。是年8月18日—9月29日,集团举办"迎国庆首届文化艺术节"。集团首届文化艺术节自1997年7月初策划组织,于9月18日在上海影城举行开幕式和演讲比赛,市总工会、中共上海市委组织部和宣传部、市

图 7 - 3 - 4 2012 年 11 月 5 日,集团职工在运动会上进行拔河比赛

外经贸党委和工会领导到会。经过二级公司选拔和两轮筛选,最后 10 名演讲者参加决赛。东方丝绸《星在东方》获一等奖,东方丝绸《话说浦东》和集团总部《闪光的人格魅力》获二等奖。9 月 22—24 日,在上海美术馆举行首届文化艺术节职工书画、摄影展(简称美展)剪彩仪式,上海市美协主席、多名美术界知名人士以新作祝贺,百岁老人、水粉画家李泳森登台为美展剪彩。集团职工创作的书法、绘画、摄影 240 余幅作品在美展上展出。9 月 29 日,集团首届文化艺术节在上海逸夫舞台举办职工文艺专场演出和闭幕式,15 个节目充分体现集团职工立足神州,面向世界,决心为外贸体制改革献计、为搞好集团综合商社试点出力的精神风貌。上海音乐学院、上海歌舞团演员和著名舞蹈家黄豆豆到场表演祝贺。在集团首届文化艺术节中,参加各项比赛、展示和演出活动的职工达到 500 余人。9 月 30 日,《新民晚报》率先在第七版对东方国际集团首届文化艺术节以图片和文字方式进行报道。10 月 7 日,《劳动报》在第五版中,对东方国际集团首届文化艺术节以图片和文字方式进行报道。

1999 年 9 月 20 日,集团工会协助集团党委举办"歌唱祖国"歌咏大会,参加演唱者 400 多人,其中有 8 家公司演出大合唱,节目丰富多彩。东方丝绸、东方家纺的老干部合唱时精神抖擞,仿佛回到青年时代。这次"双庆"(中华人民共和国成立 50 周年庆、东方国际集团成立 5 周年庆)活动,除集团统一举办歌咏大会外,东方创业、东方纺织、东方家纺、东方外贸、物流集团等公司举办群众性的歌咏大会,东方家纺举办青年英语比赛和摄影展。

2004 年 9—11 月,集团工会举行集团成立 10 周年职工文艺演出和书画摄影展。11 月 20 日,集团工会组织 20 个文艺节目在艺海剧院演出。11 月 16 日,集团成立 10 周年职工书画摄影展在上海图书馆举办,其后又在艺海剧院和东方国际大厦举行精品巡展。通过集团各级工会层层发动、职工踊跃参与,书画摄影展共计征集作品 500 余幅,展出 306 件,为集团成立 10 周年庆典献上一份厚礼。12 月,集团工会配合有关部门组队参加上海市知识产权知识竞赛,在人力、物力上给予支持。集团参赛队在 81 支参赛队伍中脱颖而出,以总分第一进入电视决赛,在电视决赛中以总分第二的成绩获银奖。

2008 年 10 月,集团工会组团参加市国资委纪念改革开放 30 周年歌咏大会。

2009 年 11 月,集团工会结合中华人民共和国成立 60 周年和集团成立 15 周年,组织一台以"和谐东方,共创未来"为主题的职工文艺汇演,近200名职工参与编排和演出14个节目,有歌舞、戏曲、小品、魔术、独唱、大合唱、小合唱、表演唱、民族舞、桑巴舞、诗朗诵和时装秀等表演形式。历时两个多小时的演出受到广大干部职工的高度好评,展示集团干部员工蓬勃向上的精神风貌。经过全体观众参与投票评选,"观众喜爱的节目"的得票结果为:丝绸集团自编自演的原创沪剧《雪中送炭》获第一名,集团领导、各公司主要领导和物流集团、东方外贸、东方创业、集团总部、东方房产员工组成合唱队的大合唱《明天会更好》《东方雄风》获第二名,集团总部的表演唱《难忘的旋律》获第三名。

2010年,集团工会利用世博会举办之机,与集团团委共同组织开展"我的世博印象"摄影比赛活动,得到集团广大职工的积极响应。据统计,共有800余名职工递交自己的摄影作品。经过各公司的初选,上报集团参评的摄影作品有160幅。集团工会邀请有关专家对160幅摄影作品进行甄别评审,确定136幅作为入围的摄影作品。在此基础上,在东方国际大厦26楼多功能厅举办"我的世博印象"摄影展,供广大职工欣赏和交流,组织职工群众评选活动,评出优秀奖17名,鼓励奖8名,参与奖16名,选出其中24幅获奖作品制作成2011年台历,发给每一位在职职工。集团工会收录由职工撰写的81篇观博散文、诗歌和拍摄的136幅世博摄影作品,附录"世博先锋行动"荣誉榜、世博期间集团党群工作文件等,编印《我们的世博印象》一书,分发给集团系统全体职工。

2011年,集团工会承担中国共产党建党90周年文艺庆祝大会的筹备工作。整台演唱会共有200余人次参加演出,16个由职工自编、自导、自演的节目,获"上海市五一文化奖"提名奖。在集团党委的领导下,集团工会精心编排的表演唱《红梅赞》,在市国资委党委举办的纪念中国共产党建党90周年文艺汇演中,得到市国资委领导和导演组的好评,代表市国资委参加"阳光·大地"全市党团员优秀歌曲展演活动,从26支队伍中脱颖而出,名列第十名,获表演唱优秀奖。春节期间,《红梅赞》演唱组成员分别受邀参加市国资委系统和上海市慰问老干部文艺晚会。集团工会和集团团委联合举办"党的光辉照我心"网上职工书画、篆刻、摄影展,290余幅作品在集团网站上展出。

2014年12月17日,集团工会举行转型发展标杆标兵表彰暨职工文艺汇演活动,分为3个内容

图7-3-5 2014年12月17日,集团举行转型发展标杆标兵表彰暨职工文艺汇演活动

进行：（1）在会场布置集团和各子公司新三年行动计划规划摘要和集团系统企业文化建设成果展板，以及汇集819名干部职工"我心中的东方梦"的心愿墙，供参加活动人员观看。（2）举行集团系统2013年度转型发展标杆标兵表彰活动，宣传表彰标杆标兵事迹，分别给标杆和标兵颁发奖牌、证书，营造学习先进的良好氛围。（3）举行以反映集团转型发展为主题的"激情担当，追梦起航"职工文艺汇演，共组织11个集团职工自编自演的节目，节目内容紧扣"转型在东方，发展在东方"的主旋律，内容丰富，形式多样，演出效果良好，得到与会人员的一致好评，为集团持续、健康、稳定发展营造团结奋进、凝聚人心的企业文化氛围。

第八节　女职工工作

一、女职工委员会

1997年8月，东方国际集团第一届女职工委员会成立，由王惠瑛、邵一方、张妙娣、沈菊芳、吴建芬、曹爱娣、姜慧珍、万征娥等8人组成，王惠瑛任主任，吴建芬任副主任。2002年8月，王惠瑛调往上海市家用纺织品进出口有限公司工作，不再担任集团女职工委员会主任。经集团工会委员会研究，增补王佳为集团女职工委员会主任。

2006年10月，经集团工会委员会研究，在征求广大会员，尤其是女职工会员的意见后，集团第二届女职工委员会成立，由王佳、吴建芬、朱光平、沈笑宇、陈蓉、郭燕雯、蔡雅萍等7人组成。王佳任集团女职工委员会主任，吴建芬任副主任。

2012年8月，集团工会换届选举后，决定成立东方国际集团工会第三届女职工委员会。经征求各公司工会和各位女职工委员会委员的意见，东方国际集团工会第三届女职工委员会由王佳、陈敏、王佩凤、苏云、沈笑宇、陈蓉、唐晓岚等7人组成，王佳任集团女职工委员会主任，陈敏任副主任。

二、女职工活动

1998年3月，集团工会召开由各二级公司女工代表、集团女职工先进人物出席的大型茶话会，邀请市总工会、市妇联、市外经贸工会领导和《劳动报》记者参加。茶话会上，表彰女职工先进集体和个人，东方丝绸女职工委员会向集团全体女职工发出6点倡议，东方针织和金达公司女职工委员在茶话会上发言，对倡议作出响应。

1999年年初，集团成立女干部联谊会。第四季度，集团女职工委员会成为市总工会和市妇女联合会女干部联谊会成员。集团工会女职工委员会制订培养巾帼人才计划，随后积极组织专题讲座和活动。（1）组织集团女工委和女干部联谊会成员学习交流，请市陶瓷公司总经理、妇女杂志社编辑作报告，介绍面对严峻的挑战如何成才，如何开拓创新。（2）请上海交通大学人文学院院长讲授新时期女性心理特征和女性成才的心理要素，请上海视听交流中心部主任作《中年女性的生理保健及其他》的报告。集团女工委根据市外经贸女工委的要求，在集团所属企业广大女职工中积极开展"伸出你的手，编织一片爱"活动。集团所属14个公司，总共为金达公司145名特困职工的157名子女捐资助学三年，第一学期捐款43 010元，第二学期捐款47 110元。集团为此专门召开捐资助学仪式，市妇联主任王禄宁、市总工会女工部调研员张颖出席捐助仪式。

2000年"三八"节，集团女职工委员会组织全体女工干部参观金茂大厦、浦东开发区。通过座谈讨论和典型经验介绍,号召集团全体女职工,面临机遇和挑战,开阔视野,抓住机遇,为企业的生存和发展作出贡献。是年5月,集团女职工委员会请妇女杂志社编辑作女工理想、信念讲座,激发广大女职工为改革开放、自身成长和发展而拼搏前进。集团女干部联谊会主任出席市妇女工作会议,带回女工会议精神。集团女职工委员会及时组织各公司女工干部,认真传达中共上海市委书记黄菊和市委副书记龚学平在市妇女工作会议上的讲话精神,各公司女工干部也逐级向全体女工进行认真传达,增强搞好女工工作的信心,为把新时期女工工作提高到新水平打下坚实的基础。是年6月18日,集团女干部联谊会和市总工会女干部联谊会在东方国际大厦多功能会议厅联合举办"看东方、话改革"联谊座谈会。市总工会副主席、副秘书长,市外经贸党委秘书长、工会主席到会指导,集团领导应邀出席座谈会。与会人员欢聚一堂,畅谈东方集团业绩和改革创新。

2002年,集团女职工委员会开展"为改革出一份力,为发展献一份情"主题活动,紧紧围绕企业发展中心,团结带领广大女职工参与集团的改革发展。

2004年,集团工会女工委根据市总工会要求,组织集团系统女职工参加"迎世博双语英语100句口试"活动,共有30多名女职工获合格证书。

2010年,集团女工委组织开展"迎世博上海女职工在行动"主题系列活动,动员广大女职工积极"参与世博、奉献世博"。集团女职工委员会召开纪念"三八"国际劳动妇女节100周年大会,宣传集团先进女职工的优秀事迹、组织联谊活动等,发动集团女职工围绕集团"保规模、调结构、促转型、抓管控、推改革、谋发展"十八字工作方针,在思想上适应转变,在工作上提升技能,为增强集团的竞争力再立新功。集团女职工委员会给各公司购买一件孕妇防护服,供有需要的女职工使用。

2011年,集团工会与女职工委员会举办专题讲座,邀请上海市疾病预防控制中心肿瘤防治科主任作"关注健康、快乐生活"的专题讲座,讲座之前安排理财讲座和集团自有品牌推介。

2012年,为提升集团系统女职工的岗位技能,集团工会与女职工委员会选派7名选手参加由中华全国总工会、人力资源和社会保障部、卫生部、中华全国妇女联合会联合举办的2012年全国女职工岗位创新技能大赛。7名选手通过考试,均获三级/高级时装设计师职业资格证书,其中丝绸股份女职工李苑蔚获服装设计创新全国决赛第五名,被中华全国总工会授予"全国五一巾帼标兵"称号,被上海市总工会授予"上海市五一劳动奖章"称号。丝绸股份女职工戴思平、江新春获服装设计全国大赛提名奖,被上海市总工会授予"上海市五一巾帼奖"称号。集团工会获由上海市总工会颁发的"2012年全国女职工岗位创新技能大赛上海服装设计比赛团体金奖"。年中,集团女职工委员会召开工作会议,布置市总工会关于女职工工作的各项要求,对集团下属各公司的女职工特殊权益签订情况作再次调研,完成各公司女职工特殊权益保护协议的签订工作,做到集团全覆盖。

2013年,集团工会召开纪念"三八"妇女节大会,举行颁奖和先进人物经验交流活动。集团女职工委员会组织女职工参加全国总工会举行的《女职工劳动保护特别规定》知识竞赛活动,共有561人参加竞赛活动。知识竞赛活动使参赛人员对《女职工劳动保护特别规定》有更多的了解;同时提高自我保护意识,对女职工的身心健康起到积极作用。其中,陈敏获中华全国总工会女职工委员会颁发的"优秀个人奖",东方纺织女职工委员会和沈笑宇分别获上海市总工会颁发的"优秀组织奖"和"优秀个人奖"。

2014年3月11日,集团工会结合转型发展项目设计活动,组织集团女职工干部和先进代表参观位于奉贤南桥的"LILY"和"KOOL"品牌实体店,分别听取品牌发展和实体店建设成效等方面的介绍,组织女职工填写对集团自有品牌的专题问卷。

2015年,集团工会召开庆祝"三八"国际妇女节暨先进女职工表彰会,组织集团系统女工干部和先进个人及先进集体代表到浦东自贸区参观学习。

三、先进女职工

集团工会带领广大女职工坚持创新,锐意进取,勤奋工作,为推进集团和本单位的改革发展稳定作出积极贡献。集团工会每两年开展先进女职工集体和个人评选活动。

表7-3-3 2000—2017年先进女职工(集体)评选结果情况表

年 份	集团先进集体(个)	集团先进个人(名)	市外经贸系统先进
2000	—	—	4个"三八"红旗集体、14名"三八"红旗手、4名优秀女职工工作者
2003	4	19	—
2004	6	13	—
2007	7	19	—
2009	5	17	—
2011	8	17	—
2013	4	19	—
2015	11	18	—
2017	14	20	—

图7-3-6 2014年3月11日,集团工会组织女职工干部和先进代表参观集团品牌实体店

第九节 工会财务和经审

一、工会财务

2004年7月,为适应集团工会财务直接面向市总工会的要求,根据《会计法》《工会法》及财政部门的有关规定,集团工会编制下发《东方国际(集团)有限公司工会财务管理若干规定》,对推进工会会计基础规范化管理、理顺会计工作秩序、规范工会经济行为,起到积极的作用。

集团工会重视提升工会财务工作者的业务能力,在召开工会财务会议的同时组织相应的培训。2004年12月,特邀市总工会财务部副部长对基层工会财务人员进行财务业务专题培训,根据市总工会对工会经审工作的要求,认真研究工会系统财务经审工作。

2005年,集团工会获"2005年度工会会计电算化普及推广先进单位""2005年度上海工会财务竞赛二等奖"。

集团工会坚持工会财务会议,依法做好工会经费收缴及财务管理。2007年9月15日,集团工会召开财务会议,通报年度各公司工会的收缴情况,重申工会经费收缴比例和缴纳时间等有关规定,强调财务工作的基础建设、规范管理的重要性。

2007年,集团工会组织新中大工会会计核算软件和全国工会经费收支决算汇总管理软件的操作培训,邀请市总工会财务部副部长倪伟琦进行专题辅导讲课。2007年,集团工会获上海市"工会财务考核评比优胜奖"。

2008年,集团工会组织2次工会财务人员培训,邀请老师为集团工会系统的财务人员讲课。

2013年10月,集团工会组织工会财务管理专题培训,特邀市总工会财务部部长倪伟琦就工会财务管理进行实例讲解。2013年,集团工会加强对基层工会工作的服务和指导,加强预算管理,严控"三公经费",强化劳模"三金"和困难职工帮扶金等财政专项资金管理,财务制度完善,基础工作扎实,获市总工会颁发的"2013年度工会财务工作竞赛优秀奖"。

二、工会经审

【工会经审制度建设】

集团工会经审会贯彻落实市总工会经审工作各项制度,通过工会发文的形式,转发全国总工会和市总工会关于经审工作的文件和通知,将上级的精神传达给下属各单位工会。

集团工会经审会积极建立和完善规章制度。2014年10月,集团工会经审会制定《东方国际(集团)有限公司工会经费审查委员会经审工作操作规程(试行)》《东方国际(集团)有限公司工会经费审查委员会工作规定(试行)》,通过发文的形式,下发给各级工会及经审会,进一步加强各级工会经费收支和工会财产管理的审查监督,加强集团系统工会经审会的管理工作,规范审计业务操作,促进工会经审工作经常化、规范化、制度化建设。

集团工会经审会不断健全经常性工作机制,如年初全体经审委员讨论决定年度审计计划制度、对审计报告草案讨论制度、加强对审计建议的跟踪落实制度等。

【工会经审规范化工作】

集团工会经审会每年召开1次～2次经审会议,总结上年度工作、研究部署新一年经审工作,审议年度工会经费预决算,讨论评议下属公司工会经费收支情况和工会主席离任经济责任审计意见,交流工作情况等。

集团工会经审会每年对集团工会财务状况进行审计监督、审计评价,形成审计报告。根据市总工会"轮查轮审"的要求,每年对33%的下一级工会财务收支进行审计,把工会经费收缴、预算执行情况作为审查重点,同时坚持"审资产和审经费"并重原则,查看工会财务内控制度,以工会经费使用合理性为依据,对工会财务收支、预算执行、重大活动支出、帮扶帮困专项资金使用等予以严格审查,提出审计建议。针对审计报告中提出的问题和建议,集团工会经审会认真听取被审计单位工会的回访意见,督促审计整改意见的落实。

2013—2017年,集团工会经审会共有7名具有审计、会计专业资格的经审委员,对本级和所属企业工会出具审计报告35份,提出110个主要问题,督促整改。举办5场培训班,参加培训人数70人次。

【荣誉】

2005年,集团工会经审会获上海市工会经审工作规范化标准化考核四等奖。2007年,集团工会经审会获上海市工会经审工作规范化建设一等奖。2014—2016年,集团工会经审会连续三年获上海市工会经审工作规范化建设特等奖。

第四章 团 委

集团成立以来，集团党委重视和发挥共青团组织作为党的后备军和助手的作用，支持各级共青团组织按照《中国共产主义青年团章程》（简称《团章》）的规定独立自主地开展工作，提高广大团员青年的思想政治觉悟，紧紧团结在党组织的周围。在共青团上海市委员会召开的 2007 年和 2016 年上海青工工作会议上，团市委分别授予东方国际集团团委为 2006 年度、2015 年度上海青工系统"先进团组织"称号。

截至 2017 年年底，集团系统 35 岁以下青年 790 人，共青团员 291 人，其中中共党员 50 人，占共青团员总数的 17.18％。集团系统共青团组织建制中，团委 8 个，团总支 3 个，团支部 33 个。集团系统兼职团干部 78 人，其中中共党员 35 人，占兼职团干部总数的 44.87％。大专以上学历 78 人，占兼职团干部总数的 100％。

第一节 概 况

一、沿革

1995 年 8 月，集团党委开始着手筹建集团团委事宜，成立共青团东方国际（集团）有限公司筹备小组，由朱惠兵、陈秀超、黄蓉蔚、张磊、唐晓岚、胡宏春等 6 人组成，朱惠兵任小组负责人。

1996 年 1 月 16 日，共青团东方国际（集团）有限公司第一次代表大会举行，大会采用无记名投票、差额选举的方式，选举朱惠兵、唐晓岚、戴斌、张磊、胡宏春、唐仲奕、赵阳为共青团东方国际（集团）有限公司委员会第一届委员。集团第一届团委召开第一次全体委员会议，选举朱惠兵为集团第一届团委书记。3 月 12 日，市外经贸团委批复同意选举结果，第一届团委任期三年。

2000 年 5 月 10 日，经集团党委提名，市外经贸团委同意，张磊任集团团委书记。

2002 年 11 月，增补陈杰为集团团委委员、副书记。

2006 年 3 月 10 日，共青团东方国际集团第二次代表大会在上海图书馆举行，集团党委书记、董事长蔡鸿生，监事会主席孔长松、总裁唐小杰、党委副书记陆朴鸣、副总裁周峻和 12 家二级公司的党委领导以及 100 名代表出席会议。团市委副书记李跃旗应邀出席大会。大会以无记名投票方式，差额选举产生由朱菁、李景怡、张华、张晓珣、须中远、徐莉萍、康莉、曾健州、缪志强等 9 名委员组成的共青团东方国际集团第二届委员会。在集团第二届团委第一次全体委员会议上，以无记名投票等额选举的方式，选举产生集团第二届团委的正副书记，须中远当选为书记，张晓珣、康莉当选为副书记。7 月 17 日，团市委批复同意选举结果。

根据《团章》规定和集团党委部署，经团市委同意，共青团东方国际集团第三次代表大会于 2012 年 11 月 29 日举行。大会采用无记名投票、差额选举的方式，选举王昕、张晓珣、张锦秀、陈家琛、邵荣兴、须中远、夏彩菊、徐莉萍、徐峰等 9 名委员为共青团东方国际集团第三届委员会。在集团团委三届一次全体委员会议上，以无记名投票、等额选举的方式，选举产生集团第三届团委的正副书记，须中远当选为书记，张晓珣、徐峰当选为副书记。12 月 10 日，团市委批复同意选举结果。

2016 年 2 月,经集团党委提名,团市委同意,张晓珣任集团团委书记。

2017 年 8 月,经集团党委提名,市国资委团工委同意,许培琪任集团团委挂职副书记。

图 7 - 4 - 1　2006 年 3 月 10 日,共青团东方国际(集团)有限公司
第二次代表大会在上海图书馆举行

二、人员

集团团委组成人员包括历任的团委书记、团委副书记和团委委员。

表 7 - 4 - 1　1996—2017 年集团团委组成人员情况表

职　　务	姓　　名	任 职 时 间
团委书记	朱惠兵	1996 年 3 月—1999 年 5 月
	张　磊	2000 年 5 月—2006 年 3 月
	须中远	2006 年 3 月—2016 年 2 月
	张晓珣	2016 年 2 月—
团委副书记	唐仲奕	1999 年 5 月—2000 年 5 月
	陈　杰	2002 年 11 月—2006 年 3 月
	张晓珣	2006 年 3 月—2016 年 2 月
	康　莉	2006 年 3 月—2012 年 12 月
	徐　峰	2012 年 12 月—

〔续表〕

职　务	姓　名	任 职 时 间
团委副书记（挂职）	许培琪	2017 年 8 月—
团委委员	朱惠兵	1996 年 3 月—1999 年 5 月
	唐晓岚	1996 年 3 月—2006 年 3 月
	戴　斌	1996 年 3 月—2006 年 3 月
	张　磊	1996 年 3 月—2006 年 3 月
	胡宏春	1996 年 3 月—2006 年 3 月
	唐仲奕	1996 年 3 月—2006 年 3 月
	赵　阳	1996 年 3 月—2006 年 3 月
	陈　杰	2002 年 11 月—2006 年 3 月
	朱　菁	2006 年 3 月—2012 年 12 月
	李景怡	2006 年 3 月—2012 年 12 月
	张　华	2006 年 3 月—2012 年 12 月
	须中远	2006 年 3 月—2016 年 2 月
	康　莉	2006 年 3 月—2012 年 12 月
	曾健州	2006 年 3 月—2012 年 12 月
	缪志强	2006 年 3 月—2012 年 12 月
	张晓珣	2006 年 3 月—
	徐莉萍	2006 年 3 月—
	王　昕	2012 年 12 月—
	张锦秀	2012 年 12 月—
	陈家琛	2012 年 12 月—
	邵荣兴	2012 年 12 月—
	夏彩菊	2012 年 12 月—
	徐　峰	2012 年 12 月—

第二节　组 织 建 设

一、制度建设

集团团委于 1996 年年初提出：发挥各子公司自身优势，进一步提高团组织的战斗力，加强团组织的凝聚力，以新的面貌迎接和完成集团各项任务的团建工作。在进一步建立与完善各项相关机制、积极争取党组织对团的工作指导与支持、以党建带团建等方面做大量的基础性工作，为集团青年工作有个良好的开端，在规范有序的机制下顺利发展打下坚实的基础。鉴于联合团委的工作模式及特点,集团团委专门制定工作例会制度和值班制度,通过定期的工作汇总、信息交流和主题探讨,建立一种集思广益、取长补短、相互启发、共同提高的机制,取得较为明显的效果,使集团团委作为集团青年工作开展的中枢,在组织、协调等方面的优势得到较好的发挥。

1997年,集团团委进一步完善工作机制,提高运行质量,用制度化加速机制改革,更好地发挥团委班子成员的主观能动性。鉴于集团团委班子成员工作调动等实际情况,为保证工作机构能正常高效地运行,将原有的工作块设置与分工进行调整。设立由团委中心组到团委联合会到各职能部门(组织、文化、宣传、调研、外联、内联、教育)再到各公司团组织的双线复式运行机构。此外,更好地保持和完善团委工作例会、现场办公与值班制度,进一步促进各公司团组织之间的联络交流,加强集团团委对各基层团组织工作上全局与局部的指导协调,提高凝聚力与辐射力。

自2006年第二届集团团委成立后,坚持团委委员和二级公司团组织负责人例会制度。通过会议,集团各级团组织可以互通有无,团内工作信息以及集团整体运行情况,通过例会进行上传下达。会议还不定期地研究讨论各类时政热点,不断加强团干部的自身理论学习。

2013年11月,集团团委修订下发《共青团东方国际(集团)有限公司委员会工作制度》。

2017年,针对部分基层团组织软弱涣散、不能有效发挥团组织作用的问题,探索建立团工作责任清单制度,从而确保各级团组织工作有目标,行动有计划,落实有保障。

二、团干部队伍建设

1996年,集团团委分别于3月、10月举办两次团干部培训班,集中学习时事与理论,对于大家认清形势、提高认识和理论水平、进一步统一思想起到良好的效果。

2006年9月,集团团委举办为期两天的2006年度团干部培训班。集团所属各公司共20余名团干部参加培训。培训将专家讲座与野外拓展相结合,进一步增强集团团干部的责任感、使命感,鼓励团干部为集团新一轮发展贡献智慧和力量。

2017年7月,集团系统20余名基层、新上岗团干部参加"青春国企大视野"联合团干部训练班,通过形式新颖、内容丰富的团支部生活策划及展示,进一步加深基层团干部对团务知识的掌握,锻炼并提升实务操作能力。

对于表现优异的团干部,集团团委注意向人事部门进行推荐,一批年轻干部走上子公司经营管理者的岗位,其中大多数有共青团工作的经历。

三、基层团组织建设

集团团委自1996年起开展基层团支部达标的创建和评定活动。遵循"重在活跃基层"的原则,使基层团组织工作制度化、规范化、实效化。集团团委于1996年制定《达标团支部考核办法》,提出工作目标等,于1997年进行有关文件的补充和完善。

集团团委指导子公司按团章规定新建组织和搞好换届选举。在物流集团、丝绸股份新成立和国服公司重组之后,集团团委与有关公司党组织密切配合,指导物流集团、丝绸股份、国服公司分别召开团代会,成立新的团委。2003年,集团团委又重点抓所属团组织的换届选举工作,先后指导东方外贸、东方创业、东方家纺、东方纺织4家公司团委召开团代会,集团总部团支部也按期进行换届选举。

2004—2005年,集团团委又指导东方商业、国服公司、富锦公司进行团组织的重建或新老交替工作。

2006年,东方外贸团委根据人员变动情况,调整团委委员,补齐团委班子。

2008年,物流集团、集团总部、东方利泰完成换届选举。是年,集团团委根据集团结构调整情况,推动和指导资产经营公司召开第一次团员大会,选举产生团支部班子。

2009年,针对集团部分二级公司团组织到期届满或超期的情况,集团团委深入开展调研,进一步分析、掌握各公司团组织任期情况。

2011年,东方创业、物流集团、东方利泰、东方外贸、东方房产、东方纺织团组织完成换届选举。

2012年,国服公司、东松公司、丝绸股份召开团员大会,进行换届选举。

2017年,物流集团、东方外贸、东方新海完成团组织换届选举工作。资产管理、集团总部充实团组织力量,完成团组织委员增补工作,进一步加强基层团组织工作力量,夯实基层团组织建设。

第三节　思　想　教　育

一、政治理论学习

集团团委成立以来,在集团党委的领导下,十分重视广大团员青年的政治理论学习,分别通过发文、举办培训班、召开会议、青年党章学习小组及团办内部刊物《东方青年》等形式和途径,强化对广大青年的正面引导,教育和引导团员青年自觉学习中共十四届四中、五中、六中全会精神及邓小平理论、江泽民"三个代表"重要思想、胡锦涛"科学发展观"、习近平新时代中国特色社会主义思想,组织团员青年开展讨论,以此来指导工作实践。在加强对团员青年理论学习指导的过程中,集团团委特别重视对广大青年的组织者——各级团干部的培训与指导,得到集团党委和人力资源部领导的高度肯定。

2003年,上海共青团"十二大"召开以后,集团团委下发学习资料,注意督学和反馈,受到市外经贸团委的表扬。

中共十九大召开前夕,集团团委对集团系统团组织集中收听、收看实况转播作出部署。中共十九大召开期间,各级团组织召集广大团干部、团员青年结合实际,畅谈心得体会。中共十九大闭幕后,第一时间下发学习通知,确保中共十九大精神及时、有效在广大团员青年中传播,增强青年对中共中央的政治认同、思想认同和情感认同。

二、形势任务教育

集团团委充分利用团中央录制的青年网络文化产品,加强形势任务教育,提升思想引领水平,切实增强广大团员青年奋发进取的思想觉悟,引导团员青年把实现理想抱负与企业转型发展统一起来,形成与企业同呼吸、共命运,同舟共济、攻坚克难的良好氛围。

1997年,集团团委抓住契机,开展共产主义、爱国主义和形势教育。"五四"期间,集团团委发文开展系列活动,在活动中除对优秀团员、团干部、团组织进行表彰外,着重进行"三观"教育和"三讲"培训。通过活动,广大团员青年更明确地意识到:树立正确的世界观、人生观、价值观,有助于培养强烈的成材意识和服务企业、社会的奉献意识,有助于面对市场经济的大潮而保持清醒的头脑,不至于迷失方向,更有助于正确面对人生种种课题,健康地成长。同时"三讲"培训使广大团干部懂得注重学习,从政治大局的高度去看问题,成为真正的中共党组织的得力助手。

中国加入世界贸易组织之后,集团团委组织 WTO 知识学习系列活动,为团员青年购置有关书籍,组织专题知识竞赛。

2006 年,集团团委抓住集团党委开展的"四好"领导班子创建活动这个契机,组织各公司团组织开展"我为企业发展献一计"活动,得到基层团组织与广大团员青年的积极响应。一方面,各公司团组织通过座谈、问卷调查等形式为团员青年广开言路;另一方面,团员青年结合自身实际情况为企业的发展献上有关业务、青年员工培养、资源节约等方面好的建议。

2007 年,集团党委下发《关于组织集团广大团员青年认真学习、宣传、贯彻中共十七大精神的通知》,各级团组织迅速行动起来,加强组织,体现特色,把学习、宣传、贯彻中共十七大精神作为首要政治任务,切实抓紧、抓好。

2008 年,集团团委动员和引导广大团员青年在全球经济危机形势下进一步加强学习、坚定信心、不断创新、共克时艰。团员青年不断开拓新市场、新客户、新业务,实现集团经营业绩创新高。同时,按照《迎世博 600 天行动计划》,组织和动员集团团员青年积极投身集团和社会发展的各项建设。围绕"迎奥运、迎世博",开展争创文明活动。通过组织青年广泛参与各类社会公益活动,增强青年的社会责任意识,展现青年的文明形象和良好素养。

2010 年,集团团委开展围绕迎世博的各类主题教育实践以及社会公益活动,积极开展世博知识、文明礼仪的宣传教育活动,增强团员青年做好东道主的责任和意识。

2011 年"七一"期间,集团团委组织各级团组织和团员认真学习《胡锦涛在庆祝中国共产党成立 90 周年大会上的讲话》精神,掀起集团团员青年纪念中国共产党建党九十周年的热潮。

2012 年,集团团委转发团市委关于收看宣传片的通知,由各个团支部负责人组织团员青年通过各种形式学习观看《团宣漫话——感悟"十八大"》《在党的指引下奋勇前行》《企业青年》等宣传片,结合学习中共十八大精神的高潮,团员青年积极响应,认真学习。

2013 年,集团团委转发团市委《关于在全市青少年中广泛开展"我的中国梦"主题教育实践活动的通知》,结合青年文明号的创建活动,引导团员青年爱岗敬业、提高技能、创先争优,用实际行动为实现中国梦作贡献。

2016 年,集团团委利用团中央录制的青年网络文化产品,加强团员青年的思想政治教育,加强形势任务教育,引导团员青年把实现理想抱负与企业转型发展统一起来,把实现个人价值与勤勉尽职、艰苦奋斗统一起来,激发青年不畏艰险、勇往直前的精神动力。同时,深化团委"读书观影"活动,引导团员青年多读书、读好书,勤思考。

2017 年,集团团委以学习好、宣传好、贯彻好习近平新时代中国特色社会主义思想为主线,用中共十九大精神武装全体团干部,覆盖广大团员,带动更多青年。

三、宣传阵地建设

1995 年 11 月,集团团委内部月刊《东方青年》创刊。《东方青年》坚持以"服务于企业、服务于青年"为指导思想,成为教育引导青年、树立宣传先进典型展示、完善集团青年整体形象的有效阵地。刊物的创立得到集团广大团员青年的热情参与和积极性响应,经过努力,《东方青年》在集团广大青年和整个外经贸系统拥有一定的读者群,具有一定的影响。

2000 年,集团团委创办内部刊物《团内工作动态》,以此作为上情下达、下情上报的载体,主要刊登上级的重要指示、集团系统团组织活动和基层青年工作信息。《东方国际报》创办后,集团团委负责副刊《燃烧》的编辑工作。集团所属各子公司团委也创办富有特色的团报团刊,如东方外贸《家园》、东方创业《太阳风》、富锦公司《朝阳》等。

依托团市委提供的技术平台,集团团委建立起东方共青团的手机短信系统。集团团委还借助上海青年报的《青年社交》杂志,多次刊登集团团委各类重要工作信息,集团下属一家二级公司的党政领导还作为杂志的封面人物,接受题为《把握绝处逢生的机会》的人物专访。

2016 年,集团团委推出"青春东方国际"微信公众号,以新兴的媒体传播方式,及时有效地推送团内要闻、活动热点、基层团组织动态,宣传优秀团员青年事迹,传递"青春正能量",加强团员青年的互动交流,打造具有东方特色的团青生活平台。

四、青年思想状况调研

1996 年,集团团委先后进行两次问卷式调研,得到各基层团委和青年们的积极支持与配合,所获取的第一手资料为集团青年工作有针对性开展提供可靠的依据。特别是 6 月上旬举行的以了解青年职工对自己所处岗位的综合性评价、自身是否具备及如何提高与岗位相适应的素质、对企业所应创造的成才环境及机制的评价与建设性意见等为主要内容的全面调查,为后续青年岗位能手活动在集团的全面推进及拜师学技活动的开展打下基础。

2002 年下半年,根据集团党委的工作部署,集团团委开展青年思想状况和共青团工作情况调研。通过开座谈会、问卷调查和走访基层的方式,形成 8 000 余字的调研报告,除分析集团青年的主要思想状况和青年工作中存在的主要问题及原因之外,就集团青年工作如何开展向党委提出 5 项对策建议。

2006 年 10 月,集团团委根据自身实际情况,以"加强兼职团干部队伍建设的研究"为题,通过问卷调查、座谈会、工作检查、查阅档案资料等形式,对整个集团的兼职团干部队伍建设情况进行比较全面的专题调研分析,形成 5 000 余字的调研报告,向团市委申报 2007 年度青年工作的课题研究。

2016 年,在集团党委的领导下,集团团委配合党委制定课题调研方案,作团内有关情况的调查问卷。通过问卷和座谈的形式,了解各级团组织的工作经验和面临的困难,获第一手资料。集团团委通过对问卷的定性和定量分析,得出集团各级团组织的现状、工作经验、存在的问题,提出改进措施和建议,形成《立足现状思对策,锐意创新谋发展》的调研报告,促进共青团工作取得更大进步。

第四节　主题活动

一、服务青年成长主题实践活动

1996 年 1—3 月,集团团委组织来自各基层单位业务一线的青年外销员,参加东方电台调频97.7 兆赫"商家沙龙"主办的题为《青年外销员在海外》直播节目,从一个侧面向社会展示外贸系统东方国际集团青年所有的投身改革、善于思考、敢于开拓的风采。

1997 年"七一"期间,适逢中国香港回归、党的生日,集团团委组织观看电影《鸦片战争》等,开展以爱国主义教育为主题的"重温历史，审视现实，展望未来"读书阵地活动，提醒青年勿忘国耻，奋发图强，振兴中华，掀起一个热爱祖国、热爱党、热爱社会主义的新高潮。

2001年8月，集团团委组织参加市外经贸委团委举办的"WTO与当代外经贸青年"辩论赛，获最佳组织奖，东方创业代表队获季军。2001年APEC会议期间，集团团委组织团员青年加入青年志愿者队伍，1名基层团干部参加"APEC与新世纪上海人精神风貌"报告团。

2002年3月14日，团市委在港汇广场举行上海市青年文明号信用建设行动，集团下属的青年文明号所在单位东方创业、东方纺织等公司团委组织团员青年参加此项活动，进行诚信承诺宣誓。举行活动的目的是贯彻江泽民"三个代表"重要思想和《公民道德建设实施纲要》，更好地发挥青年文明号集体信用示范作用，提高上海青年的信用道德素质，营造讲信用的良好社会氛围。

2007年6月，集团团委开展"东方青年网球沙龙"活动，探索和创新集团团委文体活动模式，将"要我参加"的一次性活动模式转变为激发团员青年自身兴趣与自身需要的"我要参加"的俱乐部模式。是年8月，开展"寓教于乐、文化一夏"系列活动，为集团广大团员青年购买《世界是平的》《扫起落叶好过冬》《草根才是主流》3本好书。组织团员青年观看暑期档影片。组织团员青年前往空军驻沪高炮部队参观。

二、纪念"五四"等主题实践活动

1999年是五四运动80周年，为动员集团广大团员青年继承和发扬五四运动光荣传统，在集团党委部署下，集团团委开展纪念五四运动80周年活动。纪念活动共分3个内容：（1）贴近主题，用"五四"精神激励广大青年职工。各公司组织"三讲""三观"理论员、入党积极分子赴龙华烈士陵园扫墓，瞻仰烈士，重温革命事迹。（2）表彰和宣传先进，组织学习与创新活动。集团团委和工会联合组织"二十佳外销员"评审工作，对15名青年外销员进行表彰，同时授予"青年业务示范岗"称号。（3）5月4日下午，集团在上海影城召开"纪念五四运动80周年暨先进表彰大会"，向集团首届优秀团组织、优秀团干部和优秀团员颁发奖牌及证书。

2006年，开展"牢记传统、知荣明辱、共创未来"——纪念五四运动87周年暨青年风采展示主题活动。各公司表演的节目形式新颖，精彩纷呈。活动中，在场团员青年重温入团誓词，集团新一届团委班子向团员青年宣读《五四宣言》。

2007年5月10日，举办企业文化理念演讲比赛暨"五四"青年表彰大会。13名参赛选手紧紧围绕企业文化理念，用满怀激情、声情并茂的演讲，描述各公司在经营管理中的一幅幅动人的画卷，彰显各公司的企业文化理念和企业精神。

2008年5月27日，集团团委组织开展东方青年抗震救灾现场义卖活动，广大团员青年积极捐物捐款，为汶川抗震救灾贡献一份爱心，筹集3万余元善款交市红十字会。集团团委还以集团系统各级党组织和广大党员在四川汶川大地震抗震救灾活动中的感人事迹为素材，创作一首名为《爱的赞歌》的诗歌，在集团召开的纪念中国共产党建党87周年大会上，以诗朗诵的形式向与会人员进行表演，寄托集团广大职工群众对灾区人民的哀思之情。

2009年，集团团委开展"共渡难关，多作贡献"主题实践活动，各级团组织以纪念五四运动90周年活动为契机，行动起来，通过评选表彰、青年代表座谈会以及开展各类文体活动，进一步激励青年在本职工作中突显出自身的拼搏精神、创新精神，为企业在不利的经营环境下克服重重困难贡献力量。

2010年5月5日,集团团委组织世博知识竞赛,13支队伍参加比赛,分为初赛和决赛两场。最终,物流集团、东方创业、集团总部名列前三名。活动中,集团团委向广大团员青年发出《绿色世博、文明世博》的倡议,到场的近百位团员青年踊跃在支持世博的题板上签名,承诺以实际行动支持上海世博会。

2011年,集团团委开展"学党史、跟党走"主题活动。利用中国共产党成立90周年的契机,开展"红色故事汇"活动,讲述红色故事,增强团员青年对党的热爱,坚定跟党走的信心。"在党旗下成长"征文活动共收到85篇文章、400多幅照片,编制《党的光辉照我心》一书印发到所属团组织。

2013年5月30日下午,集团团委举办"凝聚青春力量,建功转型发展"五四青年演讲比赛。各子公司和集团总部经过层层选拔,共推选14名选手参加比赛。比赛中,14名参赛选手紧紧围绕转型发展主题,用满怀激情、声情并茂的演讲,描述各公司在转型发展过程中的一幅幅动人的画卷。由青年人来讲述转型发展中所涌现出的先进个人和先进集体的典型事例,既可以让青年员工很好地向这些典型榜样学习,同时也能更好地增强员工为企业发展奉献青春、克服困难、勇于创新的坚定信心。

2014年5月8日,集团团委举行用成功分享经验与喜悦——五四故事表演比赛。表演的故事紧紧围绕转型发展成功经验和案例,用生动的舞台语言、各种具有感染力的表现手法,分享各公司在转型发展中的成功经验和感人故事。

图7-4-2 2014年5月8日,集团团委举行用成功分享经验与喜悦——五四故事表演比赛

2016年,集团团委举办"思辨论发展,青春促转型"辩论赛,来自集团总部和下属各子公司的16名辩手,通过联合组队的方式参加两个辩题比赛,用思辨的方式发出团员青年对集团转型发展的心声,为集团转型发展凝聚共识、谋划思路,为改革提升汇聚力量。是年,开展"创新转型,我们在行动"微电影征集活动,以贯彻落实集团三年行动规划为重点,征集9个青年团员积极进取、勇挑重担

的微电影,同时展示团员青年迎难而上的良好风貌,发挥团员青年在企业转型发展中的生力军作用。

2017 年,集团团委开展"转型发展,畅想未来"梦想秀活动。凝聚广大团员青年,增强对集团"全球布局,跨国经营"战略目标的信心,引导广大团员在集团践行国资国企改革和深化转型发展过程中发挥生力军和突击队作用。

三、"八荣八耻"主题教育活动

2006 年 3 月,根据中共上海市委、团市委的总体部署和要求,集团团委下发《关于深入开展社会主义荣辱观教育实践活动的通知》,各级团组织结合东方国际集团共青团的工作实际,在团员青年中广泛开展以社会主义荣辱观为主要内容的"八荣八耻"(以热爱祖国为荣,以危害祖国为耻;以服务人民为荣,以背离人民为耻;以崇尚科学为荣,以愚昧无知为耻;以辛勤劳动为荣,以好逸恶劳为耻;以团结互助为荣,以损人利己为耻;以诚实守信为荣,以见利忘义为耻;以遵纪守法为荣,以违法乱纪为耻;以艰苦奋斗为荣,以骄奢淫逸为耻)主题教育活动。

集团团委发出《致东方国际集团广大团员青年的倡议书》。根据集团团委倡议,广大团员青年从自身做起,从日常生活做起,知荣辱、讲文明、迎世博,在推动企业科学发展、构建和谐社会和践行公共道德的生动实践中展现良好形象。

四、"一学一做"主题教育活动

2016 年,集团各级团组织严格规范组织生活,积极开展学习中共中央总书记习近平的讲话,做合格共青团员的"一学一做"教育实践活动,既完成好规定动作,又结合实际开展自选动作,以"学"领"做",以"做"促"学",各基层团组织通过开展以"怎样做一名合格共青团员"为主题的团课,参观瞻仰中共一大、二大、四大会址,读书荐书,民主评议等形式,明确"一学一做"教育实践活动的内涵和意义,号召引导团员青年履行团员义务,将教育活动的主题深入渗透到广大团员青年的日常工作当中。

第八篇

人物

追求卓越　拥抱未来

Aspire after brilliance to embrace the future

概　　述

　　人物篇主要收录集团负责人、全国劳动模范、上海市劳动模范、国家部委和全国行业协会劳动模范，全国先进个人和先进集体、国家部委系统先进个人和先进集体、上海市先进个人和先进集体、市外经贸委和市国资委系统先进个人及先进集体，中国共产党全国代表大会代表、全国人民代表大会代表，中国共产党上海市代表大会代表和上海市（各区）人民代表大会代表，中国人民政治协商会议上海市委员会委员，工青妇等会议代表，高级职称人员。

　　人物篇对历任集团负责人、全国劳动模范、上海市劳动模范、国家部委和全国行业协会劳动模范作简要介绍。对获市外经贸委和市国资委系统及以上表彰的先进个人、先进集体，中国共产党全国代表大会代表、全国人民代表大会代表，中国共产党上海市代表大会和上海市（各区）人民代表大会代表，中国人民政治协商会议上海市委员会委员，工青妇等会议代表，高级职称人员等，均列表进行介绍。

第一章 人 物 简 介

本章收录的人物简介包括历任集团负责人和获全国、上海市、国家部委、全国行业协会劳动模范称号的人员。

第一节 集团负责人简介

本节载入的集团负责人,包括 1994 年 9 月—2017 年 7 月期间,担任集团董事长、副董事长,党委书记、副书记,监事会主席、副主席,总裁、副总裁,纪委书记,财务总监(市管干部)等集团党政领导职务的人员。人员排列按职务为序,同一职务按任职时间先后为序,同一职务又同一时间任职按任命文件中排列先后为序。

王祖康　1937 年 5 月出生,汉族,籍贯浙江舟山,全日制中专,在职大专,高级工程师、高级经济师,1956 年 9 月参加工作,1956 年 5 月加入中国共产党。

1995 年 9 月任东方国际集团党委书记、董事长,2003 年 2 月免去东方国际集团党委书记、董事长职务。曾任国家经济委员会企业管理局干部,国家计划委员会华东经济调查组组员,上海市计划委员会综合处副处长、处长、副秘书长、副主任,上海市计划经济研究所所长,市外经贸委副主任、主任、党委副书记等职务。

蔡鸿生　1949 年 4 月出生,汉族,籍贯江苏盐城,全日制大学、学士,在职研究生、理学硕士,高级经济师,1969 年 5 月参加工作,1981 年 5 月加入中国共产党。

2003 年 8 月任东方国际集团党委书记、董事长,2012 年 9 月免去东方国际集团党委书记、董事长职务。曾任上海市第一商业局宣传处副处长、处长,市工商行政管理局局长助理,市政府财贸办公室秘书长、副主任,市商业委员会副主任(2000 年 12 月正局级)、主任、党委副书记等职务。

吕勇明　1955 年 2 月出生,汉族,籍贯江苏响水,全日制大专,在职研究生,高级经济师,1972 年 12 月参加工作,1977 年 2 月加入中国共产党。

2012 年 9 月任东方国际集团党委书记、董事长,2017 年 9 月免去东方国际集团董事长职务。曾任上海市第一商业局组织处副处长、处长,上海友谊华侨股份有限公司党委书记、副董事长(主持工作),华联(集团)有限公司总经理、党委副书记、副董事长,上海百联(集团)有限公司副董事长、总裁、党委副书记,市国资委副主任(正局级)等职务。

倪鸿福　1933 年 11 月出生,汉族,籍贯上海,全日制高中,1951 年 11 月参加工作,1952 年 12 月加入中国共产党,2002 年 5 月逝世。

1998 年 11 月任东方国际集团监事会主席,2002 年 3 月免去东方国际集团监事会主席职务。曾任中共上海市川沙县委副书记、书记、县政协主席,崇明县委书记,上海市农村工作党委副书记、书记,上海市副市长、市委副书记,市政法委书记,市人民检察院党组书记、检察长等职务。

陶人观　1939 年 7 月出生,汉族,籍贯安徽天长,全日制大学、学士,高级工程师,1963 年 8 月参加工作,1960 年 11 月加入中国共产党。

2002 年 3 月任东方国际集团监事会主席,2004 年 7 月免去东方国际集团监事会主席职务。曾任上海 118 厂党委书记,上海航空工业公司党委书记,中共上海市委统战部副部长,上海市宗教局党组书记、局长,上海市政协常委、市政协文史资料委员会主任等职务。

孔长松　1947 年 1 月出生,汉族,籍贯江苏扬州,在职中共中央党校大专,经济师,1968 年 8 月参加工作,1965 年 12 月加入中国共产党,2009 年 7 月逝世。

2005 年 1 月任东方国际集团监事会主席、党建督察员(保留正局级)。曾任上海市人民政府办公厅副处级秘书、行政处处长,市政府机关事务管理局副局长,市政协办公厅副主任,中共上海市委党校副校长,上海行政学院副院长(正局级)等职务。

张成钧　1949 年 12 月出生,汉族,籍贯江苏吴县,全日制大学、经济学学士,在职中共中央党校研究生、经济学硕士,高级经济师,1969 年 4 月参加工作,1975 年 4 月加入中国共产党。

2009 年 8 月任东方国际集团监事会主席,2014 年 1 月免去东方国际集团监事会主席职务。曾任上海市政府研究室副处长,市政府办公厅秘书处处长、综合处处长,市政府法制办公室副主任,市国资委副主任、巡视员,上海百联(集团)有限公司监事会主席等职务。

韩 强 1956年12月出生,汉族,籍贯山东乐陵,在职大学、法学硕士,副教授,1975年4月参加工作,1984年11月加入中国共产党。

2015年11月任东方国际集团监事会主席,2017年8月免去东方国际集团监事会主席职务。曾任上海市建设党委组织处副处长、宣传处处长,市建设和交通工作党委宣传处处长,市交通局党委副书记,市规划和国土资源管理局党组副书记、纪检组长,静安区政协主席、党组书记,光明食品集团监事会主席,中共上海市委巡视组长等职务。

汪 阳 1944年7月出生,汉族,籍贯安徽歙县,全日制大专,高级经济师,1967年7月参加工作,1975年12月加入中国共产党。

1994年9月任东方国际集团总裁、党委副书记、副董事长,2004年11月免去东方国际集团总裁、党委副书记、副董事长职务。曾任日本野村研究所上海市投资信托公司联合咨询事务所所长,上海市对外服务公司副总经理、总经理,市外经贸委副主任等职务。

唐小杰 1955年10月出生,汉族,籍贯江苏苏州,全日制研究生、经济学硕士,高级经济师,1975年6月参加工作,1995年7月加入中国共产党。

2005年9月任东方国际集团总裁、党委副书记,2016年1月免去东方国际集团总裁、党委副书记职务。曾任上海市国际招标公司总经理,上海市外经公司所属美国斯飞科有限公司总经理,中国上海外经(集团)有限公司副总裁、总裁、党委副书记等职务。

周 峻 1964年12月出生,汉族,籍贯湖南武冈,全日制研究生、经济学硕士,高级国际商务师,1990年3月参加工作,1985年1月加入中国共产党。

2016年1月任东方国际集团总裁、党委副书记,2017年8月调任上海申迪(集团)有限公司总裁,免去东方国际集团总裁、党委副书记职务。曾任东方国际集团上海市针织品进出口有限公司副总经理,东方国际创业股份有限公司副总经理,东方国际集团上海市对外贸易有限公司副总经理、总经理、执行董事、党委书记,东方国际集团总裁助理、战略改革办公室主任、副总裁等职务。

王乐齐 1950年10月出生,汉族,籍贯江苏南京,在职中共中央党校大学,政工师,1968年12月参加工作,1973年12月加入中国共产党。

2006年4月任东方国际集团党委副书记、副董事长(保留正局级),2008年1月调任市政协常务委员、区县政协联络指导组组长,免去东方国际集团党委副书记、副董事长职务。曾任中共上海市杨浦区委组织部部长、常务委员,中共上海市委组织部党政干部处处长(副局级)、综合干部处处长、秘书长、副部长(正局级)等职务。

陈苏明 1945年8月出生,汉族,籍贯安徽舒城,在职大专,高级政工师,1966年10月参加工作,1973年4月加入中国共产党。

1994年9月任东方国际集团党委副书记、纪委书记,1997年1月免去纪委书记职务,2001年4月任东方国际集团监事会副主席、免去党委副书记职务,2006年2月免去东方国际(集团)有限公司监事会副主席职务。曾任上海市纺织品进出口公司党委副书记、纪委书记,上海市针织品进出口公司党委副书记(主持工作),上海市对外经济贸易委员会纪委副书记、纪委书记,上海市纪委委员,东方国际集团工会主席等职务。

陆朴鸣 1949年8月出生,汉族,籍贯上海,在职大学、经济学学士,高级经济师,1971年12月参加工作,1973年3月加入中国共产党。

1997年1月任东方国际集团纪委书记,2001年4月任东方国际集团党委副书记,2009年11月免去东方国际集团党委副书记、纪委书记职务。曾任上海市黄浦无线电元件厂厂长,中共上海市委组织部干教处处长、经济干部处处长,东方国际集团人力资源部部长、党委组织部部长等职务。

李春明 1955年10月出生,汉族,籍贯河北馆陶,本科学历,在职研究生、工商管理硕士,高级政工师,高级国际商务师,1973年12月参加工作,1975年2月加入中国共产党。

2009年11月任东方国际集团党委副书记、纪委书记,2011年8月兼任东方国际集团监事会副主席,2012年4月调任上海华虹(集团)有限公司党委副书记、纪委书记,免去东方国际集团党委副书记、纪委书记职务。曾任东方国际集团党委组织部副部长,人力资源部副部长、部长,纪委副书记,东方创业党委副书记,物流集团党委书记、副总经理等职务。

强志雄 1956年7月出生,汉族,籍贯江苏无锡,全日制大专、在职研究生,高级经济师,1972年12月参加工作,1979年6月加入中国共产党。

2002年3月任东方国际集团副总裁,2013年12月任东方国际集团党委副书记、纪委书记,免去东方国际集团副总裁职务,2015年11月兼任东方国际集团监事会副主席,2017年1月免去东方国际集团党委副书记、纪委书记、监事会副主席职务。曾任上海电器厂党委副书记,上海电焊机厂党委副书记,黄浦区计划经济委员会副主任,黄浦区对外经济委员会副主任、主任、党组书记等职务。

卢力英 1963年11月出生,汉族,籍贯浙江杭州,全日制研究生、理学硕士,工程师,1982年9月参加工作,1984年11月加入中国共产党。

2017年1月任东方国际集团党委副书记、纪委书记、监事会副主席,2017年8月免去东方国际集团党委副书记职务,任东方国际集团纪委书记、党委委员、监事会副主席。曾任中共上海市委办公厅人事处副处长(正处级)、上海市经济和信息化委员会办公室主任等职务。

方美娣 女,1946年3月出生,汉族,籍贯浙江慈溪,全日制大专,高级经济师,1968年8月参加工作,1990年5月加入中国共产党。

1994年10月任东方国际集团副总裁,1998年12月免去东方国际集团副总裁职务。曾任上海市丝绸进出口公司副总经理、总经理、党委副书记等职务。

许耀光 1944年12月出生,汉族,籍贯浙江吴兴,全日制中专,高级经济师,1965年5月参加工作,1985年1月加入中国共产党。

1994年10月任东方国际集团副总裁,2002年3月免去东方国际集团副总裁职务。曾任上海市纺织品进出口公司副总经理、总经理、党委副书记等职务。

钟伟民　1953年4月出生,汉族,籍贯浙江镇海,全日制大专,高级国际商务师,1969年3月参加工作,1986年12月加入中国共产党。

1994年10月任东方国际集团副总裁,2013年12月免去东方国际集团副总裁职务。曾任上海市针织品进出口公司副总经理、总经理,东方国际集团上海市针织品进出口有限公司董事长等职务。

贺静仪　女,1941年8月出生,汉族,籍贯浙江宁波,全日制高中,高级经济师,1962年11月参加工作,1966年4月加入中国共产党。

1994年10月任东方国际集团副总裁,2002年3月免去东方国际集团副总裁职务。曾任上海市家用纺织品进出口公司副总经理、总经理、党委副书记等职务。

陈卓夫　1970年10月出生,汉族,籍贯浙江慈溪,全日制大学、经济学学士,翻译,1992年7月参加工作,1997年5月加入中国共产党。

2014年12月任东方国际集团副总裁,2016年10月调任黄浦区副区长、区政府党组成员,免去东方国际集团副总裁职务。曾任上海航空股份有限公司党总支书记、办公室主任、总经理助理,上海世博局市场开发部部长、票务中心主任,上海同盛投资(集团)有限公司副总裁等职务。

季胜君　1971年1月出生,汉族,籍贯江苏无锡,全日制大学、经济学学士,在职研究生、工商管理硕士,正高级会计师,1992年7月参加工作,1996年6月加入中国共产党。

2015年1月任东方国际集团副总裁。曾任东方国际集团上海市家用纺织品进出口有限公司党委副书记,东方国际集团财务部副部长、部长、财务副总监、总监等职务。

徐建新　1955 年 11 月出生，汉族，籍贯江苏无锡，全日制大学、经济学学士，在职研究生，经济学博士，副教授，1973 年 12 月参加工作，1987 年 6 月加入中国共产党。

2002 年 3 月任东方国际集团财务总监，2011 年 8 月免去东方国际集团财务总监职务，任东方国际集团总经济师。2015 年 1 月免去东方国际集团总经济师职务。曾任上海财经大学教师，东方国际集团副总会计师、监事会监事、审计室主任、财务部部长等职务。

第二节　劳动模范简介

本节收录 1994 年 11 月—2017 年 8 月期间集团系统获全国劳动模范、上海市劳动模范、国家部委劳动模范、全国行业协会劳动模范等称号的人物。人物简介排列以全国劳动模范、上海市劳动模范、国家部委劳动模范、全国行业协会劳动模范为序，同一称号以获评时间先后为序。

一、全国劳动模范

徐伟民　2000 年 4 月被评为全国劳动模范，任东方国际集团上海市丝绸进出口有限公司党委副书记、总经理。

以领先的思想、改革的精神、娴熟的业务和实干的作风，凝聚公司全体职工的智慧和才干，确保公司净收汇、利润同步增长，1999 年公司出口达 6.6 亿美元，第十次夺得上海市出口冠军。瞄准国际市场，规模经营出奇招，即"三自觉""四个调整""三优化"，得到同行业的高度认可和广泛推广。立足长远，形成"前店后厂"的经营格局，在实施贸工商科一体化方面迈出实质性的步伐，为跨行业、跨系统国有企业资产重组与改革提供宝贵的经验。

二、上海市劳动模范

赵国诚　分别在 1991 年、1993 年、1995 年三度被评为上海市劳动模范，任上海美亚丝绸总厂和服车间乙班二工段机修工兼生产组长。

对技术刻苦钻研，花精力、抢时间，找来设备技术资料，研究 4×4、8×8 多梭箱装置的组合原理，分析机械上主附件老化的原因，通过眼看、耳听、手摸，创出独特的维修 KN 织机工作法，有效解决 KN 织机老化的维修难题，使织机开台数从 60 多台增加到 100 多台，及时消除机械故障率达 99.8%，机械正常运转率达 100%，设备完好率达 100%，所在工段产品 A 级品率始终保持在 99.7% 以上。日本松村株式会社董事松村来厂考察时感叹"真不可思议，奇迹会在美亚厂出现"。实现本人所说的"先天的不足，可由后天弥补，机械设备的陈旧只是客观，关键在于人如何保养和维修"。

梁明莲 分别在 1991 年、1993 年、1995 年三度被评为上海市劳动模范,任上海绢纺织厂织造车间布机挡车工。

任劳任怨,戒骄戒躁,在前进的道路上不断提出新目标。在平凡岗位上兢兢业业、默默奉献,座右铭是"当工人容易,当一名好工人并不容易,当工人就得当一名好工人"。1994 年、1995 年两年共超产 14 854.28 米,比 1992 年、1993 年的超产总额还要多 3 568.18 米,如果按运转班每月 22.5 班计算,提前 112 天完成两年的生产计划。1994 年、1995 年两年中,质量扣分比计划减少 9 326 分,1992 年、1993 年两年减少 607 分。

顾 英 分别在 1994 年和 1998 年被评为上海市劳动模范,任上海东海橡胶厂生产车间硫化甲班轮胎硫化工。

爱岗、爱厂、敬业,长期坚持在生产一线刻苦工作,以高度的责任感、事业心和精湛的业务操作技术,生产出一批批优质高产的轮胎,为企业的发展创效益作出贡献。经过实践摸索,自创"一早、二查、三控、四看、五防、六要"顾英硫化操作法,始终将轮胎生产质量合格率保持在一个很高的水平。同时,毫无保留地将自己的方法传授给徒弟和同事,积极发挥榜样的力量,形成"比、学、赶、帮、超"的氛围,带领出一批"顾英式"的优秀员工,既提高员工素质,又推动工厂发展。

苏培基 1995 年被评为上海市劳动模范,任上海市纺织品进出口有限公司驻深圳海润有限公司总经理。1997 年被评为上海市劳动模范,任东方国际集团上海市纺织品进出口有限公司驻深圳海润有限公司总经理。2001 年被评为上海市劳动模范,任东方国际集团上海市纺织品进出口有限公司副总经理。

1987 年,接过任命,在深圳筹建深圳海润纺织品有限公司。艰苦创业,科学决策,不仅为公司节约 3 000 多万元经费,还在短短两年时间内就赚回全部投资。不懈努力,严于律己,执着追求自己的崇高理想和境界,始终保持共产党人的政治本色。1994—1995 年纺织品市场极不景气,国内许多从事纺织品生产经营的企业面临亏损,在此重压下把公司销售重点转移到日本和远洋,销量快速增长,成为同行中的佼佼者。

裴 斌 1997 年被评为上海市劳动模范,任东方国际集团上海市服装进出口有限公司第一业务部经理。

在担任业务部经理期间,带领外销员团队分析欧洲市场形势,精选客户,不断提升出口产品的档次,用好配额资源,扩大出口规模。1995 年,所在部门实现出口 6 300 万美元,1996 年实现出口 6 600 万美元,超额完成创汇收汇和盈利三项指标。1997 年担任第一业务部经理后,带领部门齐心协力,迎难而上,用足用好配额资源,实现对美国出口 1.5 亿美元。在扩大出口的同时,积极开源节流,对外提高出口产品报价,对内加强成本管理,提高出口业务的经济效益。

季 羽 2000 年被评为上海市劳动模范,任东方国际集团上海市丝绸进出口有限公司副总经理。

在深化公司改革、促进公司发展工作中,深入基层,求新创新,勇于开拓,努力拼搏,做了大量卓有成效的工作,取得显著成绩。表现在三个方面:紧紧围绕公司出口创汇中心工作,带领公司对日一、二部的干部职工,努力开拓新产品、新市场,积极发展新客户,不断扩大出口创汇和提高经济效益,所分管的两个部门都超额完成全年三项经营指标。在第七丝绸印染厂破产和金三杯印染有限公司的组建过程中,工作作风扎实,为公司资产重组、资源优化配置和人员分流安置,做了大量工作,取得阶段性成果。在集团工业企业的结构调整和资产重组工作中,积极建设出口货源基地,理顺集团对所属企业的管理关系,为集团改革、发展、稳定做了大量的工作,取得明显的效果。

杨国铭 2004 年被评为上海市劳动模范,任东方国际集团上海市家用纺织品进出口有限公司下属的海鹏公司经理。

在外贸改革实践的前沿开拓创新,闯出一条改革之路。海鹏公司是上海外经贸系统第一家自然人持股的企业。2000 年海鹏公司规划筹建,勇敢挑起重担,被民主推选为改制公司经理。通过耐心细致的思想工作,稳定改制公司职工的心。在设计具体改制方案时,作为最大的个人股东,没有局限于一己私利,而是处处以大局为重,为方案的顺利出台作出重要贡献。2001 年8 月 1 日公司成立,2002 年出口 5 330 万美元,盈利 771.6 万元。2003 年出口 6 600 万美元,盈利 864 万元。改革用人机制、收入分配制度和考核办法,激发员工的动力。严格管理,规范操作,公司通过 ISO9001:2000 质量体系认证。在电脑业务系统中率先执行成交合同成本预审制度,避免亏损和高风险交易;同时采用多种融资方式,降低贷款成本,压缩资金占用,为企业创造间接利润。以人为本,注重企业文化建设,逐步形成具有海鹏特色的企业文化。

冯宝根 2010 年被评为上海市劳动模范,任东方国际集团上海利泰进出口有限公司第五业务部副经理。

在外销岗位奋斗 20 余年,始终如一、勤奋敬业、开拓创新,无论是出口规模还是利润,均名列利泰公司前茅。面对复杂多变的国际贸易形势,以高度的责任感迎难而上,勇于转危机为机遇,始终保持业务的稳步发展。充分尊重客户意见,了解客户需求,维护客户权益,提升服务质量。保证产品质量,深入工厂一线研究把握生产环节,产销两头不放松,培养挖掘优质供应商。敢于解放思想,打破地域界限,勇于拓展新市场,不断探索,寻找新的业务增长点。坚持以产品为先导开拓市场,以主营业务为抓手,兼营其他各类优质产品的代理业务。在职业生涯中,不仅做好自己的业务,还用心带教,培养出一个又一个专业的外贸人才。

庞继全 2015年被评为上海市劳动模范,任上海东松国际贸易有限公司总经理、党总支书记。

具有开拓创新和勇攀高峰的精神,大胆实施公司业务结构调整、经营方式转变和发展模式转型,做到审时度势设计公司发展创新转型规划,亲力亲为推进企业转型方案实施,不辞辛劳参与重大项目攻关把关,统揽全局狠抓转型配套体系建立,使东松公司的业务从单一外贸代理进口为主,逐步向多元化货物贸易、服务贸易、供应链服务并举转型,逐渐确立以医疗行业为主体的发展思路,形成以进口、招标、渠道分销、供应链管理、融资租赁五大业务板块为核心的医疗服务产业链的经营格局,东松公司保持良好发展势头,为国资保值增值和上海的经济发展作出突出的贡献。带领东松公司多次参与市重大项目——上海质子重离子医院及上海5+3+1新建及改造工程等项目,始终在一线指挥、全程参与,确保设备顺利进口,为提升本市的医疗卫生水平作出贡献。

韩 倩 2015年被评为上海市劳动模范,任东方国际集团上海荣恒国际贸易有限公司副总经理。

勤思善想,敢做敢闯,长期带领东方荣恒内衣团队攻坚克难,取得一个又一个胜利。面对国内劳动力成本和原材料成本上涨的压力,在精准分析的基础上,将内衣业务打入欧美内衣市场,填补上海国有企业在该领域的空白。2010年,内衣业务创造出口内衣2 000多万美元的佳绩,2014年增长到2 850万美元。2013年,在充分调研后,大胆建议到孟加拉国建厂。在陌生的环境、恶劣的条件下,带领员工从无到有,实现当年建厂,当年生产,为国资国企转型发展提供宝贵的经验。孟加拉生产基地2013年完成订单35个,生产文胸、短裤共计200万件,实现350万美元的产值。截至2014年年末,完成订单47个,生产文胸、短裤、睡衣等共计497多万件,实现850万美元的产值,取得显著的成绩。十分重视人才的选拔和培养,经过多年的努力,完成6个团队的培养和业务结构整合,为公司业务发展储备人才梯队。在部门员工眼里,是工作上的严师、生活中的大姐,经常挤出时间和员工交谈,帮助员工解决工作和生活中的实际困难,被员工们亲切地称为"韩姐"。

三、国家部委劳动模范

齐鸿昌 1997年被评为全国外经贸系统劳动模范,任上海市服装进出口公司日本时装株式会社社长。

从1978年10月开始担任上海市服装进出口公司棉服装科外销员和经理办公室科员等职务。在经理办公室工作期间,认真负责,做好客户住宿接待、签证办理等外事接待工作,为公司的进出口业务做好服务保障工作。1987年派驻日本,担任日本时装株式会社社长。在日本工作期间,白手起家,以公司提供的4万美元启动资金创业,大力拓展对日本的服装出口业务。通过不懈努力,到1996年,公司已经实现对日出口服装1 000万美元。在巩固发展传统服装的基础上，探索多元化产品经营，扩大机械等产品的进口业务。参与多个国内投资项目的外资引资工作，项目进展顺利，经营情况良好。

贾晓阳　2008年被评为全国商务系统劳动模范，任东方国际集团上海利泰进出口有限公司总经理助理、第四业务部经理。

1992年进入上海市针织品进出口公司，从最简单的单证做起，通过努力学习，走上外销岗位，担任部门经理、总经理助理。凭借良好的专业素养、热情的服务态度、敏锐的形势判断力和积极的经营方式，在毛衫行业打下一片天地。从业的10多年来，经历配额取消、欧盟特保、人民币大幅升值、劳动力成本持续增加、原材料大幅涨价、普遍性招工困难等各种对纺织品服装出口贸易产生巨大影响的事件，但从未妥协，以不怕输也不服输的精神，积极应对每一次挑战，取得突出的工作业绩。

四、全国行业协会劳动模范

杨　根　2007年被评为全国物流行业劳动模范，任东方国际物流（集团）有限公司总经理。

爱岗敬业，一心为公，勇于创新，忘我工作，无私奉献，在培育具有国际竞争力的大型物流企业、推动上海现代物流业的发展方面作出积极的贡献。在杨根的领导下，物流集团逐步成为符合现代企业制度要求的投资主体多元化企业，业务经营结构和网络布局更加健康，更富活力。2006年，物流集团营业规模由2004年的16亿元上升到39.8亿元，增长149％。净利润由2004年的1 344万元上升到3 653万元，增长172％。经过两年多的发展，物流集团跻身国内货代物流综合实力四强，获2005年上海市服务贸易贡献奖，被评为2005年度中国物流行业十大影响力品牌和2006年中国物流诚信企业，成为第三批国家5A级物流企业，被推选为上海市物流行业协会常务副会长单位。

陈云亮　2011年被评为全国物流行业劳动模范，任东方国际物流集团副总经理，上海经贸国际货运实业有限公司总经理、党委副书记。

物流专业出身，勤奋踏实、热爱物流，一直奋战在基层第一线、国企第一线、业务第一线，跑客户、跑渠道、跑现场，客户给予的评价是诚信和负责，上级领导给予的评价是信任和放心。作为一名党员干部，践行着自己的理想信念，发挥表率作用。在激烈的物流行业竞争中，提出人无我有、人有我优、人优我新。在完全竞争的货运市场蛋糕里，获显著的经营业绩。带领经贸公司盈利连年递增，2011年，经贸公司主营收入达到10亿元，净资产收益率21％，三年平均增幅达到44.18％，创经贸公司盈利能力之最。面对世界金融危机和物流业的冲击，深谋远虑，果断决策，突破行业竞争重围，实施战略转型，以经营为主流，努力追求服务体验，提高客户服务满意度，实施物流领域中的"蓝海战略"。创建物流基地，开拓创新综合物流领域，经贸公司综合物流销售额占到主营业务收入的40％，实现经贸公司从传统货代向综合物流企业的成功转型。

第二章 人 物 表

本章收录的人物表包括集团系统离休干部和1994年11月—2017年12月期间获市外经贸委、市国资委系统及以上的先进个人、先进集体,当选上海市区级及以上的各类代表和委员,高级职称人员。

第一节 离 休 干 部

集团系统离休干部名录按照离休干部离休时所在的企业分列,同一企业的以参加革命工作的时间先后为序。

表 8-2-1 1994年11月—2017年12月东方国际集团创业股份有限公司离休干部情况表

序号	姓 名	性别	出生年月	参加革命年月	入党年月	离休年月	离休前任职
1	夏国光	男	1924年11月	1940年1月	1940年5月	1987年12月	服装公司党委书记
2	陈儒娟	女	1929年2月	1943年3月	1943年3月	1982年12月	服装公司党办机要员
3	杨增恩	男	1927年4月	1944年1月	1946年3月	1987年12月	服装公司经理
4	陈云亭	男	1926年7月	1944年8月	1945年11月	1987年12月	服装公司人事保卫科科长
5	余华富	男	1929年4月	1944年8月	1945年4月	1990年8月	服装公司样宣科科员
6	王 维	女	1918年9月	1945年9月	—	1988年12月	服装公司秘书科科员
7	蔡 强	男	1923年9月	1946年7月	1946年7月	1983年11月	服装公司仓库主任(正科级)
8	魏精忠	男	1929年6月	1946年9月	1947年3月	1990年7月	服装公司正处级调研员
9	陈嘉华	男	1919年10月	1949年2月	1949年2月	1982年12月	服装公司线带科副科长
10	李良佐	男	1934年11月	1949年3月	1956年9月	1994年12月	服装公司一般干部
11	于金龙	男	1933年11月	1949年9月	1956年12月	2003年1月	东方创业党支部书记

说明:东方创业11名离休干部中,于抗日战争前期参加革命工作的1名,抗日战争后期参加革命工作的4名,解放战争时期参加革命工作的6名。

表 8-2-2 1994年11月—2017年12月东方国际集团上海家纺有限公司离休干部情况表

序号	姓 名	性别	出生年月	参加革命年月	入党年月	离休年月	离休前任职
1	钱凤元	男	1926年4月	1944年2月	1946年1月	1983年11月	服装公司办公室科级
2	杨洪卿	女	1926年9月	1944年12月	1944年12月	1988年3月	服装公司人事科副科长
3	周佩之	男	1924年10月	1946年4月	1946年4月	1982年12月	服装公司内江路仓库副主任

〔续表〕

序号	姓　名	性别	出生年月	参加革命年月	入党年月	离休年月	离休前任职
4	陈浪先	男	1931 年 10 月	1949 年 2 月	—	1991 年 12 月	家纺公司申加棉纺厂厂长
5	唐士维	男	1931 年 11 月	1949 年 6 月	1963 年 2 月	1991 年 12 月	家纺公司党办主任

说明：东方新家纺 5 名离休干部中，于抗日战争后期参加革命工作的 2 名，解放战争时期参加革命工作的 3 名。

表 8–2–3　1994 年 11 月—2017 年 12 月东方国际集团上海利泰进出口有限公司离休干部情况表

序号	姓　名	性别	出生年月	参加革命年月	入党年月	离休年月	离休前任职
1	吴晓溪	男	1928 年 3 月	1944 年 4 月	1947 年 5 月	1988 年 7 月	针织公司经保协理员
2	陈　铭	女	1928 年 9 月	1944 年 7 月	1956 年 9 月	1982 年 12 月	服装公司针织科外销员
3	李尚志	男	1932 年 11 月	1946 年 3 月	1949 年 6 月	1993 年 5 月	针织公司保卫科协理员
4	田秀林	男	1924 年 11 月	1947 年 1 月	—	1985 年 5 月	针织公司经理办公室协理员
5	刘桂山	男	1930 年 12 月	1947 年 2 月	1947 年 2 月	1989 年 11 月	针织公司总务科行政组长
6	杜　晏	女	1932 年 3 月	1947 年 5 月	1950 年 6 月	1984 年 7 月	针织公司外事接待
7	孙秀成	男	1926 年 10 月	1947 年 5 月	1949 年 4 月	1988 年 2 月	针织公司储运科党支部书记
8	秦廷标	男	1930 年 7 月	1948 年 11 月	1949 年 3 月	1995 年 7 月	针织公司广告宣传科科长
9	侯秀文	男	1931 年 11 月	1948 年 12 月	—	1991 年 12 月	针织公司广告宣传科科员
10	刘莪庆	女	1925 年 11 月	1949 年 2 月	1956 年 10 月	1982 年 12 月	服装公司秘书科科员
11	孙济华	男	1932 年 12 月	1949 年 3 月	—	1982 年 12 月	服装公司储运科记账员

说明：东方利泰 11 名离休干部中，于抗日战争后期参加革命工作的 2 名，解放战争时期参加革命工作的 9 名。

表 8–2–4　1994 年 11 月—2017 年 12 月东方国际集团上海市纺织品进出口有限公司离休干部情况表

序号	姓　名	性别	出生年月	参加革命年月	入党年月	离休年月	离休前任职
1	胡　军	女	1926 年 4 月	1942 年 1 月	1943 年 1 月	1980 年 3 月	纺织公司组织科科长
2	沈友仁	男	1925 年 2 月	1944 年 5 月	1945 年 3 月	1982 年 11 月	纺织公司储运科科员
3	宋　平	男	1927 年 2 月	1944 年 11 月	1944 年 11 月	1982 年 5 月	纺织公司储运科副组长
4	李征明	男	1917 年 5 月	1946 年 3 月	1946 年 5 月	1984 年 5 月	纺织公司储运科总务组长
5	朱金媛	女	1928 年 9 月	1946 年 10 月	1946 年 10 月	1983 年 2 月	纺织公司党支部副书记
6	陶金玉	女	1926 年 3 月	1946 年 12 月	1946 年 12 月	1982 年 11 月	纺织公司副科长
7	明凤乾	男	1927 年 1 月	1948 年 10 月	1950 年 5 月	1988 年 3 月	纺织公司储运科组长
8	方如冰	女	1925 年 12 月	1949 年 1 月	1950 年 2 月	1982 年 12 月	纺织公司组织科科员
9	崇　瑾	女	1929 年 4 月	1949 年 2 月	1961 年 6 月	1984 年 5 月	纺织公司档案室管理员

〔续表〕

序号	姓　名	性别	出生年月	参加革命年月	入党年月	离休年月	离休前任职
10	张阿喜	男	1930 年 7 月	1949 年 3 月	1997 年 1 月	1991 年 3 月	纺织公司储运一科科员
11	王建中	男	1931 年 10 月	1949 年 5 月	—	1992 年 3 月	纺织公司业务科外销员
12	吴清祥	男	1929 年 4 月	1949 年 6 月	—	1990 年 3 月	纺织公司业务五科科员
13	朱闻天	男	1931 年 12 月	1949 年 6 月	1954 年 6 月	1992 年 3 月	纺织公司党办协理员
14	张本修	男	1923 年 5 月	1949 年 6 月	—	1984 年 7 月	纺织公司样品宣传科科员
15	蔡立超	男	1927 年 10 月	1949 年 7 月	1951 年 6 月	1993 年 7 月	纺织公司调研员
16	沈春生	男	1930 年 12 月	1949 年 7 月	1985 年 12 月	1990 年 1 月	纺织公司三产办公室科员
17	郑启熙	男	1922 年 11 月	1949 年 7 月	—	1984 年 7 月	纺织公司业务二科科员
18	倪道根	男	1924 年 9 月	1949 年 7 月	1992 年 11 月	1985 年 12 月	纺织公司秘书科科员
19	沈虹影	女	1931 年 1 月	1949 年 8 月	—	1985 年 12 月	纺织公司秘书科翻译科员

　　说明:东方纺织19名离休干部中,于抗日战争前期参加革命工作的1名,抗日战争后期参加革命工作的2名,解放战争时期参加革命工作的16名。

表 8-2-5　1994 年 11 月—2017 年 12 月东方国际物流集团上海新海航业有限公司离休干部情况表

序号	姓　名	性别	出生年月	参加革命年月	入党年月	离休年月	离休前任职
1	张立太	男	1924 年 4 月	1943 年 12 月	1943 年 12 月	1985 年 4 月	新海公司远洋船船舶政委正科级
2	王贵德	男	1929 年 11 月	1949 年 7 月	1954 年 3 月	1989 年 11 月	新海公司船务部正科级

　　说明:东方新海2名离休干部中,于抗日战争后期参加革命工作的1名,解放战争时期参加革命工作的1名。

表 8-2-6　1994 年 11 月—2017 年 12 月东方国际集团上海市对外贸易有限公司离休干部情况表

序号	姓　名	性别	出生年月	参加革命年月	入党年月	离休年月	离休前任职
1	吴锦章	男	1909 年 12 月	1928 年 7 月	1928 年 7 月	1982 年 12 月	市外贸总公司顾问
2	朱志诚	男	1911 年 1 月	1937 年 11 月	1937 年 11 月	1982 年 12 月	市外贸局保卫处顾问
3	黎　天	男	1916 年 9 月	1938 年 8 月	1945 年 5 月	1983 年 12 月	市外贸局驻穗办事处副科长
4	周绮霖	女	1922 年 9 月	1938 年 9 月	1938 年 9 月	1988 年 4 月	市外贸总公司襄理、经办主任
5	朱祖贤	男	1914 年 9 月	1938 年 10 月	1938 年 10 月	1986 年 12 月	市外贸总公司顾问(副局级)
6	王建峰	男	1921 年 10 月	1939 年 5 月	1939 年 5 月	1982 年 3 月	市外贸总公司储运基建处副处长
7	白光标	男	1924 年 9 月	1939 年 8 月	1941 年 9 月	1984 年 4 月	市外贸总公司正处级

〔续表〕

序号	姓 名	性别	出生年月	参加革命年月	入党年月	离休年月	离休前任职
8	孙 石	女	1914 年 9 月	1939 年 10 月	1940 年 5 月	1983 年 12 月	市外贸局副局长
9	徐 静	女	1922 年 9 月	1940 年 2 月	1941 年 3 月	1983 年 3 月	市外贸局国际贸易研究室副主任
10	陈 良	男	1914 年 2 月	1940 年 6 月	1940 年 11 月	1981 年 8 月	市外贸局办公室副主任
11	胡瑞林	男	1925 年 11 月	1941 年 12 月	1942 年 6 月	1985 年 5 月	市外贸总公司党委副书记
12	张 敏	男	1926 年 3 月	1942 年 6 月	1943 年 7 月	1983 年 12 月	市外贸总公司人事处副处长
13	陈景和	男	1922 年 2 月	1942 年 7 月	1943 年 10 月	1984 年 10 月	市外贸总公司襄理兼运输处处长
14	宋安美	男	1927 年 10 月	1942 年 8 月	1944 年 1 月	1988 年 3 月	市外贸总公司人事处科长
15	邱洪恩	男	1922 年 10 月	1943 年 4 月	1945 年 5 月	1983 年 12 月	市外贸总公司纪委副书记
16	宋文彬	男	1928 年 8 月	1943 年 4 月	1946 年 4 月	1991 年 5 月	市外贸局副局长
17	张洪雨	女	1922 年 4 月	1944 年 1 月	1945 年 9 月	1982 年 12 月	市外贸总公司组织处处长
18	马淑琛	女	1927 年 6 月	1944 年 10 月	1945 年 11 月	1983 年 9 月	市外贸总公司组织处副科级干部
19	郑瑞兰	女	1930 年 7 月	1945 年 1 月	1947 年 6 月	1988 年 3 月	市外贸总公司组织处正科级干部
20	宋文秀	男	1927 年 9 月	1945 年 6 月	1945 年 12 月	1988 年 4 月	市外贸总公司保卫处副处长
21	蒋 励	男	1924 年 11 月	1945 年 12 月	1950 年 3 月	1991 年 2 月	市外贸总公司副总经理
22	李广浩	男	1925 年 4 月	1946 年 1 月	1949 年 1 月	1988 年 4 月	市外贸总公司人事处副处长
23	华 筠	女	1928 年 2 月	1946 年 4 月	1946 年 4 月	1988 年 3 月	市外贸总公司财务处科长
24	金其达	男	1921 年 11 月	1946 年 4 月	1946 年 4 月	1991 年 2 月	市外贸总公司党委书记
25	林顺逵	男	1927 年 10 月	1947 年 11 月	1947 年 11 月	1988 年 3 月	市外贸总公司进口部副科长
26	沈漱芳	女	1930 年 4 月	1947 年 11 月	1948 年 12 月	1988 年 3 月	市外贸总公司出口部副科长
27	陈华革	男	1923 年 11 月	1948 年 2 月	1948 年 2 月	1987 年 12 月	市外贸总公司工会主席
28	吕清远	男	1925 年 2 月	1948 年 10 月	1954 年 12 月	1988 年 3 月	市外贸总公司文书总务科副科长
29	洪 奇	男	1931 年 5 月	1948 年 10 月	1949 年 5 月	1992 年 1 月	市外贸总公司易货贸易部副经理
30	朱成和	男	1913 年 4 月	1949 年 7 月	—	1981 年 10 月	市外贸局财务处副处长
31	顾 骥	男	1926 年 5 月	1949 年 8 月	—	1987 年 4 月	市外贸总公司总务科科员

说明：东方外贸 31 名离休干部中，于红军时期参加革命工作的 1 名，抗日战争前期参加革命工作的 13 名，抗日战争后期参加革命工作的 6 名，解放战争时期参加革命工作的 11 名。

表 8-2-7 1994 年 11 月—2017 年 12 月东方国际集团上海资产管理有限公司离休干部情况表

序号	姓名	性别	出生年月	参加革命年月	入党年月	离休年月	离休前任职
1	吴南青	男	1908 年 1 月	1932 年 7 月	1932 年 7 月	1988 年 2 月	六丝公司干部
2	潘月英	女	1916 年 9 月	1936 年 5 月	1936 年 5 月	1984 年 10 月	丝绸进出口公司副经理、顾问
3	竺邦运	男	1909 年 2 月	1936 年 9 月	1937 年 10 月	1986 年 8 月	第四丝织厂技术员
4	张妙根	男	1919 年 6 月	1938 年 6 月	1938 年 6 月	1983 年 11 月	丝绸工业公司副经理
5	孙红	女	1915 年 2 月	1938 年 7 月	1939 年 11 月	1989 年 2 月	丝绸进出口公司副经理
6	周樟熙	男	1906 年 1 月	1938 年 12 月	1940 年 3 月	1982 年 9 月	上海丝绸一厂厂长
7	曲延年	男	1925 年 5 月	1939 年 3 月	1940 年 5 月	1982 年 5 月	第八丝织厂总支副书记
8	于学严	男	1923 年 4 月	1939 年 5 月	1939 年 11 月	1984 年 12 月	绢纺厂党委书记
9	黄连	男	1921 年 11 月	1940 年 2 月	1940 年 2 月	1983 年 11 月	丝绸工业公司党委顾问
10	尹学成	男	1914 年 8 月	1940 年 6 月	1940 年 10 月	1981 年 4 月	第三丝织厂副厂长
12	任承康	男	1919 年 1 月	1940 年 10 月	1941 年 1 月	1982 年 12 月	丝绸工业公司经理
13	徐喜娟	女	1919 年 7 月	1940 年 10 月	1940 年 10 月	1984 年 6 月	筛网厂副厂长
14	周云龙	男	1916 年 12 月	1940 年 11 月	1940 年 11 月	1985 年 3 月	丝绸工业公司安全技术科科长
15	吴海林	女	1920 年 11 月	1941 年 8 月	1941 年 8 月	1982 年 9 月	绢纺厂副厂长
16	杨景岩	男	1921 年 10 月	1941 年 10 月	1942 年 3 月	1987 年 7 月	丝绸进出口公司秘书科招待所科员
17	颜成娣	女	1923 年 1 月	1941 年 11 月	1941 年 11 月	1982 年 9 月	第三丝织厂招待所管理员
18	张影	男	1928 年 5 月	1942 年 3 月	1945 年 6 月	1982 年 5 月	绢纺厂保健站主任
19	许庆田	男	1927 年 8 月	1942 年 5 月	1946 年 8 月	1989 年 8 月	绢纺厂厂长
20	随建	女	1925 年 12 月	1942 年 6 月	1949 年 5 月	1984 年 4 月	第二丝绸印染厂劳资科干部
21	朱英才	男	1922 年 1 月	1942 年 6 月	1945 年 4 月	1982 年 4 月	第三丝织厂劳资科科长
22	吴亦敏	女	1918 年 8 月	1942 年 11 月	1945 年 8 月	1981 年 2 月	丝绸进出口公司干部
23	孙树俊	男	1923 年 3 月	1943 年 3 月	1943 年 9 月	1983 年 1 月	第一丝绸印染厂车间党支部书记
24	王兰芳	女	1926 年 1 月	1944 年 3 月	1944 年 7 月	1988 年 5 月	第三丝织厂党委书记
25	牟传洪	男	1926 年 3 月	1944 年 4 月	1947 年 11 月	1990 年 8 月	丝绸进出口公司襄理
26	唐寿仁	男	1928 年 11 月	1944 年 4 月	1944 年 11 月	1984 年 4 月	第七丝织厂厂长
27	李耀武	男	1918 年 4 月	1944 年 6 月	1946 年 11 月	1981 年 5 月	第二丝绸印染厂党总支副书记
28	郑世永	男	1934 年 9 月	1944 年 7 月	1944 年 7 月	1983 年 12 月	丝绸工业公司党委书记
29	张德才	男	1930 年 10 月	1944 年 8 月	1949 年 4 月	1987 年 7 月	第二丝绸机械厂党支部书记
30	张忠本	男	1924 年 10 月	1944 年 10 月	1947 年 4 月	1985 年 12 月	第一丝织厂供销科干部

〔续表〕

序号	姓名	性别	出生年月	参加革命年月	入党年月	离休年月	离休前任职
31	陈世杰	男	1918年6月	1944年10月	1949年5月	1982年4月	第二丝织厂技术科副科长
32	李炎	男	1927年12月	1944年10月	1948年7月	1985年8月	丝绸工业公司储运科干部
33	宋嘉宾	男	1918年11月	1945年1月	1950年5月	1982年12月	丝绸工业公司党委副书记
34	莫健荣	男	1924年2月	1945年1月	—	1986年10月	丝绸进出口公司第二仓库保管员
35	倪惠林	男	1928年12月	1945年2月	1947年5月	1982年5月	丝绸进出口公司保卫科副科长
36	毛玲弟	女	1925年3月	1945年3月	1945年9月	1981年2月	第十丝织厂厂长
37	李寿生	男	1919年8月	1945年3月	1946年3月	1982年4月	第六丝织厂食堂管理员
38	吴顺祥	男	1930年5月	1945年3月	—	1991年6月	第二丝绸印染厂住宅办干部
39	李恩友	男	1930年1月	1945年3月	1949年5月	1990年12月	绢纺厂副厂长
40	郑殿起	男	1928年4月	1945年5月	1946年2月	1988年4月	第十二丝织厂组织科干部
41	张萍	女	1930年1月	1945年6月	1946年6月	1982年12月	第一丝织厂医务室医士
42	夏兆来	男	1926年12月	1945年6月	1945年6月	1986年12月	第一丝绸机械厂厂长
43	孙晓峰	男	1921年5月	1945年6月	—	1982年5月	丝绸进出口公司科长
44	孙健	女	1926年7月	1945年7月	1947年6月	1982年10月	绣衣四厂党支部书记
45	杨东道	男	1930年1月	1945年9月	1946年9月	1990年1月	第一丝织厂企管办干部
46	李锦泉	男	1926年5月	1946年2月	1946年2月	1985年8月	第二丝绸机械厂劳资科干部
47	朱淦	男	1929年2月	1946年2月	1949年4月	1989年4月	第一丝织厂总务科副书记
48	詹彩香	女	1929年3月	1946年3月	1946年3月	1983年5月	第二绢纺厂质监科干部
49	高国政	男	1919年5月	1946年3月	—	2000年9月	第二绢纺厂副厂长
50	周以森	男	1920年12月	1946年3月	1947年10月	1983年12月	丝绸研究所副所长
51	徐士文	男	1925年6月	1946年4月	1946年4月	1982年11月	丝绸工业公司机关党总支书记
52	韩红梅	女	1927年6月	1946年6月	1946年6月	1982年9月	绢纺厂力织车间主任
53	丁巧林	女	1929年8月	1946年7月	1946年7月	1982年12月	绢纺厂党委副书记
54	吕波	女	1929年11月	1946年7月	1947年10月	1988年7月	第三丝织厂保健科科长
55	项全坤	男	1926年10月	1946年7月	1949年10月	1988年3月	第十二丝织厂供销干部
56	金阿泉	男	1920年12月	1946年8月	1946年8月	1983年1月	第一丝织厂供销科科长
57	王德才	男	1927年12月	1946年8月	1947年9月	1985年12月	第五丝织厂科室干部
58	祝云生	男	1915年12月	1946年8月	1949年3月	1982年12月	丝绸进出口公司总务科副科长
59	金韩秀	女	1925年4月	1946年10月	1946年10月	1984年2月	丝绸工业公司机关党支部副书记

〔续表〕

序号	姓　名	性别	出生年月	参加革命年月	入党年月	离休年月	离休前任职
60	连瑞庆	男	1930年2月	1947年1月	1947年9月	1991年4月	第一丝织厂调研员
61	王恩庆	男	1929年1月	1947年2月	1949年2月	1988年12月	纺绢厂保健科医士
62	杜一澄	男	1922年3月	1947年2月	1947年2月	1982年4月	纺绢厂厂长
63	乔美英	女	1930年3月	1947年3月	1947年3月	1985年4月	第二丝织厂纪委干部
64	肖歧山	男	1922年3月	1947年3月	1949年3月	1985年12月	第一丝绸印染厂党总支副书记
65	郭福庆	男	1927年10月	1947年3月	1947年3月	1985年3月	第十丝织厂党总支书记
66	桑朝举	男	1928年3月	1947年4月	1949年5月	1988年11月	第二绢纺厂保卫科干部
67	宋春荣	女	1928年3月	1947年7月	1947年11月	1985年4月	丝绸进出口公司总务科副科长
68	彭镜理	男	1928年11月	1947年7月	—	1988年11月	丝绸进出口公司干部
69	郝苏勤	女	1930年10月	1947年7月	1947年7月	1983年5月	丝绸工业公司储运科干部
70	杨清松	男	1929年11月	1947年8月	—	1989年10月	丝绸进出口公司干部
71	陈建平	男	1923年3月	1947年11月	1947年11月	1985年4月	第十二丝织厂厂长
72	倪金凤	女	1929年4月	1947年12月	1947年12月	1982年9月	第二绢纺厂总务干部
73	高海盘	男	1932年3月	1948年1月	1949年3月	1992年3月	第九丝织厂保健科负责人
74	徐　耀	男	1928年11月	1948年4月	1949年3月	1989年2月	丝绸工业公司机关党总支副书记
75	刘文进	男	1926年8月	1948年5月	1949年7月	1986年8月	第七印绸厂总务科干部
76	刘世谋	男	1930年12月	1948年7月	1949年8月	1990年12月	丝绒染整厂总务股长
77	王大荣	男	1927年1月	1948年7月	1948年7月	1989年1月	第十二丝织厂党委书记
78	胡云龙	男	1929年12月	1948年8月	1953年10月	1989年2月	丝绸进出口公司储运科副科长
79	王业娣	男	1918年4月	1948年8月	1949年12月	1987年9月	丝绸进出口公司储运科副科长
80	朱梅君	女	1933年3月	1948年8月	1950年12月	1989年1月	丝绸工业公司纪委干部
81	邓新器	男	1923年9月	1948年8月	1956年9月	1982年12月	丝绸进出口公司干部
82	徐关伦	男	1931年1月	1948年10月	1956年8月	1993年3月	绢纺厂机动科副科长
83	郑传芳	男	1929年10月	1948年10月	1950年9月	1990年10月	第三丝织厂保卫科科长
84	张瑞田	男	1931年6月	1948年10月	1949年6月	1991年5月	第三丝织厂干部科科长
85	陈元文	男	1928年6月	1948年10月	1949年9月	1988年6月	第七丝织厂准备车间副主任
86	杨　明	男	1929年11月	1948年10月	1953年2月	1985年12月	第二绢纺厂总务科干部
87	宋香村	男	1927年10月	1948年11月	1950年5月	1986年6月	丝绒染整厂厂长
88	吴龙宝	男	1928年8月	1948年11月	1950年1月	1984年8月	丝绸进出口公司干部

〔续表〕

序号	姓　名	性别	出生年月	参加革命年月	入党年月	离休年月	离休前任职
89	南　康	男	1929年5月	1948年11月	1950年11月	1985年12月	第二丝绸印染厂厂长
90	黄锦章	男	1927年12月	1948年11月	1951年1月	1988年12月	筛网厂总务科干部
91	陈凤英	女	1925年4月	1948年11月	1952年8月	1988年12月	第九丝织厂厂长
92	张　伟	女	1928年11月	1948年12月	1952年9月	1982年4月	绢纺厂科研科主任
93	滕燕华	女	1929年9月	1948年12月	1956年6月	1989年4月	第三丝织厂车间干部
94	王贤昌	男	1910年3月	1948年12月	1948年12月	1983年10月	第六丝织厂力织车间工会干部
95	夏维淦	男	1926年7月	1948年12月	1948年12月	1986年6月	绢纺厂保卫科干部
96	潘树春	男	1931年6月	1948年12月	1959年12月	1983年6月	丝绸工业公司北二仓库副主任
97	黄福康	男	1935年10月	1949年1月	1956年3月	1999年1月	丝绸进出口公司干部
98	宗杏珍	女	1923年1月	1949年1月	1949年1月	1982年9月	绢纺厂车间干部
99	王银凤	女	1932年1月	1949年1月	1949年1月	1988年4月	第三丝织厂机动科党支部书记
100	刘金龙	男	1925年3月	1949年1月	1950年10月	1985年5月	第三丝织厂安技科干部
101	邹兆章	男	1926年11月	1949年2月	—	1988年12月	绢纺厂设备动力科干部
102	郭芝江	男	1927年2月	1949年2月	—	1982年4月	第二丝绸印染厂采购员
103	马秀英	女	1930年10月	1949年2月	1952年10月	1988年11月	第四丝织厂力织车间副主任
104	秦翠娥	女	1929年10月	1949年2月	1950年3月	1988年12月	第四丝织厂力织车间党支部书记
105	毛　鹤	男	1923年10月	1949年2月	1985年4月	1986年5月	第一丝织厂总务科干部
106	张宝娣	女	1929年1月	1949年2月	1949年2月	1982年12月	第三丝织厂一经车间党总支副书记
107	徐春娣	女	1927年3月	1949年2月	1949年2月	1982年12月	第四丝织厂党总支副书记
108	黄鉴之	男	1925年11月	1949年2月	—	1988年3月	第二丝绸印染厂干部
109	翁思荣	男	1933年1月	1949年3月	1970年9月	1993年2月	丝绸进出口公司干部科科员
110	郑辅成	男	1927年9月	1949年3月	—	1992年3月	丝绸进出口公司科员
111	叶焕权	男	1930年11月	1949年3月	1972年12月	1991年1月	第一丝织厂工会副主席
112	陆士芳	男	1925年12月	1949年3月	1991年9月	1987年9月	第三丝织厂机动科干部
113	周善芳	男	1926年11月	1949年3月	1949年3月	1984年8月	第四丝织厂门市部负责人
114	朱锦华	男	1925年2月	1949年3月	1949年3月	1987年5月	第十五丝织厂党支部书记兼厂长
115	狄正坤	男	1926年9月	1949年3月	1954年1月	1988年11月	第六丝织厂成品部主任
116	张小妹	女	1912年4月	1949年3月	—	1989年10月	第十丝织厂干部

〔续表〕

序号	姓名	性别	出生年月	参加革命年月	入党年月	离休年月	离休前任职
117	谈文良	男	1930年4月	1949年3月	1962年8月	1990年7月	第七丝织厂办公室主任
118	陈文英	女	1930年4月	1949年3月	1949年3月	1985年4月	绢纺厂供销科科长
119	钱兴佩	男	1925年11月	1949年3月	1949年3月	1987年2月	第二丝绸印染厂副厂长
120	金承先	男	1910年1月	1949年3月	1952年1月	1990年3月	第九丝织厂机动科副科长
121	韩阿安	女	1921年11月	1949年3月	1950年5月	1990年2月	第九丝织厂车间党支部书记
122	史学潘	男	1923年3月	1949年3月	1951年3月	1984年4月	丝绸进出口公司第二仓库副主任
123	李大清	男	1930年6月	1949年4月	1954年8月	1989年11月	第二丝绸染印厂技校副校长
124	孙颂高	男	1927年4月	1949年4月	1949年4月	1987年4月	第一丝织厂党委副书记
125	张银花	女	1917年10月	1949年4月	1950年10月	1988年11月	第一丝织厂总务科科长
126	贾根宝	女	1927年9月	1949年4月	1949年4月	1988年2月	第三丝织厂工会干部
127	俞仁根	男	1931年3月	1949年4月	1952年5月	1991年3月	第十二丝织厂分房组干部
128	于向奇	男	1925年7月	1949年4月	—	1985年8月	丝绒染整厂财务科干部
129	杨文珍	女	1925年3月	1949年4月	1949年4月	1982年9月	第五丝绸印染厂党支部书记
130	周成位	男	1920年1月	1949年4月	1949年4月	1983年4月	丝绸进出口公司党委书记
131	倪悌昌	男	1922年11月	1949年5月		1989年6月	纺绢厂财务科科长
132	方国金	男	1932年10月	1949年5月	1957年2月	1993年3月	第十三丝织厂副厂长
133	沈华君	男	1934年11月	1949年5月	—	1993年3月	第一丝织厂机动车间统计员
134	余理竹	男	1929年7月	1949年5月	1998年11月	1989年5月	第九丝织厂办公室主任
135	张德孟	男	1929年11月	1949年5月	1949年5月	1989年11月	丝绸研究所情报室干部
136	方惠生	男	1928年11月	1949年5月	1953年11月	1988年12月	第二丝织厂保卫科科长
137	钱振华	女	1928年10月	1949年5月	1956年9月	1984年7月	染丝厂总务股长
138	毛明道	男	1914年9月	1949年5月	—	1984年8月	丝绸进出口公司宣传推广科科员
139	顾铁华	女	1925年3月	1949年6月	—	1982年4月	第一丝绸印染厂图案设计员
140	乐美发	男	1927年2月	1949年6月	1954年3月	1988年8月	丝绸进出口公司服装科科长
141	任佩英	女	1930年1月	1949年7月		1985年4月	丝绸进出口公司丝科货源员
142	闻英	女	1931年12月	1949年7月		1982年12月	第十三丝织厂医务室医士
143	夏六皆	男	1930年9月	1949年7月	—	1988年5月	第三丝织厂财务科干部
144	姚起云	男	1930年9月	1949年7月		1990年9月	第十二丝织厂经营科干部
145	顾银飞	女	1930年8月	1949年7月	1950年4月	1982年4月	第六丝织厂人保科副科长
146	姜海	男	1925年9月	1949年7月	—	1985年12月	筛网厂供销科干部
147	沈承华	男	1931年4月	1949年7月	—	1987年8月	丝绒染整厂供销股长

〔续表〕

序号	姓 名	性别	出生年月	参加革命年月	入党年月	离休年月	离休前任职
148	阮仁达	男	1927 年 3 月	1949 年 7 月	—	1992 年 10 月	丝绸进出口公司科员
149	陈玉玲	女	1933 年 4 月	1949 年 8 月	—	1988 年 4 月	丝绸进出口公司干部
150	钱钦铭	男	1933 年 7 月	1949 年 8 月	1959 年 8 月	1993 年 7 月	丝绸工业公司物资部主任
151	姚 达	男	1931 年 1 月	1949 年 8 月	1956 年 6 月	1989 年 6 月	第六丝织厂教育科科长
152	陈树楷	男	1922 年 6 月	1949 年 8 月	—	1982 年 9 月	第九丝织厂供销科干部
153	叶有根	男	1930 年 9 月	1949 年 9 月	1954 年 8 月	1990 年 9 月	丝绸进出口公司党办主任
154	阳含文	男	1925 年 12 月	1949 年 9 月	1982 年 7 月	1988 年 6 月	第二丝织厂总务科协理
155	周德铭	男	1927 年 9 月	1949 年 9 月	—	1987 年 9 月	第六丝织厂计划科副科长
156	陈锦如	男	1932 年 11 月	1949 年 9 月	1956 年 7 月	1992 年 11 月	第七印绸厂经营科科长
157	施菊文	女	1929 年 1 月	1949 年 9 月	1989 年 6 月	1986 年 4 月	筛网厂供销科干部
158	陈洵都	男	1904 年 1 月	1949 年 9 月	—	1985 年 9 月	丝绸进出口公司样宣科副科长

说明:资产管理公司158名离休干部中,于红军时期参加革命工作的3名,抗日战争前期参加革命工作的19名,抗日战争后期参加革命工作的23名,解放战争时期参加革命工作的113名。

第二节　先进个人和先进集体

一、全国先进个人

表 8‐2‐8　1998 年 3 月—2015 年 3 月东方国际集团系统获全国先进个人称号情况表

荣 誉 名 称	获表彰个人	表彰时间
全国先进女职工	裘 斌	1998 年 3 月
全国五一劳动奖章	徐伟民	1998 年 5 月
全国劳动模范	徐伟民	2000 年 5 月
全国五一巾帼标兵	李苑蔚	2012 年 3 月
	韩 倩	2015 年 3 月

二、全国先进集体

表 8‐2‐9　1999 年 1 月—2012 年 12 月东方国际集团系统获全国先进集体称号情况表

荣 誉 名 称	获表彰单位	表彰时间
全国精神文明建设先进单位	东方丝绸	1999 年
全国先进基层党组织	东方丝绸党委	2001 年

〔续表〕

荣 誉 名 称	获表彰单位	表彰时间
1999—2003 年度全国青年文明号	上海利泰第四业务部	2003 年
第十三届全国企业管理现代化创新成果二等奖	东方国际集团	2006 年 12 月
2005—2006 年度全国巾帼文明岗	东方荣恒业务六部	2007 年

三、国家部委(全国行业)系统先进个人

表 8-2-10　1995 年 5 月—2015 年 12 月东方国际集团系统获国家部委系统先进个人称号情况表

荣 誉 名 称	获表彰个人	表彰时间
1994 年度对外经贸仓储行业优秀仓储工作者	陈涛	1995 年 5 月
1997 年度全国外经贸系统劳动模范	齐鸿昌　徐伟民	1998 年 4 月
全国财贸系统优秀工会工作者	蒋银生　闫瑞海	1998 年 4 月
全国财贸系统优秀工会工作者	郑忠和	2001 年 4 月
全国财贸轻工纺织烟草行业工会积极分子	陈成尧	2004 年 4 月
全国物流行业劳动模范	杨根	2007 年 11 月
国务院国资委重点企业信息报送工作优秀个人	曾玮	2007 年 11 月
商务部劳动模范	贾晓阳	2008 年 1 月
全国物流行业劳动模范	陈云亮	2011 年 11 月
国务院国资委重点企业信息报送工作优秀个人	陈永久　曾玮	2011—2015 年

四、国家部委(全国行业)系统先进集体

表 8-2-11　1995 年 5 月—2017 年 11 月东方国际集团系统获国家部委系统先进集体称号情况表

荣 誉 名 称	获表彰单位	表彰时间
1994 年度全国外经贸系统安全生产先进集体	针织公司杨行仓库	1995 年 5 月
1995 年度全国对外经贸仓储行业最佳五优企业	东方针织杨行仓库	1996 年 5 月
1997 年度全国外经贸系统先进集体	东方丝绸	1998 年 5 月
1997—1998 年度全国对外经贸仓储行业最佳五优企业	东方丝绸白洋淀仓库　东方丝绸三门路仓库　东方针织杨行仓库	1998 年 5 月
全国重点企业信息报送先进单位	东方国际集团	2011—2015 年
全国企业档案资源开发利用优秀案例三等奖	东方外贸	2017 年 11 月

五、上海市先进个人

表 8‑2‑12　1995 年 4 月—2017 年 5 月东方国际集团系统获上海市先进个人称号情况表

荣 誉 名 称	获表彰个人	表彰时间
上海市劳动模范	苏培基　赵国诚　梁明莲	1995 年 4 月
上海市优秀质量工作者	黄蔚　朱茂中	1995 年
上海市国家安全工作先进个人	陈一纲	1995 年
上海市优秀工会干部	郑忠和	1995 年
上海市档案系统先进工作者	叶家基	1995 年
上海市解困工作先进个人	施日清	1995 年
上海市新长征突击手	唐晓岚	1996 年
上海市质量标兵	董巧年	1996 年
上海市优秀质量工作者	潘轶荣	1996 年
上海市优秀共产党员	苏培基	1996 年
上海市优秀党务工作者	方为群	1996 年
上海市优秀企业经营者	黄奇民	1996 年
上海市干部人事档案先进工作者	孙国兵	1996 年
上海市第三届军队转业干部先进个人	洪海	1996 年
1995—1996 年度上海市退休职工管理委员会先进工作者	蒋银生	1996 年
上海市优秀青年外销员标兵、上海市青年岗位能手	许昭敏	1996 年
上海市优秀青年外销员	洪文君　张峥	1996 年
上海市重点工程实事立功竞赛住房解困记功	刘敏	1996 年
上海市科学技术进步一等奖	林引中	1997 年
上海市社会治安综合治理先进个人	黄凤娟	1997 年
上海市优秀企业经营者	黄奇民	1997 年
上海市精神文明建设优秀组织者	傅英	1997 年
上海市共产党员敬业创业先锋	苏培基	1997 年
1996 年上海市职工技协先进个人	蒋银生	1997 年
上海市职工保障互助会运营积极分子	叶建浩	1997 年
上海市劳动模范	苏培基　裘斌　赵国诚　徐伟民　顾英	1998 年
上海市新长征突击手	孙源	1998 年
上海市保密工作先进工作者	陶自引	1998 年

〔续表〕

荣　誉　名　称	获表彰个人	表彰时间
上海市十大女职工标兵	武长华	1998 年
1997 年度上海市优秀青年外销员标兵	王少华　王佩华　龚皓　刘勤　许昭敏	1998 年 5 月
1997 年度上海市优秀青年外销员	洪文君　梅迪稚	1998 年 5 月
1998 年度上海市优秀青年外销员标兵	张荻　徐京	1999 年 5 月
1998 年度上海市优秀青年外销员	穆晓春	1999 年 5 月
上海市先进工会工作者	陈美娣	1999 年 5 月
上海市精神文明建设优秀组织者	王佳	1999 年
上海市优秀思想政治工作者	周福明	1999 年
1999 年上海市治安工作先进个人	王健	2000 年 1 月
上海市档案系统先进工作者	沈小汉	2000 年 2 月
上海市女职工标兵	程志红	2000 年 3 月
上海市"三八"红旗手	裴斌	2000 年 3 月
上海市劳动模范	季羽　苏培基	2000 年 5 月
上海市优秀共产党员	徐伟民	2000 年
上海市再就业工程和社会保障工作先进个人	刘敏	2000 年
上海市对口支援先进个人	高国琳	2001 年
上海市优秀思想政治工作者	张连征	2001 年
上海市优秀党务工作者	俞立本	2001 年
上海市先进信访个人	陆幸	2001 年
2001 年度上海市先进女职工标兵	朱雷	2002 年 1 月
上海市"三八"红旗手	赵伟	2002 年
上海市精神文明建设优秀组织者	黄凤娟　高国琳	2002 年
上海市治安保卫先进个人	马计增	2002 年
上海市社会治安综合治理先进个人	俞立本	2002 年
2002 年度上海市先进治安责任人	梁正康	2003 年 1 月
上海市精神文明建设优秀组织者	庞继全　方国良　方为群	2003 年
上海市"三八"红旗手	钱玮　常迅	2004 年 3 月
2000—2003 年度上海市职工技协先进个人	蒋银生	2004 年 3 月
上海市档案系统先进工作者	沈小汉	2004 年 3 月
上海市劳动模范	杨国铭	2004 年 4 月
上海市治安保卫先进个人	马计增	2004 年

〔续表〕

荣　誉　名　称	获表彰个人	表彰时间
上海市杰出会计工作者	徐建新	2005 年 9 月
2005 年上海市质量能手	陈逸洲	2006 年 2 月
2005 年上海市优秀质量工作推进者	李一东	2006 年 2 月
上海市五一劳动奖章	董士祯	2006 年
上海市精神文明建设优秀组织者	丁玉	2006 年
上海市"三八"红旗手	吴珊	2006 年 3 月
上海工会优秀宣传思想工作者	吴建芬	2006 年 5 月
上海市进出口公平贸易工作先进个人	郑宏	2006 年 9 月
2006 年上海市质量能手	尤晓杰　王济强	2007 年 2 月
上海市新长征突击手	郑洪捷　张华	2007 年 4 月
上海市劳动模范	袁文仲	2007 年 4 月
上海市重点企业信息报送先进个人	曾玮	2007 年 11 月
2007 年度上海市职工互助保障先进个人	孙如琪	2008 年 2 月
上海市档案系统先进工作者	沈小汉	2008 年 3 月
2006—2007 年度上海市五一巾帼奖	安琳	2008 年 3 月
上海市五一劳动奖章	蒋明明	2008 年 4 月
上海市精神文明建设优秀组织者	何志刚	2008 年 4 月
上海市优秀工会工作者	吴建芬	2008 年 5 月
2008 年度上海市职工互助保障先进个人	孙如琪	2009 年 2 月
上海市五一劳动奖章	徐馨韵	2009 年 4 月
上海市新长征突击手	朱菁	2009 年 4 月
上海市劳动模范	冯宝根	2010 年 4 月
上海市创先争优世博先锋"五带头"共产党员	孙如琪　戎志彪	2010 年 9 月
上海市"三八"红旗手	韩倩	2011 年 3 月
上海市五一巾帼奖	江新春　戴思平	2012 年 3 月
上海市五一劳动奖章	龚培德　李苑蔚　胡逸舟	2012 年 4 月
上海市五一巾帼奖(标兵)	胡轶舟	2013 年 3 月
上海市"三八"红旗手	李伦	2013 年 3 月
上海市工会经审工作先进工作者	苏红	2013 年 5 月
上海市巾帼建功标兵	陆玮华	2014 年 3 月
上海市五一巾帼奖	何雪	2014 年 3 月
上海市"三八"红旗手	柏玲　薛梅	2015 年 3 月

〔续表〕

荣 誉 名 称	获表彰个人	表彰时间
上海市劳动模范	韩倩　庞继全	2015 年 4 月
上海市"三八"红旗手	季玉文	2016 年 3 月
上海市五一劳动奖章	李伦	2016 年 4 月
上海市职工信赖的经营管理者	陈云亮	2016 年 5 月
上海市优秀工会工作者	叶建浩	2017 年 5 月
2016 年度上海市优秀共青团干部	张锦秀	2017 年 5 月
第十四届上海市青年岗位能手	傅晓喻	2017 年 5 月

六、上海市先进集体

表 8－2－13　1995 年 1 月—2017 年 9 月东方国际集团系统获上海市先进集体称号情况表

荣 誉 名 称	获表彰单位	表彰时间
上海市出口贡献特等奖	东方国际集团　针织公司　家纺公司	1995 年
上海市出口贡献一等奖	东方丝绸	1995 年
上海市模范集体	服装公司第一业务部	1995 年
上海市红旗班组	服装公司美加科货源组	1995 年
上海市"共青团号"	服装公司浦东公司第四业务部	1995 年
1995 年度上海市先进女职工委员会	外贸公司工会女工委	1996 年 2 月
上海市出口贡献特等奖	东方国际集团　东方针织	1996 年
上海市出口贡献一等奖	东方丝绸	1996 年
1995—1996 年度上海市"三学"先进单位	东方针织财会科	1996 年
上海市安全行车先进集体	东方针织车队	1996 年
1996 年度上海市先进女职工委员会	东方外贸工会女工委	1997 年 2 月
上海市出口贡献特等奖	东方国际集团	1997 年
上海市出口贡献一等奖	东方丝绸	1997 年
上海市职工保障互助会运营先进会	东方服装工会	1997 年
上海市安全行车先进集体	东方针织车队	1997 年
上海市服务贸易创汇贡献奖	国服公司	1997 年
上海市出口创汇一等奖	东方创业	1998 年
1997—1998 年度上海市特色团组织	东方针织团委	1998 年
上海市文明班组	东方外贸业务一部	1999 年 3 月

〔续表〕

荣 誉 名 称	获表彰单位	表彰时间
上海市女职工先进集体	东方国际集团女工委	1999 年 3 月
1998 年度上海市离休干部先进集体	东方外贸离休干部党支部	1999 年 4 月
上海市出口贡献特等奖	东方丝绸	1999 年
上海市出口创汇二等奖	东方创业 东方针织	1999 年
上海市安全行车先进集体	东方针织车队	1999 年
上海市女职工标兵集体	东方国际集团女工委	2000 年 3 月
上海市"三八"红旗集体	东方纺织业务四部	2000 年 3 月
上海市文明班组	东方针织第二业务部外销组 东方外贸业务八部 恒盛公司	2000 年 3 月
上海市离休支部先进集体	东方外贸离休干部党支部	2000 年
上海市模范集体	东方创业美洲部	2000 年
上海市"共青团号"	东方创业欧洲部团支部	2000 年
上海市出口创汇特等奖	丝绸集团	2000 年
上海市出口创汇二等奖	东方家纺 东方针织 东方纺织	2000 年
浦东新区外贸出口贡献奖——市属外贸第三名	东方家纺浦东公司	2000 年
上海市服务贸易贡献奖	物流公司	2000 年
1994—1999 年度上海市职工技协先进集体	东方外贸职工技协	2000 年
上海市文明班组	东方外贸业务十部	2001 年 3 月
上海市先进基层党组织	东方丝绸	2001 年 7 月
上海市离休支部先进集体	东方外贸离休干部党支部	2001 年 7 月
2001 年度市外贸出口百强企业银奖	丝绸集团 东方针织 东方纺织	2002 年 7 月
2001 年度市外贸出口百强企业铜奖	东方创业 东方家纺 东方商业	2002 年 7 月
上海市模范退管会	东方外贸退管会	2002 年 10 月
上海市模范职工之家	东方丝绸	2002 年
2002 年度上海市出口贡献特等奖、市外贸工作组织奖	东方国际集团	2003 年 7 月
2002 年度市外贸出口百强企业金奖	东方创业 东方外贸 东方商业	2003 年 7 月
2002 年度市外贸出口百强企业银奖	丝绸集团 东方家纺	2003 年 7 月
2002 年度市外贸出口百强企业铜奖	东方针织 东方纺织	2003 年 7 月
上海市 500 强智能型班组典型示范	东松公司	2003 年 8 月
上海市文明班组	东方创业白鹤公司贸易部	2004 年 3 月
2003 年度市外经贸工作组织奖	东方国际集团	2004 年 7 月
2003 年度市外贸出口百强企业金奖	东方外贸 东方针织	2004 年 7 月

〔续表〕

荣 誉 名 称	获表彰单位	表彰时间
2003 年度市外贸出口百强企业银奖	东方纺织　东方商业　丝绸股份	2004 年 7 月
2003 年度市外贸出口百强企业铜奖	东方创业　东方家纺	2004 年 7 月
2003 年度服务贸易奖	经贸公司	2004 年 7 月
上海市巾帼文明岗	东方荣恒业务六部	2005 年 3 月
2004 年度市外贸出口百强企业金奖	东方外贸	2005 年 7 月
2004 年度市外贸出口百强企业银奖	丝绸股份　东方利泰	2005 年 7 月
2004 年度市外贸出口百强企业铜奖	东方创业　东方新家纺　东方纺织　东方商业	2005 年 7 月
上海市出国管理工作表扬奖	东方国际集团	2005 年 11 月
上海市巾帼文明岗	上海美达包装装潢公司	2006 年 3 月
上海市"三八"红旗集体	丝绸股份国贸一部	2006 年 3 月
2005 年度上海市外经贸工作专项奖	物流集团	2006 年 7 月
上海市进出口公平贸易工作先进集体	东方国际集团	2006 年 9 月
2006 年度上海市企业管理现代化创新成果一等奖	东方国际集团	2006 年 9 月
上海市"共青团号"	东方新家纺团委　东方利泰第四业务部团支部	2007 年 3 月
上海市文明班组	久茂公司进出口业务三部　东方利泰第三业务部　东方新家纺业务四部　丝绸股份国贸一部第一业务组　东方新海航运部	2007 年 3 月
2006 年上海青工系统先进团组织	东方国际集团团委	2007 年 3 月
2005—2006 年度上海市厂务公开民主管理工作先进单位	丝绸股份	2007 年 5 月
2006 年度上海市名牌(综合物流)	物流集团	2007 年
2007 年度上海市劳动统计年定报优胜单位	东方国际集团	2007 年 11 月
上海市档案系统先进集体	东方国际集团	2008 年 2 月
2007 年度工会经审工作规范化建设一等奖	东方国际集团工会经审会	2008 年 2 月
上海市工会经审工作先进集体	东方外贸工会经审会	2008 年 2 月
上海市五一巾帼奖(集体)	丝绸股份国贸一部	2008 年 3 月
上海市"共青团号"	东方新家纺团委　东方利泰第四业务部　久茂公司团总支　东方创业高南公司贸易部	2008 年 3 月
上海市工人先锋号	丝绸股份国贸一部	2008 年 4 月
上海市先进基层工会女职工组织	东方新家纺工会女工委	2009 年 3 月
2008 年度上海市职工互助保障工作先进委员会	东方国际集团工会	2009 年 3 月

〔续表〕

荣　誉　名　称	获表彰单位	表彰时间
上海市工人先锋号	东方利泰第四业务部	2009 年 4 月
上海市安全生产年度考核成绩突出单位	东方国际集团	2010 年
上海市安全生产工作优胜单位	东方国际集团	2010—2017 年
上海市工人先锋号	东方创业第四业务部	2010 年 4 月
上海市创先争优世博先锋行动"五好"基层党组织	东方创业党委	2010 年
上海市五一劳动奖状	东方利泰业务四部	2011 年 4 月
上海市工人先锋号	东方新家纺业务二部　经贸公司大电气项目组	2011 年 4 月
上海市五一巾帼奖（集体）	丝绸股份国贸一部	2012 年 3 月
上海市巾帼文明岗	经贸公司财务部	2012 年 3 月
上海市工人先锋号	东方创业浦东贸易部　东方荣恒业务六部	2012 年 4 月
上海市劳动统计年定报优胜单位	东方国际集团	2012 年
全国女职工岗位创新技能大赛上海服装设计比赛团体金奖	东方国际集团工会	2012 年
上海市团队创先特色班组	东方创业浦东公司第一业务部　经贸公司辛克项目组	2013 年 3 月
上海市"三八"红旗集体	东方外贸浦东公司业务四部	2013 年 3 月
上海市五一劳动奖状	东松公司业务一部	2013 年 4 月
上海市工人先锋号	东方商业业务三部　经贸公司苏州博世项目组	2013 年 4 月
上海市巾帼文明岗	经贸公司财务部	2013 年 4 月
第五届上海市五一巾帼奖（集体）标兵提名奖	东方荣恒孟加拉内衣厂项目组	2014 年 3 月
上海市巾帼文明岗	东方商业财务部	2014 年 3 月
上海市劳模集体	经贸公司联合利华项目部	2014 年 4 月
上海市五一劳动奖状	经贸公司苏州博世项目组	2014 年 4 月
上海市工人先锋号	东方纺织海神业务部　丝绸股份国贸五部	2014 年 4 月
上海市"三八"红旗集体	丝绸股份国贸五部	2015 年 3 月
2014 年度工会经审规范化建设考核特等奖	东方国际集团工会经审会	2015 年
2015 年度上海市平安示范单位	物流集团　东方外贸	2016 年 3 月
上海市巾帼文明岗	东方外贸业务十部	2016 年 3 月
2015 年上海青工系统先进团组织	东方国际集团团委	2016 年 3 月
上海市工人先锋号	商都公司机电产品服务部	2016 年 4 月
上海市劳动关系和谐职工满意企事业单位	丝绸股份　经贸公司	2016 年 5 月
上海市道路交通安全管理工作先进单位	东方国际集团	2017 年

荣 誉 名 称	获表彰单位	表彰时间
上海市和谐劳动关系达标企业	东方创业	2017 年
上海市"三八"红旗集体	新贸海公司货代部进口组	2017 年 3 月
上海市五一劳动奖状	元中公司	2017 年 4 月
上海市工人先锋号	东方创业业务五部	2017 年 4 月
上海市模范职工之家	东方外贸工会	2017 年 4 月
上海市模范职工小家	东方利泰第三业务部工会小组	2017 年 4 月
2015—2016 年度上海市厂务公开民主管理工作先进单位	东方外贸	2017 年 9 月

七、市外经贸委、市国资委系统先进个人

表 8 - 2 - 14　1994 年 11 月—2017 年 2 月东方国际集团系统获市外经贸委、
市国资委系统先进个人称号情况表

荣 誉 名 称	获表彰个人	表彰时间
1994 年度市外经贸系统优秀信访工作者	朱颖	1994 年 11 月
1994 年度市外经贸系统优秀退管工作领导	蒋银生	1995 年 1 月
1994 年度市外经贸系统"三八"红旗手	胡静芳	1995 年 2 月
1994 年度市外经贸系统十佳女能手	房建萍	1995 年 2 月
1994 年度市外经贸系统"女职工之音"	梁正康	1995 年 2 月
市外经贸系统"青年成才奉献奖励基金奖"二等奖	汪润怡	1995 年 5 月
市外经贸系统青年"良师益友"	方为群	1995 年 5 月
市外贸系统优秀工会工作者	蒋银生	1995 年 7 月
市外经贸系统优秀工会积极分子	尤金泉	1995 年 7 月
市外经贸系统工会之友	梁正康	1995 年 7 月
1995 年度市外经贸系统先进工作者	曾国民　朱建国　徐向群　张铮东 胡伟安　苏培基　秦定良　刘根发 沈永昌	1996 年 4 月
1995 年度市外经贸系统档案系列先进工作者	沈小汉	1996 年 6 月
1996 年度市外经贸系统优秀党委书记	方为群	1996 年 6 月
1996 年度市外经贸系统优秀共产党员	胡伟安　秦定良　佘源　刘根发	1996 年 6 月
1996 年度市外经贸系统优秀党务工作者	孙奎荣　顾启钧　韩南馨　胡霞雯	1996 年 6 月
1996 年度市外经贸系统优秀离休干部共产党员	朱祖贤	1996 年 6 月
1995—1996 年度市外经贸系统"女职工之友"	郭兆龙　蒋银生	1997 年 2 月

〔续表〕

荣 誉 名 称	获表彰个人	表彰时间
1995—1996 年度市外经贸系统"三八"红旗手	裘斌 万青 武长华 赵伟 孙晓英罗彤 许瑞霞	1997 年 2 月
1995—1996 年度市外经贸系统优秀女职工工作者	沈菊芳 曹爱娣 吴建芬	1997 年 2 月
1996 年度市外经贸系统青年岗位能手	朱立峰	1997 年 5 月
1997 年度市外经贸系统优秀干部统计工作者	段志坚 孙国兵 陈敏	1998 年 4 月
1997 年度市外经贸系统先进工作者	苏培基 胡伟安 蒋明明 徐伟民李小明 武长华 陈奇尧 张金海蔡军 孙明 李蔼晓 陶洪 杨杰裘斌	1998 年 5 月
1997 年度市外经贸系统优秀团干部	朱毅 孙亮 邱亮	1998 年 5 月
1998 年度市外经贸系统十佳青年	季胜君 黄晓斌	1999 年 3 月
1998 年度市外经贸系统青年岗位能手	钱志明	1999 年 3 月
1998 年度市外经贸系统优秀青年	吴晴波 邱亮 朱激 徐恩卿邵瑾	1999 年 3 月
1997—1998 年度市外经贸系统"三八"红旗手	林芳 钱玮	1999 年 3 月
1998 年度市外经贸系统离休干部先进个人	陈良	1999 年 4 月
1999 年度市外经贸系统优秀共产党员	苏培基 徐伟民 叶长根 赵国诚唐网小 郑世永 朱雷 裘斌丁玉	1999 年 6 月
1999 年度市外经贸系统优秀党务工作者	俞立本 孙奎荣 张连征 周福明黄凤娟 陈佩芬 方为群 杨乾方杨建民	1999 年 6 月
1997—1998 年度市外经贸系统退休职工优秀块组长	尤金泉	1999 年 9 月
1997—1998 年度市外经贸系统重视退管工作好领导	蒋银生	2000 年 1 月
1999—2000 年度市外经贸系统"三八"红旗手	王佳 武长华 忻耀华 裘斌戎蓉 诸葛虹 张妙娣 冯晓娣马慧英 钱玮 孔云 王佩蓉徐珂琳 蔡虹	2001 年 2 月
1999—2000 年度市外经贸系统优秀女职工工作者	吴建芬 沈菊芳 邵一芳 曹爱娣	2001 年 2 月
1998—2000 年度市外经贸系统先进工作者	苏培基 武长华 季羽 季岌李珊 杨晓新 朱国祥 周礼富钱玮 林宇明 董纯 曹茶妹宋浩然	2001 年 4 月
2000 年度市外经贸系统精神文明十佳好事（援藏的好书记）	陈浩	2001 年 4 月
2001 年度市外经贸系统优秀工会工作者	蒋银生	2002 年 1 月

〔续表〕

荣 誉 名 称	获表彰个人	表彰时间
1999—2001 年市外经贸系统重视退管工作好领导	蒋银生	2002 年 8 月
1999—2001 年市外经贸系统优秀块组长	尤金泉	2002 年 8 月
2002 年度国有资产、集体资产统计评价工作先进个人	戎洁	2003 年 1 月
2001—2002 年度市外经贸系统"三八"红旗手	林宇明　钱玮	2003 年 3 月
2001—2002 年度市外经贸系统优秀女职工工作者	曹爱娣	2003 年 3 月
市外经贸系统青年成才奉献奖励基金奖	陈敏　朱菁　谢松青	2003 年 5 月
市外经贸系统优秀共产党员	颜宁	2003 年 6 月
2003 年度市外经贸工作先进个人	钟伟民　徐伟民　刘继伟	2004 年 4 月
市国资委系统优秀共产党员	金文豪	2004 年 6 月
市国资委系统优秀党务工作者	王晨皓	2004 年 6 月
2004 年度市外经贸工作先进个人	钟伟民	2005 年 4 月
国有企业改制清产核资工作先进个人	季胜君	2006 年 3 月
市国资委系统优秀党务工作者	何志刚	2006 年 6 月
市国资委系统优秀共产党员	庞继全	2006 年 6 月
2007、2008、2010、2011 年度市国资委系统信息工作先进个人	陈永久	2008、2009、2011、2012 年 3 月
市国资委系统优秀共产党员	郑大颖　赵伟	2008 年 6 月
市国资委系统优秀党务工作者	瞿元庆	2008 年 6 月
市国资委系统"世博先锋行动"优秀共产党员	周峻　姜潮	2010 年 11 月
市国资委系统"服务世博、奉献世博"先进个人	汤梓德	2010 年 11 月
市国资委系统优秀共产党员	范燮华　金卫栋	2011 年 6 月
市国资委系统优秀党务工作者	龚培德	2011 年 6 月
2008—2010 年度上海市内部审计先进工作者	谢子坚	2011 年 9 月
市国资委系统新世纪最具影响力先进人物	贾晓阳	2011 年 9 月
市国资委系统国有(集团)资产财务(统计)工作先进个人	曾玮	2011、2013、2014 年 6 月
	竺佩兰	2012 年 6 月
市国资委系统优秀共产党员	陈云亮	2012 年 6 月
2011—2012、2013—2014 年度市国资委系统"四好"信访干部	孙如琪	2013、2015 年 2 月
市国资委系统重点企业信息报送优秀个人	陈永久	2013、2014、2015 年
市国资委系统优秀共产党员	何巍	2016 年 6 月

荣　誉　名　称	获表彰个人	表彰时间
市国资委系统优秀党务工作者	张磊　卓立克	2016 年 6 月
2015—2016 年度市国资委系统"四好"信访干部	严咏梅	2017 年 2 月

八、市外经贸委、市国资委系统先进集体

表 8‐2‐15　1995 年 5 月—2017 年 6 月东方国际集团系统获市外经贸委、
市国资委系统先进集体称号情况表

荣　誉　名　称	获表彰单位	表彰时间
1994 年度对外贸易业务统计进口到货年报一等奖	外贸公司	1995 年 5 月
1994 年度市外经贸系统表扬单位	外贸公司总经理办公室	1995 年 5 月
市外经贸系统先进工会集体	外贸公司工会	1995 年 7 月
1995 年度市外经贸系统先进集体	东方丝绸时装三部　东方针织业务三部　东方服装第一业务部　东方家纺床上用品一部　新海公司造船监造小组　外贸公司第八业务部	1996 年 4 月
1995 年度市外经贸系统出口创汇明星班组	外贸公司业务十一部轻工纺织组	1996 年 4 月
1996 年度市外经贸系统先进基层党组织	东方针织党委　东方服装第二业务部党支部　东方家纺床上用品一部党支部　东方丝绸时装三部党支部东方外贸业务八部党支部　东方外贸离休干部党支部	1996 年 6 月
1996 年度市外经贸系统老干部工作先进集体	东方外贸老干部科	1996 年 10 月
1995—1996 年度市外经贸系统"三八"红旗集体	东方针织财务科　东方家纺服装二部	1997 年 2 月
1997 年度市外经贸系统先进集体	东方丝绸时装一部　东方服装业务二部　经贸公司空运出口室　东方针织党委办公室　东方针织浦东分公司业务四部　东方外贸业务八部东方外贸浦东分公司	1998 年 5 月
1997 年度市外经贸系统"共青团号"	东方丝绸时装二部业务五组　东方纺织第四业务部青年外销组　东方针织浦东公司第四业务部　东方针织第二业务部	1998 年 5 月
1997 年度市外经贸系统红旗团组织	东方针织团委　东方服装团委	1998 年 5 月
1997 年度市外经贸系统"特色团支部"	东方服装第一业务部团支部　东方外贸浦东公司团支部　新海公司新文捷团支部　东方针织第二业务部团支部　东方家纺线带团支部　东方丝绸时装二部团支部	1998 年 5 月

〔续表〕

荣 誉 名 称	获表彰单位	表彰时间
1998年度市外经贸系统"共青团号"	东方针织财务科记账组 东方丝绸时装一部业务三组	1998年5月
1997—1998年度市外经贸系统"三八"红旗集体	东方外贸业务十部	1999年3月
1998年度市外经贸系统老干部工作先进集体	东方外贸老干部科	1999年4月
1999年度市外经贸系统先进基层党组织	东方针织党委 东方丝绸党委 东方家纺党委 筛网厂党委 东方纺织第五业务部党支部 经贸公司空运党支部 东方外贸第八业务部党支部 东方外贸离休干部党支部	1999年5月
1998年度市外经贸系统"共青团号"	东方针织浦东公司第四业务部 东方纺织第四业务部青年外销组 东方针织第二业务部 东方针织财务科记账组 东方丝绸时装二部业务五组 东方丝绸时装一部业务三组	1999年5月
1999年度市外经贸系统"共青团号"	东方针织第九业务部	1999年5月
1999年度市外经贸系统先进基层党组织	东方外贸业务八部党支部 东方外贸离休干部党支部	1999年6月
1997—1998年度市外经贸系统退管工作先进集体	东方外贸退管会	2000年1月
1999年度市外经贸系统老干部部门工作考核鉴定优秀集体	东方外贸老干部科	2000年2月
1999—2000年度市外经贸系统"三八"红旗集体	东方纺织业务四部 丝绸集团国贸一部 东方创业单证部审单组 东方外贸业务十部	2001年2月
1998—2000年度市外经贸系统先进集体	东方外贸业务十部	2001年4月
2003年度市外经贸系统创"共青团号"先进集体	东方外贸浦东公司 东松公司	2003年6月
2003年度国有资产、集体资产统计评价工作先进集体	东方国际集团	2003年
2003年度服务贸易奖	经贸公司	2004年
市国资委系统先进基层党组织	久茂公司党支部	2004年6月
市国资委系统先进基层党组织	东方利泰党委 东方新家纺业务四部 十部联合党支部	2006年6月
2006年度国有(集体)资产财务(统计)工作先进集体	东方国际集团财务部	2007年5月
市国资委系统党支部建设示范点	东松公司党支部	2007年6月
市国资委系统先进基层党组织	东松公司党支部 经贸公司党委	2008年6月
市国资委系统党支部建设示范点	东松公司党支部 东方利泰第四党支部	2009年6月
市国资委系统"世博先锋行动"先进基层党组织	丝绸集团党委	2010年11月
市国资委系统"服务世博、奉献世博"先进集体	东方外贸业务六部	2010年11月

〔续表〕

荣誉名称	获表彰单位	表彰时间
市国资委系统先进基层党组织	东方利泰党委　东松公司党支部	2011年6月
	集团党委工作部党支部　常达公司党支部	2012年6月
市国资委系统党支部建设示范点	东松公司党支部	2013年1月
市国资委系统先进基层党组织	东方外贸党委　丝绸股份品牌公司　丝绸商厦联合党支部	2016年6月
市国资委系统红旗党组织	东方外贸党委	2017年6月
市国资委系统党支部建设示范点	华达公司党支部　丝绸股份品牌公司　丝绸商厦联合党支部	2017年6月

第三节　各类代表和委员

本节收录的各类代表和委员,包括当选的中国共产党全国代表大会代表、全国人民代表大会代表,中国共产党上海市代表大会代表、上海市各区人民代表大会代表,中国人民政治协商会议上海市委员会委员,上海市工会代表大会代表、上海市妇女代表大会代表、上海市青年联合会委员等。

一、中共全国代表大会代表、全国人大代表

表8-2-16　东方国际集团系统当选中共全国代表大会代表情况表

界别	姓名	单位、职务	当选时间
中国共产党第十六次全国代表大会代表	徐伟民	东方丝绸党委副书记、总经理	2002年10月

表8-2-17　东方国际集团系统当选全国人大代表情况表

界别	姓名	单位、职务	当选时间
中华人民共和国第九届全国人民代表大会代表	苏培基	东方纺织副总经理	1998年3月

二、中共上海市党代会代表、上海市人大代表、上海市政协委员

表8-2-18　东方国际集团系统当选中共上海市党代会代表情况表

界别	姓名	单位、职务	当选时间
市第七次党代会代表	王祖康	集团党委书记、董事长	1997年10月
市第八次党代会代表	汪阳	集团党委副书记、总裁、副董事长	2002年4月
	徐伟民	东方丝绸党委副书记、总经理	

〔续表〕

界　别	姓　名	单位、职务	当选时间
市第九次党代会代表	蔡鸿生	集团党委书记、董事长	2007 年 4 月
	周　峻	东方外贸党委书记、执行董事、总经理	
市第十次党代会代表	唐小杰	集团党委副书记、总裁	2012 年 4 月
市第十一次党代会代表	吕勇明	集团党委书记、董事长	2017 年 4 月

表 8－2－19　东方国际集团系统当选上海市人大代表情况表

界　别	姓　名	单位、职务	当选时间
市第十届人大代表	贺静仪	家纺公司总经理	1993 年 1 月
市第十一届人大代表	贺静仪	集团董事、副总裁	1998 年 1 月
市第十二届人大代表	陆朴鸣	集团党委副书记、纪委书记	2003 年 2 月
市第十三届人大代表	蔡鸿生	集团党委书记、董事长	2007 年 12 月
	钱彩红	东松公司部门副经理(无党派人士)	
市第十四届人大代表	唐小杰	集团党委副书记、总裁	2013 年 1 月
市第十四、十五届人大代表	黄佳华	东方创业第四业务部副经理(无党派人士)	2013 年 1 月 2017 年 12 月

表 8－2－20　东方国际集团系统当选上海市政协委员情况表

界　别	姓　名	单位、职务	担任时间
市第十一届政协委员	王乐齐	集团党委副书记、副董事长	2008 年 1 月
市第十二届政协委员	吕勇明	集团党委书记、董事长	2013 年 1 月
	梁景安	丝绸集团总经理(无党派人士)	

三、上海市各区人大代表

表 8－2－21　东方国际集团系统当选上海市各区人大代表情况表

界　别	姓　名	单位、职务	当选时间
徐汇区第十二、十三届人大代表	徐伟民	东方丝绸党委副书记、总经理	1996 年 11 月 2001 年 11 月
徐汇区第十四、十五届人大代表	徐伟民	丝绸股份党委书记、董事长	2006 年 11 月 2011 年 11 月
长宁区第十五届人大代表	李春明	集团党委副书记、纪委书记、监事会副主席	2011 年 11 月
徐汇区第十六届人大代表	周　峻	集团党委副书记、总裁	2016 年 11 月
	顾慧慧	丝绸股份办公室主任(民主党派人士)	2016 年 11 月

四、其他代表、委员

表 8‑2‑22　东方国际集团系统当选上海市工会代表大会代表情况表

界　别	姓　名	单位、职务	当选时间
市第十、十一次工会代表大会代表	陈苏明	集团党委副书记、工会主席	1998 年 3 月
	陈苏明	集团监事会副主席、工会主席	2003 年 4 月
市第十三次工会代表大会代表	王　佳	集团工会主席	2013 年 5 月

表 8‑2‑23　东方国际集团系统当选上海市妇女代表大会代表情况表

界　别	姓　名	单位、职务	当选时间
市第十四次妇女代表大会代表	王　佳	集团工会主席	2013 年 4 月

表 8‑2‑24　东方国际集团系统当选上海市青年联合会委员情况表

界　别	姓　名	单位、职务	担任时间
市第九届青年联合会委员	周　峻	集团总裁助理	2003 年 12 月

第四节　高级职称人员

本节收录的高级职称人员系获国家指定的专业职称评定机构评审认定的副高级及以上专业技术职务职称的集团系统员工,共 333 人。其中,高级工程师 93 名,高级经济师 61 名,高级国际商务师 59 名,高级政工师 52 名,高级会计师 20 名,高级物流师 19 名,高级工艺美术师 9 名,副教授 3 名,副译审 3 名,高级保卫师 3 名,高级经营师 2 名,高级研究馆员 1 名,主任编辑 1 名,幼儿园高级教师 1 名,副研究员 1 名,高级注册财务策划师 1 名,高级人力资源管理师 1 名,高级营销师 1 名,高级项目管理师 1 名,高级讲师 1 名。同一职称名单排列以获得时间先后为序。

一、高级工程师

表 8‑2‑25　1982 年 11 月—2017 年 12 月获高级工程师职称人员情况表

序　号	姓　名	获得年月	所属单位
1	吴裕贤	1982 年 11 月	资产管理公司
2	张正平	1987 年 12 月	资产管理公司
3	张振寰	1987 年 12 月	资产管理公司
4	徐书文	1987 年 12 月	资产管理公司

〔续表〕

序　号	姓　名	获得年月	所属单位
5	贺锦云	1987 年 12 月	资产管理公司
6	方纫芝	1987 年 12 月	资产管理公司
7	汪金福	1987 年 12 月	资产管理公司
8	杨朴真	1988 年 2 月	资产管理公司
9	周菲菲	1988 年 6 月	资产管理公司
10	戚佩珍	1988 年 8 月	资产管理公司
11	石中善	1988 年 8 月	资产管理公司
12	朱圭和	1988 年 8 月	资产管理公司
13	耿国生	1988 年 8 月	资产管理公司
14	陈光新	1988 年 9 月	资产管理公司
15	裴愉发	1988 年 10 月	资产管理公司
16	徐鸿春	1988 年 10 月	资产管理公司
17	周佩媛	1988 年 10 月	资产管理公司
18	袁有彭	1988 年 10 月	资产管理公司
19	陈善娟	1988 年 10 月	资产管理公司
20	张素英	1988 年 10 月	资产管理公司
21	周丽娟	1988 年 10 月	资产管理公司
22	倪亚平	1988 年 10 月	资产管理公司
23	张夫宝	1988 年 10 月	资产管理公司
24	何秉武	1988 年 10 月	资产管理公司
25	顾宝棣	1988 年 10 月	资产管理公司
26	舒瑞婉	1989 年 1 月	资产管理公司
27	尹元珍	1989 年 1 月	资产管理公司
28	何伯根	1989 年 2 月	资产管理公司
29	董慧敏	1989 年 2 月	资产管理公司
30	张汉隽	1989 年 2 月	资产管理公司
31	王显明	1989 年 3 月	资产管理公司
32	方宇佩	1989 年 3 月	资产管理公司
33	吴　健	1989 年 3 月	资产管理公司
34	童秀芬	1989 年 3 月	资产管理公司
35	洪贵生	1989 年 3 月	资产管理公司
36	吴长生	1989 年 5 月	资产管理公司

〔续表〕

序 号	姓 名	获得年月	所属单位
37	莫 寅	1989 年 5 月	资产管理公司
38	秦德揆	1989 年 5 月	资产管理公司
39	钱炳仙	1989 年 5 月	资产管理公司
40	章宗麟	1989 年 6 月	东方新海
41	杨福兴	1989 年 6 月	东方新海
42	冯 书	1989 年 6 月	东方新海
43	谢奇雄	1989 年 6 月	东方新海
44	董月明	1989 年 6 月	东方新海
45	王金成	1990 年 1 月	资产管理公司
46	戴鸿峰	1990 年 7 月	资产管理公司
47	陈公达	1991 年 3 月	资产管理公司
48	薛惠琴	1991 年 3 月	资产管理公司
49	方芝仙	1991 年 3 月	资产管理公司
50	潘秋玲	1991 年 8 月	资产管理公司
51	袁玉勤	1992 年 6 月	资产管理公司
52	鞠文江	1992 年 7 月	资产管理公司
53	汤丽芳	1992 年 7 月	资产管理公司
54	吴春珠	1992 年 7 月	资产管理公司
55	叶培玉	1992 年 7 月	资产管理公司
56	陈本炎	1993 年 2 月	资产管理公司
57	赵有成	1993 年 9 月	资产管理公司
58	虞伯懿	1993 年 9 月	资产管理公司
59	朱国英	1993 年 9 月	资产管理公司
60	费振岳	1994 年 2 月	资产管理公司
61	周鸿玉	1994 年 2 月	资产管理公司
62	陈金云	1994 年 2 月	资产管理公司
63	严露曦	1994 年 2 月	资产管理公司
64	章一新	1994 年 2 月	资产管理公司
65	唐宏德	1994 年 2 月	资产管理公司
66	王梅章	1994 年 2 月	资产管理公司
67	江信飞	1994 年 2 月	资产管理公司
68	屠恒清	1994 年 2 月	资产管理公司

〔续表〕

序 号	姓 名	获得年月	所属单位
69	林引中	1994 年 4 月	资产管理公司
70	王金玉	1994 年 4 月	资产管理公司
71	胡长发	1994 年 4 月	资产管理公司
72	狄殿海	1995 年 5 月	资产管理公司
73	钱 灏	1995 年 5 月	资产管理公司
74	杨骏炜	1995 年 5 月	资产管理公司
75	王涛曾	1995 年 5 月	资产管理公司
76	邹士洁	1996 年 5 月	资产管理公司
77	孟岫云	1996 年 5 月	资产管理公司
78	周冀平	1996 年 12 月	东方创业
79	陈为灿	1997 年 3 月	资产管理公司
80	孔繁亭	1997 年 3 月	资产管理公司
81	关步慧	1997 年 3 月	资产管理公司
82	徐泰祥	1997 年 3 月	资产管理公司
83	查育浩	1999 年 3 月	资产管理公司
84	边 杰	1999 年 11 月	东方新海
85	王济强	2004 年 1 月	丝绸股份
86	徐 诚	2005 年 1 月	资产管理公司
87	李一东	2006 年 2 月	丝绸股份
88	赵梅珍	2008 年 12 月	资产管理公司
89	郑明章	2009 年 12 月	资产管理公司
90	张万国	2009 年 12 月	资产管理公司
91	傅继萌	2010 年 12 月	资产管理公司
92	许建华	2011 年 12 月	资产管理公司
93	麦沛成	2013 年 1 月	东方纺织

二、高级经济师

表 8-2-26 1987 年 12 月—2017 年 12 月获高级经济师职称人员情况表

序 号	姓 名	获得年月	所属单位
1	余沛基	1987 年 12 月	资产管理公司
2	秦廷标	1987 年 12 月	资产管理公司

〔续表〕

序 号	姓 名	获得年月	所属单位
3	沈丽琴	1988 年 9 月	东方创业
4	王龙坤	1988 年 9 月	东方创业
5	朱祖贤	1988 年 11 月	东方外贸
6	齐景升	1988 年 11 月	东方外贸
7	郭忠言	1988 年 11 月	东方外贸
8	顾 淦	1988 年 11 月	东方外贸
9	黄福康	1988 年 11 月	资产管理公司
10	王祖康	1988 年 12 月	集团总部
11	马仲文	1988 年 12 月	东方外贸
12	蒋 励	1988 年 12 月	东方外贸
13	周绮霖	1988 年 12 月	东方外贸
14	李公欢	1988 年 12 月	东方外贸
15	陈炳泉	1988 年 12 月	东方外贸
16	胡锦隆	1989 年 1 月	东方外贸
17	徐善成	1989 年 1 月	资产管理公司
18	胡国茹	1989 年 3 月	资产管理公司
19	欧志恒	1989 年 4 月	东方外贸
20	徐鹏星	1989 年 4 月	东方外贸
21	吴华秋	1989 年 4 月	东方外贸
22	陈永德	1989 年 4 月	资产管理公司
23	谢惠鸣	1989 年 5 月	集团总部
24	李安国	1989 年 5 月	东方创业
25	王麟祥	1989 年 5 月	资产管理公司
26	王毓清	1989 年 7 月	东方外贸
27	杨行方	1989 年 7 月	东方外贸
28	徐家声	1988 年 7 月	资产管理公司
29	蒋志铮	1989 年 9 月	东方外贸
30	冯承懋	1989 年 9 月	东方外贸
31	王维璋	1989 年 9 月	资产管理公司
32	怀善良	1992 年 8 月	资产管理公司
33	汪 阳	1993 年 8 月	集团总部
34	齐鸿昌	1993 年 8 月	东方创业
35	张成钧	1993 年 9 月	集团总部

〔续表〕

序 号	姓 名	获得年月	所属单位
36	刘寿培	1993 年 9 月	东方创业
37	岑志根	1993 年 9 月	资产管理公司
38	方美娣	1994 年 1 月	集团总部
39	钟伟民	1994 年 1 月	集团总部
40	贺静仪	1994 年 1 月	集团总部
41	蔡鸿生	1995 年 1 月	集团总部
42	陈成尧	1995 年 2 月	东方创业
43	强志雄	1995 年 3 月	集团总部
44	许耀光	1995 年 3 月	集团总部
45	杨正行	1995 年 4 月	资产管理公司
46	卢 军	1995 年 4 月	资产管理公司
47	蒋明明	1996 年 2 月	东方利泰
48	陆朴鸣	1996 年 4 月	集团总部
49	林炎藩	1996 年 4 月	资产管理公司
50	吕勇明	1997 年 8 月	集团总部
51	王美君	1997 年 8 月	集团总部
52	孙继光	1998 年 2 月	东方商业
53	吕 钢	1999 年 1 月	资产管理公司
54	何志刚	2000 年 5 月	集团总部
55	袁子伟	2002 年 8 月	集团总部
56	王吉康	2009 年 11 月	资产管理公司
57	何 燕	2011 年 12 月	集团总部
58	刘 敏	2011 年 12 月	资产管理公司
59	庞继全	2012 年 12 月	东松公司
60	沈永昌	2016 年 1 月	东松公司
61	韦 伟	2017 年 12 月	集团总部

三、高级国际商务师

表 8-2-27　1988 年 1 月—2017 年 12 月获高级国际商务师职称人员情况表

序 号	姓 名	获得年月	所属单位
1	苏培基	1988 年 1 月	东方纺织
2	李卓然	1988 年 1 月	东方纺织

〔续表〕

序　号	姓　名	获得年月	所属单位
3	沙启豪	1988 年 9 月	东方纺织
4	袁仁夫	1988 年 9 月	东方纺织
5	蔡立超	1989 年 1 月	东方纺织
6	阮克清	1989 年 4 月	东方纺织
7	李健熊	1989 年 4 月	东方纺织
8	王申元	1989 年 5 月	东方纺织
9	朱伟生	1989 年 5 月	东方纺织
10	施建和	1989 年 6 月	东方商业
11	李维平	1989 年 6 月	东方创业
12	汤重威	1989 年 8 月	东方纺织
13	陈伯度	1989 年 8 月	东方纺织
14	孙子扬	1989 年 12 月	东方纺织
15	方国良	1995 年 1 月	东方创业
16	何顺才	1995 年 1 月	东方创业
17	钟伟民	1995 年 2 月	集团总部
18	贺静宜	1995 年 2 月	集团总部
19	罗枚华	1995 年 2 月	资产管理公司
20	许耀光	1995 年 3 月	东方纺织
21	唐申云	1995 年 8 月	东方纺织
22	答朝宗	1998 年 9 月	东方家纺
23	唐小杰	1998 年 12 月	集团总部
24	王　佳	1998 年 12 月	集团总部
25	陈才林	1998 年 12 月	东方创业
26	周　峻	2000 年 1 月	集团总部
27	王　鸣	2000 年 1 月	东方纺织
28	杨国铭	2000 年 1 月	东方家纺
29	徐伟民	2000 年 1 月	丝绸股份
30	王　泉	2000 年 2 月	东方创业
31	贺丽萍	2000 年 3 月	东方创业
32	朱陶伟	2002 年 3 月	东方创业
33	陈毅钊	2002 年 3 月	东方新海
34	甘皆凡	2002 年 3 月	东方利泰

〔续表〕

序　号	姓　名	获得年月	所属单位
35	石伟明	2002 年 3 月	丝绸股份
36	季羽	2002 年 8 月	资产管理公司
37	谷小平	2003 年 12 月	集团总部
38	吴洁	2003 年 12 月	东方创业
39	龚培德	2003 年 12 月	东方纺织
40	张磊	2005 年 7 月	集团总部
41	周群	2005 年 7 月	东方创业
42	孙威	2007 年 3 月	东方家纺
43	李春明	2009 年 2 月	集团总部
44	郑大颖	2010 年 8 月	东方利泰
45	俞抒羽	2010 年 8 月	东方利泰
46	蔡震东	2010 年 8 月	领秀公司
47	汪东民	2010 年 8 月	丝绸股份
48	秦越	2010 年 9 月	东方创业
49	朱继东	2010 年 10 月	东方外贸
50	安琳	2010 年 10 月	东方外贸
51	孙泓	2010 年 10 月	东方外贸
52	郑洪捷	2010 年 10 月	东方外贸
53	许茵秋	2010 年 10 月	东方外贸
54	梁红	2012 年 4 月	东方创业
55	施慧	2013 年 1 月	丝绸股份
56	邵绯叶	2013 年 1 月	丝绸股份
57	袁文婕	2015 年 1 月	丝绸股份
58	何向骏	2016 年 1 月	东方利泰
59	胡知澄	2016 年 1 月	东方创业

四、高级政工师

表 8－2－28　1987 年 1 月—2017 年 12 月获高级政工师职称人员情况表

序　号	姓　名	获得年月	所属单位
1	金慧珍	1987 年 1 月	资产管理公司
2	陶人观	1988 年 9 月	集团总部

〔续表〕

序 号	姓 名	获得年月	所属单位
3	陈能方	1989 年 2 月	东方纺织
4	许玉珍	1991 年 10 月	资产管理公司
5	张翠珍	1992 年 1 月	资产管理公司
6	屠锡生	1992 年 1 月	资产管理公司
7	孙惠芳	1992 年 1 月	资产管理公司
8	俞惠康	1992 年 1 月	资产管理公司
9	叶焕权	1992 年 3 月	资产管理公司
10	郭永康	1992 年 3 月	资产管理公司
11	司盛福	1992 年 5 月	资产管理公司
12	鲍筱彬	1992 年 6 月	资产管理公司
13	邵明娥	1992 年 6 月	资产管理公司
14	腾祖浩	1992 年 6 月	东方外贸
15	周 毅	1992 年 6 月	东方外贸
16	沈正宏	1992 年 6 月	东方外贸
17	黄志超	1992 年 8 月	东方创业
18	陈苏明	1994 年 3 月	集团总部
19	张连征	1994 年 3 月	资产管理公司
20	王乐齐	1994 年 5 月	集团总部
21	倪国芳	1995 年 9 月	资产管理公司
22	陈佩芬	1996 年 3 月	资产管理公司
23	田国梅	1996 年 5 月	资产管理公司
24	朱根娣	1996 年 10 月	资产管理公司
25	黄玉贞	1997 年 7 月	资产管理公司
26	李春明	1997 年 8 月	集团总部
27	傅 英	1997 年 8 月	东方纺织
28	俞立本	1998 年 1 月	集团总部
29	陶文若	1998 年 4 月	资产管理公司
30	沈玉玺	1998 年 4 月	东方创业
31	黄凤娟	1998 年 8 月	资产管理公司
32	王德耀	1998 年 8 月	资产管理公司
33	董飞翔	2001 年 12 月	资产管理公司
34	陈一纲	2001 年 12 月	东方纺织

〔续表〕

序　号	姓　名	获得年月	所属单位
35	张祖钢	2005 年 12 月	资产管理公司
36	曹立江	2008 年 11 月	集团总部
37	杨晓新	2008 年 11 月	资产管理公司
38	高国琳	2008 年 11 月	资产管理公司
39	丁吉喜	2009 年 11 月	东方创业
40	梁正康	2010 年 10 月	东方外贸
41	胡霞雯	2010 年 10 月	东方外贸
42	贺　明	2010 年 11 月	资产管理公司
43	张庆伟	2010 年 11 月	资产管理公司
44	孙如琪	2011 年 11 月	集团总部
45	朱耀忠	2012 年 11 月	集团总部
46	沈　敏	2013 年 11 月	资产管理公司
47	张国顺	2013 年 11 月	资产管理公司
48	须中远	2013 年 11 月	东方创业
49	陈智华	2014 年 11 月	资产管理公司
50	张　磊	2016 年 12 月	集团总部
51	薛雨农	2017 年 11 月	资产管理公司
52	徐莉萍	2017 年 11 月	东方创业

五、高级会计师

表 8-2-29　1989 年 1 月—2017 年 12 月获高级会计师职称人员情况表

序　号	姓　名	获得年月	所属单位
1	张　豪	1989 年 1 月	资产管理公司
2	杜如峰	1989 年 1 月	资产管理公司
3	丁　环	1989 年 3 月	东方外贸
4	宾亚华	1993 年 12 月	集团总部
5	许福康	1994 年 10 月	东方创业
6	邢建华	1998 年 12 月	集团总部
7	褚融敏	2001 年 4 月	集团总部
8	季胜君	2002 年 4 月	集团总部
9	何邦杰	2002 年 5 月	集团总部

〔续表〕

序 号	姓 名	获得年月	所属单位
10	胡宏春	2003 年 3 月	集团总部
11	曹 铭	2004 年 3 月	东方外贸
12	谢子坚	2005 年 5 月	集团总部
13	夏培勇	2005 年 5 月	东方创业
14	陈莉敏	2008 年 4 月	东方创业
15	竺佩兰	2009 年 12 月	集团总部
16	戎 洁	2009 年 12 月	集团总部
17	庄伟国	2009 年 12 月	东松公司
18	吴士毅	2009 年 12 月	丝绸股份
19	曾 玮	2011 年 12 月	集团总部
20	苏 红	2015 年 12 月	集团总部

六、高级物流师

表 8-2-30　2009 年 1 月—2017 年 12 月获高级物流师职称人员情况表

序 号	姓 名	获得年月	所属单位
1	施文丞	2009 年 1 月	东方新海
2	陈云亮	2012 年 10 月	物流集团
3	石 楠	2012 年 10 月	物流集团
4	仲 微	2012 年 10 月	物流集团
5	王 庆	2012 年 10 月	物流集团
6	邓煜晖	2012 年 10 月	物流集团
7	郁培德	2012 年 10 月	物流集团
8	徐正华	2012 年 11 月	东方新海
9	徐 铮	2014 年 6 月	东方新海
10	管正华	2014 年 6 月	东方新海
11	叶 菁	2014 年 6 月	东方新海
12	桂 岭	2014 年 6 月	东方新海
13	陈敏敏	2015 年 2 月	东方新海
14	赵守伟	2015 年 2 月	东方新海
15	卓立克	2015 年 12 月	物流集团
16	王慧娣	2015 年 12 月	物流集团
17	沈超云	2015 年 12 月	东方新海

〔续表〕

序 号	姓 名	获得年月	所属单位
18	石 伟	2016 年 1 月	东方新海
19	陆颖军	2016 年 12 月	物流集团

七、高级工艺美术师

表 8－2－31　1988 年 4 月—2017 年 12 月获高级工艺美术师职称人员情况表

序 号	姓 名	获得年月	所属单位
1	吴瑞荣	1988 年 4 月	资产管理公司
2	费定英	1988 年 8 月	资产管理公司
3	杜开源	1988 年 9 月	资产管理公司
4	严安林	1988 年 12 月	资产管理公司
5	蒋凤华	1995 年 12 月	资产管理公司
6	周琴仙	1996 年 12 月	资产管理公司
7	张洪根	1996 年 12 月	资产管理公司
8	陈 硕	1997 年 1 月	资产管理公司
9	陆 柯	2007 年 1 月	资产管理公司

八、副教授

表 8－2－32　1992 年 6 月—2017 年 12 月获副教授职称人员情况表

序 号	姓 名	获得年月	所属单位
1	徐建新	1992 年 6 月	集团总部
2	黄大瑜	1993 年 2 月	东方创业
3	韩 强	1997 年 2 月	集团总部

九、副译审

表 8－2－33　1987 年 12 月—2017 年 12 月获副译审职称人员情况表

序 号	姓 名	获得年月	所属单位
1	陈孟武	1987 年 12 月	东方纺织
2	吴仲昉	1988 年 11 月	东方外贸
3	胡志清	1989 年 8 月	东方纺织

十、高级保卫师

表 8‑2‑34 2005 年 6 月—2017 年 12 月获高级保卫师职称人员情况表

序 号	姓 名	获得年月	所属单位
1	姜 潮	2005 年 6 月	集团总部
2	陆颖军	2016 年 6 月	物流集团
3	曹巨涛	2017 年 11 月	资产管理公司

十一、高级经营师

表 8‑2‑35 2004 年 3 月—2017 年 12 月获高级经营师职称人员情况表

序 号	姓 名	获得年月	所属单位
1	冯宝根	2004 年 3 月	东方利泰
2	沈 奋	2005 年 2 月（国际注册）	东方利泰

十二、其他高级职称

表 8‑2‑36 1988 年 11 月—2017 年 12 月获其他高级职称人员情况表

序 号	姓 名	职 称	获得年月	所属单位
1	王振中	高级研究馆员	1988 年 11 月	东方外贸
2	朱遂春	主任编辑	1989 年 4 月	资产管理公司
3	张仲山	高级讲师	1989 年 12 月	东方外贸
4	魏 嵘	幼儿园高级教师	1995 年 6 月	资产管理公司
5	姚文祖	副研究员	2001 年 2 月	集团总部
6	戎 蓉	高级注册财务策划师	2005 年 12 月	丝绸股份
7	陈 蓉	高级人力资源管理师	2011 年 11 月	东方新海
8	刘以东	高级营销师	2013 年 8 月	资产管理公司
9	徐向明	高级项目管理师	2013 年 8 月	资产管理公司

附 录

追求卓越　拥抱未来

Aspire after brilliance to embrace the future

东方国际(集团)有限公司章程

(2012 年 2 月)

第一章 总 则

第一条 ［目的和效力］

为规范东方国际(集团)有限公司(以下简称"公司")的组织和行为,保护公司、出资人和债权人的合法权益,上海市国有资产监督管理委员会(以下简称"出资人")根据《中华人民共和国公司法》(以下简称《公司法》)及其他有关的法律法规,制定本章程。

公司章程系规范公司组织与行为的法律文件,对于公司、出资人、董事、监事以及高级管理人员具有约束力。

第二条 ［公司的设立和开展经营活动］

公司系依照《公司法》和其他有关规定,经出资人批准,在上海市工商行政管理局注册登记成立的国有独资公司。根据《公司法》及有关法律、法规、规章、规范性文件、公司章程的规定,在出资人的监督管理下,依据上海市人民政府及出资人的指导依法开展经营活动。

第三条 ［法人财产权和公司、出资人的有限责任］

公司是企业法人,自企业法人营业执照签发之日起取得法人资格,有独立的法人财产,享有法人财产权。

公司以其全部财产对公司的债务承担责任,出资人以其认缴的出资额为限对公司承担责任。

第四条 ［对外投资及限制］

公司可以向其他企业投资,但除法律另有规定外,不得成为对所投资企业的债务承担连带责任的出资人。

第五条 ［分公司的设立和责任承担］

公司可以设立分公司。分公司不具有法人资格,其民事责任由公司承担。

第二章 名称、住所和经营期限

第六条 ［公司名称］

公司名称为东方国际(集团)有限公司。

英文名称为 ORIENT INTERNATIONAL (HOLDING) COMPANY, LIMITED,英文缩写为 OIH。

第七条 ［公司住所］

公司住所为中国上海市娄山关路 85 号东方国际大厦 A 座 22—24 层。

第八条 ［公司经营期限］

公司的经营期限为永续经营。

第三章　宗旨和经营范围

第九条　［公司的宗旨］

以经济效益为中心,以实现国有资产保值增值为目标,充分发挥品牌信誉、资金融通、专业人才和供应链管理等方面的综合优势,以货物贸易为主体,现代物流和相关实业为支撑,服务贸易为配套,建设服务贸易大平台,成为具有国际竞争力和产权多元化的跨国现代服务贸易大集团。

第十条　［公司的经营范围］

公司的经营范围是：经营和代理纺织品、服装等商品的进出口业务,承办中外合资经营、合作生产、"三来一补"业务,经营技术进出口业务和轻纺、服装行业的国外工程承包业务、境内国际招标工程、对外派遣各类劳务人员,承办国际货运代理业务,产权经纪,自有房屋租赁。上述经营范围以经公司登记机关核准并记载于企业法人营业执照上的经营范围为准。

第十一条　［经营范围的变更程序］

经出资人同意,上述经营范围可以变更,但是应当办理变更登记。

第四章　公司的注册资本、出资方式和出资时间

第十二条　［注册资本］

公司的注册资本为人民币捌亿元。

第十三条　［验资］

出资人缴纳出资后,必须经依法设立的验资机构验资并出具证明。

第十四条　［注册资本的缴纳］

公司注册资本已全部缴足。

第五章　公司性质及出资人

第十五条　［公司性质］

公司系由国家出资、由上海市人民政府授权上海市国有资产监督管理委员会履行出资人职责的国有独资公司。

第十六条　［出资人享有权利、行使职权、履行义务的依据］

出资人根据《公司法》及其他相关法律、法规、规章、规范性文件、公司章程及出资人其他法律文件之规定,对公司享有权利、行使职权并履行义务。

第六章　公司的机构及其产生办法、职责、议事规则

第一节　出　资　人

第十七条　［出资人的职责］

公司不设股东会,由出资人履行以下职责：

(一)制定和修改公司章程或审核批准董事会制定的章程、章程修改方案;

(二)审核批准董事会和监事会的年度和任期工作报告,并对年度和任期业绩进行考核评价;

(三)按照管理权限,委派和更换公司非由职工代表担任的董事、监事,并对董事、监事履职情况进行考核评价;

(四)决定有关董事、监事的报酬;

（五）批准公司年度财务决算、利润分配方案和弥补亏损方案、增加或者减少注册资本方案、发行公司债券方案以及公司合并、分立、解散、清算或者变更公司形式的方案；

（六）按照上海市国资布局和结构调整的总体要求，批准公司的主业及调整方案；

（七）批准公司重大会计政策和会计估计变更方案；

（八）按照有关规定，对公司重大事项等进行审计，并按照管理权限对公司负责人进行经济责任审计；

（九）法律、行政法规规定的其他职责。

第十八条　［出资人的决定及效力］

出资人可根据董事会的报告、应董事会的要求、监事会的报告或主动履行出资人的职责，决定公司的有关事项。出资人的决定具有最高效力。

第十九条　［出资人履行职责时要求董事会提供书面意见］

出资人在履行职责、决定有关事项时，可以要求董事会提供书面意见，董事会应根据出资人的要求提供书面意见。

第二节　董　事　会

第二十条　［董事会的组成］

公司设董事会，由七至九名董事组成，其中应当包括职工代表。

非由职工代表担任的董事由出资人委派。

职工董事由公司职工代表大会选举产生。

第二十一条　［董事的委派方式、考评和职务解除］

出资人应以书面形式委派董事，有权对董事进行考评并按照规定程序解除其委派董事的职务。

第二十二条　［外部董事的委派、资格及职责］

董事会成员中应包括由出资人委派的外部董事，外部董事由出资人视公司的运营需要而委派。

外部董事指由非公司员工的人员担任的董事，外部董事不在公司担任除董事和董事会专门委员会有关职务外的其他职务，不负责执行层的事务，不从公司领取工资或奖金。

外部董事应当独立履行职责，对公司事务作出自己的独立判断，并应保证有足够的时间和精力履行职责。

第二十三条　［董事的任期］

董事每届任期为三年，获得连续委派或者连续当选可以连任。外部董事的任期根据有关法律、法规、规章及规范性文件的规定执行。

第二十四条　［董事的任职要求］

董事应具有与董事职责相适应的教育背景，应具有在公司主要业务领域的经营或行业管理经验，或具有财务、法律等专业技能。

第二十五条　［董事长及职责］

公司设董事长一名，必要时可以设副董事长一名，由出资人在董事会成员中指定。

董事长履行下列职责：

（一）召集、主持董事会会议；

（二）督促、检查董事会决议的执行情况，并向董事会报告；

（三）签署董事会重要文件和其他应由公司法定代表人签署的文件；

（四）在发生特大自然灾害等不可抗力的紧急情况下，对公司事务行使符合法律规定和公司利

益的特别处置权,并在事后及时向董事会报告;

(五)根据需要,可以由董事会以书面决议形式授权董事长在董事会闭会期间,行使董事会的部分职责,具体权限范围由董事会通过的书面决议决定;

(六)法律、法规和公司章程规定的其他职责。

第二十六条 〔董事会的职责〕

董事会履行以下职责:

(一)向出资人报告年度工作;

(二)决定公司的发展战略和中长期发展规划,报出资人备案,并对其实施进行管控。审议批准主业投资计划与投资方案,并报出资人备案;非主业投资项目,报出资人核准;审议批准子公司重大投资方案;

(三)批准公司年度财务预算并报送出资人;

(四)制定公司利润分配方案和弥补亏损方案;审议批准子公司利润分配方案和弥补亏损方案;

(五)制定公司增加或者减少注册资本以及发行公司债券的方案;审议批准子公司增加或者减少注册资本以及发行公司债券的方案;

(六)制定公司合并、分立、解散或者变更公司形式的方案;审议批准子公司合并、分立、解散或者变更公司形式的方案;

(七)决定公司内部管理机构的设置,制定公司的基本管理制度;

(八)根据有关规定,聘任或者解聘公司总裁,并根据总裁提名决定聘任或者解聘公司高级管理人员;

(九)根据行业和企业特点,制定公司高级管理人员业绩考核和薪酬分配办法,决定公司高级管理人员薪酬分配(中长期激励除外)。业绩考核和薪酬分配办法,年度(任期)考核分配结果,报出资人备案;审议批准向子公司派出的董事、监事人选及其报酬事项,并对上述人员进行检查和考核;

(十)根据有关规定,决定一定额度的资产处置、融资方案(发行债券除外)、对外捐赠或者赞助等;审议批准子公司重大的资产处置、融资方案、对外捐赠或者赞助等;

(十一)对公司为他人提供或者不提供担保作出决议;

(十二)决定公司内部重大改革重组事项。包括:批准公司层级收缩方案,批准公司内部业务结构调整(包括非主业资产剥离、重组)方案,批准公司劳动、人事、分配制度改革方案,对公司职工分流安置方案、辅业改制方案和分离公司办社会机构方案作出决议。其中,涉及公司职工切身利益的有关方案,须按照国家有关规定经职工代表大会或者其他民主形式审议通过后,董事会方可批准或者作出决议;

(十三)按照出资人有关工资总额预算的规定,决定公司的工资总额预算方案,报出资人备案;

(十四)决定和完善公司风险管理体系,对公司风险管理的实施进行总体监控。制定公司重大会计政策和会计估计变更方案,审议批准公司内部审计报告,决定公司内部审计机构的负责人,决定公司年度财务决算审计中介机构的选聘;

(十五)审议批准公司总裁工作报告,检查公司总裁和其他高级管理人员对董事会决议的执行情况,建立董事会对公司总裁和其他高级管理人员的问责制;

(十六)依法支持和配合监事会工作,接受监事会的监督检查;

(十七)决定公司行使所投资企业股东权利所涉及的事项;

（十八）法律、行政法规规定的其他职责。

第二十七条　［董事会的授权］

董事会根据公司具体情况,可以对主业范围内一定金额投融资项目的决定权,一定金额公司资产转让、对外捐赠或者赞助的批准权进行授权。董事会应当制定授权的管理制度,明确授权的范围和数量界限,规定被授权人的职责、义务、责任和行使职责的具体程序。被授权人须定期向董事会报告行使授权结果。

第二十八条　［董事会专门委员会］

董事会下设战略投资、提名、薪酬考核、审计与风险控制、预算等委员会作为董事会专门的工作机构。上述各专门委员会对董事会负责,在公司章程规定和董事会授权范围内履行职责。

上述各专门委员会具体的人员组成,由董事会决定。其中提名委员会、薪酬考核委员会、审计与风险控制委员会中外部董事占多数,薪酬考核委员会、审计与风险控制委员会主任委员由外部董事担任。

各专门委员会应制定相应的工作制度和流程。拟提交董事会审议的议案,公司章程或董事会议事规则等规定专门委员会应审议的,专门委员会应召开会议进行讨论并形成意见后报董事会决定。

公司有关职能部门应为董事会各专门委员会提供工作支持。

第二十九条　［董事会秘书］

公司设董事会秘书,由董事长提名,董事会决定聘任或解聘。董事会秘书负责筹备董事会会议,办理董事会日常事务,与董事沟通信息,为董事工作提供服务等事项。

公司可以根据实际情况确定董事会办公室与其他部门合署办公。

第三十条　［董事会会议］

董事会会议包括定期会议、临时会议。召开董事会会议的次数,应当确保满足董事会履行各项职责的需要。董事会每年度至少召开四次定期会议,其中在每年第一季度召开年度董事会会议。

第三十一条　［董事会会议的召开］

有以下情况之一时,应召开董事会会议:

（一）三分之一以上董事提议时;

（二）监事会提议时;

（三）董事长或外部董事认为必要时;

（四）出资人认为必要时。

第三十二条　［董事会会议的召集和主持］

董事会会议由董事长召集和主持;董事长不能履行职务或者不履行职务的,由半数以上董事共同推举一名董事召集和主持。

第三十三条　［董事会会议通知和资料提供］

董事会定期和临时会议通知应当包括会议召开的时间、地点和议题等有关情况。提供给董事的文件、信息和其他资料,应有利于董事完整、及时、准确掌握会议议题的有关情况。

第三十四条　［董事会会议召开的条件］

董事会会议应有过半数董事（委托其他董事出席的,委托董事计算在内）出席方可召开。

第三十五条　［董事会议案的表决］

董事会议案的表决,应以记名方式进行,一人一票,一事一决。临时会议视情况可采取通信方式表决。对重大决策、重要人事任免、重大项目安排和大额度资金运作等"三重一大"事项,不能采取通信方式进行表决。

董事会作出决议,必须经全体董事的过半数通过。

董事会对公司章程第二十六条第(二)项至第(六)项、第(八)项所涉及事项进行表决时,或者外部董事认为必要时,议案须经全体董事三分之二以上同意方可作出决议。

董事对提交董事会审议的议案可以表示同意、反对、弃权。表示反对、弃权的董事,应说明具体理由并记载于会议记录。

第三十六条　[董事会会议记录]

董事会会议应形成会议记录。会议记录应当包括会议召开的日期、地点、主持人姓名、出席董事姓名(委托人与被委托人姓名)、会议议程、议题、董事发言要点、决议的表决方式和结果(同意、反对或者弃权的票数及投票人姓名)等内容。

第三十七条　[董事会会议及议题的延缓]

当三分之一以上董事或者两名以上外部董事认为资料不充分或者论证不明确时,会前可以书面形式联名提出缓开董事会会议或者缓议董事会会议所议议题,董事会应当采纳。

第三十八条　[董事会议事规则]

董事会应制定具体的议事规则对董事会会议程序性事项予以规定。

第三十九条　[董事会专题会议]

董事长或外部董事认为有必要时,可以召开董事会专题会议,对重大专项问题进行研究;专题会议可以不进行表决,不形成决议。

第三节　监 事 会

第四十条　[监事会的组成]

公司设监事会,由五至七名监事组成,其中职工监事比例不低于三分之一。

在监事会人数不满足章程规定的情况下,已经委派或选举产生的监事单独或共同行使本节规定的监事会职权。

第四十一条　[监事的委派方式]

出资人应以书面通知公司的形式委派监事。出资人有权对其委派的监事进行考评。出资人有权按照规定程序解除其委派监事的职务。

第四十二条　[职工监事]

职工监事由公司职工代表大会选举产生。

第四十三条　[监事的身份限制]

董事、高级管理人员及与其相关的人员(指与其相关的第六十三条中规定的自然人)不得兼任监事。

第四十四条　[监事任期]

监事任期同董事任期。

第四十五条　[监事会主席]

监事会设主席一名,由出资人在监事中指定,履行以下职责:

(一) 召集、主持监事会会议,决定是否召开临时监事会会议;

(二) 检查监事会决议的实施情况,并向监事会报告决议的执行结果;

(三) 代表监事会向出资人报告工作;

（四）审定、签署监事会的决议、报告和其他重要文件；

（五）公司章程规定的其他职权。

第四十六条　［监事会副主席］

监事会可以设副主席一名，由出资人在监事中指定。监事会副主席协助主席工作，在主席缺位的情况下，主持监事会工作。

第四十七条　［监事会的职责］

监事会履行以下职责：

（一）按有关规定，向出资人报告工作；

（二）监督公司制度建立及执行情况，主要包括公司内部监督管理和风险控制制度的建立及落实执行情况；

（三）检查公司财务，查阅公司财务会计资料及与经营管理活动有关的其他资料，评价公司财务会计报告的真实性、合法性；

（四）监督董事、高级管理人员执行公司职务行为情况，主要对其忠诚履职和勤勉尽责情况进行监督，对其职务消费、薪酬分配等情况进行检查；当董事、高级管理人员的行为损害公司利益时，要求其纠正；对违法违规董事、高级管理人员提出罢免建议；

（五）根据对公司进行监督检查的情况，可建议出资人依法进行专项审计，并监督公司对审计结果整改落实情况；

（六）了解、掌握和跟踪公司重要经营活动，对董事会重大事项决策及决策执行的情况进行评价；

（七）完成出资人交办的监督检查任务；

（八）法律、行政法规规定的其他职责。

第四十八条　［监事会的知情权］

监事会在履行职责时，可以进行必要的调查工作，除有权向财政、工商、税务、审计、海关等有关部门和银行、重要客户调查了解公司的情况外，有权要求董事会、总裁及其他高级管理人员、公司职能部门向其提供必要的资料，董事会、总裁及其他高级管理人员、公司职能部门必须配合监事会工作，按照监事会的要求及时提供真实、充分的资料。除总裁外的其他高级管理人员或公司职能部门不予以配合的，监事会有权要求总裁责令其配合；总裁不予以配合的，监事会有权要求董事会责令其配合；董事会不予以配合的，监事会有权将有关情况报告出资人。

必要时，监事会可以就其职权范围内的事项直接向出资人报告，请求出资人的配合和支持。

第四十九条　［监事会的检查和督促］

监事会对监督检查中发现的且需要公司自行纠正和解决的有关问题，可以通过沟通、提示、召开专门会议等方式，要求公司纠正或整改，并督促其整改，把整改情况报出资人。

第五十条　［监事会办事机构和监事会秘书］

监事会可以设办事机构或在不影响其行使监督职能的前提下与公司其他部门合署办公。可以设专职或兼职秘书，负责监事会日常事务，筹备监事会会议，与监事沟通信息提供服务等事项。监事会秘书由监事会任命，报出资人备案。

第五十一条　［监事会会议］

议事方式主要采用监事会定期会议、日常会议和专题会议的形式。监事会每年应至少召开四次会议，其中在年度董事会会议举行后召开年度监事会会议。

监事会可采取监事会专题会议或联席会议等形式,协调纪检、监察、审计、财务等有关部门,形成资源共享、信息沟通、联动合作的监督合力机制。

第五十二条 [监事会的召开]

有以下情况之一时,应召开监事会会议:

(一)三分之一以上监事提议时;

(二)监事会主席认为必要时;

(三)董事会召开并通过重大事项时;

(四)出资人认为必要时。

第五十三条 [监事会工作制度]

监事会应制定专门的议事规则等工作制度,对会议、决议、报告、监督检查规程等作出规定;监事会制度文本报送出资人备案,并抄送董事会。

第四节　经营管理机构

第五十四条 [高级管理人员的组成及职责]

总裁、副总裁、财务总监、总经济师、总法律顾问、行政总监、副总经济师、财务副总监等为公司高级管理人员。

董事会可以决定公司其他人员为高级管理人员。

高级管理人员职责由公司管理制度确定。

第五十五条 [任职要求和董事兼任高级管理人员]

高级管理人员应具有与其所担任职务相适应的专业知识和工作经验。经出资人同意,董事可以受聘兼任高级管理人员。

第五十六条 [总裁的聘任、解聘和任期]

根据有关规定,董事会决定聘任和解聘总裁;总裁可由董事兼任,聘期由董事会决定,获连续受聘可以连任。

第五十七条 [总裁的职责]

总裁主持公司日常经营管理工作,对董事会负责,履行以下职责:

(一)主持公司的生产经营管理工作,组织实施董事会决议;

(二)拟订公司年度经营和投融资计划;

(三)拟订公司年度财务预算、决算方案;

(四)拟订公司内控制度和风险管理体系的实施方案;

(五)拟订公司内部的改革、重组方案;

(六)拟订公司的收入分配方案;

(七)拟订公司资产处置方案;

(八)根据董事会决定的公司经营计划和投资方案,批准预算内的经营性项目费用和长期投资费用的支出;

(九)根据有关规定,提请董事会决定聘任或者解聘公司副总裁和其他高级管理人员;

(十)建立总裁办公会制度,召集和主持总裁办公会议,协调、检查和督促各部门、各分公司、各子公司的日常经营工作;

(十一)董事会授予的专项职权;

(十二)法律、行政法规规定的其他职责。

第五十八条　［授权和责任承担］

董事会可依法将其部分职责以书面方式授予总裁行使，但董事会在作出上述授权时应注意控制风险，将授权情况向出资人报告或备案，并对上述授权及授权范围内发生的具体事项承担最终责任。

第五十九条　［高级管理人员的考核、奖惩及方案的制定］

董事会对高级管理人员设定工作绩效目标并对高级管理人员进行考核和奖惩，具体绩效考核和奖惩由董事会决定。

第七章　董事、监事及高级管理人员的资格、义务及法律责任

第一节　任职资格以及忠实勤勉义务

第六十条　［董事、监事、高级管理人员的任职限制］

有下列情形之一的，不得担任公司的董事、监事、高级管理人员：

（一）无民事行为能力或者限制民事行为能力；

（二）因贪污、贿赂、侵占财产、挪用财产或者破坏社会主义市场经济秩序，被判处刑罚，执行期满未逾五年，或者因犯罪被剥夺政治权利，执行期满未逾五年；

（三）担任破产清算的公司、企业的董事或者厂长、经理，对该公司、企业的破产负有个人责任的，自该公司、企业破产清算完结之日起未逾三年；

（四）担任因违法被吊销企业法人营业执照、责令关闭的公司、企业的法定代表人，并负有个人责任的，自该公司、企业被吊销企业法人营业执照之日起未逾三年；

（五）个人所负数额较大的债务到期未清偿。

已获得委派或选举董事、监事或者聘任高级管理人员不符合上述规定的，对其委派、选举或者聘任的决定无效。

董事、监事、高级管理人员在任职期间出现本条第一款所列情形的，出资人或公司应当解除其职务。

第六十一条　［忠实义务和诚信原则］

董事、监事和高级管理人员应当遵守法律、行政法规和公司章程，对公司负有忠实义务，不得利用职权收受贿赂或者其他非法收入，不得侵占或损害公司的财产、利益及对公司有利的商业机会。

董事、监事、高级管理人员在履行职责时，必须遵守诚信原则，不应当置自己于自身的利益与承担的义务可能发生冲突的处境，真诚地以公司最大利益为出发点行事，且应在其职权范围内行使权力，不得越权。

第六十二条　［不得从事的行为］

董事、监事及高级管理人员不得有以下行为：

（一）挪用公司资金；

（二）将公司资金以其个人名义或者以其他个人名义开立账户存储；

（三）违反公司章程的规定，未经出资人或者董事会同意，将公司资金借贷给他人或者以公司财产为他人提供担保；

（四）未经出资人同意，与本公司订立合同或者进行交易；

（五）未经出资人同意，利用职务便利为自己或者他人谋取属于公司的商业机会，自营或者为他人经营与所任职公司同类的业务（经适当程序决定在由公司投资的控股、参股公司任职的除外）；

（六）接受他人与公司交易的佣金，归为己有；

（七）擅自披露，或非以公司利益为目的使用公司秘密；

（八）违反对公司忠实义务的其他行为。

董事、监事及高级管理人员违反前款规定所得的收入应当归公司所有。

第六十三条 ［不得指使他人从事相关行为］

董事、监事及高级管理人员，不得指使下列人员或者机构从事公司章程第六十二条所禁止其本身从事的事宜：

（一）董事、监事及高级管理人员的配偶或者未成年子女；

（二）董事、监事及高级管理人员或者本条（一）项所述人员的受托人；

（三）董事、监事及高级管理人员或者本条（一）、（二）项所述人员的合伙人；

（四）由董事、监事及高级管理人员在事实上单独控制的公司，或者与本条（一）、（二）、（三）项所提及的人员或者公司其他董事、监事及高级管理人员在事实上共同控制的公司；

（五）本条（四）项所指被控制的公司的董事、监事及高级管理人员。

董事、监事及高级管理人员违反本条规定，视同其本人违反了第六十二条。

第六十四条 ［勤勉义务］

董事、监事及高级管理人员对公司负有勤勉义务，应当投入足够的时间和精力，独立、谨慎地行使职权，且行使职权时，以一个合理的谨慎的人在相似情形下所应表现的谨慎、勤勉和技能为其所应为的行为。

第二节 法律责任

第六十五条 ［赔偿责任］

董事、监事、高级管理人员执行公司职务时违反法律、行政法规或者公司章程的规定，给公司造成损失的，应当承担赔偿责任。

第八章 公司的法定代表人

第六十六条 ［法定代表人］

出资人可以指定董事长或总裁作为公司的法定代表人，在董事长不兼任总裁且出资人未明确指定的情况下，董事长为公司的法定代表人。

第六十七条 ［法定代表人职权］

法定代表人对外代表公司签订合同等文件、进行民商事活动，参与诉讼和仲裁等程序。

第六十八条 ［约束和管理］

法定代表人对外代表公司的行为受董事会及出资人的约束和管理。

第九章 财务会计制度

第六十九条 ［财务会计制度的建立］

公司应当依照法律、行政法规和国务院财政部门的规定建立本公司的财务、会计制度。除法定的会计账簿外，不得另立会计账簿。对公司资产，不得以任何个人名义开立账户存储。

第七十条 ［财务会计报告、公司审计和聘用会计师事务所］

公司应当在每一会计年度终了时编制符合法律、行政法规和国务院财政部门规定的财务会计报告，并依法经有相应从业资格的会计师事务所审计。公司应当向聘用的会计师事务所提供真实、完整的会计凭证、会计账簿、财务会计报告及其他会计资料，不得拒绝、隐匿、谎报。

会计师事务所的聘用和解聘由董事会决定。

第七十一条　[法定公积金的提取]

公司分配当年税后利润时，应当提取利润的百分之十列入公司法定公积金。

公司法定公积金累计额为公司注册资本的百分之五十以上的，可以不再提取。公司的法定公积金不足以弥补以前年度亏损的，在依照前款规定提取法定公积金之前，应当先用当年利润弥补亏损。

第七十二条　[任意公积金的提取]

公司从税后利润中提取法定公积金后，董事会可以决定从税后利润中提取任意公积金。

第七十三条　[财务风险控制制度]

公司应建立科学的财务风险控制制度，包括需向出资人报告重大事项的财务指标。

第十章　解　　散

第七十四条　[公司解散的事由]

公司出于下列原因解散：

（一）出资人决定并经上海市人民政府批准解散；

（二）因公司合并或者分立需要解散；

（三）依法被吊销企业法人营业执照、责令关闭或者被撤销。

第十一章　劳　动　人　事

第七十五条　[劳动合同制]

公司实行全员劳动合同制，根据《中华人民共和国劳动法》与职工建立劳动关系。

第七十六条　[工资制度]

公司应依法建立健全劳动工资制度。

第七十七条　[设立工会]

公司根据《中华人民共和国工会法》设立工会。

第七十八条　[听取工会意见]

公司研究决定改制以及经营方面的重大问题、制定重要的规章制度及其他与职工切身利益有关的事宜时，应当听取公司工会的意见，并积极通过各种形式听取职工的意见和建议，实行民主管理。

第七十九条　[社会保险的缴纳]

公司依法为职工缴纳社会保险。

第十二章　其　他　事　项

第八十条　[党团组织的设立和活动]

在公司中，根据中国共产党章程、中国共产主义青年团章程的规定，分别设立中国共产党、中国共青团的组织，开展党、团的活动。公司应当为党、团组织的活动提供必要条件。

第八十一条　[用语解释]

公司章程中"以上""以下"的表述均包含本数。

第八十二条 ［未尽事宜的执行］

公司章程未尽事宜根据相关法律法规执行。

第八十三条 ［章程的生效和解释］

公司章程由出资人签署批准后生效,由出资人负责解释。

东方国际集团"十一五"发展规划

（2005 年）

一、"十五"期间的回顾与总结

"十五"期间，东方国际集团以国家大型企业集团试点为契机，以"加速体制创新，再创竞争优势"为主题，适应入世要求，实施"以变应变，以变制变"的战略思想，努力变革企业经营战略和方针，努力变革企业体制机制和管理方式，总体上保持了比较平稳、健康、协调的发展态势，树立了中国最大纺织服装进出口商、上海最大外贸企业集团的形象，创建了在海内外有一定知名度的外贸企业品牌。集团"十五"期间取得的主要进展如下。

（一）集团坚持"四个调整"，推进"四个创新"，外贸进出口主业取得了规模、速度、结构和质量比较协调统一的发展态势

多年来，集团认真贯彻实施国家提出的以质取胜战略、科技兴贸战略、市场多元化战略和"走出去"战略等方面要求，始终把优化产品结构、提高经济效益、扩大经营规模、增强国际竞争力，作为集团外贸主业发展的重要目标。集团在实践中坚持"四个调整"，即产品结构调整、市场结构调整、客户结构调整和贸易方式调整，取得了较好的成效。为了应对 2005 年纺织品配额取消后市场变化的新要求，集团对"四个调整"经营战略进行延伸和深化，推进"四个创新"的经营战略，即延伸产品的创新、品牌和技术创新、产品配套和系列化创新、经营机制和管理的创新，并且探索新型"贸工一体化"、海外团队建设等方面外贸发展新路。集团从推进 ISO9000 质量贯标体系和办公自动化入手，规范业务操作流程，建立企业资源管理、客户管理和供应链管理等系统，发展电子商务。这些都使集团外贸进出口主业取得了规模、速度、结构和质量比较协调统一的发展态势。这主要体现在以下几个方面：

1. 进出口规模年年创历史新高

2001 年集团出口继 1999 年、2000 年继续位居全国第一，进出口总额达 36.19 亿美元，其中出口额达 21.39 亿美元，进口额达 14.80 亿美元。2002 年、2003 年、2004 年集团进出口总额分别为

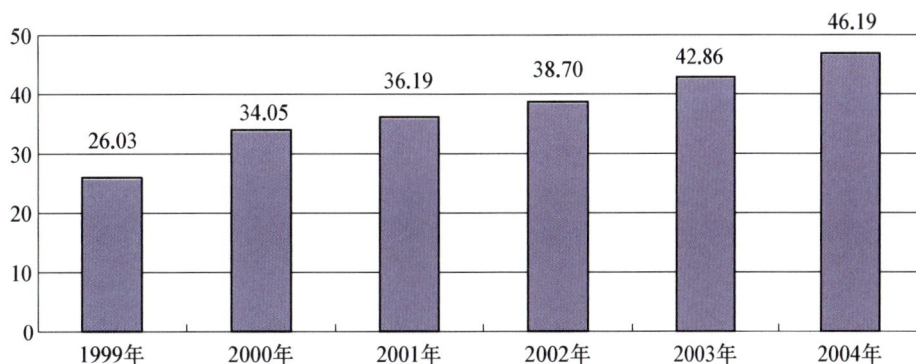

图附-2-1　1999 年至 2004 年进出口情况

38.70 亿美元、42.86 亿美元、46.19 亿美元,其中出口额分别为 23.10 亿美元、23.88 亿美元、27.4 亿美元,进口额分别为 15.60 亿美元、18.98 亿美元、18.79 亿美元。

2. 出口市场多元化战略推进取得明显成效

传统市场、新兴市场、潜力市场出口齐头并进,出口超亿美元地区已达 7 个之多(美国、欧盟、日本、拉美、加拿大、中东、非洲)。

3. 出口产品结构多元化步伐进一步加快

集团高附加值、高技术含量、高深度加工产品("三高"产品)的出口比例,以及非纺织产品和非配额产品的出口比例,都在逐年上升。

纺织服装仍是最主要的出口商品,但机电产品、轻工产品出口额不断创出新高,已形成了纺织服装、轻工、机电三大产品支撑集团出口的格局。以 2004 年为例,集团出口额中,纺织服装出口 19.6 亿美元,占比 71.55%;机电产品出口 2.9 亿美元,占比 10.52%;轻工产品出口 4.9 亿美元,占比 17.74%。集团在对配额的依赖度上,配额商品所占比例逐年下降,集团成立初大约是占 50% 以上,2001 年占 32.63%,2002 年占 25.75%,2003 年占 23.15%,2004 年占 19.86%。

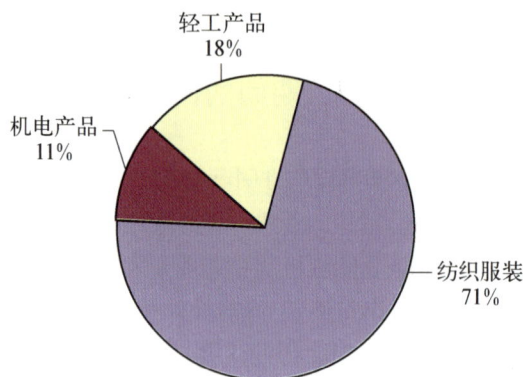

图附-2-2 2004 年出口产品结构情况

4. 进出口发展并举

开始出现进口规模和效益后来居上,出口和进口相互促进、平衡增长的良好发展态势。集团 2004 年出口额占进出口总额的 59.32%,进口额占进出口总额的 40.68%。

表附-2-1 东方国际集团历年进出口额及在全国排名情况表   单位:万美元

年 份	进出口情况		出口情况		进口情况
	进出口总额	全国排名	出口额	全国排名	进口额
2004	461 905	第 12 位	273 983	第 9 位	187 922
2003	428 587	第 9 位	238 766	第 6 位	189 821
2002	387 026	第 6 位	230 993	第 3 位	156 033
2001	361 903	第 6 位	213 880	第 1 位	148 022
2000	340 506	第 4 位	217 721	第 1 位	122 786
1999	260 326	第 5 位	177 013	第 1 位	83 313
1998	227 472	第 5 位	166 436	第 3 位	61 037
1997	203 192	第 6 位	144 396	第 3 位	58 796
1996	190 088	第 6 位	132 751	第 2 位	57 337
1995	196 109	—	160 936	—	35 173
1994	189 255	—	149 670	—	39 585

说明:1994 年和 1995 年为业务统计数据,1996 年以后为海关统计数据。从 1996 年起,原外经贸部开始对中国进出口额最大的 500 家企业、中国出口额最大的 200 家企业进行排名,进口方面没有排名。2002 年起排名情况由国家商务部公布。

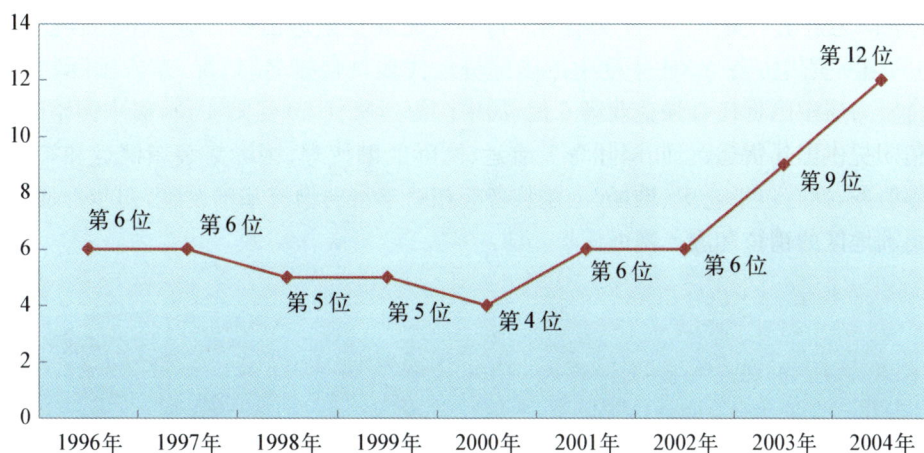

图附-2-3 进出口全国排名

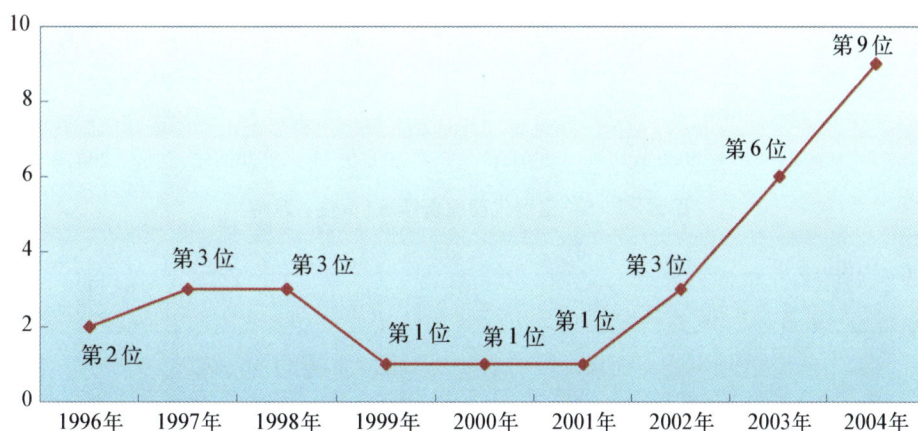

图注：东方国际集团排名往后的主要原因是近几年一些 IT 加工贸易企业发展较快。

图附-2-4 出口全国排名

（二）集团经营一业为主、适度多元，初步形成货物贸易、现代物流和服务贸易三大主营业务板块

集团以进出口贸易为核心主业，经营适度多元，已初步形成货物贸易、现代物流和服务贸易三大主营业务板块。

货物贸易方面，所属上海市对外贸易有限公司、东方国际创业股份有限公司、上海利泰进出口有限公司、上海家纺有限公司、上海市纺织品进出口有限公司、东方国际商业（集团）有限公司、上海丝绸集团股份有限公司等子公司与世界 120 多个国家或地区建立了贸易往来关系，初步形成全球营销网络；经营进出口商品约 5 000 多个品种，出口产品从纺织品、服装逐步扩展到轻工、机电、化工、生物医药等；拥有国外注册商标近 100 个，拥有银河、鹦鹉、玫瑰（ROSE）、可乐（KOOL）等多个国内著名出口商标；进出口额在全国始终名列前茅，1999 年至 2001 年集团出口连续三年保持全国第一，2004 年集团进出口总额达 46.2 亿美元，其中出口 27.4 亿美元。根据国家商务部最新公布的"2004 年我国进出口额最大的 500 家企业及出口额最大的 200 家企业"排名，东方国际（集团）有限公司名列中国出口 200 强第 9 名、进出口 500 强第 12 名。

现代物流方面，所属东方国际物流（集团）有限公司海空运业务在上海国际货代市场位居前列，

2004年,完成海运进出口货量65.17万标箱(TEU),完成空运进出口货量6.08万吨。根据《国际商报》和中国国际货代协会"2004年度中国国际货运代理百强排名"情况,东方国际物流(集团)有限公司综合实力居中国货代百强企业第6位,居中国海运货代50强第4位,居中国空运货代50强第9位。集团提供国际货运代理、国际海上航运、国际船舶代理、国际集装箱储运和第三方综合性物流配送等服务,拥有包括仓库、堆场、运输装备等相对丰富的物流基础设施,初步形成了覆盖上海及长江三角洲地区的销售和服务网络。

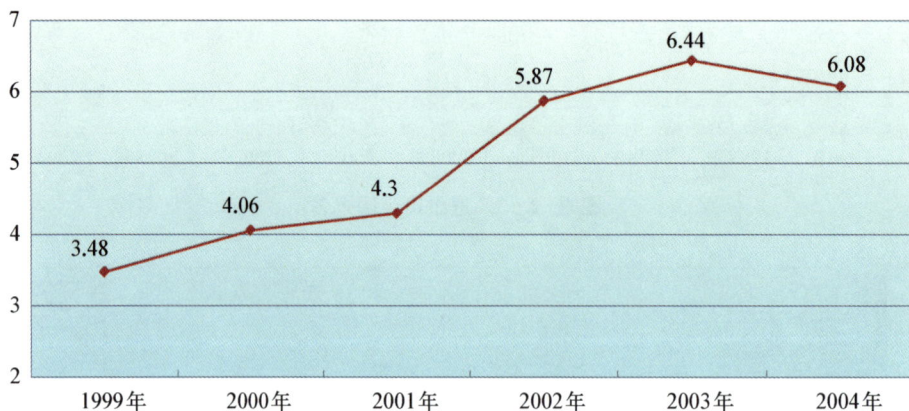

图附-2-5 空运代理业务情况(单位:万吨)

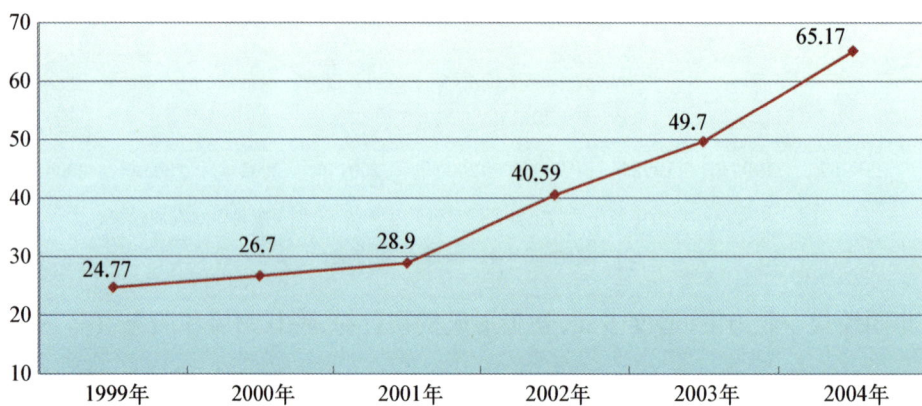

图附-2-6 海运代理业务情况(单位:万标箱)

服务贸易方面,所属上海国际服务贸易(集团)有限公司是上海首家以国际服务贸易为导向的国有涉外企业,提供广告展览、涉外商务、国际国内旅游、外商雇员、外经劳务、信息咨询等服务,经营资质和服务范围较为齐全,在个别服务品种和局部区域市场有一定的竞争优势。

(三)集团不断深化国有外贸企业改革,大力推进公司投资主体多元化改制,取得了一定的成果

根据党的十六大和十六届三中全会关于国有企业改革的精神,遵循国家有关政策法规和国资管理规定,集团对国有外贸企业改革改制认真探索,积极推进,规范操作,以改革的精神促进企业发展,以改革的精神解决历史遗留问题。

2001年至今,集团已有10余家三级子公司实施了多元投资主体公司制改制,取得了良好的效果,改制后企业运营良好,员工活力激发,进出口规模快速上升,利润明显增长,企业经营业绩大幅提高,改制后第一年的平均资本收益率达到90%左右。

2003年1月,在上海市委、市政府和有关委办的积极推动下,遵循"突破、规范、平稳"的操作原则,集团改制组建了多元投资主体、自然人持股占51％的上海丝绸集团股份有限公司;同年3月,集团又改制组建了多元投资主体的上海富锦实业有限公司。

集团从2003年年底正式启动新一轮改革改制工作,按照党的十六届三中全会关于发展混合所有制经济、实现投资主体多元化的精神要求,2004年5月,集团对所属家纺、针织、纺织三家二级子公司实施整体改制,主要采取了集团控股、公司内部自然人股东参股的投资主体多元化改制形式。迄今为止,连同已经上市的"东方创业"和改制好的"丝绸股份",组建集团时的"五朵金花"已全部实施了投资主体多元化改制。集团完成改制工作企业的净资产已经超过全部净资产的四分之三。

为了实施集团战略规划,推动集团物流企业的资源整合,形成物流资产的集约化经营,同时利用集团上市公司募集资金,并为上市公司再融资创造条件,集团对东方物流、经贸货运和佳达货运等三家物流公司实施了资产重组,并于2005年1月成立了新的东方国际物流(集团)有限公司。

目前,集团国资战略规划和发展战略初步形成,二级子公司改制稳步推进,物流板块的整合与资产重组基本完成,中小企业改制重组全面启动,集团3/4的净资产已进入改制公司,集团安定团结的稳定局面保持良好,这些都为集团实现新的发展奠定了基础。

(四) 集团以国有资产监管为重点,改进管理方式,加强风险防范,集团管理水平和调控能力有所提高

集团对改制公司履行出资人管理职责:指导和帮助改制公司建立健全法人治理机构,统一制定以经营者群体持股为特点的改制公司的《公司章程》《股东会议事规则》《董事会议事规则》《监事会议事规则》《总经理工作规则》等五个示范文本,明确股东会、董事会、监事会和总经理的权利和责任,建立公司的出资者、监督者和经营者之间的监管制衡机制,为改制公司的规范治理打下了基础。集团完全按照《公司法》和《公司章程》等契约文本的约定,行使集团作为一个股东的权利并履行股东的义务。

集团对授权国有资产进行多方位的有效监管:建立子公司、集团投资决策委员会和董事会三个层次的职责分明、层层把关的投资决策体系;推行全面财务预算制度和国有资产预算制度;开展对企业的应收账款、库存、投资和合同的"四项清理";按照"账内账外、国内国外、潜盈潜亏、有形无形"的原则认真开展资产清理和审计工作;向子公司委派董事、监事和财务总监。

集团不断健全风险防范控制制度:对货币资金收支建立严格的授权批准制度,办理货币资金的不相容岗位分离,相关机构和人员相互制约;建立规范的对外投资决策机制和程序,实行重大投资决策集体审议联签制度,加强各环节控制;严格限制期货、股票投资和委托理财,实施动态监督管理;建立和完善收购与付款的内部控制程序;加强合同订立、商品发出和账款回收、应收账款监控;建立客户资信管理、授信制度,执行规范的审批方法和程序;建立担保决策程序和责任制度,明确担保原则、担保标准和条件、担保责任等相关内容。

(五) 集团总体实力不断增强,已成为全国著名的外贸大集团,在行业中发挥了领军作用

集团在消化支付巨额银行利息、配额招标使用费以及消化不良资产等困难情况下,每年仍保持一定水平的盈利,较好地完成了国有资产保值增值任务,"十五"期间年均国资保值增值率都达103％以上。集团赢利能力不断增强,自我消化历史包袱的能力不断提高,资产负债率已下降到历史最好水平。2004年,集团总资产达104.6亿元,净资产(所有者权益)达25.7亿元,实现主营业务收入238亿元,实现净利润1.40亿元,净资产收益率为5.63％,资产负债率为69.06％,资信评定等级为A⁻。

目前,集团境内全资及控股子公司有100多家,其中主要的经营性二级子公司14家(含1家上市公司);在美国、欧盟、日本和非洲、中国香港等世界主要国家和地区设立了 20 余家海外企业;集团还投资参股了相关实业、房地产、内贸和金融等企业。依照 2003 年营业收入,东方国际集团名列上海集团百强第 10 位,全国最大 500 家企业集团第 57 位。

当前,我国已进入国际贸易摩擦高发期,东方国际集团作为外贸行业骨干的大集团,凭借其在行业中的重要地位和影响力,在应对国际贸易摩擦和行业发展中发挥着领军作用。

东方国际集团是全国最大的纺织品服装出口企业,多年来一直是全国纺织品服装出口专家委员会成员单位。集团在国家对加工贸易监管、纺织品配额招标管理、纺织品临时出口配额管理等方面提出了很多建议和意见,大都为国家有关部委采纳。2005 年,全国成立了 6 个敏感类别商品出口协调委员会,东方国际集团凭借自己在纺织品服装出口行业中的国际竞争力和市场影响力,参加了全部 6 个委员会,其中在 3 个委员会中担任唯一的主任单位,1 个委员会中担任副主任单位。这对行业各项政策的拟订、协调起着积极的影响作用。

东方国际集团是国家商务部直接联系的 51 家大型进出口企业之一。由于外贸大集团的重要地位和影响,国家商务部领导在重大决策前非常重视听取东方国际集团的意见。如商务部 2004 年在宁波召开全国大型纺织出口企业座谈会,听取东方国际集团等主要企业对纺织品配额取消后的管理办法的意见。为了作好与欧盟贸易委员曼德尔森谈判的充分准备,2005 年 6 月 9 日,商务部部长在上海召开了部分大型纺织服装出口企业座谈会,认真听取了东方国际集团关于美欧实施"特保"的影响及对策建议的情况汇报。6 月 13 日,商务部在北京召开了全国部分纺织服装出口企业座谈会,东方国际集团作为主要企业代表参加了这次会议,并对《纺织品临时出口配额管理办法》提出了意见和要求。这些意见和要求得到了商务部领导的高度重视,业已出台的《纺织品临时出口配额管理办法》充分吸收了东方国际集团的意见。

二、"十一五"期间战略环境与企业优劣势分析

(一) 宏观和区域经济环境的分析

经济全球化和贸易自由化加快发展,我国继续坚持深化改革、扩大开放,国民经济保持持续、稳定、快速增长的态势,国际和国内两个市场日趋统一。扶持和培育能与国际"巨鳄"相抗衡的各行业大集团,将关系到国民经济的长治久安和科学发展观的落实。各行业大集团如能抓住机遇以国内为基础,及时实施战略外移,更大胆更直接融入世界经济,则可获得更大的生存空间和回旋余地。充分有效地利用国内外两个市场、两种资源,将是我国大型外贸企业集团生存和壮大的关键。

21 世纪初的头二十年,我国将树立和落实科学发展观,全面建设小康社会,显著提升综合国力和在国际上的形象与地位,努力实现由经济大国向经济强国、由贸易大国向贸易强国的转变。成功实现这一转变的重要标志之一,是能较为迅速地在各行业成长起一批在国际上能站得住脚并能与国际大集团相匹敌,在更高层次参与世界分工与合作的中国特色大型企业集团。作为贸易强国,更需要有一定数量能代表国家综合实力、活跃于跨国流通领域的外贸"航空母舰",不仅能组织大规模的生产和流通,更重要的是对国家的宏观调控能起传导作用,并通过及时传递世界市场信息和技术信息,推动国内的产业结构调整和出口产品结构调整。

上海正在努力实施建设"四个中心"的宏伟战略目标,只有货物的大进大出,才能使资源、资金、信息和人才等在上海积聚和流动,流通(特别是对外贸易)将会在建设"四个中心"进程中发挥越来越重要的地位。同时,上海要形成万商云集的局面,必须要有为数颇多的大公司、大集团积聚,这些

大公司、大集团既有国外的也有国内的,更有上海当地的,培育壮大和上海形象与实力相适应的流通(特别是外贸大集团)将是建设"四个中心"的重要内容之一。

上海已将现代服务业和先进制造业确立为优先发展的产业重点,需充分发挥大型流通集团的信息、渠道优势和国际、国内市场的经验,来引领和推动上海的产业发展,并影响和辐射全国,需尽快培育、壮大大型的流通集团,特别是外贸大集团。

(二) 行业和政策环境的变化

随着经济全球化和贸易自由化的推进,以及我国政府坚定履行入世的有关承诺,外贸的政策和垄断时代已经正式过去。除关系到国计民生的重要战略性商品的进出口业务仍由国家指定公司专营外,从2004年7月1日开始正式实施新《外贸法》,空前扩大了外贸业务的经营主体,外贸经营开始进入实力竞争阶段,将有更多的进入者,并经过一个分散到集中的过程,形成多层次并存的结构。在这重新洗牌过程中,国有外贸企业集团的原有基础和经验如果运用得当,就会化作对竞争十分有利的先发优势。市场竞争的必然结果注定大型外贸企业集团仍将会继续生存和发展。

与全球经济一体化趋势不相适应的是,贸易保护主义在很多国家和地区不断抬头,国际经济贸易新秩序正处于建立过程之中。中国已进入了国际贸易摩擦高发期,成为反倾销调查最大受害国;技术性贸易壁垒将成为限制出口的新障碍;针对中国出口产品不利因素正向更高层面扩散。国内出口企业需熟悉运用国际规则,在相对复杂和更加严峻的环境下参与国际市场的竞争。因此,大型外贸集团将在政府支持和政策引导下,发挥带头作用、组织作用和支柱作用,引导诸多分散的中小企业共同化被动为主动,逐步扭转不利局面。

出口退税率的降低和人民币汇率在中长期面临升值压力,将不利于中国商品和企业在国际市场上的竞争。但是,由于中国纺织服装业上下游产业链配套完整和更具综合竞争力,中国纺织品、服装出口均价比国际市场同类产品均价低15%,以纺织服装商品出口为主的外贸企业与集团还存在相当的上升空间和进一步扩张的可能。纺织服装配额取消后,美国和欧盟在过渡期内可针对中国根据本国市场中国商品出口激增而采取特保措施,欧盟于2005年4月1日取消部分中国商品的普惠制,以上这些因素,增加了企业的出口经营成本,使市场环境更趋动荡和不确定。

随着外贸经营权的完全放开,外资和民营企业纷纷进入外贸流通领域,外贸行业的无序竞争也将不可避免地更为激烈。进入外贸流通领域的外资和民营企业与原外贸公司展开各类经营资源的争夺,企业人才流动将更加频繁,行业的盈利水平会进一步降低,这对传统出口企业的人力资源管理和降低管理成本提出了更高的要求。

从各方面来看,借鉴国际经验,把握发展机遇,创造新型的竞争赢利模式和新的发展业态,以改革的思路和创新的思维,来实现从传统外贸经营企业向现代流通领域的大集团的成功转型,是摆在外贸企业集团面前的关键任务。

(三) 集团优劣势分析

1. 主要优势

产业优势:历经十年发展,集团奠定了规模经营的实力基础,经营规模在全国同行业中名列前茅,是全国最大的地方外贸集团和最大的纺织服装出口商。集团已初步形成了较为完整的产业链和经营销售网络,发展基础牢固扎实。

品牌优势:十年磨一剑,"东方国际"已成为较知名的企业品牌,不仅在国内尤其是在同行业内得到普遍的认可,而且在国际上的声誉和影响力日渐上升。

人才优势:集团积聚为数众多的外贸经营人才和管理人才,成为集团宝贵的资源,也是最大的相对优势之一。

信誉优势:多年来,集团以诚为本,在金融、工商、商检等相关行业树立了良好的信誉和形象,特别是在金融界具有良好的信誉,与各主要商业银行保持互信紧密联系,还有资质不错的上市公司,集团具有较强的融资能力,能够比较自如地融通和筹集集团发展与扩张所需的资金。

经验优势:经过十年的磨合,在资源整合、企业改革、业务发展、历史包袱消化等方面积累了不少的经验与教训,对企业集团的本质、内涵、运行等认识有了深化,将对集团下一步的整合、调整和产权多元化发挥重要的指导作用。

2. 主要劣势

与国家级外贸大集团,尤其是与国际上一些大的外贸公司和跨国集团相比,经营规模与资产规模相对偏小,业务和功能比较单一,业态的发展相对滞后。因此,客观上造成了在更高层次上参与国际竞争与分工的能力不强,引导和支持产业发展的能力不强,立足上海、服务全国的能力不强,集团的现有实力和功能与上海的地位及发展战略目标还不相适应。

随着我国加入WTO和外贸权完全放开,大经贸格局的形成,以及信息技术发展,沟通的日益便捷和外贸制度、政策的更透明化,集团原有的客户、供货商和人才的资源优势不断受到蚕食,生存和发展空间受到越来越重的挤压,集团进一步增强实力、扩大规模的难度加大。

外贸专业公司是计划经济的产物,长期以来集团在为国民经济和社会发展作出贡献的同时,也造成了体制、机制改革相对滞后,历史包袱较为沉重的局面。

随着竞争的加剧,外贸领域的经营风险有所加大,一些突发事件发生的可能性增加,对集团建立与加强风险预警防范和控制机制的要求越来越高。

在集团内部重塑核心竞争力,构筑关联性强、一体化的外贸、物流、服务贸易的产业链,开拓外贸发展的新业态,任务艰巨,探索性强,需要有一个渐进的转型过程。

(四) 东方国际集团具有进一步发展的空间

综合上述分析,在新的历史时期,既面临挑战和不利因素,又有机遇和有利条件;集团不但具有生存的必要性和可能性,同时由于集团组建的整合效应还远未充分发挥,集团尚未进入加速扩张的发展期,因此集团仍有较大的上升空间和较为宽阔的发展余地。

特别是最近两年,集团进一步加强了改革力度,加快了发展步伐。集团资产、财务和经营状况有所好转,赢利能力正在不断增强,历史遗留问题的自我消化能力明显提高;整合后的新物流板块的雏形已基本形成;经营和管理集约化程度日渐提高,管控能力显著增强,充分保持并扩展了集团良好的发展态势,为集团进入"十一五"期间后的发展拓展了新的空间和余地。

三、"十一五"规划指导思想和主要目标

(一) 指导思想

努力实践"三个代表"重要思想,在科学发展观指导下,坚持改革开放,加快发展步伐,以保持稳定、提高效益为前提,以释放动能、激发活力为目标,以调整结构、产权多元为途径,以创新机制、强化管控为手段,积极探索上海模式的外贸大集团之路,推动集团全面、协调、持续、健康发展。

(二) 指导方针

有所作为,有所不为。国资运行有进有退,进退有序;业务经营有取有舍,取舍得当;调控管理有收有放,收放有度;规划发展有主有次,主次协调。

突出主业,强本固基。突出贸易主业,强化外贸经营,保持和扩大主导产业的优势;同时,不断提高主业的经营效益,提高赢利水平,增强集团自我积累能力,使外贸主业真正成为集团相关多元发展的支撑和基石。

内外联动,借力发展。充分利用国际、国内两个市场、两种资源,以国际市场为导向,通过引进外来投资、吸收战略合作伙伴、建立企业战略联盟等形式,逐步形成科工贸一体和内外贸一体的完整的产业链。

相对集中,核心聚变。按照"资本相对集中,市场相对集中,经营相对集中"的原则变分散为集中,集中优质资产和优势产业,构成板块式集约发展的经营格局,提高聚变的能级。

(三)主要目标

通过"十一五"期间的深化改革和进一步的调整,创新体制机制,完善经营结构,提高资产质量,增强赢利能力,争取成为进出口规模在全国领先,国际知名度较高,具有完善法人治理结构、现代经营理念和先进企业文化的现代贸易服务集团,在上海建设"四个中心"的进程中占有一席之地,发挥应有作用。

(四) 主要指标安排

1. 外贸进出口额

期末外贸进出口总额 58 亿美元,比期初增长 38.10%,其中,期末出口额 33 亿美元,比期初增长 32%;期末进口额 25 亿美元,比期初增长 47.06%。

2. 物流货代量

期末空运代理 9 万吨,年均增长率 10%;期末海运代理 90 万标准箱,年均增长率 10%。

3. 主营业务收入

期末主营业务收入 318 亿元,年均增长率 6%。

4. 净利润

期末净利润 1.78 亿元,年均增长率 5%。

5. 总资产

期初总资产 93.7 亿元,期末总资产 100 亿元。

6. 净资产

期初净资产 17.6 亿元,期末净资产 20 亿元。

7. 资产负债率

期初资产负债率 76%,期末资产负债率 73.5%。

表附-2-2　东方国际集团"十一五"规划主要经济指标情况表

	期初数	期末数	增幅[(期末-期初)/期初]	年均增长率
进出口总额(亿美元)	42	58	38.10%	7.62%
出口额(亿美元)	25	33	32%	6.4%
进口额(亿美元)	17	25	47.06%	9.41%
空运货代量(万吨)	6	9	50%	10%
海运货代量(万标箱)	60	90	50%	10%

〔续表〕

	期初数	期末数	增幅[(期末一期初)/期初]	年均增长率
主营业务收入(亿元)	225	318	41.33%	8.26%
净利润(亿元)	0.83	1.78	114.46%	22.89%
总资产(亿元)	93.7	100	6.72%	1.34%
净资产(亿元)	17.6	20	13.64%	2.73%
资产负债率	76%	73.5%	—	—

四、"十一五"期间的主要任务

"十一五"期间是集团发展承上启下的关键时期,既要妥善解决历史遗留问题,又要努力构筑发展新格局。因此,"十一五"期间集团的主要任务是:抓住新机遇,创建新体制,实施新调整,构筑新格局,培育新优势,拓展新空间,寻求新突破。具体要完成四项主要任务:

改制重组。完成集团母公司和子公司的产权多元化改造,建立规范的法人治理结构,健全和完善现代企业制度。推进和完成集团中小企业的改制重组,退出一批,做强一批,夯实发展基础。

业务整合。对贸易板块和物流板块进行资源、业务和组织整合,加强专业化分工协作,完善集团内部产业链,提高企业与产品品牌的知名度和集中度,合理配置资源,增强整体合力,强化综合优势和持续发展能力。

加强调控。以公司制治理为契机,以制度创新为手段,加强组织管理能力和对集团运行的调控能力,建立与市场相匹配,与集团实际相适应的组织构架和管控模式。

消化包袱。通过盘活存量资产、提高改制企业经济效益等途径,妥善解决和自行消化冗员与数量不菲的不实资产等历史包袱,提高集团资产质量,使集团能在新的发展中轻装上阵。

为完成主要任务,"十一五"期间要努力促进"三个转变"、提高"四个能力"和实现"四个基本形成"。

(一) 努力促进"三个转变"

一是努力变革目前的经营战略和经营理念,要由传统的"进出口商"向名副其实的国际贸易公司转变;

二是努力变革目前的经营方针和贸易方式,探索新的经营业态,加快技术进步,实现由以往主要靠政策支撑到主要依靠自身技术优势和产业优势的转变;

三是努力变革目前的体制、机制和管理方式,加快转型为现代公司,努力塑造成为规范的市场主体,在实现制度创新的基础上,积极实现适应市场经济的管理创新。

(二) 努力提高"四个能力"

制度创新能力。不断提高组织结构、管理体制、经营机制、激励机制、产权制度等创新的能力,要使制度具有连续性、灵活性和可调适性,以保证集团生存、发展安全和实现整体利益的最大化。

环境适应能力。以变制变,不断提高集团对外部环境的敏感性和适应能力。努力使集团资本结构适应经营的需要,组织、机制结构适应管理的需要,人才结构适应竞争的需要,知识结构适应创新的需要,产品结构适应市场的需要,使集团的发展和扩张充分建立在企业对外部环境的适应能力上。

资本运作能力。着重要增强三个能力,一是增强资产优化配置能力,从而提高资产运行的质量和效能;二是增强不良资产的转化与消化能力,以使集团能在新的发展中轻装上阵;三是增强资金运筹能力,能为集团的持续发展提供有力的资金支撑。

市场开拓能力。需进行三方面努力,一是要加强与培育企业的核心竞争能力;二是要根据市场的变化不断对业务进行调整重组;三是要充分应用信息技术,引进国外先进管理理念和模式,嫁接商业与工业的优势,不断创造与市场相适应的新的经营业态。

(三) 努力实现"四个基本形成"

加快现代企业制度建立,基本形成与经济全球化趋势和市场经济深入发展相适应的组织体制和机制。

加强资产经营和优化配置,基本形成与保持集团持续稳定发展要求相适应的资产结构和赢利能力。

推进经营业务的优化整合,基本形成与增强集团主营业务优势和核心竞争力相适应的经营结构和产业业态。

强化集团运行的管理与调控,基本形成与集团协调、平稳、快速发展相适应的管控模式。

五、实现目标、任务的主要配套与保障措施

(一) 适时完成集团母公司的产权多元化改造

集团要进一步进行改革重组,吸收、联合行业内的有关企业,集中外贸行业的国有资本,集中国有外贸企业的经营优势,进一步发挥国有外贸企业大集团的行业领军作用;通过与有业务关联的企业集团的产权置换或相互持股,加强专业合作和社会分工,延伸和完善外贸产业链,探索商贸一体化和工贸一体化的外贸发展新业态;适时引入国内外合适战略伙伴,完成集团母公司的产权多元化改造。

(二) 基本完成集团子公司以经营者和业务骨干持股为主要形式的股份制改造

积极、稳妥、规范推进集团子公司改革改制,集团子公司改革改制要坚持三项原则:

必须保持业务发展和人员队伍的稳定,根据外贸企业"以人为本"的特点,充分调动经营者和业务骨干的积极性;

必须坚持"发展是硬道理",不要让历史包袱成为改革发展的束缚;既要积极稳妥地解决不良资产、负债等历史遗留问题,又要为子公司进一步发展开拓心得空间;

必须从集团的全局出发,着眼长远,子公司的改革改制要为集团产权多元化奠定基础,要为实施集团整体发展战略创造条件。

在上述三项原则下,继续积极探索和完善符合集团自身特点和行之有效的"集团持大股,经营者和业务骨干群体持股"的改制形式。通过改制,将个人资本和国有资本结合起来;同时,适时引进战略合作伙伴,努力使集团子公司成为公司制治理结构规范,现代企业制度完善,经营队伍稳定,竞争能力较强的真正市场经营主体。

(三) 推进集团中小企业改制重组

集团控股和全资中小企业数量较多,资产总量较大,资源配置分散,经营集中度低;企业经营状况参差不齐,法人治理结构不够健全,产权制度有待创新。因此,集团中小企业改制重组是"十一

五"期间集团实施战略规划和改革、发展的重要组成部分。

1. 改制重组目标

遵照"放开、搞活"精神,集团中小企业改革改制的总体目标是:以混合所有制为方向,推动企业的多元产权结构体制改革和重组整合,促进集团进一步优化配置资源,实现国有资本规范、有序、较大幅度的退出,使集团中小企业数量明显减少,企业能级提高,活力增强,公司制治理结构规范,现代企业制度完善。同时,还要突出重点,通过改革改制,搞活做强那些与集团贯彻实施战略规划关系密切、经营与发展势头良好的成长型企业,培育和涌现出一批对集团发展壮大贡献度大的"小强人"。

2. 改制重组指导方针

与时俱进,务实求真;因地制宜,分类指导;规范操作,简化程序;收放有度,稳步推进;抓住重点,整体搞活。

3. 改制重组遵循原则

明确责任:集团公司和二级公司分别明确各自职责,并承担相应责任。

规范操作:将操作的规范化和手续的简约化相结合,国家有关部门规定的必要程序要严格执行,如审计和资产评估等工作应按照集团已下发的有关文件和规定实施,具体办理手续力争简捷、快速。

确保稳定:以稳定、协调、持续发展为目标,妥善处理好改革、发展和稳定的关系。在改革改制中要特别注意处理好历史包袱和人员安置问题,不上交矛盾,不留后遗症,确保一方平安。

突出重点:突出重点,放开一般。要重点抓住和搞好与主营、核心业务关联度高的企业、投资回报率高的企业,以及有核心业务、生存能力强、有发展前途的企业。其余的一般都要放开,有些企业国有资本可以一步到位退出。

分步实施:整体规划,分步实施;先点后面,先易后难;突破重点,带动全局。

按照"抓住重点,整体搞活""做强一批,推出一批"的总体目标,整体规划,分步实施,推进和完成集团中小企业的改制重组。在国有资本实现规范、有序、较大幅度推出同时,使集团中小企业数量明显减少,活力增强。使那些与集团主营业务和核心业务相一致或关联紧密的,经营发展和资产质量良好的,效益和规模突出的成长型中小企业成为集团发展的重要基础和支柱。

(四) 外贸主营业务要加大依靠科技进步力度,以实施品牌战略为核心,优化产品结构,提高经济效益,增强国际竞争力,实现增长方式由量到质的转变

加强外贸主营业务的整合,强化相关子公司的专业化分工合作,提升和完善集团内部产业链,合理配置资源,增强整体合力,强化综合优势和持续发展能力。引导和鼓励各子公司在仔细分析市场需求的变化趋势和供应链的组织特点基础上,全面发展自身在供应链关键环节提供专业化、一体化、集成化服务的能力;积极探索、开拓和完善供应链的各种产品延伸和服务延伸方式。

通过建设设计中心、面料开发中心、科技开发中心和加强生产基地建设等措施,调整优化纺织服装出口产品结构,不断提高高科技含量、高附加值产品的比重,实现出口产品的优质高价。2010年,纺织服装高科技含量、高附加值产品的出口比重争取达到50%左右。同时,和国家的产业政策导向相适应,和世界经济结构与市场结构变动趋势相适应,形成出口产品的多层次性和多样性。争取到2010年,轻工、轻型机电、精细化工产品等非纺织服装类出口产品的比重达到50%左右。

进一步实施进出口市场的多元化策略,继续巩固欧、美、日等传统市场,全面拓展中东、非洲、拉美等新兴市场,重点开发东盟、韩国、俄罗斯等潜力市场。争取到2010年,集团对上述传统市场、新兴市场和潜力市场三个区域集合的出口比重,分别为 50%、30% 和 20%。

探索商贸一体化发展新业态。国内市场与国际市场在中国入世后正加速接轨,互动作用日趋明显,充分捕捉和挖掘国际、国内两个市场的商业机会,在内贸业务联合经营方面大胆作出尝试,争取获得初步进展,逐渐构筑大流通的运营局面。集团要发挥自身在行业中有较高知名度的优势,采取市场互换、策略联盟、合作开发、参控股等多种形式,加强与国外大公司,国内流通领域大企业、大集团的合作,在国外深入拓展营销渠道,在国内主要地区和城市逐步建立或拥有采购分中心、配送分中心和连锁销售机构,努力将集团目前拥有的外贸经营优势转化为国内外市场渠道和流通优势。

大力发展进口业务,争取实现进出口基本平衡。实施"进出口并举""以进带出、以进养出、以进促出"的经营方针,积极推进进口业务健康、快速发展。大力加强关系国计民生的战略物资和生产资料的进口,努力为上海和全国的经济建设服务。同时,积极将国外优质的商品、著名的品牌和先进的经营理念引入中国,丰富国内市场,并引导国内相关产业的发展和升级换代。

加大实施品牌战略的力度。加强品牌建设,树立品牌立业的观点,加大对品牌的建设和投入力度,围绕品牌,加强设计中心、打样中心、技术中心的建设,探索利用国外设计开发力量的合作模式,提高产品的技术和知识含量;开发一批特色的系列化商品,提高产品与服务的附加值。以国内市场为起步,努力培育、开拓和扩大自有品牌产品的出口,以品牌为导向,引领外贸出口的发展;积极承揽国外客户著名品牌的定牌生产业务,争取国际著名品牌的代理权和专营权,尽快促进产品结构向中高档层次的转换。

继续推进"走出去"战略,加快海外营销网络全面布局的早日形成,将销售阵地前移;重点培育和开发零售超市、百货商和品牌公司等直接终端客户。

发展电子商务,提升科技能级,全面增强综合竞争实力。在集团各子公司基本已建成各自内部的 MIS 系统和 ERP 系统的基础上,加快建设集团本部的信息和数据中心,早日实现集团内部各子公司的并网互联,将信息网络变成集团整体范围资源共享、综合调配和风险管控的指挥中心,促进业务整合。同时,要提升对信息技术的应用能力,拓展信息系统的功能,发展与供应商、客户、海关、银行等部门的在线数据交换,充分发挥互联网开放、高效、及时、低成本的作用,利用互联网开展营销推广、订单跟踪查询和客户关系服务等多项工作。

(五) 推进集团物流板块的改革、重组和整合,推进由传统业务模式向现代物流转变

进一步明确集团物流板块"十一五"期间的战略定位:以集团资产运作平台为载体,以国际货运代理业、国际船舶经营和国际船舶代理业为基础,以长江三角洲地区轻纺和机电行业客户为主要服务对象,成为资产一体化、产权多元化、经营专业化、市场区域化、信息网络化,具有较强综合实力的国内一流的国际服务供应商。

集团在对原物流板块运营企业筛选、重组、整合的基础上,构建集资本运作、业务经营、综合管理为一体的新物流公司。通过新物流公司,集团物流板块将逐步实现由低到高、由易到难、逐级递进的四个"统一":资产集中统一化的运营和管理,资源的统一调配和使用,产品和服务的集中采购与统一的营销管理,战略的统一部署和实现。

从 2004 年年末和 2005 年年初开始,集团拟采用"三步走"策略,从组建新物流公司出发,充分发挥该企业对原物流板块运营企业和相关资源的资产和组织整合、业务升级、战略转型方面的主力载体作用,提升集团物流运营的综合竞争实力,促成物流板块与集团货物贸易板块逐步走向业务联动和战略协同。

第一步:资产一体化阶段。剥离原东方国际物流公司的部分资产和部分业务,然后经集团资产运作的平台,将集团内相关海运、空运、航运等的优势物流企业与之进行联合重组,于 2005 年年初建立新的东方国际物流公司。

对于原东方物流剥离的部分资产和部分业务,按照集团中小企业改制的有关程序,实施"放开搞活"的产权多元化改制。

第二步:从事专业化、规模化经营的初级阶段。新物流公司正式投入运营后,着手对各项业务和经营资源进行重组,在板块范围内统一建设、调配、运营物流基础设施及物流信息系统平台,加大对新兴市场和新兴物流业务的开发力度,逐步加强新公司对各运营单位的向心调控力度,不断探索和完善适合于物流板块整体的管控模式。

新公司设立四个事业部,分别为海运事业部、空运事业部、航运事业部、物流(仓储)事业部。事业部主要行使对业务的综合管理和调控职能,并逐步强化其从事专业化经营的能力,发挥其集中采购的规模效应,以及在事业部之间建立综合配套的优势。

第三步:逐步形成新物流公司专业化、集约化经营的加速发展,进一步集中优势资源,减少管理和运营层级,最大程度地发挥物流板块的整体合力和整合优势。

(六) 对集团服务贸易企业进行调整、巩固、充实和提高,争取在个别服务品种和局部区域市场具备一定的竞争优势

第一,专业化经营,重点发展商务、会展、旅游三大服务贸易领域。发挥现有资源优势,做强商务咨询、项目咨询、外企雇员业务,积极寻找与国内外先进的咨询和猎头公司开展业务合作的机会,使年度项目数量、雇员派遣数、人事代理服务量逐年提高;充分挖掘 2010 年上海世博会带来的市场商机,统一管理经营来华展、境外展、国际会议服务;利用有关子公司组织境外游的经营资质,大力发展自营业务,努力开拓境外游市场和以会展带动旅游。

第二,"走出去"海外拓展,抢占国际市场。计划以上海为基础,香港为中转,开辟中东市场和澳洲市场,三年之内完成网络设点。其中,在香港以商务服务为主,带动旅游、会展等业务;在中东以会展服务为主,做好商务、旅游衔接工作;在澳洲以旅游服务为主,带动商务、贸易发展。

第三,加快推进投资主体多元化改制步伐。在理清产权关系,做好债务剥离,消肿、清瘀、核销不良资产,清理企业沉淀资产,盘活资产存量的基础上,对服务贸易类企业实行优胜劣汰、有进有退的调整,吸引外国资本、民营资本或个人资本参股,推动股份制改造,完善法人治理结构。

第四,确立人才优先发展战略。适应国内外服务贸易竞争需要,瞄准国际一流水准,吸引、培养、积聚更多的中高级专业人才,对公司现有人才队伍实施结构性优化和素质整体性提高,努力形成公司在行业竞争中的人才优势。

第五,加强服务贸易的信息化建设。实现内部资源共享,开发服务贸易业务客户数据库,推广应用雇员业务管理系统,进行电子商务 B2B 运作的试点。

(七) 建立、健全集团管控模式,充分发挥集团整体优势

"十一五"期间,集团要充分借鉴国内外成功企业集团的经验,进一步总结集团组建以来的实践经验,根据当前宏观经济环境和政策环境,建立、健全与集团发展战略及发展目标相匹配的管控模式。

1. **集团管控要贯彻三项原则**

合理集权,要有利于对集团主要资源的控制,增强集团调控权威和能力;

缩减级次,要有利于实现扁平化管理,提高集团管理和运行的效率与效益;

着眼发展,要有利于为子公司提供及时的支持和服务,促进集团协调、平稳、快速发展。

2. 集团管控要达到两大目标

第一是要克服"三大症状":通过实施扁平化管理,积极预防和克服大集团普遍存在的三大症状,即"战略迷失""组织臃肿""管理失控";

第二是要实现"三化":一是集团战略控制协同化,二是资本价值最大化,三是经营活动最优化。

3. 集团将采用混合型管控模式

根据集团多年的实践,参照国内外大集团的成功经验,并按照改革重组后的实际需要,集团拟采用以战略控制为主,财务控制和经营控制为辅的混合型管控模式,即主要通过战略规划和业务计划体系进行管理,同时加强财务指标考核、控制和积极参与业务运作的规划及考核。

根据混合型管控模式,集团公司定位为三大中心:战略控制中心、资本控制中心和经营决策中心。

4. 集团公司具备五大基本功能

根据集团公司的定位,集团将具备五方面的基本功能:

国资管理和运营功能:履行国有资产授权管理、运行的职能,对全资和控股子公司充分行使选择经营者、重大决策和资产受益等三项基本权利;通过对子公司派出董、监事,正确行使职能,贯彻集团的决定和意志;盘活国资存量,用好国资增量,确保国有资产的保值增值;通过资产运作,调整和优化集团资产结构,实施集团资源统一优化配置。

战略控制和规划功能:制定集团总体战略和发展规划,明确集团的发展方向和目标,对集团战略与规划的执行进行监控和调整;参与子公司的战略规划,提供部分战略所需的核心资源,达到上下协同效应;根据集团总体战略和发展规划,确定子公司的专业化分工、发展方向、经营策略、经营模式和经营方向,统一集团整体发展步调和行动。

综合统筹和管理功能:实施全面预算管理,进行预算编制、预算执行与监控、预算结果分析与考核;资金的筹集和调度、资金运行追踪监控和资金使用结果考核;编制投资规划,进行投资决策,实施投资过程监控,评价投资效果;会计制度管理,会计体系运作,账务管理,财务报告和财务稽核;集中管理和控制经营风险,实现集团利润的最优化。

资源控制和业务支撑功能:对重点客户等重要经营资源的管理;设计中心等公共服务平台建设;经营风险识别、评估,风险控制与管理;重大战略业务合作,重大项目的组织、协调,新业务和新商业机会的开拓;内部经营方针制定及业务整合,对外有关部门政策的联络与协调;贯彻实施国家产业政策,合理调整和优化集团经营结构。统一和优化集团经营活动,提高经营运行的效率和效益。

资源开发和管理功能:人力资源开发规划;人才招聘和人才贮备;集团公司和子公司高级管理人员的培养、选拔、任命和考核;岗位职责管理和考核;薪酬体系设计和制度建设;约束和激励机制的建立、健全和完善。形成与集团发展战略和管控要求相匹配的结构合理的高素质人才队伍,使集团的人力资源优势成为企业核心竞争力的重要支撑和保障。

(八)建立、健全法人治理结构,加快现代企业制度建设

加强集团公司董事会内部建设,建立健全战略发展委员会、投资决策委员会、提名委员会、薪酬委员会、财务审计委员会等内设机构,提高集团董事会决策的科学化、规范化和程序化程度,提高决策的效率和效果。

对子公司,根据控股、参股情况,在现代企业制度的框架下,通过制定规范的公司章程、议事规则和规章制度,建立健全法人治理机构;通过外派产权代表和确定科学的经营管理目标,实行契约化管理。建立健全对派出董事(长)、监事(长)、财务总监等产权代表的选聘、考核和管理制度,集团公司通过对派出董事(长)、监事(长)、财务总监和主要经营者的管理,行使股东权利,对企业重大的经营、投资、融资、资产处置、担保等行为进行决策和监督。

加强战略管理,集团公司将对控股子公司的战略选择、规划和评估纳入整个集团的战略框架之内,确定子公司的发展定位和经营方向,将发展规划和实施计划作为选择、考核经营者的主要依据,促进集团各运营板块之间的业务协作。

加强全面预算管理,以预算统筹经营,以决算评定绩效,加强集团财务监控系统的功能和作用动态,适时监控子公司的财务情况和投融资情况,及时纠正有关偏差。

加强内部审计,健全监事会工作制度,充分发挥外派监事(长)的监督作用。建立和完善集团的信息管理平台,连接子公司的 ERP 系统,对子公司的经营动态、客户资源、业务流程等进行统一协调和监控,强化风险控制。

(九) 通过盘活存量资产、提高改制企业经济效益等途径,妥善解决和努力消化冗员与不实资产等历史包袱

集团拟采取以下措施,有效处置不实资产:

成立专门的清账、清债工作小组,利用各种手段,清讨各类债权,重点追讨一些形成原因复杂、追讨困难、金额较大的债权。

加强对对外长期投资项目的管理、清理、收缩和整顿,对应得的投资收益加大追回的力度。

利用企业的改制重组,按政策规定执行新的会计制度;或由企业逐年以税前利润消化。

由集团总体争取政策,按照市国资委、市审计局的规定程序报批核销净资产。

采用由改制公司在一定期限内托管经过剥离的"壳公司"形式,来逐步解决历史遗留问题。原集团所属外贸企业因分立改制、重组改制所形成的"壳公司",设立时要遵循以下原则:留壳不留人,"壳公司"不再保留岗位,人员全部分流安置。"壳公司"由改制后企业托管,做到两个"落实责任",一是落实资产清理、回收或核销的责任;二是落实债务清偿或豁免的责任,协调好债权人,特别是银行关系。"壳公司"托管要做到"基数明确、目标明确、责任明确、关系明确",明确改制公司对于人员、债务、担保和不实资产等历史遗留问题所承担的不可分割的责任。

加强集团资产经营公司职能,加快沉淀资产和低效益资产的流转和变现,通过资本市场和资产运作,优化集团资源配置,提高资产收益。

(十) 加强人力资源的开发与培训,使集团的人力资源的优势成为企业核心竞争力的重要支撑和保证

以集团发展战略为依据,以现代人力管理理论为指导,以加速构建企业高素质人才队伍为重点,力争形成与集团战略、发展愿景相匹配的各类高级、专业人才队伍,并逐步建立以竞争力为导向的人才选拔制度,以发展为导向的员工能力开发、职业生涯设计制度,以绩效为导向的员工考核、激励制度等较为完备的现代人力资源管理的配套机制,形成与国际接轨、具有本企业特色的人力资源管理战略和体系,使集团的人力资源优势成为企业核心竞争力的重要支撑和保障。

(十一) 强化集团观念,培育、树立"东方国际"的统一品牌

以企业品牌为旗帜,团结、凝聚各子公司;建设 CIS 企业形象识别系统;对子公司和战略性投资企业输出品牌、管理和经营模式。

（十二）加强精神文明建设，加强职工队伍建设

培育积极向上的良好的企业文化和企业氛围；塑造统一的企业精神、价值观；培养团队合作精神，提高企业凝聚力和向心力，以清晰的集团发展战略和良好的企业发展愿景吸引和鼓舞全体员工。

东方国际(集团)有限公司
"十二五"发展规划纲要

(2011 年 9 月)

一、集团"十二五"发展的内部基础、优劣势和外部环境

(一)集团"十一五"奠定良好发展基础

"十一五"期间,集团总体上保持了平稳、健康、有序的发展态势,为集团"十二五"进一步改革发展奠定了良好的基础。

积极应对国际金融危机的不利影响,努力克服主业经营面临的重重困难,调整优化业务结构和推进供应链建设、品牌建设取得一定成效,集团贸易、物流两大主业得到稳健发展。

"十一五"期间,集团年均进出口额达 43.54 亿美元,年均海运进出口箱量达 64.94 万标准箱,年均空运进出口货量达 13.31 万吨,都超过"十五"期间年均数(分别为 41.74 亿美元、48.50 万标准箱、5.96 万吨)。主营业务收入方面,"十一五"年均 243.55 亿元,也超过"十五"年均数(234.68 亿元)。

深化企业体制机制改革,推进以经营者持股为核心的改革改制,释放企业发展的内在动力;加强资金、资产管理和内部调控,集团管控功能得到加强;推进主业核心资产重组上市,完善企业法人治理结构,改善企业运营和管理质量;同时,千方百计处理和消化不良与不实资产,妥善解决重大经济纠纷案件,盘活存量资产,使集团总体资产质量得到明显改善,经营能力得到有力的提升。

"十一五"期间,集团每年都完成和超额完成国资预算目标,净资产收益率年均保持 5% 以上,国资保值增值率年均保持 108% 以上。2010 年与 2005 年相比,集团总资产增加了 37%,净资产增加了 120%。资产负债率从 69% 降低至 53%。尤其是归属于母公司的净利润,"十一五"年均达 2.27 亿元,远超"十五"年均数(1.09 亿元)。

表附-3-1　集团"十一五"时期主要经济数据情况表

	"十一五"年均	2006	2007	2008	2009	2010
进出口总额(亿美元)	43.54	44.19	46.44	52.39	37.24	37.44
出口额(亿美元)	28.26	28.70	31.78	32.43	22.85	25.55
进口额(亿美元)	15.28	15.49	14.66	19.96	14.39	11.89
海运箱量(万 TEU)	64.94	65.70	74.47	63.85	52.83	67.83
空运货量(万吨)	13.31	13.04	11.90	11.23	13.68	16.70
主营收入(亿元)	243.55	265.46	278.12	275.14	185.88	213.17
净利润(亿元)	2.27	1.16	2.49	2.10	2.07	3.54
总资产(亿元)	122.66	102.13	119.08	119.55	143.44	129.11

〔续表〕

	"十一五"年均	2006	2007	2008	2009	2010
净资产(亿元)	36.96	23.40	29.98	30.86	50.94	49.61
净资产收益率	6.54%	5.04%	9.23%	6.92%	4.87%	6.66%
资产负债率	62.48%	69.75%	66.29%	66.04%	56.63%	53.70%

(二)集团"十二五"发展内部优劣势并存

1. 主要优势

东方国际集团在上海外贸行业具有一定的经营规模和盈利水平,也具有一定的知名度、话语权和社会影响力,具备相对较强的综合实力。尤其是这些年来,集团在探索以传统贸易和物流服务为起点,深度融入客户的供应链体系不断提升和改进客户供应链管理水平及打造社会化的服务平台方面,形成了自身的特色和优势。

(1)企业品牌信誉优势

"东方国际"企业品牌在国内同行业中拥有较高的声誉,特别是在国际上形成了良好的商誉。集团下属"银河""LILY"已经成为上海市著名商品品牌。集团作为国内外贸行业的龙头企业,诚信经营,资质齐全,与金融、工商、海关、商检等相关部门长期合作,树立了良好的商业信誉和形象。

(2)供应链整合和管理优势

集团主营业务涵盖纺织服装、机电、轻工产品、大宗原材料、化工产品、医疗器械、矿产资源、机械设备等进出口贸易,及以口岸物流为主的国际货代、仓储、中转、分拨、拼箱、堆场、国际航运、国际船代、第三方物流等,物流与贸易联手为客户提供一揽子服务。

(3)服务贸易平台优势

集团在全国采购,仅长三角一带与集团有较大供货规模往来的生产厂家超过上千家,依托集团出口的中小贸易商上百家,集团每年要为诸多中小企业代理出口十几亿美元;集团作为主要进口代理商,为上海市重大市政工程和医疗仪器设备的进口提供全方位服务。

(4)境内外营销网络优势

集团与国外进口商、批发商、分销零售商建立了相对稳定的合作关系,形成了自己的海外销售网络。集团下属专业服务公司进入国际市场较早,和世界各地厂商有着非常广泛的联系,并设有一批驻外机构。经过几十年的经营,目前集团下属专业服务公司在国内建立了自己的信息网络和渠道,拥有一定的信息优势和营销优势。

(5)专业化经营优势

集团作为国有外贸企业,多年在外贸行业经营,拥有一批专业队伍,熟悉国家相关政策,熟练掌握进出口运行流程;熟悉国际贸易规则,有较为丰富的规避和处理风险的经验。

(6)上市公司融资优势

集团拥有一家境内上市公司,经营比较稳健,管理比较透明,资产质量较好,为集团经营创新和转型提供了通过资本市场融资的良好条件。

2. 主要不足之处

(1)创新转型受到体制机制的影响和制约

集团在一定程度上缺乏强激励、强约束的考核和分配机制,难以吸引优秀高端复合型经营人才的加盟。创新机制欠缺,创新的意识和动力不足,企业自主创新的源动力和拓展求变的活力不强,企业应变和风控能力难以适应国内外政策及外部环境的快速变化。

（2）传统经营模式存在较大风险

传统国际贸易和国际货代的经营模式,往往以自身的经营资质、业务信用和业务通路为客户提供简单类型的服务,需承担一定的经营风险,仅获得较少的利润。随着国际市场竞争的加剧和国际经济环境的多变,传统经营风险加大,对集团加强风险预警防范和控制的要求越来越高。此外,公司层面对客户资源的掌控能力较弱,管理的深度不足,一旦一线外销员、业务经理发生流动,易于导致客户资源流失。

（3）贸易、物流的业务融合度不够,资产对经营的支撑作用不明显

贸易和物流两大板块本应是相互依存、高度融合的板块,但长期以来,出于体制机制、经营者理念、经营模式等诸多原因,集团内部这两大板块业务融合度不够。集团资产板块沉淀的各项资产,出于历史原因比较分散、复杂,难以快速盘活、优化、变现,亟须创造条件将相关资产转换成为与贸易、物流业务一体化融合的主业资产。

（4）集团资产总体证券化比例不高,国有成分相对较高

作为在一般竞争性领域经营的国有独资集团,集团在上市公司以外尚有大量的优质资产,集团对上市公司当前持股比例高达72%以上。无论是集团自身,还是上市公司,都存在着进一步利用上市平台发挥资本市场融资功能的迫切需求,从而吸收来源广泛的社会资本,提高资产证券化率,降低国有成分,深入推进产权多元化。

（三）集团"十二五"发展面临复杂的外部环境

1. 主要挑战

全球经济复苏的内生动力不足,主权债务风险扩散,发达国家提高储蓄率,降低消费率,进入较长的低速增长期。

外贸面临较为严峻的经营环境,新的国际贸易保护主义升温,贸易保护手段更加多元化,国家间贸易摩擦频发,针对我国的贸易摩擦尤为激烈。

人民币汇率面临着较大的升值压力,通货膨胀预期强烈,企业原材料成本、劳动力成本、资金成本、商务成本和社会责任成本压力不断增大。

上述来自宏观政策环境的不利和不确定因素,会不可避免地对集团主业发展产生消极负面的影响。

2. 主要机遇

伴随着金融全球化、信息全球化和资本全球化,全球贸易形式和格局发生深刻变化,从传统的进出口贸易、转口贸易等向全球技术贸易、服务贸易的高端贸易形式升级,现代信息技术和电子商务的广泛运用又进一步推动了全球贸易经营模式的调整,这为我集团迈向综合性、特大型、现代化的跨国贸易集团创造了战略升级的可能。

中国综合国力和经济实力日益加强,在国际舞台上的地位日益提高,为国内企业从事跨国经营和并购,在全球配置资源进一步打开了空间;同时,扩内需、调结构作为国内转变经济发展方式的长期战略选择,有关支持政策将相继出台,这为外贸企业扩大进口、发展内贸提供了良好机遇。

上海加快发展现代服务业和先进制造业,建设国际经济、金融、贸易、航运"四个中心",长三角联动发展,为集团发展提供了良好契机和广阔空间,集团的货物贸易和现代物流主业均大有用武

之地。

综上所述,"十二五"期间,集团既面临着诸多挑战和不利因素,但更有机遇和有利条件。关键是我们要解放思想,转变观念,抓住机遇,大胆实践,勇于创新,深化改革,形成合力,走出一条新的发展道路。

二、集团"十二五"发展的指导思想、目标和任务

(一) 集团"十二五"发展的指导思想

"十二五"期间,集团要以科学发展观为指导,紧紧抓住新一轮国内外产业结构调整以及现代服务业发展的战略机遇,围绕国家"扩内需、促转型"的战略方针,充分发挥集团的综合优势,主动对接和融入上海国际贸易中心、国际航运中心的建设,进一步深化改革,创新发展,以"三个力促""两个加快"为工作主线,达到"一个提升"目的。

"三个力促":力促集团主业核心竞争力提升;力促集团优质资产、资源加快融入主业;力促贸易与物流领域的新型业态和新增长点的培育。

"两个加快":加快资本证券化步伐,打造绩优稳健的上市公司;加快建设和完善科学、规范、有效的运营管控体系。

"一个提升":提升集团在我国贸易流通行业及上海国际贸易中心建设中的地位,将"东方国际"品牌进一步发扬光大。

(二) 集团"十二五"发展目标

集团发展目标:在"十二五"期间,发展成为以货物贸易和现代物流为主业,以相关资产经营管理与投资为配套支撑,具有面向国际和国内市场产业链整合能力、供应链管理能力和跨国运营能力,内外贸相结合、实体经营和电子商务协同发展的综合性、特大型、现代化的贸易服务总集成商;全面完成集团整体上市的体制重组目标。

为实现"十二五"发展目标,主要工作任务可概括为"一二三四",即:

1. 寻求一个"突破"

通过战略转型更新理念、聚焦资源,以创新引领发展,突破传统经营在市场定位、经营模式、功能业态、规模和盈利增长驱动因素等方面的发展瓶颈。

2. 实现两个"转型"

实现从国有独资公司向国有控股整体上市公司的体制转型,实现从传统贸易、货代物流业务经营向现代供应链管理和贸易物流服务总集成商的模式转型。

3. 推进三种"经营"

推进面向国际和国内两个市场,内外联动、内外贸一体化的贸易经营;推进港口物流业务与现代仓储和物流管理、城市配送一站式服务相结合的物流经营;推进以资产管理、资本运作为核心的资产经营,以资产经营反哺主业和壮大综合实力。

4. 聚焦四类"重点项目"

以对重大项目、创新型项目的大力投入、重点培育来提升主业能级,努力形成驱动中长期发展的动力因素。四类重点项目包括:海外品牌和销售网络并购项目,现代仓储设施基地和物流地产项目,海外进口货品电子商务平台项目,以及物贸一体化联动项目等。

同时,集团还将努力寻求开放性重组联合的机会。

(三) 集团"十二五"发展指标

"十二五"期间,集团主要发展指标如下:

进出口总额、出口额、进口额:确保年均增长 2%,力争年均增长 5%。

海运进出口箱量、空运进出口货量:确保年均增长 3%,力争年均增长 6%。

内销额:年均增长率力争超过 30%,期末数达到期初数的 3 倍。

主营业务收入:确保年均增长 3%,力争年均增长 6%。

净利润(归属于母公司):确保年均增长 3%,力争年均增长 5%。

净资产收益率:确保年均达到 4%,力争年均超过 5%。

上述发展指标具体见表附-3-2 和表附-3-3。

改善民生目标:坚持以人为本,让全体职工共享企业改革发展成果。努力为员工建立其个人职业生涯发展规划,提高生活的富足水平。参照上海市企业工资增长指导线、居民消费价格指数(CPI)以及市国资委有关要求,确保集团在岗职工的收入增长与企业整体经济效益的增长同步。

表附-3-2　集团"十二五"时期主要经济指标(静态)情况表

	"十二五"总量	"十二五"年均	年均增幅
进出口总额(亿美元)	178	35.6	2.08%
出口额(亿美元)	128	25.6	2.07%
进口额(亿美元)	50	10	2.11%
海运箱量(万 TEU)	320	64	3.05%
空运货量(万吨)	75	15	3.04%
主营收入(亿元)	1 000	200	3%
净利润(亿元)	12.35	2.47	3%
净资产收益率	—	4.58%	—

说明:1. 本表为静态测算方案,为"十二五"时期必须确保完成的经济指标;

　　　2. 本方案主要以 2011 年计划数为参考基数;

　　　3. 本方案主要基于前述"十二五"期间集团面临的外部严峻经营环境;

　　　4. 本方案未考虑人民币汇率变动因素。

表附-3-3　集团"十二五"时期主要经济指标(动态)情况表

	"十二五"总量	"十二五"年均	年均增幅
进出口总额(亿美元)	188	37.6	5%
出口额(亿美元)	133	26.6	5%
进口额(亿美元)	55	11	5%
海运箱量(万 TEU)	332	66.4	6%
空运货量(万吨)	77	15.4	6%
内销额(亿元)	—	—	30%
主营收入(亿元)	1 054	210.8	6%

〔续表〕

	"十二五"总量	"十二五"年均	年均增幅
净利润（亿元）	13.59	2.72	5%
净资产收益率	—	5.3%	—

说明：1. 本表为动态测算方案，为"十二五"时期力争完成的经济指标；
　　　2. 本方案主要以 2011 年计划数为参考基数；
　　　3. 本方案主要基于前述"十二五"期间集团重点支持和推进的项目的顺利实施；
　　　4. 本方案未考虑人民币汇率变动因素。

三、集团"十二五"发展重点工作

（一）集团主业发展

"十二五"期间，集团主业发展要以提升核心竞争力为目标，加快转变发展方式和经营模式，鼓励业务创新，深化供应链再造，积极探索供应链内各种产品延伸和服务延伸的机会，通过互相延伸、联动、融合，集研发、设计、生产、营销、物流配送为一体，增强整体合力，强化综合优势，全面发展专业化、集成化和一站式、一揽子服务的能力，逐步向供应链管理者和综合服务的提供商转型。

集团主业的经营要着力于"六结合、六联动"。

1. 进口与出口结合，达到进出口联动

实施"进出口并举"的经营方针，促进集团出口和进口业务稳健、平衡发展。明确一批进出口重点产品或项目，如医疗设备、园林工具等，实行重点扶持。

主动调整定位，将进口业务的传统经营与内需热点相嫁接，满足城市需求。加强关系国计民生的资源性产品、先进技术装备、重大专项设备和物资的进口。

完善大宗商品进口管理，加强重要环节的风险控制，提升进口代理业务经营质量，稳步发展铁矿石、大豆等大宗原材料进口。

把握大虹桥商务区开发建设多个国别中心的机遇，拓展进口物流、会展物流和仓储配送服务；继续巩固发挥物流所拥有的海关进口分拨监管仓库的优势，为进口业务提供支撑和服务。

2. 自营与代理结合，达到规模效益联动

努力扩大自营业务，推动产品和服务向专业化、系列化方向发展，打造核心拳头产品或特色服务。

加大资金扶持力度，建立与完善多层次、全方位的自主品牌培育机制，点面结合、以点带面，集中力量、重点培育自主品牌。对目前集团系统内有一定知名度和市场份额、增长势头明显的产品或服务品牌，如 KOOL、银河、Leetai、雪花、麻雀 333、Dongsong 等，选择 5 个左右加以重点扶持，逐步建立消费群覆盖上海市乃至全国的营销网络。

发展大客户，将百安居、家乐福、耐克、哥伦比亚、联合利华、飞利浦等世界 500 强客户和知名品牌大客户作为开发培育的重点，为其度身定制专业的个性化服务，与其构建供应链合作伙伴关系，用品牌客户带动产品升级，促进服务内涵的提升。

提升代理服务的平台能级，保持集团及各子公司在海关、商检、税务、外管、工商及金融机构等方面的良好资质评级，保持业务经营渠道的畅通和高效，认真维护及用好现有的各类商品的经营资质，扩大有质量、有效益、风险可控的代理业务，使代理规模逐年提升。

3. 外贸与内贸结合,达到内外贸联动

促进集团内外贸一体化发展机制的形成,鼓励主动对焦国内市场需求,出口与内销并举、进口与内销联动;明确内贸主攻方向,重点扶持5个左右的内贸产品、品牌或项目。

积极创造条件,改建现有厂房、仓库或老楼,建设2个~3个集内外贸商品展示、推介、批发、零售、配送等功能为一体的商贸中心或专业商品市场。

与国内大型内贸企业开展战略合作或相互参股,有选择地收购、兼并一些区属商贸企业,共享销售和采购网络;积极引入国外优质商品、著名品牌,丰富国内市场。

研究部署"走出去"战略,积极寻找海外并购扩张的机会;同时调整优化集团系统境外机构布局,强化其海外营销和拓展的功能。

4. 生产与贸易结合,达到技工贸联动

重点扶持集团范围内部分自有工厂,提升其在生产设备、技术、人员等方面的能级,贸易为工厂接单,工厂为贸易提供产能;建设一批新型的工贸结合实体——"样板工厂"。

加大研发、技术的投入支持力度,推进设计、技术、打样"三中心"建设,逐步在贴牌加工、辅助设计生产的基础上发展自主品牌生产。

加强与供应商的深度合作,发挥好品牌、客户、技术、资金、供销网络等优势,培育紧密合作、快速反应的利益共同体;不断开发新的货源渠道,优化对资源的配置和使用,进一步发展在国内和国外组织采购原料,分环节、分地区加工生产的能力。

加强与相关高校、科研院所合作,引进或共同开发一批拥有专利技术和市场前景的高端产品,建立健全科工贸一体、技工贸一体的良性运作机制。

5. 物流与贸易结合,达到物贸联动

强化物流板块与贸易板块的融合力度,协同构建一体化运作的供应链管理机制,打造两大主业联手开拓新市场、发展新业务的战略格局。

鼓励和支持集团内部贸易类公司与物流类公司联手合作承接大型项目,共同拓展进出口业务和物流业务,为客户提供一揽子、一站式服务。

培育物贸一体化运作的新型业态,扶植2家~3家物贸一体化经营的企业做强做大;鼓励和支持在同一家公司内,围绕市场和客户需求,贸易向物流延伸,物流向贸易拓展,使自己成为客户供应链上重要的集成服务商。

以业务需求和战略发展为导向,充分利用和统筹好存量资源,加大仓储等物流基础设施建设的投入,在巩固口岸进出口物流基础设施配备的同时,加强内贸物流设施建设布局,扩大物流服务资源规模,提升物流服务能级,为贸易提供配套支撑。

6. 实体与网络结合,达到线上线下联动

确立"十二五"期间电子商务发展战略和发展目标,围绕电子商务进行传统业务流程的再造,寻求将其发展成为新型业态经营的机会。建立推进机构,深化集团范围内的电子商务应用和开发,探索与完善相关的体制机制措施。

积极与国内外相关知名的互联网公司接洽,联手共同开发、打造兼具信息服务和交易服务功能的电子商务平台,集外贸、内贸、仓储物流的线下运作与在线营销推广、客户服务、信息查询、交易管理、结算功能为一体,为广大商家和消费者服务,努力使之成为集团发展的一个新增长点。

开展与国内大型第三方电商平台以及自主销售型电商平台的合作,扩大集团商品在网上的销售品种和销售规模。

鼓励自有品牌扩大实体销售网络,有计划地开设品牌专卖店、加盟店、连锁店,提高营销管理水平。

(二)集团项目推进与投资计划

1. 重点推进项目

(1)海外品牌和销售网络并购项目

集团"十二五"期间在此领域预计将投入5亿元～10亿元人民币,用以纵向收购在海外市场有一定的品牌知名度、相应的经营规模和相对成熟的销售网络的1家～2家境外零售商,获取标的公司的控股权,将外贸出口产业链前移至海外从事跨国经营。同时,还将探索将所收购的海外品牌引入国内市场,逐步建立其内销经营网络,培育国内消费客户群体。

(2)现代仓储设施基地和物流地产建设项目

集团"十二五"期间在此领域预计将投入8亿元～10亿元人民币,用以对集团现有存量工业地产和仓储设施资源进行改造与置换,并将在上海主要进出口口岸、保税物流园区、上海内陆周边地区运输枢纽集散地遴选和购置新的土地,新建大型现代化仓储物流中心。通过物流项目的运作,积累现代大型物流配送中心和公共仓储资源运营的经验,结合上海城市发展需要,构建城市物流配送网络,为客户提供功能完备的一站式供应链管理服务,推进传统货代物流向现代综合物流的转型。

(3)海外进口货品电子商务交易平台项目

电子商务所掀起的营销革命,为传统外贸企业通过电子商务平台方式构建自身的营销渠道系统、掌握下游消费群体提供了一个难得的发展机遇。集团将线下实体运作经验与电子商务相结合,实现国际市场信息、产品、渠道与国内需求的对接,以独特的优势进军国内市场。集团将联系海外优质供应商,努力引进海外优质品牌和中高端货品,构建进口货品在线交易B2B2C平台和与之相匹配的贸易、物流、配送、客户服务等系统。预计"十二五"期间在此领域投入将不少于2亿元人民币。

(4)物贸一体化联动项目

集贸易和物流服务功能为一身的一体化运作企业在为客户提供供应链解决方案方面具备核心竞争力。集团在"十二五"期间将投入1亿元左右,用以扶植该业态在集团内的发展,配套关键资源,支持相关项目,打造优势企业,争取在服务重点大客户(如联合利华、飞利浦等)特色产品配送销售服务(如医疗器械、汽车配件等)等方面逐一积累优势,稳步占领市场,扩大经营规模。

上述四类重点项目是集团在"十二五"期间创新转型的抓手工程,它们有一定的关联度,也可以各自分开独立运作。此外,集团还将会同上市公司,加强对自主品牌的投入,以及对国家重点扶持战略性新兴产业领域的项目挖掘和投资拓展。

项目投资计划详见表附-3-4、表附-3-5和表附-3-6。

在项目具体推进实施过程中,集团需要作出周密、完整的可行性分析和论证,需要统筹策划集团整体资金、资源的平衡,成熟一个,发展一个,有序推进。

表附-3-4 "十二五"期间重点支持和推进项目(集团层面重点项目)情况表

序号	项目名称	项目内容	资金投入	实施主体
1	境外品牌和销售网络并购项目	纵向收购在国际市场拥有一定的品牌知名度、经营规模和相对成熟的销售网络的境外零售商	预计投入5亿元～10亿元	集团、创业公司
2	物流仓储基地项目	计划在外高桥等区域购买地块新建物流仓储基地,发展第三方物流业务	预计投入8亿元～10亿元	集团、创业、物流公司

〔续表〕

序号	项目名称	项 目 内 容	资金投入	实施主体
3	大虹桥商务区会展物流、进口物流项目	支持物流公司积极争取大虹桥商务区4个国别中心的进口业务和物流配送业务	预计投入3000万元	集团、创业、物流公司
4	进口货品电子商务平台	开发建设进口货品在线交易B2B2C平台	预计投入2亿元	集团、外贸、创业公司
5	开放性重组联合项目	积极寻找和推动跨区域、跨部门、跨所有制的战略联合、并购与重组	预计投入10亿元	集团、创业公司
6	元中大楼改建项目	集办公、商务、行政公寓于一体,成为集团内外贸品牌商品展示、营销、批发基地	预计投入5亿元	集团、资产、创业公司

表附-3-5 "十二五"期间重点支持和推进项目(物贸一体化联动项目)情况表

序号	项目名称	项 目 内 容	资金投入	实施主体
1	医疗器械及耗材的物流配送销售项目	主要是项目的软件(仓库管理系统等)、硬件(仓库租赁等)及项目运作时的资金占用	预计投入5000万元	创业、东松公司
2	汽车配件销售项目	寻找供货商以定制(自主品牌)或买断的方式,自营销售给车辆生产企业	预计投入1500万元	创业、东松公司
3	飞利浦照明服务外包项目	支持经贸货运公司发展大客户,培育壮大物贸一体化新型业态	预计投入1000万元	创业、物流公司
4	联合利华服务外包项目	支持经贸货运公司发展大客户,培育壮大物贸一体化新型业态	预计投入1000万元	创业、物流公司

表附-3-6 "十二五"期间重点支持和推进项目(自主品牌项目)情况表

序号	项目名称	项 目 内 容	资金投入	实施主体
1	KOOL	加大营销力度,推出更多产品品种,适时推出实体体验店,扩大销售规模	预计不少于3000万元	创业公司
2	银河	维护品牌形象,扩大销售规模,成为国内棉涤纶第一品牌	预计投入200万元	创业、纺织公司
3	蓝蓝	蓝蓝印花布工艺礼品内销	预计投入80万元	创业、纺织公司
4	LEETAI	加大投入和宣传力度,推出自主品牌产品,扩大销售规模	预计投入200万元	创业、利泰公司
5	雪花	加大投入和宣传力度,推出自主品牌产品,扩大销售规模	预计投入200万元	创业、利泰公司
6	麻雀333	加大投入和宣传力度,推出新品种等自主品牌产品,扩大销售规模	预计投入800万元	创业、家纺公司

2. 开放性重组联合

集团在"十二五"期间需进一步开阔视野,敞开胸怀,积极寻找和努力推动跨区域、跨部门、跨所有制的战略联合、并购与开放性重组,从而引进外部优质资源和先进经验,借船出海,借梯上楼,消除自身发展的体制弊端,让资源在更大的范围内实现优化配置,有效提升发展能级,扩大相关产业经营规模。

除稳步推进集团资产整体上市以外,一是探索集团与央属企业、上海市、区二级内外贸企业、资源型企业的资产并购和重组联合;二是探索"贸金"合作,与保险、银行、证券、投资基金等金融类企业进行战略合作或资产并购。

(三) 集团整体上市和资本运作

1. 集团主业经营性资产上市已取得重要阶段性成果

2011 年上半年,集团核心经营性资产注入上市公司的工作已取得重要的阶段性成果。上市公司东方创业现已持有集团贸易板块的原创业、利泰、家纺、纺织、东松、商业公司的各项股权和资产,全资持有东方国际物流。上市公司 2011 年上半年期末的股东权益规模约占集团总体的 50%,所实现的主营业务收入约占集团总体的 70%(详见下表)。东方创业目前全资和控股企业达到 56 家,接近集团合并报表口径 117 家的一半。

表附-3-7　上市公司 2011 年上半年期末股东权益规模情况表

	归属母公司 所有者权益(亿元)	主营业务 收入(亿元)	净利润 (亿元)	出口金额 (亿美元)	进口金额 (亿美元)
集团	49.00	97.80	1.30	12.59	4.74
上市公司	24.14	67.76	0.84	7.65	1.57
上市公司占比	49.3%	69.3%	64.6%	60.8%	33.1%

2. 集团剩余两级公司的上市路径各具特点

集团在上市公司以外的二级公司包括外贸、房产、国服、资产和丝绸集团共五家,五家公司实际情况差异较大,其上市途径各具特点。

外贸公司隶属货物贸易主业,净资产回报水平与上市公司相当,在解决海成系债权问题和其他诉讼纠纷后即可按照承诺安排注入上市公司。如外贸公司在资产注入的同时剥离部分不动产从而降低所有者权益,上市公司可以采用现金收购的方式直接购买外贸公司的全部股权。反之,如采用定向增发新股方式,则程序相对复杂,运作成本也比较高,故定向增发宜结合其他的收购标的或投资项目来一并进行。

国服公司已将人力资源、旅游、会展等服务外包业务确立为主要发展领域,但各业态普遍经营规模不大,竞争优势尚不明显。当前仍应以在公司内部进一步厘清主业,聚焦核心业务,改革改制,消冗减负为工作重心。今后一段时期,待国服部分特色业务经培育发展达到一定的规模和盈利水平,且能对集团和上市公司起到功能配套作用,可考虑单独剥离这部分特色业务,注入上市公司。

资产公司和丝绸集团已转型成为依托自身历史上的资源积累,从事物业租赁、房地产开发、出租和经营管理的资产类公司,两家公司还承载着集团范围内离退休人员和离岗人员的负担。这两家公司须在集团统筹安排下,持续妥善利用、滚动开发现有存量房地产资源,将其转换提升成为回报良好的优质地产项目或与主业相关联的业态,然后注入上市公司。应妥善安置解决历史人员负担,在匹配相应的资产、考虑现金流平衡以后将历史人员和其余遗留问题留存于平台公司继续清理。然而,由于地产项目通常需要两年以上的培育期,且需要宏观政策环境的配合,短期内较难实现资产公司与丝绸集团资产的大规模注入。

房产公司具备二级房地产开发经营资质,近年来经营稳健,取得了良好的回报,但缺乏后续优质项目资源的储备。如上市公司未来有意向拓展房地产开发业务,可考虑收购房产公司的控股权。但政府当前正严格实施针对房地产领域的宏观调控,在政策面不予支持的大背景下,对房产公司的收购只能通过现金收购或资产置换方式来进行。房产公司的项目运作经验对集团今后在不动产领域有效盘活和经营现有存量房地产资源,将能发挥较大的作用。

3. 集团总部需在资本运营、资产型态转换方面有所作为,创造条件推进上市;鼓励和推进上市公司在"十二五"期间至少完成一次市场融资行为

集团在上市公司以外拥有包括现金、股票、房地产在内的大量优质资产,这些资产在规模总量上不亚于当前上市公司的规模。集团总部如何对这些资产进行有效的项目运作和形态转换,以及上市公司如何在资本市场中扩大体能来承接集团的这些资产,是集团未来成功实现主体资产整体上市以及顺利实现"十二五"规划目标的关键因素之一。

将低效、闲置的房地产盘活成为与主业有较高关联度,对主业经营起到支持配套、功能扩充、平衡风险作用的高效运作的物流地产和商业地产。集团将按照市国资委提出的对土地集中管理的精神,结合集团和下属各公司的实际,制订土地和房产权证办理的计划,推进权证的办理,在权属清晰的基础上逐步贯彻落实土地管理的"三个集中"(即集中土地权证管理,集中土地重大事项管理,集中土地收益管理),探索形成集团自身房地产集中管理模式,在上海市主要港区(含保税区)和周边地区通过盘活、置换和投资开发建设,积极布局物流地产,开发建设现代仓储物流中心,发展现代仓储管理和物流配送功能;同时,适度投入开发建设商业性地产项目。

择机变现股票,对外转让和出售零散分布的房地产,及部分关联度较弱、回报水平不高的长期股权投资,用以培育新兴项目,反哺主业。集团将运用变现资金,在未来三年内大力孵化和培育重点的创新转型项目,待项目培育成熟以后注入上市公司。

关于资产的盘活、变现、型态转换和项目培育,要在统筹兼顾的基础上详细规划,尽可能考虑各年度资金流和利润的均衡,制定分阶段落实的工作目标。总体而言,"十二五"的前三年是加速推进资产结构调整、加大投入和培育的时期,后两年将进入形态适宜、业态和功能相对完备的收获时期。

启动上市公司的再融资功能,鼓励和推进上市公司在"十二五"期间至少完成一次市场融资。上市公司成功实现再融资,可以提升公司市场形象,壮大自身体量,积累发展的势能,为向新型业态拓展转型创造条件。同时,也将有利于承接集团剩余资产的整体上市。

4. 非主业调整退出

集团在"十二五"期间将严格按照非主业调整计划,坚决从非主业领域退出,将非主业资产转变为主业资产,实现整体上市的目标。集团将努力解决原二级公司嘉盟和富锦公司破产清算重大专项问题,退出三级以下的非主业公司。在"十二五"期末,集团留作处理历史遗留问题的"壳公司"平台将归并为一家。

非主业调整退出方式主要包括:

改制重组。通过引进民营或外资资本,或者推进经营者持股,进行改制重组,国资逐步退出。

股权出售。对部分非主业企业或者集团范围内存在同业竞争的企业,适时通过股权出售等途径,使国资全部退出。

并壳销号。进一步清理集团在改革改制过程中形成的过渡性"壳公司",退出其下属的长期股权投资企业;待条件成熟时,对不同"壳公司"进行吸收合并。

清算注销。对长期亏损、扭亏无望的企业及时进行清算关闭;对资不抵债的企业依法向法院申请破产;集团下属尚未进行股权多元化改制的全资企业,有些历史上对外投资较多,也将对这些长期投资进一步清理退出。

集团将根据非主业公司调整退出目录,拟订退出方式和时间进度计划表,逐步退出非主业,使非主业资产盘活转换为主业资产。同时收缩行业跨度和管理层级,进一步集中资本和精力来拓展主业,培育新的增长点。

(四) 集团运营与管控

随着改革改制的不断深入,集团的管控模式将强化以资本为纽带的母子公司管控体系的特征,集团主要通过战略控制、财务控制和经营控制三个层面来实现整体的运营管控目标,以战略控制为主要手段,财务控制为辅助工具,逐级落实经营控制的具体目标任务。同时,要进一步完善集团总部与上市公司以及各子公司的功能定位和管控界面划分;建立与市场机制相匹配,与综合性、特大型、现代化贸易集团需求相适应的组织构架和管控模式。

1. 优化集团总部的结构与功能

“十二五”期间,创新转型、突破发展瓶颈是整个集团首要的核心任务。由于各类优质资产(现金、股票和房地产)和资源或者本身集中于集团总部,或者其调配决策权归属于集团总部,这些资产整体注入上市公司需待资产注入时机和条件得到满足后方能付诸实施,故在此期间,各子公司借一司之力推动转型相对势单力薄,集团总部功能和作用的发挥就显得尤为重要。集团总部要重点发挥对先导性资源进行布局和配置的功能,以及针对创新转型项目的孵化培育功能,加强运营调控能力,加强对规划既定目标的推进执行力度。

设想如下:

第一,适度调整集团总部的组织结构,强化资产经营,培育或主导重大项目、新兴项目的投资与开发,以更好地适应“十二五”期间集团的功能定位与任务要求。

在现有部门结构中,明确集团内部房地产业务工作的职权归属,或专设相应部门,以强化对集团属下各类房地产资源的集中管理,统筹领导和协调今后房地产项目的盘活、开发和经营。

以业务管理部门为基础设立创新项目事业部,或专设相应工作的领导协调机构,负责对集团“十二五”规划拟重点推进的项目开展策划、调研、论证和实施方面的工作,为特定项目配置、组建专门团队。对于拟进入实施阶段的项目,应征询上市公司意见,与上市公司合资筹建新公司;也可以联合行业内战略投资者合资设立新公司,推进项目的独立运作。

第二,加强战略研究与管理,完善集团整体战略的推进与执行机制。

集团总部需引导各子公司对集团“十二五”期间的战略目标与主要工作任务达成共识,上下一致,攻坚克难。要建立与强化战略推进的目标管理,将总体目标(除经营目标以外,还应包括资产盘活目标、主业聚焦调整目标、功能提升目标等)细化成对各子公司在相应阶段的分解目标与对应的具体工作,并纳入对该子公司经营班子的薪酬考核体系之中。

第三,集团总部需注意发挥与上市公司的战略协同和经营联动效应。

新兴项目在培育过程中应努力探索与现有各公司业务形成功能互补、联动配套,在新兴项目培育成熟以后可注入上市公司。

2. 加强企业内部控制体系建设

在集团和各子公司,进一步完善企业法人治理结构建设,加大依法治企力度,提高企业运作的规范化、科学化水平。在企业内部要进一步理顺党委会、董事会、监事会、经营层之间的关系,严格执行科学决策程序,贯彻落实"三重一大"决策制度,明确决策事项的基本范围和量化标准,细化执行的具体程序和操作流程,保证企业经营、决策事项合法合规、切实可行、落实到位。

加强风险评估,建立健全系统、严密、可控的业务规范流程,利用信息化系统工具,从源头上防范企业风险。不断完善企业财务制度和预警体系建设,通过会计系统控制、预算控制、运营分析控制,全面反映和监督业务运营情况。同时,进一步加强法律、审计等内部风险控制机制建设,推进公司法律顾问制度,完善法律意见书制度,成立集团审计中心,创新工作手段和模式,强化对业务风险的监控,变事后的风险处理为事前、事中的风险控制和防范。

建立能合理、有效利用外部中介机构,依靠专业力量对企业内部控制体系进行咨询、测试、评估的制度,通过合规、公正、透明、高效的招投标体系,选聘有实力的第三方机构指导和参与集团内部控制体系的建设,发挥机构的独立性和专业性,促进内部控制体系趋于完善。

3.强化企业信息化管理力度

研究制定集团企业信息化新的三年规划和建设方案,加强对全体员工的信息化培训,打造一支信息化管理队伍。

构建集团统一数据信息平台,打破信息孤岛。在各主要公司已经运行自己的ERP(企业资源管理)系统的基础上,使用SOA(面向服务架构)基础数据平台来整合不同系统之间的数据,使用VPN(虚拟专用网络)开展集团总部与各子公司之间业务、财务等机密数据的传输交换,力争将业务流程、应用系统和各种标准联合起来,在多个公司的应用系统之间实现无缝集成,进行业务处理和信息共享。

进一步扩充完善集团总部门户网站、OA(办公自动化)系统的功能。对门户网站进行优化,进一步发挥其对主营业务的推介、展示服务作用;继续扩展OA系统,在平稳运行的基础上将其使用范围逐步扩大至所有的二级公司,规范集团系统的日常办公流程,加强集团总部与子公司之间的紧密联系和即时反应。

加强信息化基础设施建设。增加宽带带宽,提高网络运行速度;为集团OA系统配置独立专线;根据条件需要,加快改善集团总部和各子公司的机房条件,逐步达到不间断电源、防雷、防尘、防火、恒温等标准。

4.强化人力资源和绩效管理力度

有计划引进符合集团未来发展需要的各种人才。主要包括:投融资管理和资本运作人才,既懂外贸又懂物流的供应链一体化管理人才,物流体系构建、研发和物流中心运营的人才,产品研发、设计人才,品牌建设与管理人才,生产基地建设、管理人才,物流基础运营设施建设、管理人才,熟悉运作综合型物流项目的人才,等等。

健全科学有效的员工教育培训体系。加大多层次员工培训力度,注重培养国际、国内两大市场的复合型经营管理人才,为企业发展提供强劲动力。

健全公正、公开、透明的全员培养发展机制;健全人才多向、多渠道流动和能上能下、竞争择优的机制及制度,任人唯贤,唯才是用,不拘一格。

健全符合集团实际的绩效管理制度及考评体系,做到考核科学、准确、权威,分配规范、合理、有效。完善分类考核、分类管理体系,根据不同类型企业和部门制定有差别化的绩效考核目标,创新薪酬管理方法,探索将技术、管理要素参与分配的各种有效形式。进一步深化经营者群体持股等方式的体制机制改革,创造条件推进上市公司股权激励,充分体现优秀人才的市场化价值。

5.加强和优化企业文化建设

企业文化是企业的灵魂,是企业管理的必然组成部分,是企业生存发展的内在推动力。集团将适应不断变化的新形势和改革发展的新任务与新要求,持续推进企业文化建设工作,提升集团文化软实力,为集团发展壮大提供强有力的文化动力和精神支撑。

不断提炼和深化发展与现代企业制度和市场经济、企业经营相适应的"东方特色文化",努力塑造合规、前瞻、作为、担当的决策文化,高效、果断、勤奋、务实的执行文化,科学、细致、持续改进、追求卓越的管理文化,和开放、进取、富有理想、勇于开拓的创新文化。

围绕集团改革发展战略,努力推动企业文化落地和建设水平提升,做到企业文化的宣传推广有追求、有标识、有活动、有案例、有典型、有品牌,进一步丰富和充实企业文化内涵。

进一步发扬光大集团"诚为本、责为重、专为业、和为贵"的企业精神,把集团广大员工的人心、智慧和力量凝聚起来,将企业文化理念渗透到企业管理各个环节。

关于制定东方国际集团"十二五"时期
主要经济指标的简要说明

《东方国际(集团)有限公司"十二五"发展规划纲要》中表附-3-2、表附-3-3有关集团主要经济指标的制定,主要基于以下考虑:

正如规划纲要中提到的集团"十二五"发展面临复杂的外部环境,尤其是对于市场化程度最高、国际竞争十分激烈的外贸行业,未来几年受外需不足、贸易保护、人民币升值、企业各项经营成本升高等因素影响,增速会逐步变慢乃至停滞。对美国、欧盟、日本的出口额占东方国际集团出口总额的70%,近年来上述三大市场分别深受金融危机、主权债务危机、自然灾害影响,消费需求持续萎靡不振,集团出口遭受重大冲击。

"十二五"期间,为促进进出口平衡和扩大内需,国家从宏观调控政策上不会支持出口企业继续粗放式增长,而是鼓励转变外贸发展方式,追求外贸发展质量、速度、结构、效益相协调。集团顺应外贸发展趋势,主动调结构、促转型,以出口质量为要,数量为次。

进出口贸易行业一向风险很大,除了出口收汇风险外,大宗商品进口风险更难防控。东方国际集团主动控制风险,下属外贸公司现停止了电解铜、铁矿石等大宗原材料进口业务,每年使集团减少10亿多美元的贸易规模。

2010年集团推进核心资产重组上市,5家从事外贸、物流的子公司进入上市公司。接下来业务整合、管理调整任务艰巨,并且要稳步推进整体上市,集团将对上市公司平台倾注大量精力,必须以业务稳健发展为原则,不盲目追求速度,主动实行结构调整转型。

集团整体上市过程中,还有许多存量资产需要清理、盘活、转换形态,一些历史遗留问题需要逐一梳理和解决,任务非常艰巨,不但要消耗集团大量的精力和人力,而且会直接消耗集团的利润。

总的来说,"十二五"期间,东方国际集团处于调整转型的关键时期,传统外贸、物流业务发展空间极小,新型业务和新的增长点需要较长时期的培育,稳中有进是"十二五"主基调。因此,制定了确保的静态方案(表附-3-2)、力争的动态方案(表附-3-3)。

如果认真实施好规划纲要中提出的各项任务、措施,扎实推进规划纲要中表附-3-4、表附-3-5、表附-3-6所排出的重点项目,全面完成整体上市的体制机制改革,东方国际集团一定会发展成为"以货物贸易和现代物流为主业,以相关资产经营管理与投资为配套支撑,具有面向国际和国内市场产业链整合能力、供应链管理能力和跨国运营能力,内外贸相结合、实体经营和电子商务协同发展的综合性、特大型、现代化的贸易服务总集成商"。

东方国际(集团)有限公司
"十三五"发展规划纲要

(2015 年)

　　根据市国资委《关于编制"十三五"发展规划的通知》(沪国资委规划〔2015〕16 号)要求,集团认真分析研究了自身发展现状和前景,制定了《东方国际(集团)有限公司"十三五"发展规划纲要》,提出了 2016 年至 2020 年期间集团发展的指导思想、发展目标和任务以及主要发展举措。

一、集团发展现状

(一) 集团概况

1. 历史沿革和股权结构

　　东方国际(集团)有限公司成立于 1994 年 11 月 18 日,注册资本 8 亿元,最初是由上海市外经贸系统的"五朵金花"即丝绸、服装、纺织、针织、家纺五家专业外贸公司联合组建而成的国有独资公司。1996 年,经国务院批准,集团成为全国第二家综合商社试点单位,1997 年成为全国 120 家重点发展的大型企业集团试点单位之一。1998 年 10 月,集团由原服装公司为主发起设立东方国际创业股份有限公司(以下简称"东方创业"),东方创业于 2000 年 7 月 12 日在上海证券交易所 A 股上市,成为集团旗下唯一的一家上市公司。集团又先后吸纳上海市对外贸易总公司、上海外经贸房产公司、上海国际服务贸易(集团)有限公司,内部重组整合组建了商业、物流、资产等子公司。2003 年 7 月,集团成为由上海市国有资产监督管理委员会(以下简称"市国资委")归口管理的国有独资经营性公司。2011 年 3 月,集团完成纺织、利泰(原针织)、家纺、商业、东松、物流六家子公司主业核心资产注入上市公司"东方创业"的重大资产重组工作。2014 年,集团开始筹划非公开发行事宜,拟将所持有的外贸公司 100% 股权注入上市公司,实现外贸和物流业务核心资产彻底进入上市公司,为最终实现整体上市创造条件。

　　截至 2014 年年末,市国资委直接持有集团 100% 股权。集团合计持有上市公司东方创业 70.46% 股权和丝绸股份 39% 股权,直接持有外贸公司、资产公司、国服公司 100% 股权,丝绸集团 81.25% 股权,房产公司 70% 股权。东方创业绝对控股利泰公司、家纺公司、纺织公司、商业公司、东松公司、物流公司、领秀公司。

2. 主业内容和行业地位

　　经市国资委批准,集团主业目前主要包括核心业务和培育业务两大板块,核心业务为货物贸易及相关投资和服务,包括纺织服装、机电、轻工产品、大宗原材料、化工产品、医疗器械、矿产资源、机械设备等;培育业务为现代物流及相关投资和服务,包括以口岸物流为主的国际货代、仓储、中转、分拨、拼箱、堆场、国际航运、国际船代、第三方物流等。

　　经过多年发展,集团通过调结构、抓转型,发挥自身优势,围绕现代服务业充分拓展原有业务,形成五大业务互相结合的局面:核心主业为综合贸易和现代物流,培育主业为电子商务,支撑主业为资产经营和资本管理。

综合贸易包括进出口业务、内贸业务和品牌建设。集团与世界 120 多个国家和地区建立贸易往来,与多家著名跨国公司有合作关系,经营进出口商品上万种,近三年进出口额均超过 36 亿美元;通过进口国外商品在国内销售以及成为国外品牌区域总经销、总代理,开展内贸自营业务;发挥外贸优势,打造集团自主品牌产品。

现代物流业务涵盖国际货运代理业、国际海上航运业、国际船舶代理业、集装箱储运业和第三方综合物流服务业。集团自有及租用仓库 18 万平方米,在上海的主要港口、码头和部分货运集散地都设有营业网点,并拥有集装箱船、干散货船舶和各类运输车辆,同时在外省市拓展了多个网点。

培育的电商业务主要包括跨境电商平台和电子物流平台。打造电商平台,引入进口快消品和轻奢侈品,切入国内零售终端市场,促进贸易转型发展;构建一站式国际贸易、物流、金融服务的在线平台,推进贸易、物流、金融联动,构建一体化运作的供应链管理机制,打造综合服务的"总集成商"。

资产经营和资本管理是集团的支撑主业。有效盘活集团历史存留的实体资产和金融资产,降低运营成本,提升资产收益水平,用来反哺集团其他核心主业发展,同时为整体上市创造有利条件。

集团的货物贸易、现代物流主业规模一直在全国及地方行业排名中位居前列,发挥了重要的领军作用。根据 2015 年公布的最新排名(按业务量或主营收入),集团位列:中国对外贸易 500 强企业第 91 名、中国货代物流综合百强第 23 名(其中仓储第 12 名、海运第 16 名、空运第 28 名),上海服务业企业 50 强第 19 名、上海企业 100 强第 36 名。

3. 经营规模、企业数量和从业人员

五年来,面对复杂严峻的外部形势,集团促转型、抓改革、谋发展、求提升,努力克服主业经营面临的重重困难,总体上保持了健康、有序的发展态势,国有资产得到保值增值,企业经营规模进一步扩大。集团总资产从 2011 年年末的 119.20 亿元增加到 2014 年年末的 151.94 亿元,三年累计增长 27.47%;可归属母公司净资产从 2011 年年末的 48.86 亿元增加到 2014 年年末的 70.68 亿元,三年累计增长 44.66%,资产负债率逐年递减,均低于 50%。

截至 2014 年年末,集团全资及控股子公司共 123 家(含 1 家上市公司),集团所持股权在管理级次上最低层级为四级,主业公司在管理层级上以三级为主;拥有从业人员 6 372 人。

4. 现行管控模式和组织架构

2009 年 5 月,集团被列为市国资委系统第一批六家董事会建设试点单位之一,外部董事人数超过内部董事人数。集团董事会下设战略投资、提名、薪酬考核、审计与风险控制、预算等 5 个专门委员会,各专门委员会外部董事都占多数,有效辅助董事会做好战略规划和决策。目前党委会、董事会、监事会、经营层之间制衡机制初步形成,决策质量有所提高,风险意识大为增强。凡是涉及"三重一大"的决策事项都分别经集团党委、董事会、总裁室审议,集体做出科学决策。监事会也按要求履行职权,发挥国有资产监督作用。

2013 年,集团开展优化管控模式调研,深入分析集团管控现状,提出按照"集团多元化、子公司专业化"的目标,明确界定母子公司功能定位,建立健全"以资产为纽带、以战略管控为主要手段、以财务管控为辅助手段的复合型管控模式"。集团总部尽量淡化行政管理职能,强化战略研究和管控功能、资产资本经营和投资功能、财务监管和风险控制功能、人才队伍建设功能、综合业务服务功能;逐步理顺集团总部与上市公司及相关企业的管理关系,基本实现资产关系与管理关系的统一,各级子公司基本为经营和利润的责任中心,根据决策制度享有一定的自主投资权限。

集团逐步调整总部功能和机构设置,修订完善部门职责及工作流程,明确人员岗位职责,进一步提高集团总部的执行力,现设董(监)事会办公室(战略规划室)、总裁办公室(外事办公室、安全生产办公室)、人力资源部、财务部、投资发展部、资产经营部、综合业务部、法律审计室、监察室等行政职能部门。

(二)集团"十二五"规划执行情况

2011年至2015年,世界处于后金融危机深度调整期,全球经济复苏艰难曲折,美、欧、日等主要经济体走势分化,国内经济下行压力持续加大,从高速发展步入到中高速换挡的"新常态",诸多困难和挑战相互交织。集团按照发展战略规划要求,以"转型、发展、改革、提升"为方针,落实推进各项重点工作和业务,保持了主业稳健发展,特别是全面超额完成了2012年至2014年的三年行动目标和任务。

1. 主要经营情况

以2012年至2014年这三年为例,集团全面超额完成了《2012—2014三年行动规划》主要经营和业务指标。截至2014年年末,集团三年实现主营业务收入588.06亿元,完成任期目标570.00亿元的103.17%,且呈逐年递增趋势;实现可归属于母公司的净利润8.03亿元,完成任期目标7.59亿元的105.80%,其中2014年较2013年增长10.77%;三年平均净资产收益率达到4.75%,比任期目标三年平均数4.67%提高了1.71%。集团三年实现进出口总额109.35亿美元,完成任期目标103.90亿美元的105.25%,集团进出口规模在纺织服装出口领域始终保持领先的行业地位,排名始终列全国第三名;海运进出口总量达到197.91万标准箱,完成任期目标150.50万标准箱的131.50%;空运进出口总量达到35.83万吨,完成任期目标35.00万吨的102.37%。

2. 主业转型发展情况

五年来,集团努力以转型促发展,坚持改革创新,提升贸易和物流能级,大力发展电子商务,实施"走出去"战略,进一步调整业务结构,整合资源发展资产经营和资本管理业务反哺主业转型,提升集团核心竞争力。集团主业转型发展以完善现代服务业"总集成商"功能为手段,全面打造专业化、集成化、一站式、一揽子服务的能力。

一是着力推进综合贸易转型。集团通过调整产品结构、客户结构、市场结构和贸易模式,保持外贸业务稳步增长;通过加大科技投入,发展自营完善代理,扩大进口业务,实现传统贸易业务的转型;建立贸易转型工作推进机制,不断强化渠道建设、供应链管理、专业化经营、资源整合、综合服务集成等特色化、差异化经营模式,如"易融达",将转型发展成果予以复制推广;积极实施内外贸并举,主动对接国内市场需求,多渠道、多方式开拓内贸市场,通过打造以"KOOL"为龙头的自主品牌内贸、代理如"SKF"轴承等国外品牌的国内经销等方式扩大内贸业务。

二是着力发展现代物流。集团通过物贸联动,把贸易与物流的各自优势充分发挥,提升物流服务功能,拓展了进出口业务,为客户提供贸易与物流一体化服务;物流空运板块通过提升服务品牌,集中打造专业平台,降低了管理成本,提高了运作效率;制定国际航运转型发展专项规划,稳妥推进国际航运业务的开展,打造超灵便型散货船队;建设和完善物流仓储基地,完善检验检疫中心,推出"快检通"新模式,打造进口分拨、报检、运输一体化服务模式;实施大客户战略,为联合利华、飞利浦等世界500强企业和上海电气、上海建材集团等大客户提供贴身一站式综合物流服务。

三是着力打造电子商务平台。集团坚定推进电子商务新模式,制定了电子商务发展专项规划,明确发展思路、定位、阶段性目标和行动方向;以跨境电商为重点突破方向,收购领秀电子商务公司,打造集团跨境电商平台;实施"物流天下"项目,以海运电子订舱平台为基础,研究推进该平台发展成为一站式、O2O模式的综合物流公共服务平台;参股国内知名男装电商品牌玛萨玛索,探索服装品牌线上销售新模式;参股美华公司,引入国际贸易领域的"大数据"技术,及时洞悉市场前沿信息,掌握行业动态。

四是积极实施"走出去"战略。国内生产成本日益提高,集团通过在海外建设生产基地来寻找价格洼地,避免有单不敢接的尴尬局面;以荣恒公司为代表的企业率先"走出去",与德国、孟加拉国三方合资,在孟加拉国兴建内衣生产基地,发挥出口竞争优势,增强国际化经营能力,目前已实现盈利;"走出去"模式在集团内部得到有效复制推广,集团先后又在孟加拉国和柬埔寨投资建设针织、成衣服装厂;顺应纺织服装产业发展趋势,实现中国服装加工业产业转移,集团积极研究孟加拉服装产业园区项目和开展前期可行性分析,与当地政府、中介机构和合作企业保持定期沟通,共同推进该项目。

五是加强资产经营和资本管理。集团致力于发展支撑主业反哺核心主业:一方面抓存量实体资产盘活优化,变现部分房地产,整合房地产资源,建立房地产信息管理系统,提高经营效益;另一方面推进资产板块统一开发,对部分符合条件的划拨地进行运作,推进改建元中大楼商业地产项目,启动白洋淀、杨行、曹家渡地块规划和开发;盘活和优化集团存量金融资产配置,通过市值管理、参与定向增发,为集团转型发展项目提供资金支持,参与并购基金和产业基金,获得投资收益,探索外延式发展,拓展集团新业态。

3. 核心主业资产上市情况

2011年,集团以所持有的纺织公司100%股权、针织公司100%股权、纺织公司100%股权、商业公司100%股权、东松公司75%股权和物流集团27.55%股权认购东方创业非公开发行的股票,将大部分外贸和物流业务核心资产注入上市公司,直接和间接所持股份比例升至70%多。由于海成公司债权尚未解决,外贸公司未能在当时注入上市公司,但集团承诺今后适时推进外贸公司注入上市公司事宜。在上述资产注入上市公司后,上市公司的营收水平和盈利能力显著提升,也消除了原先相关主业经营性资产与上市公司存在的同业竞争或潜在的同业竞争行为。同时,集团资产证券化率得到显著提升,增强了国资的流动性和活力。此外,这些核心资产进入上市公司后将受到更加规范的治理和公开监督,更容易提升企业市场化竞争力和符合市场化规律经营。

集团以整体上市为目标,积极发展混合所有制经济,主要分两步走。第一步,完成核心业务资产上市,并利用上市公司融资功能,发展重点项目,优化产业布局。第二步,组建资产管理平台,整合好房地产资源,逐步注入上市公司,最终实现整体上市。

2014年5月,集团启动了上市公司"东方创业"新一轮再融资工作,通过非公开发行方式,募集资金总额不超过19亿元,用于收购外贸公司100%的股权项目、购置超灵便型散货船组建散货船队项目、KOOL品牌男装发展项目和跨境电子商务平台项目。集团通过向资本市场融资,为上市公司转型发展提供资金支持,培育新的利润增长点,提升上市公司盈利能力;优化上市公司股权结构,逐步解决国资"一股独大"问题。本次融资和重组相结合,通过将外贸公司全部股权注入东方创业,实现集团全部外贸和物流业务核心资产上市。目前,各项工作正在稳步推进,非公开发行方案经上市公司董事会和股东大会审议通过后,待报市国资委批复和报中国证监会审批。

目前,集团正在推进资产运作平台建设,盘活优化实体资产结构,集中经营和开发现有房地产资源,将零星房地产通过市场方式转让变现,提升经营效益,符合进入上市公司的条件后一并进入上市公司,最终实现集团整体上市。

4. 非主业调整情况

集团非主业调整的对象主要包括四级次以下企业、长期亏损企业、改制过程中或客观原因造成的壳体企业、为其他股东操纵控制的对外投资企业、存在重大风险并影响主业发展的企业、微利但与主业发展关联度不高的企业、可转型整合成为集团主业的企业。集团综合采取转型、改革重组、股权出售、清算关闭、兼并收购等多种方式,循序渐进推进非主业调整,尽可能按市国资委要求压缩企业管理层级。

近年来,集团压缩管理层级和企业清理工作已取得显著成效,实现了主业公司在管理层级上以三级为主,三级以下的非主业企业在任期内全面退出的目标,完成对20多户非主业企业清理调整。至此,除因满足经营地域和监管要求而设立经营性子公司及少量参股金融投资以外,集团管理层级已全部压缩至三级以内。

此外,集团加大力度对房地产资源进行统一规划和整合,拟新设资产管理公司,打造一体化运作、集约化经营的资产运作和经营平台,同时加快对房地产开发企业面向集团主业相关经营性资产的转型,成为集团的支撑主业。

二、集团"十三五"发展面临的内外部形势

未来五年是东方国际集团实现转型发展、实现新的突破、推进集团整体上市和建成现代服务业企业集团的关键期和攻坚期,仍处于可以大有作为的重要战略机遇期,面临着重大机遇和严峻挑战。

国际环境的复杂性和不确定性进一步加大。当前和未来一段时期,经济全球化和区域经济一体化趋势深入发展,全球贸易投资在恢复性增长中继续进行格局和规则调整,新一轮科技革命和产业变革正在孕育兴起。同时,世界经济仍处在国际金融危机后的深度调整期,疲弱态势和地区不平衡性难有明显改观,国际金融市场波动加大,国际大宗商品价格波动,地缘政治等非经济因素影响加大。国内经济发展发生深刻变化。我国经济发展步入新常态,基本面总体向好的态势没有改变,经济结构加快优化升级,服务业已占 GDP 的"半壁江山",消费需求旺盛,对经济增长贡献率达到60%,新的经济增长点正加快形成,贸易、财税、投融资、金融等领域结构性改革的红利不断释放,国资国企改革吹响了新的号角。同时,我国经济正处于"三期叠加"的特定阶段,长期积累的深层次矛盾在逐步显现,经济发展方式和经济结构正发生重大变化,经济下行压力和增长波动起伏将客观存在。上海进入创新转型新阶段。自贸试验区改革开放进一步深化,建设具有全球影响力的科技创新中心措施不断落实,相关体制、机制、税制改革深化等将进一步推动形成国际化、市场化、法制化的营商环境,促进现代服务业加快发展。国际国内环境的新形势,既对集团发展带来经营压力和经营风险,同时也倒逼集团开拓创新、转型发展,寻求发展新动力,打造新的经济增长点。

从集团内部看,转型发展战略共识度不断加深,转型发展氛围越来越浓厚,内外贸融合、品牌战略实施、物贸联动、新增长点培育等不断推进,呈现不少新的亮点,取得积极成效;集团新的综合竞争优势正在形成,集团整体上市工作正有序推进,各项改革措施成效显现并不断深化,为集团未来发展打下了基础、搭建了平台、指明了路径。同时我们也清醒地看到,集团业务转型提升面临着外部竞争和挑战,基于互联网发展的商业模式重构对集团现有业务构成重大挑战;贸易综合服务商的兴起对集团现有业务形成有力竞争;用户体验导向的商贸服务观念对集团现行经营模式带来持续冲击。集团改革发展还存在一些亟待突破的制约因素,根据国有企业改革的新要求新任务,结合集

团实际,各项改革措施有待进一步完善和深化;主要业务附加值低和成本高并存、对代理业务的依赖和新兴业务体系尚未形成并存的局面仍未有根本性改变;适应现代公司经营管理理念,熟悉新兴商业模式和战略性公司财务、人力资源等方面的专业人才和复合型人才亟待补充和培养。

面对新形势、新机遇和新挑战,我们必须进一步增强使命意识、责任意识、忧患意识和风险意识,紧紧抓住发展机遇,充分用好各种有利条件,积极应对各种挑战,着力破解前进中的难题,努力开创集团发展的新局面。

三、集团"十三五"发展总体思路

(一) 战略定位

面向国内外大市场,以商通天下、物流天下为核心使命,以供应链管理、产业链整合和价值链提升为核心功能,跨国经营、产融结合、物贸联动、集成服务,具有较强核心竞争力、抗风险能力、整体实力,成为市场化、国际化、专业化的现代服务业企业集团,成为上海市国有企业中"走出去""引进来"的主力军。

(二) 战略布局

根据集团战略定位,调整优化集团国资布局结构。

集团产业布局结构更优化:聚焦现代服务业,形成"一体两翼三支撑"的战略格局,即以综合贸易为主体,现代物流、医疗健康为两翼,品牌建设、资产经营、资本管理为支撑,形成贸易、物流、资产、投资四大板块多元发展、良性互动的发展态势。

集团资本布局结构更有效:全面完成核心主业资产上市,有序推进整体上市,逐步提高资产证券化率。

集团空间布局结构更合理:立足上海、全国布局、海外发展。海外经营和业务拓展取得重大突破,进入市属国企8家～10家全国布局、海外发展、整体实力领先的企业集团行列,成为本市"走出去""引进来"企业的主力军。

(三) 战略方针

1. 创新驱动,转型升级

积极融入开放型经济新体制,参与国家"一带一路"倡议、自贸试验区建设,加强体制机制创新、商业模式创新和技术创新,实施"互联网＋贸易""互联网＋物流""贸易＋产业""贸易＋金融",促进集团转型发展。

2. 突出发展,聚焦重点

着力发展壮大贸易与物流领域的新型业态,着力培育新的增长点,集团内政策、资源、资金向优先发展的转型创新项目倾斜,努力打造一批专精特新的优势企业。

3. 强本固基,内外联动

积极应对严峻复杂的国际经济、金融、贸易变局,努力保持进出口和物流业务平稳增长,确保适度经济规模,巩固提升行业地位。利用开放性、市场化的并购重组手段,实现内外部资源的优化配置;加强跨国经营和管理,实施境内外资源、人才、业务联动。

(四) 发展目标

集团"十三五"发展总的要求:一是做强,改革创新能力强、资源配置能力强、市场开拓能力强、风险管控能力强;二是做优,公司治理优、内部控制优、品牌形象优、经营业绩优;三是做大,大市场、大资源、大配置、大联合。

集团"十三五"发展总的目标:营业收入和利润有较大增长,实现利润和人均创利行业领先。产业布局结构进一步优化,企业发展动力进一步增强,核心竞争力进一步提升,管理体制机制进一步完善。

1. 主业经营稳健

外贸、物流业务实现稳定增长,内贸、电商业务实现较快增长。营业收入同"十二五"相比增长20%以上,归母净利润同"十二五"相比增长20%以上,年均净资产收益率达到5%左右。

2. 产业布局优化

推进综合贸易转型,提升现代物流能级,加快电子商务发展,拓展国际航运业务,盘活现有实体资产,整合投资金融资产,开发国际产业园区,培育国际会展,扩大自主品牌影响力,探索外延式发展。

3. 整体实力提升

完成若干海外服务业项目,提升集团跨国经营能力。在境内收购部分与主业(服务业)相关的企业,扩大主营业务规模,提升集团整体实力。

4. 体制机制完善

积极探索混合所有制经济实现形式,实现投资主体多元化。健全法人治理结构,形成高效科学的管理体制和市场化的经营机制,保障主业顺利发展转型。

四、集团"十三五"发展的主要任务及举措

(一) 深化贸易板块转型

1. 保持对外贸易稳定增长

集团要保持传统进出口业务稳定增长。目前市场环境低迷、外需不足,出口自营在短时间内不可能实现跳跃式增长,但却是集团的核心业务,是赖以生存的基础。集团将不断加以深入开拓,通过参加国内外著名展会、派遣贸易小组等方式,加强对外营销,做好与新老客户沟通工作,坚定合作信心,进而扩大对外成交;把握国家鼓励内贸发展的相关政策,在风险可控的前提下,加大货物和大宗原材料进口,开拓国内贸易业务;以原有技术为基础,进一步提升新产品研发能力,适应不同客户的要求;不断提高业务人员素质,打造供应链、金融等综合配套服务的能力。

集团要在出口自营业务发展中为老客户做好服务,提供增值服务,同时开发一批新客户;在出口代理业务中控制非系统风险,积极开拓新市场;密切关注国家发展战略,为客户提供高效、优质的服务;优化出口产品结构,在保持原有产品出口额稳步增长的情况下,适当加大机电等产品的出口比重。

针对进口业务,集团要结合国家经济社会发展,密切关注行业、公共事业发展,把握国家相关政策,在满足客户需求、提供增值服务上下功夫,在核心业务的深度、广度上精耕细作,进一步提升为客户服务的水平,实现双赢;控制风险,把握国际国内行情变化,结合金融工具,规范有序地开展大宗商品进口业务。

2. 促进国内贸易发展

集团将积极实施内外贸并举,进一步发挥内外贸联动的效应,多渠道、多方式开拓内贸市场,除促进自主品牌内销外,还要充分利用自身长期从事外贸的经验和渠道以及资金优势,通过国外品牌代工内销、代理国外品牌的国内经销等方式扩大内贸业务,开拓内贸市场,争取成为国外知名品牌

（包括生产资料及日用消费品）的国内总代理、总经销、总集成服务商；加大对内贸平台和体系的建设，形成线上线下联动发展、相互促进的模式，形成规模效应，适当发展代销、批发、实体店加盟等。

3. 加快国际服务贸易转型

集团要加快服务贸易业务转型，加强与兄弟企业间生产性服务外包、内外贸服务、国际性会展、出国组团等业务的合作；积极参与上海"四个中心"建设，与相关城区合作，研究和推动大型国服项目；要抓住旅游业务较快发展的趋势，形成以自营为主、挂靠为辅的经营模式；搭建服务贸易平台，多组织国外大型展览会，助力集团继续"走出去"，开拓新市场和客户。

4. 推进综合贸易转型

集团要转变传统外贸发展方式，形成以质量、品牌、技术、服务为核心的竞争新优势，推进综合贸易转型。集团将按照"科学化管理、规范化操作、专业化经营"的原则，充分利用金融工具，严格控制风险，稳妥开展大宗商品贸易业务；积极培育自主品牌内贸业务，拓展与外贸相结合的国内贸易；发挥外贸优势，通过"引进来"，为兄弟集团跨国采购等提供配套服务；推进物贸联动，为客户提供一站式、全方位、集成化的优质服务；发展电贸联动，通过电商平台提高贸易交易效率和节约交易成本。

（二）提升现代物流能级

1. 做强传统货运代理

集团要做强传统货运代理，进一步加强企业内部在客户、航线、货量、运价等方面的业务协调，资源共享；进一步提炼、优化和推广相对标准化的货代作业流程；进一步改善海运公共订舱平台的运作，充分发挥公共订舱平台的信息集成与服务集成的功能；进一步整合空运板块，降低运营成本，提高资源运作效率，集中打造特色专业平台和服务品牌；进一步发挥进口分拨、检验检疫一体优势，提升盈利水平；进一步推进异地网点建设工作，加强对异地分支机构的运营管理。

2. 推广和发展物贸联动

集团将进一步强化物流板块与贸易板块的融合力度，大力推广以物贸联动为核心的新型业态，通过为客户提供一站式、全方位、集成化的优质服务，拓展业务；完善物贸联动供应链平台，适当结合融资服务，形成以项目为纽带的联动格局，发挥品牌效应，提升自身市场竞争力；对物贸联动的流程不断加以总结、提升，形成标准化、模块化的形势，形成可复制的模式，为客户提供更多增值服务。

3. 稳健发展国际航运

集团将稳健发展国际航运物流，结合上海建成国际航运中心的目标，充分发挥自身在航运领域的实践经验和积累的人力资本优势，优化现有船舶结构，建设船舶运营管理的人才队伍，搭建专业的信息化平台，通过上市融资，打造一支以自营为主的超灵便型核心散货船队，努力成为上海本土综合实力最强的散货船航运企业。

4. 加快仓储基地建设

面对激烈的市场竞争和业务创新的需求，集团要加快物流仓储基地项目的建设。"贸易＋物流""电子商务＋物流"等新模式多依赖于仓储物流基地，许多项目的推进因仓储问题而遭遇瓶颈。集团将加大对仓储设施、资金、人才等的投入，扩大仓储基地；对现有仓储基地加以升级改造，提升软硬件功能；将现有资源向优质客户倾斜，发挥资源配置的效能；紧紧抓住上海自贸区发展机遇，继续推进外高桥物流基地等项目建设。

（三）加快电子商务发展

1. 前期规划与投资

电子商务是开拓创新性较强、培育孵化期较长，投入较大的新兴板块项目。集团将进一步组织、调研、讨论并细化、实施电子商务发展专项规划,按照计划,稳步扩展电商板块规模;进一步加大投资力度,收购部分电子商务企业,通过多渠道、多途径、多方式探索新模式,力争完善电子商务板块,全面覆盖集团主要业务。

2.大力发展跨境电商

集团要发挥自身优势,以国际化为基础,发展线上和线下联动(O2O),并结合进出口业务,大力发展跨境电子商务,做到电商和外贸联动;以跨境电商为突破口,与进出口信息化企业深入合作,共谋发展;积极参与中国(上海)自由贸易试验区的运作,开展"跨境通"业务,并进一步拓展业务链,探索电子支付业务。

3.完善电子商务平台

集团将创新管理方式,用互联网思维经营电商业务,建立自己的技术管理团队,形成东方国际特色的电商平台;以海运电子订舱平台为基础,推进"物流天下"电子商务公共服务平台项目,逐步启动项目的招投标和平台构建工作,做到物流和电商联动;尝试打造以"轻奢"为风格,以国内中产阶层为主要目标市场,以精致生活为主题的专业经营跨境进口 B2C 业务的垂直类电商平台。

(四)加快"走出去"步伐

集团要进一步做强做大,以成为市国资委系统重点跨国企业为目标,加快"走出去"步伐,拓展海外业务,实施国际化战略;进一步加强海外生产基地的建设,扭转"有单不敢接、有单难落实"的局面,扩大货源渠道,降低生产成本;进一步推进孟加拉国纺织服装产业园区项目,带动中国纺织服装企业"走出去",提高经济效益和社会影响力;进一步充分发挥基地的特有优势,以基地为依托,派驻业务和管理骨干,进行国际化经营的实战化训练,培养一支具备跨文化交流沟通能力、熟悉国际惯例、适应国际化经营的人才队伍,为开展跨国经营提供人才储备;进一步适当并购一些海外服装品牌商,获取对方的销售网络、设计能力和海外采购供应链;进一步加强境外企业管理,拓展国际营销网络,提高跨国经营能力。

(五)推动自主品牌建设

集团要加大资金扶持力度,建立和完善多层次、全方位的自主品牌培育机制,点面结合、以点带面,集中力量、重点培育自主品牌;进一步加大研发、技术的投入支持力度,推进设计、技术、打样"三中心"建设,使"三中心"在功能上继续加以完善,不断强化和完善增值环节的功能,以技术支撑和优质服务来提高产品附加值,增强业务接单能力,逐步在贴牌加工、辅助设计生产的基础上发展自主品牌生产;进一步深入推进有关海外投资项目,积极推动海外品牌并购取得实质性进展,将所收购的海外品牌引入国内市场,逐步建立其内销经营网络,培育国内消费客户群体;鼓励 KOOL、麻雀333、海上丝韵等自有品牌扩大实体销售网络,有计划地开设品牌专卖店、加盟店、连锁店,提高营销管理水平,同时结合电商平台,做到线上线下联动发展,进一步打造品牌效应。

(六)探索外延式发展

集团要在注重内涵式发展的同时,开始走外延式扩张之路,要进一步优化资源配置,通过资产、资本、资金的良性循环,为实现集团战略目标提供有力支撑;择时实施融资计划,融得资金用于对外收购兼并或投资新项目,通过倒逼机制促使集团整体进一步发展壮大;转变职能,强化资本运作功能,带头积极寻找对外投资并购机会,通过市场化并购,推进主业创新转型和发展,提高盈利能力,扩大经营规模;对选定的外延式并购标的进行认真调研和分析,尝试进一步深入推进的举措,把外延式并购发展与发展混合所有制经济、探索法人治理结构建设的新模式结合起来。

五、集团"十三五"发展的主要保障措施

（一）推进集团整体上市与混合所有制

集团要进一步推进企业整体上市，尽快将外贸公司的优质资产注入上市公司，完成核心业务资产上市工作，提高资产证券化率；进一步盘活资产，利用好资产经营平台，推进实体资产有效配置利用，完善投资管理平台，优化证券等金融资产结构，提高资产和投资收益；逐步将已盘活的优质资产注入上市公司，剥离不良资产，力争在"十三五"时期实现集团整体上市，资产完全证券化。集团要进一步深化国企改革，贯彻"上海市国资国企改革20条"，推进混合所有制改革，形成规范的现代企业制度，盘活国有资产存量，适当降低上市公司控股比例，优化股权结构，解决"一股独大"的问题；吸收非国有资本和适当实施员工持股，扩大企业规模，增强员工积极性，为转型、投资创造条件，发挥混合所有制优势，提升集团整体实力。

（二）优化集团管控模式

集团将进一步优化管控模式，在规范董事会建设试点基础上，强化董事会战略规划管理功能，明确董事会、总裁室权责，健全协调运转、有效制衡的法人治理结构；进一步理顺总部与上市公司及相关企业的管理关系，基本实现资产关系与管理关系的统一，在推进整体上市的过程中，主要通过有关法律法规及公司章程，对上市公司战略规划、干部任免、考核分配、资产管理运作和党建等重大事项实施管控；进一步根据发展需求适当调整总部功能，尽量弱化行政管理职能，强化战略规划和资产、资本管理职能。集团将进一步完善三个平台的建设，打造资产经营平台，负责集团实体资产的统筹规划、集中管理和经营开发；打造投资管理平台，负责新产业、新项目的投资管理和金融资产的盘活等工作；打造资金集中管理平台，负责集团境内外资金资源的统筹调配和使用，提高资金运作效率，促进业务发展。

（三）完善激励约束机制

集团将进一步健全与市场机制相适应的激励机制，与发展规划相适应的约束机制，做到既有效激励，又有效制约，并形成激发创新活力、改革动力的制度安排，营造有利于人才集聚、有利于企业转型发展的良好氛围；进一步结合转型发展的需求，加以配套的激励机制，做到改制和转型紧密结合；根据企业不同情况，一司一策，建立符合行业特色、企业特点的激励机制，做到当期激励、中期激励、长效激励有机结合；充分运用股权激励、增量业绩奖励等市场化办法，把一部分增量用于激励经营层；积极探索延期支付、追索扣回等制度，打造"金降落伞""金手铐"。

（四）加强人才队伍建设

集团要进一步制定、细化人才发展专项规划，培养集聚人才，建立健全发现人才、培养人才和充分发挥人才作用的体制机制，创造人尽其才的良好环境；培养一支"想干事、能干事、干成事、好共事、不出事"的干部人才队伍，让想干事的人有机会，能干事的人有舞台，干成事的人有激励，不干事的人腾位子；完善选人用人和管理机制，按照"三个一批"（提拔一批、交流一批、储备一批）的原则，大力选拔培养中青年干部，形成一支100人左右的后备干部队伍，为集团进一步转型发展储备人才；通过脱产培训、交流任职和市场化引进转型发展的急需人才的形式，优化人才结构，提高人才质量；通过市场化选聘、竞聘上岗等形式，在部分企业试行职业经理人制度。

（五）加大风险管控力度

集团要完善全面风险管理组织框架体系，健全风险管理制度体系，能及时发现并应对重大风

险,防止因未进行风险预警或风险事件处置不力而产生重大损失,保持稳健持续发展。集团要进一步加强业务管理,寻找成本洼池,开发新的供应商,并做到内部供应商资源共享,防范业务风险;进一步加强对预付款的支付审批管理,统筹资金运用,降低资金使用成本;进一步运用远期结汇等金融工具,锁定成本,防范汇率风险;坚持风险业务评审制度,加强对风险的预评估,对执行中发现的风险,及时予以整改,坚持在风险可控的前提下,规范有序地开展业务,防范经营风险;推进和完善财务风险预警报告体系建设,以有效反映集团内不同行业的风险情况;加强法律审计等内部风险控制机制建设,监督落实重大风险事项的解决,形成从事前、事中到事后的系统风险防范机制。

(六) 优化盘活存量资产

1. 盘活实体资产

集团要完善资产经营平台,推进房地产资源有效利用,提高管理水平和经营效益;进一步深化集约化管理,加强推进合署办公模式,力争实现对合署体内人、财、物的统一经营管理,以强化管理促发展、保收益、保稳定;进一步细化有关房地产管理办法,完善房地产业务管理信息系统,加强对房地产资源有效配置和统一运作的能力,及时、有效处理空置存量房产;努力挖潜,提高现有房地产出租率和租金收缴率,提升房地产租赁效益;有序推进元中大楼改建项目、曹家渡花鸟市场建设等各项工作,加强科学化管理,确保按时按质地完成任务;盘活其他实体资产,提高质量和效益,创造条件推进集团整体上市。

2. 优化金融资产

集团要完善投资管理平台,进一步优化集团金融资产配置,提高资本和资产经营收益,反哺支持主业发展,增强发展后劲;稳步开展证券市场投资,研究现有存量证券类资产的市值管理,择机继续变现部分股票;择优参与其他上市公司定向增发项目,通过有目的、有计划地对股票进行投资和管理,实现集团金融资产的科学配置;适时开展融资工作,吸收社会资本,用于发展重点项目,优化产业布局;继续做好对资金资源的集中、统筹管理,努力提升资金效益,完善"现金池"平台,通过内部融资减少财务利息费用,满足内部资金需求;进一步了解市场并购信息,提高市场并购能力,提升集团整体规模和实力;进一步与兄弟企业合作,借鉴经验,响应政策,制定方案,尝试小额贷款业务;积极利用自贸区政策,运用金融工具,探索贸易与金融有效结合的方式。

东方国际(集团)有限公司董事会议事规则

(2013 年 6 月 7 日修订版)

第一章 总 则

第一条(目的、依据)

为了明确董事会的会议制度、议事方式和表决规则,体现重大决策、重要干部任免、重大项目安排和大额度资金的使用等"三重一大"事项由董事会集体决策的原则,根据《企业国有资产法》《公司法》和本公司章程的规定,特制定本规则。

第二条(基本规则)

董事会应在公司章程及股东会授予的职权范围内履行职权,不得越权。

董事会会议应当由二分之一以上的董事出席方可举行。

董事会会议表决实行一人一票制。

第三条(董事会集体决策)

凡属公司章程规定的董事会职权范围内的重大决策,必须由董事会集体作出决定;董事会闭会期间,董事长的决策权限按照公司章程和董事会的授权执行。

第四条(召开董事会会议的一般程序)

召开董事会会议的一般程序为:

1. 议题酝酿和准备会议议案;

2. 通知全体董事,董事审阅议案,准备意见;

3. 统计出席会议的董事人数,确保出席人数达到公司章程有关人数的规定;

4. 通过会议议程;

5. 按照议程审议议案;

6. 表决,并形成决议。

第五条(董事会会议的形式)

董事会会议分为定期会议和临时会议。定期会议必须采取现场会议形式举行,临时会议可以采取现场会议形式举行,也可以采取通信表决方式举行。

董事会定期会议每年至少举行四次,其中在每年第一季度召开年度会议。

董事会临时会议根据需要召开。

第二章 会 前 准 备

第六条(会议议题的确定)

1. 董事会会议议题可由董事提议,总裁提议,也可由监事会提议,以及其他规范的方式提出;

2. 董事会会议议题由董事长确定。

第七条(会议文件的准备)

董事会秘书根据董事长确定的会议议题,准备会议议案以及相关背景材料和有助于董事理解公司业务进展的其他信息和数据。提请董事会审议的投资方案、资产重组方案、借贷或担保等重大融资方案,应附项目的可行性分析等论证材料,并注重风险揭示。董事会专门委员会对提交董事会审议议案有预审意见的,董事会秘书应将预审意见与议案一起提供给各位董事。

会议议题中由董事长组织拟订、提交审议的议案,由董事会秘书负责具体的准备工作,并负责向董事会说明该议案。也可以由董事长指定有关人员列席会议进行说明。

会议议题中由董事会专门委员会拟订、提交审议的议案,提交前应由该专门委员会主任委员组织委员会成员讨论审定,并确定向董事会说明该议案的人员。

会议议题中由经营管理层拟订、提交审议的议案,提交前应由总裁按相应的议事程序组织讨论审定,并确定向董事会说明该议案的人员。董事长认为必要时,可以对经营管理层拟订、提交审议的议案,组织董事会专门委员会进行论证、补充、修改,然后正式形成会议议案。

第八条(会议通知)

董事会定期会议应当于会议召开七日以前书面通知全体董事;董事会召开临时会议,可以根据每次会议的实际情况由董事长另定通知方式和通知时限。

会议通知应列明会议议题、举行时间和地点,并提供足够的资料,包括但不限于会议通知中所列的相关背景材料及有助于董事理解公司业务进展的其他信息和数据。

第九条(延期开会)

董事会发出召开会议的通知后,不得无故延期或取消。出于特殊原因必须延期开会的,由董事会秘书及时通知各位董事,并说明原因。

第十条(董事的会前准备)

董事在接到会议通知及相关的议案后,应认真研究,准备审议意见。

在准备意见的过程中,董事可以要求董事会秘书或相关部门补充提供相关背景材料及有助于董事理解公司业务进展的其他信息和数据,也可以要求直接查阅有关原始资料,董事会秘书及相关部门应积极配合协助。

第三章 会议议事方式和表决程序

第十一条(会议出席)

董事会会议应当由董事本人出席。董事因故不能出席的,可以书面委托其他董事代为出席董事会,委托书中应载明授权范围。

委托书应当载明代理人的姓名、代理事项、权限和有效期限,并由委托人签名。委托书与会议记录一并归档。

代为出席会议的董事代理人应当在授权范围内行使董事的权利。

董事未出席会议,亦未委托代表出席和表决的,视作放弃在该次会议上的表决权。

第十二条(会议列席)

监事列席董事会会议,并可以对董事会决议事项提出疑问或者建议。

其他列席对象由董事长根据会议审议事项的需要决定。

第十三条(会议主持人)

董事会会议由董事长主持;董事长因故不能履行职权时,由半数以上董事共同推举一名董事主持。

第十四条（通过会议议程）

董事会会议开始时，首先由董事长按照会议通知确定的议题宣布会议议程，如果有延期审议或临时新增审议事项的，董事长应说明原因。会议议程应经出席会议的董事过半数同意方可通过执行。

第十五条（审议程序）

会议应对议案逐项进行审议。首先，一般应由会前确定的人员对议案进行说明，与会董事可以提问，议案拟订者对董事的提问应诚实地予以回答。然后，与会董事应当对所议事项展开充分讨论，明确表示意见。

第十六条（表决程序）

董事会决议以书面投票方式进行表决，每名董事有一票表决权。董事应按自己的判断独立表决。

表决意见分为同意、反对和弃权。

董事会决议分为普通决议和特别决议。董事会通过普通决议时，应经全体董事过半数同意；通过特别决议时，应经全体董事三分之二以上同意。

审议以下事项应以特别决议通过：

1. 决定公司的发展战略和中长期发展规划，报出资人备案，并对其实施进行管控。审议批准主业投资计划与投资方案，并报出资人备案；非主业投资项目，报出资人核准；审议批准子公司重大投资方案；

2. 批准公司年度财务预算并报送出资人；

3. 制定公司利润分配方案和弥补亏损方案；审议批准子公司利润分配方案和弥补亏损方案；

4. 制定公司增加或者减少注册资本以及发行公司债券的方案；审议批准子公司增加或者减少注册资本以及发行公司债券的方案；

5. 制定公司合并、分立、解散或者变更公司形式的方案；审议批准子公司合并、分立、解散或者变更公司形式的方案；

6. 根据有关规定，聘任或者解聘公司总裁，并根据总裁提名决定聘任或者解聘公司高级管理人员；

7. 外部董事认为必要时；

8. 公司章程规定的其他有关事项。

第十七条（会议记录）

董事会会议应有详细书面记录，如实记录与会董事在审议时的意见和表决的意见；必要时可以同时采取录音方式进行记录，并归档备查。董事会会议记录由董事会秘书或有关工作人员负责整理，及时归档并作永久保存。

第十八条（形成决议及表决票）

经董事会会议表决通过的事项，应形成书面的会议决议。会议决议应包括：董事会会议的时间、地点、内容、董事出席情况和对所议事项的表决情况，与会董事应在董事会正式决议上签名。对决议事项投反对票或弃权票的董事，有权在表决票中记载自己的保留意见；对决议事项总体赞成并投同意票但有部分保留意见的董事，也可以在表决票中记载自己的部分保留意见。董事会决议及表决票须及时归档并作永久保存，董事会秘书负责在会后十五天内将董事会决议发送给全体董事。

会议决议中需要公司有关职能部门知晓、执行的内容,可以由董事会秘书通知有关职能部门。

会议决议应按要求报履行出资人职责的机构或股东。

第十九条(会议纪要)

根据需要,董事会会议结束后可以形成会议纪要,由董事长签发。董事会会议纪要发至全体董事和需要知晓会议内容的公司高级管理人员,并报履行出资人职责的机构或股东。

第二十条(通信表决)

在紧急情况下,董事长可以根据公司章程的规定,确定对议案采取通信方式进行表决。采取通信表决方式时,由董事会秘书负责将议案和表决票传送给全体董事审阅、签署意见,董事填写表决票后于表决日之前传真送达公司,同时尽快将原件送达公司归档。

第四章 附 则

第二十一条(解释)

本议事规则由公司董事会负责解释。

第二十二条(通过与施行)

本议事规则经 2013 年 4 月 16 日公司第三届董事会 2013 年第 2 次定期会议修订并审议通过,自发布之日起施行。公司第三届董事会 2009 年 7 月 30 日制定的议事规则停止执行。

东方国际（集团）有限公司董事会决策制度

（2013 年 6 月 9 日修订版）

第一条（目的、依据、适用范围）

1. 为了保证董事会决策工作的有效开展，参照市国资委下发的《董事会决策制度范本》内容，并结合本公司的实际情况，特制定本决策制度。

2. 本决策制度适用于东方国际（集团）有限公司总部以及所属的各级全资、控股子公司。

第二条（董事会的职权）

董事会行使《公司法》《公司章程》和其他法律法规规定的职权，以及出资者授予董事会行使的部分职权，包括但不限于：

1. 审议和决定本公司的年度经营计划和年度投资计划，批准公司的年度财务预算方案，制定公司的年度财务决算方案，制定公司的利润分配方案和弥补亏损方案；

2. 分析年度经营计划、年度投资计划以及财务预算方案的执行情况，对年度经营计划、年度投资计划以及财务预算方案进行必要的调整；

3. 讨论通过董事会的年度工作计划，讨论通过董事会向出资者提交的年度工作报告；

4. 审议批准总裁的年度或半年度工作报告；

5. 讨论通过准备与总裁签订的年度绩效考核协议，根据绩效考核协议对总裁的工作进行考核和评价；

6. 审议决定其他重大事项。

第三条（董事会的义务）

董事会履行下列义务：

1. 董事会执行市国资委的决定，对市国资委负责，最大限度地追求所有者的投资回报；

2. 董事会向市国资委提交年度经营业绩考核指标及完成情况的报告；

3. 董事会向市国资委提供企业重大投融资决策信息以及真实、全面的财务和运营信息；

4. 董事会向市国资委报告公司董事、经理人员的实际薪酬，以及经理人员的提名、聘任或解聘的程序和方法等信息；

5. 董事会维护公司职工、债权人和其他利益相关者的合法利益；

6. 董事会建立向市国资委报告制度，主要是董事会会议情况报告和董事会年度工作报告；

7. 董事会认真履行有关法律法规、市国资委规定和《公司章程》规定的义务与职责，确保公司遵章守法。

第四条（董事会的决策内容）

董事会的决策内容，包括但不限于：

1. 投资管理：长期股权投资、其他长期投资、金融投资（相关规章制度：《东方国际（集团）有限公司投资管理办法》）；

2. 资产运作：企业改制、企业设立、增资、减资、合并、分立、歇业、关闭、股权转让、单项资产处置、债权减免、以物抵债、资产出租等(相关规章制度：《东方国际(集团)有限公司资产运作事项报批的暂行规定》)；

3. 预算管理：全面预算、国资经营预算有关规定；

4. 会计政策、财务制度：会计核算办法、主要会计政策和会计估计、计提减值准备等相关规章制度；

5. 资产损失核销管理(相关规章制度：《东方国际(集团)有限公司计提资产减值准备及资产损失处理参考办法(修订稿)》)；

6. 利润分配：公司利润分配方案；

7. 授信、担保、借款管理：融出资金、融入资金、授信额度管理、担保管理(相关规章制度：《东方国际(集团)有限公司本部资金管理规定》《东方国际(集团)有限公司银行授信额度管理办法》《东方国际(集团)有限公司关于提供经济担保的管理办法(修订稿)》)。

8. 重要干部任免及其他重大事项：详见公司其他相关规章制度,在本决策制度中暂不作规定。

第五条(董事会的授权和报告备案制度)

1. 董事会对董事长的授权实行权利、义务和责任相统一的原则。董事长在董事会闭会期间、在《公司章程》和董事会有关制度授权范围内行使董事会的部分职权,负有诚信、勤勉的义务,独立承担行使这部分职权应负的法律责任。董事长在授权范围内行使董事会部分职权时应注意征求董事会专门委员会的意见,可以召开会议征求意见,也可以个别征求意见。

董事长在授权范围内行使董事会部分职权时签署的文件,相当于董事会的集体决议；按照有关规定必须向有关方面出具董事会书面决议的,可比照通信表决方式形成董事会书面决议,其他董事如有不同意见,有权要求在该项董事会书面决议上作某些记载。

董事长在授权范围内行使董事会部分职权的情况,应根据需要,在董事会召开的下一次会议上进行及时报告,或者进行年度综合报告。

2. 董事会对总裁的授权实行权利、义务和责任相统一的原则。总裁在《公司章程》和董事会有关制度规定的范围内依法行使职权,在授权范围内行使董事会特别授予的职权,负有诚信、勤勉的义务,独立承担行使这些职权应负的法律责任。

总裁在授权范围行使董事会特别授予职权的情况,应根据需要,在董事会召开的下一次会议上进行及时报告,或者进行年度综合报告。

3. 按照市国资委规定和本公司实际情况,《东方国际(集团)有限公司投资管理办法》《东方国际(集团)有限公司资产运作事项报批的暂行规定》《东方国际(集团)有限公司计提资产减值准备及资产损失处理参考办法(修订稿)》《东方国际(集团)有限公司本部资金管理规定》《东方国际(集团)有限公司银行授信额度管理办法》《东方国际(集团)有限公司关于提供经济担保的管理办法(修订稿)》等规章制度中的内容如需调整,由有关职能部门根据公司第三届董事会2013年第2次定期会议精神作必要的修订后,按规定程序报批。

本决策制度中由董事会向总裁室授权的事项,如总裁室再授权给二级公司的,由总裁室组织相关职能部门拟定具体细则,报总裁办公会议审定。

第六条(附则)

1. 本决策制度由公司董事会负责解释。

2. 本决策制度经2013年4月16日公司第三届董事会2013年第2次定期会议修订并审议通过,自发布之日起施行。公司第三届董事会2009年7月30日制定的决策制度停止执行。

东方国际集团党委会议事决策规则

（2010 年 8 月）

为了贯彻落实中共中央办公厅、国务院办公厅《关于进一步推进国有企业贯彻落实"三重一大"决策制度的意见》的文件精神，更好地发挥企业党委的政治核心作用，进一步完善工作机制，特制定本规则。

一、议事原则

1. 坚持党的基本路线，深入贯彻落实科学发展观，自觉维护党中央的权威，在思想上、政治上、行动上同党中央保持高度一致。

2. 坚持解放思想，实事求是，与时俱进，结合集团实际情况，贯彻落实党的路线、方针、政策和市委、市国资党委的指示、决定。

3. 坚持全心全意为职工群众服务的宗旨，同职工群众同甘共苦、保持最密切的联系；坚持权为民所用、情为民所系、利为民所谋。

4. 坚持民主集中制原则，实行集体领导和个人分工相结合的制度。凡属党委职责范围内的重大事项，必须按照"集体领导、民主集中、个别酝酿、会议决定"的规范程序，实行少数服从多数的原则。

二、议题范围

1. 传达贯彻党中央、上海市委、市国资党委的决定、指示和重要会议精神，并检查贯彻落实情况。

2. 贯彻"三重一大"原则，讨论研究集团发展改革等重大事项，集团年度投资、融资、担保等重大项目安排事项，属于集团管理的经营管理人员任免事项，集团大额度资金调动等运作事项，并按照现代企业管理制度的要求，向集团董事会提出建议。

3. 贯彻"党管干部"的原则，研究有关领导班子建设、班子后备队伍建设等重要事项；讨论、决定由集团管理的党务干部的配备、任免事项。

4. 研究决定集团系统党的建设、精神文明建设和企业文化建设、工会工作、共青团工作、思想政治工作和稳定工作等方面的规划及工作部署。

5. 讨论研究加强集团系统党风廉政建设的工作部署，定期召开民主生活会，加强党委会自身的勤政廉政建设。

6. 研究、讨论、决定其他需集团党委会讨论决定的重要事项。

三、会议制度

1. 党委会全体会议。原则上每季度至少召开一次，遇有重要情况可随时召开；三分之一以上

707

的党委委员要求召开党委会时应该召开党委会。会议由集团党委书记召集并主持，集团党委书记不能出席会议时，可委托副书记召集并主持；会议议题和召开时间由党委主要负责同志确定，党委委员和党委职能部门提出的议题经党委书记同意后，正式列入会议议程。

2. 书记碰头会议。原则上每月召开一次，遇有重要情况可随时召开；会议由集团党委书记召集并主持，出席者为集团党委书记、集团党委副书记和集团纪委书记，必要时也可请有关人员参加；会议主要是讨论决定无需提交集团党委会讨论决定的事项和酝酿需提交集团党委会讨论决定的预案。

3. 党委会拟讨论表决的重要事项，须提前通知党委成员和有关列席人员，做好必要的准备工作。会议不得临时动议需讨论表决的重要事项；未列入议程的内容，不得在当次会议上讨论表决。会议必须有半数以上的应到会人员出席方能举行，讨论干部问题时必须有三分之二以上应到会人员出席方能举行；对决定事项进行表决时，赞成者超过应到会人员的半数为通过。对于少数人的不同意见，应当认真考虑；如对重要问题发生争论，双方人数接近，除了在紧急情况下必须按多数意见执行外，应当暂缓作出决定，进一步调查研究，交换意见，下次再表决。会议决定多个事项时，应逐项表决。

4. 会议具体事务由集团党委工作部负责落实。集团党委工作部会前要负责收集与统筹会议议题，准备好会议讨论文件，并且将议程、时间和地点通知与会人员。与会人员若不能出席会议，须事先向党委工作部讲明原因，必要时须征得党委主要领导同意后方能准假。党委工作部要派员负责做好会议记录。

四、决议的执行

1. 党委会议后，集团党委工作部要做好会议纪要；会议纪要须经会议主持人审阅后供党委委员传阅；集团党委工作部要做好会议记录存档工作，要根据会议决议的要求，拟制或督促有关部门拟制相关的决定、批复、通知。集团党委工作部或提出议题的职能部门要负责督促检查会议决定事项的落实情况。

2. 党委成员在党委决议执行过程中，如发现不妥情况，可提出复议意见；半数以上党委成员认为有必要复议时，应召开党委会进行复议；任何个人不能擅自决定修改原决议。

3. 进入集团董事会、集团监事会和总裁室的集团党委成员，在参与集团董事会、集团监事会和总裁办公会决策表决和研究事项时，要积极体现党委会决议精神。

4. 党委成员和列席会议人员必须严格遵守保密制度和保密纪律；凡需保密的议事内容和讨论情况，不得以任何方式泄露和传播。

东方国际集团党建长效机制

（2006 年 1 月）

为进一步总结和推广集团系统先进性教育活动中的好经验、好做法，巩固和扩大先进性教育活动成果，着力解决集团党建方面存在的薄弱环节，使集团系统各级党组织在领导班子建设、党员队伍建设、基层党组织建设、企业文化建设和密切联系群众等方面的工作规范化、制度化，不断增强党员队伍和企业党组织的创造力、凝聚力、战斗力，充分发挥新形势下党组织的政治核心作用和党员的先进模范作用，特制定以下涵盖六个方面、十七项制度、四十八条具体措施的长效机制如下：

一、关于加强领导班子建设

（一）建立健全"三坚持"的领导干部学习制度

1. 坚持党委中心组学习制度。主要采取集中讨论、电教学习、辅导学习等方式，每季度组织一次中心组学习，年末进行一次集中"述学"，检验领导干部学习情况，确保学习时间、学习内容和学习效果。

2. 坚持领导干部自学制度。企业领导干部每年都要制订个人的学习计划，学习内容要做到针对性和系统性；每周要坚持四小时以上的学习，并认真做好学习笔记。

3. 坚持领导干部参加培训制度。企业党委要制订领导干部培训计划，并采取轮训的方式，使每一位企业领导干部每年都能参加一次相关内容的培训学习。

（二）建立健全"三位一体"的党风廉政建设工作机制

4. 建立健全党风廉政建设责任制度。党委书记作为党风廉政建设"第一责任人"，要切实承担起企业党风廉政建设的领导责任。企业党委每半年要检查党风廉政建设责任制的落实情况，分析评估一次企业领导班子在党风廉政建设方面存在的薄弱环节，及时采取相应措施；每年要结合企业实际，召开一至二次党风廉政建设大会，对领导干部进行反腐倡廉的宣传教育。

5. 构建教育、制度、监督并重的惩治和预防腐败体系。要根据企业特点，在党委领导下，整体部署，有序推进，统筹协调，形成合力，建立健全企业惩防体系。要建立党风廉政督查机制，企业的纪检部门每年要对本企业领导干部廉洁自律情况，进行一次专项督查，并将其作为企业党委工作业绩的考核内容之一。要强化党风廉政工作的问责制。

6. 建立领导干部日常的管理监督机制。要从企业的实际出发，完善领导干部谈话制度、诫勉制度、领导干部经济责任审计制度、重大事项报告制度，切实加强对领导干部的日常管理和监督。

（三）建立健全领导干部联系群众制度

7. 建立企业领导联系点制度。企业领导要明确各自的联系点，每月深入联系点一次以上，深入接触本企业职工，及时了解职工群众的思想情况和建议要求，及时解决相关问题。

8. 建立领导干部接待职工群众制度。企业领导要采用"职工接待日""网上接待对话""约见接待"等形式，认真听取职工群众的意见和建议，加强与职工群众的交流和沟通。

9. 建立定期听取和研究工会、共青团组织情况的制度。企业党政领导每半年要听取一次工、团组织开展活动的情况汇报；每年要开展一次群众组织的专题调研；要积极支持工会、共青团组织发挥其联系职工群众独特作用。

(四) 建立健全后备干部人才队伍培养机制

10. 完善企业高管人员管理机制。要通过实施《集团高管人员管理办法》,逐步推行竞聘上岗和组织推荐相结合的方法,逐步建立一套符合集团实际的高管人员选拔、使用、考核、激励、监督、奖惩机制和动态的评估体系,逐步建立高管人员竞聘上岗和能上能下的任用机制。对经营管理中出现的失误和问题,要及时进行诫勉谈话。

11. 建立健全人才队伍工作机制。要制定并实施《企业人才队伍建设规划》,抓住培养、吸引和使用等环节,大胆引进、开发、使用国内外优秀人才。要充分利用好集团中青年干部、人才(职工)培训基金,配合集团的新一轮发展战略,加强专业人才的培训,提升高管人员对企业战略管理重要性认识和具体操作推进能力。

12. 完善后备队伍工作机制。要拓宽选人用人的视野和渠道,加大对后备干部的培育选拔力度,尽可能更好更多地使用中青年干部。集团党委每三年要对各公司后备干部进行一次调整、充实工作。

二、关于加强党员队伍建设

(五) 建立健全党员长期受教育的学习机制

13. 建立健全以党员"三会一课"为主要内容的学习教育制度。企业党委每年要确定一个主题学习教育活动,分层面实施。集团党委要坚持每年给党员上一次党课;基层党委要制订年度党员教育计划,坚持每半年给党员上一次党课;基层党支部要健全党内组织生活,坚持每月组织党员集中学习一次以上。

14. 建立健全党员"述学"制度。党员要结合个人的实际情况,制订政治理论和岗位知识的学习计划,每年要在本支部范围内进行一次"述学"和交流。

15. 建立健全党员学习成果评估制度。基层党支部每年要通过书面测试、查阅学习笔记、组织学习交流等方式,检查一次党员的学习成果。

(六) 建立健全党员管理机制

16. 建立健全党员测评制度。基层党委每年要运用书面测评方式,组织一次党员保持先进性情况的自我测评;基层党支部要通过群众参评的形式,负责对党员的自我测评情况进行再评定。

17. 坚持开展"一先两优"评选表彰制度。企业党委每两年要通过民主推荐的方式,组织一次自下而上的"一先两优"评选和表彰,弘扬先进、激励先进。

18. 建立离岗党员管理制度。企业党委对内退、协保等离岗党员要进行制度化的规范管理,要关心他们的思想和生活,落实管理工作责任制,确保离岗党员在思想上、组织上时刻不脱离党组织。

19. 建立海外党员管理制度。海外党员实行谁派出谁管理的原则,将海外党员的组织关系纳入一个党支部,并由二级公司党委职能部门直接负责,要加强和海外党员的联系,关心海外党员的思想和工作情况,建立海外党员一年一次集中学习的培训制度。

三、关于加强基层党组织建设

(七) 健全党的组织机构和工作机构制度

20. 健全党的组织机构。集团系统各级党组织的工作机构要纳入企业管理编制,并以"高效、精简、协调、管用"为原则设置党组织的机构。集团的党组织机构应分设；集团所属企业可分设，也可与行政合署办公。

21. 健全党群工作人员的保障机制。集团党委应设专职党委副书记，集中精力抓党建工作；集团下属企业二级公司应由党委书记或专职副书记负责党建的日常工作。要按照员工总数1%左右的比例，配备相应的党群工作人员。要按照"受人尊敬、令人向往"的要求，有组织配置的党群工作人员应实行同薪同酬的责任考核。

（八）建立健全党内民主制度

22. 建立健全党员权利保障制度。企业党委会三年期满换届时，必须召开党员大会或党代会投票选举新一届党委会；基层党委委员一般情况下都要通过民主选举产生。

各级党组织都要逐步建立党内情况通报制度、情况反映制度、重大决策征求意见制度和党员批评、检举、申诉、控告权利保障制度，增强党内工作的透明度，逐步推进党务公开，切实保障党员对党内事务的知情权、参与权和监督权。

23. 建立健全党员"四先"制度。企业党组织要通过党员大会（党员代表大会）的形式，让党员及时知晓企业的重大决策、重大决定和党内重大事务，让党员先传达、先学习、先讨论、先行动。

24. 建立党组织工作总结大会制度。企业各级党组织每年都要进行书面总结，并通过召开总结大会的方式，总结和交流工作经验，发现存在的主要问题，不断提高工作效率。

（九）建立健全"班长"工程建设制度

25. 健全党支部书记教育培训制度。集团党委根据形势要求和实际需要，每年要组织一次党支部书记培训，时间为2天～3天不等。各公司党委要以支部书记例会的形式，对支部书记进行经常性的培训。

26. 建立书记考评制度。集团党委每年对下属党委书记进行一次任职后的情况考评；企业党委（党总支）每年要对党支部书记的任职情况进行一次考评，对不符合要求的书记要及时进行调整。

（十）建立健全党建"双结对"制度

27. 建立健全党支部"结对"制度。企业党委要抓好党支部"结对"工作，对先进性教育活动中结成"对子"的党支部要加强指导，定期检查，不断总结、交流、推广先进经验和好的做法；对尚未"结对"的党支部，要督促尽快"结对"。

28. 建立健全支部与困难党员"结对"的制度。基层党支部要以"结对"的方式，关心困难党员的生活和工作；有条件的党支部要通过发动党员募捐的形式，建立党内帮困专项资金。

四、关于企业文化建设

（十一）建立健全企业文化建设长效机制

29. 建立健全企业文化建设领导机构和工作机构。集团各企业都要成立企业文化建设领导小组和工作小组，加强组织领导，形成工作机制。

30. 建立健全企业文化工作目标制度。集团各企业都要制定《企业文化建设工作规划》，明确阶段工作目标，有计划地逐步推进集团系统企业文化建设。

（十二）建立健全着力培育企业精神的长效机制

31. 健全以"创新杯"为载体的劳动竞赛制度。集团工会每年要组织一次"创新杯"劳动竞赛评比表彰活动，并奖励先进个人参加疗休养，通过评比、表彰和奖励，培养企业楷模，培育企业精神。

32. 建立健全培养团队精神的工作制度。集团各企业每年要组织以培养员工团队精神为目标的主题活动,促进员工形成团结互助精神。

(十三) 建立健全员工学习培训制度

33. 坚持班组学习制度。党委职能部门(工会配合)每季度要负责拟订学习计划,以班组为单位,组织员工学习,做好学习记录,保证学习效果;有关职能部门要检查学习落实情况,记录在案。

34. 建立健全舆论宣传工作制度。集团系统各企业要利用《东方国际报》《简报》和各公司内部广播、黑板报、刊物、墙报、局域网等宣传载体,加强形势和任务的宣传,加强企业精神的内化工作,形成共同的价值观,使员工为实现企业目标积极、主动、创造性地工作。

35. 建立健全职工教育培训制度。企业要制订以岗位培训为主、脱产培训与函授教育为辅的中长期员工教育培训计划,建立和完善教育管理制度与考评激励机制;要举办各种专业培训班,帮助员工学外语、学专业技术知识,增强员工素质,提高技术水平,实现岗位成才。

(十四) 建立健全精神文明建设的长效机制

36. 健全文明单位创建工作的组织领导体制。集团层面要成立精神文明建设领导小组;创建文明单位的企业要明确分工和责任人,形成党政工团共管的局面。

37. 建立健全文明单位创建工作考评制度。要根据《上海市文明单位考评标准》,制定外贸行业达标的要求,量化创建考评内容;每年组织一次创建工作的中途考评,两年组织一次文明单位评选表彰活动。

五、关于党员密切联系群众

(十五) 建立健全职工参与民主管理和监督的制度

38. 建立职工参与民主管理的长效机制。企业的重大决策要实施内部告示制度,通过职代会、局域网和告示方式,让职工有知情权和参与权;凡涉及职工切身利益的事情,要通过召开座谈会、问卷调查等方式,广泛征求、听取意见。

39. 建立健全职工评议制度。对企业领导干部,要逐步实行年底述职和职工代表民主评议制度,评议结果要作为干部任用的一项重要依据。企业党委每两年要组织一次职工代表民主评议党员的活动。集团每年要组织一次下属企业职工代表评议集团本部服务企业的情况,以改进工作方法,提高工作效率。

40. 建立健全厂务公开工作制度。企业党委要进一步落实厂务公开内容,创新厂务公开形式,畅通厂务公开渠道,努力提高厂务公开的工作质量。改制企业要建立劳动工资平等协商、集体合同制度和职工(代表)大会制度,使企业的民主管理、民主监督进入更高层次。

41. 建立健全职工监督制度。企业党委要保留先进性教育活动中征求职工群众意见的好做法,在企业内部长期设立热线电话、电子信箱、意见箱等,长期接受职工群众的监督。

(十六) 建立健全服务职工群众的机制

42. 建立普遍谈心的制度。企业党员领导干部要与分管单位(部门)非党员经理开展谈心;要以部室和班组为单位,划分党员责任区,并按照划分范围,坚持有的放矢地开展与群众普遍谈心,及时了解职工的想法,认真听取职工的意见和建议。

43. 建立健全定期调研制度。企业党委每年要组织有关人员集中一定的时间,深入企业、深入群众调查研究,及时了解情况、体察民情、增进感情,帮助群众解决实际问题。

44. 建立健全帮困救助体系。集团要完善集团系统帮困救助三级工作网络和二级专项基金，及时为困难职工排忧解难；每年的国定节假日前，要开展帮困送温暖工作。

45. 建立健全党员帮困结对制度。集团系统内的党员要主动同困难职工家庭或困难职工子女结成帮困"对子"，关心"对子"的生活，力所能及地给予必要的经济资助。

六、关于党建长效机制的检查与落实

(十七) 建立定期督查制度和责任体系

46. 建立落实党建长效机制的责任机制。企业党委的职能部门要把长效机制中的工作进一步细化，分解、落实到具体的部门和个人，形成贯彻落实党建长效机制的责任体系。

47. 建立党建长效机制自查报告制度。集团所属各企业党组织每年要对本企业党建长效机制的贯彻落实情况进行一次自查，并且写出书面报告，上报集团党委。

48. 建立党建长效机制定期督查制度。集团党委每年要召开专题会议，对党建长效机制的贯彻落实情况进行一次全面检查，对薄弱环节要专题研究落实措施，确保各项长效机制在集团系统落到实处。

东方国际(集团)有限公司
落实"三重一大"决策制度实施办法

(2014 年 11 月)

第一章 总 则

第一条 为贯彻落实中共中央办公厅、国务院办公厅《关于进一步推进国有企业贯彻落实"三重一大"决策制度的意见》,进一步规范东方国际(集团)有限公司(以下简称"集团")决策行为,提高决策水平,防范决策风险,根据《中国共产党章程》《中华人民共和国公司法》《中华人民共和国企业国有资产法》和《东方国际(集团)有限公司章程》等有关法律和规定,结合集团实际,制定本办法。

第二条 本办法适用于集团总部及所属各级全资、控股子公司。

第三条 "三重一大"事项决策必须遵循以下原则:

1. 坚持依法决策。遵守国家法律法规、党内法规和有关规定,保证决策内容和程序依法合规。

2. 坚持科学决策。加强决策的前期调研论证和综合评估,防范决策风险,避免决策失误。

3. 坚持民主决策。充分发扬民主,广泛听取意见,保证决策的民主性。

4. 坚持集体决策。根据各自职责、权限和议事规则,集体讨论决定"三重一大"事项,防止个人或少数人专断。

第二章 决 策 范 围

第四条 集团"三重一大"事项包括:重大决策、重要人事任免、重大项目安排和大额度资金运作事项。

第五条 重大决策事项,主要指涉及集团改革发展战略、重大经营管理、关系职工切身利益的重大问题。包括以下事项:

1. 发展战略和中长期发展规划;

2. 年度经营计划、财务预算和决算方案、利润分配和弥补亏损方案;

3. 企业改制、设立、增资、减资、合并、分立、歇业、关闭等;

4. 重大资产损失核销、资产处置、产权转让、债权减免、以物抵债、资产出租等;

5. 内部机构设置、调整和重要规章制度制定、修订和废止;

6. 业绩考核、薪酬分配制度与方案、基本工资制度与奖金制度,以及其他涉及职工切身利益的重大事项;

7. 会计核算办法、主要会计政策和会计估计、计提减值准备等管理制度的制定与修订;

8. 党的建设、党风廉政建设、精神文明建设、企业文化建设、思想政治工作以及工会、共青团等方面工作的规划和重要部署;

9. 维护稳定、处置重大突发事件的重大决策和方案等;

10. 其他重大决策事项。

第六条　重要人事任免事项,主要指根据权限由集团直接管理的领导人员的职务调整和重要奖惩。主要包括以下事项:

1. 集团总裁班子副职(含助理等)的选聘与解聘;

2. 集团总部中层干部的选拔、任命和免职;

3. 集团全资、控股公司以及有实际控制权的公司董事会、监事会负责人和经营班子成员的委派、推荐或任免;

4. 组织关系直属集团党委的党组织书记、副书记、纪委书记的任免;

5. 集团资产关联公司董事会、监事会成员的委派、推荐;

6. 集团领导班子后备干部和集团中青年后备干部的推荐选拔;

7. 集团直接管理领导人员的奖惩和评选集团及集团以上的先进集体、先进个人等;

8. 其他重要人事任免和奖惩事项。

第七条　重大项目安排事项。主要指对集团生产经营、资产规模、资本结构和盈利能力产生重要影响的项目的设立和安排。

主要包括以下事项:

1. 涉及金额较大的长期股权投资,包括在境内外设立公司、收购兼并、合资合作,以及对现有长期股权投资企业追加投资等;

2. 涉及金额较大的其他长期资产投资,包括固定资产(包括基本建设、技术改造和房地产买卖等)、无形资产(包括品牌建设、购买专利、商标、专有技术和资产使用权)和递延资产(包括装潢工程等)的投资等;

3. 涉及金额较大的金融投资,包括证券投资、期货投资和委托理财等;

4. 其他重大项目安排事项。

第八条　大额度资金运作事项。主要指由市国资委或集团规定的企业领导人员有权调动、使用的资金限额的资金调动和使用。

主要包括以下事项:

1. 年度预算内大额度资金调度和使用,包括对外投融资、内部借款、担保、授信等;

2. 大额度预算外资金使用;

3. 大额度的非生产性资金使用,以及对外捐赠、赞助;

4. 其他大额度资金使用。

第三章　决　策　形　式

第九条　集团"三重一大"事项集体决策,主要通过董事会、党委会、总裁办公会议的形式,经集体研究讨论后作出决策。重大决策事项中第1、2、3、4、5、6、7项和重大项目安排事项、大额度资金运作事项,主要通过董事会、总裁办公会议按授权范围进行决策。重大决策事项中第8、9项主要通过党委会进行决策;重要人事任免事项主要通过董事会和党委会进行决策。其他未列明重大事项的决策方式,由董事长、党委书记、监事会主席和总裁协商确定。

第十条　集团董事会对于"三重一大"事项的决策应以记名方式投票表决,一人一票,一事一决。集团党委会、总裁办公会对于"三重一大"事项的决策可根据具体决策内容,采用口头、举手、无记名投票或记名投票等表决形式。

第四章 决策程序

第十一条 集团董事会、党委、总裁室应当以会议形式对职责权限内的"三重一大"事项做出集体决策。不得以个别征求意见等方式作出决策。

第十二条 "三重一大"事项提交会议集体决策前,应当认真调查研究,经过必要的论证程序,充分吸收各方面意见。重大投资和工程建设项目,应当事先听取有关专家意见。研究决定企业改制以及经营管理方面的重大问题、涉及职工切身利益的重大事项,应当通过民主程序听取职工群众的意见和建议。重要人事任免事项应当严格按照《东方国际(集团)有限公司领导人员管理办法》及其他有关规定进行决策。集团董事会和总裁室的决策权限按照《东方国际(集团)有限公司董事会决策制度》执行。

第十三条 集体决策会议应遵循以下程序:

1. 确定议题。董事会会议议题由董事、总裁或监事会提议,董事长确定;党委会会议议题由书记确定,或由书记委托副书记确定;总裁办公会议议题由集团经营班子成员及相关职能部门提议,总裁确定。

2. 准备材料。会议承办部门根据会议议题,协调有关公司、职能部门,做好会议材料的准备工作。会议材料须提前送交参会人员。

3. 会议通知。会议承办部门应以书面形式或通过自动化办公系统提前通知所有参与决策人员出席会议。会议通知应列明会议议题、召开时间和地点。

4. 会议讨论。决策会议符合规定人数方可召开;与会人员要充分讨论并分别发表意见,表明态度;主持会议领导在与会人员未充分发表意见之前,不得发表倾向性意见。

5. 形成决议。出席会议的正式成员有表决权;会议决定多个事项的,应逐项表决;意见分歧较大的决策事项,可暂缓表决。根据讨论和表决结果,按照不同会议形式形成决议书或在会后形成会议纪要。

6. 备案备查。会议承办部门应做好会议记录,如实反映讨论和表决时的意见,并与决议书、会议纪要及其他会议材料一起存档备查。

第十四条 紧急情况下由个人或少数人临时决定的,应在事后及时向董事会、党委会或总裁办公会议报告;临时决定人应对决策情况负责,董事会、党委、总裁室应在事后按照程序予以追认。

第五章 决策执行

第十五条 决策形成后,集团各级领导应按分工组织实施,并明确落实单位、部门和责任人。参与决策的个人对集体决策有不同意见,可以保留或向上级反映,但在没有作出新的决策前,不得擅自变更或拒绝执行。

第十六条 集团董(监)事会办公室、总裁办公室、党委工作部为执行决策的督促检查部门,负责对决策的推进实施过程进行督促检查。

第十七条 负责执行决策的单位或部门应制定实施方案,确保落实决策的质量和进度。

第十八条 "三重一大"决策事项的实施和完成情况列入责任单位或部门的年度考核内容,作为考核的重要依据。

第十九条 因不可抗力或者决策依据、客观条件发生重大变化而导致决策目标部分或者全部不能实现的,应及时向决策机构报告;决策事项需要停止执行或者变更的,应重新按规定履行决策程序。

第二十条　各级党组织要团结带领全体党员和广大职工群众,推动决策的实施,并对实施中发现的与党和国家方针政策、法律法规不符或脱离实际的情况及时提出意见。

第六章　决　策　监　督

第二十一条　集团"三重一大"事项的决策和执行情况,应按规定向职工代表通报,接受职工群众监督。按规定属于保密事项和集团商业秘密的事项除外。

第二十二条　集团党委、纪委(监察室)和工会应加强对"三重一大"制度执行情况的监督检查。集团各级领导每年应对"三重一大"集体决策制度执行情况进行自查总结,把贯彻落实集体决策制度情况作为民主生活会、述职述廉的内容,接受监督和民主评议。建立健全决策后评估制度和纠错改正机制。通过调查研究、跟踪反馈、评估复查等方法,及时发现并纠正决策形成和执行过程中存在的问题。

第七章　责　任　追　究

第二十三条　集团董事长、党委书记、总裁是贯彻落实"三重一大"决策制度的主要责任人,并对集团领导班子成员落实"三重一大"制度情况负领导责任。

第二十四条　参与决策人员应对"三重一大"事项的决策承担责任。对决策失误,给集团或项目造成重大经济损失,或严重不良影响的责任人,应按照权力和责任一致的原则,进行责任追究。参与决策人员经证明在会议表决时曾表明异议并在会议记录中有明确记载的,可免除相应责任。

第八章　附　　则

第二十五条　本办法由集团董事会、党委会、总裁室负责解释。

第二十六条　本办法自印发之日起施行。

东方国际集团党委
落实党风廉政建设责任制主体责任
实施办法

(2014 年 9 月)

第一章 总 则

第一条 为进一步做实集团系统党风廉政建设责任制,落实集团各级党组织党风廉政建设的主体责任,依据上海市委《关于落实党委主体责任进一步做实党风廉政建设责任制的意见》《市国资委党委贯彻落实市委〈关于落实党委主体责任进一步做实党风廉政建设责任制的意见〉的实施办法》的有关要求和集团《党风廉政建设责任制实施意见》的有关规定,结合集团实际,制定本实施办法。

第二条 本实施办法适用于集团总部以及集团所属国有独资和国有控股的各级企业。

第三条 本实施办法所称党委主体责任,是指各级党组织对本单位党风廉政建设负全面领导责任;党政领导班子主要负责人对本单位党风廉政建设承担第一责任;党政领导班子其他成员也要坚持"一岗双责",根据分工对职责范围内的党风廉政建设承担主要领导责任。

党委主体责任具体包括以下五项重点内容:

(一)坚持正确用人导向,选好用好干部,防止出现选人用人上的不正之风和腐败问题;

(二)坚决纠正损害企业和群众利益的行为;

(三)强化对权力运行的制约和监督,从源头上防治腐败;

(四)领导和支持执纪监督部门查处违纪违规问题;

(五)党委班子成员要管好自己,带好队伍,做依法经营、廉洁从业的表率。

第四条 集团各级党组织落实主体责任,应当坚持集体领导与个人分工负责相结合,谁主管、谁负责,一级抓一级、层层抓落实,严格责任追究的原则,切实履行"一岗双责"的工作要求,做到工作职责管到哪里,党风廉政建设职责就延伸到哪里。

第二章 党组织主体责任落实的流程和方式

第五条 集团各级党组织应当加强对党风廉政建设的统一领导。主要负责人应当树立不抓党风廉政建设就是严重失职的意识,对党风廉政建设重要工作亲自部署、重大问题亲自过问、重大环节亲自协调、重要案件亲自督办。每年年初,集团各级党组织应当召开专题会议,按照上级党委、上级纪检监察机构关于党风廉政建设的部署和要求,分析本单位党风廉政建设的形势,查找选人用人、落实中央八项规定精神、坚决纠正"四风"、权力公开透明运行等方面存在的问题,制订本单位党风廉政建设工作计划,明确本年度党风廉政建设的目标。

第六条 集团各级党政领导班子每个成员应当结合各自岗位职责和本单位年度党风廉政建设工作计划确定的有关要求,制定并向本级党组织提交党风廉政建设责任制工作方案。工作方案应当包含以下内容：

（一）个人廉洁自律、以上率下及带头贯彻落实中央八项规定精神、坚决纠正"四风"等方面的具体承诺；

（二）以分管工作中的廉政风险和干部群众反映的突出问题为重点责任项目，提出目标措施，明确时间节点；

（三）督促指导分管部门、单位党组织落实党风廉政建设主体责任的相关内容。

第七条　收到工作方案后，本级党组织应当及时召开专题会议，对工作方案逐一进行研究审定，并在审议确认的工作方案的基础上，形成党风廉政建设工作责任分工，分解党风廉政建设工作计划提出的各项工作任务，明确每一个班子成员的工作职责。党风廉政建设工作责任分工应当在本单位范围内印发公开。

第八条　集团系统各级党组织应当加强对本级党政班子每一个成员党风廉政建设工作方案的日常监督检查。各级党组织每半年应当听取一次本级党政领导班子成员关于工作方案推进情况的汇报，及时了解掌握班子成员党风廉政建设责任落实情况；对于重点责任项目，还应当根据需求不定期地开展专项检查或抽查。

第九条　集团各级党政领导班子成员应当认真研究重点责任项目推进实施过程中的具体问题。通过协调督促有关部门运用"制度加科技"等方式建立、健全规章制度，防范廉政风险；通过坚持问题导向、支持纪检监察部门开展工作等手段，狠抓分管领域干部群众反映的突出问题，做到严格管理、严惩腐败。

第十条　集团系统各级党组织每年年末应当召开专题会议，总结分析本单位党风廉政建设工作计划的完成情况，听取审议本单位每一个党政领导班子成员责任落实情况的报告，并逐一做出评价。通过审议的责任落实情况的报告应当在本单位范围内印发公开；审议中指出的问题和不足应当列入下一年度工作方案加强整改。

第三章　责任监督

第十一条　集团系统各级党组织在坚持党风廉政建设责任分级落实、逐级监督的原则上，严格执行党风廉政建设责任制落实情况报告制度。各级党组织每年要向上一级党组织和纪检监察机构书面报告以下三份材料：

（一）本年度贯彻落实党风廉政建设责任制工作的计划；

（二）本年度党政领导班子每一个成员的责任分工和重点责任项目；

（三）上年度落实党风廉政建设主体责任情况的总结。

第十二条　上级党组织和纪检监察机构应当将党组织落实主体责任的情况作为对下属党组织党风廉政建设责任制专项检查的重要内容，并重点围绕以下内容开展检查：

（一）检查第一责任人的履职情况，看党组织主要负责人对党风廉政建设重要工作部署、过问、协调、督办是否到位；

（二）检查"一岗双责"落实情况，看党政领导班子成员两手抓、两手硬是否到位；

（三）检查党组织会议记录情况，看研究部署党风廉政建设和纪检监察工作是否到位；

（四）检查民主生活会和述责述廉情况，看党政领导班子成员之间相互监督是否到位；

（五）检查腐败案件查处情况，看有案必查、有腐必惩是否到位。

第十三条　集团各级纪检监察机构应当协助同级党组织加强本单位党风廉政建设各项工作任

务完成情况和党政领导班子成员责任落实情况的日常监督检查。纪检监察机构应当将查信办案、行政监察、专项检查等工作中掌握的有关情况和信息及时通报给相关的党政领导班子成员。

第四章 责 任 追 究

第十四条 集团系统党风廉政建设问责严格执行"一案三查"的倒查追究机制,对发生重大腐败案件和不正之风长期滋生蔓延的部门和单位,既要追究当事人的责任,又要严格倒查追究相关领导责任,还要查找体制、机制、制度和管理上的漏洞。

第十五条 集团各级党组织、各党政领导班子成员,不按照本实施办法第五条至第十条规定的流程和方式履行职责,发生以下情况的,应当按照集团《党风廉政建设责任制实施意见》有关规定严肃处理:

(一)对党风廉政建设工作领导不力,致使领导班子成员或者直接管辖的下属发生严重违纪违法问题,或者直接分管领域发生其他党风廉政建设严重问题的;

(二)对分管领域发现的严重违纪违法行为隐瞒不报、压案不查的;

(三)分管领域干部群众反映的党风廉政建设方面的突出问题,特别是严重损害职工利益的问题长期得不到解决,造成恶劣影响,甚至引发群体性事件的;

(四)年末党政领导班子成员责任落实情况报告专题审议中,指出的问题和不足,连续两年未得到有效整改的。

第五章 附 则

第十六条 集团各企业可根据实际情况,通过制定本单位落实党风廉政建设责任制主体责任的具体实施细则,认真执行本实施办法。

第十七条 本实施办法自颁布之日起执行,未尽事项由集团党委负责解释。

单位全称简称对照表

表附-11-1 单位全称简称对照表

序号	全　　称	简　　称	起始日期
1	东方国际(集团)有限公司	东方国际集团	1994 年 10 月
2	东方国际日本株式会社	日本公司	1995 年 10 月
3	东方国际集团美洲有限公司	美洲公司	1996 年 9 月
4	东方国际香港有限公司	香港公司	1997 年 5 月
5	上海市丝绸进出口公司	丝绸公司	1988 年 10 月
6	上海市服装进出口公司	服装公司	1988 年 10 月
7	上海市纺织品进出口公司	纺织公司	1988 年 10 月
8	上海市针织品进出口公司	针织公司	1988 年 10 月
9	上海市家用纺织品进出口公司	家纺公司	1988 年 10 月
10	东方国际集团上海市丝绸进出口有限公司	东方丝绸	1996 年 1 月
11	东方国际集团上海市服装进出口有限公司	东方服装	1996 年 1 月
12	东方国际集团上海市纺织品进出口有限公司	东方纺织	1996 年 1 月
13	东方国际集团上海市针织品进出口有限公司	东方针织	1996 年 1 月
14	东方国际集团上海市家用纺织品进出口有限公司	东方家纺	1996 年 1 月
15	东方国际创业股份有限公司	东方创业	1998 年 11 月
16	东方国际创业闵行服装实业有限公司	闵行公司	1982 年 12 月
17	东方国际创业白鹤服装实业有限公司	白鹤公司	1989 年 10 月
18	东方国际创业浦东服装进出口有限公司	创业浦东公司	1992 年 7 月
19	上海高南制衣有限公司	高南公司	1993 年 9 月
20	上海经贸嘉华进出口有限公司	嘉华公司	1996 年 10 月
21	上海东创嘉利国际贸易有限公司	嘉利公司	2006 年 2 月
22	上海朗绅服饰有限公司	朗绅公司	2015 年 2 月
23	上海嘉棉服饰有限公司	嘉棉公司	2015 年 4 月
24	上海东方国际创业品牌管理股份有限公司	创业品牌公司	2015 年 5 月
25	东方国际集团上海利泰进出口有限公司	东方利泰	2004 年 5 月
26	上海玖博进出口有限公司	玖博公司	1994 年 7 月
27	上海富井制衣有限公司	富井公司	1997 年 9 月
28	上海祥虹纺织制衣有限公司	祥虹公司	1997 年 11 月
29	上海众合制衣有限公司	众合公司	1994 年 3 月

〔续表〕

序号	全　称	简　称	起始日期
30	吴江上海东和针织制衣有限公司	上海东和	1994年9月
31	东方国际集团上海家纺有限公司	东方新家纺	2004年6月
32	上海佳谊纺织制品有限公司	佳谊公司	1993年2月
33	上海家浩有限公司	家浩公司	2008年5月
34	上海市华达进出口有限公司	华达公司	1992年7月
35	上海锦达进出口有限公司	锦达公司	2003年1月
36	上海宁达进出口有限公司	宁达公司	2003年1月
37	上海顶达进出口有限公司	顶达公司	2003年1月
38	上海常达进出口有限公司	常达公司	2004年5月
39	上海会达进出口有限公司	会达公司	2004年5月
40	上海蓝蓝中国蓝印花布社	蓝印花布社	1989年7月
41	东方国际商业有限公司	东方商业	1999年1月
42	东方国际商业(集团)有限公司		2000年11月
43	上海金茂国际贸易有限公司	金茂公司	1992年12月
44	东方国际集团金桥贸易有限公司	金桥公司	1995年9月
45	东方国际货运有限公司	货运公司	1995年8月
46	东方国际物流有限公司	物流公司	1998年4月
47	东方国际物流(集团)有限公司	物流集团	2005年1月
48	上海经贸国际货运实业有限公司	经贸公司	1992年6月
49	上海佳达国际货运有限公司	佳达公司	1992年12月
50	上海新贸海国际集装箱储运有限公司	新贸海公司	1994年12月
51	东方国际物流上海空运有限公司	空运公司	2000年8月
52	上海东方天野国际货运代理有限公司	天野公司	2003年12月
53	东方金发国际物流有限公司	东方金发	2006年8月
54	东方国际物流(集团)有限公司海运分公司	海运分公司	2007年12月
55	东方国际物流(集团)有限公司杭州分公司	物流杭州分公司	2014年1月
56	上海经贸物流有限公司	经贸物流公司	2000年9月
57	上海新贸海国际集装箱储运有限公司货物运输代理分公司	新贸海货代分公司	2007年3月
58	上海经贸致东国际贸易有限公司	致东公司	2013年7月
59	上海经贸仁东供应链管理有限公司	仁东公司	2016年3月
60	上海新贸海国际集装箱储运有限公司浦东分公司	新贸海浦东分公司	2016年3月
61	上海新海航业有限公司	新海公司	1983年12月

〔续表〕

序号	全　称	简　称	起始日期
62	东方国际物流集团上海新海航业有限公司	东方新海	2007 年 1 月
63	上海新海国际船舶代理有限公司	新海船代	1993 年 3 月
64	东方国际物流集团上海船舶代理有限公司	上海船代	2012 年 6 月
65	上海晨朴供应链管理有限公司	晨朴供应链公司	2012 年 7 月
66	东方国际物流集团宁波兴海物流有限公司	宁波兴海公司	2017 年 3 月
67	上海市对外贸易公司	外贸公司	1988 年 1 月
68	东方国际集团上海市对外贸易有限公司	东方外贸	1996 年 5 月
69	上海市对外贸易浦东有限公司	外贸浦东公司	1992 年 4 月
70	上海商都贸易有限公司	商都公司	1992 年 7 月
71	上海荣恒国际贸易公司	荣恒公司	1992 年 12 月
72	东方国际集团上海荣恒国际贸易有限公司	东方荣恒	1997 年 12 月
73	上海国际合作进出口有限公司	国合公司	1996 年 3 月
74	济宁荣恒服装有限公司	济宁荣恒	2016 年 8 月
75	济宁荣恒服装有限公司上海分公司	设计打样中心	2017 年 6 月
76	东方国际集团上海资产管理有限公司	资产管理公司	2015 年 5 月
77	上海市外经贸房地产开发经营公司	房产公司	1993 年 10 月
78	东方国际集团上海外经贸房地产开发经营有限公司	东方房产	1998 年 11 月
79	上海国际服务贸易(集团)有限公司	国服公司	1999 年 12 月
80	上海丝绸(集团)有限公司	丝绸集团	1997 年 10 月
81	上海东方国际资产经营管理有限公司	资产经营公司	2002 年 12 月
82	上海丝绸集团文化发展有限公司	丝绸文化公司	2012 年 8 月
83	上海华钟绢纺织有限公司	华钟公司	1993 年 10 月
84	上海金达国际丝绸有限公司	金达公司	1995 年 2 月
85	上海金怡丝绸物资有限公司	金怡公司	1997 年 1 月
86	上海金熠实业有限责任公司	金熠公司	1997 年 3 月
87	上海新绢纺织有限公司	新绢纺公司	1999 年 1 月
88	上海丝绸集团郁金香印染有限公司	郁金香公司	1998 年 3 月
89	上海中达印染特种整理有限公司	中达公司	1998 年 7 月
90	上海丝绸集团金三杯印染有限公司	金三杯公司	1999 年 8 月
91	上海丝绸集团织造有限公司	织造公司	2000 年 10 月
92	上海丝绸集团锐和投资管理有限公司	锐和投资公司	2011 年 7 月
93	上海老正和染厂有限公司	老正和公司	2016 年 10 月

〔续表〕

序号	全　　　称	简　　　称	起始日期
94	上海第六丝织厂有限公司	六丝公司	2016 年 12 月
95	上海市丝绸科学技术研究所有限公司	丝研所	2016 年 12 月
96	上海第二丝绸机械厂有限公司	二机公司	2017 年 6 月
97	上海凯邦实业有限公司	凯邦公司	1993 年 1 月
98	上海新贸制衣有限公司	新贸公司	1993 年 3 月
99	上海恒盛贸易实业有限公司	恒盛公司	1993 年 4 月
100	上海元中实业有限公司	元中公司	1993 年 9 月
101	上海北蝶服饰有限公司	北蝶公司	1994 年 11 月
102	上海新铁链筛网制造有限公司	新铁链公司	2002 年 12 月
103	上海商都实业有限公司	商都实业公司	2009 年 4 月
104	上海丝宝丝绸有限公司	丝宝公司	2017 年 11 月
105	上海白韵丝绸有限公司	白韵公司	2017 年 11 月
106	上海劳士泰服饰有限公司	劳士泰公司	2010 年 6 月
107	上海领秀电子商务有限公司	领秀公司	2011 年 12 月
108	上海东顺投资有限公司	东顺公司	2011 年 12 月
109	东方国际集团上海投资有限公司	投资公司	2015 年 11 月
110	上海东松国际贸易有限公司		1997 年 7 月
111	上海东松医疗科技有限公司	东松公司	2016 年 1 月
112	上海东松医疗科技股份有限公司		2017 年 2 月
113	上海东贸贸易有限公司	东贸贸易公司	1998 年 7 月
114	上海东贸国际贸易有限公司	东贸国际公司	2002 年 5 月
115	上海东松汽车销售有限公司	东松汽车销售公司	2003 年 4 月
116	上海东松融资租赁有限公司	东松融资租赁公司	2016 年 1 月
117	上海聚力康东贸灭菌技术有限公司	聚力康东贸公司	2017 年 10 月
118	东方创业(上海)国际服务贸易有限公司	东创国服	2016 年 12 月
119	东方国际集团广告展览有限公司	东广展	1997 年 12 月
120	上海国际服务贸易集团人力资源服务有限公司	人力资源公司	2012 年 9 月
121	上海和平国际旅游公司		1989 年 2 月
122	上海和平国际旅行社有限公司	和平国旅	1998 年 3 月
123	上海东方和平国际旅行社有限公司		2007 年 11 月
124	上海丝绸集团股份有限公司	丝绸股份	2003 年 1 月
125	上海丝绸进出口浦东有限公司	丝绸浦东公司	1992 年 6 月
126	上海王德服饰有限公司	王德公司	1993 年 3 月

〔续表〕

序号	全 称	简 称	起始日期
127	上海江镇丝绸时装有限公司	江镇公司	1993 年 9 月
128	上海丝绸商厦有限公司	丝绸商厦	1994 年 6 月
129	上海丝绸之路广告有限公司	广告公司	1996 年 7 月
130	上海丝绸集团品牌发展有限公司	品牌公司	2002 年 1 月
131	宣城尚时制衣有限公司	宣城公司	2006 年 12 月
132	上海丝绸集团贸易发展有限公司	丝绸贸发公司	2006 年 12 月
133	上海天伟质量检测技术服务有限公司	天伟公司	2009 年 12 月
134	上海富锦实业有限公司	富锦公司	1992 年
135	美国罗珀纺织品有限公司	罗珀公司	1991 年 3 月
136	浩茂国际有限公司	浩茂公司	1989 年 1 月
137	HomecrestInc	美国洛杉矶公司	1989 年 10 月
138	中国香港美达飞有限公司	美达飞公司	1990 年 1 月
139	上海纺织品智利有限公司	智利公司	1992 年 12 月
140	迈进有限公司	迈进公司	1994 年 5 月
141	捷克新人贸易有限公司	捷克新人	1995 年 2 月
142	东方国际法国股份有限公司	法国公司	1997 年 2 月
143	普捷有限公司	普捷公司	2013 年
144	东方祥和(柬埔寨)制衣有限公司	柬埔寨公司	2013 年 11 月
145	东方魅力针织品有限公司	东方魅力公司	2015 年 9 月
146	LILY 时装集团有限公司	LILY 美国公司	2016 年 3 月
147	LILY 时装有限责任公司	LILY 西班牙公司	2017 年 9 月
148	富盛康有限公司	富盛康公司	2012 年 3 月
149	孟加拉东方魅力内衣有限公司	孟加拉内衣公司	2012 年 2 月

索 引

说明：一、本索引按表格索引形式制作。

二、索引按表格在正文出现的顺序排列。

三、索引标目后的阿拉伯数字表示该标目所在页码。

表 格 索 引

编 后 记

2010年，《上海市级专志·东方国际（集团）有限公司志》（简称《东方国际集团志》）列入上海市第二轮新编地方志编纂规划。2018年1月，上海市地方志办公室给集团发来《关于确认是否启动〈东方国际（集团）有限公司志〉编纂工作的函》，集团党政领导班子召开会议进行研究讨论，作出启动《东方国际集团志》编纂工作的决定。是年5月30日，《东方国际集团志》成立编纂工作筹备小组，召开第一次筹备工作会议，研究和讨论编纂筹备工作。是年6月26日，成立《东方国际集团志》编纂委员会及其办公室。是年6月28日，集团召开《东方国际集团志》编纂工作动员大会，对《东方国际集团志》编纂工作进行动员和作出部署。是年7月31日，《东方国际集团志》编纂委员会召开第一次全体委员会议，审议通过《东方国际集团志》编纂篇目框架。

2019年2月，开始编纂《东方国际集团志》初稿。经过一年多的努力，2020年5月，完成《东方国际集团志》初稿编纂工作，6月完成内审稿，10月完成评议稿。是年11月30日和2021年3月16日，市地方志办公室两次组织专家组，先后通过对《东方国际集团志》的评议和审定。是年6月9日，市地方志办公室召开《东方国际集团志》验收会，经审议同意通过验收。《东方国际集团志》的编纂工作历经三年多时间，终于顺利完成。

《东方国际集团志》的顺利出版，靠各级领导的重视关心，靠基层单位的全力支持，靠全体编纂人员的辛勤工作。因为有参与各方的精诚协作和共同努力，《东方国际集团志》编纂任务得以如期完成，从而为东方国际集团留下一笔难能可贵的精神财富。

在《东方国际集团志》三年多的编纂过程中，市地方志办公室领导始终给予热情的指导和帮助。市地方志办公室主任洪民荣、副主任姜复生等领导曾多次亲临东方国际集团，对《东方国际集团志》的编写进行具体指导，特别是市地方志办公室专志工作处处长过文瀚和工作人员肖春燕、赵明明等，从多方面给予有针对性的帮助和指教，参与评审的各位专家提出许多宝贵的修改意见和建议。正是在市地方志办公室领导和各位专家的关心、帮助和指导下，起步较晚的《东方国际集团志》才得以有序推进、如期出版。

三年多来，《东方国际集团志》编委会领导对编纂工作始终给予高度重视和关心。编委会名誉主任童继生对志书编纂的工作经费和人员配备给予全力支持。编委会主任吕勇明和各位副主任对编纂《东方国际集团志》的指导思想、篇目内容、进度安排等提出明确要求，坚持召开工作例会，研究和商讨编纂具体工作，亲自参与编纂工作的基层调研，亲自把好《东方国际集团志》的编纂质量关。

三年多来，《东方国际集团志》编纂办公室的各位同志更是花费了大量的心血。接受修志任务后，积极参加培训，在实践中学习提高，努力使自己逐步熟悉和掌握修志工作要求和相关知识。从制定篇目框架、收集资料、整理长编，到撰写初稿、分纂总纂，几经修改直至定稿，勤奋努力，不畏艰难，认真负责，细心打磨，以高度的责任心和使命感，尽力完成各个阶段的工作任务，认真、细致、扎实做好《东方国际集团志》的编纂工作。据统计，我们共收集制作了数万张、近千万字的资料卡片，编纂资料长编500余万字，撰写志书130余万字。

值此《东方国际集团志》出版之际，谨向所有关心、支持、帮助、参与《东方国际集团志》编纂工作的各级领导、评审专家和全体人员致以崇高的敬意，并表示衷心的感谢！

通过《东方国际集团志》这部志书,我们看到,23年来东方国际集团发展的成就足以令东方人自豪和欣慰,受到鼓舞和启迪。修志问道,以启未来。回顾东方国际集团23年的发展历程,能取得如此骄人业绩,我们认为有几点很重要,很值得今后借鉴:一是抓住了难得的好机遇。23年间,在中共上海市委、市政府和上级主管单位的领导下,集团领导抓住综合型现代服务业的发展机遇,坚持主业,多种经营,改革提升,开拓创新,实现了集团持续快速的发展。二是锤炼了一支好队伍。23年间,集团从选拔、培训、考核等各个方面,着力提高员工队伍特别是经营管理者的素质,充分发挥他们在各自岗位上的聪明才智,使这个团队的每个成员都努力成为想做事、会做事、能做成事的人,形成整体合力。三是形成了共同认知的企业文化。23年间,集团逐步总结和提炼出"东方服务连四海,国际贸易通五洲"的企业宗旨和"诚为本、责为重、专为业、和为贵"的企业精神,成为东方国际集团全体干部职工的奋斗目标和员工行为的规范,使企业始终充满着生机和活力。

《东方国际集团志》编纂工作时间紧、要求高、难度大,加之参与编纂工作的同志缺乏经验和集团总部搬迁后部分资料丢失等,以致志书中难免有疏漏、缺点和不足,敬请东方国际集团的领导、员工和广大读者谅解,批评指正。

《上海市级专志·东方国际(集团)有限公司志》编纂委员会办公室

2021年12月

图书在版编目(CIP)数据

上海市级专志. 东方国际(集团)有限公司志 / 上
海市地方志编纂委员会编 . — 上海 ：上海社会科学院出
版社，2021
ISBN 978 - 7 - 5520 - 3670 - 1

Ⅰ.①上… Ⅱ.①上… Ⅲ.①上海—地方志②进出口
公司—概况—上海 Ⅳ.①K295.1②F752.851

中国版本图书馆 CIP 数据核字(2021)第 172357 号

上海市级专志·东方国际(集团)有限公司志

编　　者：上海市地方志编纂委员会
责任编辑：包纯睿　陈如江
封面设计：严克勤
美术设计：霍　覃
出版发行：上海社会科学院出版社
　　　　　上海顺昌路 622 号　邮编200025
　　　　　电话总机 021 - 63315947　销售热线 021 - 53063735
　　　　　http://www. sassp. cn　E-mail：sassp@sassp. cn
排　　版：南京展望文化发展有限公司
印　　刷：上海中华商务联合印刷有限公司
开　　本：889 毫米×1194 毫米　1/16
印　　张：47.5
插　　页：21
字　　数：1300 千
版　　次：2021 年 12 月第 1 版　　2021 年 12 月第 1 次印刷

ISBN 978 - 7 - 5520 - 3670 - 1/K·628　　　　定价：580.00 元